蒋介石年谱

(1887-1926)

中国第二历史档案馆 编
主编　万仁元　方庆秋

九州出版社 JIUZHOUPRESS | 全国百佳图书出版单位

图书在版编目（CIP）数据

蒋介石年谱：1887～1926 / 中国第二历史档案馆编.
—北京:九州出版社，2011.12
ISBN 978-7-5108-1374-0

Ⅰ. ①蒋… Ⅱ.①中… Ⅲ. ①蒋介石（1887～1975）
－年谱－1887～1926 Ⅳ. ①K827=7

中国版本图书馆CIP数据核字(2012)第001757号

蒋介石年谱（1887－1926）

作　　者　中国第二历史档案馆　编
出版发行　九州出版社
出 版 人　徐尚定
责任编辑　张万兴　王守兵
地　　址　北京市西城区阜外大街甲35号（100037）
发行电话　（010）68992190/2/3/5/6
网　　址　www.jiuzhoupress.com
电子信箱　jiuzhou@jiuzhoupress.com
印　　刷　涿州市星河印刷有限公司
开　　本　720毫米×1020毫米　16开
印　　张　49.25
字　　数　720千字
版　　次　2012年3月第1版
印　　次　2012年3月第1次印刷
书　　号　ISBN 978-7-5108-1374-0
定　　价　148.00元

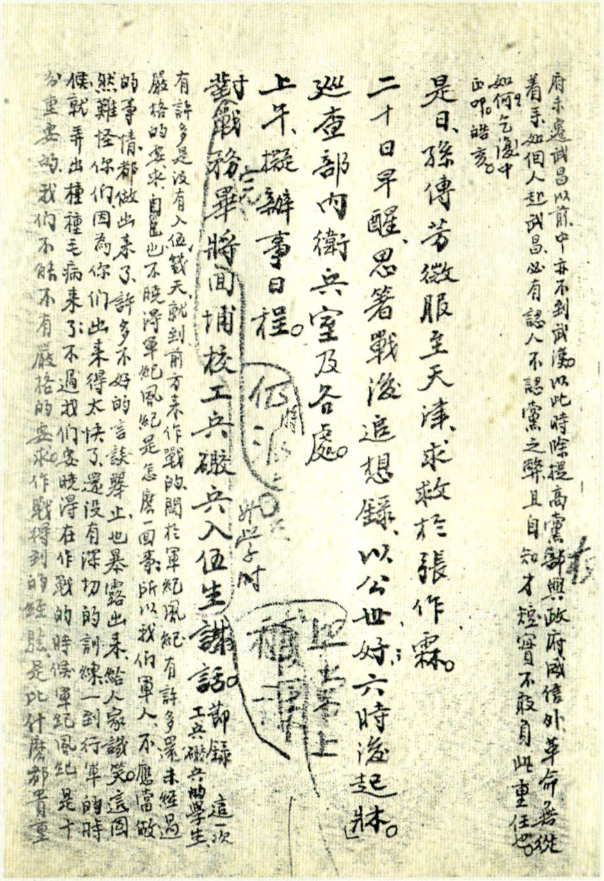

府未遷武昌以前，中共不到武漢，以此時除提高黨部與政府威信外，革命無從着手。如何人赴武昌，必有認人不認黨之弊，且自知才短，實不敢負此重任也。如何如何？乞復。中正叩。皓亥。

是日，孫傳芳微服至天津，求救於張作霖。

二十日 早醒，思箸戰後追想錄，以公世好，六時後起床。

巡查部內衛兵室及各處。

上午，擬辦事日程。

對戰務畢，將回捕校工兵礮兵入伍生講話。節錄 工兵礮兵的學生，這一次有許多是沒有入伍幾天，就到前方來作戰的，關於軍紀風紀有許多還未經過嚴格的要求，自己也不曉得軍紀風紀是怎麼一回事，所以我們軍人不應當做的事情都做出來了，許多不好的言談舉止也暴露出來，給人家譏笑。這固然難怪你們，因為你們出來得太快了，還沒有深切的訓練，一到行軍的時候就弄出種種毛病來了。不過我們要曉得在作戰的時候，軍紀風紀是十分重要的，我們不能不有嚴格的要求，作戰得到的經驗，是比什麼都貴重

中国第二历史档案馆藏“蒋介石年谱”原档

出版说明

本书依中国第二历史档案馆所藏《蒋公介石年谱初稿》、《民国十五年以前之蒋介石先生》等原稿整理而成，1992年初版时名为《蒋介石年谱初编》。现经中国第二历史档案馆马振犊、郭必强、杨斌、胡震亚等同志精心校订，我们重排体例，以《蒋介石年谱（1887—1926）》为名出版。对原稿记述上存在的问题，相信读者自有明鉴。

九州出版社

2012年3月

编辑说明

本书系毛思诚所撰，原题为《蒋公介石年谱初稿》，封面上盖有“秘密”字样，是蒋介石亲自审定修改的原稿秘本。全稿分为三编：第一编，从1887年蒋介石出生至1923年12月，为“韬晦时期”；第二编，从1924年1月至1925年12月为“黄埔训练时期”；第三编，1926年1月至12月为“北伐开始时期”。此稿后又几经修改，在1937年3月印行时，改名为《民国十五年以前之蒋介石先生》，并将原来的编目改为八编：第一编，“幼年时期”（1887—1895年）；第二编，“少年时期”（1896—1904年）；第二编，“留学时期”（1905—1910年）；第四编，“光复时期”（1911—1912年）；第五编，“违难时期”（1913—1916年）；第六编，“韬养时期”（1917—1923年）；第七编，“黄埔训练时期”（1924—1925年）；第八编，“北伐开始时期”（1926年）。此书与本书秘本内容基本相同，但本书保存着蒋介石删改的亲书笔迹，具有较高的史料价值，对研究蒋介石前期的思想有重要的参考作用。惟本书1888年以前及1926年11月以后的记述残缺，所以我们在编辑时与《民国十五年以前之蒋介石先生》一书互校，凡蒋介石删改的重要文字，均照录原文，并加注说明；残缺部分，则以《民国十五年以前之蒋介石先生》的有关记载补足之，以便读者参考使用。

本书是国内公布的有关蒋介石的重要史料，但由于原撰者的政治局限，存在着对蒋介石的虚美、掩恶以及对共产党人的污蔑之词，希读者善自鉴别之。

此稿由方庆秋、杨斌选辑校注，万仁元审阅。但由于编注者的水平限制，存在的缺点与错误，希读者批评指正。

编 者

1987年11月21日

编　例

一、为保持其“个人纪年史传”的体例，民国纪元前的史事，仍按阴历纪年；民国建立后的史事，按阳历纪年。

二、正文均保持其自然段，正文之下，原节录的文电、函稿、演说词以及夹注等，用〔〕标明。

三、正文及附录函电被蒋介石全部删去者，一般均照录原文，并于文首加△标明；个别字、句被删去者，则于照录的原文件中加<>标明；蒋介石亲笔增删修改的文字，则分别以着重号（·）标明及用①②等符号加注说明。

四、凡原文字句缺损或字迹不清者，均以□代之；原文严重残缺者，酌以《民国十五年以前之蒋介石先生》一书的有关记载补足，并于文首加*标明；错别字、增补字和衍文的校勘，以【 】注明；待考的字，则以〔?〕标明存疑。

五、其标点系编者所加。

目　　录

第一编　韬晦时期

民国前二十五年至民国十二年

（1887—1923年）

＊民国纪元前二十五年，清光绪十三年，丁亥（西历一八八七），公一岁

＊公以九月十五日未时，诞生于武岭玉泰盐铺内之祖宅，乃祖玉表公命名曰瑞元。是年，距太平天国之亡二十三年，安南割于法国二年。

＊总理时二十二岁，肄业香港雅丽医学校，始图倾覆满清。

民国纪元前二十四年，清光绪十四年，戊子（西历一八八八），公二岁

民国纪元前二十三年，清光绪十五年，已丑（西历一八八九），公三岁

是年三月　清西太后那拉氏罢临朝，德宗始听政。

吴兴戴传贤生。

民国纪元前二十二年，清光绪十六年，庚寅（西历一八九〇），公四岁

是岁除夕　公忽发奇想，欲测知己口至会厌深度，戏以箸探之。既入不得出，晕绝，经医救治始苏。昧旦，玉表公往问王太夫人曰：孙儿恐已哑乎？公在梦中跃起曰：孙能言，不哑。闻者大笑。

民国纪元前二十一年，清光绪十七年，辛卯（西历一八九一），公五岁

民国纪元前二十年，清光绪十八年，壬辰（西历一八九二），公六岁

是年 始入蒙馆，馆师为任介眉。公幼时好耍甚，门临清溪，常出游泳，山洪暴至，险遭灭顶。去冬见檐下缸结坚冰，圆明如镜，喜极，耸身捞取之，倒植其底，几冻死。王太夫人忧之，故未五岁，即送入塾读书。

民国纪元前十九年，清光绪十九年，癸巳（西历一八九三），公七岁

公知识稍开，喜舞玩刀棒，哗召邻舍子，效军队战斗状，自为大将，部署群儿指挥之，或高视阔步，指天画地，登坛说故事，以为戏。

是年秋 总理北游天津，上书于李鸿章。

八月 清廷准出使大臣薛福成奏请，弛除海禁。

民国纪元前十八年，清光绪二十年，甲午（西历一八九四），公八岁

是年春 改从塾师蒋谨藩，读《大学》、《中庸》毕。

十月二十四日 玉表公卒，享年八十有一，葬于村北之石鳝岙幡竿丘，邵元冲作传。

〔民国七年四月公追述事略曰：曾大父祁曹公，长子曰斯生公，仲子曰斯水公，玉表公序居其季，讳斯千，德配大母徐太夫人，其准公之女子子也。生子二，长曰在昭公，次曰肃庵公。仲大父斯水公无子，遗命以世昭公为其后。孙四人，周良、周清出自世昭公，锡侯与中正，出自肃庵公。以伯大父斯生公无孙，遗命以锡侯继肇余公，为斯生公后。而中正独奉玉表公祭祀云。吾族自仕杰公迁居锦溪以来，子孙世世力勤穑事，敦崇礼让，胜清三百年间，未有一人求通仕籍者。至公以货殖起家，兼居积盐鹾，生计日渐饶裕，性慈善，待人以恕，而教子孙则严，衣布茹素，耽好内典，能辨晰其宗派，尝手钞贝编若干种，今皆散佚不可得而见也。公体魄老益强，其殁之前一年，尚携中正往深山竹林，憩法华寺，讽经礼佛。是时，中正年仅七龄，跳舞下坡，忘其所以，失足堕阬谷，破伤右额，血流注不止，公痛惜无所措，乃裒鲜药为之医，俄而疮痕平复，归来吾母未之觉，及告以状，深为之异。中正少善病，公临床诊视，甚至终夕不寐，如吾母今日之抚育纬儿者。故中正疾，多赖公手而得愈，至今吾母追念不能忘。锦溪为宁、绍、台三属汇集之要冲，溪北有庵，名曰武岭，行旅熙来攘往，于此焉少息，饥弗得食，渴弗得饮，公怜其疲乏，乃施茶给食以济之，凡六七年。亲友有婚丧不举缓急相告者，必餍其所求而去。乡中饰庙、构祠、开道、筑堤，诸公共建设，捐输靡所吝，趋赴若不及。盖其得力于佛学者深，而博爱之旨趣，充然溢乎事境如此也。云云。〕

秋　总理赴美洲檀香山，创立兴中会。

五月　朝鲜内乱，清遣兵援之。七月，与日本宣战，陆海军皆败。旅顺口、威海卫相继陷。

民国纪元前十七年，清光绪二十一年，乙未（公历一八九五），公九岁

是春　公复从任介眉，读四子书完。任待蒙徒非常酷虐，六月间染疫死。王太夫人仍聘蒋谨藩为塾师。

七月初五日　戌时，肃庵公卒。孙洪伊、胡汉民为之传，朱大符、汪兆铭志其墓。〔朱大符《蒋肃庵先生墓志铭》曰：吾友蒋子中正为余言曰：吾九岁而丧父，今几二十年，未尝须臾忘吾父未殁时之言也。吾父之殁也，吾母王太君在侧，吾父顾吾及幼妹指谓吾兄曰，尔弟妹幼，吾死后尔母

必哀痛不自胜，尔年长，其能尽孝致友以慰吾心耶。吾兄承涕自任，乃瞑。呜呼，痛哉！吾父性刚直，处事公，接物以诚，容貌毅重，自持勤俭，其所以训亦若是。方吾始就传时，吾父引而训之曰，吾少承先人业，不克服劳于国，然犹翼于乡党施教育，矫去敝俗。今者吾当尽力，使亲族敦睦，闾闬无惊，而尔辈得一意读书，异日倘有所成，亦可稍补吾憾也已。暨晚岁，则爱吾兄弟逾【愈】切，而督责之亦愈严。今吾父葬未有志也，子曷为之铭。大符自得交蒋子，方相期以节行，读蒋子所记肃庵先生事略，知其思深沉而行勇决有来自矣，不敢辞，谨案记。先生讳肇聪，字肃庵，世居浙江奉化之锦溪，经营盐业。当清道光、咸丰间，太平天国兵起，全浙残破，百业皆废，蒋氏家亦中毁，时先生与兄世昭先生，皆仅十数龄耳。既而浙少定，先生稍壮，承父命复治盐业，振乏起匮，废者皆举，数年而复其初，闾里亦渐宁矣。顾锦溪人喜讼，讼辄不休，先生以为是非不可以已者也，遇有欲讼者，悉力弥之，即有真不平者，倾资助之，使必胜，狡者惩焉。故讼日减而奸非自绝。自先生之殁，乡人有讼兴，父老往往相与叹息，言曰，肃庵先生在，不至是也，其泽施入人深久且不忘若是。自先生与盐业于颓败之余，乡人皆知先生能，每有约议，非先生言不决。乡人立社于锦溪之左，曰武山，有田产甚丰，主之者因以为奸利，纷不可治。乡中耆硕议，谓非先生不能理斯社也。坚要任社首，三请而先生未之允，乃至持社公主，就先生家祀之，得诺乃已，先生卒治其社，数年，产倍于初。诸所为乡党公共尽力者，皆类是，而尤致力于义塾，士贫不克学者，皆资助之，所育成者甚众。大符惟今世人，往往自治其业而饶，其治公共之业则亏，其愿者独善其身，乃避事不任，故事系属于乡邑者，类弛萎不可语，俗益偷，国与俱蹶。夫传以见义不为为无勇，若先生者，可谓勇于为善者矣。而其所以训子者，一何欿然不自满也。盖内行备者，不必身试之于事功，而泽之积也，必有所宣。今蒋子从总统孙逸仙先生，光复中华，志行动当世，而益厉于学，于先生之所志，庶几无缺乎。先生之卒也，以民国前十五年七月五日，年五十四。初娶徐氏，生子锡侯、女瑞春，而卒；继娶孙氏，无子，卒；又娶王氏，生子中正、瑞青，女瑞莲、瑞菊。锡侯为邑名诸生，中正为陆军少将，瑞春适同邑宋式仓，瑞莲适同邑竺芝珊，瑞青、瑞菊幼殇。孙三人，国柄、经国、纬国，皆幼读。锡侯、中正既以民国二年三月三十一日，葬先生于锦溪村北桃坑山之右巅。谨属比勒铭，铭曰，志匡国家，泽在乡土，子承其德，业光于祖，松楸百年，精爽万古。中华民国七年八月，朱大符撰。〕

正月二十七日　总理在港成立兴中会干部。

三月　清廷与日本议和，承认朝鲜为独立国，割台湾、辽东，赔兵费二百兆两，订立马关条约。〔逾月，俄、德、法迫日本归我辽东，增偿兵费三十兆两。〕

八月　总理进行第一次革命，约期举事广州。九月十日，清吏侦破机关查获械弹，陆皓东、丘四、朱贵全被捕遇害。

民国纪元前十六年，清光绪二十二年，丙申（西历一八九六），公十岁

公仍从蒋谨藩读，至戊戌冬止，凡阅三年半。蒋师尝谓王太夫人曰，令郎天资颖异，他日必成大器，汝节操贞洁，天固有以报也。

是年十月十一日　总理蒙难于伦敦，幽禁中国驻英使馆，凡十三日。以香港医校教员英人康德黎营救，得释出。

民国纪元前十五年，清光绪二十三年，丁酉（西历一八九七），公十一岁

公少时承王太夫人命，待客侑觞必使至醉，客或举粗馔，急掣其箸使不得下，或即撤去，卧具亲自拂拭，其天性慷慨已如此。

民国纪元前十四年，清光绪二十四年，戊戌（西历一八九八），公十二岁

是年　公读诗经卒业，间习古文辞，学作制艺。

三月二十三日 未时，公弟瑞青亡，仅四龄耳。王太夫人怜其幼慧，哭之恸。葬于石鳍岙祖茔左旁百余步。〔后王太夫人欲勿殇，冥配王氏女，命以公长子经国嗣。〕

正月 总理在伦敦以考察欧洲政治、经济、民俗之心得，确定三民主义、五权宪法为中国革命方针。二月清廷与德国订租借胶州湾条约。

三月 俄国要求订租借旅顺、大连湾条约。

四月 英国要求订租九龙条约。五月，又徇英国要求订租借威海卫条约。

四月 清德宗锐意变法，向用康有为等，至八月，西太后那拉氏以其逼，再临朝，幽帝于瀛台，黜新政，杀党人，康有为逃日本，组织保皇党。

八月 清廷命直隶按察使袁世凯，以侍郎候补，专办练兵事宜。世凯极意扩张势力，北洋军阀始此。

是冬 清廷始派北洋学堂、南洋公学等学生，赴日本留学。

民国纪元前十三年，清光绪二十五年，己亥（西历一八九九），公十三岁

是年 嵊邑姚宗元设帐于葛溪溯源堂〔公外家王氏祖祠〕，公往就学，受读尚书。尝作竹诗，应声成一望山多竹，能生夏日寒二句，姚师深赞赏。平时对公诸舅曰，汝甥悟力非常，若教养得法，前程岂可限量。一日革命先进竺绍康，骑马造馆，坐【与】姚师剧谈，公注视良久，觉其气貌堂皇，神若有异，并爱其所乘马，牵至野外放牧，百般戏弄，马怒号，竟为猛冲，背咬出血而仆地。夏月放假归，入门，见王太夫人，未开言，即嚎啕大哭，越时声益凄。自此每遇外出，辄泪眼尽赤，哀动邻舍。王太夫人亦避入隔房泣，少顷，复出，勖以努力上进，始就道。远离至一二十里以外，犹暗自哽咽。寡母孤儿之情景，其可怜也若是。

尝有一黄脸相者，每年来乡，必过公家，摸公脑部而自念曰，吾未见如此骨相，咄咄，此孩殊奇特。如是不止一二次，后忽不至。王太夫人常形容其状态，以资谈柄云。

十月 清廷与法使订租借广州湾条约。

民国纪元前十二年，清光绪二十六年，庚子（西历一九〇〇），公十四岁

是年 公表伯陈春泉聘毛凤美为家塾师，往榆林从读，受易经卒业。〔春初辞家时，王太夫人训之曰，出门人先防凶，慢言吉，儿谨识之。〕

王太夫人遵肃庵公遗命，循贾区成业，又极意护殖竹林，常嘱公随其舅氏上山，练习苦力。平日伴操，母造饭，儿爨薪，母拂床，儿摺褥，母剪桑，儿喂蚕，舁肥料灌园以为乐，恶衣恶食不自耻，其家风俭勤有如此。

五月 义和团构乱，八国〔英、俄、法、德、美、日、奥、意〕联军破京津，清西太后那拉氏挟德宗奔西安。

闰八月 总理进行第二次革命，郑士良发难惠州，屡挫清军，旋以失外援溃败。

民国纪元前十一年，清光绪二十七年，辛丑（西历一九〇一），公十五岁

是年 公从竺景嵩为业师，受读于崎山下皇甫氏家馆，左传卒业，始学作策论。

冬 公与毛氏女结婚，王太夫人以门祚式微，乃早为完娶，俗例，新夫妇交拜毕，必献茶尊属，王太夫人感悽背眠泣，公亦泣。已而起，面承，且训之曰，余自汝父逝世，抚育汝至今日成室，不知余有多少伤心事，愿汝长大立业，不忘平日教养之苦辛也。公跪哭听受。

七月 清廷与各国媾和，议定辛丑条约，偿战费四百五十兆两〔作利息四厘国债，按年摊还，即所谓庚子赔款〕。

十一月 清西太后那拉氏及德宗还京。

民国纪元前十年，清光绪二十八年，壬寅（西历一九〇二），公十六岁

是年　毛思诚授徒于岩头故庐，公往从温习左传，圈点纲鉴。其戏嬉也，以讲舍为舞台，以同学为玩物，狂态不可一世。迨伏案读书，或握管构思，虽百纷嚣然于其侧，冥无所觉，一刹那间，静躁如出两人，思诚深异焉。

夏　公闻举行童子试，好奇心动，乘兴往赴，亲历场规苛辱，痛诋满清贱视士子，养成腐惰卑污之习。旋闻袁世凯奏废科举，兴学校，则大快。

五月　清廷任袁世凯为直隶总督。

民国纪元前九年，清光绪二十九年，癸卯（西历一九〇三），公十七岁

是年　公始入邑城凤麓学校，习英文、算术，受新式教育。因改良校务问题，同学推公言诸当事者，公立应，盛气趋前，情态激烈。校董凌某怒，欲除其学籍，送官惩戒，以同学抗阻得免。是时学校课目仍重经史，竺麟祥〔清翰林〕主讲礼记历史，周凤祺主讲周礼。

十一月　清廷设练兵处，以徐世昌为提调，段祺瑞为军令司正使，王士珍为军学司正使，北洋军阀始盛。

十二月　日本因俄兵入据奉天，正式宣战，清廷通告局外中立。

民国纪元前八年，清光绪三十年，甲辰（西历一九〇四），公十八岁

是年　鄞县顾清廉讲学于郡城箭金学堂〔在城北西河沿文昌阁〕，公从之游。尝谓吾国载籍之繁富，学术渊源之广远，略涉其涯涘，以及通晓读书法，窥见汉文门径，皆顾先生一手陶成之。清廉治性理学，平日诲弟子，务变化其人气质，察公器识不凡，奖勉益至。日夕讲经之余，又以周

秦诸子、说文解字及曾文正集授之，并勖公读孙子，习知兵法，以备捍卫国家。尤喜纵谈国闻，时称道总理名。并谓青年欲大成求新，当出洋留学异邦。公默识向往，乃始发愤奋志于革命事业。

三月　公兄锡侯补奉化县学附生。

春　总理由日本抵檀香山，寻赴美洲，所至鼓吹革命，始与黄兴等联络。著论文曰《中国问题之真解决》，为本党最初对外宣言。

民国纪元前七年，清光绪三十一年，乙巳（西历一九〇五），公十九岁

正月　公入龙津中学，因受内外潮流之激荡，感痛国族之凌夷，家庭之茕弱。〔乡有无主滞粮，县官令甲首中户摊赔，公家与焉，庄书嗾里猾故加苛派，差役票传公到案，勒迫承认。王太夫人以为奇辱。而公愤恨贪官污吏、土豪劣绅，思图社会革命，动机于此矣。〕在校未三月，即决计出洋，以自寻其出路。当时风气未开，亲属及戚旧多来沮尼，甚至有泣下者，王太夫人虽不忍孤儿远离膝下，卒以公志难回，遂妥为资遣。四月间，东渡日本，拟学习陆军，以例须由本国陆军部保送，乃改入清华学校。在东京结识陈其美，即因介往见总理于宫崎寅藏家中，并广交中国在东志士，是为公参加革命运动之始。

三月　公外王母姚太夫人卒。〔公有《外王父母传》曰：外王父品斋王公，讳有则，嵊邑葛溪人。幼而敏学，精研诗礼，长弃举业，远游四方，体格魁梧，风范雍容，远近之人无论知与不知，望而识其为葛溪王先生也，其为世向慕如此。太平天国既亡，公痛民族之沉沦，里居郁郁不乐，乃游皖南与浙西，至安吉、孝丰，招集流亡，经营垦殖。居数年，田日辟，产日富，方数十里皆公壤也。公以其闲疏河渠，开道路，办保甲，阴以兵法部勒其人，赏罚黜陟，秩然而不犯，一方以安，人至今诵德不衰。公虽富而治其家以勤俭，教养子女以礼义廉耻之节，尤谨于女教，先妣王太夫人，通诗书，工女红，独得外王父母钟爱。及归吾家，一以外王父之法度，庀其家事，中正九岁，而先考肃庵公即世，先妣食贫自守，抚其遗孤，以至于成

人。盖先妣之大节与所以教中正者，得于外王父母为多云。中正幼年，先妣王太夫人尝以古磁玉器示中正曰，此外王父之所遗也，外王父购自远方，独以赐予，当珍藏之。又告中正曰，外王父平居喜渔猎，钓无不获，弋无不中，网兽田猎，老而弥擅其能，盖其聪明才力有以大过人者也。公晚年归老于乡，斥其资财，以开奉嵊通道，披荆棘，刊山谷，通津梁，荜路蓝缕，以迄于蒇事，皆公之力也。夫善居积者，往往聚而不能散，故曰为富不仁矣。以其身致之之难，思以贻其子孙，又未尝教以礼义，以成今日民族骄惰之风，乃至国弱民困而不可收拾。求一治公如治私，治乡如治军，勇于为义，不惮险远，不见用于世，则以礼义廉耻之教，修于家人父子之间，如我外王父者，岂非古之贤者哉。中正自其幼时，先妣王太夫人则举公之言及其行事以诏中正。去年冬卸职归里，展谒外王父母之墓庐，及浏览王氏之谱牒，钦其世德，追维母教，不胜诗人鲜民之痛。今在军中，疴病少瘥，又值先妣王太夫人逝世十一周年之日，伏枕撰次公之行义，以为公传，亦以见中正有立于世者，其来有自也。公生于嘉庆二十五年五月初七日，殁于光绪八年四月十二日，享年六十有三岁。原配姚太夫人，生子三，贤候、贤宰、贤达，女一，适石门单氏。继配姚太夫人，生子二，贤巨、贤裕，女一，即我先妣慈庵王太夫人也。中华民国二十一年六月十三日，外孙蒋中正谨撰于庐山牯牛岭。中正九岁而孤，逾岁而母弟瑞青又殇，当是时，先妣王太夫人哀痛之情，童稚如中正，固不得尽识其苦，然犹能领悟其一二，乃至终身不能忘。盖先妣之苦节，与中正之孤露，有非他人所能想像及之。而于是时，与之共居处同休戚，朝夕保育，而慰藉之者，惟我外王母姚太夫人一人而已。外王母嵊县欢潭姚氏培松公女，归我外王父品斋王先生，生吾四母舅贤巨、五母舅贤裕及先妣王太夫人。外王母性娴静，仪容温厚，接之蔼如，与人慈爱，持家勤俭，教子女有法度，而于先妣与中正爱护尤笃。外王母老而康强，先妣每岁必迎外王母至吾家，恒累月留，中正课余假归，侍外王母与先妣于冬日爱堂中，中正读，先妣织，外王母念佛，机声梵音，与书句相间如唱和，此情此景，仿佛犹在目前。中正年十三，从姚宗元先生，馆于外氏，外王母时其寒温，谨其饮食，考其学业，循循而善诱，故不肖之孤，远离膝下，而先妣无姑息之爱者，以有外王母在也。夫世之贤母多矣，然其贤大抵止于其子，或及其孙，未有施及外孙，如我外王母者也。凡教其子孙者，大抵望其富贵，以褒显父祖为门户光而已，亦未有教以德义，勖其志在四方，如我外王母者也。外王母以清道光十七年丁酉五月初八日生，卒于光绪三十一年乙巳三月十三日，享年六十九岁。外王母殁，先妣之恸尤甚，中正时年十六，先妣每顾而叹曰，吾为未亡人，今母又逝，吾大事毕矣。然儿未成人，吾其忍死须臾，以待乎。呜呼，先妣之丧，于今亦十有二年矣，外王母与先妣之教，犹在吾耳，而国事日艰，外侮益亟，中正德不加进，业不加修，以不肖之身，负党国付托之重，寄天下安危之责，如此，夙兴夜寐，将何以副外王母之教，以无忝于所生，每一念至，未尝不汗下沾襟也。军中追维旧事，谨次为传，聊以述外王母之恩勤，而中正蹉跎之过，以自儆敕云尔。二十一年十一月八日，外孙蒋中正谨撰〕。

冬　公妹瑞莲出阁，王太夫人召公归，襄办嫁事。

是年　日俄战事终，日海陆军皆大胜。清廷动于立宪之说。八月二十六日，派五大臣〔载泽、戴鸿慈、徐世昌、端方、绍英〕出洋考察宪政，吴樾在正阳门车站投炸弹，未中，死之。

七月　总理由欧洲抵日本东京，黄兴、宋教仁等齐集富士见楼欢迎。旋议组织团体，遂于是月三十日，创立中国同盟会。〔十月二十一日，是会发行《民报》，宣扬三民主义，越四年，为日政府封禁。〕

民国纪元前六年，清光绪三十二年，丙午（西历一九〇六），公二十岁

是年　公入陆军部全国陆军速成学堂，即保定军官学堂是也。先是各省督练公所招生甄试，浙省额六十名，报考者千余人，除武备弁目等校保送外，仅余十四名，公获取列。迨举行入学试验，公适患病，幸亦及格，遂得进校肄业。尔时汉满畛域甚明，同队中惟公无辫，满人愈益注目，公亦时加警惕，深自韬悔。一日，日本军医教官于讲授卫生学时，抨取一立方寸之土置案上，谓学生曰：这一块土，约一立方寸，计可容四万万微生虫。

已复曰：这一立方寸之土，好比中国一国，中国有四万万人，好比微生虫寄生在这土里一样。公闻而愤不可遏，乃驰至讲台前，将土碎为八块，瞋目还问之曰：日本有五千万人，是否亦像五千万微生虫，寄生这八分之一之立方寸土中。日本教官出不意。有顷，指公秃顶大声叱曰：你是否革命党？公忿然曰，只问你譬喻对不对，不要问这题外事。日本教官无可置喙，立即报告总办赵理泰，请予严惩。赵氏知曲在日本教官，仅转令监督曲同丰训斥了事。〔陆军学堂法规，凡反对教官，轻则除名回籍，重则监禁治罪。〕是年终，陆军部就本堂考选留日陆军学生，公以非日文班不得与，憾甚！乃上书自述曩曾研读日文，请准一体收录，赵总办允之，深夜有人提灯传知，公从睡梦惊觉，喜出望外。待晓随场应试，各科皆及格，明春送往日本学习陆军，而公之唯一志愿成矣。

七月　清廷宣布豫〔预〕备立宪。

是岁　总理在日本鼓吹革命甚力，留学生加入同盟会者激增，清廷患之，乃要求日政府迫令出境。

民国纪元前五年，清光绪三十三年，丁未（西历一九〇七），公二十一岁

春　公入振武学校肄业。〔校在东京牛込区，陆军部遣送学生留日本学习陆军，例须先入振武学校三年，卒业后，再入联队为士官候补生。〕

公由陈其美介绍，加入同盟会。其时日政府承清廷意旨，取缔留学生极严厉，然公每逢星期日，必聚集党中同志，密会一次，筹议革命机务，而以江浙籍党员为多。常与苏曼殊、张恭、章梓等，痛谈鞑奴入主中华二百六十余年，如何压迫我汉族，如何丧权失地于列强，无不为之发指。

正月二十日　总理赴安南，设机关于河内，进行第三次革命，发动潮州黄冈之师，为潮州镇兵击败。

四月二十二日　总理进行第四次革命，命邓子瑜等举义于惠州七女湖，旋以清军各路影响却走。

五月　徐锡麟在皖，秋瑾在浙，并以起事遇害。

七月二十七日　总理进行第五次革命，命王和顺等起义于钦州王光山，破防城，围灵山，不克。

十月二十六日　总理进行第六次革命，命黄明堂等举义于镇南关，旋以饷匮弹罄，退入安南。

民国纪元前四年，清光绪三十四年，戊申（西历一九〇八），公二十二岁

公肄业振武学校，大半光阴皆消耗于奔走革命，联络同志，与竺绍康〔时绍康因秋案通缉亡命日本〕过从尤密。绍康为述徐锡麟之死，实陶成章逼成，否则其所成就，当不止此。公始悟陶与龚未生常谓徐有帝王思想，意殊叵测。陈其美亦以陶自南洋回日，因少数经济关系，极诋孙先生，掀起党潮，是诚可憾。公遂鄙陶革命人格。当时会中诸同志闻镇南关、钦州、河口等处，迭起举义之师，或奋袂请行，或倾囊输助，革命热点高沸。而公以学习陆军，期望远大，不令回国参加战役，惟自去年以来，每遇暑假，必告归省亲，乃淹留沪上，与诸同志集会，秘谋扩大党势，从事于排满运动。公见邹容《革命军》一书，酷嗜之，晨夕览诵，寝则怀抱，梦寐间如与晤言，相将提戈逐杀鞑奴。其醉心民族主义如此。〔清光绪二十九年，上海苏报案发生，容下狱死。〕

十二月　公兄锡侯毕业四明法政专门学堂。

是年二月二十五日　总理进行第七次革命，令黄兴集众攻夺钦州马笃山，转战获胜，旋以势孤弹尽，乃下令解散。

三月二十九日　总理进行第八次革命，黄明堂等举义于云南河口，以敌援麕至，率众退入安南。

十月　清德宗与西太后那拉氏，相继隔夕殂，溥仪嗣位〔仅三岁，年号宣统〕，醇亲王载沣摄政。

十一月　清廷开袁世凯缺，命回原籍养疴。

民国纪元前三年，清宣统元年，己酉（西历一九〇九），公二十三岁

是年冬　公卒业振武学校。〔时在明治四十三年十一月二十五日，清国陆军学生监理委员长，陆军中将男爵福嶋安正给证书。〕升入日本高田野炮兵第十三联队为士官候补生。联队长飞松宽吾，团长外冈外史，对公甚优遇。其时天气冱寒，雪深丈余，朝操刷马，夕归刮靴，苦役一如新兵。尝奋然曰，将来与邻邦作战，情况当不止如今日而已，是固寻常，有何难耐者。故咬定牙根，事事争先，不自感觉其苦。而日本兵营阶级之严，待下之虐，与营内之整洁，皆于此亲见之。

三月　总理在星洲决定游欧，越月初一日启程，历法、比、英京城，至九月十七日，由伦敦赴美。

民国纪元前二年，清宣统二年，庚戌（西历一九一〇），公二十四岁

三月十八日　巳时，子经国生。

十二月　竺绍康性行豪侠，公平日最所敬爱，至是卒于沪上，年三十四岁。公乃收抚其旧部，为之救济危难。[1]

是年正月初三日，总理进行第九次革命，广州新军举义，事败，倪映典死之。

十二月　日本并吞朝鲜，设置总督。

1　《民国十五年以前之蒋介石先生》书中在竺绍康卒之文中加注云："绍康，浙江嵊县人，幼孤，长身隆准，音吐朗然，自少豪侠，斥私赀结客。徐锡麟见而倾心，因与倡办大通学堂，隐实网罗同志，纠集魁杰，企图首倡革命。锡麟举义皖垣，绍康响应，浙吏捕之急，亡命海上，日与公及陈其美、张人杰等谋覆满清，比常患病，至是殁于沪壖，年三十四。"

民国纪元前一年，清宣统三年，辛亥（西历一九一一），公二十五岁

是夏　公托故假归，与陈其美在沪密规举义江浙，并营救张恭等事。〔时清吏端方、嗗党员刘光汉与其妇何氏，赚张恭等下狱，公竭力营救，并图行刺刘、何。〕至八月中旬，始回联队。未匝月，即得武昌起义之报，公乃决心景从，不告而归。与同伍生张群、陈景枢等，微服走长崎，登轮回国。九月初九日，抵沪，其美令赴杭主持浙事。当去运动新军，议决以童保暄为临时司令官，朱瑞为第八十一标司令官，顾乃斌为第八十二标司令官，公为先锋队指挥官，复回沪复命。〔时公作书诀别王太夫人与其兄锡侯，告以誓为革命牺牲，并劝母勿念儿，及死后家事之处置，语极激悽。〕即率敢死队百余名来杭。十三日，上海宣告独立，推其美为沪军都督，次夜二点钟，杭城响应。先锋敢死团与第八十二标三营突起，以炸弹毁抚署，虏巡抚增韫；第八十一标，别攻军械局及将军署，至十五日午后，旗营亦降。浙省既下，公又返沪，助其美谋定全苏，编练步兵一团，是为沪军第五团〔后改为陆军第九十三团〕，自任团长，保黄郛为都督署参谋长，兼陆军第二十三师师长。公尝曰，当时革命观念，第一在推倒满清，恢复中华；第二在为平民抱不平，解决社会问题。权位二字，实未丝毫容怀也。是时陶成章踵回国，蓄意破怀〔坏〕同盟会，主拥戴章炳麟，抹煞孙、黄历史，并谋刺陈其美，而以浙江光复代之为革命正统。诣公运动，公大骇，默忖其计果行，则沪军无主，长江下游必复入混乱态状。而当时东南人心未定，军官皆清室遗孽，甚易为满清与袁世凯所收服。熟权公私利害，决先除陶以安革命全局，事后自承其罪。盖其心出于至诚，绝非对人有所好恶，此为辛亥革命成败最大关键，亦即公对革命历史唯一深切部分也。

公在联队时，译《飞行机》一书。〔此稿寄北京夏尊武校正，因革命军起，夏不在京，遂至遗失。〕

十一月　公兄锡侯任上海光复军执法科长。

是年三月二十九日 总理进行第十次革命，黄兴、赵声等，起事于广州，攻总督署失败，黄花冈七十二烈士殉焉。

八月十九日〔阳历为十月十日，即今双十节〕 同盟会会员以军队首义于武昌，推翻满清政府，创立中华民国。〔九、十月间，湖南、陕西、山西、江西、云南、上海、贵州、苏州、浙江、南京、广西、广东、福建、安徽、四川等处，先后响应光复〕。

二十三日 清廷起用袁世凯为湖广总督。

九月初四日 清廷授袁世凯钦差大臣，节制各军，并以冯国璋为第一军总统，段祺瑞为第二军总统，南下压革命军。

十三日 清摄政王载沣退位，命袁世凯组织内阁。

十一月初六日 总理由法国归，抵沪，十日，十七省代表齐集于南京开会，票举为中华民国临时大总统。

民国元年（西历一九一二），公二十六岁

是春 国内粗定，公为黄郛部所排挤，且以陶案，【为】减少反对党之攻击本党与陈其美，[1]乃避往日本。其复顾乃斌书云，破坏已毕，建设方始，自知才力不逮，因东游以就旧业，足下加我以功成不居之名，闻之愈不自安也。在日专习德文，为留学德国预备，并创办军声杂志社，自撰发刊词，有感时事为文，俱登杂志中。当时俄诱外蒙自治，公甚愤慨，著《征蒙作战刍议》，〔此篇证述日俄与中俄今昔战情，以为征蒙之准备。〕甚思提一旅之众，以平蒙为立业之基也。又成《军政统一问题》〔此篇论设立管区制度，为统一军政之要著〕、《革命战后军政之经营》〔此篇因北京与各地兵变而作〕、《蒙藏问题之根本解决》〔此篇论征藏不如征蒙，柔俄不如柔英〕、《巴尔干战局影响于中国与列国之外交》〔此篇论英、俄、法、德、意、奥诸强国，与巴尔干之相互关系，及吾国应运用之外交手腕。〕等篇。

---

1 《民国十五年以前之蒋介石先生》书中改为“公以陶案之故，为免除反对党以此为攻击陈其美之口实，乃避往日本。”

盖力思研究外交与军事，为政治上辟一新途径，勇迈前进耳。冬，回国乡居。

一月一日　总理在南京就临时大总统职，成立临时政府，改用阳历。〔四月二十九日，临时政府迁北京。〕

二月十二日　清帝溥仪逊位。越日，总理向参议院辞临时大总统职。

十五日　参议院选举袁世凯为临时大总统，至三月十日，世凯在北京就职。

三月十一日　公布参议院议决中华民国临时约法。

八月二十五日　中国同盟会改组为中国国民党。

民国二年（西历一九一三），公二十七岁

袁氏暗杀宋教仁，又擅签五国银行大借款，民党不能忍。七月，赣、宁首先声讨，皖、粤、湘、川各省继之，全国革命空气忽□紧张。先是在沪海陆军将领，多就前沪军都督陈其美谋响应，推任驻沪讨袁军总司令，以策进行。议既定，其美乃令公等收拾旧部，约于七月二十二日晚，围攻制造局，顾仓卒军不整，旧隶守局第九十三团，又为袁之腹心郑汝成调遣龙华寺，而易以所部警卫军；海军又利其重赇附之，势不敌。二十八日，我军迎战于龙华、南市等处。是夜公潜往龙华运动旧部，路经制造局左近，为步哨所得，以计脱，幸而达团部。团长陈其蔚等，早通敌，避匿不见。公乃召集各队，激以大义，遂提一营之众，冲锋奋进，与钮永建部猛攻制造局，死伤相枕藉，营长陈伯三阵亡。我军炮毁海筹舰探照灯，各海舰惧，乱轰巨炮还击，至翌午，我军仍无进步，弹告罄，兵分三路，入夜战转剧，不支，次晨退至吴淞。而租界外人及商人团体与红十字会，又皆袒袁，公部竟于闸北潮州会馆，为英兵缴械，全体将士相对饮泣。公愤极，乃与张人杰驰赴南京，图援宁垣之讨袁军，亦已无及，越宿即返。公春间拟游学德国，总理知袁氏必叛，令留沪候命，至是复东渡日本。此后数年间，中国革命运动重入秘密时期，惟公于秘密活动中，仍不忘个人修养。是年，阅《曾文正全集》毕，而两目成疾。

公兄锡候【侯】，任台州地方法院推事。

四月六日 临时参议院解散，越二日，中华民国第一届国会开幕。〔用两院制，曰参议院、众议院〕

五月 总理电劝袁世凯辞大总统职。

六月 袁世凯免江西都督李烈钧、安徽都督柏文蔚、广东都督胡汉民职。

七月 总理通电请各省一致声讨袁氏。

八月四日 袁世凯任命龙济光为广东都督兼署民政长，并授陆军上将。总理离沪南下，及抵福州，闻龙济光已入广州，遂取道台湾赴日本。

十月六日 袁世凯迫国会选举为正式大总统，越日选举正式副总统，黎元洪当选。

十一月四日 袁世凯解散国民党，并取消国会中国民党籍议员。

二十六日 袁世凯派员组织政治会议，至次月十五日始成立。、

民国三年（西历一九一四），公二十八岁

是夏 公召集所部，密谋在沪宁路一带再举，先毁坏交通，然后占取重镇，传檄讨袁。乃事才发动，即为上海镇守使郑汝成侦悉，部属多被捕杀。[1]世凯衔公甚，下令通缉，并嗾本党王金发暗图，因王与公友善，且愿献媚袁自赎也。尔时公失意无聊，夜间辄至张人杰寓消闲。是晚以伴侣未集，枯坐闷甚，乃复暂出访他友。而王之侦探先见公入，即驰报捕房，少顷，捕役麕至，围宅大肆搜索，公彳亍来，见门外人声如沸，疑为捉赌，避去获免。

六月 公以东南难急进，应陈其美电召回日本。时有东省同志宁孟言告于党曰，吉、黑二省军队，运动已成熟，巴英二统领请派员迅往主持，干部信之。总理与其美乃命公与丁景梁前去，及抵哈尔滨，视察革命程度

1 此事在《民国十五年以前之蒋介石先生》书中的记述为："夏，总理令公主持沪讨袁军事，兼任第一路司令，担任潭子湾、小沙渡、曹家渡、梵王渡一带进攻任务；陈荣廷担任真茹一带夺占警署任务；何元龙担任毁坏铁路电线，要截火车，约期发动，先袭攻宝山、海门。及事为郑汝成侦悉，分头严缉。五月三十日夜半，闸北巡警拿获陈乔荫、王锦三，搜出兵队名单、行军草图、笔记等物，并破获小沙渡机关，即时捕杀党人多名，起出械弹旗鼓印信多件。"

与各地实况，因受中日官府蹦压，死气沉沉，一时未易振奋，乃知宁故为张皇，意在骗款，此事徒成幻梦，居月余，乃即返东京。其时欧洲大战起，归途见俄已动员。

是年一月十日　袁世凯停止国会议员职务。

二十六日　袁世凯组织民国约法会议。

五月一日　袁世凯设政事堂于总统府。

二十六日　袁世凯根据私制民国约法，成立参政院。〔政治会议停止〕

六月二十九日　袁世凯申令参政院，代行立法职权。

三十日　袁世凯裁撤各省都督，于京师建将军府，设将军诸名号。

七月八日　总理在日本东京组织中华革命党。

民国四年（西历一九一五），公二十九岁

公比年遁迹东京，锐志于学，每日看书习字，皆有常课，尤喜读王阳明、曾文正、胡文忠三集，昕夕不释手。前在士官学校及陆军大学所受课程秘本，与巴尔克战术书，靡不逐一精研。军事学即以巴尔克战术书为基础，而政治学则以王阳明与曾文正二集为根柢也。至检身之法，专从悔字上著力，昨非而今犹未是，凡所省克，必日记于册。圣哲所谓非礼勿视、非礼勿听、心欲其定、气欲其定诸训语，皆于此时身体力行之。

是春　陈其美准公报告，乃放弃东三省，一意经营南方，由日本回国，留公在东处理未了之事。公送至横滨轮次，黯然作别曰："此去万一不幸，而为袁氏所害，余当为兄化身，以成未竟之意也。"言已，泣下沾襟。

纳妾苏州姚氏。〔名冶诚〕

十月　其美返沪，以袁氏称帝势迫，急欲赴西南起义与筹款南洋，均为同志沮止，乃留主长江流域军事，复图沪。总理任命其美为淞沪司令长官，即在法租界霞飞路渔阳里组织总机关部。时公奉召之沪，因与吴忠信、薄子明、周日宣、丁景梁、余光建等分任机务，公力请先杀郑汝成，以除障碍。侦知十一月十日，汝成往驻沪日总领事署贺日皇登极，其美乃

派王明山、王晓峰，狙击于白渡桥侧，中要害立毙。〔淞沪镇守使遗缺，以第四师师长杨善德兼任。〕至十二月三日，应瑞、肇和二舰有开赴广东消息，干部以肇和舰久受运动，指定为临时海军总司令部，不可任其远离。仓卒间推黄鸣球为海军总司令，杨虎为陆战队正司令，决于五日晚，乘各舰长公宴在沪官绅萨镇冰等之会举事。届时，虎率所部三十余人，由黄埔乘小汽轮袭取肇和舰，薄子明率所部山东同志二百余名，进攻警察总局，吴忠信部陆学文等，夺取警察第一区工程总局及电灯电话各局。其美闻肇和炮声，知事已得手，即偕公等驰往指挥，及入步哨线，前进者渐稀少，最后独其美与公二人。时正黄昏，灯光下且行且语，各哨不之注意。俄抵工程总局，而炮声顿绝，袁军顿集。〔时杨善德为上海护军使〕应瑞、通济两舰又附敌，后援不继，制造局亦未响应，各路俱败退。〔是役死二十余人，伤者以百计，丁景梁被擒，陈可钧（海军实习生）等殉焉。〕其美以肇和失守，军事无根据，遂与公由水道折回总机关部，〔适工程总局门首江畔系一小舟，公急伴其美买棹泝十六浦，至法租界金利源码头登岸。〕同志亦稍稍集。坐定，议再取应瑞舰，并攻陆地各官署。忽有法捕房侦探警察十余人，破门而入，势甚汹汹。其美在楼上闻之，得遁免，公避不及，佯作旁观者，立门前问何事。有巡士一面答捉革命党，一面入内搜索，公乃乘机窜比邻。当时警察不即拿，不知其不知公，抑识而故纵之，公亦莫明其故也。公以其美住宅与机关部连舍，恐复来抄查，遭波累，即强之同归新民里私寓。事后公病，王太夫人来沪闻悉甚怜之。此次事虽不成，而革命精神之表现，于吾党实有声光。

是年五月九日　袁世凯承认日本要求二十一条。〔日本西进政策，因列强监视，未敢遽逞。欧战起，日军既驱德军离青岛而占领之，适世凯图变国体，遂提出要求二十一条，中分五号。第一号，规定中国政府允许日本□受德国在山东之一切权利。第二号，声明日本在南满及东三省有无限权利。第三号，许日本以管辖汉冶萍矿厂之权。第四号，中国不得以沿海各地租借他国。第五号，规定聘用日人为财政军事顾问，并许合办警察、军厂及布教、筑路等权利。日本通告列强，仅次重要之十一条。事为本党所闻，宣告全国，群起反对。乃袁氏急谋称帝，二十五日正式签订中日协

约，除第五号被逼签容日后协议五字，及第四号用命令宣布外，余悉听其要求。〕

八月十四日　杨度、孙毓筠、严复、刘师培、李燮和、胡瑛等，发起筹安会，鼓吹帝制。

九月二十日　代行立法院建议召集国民会议，解决国体问题。

三十日　总理派胡汉民、杨庶堪等赴菲律滨，邓铿、许崇智等分赴南洋各埠，筹讨袁军饷。十月总理命陈其美赴上海，居正赴山东，米大符赴广东，于右任赴陕西，石青阳赴西川，夏之麟等赴江西，运动起兵。旋发表讨袁宣言及檄文。

十二月十一日　代行立法院汇查国民代表决定国体票数，咨陈政府，并尊崇袁世凯为皇帝。

二十五日　蔡锷等组织中华民国护国军，起义于云南。

三十一日　袁政府申令改明年为洪宪元年。

民国五年（西历一九一六），公三十岁

本党自去冬谋沪失败，各方亦不利，势已成为弩末，党中怀贰分子，多戴黄兴与岑春暄为领袖，改隶欧事研究社。是社以钮永建与研究系一派为主干，对抗本党，阻碍计画之进行甚力，当时本党几无立足地。今春，公乃率杨虎等袭取江阴要塞，而占领才五日，永建嗾其党羽来犯，虎所部宵遁。二卒告公曰，营已空，盍速行，愿前为响导，遂亦去。

五月十八日　未时，陈其美被袁探刺死于日侨山田家中。公哭之哀，收其尸以归，并为经纪丧葬，自撰文祭之。〔文曰：维民国五年五月二十日，盟弟蒋介石致祭于英士先生之灵曰：呜呼！自今以往，世将无知我之深爱我之笃如公者乎。丁未至今十载，其间所共者何如事，非安危同仗之国事乎？所约者何如辞，非生死与共之誓辞乎？而乃一死一生，国事如故，誓辞未践，死者成仁取义，固无愧于一生，而生者守信坚约，岂忍惜于一死。呜呼！大难方殷，元凶未戮，继死者之志，生者也；完死者之业，生者也。生者未死，而死者犹生；死者之志未终，而生者终之；死者之业未成，而

生者成之。不终不已，不成而不死，亦不已，以履去春握别扶桑第二化身之谶语，以守我之信，坚我之约而已。呜呼！追念前情，悲多而乐少，思深而恨长。辛亥以前，谋浙谋粤，一事未成，患难日迫，激感日深，几不知复有尔我之分也。辛亥以后，祸乱相寻，变故百出，非知爱之挚，鲜不为奸人所中伤。癸丑一役，败挫之余，从公往来，不离朝夕者，曾几何人。长逝以后，继公事业，不渝初终【衷】者，更有何人。向之趋炎附势，排我斥我毁我诬我者，果何如乎？今之幸灾乐祸，妒公忌公讥公刺公者，又何如乎？诚耶，伪耶！是耶，非耶！不恨生前之中谗，惟愿死后之可告慰耳。噫！赤忱未剖，奸邪觚隙，忠言失察，竟成今日之祸，悲乎哀哉。而今而后，教我勖我，爱我扶我，同安同危，同甘同苦，而同心同德者，殆无其人矣。已矣哉，感此苍凉，吾复何言。世路崎岖，人心险巇，瞻前顾后，徒增寒心。白发在堂，黄口离抱，奉老扶少，更切苦思。公其有灵，来格来歆。〕

六月　党人在山东〔时张怀芝督理山东军务〕建中华革命军东北军，占取高、潍等县。总理任居正为总司令，公为参谋长。乃抵潍，副官长陈中孚已编成两师一旅，师长与师长以下各军官，均擅自委定。第一师师长，为其腹心朱霁青，部队纪律甚坏；第二师师长吕子人。军中只知有陈副官长，而不知有居总司令。公虽事无巨细，竭力整顿，而权不集中，难著成效。军队之腐败如故，居去北京，许崇智代其职，呈请解散，公乃赴北京观察政局。秋，回沪。

九月　总理闻公母王太夫人贤，于其三十〔五十〕生辰，题教子有方四字以赠，朱大符跋。

十月六日　即阴历九月初十日辰时，子纬国生。

是春　总理归自日本，通电各省协力讨袁。

黔、桂、粤、湘、苏、浙、鲁、皖、川、陕诸省，相继谋独立，至五月八日，合组军务院于广东肇庆。

四月二日　袁世凯撤销承认帝位案。

六月六日　袁世凯羞愤成疾死。越日，副总统黎元洪就大总统职。

十一日　总理致电黎元洪，请规复约法，尊重国会。

十四日　总理电令各省本党讨袁军罢兵。

各省先后取消独立，逾月，唐继尧等宣告废撤军务院。

二十九日　黎元洪申令遵行元年三月十一日公布中华民国临时约法，恢复旧国会，撤消关于立法院、国民会议各法令，废参议院，寻以段祺瑞为国务总理。〔五月八日，袁世凯改政事堂为国务院。〕

七月六日　改各省督理军务长官为督军，分别特任。〔奉天张作霖，山东张怀芝，山西阎锡山，江苏冯国璋，浙江吕公望，福建李厚基，安徽张勋，江西李纯，湖北王占元，湖南谭延闿，广东陆荣廷，广西陈炳焜，云南唐继尧等。〕

十月六日　暂署广东督军龙济光被迫由广州退琼州。

三十日　补选副总统，冯国璋当选。

三十一日　黄兴病逝于沪寓，时年四十四。

十一月八日　蔡锷病故于日本福冈医科大学院，年三十五。

民国六年（西历一九一七年），公三十一岁

是春　公回乡，在宁绍各地联络同志，希图再举。

七月　公留沪接洽各方。其时唐绍仪运动萨镇冰，电令逗汕应瑞各舰，拒总理乘之入粤；又煽海军与南下议员叛总理，总理因而受辱孤立。公闻之愤甚。顾若本党无实力，乃与各同志谋拨广东省长朱庆澜亲军二十营，归陈炯明统率，以为革命基本。旋为桂系〔岑春煊、陆荣廷、陈炳锟（焜）、莫荣新等，皆广西人。〕所夺，至十一月，始由海军总长程璧光争回，而以陈部离粤攻闽，实行北伐为条件，号曰援闽粤军。总理任炯明为总司令，许崇智、邓铿佐之，党人多入军中。

九月　总理任公为大元帅府参军，公撰对北军作战计画。〔南军动员之兵力，敌军（指冯、段军）兵力之判断，敌军集中地之判断，我军第一期作战计画（中央军肃清湖南全境，左翼军四川解决后，当派一支队扼守川北，牵制秦晋之敌军，右翼军与海军合攻闽浙，连下淞沪，然后各路会师南京、武昌），第二期作战计画（中央军由津浦路北进，左翼军由京汉路北进，右翼军由海道前进，在辽西登陆，分道直捣燕京）〕。

十二月 公撰《上总理滇粤两军对于闽浙单独作战之计画》。〔(一) 彼我兵力之比较；(二) 对于湘省防御之方略；(三) 对于闽浙发展之趋势（同时顾虑琼州龙济光为我军之后患)。〕

公兄锡侯任广州地方审判厅推事。

去年 浙江嘉湖镇守使吕公望，逐巡按使屈映光，自为都督，得专军政权。至今年一月一日，北政府特任杨善德为浙江督军，〔以淞沪镇守副使卢永祥升任镇守使〕由上海率第四师之一部入杭州，吕公望出走。

二月二十一日 总理著《民权初步》成书。〔即《建国方略》之三《社会建设》。〕

四月十日 北政府特任陆荣廷为两广巡阅使，陈炳焜署广东督军，谭浩明署广西督军。

黎不慊段之责任内阁，府院时起冲突，国务会议议决对德宣战案，众议院不予通过。至五月十九日，突有北洋系军人组织督军团，〔直督曹锟，省长朱家宝，皖督张勋，省长倪嗣冲，辽督兼省长张作霖，黑督兼省长毕桂芳，吉督兼省长孟恩远，鲁督张怀芝，浙督杨善德，省长齐耀珊，豫督赵倜，省长田文烈，鄂督兼省长王占元，晋督兼省长阎锡山，赣督李纯，省长戚扬，闽督李厚基，省长胡瑞麟，陕督陈树藩，甘督张广建，热河都统姜桂题，察哈尔都统田中玉，绥远都督王丕焕〕秘密开会于徐州，联名电请大总统解散国会，改制宪法〔时国会方制宪〕。黎遂受国会议员环迫，免段职。〔时众议院议长汤化龙辞职，改选吴景濂为众议院议长。〕外交总长伍廷芳、海军总长程璧光〔均隶国民党籍〕即时离京来沪，率海军第一舰队各军舰，奉总理赴粤，通电出师护法。滇、黔、粤、桂、湘南，先后宣告自主。

张勋蓄志复清，至是奉黎召共商国是，遂率所部定武军入京。胁黎解散国会后，即于六月三十日夜半，拥清废帝溥仪复辟。黎愕然，乃急电令各省出兵讨逆，而已离府避日本公使馆。段祺瑞马厂誓师，率倪嗣冲〔段任为皖鲁豫三省联军总司令〕、段芝贵〔东路总司令〕、曹琨〔锟〕〔西路总司令〕各部，与定武军激战于廊坊，大败之。事平，黎感于环境险恶，不愿复大总统职，副总统冯国璋依约法继代。〔调李纯继冯为江苏督军，

而江西督军，另畀第十二师师长陈光远。〕

其时国会议员南下者，得一百三十余人，总理设宴于黄埔公园，咸以段祺瑞虽讨平叛逆，而任用罪魁，毁废约法，实为军阀窃政，决定贯彻护法主张。至八月二十五日，开非常会议于广州，议决中华民国军政府组织大纲，依法开选举会，总理当选为中华民国海陆军大元帅。

段复职后，以政府名义，公布加入协约国，对德奥宣战。任倪嗣冲为安徽督军兼长江巡阅使，免湖南督军谭延闿职，易以亲信傅良佐〔陆军次长〕，令率北洋第八师师长王汝贤、第二十师师长范国璋所部入湘，决以武力平南。当时湘军迎附者，有第二师师长陈复初〔该师旋改编为中央第十七师〕，陈师步兵第四旅旅长朱泽黄，第一师步兵第一旅旅长李石文。而归南护法者，则有零陵镇守使刘建藩，湖南第一区守备队司令吴剑学，第二区守备队司令周伟，第一师步兵第一旅旅长赵恒惕，第一师步兵第二旅旅长林修梅，第二师步兵第三旅旅长陈嘉祐，李右文旅团长宋鹤庚，林修梅旅第四团团长廖家栋。良佐以第八师第十七师应战，朱旅与廖部鏖兵永丰、衡山间，廖部始胜终败。泽黄又与第八师步兵第十五旅旅长王汝勤，攻下宝庆，剑学退永州。广州军政府出师援湘，并任命程潜为湘南总司令，陆荣廷任谭浩明为粤桂湘联军总司令，率第一军沈鸿英、第一旅贲克绍等入湘。段命倪嗣冲调兵增援，粤桂军破之于永州，林修梅率所部反攻宝庆，汝勤败走，北军被缴械以千计，湘桂军联合奇回衡阳、湘潭。而其时府院又起暗潮，冯系范国璋忽通电主和，良佐畏逼遁。同时段所派之四川查办使吴光新失败，川省形成独立。而冯系督军曹焜【锟】、李纯、王占元、陈光远通电响应，段不得已辞职，北洋军遂分为直〔冯直隶河间人〕、皖〔段安徽合肥人〕二派，冯任王士珍为国务总理，竭力联络南方，图敷衍和平。适江苏留鄂第一师师长黎天才、荆襄镇守使兼湖北第一师师长石星川，组织靖国军，独立于荆襄一带，冯大受打击。十二月二日，倪嗣冲、张怀芝与曹锟连结，召集天津会议，辽、吉、黑、晋、豫、陕、闽、浙及热、察、绥各省区，上海护军使，咸有出席代表。决议主张，并由各代表认定各该省区出兵数目，逼冯下讨伐令。

十一月 苏维埃俄罗斯列宁政府成立。

民国七年（西历一九一八），公三十二岁

去冬，陈炯明〔二年曾任广东都督〕奉总理命，拨所统率之粤军四营，成立第二支队，任许崇智为该支队司令官。今春二月，令公赴粤协助，炯明任公为粤军总司令部作战科主任，叶举、翁式亮等皆嫉视，并尝诋毁总理，公欲去职者再。五月，会议攻闽计划，公主移营三河坝，群起反对，及公详陈战略集中理由，始各无言。闽战迭获胜，上杭、大埔相继克复，而以永定一役为尤烈。相并数日，公恐许失利，乃驻往前线面告方略，翌日即下。是时韩江上流水发，闽军败溃者多遭淹毙，李厚基大惊，乃急驱其左翼军牵制潮汕。第一师师长邓铿，以将不受命，且众寡势殊，弃去汕头，公电止之，铿整队复进。同时闽军右翼反攻大埔，第一支队司令官李炳荣退守三河坝，敌军跟踪至。炯明与其左右准备退却，至是始一以委公。公遂以总司令名义，急调右翼之洪兆麟部来援，幸敌军以地形不熟，中止进行，及与洪部会合，乃下令奋击，亲冒火线督战，敌即崩溃。是役也，公视察地形，布置阵地要害，先一夕，率炮兵登山放射列，指挥炮击，一一命中，部下几视为神，而不知公为炮科出身也。自此叶举、翁式亮等，益忌公而挤之，公径赴汕头，向总司令辞职回沪。世人称公善战自此始。

三月二十日[1] 公撰上《今后南北两军行动之判断》。〔略云：北军必由长沙陷衡州，取道赣南，进据潮汕，与其攻湘克韶之军队，以规取广州。倘川滇各军于衡州未失之前，克日东下，连定宜荆，以袭其攻衡军之后路，而潮梅之粤军，当张怀芝未抵赣州之前，力克漳龙，以绝其闽赣联络之势。如闽省得胜，则浙江摇动，桂粤闽浙，连成一长围之局，是长沙之得失，无甚关于大局也。〕

七月二十五日[2] 撰上《粤军第二期作战计划》。〔略云：本期战略，第一，以主力集中于右翼，恢复右翼之势力，收复粤境已失之地，巩固潮汕之根据，以待左翼挺进部队之发展，再用主力取海岸道之捷径，向漳州正面进取，以策应左翼挺进部队之前进，与其会师闽江下游，以期于短少时间，迅速占领福州也。

1 《民国十五年以前之蒋介石先生》一书作 3 月 10 日

2 《民国十五年以前之蒋介石先生》一书作 7 月 9 日。

第二，以暂守左翼，惟须出一有力部队，向龙岩、延平方面挺进，威胁其侧面之薄弱而又危险之点，以动摇其漳州之策源地及福州之根据地也。〕

＊**三十一日**　具呈陈总司令辞职。

＊**八月一日**　陈炯明派陈其尤赍函挽留公，遇于潮安车次。函中有“粤军可百败而不可无兄之一人”等语。

＊**二日**　邓铿派代表至汕强留。

＊**三日**　如港，会廖仲恺、朱大符、居正、古应芬诸同志。

＊**四日**　克复大埔。

＊**六日**　连破永定、下洋、峰市。

＊**八日**　总理电尼回沪。〔电曰：汕头陈总司令转蒋介石鉴：沪电云：沪上各码头均有探候缉，万不可回。等语。特此转达。孙文。庚。〕

＊许崇智部收复上杭。

＊**十八日**　归沪，轮行稳疾。入夜，公对月华吐朗，追忆少年时奉母游招宝山及天童、育王诸胜光景。

＊**二十三日**　晚，谒总理报告闽粤战况。

＊**三十日**　复陈炯明表函。〔今佚〕

附：节陈炯明书

〔昨得诵致其尤书，知于十七日始得买舟回甬。又闻杨逆（善德）捕兄极急，冒险省亲，为之戚然。……惟祸机已萌，风雨如晦，求友之急，无间晨昏，所望笃念同仇之雅，早日归来，并为邀约季陶及某君，一齐来谋。言尽于此，余惟心照。（八月二十六日）〕

〔各书均奉悉。以后计画，均如议施行。……兄去而捷卿死，精神上受打击，自以为粤军败征已见。……惟现在右翼又来告急，刘部尚未至，弟本欲回，而此方非弟主持，势如散沙，故拟待龙岩之下，而编成一大队，交汝为（许崇智）挺进，弟则主守后方也。现在诸事纷烦，非得人莫办，弟幕中有几人胜任，兄所深知，惟望早日回埔，共勷大计。是为切要，不尽欲言也。（九月六日）[1]〕

1　《民国十五年以前之蒋介石先生》一书作8月29日。

〔……吾党实力，只此一军，若非得二三中坚人物，以谋团结坚固，则仍无永久存立之望。此间情形，能助我者实寥如晨星。……中孚枪三千，如购得，决定发与吾兄，练一中坚军队。马帮统（作梁）陆军中学生，年少尚可裁成，辛亥从黄克强战于武汉，颇有胆略，现若规之以正，自不至为恶空气所同化。前拟将炯光编归兄部者，以此子学识尚浅，阅历未深，得兄为其长官，或可陶练以至成材。惟其性质深躁，难于就范，又恐以此艰巨付托，重贻吾兄之忧，故现在尚未决定办法。总之粤军须有中坚军队，以资控制，庶可建威销萌，立于强固不拔之地。此项将官非有道德可信之人，实难倚恃，故三千枪之成功，决定交兄负此重任也。前函训练干部，极为扼要，当及时图之。经饬参谋处筹议，最好赴沪归省，能早日回部，即可计画此中坚军队之进行。此节祈密，暗底练成一旅训练最精枪械最良部队，以为全军之冠，则基础自固矣。……（九月十日）[1]〕

九月 公奉总理命回漳。时许崇智已升第一军军长兼左翼指挥官，炯明乃任公为第二支队司令官，拨最亲信梁鸿楷、丘耀西二统领所部归其指挥，仅千人。司令部设长泰，即于诞辰就职。无何图袭福州，适值隆冬，率营由安溪间道出丘演梧桐尾，敌沿途据险顽抗。后因梁部迫其右翼，民军胁其左翼，敌见势绌，向永泰逃窜。当时以许崇智退仙游，公决兜抄旁邑，使北军回戈自救，以分散其兵力。十二月八日拂晓，追敌至永泰城外，丘统领所部攻其正面，梁统领所部攻其右侧面，民军〔闽人卢兴邦、张贞、陈国辉、宋渊源、杨持平等，收集土匪，纷据于泉州、安溪、永春、仙游、诏安、云霄等处，号称民军。今之粤军，后之讨贼军，皆利用之，然叛服无常。〕亦绕其左侧面，三面环攻，敌不支溃退。是晚入城安民，前锋已抵汰口，距福州仅六十里。炯明、铿等俱驰书赞誉。正拟乘势直逼，李厚基以防兵悉调仙游，恐甚，奈公自占领永泰后，身忽病，所部又指挥不灵，敌军一面诡托停战议和，一面徐调其左翼之兵，充实力量，突于第三日反攻我军。中其缓兵之计，全队弃城走，公仅以身免，历来用功各书及六年份日记，俱遭遗失。

---

1 《民国十五年以前之蒋介石先生》一书作8月31日。

三〔二〕年阴历十一月九日，为公母王太夫人五十生日，适公出亡，未举庆礼，至是五十晋五，始称寿觞。总理赠联，杨庶堪有序。

是年　蒋氏纂修宗谱，总理题奖王太夫人“广慈博爱”榜额，悬诸祖祠，以留纪念。重修报本堂，即祀三房廷锶公以下家庙。熊希龄书匾。

桂系护法无诚意，孙大元帅以粤督莫荣新〔炳焜因各方不平去职，荣廷命荣新继任。〕嗾沈鸿英诱杀潮梅军第一支队司令金国治。至是又擅杀军政府卫队官兵数十人，愤极，乃令陆军总长张开儒滇军第一师，海军总长程璧光所部舰队，严为戒备，即于一月三日，令同安、豫章二舰轰击督军署。经广州各团体调停，荣新知理屈，且恐滇粤军蹑其后，赴军政府谢罪。嗣是大元帅得布置援湘闽军事矣。

粤桂湘联军克岳阳，与黎天才会合，皖系将领迫冯总统宣战益急，冯窘甚。一月三十日，下令任曹锟为两湖宣抚使，张怀芝为湘赣检阅使，张敬尧为攻鄂前敌总司令，率同吴佩孚之第三师王承斌、阎相文、萧耀南、张福来四个混成旅，并加派鲁军一部及奉军第一师张景惠部，南下分攻湘鄂。先败荆襄黎、石二部，怀芝即令敬尧所部赴南昌，敬尧以第七师步兵第十三旅旅长吴新田部当前敌。程潜率湘南游击司令李仲麟部，会同桂军沈鸿英部迎击，克羊楼峒。北军得吴佩孚第三师步兵第六旅加入前线，夺回羊楼峒，下岳阳，湘桂粤各军直退长沙，再由长沙退衡阳，湘西镇守使田应诏等，并退出常德。吴部尾追至衡山，冯乃任曹锟为四川、广东、湖南、江西四省经略使，怀芝为援粤总司令，佩孚副之。徇段系意，而以湖南督军畀敬尧。三月二十三日，段复国务总理职，佩孚怀恨，通电主张议和，指斥北政府。

自程璧光被刺，桂军林虎击败琼崖之龙济光〔<五年六月，冯国璋命兼署巡按使，七月，命暂署广东督军，十月被迫由广州退琼州。>〕，桂系益横恣。总理以护法无望，五月四日，向非常国会辞海陆军人元帅职。而援闽粤军，恐为所消灭，党人急于离粤，九日，即开至闽粤边境。未几分兵两翼、陈炯明自任中路，许崇智、邓铿为左右指挥，兼程锐进。李厚基猝不及防，在前线之北籍闽军第一旅先溃败，连克永定、上杭、武平、诏安、云霄等地，击破其主力二混成旅。八月三十一日，遂入漳州。

五月二十日　军政府改组，总理离粤。非常国会选唐绍仪、伍廷芳、唐继尧、孙文、林葆怿、陆荣廷、岑春煊七人为政务总裁，而以岑为主席。九月，总理接总裁证书，函复国会，派徐谦为代表出席。

六月　北政府任李厚基为闽浙援粤军总司令，而以调闽援粤之浙军第一师师长童葆暄为副。浙军有与粤军联络者，团长陈肇英率步兵一团归诚，总理编制为浙军混成旅，任肇英为旅长，旋改为浙军司令。浙军在闽岁余无功，次年七月回浙，童葆暄五月已病死。

去冬　段迫冯组设参议院，举安福俱乐部首领王揖唐为议长，修改国会法，把持选举，使同系多占议席，产生新国会。今秋九月一日，以段派举徐世昌为大总统，冯代理期满解职。段辞内阁总理职，钱能训继任，军政府宣布代行大总统职权，与之对抗。徐联奉，任张作霖为东三省巡阅使。

△九月七日　同盟会会员王昌，愤汤化龙在美举内战债，刺死于域多利地方，即以身殉。

苏维埃俄罗斯临时政府成立，迁都莫斯科。

十一月　协约国与德国签定休战条约。

民国八年（西历一九一九），公三十三岁

一月十三日　公报告进攻永泰始末情形，并请准陈总司令调回永春、安溪梁、丘两部队至长泰，亲自督操训讲，以图日有进步。一面条陈本支队根本改良办法，及全军编配整理方式。炯明不尽采用。

附：节陈炯明书

〔得手书，具佩关怀大局，留心军务，其中急须整顿准备者，当即如议办理，一时碍难进行者，姑俟大局稍定再举。此次挺进不能达目的，非关吾兄处置之不当，军事作战之不力，盖有种种主因，非战之罪也。……现我军虽撤退，然于军威无损，局面不摇，增者阅历，尚可为异日之受用，未见为失也。……[1]〕

1　此为陈炯明1月15日复函。

十七日　陈炯明拟于漳州附近建筑可容一师之大营房，并训练场所，函属公设计。公为详陈规制并精绘图样具复。

三月五日　公请假归沪，五月又回长泰。适于次日本支队第三十九营在枫洋为匪击败，公急令第三十八营自安溪进剿，并饬驻守华封部队协攻。乃匪又射死马作梁帮统，迫我攻永春队伍退至大坪，安溪被占。至十八日，宋渊源又率千余匪来犯，大破之，追奔十余里，毙匪十余名，王荣光罹重伤。二十五日，德化方面，匪复肆扰，公即请陈总司令加派部队于安溪，合力奋钞〔抄〕，使之首尾交窘，后匪又图逞数次，迭受创痛而去。

公在沪时，王太夫人莅视，命眷属随往闽，僦居鼓浪屿。公休沐辄憩此，海天奇景，怡然心目，寻郑延平阅操台故址，雄风至今未沫，亦一乐也。公以陈炯明外宽内忌，难与共事，邓铿亦不加谅，志愿多违，愤而求去。乃两致邓书以自明心迹，并邀转达。〔六月二十一日书曰：……足下处事以谨慎，而转入固我，其病又坐狭隘褊急，然对于弟则仁已至矣，义已尽矣，弟亦谓极足下海阔天空之量矣，然而犹以为未足任其翱翔也。足下对他人未必如弟也，他人亦未必如弟之能原足下也。每闻人言，足下有伯夷之隘，所谓君子之过人皆见之者非耶。此其故由于足下嫉恶过严，泾渭太分耳，弟亦时有此病，而转以规足下者，盖不忍知而不言、言而不尽也。老子以谄谀我者为贼，子路人告之以有过则喜，我思古人，实获我心，愿我辈互相警戒，互相勉励，则寡过之道，为善之机，胥在乎是。弟虽不勇，然愿足下有以教我，则收友直之益多矣。七月九日书曰：上次在漳面陈个人去留问题，语悉由衷，想蒙鉴詧。弟留连于本军者，已越一载，始以足下推毂之重，继以总座爱护之深，故敢竭尽驽钝效其驱驰，以助总座者助本党，公义私情所由来也。默察今之局势以及最近措施，非特无益于党，无利于国，而且无以对孙先生。如是而又欲恋其栈豆，自问初心，能无赧怍。弟自去年怫然而去，赧然而归，以常情论之，已属浅率，早为识者所刺讥。然揆之于情，度之于义，无所负疚，则悠悠之口，惟有付之一笑，亦奚足以容怀乎。又自永泰退回，以成败论事者多，卒致诽谤交作，雌黄沸腾。惟当时弟天君泰然，神明自若，此心此志，鬼神可鉴，故乃忍辱负重，含羞抱耻，示其大度，以冀万一之补救，尚无辞退之决心也。今则心劳力绌，自愧才不足以御下，德不足以服众，而又信不足以孚人，内无指挥之具，外乏应付之方，对本军不能补助毫末，在支队又难如愿设施。而犹依依不舍，则谓之素餐尸位顽钝无耻者可，即谓之患得患失鄙夫自待者，亦无不可。若长此以往，窃恐同入于争权夺利、盗名窃位者旋涡之中而不自觉耳。若此，则人将谓我以义始者以利终，其品格不几一落千丈乎。夫人孰不乐与君子共事业，然亦孰乐与小人争权利，况君子道消，小人道长，道高一尺，魔高一丈，历观往事，每每如此。若不于此时引退，以待将来排挤轧轹而后已，势不至丧失人格而不止，岂不大可哀乎。若夫本军之情状，则每况愈下矣。前之尾大不掉与麻木不仁者，咸成为痼疾，今之党派之争，区域之分者，又成为初症。痼疾以迁延不治，积之时日而更深，新症以讳疾忌医，自贻将来之伊戚，久之必有沈笃决裂不可救药之一日。弟据后果以溯前因，凡吾辈所设施者，皆不过为他人作嫁衣裳耳。言念及此，吾为自身惜，又为吾兄悲，窃谓本军现象，无论对内对外，如再不摧陷廓清，则将来更难收拾。弟非不知因循可以渐图补缀，苟且可以弥缝一时，然而养痈贻患，其溃烂势所必至也。本军人数之多，百有余营，辟地之广，二十有余县，然而土匪作梗，安永失守，延宕二月，竟不能痛剿殄灭者，无他，军纪不振，军心不一，兄弟既有阋墙之争，外侮故无同心之御耳。今日本军所受之辱，不可谓不大，即使上下卧薪尝胆，发愤雪耻，犹虞不及。今乃不以为耻，不以为仇，而反以为友，是而可忍，孰不可忍也。盖弟因始谋不臧，威声不著，既不能出一将一卒以捍患，忝窃司令之名，曩以永春、安溪问题尚未解决，告辞恐近于规避，不料延宕至今，茫无头绪，未知了自何日，再四思维，顾弟一人之去留，毫无关系者也。因而思退之心益切，如一日不退职，精神多受一日苦痛，即职务亦多一日荒废。回防以来，耳鸣、脑晕、胃伤，腹泻不止，偶有思虑，则彻夜不寐，若非及时攻治，必成痼病。近日又有浙军关系，无论弟赴汕驻漳，双方浙军皆不安心。此次往厦，未见潘某之前，谣诼纷起，潘亦不明弟赴厦任务，诸多怀贰，及会晤之后，反复陈疏，其于公务虽能释然于怀，而对于弟个人之疑惧，终不能涣然冰消。不宁惟是，即弟在长泰，亦深为他部所疑忌。故弟在粤军一日，人将以我有粤军为后援，非特弟个人受其排挤，即本军亦大受影响，故弟为公为私，皆不得不离职远避也。且第二支队司令部，以事实论之，形同赘疣，已无存在之必要。况自弟任事以来，军事毫无起色，饷需徒增糜费，人孰无良，能无愧色。揆厥致弊之由，计有二端：一因现成部队关系太浅，既不能另自选将练兵，又不能如意整顿革新，平时或受抚循，临阵则不听指挥，欲图更张，则枝节横生，以是因循至于今日而不可复振。二因支队组织之始，仓卒集事，旧日同事，无从召集，故部中人员，率多藜藿充饥，狗尾续貂，以致措置乖方，难收指臂之效。此皆弟朝夕引为憾事，急思改弦更张而不能得者也。如能于此时收束取消，则裁减之机关，即可节省一部分之开销，当此饷项奇绌之时，得此不无小补云尔。又有言者，本军今日最大之恶习，整顿为难，收敛无方，其故由于各官长以保全地位。把持势力，孜孜以个人私利为怀，而不为本军全体着想也。即前之所谓痼疾与初症者，亦莫不由此而生，吾辈所为何事，岂可传染此症，深蹈此习，而不激扬提唱【倡】，以稍示吾辈之精神道德乎。故弟自愿首先取消所有名义权位，虽不能必其风动一时，然而于私心则庶可告慰也。至汕头事，对内则头绪纷繁，组织整理皆难措手，对外则性质复杂，应付交际无所适从，窃恐非弟才力所能胜任。有此种切，故弟朝夕所希望者，惟有息肩退休之一法而已。然而明知总座过爱，遽难邀准，今日辞退，若不挂印径行，则无论公呈私函，必无效果，徒著一层痕迹而已。但今日拂衣而去，不惟无以对上官，亦即无以对部下，且吾辈事业岂止于此，而来日方长，可以效力者正复不少，焉敢轻以自绝。故特缕述下怀，千祈为我恳切疏通，期在准予去职，俾得暂为休养，否则请暂委其权位轻易之事，以为退休过渡之张本，则始终成全之德，皆吾兄之所赐也。今日之言，自信披肝沥胆，应有尽有，毫无假饰于其间，然而形诸笔墨，已获不能忘形之耻，揆之友道，实有疚憾于心，是不能无所戚戚也。倘再见之公牍，则痕迹愈显，必若外人之揣测，有好事之徒，造谣作祟，因风掀浪于其间，则于所愿未遂，而情义已捐，是则获咎于吾兄者不更大乎。如兄不以外人视弟，尚请潜移默运于无形之中，不使外人注目，则幸矣。要知吾辈共事，不在于去留形式之间，惟在道与志如一日，则事业无限，报效有期，请以此意转告总座，俾弟早日休致，以遂区区之愿，则感激高谊于无涯矣。〕七月十二日，公上辞呈后，即避往屿寓，突有浙粤两军士兵启衅，浙军攻入司令部之事，公闻之甚恼，且呈未批准，决驰回长泰，与其官长交涉。结果，得惩办祸首，赔偿损失，驻长浙军一律撤退。会南北护法战争，闽粤局部议和，亦已画界停止，公遂于二十七日，卸第二支部司令官职。炯明任公为粤军总司令部参议，公留屿休养。某夕散步海滨，口占韵语曰，明月当空，晚潮怒汹，国事混濛，忧思忡忡。安得乘宗悫之长风，破万里浪以斩蛟龙。九月二十七日，挈眷归沪上。公尔时每欲筹措资斧，游学欧美三年，以求深其根柢，再图报效党国。总理不赞成，强公助理进行。

附：节陈炯明书

〔……漳地交通刻经举办，计旧历正月，可得二百里之马路，再加时日，不难普及各县。惟工程人材缺乏，各属知事亦多不胜职任者，颇为梗耳。第一人心有余而力未逮，极盼吾兄来漳匡助，使粤军得一部之刷新，逐渐扩充，练成中坚部队，以保障地方之发展。……吾兄能来将粤军弄好，将来必可于福建树一远大之规模，否则共济乏材，弟亦无法能为国家努力，惟有独善其身而已。（十二月五日）〕

六月五日　周日宣患脑病殁于成都。公闻耗甚哀，为谋归其丧，并布恤其遗孤。

七月　徐政府改督办参战事务处为督办边防事务处，组编西北边防军，任徐树铮为总司令。

十月二十五日　由沪启程，漫游日本，周历东西京，代表总理问犬冢胜太郎之病，吊海妻暨田中之丧。并谒头山满翁、秋山定辅，访太冢【犬冢】信太郎、山田、菊池、冢原【一作原冢】、萱野，赏日比谷菊花，探明治陵胜迹，人物依然，触处辄增凄感。在旅舍无聊，又撰《列国政府对付俄国劳农政府的手段》、《如何与打破外交的迷信问题》文各一篇，投于《星期评论》。次月十九日回国。[1]

公为学务严克制，勇于改过，尝选己之德性所欠缺者四字，曰静、敬、澹、一，乞总理书之，并自加说明，以铭坐右。少年即有日记，言行皆可考见，今劫余俱散佚，仅存八年以后各册。

1　此条《民国十五年以前之蒋介石先生》一书记述较详。蒋于11月25日离沪，28日晚抵神户，在日本逗留20天，于11月16日离日本回国，19日抵上海。

是年　温《胡文忠全集》、《曾文正家书》，看《春秋》、《陆象山全集》、《历代通鉴辑览》〔至唐玄宗朝止〕、《聪训斋语》、《政治学大纲》、《军事常识》、《日本军制学》、《俄国革命记》、《经济学原论》〔孟舍路著〕、《国民经济学原论》〔津村秀松著〕、《新村记》、《易卜生记》、《鄂尔斯泰人生观》、《欧洲地图大演习》、《战况地图》。此外则读英文、俄文、预备留学；阅《新潮》、《新青年》、《东方杂志》，揣摩风气。

二月　徐政府借欧战告终之名，开和会于上海，以朱启钤为总代表，军政府则派唐绍仪为总代表，旋会议停顿。经李纯、陈光远、王占元各督军向两方疏解，又见进行。绍仪提出条件凡八。总理发表护法宣言，主张恢复旧国会，北政府不能接受，南方武人政客，亦不肯放弃以国会易权利之目的，公议又停顿。启钤辞职，改派王揖唐为总代表，绍仪以王曾主战者，拒不与，遂亦辞职。

五月四日　北京学生团三千余人，要求取消中日各项秘约，为外交示威运动。〔是为五四运动〕焚曹汝霖宅，痛殴章宗祥，并向徐政府吁请惩办国贼。全国各都会罢市罢工响应。寻交通总长曹汝霖、驻日公使章宗祥、币制局总裁陆宗舆免职。留日学生团又以七日国耻纪念，聚众列队，先后向英、美、法、俄、意各国驻日公使馆，呈递公理书，主张直接由德国交还胶州湾。留欧学生和之，遂于六月二十八日，率华工多人，围守参与欧洲和平会议代表陆征祥等寓所，〔代表共五人，陆征祥、顾维钧、王正廷、施肇基、魏宸组，地点在法京巴黎。〕强阻出签对德和约。

十二日　莫荣新下令通缉前省长李耀汉，任林虎为肇庆镇守使，虎因改编肇庆军队激变。

十三日　徐政府准国务总理兼内务总长钱能训免职，特任财政总长龚心湛暂兼代国务总理。九月二十四日，改任陆军总长靳云鹏暂兼代国务总理。

广东军政府为桂系军人所把持，政学会派议员，又利用岑春煊与桂系军人之旧关系。

八月七日　总理致书国会，辞总裁职。

总理自蛰居沪壖，著《孙文学说》〔即《建国方略》之一《心理建设》〕及《实业计划》〔即《建国方略》之二《物质建设》〕等书。又命廖仲恺、朱大符、戴传贤诸同志，创办《建设杂志》，时亦独抒伟论，以鼓吹国民建设思潮。

八月 浙江督军杨善德病亡，徐政府命淞沪护军使卢永祥〔段系〕兼任浙江督军。是时江苏督军李纯〔冯系〕，因其第四、第十两师仍分扎苏境，深忌之，永祥亦密为戒备。

十月十日 改组中华革命党为中国国民党。

十二月二十八日 前代总统冯国璋病故。

是年二月 共产党第三国际〔即共产党所主张之国际运动〕在莫斯科开成立大会，列宁、徐诺维夫、托洛斯基、剌科斯基等均列席，选出执行委员三十四人，俄代表徐诺维夫当选为委员长。

民国九年（西历一九二〇），公三十四岁

去腊 公僦屋法租界贝勒路〔第三百六十五号〕，与妾姚氏同居，身常染恙〔沙眼、虫牙〕。王太夫人自乡扶病至，留月余，母子相依，悽欷万状。其时朱大符、陈炯明迭电催赴闽，总理暨廖仲恺又面劝，乃于四月八日离沪。及抵漳，入总司令部，见群小在侧，环境无改于初，越信宿即拂然归。

五月二十日 公患伤寒症，进篠崎医院诊治，总理临问，深为戚然，凡二十七日出院。王太夫人闻讯来视，留五旬始舍去。

某日 总理与日友冈本理治坐谈，适公往谒，遽离席介绍之，赞誉不绝口，其状尤难描摹。自是每见辄刮目相看，或密筹军略，或泛论时事及党务，或流连宴叙，待以宾礼，亲热有加焉。

六月 公以戎谋莫展，而闺房与商业又连不得意，遂乃漫游以舒郁怀。浮海至普陀，遍历梵刹，庄严首称西方，宏敞则推广福〔西方、广福俱院名〕，潮音洞深隐岩骨，颇擅奇特。蹑佛顶山，以雾重不能远眺，其余砻陀庵、普慧庵、古佛洞、法华洞诸胜迹，俱无足纪。伴侣二人，住积善堂，凡游

六日而倦还。

公在沪方撰湘粤军共同作战计画，而湘军失长沙之警报已至。总理与廖仲恺、胡汉民、戴传贤、居正诸同志，皆面劝赴闽，应付时局，至七月八日，始成行。抵鼓浪屿，闻知陈、许发生龃龉，诸事停顿，旋仲恺以总理来电见示，观其著急情形，心殊不安，乃因事无可为，竟作屿上寓公，滞居于鸡姆嘴口E字二五四号，室面东南，植立山巅，海波荡胸，森林弥望。清昼鸟语花香，农耘渔唱，入夜，天寥雾净，月朗潮鸣。此境殆非人寰，公尝谓留此读书，善养浩然，岂不自全其天。又尝谓某日如漳，在船逆风逆水，五更骤雨，为篷滴声破梦，与仲恺、执信笑语自如也。某晚往游日光岩，上有古避暑洞一座，过洞豁见屿南之大海，风景叹为观止。在屿仅上炯明论作战计画，赴漳一次，信宿即回。八月五日，离屿归乡。

十一日　到家，又二日，往雪窦寺，纬国母子随行，周览山景，留恋浃旬，入飞翠亭，倚崖际侧出松，鸟瞰千丈岩瀑布，会大雨，树杪重泉，溅珠喷雾，光色甚奇。妙高台南向突出，三面凌空，涧蜿峰环，升眺之，亭下〔村名〕屋舍俨然。又探隐潭，第一潭黝暗在峡谷，圆径不过丈余，而深度莫测。潭前涓流一脉，经岩骨下，经第二、第三潭而汇于大溪。由庵岭头岩下，寻第三潭，径仄蛇行，为导者所误，迷路，乃披蒙茸乱践，不啻邓艾之阴平也。将至，则天造石磴，跬步防跌。潭为一大岩穴，宽约二丈，上有盖，峭壁回合，前面𬴂开，高可百米突，右畔微湍冲泻，第一潭无比幽邃也。冬十一月，重游是山，偶留题曰，雪山名胜擅东南，不到三潭不见奇，我与林泉盟在夙，功成退隐莫迟迟。

九月十日　约同萧萱、周骏彦、俞飞鹏游天童山。新河头买棹，至小白舍舟上陆，行近山麓，万松夹道，步步引人入胜，寄栖玉佛洞。次晨，入大澡池洁体，僧院有此设备，向所未见也。观其正殿规制宏壮，叹为浙东诸刹第一，后殿两庑，分十八间，塐罗汉像甚伟。出山门，探玲珑岩，果然玲珑，名不虚传矣。古天童仅隔一山，山口关照二寺，尤奇特也。小磐山，公之先祖摩诃大师塔墓在焉，公拈香跪祷毕，听广善和尚讲故事。凡游七日，归奉化城，暂寓封山中塔，眺瞩凤山形胜，心殊喜悦，图久住焉，因租定西门某宅。

公以粤桂战事，为本党存亡关键，而挚友朱大符，又因运动虎门炮台独立，为驻兵所戕。激于义愤，遂于九月三十日，奔赴前敌，加入右翼军作战，运筹发令，日夜焦劳，心力交瘁。十月六日，向潮安进发，当致炯明、崇智、铿一电。〔八日电曰：新凯密。途中思索战局，目下只要固守河源紫金，右翼军即可如计进行，龙门为增江上游，尤不可不争。此后战局，左翼当独立作战，如能固守潮属，则海陆丰虽暂放弃亦可，鄙意须诱敌向左深入，乃可驰其惠城之防，以便利我军右翼作战。然河源紫金果能固守，料敌必不敢有窥取海陆丰之谋，此后右翼作战，可否分为二部，以一部向龙门、增城前进，使其独立作战，以一部固守河源紫金，监视惠城，或可相机规取。左翼军如抽兵向平湖前进，是侧面行进，甚为危险，倘能抽出三千以上劲旅，左翼战线仍能固守无恙，则此着未始不可行也。否则不如暂缓为是。右翼如直取博罗，恐逼近惠城，反起敌死守死战之心，不如西向龙门，略取远势。然河源不可不留强将劲旅固守，否则不如直取博罗，以其距离较近，联络较易，可以减少前进部队之危险，但亦须视博罗敌兵强弱如何，能否一举克之耳。不然，我军距离固较近，而敌方距离亦近，使其首尾相应，仍不能断其博罗接济，则战期延长，又成不了之局矣。究竟如何进行，务请临机立断为盼。中正约十一日可到老隆，以雨大水急，进行甚缓，焦灼之余，惟有贡此一二，当否，乞酌夺。〕经松口、梅县、兴宁、五华，过蓝关，谒韩文公祠，及抵老隆。综览各方情报，欣悉我军尚占优势，乃主先下河源一城，至陂头，会许军长，闻河源已下，心甚喜慰。翌日，入河源城，公有报告上炯明、崇智〔十七日报告云：自汕至龙，约有六日行程，其间战局如何变化，不胜焦虑，本军以后作战如何进行，尤为悬念。兹将管见所及，略陈如下：一、省城魏、李独立，本军又复河源，则惠州虽难遽克，料其不敢由中路冲出，突破我阵线。审察现状，惠敌有不能不退之势。二、惠敌退路，非由泰尾龙门纷窜北江，即由博罗、石龙退保省城。三、对惠敌不主正攻，暂以监视之法困之，先从左右翼包围其后方，以为逼退之计。四、可否抽调中路一部分，增加左翼或右翼。五、仲元兄如向平潮前进，非抽足三千以上兵力不可，因侧面前进易受敌军截击，且将来与省军共同作战，或解决省城先头部队，不可不主力在我也。六、左翼如有六千以上兵力，以三千固守河源，此城不可复失，其余兵力可否由龙门、增城窥取石龙，或直逼省城，因逼近博罗，恐起惠敌死守之心。如其退向龙门时，且有突破我左翼战线之忧，故不能不略取远势，逼其由博罗、石龙一路退走。我军进行如是，仍可在石龙附近截击也。是否有当，乞为裁夺。〕旋二人莅止，会议进行计画，炯明主攻博罗。是夕，公三梦大符，情景宛然，因起坐祷曰，我必率队攻石龙，乃始绝。崇智请病假，改任公为粤军第二军前敌指挥官，辞不受，惟仍负责率全队出发，向长塘面响水前进，取道鹧鸪径，由博罗城会横河疾驰，露营于山穷水尽之龙潭地方。途次得报，增城敌人已于昨夜退却，即下令饬各部队明日向增城前进。其时接中央军及左翼通报，东莞、石龙皆为我军占领，遂率队改向省城直趋，过大埔圩，会谢文炳司令，饬向花县追击。公自率许、孙、陆各统领所部，直出新街，闻敌军已向清远退去，又率队经军田银盏坳而至龙塘，得敌将马济、林虎。十一月三十一日，致黄业兴密函，乃知其部队窜集清远城，确有六七千人，而七星冈、洲心两处，亦皆有敌人踪迹也。公顾部下笑曰：自河源以西，日行溪涧山谷中，至此始遇敌，若能痛杀一场，岂非生平快事哉。已而围城，敌稳玉廷、邓文辉来乞降，惟不肯缴械，公不许，主剿办，而副司令张国桢，竟与私自媾和，乃报告许军长，揭其状。〔四日报告云：清远城今日已完全降服，至其收降情形，张副司令未有报告，而弟不知其详，亦无从报告。该副司令前在总部时，怕弟而又恨弟，恶感已深，此次由河源出发至今，对弟又是怕恨，悖谬招摇之举动，不胜偻指。关司令不遵命令，亦受其鼓动之毒也。他不具述，兹将此次清远战事始末略陈之如左：（一）鼓动其部下联名阻止弟赴前线视察战况。（二）与敌人私开谈判，并不报告军部，与矇称敌人投诚缴械并无其他条件。（三）入城已一日，并无一报告，及至军部派员往视，方知详情。（四）阻止陆部入城，一手包办清远。（五）擅委增城、清远知事。（六）在中途利弟他行，常探询是否同往清远城。（七）以上数条，不过举其大概，其余倘张为幻，使人难堪之事，不一而足，弟实不愿再驻军部，兹将各部队派遣停当，军部安排妥贴，即行告罪引退。张副司令之阴险叵测，荒谬绝伦，至于此极，弟不得不退避三舍，以免后患，见知见罪，惟所命之，即信与不信，亦惟兄审察，弟惟本诸良心，从实报告而已。至于各部队所驻地点，及军部所办之事，并报告之如左：（一）第五支队驻于新街、银盏坳沿铁路一带，其部队至今未到，此事未知能实行否。（二）第十一支队及第十八统领，派其向韶关、南雄一带前进，驱逐敌人，此为一时权宜之计，弟颇不放心。但其前日尚能从命前来龙塘告罪，可知此人对兄尚无他意，故弟擅自派去。（三）卫队全部驻清远城厢附近。（四）各部子弹，除在河源出发前分配外，以后在响水发给卫队六八弹五千五百颗，第五支队五百颗，在增城发卫队六千颗，第十一支队五千颗，谢、关两部各二千五百颗。后由石龙解来六千五百颗，当时因令谢部挺进花县、清远，彼要求发足子弹，故将此六千五百颗之数，皆给谢部，以其挺进他方，不得补充若干，想无偏助之嫌可言。今日所到一万三千颗，则八千五百颗给卫队，以五千颗给陆部，而谢部则一颗不发也。（五）饷银概有账目可查，想无不公，惟谢部向花县出发时，途中多领二千五百元，弟本只允其二千五百元，而其后领去五千元，是咎在谢部，而非弟分配不均也。此外照营发给，大致不误。（六）谢部向花县挺进时，要求空白命令纸三张，弟照准发给，今已用去一张，即其委花县知事者也。此花县知事，即前谢宣威所保之谢由已，因当时兄已允其记名，而弟为一时权宜之计，亦不得不准其所请。此外则对于各部及军部，无甚他事，弟以为可告无罪，如兄偏信人言，则弟亦惟有听之而已。言尽于此，伏惟鉴察。〕次日，复留书告归，由龙塘起程。〔五日书曰：刻接张副司令报告，知改编营号均已定妥，军部在咫尺间，事前未有一报告，如此擅专，一切事皆无颁布命令之必要。上午六时入城，至下午十时始发报告，迨接阅时，已在本日上午三时，如此目无军纪，尚在何言。又据报与敌方谈判及敌人提出改编条件，乃在三日下午六时，同日下午八时致弟报告及函，皆言敌军投诚缴械，并无其他条件。则其欺朦军部，私自与敌人交涉，可以知矣。总之改编敌军人数及枪数，与我卫队所有之枪数，相差无几，如此大部降敌归编，难保其不生他变。卫队之军纪，亦已废弛，将来必败于张国桢一人之手无疑，请兄牢记我今日之言也。最好兄亲往主持，否则速派妥员前往办理，不然，时机一失，恐难再得矣。弟今晨已由龙塘起程，决计迳回上海，不在省城停留，以免应酬麻烦。临行无所记挂，惟韶关部队尚未指令派遣为念，请速应机立断为祷。〕至新街下挺进韶关命令，闻陈总司令移中央军于邕江，侵入右翼阵地，心更不平。十一月十二日，抵沪，连谒总理，报告一切。是时崇智亦以陈变更战略，愤而来沪，公与会晤。

附：节总理暨诸同志书

【总理】〔……竞兄此番回粤，实举全身气力，以为党为国，吾人亦不惜全力以为竞兄之助，同德同心，岂复寻常可拟。我望竞兄为民国元年前之克强，为民国二年后之英士，我即以当时信托克强、英士者信托之。我所求者，惟期主义政策与我一致，即我所谓服从我三十年持共和主义，而岂若专制之君主，以言莫予违为得意耶。兄与英士共事最久，亦知我所以待英士矣，兄不妨以我之意思，尽告竞兄也。执信忽然殂折，使我如失左右手，计吾党中知兵事而且能肝胆照人者，今已不可多得，惟兄之勇敢诚笃与执信比，而知兵则又过之。兄性刚而嫉俗过甚，故常龃龉难合，然为党负重大之责任，则勉强牺牲所见，而降格以求，所以为党，非为个人也。兄以为然耶否耶。（十月二十九日）〕

【胡汉民】〔得诵来教，可谓料事如神，惟弟疑桂贼或竟不守广，而退向肇庆，集中西江，在彼缩短战线，进战退守裕如，而我粤军苦战已疲，魏、李等更视莫去省城，即为已达目的。我方军心一懈，权利交争、四川失败之前车，大可为鉴，故省城附近发生剧烈战争，使桂贼兵力破坏，未始非粤省之福，而我唾手便可得省城，未始非将来之隐患也。……（十月二十五日）〕

十三日　晚，公回奉城。总理及胡汉民等，随后函电迭催赴粤，张人杰、戴传贤电，言公不去，汝为亦不行。传贤又至甬面诤，公俱峻谢。仅于十二月中两至沪，随往随返。〔在城寓撰《解释粤军之苦衷》文一篇，发表沪报上。〕

附：节诸同志书

【胡汉民】〔……先生于日间启行，请兄速即来沪，共商一切，急盼。（十一月十六日）〕

〔顷得十七日来电，并诵兄致静江兄电，知令寿堂大人染恙，未能遂出，殊以为念。弟前两日曾上数行，想先达到，对粤方针，大约暂以原有组织对抗内外，一面整理地方，同时筹备实力，用兵则先剿平山寇，不稍偷安。先生决于敬日回粤，汝为亦与同行，竞兄等已有电来，请先生挽兄同行，故弟急盼兄出沪。敬祝寿堂大人早占勿药，俾兄得以速来。（十一月十八日）〕

〔手书诵悉。汝为已于今早乘法国邮船先行，大约比弟等之船先到一日，中山先生嘱函请兄随后即速往粤。静、季二兄出示兄致伊等书，粤事及军队内容，弟虽不如兄知之深切，然惟其有种种复杂，吾人尤不得不向前奋斗。吾人作事，第一以为社会人类，其次则为朋友知己，天下本无快心之事，目前更少合意之人，惟比较可以有为，则按著头皮去做。人之于我，具诚意或有未逮者，而我以主义目的为重，则当然不让，无可踌躇，磊磊落落，仍率我之真面目以行，即彼作伪客气者，亦无所施其技矣。竞兄已数次电来欢迎，其中有握〔扼〕要语，则谓以后大局，悉听先生主持。精卫兄来详述粤中各方面情状尚好，竞亦自始无不愿意军府回粤之言。黄强对各界说话，为江孔殷所送稿，登报本非愿意，而黄强次日亦即更正矣。盖目前以理以势而论，俱不容他人对于先生主张有异议。凡人之畏势者，多由此深思，则同志中人不取积极态度而不可得，非只为先生之感情也，亦实信此时大局，以理势相辅而行。吾党欲稍达原来之主义目的，不可无势，与世之争权利者，相差天壤，而势之集积，则不可无人也。列宁之于露西亚，可法者至多，其意志坚定，精神紧张，久而不懈，尤不可及，愿兄以为他山之石。倚装草草，不尽欲言。（十一月二十四日）〕

【张人杰、戴传贤】〔示悉。先生、汝为、季陶等，定廿三四由中国邮船中国号去粤，粤事当无问题。务请兄同行，同人切盼。（十一月二十日）〕

是年　公习俄语外，看《中国哲学史》〔胡适著〕、《世界大战史》、《军制学》、《经济学》、《杜威讲演集》暨欧洲欧战西北各地图，而唐宋小诗与《水浒传》、《儒林外史》，则资以消遣。孟秋，续看《通鉴辑览》，自唐肃宗朝起。公谓唐季藩镇之乱，得仲恺指析，大势益明瞭，讲学顾可无友耶？至年杪，看至卷七十二。

延王欧声于家塾，教授经国，公自定课程。纬国能识字，天真烂漫，公甚爱之。

是【年】广州军政府自内部发生冲突后，唐继尧、伍廷芳、唐绍仪三总裁，又宣告脱离，在粤国会议□□□□□日补选政务总裁，熊克武、温宗尧、刘显世当选。

自曹琨【锟】以追悼阵亡将士为名，召集各省代表于保定，组织八省联盟。未几，吴佩孚率萧耀南、张福来、王承斌、阎相文旅，擅由湘撤防，移驻直、豫各要地，赵恒惕乘机陷衡阳、长沙，张敬尧逃。于是徐政府命长江上游总司令吴光新兼湖南督军，监视直军行动，曹、吴益不能忍，乃借山东案件，先与鄂督王占元暗结，段祺瑞知之，遂迫徐世昌免其职，于是七月间直皖之战以起。直方任曹琨〔锟〕为东路总指挥，吴佩孚为前敌总指挥，一面宣布段心腹徐树铮罪状，一面率部沿京汉路〔现改平汉路〕攻入北京，并约同张作霖入援。皖方段祺瑞自任总司令，以段芝贵为前敌总司令，曲同丰为前卫指挥兼前敌总指挥，徐树铮为总参谋兼东路指挥，陈文运为中路指挥，率定国军〔边防军改名〕迎击之。两军在近畿激战，结果，皖军失利，吴光新被捕〔次年八月越湖北陆军监狱逃〕，段引咎自退。〔督办边防事务处及西北军撤销。〕徐政府乃派靳云鹏署国务总理，云鹏正式组阁，惩办徐树铮、段芝贵等祸首，解散安福俱乐部，任琨〔锟〕为直鲁豫巡阅使，吴佩孚副之，准安徽督军兼长江巡阅使倪嗣冲辞职，改任江苏督军李纯为长江巡阅使。未几，长江巡阅使缺裁撤，改李纯为苏皖赣巡阅使，并令江宁镇守使兼第六师师长齐燮元为苏皖赣巡阅副使。寻李纯自杀，改任齐燮元署江苏督军。自去冬南北和议停顿，岑春煊等暗结直系，专谋私利，至今直皖战时，粤督莫荣新派兵入闽，图消灭粤军。总理怂国会移滇，议决取消岑总裁职，以闽南归还李厚基，约其接济后方，粤军乃得一意回粤。九月十六日，陈炯明誓师漳州公园，分三路出发。第二军许崇智任右翼，由永定、上杭、武平，进攻大埔、松口、蕉岭、平远，肃清韩江上游，转向梅县、兴宁。第二军叶举任中路，由小溪攻饶平、平原而出高陂。其另□□□□一部，由邓铿指挥任左翼，与中路军会合，肃清韩江下游，以出汕头。党人邹鲁、姚雨平等，又以义勇军名义，派蒋光鼐、谭启秀、林肯等，去潮梅一带，联络刘志陆部为内应。节次进展，不二旬连下潮梅，闽李派臧致平部来援，旋以第二军加入第一支队为右翼，由兴宁转攻惠州，以□东江两岸之敌，荣新急调沈鸿英、林虎等前来堵截，均为粤军击退。二十二日，与桂军激战于河源，克之。全省民军纷起，省会警察厅厅长魏邦平及广惠镇守使李福林，在省城河南宣告□□□复内河兵舰、广三铁路，驻守江门□□□□□□□行动，高雷、廉、钦、琼各属，俱各响应。粤军□□□□，民军复占右龙，东江桂军进退失据，广州附近□陷于四面楚歌中。春煊知事不可为，乃于十月二十四日，通电解除军政府职务逃避。越二日，荣新星夜率残部由广州退往东江，<绕道北江返桂>。粤军入城，炯明为广东省省长兼粤军总司令。二十五日，总理偕伍廷芳、唐绍仪各总裁回粤，【于二十九日发表】恢复军政府，否认岑、陆等非法撤消之通电，重开政务会议，选定各部长。内政总理自兼，财政唐绍仪，【交通唐继尧】，陆军陈炯明，外交伍廷芳，司法徐谦，【参谋李烈钧。并发】表北政府破坏和平宣言。

【三十日】 军政府任谭延闿为湘军总司令。

【下残缺】

民国十年（西历一九二一），公三十五岁

是年 仍寄居城舍，五月后，多在武岭家中。

一月四日 复胡汉民、廖仲恺书，筹虑援桂军事。〔书曰：叠接函电，领悉一是。稽迟未报者，有以邮达迟误，及弟见时，他友已为我代答者；有以传闻不一，致滋误会，不敢冒昧陈复者；而疑窦丛生，易招恐怖，因成刺激触发牢骚者，又是一端。元冲来书，约我赴欧，引起我最初之兴趣，而徘徊今日之行者，是亦不无影响也。季陶造舍，详悉粤情，心始释然。本可摒挡一切，力疾粤行，而季陶爱友过切，专横太甚，不容弟

置一喙，因之激成愤怒，又起我不愿问世之心。事后思之，实堪自笑耳。总之弟对党对友，不敢存一分偷安之心，亦不敢作丝毫矜张之气，而于爱我诸公，更不愿有些敷衍客气之意，以自暴弃。即对仲兄之函，时形不逊之词，殆亦自居挚交，率性直书，无所隐饰，不敢效世俗泛浮之状，以自负良知。兄等爱我，谅能曲宥愚拙，不即以此见外乎。弟对粤事，终抱怀疑不安之态，孙先生督师，更不放心。如以此主张，由孙先生自动，以为将来改组军府地步，则现在改组，何须督师为耶。盖第一，以基本部队不多，稍有挫失，易致动摇。许军虽众，其自练可靠者，亦属无几。第二，粤军将领，性质复杂，程度不齐，一经直接指挥，诸多困难，窃恐感情弄恶，则基本尽坏，不可复问矣。小故多端，此其大者。如以此言出诸竞存，则其计更差。今日竞存对先生，如当作二人看待，则将来一场无结果，可以断言也。粤军官长，此时非竞存不能调度，对于援桂之计，约有三要。一、竞存任总司令，亲自出马。二、孙先生督师。三、许、邓、洪三部，同时动员，方为有济。弟意如此，未知高明以为何如。广西地形险阻，残兵足有二万余，许军全部，恐不足以当此强寇，而滇黔湘南之援军数目，更不可算列正式计划之内。今日援桂，须作粤军单独作战之考案，而对于闽、浙、赣、鄂，且须顾虑及之。元冲未回之前，如弟未离国，则动员下令，孙先生出发之日，弟必来粤随从前进，报效万一。如特设一督练公所，名为练兵，徒以有名无实、囚人设官之事相约，是更触人猜嫌，增我刺激矣。赴欧之举，未始非为本党谋发展，毋以此为个人避难偷安计也。根本解决之策，我以为在彼而不在此耳。执信复生，必从吾言矣。追悼执信，不能与会，思之惟有痛苦，兄等当益难为怀矣。〕

去岁杪　戴传贤来甬，力迫公出山，公滋不悦，因相争斗。事后，公两致书自表歉意。〔一月五日书曰：日前一剧开场之初，实以兄声色俱厉，不容我置喙余地，太予人难堪。兄固爱我者，凡有功解，无不顺从。然弟素性急躁，平时对人又欠恭敬，而对兄则十分忍耐，故于吃亏受气之余，不知不觉之间，蕴酿之久，是以爆发于今兹患难相共甘苦同尝之日，事后思之，自愧更又自笑。为人不自爱惜，暴弃傲慢，一至于此，有何面目以对良师益友耶。兹引曾涤生诫其弟沅甫与彭雪琴相争之时家书一节，以为我二人取照宝鉴，则往后交谊，益加深挚，未始非因此而玉成也。尚祈曲宥罪恶，不吝教益，幸甚。　一月二十日书曰：十四日来教，语语悽激，读竟泫然不知为怀，间有一二意带讥刺，尤予人以悚惕。吾谓孙先生待友，其善处在简直痛快，使人畏威感德。静江待友，其善处在不出微言，使闻者自愧。而兄之待友，限格太严，锋芒太露，度量不甚宽，在此其所以逊于孙先生与静江也。然兄之待吾，私爱之厚，道义之深，有过于孙先生与静江之待吾者。而吾之待兄，固亦奉为畏友良师，然而敬惮之心，终不能如对孙先生与静江者。其故虽由年龄相若，忘形已久，习惯自然，然兄之好恶偏宕，感情用事，辞气时涉矜厉，是亦其大端也。粤中自成风气，孰有如孙先生之以诚待人者，而其内容复杂，尤非吾兄所能尽悉。如以对我个人言之，则挥之使去，招之使来，此何等事，而谓吾能忍受之耶。气度太褊狭，则或有之，然吾人妄自尊大固不可，轻自菲薄，亦何可为耶。趋炎附势，夤缘于权豪之门；贪位恋栈，乞怜于无情之友，是岂吾辈自重党员人格之道乎？兄尝言英士对兄常怀畏忌，是以与英士感情未洽，甚不愿与英士代译日语，使当时有人强兄与英士共事，吾知兄必起而反对，以为大不然者。今日兄之强我与竞存共事，不禁有同病相怜之感，毋乃兄亦责人重而责己轻乎。假如兄与我易地相处，则兄亦不知如何为怀矣。于此则谓兄之于我，尚须恕宥若干也。来函谓我有“促我出山作事，是促我之寿命”一语，此系兄误听弟言，或误会弟当时之意也。弟当时只言我的性质暴戾，不适合于世，必离隔朋友，独居深山荒野之间，或可延长命运云。此盖弟因兄平日规戒之言而有感，自恨任性使气，处世动辄得咎，不如岩居穴处，或可免于陨越，是亦自怨性躁，并非怨兄促我出山，而我亦惟以出山为懔惧，并非不愿出山之语也。总之弟不愿自居偷安，亦决不愿自外于世。畏谗避怨，是或有之，而贪生怕死，则未之有也。彻底之事，根本之计，则乐为之；不实之事，无益之举，则不乐为也。弟处世之病，在乎极端，故有生死患难之至友，而无应酬敷衍普通之交好。所言如此，所行亦如此，于此则或有江山易改本性难移之感慨。至于知交之督责，亲友之规劝，则嘤嘤鸟鸣，惟恐求之不得，岂有不肯乐从者？吾之取重于兄者，增我智识，长我学问，助我事业，诸益尚在其次。

而在不客气、不敷衍，规劝督责，不稍假借，时时能导我以正，强我从善，此弟之所以不能须臾离兄者，而兄之所以不轻弃夫弟者，谅亦不以弟侮慢为罪，而终望弟有成业之一日乎。吾甚愿吾兄规劝不怠，吾尤望吾兄为我之孙先生与静江，则中正或能变化气质，而渐进于道义。凡人之善恶，以环境造成为多，本性亦未始不可移易耳。赴粤决以援桂动员之日为期，未知吾兄能否同行。此行可谓有人无我，言之不重，徒自愧悔而已。附复孙先生电稿，请一阅〕。

附：节戴传贤书

〔介石我兄惠鉴：尊书敬悉。是日弟不自知何所开罪于兄，惟自信对兄为一腔热诚，即劝兄赶粤，虽属为公，亦有一半系为兄个人打算。无故而逢兄之盛怒，意兴率〔索〕然，自怨多事，回湖舟中，尤觉有余痛在。……弟此次回沪以来，曾为粤省拟成数万言之法律案，今尚有数案在起草研究中。学究能事，本仅有此，虽日偷安，尚足自恕耳。赴粤一层，早晚必行之，惟目前则研究事项，粗具条理，不欲便又弃之，从事旅行，非欲终作潜园（园在浙江湖州）寄客，以君平自命也。而兄则与弟情形有不同者，兄之活动范围，乃在直接担当方面之任务，闭门家居，仅可云自了而已。前日兄云："促我出去作事，是促我之寿命"。此语弟闻之颇痛。盖弟亦大以此为虑者。俗语云："江山易改，本性难移。"兄之自我之强，有不可当者，然而杯酒失意，辄任性使气，不稍自忍，以此处世，深虞召祸；即不能，亦足碍事业之成功。时非上古，焉有人能为兄之诤臣，日事起居注者，即有之，又恶能必兄之听许，则出家万里，担当国事，祸患之来，常为人所不能知者。苟兄非确能坚忍自持，致意于中正和平，日以此意三复之，则弟非不爱兄者，又焉敢苦劝兄之出山耶。弟年来力劝兄之赴粤者屡，自信为爱兄故，前日闻兄之言，思之至再，遂不敢复有所劝，亦自信为爱兄故。兄函恐弟有余愤，弟之对兄，惟有一爱在，爱之变体成为痛则有之，决不成为愤也。至于遇事忍耐沉静，以中正和平自持一层，即兄家居亦宜如是，对于家人、雇仆、同乡、戚友，更不宜动辄任性使气，有不如意，则骂詈随之。……兄试思之，先生之事业，自始至终，日日趋于成功之一途，自其主倡革命以来，其所持主义在中国之推行进步之速，或较各国之革命史上成绩为优。然先生之所长何在也，静江与弟皆认为忠厚和平为先生唯一优点。吾人从未见先生以己所不欲者施诸人，亦未见先生在私人关系上，对人有丝毫怨仇之心，而不嗜杀人，尤为国中与全世界政治家所仅见者。中正和平四字，殆其生性，其他思想学问识见之优长，皆不过为涵养其伟大人格之工具，而决非其伟大人格之本质也。吾人日与先生处，而能见及此点者，已为不多，能学得此点者更少。执信亦同辈中之一特殊人格，然与先生根本不同之点，则在于此。弟深知之而不能望先生之德量于什一，非不欲学也，质不如也，然甚愿与兄共勉学之耳。今日觉生函来，云先生又有电催兄去。展堂三次来函，皆殷殷致意。此皆爱兄之深者，决不宜以为害兄而漫置之也。书不尽意，伏惟宥我鲁直而垂察焉。弟传贤谨启。一月十四日。〕

十日　公在城舍拟就军事意见书，邮呈总理暨诸同志。〔书曰：（一）对时局之意见：平桂后先解决四川问题，对熊之用舍，当视其能否诚意归附为断。对于闽浙暂主怀柔，以为日后北伐之声援，如欲使其即行明白表示响义态度，则声势固大，而弊端亦不可不防。（二）对于军事准备之意见：四川非导入我势力范围不可，故军事准备，概以粤蜀相提并列。四川解决后，粤蜀二省除警备本省之军队不计外，三年内应各编四师六混成旅及湖南二师二混成旅，共练为十师与十四混成旅。（三）对于北方出师准备之意见：根本解决之计划，当以西北为第一根据地，东北为假定目的地，以后作战计划，虽因时而定，但不可不以此为大纲。吾意对北作战，以四川六旅先平西北，再由陕西出井陉之道，以其三师出湖北，上京汉铁路。以广东三师平定东南后，即由南京向津浦铁路前进，以其余六旅，由海道出秦皇岛，而以湖南二师二旅为总预备队，并为镇摄西南内部之用。（四）对于处置四川之意见：四川问题未决之前，当派遣三混成旅，以助川人治川，大则可以平定西北，镇摄西南；小亦可牵制川中北洋军队，解决川滇纷争。而广东之对东北东南二方面，仍照三年内练成四师六旅（除派遣四川之三旅外）计划进行。如四川不能对湖北出兵，则以湖南二师二旅，另加粤军若干，出湖北上京汉路，则西北问题，只可另谋进行。（五）军费之预算：以三年内编成四师六混成旅计算军费，每年约需二千五百万元，加之兵工厂及军事教育费等，共计当在三千万元左右，而省内警备军及海军费尚不在内。但三年之后，对外发展可不须此负担矣。（六）对于军制之意见：粤军除现成四师逐渐整顿外，凡新编各军，皆以旅为单位，至于军制，当参考劳农兵制，而适于中国军队性质者酌定之。（七）关于外交之意见：不宜以东北军阀为目的敌，须视中国东北之作战以为解决东方问题之导线，故我军作战计划，不能不慎重出之。（八）对兵工厂之筹备：当购备每日制枪百杆、每月制炮四门之机件。（九）对于粤汉铁路之建筑：赶造粤汉铁路，以二年为筑成期间。〕

与张人杰书，乞加箴规并请电复总理。〔书曰：日来闲居无事，常以弄墨自娱，愧无进步，不能当大雅一睐。七日教言，领悉一是，代认恒泰股份，甚感，请为签字。关于弟以后之处世行事，请兄随时指教，以冀有成。弟自知尚有贤贤嫉恶一日之长，惟养气功浅，加之自少欠缺居敬工夫，持之不能恒久，故随俗变迁之病，仍不能免，每用自戒，而终未能痛改为恨。季陶为我益友，而公则为我良师也。惟自苦天资顽钝，素性暴躁，对于爱我诸公，恒未能奉若神明，而且时出侮辱之言行，既伤感情，复灰友心，非有一二笃爱友好，严厉督责，因事规正，终恐陨越贻羞。因之每发岩居穴处甘与豕鹿为侣草木同腐之叹，沧白性懒，无足深责。季陶爱我而不知我之短处，且感情用事，责人太苛。日前广州之行，竟弃弟而不与携手，又只知骂人偷安，而不恤人之困难。吾公患病，行动不便，又不能常亲聆教，此弟所以孤陋益甚，日月无长进也。此次赴粤，实迫于孙先生之命，明知其地非我所能久居，其事非吾党所能挽救，而必欲强之使从，是亦至不幸之事，悔疚在念，敢为倾腹一谈。孙先生七日来电，命我速行。弟意：一、以动员之日起程；二、须季陶同行；三、请速汇淡游元仲之款；四、以个人私交，随从督战，勿居名义。祈吾公代复一电，措辞易圆，不致有伤感情耳。〕

复古应芬书，密告克日来粤。〔书曰：五日手教，领悉一事。日前诸陈来书，屡以弟行期相询，且劝弟赴粤。推其用意，实不愿弟赴粤，其中关于内部感情数语，竟作无意识之谈，直可置之一笑。弟定于两星期内起程来粤。到粤之后，或去前方，或留后方练兵，均由孙先生裁夺，当视其于事实有益者为之。弟固无意必也。如弟驻省或驻韶练兵，而不引起某部注意，则准备于半年之内练成一支劲旅，参加中原剧战也。如果练兵，弟不愿徒骛虚名，最初仅练一旅名目，且未经成旅之时，亦不愿假以名义，免招他人之疑忌。倘于事实有碍，则恐引起他人不安之状，则不如往前方作战，然而对于政府今日之地位与将来之发展，如欲有所效力，则终久不能达其目的矣。是否，尚乞吾公抵后与同人商妥，电示大略。如果练兵，则于用人一事在沪须有接洽，惟不知枪械如何设法，弟之一旅计划组织三团制，枪械须在八千杆以上，果能有械有饷，则四个月内可以完全练成，亦使人不及注目之一法也。组织方法，弟已制有细密计划，不患其事之不能实行，惟以无械无饷为念耳。可否之处，祈为转商。弟之行期最迟则乘二十四日之中国号，乞勿明告外人，此时仍以弟不来粤为言为是。展堂先生不知有否回省，来函祈提及。此函请与廖、汪、胡三公一阅。〕

十二日　奉总理电催赴粤。〔电曰：转介石兄鉴：援桂克日出师，请兄速来臂助，兄本允赴粤追随，勿再迟延为幸。盼复。孙文。阳印。〕即复之。〔电曰：今莅粤五旬，未闻发一动员令，中是以有待。如果出师期定，当不俟召前来效力也。中正叩。侵。〕

附：节各函

【杨庶堪函】〔介石兄台鉴：……顷闻前日（十二月二十九日）来沪，以读某函不快而归，方欲作书婉劝。……中山先生政治兴趣未衰，……尤欲持以勉兄共襄其业，且见兄之关涉重要过于一般同志。中山先生从事创造，自当仗兄为前驱，然则先生撒手则已耳，如犹奋斗，吾辈安忍作壁上观，故无论如何拂逆，皆当含忍而为之，兄此时固万万不能遽息。……何时来者，先示极幸。弟庶堪手启。一月十二日。〕

【邵元冲函】〔介石我兄惠鉴：……现时先生既力促兄赴粤，则亦不能过拂其意，盖先生处能真心办事之人，实亦太少，吾人万不能不尽心以助之。……兄既谓中国宜大改革，宜彻底改革，则兄必已自任为负改革责任之一人，如是则兄无论赴粤赴俄，实皆为欲完成此目的而起，兄之志在赴俄，既非预备在彼处作隐逸，则当然在彼处准备一部分力量，回国担任改革社会也。如是则兄必非厌恶中国社会之人，乃不满意现在中国社会之现象而已。如是则吾人所以要求学，要作事，要负责任，皆所以达此目的，以打破我等所不满意之社会现象，而造成一吾人所希望所满意之社会而已。吾人因爱社会，因关切社会，故不能不自己努力，不能不为社会努力，否则一齐撒手，中国不成其为国家矣。真厌恶社会者，只厌世派隐士自杀者而已，故弟愿兄易厌恶中国社会之心理为爱社会，如慈母对于不肖之子仍尽心力以谋感化之，此吾人应有之态度也。兄意以为何如？……。弟元冲顿。一月十五夕。〕

【胡汉民函】〔介石吾兄惠鉴：手书敬悉。竞存兄前两日有电由沪转交，不审已达览否。盖军事计划大体决定，而需人为助则上下同感。今日犹是革命时代，只求于事实有济，以接近于吾人之理想主义，其他殆不足论。中山先生与竞存、汝为、仲元俱盼兄来，季陶私自离粤，弟切责之，渠乃欲挽兄来以自赎，相迫太切，其意则可谅也。仲恺前致兄书，今兹亦不自忆作何语，以粤中财政为桂匪捣乱至于破产，而军饷火急，债务麕积，仲恺支持太苦，日夕如坐愁城，亦企以恕季陶者恕之耳。中山先生督师之说，近来不复提起，弟亦如兄自始不敢赞同。前者季陶书来，述兄对于攻桂应注意数点与此次手书，弟均交竞存、仲元同看，二人亦以兄意为然。汝为患痔，割后尚须调养一两星期。攻桂内定三路出兵，惟汝为一路尚未十分妥贴，故望兄来如望岁，请兄即束装就道，弟以前事相列，兄来破桂必矣。弟汉民谨启。一月二十一日。〕

〔函缮后，复得十一日手书一纸，兄意决来，可为公私交慰，惟欲兄从速。兄云"早来无益"，此实不然。盖计划种种，必待参定，而各事之筹备，亦需人周察始免缺憾。仲元亦言"我自信不如介石远甚，无论介石从先生助竞公，总之是平桂必要的一个人。"故兄更勿迟迟，以顾大局。专此。再白。〕

二十一日 复陈炯明删电。〔删电奉悉。川中乱兆已见，战端必启，吴军窥伺湘鄂，恐为吾军第一目的敌，然其患较迟，本军战略似宜先桂后川，再规长江，故援桂援川，动员时须相提并论，先授密令，不致战局停顿，且吴军较强，不宜轻视。师出长江，须先平蜀，得此则对鄂势成犄角，战局较稳。对人问题，当置缓谈，实因川祸急于吴患，对川易于对鄂，不得不尔，如为根本解决计划，则西北重于长江，而蜀为重心，尤不可不急图之。所虑者，援桂未成之前，吴军窥湘为难，故本军动员以分四部为当，以二部援桂，一部防湘，余为总预备队。中正决于十日内以个人名义前来驱驰，至所事委任子荫为宜，中正决不敢奉命，公知我者，请勿以此为推辞应有之虚文也。中正叩。马。〕并上书纵论全局战略。〔书曰：删电谨悉。中正决于二月二日搭中国号来粤，攻粤之计既定，以后关于全局战略，亦须确定，兹谨陈意见如左：蜀中消息纷传不一，惟其内讧必起，战机之发近在眉睫，无论其胜负谁属，终是西南之好音。吴军窥伺湘鄂，其心未死，彼与吾军联络，无论有否诚意，然终为吾军发展之障碍，故本军将来之目的敌，当假定为吴军也，惟蜀乱迫不及待，而吴患犹在酝酿之中。以时间论，则对蜀当先于对吴；以地势论，则当先图蜀而后可以统一长江。盖得此则对鄂豫（京汉路）作战，势成犄角，较易为力，若为根本解决中国计，尤当以西北为根据，四川为西北与西南之重心，更不可不争图之。如谓对人问题，则只求其于事实有济，以诚意与吾人之主张相接近，无论其为刘为熊，似无不可容纳也。至于以势而论，则吴军强于川军，对吴难而对川易，以兵力论，亦不可不有先后强弱及难易之别。由此言之，本军战略以平桂为第一期，平蜀为第二期，而以进取长江为第三期也。故此次动员令，对桂对蜀宜相提并论，不致于平桂之后，战机再演停顿也。如先出长江之计，则当于平桂后临时酌定，作为第二之考案也。惟中国情势变幻莫测，横于目前者，即有奉直冲突及宣统复辟二问题，又有直皖相联及直派内讧二问题，前二问题与后二问题，皆二而一也。如前二问题发生，则吴军无意于湘鄂，吾军或可进而图之，后二问题之发生，则对吾无甚利益也，总之对吴与出长江是同一问题。如吾军之力不足以制吴，则对鄂当置为缓图。盖出长江以引起全国战斗，惹人疑忌，不如借先决西南内部问题为名，暂避其锋，养足精力，以待时机也。未知公意以为何如。对桂作战与向来战略须稍变其方式，故本军兵力当分为四部，以二部援桂，一部防湘，恐吾军平桂未定之前，而吴军已入湘窥粤也。然以现在北方近况及财政观之，此时当不易办到，惟不可不防耳。其余一部乃作为总预备队，甚恐平桂之军滥兵多而精兵少，失一著而坏全局也。总帅名义，中正以为非吾公自任不可，否则号令不行，进退不一，将何以持其后耶。中路军指挥之职，中正自量材铨，谨谢不敏，务请另选贤

能为宜。吾公知我甚深，想不以此为虚文也。〕

附：来电

〔请秘密转蒋介石兄鉴：(一) 援桂准备将就绪。(二) 拟以汝为任总指挥，其所部为左军，取南宁；黄子荫、陈炯光、钟景堂、胡汉卿、陈觉民等共卅余营，为中军，取郁〔玉〕林；叶举在肇罗卅余营为右军，取梧州；另黄明堂九营出上思，扰龙州；赣军赖、李二部约八营，取桂林。(三) 中军指挥官无人胜任，非借重吾兄不可。破桂之后可图长江，革命前途实有希望，务请来粤。并盼先复。陈炯明。删。一月十五日。〕

二十七日　由城舍赴粤。过沪留七日始行。

二月六日　抵广州。迭谒孙总裁，晤陈总司令、许军长、邓师长，决定援桂作战计划与第二军前进及攻取地点，觇知各方意见未趋一致。省署会议，铿避怨，炯明争地，又使公窘甚。

十四日　迳归至香港，写寄邓铿书。〔书曰：昨议作战计划，以兄不在座诸多未决，援桂之迟速，计划之当否，是兄一人之事，始终不能辞其责也。弟以为今日之局面，正兄任劳任怨之时，而非避难之日。兄以为避怨可以全交，殊不知适足以害事；兄以为避嫌可以远怨，殊不知适足以招怨，当言不言，应断不断，此习一长，小之足以障碍粤军之进行，大之足以败坏全局之基础，吾知上下同人皆将不能为兄恕也。吾辈天性质直，染俗未深，如能力矫世之所谓权术与手段者，则终有见谅于人之一日。弟此次来粤，拿定知无不言言无不忠之主意以对上对友，又拿定不生内部纠纷不失个人情义之主意以待己待人。而兄之地位与弟不同，虽亦不可不以此为心，惟尤当不顾私交，不避私怨，开诚布公，遇事立决，而以顾全全局、调剂内部为今日唯一之责任也。粤军今日处于苟安保守地位，如不积极进行以谋发展，则三二月之后，大势一变，必悔今日准备之不早、迁延之误事也。盖目前粤军唯一之方针，乃在从速援桂，向外发展，则内部之团结则可坚强，广东之根据〔地〕即可巩固。激进一日，即得一日之利益，迟缓一日，即增一日之损失，如果能迅速出发，虽掷数十百万金之饷弹，亦不足惜，奈何不计其大而务其细，不谋其远而图其近也。吾只知于大处、远处帮竞公，吾只知以直接帮汝兄者，即所以间接帮竞公，亦即所以帮吾兄。吾又只知粤军局部之不安全，即为全部之不安全，如不为局部谋安全，即不为粤军全部谋安全也。吾以为千百琐微之务帮竞公，不如以一二重大之事帮竞公也。今日援桂，将来之靖国，谋粤军之展拓，策全军之安全，即重大问题也。至于局部之得失，锱铢之出入，是非兄今日之所急耳。吾甚恐兄终以保守为主义，则彼此界限太明，前途无进取之望耳。以兄今日之政策，非特妨碍孙先生之前途，亦所以限制竞公之事业，岂可不猛然改变乎？今日之言，兄必以为责兄太苛，或以弟为偏护汝兄而发，然弟对二兄之感情与关系不相上下，以私交言，则对兄或有过之无不及者，而汝兄之办事无绪，重内轻外，弟所素不满意。如为我个人计，固绝无有所希望汝为者，故弟为此言，毫无左袒之见，亦无自私之心。若二兄易地而处，则弟对汝兄亦不能无言矣。处此患难时期，所可共事者屈指能有几人，兄与弟更非泛泛之交可比，又岂忍隐默无言，自昧天良，故不得不为兄罄情一吐。是非美恶，信从与否，固非弟所计及也。援桂之计既定，准备之缓急，事实之能行与否，此责不在他人，而在吾兄之主张何如。弟此来面面受屈，处处见怪，徒伤固有之感情，而无益于事实，自悔来之太早行之太莽，如动员下令而后来粤，则当此难题者固不在我而在兄也。〕

三月五日　自城舍邮上总理书，主张缓选总统。〔书曰：中正匆促言旋，途中稍有感冒，致回里后身婴微疾，呻吟床第间者四五日。现在热度虽退，而元气尚未全复，病体懒弛殊甚，惟对于本党进行计划仍日夕贯注全神，未尝须臾忘也。此次勾留广州旬日，决定援桂要纲，竞存、汝为均各赞同，心窃幸之。然目前为中正之所切忧，有一不忍言而又不能不言者，厥为选举总统问题是也。上次因此意见纷歧，致滋误会，嗣经商榷一再，始行解决。惟现在为期伊迩，根基尚虚，桂逆既未铲除，西南难望统一，议员又未足数，国会尚非正式，则选举总统一节，鄙见以俯顺各方舆论，从缓进行为是。此事前在粤时亦同汝为细加研究，彼言对党惟有服从，于此固无异议。然以事实上之利害关系而言，平桂之后首举大元帅，再选总统，则凡百进行较为稳当。此汝为对中正一人之私言，乃中正对先生亦一人之私言，谅勿以此视汝为亦反对先生之人也。先生之主张早选者，其目的在乎注重外交与对抗北京政府为最大关键，但由中正观察，或有未尽然也。回忆吾党失败之历史，无一次不失败于注重外交者。民国二年及五年二度之革命，先生皆借重日本以为我党之助，乃日本反助袁、助岑以制我党之进行，吾党因以失利。逮乎民国七年，先生督率海军南下，声势不可谓不浩大，而又恃美国外交为之援助，宜乎不致失败，不料西南主张纷歧，内部不能统一，吾党又因以失势。英国从中妨碍，而美国反为壁上观，则外交之不足恃盖可知矣。近观俄国外交之近况，尤足借证。列强各国对于俄国之压迫，可谓无所不用其极，兵力压制之不已，继之以封锁，及其封锁之无效，又利用波兰及反劳农军以捣乱俄国。而俄国卒不为其所困者，亦以其内部之团结坚强，实力充足，乃有所恃而无恐耳。吾党标榜显著，外人目中无不视吾党为劳农制之化身，故无论为美为法与吾党个人有极善之感情者，至一顾及其本国之政策，鲜有不为其所反对与阻梗者。故本党惟有团结内部，放弃外交，以苏俄自强自立为师法，以谭义金等反动军凭藉外交之失败为殷鉴，则内部巩固，实力充足，自有发展之余地也。将来桂逆一平，或顺长江而下，或自西北而进，直捣黄龙，统一中国固非难事。若以选举总统之后，党见随以歧异，内部因之不一，西南局势亦顿形涣散，仍蹈民国七年之覆辙，所谓对抗北京政府者，安在哉？近闻北京伺南方之选举总统，以海市蜃楼为倒孙之张本，此言虽未足深信，然亦可作一参考之材料，不无注意之价值也。至论广州现状，先生之于竞存只可望其宗旨相同，不越范围，若望其见危授命，尊党攘敌，则非其人，请先生善诱之而已。敢布腹心，幸垂鉴焉。〕

十七日　公随母王太夫人上普陀山，施千僧斋，参观新衲受戒式，病其仪法繁酷，慨然有改革佛教之志。

二十九日　总理电催赴粤。〔电曰：介石兄鉴：西征关系重要，一切须在事前筹划，兄来更速进行，幸即趣装。孙文。艳。〕

三十一日　祭扫三代先墓。

四月二日　国会议员决议取消军政府。

四日　复奉总理艳电。〔电曰：动员无期，来亦何益，且反多阻碍，暂为缓行。特复。中正叩。支。〕

电陈炯明请速清桂孽。〔电曰：默察时局，蒙乱日亟，复辟在即；伪政府财政陷于绝地；奉直战衅，箭在弦上，凡此种种，皆足制北方死命。

桂孽如不速清，本军无起而乘之之机势。病中深念不置，乞赐明教。中正叩。支。〕

七日 国会议员开非常会议，议决中华民国政府组织大纲，依大纲第二条选举总理为非常大总统。总理念外交团不肯交付关余，北方徐世昌又事事假总统名义行使职权，及向外借款，因力主南方成立正式政府以对抗。其时各省北派督军省长一致联电反对，此外如云南唐继尧，贵州卢焘、任可澄，湖南赵恒惕，浙江卢永祥，方盛唱联省自治。陈炯明并趋此旨，且有异志，故亦均不赞同。

八日 奉总理电，通告国会议决案并促赴粤商筹大计。〔电由沪转。文曰：介石、静江、季陶、展堂、仲恺诸兄鉴：昨开大会，以外交紧急，不可无政府应付，已决议设立建国政府，并通过克日北伐案。万端待理，务恳诸兄速来商筹大计，精卫兄如可分身，亦望一临，无任企盼。文。歌。〕

附：胡汉民电

〔法界环龙路四十四号，转蒋介石先生鉴：沪密。陈炳焜集兵梧州，借总统事对粤通电诋諆，有意启衅。我军得饷即发，战端在即，望克日来粤，勿延至盼。汉民。删。四月十五日。〕

二十一日 接奉总理巧电。〔密转蒋介石兄：军事紧急，昨已下动员令，汝为病新愈，非兄来计划助理一切不可，接电速来。文。巧。〕而炯明亦连讯迫催。公复电准于十日内应召之粤。

附：节各函电

【陈炯明电】〔法界环龙路四十四号，转蒋介石先生鉴：沪密。一、得电甚慰。平桂事为勘乱、为保粤，均应速行，徒为财政所困，致饷弹至今无着。二、士气尚可振之而起，绝不阻事。三、现桂有曙丙之哗，粤库竟无一日之粮，危险实甚。四、决定以全力击梧，并克日将各军调赴前线，然后下令。五、战事在即，望兄速来。炯明。寒。四月十五日。〕

【许崇智函】〔静江仁兄有道。……现据确报，桂军大增兵梧州，有东犯之势。此间为预防计，已积极准备，惟智足疾未全愈，甚望介石速来襄助。

前日大总统已去电敦促，乞兄再为力催，并将智意详告。介兄来粤，吾军之幸，亦吾党之幸。……弟崇智敬启。四月二十二日。〕

【胡汉民电】〔译转静江兄：今日开始攻击，先生亟盼介石兄来，欲将警卫团扩充训练改国军，以属介石，望即偕来。弟汉民。迥。四月二十四日。〕

【陈炯明电】〔转介石先生鉴：一、动员令下，各部陆续调赴前线。二、敌情紧，战事在即。三、划西江北岸至广宁、连州为第一战区，许部附赣军任之。四、对梧兵力尚厚，惟高钦布置似欠周密。五、请速来。炯明。东。五月一日〕。

【戴传贤函】【介石我兄惠鉴：……广东事大有可为，兄万不能不去。……本欲赴甬奉访，惟困于行旅，今在沪鹄候，恳即日来一切当面谈也。弟传贤谨启。五月二日】。

【胡汉民函】〔介石兄伟鉴：……汝兄所部责任最大，而汝兄病未十分痊可，步履尚艰，故亟望兄来。竞存当亲行，其望兄来相助亦是诚意，粤中他事莫非形式，惟此为重要关键。目前谓之御侮，而将来局面能否发展，不致坐困，亦视此段文章好否。望兄深念国事党事之艰难，积极负责，束装即来，否则弟辈俱无能为役，而大局未必有幸矣。弟汉民谨顿。五月三日。〕

【古应芬函】〔介石兄惠鉴：……当此桂贼披猖之际，同人以兄不克即来为憾，均望老伯母勿药有喜，兄得即来，则孙先生与同人皆忻喜无量矣……。弟应芬顿。五月四日。〕

是日　携次公子纬国复为天童之游，薄暮由江东三眼桥放船，少焉月出震方，波平如镜，攒峰倒映，人在画中。夜憩小白天童中院，刚逢佛节，香客扰人。翌晨，避往育土寺，登小磐山，再谒摩诃祖师墓。又历大磐山。回寺〔稍憩〕，复出山门眺瞩。公称天童全景为四明诸名胜之冠。旋探古天童及八指头陀吟香塔。凡四日，归城舍。

是月　兄锡侯任广东英德县知事。

△　公与妻毛氏素反目，至此益乖离，怒欲毁婚约。

五月五日　总理就大总统职，以前督军署为总统府。任伍廷芳为外交兼财政总长，〔任廖仲恺为财政次长兼广东省财政厅长，旋为炯明所龁，辞厅长职专理财政部事。〕陈炯明为陆军兼内务总长，李烈钧为参谋总长，汤廷光为海军总长。

十日 自城舍启程赴粤，越旬日抵广州，与大总统、陈总司令、许军长筹定平桂方略，并代拟作战命令稿若干通。

二十四日 夜，梦雪满山原，一白无际，惊醒后身犹寒战，默念此必母病凶兆，因不自安，遽返沪归里。

二十八日 大总统命陈炯明率部出驻肇庆，以趋梧州，又命许崇智由北江入桂夹击，李烈钧率赣滇军，谷正伦率黔军，齐向桂林，并约湘军同时攻入。

六月十四日 上午七时四十九分，王太夫人卒。太夫人年来多病，去春金医某诊断，云明岁必危，公忧甚。入夏果剧，绵惙床第阅五旬，遂以不起，公亲侍汤药，夙夜匪懈。殁后守灵家堂，哀毁骨立，泪墨撰哭母文并事略。〔哭母文曰：悲莫悲于死别，痛莫痛于家难，哀莫哀于亲丧，苦莫苦于孤子。呜呼，天胡不吊，夺我贤慈，竟使儿辈悲痛哀苦至于此极哉。回溯吾母来归已三十有六载，当吾父健在之十年间，家中鞠育之勤、嫁娶之劳、饬家接物皆吾母一人之内助，其苦立孤诣，已可感于无穷者矣。洎乎先考中殂，家难频作，于此二十六寒暑间，内弭阋墙之祸，外御横逆之侮，爱护弱子，督责不肖，维持祖业，丕振家声，何莫非吾母诚挚精神及无量苦心有以致然也。呜呼，吾母艰苦卓绝之志既如此其甚，而不孝冥顽不灵则又如彼。回忆当时忧危之情，惶痛几若无地，惨念至此，百身莫赎，人子若斯，尚有何颜立于天地之间乎。呜呼，自今以往，外应族党，内主家庭，安能得吾母复生，再为我独承劳怨也。且复谁能容我狂愚，恕我暴戾，抚慰我激愤，曲谅我褊衷，为我代苦代忧至死不怨如吾母者乎。呜呼，凡昔之足以裨益于儿，不惜茹苦饮痛，自甘枉曲，明祝默祷，吁求安全，如吾母之慈圣者，今竟欲一再见其声音笑貌而不可复得矣。呜呼，吾母一生，为乡里服务，为国家酬德，嘉言懿行，至多极美。吾不能于伤悲之际毕忆无遗。吾今惟痛吾母以爱护儿辈而凋瘵，以教养儿辈而病困，而有独为不肖一人以牺牲其身，虽上升兜率，无所遗恨，惟生者之罪恶之苦痛，自此益难为怀矣。吾更痛心于指胸难过之语，吾尤痛于易箦之顷，强为药好酒好以慰儿之言，自此儿虽连声直呼，不复更闻吾母之咳唾。犹忆当时吾母呼吸迫促，儿乃趋抚母背，以冀挽危亡于顷刻，然竟因是不获睹最后慈容之悲戚。呜呼，恫矣，从此抱恨终身，不知生存于人世复更有何意趣耶。其惟勉图报亲，藉慰地下之灵，末减儿辈罪孽于万一，以聊舒终天之痛恨乎。呜呼，其可得耶，其不可得耶，母而有灵，鉴斯哀忱。　事略曰：先妣王太夫人，讳采玉，嵊邑葛溪王有则先生之女也，年二十三来归先考肃庵府君，越一年而中正生。中正幼多疾病，且常危笃，及瘉则又放嬉跳跃，凡水火刀梧之伤，遭害非一，以此倍增慈母之忧。及六岁就学，顽劣益甚，而先妣训迪不倦，或夏楚频施，不稍姑息。岁乙未，不幸先考弃养，吾家内外之事一萃先妣一人之身，而家难频仍，祸患相乘，先妣节哀忍苦，状至惨恻，尤有非不肖之所忍追述者。中正年十三出外就傅，时先妣垂泪而教之曰："自汝父之殁，吾辛辛苦苦使汝读书者，非欲攫显宦拥厚资也，所望为国自爱，以保先人之令名足矣。"平居燕语，亦屡以是相勖。有清之季，举国士夫盛倡留学救国之说，中正年十八，蓄志东渡习陆军，人有尼之者，先批则深为嘉许，筹集资用，力促就道，然先妣自是益勤俭逾平时，盖将以其所余资中正学费也。辛亥，民军起义，中正督战沪杭间，戚党闻之多骇愕失色，而先妣则曰："男儿报国，死则死耳，何足为虑"。及捷报至，亲友皆欣喜相庆，而先妣则又处之如素，且时以书加警惕焉。民国肇造，中正练兵海上，思迎养而先妣仅许为旬日留，濒行特训之曰："汝须念念勿忘穷约时，且须谨慎将事，为国尽力，勿令先人积德堕于汝身，则吾虽家居，意之适犹愈于迎养也"。归里后，蔬食布衣，但闻佛偈机声常相和答，了无欣幸之色，里党间翕然敬之。癸丑，义师败衄，中正亡命海外，戚里惊惧，以为大祸将临，而先妣仍处之如素。中正尝以公私之急驰书白母，怯者惧祸劝弗应。先妣则毅然曰："天下安有其子危急而母乃漠然不顾者，吾若无儿，于先人遗产复何需。"故中正在外所求，未尝不应，其间或有佥官暴吏藉此恫吓者，先妣视之蔑如也。先妣长斋礼佛二十余年，其所信仰老而弥笃，人尝谓先妣清素贤贞之操，险难不足累其心者，盖得力于释氏为多。先妣于楞严维摩、金刚、观音诸经，皆能背诵注释，尤复深明宗派，中正回里时，先妣必为之谆谆讲解，教授精详。近年来，中正尝治宋儒性理家言，而略究于佛学者，实先妣之所感化也。先妣素性慈悲，凡遇乡里有孤贫无告者，莫不周济而体恤之，其于亲属之游惰废业而来告贷者，则严词峻拒，不稍假借。尤关心地方公益，环武岭二十里外之桥梁路亭，其十之八九皆为先妣之所创建，迄卧病中，尚出巨资捐助方桥之公益医院，倡办百丈沙之慈云亭及武岭之茶亭，临终惟命以遗产之半自办义务学校，以教育乡里子弟之力不足以求学者，其对于社会事业之尽力，盖如是也。先妣自幼即以智慧称于里闬，课读女红，他姊妹均弗及，故外王父母钟爱特甚。其来归吾先考也，乃继先妣徐、孙两太夫人之后。徐太夫人生吾姊瑞春与兄锡侯，先妣教诲鞠育，视之无异已生，婚嫁之事一身任之。自产中正后三年而瑞莲妹生，又三年而生三妹瑞菊，菊妹不幸而夭亡，弟瑞青则又后菊妹三年生，其居吾弟兄行为最末，而天赋殊姿，兄辈均莫能及，以故先妣爱之尤笃。先考即弃养，先妣为吾弟兄三人析产，以兄为前母所生，独厚予之。分爨未及二年，而瑞青弟殇，先妣悲痛深至，精神与躯体因之乃大衰耗，而其期望中正自立之心亦于是益切矣。嗟夫，中正自九岁失怙，至今已二十有六年，其兢兢不致殒越，与胞兄锡侯幸得不为当世贤人君子所弃，皆先妣谨严之教所赐也。呜呼，吾先妣经三十六年之患难，伫苦停辛，不辞劳瘁者，盖皆为其不孝之子，欲期其有所成立。而中正不肖，既不能立德树业以慰先妣之心，又未克修定省之职，顺承色笑，以博老人一日之欢，致先妣衰暮残躯病切肺腑，十有余年，近复以其心脏虚弱之症，抑郁浮沉二月于兹，竟于十年六月十四日辰刻，弃不孝辈而长逝。呜呼哀哉，不孝如中正，滔天罪孽，百良莫赎，悠悠苍天，曷其有极，谨述懿德，不能万一。中华民国十年，孤哀子蒋中正泣述。〕

已乃孙大总统暨谭延闿、林森等，齐致唁诔，闽、粤、鄂、沪、湖、杭各处吊客，云集倚庐。

二十三日 大总统驰电夺情。〔电曰：竞存、汝为已赴前敌，军事吃紧，望即来粤，墨绖从戎。孙文。梗。〕

附：节各函电

【杨庶堪函】〔介石吾兄：……吾子至孝性成，幸有以节哀顺变，勿过

摧毁。粤桂战役，今日已起，墨经从戎，古贤不废，安厝若毕，尚望有以慰国人及同志之望也。……弟庶堪再顿。(六月二十一日)〕

【胡汉民汪精卫电】〔介石兄鉴:竞存尚无具体表示，但决非不负责任，尊嘱已转去,此时专盼兄来共商一切也。兆铭、汉民。迥。六月二十四日。〕

【汪精卫胡汉民函】〔介石先生台鉴：……梧州克复，军势甚振，朋辈望兄有如望岁，大事粗定，望即束装是祷。……弟兆铭、汉民同启。七月八日。〕

【田桐函】〔介石我兄苫次：……总统以府中司马需人，亘思宿将，常与诸同志谈及我兄，欲援古人金革夺情之义，趣台旆南来，共襄大举。即祈秣马遄发，以慰霖雨苍生之望。弟桐上言。七月二十日。〕

【张静江函】〔介石吾兄足下：广西完全解决，可痛饮杯，但内部多未妥贴，公私待商者甚多，请曲意节哀，来沪面商一切。是所至盼。弟人杰顿。七月二十三日。〕

【邵元冲函】〔介石吾兄惠鉴：顷于民国日报读讣告，惊悉老伯母前月弃养，岂胜哀悼。兄连年奔走四方，承欢之日无多，当今国事未定之秋，遘此大故,哀毁之状,可以想见。惟吾人既以身许国,只能留此身以济国难，一以体先人遗志，一以完个人未完之责，诸希强自节哀为幸。近闻桂孽次第扫清，孙先生方有事于中原，倚赖于兄者甚深。一俟丧务就绪，万望仍往佐理。现在可靠同志，只有此数人，吾人务宜谅先生办事之困难，而切实负责也。弟元冲顿。七月二十七日。〕

六月后 公以居哀，每往雪窦寺〔距家仅十里〕盘桓，惟其地为公侍母王太夫人旧游所在，俯仰陈迹，易触悲怀，尝指点千丈岩麓午雷亭遗址，欲为王太夫人造塔院。

二十六日 桂将刘震寰迎粤军入占梧州，陈炳焜〔徐政府任为广西护军使〕逃，沈鸿英等诈降于粤军。

七月十五日 粤军占南宁，大总统委马君武为广西省长。

二十日 公接奉总理歌电，趣赴邕宁相助。〔电曰：西寇击破易，收拾难，须多一月始得凯旋。我军经入邕宁，明后日，余当驰往巡察，速来相助。孙文。歌。〕

△八月九日 公接奉总理麻电，趣赴桂林相助。〔电曰：介石兄鉴：弟拟于十五日与汝为往桂林，请节哀，速来臂助一切。孙文。麻。〕

附：节各函电

【杨庶堪电】〔介石兄鉴：时局现仍紧张，闻先生有多事须兄来解决，幸速命驾，勿辜其望。尊拟某电，已送登商、时两报矣。千万速来。<纫秋因亦不赴召矣>。庶堪。鱼。八月六日。〕

【许崇智电】〔介石兄鉴：大总统对长江事，准备积极进行，甚盼兄节哀来粤，计划一切。弟崇智。虞。八月七日。〕

【胡汉民函】〔介石吾兄惠鉴：……顾桂事收束费时。而两湖问题遽起，令人难以猝应，先生异常焦急。弟等至南宁，本为计划讨论此事，既至，晤竞存，并不抱消极保守主义，洪湘臣向来无对外心事者，近亦跃跃欲动，两者可认为佳征。至于若何筹备著手进行，则现仍无切实计划也。弟等以此尤盼兄与季陶一行，共商大局之应付。得沪电，知季陶删日启行，兄亦将买舟，不禁狂喜，如闻破敌之捷音，党之要求与时势之要求，俱有令两兄不能更放弃者。辄先以近事奉闻。专此，敬请台安。弟汉民顿。八月十日。〕

十日 公勉为赴粤。过沪，留旬余，会大风雨，因念母柩在堂，恐被水淹，连夕入梦，乃又匆匆返梓。一路灾情奇重，惊为向所未有，及抵舍，墙壁涨痕，高逾五尺矣。幸柩尚无恙也。

十五日 公复陈炯明书，泛论对吴问题。〔书曰：各电均奉读，屡蒙眷顾，感愧无已。昨日由乡来沪，奉上一电，想可先此詧阅。中正决于下月起程，惟来粤之前，拟先绕道湘鄂一行，或可藉此洞察大势，以为将来进行地步，未如尊意以为可否。萧就鄂督，固为意中事，而吴任两湖巡使，殊出意料之外。如吴果就职，无论其第三政府能否出现，而时局严重，必较前更甚，中央政府决不可以等闲视之也。第三政府之阴谋复杂，不能缕述，且其果能成立否，亦未可必，以吴为第三政府之中心，如其无推倒南北两政府或倒其一之把握，而即行组织政府，则于吴之本身诸多不利。且直军亦非常危险，惟直与奉已处于极端地位。为吴之计，第一步，当先联南倒奉以倒北，盖其已无联奉之余地，亦无同时推倒南北两政府实力也。中正以为今日时局，仍当视吴为重心，而其第三政府尚在其次。盖无吴即无第三政府，吴倒，则第三政府虽暂时成立，亦未有不倒者。故于今日举足轻重之吴佩孚，不能不首先研究也。此时吾党对吴，不出联络与反对二途，反对则为敌，当与之战；联络则为友，当与之合。然而无论为友为敌，最后则必出于一战，以主义不同，新旧之二军，未有能久合而不分者也。此层须注意及之。中正以为，吴果有三分诚意与我联合，以对付北方，则吾党亦不宜拒人于千里之外，且与之暂时携手，或可为我主义所感化，以期其终始结合，未始非国家之福。盖粤军出动长江，须在三月以后，如此时与吴先树敌帜，于我甚为不利，即使其无诚意，则吾党亦须忍痛一时，以待其奉直决裂之机，然后承其敝疲而倒之，则用力较易。故吾党于此数月内，对吴问题急须确定，如果与之决战，则吴亦无多大力量，不必视之过重。默察吴部三师之主力军队，王（承斌）师在保定对奉军，而不能移动；阎（相文）师在陕西对陈部及民军，尤不能行动；其长江以南之势力，厥惟萧（耀南）师，而其兵力实为有限，且在鄂之靳（云鹗）旅与赵（杰）旅（此二旅直可当作奉军看待），皆有监视直军性质。以一地而集性质不同之军队，未有能久战而不败者也。倘于此三月之内，本军能出二师兵力以进长江，则吴未始不可倒，而时局之转移，未始不可由我也。故吾人不能与普通人同一心理，以过重视吴也。且自湘鄂事起，一般舆论甚不直吴，如其再就两湖巡使，则其从前之信用扫地尽矣。至论本军对吴作战之期有二：一主急进，从速准备，定此三月内进取长江，利用其奉直暗斗、各军妒吴之时以倒吴；一主缓进，暂俟奉直决裂，待其首尾不相应时，吴军乘机出动武汉以倒吴。惟奉军内部暗斗甚烈，孙烈臣与张作相之间，似有决裂在即之势，故张作霖在奉不能移动一步，如欲待其首先攻直，诚非易易。至于直军方面言之，其势力既到长江以南，亦无即时倒奉力量。可以断言，即其第三政府，欲推倒南北两政府，由其自身统一中国，解决时局之计划，以事实上言之，决难办到。惟第三政府发生后，徐世昌必倒无疑，出而代徐者，仍是张作霖之派。张勋统兵入关，重行复辟，而日本人为之暗助，或且明加干涉，使奉直不能决战，延长中国之内乱，以达其太平洋会议预定之计划。于是奉直二军各地所有之兵力，安置不动，暂成停顿之象，中国三政府亦毫无增减，形成相持不下。如果时局至此，第三政府地位稍稳，彼既不能向北前进，则必向南发展，是时日本或他国，利用第三政府以攻两广，则我政府地位至此更加为难。窃意本军第一目的敌，先在于吴，以吴不倒，时局之转移终在于吴也。即外人之视中国之军人，亦专重于吴，而外交或且为第三政府占优胜，更可惧也。今日本军之对吴，如其有诚意，可合则合之，以倒北政府，而打破其第三政府之野心，否则不如急起直追，以为倒吴之准备。今日吴军之弱点，不在奉军之牵制，而其兵力分散，不能集中，是为其第一弱点。至如吴、冯（玉祥）意见水火，不能团结，王承斌怨望于吴，不受调遣，尤以其北洋派如鲁田、豫赵，甚至直曹，亦无不妒吴而妨碍其发展。于此三月内，吴军在鄂地盘未固之前，如果粤军攻鄂，吾可断其无一人以援吴，而且多有妨碍者。至于粤军先攻鄂直，吾不能必其外援之有无与多寡，而其先声夺人之机，则操之在我而不在吴。总之吴之势力，至今已达极点，此后必日见减少。盖所谓力者，必以各方之潜势力及其四面之外力与后援，方可成一大势力，如以本身之势力为势力，则其所谓势力者必有限，且必孤立而不能久长者。况吴之本身势力，充其量亦不过六师兵力而已，粤军与之相较，有过之无不及。本军决心备战，未始无几分胜算可操也。公意以为何如。〕

二十一日 滇、黔、湘、赣各军攻下桂林。

二十九日 改建厅屋，成王太夫人志也。

九月三日 起程赴南宁。

十三日 至广州，谒大总统，并偕廖次长访许军长，解决出师北伐日期。

十七日 抵南宁，往见陈总司令，听其言，殊不可耐，含怒出，即搭船离邕。船次，因念本党之无人，中师之徒苦，惋咨不置，乃致书炯明，答复其何以甘心与现选为大总统孙先生共事一语。再谒孙大总统于广州，与汪兆铭、胡汉民、邓铿等，在许邸开会密议，决定第二军取道湘南及出发日期，乃避留香港候命，凡八日，始回沪还乡。

三十日 粤军占领龙州，桂孽非降即溃，陆荣廷走安南，全桂底定。

十月 倡办武岭初等小学，谋于里人，以武山、溪西、西河三小学并入之，不敷经费，由公独力担任。

八日 总理决欲贯彻护法主张，提出北伐案于国会，经国会开非常会议通过，陈炯明反对。乃令先返广州，主持后方接济。

十日　总理著《实业计划》成。〔即《建国方略》之一《物质建设》。〕

三十日　立石于弟瑞青墓。

三十一日　往葛竹省诸舅氏，流连二日别归。取道北溪，探四明石窗，蹑鼠尾山巅，向西北驰下，便见削壁连云，及向乌岩下村前回望，隐约六七面矗立半空，形象何毕肖也。夜宿北溪卢家，翌晨经塔坑岭，蒋氏宗长之住楼岙者来迎，踰徐凫岩。回至溪口，街市已上灯矣。

十一月九日　接奉总统电。〔电曰：介石兄鉴：余拟于十五日与汝为往桂林，请节哀速来，臂助一切。孙文。麻。〕

十五日　孙大总统视师于桂林，遂乃组织大本营，除粤军第二军许崇智部及福军李福林部外，并任朱培德为滇军总司令，彭程万为赣军总司令，谷正伦为黔军总司令，李烈钧为参谋长，胡汉民为秘书长，准备明年春，大举入湘北伐。

二十八【日】　夕，灯下缮二纸，析定二公子家产。公以经儿可怜，纬儿可爱，顾念后事，悽恻无以为怀。[1]

＊自王太夫人墓地卜吉于白崖鱼鳞岙之中垄，准期兴筑兆茔，公日往监工，并邀集亲族之贤者，筹备丧事。

＊**二十一日**　孙大总统派陈果夫代表诣奠，戴传贤、林业明、居正、周觉等，皆来会葬。

总理祭文

呜呼，文与郎君介石游十余年，共历艰险，出入死生，如身之臂，如骖之靳，朝夕未尝离失，因得略识太夫人之懿行。太夫人早遭凶故，恩勤辛苦，以抚遗孤，养之长，教之成，今皆岩岩岳岳，为人伦之表率，多士之规模，其于介石也。慈爱异常母，督责如严师，裁其跅驰，以全其昂昂千里之资，虽夷险不测，成败无定，而守经达变，如江河之自适，山岳之不移。古有丸熊画荻，文闻其语，未见其人，及遇介石，识其根器之深、毓育之灵，

1　原稿缺二十一、二十三日，兹据《民国十五年以前之蒋介石先生》所记，补录于后，供参考。

乃知古之或不如今。幸而见于今，复不令其上跻耄耋，长为闺壸之仪型，是非特郎君辈所悼痛，亦足令天下闻之而失声。呜呼哀哉。尚飨。

二十三日 扶王太夫人柩至鱼鳞岙安窆。孙大总统题石〔文曰：蒋母之墓〕，胡汉民、汪兆铭志铭。

＊公以当大事毕，此生无所顾恋，更可致力革命，为国牺牲。总理与诸同志又迭电敦趣，强欲夺情，不复能违，故决心再出，誓终身辅总理，报答知遇，实行生平之志也。

＊连日处理家务，与妻毛氏、妾姚氏宣告脱离家庭关系，并析定二公子家产，即于二十八夕灯下，诏二公子至前，施训词，授条示，因念经儿可教，纬儿可爱，悽别无以为怀。〔条示：余葬母既毕，为人子者，一生之大事已尽，此后乃可一心致力革命，更无其他之挂系。余今与尔等生母之离异，余以后之成败生死，家庭自不致因我而再有波累。余十八岁立志革命以来，本已早置生死荣辱于度外，惟每念老母在堂，总不使以余不肖之罪戾，牵连家中之老少，故每于革命临难决死之前，必抚友好代致留母遗禀，以冀余死后聊解亲心于万一。今后可无此念，而望尔兄弟二人亲亲和爱，承志继先，以报尔祖母在生抚育之深恩，亦即所以代余慰藉慈亲在天之灵也。余此去何日与尔等重叙天伦，实不可知。余所望于尔等者，惟此而已，特此条示。经、纬两儿，谨志毋忘，并留为永久纪念。父泐。〕

十二月 撤毁武岭文昌阁，改建图书馆。

十二日 遄往桂林。

二十二日 抵粤垣，在旅馆及舟舆中，草北伐作战计划书〔此书半阅月始脱稿，苦索南北两军接触与会战地点，及最后胜利所属，都凡三千余言〕，即留此度岁。

附：诸同志函电

【汪精卫函】〔介石吾兄惠鉴：两得手书，敬悉一切。伯母大人窀穸，尚未办妥，兄未能远离，弟等皆深喻。不过盼驾心切，难已于言，如大事已竣，务乞迅即启行。以孙先生、汝为兄处，若不得兄相助，实如失左右手，而又无他人可以为代也。……弟兆铭拜启。十月十八日。〕

△【杨庶堪函】〔介石老兄：使来藉奉手书并赐物，感其嘱纫秋转告之语，纫未及分析，遂致贤者误会，请略言之。销案之意，乃因□□丧葬而起，以为可根本打销，然系欲其自动也。友人具呈之说，乃小川举前例为言，一时闲话耳，非欲实行也。最后决议专在保护，不及前案，小川已回杭告卢，卢允由左右致函王镇使，小川及宪兵司令马某均函王，言之大致已不生问题矣。吾兄志节至可钦服，弟非胡涂者，何至使兄投诚犹认为可行也。乃知天下传语之难，差之毫厘，谬以千里，至褚某代呈之说毫未闻之，不识从何而起。当与小川谈时，小川谓赵禅之死，有人疑系褚某所为，或因此误传耶，抑别有闻也。前以奇冗，故稍稽裁答，欲托纫兄转述，不虞其不能分析致吾兄之着恼也。中山先生望兄若渴，老伯母丧葬毕，至盼遄行军中。得兄乃柱石及长城也。匆颂礼安。庶堪再顿。十一月六日。〕

【许崇智电】〔转介石兄：首座删日出巡南宁，随转桂林，第二十五日赴桂林，盼兄丧毕速来。弟崇智。号。十一月二十日〕

【廖仲恺电】〔转介石兄鉴：先生决自将出师，竟留两广，巩固后方，整理内治，望兄速来。弟仲恺。梗。十一月二十三日〕

【廖仲恺汪精卫电】〔介石先生鉴：孙先生已抵昭平，由平乐转赴桂林，展堂、汝为曾有电催兄来，兄经营先茔，现已竣事，务希念孙先生万不可无助及汝为、展堂之劳，早日命驾。盼切！弟仲恺、兆铭。迥。（十一月二十四日）〕

总理电廖、汪，嘱与徐切商军事。〔电曰：广州财政部次长廖仲恺暨精卫先生鉴：电悉。徐君（树铮）惠临，慰我数年渴望，且我等已积极进行，由粤至桂，动需月余，虑于彼此所事有所妨碍，兹请两兄及介石为我代表，与切商军事之进行。现我军决于旧历年后用兵。吴佩孚若来，则用小包围之法击之于衡、宝一带，彼若退守武汉，则用大围之法，以荆、汴、长、岳为正面攻击，由汉水出襄樊为左翼，由赣出九江、黄州为右翼，三路以制其死命。两者皆以有他军为援，应为我之大利。闽王攻赣之背面，鄂孙乱吴之后方，尤须应时请先注意于此。形势既利，浙卢、皖马即可据长江下游，而豫赵、鲁田共起，使直系更无归路。自来战略因于政略，吾人政略既同，斯为南北一致，以定中国，其庶几也。此电已兼示汝为。孙文。养。印。〕

二十三日 总统电趣赴桂。〔电曰：广州总统府，谢秘书长转介石先生：总密。电悉。作战计划，昨电略告廖、汪两兄，可询之，一切仍俟兄来商榷。即偕季陶兄启行。孙文。梗。〕

附：胡汉民电

〔广州，财政部次长廖仲恺，请转蒋介石兄鉴：闻兄到粤，先生与汝为兄俱盼兄速来，望即趣装。何时启程，希预报。弟汉民叩。养。十二月二十二日。〕

苏俄专使马林访谒总理，由是总理得知其国政况，心焉向往，联俄之议以起。

是年，公仍按日看《通鉴辑览》，至六月初终卷，及居王太夫人丧，读《礼记》。八月后，诵《诗经》，温选本文，习英语。九月中旬起，看《交战及统帅学》。公尝云：欲使此心不纷乱，惟有依程序做事，循课表读书而已。

公谓：视于无形，听于无声，向空中寻乐处，根性自然纯净。又曰：以豁达光明之襟度，强毅勇敢之精神，养成我伟大人格，庶能显扬于世界，则其所造可知矣。

长公子经国肄业奉化龙津学校，仍馆王欧声授中文。〔附家谕：经儿如之：尔说文提要读完否，记得否，如已读完记得，可请尔先生依余正月间所开书单顺序读去，勿求其过速。尔雅读完时，小学书可认许氏说文，或后读尔雅亦可，随尔先生定夺，余不遥制也。汝父在此甚忙，战事已得胜，并闻。父示。五月二十三日正午。〕

次公子纬国下学期出幼稚园，聘陈子骥女士教读于家。

是年 上海、汉口、广州、香港各商市为交易所之竞争。

民国十年革命中外环境

二月七日 云南督军唐继尧被迫离省，顾品珍入城，以滇军总司令名义维持秩序。

五月十一日 川军举刘湘为总司令兼省长，逼走熊克武。徐政府以平川乱为名遣刘存厚攻入成都。

二十日　徐政府下讨伐南方令，并令陆荣廷出兵扰粤。〔世昌日以消灭南方政府为事，荣廷图恢复广东地盘，因之互相勾结。〕

三十日　徐政府任张作霖兼蒙藏经略使，热河、绥远、察哈尔各都统，归其节制。

八月　湖北武宜兵变，湖南临时省长兼湘军总司令赵恒惕，以援鄂自治为名，出兵进攻，收复岳州，川军刘湘部之但懋辛师，亦攻克宜昌，王占元弃城走。徐政府乃以吴佩孚为两湖巡阅使，孙传芳为长江上游总司令，萧耀南为湖北督军，率部分援川、鄂，复攻陷岳州，并击退川军。于是吴氏坐镇洛阳，派阎相文、冯玉祥、吴新田三师入陕，旋任相文为陕西督军，被杀后，冯玉祥代之。

九月二日　张绍曾主张开国是会议于庐山，除直系各督通电赞成外，其余实力派多持冷观，故未实行召集。

四日　倪嗣冲以皖系战败去职，张文生继任安徽督军。

十月十一日　吴佩孚与刘湘、赵恒惕议和签约，各守疆土。

十一月二十一日　曹锟、吴佩孚、高凌蔚〔财政总长〕、于化龙〔国务代表〕、张景惠〔察哈尔都统〕及各省代表，开会议于保定巡阅使署。〔锟以统一无期，内政外交多感不便，故召集是会，谋扩张势力。〕

十二月四日　徐政府任梁士诒为内阁总理〔张作霖所荐〕。

八月十一日　苏俄实施新经济政策。

十月六日　我国派施肇基、顾维钧、王宠惠、伍朝枢为参与太平洋会议全权代表。

十一月十二日　华府开太平洋会议，美国务卿许士为主席，讨论限制各国军备及远东与太平洋问题。是会为美人总统哈定发起，与会者，中、美、英、法、意、日、荷、比、葡九国，至翌年二月六日闭会。

二十三日　我国施肇基等四代表，提出六案：一、关税，二、领事裁判权，三、租借地，四、特殊势力权利，五、驻兵、邮权、电信交通，六、鲁案与二十一条要求。

民国十一年（西历一九二二），公三十六岁

一月三日 自羊城西发，至三水下广雄轮，次日到梧州。七日，换坐帆船，缘倒水村而上，硐滩陡绝。十一日，至昭平后，船行四小时，问程仅十里耳。十五日，广运登陆，蹊径崎岖，为从来所未观。十六日，达阳朔，吴忠信来会，乃知军事计划犹在执持中。悔此行尚早也。

十八日 晡，抵桂林城，方五十里，衍为旷野，四望山明水媚，丽态万千。连旬蒿目兵燹，愁叹民生，至此旅郁为之一空。许军长出郭远迎，握手甚欢。

是晚入，居旧蕃署八桂厅，境绝清幽，园林亭榭，到眼成趣。日常诣大本营请示及往军部办公、莅操场检训外，在此绘作战地图、后方交通图、集中计划图，并制集中计划表、休沐日。乘兴出游，遍探象鼻山、七星岩、灵隐洞、铁佛寺、孔明台诸胜迹，见龙隐洞削壁上，镌有元祐党人名籍，陟叠翠山，摩张别山、瞿式耜二君子殉难之纪念碑，异代有同感焉。城头周览形势，东北、东南皆环带漓江，西北与西面，俱为陆壤，孤峰朵插天空，平坦之地朗若列眉。昔人称桂林山水天下奇，殊有可信。

十九日 公与许军长、李参谋长、胡秘书长，会商北伐军作战计划。公意以湖北为目的，而众意以江西为目的。决议以湖北为第一目的，江西为第二目的也。

△二十四 大元帅任陈嘉祐为北伐湘军第一路司令。

三十夜 约胡秘书长同见大元帅，商决出师日期及移大本营于韶州。

公自客冬出门后，无日不思家。二十八日为旧历元旦，在厅园悽念母氏作古，不能与儿孙团聚过年，不觉泪如珠落。正月望夕，独坐对月，寒影自怜，遥忆故乡灯市，感欷无任。

△〔兹录致□□□□、次公子纬国书。□□：前示纬儿两函，想已收到，兄定□日由港起程赴桂，路上约须半月工夫，甚寂闷也，清□如何，深以为念。乡间倘不太平，可往城中陈先生家度岁，待正月杪再回溪口可也。在家无事，请每星期写一封信寄来，如有要事，可托上海发电报。经、

纬两儿想必玩笑如常。此信写于香港浅水湾酒店。（十一月三十日） 兄明日由梧赴桂，前寄数函，想已收阅矣。恒祥、瑞昌、富元等随行，皆平安，嘱其家勿念。如过年时，他家要多借数元，请应付之。葛竹四、五两舅父处，亦须各寄去数十元。（一月六日） 我昨日到桂林，即见展堂、汝为诸兄，又见孙先生畅谈一切。自辞家以来，已一月有余，心中不堪郁闷之苦，至此始得开怀也。（一月十九日） 我在此地，心甚烦闷，恨不得立即回家享福。你十二月二十日所发一信，我前星期已接到了，由溪口到桂林之邮信，约须二十天也。桂地气候不大冷，自立春以后，已觉得很暖了，但是交通甚觉不便。我的旧病，亦时常发作，颇可忧虑。我这一回，总算来得顶不好了，但是已经来了，再没有速即返家的法子，只得跟着孙先生，做一天算一天就是了。清明快要到了，我母坟头应种的树和家宅里应种的树，前信已经写明白了，种好之后，请你再详细报告我，使我可以安心。我乡风俗，新坟是要早些拜扫的，我们不必沿此俗例，只要清明前三日就是了。别处祖公、父亲及青弟的坟，亦要去上，经、纬两个兄弟同行才好。我近日照相片二张，很有光采，明日就可以寄给你了。（二月十九日） 我有十天不写信给你了，象煞是狠久的样子，想必你同纬儿皆平安强健么。前回信里所说种树的事情，正屋檐下离开二尺的地方，最好种已经长大的梧桐树和杨柳树，但不知种得活否。我常想回乡来拜扫母亲的坟墓，但是事情甚忙，恐怕不能抽身也。我很想纬儿的照相看，你将来到奉化城或宁波城去的时候，顺便拍一个来，寄给我看看吧。（二月二十八日） 我前日子写给纬儿一封信，想必已收到了么。我昨日接你正月廿三夜所写一封信，悲喜交集得不得了。我清明节很想回家扫墓，但是没有工夫，总不能回来。你接着我这封信时，请你不必等我回来扫墓了，你同经、纬两儿自去拜扫就是了。我近来身体颇好，但是我性情孤僻，终不能同新朋友相合。只有几位老朋友，孙先生呀，许汝为呀，皆是更加亲密。我大约下月初就要动身到湖南去了，你有邮信，寄广东省长公署古厅长转交就是了。纬儿可以教他认字听讲了，天天到学堂里去看看，就是不去念书，也有益处的。你若是把我这个儿子养育得好，将来我还要谢谢你呢。完了。（三月十日）〕〔附家谕：纬儿：我今日在桂林过旧历的新年，心里很想慕家庭今日的乐趣，自叹不能在家＜与你母子＞聚笑一堂，因之更加想念你的活泼神态，不能忘怀。又想起我的母亲逝世，不能再生，与我在家中过年，可怜我的人又少了一个了，欢喜你的人亦少了一个了。从此以后，我永世不能与我母亲在家享受过年的乐趣，而且永远不能见我母亲的面，尽一些孝心了。想到这里，更加悲伤，但愿你在家要好好的孝敬你的母亲，友爱你的哥哥，少年立起一个做人的模样，不致如你父亲的伤悲老大才好。我在桂林，孙公公及胡、许、吴各位伯伯，往来极其亲热，亦极其有趣，而且我住的八桂厅，亦极其幽雅，为桂林省城第一个好地方。今日在此地，同各位伯伯拍几个照相，将来晒好了，我还要带二张来给你看，但是我的心里，无论如何快活，终不能忘记家庭的乐趣及母亲逝世的悲痛，不知你们在家中，亦有此感想否耶。我心里很想回家，但不知果能回来否耳。去年家中的帐目及上海汇来银若干，最好＜托你母亲＞写一封详细的信来。你一月一日发的信，我已于前日接到了。远在他乡度岁之时，得见你＜母亲＞们的笔迹，真是如获至宝，以后还要请你＜母亲＞们时常写信，来解慰我旅中的冷静为盼。父示。一月二十八日。 我前日接到你＜母亲＞们上月十一日所发的信，方才晓得你们快要搬到城中去过年了。过年是在溪口家乡最热闹最快活的，你们不在家中过年，是错过了。近来仍旧搬回到溪口住了么？我家中当店屋改做学堂，我已经同校长陈先生商量妥当了，如楼上房屋有空余，你们只管去做在里面，否则你们不如到新屋去住便当些。我大约下个月就要到湖南去了，你们有信，只管寄到桂林来。清明节边，我大约不能回家中来拜扫祖母的新坟，心甚怏怏不快。到清明一日，要你托才火伯伯，到祖母坟上去多种几百株树，至于如何种法，我已经告诉才火伯伯了，你只托他去买树秧去种就好了。二月五日。 我接到你＜母亲＞们正月十五日所写的信，非常欢喜。我到桂林已有四十多天了，精神天天好起来，旧病亦已经好了，但是一天到晚事情很忙，心思亦很烦。我近来天天骑马，而且骑得狠高兴，将来我回家时候，必定给你买一匹小马，教你骑马，我自己买一匹大马，同你骑了游行野外就是了。你今年不晓得有否读书，你如其会写写字的时候，还要你写几个字寄来，给我看看，或者我的心里可以快活一些。我清明决意不回来了，你快快把家里及学校里的事情，详详细细，<□你母亲>写封信来，使得我可以放心。余言下次再说。三月三日。我三个月没有见你了，心里非常记挂。我今日看见人家小孩子，在大本营前空地放风筝，我更加想起你去年在城中放风筝的趣味，不晓得你今年在家有做风筝去放没有。我在抽屉里找出两张画图贺年片来，一张是富贵花，一张是小孩子游戏，其中也有放风筝的，所以寄给你白相，不晓得你快活么。我下月就要去湖南了，以后来信，请你<母亲>寄把广东省长公署古厅长转寄就好了。此刻已七点半钟了，想必你还没有睡罢。三月八日。〕

二月一日　四川代表王希闵到桂林，总统召见，陈对移时而退。

十二日　奉天张作霖代表李绍白到桂林。

二十一日　谒见总统，陈述对奉代表军事主张。

三月三日　长公子经国考入上海万竹小学高等四年级肄业；王欧声随往，馆公妹婿竺芝珊寓舍教国文。

附家谕。〔经儿知之：来信已经接到了，你的楷字仍不见佳，总须间日印写一二百字，以求进步。你校下学期既有英文课，你须用心学习。现在时世，不懂英文，正如哑子一样，将来什么地方都走不通，什么事业都赶不上，<你可知道么？>你每星期日有工夫时候，可到商务印书馆去买些英文小说、杂志看看，亦可以增长智识，并为你弟定儿童画报和儿童世界各半年。定书方法，只消告诉他邮寄的地方，叫书坊直接送达便了，不要忘记。父示。八月四日。〕

总理以陈炯明背约不与接济，又暗杀邓铿于广州车站（铿协助北伐军饷械，炯明忌之）。二十六日即开紧急会议于大本营，公主张先回粤后北伐，卒决议潜师回粤，改道赣南北伐（因炯明仍与湘省赵恒惕勾结）。

附：廖仲恺来书

〔介石兄鉴：纪文归，为言兄仓卒间谓弟不复兄电，使弟徬徨失措。查关于兵站事，已在致汝为兄及兄电中，此外并无他项电报。至前接兄函，要弟电兄归粤，此则虽以刀锯加颈，亦不肯为。盖弟自得兄西行，已不啻如天之福，岂能干此破坏大局之举，以重罪戾。仲元遽遭惨害（查为刘志陆购凶所致），吾党健者又弱一个，吾侪与仲元相处逾十年，道义之交，海内有几，追怀良友，辄复潸然出涕。渠生前至爱赣园，临终亦以执信为念，赣园适与执信墓相对，故拟卜葬于此，已电园主协和乞地矣。回师之举，如可转圜，仍以依原定计划为妥，否则内忧将无已时，吾不欲观之矣。兄作战计划原稿，乃遭回禄，此弟所引为至憾者；日记一册，弟当韫椟藏之，断不令再失也。……恺启。四月三日。〕

二十四日　湖南赵恒惕代表李汉丞到桂林。

△四月一日　湖南军界在衡州开会，排长以上均出席，计二百零三人，用无记名票决顺逆倾向，赞成中华民国政府者一百四十权。

四月五日　谒辞总理离桂，至平乐。接许军长、胡秘书长电，乃知回粤事。炯明已来电质问。

△七日　北伐军许崇智部袭南康赣军，陈光远旅迎战张民达，击败之。

十五日　昨因陈有异志，竟夕皇皇，今晨起准备一切，晚犹未息，至夜分仍不寐，大病。

十六日　总理莅梧，电召陈炯明，炯明竟不至。〔时曹、吴已饵陈以两广巡阅使。〕

二十日　公迎帅驾于肇庆，面陈机宜。

时炯明以其亲信军队倘在南宁，不敢抗命，乃电请辞职。总理准其辞去粤军总司令〔此职遂裁撤〕暨广东省省长〔改任伍廷芳〕，仍任以陆军总长，不受，避往惠州。

附：廖仲恺致陈炯明电

〔（一）介石昨晚到梧，顷已会见。（二）先生蒸日起程，介石先行，目的在免除误会。（三）先生遽归，意旨在添调军队图赣，并谋饷弹补充之确实，使此举不至无功，以坠声威，此外无他希冀。桂林调归各军，经三水，琶【湴】江口，集中韶、雄，宜于一星期内，予以通过，俾勿别生枝节。（四）嘱达先生各节，已转电昭平矣。（五）同人意，驾能来梧接见先生，面商一切，尤佳。四月十三日。〕

二十一日　叶举等通电〔熊略、翁式亮、陈炯明、杨坤如、陈章甫、邱耀西、罗绍雄联名〕，由邕还师广州。

二十二日　帅驾莅三水，公往见后，下令各部队前进石围塘。<闻陈昨夜舍职离省垣，心滋不快，晚抵石围塘驻宿于车站>。再谒总统定谋。

二十三日　抵省城。总理闻其有去志，特驾行馆挽留，言“此时你若走，则我与汝为机能全失，人无灵魂，躯壳何用”云云。公感其语，即亦踌躇。俄又决计归。

是晚离广州，轮次写寄炯明书。〔书曰：中正昨朝晋谒，公已离省回惠，徒令徬徨无措，不知所归。事既至此，夫复何言，惟此事关键，不得不约略陈之。当改道攻赣之议表决以后，中正乃只身驰抵昭平，即致仲恺先生电，请为转告一切。吾公既知中正即回粤，则待中正抵省晤面之后，再定进退尚不为迟，奈何突然辞职，激成不可挽救之形势耶。中正抵梧后，乃知公已辞职，进退维谷，无法持后，盖知辞职必准也。故不能不待孙先生到梧，问明意旨，然后设法补救，以为转圜之地。迨其到梧，乃知其决意准辞。<加之播弄是非、幸灾乐祸者，四散谣言，无所不用其极，情势愈益严紧>。中正此时，只望驾莅梧、肇，与孙先生面晤妥商之一法，而吾公不果来，然尚冀其有缓和之法也。及中正抵省，吾公已行，是诚善后无策矣。中正惟有独行其道，不复预闻内部事情。然至今日，如为吾公个人计，则当力劝高蹈，暂时不出，而为大局计，为民党计，又为个人之过去与将来之关系计，似不能固执己见，违反前议。是则犹愿吾公统兵北伐，不即全身引退为得计，盖公与私、前与后，不能不兼顾两全也。中正与吾公共同患难，已非一日，千里咫尺，声气相通，故敢直言不讳。中正以为如吾公主观过甚，则本党前途愈趋混沌，无论其结果如何，必致两败俱伤，演成不可思议之祸害，而最后结果，败者固自丧元气，徒坠昔日之令名，即胜者亦煎豆太急，授人以残杀同志之口实，而其精神痛苦，较诸败者为更烈。吾公如欲消灭痕迹，免除内讧，舍再出任重以外，别无妙法。以此而论，则吾公不能不出，且不能不速即表明态度，服从孙先生之主张，带兵北伐也。吾公如能深信中正之言，采约一二，勿听细人之谗，勿堕宵小之计，服从孙总理，共图北伐，则中正虽守制未终，尚思待罪疆埸，执鞭以从，聊供指臂之助。敢布区区，以摅衷藏，披沥陈辞，伏维垂察。〕夜连梦，呓语率队过江，高叫封船赴粤，四壁搭客，皆为惊起。

二十七日 到沪。

二十八日 由甬趋舍，即往省王太夫人墓。见坛兆积潦成洼，急鸠工平治，并规划四围砌石栏种树，与构竖庄屋等事。

附：来电

【许崇智电】〔文密。转静江兄，现实行北伐，各军十日内集中韶关，望催介兄邀湘臣兄速同来，首座盼切。海军已完全收复。并闻。崇智。东。五月一日。〕

【许崇智电】〔奉化蒋介石先生：介密。某氏事。文密。转介石兄鉴：礼兄去沪，将命陆学文为旅长，智鱼日随首座赴韶，请兄速来。川资三千，已实汇静江兄处转交。智。冬。五月二日。〕

【胡汉民许崇智函】〔介石吾兄惠鉴：文密。函电并呈阅先生，即令礼卿离粤，昨已行矣。该部暂直接于军部，大本营六号到韶，智约先往，第一师及第二师两团，俱加入北伐，次第集中。俭日收回海军，丽堂相处益好，竞存表示不辞陆长，且请安顿由邕回之军队，责以粤桂边防，当可相安。先生与弟等甚盼兄速回。此时对内对外，不能稍疏，幸来相助。弟汉民、崇智同启。五月三日。〕

〔介石先生鉴：展密。歌电奉悉。先生亦以往来统筹兼顾为然，并促兄偕静江、季陶兄等速即到粤。汉民、崇智。阳。五月七日。〕

【廖仲恺电】〔介石兄鉴：展密。先生、展堂兄等已出发，所恶者已去，请速来。此间对赣，决定真日开始攻击，并闻。恺。庚。五月八日。〕

〔上海林焕廷兄转介石兄：展密。函悉。鸿楷元日、汝为删日已赴前方，先生俟第二师到韶后，即归广州。兄不来，无以安诸友之心，盼火速起程。恺。铣。五月十六日。〕

五月六日 总理莅韶关，誓师北伐〔响应奉张，使曹、吴腹背受敌〕。以李烈钧任中路，许崇智任右翼，黄大伟任左翼。是时炯明既调驻省城军队，布防于石龙、虎门等处，复嗾驻肇之叶举，率五十余营回至广州。总理猝难应付，仍命以陆军总长办理两广军务，令调叶举等部至赣边前线，加入北伐。叶等以索饷为名，不即出动。

八日　叶举等要求复任陈炯明为粤军总司令暨广东省省长，并免胡汉民职。

九日　与廖仲恺书〔时总理复任仲恺为广东省财政厅长〕，力争大本营所在地，而以总理坐镇广州根据为要著。

△十一日　北伐滇军败赣军第二旅于大庾岭。

二十二日　马君武电中央民国政府辞广西省省长职。

二十五日　致汪兆铭、胡汉民、廖仲恺、许崇智各电，愤恨陈党盘踞省城，逆命作乱。主先巩固后方，再图北伐。

附：各函电

【廖仲恺电】〔介石兄：电悉。粤非确有事变，则由前方回师，为情势之所不许，梁、黄两部，皆绝对不愿见此，若二军独行其是，必遭各部反对。今兹所期，惟在胜敌于外，而镇静于内，以消患无形。省城有海军与三师，宵小必不敢妄作，兄当速来，即赴前敌，以助汝为，徒令汝为及我辈吃苦，兄何忍。恺。世。五月三十一日。〕

【廖仲恺函】〔转介石兄：展密。恺由韶回，读尊电，复如下：（一）某部来省，除电请仍令某主持广东军队外，尚无其他举动。（二）竞屡辞北伐职务，及君武来告桂乱，颇愿负责。先生照去年援桂例，着以陆长办匪。（三）竞答应来省或仍赴肇，分调某部各回防地。（四）某部如能陆续离省，甚好，否则尊电实为不得已时之必要处置。前方根本，统筹兼顾，实不可无人，乃望即日命驾，勿延迟。……仲恺顿首。六月一日。〕

辞家往湖州，访戴传贤于潜园，谒陈烈士〔英士〕墓，并视其家属。公尝谓此行道经上海，深念中国及自身，极人生未有之忧郁，然瞻顾前途，仍有一至伟大至光明之事业，悬悬心且也。

△二十七日　大元帅命陈炯明以陆军总长。

六月一日　总理以陈炯明部屯省城及白云山等处，日谋响应北吴〔时北廷已任命炯明为两广巡阅使〕，粤垣人心一夕数惊。【总理】因自率卫士回驻广州总统府镇慑，令胡汉民留守韶州大本营。

与许崇智书，论先定粤局之紧要。〔书曰：廿九日奉上一电，想已詧及。近闻某部备战甚急，且在新街等处挖沟筑垒，并竞存有即日回省之言。以弟悬揣，本军未深入赣境、未见败仗之时，竞存必不回省也。盖其于此时回省无办法，如其回省而不出兵北伐，或剿桂，则其回省无名也。回省无名，即为作乱，试问此时彼敢冒此大不韪之名乎。弟意彼必不敢回省，窃料其不久必令其旧部集中东江，以表示和平之意，以惑吾党诸同志及国人也。倘吾党习焉不察，信以为真和平，乃即漠然置之，则其祸患更甚于盘踞省城也。以其五十余营之部队，集中东江，则彼乃可战、可守、可进、可退于斯时也。如得本军败耗，彼当以主力进占省城，另以一部进驻赣边各县，断我后路，否则本军深入赣境，彼与直系联络妥当，亦必不顾名义，移驻省城，乱我后方，此固意计中事也。故无论其退让至何地步，非从速回兵解决根本，决无安全平和之道，不然，则徒中其计而吾党殆矣，本军殊无幸免之理也，万不可以其退让即可了事也。解决之法，如其主力盘踞省城不退，则本军主力决由赣南至连平、河源以攻惠州，如果出此一着，则彼驻省部队未有不退回东江，对抗本军，以固其惠州之根本，则吾韶州方面之部队乃可直达省城，以与吾出连平之主力，协同海军，由石龙前进，夹攻惠州。闻近时浅水兵轮可以直抵惠州，则更不费力矣。如其以退让为名，先以全力集中东江，进驻赣边各县，如连平、和平等处，则本军主力或由韶关先抵省城，再与海军协攻惠州；或仍以主力由连平前进，攻入东江，似皆可行。但须韶关部队先回省城，与海军由石龙前进，胁逼惠州，则在赣边之主力，与之确实联络，双方并进，乃可协攻耳。如吾果能先发制人，则无论其集中东江或盘踞省城，不难一网打尽，否则犹豫不决，迁延隐忍，必致有束手无策噬脐莫及不可挽救之一日，惟愿吾言之不中耳。至在新街备战，实无意识之举，恐非竞存之本意，吾故料其不久必撤回东江，是乃实行此着也。夫粤中同志，空气不纯，见解各异，窃恐再听对外即以消除内讧之谬见，反将本来先定西南后统中原之主张，抹杀不顾，竟致今日之祸乱。然及今为之，亡羊补牢，犹为未晚。吾以为果能掌握两广，则基础巩固，以后政局变迁，如元首地位不动，即可进而统一中国。虽不占据长江，只有两广基础，亦可造成强有力之政府，否则不问外事，先将西南内部平定，然后再图中原，亦未始非计，何必急急求展于外也。至于广西得失，吾以为三月以内，无甚紧要，即使广西全失，吾知桂军于此数月之内，必无东窥之力。且西江与海岸，有海军可以防备，如果广东能从速收束，则广西不难失而复得也。不然，时过境迁，一再贻误，数月之后，则桂军蠢动，竞存必又攘臂以起，不待本军败仗，亦将藉防桂之名，回省主持。是故无论如何，急进则患小，迟疑则害大，且将不可收拾矣。以上所陈，统希卓裁，并乞示复。弟虽在家守制，而心殊不安，临书不觉瘪然。〕

二日　总理电催公急赴粤，扶持危局。〔电曰：立转介石兄：粤局危急，军事无人负责，无论如何请兄即来助我，千钧一发，有船即来。至盼。文。冬。〕

附：各函电

【汪精卫电】〔蒋介石先生：某氏事，当速处分，先生盼急，商决乞即来。兆铭。东。六月一日。〕

【张继函】〔介石我兄鉴：……我兄应速出山，设法将粤局巩固，先生既到广州，是否无危险，同人殊为悬念也。专此。顺颂健安。弟张继拜上。六月七日。〕

四日　为阴历五月初九日，王太夫人逝世一周年纪念日也。公自誓无论新旧历，凡遇此日，不茹荤，不动气，不近色，以儆不孝之罪于万一。正午，行小祥礼。

十三日　北伐军自向赣南进发，左翼占崇义，右翼占信丰、南康，中路占南安、新城，节节胜利，至是收复赣州。

十四　陈炯明出次石龙，诱廖仲恺至，拘囚之〔凡六十二日释放〕。

十五日　【十六日上午三时】　逆部洪兆麟率队围攻总统府，秘书林直勉等挽总统出，夤夜脱险，抵海珠海军司令部。司令温树德导登楚豫舰，召各舰长决议定变之策。〔时陆地尽为叛军所据，准以各舰进攻广州。〕

十七日　总统率舰队〔永丰、永翔、楚豫、豫章、同安、广玉、宝璧七舰〕由黄埔出动，炮击叛军，未平。回埔，拟再进剿。

总统令广州卫戍司令魏邦平所部集中大沙头，策应海军。

十八日 接汪兆铭、林业明沪来电，惊悉粤变，犹幸总理无恙。

总统电趣赴急。〔电曰：宁波江北岸引仙桥十号，蒋纬国先生（用次公子名守秘也）：事紧急，盼速来。孙文。巧。〕

陈炯明致电伍廷芳，转请总统下野。

十九日 总统手令前敌李总长、许军长、朱总司令等回师戡乱。

二十日 贻书张人杰，托以后事及二公子，洒泣登程。

二十二日 留沪部署各事。

二十三日 总统迁上永丰舰。

伍廷芳以难死。

二十五日 离沪奔粤。

胡汉民至北伐军军前，决定粤军第二军、滇军、福军旋旆〔分由大庾、信丰向粤境南雄进发〕。

二十九日 抵粤海，见总统于永丰舰中，相顾愕然，讯谈前昨事及各方情况，至夜分乃已。

附：节录汪兆铭函

〔介石先生台鉴：……弟以为军事之收拾与内部之整理，尤为先事，此兄平日所主张，必不忽然置之也。……陈闻兄来，面色发青说："他在先生身旁，必定出许多鬼主意。"……弟铭谨启。七月一日。〕

七月一日 叛军谋袭长洲，贿买海军内变。

三日 叛军钟景棠部〔驻守鱼珠炮台〕，限海军于夜间离埔。公乃请总统下令攻击，温树德来电阻止，公愤极。

四日 总统致电徐树铮，请说王永泉来援。

六日 援赣军总司令蔡成勋，电告南方分路进兵。

八日 海圻、海琛、肇和三大舰叛离黄埔，总统坐舰及余舰冒险移至新造村。

九日 海军陆战队孙祥夫所部降逆，长洲要塞被占。

十日 公以长洲已失、无险可恃，力劝总统率各舰驶往省河，乃即率令各舰，随侍通过车歪炮台。时逆军以野炮注射，永丰中六弹，船身震动甚，亟请总统移下舱，公仍守舵楼。有邀其暂避者，公不顾，瞪眸视时针而已。盖逾二十分，即可通过是台，危险只此刹那间耳。已而觉太侥幸，深自知罪，而总理则色喜有加。舰进沙面，诸同志皆来慰庆。

十三日 前方消息沉沉，公在舰急甚。自谓身临前敌，出入于枪林弹雨之中，视此为快。

十八日 许军第一支队占领翁源〔以逆军援集旋失〕。

十九日 黄大伟司令部进占始兴，加入翁源战线。

二十日 许军张民达部重占翁源〔旋又失之〕。

二十三日 应付对方逆敌，调度青年将士。虽逆方毒计起伏，而公则日夜提防，于此一月余及其后日，公之指挥若定，履险如夷，气魄于此可见。

二十四日 黄大伟部复得翁源。

逆军在韶关大败，熊略与洪兆麟率部应援之。

二十七日 湘军陈嘉祐旅〔第七混成旅旅长〕声义驰援。

二十八日 梁鸿楷第一师附逆参战。

三十日 粤军又失翁源，总退却至周田。

附：节汪兆铭自港来书

△〔介石先生台鉴：……关、魏、张、刘、李、黄皆迟迟不发，而群贼之赴北江者，则狂奔尽气，甚至么麽如黄志桓，亦争先恐后，无怪北伐军之不能前进也。弟意王永泉一旅，在闽似尚无发动之机会，如我□□□□□□□，使王旅向潮汕□化道，以牵制陈逆兵力，请兄筹之。如以为可者，请兄主稿，由此间发去，何如。弟铭谨启。七月四日。〕

△〔介石先生鉴：弟前告兄，陈逆已得兄展密，而命陈其尤善言招兄，其心叵测，乃不知陈逆之于□亦然。……弟兆铭。七月二十八日。〕

△〔介石先生台鉴：……手教敬悉。元首致协和电，已即电沪转达矣。黄明堂因逆势猖獗，有观望之意，弟已作书剀切告之。以省城空虚、欲建奇功，以救元首，正在此时。未知此书到后影响如何耳。刘震寰附义心坚，若与魏、关同举，甚为得力，现在接洽。刘无子弹，每兵才三十颗，欲诈陈逆得子弹十万，再动手。惟省城此时利在速发，即无子弹，亦当冒险，

刘又颇顾虑魏、关。弟等尚未敢以魏、关约期共举告之，但已切言魏、关必不为梗，最好由尊处通知魏、关，亦勿以刘为顾虑，且促令孰先发动，孰为元功，当更有效。如何，乞酌。此请大安。弟铭敬汋。七月二十九日。〕

八月三日 逆军占领南雄，陈嘉祐、朱培德所部败却。

赣军失赣州，李明扬部退大庾，赖世璜部退信丰。

七日 公以韶关未复，赣南复失，南雄不保，第一师降敌，前方基本军队战机一时不易挽回，则总统留粤维系人心与军心，效亦无几，因劝暂离广州。

九日 下午三时，随总统乘英舰去港，＜七时出虎门要塞＞。

十日 上午六时，随总统由港趁俄邮船归沪。

十一日 船次侍总统谈论时局及外交，不尽怆欷。

十二日 侍总统赞草护法总统宣言稿。

十四日 安抵上海。

自此公在孙邸办事〔是时，民八议员齐集孙邸〕，凡七日，对总理多所策划。

十五日 总理发表护法总统宣言。

陈炯明回广州，自任粤军总司令。

二十一日 胡汉民应王永泉召，赴延平＜与徐树铮商订孙、段合作条件＞。

二十三日 公到甬，即趁慈北轮往普陀，养疴天福庵，南天门探胜，盘陀庵观鱼，静息时塑坐看经，凡六日归甬。

附：汪兆铭书

〔介石先生台鉴：弟奉先生命赴杭晤卢，今晨返沪，阅致焕廷书，知兄患病，甚以为念。未知今已全愈否？何时可出来？乞示慰为祷。此请台安。弟兆铭谨启。八月二十七日。〕

二十五日 总理初会苏俄代表越飞。

二十九日 公与廖仲恺、汪兆铭书，商榷湘、滇、桂各军并北吴诸问题。〔书曰：返甬后，连日腹泻不止，现来普陀天福庵静养，回沪之期不能如约矣。

汝、协各处，有否确息，不胜系念。闽边、湘边与广西各处军队，弟意急须派相当专员，分往慰劳，并授其以后进行方略，俾有所依据也。对于军事之意见，约分三项：甲、先谋桂湘闽赣四省中之一省或二省为根据，然后进攻广东。乙、待各军联络确实后，约三个月内分向各路前进，准备合击广东，先定广东为根据，然后统一西南。丙、各军如不能一致，平闽之计亦难实行时，则许军只有联络某军，强袭汀、永为根据，第一步为先取潮梅之计，第二步为平粤之计，惟对湘桂各友军，皆指定其任务。如湘边各军取北江，桂、梧各军取西江，令其牵制西、北江逆军，使许军专击潮、梅，此乃各自为战，本不相宜。然得步进步，随打随想，亦未始非计，较之不变不动，漫无头绪者，则聊胜一著也。对于作战准备事件，陈述大略如下：一、湘、滇各军，皆退入湘边，即可令其联络广西之滇军，共计湘桂两方友军联合，约有一万余人，以后攻粤，当以在湘桂各军为主力，而以闽边各军为助攻。二、指挥全权，委诸协和，并责成其积极筹备。三、以三个月为期，即以本年十一月间，为战斗开始之期。四、饷项以二万人计算，发动时，至少须发饷一月，当筹备三十万以上之款，方可如期应付。五、子弹缺乏，无法接济，亦须与各军言明。六、滇军以朱培德部为主体，请孙先生手书慰问。益之对于广西之滇军，能否设法统一，或应如何处置。弟查金黄之历史及言行，皆不及朱，如孙先生有意令朱统一滇军，彼或较易为力。能使滇军指挥统一，亦一美事。否则朱虽不能统一，其必能设法联络，引为本党用也。总之广西之滇军，张、金、邓、杨各方面，皆有一部分势力，皆当顾全其体面，不能抑此扬彼，注重片面也。弟意以湘桂两部滇军合言之，则以朱为主体；以桂中滇军言之，仍认张为主体，而不能拒绝金、邓，使其各自进行。利用其各人固有势力，期在合力攻粤而已。否则徒听金言，而以金为主体，不认邓之势力，并不认张统率来桂之势力及功效，似难集事，如张于滇军毫无势力，岂能统率来桂至今而不散手。故广西滇军，以不变其现有建制与名称，仍认张为中心，不使其紊散无绪。而以联络与处置各事，随时询于朱培德，并令其注意统一指挥之事，则两方滇军，或皆能为我用也。至于梧州之关、郑各部，三月之后，不知其有否变化，尚难预料，只有听其自然，不能十分顾虑。而刘震寰部尚须设法联络，如其果能为吾所用，则目下上海与广西滇军之联络，即可令其担任。且彼为桂人，如彼能与滇军联络，则彼此互助，必非浅鲜。今陈既联陆，则刘对陈必无善意，由此一点观察，刘当不致反颜，似可信用也。黄明堂部亦只可听其自然，如彼能退入桂境，或能与刘、与滇军联络更好，否则散窜山中，将来未始不可为我助也。默察现势，可为吾用之军队，在湘桂者，约有一万至万三千人之数；在闽边者，约有五千至八千人之数，总数则在二万左右。以闽边部队为东军，以湘桂部队为西军，筹足三十万以上之款，如期解往，约三月后合攻广东，若善用之，则年内必可奏东西夹攻之效。如各方同时发动，逆军必首尾不相应，吾军如果有一二处得利，则逆军全局必败。否则各军各自认其目的，而各自为战，亦必可逐步进行，潮梅不难平定，现在最要之事，即分头派员慰劳各军也。沈部果能联络，于我未始无益，且将来或可为我所用。此时对于桂、湘、赣、闽各方有力者，如能设法联络，不为我后患，亦一重要之事。否则桂如果为陆有，陈陆联合，则桂中滇军攻粤，又须为其牵制，故不得不设法消除其障碍。如刘、关、张能确实提携，先将广西平定，然后东下攻粤，则陈逆不足平也。此计较诸先平湘、平赣、平闽为便而易举也。盖陈逆诸将，视广西为畏途，我军平桂，彼必不敢派大队来援，一也；陆林在桂地盘未稳，如刘、关、张合力，较易平定，二也；我军平桂，滇唐无力能为其后援，亦无牵涉，较之平湘平赣，容易多矣，三也。有此三者，则吾军如果不能先平粤，当先平桂以为平粤之基，亦非下策也。且湘边之湘、滇军，移至桂境，亦较便利，平桂则粤不足平矣。如果先平桂后平粤，则延长时日，在所不计，未知孙先生与兄等之意以为如何。致函于前敌将领时，可作三案：一、先合力攻粤；二、先合我在湘、桂各军之力，为桂人平定广西，然后东下平粤；三、在湘部队，以全力助谭平湘，在闽部队，以全力助闽人平闽，或助王驱李，然后合而攻粤。如攻江西，则恐牵涉北军，陈逆且必来夹攻。盖今后作战，仍认定西南本身问题，而不牵涉北军势力范围之江西为是。倘奉、直之争复作，则攻赣考案，亦未始不可实行也。以现势论之，谭、王在湘、闽各有势力，如能利用其固有势力，乘此机会，联合我军，占领全省，则事半功倍。故本军如先谋根据，则以闽、湘二省为第一目的；其次如以本军现有势力为根据而谋进攻，则当以广西为目的也。弟意以为如能先得一省为根据，然后再谋广东，较为稳妥；既无根据，即无接济，又难联合，对内对外，皆甚困难也。盖对外联络，亦须有一标准，对于少川在粤作为，亦极须注意。弟以为联新不如联旧，联直不如联奉，联吴不如联曹，联奉又不如联浙。浙、奉、曹皆可联，而吴则非待其心悦诚服时，请勿派遣代表轻与之联也。弟意北方各派皆可联，而吴则必欲其投诚降服，而后方可容纳，不然，益未得而害先受，未有不为其所侮辱利用也。以吴所信用者，如□□□【杜锡珪】等，皆与吾党极端反对之徒，彼所为重，而吾所为轻者。弟以是知孙先生与吴不易联络，非至吴直有悔心时，决不可输吾之诚也；且吴之势力有限，决不能久，不必视之过重，直曹如能与我联络，即可以牵制吴力而有余，彼之助陈，势所不能，欲其助我，更不可得，故对吴态度，不能与对其他各派同日语也。未知兄等以为然否。万一吴果有诚意，与我联络，须得卢之保障，或竟由其间接交涉，则联络或较可靠，即对卢亦可加一层诚意，以感动其心也。总之，现时武力，不得不注重浙卢，故对浙卢，当养成其东南势力，使其怀德感惠，期他日为吾党所用。至于政治主张，不能不容纳伯兰若干意见，授其若干权力，任其活动，或对直交涉，无论何方接洽，归其一人办理，乃至最后，或有几分成效可观。如政治委员会有会长时，弟意以为不妨委伯兰，以免党员新旧界限也。此皆弟偏见，其中不无毛病，可否，尚祈兄等与孙先生商酌之。沧白意颇牢骚，乃由对人问题而发，彼自愿专任文牍之职，其长处亦在于此。以后关于文牍往来，可否专委于彼，而以惠生专管党务部事，是亦调剂内部之一法也。家内之事，非笔墨所能达意，对人问题，尚请孙先生注意及之。党约不改，党务终难整顿，乘此时机，改正誓书，收容一般有为青年，则党势必能增大。国闻通讯社每月津贴五百元之数，似难中止，商报如能维持，则言论多一机关，即多一分势力，以现在武力既穷，如舆论再不注重，是更难为力矣。〕

附：复函

〔介石吾兄惠鉴：长函阅后，当呈先生。但现时各方情形，已有多少变更，兄非常住此间策划不可。盖时事瞬息万状，而尤以军队情形为然，非日夕与各方消息接触，恐少逊随机应变之妙用。此间待商之事正多，请即命驾来沪。汝为感日电称，展堂日间拟赴王处，徐亦将行矣。此复，敬请大安。恺、铭同叩。八月三十日。〕

〔再者，兄函所述，弟等完全同意。而近日情事剧变，有在兄意料之外者如下：（一）左函电告在桂之滇军五旅，已不服从张开儒，径赴南宁，取道回滇。（二）协和率朱、陈、李各部，进取湘南甚速。此两事观之可知，即令兄在沪，亦有时遥度不及而不能不随机应付，况在乡间。先生决定计划之时，或变更计划之时，无兄在左右，如何而可？弟意兄宜急来此，专掌军机，一切应酬尽可不经意，政治问题等等，兄如懒理，当由弟等撮要报告，共同商决。否则军事无人参划，若决定计划或变更计划，有误悔之已晚矣。<不可不留意也>。恺、铭再启。〕

又附：汪兆铭来书

〔……兹得汝登荫感日瑞金来电，展堂已赴延平矣。电文语意相同，故不再寄。弟已赴杭晤卢归来，奉天亦派吴光新来，故事势变更已急剧，非面告不能详，非面商不能决，烦下无已。弟意奉张、浙卢，当为攻守同盟，曹为牵制，吴则至低限度，在不助陈敌我为止。何如。铭再启。九月五日〕

三十日　接奉总理手谕，催赴沪筹备某事。〔谕曰：函悉。季、仲函亦得读。日来变局愈速，非兄早来沪同谋不可，军事进行，湘与闽已有不谋而合之势，湘较闽尤急而有望，似日内便可解决者。金闻昨日已行，或将分道而驰，先急回滇也。某事近已由其代表专人带函来问远东大局问题及解决之法，予已一一答之。从此彼此已通问讯，凡事当易商量矣。彼有一军事随员同行，已请彼先派此员来沪，以备详询军事情形，想不久可到也。望兄稍愈，即早来筹备一切。幸甚。〕

是月杪　北伐军李烈钧与朱培德部，败退回桂。李部经湘边被赵恒惕缴械，许崇智部退闽南，往依王永泉，迨徐树铮自沪至浙，说结卢永祥亦来延平，实行孙段携手。闽浙联防，陈炯明闻而患之，急电闽督李厚基〔厚基初亦段系，后附曹吴〕、赣督蔡成勋，密商三省会师包抄，均愿如约，于是粤派洪兆麟之第二师，闽派王献臣之第一师，赣派周荫人之第十二师。

九月五日　公由甬回溪口，惊见水灾较去秋尤甚，缘溪一带道路市廛，荡然无存，家宅扶梯，浸没十三级，墙壁尽坍。因念山乡林荒沙涌，成此空前浩劫，思出财力以救济之。

九日　去沪，信宿遽归。公迩以心绪恶，谓斯地不可一日居，人诟北京为铸造恶人之洪炉，则上海更是一大洪炉，其铸造恶人也，范围愈为广泛矣。至甬埠，即往游天童、玉佛阁纳凉，罗汉堂楼挹爽，出寺门步幽，作解脱尘缘之想。登小盘山，谒摩诃祖师墓塔，此第三次也。憩留七天，返甬城。

十二日　总理颁手谕，趣返沪详筹种种。〔谕曰：介石兄鉴：日来事冗客多，欠睡头痛，至今早始完全清快，方约兄来细商今后各方进行办法。而闻悉兄已回乡，不胜怅怅。日内仲恺、汉民、精卫将分途出发，往日本、奉天、天津等处活动，寓内闲静，请兄来居旬日，得以详筹种种为荷。〕

附：各来书

【廖仲恺函】〔介石兄鉴：兄到沪之翌日，弟偕许志澄至大东访之，而兄与启民皆不在（后晤见静江，始知兄在彼处，而弟则并静江来沪亦不知也）。又翌日，偕展堂再访，启民在而兄已忽然归，使弟茫然若有所失。昨奉惠缄，言居沪心绪不佳，亦无所事，故决计还乡。弟则以为兄在此间，待商待决之事正多，若避去乡居，则事无从谋，人人如此，则先生左右可无一人矣。其说通乎，恺日间当赴日本，精卫、展堂、溥泉三人亦另有使命他往，则在先生左右为料理笔墨者，仅沧伯一人，故函招季陶来。未审其果能来否，即能来，亦不过服书牍之劳，各方面军事，固不在行，且不接头者多。而关于汝为方面之事，尤为重要，日夕思维，非兄常在此间不可，故恳兄无论如何，仍再命驾来沪。家事恺当嘱启民为兄料理妥当，毋须兄焦虑，兄固当留此精神为中国为先生为吾党出力，不可消耗于不必消耗之事，以伤身体。弟知兄必不我弃，故敢强以相劝，望兄垂听。匆匆。此请大安。弟恺手启。九月十四日。〕

【廖仲恺函】〔介石兄鉴：手书诵悉。精卫、展堂两兄，昨晚自杭州归，结果甚喜。浙卢主张浙、奉与我三方，应各派军事家一人，在沪组织军事委员会，以资联络进行。奉张特派韩麟书来，此行极有重大关系，请兄无论如何，即行来沪，商略一切。广州、上海，在弟亦认为至可厌恶之地，但我辈既有大目的，当前自不能不降心迁就，否则除自杀外，无他途也。专此，敬颂大安。弟恺手启。九月十八日。〕

△【张静江函】〔介石吾兄足下：昨寄一函亮【谅】先鉴，及昨日午后见先生谈及吾兄节前所缺之数，即慨然允诺，令即由陈果夫经手汇上洋二千五百元，代用品之事极易办，来沪接洽可也。何时命驾，至以为念。即颂日绥。弟张人杰顿。九月二十七日。〕

十三日　著《孙大总统广州蒙难记》藏稿。〔跋曰：此记为余极沉痛之作，付印尤为余所不获已也。广州变乱，余惟自悲吾党之不幸，岂复忍以内容真相暴于世，以自贻其羞乎。粤变以来，余所以不愿以一言一字露布其叛乱事实者，犹守交绝不出恶声之训耳。九月杪，余养疴天童，见报纸有发表孙总统联德密函者，不禁发指眦裂，益觉陈氏谋害总统之心，毒于蛇蝎。余虽欲为缄默，而亦不可得矣。呜呼，陈逆！汝不能在广州嫁总统以拳匪之祸，汝今犹欲诬指总统为过激党乎。世界大战告终，对俄对德之外交，如英、如美、如法、意、日本各国，无不急望其恢复邦交，以谋提携之道。吾与俄、德，岂能不再缔约，以修两国之好，其可永久绝交，终陷于孤立地位乎。况外交秘密，为各国所公认，而总统此函，又仅为同志间磋商之词，岂足为谋害总统之信券乎。自此函发表以后，中外人士凡有知识者，莫不认为应有之政策，外人且以为总统之外交，目光高人一等，又以为中国之有人，不惟不忌，而且表示其敬仰之意。故发表此函，徒足以彰陈氏谋害总统之罪恶，而又加其一重媚外卖国之铁证耳。广州叛乱，谋害总统之事实，其历历可数者，不下六七次，至余所闻而尚未发现者，又不知凡几。叛逆之智，不为不足。今既事过境迁，如其苟为天地父母之所生者，应有天良，于此当悔昔日之非，翻然自新，以恢复其堕落人格之不暇，奈何必欲置其十余年父事、师事之长上于死地而后甘心乎。呜呼，陈逆，即使汝能谋害总统一人，其能谋害三百万之党友乎？即能掩尽中华民国四万万国民之耳目，其能抹杀汝遗臭万年之历史乎？自发表密函以后，虽倾西江之水，亦不能涤汝卖国叛党之劣迹矣。呜呼，陈逆，汝即不为国家计，其不为个人计乎？呜呼，陈逆，曾不一念自身与本党之关系，以及前后之事实乎。数年以来，曾与汝同生死、共患难、转败为胜、扶危为安者，果何人乎？汝今日之所挟以谋害总统之奇货，非粤军乎。汝之粤军，果何自来乎，其间如何成立、如何援闽、如何回粤、又如何援桂乎？汝所素称为益友之汪精卫、胡汉民，与汝所自认为良将之邓铿、许崇智，今皆安在乎？其不为汝所谋害者，亦皆为汝所排挤殆尽矣。汝素所敬畏崇拜之党魁，虽幸而脱汝之刃，然已退避三舍矣，汝固可以据粤自豪，独居安乐矣。汝之叛逆事业与卑劣人格，应可以从此知足自止矣，奈何必欲更进一步，而为此禽兽所不为之事。汝不知冒人之功以害人，藉人之力以杀人者，其必有人冒汝功、藉其力以杀害汝身者。汝仍不悔过自新，长恶不悛，则多行不义必有自毙之一日，余尚不欲尽暴汝之罪恶。然汝果能自安于心乎，人即不欲杀汝而恕汝，汝果不急求其幸免自杀之道乎。世有知者，其或曲谅余不获已之苦痛，而于此记加之意焉。蒋介石识于太湖之万顷堂。〕

△**九月十六日**　滇军占领黄冈岭，围攻帽子峰及河源之芙蓉山。

十月一日　闻陈逆各部渐起内讧，主张多用间谍，并分湘、桂、粤三派，遣员前去接洽。

四日　至沪，即趁车往无锡游太湖。坐万顷堂，见波屿苍茫，顺道访梅园，结构天成，涉惠泉山，揽起云楼之风景，辄为旷怡。归途转苏州，访玄妙观、留园、西园，仍由沪返甬。总理又电召即日之沪。

越飞赴日本热海，廖仲恺奉旨偕往，日与纵谈中外大势暨革命策略。

七日　谒见总理，与谈时局，并陈处置广西各军办法。

八日　与许崇智书，规筹定闽、粤策划。〔书曰：闽局不定，则本军回粤为难，李在闽境，闽必不定，如李攻漳、厦，则赣敌必前进攻延，海军亦必在省响应。如是王不能支，臧亦难成，而本军处境更难。弟意如克泉州，则以兴、永、泉为根据，对赣主和，使其退兵，对海军仍主联络，王、臧二方，以其何人能与我诚意联合为断。如臧果能与我联合以逐李攻粤，则以重臧为是。因其地在漳、厦，为本军攻粤要道，如泉州果为我克，将来或可以泉换漳，惟乃须其担任一路，以为牵制。至其愿入粤与否，则另一问题。如臧无诚意，则不如联王，要求其分兵若干，助我回粤。盖臧、王二人中，如无一人出兵牵制一路，则本军兵力不足，且多顾虑。弟之所以重臧者，以臧兵多地要，若臧为我障碍，则本军回粤，其事更难，若彼无诚意，则我与王联。以臧视李，先除其障碍，以开回粤之路，事亦易易，惟总须王出兵，必使其知能舍乃能有全之理方可耳。我与陈逆两军比较，其兵力过我，后方接济与前方军实，皆优于我，惟其军心不固，纸币低折，内部离散，是其精神则不如我军之优。至于西江牵制，不能在计划之内，以军事全靠本身为主也。饷项须催子超速发公债票，而加之永兴特别收入，或不过难也。弟即日回闽，在沪观察情势，或较到闽后为正确，故特预告，以资参考。〕

自徐树铮组设建国军政制置府，王永泉与许崇智部进攻福州，李厚基恐，悉调防军拒之于水口，省城空虚。许军黄大伟、李福林部，突于十三日入占之，厚基奔南京求援。树铮依照制置府官制，推永泉为福建总抚，各方不赞成，要请永泉专任总司令，而以总理所任命之林森为省长。树铮因逼离闽。

十三日　公谕长公子经国读书法。〔谕曰：经儿知之：我明日由甬上起程，要到福建去了，你在上海须要勤奋读书。你的字还没有什么进步，每日早起，须要学草字一百个，楷书五十个，既要学象，又要学快。闻你所读过的《孟子》，多已忘记了，为什么这样子不当心呢？《孟子》须熟理重读，《论语》亦要请王先生讲解一过，你再自习，总要以彻底明白书中的意义为止。你于中文如能懂得一部四书的意义，又能读熟一册左、孟、庄、骚菁华，则以后作文就能自在了。每篇总要读三百遍，那就不会忘记了。余如英文最为重要，必须将每日教过的生字，在自习时，默得烂熟，一星期之后，再将上星期所学的生字熟理一遍，总要使其一字不忘为止。算学亦要留心，切不可厌倦懒学，遇有疑难问题，务求彻底了解。须知目今学问，以中文、英文、算学三者为最要，你只要能够精通这三者，亦自易渐渐长进了。你上半年没有脱课，是最好的好处，我很喜欢，以后还要这样才好。如果从现在到毕业，不脱一课，则你的学问品行，自然而然会好了。

学生最要紧的就是上课时候，不顾闲野，教员所说的话，句句听得明明白白，则功课自然容易精专，学业亦自然容易进步了。寄我奖状附还，望你检收。父示。〕

十八日　总理电令入闽各军改编为东路讨贼军，任命许崇智为讨贼军总司令兼第二军军长，蒋中正为参谋长，黄大伟为第一军军长，李福林为第三军军长。

洪兆麟率李云复、尹骥等入漳，旋退潮汕。

△北政府派常德盛为援闽总司令，由赣出发，攻入延平，旋败退赣边。

二十日　赴闽启程，越二日到达。入第二军部办公。

总理派邹鲁等去香港，密纠滇、桂各军由梧州东下讨逆。

二十一日　记录逆军名数，综共计四万五千人。一月后能在潮汕第一线者，一万七千人，能在惠州第二线者，约一万人，共为二万七千人。其余中立观望者。约一万三千人，可望其影响者约五千人。

二十六日　代表总理慰劳讨贼军各将领。

二十九日　游屏山，登镇海楼，四眺福州形势，周围十里以内瞭如掌纹。城中三山鼎峙，拥护省垣，惟三千米突外，多有高地，皆迥出于三山。西南襟带闽江，不易攻取，最要之据点，其在北面乎。

三十日　总理命戴传贤入川抚慰各军。

十一月一日　公以闽粤交通阻梗，后方接济极感困难，慨然曰："军事以计划、运输、指挥三要素结合而成，汉高祖之倚重萧何、张良，而以韩信为次也，宜也。"

二日　总理函介卢凤冈。〔函曰：卢凤冈君新由吴佩孚处来，知彼方之情甚悉，特着来见兄，可细询一切。此致蒋介石兄鉴。孙文。〕

三日　即旧历九月十五日，公生辰，戒荤素食，纪念亲恩。此后以为例。

五日　往视刘营长祖汉伤，见其臂断血流，深感痛楚。自北廷任李厚基为福建讨逆军总司令，萨镇冰为副司令，高全忠为闽军总指挥，进剿徐树铮。厚基自南京携巨款抵厦门，与全忠协谋反攻福州。七日夜间，为臧致平袭击，李、高逃鼓浪屿，臧致平占有漳、厦，自称闽粤赣联军总司令。

八日　住院慰劳病伤兵。

十一日 公谓此次讨逆杀贼、复仇雪耻之责，吾当以一身任之，招疑招忌，任劳任怨，以求达乎目的而已。

十三日 总理函介吴煦泉。〔函曰：介石兄鉴：兹介绍吴煦泉君来见，以商一切事宜，到时望为接洽，详询各情，如有把握，慎以从事，或可得一大好效果也。此致，并候筹安。孙文。〕

十八日 会议总部各种条例及本军应办事宜。

十九日 总理闻公将离闽归，急驰电阻止。〔电曰：接函甚愕。我以回粤讨贼重任托汝为与兄，无论如何困难，总须完此任务，方能释肩，万勿轻去，以致偾事。如有阻力，当随时为兄解除。仲恺即来相助。孙文。皓。〕

附：节汪兆铭来函

〔介石我兄如晤：前见兄致静江先生两函，弟等已引为深忧。昨奉兄致展兄及弟之函，尤为系念。兄之困难，兄即未言，弟已深知之。弟以人生做事，决无爽快干净之时，而兄之去留，关系于此军之存亡者又至大，只能以忍耐坚持相劝慰。万一兄竟撒手，则前途希望绝矣。仲兄来，必有以为兄助，弟将赴奉天，俟由奉天回时，再定行止。近日奉张专以联结曹三为事，欲不战而屈吴，决策如此，肯拔一毛以为我助，诚未敢必。但筹款别无他路，只可知其不可为而为之耳。北京政局转变甚剧，仲兄当能详之，恕不一一。此上。敬候台安。弟兆铭谨启。十一月二十日。〕

【张静江电】〔介石我兄惠鉴：寒函悉。事甫著手，何可舍去，成败所关非细，故务忍耐坚持。杰病不支，展须在先生左右。今以恺决来相助，万勿萌去志。杰。皓。十一月二十一日。〕

二十四日 公以黄大伟因改编事与许总司令冲突，劝其暂避沪，遂伴之同回。适廖仲恺赍总理慰留手谕至闽，会见于马尾某轮中。〔谕曰：顷见兄致展堂、季新书，有"十日内如毫无进步，则无可如何"等语。吁，是何言也。吾不能亲身来闽，而托兄以讨贼之任，兄何能遽萌退志如此。夫天下之事，其不如人意者，固十常八九，总在能坚忍耐烦，劳怨不避，乃能期于有成。若十日无进步则不愿干，则直无事可成也。就如来信云云，子荫当来沪，此事已不成问题，则内部之大难题已得解决，则进步为极大矣。其他纷繁小故，何足介怀。纵我无进步，而敌则日日退步，如敌军将士之日有觉悟也，敌人之团体日形瓦解也，百粤人心之恨彼日甚也，思我日深也，此即日日之无形进步也。由此以观，我能坚持，便等进步矣。故望兄切勿稍萌退志，必期达灭陈之目的，而后乃能成一段落。非然者，则必百事无成也。兄前有志于西图，我近日在沪，已代兄行之矣，现已大得其要领，然其中情形之复杂，事体之麻烦，恐较之福州情形当过百十倍。此无怪吾国之志士，乘兴而往彼都者，悉皆败兴而返，吾幸而得彼津梁，从此可日为接近。然根本之办法，必在吾人稍有凭藉，乃能有所措施，若毫无所藉，则虽如吾国之青年共产党，与彼主义完全相同矣，亦奚能为。所以彼都人士，只有劝共产党之加入国民党者，职是故也。此可知非先得凭藉不可。欲得凭藉，则非恢复广东不可。此次广东一复，则西南必可统一，如是便可以西南数省为我凭藉，则大有办法矣。此次土尔其革命党之成功者此也。故兄前志之成否，则全在福州之一着也。能即进而灭广州之贼固善，如其不能，则保守福州而坚持，亦为一进步也。盖有一日福州，则我有一日之凭藉，外交内应，皆可以此为背景，倘并此而无之，则我不过为一租界之亡命客耳，奚足轻重。故兄能代我在军中多持一日，则我之信用可加多一日，故望兄为我而留，万勿以无进步而去。兄忘却在白鹅潭舟中之时乎，日惟睡食与望消息而已，当时何尝有一毫之进步，然其影响于世界者何如也。今则有我在外活动，而兄等在福州，则为我之后盾也，有此后盾，则我之计划措施，日日有进步，或者不必待兄等之恢复广州，我计划已达最后之成功，亦未可知也。故兄无论如何艰苦烦劳，必当留在军中，与我在外之奋斗相终始，庶几有成，外间日日之进步，非纸墨所能尽，仲恺来，当能略道一二。总之十数年来，在今日为绝好之机会，吾人当要分途奋斗，不可一时或息，庶不负先烈之牺牲，国人之期望也。千万识之。］

二十六日　下午，代表总统慰劳讨贼军各将领。

二十七日　抵沪，是晚奉总理急召，命议输运手枪办法。翌日，来甬回家。

是月，沈鸿英回占雒容，北廷任为桂林镇守使。原驻自治军韩彩凤退守柳州。

十二月一日　又之沪，代拟闽中军事报告书，并筹划讨逆第一军改编事，迭谒总理，与胡汉民讨论时局之应付。

附：许崇智来电

〔转介石兄：（一）臧叠电催我出兵解决泉州，已派孙（本戎）部于艳日由省开赴莆田集中，并加派十八团合部，日内继进，会攻泉州。另委雪竹为本军兴、永等属前敌总指挥官。（二）接佛航冬电，常德盛已到邵武，有再向我方前进意。（三）诸事待兄办者甚多，请即日命驾返闽，何日启程，乞复。崇智。支。十二月四日。〕

孙传芳所部由湖北武穴入赣援闽。

八日　归甬，即至江北岸引仙桥第十号寓庐。

与胡汉民书，陈述闽局之我见。〔书曰：昨日所拟汝兄报告，如交卢阅，则打破臧之观念一层，尚须反复详明，使其改变态度，但此种话头，当面不便口述，文章又须检点，盖为人代谋之事，易起人疑，亦易为人笑也。夫臧之观念，一以为借拥李之名，必能为李恕谅，二以藉浙之声援，必可得陈逆深信，不知彼既有在厦逐李之事实，虽百口拥李，亦莫能自辨其矛盾。陈逆如果诚意联浙，则其必能用臧而灭许。然陈之观念，决不容有浙之势力在闽，故宁用李以乱闽而灭许，且假李以灭浙在闽之势力，是臧之自信必能为闽粤缓冲之见解，已可知其难靠矣。今陈已实行其用李乱闽之计，不仅统率其残部，而且统率粤军以攻漳厦，此时和斋当知李与陈联络而不易分离，亦当知受恶于李者，即不能不受忌于陈。知此则所谓缓冲之计者，吾知其必不能行也。敌既联合而攻我，我反分离而观望，其可乎。总之臧与我应否联合，且能否团结，其关系在彼而不在此，即应否守闽及能否攻粤，其关系则在敌而不在我，惟对于李逆不能不从速驱逐，即使李能知难而退，则对于李逆在闽之残部，亦不能不从速肃清。我之所忧，乃在驱李，而不在急急攻粤，如恐我之攻粤，因之以抛弃驱李之计，是因噎废食也。乌乎可，今日平闽之计，其一则肃清李部与在闽之陈部，其二则驱逐入闽之蔡部，至于攻粤攻赣之计，则尚在其次。如欲实行以上计划，则在闽有力之部队，非团结一致，作共同作战始终不渝之计，则闽局决无乐观之一日也。〕

在桂杨希闵、范石生、沈鸿英〔鸿英为吴佩孚利用，隐图夺取广东也〕，在梧、肇粤军陈济棠、莫雄各将领，先后受讨陈密命。

十日　总理自沪电催回闽，接收美械。〔转介石先生：介密。美运械船，因讼事停沪过久，超武舰不能待，致相失。该船现往香港，已电其将货船转运福州，约本星期六可到，届时要秘密设法接收。盼兄速来商议，并即返闽。孙文。蒸。〕

十一日　致黄大伟书，劝暂退以维上下感情。〔书曰：弟以感冒回里，至今尚未痊可，是以不克返沪。近接闽中函电，本军内部略有变更，第一军所部已照孙先生命令实行改编，统归总司令直辖。弟以为此举无足轻重，而其关键仍在兄本身对上对下之关系与感情如何。如能保持旧日之感情与关系，则今日息肩，未始非福，将来事急求将，必有羽檄纷驰再趣戎车之一日，而吾兄重公捐私之心，于此亦可以表白于天下也。此次弟从兄回沪，对于吾兄之进退，及本党之成败，皆有极大关系，弟愿负全责，决不使吾兄终身高蹈，摈诸国事党事之外也。当离闽之前，弟之所以劝兄速回者，其关系不惟对上，而从旁观察，即对下亦有不得不劝兄还沪之势。弟所以力主吾兄对总司令呈报就职，以安上下之心者，弟意以为既经呈报，他人无从指摘，各种谣言及风潮，亦必由此而息。又以为用弟个人感情，必能周旋疏解于其间，故敢劝兄回沪，并且从兄行也。当抵沪之日，以孙先生客多事繁，故未将吾辈离闽前之情形，详细报告，以安其心，各同志亦不问吾辈离闽之情形如何。惟恐孙先生固执成见，盘诘不已，竟将吾兄回闽之事成一问题，大背吾辈回沪之初意，而其责任则在弟之一人，初不关诸同志之事。如无此问题，则改编无从而起，岂复有如今之所谓彼此进退之商议，即弟亦无左右为难之情势。今事既至此，百思而不得补救之方，惟弟决不愿以此卸责推诿，以自负而负友。但对党事与军情关系，欲求一公私两全之道，惟有从长计议，另图补救。同志中不知军情者，皆以为孙先生不愿兄行而不行，其实孙先生爱才如命，爱兄尤切，吾辈不能不曲谅其用心之苦，以事实言之，而其关键则全不在于孙先生一人也。兄当劝告诸同志不必为兄个人关系，以致稍启衅隙，谅兄亦不愿以兄之关系，而损本党上下之感情也。总之诸同志果能各以其诚，爱兄爱党，则须认清题目，倘仍如今日之所为，不惟无益于本党之大局，亦且徒妨吾兄之前途耳。兄之行止及本军关系，自有负责之人，亦无须诸同志急急求全也。弟之行止尚难自决,要当以兄之行止与本党之利害如何为断。兄意如何,乞示知为祷。〕

附：廖仲恺电

〔宁波濠河头新顺木行，转蒋介石先生：兄四旅长电拍发前，声明敷衍面子，警卫两营直辖总部，一营已派往泉州，皆无问题。惟觉生到处致函，为子荫运动，请设法劝止。恺。庚。十二月八日。〕

十四日 江西援闽军周荫人部抵邵武。

十八日 公仍适闽。

△王永泉为闽军总司令，林森为福建省省长。

十九日 东路讨贼军与王永泉部暨厦门臧致平部，会师攻克泉州，改编张汝清降部为一旅，委张毅为东路讨贼军第十三旅旅长。

二十八日 总理谕饬东路讨贼军假道闽南直冲潮汕。〔谕曰：介石兄鉴：近日吴佩孚在北京政治失败，四面楚歌，其欲为自救计，乃纠合其长江之羽党四五万人，以孙传芳为总司令，向福建发展。其初苏齐、赣蔡皆有怀疑反对，近已疏通，一致协力图闽矣。此吾人生死危急之秋，不可不速为逃生也。逃生之道，只有效法南雄退兵之事，假道闽南直冲潮汕，潮汕一得，则陈内部必立即瓦解而无疑，时机紧急，不可终日，稍迟则无路可逃矣。盖臧、陈联合，已发其端，虽未成熟，但他日孙传芳一入闽界，臧必软化而求陈为之对吴佩孚求恕，而陈必乐利用其军队以制我也。吴之图闽以自救，乃与陈有密切之结合，我速击陈，不独可以逃生，且必可破彼之合纵而转危为安。得失之机，间不容发，务望各同志当机立断，不可半刻迟疑，以解决生死之关头也。福州之地盘可让与张贞或臧致平，以为借路之代价，至出发及入粤善后费，杨西岩有法筹之，兹着他到来面详一切。现泊汕头之肇和、楚豫两舰，必可响应不误也。孙文。〕

其时杨希闵、范石生〔俱为滇顾品珍遣从北伐者〕、张开儒、朱培德、刘震寰、沈鸿英等，在白马庙开会后，纷起讨陈。总理乃任杨希闵为滇军总司令，刘震寰为桂军总司令，统率指挥。震寰先麾所部到梧，其他各军沿西江继进，又得驻扎各处粤军节节内应，我方声势复振。

是年二月十九日　公看《交战及统帅学》终卷，接看《胡文忠全集》，此为第三次。

五月后　点读《尚书》、《六韬》，而《福尔摩斯侦探案》〔在总理蒙难舰中〕、《洪杨演义》，时用消遣。览《石达开日记》，念其气魄横绝，末路堪怜，辄为废书长叹。至十二月望，目病作而不能用功矣。

春杪，上海交易所波靡，公及其友人多被累。

民国十一年革命中外环境

一月一日　赵恒惕公布湖南省宪法。〔唱联省自治者凡十二省，仅湘赵实行二年余。〕

五日　吴佩孚通电反对梁阁、萧耀南、冯玉祥、刘镇华等和之，士诒乃请病假，暂由外交总长颜惠庆兼任国务总理。

三月二十日　唐继尧回滇，任云南善后督办，顾品珍军败退。

四月三日　黔军旅长袁祖铭，攻入贵阳，逐总司令卢焘，迎刘显世回黔。

八日　外交总长颜惠庆辞兼代国务总理，农商总长齐耀珊辞兼署教育总长，以周自齐署教育总长兼代国务总理。

初，奉张恃协倒皖系功，扩占地盘，藐视吴佩孚，徐世昌复挟以自重，近又怂其增兵关内，< 节节进逼 >，直系不能忍。冯玉祥乃首先通电声讨，率所部第十一师及胡景翼师张锡元旅，入洛待命，< 继以佩孚与萧耀南、齐燮元、田中玉等，宣布作霖十大罪状。> 于是直奉战事遂于二十五日爆发，两军在津、保一带，经旬鏖兵，互有胜负。

五月五日　奉军败溃，退至军粮城〔军粮城为奉军大本营，< 总司令张作霖驻节于此 >〕，向滦西窜去。吴佩孚乃迫世昌明令奉军即撤关外，并免作霖本兼各职查办〔东三省巡阅使裁撤〕。以冯玉祥为河南督军〔赵倜亦免职查办〕，刘镇华兼署陕西督军。

十三日　北廷任蔡成勋为援赣总司令，率北洋第一师自内蒙南下，并佐以绥远第一混成旅，河南暂编第一师常德盛部，又联络 < 失败之桂将 >

沈鸿英残部，由湘入赣助战。

十五日 孙传芳通电主张恢复法统，请黎元洪回任，召集六年解散旧国会，以谋南北统一。

二十四日 民六国会议员，集会于天津，发表宣言，即日行使职权，取消南北两政府。

六月二日 徐世昌以总统印交国务院，径归津寓。曹锟、吴佩孚等通电请黎元洪复位。在粤国会议员林森等，以黎六年违法解散国会，已失总统资格，通电不予承认。

三日 东三省省议会联合会＜暨各界＞通电宣布自治，推举张作霖为保安司令。

十一日 黎元洪以曹锟、吴佩孚、田中玉、冯玉祥等赞成其提出废督裁兵条件，遂入都暂行大总统职权，特任颜惠庆署国务总理，声明一切候国会开会解决。

十五日 陈光远闻北伐军由赣州进至吉安，潜逃去，北廷乃任蔡成勋为江西督军。

下旬奉直和议中沮，两军在昌黎以上复开衅，直军占饮马河，相拒于山海关附近，奉军旋攻朝阳，至是始各遵约撤兵。

七月五日 刘湘因川军内讧辞职。第二军杨森部攻第一军但懋辛部于忠州，但部退守梁山绥定。旋刘成勋在成都，由第一、三两军代表，推为临时总司令，返攻第二军于重庆〔杨森大本营〕、泸州，第三军邓锡侯部入重庆，但懋辛部占万县。

十八日 曹锟、吴佩孚复赵恒惕电，不赞成联省自治。

三十日 颜惠庆请假，以司法总长王宠惠代理国务总理。

八月一日 第一届旧国会在京集会，由王家襄、吴景濂两议长分任主席，宣布此次开会，系继续六年二期。

云南唐继尧实行废督，就省长职，取消靖国军〔六年，唐继尧加入广东军政府时，改称所部为靖国军〕名号。

杨森自重庆败退至鄂边，降吴佩孚，改编为中央第十六师。

二十九日 留沪民八国会议员纷集北京众议院，对吴景濂、褚辅成争民六、民八正统，众议院因此流会。

九月十九日　北政府任王宠惠为国务总理，组织内阁。

△二十七日　驻延平第二十四混成旅旅长王永泉，致电李厚基，劝交出军民两政，即日离闽。

十月七日　北政府裁撤安徽督军，派马联甲督理安徽军务善后事宜〔联甲挤去张文生，又以齐燮元奥援，由旅长升此职〕。

三十一日　裁撤河南督军，派冯玉祥为陆军检阅使，张福来督理河南军务善后事宜〔自此冯与曹、吴有隙〕。

十一月十八日　吴景濂、张伯烈〔众议院副议长〕因嫉视王内阁，蜚语财长罗文干签订奥国借款展期合同，有纳贿情事，诬告黎总统。

二十九日　北政府任汪大燮为国务总理，汪仅允维持十日〔汪氏不为津保派所喜〕。旋以外交总长王正廷兼代。

一月五日　太平洋会议通过中国修正关税案。

八月六日　英人擅割片马为缅甸之县治。

十二日　苏俄代表越飞到北京。

△二十五日　总理会苏俄代表越飞于上海。

十二月　第三国际在莫斯科开第四次大会。

民国十二年（西历一九二三），公三十七岁

一月一日　自鼓山返城。昨岁除避嚣来此，借宿涌泉寺。其地四面皆泉，声泠泠若调琴，境殊清迥。倚迴龙阁观池鱼戏跃，两探喝水洞奇迹，复谒朱子祠，祠据山之正脉，中窈而外豁，中堂悬自绘像，洵讲学胜区也。日西沉始归。

二日　陈炯明击退肇庆滇桂军。

五日　援闽军常德盛部为粤军击败，退出杉关。

七日　又自总部往鼓山，见石壁新镌“天地正气”四字，乃足成联语曰：“养天地正气，法古今完人。”少憩水云亭，指谓游侣曰：“吾能于亭后小

筑三椽，隐居自适，斯愿足矣。”其余如考亭、喝水岩诸胜，降龙、达摩、吕仙诸洞，再至三至，极依恋盘桓之乐。在涌泉寺，与至濡毫，挥“其介如石”四字，乃付衲勒诸石，置更衣亭西，以留纪念。凡一星期才回。

滇桂军反攻肇庆，陈炯明弃城退至广州，又以三水、河口连失，乃于十五日通电下野，翌日率部奔惠州。各讨贼军夤夜入省城，电迎总理回粤，复任大元帅。

是日　自闽返沪。

十一日　总理遣廖仲恺赴沪，与各省支部干部接洽改组事宜。

十五日　洪兆麟在潮汕宣告离陈独立，欢迎总理暨许崇智回粤。〔见势去，假意如此。〕

二十日　总理任许崇智为粤军总司令，胡汉民为广东省省长。

总理汇赠＜银贰千元＞赆金。

同日　公以自撰联句。〔养天地正气，法古今完人。从容乎疆场之上，沉潜于仁义之中。穷理于事物始生之处，研几于心意初动之时。〕乞总理书之，总理又为书礼运语，〔大道之行，天下为公。〕与陈其美集赠公句。〔安危他日终须仗，甘苦来时要共尝。〕公乃悬之座右。

是时　陈炯明散布客军入境广东亡省之流言，离间拥护总理各军。沈鸿英借此煽动滇桂诸将领。

北政府取消福建讨逆军总司令，停止援闽进行，任孙传芳为福建督理，办理主客各军善后事宜。

沈鸿英为政学会首领岑春煊利用，并受北廷广东督理之饵，自假驱陈为名，入粤后盘据官署，占取税收，积极图谋不轨，乃于二十四日下午，在海珠江防司令部，藉开治安及军事会议发难，冀尽杀在粤各巨头。变作，仅擒魏邦平〔海陆军联合维持治安办事处主任〕一人，〔凡十五日释放。〕胡汉民、刘震寰等幸免。

二十五日　复古应芬、李济深、陈可钰、邓演达电。〔稿佚〕

附：来电

〔转蒋介石先生鉴：江防会议陡生变故，第一师出驻江门，虽转危为安，而整理进行诸待承教。现粤局仍未稳固，公不即来，则总理策划军事有谁顾问，而芬等素所望之党军，亦无由实现。望即命驾，无任企感，并盼示复。应芬、济深、可钰、演达叩。敬。（一月二十四日香港来。）〕

二十六日　复廖仲恺书，泛论粤局与政治及主义之关系。〔书曰：来示敬悉。孙先生明日赴粤，不知近日粤情如何，故不便武断。以弟推测粤局之将来，可得数解如下：一曰粤局早已确定，不能转移；二曰此次行动不过徒达驱逐陈逆之目的，而不能歼灭陈逆之势力，将来难保其不死灰复燃；三曰今日决非根本解决之时期，不过多此一举而已；四曰粤局以后变化，三月一小变，半年一中变，一年一大变，其或不能延长至半年或一年之久也。惟此变化，不可徒作悲观。一方面着想如何运用得当，应付有方，未始不可化乱为治也。孙先生此行，欲求一治本方法，实无善策，不得已只有先求治标之法，亟图维持现状，不使内部纷扰，然后再求进步之道，因时措施则较易为力也。到粤后，第一要着即对于各军当一视同仁，万不能有一毫轩轾之分。弟于去岁粤变之初，已屡与诸同志解释此旨，倘再如昔日显然以第二军为政府之基本部队，则其余部队皆不能不以化外自沮，此洪兆麟等中立部队之所以不能不接近陈逆，以至叛变。而魏邦平等之仇视陈逆部队，亦不能附从孙先生乐为我用也。孙先生如对于各军以大公无私之态度一体相待，不惟各部皆乐为我用，而且互相牵制，易于驾御也。其次则为用人一端。弟意欲求达政治目的，不能不略讲政治方法，且不能不用新式政治家以求达政治目的也。对于此层，弟与兄等见解或略有出入，但弟以为今日就西南而言，西南之政治不能轻弃唐、李，如谓此二人对孙先生消极抵制，或其不忠于党，正惟其消极抵制而致政府于败，正惟其不忠于党，所以政府屡遭颠蹶。回忆六年来吾党失败之原因安在，则不能不追想此二人之关系。故欲免除其抵制与困难，不能不设法补救，补救之方，惟使其乐为我用而已。盖其人非与孙先生绝对的不相容者，有时且乐为我孙先生用，是其所畏者，孙先生之主张太坚，不能容纳其言也。弟意如欲达政治目的，但期与我所定之目的无碍，而有益于政府，则其余各事不妨容纳若干。盖党义与政权二者，此时尚难熔为一炉，今日吾党政策，约言之，只有二道，一曰先求得政权而后实行主义，一曰先行主义而后求得政权。然此时欲急求得政权，而又欲在先行主义上着手，则十年二十年后之事，非今日中国之所能也。弟意以为只求实行主义而不问政权之得失，则日久时长，固必有见效之一日，但此时不应急求政权也。倘欲实行主义兼欲求得政权，则进行步调当先求政权而后推行主义，较为简易也。若果如此，则吾党干部决定方针，五年之内不加入政府，专注重于党务之推行，只做实行主义之事，而政治方面，则当另招一班中国式的政治人才，如唐、李者，来求政权，则政府与党当暂分而为二，其进行之效，或较迅速也。弟意以为政府与党之手续之范围不明，不惟政府混杂不清，易致纷忧，即主义亦因政治关系而不能贯彻也。如果组织政府以旧日党员办理党务，而以少川、伯兰、组安等，皆予其阁员一席，则政务或较有起色，而政权目的亦不难求得也。盖历年以来，益觉党员与政客性质不同，才能亦各有所长，如专恃党员而办政治，不惟范围太狭，外人望而却步，且其结果必启外界恶感、社会反对，难得完美之成效也。此节弟自以为有一得之见，兄等如以为然，则展兄任省长时，以兄与精卫二人介于政府与党之间，则主义不致偏废，而政权亦不致旁落。盖弟发此议，其一乃在欲速得政权，先以政治方法统一中国，而求买行主义；其二则以党与政府明定范围，组织政府不妨先用中国式政治家，如谭、唐、李、孙，专为统一中国之预备。不然，以今日中国局势仍固执从前之主张，则政府决无统一中国之望，吾党政府之所以屡屡失败者，其最大原因未始不在乎此。惟恐其弊陷于偏重政权而放弃主义，故二兄不能不在孙先生左右，以防此偏重之弊耳。孙先生行时留沪何人，从者几人，兄自随行否，尚乞一一示知。弟目疾难愈，不能长书，耿耿此心，无时或已。此函如以为可，请呈孙先生一阅。〕

附：汪兆铭来函

〔介石先生惠鉴：接诵致仲恺兄及弟手书，敬悉一切。兄之所言，皆弟数年以来所期期不绝于口者，但弟徒托空言耳。若欲见之实行，则惟吾兄是赖，若吾兄能以所言见之实行，弟誓竭一身所有之心力，以从兄后而为兄助也。近日消息之坏，想已于报端见之。(一) 沈与滇合捕魏邦平，勒第三师缴械，已应之。(二) 展等皆离省避港。(三) 沈得滇助，将专制广东，恢复政系势力。港同志主张隐忍，不欲声讨沈逆之罪，免滇军愈与沈合。弟则主张声讨沈逆，而令滇军共同讨沈，以为如此则是望滇军立功，而明示粤人以趋向，且以激起粤军同仇敌忾之心。滇军不全倾向沈逆，若行此策，至少亦可收回一部分；若一味隐忍，则滇沈结合愈坚，愈无忌惮。诸军服从先生者，无讨贼之目标，必以滇沈一致，愈致迷惑。魏等此次最大失策，即在倡主客之说，滇沈皂白不分，滇感于兔死狐悲，自与沈合，安可至今尚沿袭其误。弟力言于先生，尚未决，乞兄裁之。此请台安。弟兆铭谨启。一月二十九日。〕

总理与苏俄代表越飞发表联合宣言。〔凡四条〕

二十七日　晨，抵甬。越日，回溪口。一日又出，居引仙桥赁庐。

总理闻沈乱，中止回粤。

滇桂军缴魏邦平部第三师械，粤军及刘震寰军均离开广州。

二月一日　公致汪兆铭书，主先讨平沈逆，并述目疾不能来沪。〔书佚〕

附：汪兆铭复书

〔介石先生台鉴：得来书，知目疾未愈，甚以为念。目疾关系重要，而病源病状非眼科专家不能剖明，决不可以意为之，致终身受累。村居虽好，苦无良医，兄为治愈目疾计，必须来沪，琐事断不扰兄，但遇重大事项就商于兄，以代作书，如此于兄无损，于事则大有益也。乞兄念之。弟病受医生戒，须一月始可出门，昨晨以心急姑下楼，至书室小坐，下午及夜，大咳不止，乃知医生所言固不可违，只有忍耐而已。对沈讨伐，弟所主张完全与兄同，先生允许，已发讨伐令交港机关发表，惟展兄等均主暂阁【搁】，其理由有二：（一）恐遂激滇军与沈合，（二）现正与滇军商共除沈，俟商妥始发表。有此两理由，故来电主暂阁【搁】也。陈逆残部，先生已有明令一律赦免，许其以讨沈自赎前愆，但彼等各拥有部曲，安保其非外示服从，内怀毒计，俟与孙传芳、沈鸿英商妥，一致图我。今日所得消息，保、洛力谋陈炯明、孙传芳、沈鸿英三部结合，以铲除在广东之民党势力，彼等应有此著，虽缓设政府不足以阻其进行，但缓设政府于普通人心，得益甚大。先生近发统一和平通电，即已无形中表示缓设政府之意矣。仲恺赴东京未归，尊函留示之，因仲恺来返只三星期也。余不一一，专此。敬请台安。弟汪兆铭谨启。二月三日。〕

二日 东路讨贼军奉命离闽回粤，沈鸿英惧，拔队移驻广州郊外，电迎总理莅粤，主持善后。

三日 组织国民党本部军事委员会。总理任公为委员。〔委员共十一人，公与柏文蔚、吕超、黄大伟、蒋作宾、顾忠琛、朱霁青、路孝忱、叶荃、吴介璋、朱一鸣。〕

七日 赴汪兆铭约去沪，信宿即归。

九日 与许崇智书，披陈党事军谋，并却其电召之泉。〔书曰：弟目疾加剧，不能多作书，孙先生拟十四日起程，精卫兄今日起程。弟昨日来沪，定明日即回里，以上海不能养病也。弟到沪，对于本党内部即生一种不快之感，此非如觉生与孙先生间之关系可比，思之但有悲观而已。省长问题至今尚不能解决，亦以此也。弟刚愎浮躁，善谋不足败事有余，素蒙诸同志谬爱而不自量，亦以患难之友自命，虽先慈逝世，亦不敢终制偷安，以负爱我者之盛情。昔日以陈逆未除，此责终不能了，故不能不勉为负重。今陈逆既去，且屡出自试，愚拙益甚，以致无言不失，无事不乖，徒形已拙，无补党国，如再不自反自悟，知耻藏拙，深恐重累吾兄，此弟之所以踌躇再三不敢应命也。否则人非木石，岂肯自暴自弃以负爱我者一片赤忱乎。本军进至大埔、三河、平和、饶平时，如汕头问题不解决，不宜前进。洪、翁诸逆无论为公为私，无论何时何地，终无好意对我，非我制彼，则彼必制我，弟所念者在此。吾兄高明，当能预防之也。负疚之身无以应召，乞恕罪戾。〕

附：许崇智来电

〔介石兄鉴：智不日赴泉，兄目疾愈否？恳速来泉商策进行，并复。智。勘。（一月二十八日）〕

十二日 上总理书，请转电许崇智疏解。〔书曰：日前面陈，以先生抵粤则粤局乃平，故建议以先生速行为是。今一再审慎，如先生独行而中正不来随侍，心实不安。中正之所以不能从者，实有委曲之苦衷，殊非笔墨口舌所能形容。今中正必行，请先生致电汝为兄，言明“赴粤左右乏人，闽粤比较，闽重于粤，本欲促介石来闽，兹因时局变迁，不得不携之赴粤，到粤后布置略妥，即当嘱其来军相助，可否盼复”等语。待其复电到后，中正再起程，则其误会或可减少若干，否则不但汝为兄与弟更生误会，且恐对先生亦生误会，则中正之罪累更加一层矣。此则许电未到，中正不能行之一端也。因中正不能随从，所以今日主张先生缓行，至于缓行理由，其端不一，亦非尽如致胡、汪电中所言者，而其大要，缓行数日利多害少，有益无损，非如延迟至一月半月之久，有碍大局者可比。如果先生同意，则请将代拟致各处稿改正分发，中正待汝为兄复电到后，必来随从，以副厚望，决不敢方命也。〕

十三日　致胡汉民、汪兆铭、杨庶堪电，商请总理缓行。〔电曰：季、沧二兄想已抵港，孙先生行期当俟江门各部移至三水新街，滇军布置稳妥，能完全负责护卫之电到沪后，始能决定，否则不怕沈逆捣乱，惟恐滇军不能负责，则一蚁溃堤之患，可不预防乎？默察粤局，缓行数日决不误事，滇军态度虽佳，其真相如何，务乞细探详复。弟不从行于心不安，准如尊命来粤效劳，惟约待孙先生在粤安定无患时，听我假归为荷。〕

是晚，接奉总理催行元电。〔电曰：电悉。弟寒晚或删早行，如兄赶不上，请乘他船速来为祷。文。元。〕

附：各来电

【汪兆铭电】〔奉化溪口。蒋纬国先生：接恺兄日本来电，先生、展兄等删日先往，汝兄号日前后行，嘱电兄速来云云。弟巧日乘满提高轮赴港，可否同行，请复。铭。删。（二月十五日）〕

【廖仲恺电】〔江北岸引仙桥十号。蒋介石先生：仲恺来电如下，“介石、展堂、精卫三兄：电悉。喜极。定哿日坎拿大皇后号，经沪赴港，请三兄同船行。恺。铣。”（二月十六日）〕

十五日　总理由沪回粤。

十八日　总理任公为大本营参谋长，并以电催速来粤。〔电曰：介石兄鉴：顷阅兄与沧白、湘芹兄函（稿佚），甚慰。展、季二兄现时均有重要职务，须暂留沪及赴浙奉，此间须兄助至切，万请速来，勿误。并已发表兄参谋长，军事枢机不可一日无人也。文。巧。〕

附：张人杰电

〔陈杏家转蒋介石先生：湘芹奉先生命到沪，促兄返粤，弟以卧病旬日，心脉频数，同盼兄来有所计议，能即来甚慰，否则湘芹当到甬也。乞复。杰。马。（二月二十一日）〕

二十日 曹、吴迫北政府下令，派沈鸿英督理广东军务善后事宜，杨希闵帮办广东军务善后事宜；任林虎为潮梅护军使兼粤军总指挥，陈炯光为广东陆军第一师师长，钟景棠为广东陆军第二师师长，温树德为驻粤海军舰队司令，孙传芳督理福建军务善后事宜，王永泉帮办福建军务善后事宜，臧致平为漳厦护军使。

二十一日 总理由港抵广州，〔又与一部分滇军筹〕设大本营，续行大元帅职权。

总理任胡汉民为大本营总参议，徐绍桢为广东省省长。·

二十三日 总理重定各军防地，令桂军司令沈鸿英率全部移驻肇庆并西江北岸，所遗北江一带防地，由滇军总司令杨希闵派队接守，两〔西〕路讨贼军总司令刘震寰所部，驻石龙、东莞、虎门各地，东路讨贼军第四师长吕春荣所部，移驻罗定各地。此外各部队就现在地点驻扎，非奉大元帅命令，不得擅自移动。

二十七日 又奉总理电催速行。〔电曰：转介石兄鉴：有要事电兄相助，万望速来任。示行期。文。有。〕

附：廖仲恺函

〔介石兄鉴：手书诵悉。各种年鉴已属舍姪婿往觅购就，当于下月初由渠带沪。恺长居热海，计尚有三星期逗留也。去年托购各书，经于新历年底邮寄福州，书到而兄已行，一包折回公使馆，另有一包至今尚未见折回。据菊池书店云，“兄前寄三十元已照所列书目购备，亦于年底付邮寄福州，至今未见退回。”查日本在中国内地邮局本年一月一日起，一律撤销，想各书寄到福州时，无人代收，而邮局撤销在即，未交各邮件移交中国邮局之际，未审用何手续，辗转之间易于遗失，且此后不负责任，则办理多疏，此固可不问而知者。只有照前单再购一次，但恐有现已售罄者，即再购亦无从得，为可憾也。恺归时拟偕兄赴粤一行，商赴欧事，台意如何。匆匆此上，敬请大安。仲恺手启。二日二十六日。〕

二十八日　总理派胡汉民、汪兆铭、孙洪伊、徐谦为驻沪办理和平统一代表。

三月一日　大本营组织告成，分四部、二局、一库、二处。〔外交部长伍朝枢，内政部长谭延闿，财政部长廖仲恺，建设部长邓泽如，法制局长古应芬，审计局长刘纪文、金库主任林云陔，参谋处长朱培德、秘书处长杨庶堪。〕

五日　复上总理书，请平定潮、梅。〔书曰：各电敬悉。粤局支离，诸事不敢遥断，中正意沈军如一时无法处置，不如暂且放任，即以滇军与粤军供指挥部队，令其全部移往东江，进攻惠、梅。复以海军或江防舰队占领汕尾，即运一部分陆军，由汕尾上陆，以断逆军惠潮间之交通，便与许军夹击潮梅。倘滇军必欲驻省，不愿移驻东江，则在省粤军亦须令其单独进攻惠梅，使敌军首尾不能相应，以便许军之作战。先生总以驻省城为是，如有一部分可靠滇军担任卫戍，沈军不敢作怪，如以此为不妥，则当与攻惠梅部队同时前进。惟若此，则省城难保，恐攻惠部队后方动摇，殊非上策。总之，惠潮逆军未灭，沈军无法处置之时，不如放任沈军，先以全力扑灭陈逆，平定潮梅，则沈军不成问题，即暂弃省城，亦无不可。而海军占领汕尾，是制敌死命之要著，务请注意。中正当约季、展二兄同来，行期俟晤面后再告。〕

又与杨庶堪、古应芬书，请暂弃省城，先以全力肃清潮惠。〔书曰：前接孙先生巧电，本拟即日来粤，因汝为兄复电未到，不知其中情形如何，且目疾亦未痊愈，故一时未克成行。昨又接孙先生有电及湘芹兄电，暨沧白兄致静江兄电，知事已紧急，虽目疾未觉十分全愈，亦当前来，惟精卫、展堂二兄到沪，弟尚未晤面。弟意拟约二兄与之同来，乞转请孙先生，为电致二兄或电静江兄一催之，万一展堂兄不能来，弟准邀精卫兄同行。至粤局如何进行，弟因未亲临其境，殊难遥断。沈军如近在省城，粤省局面与二星期前无所变更，鄙意在省滇军与粤军联合先行扑灭之，最为上策。否则以省城交与一部分滇军卫戍司令守卫，其余大部分滇军与粤军先攻克惠州，预备放弃省城，俟惠州破后，与许军夹击潮汕，则潮汕余孽方可肃清。惟须与省城粤军各将领说明，使各明瞭不得不放弃省城之理由及将来之利害，方能见效。如能即日照行，沈、陈、蔡必不及联合，否则我攻惠州，沈军可攻我后方，非常危险。孙先生大本营行动，应当仍在省城，滇军能担任卫戍，沈军必不敢来犯，如以孙先生在省为不妥，亦可与攻惠州军队一同出发，指挥一切。若滇军均不愿攻惠州，可先使在省粤军尽行出发，粤军果能一致攻惠，以应援粤之许军，使陈逆潮惠各部首尾不能兼顾，则削平陈逆亦非难事。总之沈军在省，现如无法处置，不如暂且放任，沈军在省附近，与潮惠未下以前，不当顾念省城，徒滋纷扰，贻误进行之程序。依此计画，应速放弃省城，以全力肃清潮惠，则沈军自无问题。处置粤局，于此中求之，或有一二端绪之可寻。诸公以为如何？〕

附：来电

【杨庶堪电】〔转介石先生鉴：帅座暨仲恺电谅达。此间待兄来始决之事，至众且巨，幸速首途，以慰企望。堪已于本日就职视事。庶堪。东。（三月一日）〕

【古应芬电】〔转介石兄：战端将启，孙先生非兄无与筹画，危难非吾人所能坐视，望即命驾来粤。芬。江。（三月三日）〕

【张人杰函】〔介石老弟足下：旧腊底兄行之第二日，本拟面谒先生，继因体忽疲弱不能如愿。又次日，即归里，故吾弟来函，由果夫转告先生，先生以行期已定不能改，当即电告吾弟也。顷沧白来电，"介石非来不可，恳公催促，为祷千万，弟已电约之矣。"云云，彼等待弟甚急，望速就道，如能早日抵粤，于大局大有裨益也。即请毅安。小兄人杰顿。二月二十六日。〕

十五日 胡汉民、汪兆铭、邹鲁、林业明、林直勉、胡毅生来甬趣驾，导游观宗、延庆、七塔三寺，并偕探天童、育王诸胜。至十九日伴随去沪。

二十日　沈鸿英增兵芦苞，准备攻三水。

二十一日　电请总理饬整理财政，并归仲恺负责。〔稿佚〕

附：杨庶堪电

〔介石兄：简电已呈元首。奉谕“财政重要诚如兄论，现已筹有办法，并约仲恺速归，拟委以财厅之任。惟近所筹画，其责任有重大于财厅者，亦俟仲恺来归与之面商。至发表财厅，则非仲恺到后不可，青黄不接则百弊丛生，此事实之难免者。得仲恺电，已由日本出发，并言约兄同来，请万勿推延。”云云。西岩无能，先生已知之矣，千万速返。庶堪。敬。〕

二十七日　公复回甬。

三十日　致许崇智电，请谋本军集中省城。〔电曰：汝兄鉴：本军可否由龙门、从化改道前进，先谋集中省城，否则须设法由龙川或河源经长宁移向北江，控制省城，万不可专图便捷轻进惠州，沿途总以避战为妥。粤局非俟本军安抵省城，殊乏处置之道。中正。卅。〕

是春　大本营设立航空局，委杨仙逸为局长，有飞机六架，水飞机一架。

四月一日　展慎徇公王父玉表公及母王太夫人墓，并视弟瑞青圹。

二日　展皇考肃庵公墓。

三日　陆海军大元帅府迁至士敏土厂。

六日　之沪。

七日　致许崇智电，请令本军先破沈逆，以防引北敌入粤。〔电曰：卅电谅达。观察粤局，林部虽退寻邬，而潮惠洪杨终难就范，兄部在梅以势论，仍在其包围中也。如臧能于半月内出兵共定潮汕，固为上策，否则延宕日久。倘赣敌合林部进占北江，沈逆在省响应，惠杨阻我进路，潮洪捣我后方，似非必无之事。此时当注重省城根本，而潮汕次之。如臧不能以最速期内出兵，则本军当乘此林部退赣，敌线不能联络时机，从速通过梅属，直抵省城。或以一部集中北江，先平沈逆，巩固省城之根本，则潮惠各部不解自决，即用武力亦较易为功。总之本军一日不抵省城，则根本一日不安。以后粤局，潮惠之陈部为患尚小，而省中沈部通同北军实为腹心之患。北廷之所藉以乱粤者，亦重在沈部而不在陈部，沈部如平，则粤局自可奠定。以弟观察，臧部出兵恐不能如此之速，本军不如暂弃潮惠，以最速时期集中北江或省城为妥。一月内，如本军不能抵省平沈，则二月后赣敌攻粤，省城必危。若欲先平潮惠，最短时期亦须二月，窃恐潮惠未平之前，而沈逆引赣敌与林部攻粤，以时间而论粤患之缓急，则本军非先破沈不可。盖陈逆虽凶，至迎北军入粤则非其本愿，胡其为患较浅也。我军以主力分驻北江，或较全部集中省城为佳，以后平沈、平陈，皆赖本军自身，不能全恃客军，主客之嫌，尤宜豫〔预〕防以消内患。兄意如何。弟待奉复电后，当以个人名义赴粤一行。〕

附：来电

〔介石兄鉴：介密。（一）兄目疾已愈否，甚念。（二）智于本日抵永定。（三）前方情报：梅属陈军约廿余营，已陆续退江西寻邬，会昌王献臣部亦有退瑞金之计。（四）我军令第八旅驻梅县，已饬相机进占兴宁；许、邱两部驻蕉岭，已饬进驻梅县；陆旅驻平远，五旅及十三旅驻大埔、三河。第三军全部廿集中平和，第二旅廿到龙岩，即向上杭挺进，沈永福部日内可到龙岩。云。前奉总统电，智以为兄必已奉命赴粤，顷得总统支电，嘱"催兄赴粤"等语，兹悉兄尚在沪。总统左右现无军事人才，且粤未定，潮汕纠纷，一切处置关系甚大，请兄接电立即赴粤，并复。弟崇智手启。三月十九日。〕

总理任李烈钧为闽赣边防督办，令率所收编陈部移驻闽南，让出潮汕防地与回粤许军屯扎。

八日　与杨庶堪书，主张廖长广东财厅，许军速回省。〔书曰：弟定元日起程，敬将以后进行意见略述之。军事当促许军克期抵省，会合在省各友军先谋集中，然后再定一共同作战方案，以为攻守剿抚进行之程序，使其任务分明，精神团结，不致有参差不一、主客异形之嫌。政治当以整理财政为先，厅长不速易人，延误大局必非浅鲜。弟对此点自信见解或较在粤诸公正确，故欲行之前，不得不将此等成败关键竭忠尽言，决非有何作用参于其间也。财政如无把握，军事难定计划，廖任厅长，许速回省，二令可否在弟起程前发表，俾弟到省后即可着手进行，而鼓来者之气也。

彷徨日夕，伫盼复言。〕

九日　总理电准公辞东路讨贼军参谋长职。

十五日　由沪赴粤，越五日抵广州。

十六日　拂晓，沈鸿英〔已就北政府所任督理广东军务职〕发难于广州，其所部李易标步兵数营，由白云山向农林试验场之滇军总司令部扑攻，滇军早得讯预备，即出队抵御，大元帅亲偕杨希闵督战击退之。鸿英乃自任中路，沿粤汉路南下，令其子荣光旅出英德、四会，直攻三水。大元帅乃饬粤军第一师与滇军协力兜剿，滃江、英德相继占领，沈部不支，至次月初旬末，退入湘赣边境。〔北江战事结束。〕

二十六日　公随大元帅劳军江村，公自办公大本营后，陈猷决策，草檄批牍，筹战守，馈饷糈，出随车驾，入掌枢机，日不暇给，责任从集于一身矣。

五月三日　扈从大元帅如源潭劳军。

六日　侍从大元帅至三水慰问伤病兵。

七日　总理调廖仲恺为广东省省长，以叶恭绰继任财政部长。

逆敌林虎向许军梅县部队进攻。

八日　上午随大元帅巡视至连江口，深夜假寐车中，至翌晨，始回抵大本营。

公自闻陈逆乘机蠢动，即拟定东江作战计划，至九日，侦知逆属陈修爵率部进占龙门，图袭增城，杨坤如又叛攻石龙，彻夜苦筹抵御之策。

△九日　苏俄马林到广州谒见总理。

十日　赴石龙与各将领会议橄援攻守等事。

大元帅令通缉黄大伟。〔大伟近受北廷嗾使，挟陈逆重金潜伏香港，派遣党羽运动军队。〕

十一日　赴广利与各将领会议下肇计画，以城围人逼，令开放一面，再行攻击。夜十二时回大本营。

第一师师长杨坤如复叛率队进犯石龙，帅令悬赏购缉。陈逆之变，坤如称兵首强，旋因穷蹙乞降，至是复叛，经讨贼军迎剿退入惠州城。

十三日　桂军总司令刘震寰收复博罗。

十五日 梅县失守。

十六日 黎明鉴师（刘部第三师）为陈逆练部所败，由宝安退至深圳。

十七日 刘部占领福田联和圩。

十八日 攻克肇庆，沈属旅长张希栻引残部退奔梧州。〔西江战事结束。〕

总理任邹鲁为广东省财政厅长。

二十日 讨贼军总攻击惠州城。公闻刘总司令深入鸭仔步钟洞方面，博罗后防空虚，心甚忧虑。

二十三日 抵博罗城，会刘震寰总司令等，议决作战计划。晚后，往平湖，与范石生师长谈竟夕，昧爽回石龙。

总理令许崇智固守潮、汕。

二十四日 回大本营。

二十五日 林虎攻入潮汕，许崇智部退向揭阳。

二十七日 公闻潮汕失守，顿足叹曰："汝为不听吾言，致有此败，可痛可恨"。

二十八日 讨贼军占领惠州飞鹅岭。

△虎门要塞司令廖行超大破林虎残部于石滩，朱培德部与第一师追击之。

△蒋光亮为洪兆麟、叶举逆部所攻败，退回平湖。

△许军大败陈炯光、刘志陆逆部。

二十九日 刘玉山师由博罗退至马嘶。

总理闻北江杨总司令部移至英德，急甚。深夜召公筹议退敌之方。

三十日 陈逆以刘震寰军围惠城急，乃令别部抄出后方，占领博罗，进窥石龙，广州震动。公请帅驾督战，即于上午随侍出发。至石滩，溃兵麕聚，哗传石龙已失。公不信，乃自领卫队邓团二百人前驱，并杨言逆军已崩溃，大元帅亦主亲征，各部乃停止，不敢再退。俄顷得报，果无敌踪。大元帅问其故，公曰："料逆部占领一城，须留滞时日。我军昨午失博罗，离石龙九十余里，彼必不能迅疾若此，是以知之。"晚后至石龙，宿营于军次。

三十一日 广州海军叛。大元帅免海军总司令温树德职，饬各炮台戒严，并改委各舰长归大本营直接指挥。

是月杪 吴佩孚派赣南镇守使方本仁入粤援沈，并勾结陈炯明，接济其所属潮汕洪兆麟、南路邓本殷饷械。

六月二日　请大元帅任滇军第二军军长胡思舜为东江右岸指挥官，授其作战方略。

三日　增城告急，省中各要人皆来石龙谒大元帅。

四日　收复博罗。

沈鸿英联合北军方本仁、粤军谢文炳，〔文炳初隶许部，旋降桂莫，已复反正，后附陈逆。二月间愿自赎，总理任为中央直辖北路讨贼军总司令。至是又投沈。〕攻下韶关。

六日　扈从帅驾至博罗，憩宿胡思舜营，商议肃清右岸残敌，决派其一旅守博城，并令廖〔第一军第二师第三旅旅长廖行超〕、王〔第二军第三师第五旅旅长王三珩〕二旅出水北，与范师互相联络，定三日内施总攻击。

七日　晨，陟葫芦山，瞭览博罗形胜，谓一天然防地。午正，随大元帅赴惠州，至白沙对岸，舍船步行。道红泥坑，视察北门阵地，至深坑附近，始易舆。次花园水〔在飞鹅岭下〕慰问刘总司令创痍，即登虎头岭，俯瞩惠城形势。回至白沙已深宵二时矣。

八日　大元帅由白沙堆回石龙，驻节于大南洋轮。东路军昨已到柏塘，公得报喜甚，谓"如此则可与攻惠各部联络，战局较易处置"。即发通告于前方各将领。

九日　第二次总攻惠州城。

手拟东、西、北三江共同及个别作战命令六、七通。

十日　惠城外地雷爆发，仍未得下。

十一日　往博罗迎候许总司令，即与面议一切。

十二日　与许崇智往花园水会刘震寰，决议作战计画。晚，回白沙堆船中。

北江滇军张武旅变叛，牵动全线。杨希闵率部退至河头。

十三日　由博罗回石龙，即扈帅轮向虎门观炮。次晨至下横沙，大元帅与公冒骤雨升台，衣履湿透，周视一过，知十五生的大炮，台基坚固，炮身呆重，运至惠州不可得也。心甚懊丧，即回省城大本营。

十五日　滇军司令部移后，暂设连江口，前线在英德大桥间。

十六日　扈驾巡视北江战线，至英德之巫村，杨总司令等皆来谒见，即与商议战事。夜半，回至省垣。公谓："自�江至英德，岭巇径窄，地形便于防守，乃知敌军之不易越进，盖亦有故也。"

十七日　总理任公为大元帅行营参谋长。

十八日　致许崇智、刘震寰、胡思舜各函，主张先清北江。〔函佚〕

同日　沈鸿英右翼谢文炳，攻陷英德。

二十日　侍从帅驾往博罗，为调滇军增援北江，恐东江军心动摇，且阻许崇智假回省城也。

二十一日　随往白沙堆，与刘震寰及东江各将领议决以许部三旅专任攻御惠州，悉调滇军赴援北江。

是日　许崇智以潮汕之败迁怒于公，公答云："可仍回总部赞助。"许始释然。

二十二日　船离博罗，次晨到石龙。

二十三日　侍总理谈时局，并闻俄德近状。晚，又与讨论党事。

二十四日　接西江退守鹿步报告，即调李师杨旅兼程往援。

总理任熊克武为四川北伐讨贼军总司令。

二十六日　总理任谭延闿为湖南省省长兼北伐讨贼军总司令，援蔡巨猷。

二十七日　大元帅移节北江巡视。

陈炯明由香港入潮汕，亲救惠州。

三十日　克复英德城，逆敌谢文炳部纷向河头退却。

闽南讨贼军总指挥何成浚因泉州防地为王永泉占去，率军退至安溪。

北政府任邓本殷〔陈炯明党〕为钦廉善后督办。

林虎、洪兆麟、黄大伟〔七月，黄降陈炯明，受任第七军军长〕等反攻臧致平，向闽南进展〔诏安、云霄等处〕。

七月四日　沈鸿英军窜出韶关，旋又向大庾岭退赣。

六日　晨，公早醒，默念苦持军事，怨忌交集，引退为安。然以总理知遇之深，则又不忍遽去，心殊怆恍。上午，扈驾至韶关，自英德以上，山形地势仿佛桂林，英石煤矿所在皆是。以第一次至此，顾而乐之。晚，与滇军各将领会议进击南雄之敌，及统一财政办法。夜十二时回。

八日　谢文炳部退入湘边，由湘省收编，谢即离军。

九日　臧致平联合许崇智留闽余部及闽南自治军，分占饶平、黄冈，进逼潮汕。

十一日　林虎、黄大伟、洪兆麟反攻臧致平。

李烈钧部赖〔世璜〕、苏〔世安〕二旅，为林虎所收编。

十二日　公为许崇智所龁，愤而辞职，避往香港。

十四日　由港回甬。

十六日　总理以滇军内讧改组，废总司令，任杨希闵、范石生、蒋光亮、朱培德为第一、二、三、四军军长。

十八日　沈属梧州守将冯葆初、黄绍雄〔竑〕、蒙仁潜等，因外舰调停，愿归降大本营。

二十一日　袁带、陈安仁在香山起事，响应陈炯明。

二十五日　去沪。

八月五日　禀承总理意旨，约会苏俄代表马林及张继、汪兆铭、林业明等，筹组孙逸仙博士代表团，赴俄报聘，并考察政治及党务。

六日　回甬。

是时　沈鸿英与北军复连占南雄始兴，进迫韶关，旋被杨希闵迎击退去。

八日　逆敌林虎部刘志陆攻下漳州。

十三日　去沪。

十六日　率沈定一、张太雷、王登云等，由上海趁神〔？〕丸启程赴俄。

十九日　轮经大连湾，登岸逛街市，慨然曰："此横滨缩影也。华人聚居者约有七万，诉讼皆听于日人，并会审公堂而无之，关东州不能设一中国学校，又不能派一官吏，并不能如在外国置一领事。吁，深可痛也。"夜搭南满车北向行。

公撰《刊哀思录所感》成，寄沪附印，卷终。〔原文曰：哀思录，是中正生平所最哀痛而不能忘者之一种纪念，非世俗之光前裕后。生荣死哀，以亲丧为荣，如旧社会之所谓荣哀录者可比也。曾忆中正十二之年，先妣命中正出就外傅时，中正依恋啼泣，至不堪言状，一如远离膝下，为人生惟一之痛苦者。当时童稚梦梦，但觉寸心如割之不能忍，而不知慈母之心究作如何感想也。至今母丧告毕，制服将阕而未阕之前一日，以命令与时势所迫，不能不舍墓庐而远行，守制未终，殊为私心之难安而不能忍者也。从此，道途日远，何时复得回乡扫墓，顾前思后，悲戚无异于二十年前初就外傅之日。余性顽陋，且习于安易，曾不愿远离乡国，茹苦耐劳，以苏武、班超自期者。而对于友爱同志，公义私情更不能漠然忘怀，时作杨柳依依之念。及见经、纬两儿来沪远送，此心怦怦，益难恝置，乃知父母爱子之切尤甚于孺子之慕其亲者。回想先慈当时不忍舍中正外读而生离，与其易箦之际，不忍死别儿孙之悲惨神色，尤令为子者抱终身无穷之痛也。今既舍墓庐而远行数万里之外，而于先慈遗训中之学校墓庐，及可留为后人之纪念者三事，不能一一遵行，以毕先慈平生之志。乃于起程之日，特托吾同志楚伧先生搜集先慈丧葬中之文字，辑为一编，名曰"哀思录"。赠送亲旧，以志不忘。是亦中正离国远行之一纪念品云耳。〕

二十日　薄暮，抵长春。公谓："自辽奉至此，一路所见闻皆范围于日本之势力，不啻入其国境也。"

二十一日　午后至哈尔滨。

二十三日　大元帅为便利东江军事指挥，迁大本营于石龙。

二十四日　午后，由哈尔滨搭车上莫斯科行程，旁〔傍〕晚经安达站。

是时，逆敌林虎〔逆军总指挥兼第一军军长〕、李易标〔第四军军长〕、陈修爵〔第五军第十一师师长〕分三路进攻，中路围飞鹅岭急，铜鼓岭、北岭一带并为所占。帅座严檄蒋光亮部〔时蒋部哗饷广州〕应援。不至，乃改调李福林军及吴铁城军迅来增援。

二十五日　逾兴安岭站。午正，由海拉尔站开车，而望江站、而克拉洪德、而尺千站、而扎来诺拉，三时五十分至满洲里，即中俄两国分界处。居民约仅千家，华俄混杂，凡火车过此必经一度检查，并换车辆。代表来站招待，陪同视察国境。其境界为一长塍，各无封人掌守，出入任自由。约四十分时，至孟邱夫斯克也，复上火车。

是日　林虎率部进攻石龙，博罗城被围，飞鹅岭失守。

二十六日　上午至赤塔，一路山明水媚，森林郁苍。公谓："想不到西伯利亚而亦有此异境耶。"俄代表趋站候迓。午后三时复起程。

二十七日　上午，至上乌金斯克。纵观形势，山河错列，南眄蒙古，不尽感歔。十时零，由此开车，下午二时，未至姆伊叔滑也时，已望见贝加尔湖，风涛如海，茫无涯畔，蔚为巨观。三时后，经汤一会，行李受检查。五时，至姆尔禄附近，即见山巅白雪。七时十分，至司留强恨克。九时，达贝加尔湖站，乃湖之西一小村落也。十一时，至伊尔库次克，已入睡乡矣。

二十八日　上午过土龙。下午一时至下乌金斯克，乃一大站也。五时，至塔骇铁。九时至伊拉恨斯克，与莫斯科来车相遇于此。

二十九日　拂晓，至犿拉斯洛也尔斯克。十一时，河勤斯克。十二时，朴霍笃路。【午后】三时前，至也令斯基。五时后，也一也，六时半，至大伊犿，即托姆斯克转车之处。自过阿勤斯克站后，道路屋舍较为整齐，颇有西欧气象，比西伯利亚进步矣。

连日东江大风雨。水涨，逆敌攻博罗不得进，刘震寰困守城下。大元帅复调范石生〔滇军第二军军长〕来援，并饬杨希闵击退其在左翼淡水之逆军。

三十日　上午至白腊平斯基。昨夜半已过洛屋——尼壳拉斯克也，惜未觇其形势。十一时至揩恨有。午正，太太鲁斯克也。三时半，至屋姆斯克，过屋琶河。六时半，至托拉盖近恨斯克也。经赤塔后，改用莫斯科钟点，较中国迟三小时。

三十一日　晨，过淡孟痕站。九时，客姆湑写路弗。【午后】一时，至爱客推令洎路吾，为由亚洲至欧境第一大站，其地在乌拉尔山之东。六时，至写利也站，及至败路明，已夜深矣。

九月一日　晨六时半，至排利庆洛。八时，也路。九时半，辞伊福客。午十二时半，至维亚得客，天大雨。二时半，至壳滩鲁利丘路。六时半，写路也。深夜一时，过步意，为伏罗街代之径路也。

二日　晨六时后过一小站，十时至阿林柯伦独拉夫站，十一时半至就路加也福站。其地风景市廛皆呈欧化，若已至莫斯科者。午后一时到达苏俄京城莫斯科。外交部派员欢迎，导诣宾馆。途遇社会党群众运动，集团约廿二万人，旌旗飞舞，观者塞道，公等坐车上耸瞻，初至其地，而恰逢此纪念大会，无任忭跃。

昨日，大元帅令各军及抵苏村之福军、滇军齐进击敌，座船随向博罗上驶，夜泊第七碉。今晨陟北岭，躬亲指挥。滇军蒋光亮部续到石龙者，仍逗留不前，旋其罗旅弃第七碉阵地而退。

三日 闻俄国革命党首领苏维埃共和国之创造者列宁，积劳成疾，不能谒晤，深致感咨。下午，往见东方部长。晚致电国民党上海支部办事处，报告经过情形。

五日 见外交委员长齐采令。

是日 南路邓本殷攻陷北海，大本营令永丰舰往援之。

七日 上午，往见共产党秘书长罗素达克，听谈革命史况，约二小时余。其革命成功之点有三：一、工人知革命之必要；二、农人要求共产；三、准俄国一百五十民族自治组成联邦制。而其缺点亦有三：一、工厂充公后无人管理；二、小工厂尽归国有，集中主义过甚；三、利益分配困难。又言现在建设情形：一、儿童教育严密；二、工人皆受军队教育；三、小工厂租给私人。云云。下午，见远东局长胡定斯基。晚，观剧于前皇家戏园。是园建筑伟大，约容六千人，正厅座价每位需五金圆。因叹莫斯科生活程度之高。

九日 上午，往访党部之东方局长胡定康。下午，访陆军部次长司克亮斯克，讨研中国现势。又会参谋总长加密热夫。

自许部张民达旅攻克淡水，福军与逆队大部接触，滇军田钟毅、粤军卓〔仁机〕旅张弛团，登雄鸡孤翼〔山名〕。敌乃迂道沿义和墟向苏村奋进，欲断讨贼军后路，经援师合力击溃之。至十日，博罗守军杨廷培部冲阵出，占铜鼓岭，逆军中路始不支，向泰尾、向水退却，城围遂解。

十一日 往访教练总监彼得禄夫斯克，知俄国军队组织之内容。每团部由党部派一政治委员常住，参与主要任务，命令经其署名方能生效。党员之为将领及士兵者，皆组有团体，在其团部活动为主干，凡遇有困难勤务，必由其党首负责躬先。

日来杨希闵进占平山，朱、吴各部夺回增城，陈炯明乃仓皇赴海丰独思顽抗。东江讨贼军已得优势，惟是大元帅连日亲覆阵地，督战于飞鹅岭、梅湖等处。刘震寰苦攻惠州城，卒不能下。

十二日　参观博览会。

十三日　公在宾馆拟代表团意见书。〔书凡八千二百余言，说明中俄国共两党互助关系。甲、绪论，乙、军事计划书，丙、宣传，丁、结论。〕

是日　西江黄志桓等攻廉州，阻大元帅调军援惠。吕春荣降逆，其旅长莫雄宣布独立。

十六日　下午，为陆军学校毕业生游行纪念，自加利宁〔时任议长〕以下陆军各要人皆有演说。公前往参观，并与王允恭偕游 Zpam 教堂〔俄国第一大教堂〕。

十七日　视察步兵第一四四团。其优点在全团上下亲爱，团长专任军事指挥，政治及知识上事务与精神讲话，则由政党代表任之。晚，与马林商议提案。

十八日　晚，往访马林。

沈属李根沄部降杨希闵，编入滇军。

十九日　上午，马林与胡定康过谈。下午，参观步兵第二学校。回宾馆后，接见中国留学生。

是日　王永泉、王献臣、黄大伟、林虎、洪兆麟等，约同海军对厦门臧致平总攻击，不克。林、洪所部回粤援惠州。

二十日　参观军用化学学校，研究毒气之施用及防御法。并往应中国共产党青年团欢迎会。

是日　白沙泊轮试演水雷失慎，飞机队长杨仙逸、长洲要塞司令苏从山、鱼雷局长谢铁良同及于难。此次飞机助战东、西江，甚得力。鱼雷急待炸城。今人机两殉，攻城计画为之受一打击。

二十二日　往高级射击学校参观。自十五世纪以来各式枪械约数百种，皆储藏于此，最新式之福德来夫骑兵用机关手枪，每次可发三十五响，且轻便异常。俄国武器之研究及进步，可与欧美各国竞爽，非若我国之窳败也。公因感唏不置。

二十三日　会鲁考夫基。

二十四日　乘飞艇空中望月，太虚清朗，四顾茫然，欲想复高，而司机者以天暮辞。

是日拂晓，第三次总攻击惠州城，以鱼雷失效，各军冒进，阵亡甚众。午后，敌又来反攻，乃不支而退。

二十五日 试趁旅行飞机，较昨乘军用机为稳，翱翔天际如在陆地也。夜，搭车往彼得格列。

二十六日 上午十一时，至彼得格列，诣外交部特辟国际宾馆，外交部员及海军部员皆来款接。下午，参观冬馆，先入其博物馆，柱壁址墙，皆以红白绿色大理石筑成，而什具如之，中藏磁器、图书居多。会议场、礼堂、朝房、书室、膳厅、浴池等处，陈设尤各烂辉，有所谓金间、银间、翡翠间者，皆不过镀饰其外表，无足珍贵者。惟新立一历史馆，标树其革命党过去之伟迹血状，皆足怵目悚魂，殊令人兴感也。

二十七日 参观海军大学及海军学校、海军机器学校。

二十八日 上午，参观海军博物馆，自大彼得至现代，海军历史上之人物及舰械模型，森然罗列。下午，参观海军印刷局后，即乘船浮泥佛河，至海口为止。彼得格列之形势壮伟，三万吨重军舰可以直达城河，洵一海军雄港也。三时后，观制造潜艇机器及电气工厂，每艇二百四十箱〔重一百二十吨〕之电气，仅可用四小时，其经费之大可见矣。

二十九日 上午九时后，由彼得格列乘船，十二时到壳伦司太笃军港，参观摩拉塔战舰。重量二万四千吨，十二吋口径炮十二门，人员一千三百名。先观其炮仓，炮之开闭及子弹之起落，皆用电气，每仓并装大炮三门，自动连动均可。次观水蒸汽间，其热无比，有新式空气管通气。次观机器间，热度更高，始入时殊不可当。中餐后，观练习舰与鱼雷艇，最后乃观第二号潜水艇，其长为百余呎，重六百吨。先观电气间及水雷发射机，次观照准机，置于中央最高处，及用反射镜也。次观仓尾，其构造与船头相同，头尾各装吸水筒二个，以为浮沉之用。六时，回宾馆。

三十日 上午，参观大影戏园，发电机器多至十余架，可惊叹也。下午，观依晒克教堂，规制宏壮，实全世界所罕觏，其屋顶高至三十五丈，蹑其最上层，彼得格列四郊百余里内之景物，尽收眼底矣。夜看影戏。

十月一日 下午，往儿村〔即前皇村〕参观。先观亚历山大至尼苦拉西以前各皇故宫，穷奢极丽；次观尼苦拉西皇宫，规模虽少逊，而装饰及陈列则驾之。人言法国之繁耳塞尚不能及此，其信然乎。五时后，顺道访克浦斯汀，其眷属弥堪亲爱。晚七时半，上车回彼得格列。

二日　上午十一时，车抵莫斯科，回宾馆。此次公游历彼得格列，目睹市况萧条，民气颓丧，其景象迥异莫京，海军人员神态更不良佳，深为苏俄忧之。

是日　许崇智部收复河源。

三日　晤安南志士阮爱国。

六日　上午，递外交部、军务部意见书各一份。下午，参观展览会共产党历史部。

七日　访撒壳尼壳夫及马林。

八日　与马林商议党事。晚后，往大戏院观剧，叹此院系俄国全民族各种戏剧模范。先由其教育总长鲁那楷斯登台导楔，台上印刷机随时发布宣传品，实乃共产主义国之特色也。二时，回宾馆。

九日　见总理复喀拉汉宣言甚为得体，且有反对帝国资本主义之决心，无任忻佩。

总理通电全国，挞伐曹琨，通缉选曹议员，并电请段祺瑞、张作霖、卢永祥一致声讨。

十日　上午，往贺越飞诞辰。晚，留学莫京中国学生全体集合宾馆，庆祝双十节。公讲述革命党历史，俄党部及外交部均派代表参加。式宴毕，演剧，献伎，奏国际乐。越日，公闻有人訾其演说为有崇拜个人之弊，因以中国青年自大之心，及其愿为外人支配，而不知尊重祖国领袖，甚为吾党惧焉。

十三日　公往外交部会独霍夫斯基，得见总理致列宁、托洛斯基及齐采林三书，中多对己推重语，为之感涕。薄暮，散步莫斯科河畔。

是日　南路逆敌申葆藩、吕春荣占领化州，讨贼军黄明堂部退入廉州。

十四日　莫斯科桥畔雇船向西南行，登岸步入不寂之园，其址踞莫京最高处，极西为麻雀山，相传拿破仑驻军于此。昂首四瞻，全城云簇，实为莫斯科第一胜迹。

十八日 接奉总理手电〔今佚〕，知补助交涉已实行。

围惠军队由地道炸毁城垣十余丈，仍未攻下。

二十一日 下午，往会齐采令，谈蒙古问题，无结果而散。晚，马林过访。

二十二日 晚，与马林坐谈。

是时，逆敌右翼林虎占领河源，分兵向增城进袭石滩。

二十三日 往访鲍尔廷夫人。

是日 逆敌左翼叶举〔陈逆各路总指挥〕陷平山，滇军蒋光亮部溃退。

同日 大本营撤回石龙。

二十四日 公送马林行。

二十五日 致司克亮斯克书。

二十六日 致俄外长齐采令函。〔函曰：星期天的晤谈，虽然没有讨论到什么具体的问题，我们很感谢你抽象的给我们的教益。昨日孙先生来电说，“谁是我们底良友，谁是我们底敌人，我们胸中都十二分明瞭，所以我们很希望我们底良友能够谅解我们。”孙先生来电又称：“友邦政府及政党，派代表鲍罗廷到粤援助之热心与诚意，＜并言中俄两党志同道合，利害相共。如能办到之事，确信其不我卸。＞”又嘱“吾等与友邦诸同志从长计议”等语。那天你说“蒙古人怕中国人”这句话。要知道蒙古人所怕的是现在中国北京政府的军阀，决不是怕主张民族主义的国民党，蒙古人惟其有怕的心理，所以急急要求离开怕的环境。这种动作，在国民党正想快把他能够从自治的途径上，达到相互间亲爱协作底目的，如果苏俄有诚意，即应该使蒙古人免除怕的状况。须知国民党所主张的民族主义，不是说各个民族分立，乃是主张在民族精神上做到相互间亲爱的协作。所以西北问题正是包括国民党要做工作的真意，使他们在实际解除历史上所遗传笼统的怕。我们尽量把我们的意旨对我们良友倾谈。你那天叫我们访问党部的首领谈话，我很希望你先把我们这一段意思，介绍到党部。〕

二十八日 胡定康过谈。

是日 逆敌洪兆麟〔陈逆副总指挥〕部，绕海道进占平湖，并由广九路迫攻石龙，南路邓本殷、吕春荣已出电白进窥雨阳。

二十九日　参观电灯泡制造厂及发电厂。其中工人俱乐部、学课及手工音乐补习室，各有专科教师，尤以社会科学为最注重，其余各贩卖合作社、图书室、阅报室、膳厅、戏馆，无不应有尽有，而以职工会及少年共产党部主其政。关于工厂之历史、工人之状况及厂中资本之盈亏，皆制表揭示办公处，藉供众览焉。

三十日　参观西乡太太儿等处农村，由苏维埃员导往。先入其村苏维埃，如吾乡之乡自治会，而制度不同。再观其小学校及消费合作社，校中成绩皆日用生活品，如衣食住什具之类。乃至第二村后，导观其乡苏维埃，规模较大，立法、司法、行政三权皆由此滥觞，乡警察隶属于此，观毕回京已七时余矣。途次觉甚寒冷。公在俄日习其国语，喜弄琵琶与琴，看马克斯学说上半部，颇欲厌去，至下半部，则生玄悟而不忍释卷矣。

是日　洪兆麟率队由茶山、樟木头来犯，帅令范石生部开赴石龙击退之。

海军永翔等四舰脱离大本营，开赴汕头归队。

三十一日　刘震寰全部退出飞鹅岭。

十一月一日　游莫斯科旧皇宫，规制壮宏，与在彼得堡者相埒，而藻饰则远不如矣。参观中央执行委员会，入其会员席，听卫生总长报告。

三日　逆敌中路军占博罗，左右翼沿广九线进犯逼增城，与讨贼军在相持中。

四日　下午往车站迓邵元冲，与同归宾馆，商议处置代表团方法〔时诸代表意见龃龉〕。公谓“苏俄各地皆有少年共产党支部，集中青年力量以充实改造基础，是共第一优良政策”。

六日　公往莫斯科城苏维埃，参加革命纪念，听加密热夫、蒲哈灵等演说。又见海军革命发难二官长及一水手，登台表述其勋劳光荣，心颇感动。会散即回宾馆。

七日　为苏维埃联邦共和国革命六周年纪念，履红色场观阅兵式，军队加入者约有二万人。

公前日闻本军失利，总理车驾濒危，深以违侍左右为悔。至八日，接杨庶堪、林业明电，知粤局稍定，然仍恐多变故也。尝曰：“远羁异域，独于中帅之起居，耿耿于寸心，此外非所愿闻。万一罹险，固由于一般党员以元首为孤注者所陷害，而我不能始终扈从，尽心卫主，又岂能逃其罪哉。”

是日　右翼粤军追敌，攻克鸭仔步。中路及左翼忽为敌所乘，滇、桂军相继退出博罗。

十日　下午，偕邵元冲、沈定一、王登云重游不寂之园。晚访白腊洛夫。

十一日　会司克亮斯克及加密热夫。

十二日　滇、许各军进攻逆敌，为陈逆大败，石龙失陷，溃兵纷集大沙头，广州震动。

十三日　大元帅驾回省垣。

十四日　公又与邵元冲、王登云游不寂之园。是园地势高坦，树林整郁，其风景当推莫斯科第一。

十五日　重游博物馆。

是日　范石生大破陈逆洪兆麟部于石龙，敌势少挫。

十六日　往见苏维埃议长加利宁，一诚笃农民也。问渠国外大势，不知所答，其劳农专政国之代议士哉。

十七日　游不寂之园，此第四次也。

是日　公接电闻悉粤局极危，因之尝梦身护帅驾，夜惊起曰：“中帅无恙耶，吾何以曩时必欲负气远行也，是亦不可以已乎。”

十八日　上午，与赵世贤等谈事。下午，宴会，讨论莫斯科本党进行办法。对大众演述中国国民党主张及代表团来俄使命，至此方得一般谅解。

逆军自占罗定向肇庆进发后，一面分四路攻广州，深入北郊，讨贼军力御却之。

十九日　公与托尔斯基书。〔大意：此次负国民党使命，代表孙先生来此，要求贵政府于本党所主张西北计划，力予赞助。华人怀疑俄国侵略蒙古一点，务望注意避免，并即辞行。〕晚，列席莫京苏维埃大会，旁听一年来之政治报告，工业已恢复至战前百分之六十，赁金比去年增加一倍，筑就工人房舍，能容一万余人。三万失职工人，政府月各给银八圆，是其重要部分也。

二十日　访彼得罗夫斯基。

二十一日　会教育总长鲁那哈斯基，其言教育方针。一、统一教育制；

二、多办专门学校；三、接近实际生活；四、注重劳工学校；五、废除宗教；六、男女同学；七、学生管理校务。常年教育经费，中央与地方合计为百分之十四，统计为一万四千万元，尚不足预算三分之一也。晚，访越飞君。

二十二日　游不寂之园，仍与邵元冲、王登云同行，此第五次也。踯躅良久，就此与园怅别。

二十四日　晚，宴雷文夫妇。公谓："俄国缺少中级人才，政府往往为下级所蔽，而一般自满、专制、轻信、迟疑。尤其最显著弊病，遇大事不能潜机观察，好逞客气，个人无定识，尚不能自立，况于国家乎。"

二十五日　晚，共产党第三国际开会，公由远东局长胡定斯基导见主席团。自徐诺维夫会长以下，各国共产党主席皆莅会。公致答谢辞。〔大意：贵党现在的任务，应予特别注意的就是促进东方的革命。我们国民党专以三民主义作革命的旗帜，使大多数人民站在被压迫者一条线上。对帝国主义操纵的军阀，是我们唯一的敌人，则目标自易显明，势力更为张大，预料在两三年以内，必定有一部分革命成功。我这次来到此地，对于我们中国革命得到许多教训，是于前途有很大的利益，不过我们对诸同志谈话的机会很少，或者各位对于中国革命的现在情形及实地工作，有隔膜的地方。所以我很希望国际共产干部，多到中国去观察中国革命的现实，研究东方无产阶级的问题。云云。〕

二十六日　往访陈启修。

二十七日　见托尔斯基，其人慷爽活泼，为言革命党之要素，忍耐与活动二者不可缺一。公深感个性消极，尤宜致力乎此。晚，见齐采令辞行。

二十八日　公审阅第三国际对国民党决议文，怫然曰："吁，观其论调，不认识友党如此，应愧自居为世界革命之中心。前日晤其领袖徐维诺夫，殊无振奋气象，外强中干，其成功盖可知已。"下午，诣第三国际勉为辞行。三时，赴外交部公饯，谈次，罄所欲言者。六时，送邵元冲登车游学德国。晚，与赵世贤述此次来俄经过情形，戒其毋为外人支配。

二十九日　趣装，辞别越飞夫人。下午二时，启程归国。三时，由莫斯科站开车，车次不尽感怆。

三十日　车外阳黯无光，风凌有色，冰天雪地，一望无垠。晚，抵太尔克。

维时广州内困于叛军，外疲于北寇，兵力实有不足，大元帅乃檄调湘军谭延闿全部〔改编为五军。第一军军长宋鹤庚，第二军军长鲁涤平，第三军军长谢国光，第四军军长吴剑学，第五军军长陈嘉祐。〕，及豫军樊钟秀所部〔三个混成旅〕回粤。至是湘军击破逆敌主力李易标部，克服石龙，陈炯明仍退守惠州。

十二月一日 晚，过爱克推林泊鲁吾。

二日 公问知此地已为西伯利亚时，表准莫京，针指六时半，天晌明。二时半，天入暝矣。夜，过屋姆斯克站。

三日 至诺伏尼柯拉伊斯楷也，为赤塔与莫京间之中心，此地时刻比莫京早三时矣。

四日 经掰拉斯诺也而斯克。

五日 上午，经下乌金斯克。夜十二时，伊尔库次克。

秋杪 总理闻曹吴以粤海关余济逆军馈饷，即迭向外交团交涉截留，不得要领。至本日，外舰共十七艘集于广州白鹅潭以示威，总理乃为严重之宣言。

六日 八时过汤会站，检查行李，其地设有税关。自此缘贝加尔湖行，约三小时，山态嶙峋，波光明媚，俨然天开异境，惟沿湖铁轨不平，车驶颇感震颠。二时后，到上乌金斯克，即西伯利亚入蒙古之要道，停车一小时余。

七日 八时后至赤塔，有苏俄代表来迓，旅馆澡体，感受风寒，拍电致谢齐采令。下午五时，登车上满洲里道。莫斯科与赤塔间之时计，约差四时有半。

八日 八时前，入国疆，天空地阔，一片平阳，惟中国境内自东北至西北略见山脉，然不甚高。俄而至满洲里站，停息十时零，又开车。公感冒未愈，精神疲惫，幸天气清朗，正堪眠。

九日 下午八时，到哈尔滨，其地长官都来迎迓，朱庆澜与焉。公以假名不便露面，故避之。三时，过长春，当地官长亦来招待。五时，改搭南满车。

十日 上午八时，抵大连，下车憩留客舍。午后，同孙鹤皋、王登云游老虎滩。

十三日　上午九时半，大连开船，轮次阅留俄学生与总理书。至“忠臣多而同志少”一语，瞿然曰：“青年见解谬误若此，共信已失，党谊不敦，祸变将作矣。予欲无言。”

是日　国民党在广州发表改组宣言，重行党员登记，由总理委任邓泽如、林森、廖仲恺、谭平山、陈树人、孙科、许崇清、谢伯英、杨庶堪为临时中央执行委员，总理聘鲍罗廷为顾问。

许崇智来沪养疴。

十四日　属游俄报告书稿。

十五日　上午七时，船入吴淞口；九时，抵沪埠。午后，往访张静江。三时，趁江天轮归甬。胡汉民、汪精卫、廖仲恺、林业明、陈果夫均集舱房叙别，劝公即回沪，处理一切党务。

十六日　为公母王太夫人六旬冥诞。七时，轮抵甬埠，雇篴舆趱程回奉，午后二时半到家，即往鱼鳞岙慈庵肃拜，并展墓。晚宿于庵中。

十七日　庆慈庵落成。公奉曾祖祁增公，曾祖妣毛太夫人、张太夫人，祖斯千公，祖妣徐太夫人，考肇聪公，妣徐太夫人、孙太夫人、王太夫人暨弟瑞青，冥配弟妇王氏。五代神主升龛，祭飨如礼。庵之门额，谭延闿书。中堂悬总理赠匾二：曰为国劬劳，曰慈云普照，皆其亲题。公自撰慈庵记。〔记曰：岁次癸丑，吾兄锡侯与中正，既安葬先考肃庵公于县北之桃坑，时先慈王太夫人健在，谆告吾兄与中正曰：“余百年后，不必因俗合祔，以余冢之工事，重惊尔父之灵，当为余营别圹。”每中正归省，无不以此见责，且置墓碑，以示其意志之坚决，易箦时，又以是为遗嘱于吾兄弟二人。中正既未能尽色养于生前，复何敢违先人治命，滋厥咎戾，因于辛酉岁；卜吉鱼鳞岙中垅为先慈安窀穸。呜呼，四明屏列，望之巍然，而母仪壸范，已可仰而不可接矣。淅沥潇飒，冷然铿然，令人入于耳而不忍闻者。其惟墓前潺潺之泉响，而堂上之梵声，与庭前之徽音，则邈然不可复闻矣。永怀鞠育，昊天罔极，触景伤心，徒令孤哀增陟屺之感已。循兆域而东，有蹊介然，可达白崖西祠庙，地势陂陀，蹐行百余武，乃为坦途，仰瞻丘茔翚如也。用复辟地二亩，鸠工筑墓庐三楹，吾兄锡侯董其事，姊婿式仓宋先生襄成之。癸亥冬月工竣，值先慈六秩诞辰，中正适于是日自西欧倦游归。展墓毕，因得升堂尽礼，以告服阕。翌日，乃奉曾祖祁增公以下至季弟周传之神主于堂之中，标额曰慈庵，以成先慈建庵供佛未竟之志，而又配祀先考肃庵公，权合古人祔庙之义也。中正幼秉懿训，长劳倚闾，曾几何时，星沉露冷，从此白云孤庵，但有凄望心恻而已。呜呼，不其恫夫。中华民国十二年冬日，蒋中正谨记。〕

十八日 属王震绘历代贤母图八幅，以悬素壁。

二十四日 往石鳝岙与桃坑，展省祖父墓及视青弟圹。

二十八日 逆敌陈章甫、徐汉臣率众犯田畔，梁鸿楷部退集恩平。

三十日 接奉总理电催赴粤，复使俄之命。〔电曰：译转介石兄：兄此行责任至重，望速来粤报告一切，并详筹中俄合作办法。台意对于时局、政局所有主张，皆非至粤面谈不可，并希约静江、季陶两兄同来，因有要务欲与商酌也。孙文。敬。〕

附：各函电

【廖仲恺电】〔介石先生鉴：前途要件寄到，鲍君有事与商，学校急待开办，无论如何，乞即买舟来沪，同伴南行为荷。恺。哿。十二月二十日。〕

【廖仲恺等函】〔介石吾兄如握：惠柬敬悉。弟自送兄船回，即已以兄意函达先生。今晨展、恺及弟复联电先生乞速发展，并乞沧白勿辞。此事总可如兄之所言，惟望兄早日来沪，鲍先生及弟等待商之事甚多，万不能以此一事遂耽搁来沪之期也。鲍先生事尤关重要，彼每见弟等，必问兄来未。弟等以为此事或较省长问题为尤重，兄不可因小失大也。余不一一，伫候相见，即请台安。弟廖仲恺、汪兆铭、胡汉民谨启。十二月二十二日。〕

【胡汉民等函】〔介石我兄惠鉴：沧白复电抄呈：一、今恺将归，鲍先生日盼兄至有如望岁，兄若不来，必致失望。二、十三日国民党党员大会已告成立，十四区分部同时组织，现已就绪。党事较一切为重，兄所主张者，今诸问题待兄至而决，兄迟迟不来，党事无形停顿，所关甚大。军官学校由兄负完全责任办理，一切条件不得兄提议，无从进行。诸如此类，非兄来不可，省长问题犹在其次。沧白就否，尚须有数度之磋商，兄若坐待省长发表始来上海，此层似非必要耳。且以他事牵累，其为损失，岂有纪极。

望于见此信后，即速命驾，盼甚祷甚，余不一一。专此，敬请台安。弟胡汉民、廖仲恺、汪兆铭谨启。十二月二十六日。〕

【张静江函】〔介石吾弟如见：沧白来电，属转促速去。昨晤果夫，云吾弟之行期尚未定，奈何。以兄私意，似不宜再缓，并候近佳。兄人杰顿。十二月二十七日。〕

【汪精卫函】〔介石吾兄惠鉴：昨见致仲恺书，敬悉兄至快亦须阳历正初始能来沪，惟望不致再延，是所切祷。顷接先生致兄电（即敬电），特呈览蓝笔改处，系拟议之辞，因原电不可通也。……弟兆铭顿。十二月二十八日。〕

【廖仲恺函】〔介石兄鉴：廿三、四日函诵悉。……军校教务长当俟兄就职后定人，至于政治部长，虽由中央执行委员会以鲍君当场介绍，决定委弟，然季陶兄任较弟任此为佳。到粤后当将此意报告中央执行委员会，改任季陶。弟本候兄来再行返省，但明正四日船，精卫、展堂诸兄皆欲乘去，弟若同行，于汝为方面虑有他种忖测，故决卅一日船行。诸兄最迟明正四日船，偕精卫、鲍君等同行，万不能再延，否则事近儿戏，党务改组后而可乘此惰气乎。……仲恺手启。十二月二十八日。〕

半月来息影慈庵，拂案焚香，绕茔抚树。入夜，闲躅山门外，岭上寒风，松间明月，清景耐人寻思，与次公子相伴守穆如也。一日，读武侯出师表，为感忠孝同源，其性光照耀千古，自喜素所为文，多与此旨符合。

是年春正，公在福州军幕中，作箴言："父母期我克成完人，小子今日，过恶满身，曷不痛艾，日新又新，而今而后，庶葆天真。"

上年，久困目疾，不能阅书，不能治事，愤欲自杀者冉。继而自慰曰："天欲吾负党之使命，岂其损此精明，静养待愈而已。"乃惟课次公子遣闷。

下年看《蒙古地志》，《新疆游记》、《经济学》，《平均地权论》、《德国社会民主党史》等书。

尝谓："除中师外，诚意待我者，屈指为谁。昔日以为可信之人，而今愈不可信矣。天下事惟求诸己者为足恃也。"又谓："人世间惟一中师为可亲，此外则家中小孩子，余皆厌物也。"

某日晨醒，自省过去之愆尤，为人所鄙薄者，乃在戏语太多；为人所妒嫉者，乃在骄气太盛，而其病根皆起于轻躁二字。此后惟以拘谨自持，谦和接物，宁人笑我迂腐，而不愿人目我狂且也。

是夏，公刺得上海证券物品交易所种种弊私，乃以诸同志受害者众，甚抱不平，因结合团体与之开谈判，至理事会屈服乃止。

其年，大公子经国仍肄业万竹学校。〔附录家谕：经儿知之，你托世和带来的信，我已接到看过了。你每逢星期日没有功课的时候，应把读过的孟子读一章，挨次理完，使不忘记。其余英文算学均应随时熟悉。对师长要敬重，对同学要和气，每月可于果夫哥哥处挪零用银三元，如想买各种书籍，并果夫兄商定为要。二月二十八日。

你五月一日来信我已接到了，你的信比以前写得好，但如“五”字写错至“万”就抹去，是不可以的。凡后遇有写错的字，虽落笔已经发觉，亦应写个完全，再为抹去。你的英文既然有进步，更要当心学习。此次运动会你得了第二，我很喜欢。体育最是要紧的，以后还须常常练习才好。你每星期日要写一封信给我，而且要写至二三百个字以上，将近来的思想，平日所做的事，以及日常阅读的心得，统共写了出来告诉我，一则可以通信，二则可以习练文字，实在是很有益处的，切记切记。我写把你的信，你要随时存储起来，没有功课的时候，挪出来看看，也自然会有进步的。再嘱你请果夫哥哥寄陈舜耕银二十元，给其做学费为要。五月十三日。

我现在已经到了莫斯科，路上很平安，你可勿念。你近来读书，自己觉得有无进步，须常常禀我知道。如有信件可托果夫哥哥写个封面寄出。你弟处，亦应常常通函问候为要。父手示。九月四日。

我上次托果夫转交给你的信，想必已经收到了。我在这里很好，可勿念。你现在的学业不知道比上半年有多么进步，我很系念。要文章做得好，总须名词记得多，尤其是双个字的名词，如人类、品行、生活、空气等等，平日留心记着，做文章的时候就随笔可以写出来了，无论中英文，都是一理的。如果平时名词记得不多，临时作起文来，就觉得无从下笔了，这是读书为文最紧要的秘诀。你试学之，自有领悟。我在此不能常写信与你，你随时到环龙路四十四号林焕廷伯伯处去问我电报消息，就知道了。如得到电报消息，便须写信转告你弟纬国。九月十四日。

我接到你九月廿四日晚间所写的信，非常喜欢，你说你的身体比上年不好，又觉很是愁闷。我前次写信给你，要你身体自己当心，并且要勤习体操。你每日早晨起床的时候，可以自练柔软体操或哑铃体操，亦可叫铣夫同练，必于身体有很大的益处。你出鼻血同头晕，是十五六岁的人身体发育时候必有的征象，但是你要时常自己当心，看书到一个钟头的时候，必定要休息游戏十分钟，因为用功读书，总是低下头来的，低头的时候太久了，自然就要头晕的，就是出鼻血也是这个缘故。你以后可以买一个看书的书架子，就是像从前你祖母看经的经架子一样的东西。所看的书或学字的帖，摆在那架子的上面，那么头脑不用低垂，头晕鼻血这类的病痛，都不会发生了。如上海买不到这种书架，托守梅伯伯到奉化工艺所去做一个来，也是很便的。十月十五日。

近来两个星期没有接着你的回信，心里非常记挂，不晓得你同果夫哥哥的毛病有好了吗。你要知道我费了许多工夫及许多心思写信把你的意思，就是要你听这信里的话，可以增进你的学问及知识，亦可以使你照信里的话学些写信的文字及格式。一个人第一是要遵守规则，就是要自己道德高尚，这个道德并不是拘拘谨谨，束缚不动的。只要守着一切规则，不去侵犯人家的自由，如其可帮人家忙的时候，自然要尽力去帮，这就叫做互助，亦就叫做公德。除了依循道德以外，总要时时活动，使得心里非常舒服，如其用功觉得苦了，就放下书本来去游玩一刻，再来求学，那脑筋一定是爽快的。你有空暇的时候，可托果夫哥哥拣选几本小说来看看，但是小说不能作正项功课，只可算是解心郁、发性灵的读物罢咧。十月三十一日。

我接到你七日的信，非常快活，你的国文确已有了进步，我更加喜慰，但是你这信里还有错字，并且也欠清爽。现在我将你几个错字拿红笔圈出来，望你自己改正，以后写字总要笔画清楚，而且不可错落才好。你说游安乐城记，拿这城里的快活景况，来譬喻中国政事的不良，这个譬喻就是不适当的。比方说中国政治能够改良，要得到象这安乐城一样景况，如此说法或者对此。凡做文章的意思，不是正面就是反面，如其正面意思说完了，篇幅还觉得太短，就把反面来说，因为反面的意思能够显出正面的文章来。譬如说“中国政治能够改良，人民就享幸福了”这句话，就是说中国现在政治不良，所以人民不能享幸福的反面话，更加可以证明中国政治不良的意思出来。你避暑雪窦寺记中，因山路难走，譬如求学一样，这就对了。这一篇文必定是好的，将来我要看看。我写给你的信，你可藏着，时时拿出研究，于你的作文很有益处。但是你信里的字要放大些才好看，如同我写给你的信里字一样子大，就好了。你英文不知有进步否，英文不但是要讲究文法，而且要多说话。譬如同学会面的时候，或是有好的朋友能说英国话，你就常常同其说英国话，那就容易长进了。凡百学问，总要熟练了以后才可应用，学英文能常常讲话，那就是熟练了。不但英文如此，就是算学、国文，凡是所学的东西，总要能够应用才好。如其单是记牢其方法成句，而不能应用，那学问也就枉然了，我们家乡话叫做“书独头”，官话叫做“书呆子”，就是这类人的绰号。总之，这些话是说书读得多不能应用的人，就是虽多无益也，是越读越呆，所以读书求学总要使得心里十分明白，拿了一句话，实地可以使用着就好了。演说是最紧要的，如遇开演讲会的时候，你可以想定一个题目，上去演讲，不拘话之长短，只要说得事理透彻，层次井然，临场不要怕羞，讲完从容下台，如此多讲几回，也就不以为难了，切记切记。我廿九日由莫斯科起程，大约十二月十五日以前可到上海，并告。十一月二十七日。〕

春，改聘贺舜华女士教次公子纬国〔凡历四年〕。

民国十二年革命中外环境

一月四日　北政府任张绍曾为国务总理，并兼陆军总长。〔绍曾通电主张和平统一，与西南信使往还。〕

二月七日　京汉路工人罢工，驻军因弹压格毙多名，并将其渠魁枭示。

八日　福州公民大会，举萨镇冰为省长，以继林森任。

十二日　吴佩孚令驻宜昌杨森军向川东进取，并派孙传芳所部卢金山旅助之。〔川鄂战衅重开。〕

三月六日　黎元洪通令统兵各将领，永远脱离政争，对奔走政治者，勿假借武力。

十二日　刘显世得唐继尧援回贵州，入省城。黔军总司令袁祖铭〔兼贵州省长〕率部退镇远。

二十五日　上海市民因中日交涉，举行巡游大会，主张废除二十一条及如约收回旅大，并以经济绝交为抵制手段。全国各省市埠群起响应。

四月四日　邓锡侯反攻至成都，中立派刘文辉等出而调停，让刘成勋全军撤退，即由文辉以卫戍司令名义，维持省城治安。

六日　杨森及孙传芳之赵荣华旅攻克重庆，但懋辛〔四川第一军总司令〕败退泸州，

是时，北政府命第十二师师长周荫人率一混成旅入闽，王永泉让予驻地，旋孙传芳部亦开抵福州。

二十六日　陆军检阅使冯玉祥等率领北京全体军警，包围国务院，索发欠饷。

三十日　吴佩孚因张克瑶旅逗留赣边，加派赣南镇守使方本仁为援粤总司令，协同岳兆麟〔赣东镇守使〕部前进。

五月三日　张绍曾、李根源〔农商总长〕在阁议，主讨南方，即备令文送公府，黎总统拒绝盖印。

十四日　熊克武等因东路失利，全力趋北，至是攻入成都。

二十日　杨森军东路占安岳、遂宁，西路占资州。〔未几，资州复为赖心辉所今，森败退合江。〕

二十一日　北政府任周荫人为闽北护军使，李宗仁为桂林镇守使。

六月六日　张内阁以有袒黎嫌疑，为国会津〔锟弟曹锐〕、保〔曹锟〕拥曹派所挤，全体辞职。

十三日　黎元洪因直系军警〔冯玉祥、王怀庆及步军统领聂宪藩、警察总监薛之珩等所部〕索饷，并雇游民组公团，逼其退位离京，卫戍司令王怀庆又以兵拥登车，乃穷蹙赴津，临行下命令五道。〔一、准张绍曾辞职；二、任命李根源为国务总理；三、准张阁诸阁员全体辞职；四、任命金永炎为陆军总长；五、裁撤所有巡阅使、副使、陆军检阅使、督军、督理。皆为曹党扣抑。〕

十四日　国务院代理大总统职权，由内务高凌蔚、交通吴毓麟、司法

程克继、农商李根源四阁员〔旋公推高凌蔚为主席〕署名，发布命令。北京国会议员因反曹纷避天津，准备迁地，至七月十四日，在沪举行集会式〔出席者二百余人〕。

十六日 湘西镇守使蔡巨猷独立抗赵〔因恒惕调蔡为讲武堂堂长，夺其兵权也〕，委刘叙彝、田镇藩、周朝武为司令。

十七日 赵恒惕就护宪军总指挥职，讨伐蔡巨猷及破坏省宪各将领。

二十四日 谭延闿军进屯衡州，至是赵恒惕率护宪军迫攻，在衡山激战，谭军败退。

方本仁调豫军高凤桂、樊钟秀旅〔皆民军改编者〕援粤。〔两旅旋降粤，已而高又投北。〕

三十一日 湘军炮兵团团长黄辉祖及步兵团长朱耀华，均输诚谭延闿，因奉调过省，袭攻长沙，又得陈嘉祐部继进，赵恒惕败退醴陵。

袁祖铭失黔，往投吴佩孚。吴命其入川赴援，至九月二日，通电就援川前敌总指挥职。

十日 总统选举预备会〔以四百三十六人成会〕，议决十二日开正式选举会，届期人数未定，又有人诘责十日预备会虚冒弊端，一哄而散。

十三日 赵恒惕奔汉口，乞援于吴佩孚，即合北军与护宪军还破长沙，朱耀华等走宁乡。越日，谭延闿攻占醴陵，鲁涤平劝双方媾和。

二十七日 卢永祥通电指斥十日预选会舞弊，并反对将来选举非法总统。

十月一日 张作霖响应卢永祥感电。

三日 众议院议员邵瑞彭，向北京地方检察厅控告高凌蔚等贿选总统，并将证据制版发布报端。

吴佩孚派葛应龙等在岳州设警备司令部，并饬萧耀南师进驻岳州。

五日 北京议员吴景濂等〔五百余人〕开总统选举会，曹琨〔锟〕以重金当选为总统。

八日 北京国会宣告宪法完成，留沪议员通电全国否认。

十日 曹琨〔锟〕由保定入京，就大总统任。

十二日 曹琨〔锟〕仍以高凌蔚兼代国务总理。

谭、赵和议不成，湘东发生剧战〔鲁涤平加入谭军〕，至十二日，赵以马济北军守长沙，亲赴前敌督战。

十五日　曹锟准山东督军田中玉〔徐世昌系〕辞职，并裁撤督军一缺，以郑士琦督理山东军务善后事宜。

卢永祥停止与北政府公文往来〔表示不认曹为总统也〕。

十六日　滇军胡若愚〔顾品珍部下，后降唐继尧〕部，助熊克武攻下重庆，杨森、刘湘〔湘上月十七日自叙州率部援森〕退垫江，袁祖铭退长寿。

△汪兆铭、姜登选领衔，以各省联席会议代表名义发布反曹锟书。

十七日　马济奉吴佩孚命赴岳州，任两湖警备司令参谋长，代葛应龙管理入湘北军。

二十二日　曹锟裁撤直隶督军，派王承斌兼督理直隶军务善后事宜。

十一月七日　湖南护宪军自分占湘潭、宁乡后，至是又占衡阳。谭延闿因沈鸿英奉吴佩孚命袭柳州，恐后路被截，率军退集宜章。

十一日　曹锟任吴佩孚为直鲁豫巡阅使，齐燮元为苏皖赣巡阅使，萧耀南为两湖巡阅使，王承斌兼直鲁豫巡阅使。

十四日　护宪军收复郴州、永州，谭延闿率其改编五军退粤边。

十二月九日　葛应龙在岳州召集绅商会议，运动湖南取消省宪，归附北政府。

十四日　杨森、刘湘、袁祖铭反攻重庆占领之。

三十一日　护宪军叶开鑫部攻下洪江，蔡巨猷逃贵州。

七月十七日　日本新公使芳泽谦吉莅京就职。

二十七日　苏俄撤回越飞，以加拉罕为远东总代表。

九月一日　日本关东发生大地震，东京市大火，被灾四百万户。日人乘机惨杀华侨共济会领袖王希天等，及其他数百人。

四日　北京摄政内阁令驻日代办公使，向日本外务省慰问震灾，并拨赈金二十万元，又由全国各界募款救济。

十一月　苏俄政府派鲍罗廷到中国。

第二编　黄埔训练时期

民国十三年至十四年

（1924—1925年）

民国十三年（西历一九二四年），公三十八岁

△一月五日　设立财政委员会，总理派叶恭绰、郑洪年、廖仲恺、杨西岩、伍学晃、赵士觐、孙科、梅光培、吴铁城、杨庶堪、范石生、鲁子文为委员。

△八日　大元帅以滇军蒋光亮部第四师师长王秉钧通北吴，令褫职查办，秉钧只身逃港。

△十二日　大元帅任钟明阶为桂军第四军军长。

十六日　公由沪回粤。

△十八日　大元帅任曲同丰为北洋招讨使，陈光逵为北伐讨贼第一军军长。

二十日　开中国国民党第一次全国代表大会。会场在广东高等师范学校，各省及海外代表出席者，共一百六十五人。总理主席，致开会词。〔要略：此次国民党改组，第一是要组织一个有力量而且具体的政党，第二是用政党的力量去改造国家云云。〕发布宣言书，〔首述中国之现状，次释三民主义，次列举对内（十五条）对外（五条）应采政策〕并通过重要各议案〔开办军官学校，创立党军等。〕制定党章，选出中央执行委员〔凡二十四人，胡汉民、汪兆铭、张人杰、廖仲恺、李烈钧、居正、戴传贤、林森、柏文蔚、丁惟汾、石瑛、邹鲁、谭延闿、覃振、谭平山、石青阳、熊克武、李大钊、恩克巴图、王法勤、于右任、杨希闵、叶楚

伧、于树德；候补中央执行委员十七人，邵元冲、邓家彦、沈定一、林祖涵、茅祖权、【韩】麟符、李宗黄、白云梯、张知本、彭素民、毛泽东、张国焘、傅汝霖、于方舟、张苇村、瞿秋白、张秋白〕与中央监察委员〔凡五人，邓泽如、吴敬恒、李煜瀛、张继、谢持，候补监察委员五人，蔡元培、许崇智、刘震寰、樊钟秀、杨庶堪〕。至三十日闭会。

党部组织系统图

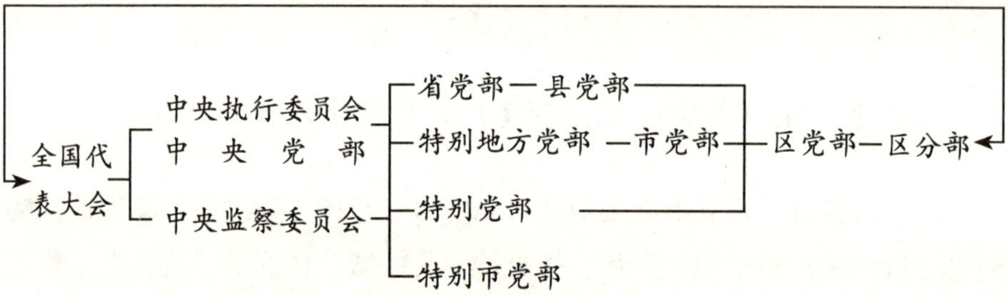

△各代表姓名籍贯类别表

地名	总理指派			各省党部推选		
广东	廖仲恺	邓泽如	陈树人	冯自由	谢英伯	胡文灿
广西	刘崛	苏无涯	覃超	蒙卓凡	施正甫	
福建	刘通	丁超五	黄韫山	林丽生	林黄巷	许卓然
云南	李宗黄	杨友棠	胡盈川	周自得	杨华馨	刘国祥
湖南	程潜	谭延闿	陈嘉祐	林祖涵	罗迈	邹永成
	李执中	谢晋	刘况	夏曦	袁达时	毛泽东
江西	萧炳章	彭素民	王恒	徐苏中	周道万	胡谦
				刘伯伦	洪宏义	赵幹
浙江	杭辛斋	沈定一	戴传贤	戴任	胡公冕	宣中华
贵州	周仲良	李元箸	王度	凌霄	韦杵	简书
直隶	王法勤	于树德	李永声	韩麟符	干蘭渚	陈镜湖

山　西	王用宾	刘盥训	刘景新	邓鸿业	苗培成	赵连登
陕　西	于右任	焦易堂	路孝忱	江伟藩		
山　东	王乐平	丁惟汾	张苇村	王尽美	杨泰峰	孟广诰
江　苏	茅祖权	刘云昭	狄　侃	朱孝恂	张凌霄	顾子扬
安　徽	柏文蔚	张秋白	陈独秀	李次宋	曹似冰	杨　虎
四　川	杨庶堪	赵铁桥	谢　持	刘泳闿	刘泉如	
湖　北	刘成禺	詹大悲	夏　声	刘　芬	张知本	孙　镜
河　南	刘荣棠	张善与	丁　骞	王友梅	赵　峻	薛广汉
	李　衡	王传恕				
奉　天	朱霁青	祈耿寰	宁　武			
	王秉谦					
吉　林	李希莲	董耕云	徐清和	张　晋	李宗选	赵志超
黑龙江	田铭章	乔　根	傅汝霖	袭德宣	常毓堃	韩喜亭
甘　肃	施世昌	张宸枢				
新　疆	张凤九					
西　藏	乌勒吉					
蒙　古	恩图巴克	克兴额	白云梯			
广州市特别区	孙　科	吴铁城	谭平山	方瑞麟	董　维	陈镜西
上海特别区	叶楚伧	何世桢	伏　彪	黄诠台	张拱长	谭惟洋
				朱之洪		
北京特别区	谭熙鸿	李守常	石　瑛	延瑞祺	许宝驹	谭克敏
汉口特别区	居　正	李　法	彭介石	李能至	廖乾五	

海外华侨代表：

檀香山支部	刘福球	黑【墨】支部	余和鸿
缅甸仰光支部	黄德源	越南支部	冯苇渔
越南河内支部	陈觉梦	美国三蕃市支部	刘芦隐
澳洲雪梨支部	黄右公	加拿大支部	黄季陆
【暹】罗支部	萧佛成	菲律宾怡朗支部	杨挺秀

巴城支部　李国瑞　芙蓉支部　萧振堂
西贡总支部　陈飕生　（以上选出）
西贡总支部　林永伦　加拿大　赵卫平　黄发文
香　港　阮旺　李林　墨西哥　黄宽禄
哈尔滨　秦广学　南　洋　陈壁君　陈汉子　陈鸿锐
美　国　叶崇濂　【暹】罗　林伯歧
仰　光　黄馥生　（以上指派）
菲律宾第二分部　梁为杰　联义分部　林达生
里棉蘭分部　梁如九　日本东京第二分部　宋垣忠
【暹】罗分部　陈美堂　西贡薄寮分部　何觉非
西贡全欧分部　邱家荣　西贡美荻分部　许英祥
西贡金分部　陈有庚　日本神户分部　刘士木
菲律宾龙马总地　赵鸿汉　雷鹏　澳门　蔡芗林
（以上推选）

指派女代表三人：陈壁君　何香凝　唐允恭

二十四日　大元帅派蒋中正为陆军军官学校筹备委员长。筹备委员七人：王柏龄、邓演达、沈应时、林振雄、俞飞鹏、宋荣昌、张家瑞。

二十八日　大元帅指定黄埔旧有广东陆军学校与广东海军学校为陆军军官学校校舍。

二十九日　大元帅任廖仲恺为大本营秘书长。

△三十日　总理任杨庶堪为广东省省长。

二月三日　总理任蒋中正为中国国民党本部军事委员会委员。

四日　共产党选定谭平山为组织部管理，并其干部为工人、农民、青年、妇女、宣传各部部长。

六日　设立陆军军官学校〔以后简称军校〕，筹备处于粤垣南堤。

△大元帅任柏文蔚为北伐讨贼第□军军长，张启荣为钦廉高雷招抚使。

八日　始开校务筹备会议〔筹备委员长主席，或中央执行委员廖仲恺代之，各部临时主任秘书等俱列席，至五月八日止，凡开会三十二次〕。

十日　分配各省区招收学生名额，拟定共三百二十四名。〔假定东三省、热河、察哈尔共五十名，直隶、山东、山西、陕西、河南、四川、湖南、湖北、安徽、江苏、浙江、福建、广东、广西，每省十二名，共一百六十八名，湘、粤、滇、豫、桂五军各十五名，共七十五名，本党先烈家属二十名，尚余十一名，另招备取三十名至五十名。惟当时各省多在军阀势力范围，不能公开招生，故密托回籍之大会代表代办，介绍革命青年来校应试。〕

十五日　偕邓演达往石井视察兵工厂。

十七日　赴肇庆参观西江讲武堂，对学生演说。〔节录：今天来到肇庆，得以参观讲武堂，与诸位同志相见，觉得十分慰快。但同时有一种极沉痛的感想发生，因为你们邓前师长是我的一个至交，并且是十数年的同志，今日不能与他同来参观贵堂，实在是最悲伤的一件事。当邓师长在时。我常常与他商议二种计划，一为在兵工厂创设炼钢厂，一为开办军官学校。当时因为种种困难，不能照计画实行，延迟至今，差过了几年光阴，诚属可昔〔惜〕。但今日此地已有讲武堂的设立，足见你们的李督办（济琛）及西江各军官长，在此困苦艰难之中惨澹经营、刻苦奋斗、不可多得的成绩。你们邓前师长后起有人，虽死犹生，这又是很可安慰的。我此次由省城到肇庆，一路看见交通阻滞、民生凋残、一片凄凉的景况，触目惊心，想起来真是十分难过。凡此种种，皆是我们革命军应任其咎的，与我们革命的本愿实在是大相剌谬。……我这次参观贵堂，承盛情招待，我且不感谢各位同志，我要先问诸君来讲武堂肄业是为什么。……我以为诸位同志将来毕业以后，有两种责任，一种是改良军队的责任，一种是实行三民主义的责任。……我们革命数十年，到现在仍未达到最后的目的。自民国以来，在北京政府做伪总统的人，如袁世凯、黎元洪、冯国璋、徐世昌、曹锟，没有一个不是为帝国资本主义的列强作傀儡，来压迫我中国自己的民族。假使外国列强不借款给他们，不卖枪械给他们，他们的伪总统无论如何做不成，种种卖国事业他们绝对不敢去做。照这样看起来，捣乱中国，使中国内争延长，至今不能组织一良好政府的人，不是中国北洋的军阀，实在是外国帝国资本主义的列强。他们站在北洋军阀的背后，操纵一切，嗾使他们扰乱，使中国陷于长期的混乱，竟致我们中国现在不能做一个真正独立的国家。中国不是独立国家，是什么呢？实在说起来是一个帝国资本主义国家的半殖民地。例如最近广州关税问题，按一国主权独立自由处分其管辖境内一切事物的原则，我们政府应有自由处理关税之权。但只知不问公理的英、美、法、日等国，竟派遣军舰进泊白鹅潭，表示横暴无理的威吓，欲干涉我政府行使职权，他们在中国的凶恶势力，可谓达到沸点了。凡我血气男儿，爱国同志，提及此事，没有不怒发冲冠、恨入骨髓的。所以本党革命，首先要破坏在北洋军阀背后发纵指示以捣乱我国家的列强势力，然后中国民族乃有独立的希望。民国元年，本党推倒满清帝政，建立共和民国，一般人都说三民主义中的民族主义可算做到了，其实不然。因为民族主义与种族主义是不同的，辛亥年中国革命党推倒满洲种族，只可算种族主义成功，不可算是民族主义成功，亦只可算帝制推翻，决不可算是民权主义成功。这种地方，应该要解释明白才好。……诸位既然明瞭以上的理由，还要彻底明白本党的主义，这个主义不是各个人能力所能实行的，所以我们要组织这个中国国民党。凡是革命的人，应该统统加入这个党，团结大多数的力量，来对抗敌人。果能如此，我们的三民主义没有不能实行的道理。……〕

二十一日 具禀总理，并呈中央执行委员会，辞筹办军校职，迳离粤。

二十三日 总理派廖仲恺代理军校筹备委员长。

二十五日 邓演达衔总理命，来奉挽公回粤。

△附邓演达致廖仲恺、汪兆铭电。〔仲恺、精卫兄鉴，赴甬促介返，介谓彼去实因保持与先生之感情，现非有改革决心，国党皆陷绝望。若能公开整理财政，革除市侩垄断财权【指杨西岩拒发军校开办费】，并促展、汝回，则彼可回。其意坚决，盼陈先生。且警哲生【时孙科任广州市政厅长】醒悟，确定办法，急电复季陶，因介不行，亦暂缓。演达。微。三月五日。〕[1]

---

1 原稿注明：“注意，此电暂不编入。”

二十六日　中央执行委员会奉总理批，切劝公勿辞。〔函曰：迳复者，顷准执事函开，前蒙总理委办陆军军官学校，自维愚陋，不克胜任，请另选贤能接替，所有该校筹备处，已交廖仲恺同志代为交卸，以免贻误党等由。经面呈总理，奉批该委员长务须任劳任怨，勉为其难，从艰苦中去奋斗，百折不回，以贯彻革命党牺牲之主张。所请辞职，碍难照准。等因。奉此，相应函复，即希查照为荷。此复蒋介石同志，中央执行委员会秘书处启。〕

△总理令设筹饷局〔图广东财政统一也，卒因杨、刘霸占税权，未能举办〕，以范石生为督办，李福林为会办。

附：军校诸同志电

〔上海新北门大康里一号，陈果夫转介公鉴：港函闻命，仲公力挽，现此事非办不可，先生非公莫属，而进行停滞，度日如年，来否速示方针，俾各人有以自决也，择生感由港来。登云、柏龄、家瑞、应时、飞鹏。俭。〕

二十七日　公过沪归甬庐。

二十九日　总理电催回粤复职。〔电曰：沪执行部转介石兄：军官学校以兄担任，故遂开办，现在筹备既着手进行，经费亦有着落，军官及学生远方来者，逾数百人，多为慕兄主持校务，不应使热诚倾向者失望而去。且兄在职，辞呈未准，何得拂热而行？希即返，勿延误。孙文。艳。（凡粤来电，由中国国民党上海第三区第一分部执行委员会转。）〕

附：各函电

【廖仲恺】〔转介石兄鉴：党事讵可因兄而败，已代告假半月，来沪之军官学生，即请就近考验，事竣即归。择生来。恺。径。（二月二十五日电）〕

【胡汉民函】〔介石吾兄惠鉴：驾过沪匆匆即行，未及晤谈，至相念也。顷得仲恺致兄电，即抄如另纸。又致弟电中则云："介石去，闻因西岩不给款，……但党事将因此受大打击，请力劝之。"弟自然不愿兄离粤，然尚未审我兄此行之原因，则不解如何措词，且凡事必有相当之解答，所谓系铃解铃，并非空言慰藉之可生效。今望兄以个中原因见告，若其犹有可以解决之方法，当电精卫使粤中照行，精卫回去，即因种种之不安也，消

极主义非民党所可言，尤非吾辈所忍言，故弟犹以为希望未尽绝也。专此，即颂近安，并祈复教。弟汉民顿。（二月二十八日）〕

【廖仲恺致胡汉民电】〔展兄鉴：支电悉。季新兄鱼晚四川船归，军校势成骑虎，介不即来，学生、学校皆不了，只有迫弟自杀谢人，务请催介行，勿延。恺。虞。（三月七日电）〕

三月二日 复上总理书，缕陈一己委曲与对党主张。〔书曰：中正驽骀下乘，过蒙垂顾，知遇之隆，并世稀有。如先生之于中正者，宜可无言，今竟形之于笔墨，且连篇累牍，反复渎陈，敢冒睿听者，乃有所不能已于言而言者，幸乞诏鉴而审其是非曲直焉。去岁中正离国远游，本作五年十年之计，初未尝有匆匆往返之意也。及闻石龙失守，先生不知下落之报，为之旁皇无措，寝食难安。痛苦愧悔，不减于陈逆叛变蒙难永丰闻报骇愕震惊悲楚之时，此皆中正不能坚持忍耐，始终侍奉之罪。反躬省察，但有引咎自责，惶恐无地已耳。是以激于义愤，决心回国，只期朝夕随从左右，图报万一，而不复问个人之处境如何困难矣。不料到粤月余，终日不安，如坐针毡，居则忽忽若忘，出则不知所往，诚不知其何为而然也。先生洞识人情，知我尤深，回想当时景象，谅亦知中正今日忏悔之言，非出于妄乎。抑中正之悫诚，今与昔异，而其才力反不如前，以致失信于党，见疑于上也。中正自知鄙陋，顽梗不可以化，然人非木石，终能知感，是以对我先生，惟思竭其忠悃，以为报效之地。而乃事与愿违，竟有不得通其意达其志者，以事之本末未易明也。盖世尝有终身忍受枉屈而不得宣诸口者，亦有言非其时非其人非其地，言之不惟无益，而反足以见笑而自玷者。此古人所以宁为放逐，伏死于岩薮江滨，而不愿回面污行，苟合取容，以求亲近于一时也。溯自十余年来，中正为党服务，未见寸尺之效，方自愧不事。前在英士幕中，继在粤军部内之中正，其长短美疵，先生或凭耳闻而未之目睹，至近年在汝为幕中及在大本营之功过得失，谅为先生所亲见而熟知者也。中正与英士共事十载，始终如一，未尝有或合或离之形神，当时困苦艰难，可谓十倍于今日，而中正忍痛耐辱，曾不懈馁者，乃以其信之专爱之切而知之深也。以我两人万古交情，虽手足之亲，未足间其盟契，骨肉之挚，不能逾其恩义，肝胆相照，可质天日，故能与仗安危耳。中正自维愚劣，岂不愿深藏鸠拙，以为养晦葆真之计，而乃诸同志群相督策，函电纷驰，所以终不得自外门墙，遁迹绝世也。虽然今日岂复有真知中正者乎？如吾党同志果能深知中正，专任不疑，使其冥心独运，布展菲材，则虽不能料敌如神，决胜千里，然而进战退守，应变致方，自以为有一日之长，断不致临时纷乱，以陷危境；必能维持现状，恢复侵地，从无不能成军之时，更不知有元首罹险不知下落之奇闻。至于共患难同死生之格言，自以为愧可对古人而无愧色，此非中正所敢自诩。然亦无容自隐于知者之前，是乃先生之所亲见者，岂不然者。然而义不苟取，更不愿从俗浮沉，与时俯仰，以期通其声气，此亦中正之所自矢耳。去年惠州未下，忍离粤境，掉头不顾者，中正平日之行动果如是乎，抑岂果为中正耐力不足客气从事之过欤？盖事有不得已也。观乎中正行后杨蓁代理之令，则可知其中之受人妒忌排挤，积成嫌隙，由来者渐，非一朝一夕之故也。然此只可自认枉屈不敢诉诸人者，乃以先生终不舍弃，因触前事而道及之，然仅可为先生一人道，而犹不愿尽情沥诉也。嗟乎，交友之难，知人之不易，倾轧之祸甚于蝥蔽，娼嫉之患，烈于党争，此岂愚如中正者所能忍受哉。言念及此，得不为之伤心而厌世乎？吾党自去岁以来，不可谓非新旧过渡之时期，然无论将来新势力扩张至如何地步，皆不能抹杀此旧日之系统。何况新势力尚未扩张，且其成败犹在不可知之数，岂能置旧日系统于不顾乎。如果党无系统则何贵乎有党，且不成其为党也。试问今日吾党系统安在，其果有中坚之力量为之始终护持乎？惟闻先生之门，身为军府僚属，而志在西南统帅者有之；暂且蜷伏一时，而谋竖独立旗帜者有之，至如为国为党而又为先生尽力者，殆无其人也。今日先生之所谓忠者、贤者及其可靠者，皆不过趋炎附势、依阿谄谀之徒耳。然其间岂无一二正人，自持人格，以维纲纪者耶。惜乎君子道消邪正不明之际，谁复敢为先生极谏效忠，以犯前者受谤见疑而不辞哉。若夫赤忱耿耿，蹈白刃而愿牺牲，无难不从，无患不共，如英士与中正者，恐无其他之人矣。观于陈逆变乱、石龙失败之际，纷然各谋生路，终始景从之人数，寥如晨星，可以见矣。夫人之胆识有无，性质优劣，品格高下，必于此而后方能测定其真伪耳，倘偏听谄谀，轻信浮夸，而不验其智愚，察其虚实，则蟠木轮囷，将为万乘之器，而隋珠和壁，莫不为其按剑相眄，以此而欲望贤良奋进，放手以扶持党国，何可得也。若既不能致信于人，而乃能勉为人用，其必至见笑而取辱矣。今先生来示督责中正，而欲强之回粤办学，窃恐先生亦未深思其所以然也。中正不回粤，尚不能置身党外，如果回粤，焉能专心办学而不过问军事政治。此虽中正避嫌远引，不敢干预一切，或蒙先生曲谅，不令兼任他务，以全其孤陋之志，然而势恐不能耳。是则中正来粤，先生纵或深信不疑，可无芥蒂，而于中正自处之道，不知如何而可也。中正任事，固无他长足取，惟此一念至诚，不为私而为公；不为权利之争，而为道义之行，乃可表见于吾党也。是以处世接物，一以道义为依归，而合则留、不合则去二语，为中正惟一之箴语。盖取辱于人者，何如知难而退之为得也。至于妒能市宠，植私攘权，今日为友好，明日为寇仇，是尤非中正所能片刻留也。要之中正脑筋单纯，资质顽钝，明知国人为人人之责任，革命为同志之义务，惟自矢不敢懈志，共事必求和衷，否则宁束身自爱，保持中国古代之道德，虽为世俗所弃，亦所不惜也。尝念吾党同志，其有以学识胆略并优而兼有道德者，固不可多得，乃只有求其谙熟本党之历史，应付各方，维持内部，如展堂者，果有几人。何先生亦不令追随左右，以资辅翼之助，先生果以其为书生而无用乎。然则现时吾党能文而无书生习气者，果有其人乎？抑或先生以展堂任党务太久，骄横过甚，恐亦有如陈逆之叛乱者乎。则请先生回忆中正曩昔常有陈逆必叛之语，乃当信今日中正之请信任展堂为不谬矣。如先生恐展堂为其兄弟所累，不利于公私，乃可使其兄弟引嫌远避，以成全其德也。奈何先生靳任彼长省一令，而忍使粤局停滞不得发展乎，抑岂以展堂昔日在职，为有把持包揽之嫌乎。然则今日植私府内，盘踞不去，其包揽把持真有不可思议者，展堂岂其伦比耶。展堂之短，不过度量狭隘，言语尖刻，辞色之间往往予人以难堪。然其自励清苦，则比其他书生之可贵，尚足称也。默察今日驻粤客军，日谋抵制主军，以延长其生命，跋扈之势已成，然非可专罪客军也。祸患之伏，造因有自，如不谋所以消弭之道，未有不可为吾党制命伤者。中正于此，实有鉴于广东现状不在外患而在内忧也。矫其弊而正之，是在中央诸同志应付有方，处置适当而已。今日为政府计，姑不必就全国著想，而当为粤局急筹补救之方，如徒使汝为一人总揽全权，恐有所未妥。以其声誉既不如前，而各方之情感亦未见融洽也。借使以中正为汝为之参谋长，谗毁交迫，而无人疏通调解于其间，则仍如去年之在军府，中正果能久安于位乎。中正以为吾党同志知先生与汝为者，当推展堂，如以汝为督粤，而以展堂长省，不惟汝为有赖其补助，粤局可望稳固，即先生与汝为之间，皆有无穷之妙用。如是内部固能坚强，即大局亦必能发展，舍是不图，中正诚不知其所为也。至如当世之策士，不先谋粤局强固，根本稳定，而惟弄其私智，施其小技，联滇不成，乃思联湘，借重一方排斥他方，姑不问其用心究为何如，亦不必深信蜀中同志之诽议。然而强枝弱干，舍本逐末，团结外力，压迫内部之害，其必由此而起。不宁惟是，吾又知粤局之破裂，各部之纠纷，亦将隐伏于其中，此所以亟宜及时补牢，切弊矫正也。总之中正对党对国，不愿以权位而牺牲感情，以偏见而伤公义，勉效古人，辨别公私，不以恩怨而论升降，好恶而议黜陟，如是而已矣。今先生既严令回粤，中正虽不才，岂敢重违意旨，背负恩德，决于日内起程，趋前领教，惟望先生曲谅中正之心地无他，言悉本诸天良，而非有一毫好恶之私，参于其间也。先生不尝以英士之事先生者期诸中正乎，今敢还望先生先以英士之信中正者而信之也。先生今日之于中正，其果深信乎，抑未之深信乎，中正实不敢臆断。如吾党果能确方略，则精神团结，内部坚强，用人处事皆有主宰。吾敢断言今后之局势，必能有进而无退，有成而无败，使以是而复致失败，则中正敢负其责，虽肝脑涂地不恤也。不然内部乖离，精神涣散，军事政治棼如乱丝，用人任事毫无统系，即能维持现状如今日者，虽成必败，虽得犹失，是则中正虽遵命回粤，难图寸效，而于国计民生，公义私交，岂特无补，且有损耳。先生之于中正，爱护覆庇，可谓至矣，然心所谓危，岂敢缄默，自忖生平，且历证往事以测将来，不惮哓哓辩愬，以渎清听者。信义不孚于长上，精诚不格于同志，无可讳言，其终难免于陨越乎。临书悚惕，伏维垂照而审裁之。〕

△七日　总理派伍朝枢为使奉代表，与张作霖商洽大局。

十日　大元帅令移西江善后处〔处长李济深〕于梧州〔防陆荣廷东窥也〕。

十四日　与廖仲恺书，痛抉党政诸病根。〔书曰：连接各友函电，不忍恝置忘情，以负爱我者之盛意，谨掬热诚，作与诸同志最后谈话。弟此次回沪原因盖非发于一时，亦非为一人一事而下此决心者也。吾党自陷于绝境，而偏曰人之陷我，自不设法，而徒叹无法补救。凡事不自振作，不自整理，而反责人之不为我振作，不为我整理。以弟观察粤局，不惟毫无危险困难之可言，而且大有可为。今日财政虽支绌万分，然亦办理无方之所致也。孙先生回粤已阅十五月，为时不可为不久，而对于民政、财政，军政，未闻有一实在方案内定，如期施行。政府中人皆抱一头痛救头得过且过之想，不于根本著想，大处落墨，惟恐粤局不乱，政府不倒，自杀不速，以了一场心事者。使有人欲建一议案，定一方针，而不问其是与非、利与害，则一概抹杀，置若罔闻者。财政、民政，其初为徐、杨办理，固不得法，而其后接办者为兄与海滨（邹鲁），何亦丝毫无有起色。最初接办时，犹可曰根本已为徐、杨败坏，一时不易挽救，何以办理半年有余，而仍无成效若此，岂非财政机关为军队把持，或为财团垄断之所致欤。以弟愚见，其弊之由来不能专责人而恕已也，亦不能徒怨天数生成，遭遇不时也。天下事未有无方针无条理而能治事者，亦未有不公开不整理而能理财者也。至军事方面，去年之上年，弟在粤时，实定有一全盘计画，且预定平定与整理两时期，虽为各种阻碍及各军霸私，不能如计实施，然亦不能不归咎于弟之自身无耐性与能力，以致同志嫌怨见弃，难安于位，竟致有今日军事紊乱不可收拾之现象。此去年之粤局不进步，兄与海滨与弟三人皆与有罪也。要在吾人亟自反省过去之罪恶，以为未来处世之前车耳，如不反省既往之差误，而一意孤行，则各事不惟无起色，而且必致颠蹶，其不至失败而不止也。至于去年一年来，筹款备饷，接济不绝者，哲生与有功焉。然其引用非人，措置无方，以致百弊丛生，而有今日之困穷贫弱者。虽其始谋不臧，我辈亦不能辞咎，然哲生经验缺乏，误于群小之过为尤甚也。以哲生之品性、才干、学问，以及其过去办事之成绩论之，实为一优秀之同志，道义之朋友。然而吾人不能以其所长而忘其所短，亦不能知而不言，言之不忠，自失其友谊。且政府今日至此地位，凡有责任者如再不反省自悟，则粤局长此扰乱，必无整理收束之一日。今日粤中财政已为财团所把持，财团不去，则财政无人可办，而财团贪残恶劣，人人共见，如欲其办理财政，未有不假公济私，以败坏政府名誉，丧失本党信用者也。试问在粤各军总司令、军长中，有一人赞成财团者乎？且有一人不恨财团之贪劣恶毒、搅乱粤中财政者乎？如用此等奸商办理财政，谁不自危；如用此等市侩包办鸦片捐税，谁能信其不厚图中饱；何军肯放弃既得权利，以让给财团之霸占而绝生命乎。凡事不能专责备于一方，当先自反本身之是非。如吾必曰军队强占财政为不良，则人将反唇稽之曰，财团把持财政，终于绝望，则吾军队应否自求生命也。其言如此，未始无故，且亦成理也。如果哲生此后仍欲庇护财团，执迷不察，而孙先生必以哲生信用财团为是，此非财团误大局，实乃哲生害大局，亦可曰哲生之终身，乃为孙先生所害也。弟于财团向无交接，亦无宿怨，至弟之个人，则更与财团无关，财团之用舍利害，初不关于弟之本身，即兄等之以弟言为是与非，弟亦绝不计较，即弟之去就行藏，亦决不以区区财团一方面之关系而定进退。不过事实如此，利弊如此，不得缄默不言，昧我良知，决非有意见与客气参于其间也。弟甚愿吾友皆以合道为朋，而尤盼诸同志亲贤远邪，共扶危局，勿为群小蒙蔽，或竟以一二市侩奸商之故，而置友爱同志人格于不顾，且以致先烈头颅光荣党史，而为此市侩奸商取利发财之机械也。弟意现在粤局，自宜于用人行政，确立方针，理财整军，妥定办法，不能作深远高奇之施政企图，只可守因陋就简按步就班确能实践之挽救方策，以资进行，则半年内统一广东，一年内整理广东，年半以内可以准备周到，年半以后乃可向外发展矣。盖现在粤局，不患在外敌之强，而患在内部之杂，即此时吾党不患在对外之难，而患在治内之艰，且治内必须有条有理，分时期、定次序，而非一朝一夕所能见效，亦非空口白话所可成事者也。吾深愿吾党同志追求既往不成之病因，而尤以去年过去一年间之经验为反省之明鉴，则今日粤局之财政、军政，决非束手无策之时也，乃患在不求方策，尤在以方策为无用。夫至有方策不用，本末颠倒，是非不明，驯致以邪作正，赏罚不行，良堪深叹。弟以为凡力之所不及者，赏罚固难实行，然并此可以赏罚者，亦不能明正其功过，此其政府之威信所以不立也。夫为政之道，对人惟有在邪正赏罚上用功，对事惟有在条理次序上着手，吾于孙先生决策力行，凡宏纲毕举，所见者大而且远，实无间然。吾辈得此尊师，实为吾辈之幸，独于此对人对事之要点，若有未悉合乎中道者。古今来未有赏罚不明、邪正倒置而能成功者，亦未有不讲条理不定次序而能立业者。以孙先生之事业言之，其精神上历史上早已成功，至于事实上时代上欲求成功，其责任在吾党，而非孙先生一人之事也。故吾辈不能因循苟且，专意顺从；亦不应使其固执己意，丧失同志人格，反为宵小所污辱，而致党国自陷于不测深渊也。弟本愚戆无知卤莽灭裂之徒，谬承诸同志之垂青，不觉其罪累之重，尽我党员之忠志而已。尚有一言欲直告于吾兄者，即对俄党问题是也。对此问题，应有事实与主义之别，吾人不能因其主义之可信，而乃置事实于不顾。以弟观察，俄党殊无诚意可言，即弟对兄言俄人之言只有三分可信者，亦以兄过信俄人，而不能尽扫兄之兴趣也。至其对孙先生个人致崇仰之意者，非俄国共产党，而乃国际共产党员也。至我国党员在俄国者，对于孙先生惟有诋毁与怀疑而已。俄党对中国之惟一方针，乃在造成中国共产党为其正统，决不信吾党可与之始终合作，以互策成功者也。至其对中国之政策，在满、蒙、回、藏诸部，皆为其苏维埃之一，而对中国本部未始无染指之意。凡事不能自立，而专求于人而能有成者，决无此理。国人程度卑贱，自居如此，而欲他人替天行道，奉如神明，天下宁有是理耶。彼之所谓国际主义与世界革命者，皆不外凯撒之帝国主义，不过改易名称，使人迷惑于其间而已。所谓俄与英、法、美，日者，以弟视之，其利于本国而损害他国之心，则五十步与百步之分耳。至兄言中国代表总是倒霉，以张某作比者，乃离事实太远，未免拟不于伦，其故在于中国人只崇拜外人，而抹杀本国人之人格，如中国共产党员之在俄者，但骂他人为美奴、英奴与日奴，而不知其本身已完全成为一俄奴矣。吾兄如仍以弟言为不足信而毫不省察，则将来恐亦不免堕落耳。党中特派一人赴俄，费时半年，费金万余，不可为不郑重其事，而于弟之见闻报告，毫无省察之价值，此弟当自愧信用全失，人格扫地，亦应引咎不遑也。然弟在俄行动，自觉无可为人诽谤之处，亦无失却党体之点。因强入共产党问题，而弟以须请命孙先生一语，即以弟为个人忠臣相讥刺。弟自知个性如此，殊不能免他人之非笑，然而忠臣报君，不失其报国爱民之心，至于汉奸、汉奴，则卖国害民而已也。吾宁愿负忠臣卑鄙之名，而不愿带洋奴光荣之衔，窃冀与兄共勉之。吾尝怪吾党同志因循不言，以致弊病百出，事无救药。弟观察事体，自以为不参主观，毫无客气，偏于感情之间，然人苦不自知，以他人视之，或以弟有观察差误判别不正之弊，亦未可知。是非善恶，悉以兄之目光为准，而弟则但期致我良知而已。书虽冗长，而意犹未尽，弟虽未亡，而实欲兄以此书作亡友遗嘱耳。〕

附：廖仲恺复书

〔介石兄鉴：奉阅十四日手书。所以责备于弟者甚，弟虽不肖，然断不至并此种感觉而无之，故对于良友之忠告，惟有反省以求己过。至于非弟力所能及者，亦当奋励以图。自谓苟不如是，则于国家、于个人皆无进步可言，社会如此，则陷于濒死之状。希腊、罗马末日，悲观哲学，泛滥一时，节欲独善之流，期以此挽狂澜于既倒，而终于无效。后世论史者，以为持此救国无异缘木求鱼；观察较深者，则目为事势时代有以使然，而视为无可奈何之举。中国现状曾否至此程度，虽不可知，然弟终不望其临此绝境也。西岩免职查办，电请展兄归任秘书长，皆兄所期望，而先生所赞同，且既实行以示更始之意。财团之说，现似不成问题，盖财政为郑绍宽所司，目为财团，未敢尽谓适切，而赵士觐之司盐政，且可目为反对财团最烈者之一人。至于沙田清理处，为公武所管，自与财团毫无关系，其他更不足数。故财政改革责在吾辈，弟在职省长，无状至多，政之不行，固坐德化不能及物，凡此之咎，弟不敢辞。顾欲大举廓清，以期小人道消，则必君子道长而后可。道在兄辈，责当较重。兄等皆去，而又何以责人也。至于对外问题，不自弟始，亦未尝因弟而加甚。弟以为现状如此，将必以虚名而受实祸，独立自决，弟无间言，惟数百青年慕兄来学，为兄信用计，断不能使来自远方者望崖而反，故仍积极筹备，以副兄托。校中财政已妥，兄归便可发表，其他改革，亦俟兄来共同策进，不成则同去未晚也。专此。敬颂大安。恺启。三月二十一日。〕

又附：廖仲恺前后来电

〔沪执行部转介石兄：军官及学生到粤投考者二百余人，候已一月，旅费用罄，纷纷函诘，无从置答。现已定期本月廿四日考军官，廿七日考学生，请即先期在沪考试毕即归，毋负远来考者，以损党誉。各事皆如兄意进行，四月一日，筹备完竣。并闻，盼复。恺。蒸。三月十日。〕

〔介石兄：先生切盼展及兄归，兄所欲去者，亦已去矣。至于根本改革，民政当于军政同时并举，且必君子道长，始能望小人道消。又学校建筑及筹备各事，因兄不在，弊端滋生，军官教授，待兄而决，学生旅费不支给，责言备至，考取后急须迁入学校。望兄偕展速行。恺。篠。(三月十七日)〕

〔江北岸引仙桥十号。介石兄鉴：叠电计达，兄不速归，事大不了。先生将顺兄意，不为不至，兄当有以慰之。兄可敝屣尊荣，不能敝屣道义也。盼复。恺。马。(三月二十一日)〕

〔转介石、汝为、季陶兄：择生归，告先生以介石不归之故，深致欷歔。请兄等即行，以免先生加受一重精神上痛苦。盼复。恺。敬。(三月二十四日)〕

附：戴传贤来电

〔介石兄鉴：仲数来电，诸事照行，盼速来。季。(三月二十三日)〕

十五日　总理致电胡汉民，催令偕行。〔电曰：展堂兄鉴：组安因军事不便久代秘书长，仲恺专理党事，不能分心，须兄甚急，请偕介石同来。孙文。删。决以泽如代西岩，星期一日交代。仲恺。〕

附：胡汉民函

〔介石吾兄大鉴：广州删日来电，由焕廷兄抄上，想已到达。王登云等前日有电询焕廷以兄之行止，焕廷答云："当视粤得兄函后，态度如何。"今晨再得登云电，则云："仲恺谓一切事已照介石意思办。"计其时日，尚未得见兄之长函也。故删电云云，可有两种观察，仅是换去杨西岩，而代以邓泽如，仅是因择生述兄附带要弟与汝为俱回之意思，而欲弟为秘书长，其对于兄根本观念之要求，未见为遂已承认而解决也。然而又从别一方面观察，则粤得择生电后，即不惜免去杨西岩，不惮再招弟往，是尊重兄之意思，而由此以为根本的改革，亦自有其可能也。……弟汉民顿。(三月十九日)〕

△十七日　总理电趣迅返粤。〔电曰：介：密。事紧急，盼速来。孙文。巧。〕

十七日　禁烟督办杨西岩奉令免职查办。

△二十一日　电请总理饬整理财务并归仲恺负责。〔稿佚〕

△附：庶堪电

〔介石兄：筒电已呈元首。奉谕：财政重要，诚如兄论，现已筹有办法，并约仲恺速归，拟委以财厅一任。惟近所筹划，其责任有重大于财厅者，亦俟仲恺来归与之面商。至发表财厅，则非仲恺到后不可。青黄不接，则百弊丛生，此事实之难免者。接仲恺电，已由日本出发，并言约兄同来，请万勿推延云云。鄙见□先生亦不至轻视财政厅，非依□仲恺不可。□西岩无能，先生已知之矣。千万速还。庶堪。敬。〕

二十一日　公奉派为军校入学试验委员长。〔时公未归，由李师长济深代理。试验委员九人，王柏龄、邓演达、彭素民、严重、钱大钧、胡树森、张家瑞、宋荣昌、简作桢。〕

二十四日　军校考试下级干部。凡由各方举荐人员，必先缮具履历，复加考察，然后酌量任用。分队长、副分队长，则于广东省警卫军讲武堂暨西江讲武堂毕业生中挑选。

二十五日　致胡汉民、汪兆铭书，自述个性，并与商行止问题。〔书曰：十九日展公手书，领悉种切。弟之行止不应以一杨西岩免去而定，如无根本办法，虽去徒招物议，自损人格，有何益耶。弟本一贪逸恶劳之人，亦一娇养成性之人，所以对于政治只知其苦，而无丝毫之乐趣，即对于军事，亦徒仗一时之奋兴，而无嗜癖之可言。五六年前，懵懵懂懂，不知如何做人，故可目为狂且也。近来益觉人生之乏味，自思何以必欲为人，乃觉平生所经历无一非痛感之事。读书之苦，固不必说；做事之难，亦不必言，即如人人言弟为好色，殊不知此为无聊之甚者至不得已之事。自思生长至今，已三十有七年，而性情言行，初无异于童年，弟之所以能略识之无者，实赖先慈教导与夏楚之力也。迨至中年，幸遇孙先生与一二同志督责有方，尚不致于陨越，然亦惟赖友人诱掖与勖勉之力耳。至今不惟疲玩难改，而轻浮暴戾更甚于昔日，如欲弟努力成事，非如先慈之夏楚与教导不可，又非如英士之容忍诱掖亦不可也。英士待人，不免好尚权术，然其先必事事容纳人意，体贴人情，而至最后，则他人必事事悉照英士之本意，而改变其本人之主张，使人尚不自觉。如是待人，不可谓其果善，而人则反感其妙。以弟之愚拙而有今日者，未始非其诱掖之功也。今弟做事，既无人督责如先慈，又无人体贴如英士，而欲望其有成者，恐将转以偾事也。此为弟个人性情上做事不易之实在情形也。兄如不以姑息爱弟，而欲弟为本党效力，于此等处，似须为弟打算也。至孙先生之待人，其道义深笃，实使人没齿不能忘，此弟所以怀德愈甚，而怕伤感情之心则愈切，此弟之对本党与孙先生皆不能不自勉，庶不愧为人士之道，当亦为吾同志所深谅也。弟对自身短处略有自明之一隙，如为吾友者能以童子视弟，而以慈爱至诚待之，则弟或能久安于事。虽有困难拂意之事，亦必能忍耐坚持，如一遇感情意气之时，乃即放弃一切顿起灰心者。此其故，盖因弟自知愚顽，苟全性命于乱世，以保先人之遗体足矣，岂敢复有虚荣之心，妄想本身之稍有成功乎。故革命虽为人人责任，而弟今日之革命除为平民抱不平，为先烈争志气以外，实为本党与师友之情感所动，而决非为一己侥幸以图功名也。故此心一存，不惟勇气销沉，而且骄矜难除，惟其不为己而为人，所以始终抱定一合则留不合则去之意，而于个人事业之成与不成，终不计较矣。明知此种之卑陋谬妄，为人生不宜有之思想，无奈气质顽梗，变化不易，故对人常怀奢望，且责备过切，以为人人应须视我如孩提，而待我以至诚，亦即人人应曲谅我暴戾，体贴我愚拙，不宜有一毫客气也。此则实写弟个人处世之观念，而不敢一毫掩饰。惟不愿与人尽情毕述者，亦以世无知音，言之无益，而反为轻笑耳。兄等可谓洞识人情，不待弟自道破，而早在明烛之中，弟性如此，再出则徒见杌陧而已。兄等如以弟为非出不可，则当为弟代谋一持久之策，如何乃可使其安心乐业，以期其成也。今若不去，将来尚有为孙先生决策定难之时，如弟去而复回，以后不能复见同志之面，势非遁世隐迹不可。如果至此，于弟固为自得，而兄等之本愿当非如是也。弟之行止，请兄等为我善谋直告也。〕

附：节胡汉民复书

〔介石吾兄惠鉴：顷得长示，至诚恻怛，感人至深，拟即交季陶兄观之，并托其带呈先生与仲恺也。只能自写其性情，毫无隐饰，此正弟等平日所以敬爱不遑者。……今只以去粤与否一事言之，弟实兼持爱友爱党之两观念，为友则宜劝兄勿行，为党则宜劝兄即行，此第一级之简单判断也。党固需友，然友行而不能使之心安理得，则友固牺牲矣，而党亦无益，何如勿行，此第二级从消极方面之判断也。友对于党不宜遽作绝望，党亦固有待于吾友，而后能达其希望者，则宜比较的求吾友之何如而后安，党何如而后利，此第三级从积极方面之判断也。故弟自始即不作不问事实之空言慰藉，期望兄行，而亦不敢遽作劝驾之请，不只因弟为过来人，且权衡于上述第二、第三两问题之间，而不能轻下判断也。……今所当研究者，则是否其有根本改革之决心之一点、……西岩免去，本于根本问题无重要价值，但观于命令之严重，与前之解去杨伍财运官职之时颇有不同，则渐与彼辈绝缘，自可深信。仲恺电文将顺云云，良有语病，恺已由空言慰藉之阶段，进于事实解决之阶段，惟其意以为先生已尊重兄之意见，兄胡不行。如是则变为先生系勉从兄之要求而为之，兄亦宜一行，至粤以慰之，从朋友之感情言，亦非悖理。然须知兄为根本改革之提议，谓如是而后党事国事乃有可为，非仅曰如是个人始可返粤也。……而根本改革当更有积极的事实，以培养或巩固先生之决心，其事非咄嗟可尽举，尤必待人为之，如此则不能不望兄之一行返粤。弟于此或不免爱党之心过于爱吾友，然知吾友亦复爱党如我，此之判断，亦尝设身处地而后下之，非武断也。至于行期，则弟以为当视季、汝二兄至粤后之报告而定之。先生能尊重兄之意见，兄则亦不问如何，必复返粤而慰之，友谊之可以砥砺流俗者也。事有可为，尽吾能力之所至；事无可为，奉身而退，即为士人之气节，即前此之弹枉纠邪，亦为本于良心之责任，昭昭然揭日月而行，物议于我何有，人格更丝毫无损。……弟汉民顿。（三月二十四日）〕

又附：胡汉民前后各函

〔介石吾兄惠鉴：得两手书后，季陶、择生等亦返沪，择生四日已据将晤兄所闻要旨，电告仲恺、精卫，令其转陈先生，并促哲生觉悟。仲恺五日有电来，但力嘱弟挽驾，其时当未得择生电也。……弟对于兄之行，稔知非空言所能慰藉，惟事实之解决断不能一一咄嗟立办。……兄即宜速定归粤计，不能久久消极，以待各种问题之解决，为党计，为甚近之将来计，弟所见如此，乞兄裁之。……。弟汉民顿。三月七日。〕

〔介石我兄大鉴：前函发后，旋得仲恺来电，当由焕廷转上。顷又得其来电，云"介石鉴：寒函悉。已往之政事党事，弟任其咎，盼兄即归图更始。恺。巧。"综合数电，仲恺定已有相当觉悟，至一切重要问题之更新改革，须待兄共商进行，此亦非推搪之词，事实本来如此。惟兄察之，君子固难进而易退，然当治乱邪正方为消长之际，则亦有其不能避不忍避者。弟对于兄之行藏，自始即认为不应空言慰藉，盖从不作姑息爱人之见也。弟汉民顿。三月二十六日。〕

〔介石我兄大鉴：今早发一函，内附仲恺来电，想先此达到，顷又得电如下，"转介石兄：归否请即复，俾得自决。恺。宥。"……弟意兄万不宜遽决绝不顾而所视为问题者，即不可不使先生与仲恺知之。直道而行，无隐乎尔，若其仍无解决之方，或认为不成问题，乃谢之未晚。拙见如是，不审兄以为何如。弟汉民顿。三月二十八日。〕

二十七日　与王柏龄、林振雄、邓演达、俞飞鹏书，嘱遵手定章程。〔书曰：军官学校如仍须开办，则从前弟所定章则，如学期课程、薪饷及军官选考等事，应皆照常进行，不必有所变更，如有不宜之处，可于开校后随时修正。吾人作事应有一定方针，方针既定，虽小节间有出入，亦须照行，毋得漫然更张也。譬如毕业学期一事而论，此即为学校第一重要问题，关于学生之前途，影响甚大。前既决定为六个月，今忽改为一年，则凡从前所定之课程预算及一切计划皆须重新另定，其可如此草率乎。凡校中事，教授方面由茂如兄决定，教练方面由荫朝兄决定，而以仲恺先生总其成，其余事诸兄多尽职务，少出主意，免碍进行程序。如弟在粤，则可提出意见，磋商解决。今弟不在，虽可提议磋商，如改变大体，则不免启自擅之端，故对知友不能不尽言也。吾人做事苦于无经验，而尤苦于无见识，所以凡事要详细考虑，不宜徒听人言，以牺牲主见。及其考虑既得进程既定之后，虽山崩海啸亦可置之不顾。此等处，于吾等年轻识浅时更须加意焉。盖不如此，胸无成竹、见异思迁而道听途说之弊，亦由此而起，吾辈非泛泛悠悠者可比，应须互相策勉，以期有成也。弟拟即来粤，相会匪遥，诸俟面罄。〕

军校招试新生。

邓演达电告谒见总理情形。〔略谓“展堂、精卫先生，并转介石、季陶先生鉴：达养抵粤垣，即谒先生，已允解散财团，刷新党政，此后共图大业，诸同志应各负责。”云云。〕

中国国民党中央宣传部力辟赤化谣诼。〔因总理允共产党员以个人资格加入本党，致生一般误会。〕

二十八日　致廖仲恺电，谓必来粤，并及校务之进行。〔电曰：函电敬悉。弟必来粤，勿念。学期六个月应照原议，如果轻易改动，则课程与预算皆须重定，而关于学生前途影响甚大也。选择教职员，凡军官毕业之同志，虽不经考验，亦可用为排什长，至教官及连长以上，须郑重甄拔，不必确定。中正。俭。〕

附：廖仲恺、李济深复电

〔蒋介石先生：俭电敬悉。此间考试事，正在进行中，一般成绩尚优。惟开学期近，各级官长暨诸同事，均待驾决定，请速来，俾得举办也。仲恺、济深叩。东。（四月一日）〕

三十日　致廖仲恺电，问军校月款，并请其总成校务。〔电曰：仲恺先生鉴：兄言军校月款已妥，是否政府另有指定，如徒藉该款，则仍不可靠，请详复。其余管理及军需等事，统希留意，并总其成。中正叩。卅。〕

附：廖仲恺复电

〔转介石兄：齐密。陷电悉。军校款，弟不问支出，兄亦不问来源，经费不乏，尽可安心办去，惟请即来。先生近多感触，亲信者不宜离去也。

恺。江。(四月三日)〕

总理演讲三民主义于国立广东大学。〔三民主义又名国家建设。总理手稿毁于陈逆之变，兹在是校按星期演讲，乃复笔述成书，垂为国民党圣经。〕

三十一日 许崇智由沪〔崇智去冬留沪养疴〕来奉劝驾。

△陈天太桂军因调赴南路，集中都城。西路将领疑侵袭梧州，合兵迫缴其械，并俘天太。总理发令制止之。

自去年冬，陈炯明以部下林、洪互轧，不肯用命，颇有乞和意，总理以其靳具悔过书拒之。春夏间，叛军饷弹俱乏，兵多病疫，而帅府整饬内部，惟日不足，东江又遍地皆潦，故战事在停顿中。

四月一日 在乡祭扫先茔。

二日 复廖仲恺电，商取额分班事。〔电曰：仲恺先生：陷电悉。取录学生，宜以各省定额为标准，北人以多取为是，虽程度略低，亦希降格求之。将来教课，可分初、高二级，学期亦可斟酌损益。兄意如何。中正。〕

附：廖仲恺陷电

〔沪执行部并转介石兄：粤考军官学生千二百余人，除粤籍外，湘、桂、赣、闽、滇等省数百人，中有三分之一青年，曾经毕业中学及专门，故试题于国文、算术外，加三角、几何、代数三种，以便较别，泌勘验体格。艳考试，各题全作者为数不少，定额太隘，去取甚难。闻沪取学生百卅人外，尚续取七十名，果尔，则将来到粤复试，不及格者必多。资遣往返，亦嫌糜费，请妥为斟酌。并复季陶兄，居室已纳空租一月，速来为佳，介石兄亦请即行。恺。陷。三月三十日。〕

三日 戴传贤＜从公等意先＞赴粤。

附：戴传贤到粤后致胡汉民电

〔展堂先生：本日谒先生，请汝为、介石兄即来。贤。庚。(四月八日)〕

〔展堂先生：诸事待决，请促介兄于删日前到。贤。青。(四月九日)〕

九日 讨逆联军分三路总攻东江。陈炯明以部队多援漳，兵力单薄，自动退出博罗、樟木头、龙门等处防地。

十二日　总理制定国民政府建国大纲二十五章，手书印布。

十四日　偕许崇智由沪赴粤。

湘军克复河源，陈修爵部及李易标、黄业兴之一部，纷向古坳及石公神墟溃窜。

十六日　联军合围惠州城后，分兵攻淡水。钟景棠、练演雄等部，乃由淡水退平山。

十九日　组织法制委员会，总理派戴传贤、廖仲恺、古应芬、曹受坤、杨宗炯、吕志伊、林云陔、陈融、陈国渠、何启澧、陈巨思等为该会委员，并指定戴传贤为委员长。

二十一日　回至广州，即谒见总理。

二十六日　莅黄埔，入军校视事。

下级干部进校，公第一次训话。〔节录：今天是诸君到本校的第一天，诸君的资格有许多是很老的，有的在军队中做过官长，有的在本党中干过好多事情，差不多教职员还及不到的，现在竟喜欢到本校来当下级干部，想来必有一种特别的感觉。这个感觉是什么呢？我敢代表诸君说一句，无非因为这个军官学校是我们本党办的学校，诸君皆愿为党尽力。原来这个学校就是本党要培植干部人材，预备将来做本党健全的干部，扩张本党势力，实行本党三民主义，使中国成为一个真正的独立国家，使中国的民族成为一个真正的自由民族。……还有一层意思，要同诸君说明，现在的军队因阶级的关系太深，中上级官长同下级官长差不多分成两截，所以弄出一种上下隔膜、运用不灵的现象。上级官长不知下级官长的苦难，下级官长不晓得上级官长的意思，彼此声气不通，遇事便觉困难，所以永不能有所进步。现在我们办这个学校，是集合本党的党员来办的，犹如自己家中的兄弟手足一样，必定是意见融洽，声应气求，毫无这种隔阂的弊疾了。……现在诸君来到这里，因时间的关系，衣食住三项均未能设备完全，我是很抱歉的。但是诸君既是我们的同志，为本党而来牺牲一切，党员对党，生命财产都应牺牲，无论什么艰难困苦，都是能耐得去的，这样的小事情，当然不以为意。明日举行复试，不过要详悉诸君的品性，使诸君发表其为党为国的热忱，与我真诚相见，以后就同在一处，为本党共效死力，期达本党三民主义，创造中华民国真正独立自由的国家。这就是本党办本校的目的，愿与诸君共勉之。〕

公手订军校章程。

二十七日 复试下级干部后，第二次训话。〔节录：……各位要晓得这个学校是国民党办的，办事的人都是党员，党员有党员的地位，有党员的本份，有党员的责任。……国民党最重要的是纪律，党员要绝对的遵守，绝对的服从。因为国民党的党纲是开大会的时候，采取多数党员的意旨决定的。尊重党纲，就是尊重我们党员自己的意旨，所以一入了党，就不能自由，只有照党纲的条理努力去进行了。……本校是由本党创办的，党与学校是一体的，毫没有分别的，不过这个学校是军官学校，仍旧要用军纪来治理这个学校，所以本校的官长学生，除严守党律之外，还要严守军纪。……本党这个学校，是要培植基本人材。各位来当干部，是要做成一个基本人材的模范，不是在这个学校里面，将来有升什么营长、团长、旅长的希望。……这次请各位来复试，不过是要知道各位的品行、性质、动作，并且要训练各位办事的责任与手续。这四天复试中，要使得各位品性、行动与从前未到校以前，完全换了一个人一般，等到学生入校的时候，各个官长就皆不愧为学生的模范了。〕

湘军扫清锡场北岸之敌，总指挥宋鹤庚率第二、三、五军渡河。

二十八日 对下级干部第三次训话。〔节录：今天所说的，凡做一个人，对于本人的职务、责任、地位三件事，要彻底的明白。因为不明白这三件事，他所做的必定与他本人的职务、责任、地位完全背谬，无论什么事情，都不能成了。譬如第一区队长干涉第二区的事，这就是不知自己的职务，不顾自己的责任，不但妨害自身的职责，别人的事亦被他扰乱了。又如做了营长的人，想做团长，做了团长又要想做旅长，人人痴心妄想，引起全部的上下紊乱不安，这就是不明白自己的地位，而且不审度自己的力量。党员这样做去，不但不能成事，并且纪律亦从此紊乱了。我们西南军队不良，我们国家衰败，都由于此。各位要晓得各人有各人所处的地位，各人照自己的地位做去，总有成功的一日。我们学校要训练基本人才，首要明白上述三事，不但教导别人如此，自己并要再三审慎，随时训练自己才好。此后学生好不好，全在各位自己好不好，官长好了，学生没有不好的。兵士本是可好可坏的，要看一个军队优劣，只须看他带兵的人怎样。今天有几位对于上级官长行礼，似乎缺少精神，这就是自己个人心意上不诚的表现。你不尊重你的上级官，你的下级要看你的榜样，也就不尊重你了。本党成功，自然我们党员各人都成功，因为多数人做事，必定比少数人做事容易，所以我们要各人事业成功，先要结合团体，所谓众志成城，就是这个意思，如果党员个人自私自利，单想个人自己成功，不管党的成败，亦不管同志的成败，党的事必被他个人破坏了，中国也没有幸存的道理。我们既然没有国，那还有家吗，还有个人吗，所以我们入党之后，只有同本党共生死同存亡了。我们这个军官学校，是本党造就基本人才的学校，本党的成败，本党的生命，在本校身上；本校的成败，却在你们各位下级官长身上。因为上级官长是没有什么实在事情可做的，实在的职务皆由下级官长做起。一个人做到上级官或伟人，就不能做实在的事，徒然得一空名罢了。空名有什么好处呢，我以为得空名不求实在，不但没有好处，并且失了做人的本分。……〕

三十日　对下级干部第四次训话。〔节录：诸位在学校已经住了四天，大家会聚一堂，彼此感情甚洽，嗣后共同作事，来日方长，前途甚远。我最所盼望于诸位同志的，就是大家相亲相爱，和衷共济，如同手足一般。我们为甚么要相亲相爱呢，第一，因为团体生活的必要条件，就是感情融洽。各团员有了融洽的感情，作事的时候，才能充量发挥互助的精神，大家同志同德，甚么事都可以办得好。第二，因为大家差不多都是本党党员，即有少数不是党员的，入校后即刻要加入本党的，所以本校人员彼此间互助的关系，是两重的。一为同党关系，即党员与党员的关系，精神上的关系，主义上的关系。一为同校关系，即校员与校员的关系，职务上的关系，事业上的关系。大家既有此种重叠的密切关系，应当有相亲相爱的感情才好。诸位来到本校，均抱定远大的目的，愿当下级军官，愿当学生，从此朝夕聚首，互相切磋，学问是无尽的，知识是无穷的，不要自满自足，总要精益求精才好。……现在考试已完结，诸位中有身体过弱的一二人，据医官说恐怕不能十分耐劳，所以校中不能容纳，这几位最好在校外为党服务。还有几位学问稍差一点的，拨归学生队，其余的职务业已分派就绪，本日下午四点钟以前，就可以发表。明日放假一天，诸位二日须要回校尽职……]

公自受任校事，巨细躬亲，千绪万端，殚精擘画。尝于案头置各册子，曰筹备录，曰办事提要，曰会议提要，凡有所举，先记其中，少则十余条，多或百余项，以资按次施行，其荩劳可想而知。

五月二日 对卫兵分队训话。〔节录：本校的卫兵从前是没有整顿的，管理部事情太忙没工夫，你们又不知自己整顿，所以弄得不成样子。你们要晓得卫兵的好不好，责任全在分队长的身上，分队长能够整顿，就是尽职，不能整顿，就是不尽职。查这里的卫兵，有许多当过兵的，并有当过官长的，但怎么样行礼、怎么样警戒都不知道，将来学生进校，效尤起来，那还了得么。那一天我在操场上，有几个卫兵也跑到操场上，我叫他们回校，他们的行动非常疲玩，还要对着我笑，似乎上官的话，一些都不要紧的样子。这是很不对的。……军人的精神，什么地方都要表现出来，最可注意的地方，就是立正举枪托枪等动作，因为这种地方更容易看出来。今天我告诉你们，过去的事都不追究了，以后如果仍旧是这样，一定是轻的开除，重的严办，没有宽假的。要知道卫兵的责任，对内是维持军纪风纪，对外是担任警戒，见有不三不四形迹可疑的人，就要上前盘问，自己不能决定的事，应该即刻报告分队长，分队长不能决定的事，即要报告卫兵长，卫兵长再不能决定，就报告校值星官，现在没有校值星官，就要报告管理部主任。对于本校出入的人员，如有不相识的，更要询问清楚，不可随随便便。学生出入的时候，要交相行礼，对勤务兵士，亦要表现亲切的态度才好。这几天事情颇多，卫兵太少，辛苦是一定的，但是我亦知道他们的辛苦，他们若能晓得辛苦是自己的本分，就应更加奋发，更加严肃，将来必定有相当的待遇。并且我很知道他们有为难的情形。……你们亦要自家整饬，以做卫兵的模范，仪容要庄严，服装要整齐清洁。我今天要求你们几件事，以后要切实做到……]

三日 总理特任蒋中正为陆军军官学校校长，兼粤军总司令部参谋长。

五日　第一期新生进校，编为第一、二、三队。

七日　备取生进校，凡一百二十名，编为第四队。

八日　对第一期学生说明革命党须明瞭做人的意义。〔节录：各位同志、学生：各位入校以后，今天是全校同志相见的第一天，从此以后，我们同志而兼为同学，也就是我们同生同死第一天的纪念日，实在是本校长平生最欣快的一件事。我们在这个民族衰败、民权剥削、民生凋残、人欲横流、国家飘摇之中，本校总理以及中央执行委员会诸同志，辛苦艰难，经营这个大规模的学校，本是很不容易的。就是各位同志在这个叛逆未灭、国贼未除、戎马倥偬、刁斗相闻的时候，抽出工夫来求学问，不能为国家杀贼，也是很不安心的。然而我们的前途，我们的事业，我们的生命，恰都在于此。本党要办这个学校，亦就是要训练你们，充足实力，挽救劫运，拯国民于水火之中，登人类于衽席之上。本党办这个学校的目的在此，本校同志的责任亦在此。我们是革命党的党员，我们要做革命的事业；要做革命的事业，就要先晓得革命的意义，就要先晓得做人的意义。我希望各位从今天起，就要将从前一切旧习惯旧思想旧行动，一起扫除干净，重新做一个真正的人，来负我们继往开来的责任，来做我们顶天立地的事业。一个人果真明白做人的意义，对于自己生活的目的、生命的意义彻底了解，那不管是在枪林弹雨人山血海之中，决无畏懦恐怖的心思。我们军人的职分只有一个死字，军人的目的也只有一个死字。偷生怕死，不单是不能做军人，而且是没有人格，就不能算是人。现在本校长得了两句人生观的断语，就是“生活的目的，是增进我全体人类的生活；生命的意义，是创造我将来继续的生命。”请各位要记住这两句话。我们进了这个学校，不论教职员与学生，皆是同志，就要在学校里共生死，同患难，一生一世我们生命全在这个学校里面了。同志的意义，就是志同道合之谓，不是一时权利的苟合，乃是以主义为中心，大家向这中心的目标去做，生死与共，安危相同，也就是万众一命，不成不休，不死不休之义。我们全校里面的同志，总共有九百零六个人，我们九百零六个人的生命，是整个的，是一条命的，不是个个人分散的。各位要晓得，如果我们要革命，第一就要与敌人眼对眼的对打，我们能与敌人眼对眼的打下去，坚定不动，敌人就要怕我们了。当他害怕的时候，只要我们支持下去，等到最后五分钟，他就要心里慌张，阵脚动摇。这个时候，就是他们逃跑的动机，必可被我们打退了。……各位要晓得我们在这个时候，徒然口头讲奋斗努力，是没有用的，我们要实实在在，做卧薪尝胆破釜沉舟的事业，或者对党对国有万一之报效，不负本校总理及中央执行委员会诸同志经营这个学校的苦心，这是本校长希望各同志进了学校首先要彻底明瞭的。……这个学校是军官学校，而且是本党办的，我们对党既要严守纪律，对校更要严守军纪，所以我们比普通党员要多守一重军队的纪律……〕

九日 总理特派廖仲恺为驻陆军军官学校中国国民党代表。

南隄陆军军官学校筹备处，改为陆军军官学校驻省办事处。

十日 呈请任命李济琛为军校教练部主任，王柏龄为军校教授部主任〔教授、训练二部，专任官生军事学术、技能之教练〕，戴传贤为军校政治部主任，何应钦为军校总教官。

凡任命少校以上军官，由校长、党代表联署，呈请总理与中央执行委员会核准之。

施军校官长条示〔凡共八条，概说内部不整洁之宜禁改，犯规越礼之宜矫正〕。

十一日 对军校第一期学生说明本校之教育方针。〔节录：今天廖代表所讲的话，大家已经听明白了，其中最紧要的话，就是统一的精神、统一的意志与统一的组织。……本校长今天要讲的，是校内的现状，及以后教育的方针。……因为本校以学生做基础，决不象从前一般军官学校以教职员做本位。你们来这个学校，不比一般学生没有一定的目的。……但是我们学校里，自本月九日起至三十一日止，这二十二天工夫完全要用军队的生活，来训练你们学生，使得各位晓得军队生活原来是如此的。你们如果觉得很苦，那是以后的功课比现在还要苦几倍，因为现在的功课还是以你们初入学校的一般体格来定的，不敢十分加多，恐怕你们的身体耐不下去。……然而你们要晓得过了这三个月的初学期之后，比现在还要快活几倍，你们到那个时候，才真正领受军队生活的兴趣及意义了。以前我们国民党办不好，革命不能成功的缘故，就是党员没有训练。你们要晓得军队的生活，是人生的真正生活，因为军队的生活什么东西都要独立的。凡是他人不屑做的事，我们军队里都要自己来做完全，要脱了依赖的恶根性，比如你们现在在寝室扫地，总算是学生自己做的一件工作，但是我们在校里的生活，不单是扫地一样。凡是烧饭、煎茶、挑水、洗衣、揩地板、出粪缸，这种事将来都要自己来做，因为人家所做的事，我亦能做的；我不屑做的事，人家亦不屑做的。如果说我不屑做的事，让把别人来做，那么别人不屑做的事，让把何人做呢。……我们的教育方针，也要使学生接近实际生活，你们不要听几句讲，学一些操，就算完事。……我们做党员做学生的人，时时刻刻都要拿纪律来做自己做人的把柄，若是没有纪律，神就散漫不能一贯，意志也不能一致，组织更无从统一了。所以在学校里面，只有服从命令，不准别有第二句话的。因为校内的人员，无论官长学生，统统要遵守我们党的纪律及学生的规则，这个命令是从纪律与规则里面出来的，不是官长可以随便乱做的。所以服从命令，就是遵守纪律。……你们还要晓得在军队之中，第一是要“静肃整齐”。至于一切动作，只要“平直敏捷”四个字。这“静肃整齐”与“平直敏捷”八个字，是人人可以做得到的。无论什么动作，总要自然，不要做作，有不明白的地方，就可来问官长，久而久之，自会成了习惯的。现在开始的时候，不要怕苦，拿破仑说：“难之一字，惟庸人字典中有之。”就因为庸人是最怕苦的，不怕苦的人任何事业都可以成功。〕

军校始行会报。〔每晨由各部队派员会集办公厅，报告前一日经办各事状况，俾资互相联络。〕

大元帅令改编粤军，整顿饷务。

十二日　呈请任命林振雄为军校管理部主任，周骏彦为军校军需部主任，俞飞鹏为副主任，宋荣昌为军校军医部主任，张崧年为军校政治部副主任，邓演达为军校教练部副主任兼总队长，张家瑞为军校中文秘书，梁广谦、钱大钧、胡树森、陈继承、顾祝同、文素松、沈应时、陆福廷、严重、王俊、刘峙为教官。

始开校务行政会议。

十三日　军校兼设政治科，总理特任汪兆铭、胡汉民、邵元冲为政治

教官。〔胡授三民主义，汪授中国国民党党史，邵留学欧美，专习政治经济，是时总理电召回粤。〕

十五日 对军校第一期学生讲演，应注意仁民爱物，与注重秩序和牺牲精神。〔节录：本校开课已一星期了，这一星期之中，进步非常之快，不但我们自己觉得欣快，来宾也都以为是很难得的，由此可知各位很努力，很热心，不然必不能有这样好的成绩。但是各位要晓得，如果没有各位官长的热心，也不会有这样好的成绩。……本校明天拟休息一天，检查之后，可由官长带领至长洲全岛周览一下。你们出去的时候，有两件要紧的事须要留心：第一是爱护百姓；第二是爱惜物质。这种良好习惯养成以后，就可以做模范的军人了。因为军事学问，所谓秘密军事及高等军事学，其实皆在日常生活之中，统统是极普通极平常的事，不过大家不去注意他，就以为很深很难了。你们各位要学高等军事学，都要在自己做事，这些粗浅的地方注意才好。……方才廖代表所说的大意，就是民权初步很粗浅的一种学问，这种事差不多妇孺皆知的。但是开会议决通过等各种方法，都在于此，可算是做人的基本教练。我们不论在校内，或在校外，都应该守一定的秩序及一定的纪律，要守一定的秩序及一定的纪律，可以从我们总理所著的这部民权初步学习起来。邵先生所说的大意，是已死同志如黄花岗七十二烈士及彭家珍、王明山、王少峰等诸烈士的所以可贵，是在于有牺牲精神。这事虽然人人做得到，也是人人应该做的，但是人人不肯去做。国民党受了若干次的失败，经许多次挫折，现在依旧能够存在，而且一年巩固一年，一天发达一天，到如今竟有了三十多万党员。其原因全赖已死同志牺牲的精神，无形中有最大的效力，我们应该照这个样子做去才好。比如炸郑汝成的王明山、王少峰二烈士，当时我们党里并没有纪律约束他，但是他一受了陈英士先生的命令，没有第二句话，就实行去杀郑汝成，毫无一些疑虑，此是本校长所亲见的事。如此视死如归，杀身成仁的同志，不但是他个人可以百世流芳，他的生命可以永久不死，就是我们革命党的精神，中华民国的命脉，也完全靠此维持。这真正是主义之花，这真正是革命的精华，也就是革命党的真正党员。我们大家以后要拿已死的烈士来做模范，拿无形的精神与无形的纪律，来做我们党员实实在在的事业。现

在我们在学校里学军事学，不一定要学暗杀的行动，但是为主义而死，为国家而死的，这种精神与纪律，是万万不可不学的。……〕

复粤军各将领贺就参谋长职电，劝勿互相猜忌，中人〔指广东省长杨庶堪〕奸计。〔电曰：<急。江门梁军长（鸿楷）、李军长（福林）、黄军长（绍雄）、张军长（国桢），肇庆李师长（济深）、郑师长（润琦）、周师长（之贞）、陈旅长（铭枢）、许旅长（济）、张旅长（民达）、莫旅长（雄）、杨旅长（锦龙）、参谋处冯处长（轶裴）>均鉴：顷奉侵电，赞誉溢量，循读迴环，殊益惶疚。窃念国事纠纷，粤局颠簸，言念前途，不寒而慄。中正庸陋，何敢负重，既蒙我粤军诸同袍群相爱戴，自当竭尽驽骀，懔承总座重托，期副诸公厚望，惟事前有不能已于言者，敢为我同胞披肝沥胆痛详之。溯自大元帅回粤，于兹年半，中央直辖之各军不下十万，而陈逆负嵎如故，粤民凋残日甚，以堂堂十万之义师，而不能扫灭三万少数之叛军，岂诚我友军疲弱之故，实由于内部互相猜忌，精神不能统一，以致动作参差，进退失据。军队无统一之精神，不惟不能制敌，必且为敌所制，覆辙相寻，可胜浩叹。惟各友军猜忌之所由生，原因复杂，不遑枚举，而其总因，不外乎各军内部溃烂，滇与滇启衅，桂与桂构兵，而粤军亦无不然，此弊之极，竟致奸邪作祟，败坏大局，并藉此固其私位，而不恤国事与党事之崩坠。当大元帅回粤之初，深望滇军内部团结，捐弃宿嫌，统一精神，协力进行，此大元帅之所始终期望于滇军者。今各军内部分裂益甚，无可讳言，谁为厉阶，而竟至于此。以中正所知，其初也，有人挟其一种名义，上蒙元首，下笲友军，百计挑拨，先使滇军内部涣散，而彼则从中操纵，以冀餍其滇川总领之大欲。故凡可为离间滇军内部之事，无所不用其极，而滇军不明本党及我政府意旨之所在，竟有一部分被其煽动，日事自相残杀而不知，皆为败类一人之所算。似此藉公济私，招摇撞骗，以致各友军内部解体，粤事安得不败。观今日各军内部不安之状，即可推知其将来，汉之贾生，所谓可痛哭流涕者此也。及至湘军援粤，吾党败类又藉湘军之势以凌各军，举凡从前滇军不为其所惑所动者，固衔之入骨，即为其所惑而未动者，今亦为其敝屣而不顾，且到处媒孽滇军之短，而自显其能。以湘军之明而复有滇军为之鉴，当不为其所播弄，而彼败类实太不自量，以为奸诈万能，仍不知悛改其旧恶，长此以往，吾敢断言粤局终无宁日，党事永难措置矣。吾粤始则各军内部之争，继则客军与客军之争，终则客军与主军之争，祸乱所极，必致全局糜烂，无可收拾，如前年四川俶扰之景象，而其结果，终为敌军渔利而已。中正之意，粤军对于滇军，应望其内部团结，不为人所破坏，并望湘、桂、豫、陕各友军，窥破奸人诡计，不为滇军之续，共体我大元帅一视同仁、大公无私之至意。凡有以名义招摇及欺凌者，我大元帅不惟不为所动，且亦深恶而痛绝之。吾党各友军果能化除畛域，团结一致，则奸邪无所施其技。区区叛逆，何患不灭，吾党之耻，友军之辱，亦不足雪矣。要知自相猜忌，即为自相残杀之朕兆及其终也，同归于尽而已。吾粤军将领对于内部，能否不为人挑拨煽诱，而对于各友军，能否始终一致，体我大元帅大中至正之意，不分派别，开诚相见，此为粤局问题之根本。根本立然后大计可定也。中正未就事以前，所以欲与吾粤军同胞有所预期，并即有所确切表示者也。敢布区区，诸惟亮察。中正。删。〕

十六日　军校举行清洁检查。对第一期学生讲评。〔节录：在学校里面为什么要检查呢？检查的性质及意思在什么地方呢？因为第一，要注意卫生，使得全校学生的体育发达，没有疾病。第二，要保存物品，使得学生整理一切事情，珍惜物质。检查的目的与意思，虽不仅这二种，而检查的种类是很多，如细密检查、特别检查、仓库检查、兵器检查、服装检查等类，然而总以保存与清洁二义为最要紧。今天检查的是名为清洁检查，就是普通检查，并不是细密检查与特别检查可比的。举行检查的目的，不但是平时如此，亦即为练习将来战时动员准备的。如果在学校里面不注重卫生，不保存物品，一到带兵打仗的时候，必定发生许多的弊病出来，物件的破坏散失也必定很多。从前我在军队做士官的时候，官长来室里检查，你们猜是怎样检查的呢，官长双手带了一付白色手套，在门棂上及窗棂上最有尘土的地方抚摸，如果白手套上没有一些污点，方才算是清洁，否则还要学生从【重】新扫除过，他检查的严密如此。今天是本校第一次清洁检查，你们一切的准备没有做到检查的二分之一，因为是初步学习，不能十分责备。你们以后总要听各官长详细指示，竭力整顿才好。……今天不许你们学生吃闲食与饮汽水，这并不是不许你们吃，是因为这种外来的汽水及杂物是很不清洁的，吃下去很不卫生，就要泻痢生疮。所以在学校里面的食物，统统要经军医检查过，而且要军医负责，方敢给你们学生饮食，你们要晓得学校的饮食是要如此的，你们要从这种地方领会军队的生活，或者可以得到学校与军队的兴趣。……今天有几个寝室里，有袜子放在绑腿外的，也有绑腿放在袜外的，实在是不整齐得很。以后安放物件，统统要有一定的地方，不可乱放，务须归于一律，不可稍为参差。又床上安置物件，当以一个为单位，不可以四个铺或两个铺拼起来的为单位，凡百东西，应该有一定地方，不但大物应该如此，小物也应该如此。还有一个定理，比方说我要清洁这个校舍，先要从校舍里面最污秽的东西清洁起来才好，比方校中最污秽的东西是厕所，所以清洁检查，要从厕所查起，以后你们在厕所内不可将粪纸丢在外面，使得厕所污秽不堪。大凡一个人有没有公德心，可以从这种地方看出来。又如寝室里的痰盂，吐痰应该吐在痰盂中间，不可吐在痰盂口上，每天换水一次，须将盂口洗净，不可使其污秽。又如痰盂内的水分量，亦要有一定的，其分量应自盂底至中间径口之四分之一为度，因为军队里面放东西皆有一定分量与一定的地方，如果差了一些就不对了。比方说我们在学校里，每人每日要吃一斤四两米，如果缺少一两，就吃不饱了，在学校里还看不出重要，等到打仗的时候，如果预备的分量差一分，军队的战斗力就差一分。比方说一袋米缺一斤，十袋米就要缺十斤，就八十人之中有一个人不吃饭，推而广之，如其有八万军队，那就有一千人不吃饭了，如此还了得么。所以军队规定的东西，没有一分一厘可差的，这是一个很浅近的比方，然而亦是很要紧的一件事。所以规定的分量不能太多，也不能太少，以后痰盂只准吐痰，不准丢字纸，字纸篓只准丢字纸，不准放别的东西，其余由此可以类推。无论如何，总要以清洁整齐为主，不但有益于卫生，而且可以引起快乐的精神。你们在校里不但要有公德心，而且要有自治力，校里有一个人无公德心与自治力，其余的人都被他一个人牵累了。譬如有一个人自己不能注意卫生，生起传染病来，其余的人都被他传染了，所以以后你们要互相劝勉，养成自治力。还要各位天天自己检查自己，不必等待官长来检查才好，果能如此，在校里就是好学生，在党里就是好党员，将来就可以在军队里做一个好官长，

在社会里做一个好国民。……〕

十八日　曹锟任叶举为广东省省长，派林虎督理广东军务善后事宜，沈鸿英为粤桂边防督办，洪兆麟为潮梅护军使。

兴泉永前敌指挥何成浚为王献臣等所败，总理电令收拾残部入粤。

二十日　对军校第一期学生讲明在校须守规则，耐劳苦，务团结。〔节录：今天胡汉民先生所讲的话，正把本校这几天发生的弊病统统说出来了，至于军人的地位及其对于社会的责任，也都说得很明白透彻，你们各位统要仔细注意。……可是一星期以后，在这四五天之中，精神比从前还要不好，并且有违反校规的人。今天有一个学生，因为他不守规则，罚他五分钟的立正，他不肯立正，还要与官长强辩，毫不懂得做学生做党员的纪律。他起初不照命令做事，已经犯了军纪，后来罚他立正，他偏不肯立正，就是犯了二重的纪律，所以要罚他坐禁闭室。当时他还要违抗，说是用强力压迫他，说是饭吃不惯，讲了好多没有道理的话。这种藐视官长违抗命令的事，别的军事学校里都很少，而我们革命党军官学校，号称为青年同志守纪律的学生，倒犯了出来，岂不可叹。……我们学校里的要素是什么？第一就是组织，第二就是训练。组织就是编制，凡事要从有条理有秩序做起；训练就是教育，不单是动作要划一，步伐要整齐，而且要使个个人的心都归一，就是从前所说的思想、精神、志趣都要统一起来。革命军人无论如何劳苦，总要练成一个打不倒的钢汉才好，一块铁要他成钢，不在红炉里烧过，冷水里沉过，是不行的。如果你们要贪快活，要讲自由，何必来这个学校，本党也何必费了这许多金钱办这个学校呢？……所以本党党员虽然有三十万，然而如同散沙一般，毫不能为党作事，我们学校的教育，就是要改革从前这些弊病，实实在在的训练出一般党中的干部来。……这所说团结一致，不是嘴说就可了事，总要你们各从根本观念上，彻底了解这个团结与一致，是为人生所必要的。你们入党是为什么，就是信仰三民主义，大家既要三民主义成功，就是大家目的只有一个，我们同学中间有一个人成功，就是我们党里成功，亦就是各同学大家成功，所以要各个同学统统有进步，统统能成功。同学同事之间，一切嫌疑妒忌的事，都要痛改，党里的事，就是党员个人自己的事，同学好，亦就是我自己好。……近来生病的人有十三个之多，可以出操的时候，总要勉强来出操才好，因为缺一天的功课，就少一天进步，将来与别人不能一致了，况且人的精神，是愈用而愈出、愈练而愈精的。如果生病的人能够提起精神下操，轻的病自然会好的，因为人类应该与天然界对抗，不可为天然界压倒的，尤其是我们革命党员，不能屈服于天然界，这就是人定胜天那句话。……本校教育的方针，本来定的是有二个，第一是发展个性，第二是锻炼学问。照现在看来，各位的程度太参差不齐了，不得不先从第二个方针做起，第一个方针要等到你们思想、志趣、身体、知识锻练好了之后，能够人人守纪律，有团结的能力，再来发展你们的个性。你们要晓得我们学校教育方针是如此的，更加要守纪律来团结才好。〕

二十一日　总理不豫，移居白云山休养。〔各方凶谣纷起。〕

对军校第一期学生讲述禁罚与给养。〔节录：今天戴部长所说的，就是一个国家的国民，要有团体的训练及组织的能力，方才可以独立，否则就要衰败，或至于灭亡了。你们各位学生要晓得团结与组织是这样重要的，各位在校里习的功课，做的工作，都是在社会团体生活上所必需的东西，这是本校教育方针重要之点。一个人不晓得团体生活的必需，不能与社会分工合作，做社会团体的生活，是决不能生存的。……我们革命党做大丈夫的人，应该光明磊落，知过必改，比如犯了规则，就要自请受罚，只要以后革心更新，不再犯过，就不愧为本校学生。革命党的性质，是要慷慨悲歌，切勿效妇人小子哭泣的卑鄙行为。今日程汝继在校值星官面前既自认过，本来就可以放出来了，因为他忽而大声嚎啕，是失了军人的体面，不得不多关六小时，照他夜里逃跑的行为，实在是本党党员最耻辱的一件事，按军纪论，逃遁是最大的罪恶，不止于坐禁闭室而已。只因他入校未有几天，尚不懂得军纪，所以原谅他些。现在没有什么困难尚要逃跑，到了将来打仗的时候，在枪林弹雨人山血海之中，怎么了呢。比方他当了一个队长，带了一队兵，他偷生怕死，自己先逃跑了，这一队士兵一二百条生命怎么弄法呢？各位要晓得进校以后，你们就要致身于党，为国牺牲，你们的身体就是党里的身体了，不能随便自由了。你们要求退学，或是要逃跑的人，只是堕落自己人格，丧失自己信用而已。本校所定的课程，惟恐你们劳苦过度，发生毛病，现在都减下来了，现在所做到的，不过照预定计划的二分之一。各位总要提起精神来求学，什么事都要从有兴趣方面着想，等到过了几星期打野操的时候，就越做越有趣味了。本校非比别的学校，也非从前一般军事学校可比，本校乃是一个革命党的军事学校。所谓革命者，如同我们总理说的，一个人要打十个人，才算是革命军。……本校的定章，学生每人每月的伙食费，预定是六元，后来因为蔬菜不好，由六元加至七元，又由七元加至七元五角，更由七元五角加至八元，已经超出预算以外了。外面兵士伙食，只有四元，比较起来，已经增加一倍了。本校长自己做学生在军队的时候，一餐只吃一碗饭，三块萝菔或是一块咸鱼。打仗的时候是更苦了，有时带了一块面包，一壶水，要打几天的仗。比较起来，现在学校生活是如何的样子呢。我从前在保定学校的时候，校里要南方学生吃麦食，起初实在吃不惯，一月之后，觉得麦食非常好吃，并且只要吃麦食了。你们北方同志到南方来，也要勉强吃惯米饭才好。现在已经预备麦粉了，这麦食不但可以助消化，而且能够疗脚气病，到了打仗的时候，无论到南到北，皆可饮食自如。我们学生都要养成这种习惯才好。……]

二十二日　财政委员会议决军校经费，拨支开办费，财政厅银十八万六千六百元；经常费，财政厅银五千元，公安局一万五千元，市政厅五千元，筹饷局五千元，此为最初定额。

二十四日　对军校第一期学生说明卫生最是军队组成的要素。〔节录：这几天同志学生中，生病的人很多，本校长的精神上受了一个非常大的打击。你们要晓得军队组织的要素，是有三种，第一是统御，第二是经理，第三就是卫生了。统御即是带兵的事，如命令、编制、教育、升降、迁调、赏罚等类，凡军队中由上而下的人事，统统叫做统御。经理就是会计、金柜、被服、粮秣、器械、营缮等类，凡是军队中关于军需的一切收支事务，统统叫做经理。至于卫生，不但医病吃药而已，凡是关于饮食起居、动作、气候、清洁等类，统统包括在内。由此看来，卫生是占军队组织要素中最紧要的一部分，如果不讲究卫生，就不能成为军队了，所以在军队当中，卫生是很要注重的事。……你们进校以来，未过二个星期，你们要晓得病的来源不是一时发生的，是由许多日子以及许多关系相积而成，然后发生出来的。现在生的病，虽然许多由学校里起，但决计不是统统由进校以后发生的，也有未进校以前积下来的。各位要晓得现在你们所生的病，最多的是痢疾与脚气病，治疗这二种病的积极的方法，还是要自家注重卫生，时常防御疾病侵入。现在校中军医、军需与管理三部，对于这事非常注意，各官长也不分日夜，研究学生避疫的方法，到现在，各官长是已经精疲力尽了，根本上办法，还要你们自己来注意，来研究。因为学生人数众多，如果单靠官长注意，是不能周到的，非要你们学生自己来预防不可。痢病是最容易传染的，传染的地方，最容易是厕所，现在已经指定有痢疫的厕所，你们以后凡有痢病的学生，不可乱出恭，要到痢疫厕所才好；没有痢疫的学生，不可混淆在痢疫厕所，以免传染。其次就是茶水菜饭都要注意，饭碗竹筷都要揩得干净，因为做传染媒介的是苍蝇，苍蝇子下在碗箸里，一不留心，饮食下去，就会发生各种毛病。吃东西要嚼得碎，不可不嚼就吞下去，因为胃的消化力是有限的，如果你吃下去东西太大太粗，他就不能消化，一等到他不能消化或消化器受障碍，那食物就要停顿在胃里，到了后来，变成了痢疾。最显明的例，现在生病的差不多都是学生，为什么官长不生病呢？官长吃的东西，是同学生一个厨房，一个镬子里做出来的，因为官长都能注意卫生，所以病少，你们学生亦要各自注意才好。这是积极的治疗方法，好比是用很严密的布置来防御敌人，或扑灭敌人一样。至于消极的治疗方法，只有已经发生病的，赶紧请军医治，一方面还要自己保养。……我从前在保定速成学校及在联队的时候，不但是身体上苦，精神上亦非常痛苦，比现在这个学校的生活，不知要艰难几十倍了。因为当时还是前清，我们学校里，无论在寝室、讲堂或外出的时候，都有满州人在有形无形之间，来严重的监视，尤其是我们著名的革命学生更加注意，所以精神上痛苦极了。如果当时我们不抱定一个革命的目的，来承受这种痛苦，是决计住不下的，因为有了革命的希望与主义的信仰，所以什么困苦都受下去了。你们现在在这个学校里，不但同学是同志，一般教职员也都是同志，对于主义上、学问上、行动上，皆可自由研究，自由讨论。这种精神上的快活，是我从前做学生的时候万万求不到的。所以我们只要精神上求快活，肉体上的苦楚，只是锻炼自己的身体，以后只会一天比一天强壮起来，没有什么苦的。所以你们总要锻炼修养，时时刻刻希望达到革命成功的目的，什么疾病痛苦都会免除的。这是心理疗养精神抵抗上，最有效的一个方法。……〕

二十五日　对军校第一期学生演讲枪的意义与效用。〔节录：今天你们各位同志学生，统统领到了枪了。你们拿了这枝枪，就要晓得拿枪的意义，枪的来路、枪的用处、枪的构造；要晓得拿了这枝枪，有何目的，有何效用。这种道理要统统明白才好，假使随随便便的手里拿了枪，不知道拿枪的意义，无论其余的学术课怎样好法，也是没有用的。第一，你们要晓得军人与普通人民的分别在什么地方。人民是一个人，我们军人也是一个人，何以我们独叫做军人呢？因为一个人带了枪，枪与人连起来就叫做兵，也就叫做军人。如其没有枪，就不能算兵，也就不是军人了，所以你们现在有了枪，就是军人了。军人就是要守军纪，你们从前没有领枪，不算是军人，所以你们做错了事，犯了规则，不能十分责备你们。可是从今以后，有了枪，就是一个正式军人，无论什么事都要照军纪来做，如果犯了一些事，就要拿军纪来处治的。你们以后要晓得军人是这样做法的，要同从前的人完全变过了，前后要象两个人的样子才好。第二，你们要晓得这枝枪是什么地方来的。简单的说，是我政府发下来的，政府的枪是由兵工厂制造出来的，兵工厂的经费是向百姓收捐收租得来的，捐与租就是百姓的汗血，所以枪就是百姓的汗血制造出来的。百姓为什么要拿汗血来制造枪，给我们军人用呢？因为要我们军人拿了枪，去保护他的身家与国家，所以他拿出汗血来造枪的。枪的目的，是保护百姓与国家的，不是杀害百姓败坏国家的。第三，你们要晓得枪的用处是在什么地方。人人都知道枪是杀人打人用的，但是要晓得枪之打人杀人的目的，是在维护人道、保障正义的。我们本党的三民主义，就是人道，就是正义，你们拿了枪就要来实行三民主义，来维护人道，保障正义，不要有违反三民主义的事情。拿了枪来实行我们的三民主义，这枝枪才算有效用，这就是我们军人拿枪的目的与意义。你们还要晓得枪与自己有什么关系。军人没有枪，就没有性命，因为军人的性命全在枪上，比方枪坏了，打出去的子弹不生效力，就不能打死敌人，我不能杀敌，就要被敌人杀了，所以枪就是军人的性命，军人对于枪要时刻保护他，不要抛弃乱放。保护枪，就是保护你自己的性命。你们又要晓得造枪的难处。枪是怎么构造成功的，枪是由几个部分来构造成功的。枪的部分有三，一枪身、二枪托、三枪机，此三部分合起来，方才成了一枝枪。造枪的物有四种：一是药料，如无烟药、黄色药，即是做子弹的原料；二是金类，即钢与铁；三是木；四是皮件。这四件东西凑合起来，方才成功一支枪。这种物质是哪里来的呢？统统是百姓及工匠的汗血做出来的，你们拿了这枝枪，就要时时刻刻关心百姓及工匠的劳苦。所以对于人民及劳动界，更加要尊重他，保护他，不要将他的血汗所制成的枪，反来害他们。枪是应该怎么样使用才有效力呢？使用的方法，是很简单的，就是只要枪与人共同一致，不可枪管枪、人管人，两不联属，就对了。比方手拿了枪瞄准的时候，就要眼对到瞄准，心想到瞄准，身、心、手、目的、动作，统统一致对在枪身上，方才妥当，方有效力。假使射击的时候，目不看所对的目标，心里只害怕敌人，不晓得自己手里有一枝枪，如此那手足就要发抖，子弹打出去，必无效力，还不如不打的好。所以军人用枪要专心致志，最紧要的就是不害怕，换一句话说，就是要不怕死，先要心里放得定，一心一意的来杀敌致果，所以枪与人动作必定要一致才好。你们要晓得枪的分量才好，步枪最远的距离，能打二千余米突，但是没有效力的多，最多有效的地方，要在一千五百米突以内。现在所领的枪，其口径是七米哩九，枪的长度是一米突二十生的，枪的重量是四基罗格兰姆。你们还要晓得造一枝枪，是要经过一百多种手续方成功的，造一枝枪如此难法，所以你们应该时时研究，保重这枝枪，方才能不失枪的作用。还有你们用枪，不但要身心一致，射击最紧要的条件，是要同命令一致，第一是要枪与心一致；第二是要枪与命令一致，第三还有枪与枪也要一致。比方一队之枪，所对的目标及距离均要一致，方才有效，否则枪弹乱射，就不发生效力。不发生效力的时候，徒然耗废子弹，无异剥削自己的生命。枪上还有刺刀，这刺刀是什么用的呢？刺刀是不论平时与战时，凡做军人的，随时要带在身上，一则是表示军人可以有带刺刀的资格，对于社会是很有光荣，二则是显出军人是国民的菁华，并且显出军人有这个锋利的刺刀带在身上，就是表示军人是为国民站在最前线的急先锋,而使得一般国民起一种尊敬之心,并且引起其他一般国民来做我们军人的后盾,这是军人带刺刀的真正意义。当到战场的时候，刺刀有什么用处呢？直观的解说，单是在接近敌人子弹无效力的时候，就要用白兵战，拿这个刺刀来刺敌人。然而刺刀的作用，还有一种很深的意义在里头，你们不可不晓得，刺刀不单是刺敌人的，而且有时要用来刺自己。怎么要刺自己呢？就是在万不得已的时候，或是被敌人拿去做俘虏要受侮辱的时候，到了这时，与其投降敌人，让敌人来侮辱我革命军人高尚洁白的身体，毋宁我来自杀。为什么呢，因为我被敌人侮辱，就是国家被敌人侮辱，亦就是本军同胞及本党同志与主义，皆被敌人侮辱。所以与其为我个人来侮辱神圣不可侵犯的主义，那不如我杀身成仁，以保持我革命军人的人格。所以我们革命军人头可断，骨可磨，而主义是不可受人侮辱的。古人说:“与其背义而生，则生不如死。”这个“义”字，现在说起来，就是主义之义，要请你们各位理解这个道理。还有我有时或是犯了大罪，照纪律论，应该要枪毙，若我自认为错，就不要等候法律来杀我，我应该要自杀，象这样方才算得是革命军人的本色。这就是刺刀的用处。……〕

二十七日　对军校卫兵训讲应各尽心服务。〔节录：前次拿到偷跑学生的卫兵四名，今天拿到火伕的卫兵一名，每名都赏银三元。以后学校里的风纪是要你们卫兵来维持的，你们卫兵自己要格外谨慎，格外守规矩，不可做违反风纪的事情出来。你们能够服装穿得整齐，寝室扫得干净，拿枪拿得好，带刀带得正，立像立，坐像坐，人家一看见你们，就晓得这个学校是很整顿的。倘如你们寝室不干净，钮扣上下不正，领头参差不齐，衣服肮脏，军帽歪斜，懒惰骄慢，一些没有姿势，没有精神，人家进得学校第一重门，看见你们卫兵不良，就知这个学校的内容是很腐败的。所以人家看见学校外面的卫兵好不好，就可晓得学校内容的好不好了，卫兵差不多可算是学校的代表，你们岂可不自重吗？现在学生初进来，没有进过军队的，都要拿你们进过军队的卫兵来做模样，如果你们做模样的人不严肃，不整齐，不守规矩，那么学生要更加不好了。你们要晓得卫兵关于学校是如此要紧，以后你们好是有赏，不好是要罚的，到了罚的时候，还要罚得加倍的重，你们总要格外提起精神服务才好。……你们要晓得卫兵的职务。第一，是对内要维持学校的风纪军纪。怎么叫做军纪呢？就是要全校人员严守校规，尽心职务，不犯军法。比如拿出拿进的物件，一定要严密检查，没有条子的，不许他拿出去，有条子的，也要打开包来看，与条子所写的对不对，如若与条子不对的，也不许拿出去，假使发现违禁品或是危险品，立即要报告长官。又如除了假期之外，凡学生非由官长特别准假外出的，一律不许外出，毋得丝毫疏忽。怎么叫做风纪呢？就是风化的事情，要严密检查。校内有无男女混杂、鸦片赌博及不端正的事情发生，不单校内如此，就是本校学生等有无在外骚扰民间事情，也应该严密查察。第二，是对外要担警戒。如果外面有异常征象，无论听到声音，或见形迹可疑的闲人，都要特别注意，一方报告官长，一方还要自己严重监察查究，所以你们时时要象在戒严时候一样才好。还有夜间巡查，更要严密。第一是要留心火烛，第二守卫巡查时要四处顾到，如有发见形迹可疑的人，不拘何人，都要拿住报告官长。还有一样要紧的事，就是我们军人的精神总要格外的提起来，不要同在家里像老百姓一个样子。对于外面客人来校访问的时候，都要恭恭敬敬的行礼，谦虚和蔼的招待，不可暴慢失礼。如果在校内常常出入的官长客人，应该记得他的姓名，照规矩来敬礼，不认识的来宾，无论何人，皆不许他直接跑进来，应照来宾的规则办理，但是要小心招待，千万不可失礼。再昨天我到卫兵室里。看见咸菜、咸鱼以及不洗的湿袜、草鞋等物，都放在里面，以致室内发生臭气，这是很不卫生的，并且要发生疾病，赶紧就要搬出去。以后在卫兵室内，务要每日揩扫二回，总要使得清洁而合于卫生才好。〕

总理病愈。

二十八日　对军校第一期学生演讲饷的意义及来源。〔节录：今天是五月廿八日，本校以后每月到廿八那一天发饷。你们要晓得饷是什么东西，饷有什么意义，为什么我们可以吃饷，旁人不能吃饷，这种地方都要明白才好。……我们党员众多，不能个个受军事训练，所以特将党内的青年精华挑选出来，先来训练，等到这班青年同志训练成功以后，就可以希望我们革命主义成功，这是我们黄埔学校组织的缘起。但是要训练这许多的青年同志，非先要筹备大宗的款子不可。我们今日所领的饷，也就是从这个款里出来的，这个饷款直接是从政府和党部发给我们，间接还是从百姓身上拿来的。百姓的钱，是他们的劳动得来，所以我们的饷，就是百姓的汗血，我们吃这饷，就同吸百姓的汗血一样。这饷的名称，不仅是指现钱，凡从政府和党部领来为我们军队中一切的伙食、器具、用品，以及赡养家属的费用；统统都可以叫做饷。……我们无论在军队里，在学校里，都只是消费，没有半分生产的能力，所以军人是只会分利不会生利的一种人，亦可说是世界人类中最没有道理的一种动物。但是就现在的国家情形来观察，没有我们革命军人，更无希望。你看一般只讲强权不讲公理的军阀，剥削民生，掠夺民权，使人民深陷于水深火热之中，不能得到一些幸福。若是没有我们革命党奋臂起来扶持正义，和那军阀抵抗，这些叛徒和国贼，不是要更加横暴么？所以我们革命军人要负担这个重大的责任，来改革我们的国家和社会，这样我们用了一般人民的汗血金钱，方无惭愧。现在可以晓得饷的意义了。人民因为要挽救他们的生命和权利，所以给我们的饷，我们要争回人民的生命和权利，所以有资格去吃他们的饷。如此看来，我们应该如何保护人民，如何捍卫国家。唉，说起来实在可痛，现在军队，不但不保护人民，捍卫国家，而且反要到人民家里去奸淫抢杀，真是伤心害理全无心肝了，还可以算是人类么？……我们还要晓得现在中国的人民都被军阀剥削蹂躏，已经弄得颠沛流离，做人的趣味早已索然无余了，但是依旧要纳税缴捐，来养活我们军人，可说已到了筋疲力竭的时候了，再这样下去，人民必定没有纳税的能力了，那时我们军队也就没有饭吃了，没有衣穿了。……我们无论在学校在军队里面，对于衣服饮食应该要节俭，应该要保存，就是一粒米、一滴水、一颗弹、一件衣，也要体察来源艰难，不可漫不加意。……我们做军人的，是为求大多数人的解放，造大多数人的幸福而革命的，有时不能不牺牲少数人的生命财产，连我们自己也要牺牲在内的。所以我们革命军人，到不能伸张我们主义的时候，惟有以死报党，这就是“生辱不如死荣”的一句话。我们革命军人能抱定这志趣来吃饷，就不会负疚，亦不愧为人类了。所以饷的意思，也可以说是要我们死。以后我们吃的不好，穿的不好，只可怨恨自己没有精神，不能实行三民主义

而已。……〕

三十一日　第一期预备教育期满。与廖党代表暨王主任、何教官检阅学生徒手教练毕，集合总队部及各队官长讲评。〔纲要：（一）一般之成绩，1. 全体之精神，2. 其中之缺点，3. 分队长之指挥。（二）各队总成绩，以第一队为最，第四、第二队次之，第三队又次之。（此次廖党代表亦有讲话。）〕

是月下旬，广东市政厅布告统一马路业权，拟办铺底捐。全市七十二行商店议决总罢市抵制，省府乃令取消，风潮始息。自此省城与县镇〔龙江、桂洲、河村、水藤、东莞、佛山〕各商团，议定联防章程，是为商团事变之因。

六月一日　广州市党部执行委员孙科、黄季陆，提案中央党部，请裁制共产党。

二日　杨庶堪辞广东省省长职，〔〈为饷款竭蹶、各军凌压也〉〕为公所参也。

△**三日**　总理致函许崇智，嘱与公斟酌办理。

△附函：〔介兄大鉴：昨致汝兄函，此而须请兄斟酌如何办理。〕

八日　对军校第一期学生讲明军纪。〔纲要：第一、军纪的定义；第二、军纪的要素；第三、军纪的程序；第四、军纪的根源；第五、军纪的效力；第六、整肃军纪的方法。〕

九日　对第一期学生演讲兵卒与官长之比较。〔节录：本校从开课到现在，已经足足一个月了，各位受了许多军事教育，应该晓得纪律了，但是有几个学生还是外行，和没有受过军事教育一样。这几天常要在夜间就寝的时候，大声说话，官长禁止他，他虽然没说话，但是他在背后说不准他讲话，就说是以兵卒看待他了。讲出这种话的学生，不但是没有智识，而且完全与我们革命党主义相反了。你们要晓得兵卒的地位比我们军官还要重要，如果不能做兵卒，就不能做军官做学生。你们到这个学校里来，是不是来做老爷的，是不是来做大人的，如果这样，早可以不必到本校来。本校兵卒和官长，只有阶级与任务上的分别，至于动作上、人格上，并没有可以歧视的。你要晓得有时候官长没有用处，全靠着兵卒来做事体的，所以阶级越高的人，越不能尽责任，反是阶级低的人，能做实实在在的事业。……所以军官带兵，不单要使兵卒畏威，还要使兵卒怀德，起居饮食，都要和兵卒相同，凡事总要从自己做起。要你部下服从命令，就要你自己先守纪律，要兵卒受劳耐苦，就要你自己做兵卒的榜样，然后兵卒能像你一样的去劳苦。你们现在军官学校还没有毕业，就看不起兵卒，先要摆起军官的架子来，那还了得么。……你们还要晓得官长不知兵卒的行动，没有兵卒的学问，不能教兵卒，就是做了总司令、总指挥，还是一个外行，给部下看不起，所以分队长要从兵卒做起，区队长要从分队长做起，队长要从区队长做起，这样一步一步的提升，才算上了军队的正轨。……当一九二一年俄国煤荒的时候，他们不论军官兵卒，凡是党员，统统去砍柴来供给百姓的柴火，这样才能使百姓佩服他们党员，使百姓都能尊重他们的党。如果俄国的党员同我们中国一样，共产党的成功决不会这样容易……至于夜里睡觉的时候，无论什么地方都不许讲话，就是在你自己家里，或在团体之间，也不应当大声说话。要晓得妨害人家的安宁，是最不好的。这一些道理都不晓得，就是常识都没有了。……陈炯明他从前何尝不是个武装的党员呢，但是他对党的主义终不明瞭，终是以个人为单位不严守党的纪律，不服从党的命令，带了兵只想自己扩张势力，不管人民痛苦，只想自己升官发财，不惜残害亲友，到最后的时候，竟要谋害本党的首领，甘为叛党卖国的逆贼而不辞，这就是本党党员专想做伟人的毛病。……〕

十二日　对第一期学生讲明本校教育方法。〔节录：……前几天，本校学生里面有几个人误认本校的教育方法是压制的、形式的，而非精神的；误认军事教育是和普通教育同样的，可以优柔感化的；误认本校的处罚是不人道的，并以为赏罚是不必要的。有了这些错误，于是他们不满意于本校的地方显而易见了，不仅不满意，简直还含有反抗的性质，这实在不是本校的好现象。……你们要晓得现在自己所处的地位，不是一个“咿唔呫哔”的书生，是一个捍卫国家的军人。军人的本分，是要牺牲自己一切而来救国救民的，和你们从前的环境是大不相同了。你们现在是要想锻炼成功一个强毅不屈的军人，不先经过一番严厉的训练，怎么可以呢？……世界上最注重个性的军队要数法国，但是欧洲大战的结果，其操典中明明白白说道，在战场上到了极苦至难的时侯，如但凭着我们天禀的性质，和我们民族习惯的名誉心、爱国心、自由热、义务观念等等，那决是靠不住的。这就是人类弱点暴露的一个明证，也是从经验下来的一个结果，不是单抱着片面理想的人们所能想得到的。他们最讲究个性的军队，尚且说爱国心、自由热是靠不住，这不是教训我们说，要维持军队精神到冒危犯难、赴汤蹈火的一个地步，就少不了一番严重的训练。我们总理说“知易知难”，在军队中最容易证明这句话的至理，所以本校先要从形式上来训练你们，使得大家可以得到精神上的一致。我们还要晓得军事教育不比那普通教育，军事教育的主体，是全在军队，不在学校的；普通学校的教育，可由小学、中学、高等大学自成一个系统，有很长的时间可待教育者用理性来感化学生。军事教育却不能如此。照外国来说，军事中学毕业的不能迳入士官学校，必要先经过军队的训练，然后才能送入士官学校。入大学的，也不是士官学校毕业后就可以入学的，必要经过军队几年，挑选到专门学校毕业之后，再到军队经过几年，方才可以考入大学。所以军事教育在学校的教育时间是间断的，不是连贯的，决不能如普通学校的样子，完全可以用理性来薰陶学生的。况且我们中国现在没有完备的军事教育机关，比如本校是六个月中间，就要把军队和军事学校里的教育教练完成，这还能用优柔理想的教育来感化学生么？所以军事学校的训练一定要严格，而本校是党团与军队两重的训练合在一起，更不能不严肃果决了。……我们现在的情形，真和“捧漏瓮而沃焦釜”一样，实在是间不容发的，还可以坐待河清么？所以训练上的手段，是要注重严格的、规律的、带有刺激性的。若认此为帝国主义的训练，这就完全不知道什么是军事训练，也就不能再受军事训练。你们如不相信，可再询问俄国同志，俄国的军纪与训练是怎样的，就可以知道你们这种错误的观念，可以成为军队的大罪人，并且成为本党的大罪人。成了罪，就不是本校处罚所可能了事了。……讲到处罪一层，在陆军刑法内是有二种意想，一种是为罪的，是犯刑律条文的，对于这种治罪是含着有抵偿的意思，所谓“杀人者死”是已。其次是犯行尚未为罪的，如普通社会人民犯了警章一样，这警察法多半含着警戒的意思。本校的处罚是后者，不是前者，并且立意也不是抵偿的、憎恶的，是完全出于至诚善意的，求【使】你们犯过者改悔的，给你们一个记忆，使得不忘却，不再犯的。……按到教育说，是分德育、智育、体育三种，此外还有美育。德育就是训育，本校的编制，政治部是任主义上的训育及智育，教练部任精神上的训育及体育，教授部是任军事上的智育及训育。若你们违反了军纪，担任你们训育的官长不警戒你们，那就是官长忘了本分，失了组织的能力，是官长首先破坏了军纪。……本校戒尺的用意，是苦修的一个有激刺〔刺激〕性的警戒，因为军人的训练，不是说说就可以成的。从前中国士子刻苦读书，教师也用戒尺，而且是他的父兄自己请求教师用这戒尺的。虽然从前老学究的教育方法不良，但是他们并不把这戒尺作刑具看待的。……你们要晓得我们真正的耻辱，是不能杀贼讨逆，不能打倒军阀，不能打倒帝国主义，如其忘掉这种最大的耻辱，而不思从速洗雪，反以受本校罚目为可耻，那真是颠倒已极了。真正革命的军人，应该知过必改，从善如流，承受罪恶，自请处罚，尚何污辱之有？如其文过饰非，蒙上欺下，那是失却军人资格，真是耻辱了。……〕

十三日 大元帅任廖仲恺为广东省省长，陈其瑗为广东省财政厅长。

军校始开教育行政会议。

△十四日 大元帅任梁鸿楷为粤军第一军军长，李福林为粤军第三军军长，李济琛为粤军第一师师长，张民达为粤军第二师师长，郑润琦为粤军第三师师长，许济为第七旅旅长，杨锦龙为粤军第八旅旅长。

十五日 呈请任命吕梦熊为军校第一队队长，茅延桢为军校第二队队长，金佛庄为军校第三队队长，李伟章为军校第四队队长。

十六日 陆军军官学校举行开学典礼，学生四百九十九人。上午八时，总理偕其夫人宋庆龄女士莅止，公与党代表廖仲恺率全体员生恭迓。中央执行委员会委员胡汉民、汪兆铭、林森、张继等，外交总长伍朝枢，大本营军政部长程潜，粤军总司令许崇智，湘军总司令谭延闿，滇军总司令杨希闵，西路讨贼军总司令刘震寰等，广州市党部执行委员孙科、吴铁城等毕集。九时，总理训话。〔要略：民国的基础一点都没有，这个原因，简单说就是由于我们革命只有革命党的奋斗，没有革命军的奋斗，因为没有革命军的奋斗，所以一般官僚军阀便把持民国，我们的革命便不能完全成功。今天开这个学校的希望，就是要从今天起，把革命的事业重新创造，要这学校的学生来做基本，成立革命军，诸位学生就是将来革命军的骨干。〕十一时，请党旗、校旗就位，次请总理主席，奏国乐，唱校歌〔其一曰："莘莘学生，亲爱精诚，三民主义，是我革命典型。"其二曰："革命军人，奋斗牺牲，再接再厉，继续先烈精神。"其三曰："同学同道，以学以教，终始生死，毋忘今日本校。"其四曰："纪律神圣，重于生命，服从遵守，革命军人本性。"其五曰："以血洒花，以校作家，卧薪尝胆，努力建设中华。"〕、国民革命歌〔歌曰：打倒列强，打倒列强，除军阀，除军阀，国民革命成功，国民革命成功，齐欢唱，齐欢唱。〕。胡汉民宣读总理训词〔词曰：三民主义，吾党所宗，以建民国，以进大同。咨尔多士，为民先锋，夙夜匪懈，主义是从。矢勤矢勇，必信必忠，一心一德，贯彻始终。（兹谱为党歌）〕，校长施勖勉词，汪兆铭代表中央党部致祝词，来宾演说。下午三时，在大操场阅兵，总教官何应钦指挥之。五时礼毕。

十八日　中央监察委员张继、谢持、邓泽如，根据共产党阴谋本党之种种决议案，提出弹劾。

二十日　总理命谭延闿赴前敌督师，以胡汉民兼任大本营参谋长。

手订军校官长功过条例。

粤军总司令部筹设讲武堂，授全部下级军官简易军事学术，限三个月毕业。

二十四日　对军校第一期学生讲明革命军人不能盲从官长。〔节录：各位同志、学生：刚才苏俄同志〈鲍罗廷代表和柯洛夫将军〉及我们党代表所讲的话，讲得很彻底，想必你们都听明白了。我听了他们的话，有很大的印象，很多的感想，而且觉得无穷的惭愧。我们中国革命，完全与俄国革命的事实相反，所以革命的成绩亦不能与俄国革命相同，他们革命最大的成效，固然是在农人、工人能够帮助他们，但他们党员个个肯负责任守纪律，始终努力奋斗，视死如归，实在是他革命成功的最大要素。他们的革命，第一注重纪律；第二明白主义，凡是党员，统统能为主义牺牲；

第三是军官学校的青年学生，统统能尽忠他自己的职务，完成他自己的责任，所以能练出良好的革命军，完成俄国的革命事业。我们中国呢，不但没有真正的革命军，而且革命党员借着军队来自私自利，所以中国革命至今不能成功。比方党里委任他练一个团兵，他就争权夺利，耀武扬威，到了后来,什么叛党卖国的事都做得出来。如此的革命,怎么能够成功?……我们中国军人还有一种最大的毛病，就是只知道从官长，不知国家是什么，主义是什么。真正的革命军人，是要以信仰主义、服从纪律为职责。倘与我们主义不相符，或是犯了纪律，那就是我们的敌人，我们就应该反对他，攻击他。如果是志同道合，虽与我个人有不解的仇恨，也应该忘却私仇，来扶持我们主义,达到革命最大的目的。……你们要晓得你们是党的学生，是国家的学生，是主义的学生，你们将来出去做事，也不是为那一个人做事，是要为党做事，为国家做事，为主义做事。我们革命党对于党的主义，是神圣不可侵犯的，而对于个人盲从的习惯，是要竭力打破的，这样的学生才算有革命的精神，才算是一个真正革命党员。十三年来，中国的军人被袁世凯辈弄坏了，他们专用金钱来收买军人，军人变为他们个人的利器，专供他们做家狗，如此久而久之，相习成风，就变成今日这个亡国的现象。我希望你们以后痛除从前这种腐败的恶习，扫除你自己卑劣的思想，不要盲从官长。论理官长犯了罪，处罚比兵士还要严厉，因为官职越高，责任越重，所以处罚也要越严。如果我做校长的有违反纪律、背叛主义的时候，至少亦要处死刑，倘若不是这样做，官长的权限一大，便可卖党卖国，胡作乱为，如陈炯明一样，那还了得。……我们是为求民族自由、民权平等、民生福利而来做军人的，我们是为求国家独立、社会进步而来革命的，决不是跟到一个人，或是认识一个人来革命的。如其跟到一个人，或是认识一个人来革命，那就不能叫做革命，那就是叫做盲从，那就叫做私党，那就叫做他人的奴才走狗了。中国人的思想习惯，到如今仍旧是几千年前皇帝奴隶的恶劣思想，所以袁世凯、张勋、徐世昌、曹锟、吴佩孚、陈炯明等一般人，不是想自做皇帝，就是要自称臣子，所以中国革命到如今，还不能扫除这种帝制保皇复辟的一般余孽。我们要真正的革命，就要拿这些人做我们的镜子，反照一照，先要扫除我们从前这些旧思想旧习尚，然后第二步再来讲革命。革命总要以主义做中心，国家做前提，切不可盲从，更不可自私自利，专为个人衣食利禄，这样方才可以叫做革命，方才可以叫做革命党员。〕

呈请免军校第一队长吕梦熊职，并削其党籍。〔因梦熊私开会议，同盟罢职，要挟加薪也。〕

△二十六日　公接包和罗夫，还《俄国革命军组织及战略》书〔凡四千五百七十二言〕。

二十七日　呈请任命胡公冕为管理部卫兵长。

二十八日　对军校第一期学生讲演基本军事学之切要。〔节录：你们到校上课，屈指计算，已经有了五十天。这五十天当中，有许多学生已把向来的言语、意志、习惯、行动，完全改变过了，和初进本校的时候比较起来，可说是截然不同，这是本校长最欣慰的一件事。可是还有少数学生依旧故步自封，和没有进过本校似的，总以为校里的生活干燥无味，动作完全机械，没进生气，没有兴趣。受了五十天的教训锻炼，还有这样的思想议论，恐怕以后不容易改变他的思想了，他也不容易得到本校的教益了。你们有人对外面的朋友说，本校课程所讲的，总是浅近的东西，丝毫不能引起兴味，和初来的志愿完全相反。你们来到本校，原来是要想得到最高尚的最有趣味的军事学么？那我要问问你们，要想登泰山的，他不从那山脚一步一步的上去，就可以登峰造极么？要想漫游世界的，他不从足下一步一步的向前，就可以达到目的地么？无论做什么事业，求什么学问，都有一个根本，根本不做好，怎么可以做别的呢。古人说："登高必自卑，行远必自迩。"这两句话是千古不能磨灭的定理。你们要想得到高尚的有趣味的军事学识，总要由卑而高、由近而远的，决不是可以躐等的。现在你们所学的东西，就是军事的基本学问，所教的战术，就叫基本战术，不把这基本学问逐条的解释明白，理会清楚，怎么可以得到高尚的有趣味的军事学呢？……我从前在学校里的时候，操典不晓得念过几回，此外还有射击与体操等各种教范及战中勤务令种种，都是军事学的基本。这典范令三种书名，几成了一个名词，我们做学生的时候，看这典范令一见就明白，以为很容易，就不去注意他，到了后来，遇到各种战况敌情，以及种种困难不能解决的问题在我面前，就觉得没有把握，所以典范令虽是干燥无味的东西，然而不论到了战场上与野战实习的时候，都要拿这原则来判断的。从前我们的教官，有许多不讲明白这典范令的意思，与其重要的道理，只叫我们背熟来应他考试，等到考试过了以后，就忘怀了，那里还能得到一点益处，有什么趣味可讲呢。比如步兵操典第一编的二百五十八条，第二编的一百三十三条的条文，都能背熟，可是这里面的意思没有完全领略明白，到了野战的时候，就不能判断情形与决心。所以典范令虽是很干燥无味的，但也是最要紧的基本，不论大学毕业的、做参谋的、做司令的，都不能离了这典范令，要是离了这典范令，那决定是做不好的。所以现在你们进了学校的学生，或是将来出去做军官，都要在这典范令里面过活的。在我们中国一般军官，大多数只晓得升官发财，那里还有工夫去研究典范令呢？至于外国军官，不但是尉官、校官，就是做到将官，也都拿这典范令随时带在衣袋里来做宝贝，天天拿来研究，好象从前我们中国的读书人，把四书五经做生命一样。从前考试题目，总不外四书五经，而现在我们要应用的东西，也都在这典范令的里面，所以下自兵卒，上至元帅，都是从这典范令里化出来的，这不是最要紧的东西么？操典第一编，虽只有二百五十几条，后编也只有一百三十几条，但是编定这些条文的时候，不晓得费了几多的心血及几多的时间，决不是一年半载能够定下来的，至少要经过战争以后，费了十几年的工夫，才可以一条一条的确定。没有确定以前，只能叫做某操典草案，还不敢直说是某操典（如步兵操典草案，炮兵操典草案等），可知要成功一本操典要务令，是非常难的事情。编辑这典范令的机关，在外国是有特别专门的学校，或由军队里挑选老兵，专门研究这些原则，差不多天天要做同样的动作。比如研究步兵连教练，就天天要教连教练，三百六十日中没有一天不做连教练的动作，这不是极没有趣味的事么？但是他们研究试验，要得到一个完善无缺的动作，所以不厌再三再四的改正，到了没有疵病的时候，才敢定下这条的动作是这样的。不但如此，你要晓得他们研究的东西，最初是拿什么做根据的，是拿历代的战史做根据的，这几千【年】来的战史，你晓得其中死伤了多少性命，消费了多少心血，才成立的呢？由此一想，凡是学问中称为原则的，并成为一种有系统的，决非一朝一夕所能，这是很重要很烦难的一样东西，切不可轻易看过。平常人到操场上去看操正步，以为没有什么意思，不知这个里面有一定的规矩。比如走正步，一分钟走一百十四步，跑步跑一百七十步。又如步兵连的编制，一连只分三排，在连纵队的时候，每连的距离要离八步。这些原则，不是马上可以定下来的。我拿一件事比方把你们听，一连有一百廿六个人，这一百廿六个人之中，大小长短是不同的，那足步的距离就有不同，要定下这折中普通的距离，也要费很多的研究工夫方能定下来的。以上单是讲步兵的话，其余如骑兵三连制与四连制等各种编制，是更不容易解决了，所以你们以后不要以为典范令是干燥无味的学问，不去注意他。无论什么时候，你若是不依典范令做，官长就要依着那些原则来责罚你，官长如不依着典范令来教导学生，就要被学生兵士看不起。现在学生不知道典范令，就和从前应试的相公们不知道四书五经一样的倒霉。本校把最紧要的东西教你们，把从前别个学校三年或五年毕业的学科中最紧要的教你们，你们切不要忘了教官的这番苦心……。此次廖党代表亦有讲演。〕

共产党干部挤戴传贤去粤。

二十九日　对军校第一期学生说明俄国党员活动的方式及其成效。〔节录：今天我们学校里开党员大会，自然大家都可以发言，党员是一律平等的，谁都不能干涉谁的。不过我们要晓得自由平等是有范围的，不是无限制的，如果自由平等没有限制，便乱作乱为，那还成什么样子呢？我们中国革命至今不能成功，就是因为大家误会了自由平等的意义，乱作乱为，毫无秩序，象这样弄法，就是再革命数十年，也不能成功的。我们党员在集会时候最要晓得的，除掉明白当日开会的性质之外，还要明白会场的组织规则，我们最好先读一读我们总理所著的民权初步，因为这本书里面，关于会议规则及手续都说得很明白，我们读了便会晓得开会的规则，便不会乱七八糟，因为自己要自由平等而妨害他人的自由平等了。……俄国的共产党在一九一七年，还只有一万几千个党员，统计俄国的人民，约有一万万五千万之多，平均算来，俄国一万个人民当中，只有一个共产党党员。我们中国国民党的党员，足有三十多万，现在或许加到四十万了，算来已占我国人民总数千分之一，换句话说，就是千个人当中，就有我们一个党员。论理，我们做革命运动要比俄国容易，然而在事实上适得其反，这是什么缘故呢？就是因为俄国共产党的党员，无论什么艰苦的事，他们都愿去做，而我们国民党党员不能如此。俄国共产党党员只愿为国家为群众谋幸福，却不单为自己谋幸福，权利便让给人家，义务却拿归自己，从前反对他们党的，现在不单是不反对，不单是赞成，而且想要加入他的党，都不能够了。因为现在共产党对于入党的资格是限制得很严，非候补数年以上，不能入党，而这候补时期当中，还要经过种种考察，种种审查，要完全没有毛病，然后才能通过准他入党。……大凡革命事业，都是非常的事业，所以革命党人应该要有非常的人格。革命党党员的任务，不仅是自己好了就算，还要感化他人，俄国共产党人就是能够这样。他们无论到一个什么社团，都能使那个社团的人受他们的感化，因为他们党员最有团结力，他有十个同志，到别一个团体里去活动，这十个人的意志行动，统统有组织有统属的，象似一个人在那里活动的一样。所以他们少数党员加入到别一个团体里头，不到几天，那个团体里面的性质与心理，以及一切秘密消息，统统都探听得明明白白，不多时候，完全受他们的运动，受他们的感化，一般团员自然而然的都对他们表热烈的同情。所以他们红军有许多地方用不着打仗，而使得敌人心悦诚服来投降，因为他们一举一动，都以主义为前提，都以精诚来团结。而普通社会的人，既无统属，又无团结，好象散沙一样，平素毫无预备，也没有计划，所以一遇到他有组织有统属的党员，就在不知不觉之中，都受了他们的感化，皆变为他们的同志。这就是我们总理所谓革命党人，一个人抵当得平常人千个、万个的道理。……我们要翻开历史来看一看，自来各国开国的人物究竟有几个呢？比如俄国，就是列宁和他的几个中坚同志，他们不惟能感化几千几万人，并且能支配全国人的心理。我们的总理孙先生，学问、道德、思想，都是和列宁一样，本来早该成功，无奈我们一般做党员的人，不能象俄国党员的奋斗牺牲，来赞助总理革命，所以至今还不能成功。现在我们学校内有五六百人，如果我们党员以后都能努力于革命工作，还怕不能建设一个良好的中国吗？希望大家从今日起，都提起精神，来担任中国建设的责任。〕

七月一日　军校成立革命军事研究会，凡属中国国民党陆军军官学校毕业生，皆得为会员。设中央会于校本部，地方会于各处〔有本会会员五人以上之地方得组织之〕，每月开会一次，会纲分八类〔一、情报，二、时事，三、编制，四、调查，五、教育，六、兵器，七、培材，八、建设〕，研究事项十三目。〔(1) 每周已经过之国内军事变化；(2) 北京伪政府军事、政治、经济、命令之记录；(3) 世界各国每周政局之变化及革命消息；(4) 北方军队移动消息；(5) 南方作战部队之编制研究；(6) 预定将来作战道路线之调查；(7) 学生卒业后召集干部教育之日数、人数之研究决定；(8) 南方军队之弊端及对此改良之方法，并注意重点之研究；(9) 各方派遣兵要地理调查员之计划（道路、地形、经济状态、风俗、民情、交通、给养力、宿营力、户口居民数）；(10) 旧时之兵器研究利用；(11) 革命军成立之计划（人数、期限、器械、饷项）；(12) 革命军之编制研究；(13) 广东军事、财政、农工状况之研究。〕

二日　呈请任命徐坚、吴嵎、季方、黄为材为军校特别官佐。

逆敌陈章甫、苏廷有、伍子骝等，分三路袭占恩平，梁鸿楷部退却。

三日　军校组织特别区党部，举行第一届选举会，凡五分部，各选出执行委员并监察委员各一人。执行委员：第一区分部陈复，第二区分部李之龙，第三区分部金佛庄，第四区分部严凤仪，第五区分部蒋中正，兼监察委员。

四日　对军校第一期学生讲评本校特别区党部的选举会。〔节录：我们学校的区党部，昨天已经开了选举会，各组组长及执行委员都已选出来了，当选各位都是确实能办事的，结果算是很好，本校长也非常欣慰。……本来官长、学生都是以党员同志的资格到会，当然都能自由平等的，但有少数党员便乱坐乱说，几乎失了秩序，主席说话的时候，旁人又插嘴进去，这是一种顶不好的习惯。……我们要晓得集会是社会基础所在，我们到外国去，要晓得那国的国民程度如何，只要到他们集会的地方一看就明白了。以后望各位同志，人人遵守会场的规则才好。昨天开会的时候，有一二个人在票上写些乱七八糟的话，这本是个人的道德，本校长可置之不管，但会场上有这一种不好的现象，就是我们学校不幸的表现。现在我要用同志的资格讲句话，我们做官长的，自学校开办以来，自问对于学生，没有不是尽心竭力忠诚耿耿的教导训练，现在学生居然还在选举票上写这些无聊的话，来发泄他的私见，这是本校长所万想不到的。……还有一件事，就是昨天开票的时候，党代表已经提定各队长及各分队长为监票员，而当时有一二个同志学生起来反对，这足见我们学生至今还不相信官长。据普通选举会的规则，开票人的产出有两种方法，一由主席指定的，一由大众公推的。今主席已经指定了，而其中还有学生定要公推，这不但不相信同学，并不相信主席，也就是不相信本党。我们官长时常用精诚来教导学生，而这种地方尚不能得学生的信仰，这本是我们官长应该自己抱愧的事，但你们对党代表即主席，是不应该不相信的。试看今年正月国民党改组的时候，选出的中央执行委员，还是取总理制的，各部委员差不多都是由总理指定的。因为被选的人，决没有权利之见，也决没有光荣可言，与其初次公推发生许多麻烦的事，倒不如先征求众公的意思，再由总理指定。昨天主席既已指定各队长及分队长为开票人，各同志又何必一定要起来反对呢？……你们要晓得我们校里的党员，完全是信仰主义的，不但是情感结合，而且要精神团结的。在校里面，除了同志关系以外，还有同学与师生的关系，如果校内选举也象外面的选举来斤斤较量，未免于情于理皆不大好意思罢。……现在我们做官长的，把管理学生的责任已经大半托付你们学生自己及各组长了，以后学校的管理权，就要请你们组长及你们各同志自己负责任了。希望你们各位以后要切实的服从与自治，再不要靠官长来监督你们了，因为学校里和军队里还有校规与军纪来范围你们。若是党里面，完全靠你们服从心与自治心的，如果党员没有服从心，也没有自治心，或者是互相争闹意见，或者不听组长的指挥，那就糟了。……你们对于我所讲的话尽可批评，我说得不对，你也可以明讲，或用书面来问。我很虚心，我很尊重我亲爱同志的意思，我决不会刚愎自用，我除了赤心诚意勉励各同志努力进行之外，我决没有一毫强权压制的意思，这是要你们谅解的。如果我说的是对，你们就要听我的话，就要照我的话来实行，千万不可缄默不言，以致讲的尽管讲，不听的尽管不听。〕

同日　与谭延闿书，请抽调湘军一部前进东江。〔书曰：顷奉手教，恍若面晤，别后想望，为之一慰。张师约日内可以出发，惟加入何翼尚未决定。在汝兄之意，视何翼前进较速，则加入何翼，中正主张以加入左翼为宜，而张师实力，中正不得不为先生直告之。其全部好枪不过二千，如欲其加入助战则可，若使其单独前进，担任一面，则恐牵累友军，倘贵军能抽二千以上之枪与之共进，则临敌庶有把握。如以为可，请即来电催发，并于电中言明“何部何时可以前进，只待张师速来，”则张师必可出发也。此间情形如常，赣方北军将来之谣甚盛，中正之意，只要东江方面能有一翼前进，则各方隐忧可以立消，北军更不必惧。如果北军由梅岭入南雄，则贵军以一部由连平入三南，以捣其后，不须多兵即可抵制江西之敌。故中正所虑者，仍在东江之不能前进，不患北军之侵入我疆也。军中时疫流行，其原因多在饮水不洁，如可移驻之营，总以迁地为良。先生戎马多劳，更须保重，仲恺、展堂诸先生，对于贵军尤为关切，伙食一项可弗过虑。近日情报，林、洪二逆相轧益烈，当林逆未到汕以前，陈逆在汕会议，已派定黄强、陈觉民等接收黄业兴与黄任寰等部，将欲实行改编时，而林逆忽到汕，故陈逆之计不得遂，此为逆部秘密消息之一，据此可知林、洪、陈水火之状矣。惜乎本部不克乘此良机以袭其虚耳，东江局面，非贵军速进不能再有第二希望也。言之痛心。专此，敬请戎安。〕

六日　对军校第一期学生说明党与校的异点及教育方针。〔节录：今日本校开区党部成立大会，我有几句话和诸位同志说说。第一，先讲党与学校的关系。我们学校是由党所产生的，有此党方有此校，党与学校的关系是不可分离的，但党与学校的职务是彼此不相同的。所以同志在校里，不能把党与校混合来看，手续上与性质上都要辨别明白，方才不会发生误解。学生不能用党员资格干涉教育，官长亦不能用上级资格干涉党务，这是要分别清楚的。我们对党与对校，固然要一样看重，然而论党与学校的性质，党比学校还要重要几倍，因为学校办得好不好，影响于解决中国问题，固然是很大，但是党的办法好不好，对于中国存亡问题更为重大，所以党比学校更为重要。各位党员对于党的纪律，须绝对遵守，诚心诚意，信仰主义比较遵守校规还要严重才好。因为学生遵守校规，还有军纪来规束，至于党员遵守党纪，惟有本诸责任心、自治心与服从心，只有用个人的天良来负责，毫不能有所强制的。比如学校有禁闭室、戒尺各种罚则，党里便不然了，党的罚则，除非是犯了叛党卖国的大罪，或是在战时违背纪律，就要用军法处置。如果在平时犯了党纪，最多到开除党籍为止，这开除党籍，并没有痛亦没有痒的，若是不负责任的党员，你要开除就开除好了。……区党部组织以后，学校里的教育固然仍由教职员负责，至于管理权，我想可付给各位同志自己担任，由各组管理各组自己，过了一二个月，且看各党员自治的能力何如，再来决定方针。因为各同学中程度太不齐一，现在尚不能将此权完全交付你们，但是至少亦要以五之分四的责任，要你们自己担任，但望你们以后确实能够自治，总要使官长不必处处来监督，来干涉，这就是本校教育方针对于区党部组织以后的一点。……我虽然不能将肝胆剖白于各位之前，但能自己可以说一句，我对于各位同志的期望赤忱与我敬仰总理之心，丝毫没有分别：我但有以敬爱二字，对我同志即校中各位官长对于你们，亦非故意来强制的。我们纯是本胡林翼“爱人之道以严为主”的话待同志的。……比如打仗的时候，大敌当前，状况很险，有一个司令官要派你去做侦探，并且同你们说明利害，此去大概凶多吉少，或竟有九死一生的关系。这种时候，司令官问你“能牺牲吗？能担负这任务吗？”并且要求你立刻答复。如果你是一个没有受过军事教育的学生，那你要魂不附体了，你必定要求迟一刻再答复，甚或至说迟一天再答复了。但军事教育决不容如此，定要你一分一秒钟以内当面答复，这才是简捷了当的举动，这才是军人的行动，在军校里的教育，就要养成这样的习惯，所以非坚决严厉不可。若说同志感情的话，我以为感情是感情，责任是责任，切不可混同来看，不能因为是同志的关系，就将学生的事置之不问，或是一意放纵了，如果这样放纵下去，不诚实的感情或可弄得好，然而于军队教育上有好处吗？于本党有好处吗？于你学生个人有好处吗？于他官长自己有好处吗？这以私害公、以己误人的事，是绝对没有好处的，不是我所愿为也，非我所屑为，这种教育的弊病，我们应该积极的反对的。这两个月以来，我们各官长教育各位学生，自问是尽智竭力的，很热心、很诚恳的，但所采取的手段仍是严厉的、坚决的、迅捷确实的，亦可说是先强制而后感化的。你们说这是“专重形式而不重精神。”这句话，我是不能承认的。你们要晓得军事教育必先由强制，然后可得精神团结，精神团结不是容易的，不是口说可以做得到的，要事实上一件一件做出来的，完全要有一个中心，这个中心就是主义。学校就是党办的，官长完全以党的主义来教育你们，你不要先认识官长，你先要认识主义，如果你认定这个官长是为主义强制我们的，是为主义而严厉的，这强制严厉，完全出于至诚的，是善意的，不是为他个人的，不是为自私的。所以你们如果认定三民主义是救中国的唯一主义，信仰主义到了极度，自然会明白我们教育的方针，自然能以主义为团结的中心。……比方地球的吸力，是最大的了，但仍要地球上面的物质有凝集力，这个吸力方才见效。我们官长是不用感情吸收学生的，是用主义吸收学生的，但是这个吸力有没有效力，仍旧要看你们的凝集力如何。如果学生认定主义，能向这个主义凝结，互相结合而成为团结，才是真正的团结，不然物质没有凝集力，如尘埃，如燥沙，地球的吸力无论怎么大，这种物质终是遇风而散，所以我们官长固然要负责来吸收同志学生，而根本问题，还要各位自己反省，还要看各位自己有没有凝集力。……〕

七日　大元帅任命蒋中正兼长洲要塞司令。长洲要塞位于珠江中流，为广州东南屏障，亦海军之要区也。黄埔占长洲岛之一隅，而为军校所在地，故以要塞司令一职畀公兼任焉。

总理赐军校二十四史、四库备要各一部。

九日　呈请调任区长童锡坤为军校第一队队长。

十一日　改组军事委员会，委员由总理指派，凡九人。公及许崇智、谭延闿、胡汉民、廖仲恺、伍朝枢、樊钟秀、杨希闵、刘震寰是也。

十五日　大元帅派蒋中正为各军军事训练筹备委员长。

同时，派政治教官汪兆铭为各军政治训练筹备委员长。

呈请任命陆福廷为军校军事学教官，甘乃光为军校英文秘书。

十六日　本党召集中央执行委员会全体会议，解释近时党内外各种误会，宣言以三民主义为革命唯一途径。

二十二日　上粤军总司令许崇智改良长洲要塞条陈。〔呈为敌陈管见，恳予核转事。窃中正自奉令兼任长洲要塞司令，即将长洲一带地方应兴应革及须改造修理各事宜，通盘筹划，约有数端，兹管窥所及，胪举于左：(一) 名称：长洲既为要塞区域，其附近各处防务均由职部管辖，余如各村落之政治教化、应行改良者，亦须由职部负责办理，应定名为黄埔特别区域，如此，则着手进行较为便利。(一) 交通：长洲北面沿江一带，原有道路，虽未修整完好，然尚平坦宽阔，通行无碍。自英国人于船坞、平冈之间金鸡饮水山下建筑洋楼一座，原有道路尽被占去，只在屋后行走，逼窄不堪言状，队伍往来更觉不便，前任马司令竟置若罔闻，殊不可解。应请提出交涉，将原有道路让还，以利交通。(一) 划一规制：长洲一弹丸小岛，治理本属易易，现有税关、海防司令部各机关同处其间，既不相联属，又各自为政，且易为奸宄潜踪，并有防务冲突之虞。应请令饬迁让，使长洲一隅完全在职部管辖范围，则一切施行自当事半功倍。(一) 派员协助：长洲本为军事设备之区，如船坞、鱼雷局等，规模尚称完善。现在船坞因年久失修，破坏不堪；鱼雷局被马前司令拆毁过半，殊为可惜，嗣后或应修复，或竟废弃，应请选派富有学识、熟谙工程专员详细察勘，帮同计划。至沿江一带，拟建筑堤防，铺设马路，为开设商埠之预备，工程虽大，总须预为估计，积极筹办。综上数端，均系长洲地方切要之图，是否可行，理合呈请钧座鉴核，并转请大元帅训示只遵。谨呈粤军总司令许，兼长洲要塞司令蒋中正呈。

旋奉大元帅指令：呈悉。该司令所陈各节均中肯要，仰即妥订办法，分别各有关系机关办理可也。此令。〕

二十四日　对军校第一期学生讲明军校与党的关系。〔节录：我们国民党办这个军官学校的目的，不单是使学生有了军事学识，能做军官就算了事的，还有一个主要目的，是要使学生都明白党员的责任，担负同志的义务，将来出外任事，对于党要晓得怎样去活动，怎样去工作，做一个正正当当的革命党党员。……我们学校组织党部以前，就有人对我说，“如果你们学校里成立党部，你们的学校一定不能办好，因为军官学校的性质，是要极端专制的，完全不能拿党员平等的精神治理的。如果是有什么政治工作，或要想养成学生自动的能力，是决定办不好的”。说这些话的人，统统是军事学校毕业的，并且带过多年军队，很有经验的人。如果我们学校的党部成立以后，学校果能办得不好，就被那些旧脑筋的人猜中了，以后想要灌输一点政治知识到别的军队里面去，也不行了，要到各军队去组织党团，宣传主义，也去不得了，因为那些旧脑筋的人都可以拿本校不良的结果来藉口了。所以我们学校的党部成立以后，如果办得不好，不惟本校堕落，没有希望，本党也再不能实行向来改良军队的主张。如此，本党的主义就被我们军官学校弄坏了，中国的军队永远无法改良了，你们要晓得以后中国的军队如果不能受党的指挥，不能以党的主义为中心，那是无论什么军队，不能利国福民，只能害国殃民的，这样下去，中国的革命永远不能成功，所以我们军官学校成立区党部，以后如果学校办不好，不惟害了你们各位本身，对你们自己不住，并且害了本党，做本党的罪人，又害了国家，做国家的罪人。本校长自问是不愿负这样大的罪名，并且也决不允许你们各位负这种的罪名。……我十七八岁的时候在保定军官学校，那时本有许多队长、排长，统统是老行伍出身，思想很腐败的，我心里极不佩服他们，拿他们教的东西，讲的说话，当作笑柄看。但到现在回想一下，他们也有许多地方是有经验的，是可以用作很好的研究材料的。我这廿年来所学的和所经验的，很多自己忏悔之处，但现在觉得悔悟已无及了，所以我不能不将自己的忏悔贡献你们，要你们不要再蹈我的覆辙。至于我们官长的教材，都是经过再三讨论的，又集合许多有学问有经验的人来研究解决的，虽然缺点尚不能免，然而决不会有十分错误的。不过你们批评还只管批评，怀疑也只管怀疑，这种态度我不但不来干涉，而且是还要奖许你们的，但终不要无聊的批评，无聊的怀疑，如同近于一种无意识的言动，那就不好了。我们总理这十几年来所讲的话，都是精切平实，句句可以应用的，他是以心理、统计、社会伦理、哲学逻辑、政治、经济、军事等各种学问为根据，再拿中国的风俗习惯、历史法度以及各种的情形为中心，而参考各种的科学，斟酌损益，方能得到这切实的三民主义。我们大家的思想行动，如果都能以他的主义为中心，不但是于本党于国家有益，而且于我们自己的学问，可以少用几十年的研究工夫，就同多长命几十年的一样。如果我们对于三民主义还不能切实的信仰，那便不配做本党的党

员，亦便不能做挽救中国的军人。……]

二十五日 复戴传贤书，矢志为党牺牲。〔书佚〕

附：戴传贤来书

〔弟匆匆便去，未能事先告兄，归沪后屡欲有所言，而千头万绪，不知从何说起，举笔者屡，方举旋又放下，不若与他人书时之易为，盖亲爱之至者，益难为言也。抵沪后本欲即回湖，因此间尚有事待理，行李书籍又未寄来，故暂处以待，数日后乃归耳。国事当时代转换之秋，旧秩序已破裂，新秩序未建成，人自为意，必不可免，盖社会心理在革命期中之必然态状，无足忧亦无足惧。吾人但有正确之见解与宁静之态度以对之，斯得矣。若正确之见解不能得，则宁静之态度更何从具，先生所谓行之非艰知之维艰是也。不学无识而又懒惰性成如弟者，当此危局，自顾忧惭，颓然思退以自牧，亦事理之当然，非有他也。吾兄以饱经忧患之身，具坚贞不拔之气，沉毅豪侠，殆聚程不识李广为一人，岂不甚可敬佩。惟所虑者，社会之改造非仅赖个性之统驭所能成功，改造者之伟大，惟于其所持理想原理之伟大与性格之仁厚、感化力之强弱中见之，而他之庄严皆副德，犹之佛之三十二庄严相，实非庄严之谓耳。兵凶战危，载舟以此，覆舟亦以此，操之之难，恐倍于他业；若只赖个性以为统驭，临之以模范矜式，恐非持之之道，盖在时代之社会心理上，其为暗示者小而其为感化者薄也。弟为此说，词晦而理昧，不足以尽意，然吾兄且志之，三年后当有显明之例示吾人耳。廿年奔走四方，刺激既多，心理早呈变态，不仅敏过而已，是以自持甚疏，而论人论事往往有当。兄常谓弟之盛言厉色，易使人难堪，此诚有之，今稍稍自损，欲求有合，惟三十既往，行且近无闻之年，求学已难所入，惟情性之改革，岂易为哉？且彼此之友谊，且四千日，既有所知，不敢不告，且恐弟不言，则终无第二人能言，亦无第二人敢言。在兄左右之赖以出入者，于此等处则不惟不敢，且更不知，是弟之言之，盖不得已也。嗟乎，十年以来，旧友雕丧，余者几何？寂寞之感当有同情，对此狂

人，必加宥恕耳。（七月五日晨五点钟）〕

△吴敬恒、戴传贤、邵元冲致函政治委员会，主勿与英决裂。[1]

二十九日　军校第二次考试下级干部。

呈请任命李其芳为军校军医部主任。

△戴传贤致函汪、胡、蒋、许，劝精诚团结，勿受CP挑拨。[2]

三十日　对军校第一期学生讲明党员对于三民主义不能再有怀疑与批评的态度。〔节录：方才党代表对你们所讲的话，是很重要的话，你们要切实记着。无政府主义，说得好听些，是一种很高尚的理想；说得不好听些，就是浪漫主义、退化主义。但是本党很老的同志，如〈李石曾〉、吴稚晖、〈张溥泉〉诸先生，论他们的操守道德，差不多都是可以作本党的模范的先进。他们从革命以来，没有争过一些权，也没有夺过一些利，永远是一个纯粹的革命党，可是他们也是相信无政府主义，就是我自己也经过这一个思想的阶段，后来和同志们详细讨论，经过种种研究和经验所得的，再按着中国的情势以及现在的潮流，下实际体察的工夫，才知无政府主义不犹不能救中国，实在是祸害中国、灭亡民族的主义，才知道想救中国，非本党总理的三民主义不可。我们并不是妄自菲薄，我们的聪明实在是及不上总理，总理的理想实在比我们高出一等。现在我们中国，处在这种极危险的环境里，国内只有种种坏人、官僚军阀，勾结外国帝国主义来谋害中国，试问有谁能想出一主义来救中国？除了本党总理的三民主义之外，还有第二个的主义可以救中国吗？若是没有这个三民主义，我们中国的危险究竟怎样解除，我们的国家究竟怎样建设，我们就是拼命的去革命，究竟从那里下手，这样想来，几乎要发神经病。象我这样的人，或者因为发了神经病早已死掉，亦未可知，如果到了这种没有办法的时候，我们中国不是更加危险了吗？现在有这个三民主义来指导我们革命的方略，我们革命党，还可以慰藉我们自己革命的心理，马上按着去实行。……前几天有一

1　原稿注："此节暂不编入"，"应入十四年"。

2　原稿注："此节删"，"应入十四年"。

个学生要求退学，按本校的章程，本来是不准学生退学的，只有本校开除学生的。他要求退学，我叫他来，问他要退学的理由，他说他是因为思想变更，所以要求退学。我问他变更的什么思想，他说他近来相信无政府主义了。我又问他相信无政府主义，是从什么时候起的，在进本校以后，还是在进本校以前呢，他说是在进学校以后。若是他相信无政府主义在未进本校以前，那只是我们教育感化力不大，这个责任还轻些，既然是进本校以后，这就是本校教育者应该负这个教育不良的完全责任了。本校是三民主义的学校，为什么能使一个学生信仰无政府主义呢？因此我又问他，你相信无政府主义是什么原因，他说是外边的朋友寄给他无政府主义的书报，他看了那种书报，就相信无政府主义了。我对他说，你当初来入本校，当然是对于三民主义经过你自己的考虑相信之后，才来入党入校的。既然进了本校，你的主义就不应该变更，就不应该对于三民主义再有怀疑，这是本校明白宣布过的事。现在你自己的思想宣战，以至于行为矛盾，照本党与本校的纪律说起来，是说不过去的。但是我想留他这种学生也无益，因此我与党代表商议，得了党代表许可，就准了他的告退。……当时他所回答的话，语无伦次，神经病发得很利【厉】害，因此我当时把卫兵长叫来，暂时把他拘禁在禁闭室里，因为看他那种神经病的样子，实在不能放他出去，恐怕他一出去，就去寻死闯祸也不一定。……本校是为实施三民主义而创办的，除了按照三民主义的思想去实行外，没有别的事，也不许有别的主义侵犯到这个学校里来。以后我们党员对于三民主义绝对要服从，不准有一毫怀疑，而且不许有批评三民主义的态度，如果有怀疑三民主义或变更三民主义的人，就是叛党，那都是我们的敌人。……〕

是月 令在上海设招募机关〔借法租界新开河泰新旅馆，后移华界小东门敦厚里四十六号。〕，置招兵员若干名，以陈果夫主持其事，向各处〔指定浙属台州、绍兴、处州、金华暨奉化〕招得后，运送来粤。每次数百人或数十人不等，常有中途私逃或隐疾成废者，耗费甚大。当地宪兵、捕役、包探、流氓，又时来诈扰，江浙军阀复尽力摧残，招兵员被惨杀者数人。

八月一日 军校特别区党部选举小组组长。

广东政府始设中央银行，任宋子文为该行行长。

二日　晚，召集军校各职教员学生暨特别区党部各组组长临时会议，并讲明办事应痛除旧习，及组长的责任。〔节录：现在校里有些事情要和大家说明，所以今晚召集各职教员以及本校党部各组组长到来开会，但今晚并不是组长会议，是学校临时会议。我们学校里自从党部成立以后，全体人员都没有精神，和从前大不相同了。……中国人向来有种最不好的习惯，就是疲玩敷衍、不负责任，无论什么事情到来，都不肯振作精神去处理解决，民族性如此，所以往往被外族侵略进来。如果人民精神不疲玩，就是外族侵入，还有挽救的方法，精神疲玩了，就完全没有勇气抵抗了。中国自宋朝以来，没有隔一二百年不受外族侵略的，这就是中国人精神疲玩的结果。此外中国人还有一种不好的习惯，就是推诿延宕，而且自己固不愿意去做，却也不愿意人家去做，这更是现在中国人的劣性。……此次国民党大会以后，本校党部所选出的组长，他们应该负指导党员完全的责任，每一小组不过党员七八个人，他都不能照管得来，将来的大事更不消说了。原来党部推出组长的意思，是想他做党员的模范，他应该照组长的责务实行，才对于革命事业上有点裨益，不然，要推出组长做什么。至于本校的教职员，本来很有负责任的，但同时也有许多不负责的，遇着什么事，也有推诿不肯振作精神来做的。所以我说疲玩与推诿，是我们中国人最普遍的毛病。我们学校里办事的精神，比起别的团体或学校，本要算是特【突】出的，但是还没有完全照着本党的计划与意思去做。比方各队队长，自从党部成立以后，便不大负责任，我曾说过，自党部成立以后，管理学生的责任，五分之四要交给学生自己，官长便误会我的意思，以为没有权管理学生了。至于组长，又推说党里对于组长的责任还没有明白的规定出来，无从照办，因此弄到学校无人负责，这还成一个什么学校。……我们革命党，不但办事不要拘泥陈腐的习惯，就是战术战略上说，如高和罗夫将军所说的，他们俄国革命军战术，完全不照德国、法国的原则，而他们就象拿破仑的战术一样，学他一种特别的战术原则，这句话真是不错的。我们革命军这十几年来不能得到胜利，就是拘泥各国战术原则的结果，这是我对于高和罗夫将军最佩服的地方。我们中国人办事，每每注重虚文，比方一个团体，章程定得很好，但事实上都不能照办，〈所以我每见着这种定章程规则的事，就要头昏脑胀了。〉我希望大家能照着一个主张去做，不必一定要等章程定好。从古以来，不论中国、外国，无论法律如何规定得好，没有人能运用，还是不行的，有了真心办事的人，就是没有法律，也可以办得好的。……一个人办事，只要问得自己的良心过，就可以办，不要怕人骂我怨我，如果我们怕骂怕怨，便推诿疲玩，那么做组长的，便是同学的罪人，而且是事业上的敌人了。我们学校里，到了晚上，官长本应到学生自修室和寝室去巡查的，但近几天我总不曾见过官长出来巡查，或者有少数出来巡查的，我没有看见，也未可知，不过总没有如从前巡查的那般热心。组长也是一样的不负责，对于同学的行动思想如何，毫不关心，本来组长是帮助长官指导同学的，官长固然不能因为有了组长，便不负责。但是既有组长，一定要组长负责，和官长一齐办事，才能办得好，不然，还要组长和官长做什么用呢？……还有一件事，就是前次有个学生。他说因为思想改变，相信了无政府主义，请求退学。我们现在发见一个证据，他并不是真正思想改变，他是因为在外面谋着了一个差使，怕这里不准他退学，所以就借无政府主义为词。由此可知，做组长的不认真监察同学的行为思想，是极不好的了。以后凡是与本党违反的书报，非经本校许可的，一概不准阅看，这种事，要组长负完全责任。办革命的事，非用严厉手段不可。……所以从今以后，不管他有没有章程，都要照着我所说的办法，刚毅果决，认真做去，学校里才有希望，主义才能成功，若果不能，本校长固然有罪，大家也不能辞咎，因为一个学校的坏，不是一个人可以坏得了的；一个学校的好，也不是一个人可以好得起来，总要大家同心协力，始终一致，贯彻本党的主张，不愧为本党党员才是。〕

四日　军校开会追悼俄顾问包和罗夫将军暨毛宜〔字葆节〕、吴秉礼二生。包和罗夫溺死石龙，毛、吴二生因劬学病夭，总理亲临主祭，大书“遗恨何如”四字，以留纪念。

六日　上书军事委员会条陈，筹设军事训练委员会计划。〔窃拟军事训练委员会之训练计划，应分二部。甲、关于各军军队之训练，乙、关于各军事学校之训练。甲部训练应先从事整顿，然后再加训练。今各军皆在前方，且均有作战任务，一时难以全部调回整顿。而训练更无从着手。兹惟设法抽出各军之一部分（以一团为度），调回后方整顿，以资训练，然调回部队。须先筹备营房与经理等事，并须酌量其前方缓急轻重情形，方能确定施行，固非一朝一夕所能致也。若然，则训练军队自不能迅速进行，只有一面设法筹备，一面计划实施而已。乙部训练，实为着手训练计划之第一步，兹将管见所及，条陈于左，以备采择。一、训练既分军队与学校二部办理，则训练委员除各军总司令派出者外，各校校长亦应为本会之委员，或各校派一高级官长为委员，以为集思广益之助。此外不属各军各校，如有相当学识及富有训练经验者，亦应由总理指派为本会委员，此训练委员之人数应增设者也。二、政治工作，在各校应有党代表常川驻校，则政治委员长应任为本会之党代表，以便军事与政治二方之训练互相联络，并可一致进行。而驻各校之党代表，自以胡展堂、廖仲恺、戴季陶诸同志分任为宜。三、训练委员会之组成，分监察、政治、教授、教练、组织、军需六部，各部职务不须另聘人员，即由会中各委员分任之。四、军事训练委员会之职权，是否与各国之训练总监部相同，此其应请规定者也。中正以为训练委员会成立之后，各校教育之一切职权，应由训练委员会统一，而各校内行政与教育之实施事项，悉由本会规定之。如各校人员之任免，亦应由本会之通过与转呈，此仅在平时教育期内之职权而言。至于战时，则各校学生队之作战，均归本会指挥，如无本会命令，各校不得自由行动，以免参差不齐也。五、各校经费及军械，概由本会核准支配。六、训练委员会经费，除各委员兼差者每人发给月薪百元外，其余如书记、录事、勤务兵等，照雇佣薪饷发给，所需经费，待预算决定后，由财政委员会拨给。以上所拟各条，不过略陈梗概，其有未尽之处，容后续陈。是否有当，尚祈察核示遵。〕

八日　派军校各部官长往东圃、龙眼洞、白云山一带，勘察行军阵地。教练、教授二部各派二名，管理、军需二部各派一名。

九日　奉令办理粤省商团私运军械事。初杨、刘军队之在粤也，假揭革命旗帜，暴敛横征，商民不堪其苦，迁怒于政府。商团会长陈廉伯〔广东英商汇丰银行买办〕，因受陈炯明暨英帝国香港政府〔英酋深嫉政府与苏俄亲善〕煽惑，密组中国反动党，托言商民自卫，向香港德商顺全隆洋行购定大批枪械〔九千余杆〕，于本月四日蒙领军政部护照一张，越四日，即以哈辅轮悬哪喊旗装运入口。大元帅得港探报，立派蒋司令办理此事。是晚，公奉手令，率同大本营副官邓彦华乘江固舰赴沙角弋缉。

十日 晨，发现哪喊船于白鹅潭，大元帅复手令蒋司令，即饬永丰、江固两舰监押至埔，停泊于校门外。

十一日 上政治委员会函，请决定革命军募练计划。〔函曰：敬启者。时局至此，革命军募练计划万不能缓，兹预定募练干部三营，以为整顿现有各军及以后新练各军干部之用，此外预备步兵三团，炮兵、工兵各一营。步兵每团步枪约计二千三百零四杆至二千三百四十杆（因二种编制，未能确定），机关枪六杆；其人数合官兵伕役与输卒，共计全团人员为三千五百六十九名；开办费合枪械、服装、用具、驮马、招募费等，共计约四十三万六千余元，总计步兵三团，炮、工各一营，成立费为二百七十二万余元，而十二门之炮价尚不此数内。各兵种编制，当另表详陈，故不赘述。所定预算费为二百七十二万余元，于现在政府经济状况之下，骤听之未免骇然，以为过巨。然分划时期，按计进行，如以一年为成立之期，则每月支出，平均计算不过二十二万余元，政府果有决心，视此为治本第一之道，期其必成，则筹备此款似不过难。即如去年湘军未来粤之前，政府经济已觉窘迫万分，及至湘军援粤，每月增至三十余万，而政府财政之窘况，似未较前为甚。如能节减无益此糜费，或另辟一种可能之财源，专备训练革命军之用，其事必可望成，患在不能实行耳。惟此事筹备成立为期最短一年，从速进行尚虑不及，岂容再缓？然全军成立之期，仅须一年，如能照计进行，三个月之内可成三营之干部，六个月之内（至明年一月底止），可成步兵一团，九个月之内（至明年四月止），可成步兵二团，而至明年七月，步兵三团，炮、工各一营均可如期成立。以中正之意，如果三营干部能于三个月之内成立，则广州根据地可以策安全而无虑，迨至革命军三团成立以后，不特广东全局可以肃清，即底定中原，亦易着手，此非中正妄自夸大之词也。以中正观察，广东现在局势实无军事计划可言，必待三营干部成立，则训练革命军之根基乃成，而广州于以稳固。如果革命军能成立二团，则广东全局可以平定，而军事计划始有可言者。倘三团完全成立，则北伐大计并可实行，不然则今日局势，战略既无可施，政治又属空谈，惟有坐以待毙而已。势已急矣，时不我待，及今为之，或未为晚。是否可行，尚祈于本月以内决定，俾可克日进行，以免迁延贻误，则大局幸甚，吾党幸甚。此上政治委员会。〕

对军校第一期学生讲明革命党员办事的方法与手段。〔节录：中国人办事不好的习惯，我前次还没有讲得透彻，今天再同诸位讲一讲。办事的方法和手段，并没有专门的教科书，全靠个人自己的经验，再加上平时的学问和个人脑力的判断为基础，中国人现在办事的习惯，已经恶劣到极点了，这恶劣的起因是很多，最大的就是消极和推诿，不赶快改良，就令革命成了功，三民主义已经实现，等到最后，还是要倒的，何况办事习惯不改良，革命决不能成功，三民主义决不能实现呢？比方说，排长遇着一件什么事不敢决断，便报告连长，连长、营长又不敢决断，便报告团长，以此上推，一直至于旅长、师长、军长，若果军长还不敢决断，还要请示大本营。象这样麻烦的手续，从排长报告转到大本营，至少要几个礼拜。再由大本营转下来到排长，至少亦要几个礼拜。如此一呈一批，最快一个多月，这样自然什么事都办不好了，何况现在正在革命时期之中，凡事都要办得敏捷才好呢。所以遇着一件平常的事情，就可照手续办去，如果是非常的事，那就要用非常的手段，拿到手里，立刻解决他，如此还嫌太慢。若再要经过一大批的手续，几十日的时间，不是更加不济事了么？然而这种推诿的习惯，又是从那里来的呢，就是由于各个人不能积极去做，没有一点责任心，不肯负起责任来担当事件，若果是肯负责的人，是什么事情都敢自己做主。比方这件事办好了，自然是办事所应当的，不然办坏了这件事，自己也情愿负责认错，就是免职枪毙，也所不顾。办事有这样精神，或者中国的腐败龌龊，有廓清刷新的希望。……现在我们学校里，虽然还有许多事没有办得完备，然而教育、训练、起居、管理都已有了一点规模，这并不是我们自夸，都是我们上下办事敢负责的结果。什么事自家觉得该办的便办，应该报告中央或总理的便报告，可以不必报告的便不报告。我们学校自从开办以来，所办的事总计不下千数件，当中自然不能没有办错的，然而中央或总理何以并不曾责备一句呢？就是因为我们肯负责任，就令办错了，上面也能原谅我们。而且我们自己虽然办错了事，也是安心的，因为一心一德来办党事，于心毫无愧疚的缘故。我们办错了事，怎么还可以得上官的原谅呢？就是上官对于我们有信任心。不过上官相信我们，还要我们有可以相信的地方，如果我们不足使人相信，难道上官也来相信我们么？就令相信了我们，而我们没有责任心，遇事畏首畏尾，推诿不前，也是不行的。……各位同志学生，今日在这里求学，将来出去不是做人家的上官，就是做人家的部下，所以今日在校，就要赶紧练习办事的方法和手段，并且要养成这种办事的习惯，将来出去，便晓得做人家的上官就要有信任心，做人家的部下就要有责任心。做上官便不可疑神疑鬼，猜疑部下，就令部下有做错的地方，也要酌量原谅，只要他是为党为国，大致不错，就可以让他做去，养成他一种办事自动的精神。如果是做部下，更要负责任，什么事到来，都要凭着自己的良心和判断力做去，使得上官可以安心。要是这样，才可算是革命党的党员。……现在有些人说我们国民党只会破坏，没有建设的能力，这句话在一般人看来，是骂我们革命党的，在我看来，实在是谬奖我们革命党的，因为我们革命党真是有破坏的能力，倒就好了，其实我们革命党，不但是没有建设的能力，而且没有破坏的能力，你看我们国民党这十三年来破坏了一点什么呢？对于这官僚腐败、军阀横行、社会堕落、人民痛苦的病根，何曾有一点破坏呢？尤其是革命党做事，既怕舆论反对，又怕外力压迫，所以样样事都不敢做。我们要革命的人，要学做革命事业的人，第一不要顾虑太多，就是先要有破坏的能力，凡遇到中国人办事不好的习惯，应该要积极的把他打破，不过破坏也要有方法，如果做事不管好歹，一味破坏，也是不行的。比方这好好的一张桌子，好好的一顶帽子，于我们没有妨碍的，自然不必破坏他，所以做事要有方法和手段才行。做事的方法和手段，第一要有条理，不可是非混作一谈，先看各事的关系如何，再来分别办理，比方我们一个学校要分为六部，分门别类，一件一件的归纳起来，分头办理，这就叫做条理，第二要有次序，看看那些事是最要，那些事是次要，定了以后，依次办理，如果我们学校里先教各个教练，然后再教排教练、连教练，革命也象这样做去，有条不紊，

不特可以破坏一切，同时亦就可以建设一切。这不过举一个办事的例，其余就可以类推了。……〕

总理以蒋光亮通敌撤职查办，即任所属师长胡思舜为滇军第三军军长。

十二日 广州七十二行商店准备总罢市，要求发放哈辅轮。

长洲要塞区域内宣布戒严。

十三日 徇廖党代表电请，派军校教官文素松率领第三、四队学生，前往省城维持治安，镇谣言。

十四日 军校招第二期学生。第五队、第六队、第七队〔合编为第二总队〕以及工兵队、炮兵队、辎重队、宪兵队，概属第二期。

十七日 举行第一期学生甄别试验，及格者四百四十七名。〔不堪继续修业、饬令退学者，计十九人，尚可造就、留校察看者，计三十三人。〕

十八日 呈请任命张元祐为军校中校教官。

十九日 上中央执行委员会中央军士教导团编制意见书。〔书佚〕

对军校第一期学生说明此次扣械案的主张。〔节录：这一个星期，我们大家所视为最重要的事件，就是扣械案。这个问题应该如何解决，我相信各个人的脑海中都正在思索，所以我现在特拿这件事和各位同志讲一讲。……现在政府把商团私运的军械拿到学校里来，决不能算是本校的军械，乃是本党的军械。……如果我们仍同从前假革命军一样，不听政府命令，不受本党指挥，军械拿到手就算是私产，这就是假革命军了。军械到了假革命军手里，就要祸害人民，扰乱国家，如果如此，不但是本校的总理和本校长因此多了一个罪名，本党的前途也因此绝望了，所以我们学校对于这军械如何处置的问题，决没有容喙的余地。如果党里说这个军械我们可以取用，我们就取用，如果党里说我们要始终保管，那就要保管，要完全做一个革命军的模范给人家看，这是我对于扣械案的主张。各位同志要照我的主张做去，方不负本党办理这个学校的目的。如果我们对党对政有一些异议，我们就不是军官学校里的同志，亦不配做革命党的党员了。请你们各位要晓得这个道理。……还有一件事，就是前次在哪喊船上起上了一些洋钉、香料等物，检查之后，都不是违禁物品。哪喊船的来历也已经查明了，他并不是贩卖军械的船，是被人家租来的，所以我们应该分别处置，船管船，货管货，我们不能没收的，这是根据国际公法办的。比方在上海或广州这些地方，有些强盗雇了汽车公司的汽车去打劫，如果汽车被雇佣的时候，并不知道他是去打劫的，那末生出了事，法院审判下来，汽车夫和汽车公司也是不能断他有罪。现在哪喊船也是这样的一个情形，所以昨天我们就把那些货物通通退还给他，船也可以让他自由开行了。近来时局稍为有些变动，以后我们或者要北伐，我们在这个时候，大家都要多用点功，对于野外的工作，更加要用心练习，要是大家能不分昼夜，不避风雨，都忍劳耐苦的工作，将来到了打仗的时候，才不会感觉到不便。这几天学生因为在野外服务，觉得身体上非常疲乏，然而要晓得在打仗的时候，更加是劳苦，现在的劳苦，还抵不得将来战时劳苦的十分之一。外边同志都说现在我们国民党，除了希望我们学校里的全体同志出来奋斗以外，再没有第二个希望了，所以将来的革命能否成功，全视各位同志、学生有无希望为断。我们的责任如此重大，如果大家能为国民党争一口气，奋发有为，革命自然可以成功，三民主义当然可以实现。现在这几天，因为学生轮流在校外服警戒勤务，身体较为疲倦，内务就不大整理，这是顶不好的习惯。军人无论在平时或战时，都是一样的，平时要做战时的工夫，战时也要做平时的工夫，若是以为在外服勤务的时候，就可以把内务随便一点，或是要求官长特别原谅一点，那就糟了。……现在新学生又已经进校了，大家更要努力做他们的榜样，造成一种良好的校风，流传下去，使以后各期学生都一样的好，这样才算是军官学校的学生，才有革命军人的精神，才不会失掉自己的体面。……]

二十日 呈请任命朱棠为军校少校教官。

二十一日 呈请任命陈焯为军校中校教官。

二十三日 大元帅手令蒋校长，将扣留之械内检交李縻将军驳壳枪一百七十五枝，手机关枪十八支，及两项足用之子弹，为甲车队之用。

粤省商团对政府提出三条件：(一)扣留之枪械，无条件全部发还。(二)准商团成立联防总部。(三)取消陈廉伯通缉。大元帅未复，商团乃复于二十五日强迫广州商店总罢市。

二十六日 与廖党代表拟具中国国民党党员义务兵役制大纲草案，呈请中央执行委员会议决施行。

△派王震南回嵊招兵。

二十八日　呈请任命李铎为军校上校教官，王俊兼工兵队队长，陈复升任第五队队长。

二十九日　范石生、廖行超调停商团罢市风潮，订定妥协四条件：（一）陈廉伯通电谢罪。（二）省署撤消陈廉伯、陈恭受等通缉。（三）商团报效政府五十万。（四）政府发还所扣枪械。（五）政府撤退新驻市区军队。

三十一日　总理莅军校视察。

九月一日　军校工兵队成立。

三日　派何总教官应钦筹备教导团，组织及训练采用苏俄新制。

同日　派邓总队长演达代理军校教练部主任，严教官重兼第一总队队长。

呈请任命林鼎祺、缪斌为军校少校教官。

四日　大元帅手谕发足李糜手机枪并短枪。〔谕曰：介石兄鉴；前日命李糜〈将军〉设备钢甲车四驾，北江两架，东江一架，佛山一架，保护车路兼载宣传队，为沿途宣传之用。佛山车已备妥，次日开始宣传，而兄处派人忽将手机枪并短枪收回，致不能照计划举行。李糜因此大为失望，吾亦同此心。此事关于党务军事之进行，甚为要著，且我拟一二日后亲往韶关，更须此二甲车随行。务望照前令发足手机枪十八枝，驳壳枪二百五十枝，切勿延误为要。此致，即候毅安。〕

五日　大本营开军事会议，决议北伐。

六日　大元帅手谕发落扣械。〔谕曰：介石兄鉴；商人有愿筹北伐费而讨回枪械者，此事现交精卫交涉，如得圆满结果，当要给还一大部与服从政府之商团，故欲沽其一部分为练兵费一节，不可施行。此帮械如何发落，当俟精卫交涉后而定也。孙文。〕

七日　军校第二、三队学生赴广州市第一公园，参与国耻纪念大会。

八日　大元帅手令发给朱培德部步枪。〔令曰：着蒋介石先发给朱培德部步枪一千枝，此令。孙文。附同日谕曰：介石兄鉴：先发朱培德部步枪一千枝，子弹配足，其余照前令发给各部，一概从缓，以待精卫与商人交涉妥后另议。此致，并候近安。孙文。〕

大元帅又手谕催发李糜手机枪。〔谕曰：介石兄鉴：前李糜要取手机枪十八枝，为配甲车之用，务要照发，不可令学生带来，借用一时而带回去，此殊失李之望。李君专长甲车战术，一切须由其配办乃能灵捷，且敌人已来，窥翁源河头，欲断我省韶铁路之交通，我日内往韶关，则此铁路之防备更为急要。务望将手机枪同驳壳枪一齐交与卢振柳带回，俾李得以配备后方防卫。至要，切勿延误。孙文。〕

九日 大元帅手复在粤有三死因，急宜北伐谋出路。〔复谕曰：介石兄鉴：长函（今佚）悉。从根本办法，以练一党军而负革命之责任，此志正与兄同，惟广东一地现陷于可致吾人于死之因有三。其一，即英国之压迫。此次罢市风潮倘再多延一日，必有冲突之事发生，而英舰所注意者，必大本营、永丰、黄埔三处，数十分便粉碎。吾人对彼绝无抵抗之力，此因此次虽幸免，而此后随时可以再行发生，此不得不避死就生一也。其二，即东江敌人之反攻。现在已跃跃欲动，如再有石牌之事发生，则鹿死谁手，殊难逆料。其三，则客军贪横，造出种种罪孽，亦必死之因。有此三死因，则此地不能一刻再居，所以宜速舍去一切，另谋生路。现在之生路，即以北伐为最善。况现在奉军入关，浙可支持，人心悉欲倒曹吴，武汉附近我有响应之师，乘此决心奋斗，长驱直进，以战场为学校，必有好果也。吾党之士切勿游豫，大局幸甚，余面详。此致。孙文。〕

呈请任命陈哲、华沫、李卓元为军校少校教官。

十日 第四队学生在野外研习排战斗教练。开始地为洪福市，人员四十二名，指挥官第四队区队长詹忠言，对抗指挥官第四队副队长严凤仪，各部队长官均莅场参观。

十一日 添编第六队第一区队。〔为收容川省远来学生也。〕

派徐特别官佐坚为代表，出席反帝国主义会。

十二日 移大本营于韶州。大元帅亲率警卫队、飞机队、赣军全部〔方本仁部〕、湘军〔谭延闿部〕、滇军〔朱培德部〕、豫军〔樊钟秀部〕各一部〔惟杨、刘等部不受调遣〕出发，指挥北伐军事。公派军校教官文素松率第一队学生随驾护卫。

同日 大元帅令胡汉民留守广州，代行帅务，兼广东省长，廖仲恺改任中央军需总监兼财政部长，及广东财政厅长，许崇智兼代军政部长〔因程潜在前敌〕。

大元帅令分给各校各军商团扣械。〔令曰：着分给军官学校长枪六百杆，教导团长枪一千杆，干部学校、讲武学校长枪各二百杆，滇军第二军长范石生长短枪各五百杆，桂军总司令刘震寰、豫军总司令樊钟秀长枪各五百杆，此令。〕旋手谕嘱与许总司令酌还之。〔谕曰：介石兄鉴：据汝为兄言，如果将长短枪交回商团，当能得百万以为出发费。果尔，今日分发各令尚可取消，除益之之枪外，可悉数还之。如何？请与汝为酌夺可也。孙文。〕

十三日　范石生派员请领还枪械，公拒却之。先是石生诡言有该军订购德商长枪一千枝，装在商团扣械内。大元帅昨手令发还，公早察知其情，电复否认此事。

是日　旧历中秋节，公于晚间在军校雨操场宴全体官生，席终训话。〔节录：各位同志学生，今天是民国十三年的中秋节，我们大家在黄埔军官学校雨操场里聚集，这是不可多得的机会。……在现在这个时期，我们要打倒军阀，打倒帝国主义，负起革命的责任，就只有实行三民主义，除了实行三民主义之外，我想再没有第二个主义可以救中国。至于三民主义，本校已讲演过多次了，以后因为时局的关系，怕不能象从前的逐一讲演，只有请新到各位学生自己研究，以期大家的思想学问都在水平线上。我们生在这个不幸的中国，时局是不能一定的，所以我们求学的时候和打仗的时候都分不开。现在我们在这里集会，等一会便要去打仗也未可知，所以我们时时刻刻不可把打仗这件事忘记，不要以为求学和打仗是两件事。……我们学校里以后的教程，因为时局变迁不定，不能照着以前那个课程计划来教。本来教育是应时代需要的，时代要求怎样，教育就要怎样，现在第五、六队和工兵科的学生，对于野外的操练，不得不提前演习，在习惯上本来有些不惯，不过久了也会习惯的。况且我们要求真正的快乐，就要先受最大的痛苦，如果因为生活痛苦一点便怀退缩之心，这就不能算是革命党的党员了。……今晚我讲了这一番话，请各位同志留心想一想，还要各位在年年中秋节记着民国十三年的中秋节在黄埔军官学校的

情形及我所说的话。〕

廖仲恺谋粤省财政统一致电各军，责令核实兵额，交还财权。

十四日 派军校代表参与中央执行委员会常务委员彭素民追悼会。

十六日 具呈中央执行委员会，请准辞军校校长职务。

同日 钦廉八属联军军务督办林俊廷，脱离邓本殷，归降革命政府。

十八日 对军校第一期学生演讲革命在青年之精神团结，及最近时局变乱。〔节录：今天本约吴稚晖先生讲演，因为他没有功夫，所以没有来。现在我乘着这个时候，和各位谈一谈时局以及本校现在的情况和以后的办法。……这两个星期以来，我因为有病，很少和各位学生见面讲话，心里非常的想念。我自己年纪还不满四十岁，然而精神和体力都觉疲乏极了，为什么缘故呢？这十几年来，对于革命的工作自以为不算不努力，但是觉得革命的前途越走越远了，如果这样下去，就是我不在战场上打死，亦一定会在平时忧愤而死的。今后的革命事业，要想完全靠年老的一般革命党来革命，还是不行，所可希望的，就是要各位学生来继续先烈的革命精神，担负革命工作。……今天新旧学生聚在一堂听讲，我最愿意的，就是大家不要分新旧与彼此的界限，精神都团结起来，要把现在这里的九百几十个同志当作一个人，不要当作九百几十个人。因为精神不团结，就如散沙一般，什么事情都不能成功，还干什么革命运动。……现在因为江浙战事很猛烈，听说奉军出关已经占领了朝阳、热河。这回的战争打得很可观，江苏军队的素质本不大好的，然而此次居然能和浙军开战了两个星期不退一步，可见帝制派还是有力量的。将来要想改造社会，此时我们大家就要更加努力才行。如果江浙的战事持久，奉军再入关作战，将来中国还不知乱到什么田地。至于西南方面，云南、四川、广东、广西各省，都已联络起来，一致声讨北伐，总理也已往韶关去。如果能够出师江西，占领武汉，将来能否和东南占领南京、奉军占领北京成为一个真正的三角同盟，也不可预知。如果到这个时候，中国情形又不晓得变成一个什么样子。总之中国要想在这几年内使人民得以安居乐业，是一定不可能的，只有愈打愈糟。如果真要彻底的改造中国，平定内乱，使人民能安居乐业，还是要有一支真正的革命军出来才好，不然无论南方打胜仗，北方打胜仗，都是只做亡国灭种的工作，于国家于人类决没有福利可言。所以我们大家要不妄自菲薄，要把整理中国的大责任担负起来，才是真正有革命精神的青年，才是本校的学生、本党的党员。现在因为时局的关系，我们学校里教育的方法和课程，或者会有变更，毕业的时候，也或者会提早一点。本来求学时期的久暂和毕业的迟早，是没有什么关系的，只要自己用功，自然能够造成大才，如果不能用功，不用说六个月学不到什么，就是六年也无用的。现在各位在这里求学，应该要加倍的刻苦耐劳，不晓得的要问官长，免得到了后来要问也问不到。求学最要紧的，是提纲挈领，教官不过是一条引线，真正要求精深博大的学问，还靠各人自己用功。现在我们在这里上课，就要同在战场上打仗一样，大家除努力求学以外，还要全校同志能够精神团结，就令将来大家离别了，死亡了，大家的精神还是一贯的。从前第一队学生入校的时候，几乎以为精神团结不可能的，并且问如何团结的方法，我说你在三民主义之下能够屹然不动，始终一致，而再照我们校训“亲爱精诚”四个字切实做去就好了。到了现在差不多已经五个月，我相信第一、二、三、四队学生与我及教职员的精神，完全能够一贯，已经到了不团结而团结的地步了。现在就是我死亡了，我相信我的精神亦能聚在校里同志的头上，不能离去的。……〕

是日　胡省长派员偕商团代表诣军校看械。

附：胡汉民来函

〔介石吾兄惠鉴：今日手书来，适三楼之康年秘书无一在者，故未即答也。弟到韶谒先生，所谈大致如在校共议之大略，……先生亦主张如得实款，械可发还，惟移转存贮之地，则无益而有危害。弟等返省即到汝为处，汝为、组安俱认四总司令之保管不过为一种示威办法，不必实有如何做作者。然则暂贮黄埔，俟解决条件，即陆续运搬发还，此时只有如此办法也。因有四总司令保管之说，商团原本催促交由范、李、廖等保管者，因不复提，只尚有小小要求，则谓有挑拨离间者，言政府已将枪械分配各军已尽，彼等欲一看而安心，彼等亦知政府略发千数械于北伐军，然冀不如外面之言云云。弟意或可许，由弟派人偕彼商人三四到校一看，然此事必得兄同意，方好确实允之。今日欲以电话奉商，竟日不通，电报又虑不能畅言，故仍以函白。请兄示复……。弟汉民顿。〕

十九日　招考教导团学兵，计取七十三名，内六十八名由湘军总司令部选送，多曾充军官者，复于投考学生中挑录二十七名。

二十日　呈请任命王俊为军校工兵队队长，兼第二总队队长，郜子举代第六队队长。〔子举以第六队副队长升任。〕

二十二日　下整肃军纪令。〔令曰：近日本校军纪废驰极矣，而以出动之学生为甚，每见官长，轻藐不敬，习为固然。本校长经过要塞司令部排哨之前，有一学生当面不知行礼，则于其他官长可知。该队官长对于其所部放任若此，除第四队李队长记过一次外，仰迅将此失敬之学生查明呈报，并严行处罚，以肃军纪，切切。此令。〕

二十三日　大元帅任古应芬为大本营财政部长兼广东财政厅长，并军需总监〔准廖仲恺辞职〕。

二十四日　呈请任命陈隐冀为军校少校教官。

二十五日　呈请任命王文翰为军校中校教官。

对军校第一期学生讲述中俄革命成败之异致。〔节录：今天本校长和各位学生讲一讲现在中国的情形。……现在我们所处的广东已经完全到了英国人的势力范围里面，例如前次争海关权的事，广东的海关本来应该归我们革命政府管理，然而英国人不肯，他竟派兵舰来要打我们政府。又如这次商团购械的风潮，英国领事公然出来干涉，并且说政府真要攻打商团，他便要开炮来打政府。照这样看来，我们政府不能管理他的人民，自不消说，就是我们自己的人民他都不许我们治理了，我们的内政他都要到处干涉起来了，又何怪我们革命政府不能发展一步呢？各位同志学生，广东的情形就是如此，我们革命党的环境亦就是如此。然而英国人为什么还让我们在广州这许多的日子呢？这也是于他有利益的。因为他从此可以挟制北京政府，无论什么交涉，他就可以对北京政府说，你服从不服从我，如果你不服从我，我就承认南方政府，北京政府被他这一来，只好俯首贴耳，惟命是听了。所以广东的革命政府能够消灭，英国固然引为幸事，就是不能消灭，于他也没有妨害，并且他的利益更能一天一天的加大。各位同志学生，这就是帝国主义在中国的用心，你们看可恨不可恨。我今天所说，就是中国的乱源完全是帝国主义在那里作祟，我们今日的革命目标，就是要先打倒帝国主义，帝国主义不打倒，军阀是永久不会消灭的。但中国东南方面已经完全到了外国人的手里，在中国的国力还没有涨大的时候，我们只有另觅一个革命的新根据地。现在中国交通不方便的地方就是西北，如陕西、甘肃、新疆、蒙古等处，也就是帝国主义势力还没有发达的地方。但是我们要知道，如再过几年，海（海州）兰（兰州）和同（大同）成（成都）两条铁道一通，帝国主义的势力又跟着来了，西北又要包在帝国主义的范围里了。……俄国革命所以成功，固然因为他们革命党组织得完好，宣传工作做得巧妙和党员能尽责任，然而这是在精神上的谈话，事实上他们的成功，还是在天时地利与人和三者凑合起来的。……俄国只有五月到十月之间可以打仗，不象中国全年都可以打仗的，因为他每年十一月至四月之间下雪结冰，不能作战。如果列强进兵入境，亦只有这半年，倘若列强这半年不能打倒革命政府，革命政府便可以休息半年，准备半年，再和列强打仗，所以俄国革命政府是不容易被列强打倒的，这是天时的关系。还有地利方面，俄国也很得优势，因为俄国边境南有黑海，北有白海，做他的保障，又因地面辽阔，进兵甚难。比方由海参威到欧俄的疴穆斯克以西本土，约有中里八、九千里，如果美国和日本要从东方进兵，就一定要打开这八、九千里的土地，方可以达到欧俄本土，而且还不能打倒〔到〕他革命根本地的莫斯科。这几千里路，又不是半年光景所能打开的，所以无论如何，在东方帝国主义的势力，都不能直逼红军的根据地。至于西欧方面亦是如此，如果帝国主义者要从德国或奥国的国境去侵略俄国，无论到莫斯科或圣彼得堡，皆有二、三千华里、如果用波兰或华沙做他侵略的根据地，直到莫斯科，也要二千多华里，况且当时铁路破坏，交通不便，所以由西欧侵犯莫斯科，也非几个月所能成功。拿破仑挟当时全欧莫大的势力，由法侵俄，到了莫斯科城，尚且不能立足，何况联军同床异梦的兵力呢？所以论起俄国的地理，是最适宜于革命，而其革命党的根据地，在占领圣彼得堡之后，随即移到莫斯科，不受帝国主义者海军的压迫。因为他们国内不象中国有扬子江这种好的河道可通海军，所以外国只可用海军封锁他黑海、白海，而不能用他侵略惟一的利器——海军，直达俄国的国内，只是用陆军来压迫红军。至于俄国革命党决心之坚与其计划周到，使得革命迅速成功的地方，如俄国迁都的结果，亦是对于他革命成功上很大的要素。可惜我们中国辛亥革命成功的时候，我们总理迁都到南京的主张不能贯彻，所以使得万恶政府的根据地，根深蒂固，不可动摇。而东交民巷的帝国主义在中国的策源地，亦一天发展一天，这是我们革命党员不能一致主张迁都，是最失策的地方。还有一件俄国革命成功的要素，也要各同志晓得的。俄国革命发动的地方，就在他的京城圣彼得堡，革命党一举而占领他的京城，将其帝王根据地所有革命的障碍，完全一扫而光，反动力的根据，既然完全推翻，其余枝叶问题自然可以迎刃而解了。反观我们中国的革命，如果我们预先设法占领北京，今日想早已成功，何至跼蹐广东一隅，受尽千万艰苦呢？这是本校长数年来的隐衷，今日看见我可亲可爱的同志，不觉尽情发露了。还有俄国革命成功的一个要素，是在人和，因为当时是欧战顶厉害的时候，兵民苦战的心理到极点，而劳动阶级受贵族和地主的压迫，亦已到极点，当时共产党看破这最紧要的一点，所以一般兵士能够倒戈相向，而来赞成他革命政府。革命政府推翻了克伦斯基社会革命党政府之后，随即宣布劳农制度，而且实实在在照他所宣布的制度进行，所以能得到多数群众的同情，使他一般人民都能与他主义相始终，来辅助劳农政府，这是成功能够很速的一个缘故。不但如此，俄国革命政府到后来，又乘着欧战初定，各国劳动党在他国内竭力表同情于俄国革命政府，使得外国帝国主义国内不安，不能贯注全力来侵略俄国。加之欧南方面，得土耳其的革命党帮助，反抗英国，使得英国不能用全力封锁黑海，这都是俄国革命得天时、地利和人和的关系。反观我们中国革命如何呢？如果我们辛亥革命成功的时候，亦能够照革命的口号去做，实行三民主义，平均地权，我相信中国多数人民亦一定能够信仰主义，决不致如现在被一般帝国资本主义者及军阀利用，使得革命事业越弄越糟，革命名誉一落千丈。前事不忘，后事之师，我们以后革

命，应该如何奋斗，如何进行，就要请各位同志学生自己考虑，自己断行了。……〕

二十六日　呈请任命邹竞为军校少校教官。

二十七日　东江左右翼湘桂军弃石滩，陈炯明部乘势向石龙前进，许崇智、杨希闵派军接防石滩。

二十八日　大元帅电令谭延闿饬新部离韶前进。

段祺瑞代表许世英抵广州，劝总理招降陈炯明，一致讨曹。

十月三日　总理手谕起卸俄械地点。〔谕曰：介石兄鉴：闻仲恺说械船到时，拟在金星门内起卸，以避耳目。我以为不必如此，若为避人耳目计，则金星门大大不相宜，因金星门之对面即冷汀关，该关有望楼，有缉艇，凡到金星门附近之船，无不一目了然，实在不能避，而反露我们欲窥避之心，示人以弱，恐反招英舰之干涉，因英舰已视此等海面为其范围，此一不可也。且金星门外年年淤浅，此时之水路，当较数年前海图必差数尺，恐致搁浅，此二不可也。又在该处盘运，实花费太多，又恐小艇有遇风雨盗贼之危险。此三不可也。究不如直来黄埔，公然起卸为妙，而以此为一试验，若英国干涉我，至少可以得此批到手，而不必再望后日，如不干涉，则我安心以策将来。若往该处起卸，恐此批亦不可得也。孙文。〕

呈请任命沈应时为军校教导团第一营营长。

教导团第一营调赴虎门训练。

五日　东莞商团附逆，刘震寰军一部被围。

建国豫军前锋绕道赣攻入南崇义。

七日　呈准大元帅调在韶第一队学生回校。〔因各生旷课久，且多患病也。〕

俄舰运械抵埔。〔前由大本营向俄定购山炮、野炮、长短枪枝、轻重机关枪以及各种弹药〕即时起卸，舰长诣军校来谒，公往答之。

总理手谕，问军械之种类、数量及用途。〔谕曰：介石兄鉴：货物几种，各种几何，务期详细报告。对于用货之计划，兄有成竹在胸否，鲍顾问意见如何，若皆无一定之用途，便可将货运韶关，由我想法可也。另有汉民一信，请兄发意见，俾我参考为荷。此候毅安。孙文。〕

八日 大元帅手谕力主改革新兵编制。〔谕曰：介石兄鉴：今日开始练兵，犹不能行我所定编制，若谓练成之后，兵士官长都成了习惯，而后再行改制则更难矣。此为我所定之制，则欲练成之后，可以应我方寸之运用也，倘开练之时已不能行我之制，则练成之后我亦无心用之矣。今为应我所用之故，特托嘉兰将军将我卫士练至一营，以为他军之模范。兄谓我编制规模太大，若果如此，何不以练至一营或一团为最大单位，以一营等一团，以一团等一旅，有何不可？我想大家不欲行我之制者，则全为故习所囿也。本其日本士官、保定军官之一知半解，而全不知世界大势，不知未来之战阵为何物，而以其师承为一成不易也。因为此故，我更要今日之军人舍去其故习而服从我之制度，斯将来乃能服从我之命令，听从我之指挥也。如果今日教学生则存一成见，教成之后，何能使之为革命军负革命之任务。试观北洋之军队，训练非不精，补充非不备，而作战则远不如败残之杨化昭、臧致平，以彼二人曾与南方稍有革命行动之军队接触，而无形中学得一二革命之战术也。此间今日所练之军队，如果将来能听我指挥，则我必导之去，以一攻十，或以一攻百也。此等任务更非寻常兵法所有，倘今日开练之始，不行我制，待至练成时谓能听指挥，我决不信也。此致。军官学校教员学生，同此不另。孙文。并附步兵编制表一份，其余炮兵、飞兵（代骑）、工兵、辎重车、机关枪、甲炮车未定。

革命军步兵编制：

六人	为一伍	兵数	六	官	〇
六伍	为一例	同	三六	同	一
三例	为一连	同	一〇八	同	四
六连	为一营	同	六四八	同	（附二人）二一
六营	为一团	同	三,八八八	同	（附二人）一二九
三团	为一旅	同	一一,六六四	同	八三八
三旅	为一师	同	三四,九九二	同	一,一六二

此表人数定实，官数可酌量再加。〕

九日 前八月杪，许崇智派代表与广州市各法团出席粤省总商会，协议得七条件，事可解决。乃商团自恃有备，且与范石生、廖行超等勾结，故肆诪张，既不履行筹北伐费五十万约，又不遵每枝助饷五十元办法，至是煽动第二次大罢市。

是日　长洲宣布戒严。

总理手谕埔械运韶。〔谕曰：介石兄鉴：兹着陈兴汉来帮手，尽将黄埔械弹运韶，以速为妙。又谕曰：明日果有罢市之事，则必当火速将黄埔所有械弹运韶，再图办法。如无罢市，则先运我货前来，商械当必照所定条件，分交各户可也。若兄烦于保管，可运至工厂或河南行营暂存俱可。此候毅安。孙文。〕

又奉总理手谕，令迅即成立革命军事委员会。

函请总理应准胡、汪加入革命委员会。〔函曰：先生均鉴：今日鲍顾问来校就商革命委员会之人选问题，其语意甚不愿展堂与季新加入，彼实不明本党内情，致有此见解。中意展堂不在其内或以其成见太深，难以相处，而乃必欲将季新亦一并去之，未知其果何意，此中期期以为不可也，否则不惟以后进行诸多阻碍，而内部亦立召纠纷。彼以为胡、汪不加入组织可免麻烦，而不知其不加入之麻烦更多也。若恐其主张不一或反对执行，则最后决定仍在先生，任何委员不能违反，何必先拒人于千里之外也？中以为必须展堂与季新之名列入为妥，若列入以后，彼自不来，则为另一问题，而组织名单万不可无胡、汪，否则不如暂缓组织之为上也。务望尊裁核复为祷。中正谨上。〕

总理复谕，汪、胡不宜加入革命委员会。〔谕曰：革命委员会当要马上成立，以对付种种非常之事，汉民、精卫不加入，未尝不可。盖今日革命非学俄国不可，而汉民已失此信仰，当然不能加入，于事乃为有济，若必加入，反多妨碍，而两失其用，此固不容客气也。精卫本亦非俄派之革命，不加入亦可。我党今后之革命，非以俄为师断无成就，而汉民、精卫恐皆不能降心相从，且二人性质俱长于调和现状，不长于彻底解决。现在之不生不死局面，有此二人，当易于维持，若另开新局，非彼之长，故只好各用所长，则两有裨益；若混合做之，则必两无所成。所以现在局面，由汉民、精卫维持调护之，若至维持不住，一旦至于崩溃，当出快刀斩乱麻，成败有所不计。今之革命委员会，则为筹备以出此种手段，此固非汉民、精卫

之所宜也。故当分途以做事，不宜拖泥带水以敷衍也。此复。〕

又奉大元帅密电，令弃埔岛来韶。〔电曰：蒋校长鉴：中密。两函（今佚）俱悉。以我推测，或不至如此危急，然我来韶之始，便有宁弃广州为破釜沉舟之北伐，今兄已觉得广州有如此危险，望即舍去黄埔一孤岛，将所有枪弹并学生一齐速来韶关，为北伐之孤注。此事电到即行，切勿留恋，盖我必不回救广州也。当机立决，万勿迟疑。孙文。青亥。〕

函复总理，决死守埔岛，并请从速处置商械。〔函曰：先生钧鉴：手谕祗悉。叛军与奸商联成一气，其势益凶，埔校危在旦夕。中决死守孤岛，以待先生早日回师来援，必不愿放弃根据重地，致吾党永无立足之地也。如果坚忍到底，日内叛奸或不敢来犯，再过数日，则我军准备完妥，乃可转守为攻，果能渡此难关，则以后当入坦途。以现有枪械练成一旅之众，三月之后必有一支劲旅可作基干之用，以之扫荡一切残孽，先图巩固革命根据地之广州，则吾党自不患其不能发展也。故此时中决不能离此一步，务望先生早日回省，是为今日成败最大之关键也。至于商团枪械之处置，前议以百万罚款赎还，今议以全交汝为兄专为整顿粤军之用，中意新枪既到，新练部队暂足应用，而商械并不精锐，以中之意不如仍交汝为，切不可再提条件，以免奸商挑拨，且不致因此丧失感情，然实不主张星分给各部耳。总之保管此枪徒成怨府，而毫无补益，万恳从速处置，俾卸无谓之责守，或亦可减少各方觊觎黄埔之野心，未始非保全基本之一道也。钧意如何，立候示遵。敬请钧安。中正谨上。〕

晚五时半，大元帅徇民团统率处督办李福林请求，又令发还扣械。〔令曰：据广东省长胡汉民电呈，民团督办李福林所拟发还团械办法三条：“(一)由民团督办担任召集殷实商人，筹借二十万元，由租捐项下拨还。(二)团械交民团统率处发还，其数在五千枝以上，发还之数，须商团负责之人签字，不得异议。(三）团械发还之日，由商团通电解释以前误会，表明自卫心迹”等语，应准照办。仰该校长将所存团械，发交民团督办李福林，依照所拟办法发还商团收领。此令陆军军官学校校长蒋中正。〕

附胡汉民、许崇智函〔介石吾兄鉴：兹已订定团械办法，由大本营提运该团现存之械，交民团统率处发还，其条件另开如别纸。顷为息弭风潮起见，已允如所请，一面通知四总司令，一面派员到黄埔，此事登同军长与商团副团长等完全负责，政府宽大从事，亦可使奸人无所藉口也。电话不明，托由翼群专来，详述一切，专此。即颂刻安。弟汉民、崇智顿。〕

十日　军校纪念国庆。上午九时行礼，旋乃阅兵，何总教官指挥，校长讲述本党历史。〔节录：各位学生、各位同志们，今天是中华民国十三年双十节，就是中华民国十三年前在武昌起义的纪念日。我们当着今日，便要回念中华民国十三年前为革命而牺牲的先烈，我们应该继续先烈未竟之志，努力奋斗，以创造我们真正自由平等的独立国家。中国的革命党，以前没有什么具体的组织，到了一九〇六年，我们的总理在日本的东京，联合中国各部分的革命分子，组织一个同盟会，这时才有具体的革命党。到了民国元年，乃改为国民党。及至民国二年，国民党被袁世凯压迫失败之后，差不多连团体都散了。这因为当时的分子太复杂，有卖党的，有专注意升官发财的，有把国事、党事搁在脑后的。所以到了民国二年给袁世凯打败以后，总理晓得分子太杂，是无用的，不如另外组织一个有名有实的党，于是便在日本东京重新组织一个中华革命党。到了民国五年，因为有种种复杂情形，不能贯彻我们的革命主张，同时在外国的党部也发生困难，因为当时都已用国民党的名称注了册，可以正式和国内党部通信，一旦改变名称，又要另外注册，这是很不容易的，于是总理又把国民党的名称恢复，不过再在国民党三字之上，加上中国二字，叫做中国国民党，藉以多收中国健全的革命分子，但在精神上还是和中华革命党一样的，和民国元、二年的国民党便不同了。照上面所说，中国国民党在最初的时代，就是同盟会，我们应该继续同盟会的精神与主义，来建设真正自由和平等的国家。但是同盟会的口号有四句，第一驱除鞑虏，第二恢复中华，第三建设民国，第四平均地权。现在满清已经推翻了，中华也已经恢复了，此时我们所要努力的，就是建设民国和平均地权。所以我们现在的革命口号，和同盟会时代虽有多少不同之点，然而同盟会传下来的三民主义，是一点没有变更的。现在我们中国国民党的口号，就是三民主义和五权宪法，大概各位都已听得很熟了。……今天正当我们阅兵的时候，遇着这种狂风暴雨，正所谓在风雨飘摇之中，这也好象我们中国国民党在广州市的光景一

样。我们当这危急存亡的时候，大家更加奋发才行。……〕

电大元帅报告移交商械各情。〔电曰：万急。韶州。中密。孙大元帅钧鉴：商团枪械昨夜移交李登同（福林）转发各户，子弹待其交足二十万元再发。今日登同言商铺明日决不罢市云，余容续报。中正叩。灰。〕

大元帅以商团通敌显著，严电诸将应付之。〔电曰：十万火急。广州。分送胡省长、杨总司令、许总司令、刘总司令、古部长、李军长、李公安局长、黄埔蒋校长，诸兄均鉴：捷密。商人罢市与敌反攻同时并举，叛迹显露，万难再事姑息。生死关头，惟有当机立断，如果确有其事，则用干部及其他学生协同福军忠勇之士，临门劝告，不从则进一步应付之。此事务乞照办，切勿游豫，以招自杀。陈贼与逆商本不足平，只要诸兄心决胆定，不为物议所摇，则革命前途，幸甚，幸甚。孙文。蒸辰。〕

午后三时，军校学生暨广州市各界，在市举行大巡行，过西濠口，商团乃与寻衅。商团运回发还枪械，在河岸起卸，巡行队经其地，团员疑将劫之，放枪击毙工团军数名，事遂决裂。

奉大元帅手谕。仍令商械运韶。〔谕曰：介石兄鉴：如明日果有罢市反攻之事，则商团械亦当与我货一齐运韶，为革命之用。盖有械岂愁无人，运到，我自有办法也。孙文。〕

晚七时，军校特别区党部开全体党员恳亲大会。

是日 革命军事委员会成立，总理为会长。

大本营留守府迁至广东省公署。

十一日 大元帅特派许崇智、廖仲恺、汪精卫、蒋中正、陈友仁、谭平山为革命委员会全权委员。

大元帅令革命军事委员会用本会长名义，便宜行事，弭平商团事变，并立即设法收回关余。

电请大元帅回师平难。〔电曰：十万火急。韶州。孙大元帅钧鉴：中密。本日省城尚未开市，某军从中作祟，且对商家言，罢市方有话说之语。中正料不久逆敌必来反攻韶关，各军非先准备南下，击灭逆敌，断难北伐。中正当死守长洲，尽我职务，尚请先生临机立断，勿再以北伐为可能，而致犹豫延误。前以枪易北伐费二十万元，今则枪既缴去，而罢市更剧，商团排队巡街，布告煌煌，痛骂政府，亦复成何景象。闻其将有要求造币厂、兵工厂、公安局皆归商团管理之举。二十万元枪费既无望，北伐更难。为今之计，惟有集中驻韶兵力，南下平乱之一途也。如何盼复。中正叩。真。〕

大元帅手令收束埔校离粤，专力北伐。〔谕曰：介石兄鉴：函电皆悉（函佚）。今先答函，枪弹运韶，决不瓜分各军，乃用来练我卫队之用，汝为亦不能给以一枝，如有必要，只可将黄埔前时之枪给他。此八千一式之枪，一枝不可分散，到韶后，甚多地方可以贮藏，我在此，断无人敢起心来抢也。至于运来时途上之保护，只在黄沙一段要小心，其他一路则甲车与数百人便足，可由学生任之，黄沙并小坪一带，可用张民达之队以保护之。其法着张假作出发韶关，集于车站，黄沙大部、小坪小部，布置妥当，枪弹即上车，与学生同来便可。至于款项，现当将黄埔学校收束，俟到韶关再酌可也。答电如下：北伐必可成功，无款亦出，决不回顾广州，望兄速舍长洲来韶，因有某军欲劫械，并欲杀兄，故暂宜避之，以待卫队练成再讲话。陈贼来攻，我可放去由争食之军自相残杀可也。乱无可平，只有速避耳，或更邀汝为同带其可用之部队齐来，尤好，望为商之。如何速答。此复。即候毅安。孙文。〕

大元帅手谕迅运俄械来韶，训练革命军。〔谕曰：介石兄鉴：新到之武器，当用以练一支决死之革命军，其兵员当向广东之农团、工团并各省之坚心革命同志招集，如黄埔学生为骨干，练兵场在韶关，故望兄照前令办理，将武器速运来韶，以免意外，至要至要。此意请转知鲍顾问，并请他向各专门家代筹妥善计划，及招致特种兵之人才为荷。文。〕

大元帅复谕，在韶练兵，并北伐出兵。〔谕曰：介石兄鉴：函悉（今佚）。今撮要答复如左：一、我必要湘军及朱培德部完全出发后乃能回省，大约要十日左右。一、大本营决定在韶练兵，地址最好在马坝、南华寺之间，此地水土卫生极佳。一、枪枝之处置，当不能照第二议全交汝为，因彼未曾照我所定之计划施行也（指奸商、奸兵同时要对付言）。一、练兵一事为今日根本之图，枪枝处分当以此事为准，若用五千，则可以三千为北伐之用，如完全皆为练兵之用，则当不能移作他用。汝为果要一式之枪，可着之先整顿其部队，若能汰劣留良，得一万则可给与一万，得二万亦可给与二万，因俄船已来过此地，以后再来，当更容易。如我确有可靠之兵，要枪来用，以后不成问题，此头一批之械不过到来一试耳，以后只要问我有人耳，必可源源接济也。其他之事，兄所见甚是。至于北伐出兵，此间自樊部出发而后，已使赣敌疲于奔命。昨日何雪竹部始能继续出发，如此出兵，当然正犯兵家各个击破之所忌，然樊钟秀竟然冒此忌而出，未见敌有何能击破也。吾料湘军与朱部一出，则赣南全部必为我有也。此答。孙文。再留备东江之七九子弹，当要拨五十万为湘军出赣之用，此物到，湘军即发，幸勿延迟，至要，至要！现在只欠朱部出发费耳，若此小款有着，则头一起之北伐军可完全出发矣。又及。文。〕

军校开欢迎俄舰员兵大会。

十二日 广州市形势极险恶，西关等处遍贴打倒孙政府等标语。

陈炯明驱石龙土匪，袭攻石滩，刘震寰率队驰往堵剿之。

大元帅手谕，即与许总司令应付时局。〔谕曰：介石兄鉴：运械来韶，如不能立办到，则其次为分给我同志中之队伍肯为我杀奸、杀贼者（此指官长与士兵皆一致者而言）。请兄与汝为细查其各部，何部有此决心，不为奸商所摇动者，如有则合集之，要兄与汝为对彼众要约立决死之誓，必尽灭省中之奸兵、奸商，以维持革命之地盘。此事当要部队一万人以上，上下一心，又要汝为先有决心，毫无犹豫，负完全责任，为我一干，便可将黄埔之械悉数给之，立即起义杀贼，绝无反顾。如汝为不能决断，则无论如何艰难危险，仍将械运来韶关，以练我之卫队。此事可与汝兄切实磋商，立即决断施行为要。商团之七九弹，则运来北伐之用可也。孙文。〕

呈请任命何应钦兼军校教导团团长，陈继水为教导团第二营营长。

广东省警卫军讲武堂归并军校，其学生〔一百十六名〕[1]另编一队。因堂长吴铁城率警卫队出发，后方教育势难兼顾，呈请许总司令转请中央执行委员会议决照并。

十三日 奉派为革命军事委员会全权委员。

---

1 《民国十五年以前之蒋介石先生》中亦作“一百六十名”。

同日　被任为粤军总司令部训练部部长。

派何总教官应钦代理军校教练部主任。

晚七时，军校特别区党部开临时党员大会。〔为应付商变也。〕

讨贼靖国军改称建国军，大元帅是日任宋鹤庚为建国军北伐中央总指挥，朱培德为建国军北伐左翼总指挥，卢师谛为建国军北伐右翼总指挥，樊钟秀为建国军北伐先遣队总指挥。

任唐继尧为副元帅兼滇川黔建国联军总司令。

十四日　大元帅令警卫军、工团军、农民自卫军、飞机队、甲车队、兵工厂卫队、陆军讲武学校、滇军干部学校学生，统归蒋司令指挥。

令军校第二、三队出发广州市，何连长芸生由省带赣军新兵百名回校防守。

又令驻虎门教导团第一营，听候虎门要塞司令陈肇英指挥，该团第四连开往沙角。

下午，胡省长电请大元帅，以杨希闵为戒严总司令，并下令解散商团。

大元帅令粤、滇、湘、桂各军，分任各街防守。

是夜，逆团从大市街出动，公乃督队并协同湘军〔由韶关调回者约三千人〕及张〔民达〕、吴〔铁城〕、李〔福林〕各部，分向西关、西瓜园、太平门、普济桥迎击，长堤、沙基、黄沙等处，则以滇军扼御之。

电请大元帅南下平乱。〔电曰：韶州。孙大元帅钧鉴：各军联合一致解决商团，约今、明两日内开始行动云。昨日解送之子弹，务乞贮存一处，暂勿分给，否则临急无所补充，困难更甚。如逆敌反攻省城，先生可否率队南下平乱。中正之意，必如此方有转机也。解弹来韶之学生，何日返省，乞复。中正叩。寒戌。〕

十五日　晨四时，太平门、普济桥一带逆团，来犯警卫军警戒地，警卫军还枪，破栅门而入，巷战良久，加以各军沿途夹击，商团先后退却，至日晡，西关等处尽为联军占领。

陈炯明得英港政府巨资，图袭虎门。

十六日　晚，商团副团长陈恭受来乞和，愿缴械赎罪，公等允其请。

西关外商店咸开市。

胡省长下令复通缉陈廉伯等九人。

大元帅手谕，策北伐必能成功。〔谕曰：介石兄鉴：枪械运韶，既未办到尽交汝为，而条件今又以环境变迁，无施行之必要。然则此械兄究以何用为最适宜，请详细考虑以告我为盼。北伐志在必行，且必有大影响。樊钟秀所部数日前已破万安，收降卒一团，闻敌因此已疲于奔命，大军现尚无款出发，但二日后必令何雪竹队再出，以继樊之后尘，则敌必更恐慌矣。赵成梁要求若能得枪二千，则无款亦必出江西，江西敌甚无斗志，亦无斗力，大军一出，必得江西全省，便可补上海之失。张静江有电催出师江西甚力，亦云宁弃广东，亦当为之，此可见各省同志之望，我不可不有以慰之也。此次一出，必能成大功，可无疑义，望兄鼓励各人速出，一由东江击破陈逆而出福建，一出江西，则川湘各军必争先而出武汉，而中原可为我所有，否则无论奉直谁胜，西南必亡。际此时能进则存，不进则亡，必然之理也。望兄万勿河汉吾言，幸甚。孙文。〕

十八日 广州市区解严。

呈请任命杨志春为军校军械库库长。

派王懋功、戴任、陆福廷赴沪募收北兵，并令福廷招江淮土著〔额定五千名〕。

十九日 军校第一期学生分发见习，公施训话。〔节录：好久没有同各位讲话，今天趁着大家都从野营练习回来，正好和诸位讲一讲本校的情形。我们学校的范围，本是很小的，然而我们现在做的事，比较原定的计画简直要多至二倍以上，所以弄到非常为难，别的不必讲，单说房子就已经安置不下了。房子宽一点，对于卫生上才适宜，自然谁都愿意，然而我们现在已经不能照这样做去。现在我们革命党做事，只问这件事要不要做，如果要做，无论如何困难都要去做。比方本校长的学问才力，本来不够做本校的校长，然而此时没有人肯来担当这件事，所以我不得不勉强出来担任，尽我党员的责任。这好比挑担子一样，本来只有挑五十斤力量的人，此时亦不得不勉强挑一百斤了，不问他挑得到挑不到，先挑起来再讲。……现在第一总队的学生，都已分派到各部、各队、各团去做见习官了。我有几句紧要话要对大家说明，比方我们看见国家和社会腐败的情形，就想一下把他改造过来，然而做起来何能这样容易。我们做事，尤其做革命事业，绝对不可凭着青年一时的意气去做，不然，不特事业做不成，连自己都不能在社会生存了。我希望大家以后出去做事，偏要钻进那腐败的地方去做，切不要以为我是学生，便不屑到那些腐败的地方去混。只要我们此志不堕，此心不死，随便到哪个腐败的地方去，不会受他的传染，而且使得他们受我们的感化，慢慢改良过来，就可以达到我们的目的。如果一味高傲，看人不起，结果只有给人家妒忌排斥，还能够做得什么？不过我们到腐败的社会里去做工作，就要留心一件事，我们的态度和方法，不妨随时改变，而我们的主义和目的，是要始终如一的。……司务长这个职务，在外面看起来，是很粗浅的，其实不然。他在一连人当中，比连长要重要些，所以外国军队司务长的薪水，比连附还要多些，有时候连长、连附还要对他迁就。因为做司务长的人先要有经验，非经过多次战斗的人都做不来，若果司务长稍不留心，就会误了大事，平时的饮食起居不要说归他经手，到了战时，司务长的职务更加重要。前次我们演习，还有许多的困难没有受着的，一到真正打仗的时候，司务长的本事就表显出来了，所以我们对于司务长方面的事，更要留心学习。本来学问是无穷的，不要学了一点，以为就够用了，我们有了这样的心理，我们一定不会进步的。你们要晓得军队里面最巧妙的东西，就在最粗浅东西的当中。比方我们前次野营演习的时候，有一夜工兵队没有饭吃，这就是司务长不好的缘故，到了真正打仗的时候，一连两三天没有饭吃，是往往有的。如果司务长是有经验的，他就会晓得打算，今夜在何处宿营。前面有多少户口，应该带多少粮米，种种给养都预备齐齐整整，等到军队到，就有饭吃，这样的司务长才不会误事。所以见习官到了队上，不但要服从上官，并且要敬重司务长才好。……现在对于见习官的待遇，已经决定了。在各队或各部的见习官，都是每月发给薪金十八元，照中国的老习惯，见习官每月都是发薪金十五元，膳宿都是和排长同样。虽然这是一种不好的习惯，然而我们也一时改变不来。……现在西南军队的不好，就是没有一定的法规，以致弄到后来只知自私自利，以升官发财为本分。现在我已草了一篇《革命军刑法条例》，要我们革命军有法律可以遵守。本来现在通行的有一部陆军刑法条例，但是我们革命军有许多要更改的地方，所以我另外草这几条刑法，现在已经呈请中央执行委员会审定，审定之后，就可以颁行了。我这几天起了两种草案，一种是《新兵精神教育问答》，一种就是《刑法条例》。各见习官还要好好的把这精神教育问答来教兵士，若是兵士不明白这种问答，便不能打仗，因为这是使他们明白我们为什么要打仗，为什么要拼命。如果他们明白了我们打仗是为自己主义来打仗的，是为全人类的生活来拼命的，是为救国救民来痛苦流血的，这样就是他们死了，也甘愿的，也不会叫冤屈的。我们训练军队，切不可把兵士教成机械一样，如外面一般军官把兵士看做一只狗一样，平时兵士的生活全不关心，兵士有没有饭吃，有没有衣穿，他们全不过问，只到打仗的时候，就下个命令叫他去打，象这样子，就使他打了胜仗，试问你官长的心安不安呢，做人是否应该如此。……如象陈炯明这一流，当他没有得势的时候，对于主义说得非常坚定，到后来，不单是卖国叛党，还要党魁的性命，你想寒心不寒心呢？所以我们今日只好从下面做起，养成一班有知识的部下，来监督他的上官，就令他上官想要叛乱也不能了……〕

二十日 呈请任命胡谦为军校总教官。

派顾教官祝同代理军校管理部主任。

军校招志愿军于上海，年龄十八岁至二十五岁，高等小学程度，六个月毕业，升充军士。

二十二日 呈请任命王若俨为军校军医部代理主任。

公致答沈应时函，论防逃兵法。〔函曰：来书已悉。近得乡人来函云，各兵寄往家信，多言饷银不够，思将逃回，是不可不预防之也。夫防逃之法，第一不可使其身边有钱，当发饷时，当令其缴存营部代为付邮寄家，总不许其袋中过三毫之银，故此时最要者，查其寄银回家之通信处也。第二不准请假外出，即星期日亦令作别种勤务，毋使其闲暇。第三，本月饷银均发足十元，以后如有成绩者，再行酌加一二元。此外务须晓以大义，令明白当兵之意义，引起其在营之趣味，使知营为一大家庭。官长待士兵，饥则食之，寒则衣之，病则医之，无异于父兄之待子弟。在家为良子弟者，在营即为良兵士，在国即为良国民，在党即为良党员。又令其明瞭主义之究竟，如果民生主义不成，则中国人民皆成为外国人之牛马奴隶，求死而不可得，故现在兵士为其个人及其父母子孙求幸福，所以牺牲生命与安乐，亦不能顾。更令其知团体生活之紧要与快乐，必使其团结精神，共同生死，击灭叛逆、国贼，与对外取消不平等条约，恢复我中国国家和民族之地位，然后个人真正之幸福乃可得也。故现在只有一意拼命杀敌，断不可存一毫逃避之心。逃避者无志气、无心肝，不但不能当兵，而且不能做人，吾人必须争气立志，杀贼复仇，方不愧为人，亦不愧为党员及士兵。要知军人以卫国爱民为天职，其人格在国民中最为高尚，故须牺牲一切，方不坠革命军人之名誉。吾辈为党员为军人，即是总理之党员与子弟，要使其能知与党、与总理关系之密切，而不可自暴自弃，如此则或可感动兵心，团结其精神，不致逃避矣。练兵以勤为主，耳提面命，始终不怠，必有成效之一日也。如何，盼复。〕

二十三日　军校特别区党部开第六区分部成立大会，以第五、六队及工兵队组成之。

二十四日　大元帅手谕发给朱培德部机关枪。〔谕曰：介石兄鉴：机关枪之数既无前预算之多，今又分配无余，而朱益之出发确急需此利器，请于学校内拨出一枝，航空局与甲车队两处或拨两枝或一枝，总共三枝，至少亦应给两枝，以励军士出发之气可也。并附相当数目之子弹。此致。即候时祉。孙文。〕

呈请任命陈教官隐翼兼炮兵队队长，组织炮兵队。

二十六日　大元帅手谕北伐与练兵大计，并发给朱、赵枪枝。〔谕曰：介石兄鉴：枪械能否抽出三千枝来北伐，望兄为我切实一打算，如其能之，我便可与赵成梁立严重之条件，不独要他北伐，且同时要他交回韶关防地，为大本营练兵之用，实为两利也。因枪械一物尚可向前途设法，不忧无继也。若此时不把韶关廓清，则以后更难，如此则吾党欲得一干净土为练军及试行民治之地，亦不可得。故以三千枪（赵二千、朱尚要一千）而易一南韶连，其利实大，请兄为我酌夺。如于练兵计划无碍，则连子弹（每枝配四百颗）一齐火速运韶，何时起运，先电告知，以便即与赵、朱办交涉。孙文。〕

蔡成勋令冯绍闵旅驰赴吉安应援，樊部遇伏挫败，退至湘境桂东。

二十七日 大元帅手谕新军将来企图。〔谕曰：介石兄鉴：兄之新军两月练好之后，立调来韶，听我差遣。若西南局面日有发展，当先巩固西南，然后再图西北，且最好能由西南打开一联络西北之交通线，如陕、甘等地，则西北之经营乃容易入手。盖西北所欠者在人，如无捷径可通，专靠绕道海外，殊属艰难也。三千枪能速运来否，切望即答。孙文。〕

二十八日 大元帅手复处置练兵发枪及出师事宜。〔谕曰：介石兄鉴：今早收到专人带来之信，匆匆作答，赶车寄回，尚有未尽之话。兄言两月内可练一支劲旅，如现时已经开始训练，则不必移训练地到韶，因迁移费时，则两月断难成就，果期两月可用，则就现地加工便可。又所练之队为数几何，五千乎，抑八千乎？如是五千，则所余之三千枪必要即日运韶，以利北伐。因赵成梁部在韶已练就徒手兵数千，彼要求加枪二千，必即日北伐，不求出发费，湖南最热心之革命同志李国柱，亦需步枪一千，令他编入朱培德部内，如此则赵成梁一部有枪四千，朱培德一部有枪四千，湘军有枪万二千，此三部共枪二万（其他不计），向江西进取，未有不成功也。江西得后，则湖南不成问题，然后再合滇唐、川熊、黔袁会师武汉，以窥中原，曹吴不足平也。孙文。〕

呈请任命郭大荣为军校少校教官。

招考教导团学兵队。本队选择年龄在十八岁至二十四岁、身体强壮、粗通文理之有志青年，授以军士及准尉必需学术，养成下级干部为主旨。

豫军招抚使赵杰督率所部，由遂川附近反攻，进展至左林、藻林，北军常德盛部大败。

二十九日 手订校长办公厅办事细则。

呈请任命李卓元兼军校工兵队队长。

三十日 大元帅回粤垣，在府召集会议，应付北方政变。

廖仲恺复任本党中央执行委员会常务委员。

邵元冲代本党海外部部长。

是月 《增补曾胡治兵语录》辑成。〔自序曰：太平天国之战争，为十九世纪东方第一之大战，太平天国之历史，为十九世纪东方第一光荣之历史，而其政治组织与经济设施，则尤足称焉。余自幼习闻乡里父老所谈，已心向往之，吾党总理又常为余讲授太平天国之战略战术，及其名将李秀成、陈玉成、石达开等治兵安民之方略，乃益识其典章制度之可仪。因欲将当时之军事、政治、经济、社会各种纪录，搜罗研钻，编纂太平天国战史，庶几使当时革命之故实、诸杰之经济得垂永久，而不为前清史臣一笔所抹杀。余既发愿为此，十余年来，留心于太平天国有关系之中外著作，不遗余力，独惜材料缺乏，事实不详，而又不能得一系统之书以资参考，乃不能不于反太平天国诸书，如当时所谓满清中兴诸臣曾、胡、左、李诸集中，反测其对象。辛亥以前，曾阅《曾文正全集》一书，然其纪载仅及当时鄂、赣、苏、皖中一部分之战事，其他如浙、如闽、如川贵、两广与夫北方诸省之战史，皆非所及。且其所述者，皆偏重清军一方之胜利，而于太平天国之史料，则十不得一二，因是战史之编纂无从着手。洎乎民国二年失败以后，再将曾氏之书与胡、左诸集悉心讨究，不禁叹胡润之之才略见识与左季高之志气节操高出一世，实不愧为当时之名将，由是益知其事业成败，必有所本也，夫满清之所以中兴，太平天国之所以失败者，盖非人才消长之故，而实德业隆替之征也。彼洪、杨、石、李、陈、韦之才略，岂不能比拟于曾、胡、左、李之清臣，然而曾氏标榜道德，力体躬行，以为一世倡，其结果竟能变易风俗，挽回颓靡。吾姑不问其当时应变之手段、思想之新旧、成败之过程如何，而其苦心毅力、自立立人、自达达人之道，盖已足为吾人之师资矣。余读曾、胡诸集既毕，正欲先摘其言行，可以为后世圭臬者，成为一书，以饷同志，而留纂太平天国战史于将来，不意松坡先得吾心，纂集此治兵语录一书。顾其间尚有数条为余心之所欲补集者，虽非治兵之语，而治心即为治兵之本，吾故择曾、胡治心之语之切要者，另列一目，兼采左季高之言，可以为后世法者，附录于其后，非敢擅改昔贤之遗集，聊以增补格言之不足耳。噫，曾、胡、左氏之言，皆经世阅历之言，且皆余所欲言而未能言者也。其意切，其言简，不惟治兵者之至宝，实为治心治国者之良规。愿本校同志人各一编，则将来治军治国均有所本矣。他日者，太平天国战史告成，吾党同志更能继承其革命之业，以竟吾党之全功，乃无愧为吾党后起之秀矣。吾同志其勉旃。蒋中正。序于广东黄埔

陆军军官学校。中华民国十三年十月。〕

十一月二日 曹锟被幽后，总理徇段祺瑞、冯玉祥等电邀，并欲因以贯彻主张，决计北上。

命胡汉民留守广州，以谭延闿为北伐联军总司令驻守韶关，所有入赣入湘各军归其节制，东江军事责成杨希闵、刘震寰，又命沈鸿英编成广西建国军出发湘南，以援熊克武、程潜之援鄂军。

三日 总理莅军校，辞别全体官生，检阅，并讲述北京政变之经过及本人北行之目的。

对军校学生演讲本校变迁情形。〔节录：自从第六队的学生进了学校以后，我和大家讲话的时间非常之少，因为我的事务一日一日加多，没有工夫常和大家讲话，这是我非常抱歉的，今天趁着有点时间，便和大家讲一讲本校的情形。本校长初受委任的时候，本校的规模还是很小的，也没有确定的款项，只是本党既已委任我为校长，我同廖党代表两个人不能再怕艰苦困难，有多少力便做多少事，所以便勉强担负这校长的责任。当时因为规模很小，只预定招学生三百名，且预算筹备三个月后开学，后来因为时局紧急的关系，又不得不提前开学。我在四月二十一日到广州，二十六日就入校视事，当即集合官长开会，积极筹备。到了五月五日，第一总队的学生就进校了，合共只筹备了一个多星期，时间是非常仓卒的。又加以当时投考的学生也多得出人意料，在广州投考的，竟有一千二百名之多；在上海投考的，也有五百名左右。因此本校为爱才起见，也只得增收至五百五十名，比原来的预算几乎多了一倍，差幸本党中央以及各热心同志都愿出来维持，才能使本校继续到今日。现在第二总队的学生又进校很久了，合共新旧学生至一千二百名，连教职员等一齐计算，多至一千五百六十余名，较之以前的预算，简直多至四倍以上，因此房子也不够住了。从前本校住不到二百人，现在竟住着五百人了，海军分校预算住一百多人，现在也住着四百余人。本来我们想把校舍扩充，又因为地域所限，不能实行，现在只得将炮兵队、工兵队和辎重队通通搬到省城讲武学校旧址去住，第五、六队移至海军分校，本校就让教导团来住。因为教导团分散各处驻扎，管理教育都不方便，加以他们离校太远，本党的主义也不容易宣传，所以倒不如迁来本校照正式计划教练。本来一个学校的学生分着几处住，教育上、管理上固然不便，经费上更不经济，不过无法可想，所以不得不如此办理。并且各位学生都已受了本校几个月的教育，对于军纪、党义都有相当的明瞭，就是离本校远一点，也不大要紧。不过各学生迁去分校，更要自己勉励，不好因为管理人少便随便起来。……现在第二总队的学生弊病百出，简直讲也讲不了，从前第一总队的学生决没有这种弊病的。为什么第二总队的学生就如此情形呢？第一就是不告假，自己跑到省里去，这成什么样子？我们要晓得军人自由离职是犯了军法的，至少也要判十年监禁，不料我们军官学校的学生也做出这种不名誉的事来。……第二总队不但内务不整齐，服装也不太整齐，在学校内都穿上外套，戴起风帽，还有在风帽之外再加上一顶军帽的，象这样腐败的情形，不但军官学校不应该有，就是土匪也少有的。我们作军人的，第一就要强毅，使得社会上尊我们。现在天气还不十分冷，就穿起外套来，这还成什么样子？以后没有得着上官命令，就不准穿外套，晚间出去放步哨的时候，穿不穿外套，戴不戴风帽，也要听官长的命令，如果有违反的，不特学生要重办，官长也要重办。现在大家都是二三十岁的人，正是年富力强，不说在广州不必穿多衣，就是在长江各省，一件袂衣也可以过冬。前回我已讲过，我们作军人的，要耐冻、耐饿、耐热、耐痛，不特军人应该如此，凡是党员都应该如此，如果不能耐苦，到了困难的时候，还不变节降敌么？我们军人是要具不求人的精神，饿死就饿死，冻死就冻死，痛死就痛死，如果不能，还能作革命运动么？从前我在保定速成学校的时候，最冷的天气，外面也不过穿一件棉衣，非到大风，都不准穿外套。要晓得一个人穿上外套，就好象病人一般，难看极了。我们作军人的，应该时时监督自己，不定要官长来监督，能振起强毅的精神，便什么都不怕了。……]

六日　军校辎重队成立。呈请调任简作桢为该队队长。

方本仁输诚建国军，谭总司令委为赣南督办，合力攻蔡成勋军，败之，成勋狼狈逃沪。

七日　军校特别区党部召集第二总队全体新生，组织第五队及炮、工、辎重各队区分部。

建国湘军宋鹤庚部，攻克青龙圩，占领新城，各路军同时北进。

八日 军校各队学生演习战术实施于鱼珠圩。

九日 对第一期毕业生分发时重申诰诫。〔节录：我们国民党员，尤其是本校学生青年，要晓得我们现在处的是什么地位，就是本党的后继者，本党主义的实施者，先烈没有作了的事情，我们就要继续完成，如子孙继承祖先一样，要是我们不能继承本党事业，不能尽自己责任，就是败家子、不肖子。本党为什么要有我们这班学生、这班党员？因为本党生命由此才可以延长下去，总理切望我们，真好似父兄期望子弟一样。……各位今后分派出去，不能全靠官长指引你们，各事都要自己检点，在没有看见官长时候，做的事情、讲的话，要都象有官长在面前一样，时时刻刻不离我们主义，把自己的责任切实担负起来。……在学生时代有官长来教，现在学生时代快过去了，就要去教人，能做好模范给人看，受教的也会学好，要是自己先做出不良的模样，受教的也会学坏。我一个人的好坏就是多数人的好坏，所以做模范的人不要因自己害了群众，此后一举一动更加留心，不象从前学生时代可以随便些了。……我们要真正做一个革命军人，便要将一切的恶习扫除净尽，上面有错处，部下应立在监督的地位，部下有私弊，上官要照律严办，没有一点情面。……你要晓得责备越严密，越是爱护的表现，好的越发爱护，自然坏的要越发责备。至于从前好的而后来变坏的，更可痛恨，非用加倍的纪律治他不可。我以后对于你们，一定照这样的办，这才算我不暴弃你们。……你们已经到了毕业的期间了，我恐怕革命军练不好，所以定出了革命军刑事条例及惩罚细则，以后谁犯了纪律，一定照刑罚条例办理，毫不宽假。本校长做事，大家晓得是很严厉的，部下做错了事，决不能让他挨过，不但是要当面责备，并且要照纪律严办的。如其对于士兵，还能有一点体谅，对于学生，亦有可体谅的地方，至于官长，这是绝对不体谅的。我们革命军完全是依赖纪律的，凡是部下对于上官，无论受什么责备，一定是要服从的，不能因为上官责备了我，就生出恶感，减少了向来的信仰心。……无论什么事情，总有研究的价值，总有一个道理在内，我们能虚心研究，才可以算是革命军人。还有一件顶要紧的事，就是要自己反省，平日自己讲的话与做的事，究竟对不对，我教训部下的和上官所教训我的，又是对不对，同志间有意见或误会的时候，又要省察我自己有没有道理。一个人自反是最紧要的，没有自反心的人，一定不会进步，所以我们无论对人和自处，时时刻刻要想到我们自己有没有做到这步工夫才好。……我们学的只是学术上的原则，总要能应用在事实上才好，原则只有几条，军事却是瞬息万变，我们不要说毕了业就学完了，这是不行的。你要晓得战术完全是靠应用的，所谓运用之妙，在乎一心，敌人怎么来，我们怎么去，如何攻击，如何防御，如何行军，如何宿营，通通非加一番研究不可的。……战斗的时候全不用怕，看见了敌人更不要怕，敌人有两个眼睛，我也有两个眼睛，敌人有一条枪，我也有一条枪，况且我有技术又有训练来应用，敌人没有这样的技术和训练。你看现在那一个军队有集合一堂教几个月的，那一个有这样的精神为国为党的呢？不要说我们兵器好过敌军，就单说我们的精神也足以打破敌人而有余了。既然明白这个道理，那里还有怕敌人的道理，那里还有不战胜的道理，真可以号称"无敌的革命军"了，这个可能或不可能，全在各位学生的身上。老实讲，各处军队没有一人不怕我们学校的，我们要自己能利用这种心理和威声，没有不可以打倒敌人的，我们的主义没有不成功的。……北洋敌军至少有三十师以上兵力，如果我们一定要找三十师以上的兵力去和他打仗，恐怕练了二十年工夫，也不能成功，就使有了这个时间和地点，练了二十年之后，和北洋军队去打，我们革命军的经济军实，那一样可以及得他们，而且那时他们又不知增练了若干师，这样那里可以照正式的方法来准备一切呢？所以我们革命军打仗，非有一种特别方法决不能成功的。革命军所以可贵，不在数量而在质量，不在物质而在精神。……比方在东江叛逆的陈炯明，他的军队有的在汕头，有的在梅县、惠州等处，一个星期不能集中，我们拣着他一个要紧的地方，用迅雷不及掩耳的手段去攻击他们，等到我们开始攻击的时候，他才晓得通报别方军队来救援。而别方军队定不能在短期间集中，并且来与不来也不晓得，因为叛逆军队都是没有主义，同床异梦，以个人私利为前提的，那么这一个要紧的地方早给我们攻破了。所以革命军的战术，就是以少数战胜多数，不单是不怕敌人，且使敌人怕我们，这团结精神和动作敏捷，是革命军第一个要素。然而革命军的数目不多，究竟能力有限，所以我们兵力要集中一处来打敌人要点，集中兵力专向一点去打他，恐怕被敌人包围，然而你要晓得少数战胜多数的军队往往是要受包围的，但是你能集中一点，拼命打破他要紧的一角，其余的敌人就会溃散的。所以我们攻击的时候，不要怕侧面、背面的敌人来包围，来抄袭，只要计算距离与时间，拼命的打破他最近最强或最弱的一点，先打完此点，再打旁的，就是他是从侧背打来，而我们现在攻击的，还是要认定一面，攻击他们原有的阵地，坚忍下去，打破了他那一点，便可冲破他的战线，他就自然而然会涣散的。所以革命军就是要集中，就是要团结，这句是很要紧的话，须要留心记着。至于后方或侧面危险受包围的时候，自有司令部负责顾虑，不要前方军队来多心。……实战时候的情况，大家在野营演习之中，谅必可以看出一点，作战最要紧的【是在】联络，联络是件最困难的事情，没有传骑和电话，更是难上加难。我们作战不好比外国，外国机器进步，技术发达，所以什么东西都容易。总之各部队如能联络就能打胜仗，不能联络就要打败仗，这是最要紧的地方。如果我们能够联络确实，动作敏捷，协同一致，如此十分之六可操胜算，必不会给人家打败了；不能联络就不能团结。所以我们各队与各队之间，或各营与各营之间，第一要紧是要联络，要晓得作战联络是最难的一件事，惟其最难，我们更要留心。此次演习时，还有对于前方警戒，各队差不多很少留心，是一个缺点。在军队中警戒与联络两个勤务不能做到，差不多如同一个瞎子一样，你看瞎子打仗会不会打胜呢？还有作战时候要严密，比什么事都还要紧，战术只有几个原则，究竟没有什么困难，完全要自己临时应变，前后左右各方的搜索、警戒、联络，这三件事情，在作战上切不可疏忽一点，要紧紧记着。……〕

建国湘军占领赣州，并向吉安前进。

十一日　总理令新军改称党军，任蒋中正为军事秘书。

是日　俄舰启碇返国，军校学生及军乐队站码头欢送。

十二日　总理发表北上宣言，主张开国民会议。

十三日　总理启程北上〔随行者除亲属外，约有二十余人〕，各界暨民众欢送甚盛。侵午，船经黄埔，校长率全体官生士兵，整列校门外码头恭迓。总理莅校周视一过，赞励备至，会第一期学生在鱼珠圩演习战术实施，遂由校长前引往阅，良久乃曰："嗟乎，本校学生能忍苦耐劳、努力奋斗如此，必然继续我之生命，实行本党主义，今我可以死矣。"言已，不胜凄歔。向晚，离埔，全体官生整列欢送如前。

致电杨希闵，索还截留新兵。〔电曰：广州。杨总司令勋鉴：前日敝校由沪运来新兵九十七名，全数为胡军长截留，交涉至今，迄未缴还。敝校与贵军一体相关，素敦袍谊，尤佩慕羹（思舜号）军长义气高深，治军严明，当不致有意为难、敌视至此，务乞吾公令饬放还，以重纪律。否则随便扣夺，相习成风，信义纪律等于弁髦，何以立党，何以治兵，秉正如公，必能成全公私而挽回漓习也。中正叩。元。〕

十四日　令军校学生第二总队直辖教练部。

呈请调任王俊为军校教导团第三营营长。

十五日　陈炯明因部下劝复任粤军总司令，在汕头召集会议，无结果而散。逆部有主张应急徇商团请求攻广州者，有主张弃东江而援闽者，意见甚不一致。

十七日　总理到上海，欢迎者万余人。

十八日　呈请任命王登云为军校教导第一团团党代表。谕各官长暨营连司务长改良待遇士兵。

复黄郛电，请善事总理，并加入国民党。〔电曰：北京东城干麦胡同十一号，转膺白兄鉴：手示诵悉。自闻北京政变，各军改称国民军，不问而知为兄之主张，可知人分南北，而彼此精神贯注始终如一也。英兄虽死，孙公犹在，吾党成败终不能离打铁约言，请兄以英兄之事孙公者事之，则他日安危倚仗有人，英士不死，介石苦志乃伸，对于国事方蔵，尚祈坚持到底，以期贯彻主旨，并请加入本党。是否乞复。中正叩。巧。〕

胡思舜送回被扣截新兵〔仅三十二名〕。

十九日　总理在上海开茶话会，招待新闻记者，宣布此次北上目的。

陆军讲武学校并合军校，其学生〔共一百五十八名〕编为第六队，因讲武校办事人员对于学生入党及设立区党部竭力摧阻，以致发生风潮，故中央执行委员会议决并合之。

樊钟秀电告已抵开封，帅令联合胡景翼讨伐长江各直军。

二十日 军校教导团全团成立〔每团三营，每营三连，每连三排，又有特务连、侦探队、机关枪连、辎重连、通信队、卫生队等，均在团之建制内〕，呈请任命何应钦为该团团长。应钦辞总教官及代理教练部主任兼职。

军校派钱教官大钧为代理总教官，调任严总队长重为教练部代理主任，派胡树森兼第二总队长，黄在玑为辎重队代理队长。

二十一日 赴珠村阅察军校学生队野外战术实施成绩。

建国湘军攻克吉安。

二十二日 军校炮兵队成立。

二十四日 总理取道日本〔京沪交通因受军事影响阻绝〕往北京，在长崎、神户演讲“大亚洲主义”、“日本国民应协助中国废除不平等条约。”

军校考核第一总队学生暨教官队长性行。

二十五日 呈请任命徐桴为军校秘书，调蔡营副忠笏为军校炮兵队少校队长。

方本仁闻李烈钧将回赣，乃勾结赵恒惕、陈炯明，攻败建国湘、滇军于吉水，朱、宋、鲁各部退守苍岭待援。

帅府任命李宗仁为广西全省绥靖处督办，黄绍雄为会办。

二十六日 军校下整齐服装令。

二十七日 陆军军官分学校成立〔在省城北校场陆军讲武学校旧址〕。

筹编宪兵队，派顾主任祝同草订该队组织表。

二十八日 工兵队学生迁往省分校。

驻省学兵队迁驻长洲上庄。

二十九日 对第一期学生讲演党与军队之组织及军人之责任。〔节录：上午党员会议的时候，因为时间不够，所以我没有甚么讲议。现在第一总队已经快毕业了，本校特别区党部也要改组，但在未改组以前，还望大家负起联络的责任，每一个星期各组长仍然要向校长同党代表报告一次，到了大家分散了以后，亦要请各组长负起团结的责任，把本党和个人的情形都互相报告。要这样，我们大家的精神才能够表现出来。……我们国民党改组以后，为甚么要分设区党部、区分部呢？因为要这样才能把各小部分团结成为一个大党，比方组织军队也是这样的。军队里面分步、骑、炮、工、辎重等兵，也就要有条理有部署才好管理，如果乱七八糟，这样一个编制，步兵有几多、工兵有几多都不晓得，没有一个统计，打起仗来不能分配，也就不能指挥，没有不失败的。所以做事一定要有组织、有条理，所谓“众以部分，事以类合”就是这句话。现在我们国民党已经把组织定得很精密了，中央党部之下有各区党部，区党部之下有各区分部，或称小组，也象军队里面师下有旅，旅下有团、营、连、排，这是很有条理、有系统的。不过大家就要认真照党员的责任去做，我们更要看重党的组织，我们要晓得党的组织是一样重要的。军队有组织，一个动员令下来就万众一心，我们党的组织也是要有军队一样的动员来作战的。大家要遵守党的纪律，团结党的精神，常常联络，常常通信，党务自然可以发展，如果不然，大家入了党以后，仍然散沙一般，虽有若干万党员，也是无用的。从前国民党党员也有几十万，到了有事的时候，就一个党员都找不着，这就是党员平时没有团结、没有训练、不知责任的毛病。组织得好的党员，党员是有一定的职责，绝对不能自由行动，要这样，党才有办法。比方某一省的党员有几多，某个党员长于那种才干，现在的党员总共有多少，党里一一都有统计，等到有事的时候，党里就可以派党员去各尽所能，党的动作才灵便，才有用。……从前我们中国治军严厉的，还有一条很重要的纪律，就是关于逃跑的事。比方现在一个师长在前方打死了，旅长退回来的时候不把师长的尸首拿回来，这个旅长就要枪毙，旅长、团长打死了，也是同样。要这样，大家才不敢轻易退却，大家才能敬重保护上官，与上官同死生。……因为一个同志死了，并不是他一个死了，即是我们主义失了一个拥护者，亦就是打死我自己一样，所以我们更要替打死的同志继续奋斗。本来好的军队，就是一连人打死了半数以上，或连排长都打死了，他们仍是拼命抵抗不肯退却的。现在的军队却不然，只要一排人打死一两个人，就恐慌起来，不敢抵抗，这是大家没有看得明白。我们一个同志被敌人打死了，我们应该想一想，他是为什么给敌人打死的，同时我们还要把同志被打死的原因告诉兵士，使大家能够同仇敌忾，前仆后继。……现在中国的一般军人，品行和性情都是很坏。我们是陆军军官学校的学生，大家都受了同等教育，一样的训练，应该互相勉励。自己对于自己也应该常常反省，我们对于主义到底尽了心没有，对于国事有甚么不对的地方没有，对于兵士有甚么错待的地方没有，时时要这样反省，才不愧为一个革命军人。如果仍和现在恶社会同流合污，嫖赌吃烟，那就糟了。……现在中国的假革命党简直是坏极了，今天做革命党，明天就做反对党。比方陈炯明，比较还是一个热烈的人，他对于主义讲起来不算不明白，但是一到了权利关头，为了自己个人的利禄，马上就造起反来，还要谋杀领袖，什么主义道德，统统都抹煞了，这是何等令人寒心的事。……我们要晓得军队除了服从命令以外，还有监督上官的权限。从前我未曾到过俄国以前，以为俄国同志对于列宁这样信仰，恐怕对于他的主义会发生危险，后来到俄国一看，才知道列宁实在可以受党员的信仰，同时也知道他的同志对于他的思想行动，监督也是很厉害的，就令他要发生帝制思想也不可能，因为俄国共产党一般的党员和他的人民都是很明瞭主义，他们共产党的基础是很巩固的。……〕

军校始设教育长，呈请以胡谦任之。

三十日　对军校教导团士兵讲明当兵的意义。〔节录：……我们教导团就是革命军，教导团的兵士就是革命军人，训练好了以后，是来革命的。……你们现在不要因为看不见父兄妻子，就以为很难过，你们要晓得在军队里面实在比在家庭里有趣得多。你们在家里，决不能象在我们军队里给你们吃饱三餐饭，病了也有药吃、有医生看，象现在教导团里面这样周到的。你们要晓得在军队里的官长，就同你们在家里的父兄一样，军队里面同寝同食的弟兄，也如同家里的弟兄一样，大家都是亲亲热热的团结精神，做革命同志的事业，我想起来，实在比你们在家里要快活得多，你想你在家里，那里有钱请先生来教你们。至于官长有时打你们，骂你们，这不比外来的人欺侮你，这好象家里先生希望学生好，所以不对的地方不惜痛骂痛责。所谓“严师出高徒”，如其师父不严，一定不会有好的徒弟学出来，官长严肃，就是要你们本事好。你们若是能守规矩、听命令，也就如同家里好子弟一样，不但舍不得打骂，并且还要十分疼爱他，十分保重他。所以你们第一要听命令，守规矩，等到打胜了敌人，实行了三民主义，你们才真正有出头享福的日子。……我们既然知道我们的衣食住都是百姓供给来的，我们以后打仗的时候，不单是不要抢百姓的东西，而且要时刻保护他的利益。若是饿了，就要挨饿，没有衣穿，就要挨冻，倘要去抢百姓的东西，那么我们父母妻子也是百姓，假使别人抢你的父母妻子，你们难不难过呢？……〕

举行第一总队学生毕业考试竣事。〔及格者四百五十六人，大部分分发见习。〕

教导团采用党代表制。各级党代表由廖党代表遴选教官、学生中之富有政治学识者，呈请中央任命之，除实施政治训练外，凡军队一举一动、一兴一废，均须受其节制，以示党化云。

党军最初党代表系统图

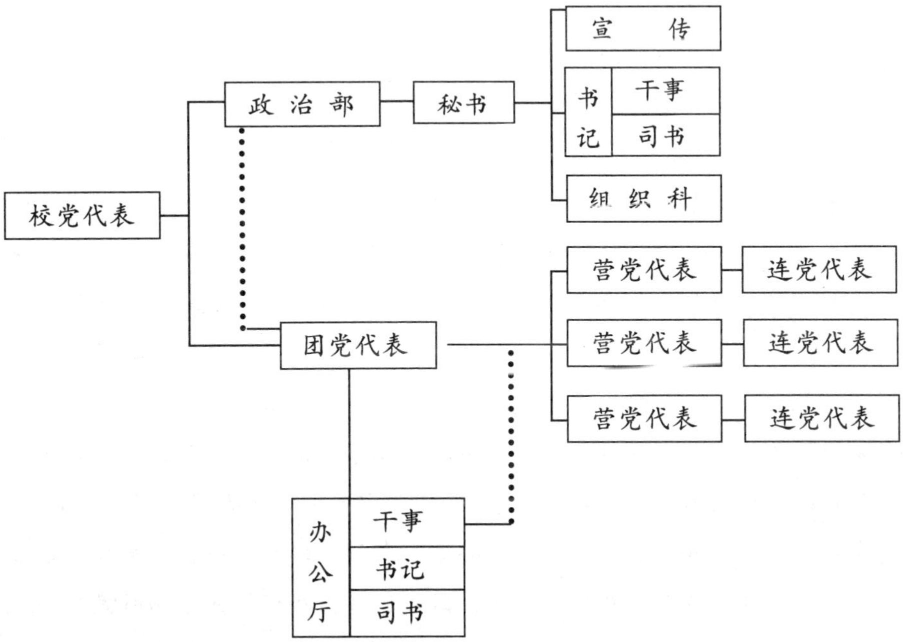

同日 呈请任命胡公冕为军校教导团第一营营党代表，茅延桢为第二营营党代表，蔡光举为第三营营党代表。

自总理北上后，陈炯明又复蠢动，进占宝安、东莞、石龙等处。

十二月一日 军校政治部议设政治训练班，训练各见习官及各见习党代表。同时，政治部议设宣传研究班，养成宣传人才。

是日 沈鸿英在柳州就建国桂军总司令职。

二日 呈请任命刘尧宸为军校中校教官。

军校组织教导第二团〔改称教导团为教导第一团〕，呈请任命王柏龄兼该团团长，顾祝同兼该团第一营营长，林鼎祺兼该团第二营营长。

三日 呈请任命张治中为军校革命军事委员会委员。

四日 总理抵天津，一百五十余团体二万余人欢迎。在馆因旅途劳顿，始感不豫。

召集军校各部文牍员，会商划一文书办法。

五日 军校始定每星期六会议，讨论本周学术科实施程度及次周课程，并管理、卫生等事项。〔列席人员：校长，校党代表，各团长，各营长，各团营党代表，各团军需副官，参谋处长，军需部主任，管理部主任，办公厅秘书，校值星官，办公厅值星官。〕

令筑瞭望台于长洲东便山腰。

函嘱广西兵工总办处处长马晓军，选购黔边驴马百匹。

六日 派胡树森、陈焯、刘峙、林鼎祺、陈哲、刘尧宸、钱大钧、顾祝同轮充校值星官。

七日 对军校教导团士兵演讲投革命军之幸福。〔节录：今天星期例假，我有几句话同各士兵讲，各士兵要留心听着。我前次对第一团的士兵说，各士兵离乡千多里，辛辛苦苦到这里当兵，父母、兄弟、妻子、亲戚皆不相见，想起来确是可怜。不过各士兵来到这里当兵，到底是为什么而来，是不是因为我们国家快要亡了，父母兄弟妻子亲戚快要做外国人的奴隶牛马了？我们的百姓大难快要临头了，是不是因为将来要弄得大家没有饭吃、没有衣穿、没有屋住呢？并且要同安南、朝鲜、印度人一样，走投无路求死不得呢？这个道理，你们在家里的时候，懵懵懂懂，知不知道呢？……

我们这个教导团做官长的，时时刻刻替你们打算卫生、经理衣食饷项等事，并且你们不识字的，要想法教你们识字，你们在家里或在旁的军队里得不着的道理，官长时时刻刻讲给你听。旁的军队怕你们晓得道理，我们这里怕你们不晓得道理；旁的军队你们受了人家的骗来当兵，一定把你们当猪仔看待，我们这里不但把你们当作士兵看，还看待你们是本校革命军的同志，本党的党员，给大家学好本事，锻炼训育，成一个强健的汉子。只要大家同心协力，跟着你们的官长，奉行我们的主义，拼命的把敌人打灭，不仅是你们个人可以享福，你们的父兄妻子、亲戚朋友也要叨你的福，有出头的日子了。……你们来到我们革命军里面，来做孙大元帅的部下，是不容易的事，你们要自己晓得你们的声【身】价是已经抬高十倍了，你们总要努力的爱惜这个名誉，保全这个光荣，才不愧为孙大元帅部下的革命军人。……我们现在第一个敌人，就是本党叛逆在东江的陈炯明。陈炯明以前也是我们革命党的党员，后来他变了节，想做广东王，不服从我们孙大元帅的命令。到底叛逆的人，不论他本事怎样，总是失败的，到如今仅守着惠州一隅，虽经过几次战争，还没有完全剿灭。你们要晓得这个叛逆不剿灭，就是我们革命军人没有志气，就是我们国民党党员的耻辱，我们还有什么面目见人，只给人家看不起，只给人家来欺辱罢了。……旁的军队里每月的饷发下来，兵士想寄回家去吗，陆续零碎散借几个钱，连伙食只有六元，每月得不到一二元，留在身边不知不觉的，今天花一点，明天花一点，不过几天早就用得精光，使得家里父母妻子挨冻挨饿，说来确是可怜。这是当官长的没有把他们看作自家人，所以没有打算周全，只要把饷发下来，就算完事，但这还算是好的。有许多军队还要尅扣军饷，装到他官长自己腰包里去，这更可恶了。……你们每月的饷，除了吃的，只剩下得四五元，五元换大洋邮汇，只得四元光景，怎么好寄回去，一月一月的发下来，只给你们零用去了，想起家里来，一样要同旁的军队长声短叹。所以本校长定出一个办法，是替你们顾虑，以后的饷或二、三月发一回，或提前发给你们，都是不定的，比如第一团的饷，十二月份的没有到期，已经发下去了，可以寄把你们家里去过年，照日子计算，现在还要差得远哩。本校长在这里一天，决不少你们一天的饷，本校长有衣穿、有饭吃，你们也有衣穿、有饭吃，你们没有衣穿、没有饭吃，本校长也没有衣穿、没有饭吃，就是你们打仗打死了的时候，本校长还要给恤金安顿你们家里的父母大小。……]

八日　公以检查成绩不良，对第一期学生并官长训话。〔节录：昨天检查枪械，许多没有按照手续擦过，不单内面没有擦好，外面还有生锈的，可见官长没有严厉去教他。在外国军队有这种情形，官长同士兵统统要受处罚，因为枪枝和兵士的性命一样，枪枝不整理好，如同把性命送给敌人一样，这件事不办到，其余都可以不讲了。现在因为经济关系，有许多事不能照正式军队充分的补充，不过器具不完备，就只好从不完备的地方各人尽心力去做，不要以为经济不充足，上官就不能加以责备。现在就是有的东西也还没有整理，可见并非单因为经费不充，还是下面不肯尽力，若是下面肯尽心竭力去做，一定可以补救不足的地方。有许多事自然要有经费才行，但是床下的地板同鞋子都没洗刷，这也能责经费不充足吗？……对于卫生合不合适，兵士不大知道，我们当官长的就要代他们料理，假使兵士有疾病，比我们官长自己有疾病还要罣心得多。兵士是与我们官长一样，没有什么分别的，稍存分别的心思，不但完全不懂得军额是什么东西，在道德上也是不许可的。……现在教导第一团完全成立了，差不多战斗兵有一千五百人，实在没有一千三百人。第一，因为平时在卫生上不注意，兵士有疾病的太多；第二，在招募的时候就有疾病的。这种残弱的兵，只可以做别的任务，不能同时作战。……若是不然，决计不能打仗，而且连外面军队都不如了。外面军队虽然坏，但是有经验，而我们的军队不但有病，又没有经验，怎么会好呢？不好就完了吗？兵士是绝对教不好的吗？不然的。只要我们诚心去教他们，一定会教得好，天下只有不能打仗的官长，决没有不能打仗的兵士，这句话差不多成了格言，所以教兵士，要从教不好之中去研究教他好才对。我们要希望军队好，有三件不费本钱而又是顶要紧的，第一是编制……，第二是精神……，第三就是纪律……。现在各位初来做事，固然许多不甚熟悉，不过要时时刻刻留心去研究，要求十分完善，才可以做革命党党员、革命军军人。……]

九日　军校设参谋处，呈请任命钱大钧兼该处处长。

第六队学生在长洲一带演习测绘。

十一日　军校令教导团各级党代表实施政治训练。〔使一般官兵莫不了解党之主义，革命环境，恪守党纪军纪，以期凝集团体精神，提高战斗能力。〕

十二日　赴肇庆参加西江讲武堂学兵连成立典礼。

对党代表训话。〔全录：今天有几句话对大家讲，我们派了党代表下去，没有表现什么功效，就是没有履行党代表的责任，对于礼节不能躬自表率，见了官长还有许多随随便便的，似乎有点得意骄矜的样子。我们第一要把骄字去了，自己骄矜起来，断不会亲爱别人，别人也不会亲爱你，党代表的责任是要感化他人的，要从言语、行动、态度上随时留意检点，使人家感觉到你很可亲爱，真诚的信仰你。没有党代表的时候，各连营长自然负完全的责任，有了党代表，既然副署了一切的命令呈报，就对于这一切的命令呈报要负责任，所以党代表以后对于命令、呈报，须得审慎注意。现在有许多病兵、逃兵缺额延迟未报，这是不对的，党代表须知道连里几人有病，几人在逃，每天点名的时候人员多少，尤要清查周到明白。营比连复杂些，团比营更复杂些，连长对于营长负一般的责任，党代表对于党里也负一般的责任。士兵的月饷，所吃的东西，穿的衣服，党代表须时时检查，至少要使得我们的军队没有现在西南各军的毛病。党代表要使得兵士受你的教育，我们的主义见效，首先要士兵懂得普通言语，教他认识些字义，才有施教的门径。更要紧的，党代表混入士兵里面去，学学他们的语言，这样，士兵才容易感化，容易了解主义。你若是高高在上，与士兵生出一层隔阂，士兵见了你是官长，他远远地不敢接近你，不敢来和你谈话，那就下情不能上达。你见了士兵是士兵，中间毫没有感情的联络，士兵听你的话当作官样文章，格格不入的，教练主义无从下施，党代表的责任是没有作到。现在士兵病的十有二三，党代表应当时常去看看他们，安慰他们，总不要士兵发生离乡背井、举目无亲、痛苦伶仃、无人怜悯的感想。若是他们病了，你都不理，亲爱团结的工夫从何处下手呢？连长的责任在教练和指挥，党代表的责任在监督，对于士兵的经济状况、生活状况、政治训练，是项要紧的工作。教养二字，在平时党代表负了党里付托的大责任，要造日报表，日日报告才行。这点请各位留意，以后党代表做到了全连士兵主义明了，纵然没有军饷的时候，也不会发生别的事故，还能够继续努力作革命的工作，那就是党代表的万能，也不辜负我们派了党代表到军队中的希望，总得党代表一句话下去，全连士兵官长没有丝毫异议，真心的诚服，才有党代表的效力。〕

十三日 呈请任命杨焕新为军校少校教官。

调杨培根代理第四队队长。

十四日 令印发军士爱民歌。

十五日 国民党中央执行委员会汪兆铭等通电否认总理主张共产。

十六日 任命刘震寰兼建国桂军第三军军长。

对第一期学生讲演经理、制度、人才。〔节录：……现在军队初成立，有许多事情是很困难的，见习官所陈述的意见书，很有可以采纳的地方，也有本校长想不到见不到的，本校长很觉得欣慰，因为这种学生将来出去，一定能为党为国尽力，实行我们三民主义了。不过也有许多不十分明白内容的，甚至误会的地方很多，我们应该知道事实往往不能合乎理想。现在中国旧习一时不能完全改革，因为人才不够用，就以经理来说，经理学在外国有专门的学校，须有一两年的专修科毕业之后，才能做到一个少尉相当的官。而我们学校在这个时期就不能这么办，所用的军需，都没有学过经理学，也不懂统计法和簿记学，所以现在我们教导团要想照外国那样办法，无奈没有人才，眼前实在办不到。本来军队要想办得好，第一个条件就是要军需独立，军需不能独立，兵无论如何练不好。现在中国的军队不好，大半是军需不能独立的缘故，本校没有好多的专门人材，是很困难的事，但是我们可以想法补救的。我想在本校组织一个财政监督委员会，从教职员、学生之中选出几个人来组织，实行监督本校财政的收入与支出，使得本校财政完全公开，免去从前这种猜疑。到了军需独立之后，带兵官就只管带兵的事，专心致志来练兵，军队一定训练得好的。现在我们学校内最缺乏的就是这种经理的人才。比方前天有一个见习官领了一些衣服，到了队上又不够数了，这就是经理不好的明证。以前发给各队的东西，想必也有失去的，现在也查不清楚，就是查出来也欠缺了。各见习官此刻既不懂得经理学，必须随时随地留心研究。你们要晓得后方勤务要占军事学全部的三分之二，如果经理不完善，后方勤务就无从办理，比方被服、粮秣、人马、器材等件，皆要平时经理完善，准备周到，然后战时后方勤务可以有条不紊。但是经理学不是每个军官要学的，我也没有进过经理学校，不过参看些经理书，复以自己经验所得，加以研究，所以知道一个大概。总而言之，经理不好，练兵就练不好，带兵也带不好，而后方勤务不完备，尤为用兵最大弱点。……中国军队党代表制度是第一次施行，本校长对此制度志在必行，常以为宁可无军队，不可无党代表，但是你们各位党代表要自重自爱，不可滥用职权，败坏这救济中国军队的唯一制度。……现在各人的性质才干，没有调查得清楚，任务也不好分配，等到学校把各人的长处调查确实了，宜于做社会运动的，一定给他到社会上去活动，宜于带兵的，就一定给他带兵，所以要等这项调查表列出之后，才好决定分配任务。……人材的问题，没有经过危险，没有做过实在的事，是不容易看得出来的。还有一层，就是自己不从事实上研究，仅在书本上用工夫，是造就不出人材的。人材不是完全教好的，十分之七是靠自己训练自己，锻炼自己，现在什么困难的事都去做，不怕困难，将来经验越多，就无论怎样难事都能够担任了。现在看我们中国的情形，革命要成功，非有五十万至一百万的革命军不行。现在我们学校里只有一千多个学生，将来就是个个做团营长也不够用，就退一步说，现在规模这样小，只练了两团兵，都觉得人才缺乏，办事不能找出一个条理来。现在要把事情弄得清清楚楚、确确实实，总觉得做不到，这是没经验的缘故。……我们训练出来的一般革命人才，是要各人自己能体察自己的，各人都有科学的脑筋来做事，不比科举时代的人才，只要文章做得好，字又写得好，就算了事。我们要练成一种坚忍不拔的志气，不论遇到什么事情，都耐苦耐劳的做下去，世上决没有做不好的事，也决没有困难的事。如果我们以为事情不容易做的就不愿去做，那是无论什么事也做不出结果来。……〕

颁发青年将校服务要览〔每一军官一册〕。

军校官佐演习礼节。

十七日　呈请任命罗为雄为军校教导第二团团附。

十九日　呈请任命陈教官焯兼教导第二团团附，杨天樗为第二团独立营营长。

军校特别区党部开全体党员大会，公主席，宣布开会宗旨，并报告总理莅北盛况。

二十日　军校区党部代表及炮、工、辎三队学生，赴省垣参加促进国民会议示威巡行。

二十四日　呈请任命胡宗陈为军校少校教官。

二十五日　对教导团士兵演讲军队重阶级，齐心力，行连坐法。〔节录：今天十二月二十五号，是云南起义推翻袁世凯帝制的纪念日，所以本校下半天放假休息。本校长乘着这个休息的时候，讲几句要紧的话，请大家留心听着。……从前岳飞是最会带兵的，他的军队叫做岳家军，当时金兵就是岳飞的敌军，有句话称赞他的军队说："撼山易撼岳家军难"。岳家军不容易动摇，因为他的兵士都是一条心的，前仆后继，至死不退，这样如何撼得动呢？……还有一个三国时关云长，就是关公，他曾单刀斩颜良，颜良身边有几千军队，怎样可以给关公一个人进去斩了呢？就因为关公是有忠心、有勇气、有胆量的。颜良的兵士虽多，然而都是人各一心，活活地让他的主将杀死。……我们学校里现在有两团兵士，无论是第一团、第二团的，都是陆军军官学校的军人，都是一家兄弟一样，要是外面有人欺侮我们，打了我们的弟兄，我们就要替他来报仇。我们只要团体结得坚固，便什么都不怕，两个和气的弟兄就可以打胜几十个敌人，因为敌人是不同心的，看见我们兄弟同心合力打走这个，那个就会偷跑的。……军队里面是要讲阶级的，阶级的意思就是和上楼的扶梯一样，一层一层数下去的，要这样才有上下之分，才有统系，如果没有上下之分，谁应听谁的命令呢？所以阶级是军队里面最当遵守的。……比方打仗的时候，上官没有命令，一班人同退，就枪毙班长，一排人同退，就枪毙排长，一连人同退，就枪毙连长，一直至于一营一团退下来，就枪毙营长团长。象这样说，所杀不过三五个人，似与士兵完全没有关系，其实不然，你不曾细思此法一行，就是百万兵士一时前进后退。我也都有查考，所枪毙的虽只几个人，不怕你百万人都退不得，你听我说这缘故。比方一团人同退，那司令官必定枪毙他的团长，如此团长见他部下退时，他决不敢退；若是他不退，必被敌人打死，我便要枪毙他的营长来偿他团长的命，如此营长也不敢退；营长不退，若被阵亡，他的部下连长都该杀，连长怕枪毙便不敢退；他部下排长怕阵亡了连长，司令官枪毙他，他也不敢退；排下士兵恐怕排长阵亡，一排士兵都要枪毙，便都护着排长不退。如此不是我军所死的只有阵亡的部下三五个人，便是百万人也要同心，那个还敢轻先退去呢？若一齐向前，同力杀贼，官长虽有阵亡，不坐偿命之罪。上官本来是你们的父兄一样，如果让上官去给敌人打死，自己就逃回来，这样还有人心么？所以以后打仗的时候，有了这条连坐的军法，只要看见团长、营长不走，就大家都不敢走，打死就打死，何况官长是有学问的，大家跟着官长去打，是一定不会打败仗的。如果偷生怕死，临阵畏缩回来，也是要枪毙，不回来躲避在别处，被敌人搜索去了，也是给敌人打死，不然就提去做俘虏，真是活受罪。大家想想还是在战场上打死的好，还是给敌人提去枪毙或是当俘虏好呢？如果人人遵守号令，死在战场，官长还会纪念你们的功劳，安抚你们的家族，还有象黄花岗七十二烈士一样立碑祭祀。倘然犯了军法，被司令官枪毙，空丧了性命，又无前项恤典，值得不值得呢？……〕

令第一总队学生补习各课，限明年二月二十八日以前终止。

二十六日　军校教导第二团成立。

军校学生始习器械体操及劈刺，见习官愿加入者听之。

国民党通电反对北京召开善后会议。是会为段祺瑞等所主张。

二十七日　呈请任命乐震东为军校中校教官。

同日　呈请任命张静愚为教导第二团团党代表，调任金佛庄为教导第二团第三营营长。

二十八日　对第一期学生讲明本校环境与党军性质，及练兵要素、战斗心理。〔节录：……听闻旁的军队因为总理把枪械专给我们学校，心里很不爽快，有人对他们说这枪械是要练党军的，他们就问“谁是党军，谁不是党军，如果说我们不是党军，我们就可以不打仗，让军官学校单独去打好了。”各位听见这活，作如何的感想呢？他们并不晓得党军的性质是怎样的，我们要问人家是不是党军，就先要明白党军的责任在甚么地方，党军是完全服从党的命令，受党的指挥的。比方中央执行委员会命令下来，要我们怎么样，我们就怎么样，这才算是党军。又如政府要统一财政，就要把财政即刻交出去，这样我们学校的枪械自然可以交给他们，如果不能听从本党命令，不能尽党军的责任，本党的敌人近在面前，有了加倍的力量尚且不能扑灭，这种军队便完全失了党军的性质，简直变成个人的军队了。现在本校的环境如此，我们还不努力，不但我们无面目见人，总理亦无辞以对天下了，所以本校长如果练兵无效，那是除死以外再无他言了。……自枪械到粤以来，本校应否招兵，自己有无这个力量接受这批枪械，以副总理及各同志的愿望，本校长是考虑再四，决不象不负责任的人，只要枪械到手就算完事的。我想这个责任若是我不担负起来，我们总理对内对外的信用全失，以后更无成功希望，所以下了决心，敢来承受这批枪械。我们负了这种重大责任，如果以后党军打了败仗，本党因此失败，那时本校长只有以死殉党之一法。各位同志要明白我们的责任如此，若是主义不能成功，党员只有死的，以下两句话“不成功就须死”、“不死就须成功”，望大家记着。本校长个人的性质本比别人躁激，现在对于这个重大的责任，时时刻刻怕担负不了，性情更要比以前激得多了。对于各位同志自然是一点不容客气，要是大家不能照我的意志做去，自然是更要躁烈，有时当着士兵来痛责官长，并不是不知道这样往往失掉官长的体统。不过我以为也有益处，就是使兵士可以知道连排长是有责任的，并且使士兵知道骂他们的官长，就是骂他们自己一样。……有人说过就是“练兵先要立定脚跟”，脚跟立定才可以使用枪械，不然一见敌人就会心惊肉跳，退下来的，脚跟立定之后，气才能定下来，心才能决下来，胆亦会壮起来了。打仗总要志气胜人，所谓“三军可夺帅，匹夫不可夺志。”如果志气坚定，没有不成功的。……从前中国练兵的人，如明代的戚继光，他拿二十分来计算练兵成绩，第一是编制，这编制能使军队成为节制之师，有二十分之二的成效。第二是连坐法，从前我已讲过，……这连坐也占练兵成效中二十分之二。第三是赏与罚，就是信赏必罚，也各占练兵成效二十分之二。第四是号令严明，所谓将无二令，将无还令。譬如饷项不欠，起居有恒，也要占练兵成效二十分之二。第五是兵器精良，足以压制敌人，这效力也占有二十分之二。还有战术精详、调度有方也占练兵成效二十分之二。至于将勇兵精，练兵徒在形式上讲求，这效力不过二十分之一。以上几项，效力都是很小的，最要紧的，占得二十分之五的，还是万众一心，就是团结精神一句话，只要这项做到，打仗就有了四分之一的把握了。所以我们要使兵士个个都知道是为主义而死，人人存一个必死之心，万众并力，视死如归，即使官长下错了命令，还是要依照他命令做去，往往军队里面将错就错，还有打胜仗的机会。如果部下对于命令阳奉阴违，那就是必打败仗的。……我们总理临行时候，有句话对各军队说，“士兵不希望别的，只要能做到隐藏瞄准四个字。”没有训练过的士兵，打仗的时候往往手忙脚乱，耳聋眼花，平时所学的射击方法尽都忘了，甚至子弹倒头装，枪口向后放，种种说不出的现象，在打仗的时候全会发现出来的，真要令人可笑可痛。古时有句俗话“只怕敌人不怕死”，这话很有道理，有许多士兵一见敌人就往后跑，殊不知一动了脚，个个都要死了。因为逃跑的终是向小路或无路的地方走，走到无路的地方，等到敌人从后追出来，他就无路可走，到了那时，他见到深的水，不怕淹死，也要跳下去了；见到深的谷，不怕跌死，也要滚下去了；或是逃到深山穷谷，不敢出来，冻死饿死；或是逃到民家，被百姓杀死；或是被敌人搜着做俘虏枪毙，这些就是怕敌不怕死的明证。那里知道你不怕敌人，敌人一定会怕你，如果你怕敌人，敌人一定不怕你，这种战争心理，我们是要常常记在心里，并且要同士兵讲明白。还有两句话，所谓“活人走死路、死人走活路”也很不错的。在阵地上真正被敌人打死的，究竟是很少，敌人并不比我们强，而且我们的器利饷足，胜过敌人，要是我们用力同他拼打，敌人一定是打不过我们的，这种道理都可以同他们解释。教兵本是极难的，而且我们军队没有充裕时间可以训练，或者马上就要出发也未可知，总要使得他明白为什么要打仗，要拼死，并且要使他扫除一切疑窦，然后可以使他志坚气壮，可以使他视敌如仇，视死如归，这就是万众一心的效力。我对于士兵教育的方法，可谓用尽心思了，但还怕他们听不懂，我想要政治部编剧做给他们看，或比讲演容易感化些。……〕

三十日　第一次检阅教导第一团，对官兵讲评。〔全录：今天检阅是个大概的检阅，不能算得是新兵检阅，第一次有这样的功绩，因为教练的时间未久，总算是很好的。但是有许多细部的地方不照原则做，这不能怪士兵，要怪官长口令喝得不得法，不照操典上按步就班地做去，所以今天有许多口令不明瞭，弄得参差不齐。军队最要紧的是精神，今天我们的精神太差，尤其是兵士，这由于平日教育时无精神，不能使部下振作起革命的精神，因而也很没有纪律了。第一个毛病就是士兵讲话，检阅时尚如此，平时概可想见。这全是官长不留心，如果能留心，所谓一眼顾百方，兵士就不敢偷闲了。教育士兵要十分严厉，用全副精神，现在的毛病如果成了习惯，就很不容易矫正。今天各种动作做错的很多，各位都知道以后要改过才好，因为时间的关系，一团一天阅完，细部都未阅到，照新兵应当每日检阅一营。今天检阅最大的毛病是士兵的胸不挺出，报数集合太慢，甚至稍息立正几秒钟后还有人动，都不照原则做去，这都是平日教练时不严的原故。军队不迅速不确实，就是将性命牺牲，如要性命，就要动作快，散兵前进都是立着行进，岂不是要给敌人打死了吗？跃进有许多走便步，不知道弯着身子，隐蔽身体。立射是要在万不得已的时候，或是目标不见，或是有胸墙利用，才可以的，此外能卧射当卧射。今天卧射太少，很不对的，要同士兵们说不这样做就被敌人打死了。还有南方的兵都不知战术，又多半没有刺刀，敌人无刀，我们有刀，他就没有办法，只要勇猛前进，动作迅速，就可将敌人一个个都刺死了。敌人的弱点，我们的优点，都要对兵士们说明，以增加他们的勇气，振作精神，不要萎靡不振，这一点要请各位给我要求到才好。第三营因时间太少，不能过于要求，但更要注意使他们兵士们进步快点，赶上第一、二营，不然教育不齐，将来作战上很不便。以后随时有检阅，随时有考试，士兵们升上等兵或下士、中士、上士，都在这里面断定，尤其要注意射击瞄准。〕

三十一日 总理扶病入京，政府派员招待，社团民众热烈欢迎。

公性喜读书，虽戎务倥偬，舟车逆旅，每挟以俱。是岁，尝选定陈编，用资随时精讨，兹次其目如左：

五经	四子书
孔子家语	左传
战国策	六韬

孙子	吴子
管子	庄子
韩非子	离骚
史记	汉书
资治通鉴	清史辑览
西洋史	普法战史
拿氏战史	日俄战史
欧战史	各种军事学
战时正义	巴尔克战术
中国地理	亚洲地理
世界地理	古文辞类纂
古文观止	诸葛武侯集
岳武穆集	文文山全集
戚武毅丛书	曾国藩全集
胡林翼全集	左宗棠全集
骆秉章全集	李鸿章全集
樊山批牍	中国哲学史讲话
心理学	统计学
社会学	经济学

是春　王太夫人阡及慈庵周围栽植各种树本。

冬　长公子经国毕业于万竹学校高小部。〔附家谕：经儿知之，我现在住在黄埔，你有信寄到广州黄埔陆军军官学校可也。你今年功课须注重英语，年底最好能考取梵王渡圣约翰学校二年级，否则亦要考入一年级也。写字笔画要清楚，且要字字分明，切不可潦草糊涂，写信的字，亦要像我写的一样大，不可太少。纬儿在沪出瘖〔痧〕，你去看过否，现在有否痊愈？你近来对于功课有何心得，曾看曾文正家训否，每日学字几个，均须一一告我，并把最近所学的字寄我几张，看有进步否。父示。（五月一日）　你九日来书我已接到，日前改正之文二篇，即于当时寄还，想可收到。你的字已稍有进步，但用墨尚欠讲究，时有过浓过淡之病，笔力亦欠雄壮，须间日摹写一次，要在古帖中之横直钩点撇捺处体会注意，提笔须高，手腕须悬也。……（五月廿六日） 你抄来陈公革命计划及事略一篇，其中多有错字，如“请”字误书为“清”字，是太潦草不留心之故也。凡抄东西，须先读一遍，将其意思领解，然后再着手抄写，如有文意不通之处，即当改正，倘有疑难而不能自决者，即须问人，则抄写才有益处，如慌急慌忙，不管正误，只要抄完就算，有何益哉。凡事总要认真实在，不可当作还债看待，曾文正公言办事、读书、写字，皆要眼到、心到、口到、手到、耳到，此言做事时，眼、心、口、手、耳五者皆要齐来，专心一志，方能做好。凡读书写字，皆应当作办事看也，你须记之。父字。（五月三十日） 上月廿八日来禀，已接阅，附来文体、语体二篇文字，亦批改付还，意思与文法皆无错处，欣慰之至，但字体总嫌欠大，且欠清楚，以后切须格外留意。你没有看过曾公家训吗？为何来信总未提及？注意英文，只要将学校里的读本熟理便得，先定每日读几页，每页读几遍，以暑假日数与书之页数对计，必于暑假期内温得烂熟才好。孟子文章之好，异乎他书，你如将来要做好文章，必须熟读孟子，切勿视为等闲也。父示。（六月十三日） 我接到果夫的信，知道你已经到上海了。前日闻纬儿亦已到了上海，但是他到了上海之后，没有写信给我，不知为何，你须同果夫兄到朱家去看他一看，写信告我。今日将你的来信寄还给你自己保存，将来拿出来看看很有趣味的。我写给你的信亦要封封存起来才好。（九月二十六日） 寄交新顺洋五千元有否收到，亦须请其示知。你同纬儿同住甚好，你要时时教导他，做他的一个好榜样。现在上海家中的情形怎样，你须详详细细地写封信来告诉我。至要至要。父泐。（十月一日）〕

武岭大火，玉泰被毁。武岭一乡村耳，往昔鲜闻灾，是年，大火三、小火七，事甚奇异，说者谓有向明之兆。

民国十三年革命中外环境

一月五日 吴佩孚呈请任命湖北督军萧耀南兼代省长。〔因汤芗铭久不能到任。〕

十日　高凌蔚内阁总辞职〔因发布众议院改选令，多数议员纷起攻击〕，任命孙宝琦为国务总理组阁。

二十九日　刘存厚、杨森与袁祖铭军攻克北江、渝州，入成都，熊克武、赖心辉、刘成勋等分向新津、资州退去。吴佩孚呈请任命存厚为四川督军，祖铭为川黔边防督办。

三十日　北廷任陆荣廷为广西军务善后督办。

二月十四日　孙宝琦发起和平大会，分电总理暨张作霖等反直派领袖。派员参与。

黄大伟部师长张毅，逐黄降北，受任为福建第一师长兼厦门镇守使。

二十一日　北廷阁议决定，（一）派员入粤检查军队；（二）责成财政部拨解援粤费；（三）援粤决以武力统一；（四）宣慰粤商民。

二十七日　福建督理孙传芳率部进驻延平，借王永泉劲旅一团同行。

三月四日　熊克武袭渝泸失败，乃饬所部由江津退綦江，准备入黔。

九日　孙传芳、周荫人回师迫福州，王永泉知中计，偕其弟永彝逃入泉州，残部交杨化昭统率。

二十二日　臧致平与王部杨化昭合兵反攻，占领漳州。

二十三日　北廷任邓本殷为琼崖护军使。

二十九日　周荫人部入泉州，杨树庄率舰队赴金门，迫臧致平照前约让厦门与海军。

四月七日　熊克武乘杨森部内变，复引滇黔军窥重庆，袁祖铭击退之。

十一日　洪兆麟等通电赞成统一，并进兵闽南讨臧致平。

十三日　沈鸿英部由湘回桂，击退陆荣廷军，进围桂林。

十五日　齐燮元发起苏、皖、赣、鄂、豫、秦、鲁七省联防，已得吴佩孚赞同。

闽海军占领厦门，同安亦为孙军攻下，臧、杨遁至漳州。

十九日　臧部弃漳州，洪兆麟入据之。

二十二日　赖心辉投降袁、刘，吴佩孚令驻资州、内江一带。

二十八日　张作霖以张作相为吉林都督。〔前都督孙烈臣死。〕

五月十三日　曹锟派孙传芳为闽粤边防督办，周荫人督理福建军务善后事宜。

二十七日 吴佩孚保荐杨森督理四川军务善后事宜，田颂尧帮办四川军务善后事宜，刘存厚为川陕边防督办，刘湘为川滇边防督办，邓锡侯为四川省长。

六月十四日 臧、杨两部退入浙境，卢永祥收容为边防军，以致平为边防训练处处长，化昭为混成旅旅长。

十七日 马济会同湘军叶琪旅入桂援陆荣廷，即占全州。

二十六日 李宗仁、黄绍雄奉孙大元帅令，于沈鸿英、陆荣廷相持时，进攻南宁占领之。

七月二日 孙宝琦辞国务总理职。〔因与财政总长王克敏互诉，公府袒王也。〕曹锟命以顾维钧兼代之。

八日 陆荣廷、沈鸿英议和息战，约定抚河以上属陆，抚河以下属沈。

二十八日 吴佩孚电曹，主张迫卢解臧、杨两部，并令苏〔齐燮元〕、皖〔马联甲〕、闽〔孙传芳〕、赣〔蔡成勋〕四省共同应付。

八月四日 直军第一路向上海，由宫邦铎、马玉仁等任之；第二路驻宜兴，由陈调元等任之；第三路向广德，由皖省旅长王普等任之，第四路向仙霞关，由闽孙传芳及赣军一部任之。〔第二路取守势，余均取攻势。〕厦门海军亦由杨树庄率领，开向浙海、淞沪。

七日 李宗仁占领柳州。

二十四日 陆荣廷派兵袭柳州，沈鸿英乘虚攻入桂林，陆部退向全州。

九月三日 卢永祥通电，就任浙沪联军总司令，以何丰林为第一路司令，陈乐山为第二路司令，潘国纲为第三路司令，对抗四省攻浙。

是日 苏浙两军在安亭车站附近接触。

四日 张作霖通电响应卢永祥。

十四日 特任颜惠庆为国务总理。〔兼代国务总理顾维钧辞职。〕

十五日 张作霖自任镇威军总司令，对直作战，委姜登选为第一路司令，李景林为第二路司令，张学良为第三路司令，张作相为第四路司令，吴俊陞为第五路司令，许兰洲为第六路司令。

十七日 吴佩孚由洛入京，曹锟即下讨奉令，特派吴为讨逆军总司令，王承斌为副司令，彭寿莘、王怀庆、冯玉祥为第一、二、三军总司令。

十九日　卢永祥闻第三军失衢州，疑浙军与孙传芳妥协，托言督师前敌离杭，省长张载阳同行，并令陈乐山放弃宜兴战地，退守嘉兴，夏超〔浙江警察厅长〕欢迎孙传芳入浙。

二十日　曹锟任孙传芳督理浙江军务善后事宜，兼闽浙巡阅使。

二十一日　陆荣廷下野，所部入湘，由马济改编，赵恒惕徇李宗仁等请，饬叶琪旅撤回湘境，让全州于桂军。

孙传芳保荐夏超为浙江省长。

二十二日　王怀庆奉命讨奉，以聂宪藩暂代京畿卫戍司令。

二十四日　卢永祥改任三【王】宾为第三军总司令，主持松江防守事宜。

二十九日　齐燮元令嘉定、黄渡、青浦三路二次总攻击。

奉方第六军副司令吴光新、梯队长李爽螘攻克建平。

三十日　吴佩孚令齐燮元暂兼淞沪护军使，萧耀南为鄂豫湘防务总司令，刘镇华为陕西后方筹备总司令，方本仁督办赣粤边防事宜。

十月二日　直第二军失利，第三军逗留不进，奉得朝阳、开鲁后，复攻克凌源、赤峰，吴佩孚派王承斌赴承德，以副司令代行总司令职权，指挥第二、三军。

八日　蒋遵【尊】簋等谋宁波独立，〔组织浙江自治委员会，遵【尊】簋自为委员长，以吕公望、屈映光、褚辅成等为委员。〕未成事。

九日　孙传芳任陈仪为浙江第一师师长，周凤岐为浙江第二师师长，夏超兼浙江保安队统制。

十二日　沙河寨为奉军所夺。

十三日　卢永祥因松江、嘉定相继失守，通电下野，与何丰林乘日轮东渡。

十六日　孙传芳到上海，收束卢、何军队，并委苏军师长白宝山为上海防守总司令，办理善后事宜。

十七日　山海关、九门口、石门寨等处，奉直剧战，双方死伤甚众，奉军卒占各要隘，吴佩孚指挥舰队攻葫芦岛，亦为其飞机所制。

二十日　萧耀南运动鄂、赣、闽、湘、川五省联防，以御西南北伐军。

二十二日 冯玉祥、胡景翼〔陕西陆军第一师师长，原隶国民军〕由古北口潜师回京，京畿警备副司令孙岳内应，通电主和停战，并派兵围总统府，保系要人均逃避使馆界。

二十三日 冯玉祥、王承斌等在北苑会议应付时局办法，段祺瑞等亦在天津召集国会，讨论宪法、总统诸问题。

二十四日 曹锟被迫下令，（一）前敌停战；（二）撤消讨逆军总、副司令等职，山海关一带军队着王承斌、彭寿莘维持；（三）吴佩孚免本兼各职，派任青海屯垦督办。

颜惠庆内阁，除王克敏在逃、黄郛附和冯玉祥外，余均提出辞职。

二十五日 王承斌等组织中华民国国民军，公推冯玉祥为总司令兼第一军军长，胡景翼、孙岳为副司令，兼第二、三军军长。

吴佩孚以前敌军事交张福来，率卫队自秦皇岛至天津，诡称奉曹锟密谕，通电会师讨冯，直系将领王怀庆等三十六人联名响应。

二十七日 冯玉祥等举段祺瑞为中华民国国民军大元帅。吴佩孚派齐燮元、萧耀南、孙传芳、刘镇华会同节制讨冯各军，一致行动。

援苏各客军回防，鲁军北上援吴。

二十八日 张宗昌由冷口入占滦州，截断天津与榆关交通，张福来下总退却令。李济臣任陕豫鄂援吴军总司令，在郑州集合部队，准备北上助战。

三十日 张作霖、卢永祥〔卢时由日本至奉天〕等通电，推段祺瑞为联军统帅。

冯玉祥等在北京附近对吴军实施总攻击。

三十一日 黄郛兼代国务总理。〔加入奉系王永江、王迺斌、国民党李烈钧等〕

十一月一日 山东宣布武装中立，郑士琦屯兵德州，同时山西阎锡山军扼守石家庄，阻援吴军北上。

二日 冯玉祥、胡景翼各率队攻杨村，奉方亦由唐山进逼，吴军退守天津。曹锟通电并咨参、众两院辞职，代理国务总理黄郛宣告摄行大总统职务。

三日　吴佩孚离津，由塘沽登军舰至南京，部队万人随行。

摄阁令，任鹿钟麟为京畿警卫司令。

五日　有谋清帝复辟者，冯玉祥勒令溥仪出宫〔移居醇王府〕，孙岳攻入保定。

七日　摄阁令，督办河南军务善后事宜张福来免职，河南督理一职即裁撤，特派胡景翼前往河南，办理军务收束事宜。

十日　齐燮元、萧耀南、孙传芳、周荫人、杜锡珪、马联甲、蔡成勋、刘镇华、李济臣、李炳之等联名通电拥护段祺瑞。

冯玉祥、张作霖齐赴天津，在段祺瑞私宅开会议，段主和平，张、冯主对长江各省用兵。

萧耀南受湖北各团体及军官劝告，宣布保境安民，并拒四川受吴佩孚命令东下及他省攻吴军队入鄂。

十一日　李宗仁自任广西善后督办，黄绍雄为会办兼省长，合拒刘震寰回桂。

十二日　李景林在天津缴王承斌部械，王避入英租界。

十三日　齐燮元召集苏、浙、皖、闽、赣、鄂、豫、陕八省及海军联防会议，并有川、湘代表参与。

十四日　黄郛宴请使团，使团表示对摄阁地位尚难承认，因即自动取消。

十五日　张作霖、冯玉祥、胡景翼、孙岳等，受元日长江各省独立通电影响，推段祺瑞任中华民国临时总执政，请即入京应付时局。

十六日　张宗昌率部由津浦路南下，占德州兵工厂，郑士琦派兵截阻，经段祺瑞调解，张作霖始令退驻沧州。

安徽去职旅长李传业运动旧部，在寿州组织国民军第四军，马联甲奔沪。

十七日　苏皖等十省及海军将领通电主张在武昌组织护宪军政府。〔旋因各方反对者众，未实现。〕

李景林因天津各团体推举，就直隶保安司令职，以省长让杨以德，杨称病辞谢。

二十二日 段祺瑞入京，以奉军吴光新部为卫队。

二十四日 段祺瑞就任临时执政，组织政府。〔不设总理，一切政令由执政召集国务会议议决即行。〕任命各部部长〔龚心湛内务，唐绍仪外交，李思浩财政，吴光新陆军，林建章海军，章士钊司法，王九龄教育，杨庶堪农商，叶恭绰交通〕。

张作霖拥兵入京。

王揖唐通电取消安福俱乐部。

二十八日 执政令，任王揖唐为安徽省长，暂兼督办军务善后事宜。

方本仁降粤军队，反攻入吉安，蔡成勋率所部退守樟树。

二十九日 司法总长章士钊，令京师地方检察厅检举贿选总统案。凡有关系各议员〔九十余人〕均逃避。

十二月二日 吴佩孚由洛、郑南退信阳〔因陕督刘镇华奉段命，派憨玉琨师进迫〕，萧耀南恐其入鄂引起战祸，请吴下野。

四日 吴佩孚遁入鸡公山。

六日 执政令，特任胡景翼督办河南军务善后事宜。

七日 杜锡珪赴上海养疴，以海军总司令职交杨树庄代理。

九日 方本仁占领南昌，蔡成勋亡走，广东北伐军复入赣州。

十日 执政令，各省巡阅使均着即行裁撤，东三省一切军事仍由张作霖指挥节制。

冯玉祥通电取消国民军名义，并即解除总司令职。

十一日 执政令，免齐燮元职，江苏督军一缺裁撤，以江苏省长韩国钧暂兼督办江苏军务善后事宜，特派卢永祥为苏皖宣抚使。

十三日 江苏绅民认卢永祥、齐燮元同为东南祸首，纷电反对卢永祥南下，以免引起第二次战祸。

十四日 执政令，免江西军务督办蔡成勋职，特派方本仁继署。

苏督齐、韩交代，苏军将领表示体齐意，服从韩氏，但反对另有军事大员来苏危害苏境。

张作霖藉拥卢为名，派张宗昌率部〔五个混成旅为宣抚使军队〕侵入长江，驱走齐燮元，以邢士廉所部占领淞沪，郑谦为江苏省长，姜登选为苏皖鲁剿匪司令。

——以上国内

一月二十一日　劳农俄国人民委员长列宁逝世。

四月二十五日　日人杀害华侨案，日外部照会汪使，只允向中政府道歉，否认抚恤等项。

五月二十七日　督办接收威海卫事宜，梁如浩准辞职，所有交涉事宜即由外交部办理。

三十一日　中俄协定成立，由顾维钧、加拉罕正式签字，即日恢复国交。

六月十日　上海市民大会，电劝日本新首相加籐高明速取消前订二十一条，改变侵略政策。

七月三十一日　苏俄第一任大使加拉罕递国书于北政府。

八月六日　外蒙为共产党煽诱，选举总统，在乌金斯克组织政府，脱离中国独立，北廷令李家鏊向苏俄政府交涉阻止。

十月　第三国际在莫斯科开第五次大会。

民国十四年（西历一九二五），公三十九岁

一月一日　上午，军校开会纪念南京政府成立，阅操，施训。十一时，率第五、六队学生，往黃花冈七十二烈士墓前宣誓，并遍拜史〔坚如〕、邓〔铿〕、朱〔大符〕、伍〔廷芳〕四先烈圹。四时，在粤军总司令部宴会。九时，回校。

附：公训词

〔节录：今天是民国十四年起头的一天，我们革命军上自官长，下至士兵，所有主义、学问、志向、思想都要象今天元旦日新起来。从今天一月一日起，我们革命军的口号是杀陈炯明，无论是起居、饮食、上操、受课，都要念念不忘的。……〈今天元旦日，本校长特祝贺官长们、士兵们，大家身体康健，革命成功；并且大家家里父母妻儿都得安乐。中华民国万

岁！孙大元帅万岁！万万岁！黄埔陆军军官学校革命军万岁！万万岁！〉〕

二日 手抄曾文正嘉言录及整理精神教育录。

军校学生表演新剧〔名曰革命军〕。开场时，公登台说明，公自谓费一日心力，训育士兵，感化之效必大。

三日 对军校第五、第六队学生演讲种种教旨。〔节录：今天第五、六队学生搬到北校场分校里去，以后教育可以集团，对于管理上、教育上一切都方便了。……本校的特点优过别的学校的地方，就是在精神教育。第二总队精神教育太缺，所以纪律太差，这是本校长同教职员应当抱愧的。我现在因为事务太多，时间太少，不能象对于第一总队，至少每星期抽出一二小时来讲思想、主义、军纪、风纪，但是我的精神更萦绕于各位身上，不能须臾或忘了。……现在中国的社会制度，是一种宗法社会制度，是一般自私自利的人组织一个统系，使百姓们受痛苦，如军阀中的曹、吴等。他们只知道割据地盘，以少数人为中心，不顾国家的危亡；要是打了胜仗，就分别委某某为某省督军，人民的租税，国家的经济，都受他们支配中饱，使人们痛苦流离。我们如不打破这种封建制度，终久是要亡国的。……社会的进化，是天天在那里革命的，革命如停止了，社会就不能存在，试看历史上没有那个时代不革命的，所以我们非革命不可。……我们的生活不是单为一人一家求生活的，是要为增进世界上一般人类的生活平等，所以要革命，要认定主义。……革命党所做三民主义的革命事业，就是杀身成仁的圣贤事业，所以我们要做圣贤，就要入革命党，不做革命党成仁取义的人，就要做反革命党不是人做的事了。还有各位在学校里，极要留心校训“亲爱精诚”四字，谨记勿忘。我们校里为什么要集合全国的青年在一块儿，就是要思想统一，精神团结，同生共死，万众一命，要是革命同志不能相亲相爱，便完全背反本党的主义、本校的宗旨。“精”是精益求精，“诚”是诚心诚意，大家同志，要同手足一般，同一目标，同一主义，向革命路上走。祸福生死尚且要同，还有什么可以不同呢？……各位入校时候，是在预备教育期间，当然是很严的，预备期满之后，便要学生养成自治自动的能力，不必等官长来监督。但是现在我看见你们寝室外面的草鞋和里面的毯子，乱七八糟的放着，而且尘土满地，还有小便不在小便池里，如此全无军人的人格了。因为尊重人格，就是提起精神，无论官长在否，都是同他在旁监督一样。革命军要尊重纪律，尽忠职务，这两句话切不要忘却了。外面有四十几万革命党员，但都没有受过党的训练，所以我们革命没有结果，我们受过训练的学生，若也是如此，革命党就要破产了。你们还要知道同学和同志的关系，我们校里有一千二百多学生，有一个坏的，就将全体的学生累坏了，同学总要同生死、共患难，和衷共济的去革命，这才是本校教育的方针。……〕

四日　军校政治部徙省城分校，设分部于本校。分部留李之龙、贺衷寒、王认曲、李汉藩、唐宸等办理。

方本仁复占赣州，北伐湘军分退湘粤边境。

五日　呈请调任王懋功代理军校管理部主任，任命俞作屏为军校秘书，花梦江为通信队队长。

军校政治部派余程万等十员，随同铁甲车队赴广宁宣传。

六日　公编《精神教育》完帙。

制定革命军连坐法。〔条文：第一条，本军以遵循先总理遗嘱，完成国民革命，实行三民主义为目的，各官兵应具牺牲精神，与敌交战时，无论若何危险，不得临阵退却。第二条，本连坐法即适用于战时临阵退却之各官兵。第三条，连坐法之规定如左：一，班长同全班退则杀班长；二、排长同全排退则杀排长；三、连长同全连退则杀连长；四、营长同全营退则杀营长；五、团长同全团退则杀团长；六、师长同全师退则杀师长；七、军长亦如之；八、军长不退，而全军官兵皆退，以致军长阵亡，则杀军长所属之师长；九、师长不退，而全师官兵皆退，以致师长阵亡，则杀师长所属之团长；十、团长不退，而全团官兵皆退，以致团长阵亡，则杀团长所属之营长；十一、营长不退，而全营官兵皆退，以致营长阵亡，则杀营长所属之连长；十二、连长不退，而全连官兵皆退，以致连长阵亡，则杀连长所属之排长；十三、排长不退，而全排皆退，以致排长阵亡，则杀排长所属之班长；十四、班长不退，而全班皆退，以致班长阵亡，则杀全班兵卒。第四条，各级党代表亦适用本连坐法。第五条，本连坐法自公布日施行。〕

在分校对官长学生讲演。〔稿无查〕

七日　呈请任命吴国桢为军部教授部中校教官。

公集合全体官佐及见习官训话。〔稿无查〕

陈炯明乘总理北行，自潮汕会同林虎、方本仁各部，分三路入寇广州。

九日　公对军校宣传研究班讲演间谍之要旨。〔稿无查〕

选抄《戚武毅治兵语录》。

十日　军校成立第七队〔本队直属于第二总队〕，呈请任命梁瑞寅为该队队长。

下午三时，集合教导团士兵，讲演敬官长、爱人民、辨是非、明死生，并颁布连坐法意旨。〔稿无查〕

晚，对全校见习官以上官长讲演不能立志正心，只为学坏云云。〔稿无查〕公是日讲话多，胸膈发炎，精神惫甚。

资遣学生归籍服务。豫生十三人，蒙生一人，各给旅费百元。

十一日　军校设军法处。

呈请派邹教官竞为滇粤桂联军联络员。

军校特别区党部开党员联欢大会。滇军干部学校、粤军讲武学堂等党部执行委员均与焉。

十二日　军校集合教导第二团兵士于大操场，行布达式。

程潜军为唐生智部所攻，退出汝城。

十三日　呈请任命李赓濩为军校少校教官，调任王俊为教导第一团中校团附，严凤仪为第三营营长。

军校卫兵排归何团长应钦节制指挥，因沈营长应时已出发虎门也。

公召集福安、飞鹰、舞凤三舰官长，会议改组。

晚七时，对军校见习官训斥军纪废驰，各官长难辞其责。〔稿无查〕

十四日　公手制《革命军暂行恤赏简章》。凡制定章则，经呈中央执行委员会核准，然后公布之。

军校特别区党部开全体党员大会，选举第三届执行委员。公及吴明、陈作为、罗振声、周逸群五人当选为执行委员，并议决军需部财政监督委员会组织法。

晚七时，施官生训话，讲明本革命军连坐法。

十五日　呈请任命蔡忠笏为教导团炮兵第一营营长。

巡视平冈病院。

十六日　手定革命军陆军官佐进级及任免条例，陆军官佐薪饷表。

公以章琰〔营党代表〕所著《士兵日课问答》发交团党代表，转令各营连党代表实施之。

下午，赴中央党部，参加光复广州第二周年纪念。

十七日　手定《革命军编制草案》，令参谋处列号分送各团，转发所属各营连遵照办理。

军校学生队第五、六、七队改称步兵第一、二、三队。

下饬守礼节令。〔令曰：为令遵事，照得。……乃近查多数见习官、学生等，每对官长、同学，礼节异常疏忽，又对各友军官长及各军事学校学友（如滇军干部、粤军讲武及西路各军官等学校），更属视若途人，甚有人先敬礼不知答礼者，似此傲慢性成，实于本校纪律有碍。须知我能敬人，人亦敬我，彼此酬意，何损何辱？故虽世界同盟国军队必须互致敬礼，况均隶革命旗帜之下，危难与共，主义相同，岂可等诸秦越？嗣后各见习官暨学生在外，除遇本校官长同学，无论识与不识均应一律敬礼外，即遇友军官长及各军事学校学友，亦必互相敬礼，以表亲爱。倘有仍前疏忽，毫不留意者，一经查觉，或由各官长、学生报告，定当从重处罚，决不宽贷。如有少数学生礼节尚不纯熟，仰各该队官长于每星期放假之前，督令演习，俾资矫正。除令教导团各团一并遵照办理外，为此令仰本校各见习官学生等一体遵照。勿违，切切！此令。（凡令由公亲撰者，并录之。）〕

军校组织检阅委员会。

晚七时，会集各部队见习官以上官长，讲演各恪守本校规则。〔稿无查〕

△十八日　公复黄郛电，请始终扶持本党。〔电曰：手示诵悉。自闻北京政变，各军改称国民军，不问而知为兄之主张，可知人分南北，而彼此精神贯注，始终如一也。英兄虽死，孙公犹在，吾党成败终不能离打铁约言，请兄以英士之事孙公者事之，则他日安危倚仗有人，英士不死，介石□志乃伸。对于时局，祈坚持到底，以期贯彻主张，并请加入本党。是否。此复。〕

十八日 军校政治部组织血花剧社，始对本校学生士兵表演现身说法，继向民众公开，利用宣传。

二十日 呈请任命王懋功为军校检阅委员会委员，陈继承为入伍生队第一营营长，陈翊忠为日文编辑官，调任文素松代理管理部主任，刘峙为教导第一团第二营营长。

复黄郛书，望以全力事总理。〔书曰：接诵手教，怆念无穷。昨撰复电至中段，凄然泪下，未知兄又作如何感想耶？民国存亡，全在中师一人，英兄为民国而死，亦为中师而死，英兄不死，中师至今或不至卧病京中，时势所趋，而使黄钟毁弃，瓦釜雷鸣，言之殊堪痛心。今弟既不能随中师北上，英兄亦不能复生以佐中师，中师来京，当非偶然，而兄自不能不以英兄与弟之事中师者事之也。兄与弟如果能以英兄之心为心，则英兄诚不死，而其目乃瞑矣。粤中纷乱，日甚一日，要想于纷乱中理出一个头绪来，恐非朝夕所能为力，然粤治之时，即为国治之日，此时要知治国非难，治粤为难。望兄在京以全力事中师，使弟在粤专心灭贼，则党事庶有豸乎。并问何时入党，翘首北望，神驰何似，伏维心照不宣。〕

编就《立志歌》与《放枪歌》。

晚七时，集合各部队见习官以上官长，讲演军事务守秘密，礼节不拘阶级。〔稿无查〕

与谭延闿书，请湘军加入作战。〔书曰：今日以回校时间匆促，不克详叙为憾。此次粤军之所以加入左翼之故，想在洞鉴之中，而其不忍始终患难之友军，困顿其中，独任其难，实出于至诚，故决心前往，以促进战机，惟当时计划本以湘军为主力，而粤军不过为之援助已也。今知湘军困难情形，而粤军仍敢直前赴难，其决心可以想见。然观此情形，实有不能不以助为主之势，而与其初心已不相符矣，初本期以粤军促湘军之作战，今乃不能不期湘军促粤军之作战矣。弟意无论为大局计，为湘军与粤军计，而湘军不能不速下共同作战之决心，况所望于湘军加入兵数并不在多少乎。弟敢断言此次粤军赴战，湘军如不加入，殊无胜算可操，而湘军亦必大受影响。倘湘军果能加入，无论多少，总得决胜之成算，此种加入作用，不惟壮湘、粤两军之气，且足杀逆敌方、张之焰。否则粤军加入东江，今其单独作战，而湘军坐守不进，以不知者之目光观之，何异于袖手旁观，而湘军将何以保向来百折不回、忠义奋勇之荣誉耶？如先生以为粤军此去必败，则湘军惟有设法补救，尽量加入，以挽此危局。弟以为粤军不加入则已，如果加入，则湘军惟有与之共同生死。至于豫军之能否加入，是另一个问题，而先决问题，则固在湘军也。弟意无论前方病死兵士如何之多，而只要求湘军抽出一部，协同作战，以振声威，殊不过难也，如并此而不能允诺，似乎不合情理。弟为是言，并非不知前方困难之状，而亦决不敢有所越分苛求于长者之前；至于弟对湘对粤，决无轻重厚薄之见，而对于长者，尤不敢知而不言，言之不忠，以自负爱我者之所期也。临颖神驰，不尽所言。何日驾来黄埔，俾可扫榻以待，并乞裁复为祷。〕

△国民政府、中央执行委员会任命为东征总指挥。

二十二日 呈请任命罗为雄兼军校教导团暂编独立营营长，调任孙常钧为教导第一团团长，朱棠为教导团参谋长。

军校下支发见习官薪饷令。〔令曰：查本校见习官已分发各部队，或代理职务，或未任职，其薪饷之分发，应按照左之规定，仰即转饬遵照：一、已代理职务者，按编制表支本职八成薪，每月伙食照扣，冬季服装费分三个月扣清。二、未任职者，一律支少尉三等薪八成，冬季服装费亦按三个月扣清，除在本校各部服务者扣伙食半数外，其余在各团营者，伙食照扣。此令。〕

二十三日 呈请任命胡谦为军校教育长，张元祐为战术主任教官，吴国桢为兵器主任教官，李卓元为工科主任教官兼工兵队队长，胡树森为步兵总队长，陈复为第一队队长，童锡坤为第二队队长，梁瑞寅为第三队队长，蔡忠笏为炮兵队队长，黄在玑为辎重队队长。

第一期入伍生入校，计四百二十名。

军校政治部施行政治股实习讨论，规定用开会方式，名曰实习，其性质可为教育之一种，每星期五午后六时至八时行之。

二十四日 阴历元旦，放假。开会追悼去年双十节被叛团惨杀诸同志，犒赏官生兵伕。晚，血花社演剧。

自撰革命军格言。〔大旨：激厉【励】军校同志扑杀陈炯明。〕

军校举行政治分股实习，第五、六、七、工、辎各队，于每星期六晚七时行之。

二十五日　令政治部制发军人坐立姿势图及各种感化图。

青年军人社成立，为鲍罗廷等发起，军人跨共产党者咸入之。

二十六日　总理入协和医院，西医诊断其症为肝癌，施手术。

陈炯明军向虎门侵入，东江战事又起。

二十八日　军校饬勤务兵习操令。〔令曰：查分校勤务兵操法未谙，礼节罔知，亟应设法训练，以资勤务。如各处有勤务兵二名者，上午应以一名出操，一名留充勤务，下午亦然，晚间点名，亦应一概到齐。如在上操点名时间未经主管官长允许，且无允许证呈验而不到者，从重处分。各部队值星官及司务长，尤当不时督责，以助本部之不足。兹特规定出操点名时间如左：上操，上午十时至十一时，下午四时至五时；点名，下午八时三十分；地点，在管理部左侧空地。此令。〕

晚，往分校开会，痛述总理病状危险。

二十九日　呈请任命钱大钧为军校参谋长，王懋功为入伍生队总队长，张治中为入伍生队上校总队附，郭振铨为教导第一团辎重队队长，徐浚铭〔鎔〕为输送总站站长，王登云为校部英文秘书。

下午，在军校准备动员。

晚，在分校执行委员会报告总理病状，及本军东征事。

三十日　上午七时，〈举行东征军总指挥就职式〉，集合各处及教导团入伍生队官生，讲明讨贼责任。〔稿无查〕部署出发事宜。

△附通电〔（衔略）钧鉴：本月二十一日奉中央执行委员会开：任国民革命军第一军军长蒋中正为东征军总指挥。此令。等因。奉此。中正忝厕戎行，才轻任重，于外侮纷乘之会，当百粤多难之秋，急浪试孤舟，罔知所届量才犹不敢就论，义复不容辞。兹于一月三十日就职，本护国卫民之精神，尽革命军队之责任，先清内奸，继御外侮，尚望时赐南针，免贻陨越。临电屏营，伫候明教。中正。陷。〕

呈请任命胡谦为军校留守。

在粤军总司令部开军事会议，通过三路进兵计划：滇军任左翼，由河源、老隆以趋兴宁、五华，当林虎防地；粤军任右翼，由海陆丰以趋潮汕，当洪兆麟防地；桂军仍令围攻惠州。

徇军校全体学生参战要求，令加入右翼。

军校订定第二次编制表，改部为处，教授、教练二部合并为教官处。

手订《革命暂行陆军士兵开补规则》、《革命军士兵逃亡惩处赏罚条例》、《陆军军官学校请假及休假规则》。

政治部规定任务。〔（甲）工作的分配：1. 本部担任对内训练工作，特别区党部担任对外宣传工作；2. 于必要时，本部得与特别区党部合作。（乙）对于士兵的训练：1. 将平时训练材料改为战时训练材料，由编纂股编纂小册子；2. 通报参谋处，请供给战事必要消息，使训练工作适合于战事的要求。（丙）对于学生政治训练：1. 除壁报及壁报特号外，发党报及小册子；2. 前方发出报纸，须由本部检查盖章，方准管理部派发；3. 请中央送上海民国日报及广州民国日报各一百份，给本部分发前方。〕

三十一日　集合学生队两教导团官兵及入伍生队，在大操场行誓师礼。

是时唐继尧因沈鸿英、陆荣廷之争入南宁，欲假道以侵粤。

二月一日　在长洲巡视各炮台与炮兵营及病院。

下动员令〔凡七项〕。

第一次东征实行动员，军校教导第一团乘舰出发，集中虎门，粤军第二师〔师长张民达〕及第七旅〔旅长许济〕，由广九路向石龙前进。

呈请任命李济琛为军校监督，周骏彦为军需处处长兼驻校秘书，俞飞鹏为运输总站官，文素松为管理处处长，王若俨为代理军医处处长，派张总队附治中兼代入伍生队第二营营长，入伍生队第一、二、三连编为第一营，第四、五连编为第二营。

教导团暂编独立营留校训练，直属校本部。〔向归第二团节制指挥，现因该团出发，故改隶之。〕

二日　公令〔凡十三项〕饬各部队进发。

晚七时，施学生训话。要旨：严守军纪，服从命令，誓同生死。〔稿无查〕

公以总理病耗日恶，而兴师之际款项、枪械、船只、伕子无一充分备足，随在感受痛苦，焦灼徬徨，终夕不寐，形神日瘁矣。

编配校部东征队，教导团、炮兵营为主力队，工兵队、辎重队及步兵第一、二、三各队为总预备队，另组政治宣传队一队。

舶运教导第二团，即日集中白沙。

入伍生队第一连移驻省分校。

呈请任命缪斌为教导第一团团党代表，徐浚鎔为黄埔运输第一分站站长。

陈逆收编匪部袁虾九股，约五六百人，肆扰东莞城附近及常平、茶山一带。

三日　上午九时，下令后〔凡十一项〕登福安舰，率校队出发；午后一时，过虎门，各炮台鸣炮敬礼；二时，到太平圩，各界会集欢迎，设校本部行营于方家祠。

饬各官长严束所部令。〔令曰：查本城市居民叠被敌军抢掠，市面萧条，亟应设法维持，以安民心。兹由本部派队梭巡，如遇有不肖士兵在外骚扰情事，除将该犯兵带部惩罚外，各该主管官长亦不得辞其咎。着即严束所部，毋得放纵，除分令外，仰即转饬一体遵照。此令。〕

呈请任命胡公冕为教导第二团第一营营党代表，季方为第二营营党代表，郑洞国为第三营营党代表。

四日　巡查虎门寨东驻守炮队，又诣高等小学校视察学生队。

晚，蹑虎门山顶，眺揽形势。

校军与粤军攻东莞克之。上午九时，粤军王若周旅与东莞城逆部首先接触于万江洲，逾时敌退，王旅渡河，发炮追轰，张我东团及教导第二团邀击其西南，敌向寮步溃窜。王旅于四时入城。

粤军第二师及第七旅占领石龙，逆敌向三江圩及常平圩奔逃。

诫勉将士令。〔令曰：（一）国家存亡，主义成败，在此一举，望各将士万众一命，协力同心，奋勇前进，歼灭叛逆，以副我大元帅之期望。（二）本党练兵以救国救民为宗旨，战时更应严守纪律，无论何时，遵守本军所颁发各种条例为要。（三）战争以歼灭敌军主力为主，切不可徒贪缴枪，致误军机。如有得枪匿不报告，概照军法从事。此令。〕

派入伍生护送军用品。

五日　上午八时，公由虎门乘船至后街，傍晚，入东莞城，驻节于县公署，下令〔凡十项〕。

教导第二团搜索残敌至赤岭一带，与逆贵人初部接仗，张我东派部第一营从侧面抄出，敌乃弃城走。午后一时，校本部行营移屯东莞城。

军校成立入伍生队总队部。

呈请任命唐震为教导独立营营党代表，周德先为少校总队附。

六日　教导第一团向寮步、第二团向温塘、良平乡前进，炮兵营开赴石龙。粤军张我东团暂驻东莞城维持治安，王指挥体端所部，保护虎门东莞间之后方交通。

傍晚，公游东莞公园，爱其境幽雅，有红棉山庄，结构精致，庄外木棉，三百年旧物也。

东莞设粤军总司令部留守处，以王指挥体端为主任。

七日　上午十时，搭船由莞启椗，时河流甚浅，常患搁滩。追忆往年扈帅旆至此，风景依然，举目有今昔之感。下午二时，到石龙；三时许，胡省长、廖党代表、许总司令、俄嘉伦将军均来会；六时后，由石龙上车，九时前到常平站宿营。

派胡总队长树森率队赴石龙。

是晚，教导第一团驻常平，第二团驻东坑。

本日　粤军各部在横沥附近待命。

逆部练演雄、吴柏尚在樟木头一带，老虎坳仍为敌占领。

八日　上午十时，往横沥站会许总司令，商议作战计划。下午四时，回常平下令〔凡七项〕。

设野战病院于石龙叶家湾。

许总司令令张民达师、王若周旅、张我东团、铁甲车队统归公指挥。

教导第二团移驻常平。

铁甲车队由樟木头、老虎坳侦察回，报告敌已退去。

九日　晨起后，准备行阵各事，下令〔凡十四项〕。

上午九时，在郊外集合所部，演讲出动经过及革命军职务。〔节录：本校学生和教导团，此次出发东江，算是第一次奉命讨贼，从本月一日出发到今日，已有九天了。我现在将九天经过的情形，同大家讲一讲，望各位留心听着。……这次我们出去打仗，一定可以杀灭陈炯明，肃清东江，因为我们处处爱护百姓，百姓也处处帮助我们。军队只要百姓帮忙，必打胜仗，这是天经地义，不能更改的。……我们这次出发，为什么这样快？是因为孙大元帅的病症很重，恐非药石所能医治，就是因为他革命几十年，没有一个军队能照他的主义去做，所以抑郁成了这个肝气病。我们既是大元帅最信任的真正革命军，眼看着大元帅这样的病症，兼之国家贫弱，人民痛苦，江河日下，不能不攘臂奋兴，所以我们这次一定要救国救民，并且要救大元帅无药可医的病症。昨天接到大元帅来电，不但是嘉奖我们兴师讨贼，他的病也好了大半，所以我们宁可自己去死，来救大元帅的病。……还有大家要记着的，是前次在大操场对大家讲的连坐法。我们革命无论如何，第一要服从长官命令，第二要记着革命的连坐法，第三要爱护百姓。这几天来，各士兵没有进到百姓家里去过，买东西照给价钱，公平交易，尤其是炮兵队和机关枪队，没有挑夫，能自己挑担，这是我很喜慰的。……如有骚扰人民，违犯军纪的，上自校长，下至士兵，都要枪毙，因为法律无情，能守法就是革命军，否则就是反革命军，人人都可以杀他。……这几天来，我们辛辛苦苦走了几百里路，急急想要同敌人打一仗，但总没有看见一个敌人，这是非常不快的事，觉得沉闷万分。……我们革命军宁做光荣的革命鬼，不要活在世上给人家笑骂侮辱，做没有廉耻的俘虏囚犯。……还有一句话，我们见了敌人，千万不要惊慌，要照着孙大元帅所讲“藏隐瞄准”的方法，沉着忍耐去打仗，尤其是长官的精神态度，要坚决勇猛，做学生和士兵们的模范，官长勇猛，学生和士兵没有不更加向前努力的。如果本校长偷生怕死，口是心非，不肯向前努力，全体官兵都可以杀我；如果大家不向前努力，也要照律枪决，决不徇情。今天所说的，大家能记着实行，一定可以打胜仗，打了胜仗，不但是救国救民，也就是救你们自己，不然你们自己的生命都要保不住了。〕

拟定东江作战计划方案。

逆谢文炳部千余人、尹骥部二千余人，经海丰向淡水迎击。

十日 晨起，准备各事，发令〔凡五条〕毕，泪涔涔下。火车机坏，煤又不济，闷坐常平站久候，因感吟一绝曰：“亲率三千子弟兵，鸱鸮未靖此东征，艰难革命成孤愤，挥剑长空泪涕横。”九时半，开车；下午一时，到塘头厦。

教导第一团由常平圩向天堂园进占平湖。

步兵学生队及机关枪连、炮兵营，沿铁道输送至塘头厦，教导第二团向石鼓前进。

粤军第二师及余团，由横沥车站出发，经樟木头、塘头厦，其主力向清溪前进，张团及许、王两旅，由常平站出发。

十一日　请许总司令收回指挥粤军成命。

上午十一时半，宣传团第一组抵王家村，村民见戎装惊避，及闻歌声，又渐集，组员演说“本军与人民之关系”，听众鼓掌，并祝革命军胜利。少顷，入平湖市，踏歌行，有童子百余，环绕欢和，歌已，组员相继演讲，听者七八百人。濒散，齐声高喊“杀陈炯明！”“孙大元帅万岁！”

午正，学生第三队进至深圳，敌望风逃后，乃约各界在平湖车站开军民联欢大会。

下午二时，校本部行营移平湖，炮兵营随进，驻刘姓私立纪勋学校，公下令七项。

劝逆归顺布告。〔为布告事：东江人民久被陈逆煽惑，以致盲从子弟所在皆是，本军为超拔此辈，廓清闾阎起见，故特出示布告，仰尔曾入陈逆军籍者，限即日出而自首，本校长、校党代表一概免究，予以自新之路。若仍怙恶不悛，希图亡命，一经查觉，定当尽法惩治，其各懔遵毋违，切切！此布。〕

军校教导第一团在平湖附近候命，第二团由石鼓出发，向塘沥碧湖，铁甲车队向深圳搜索前进。

粤军张师及余团向铁场围前进，许旅由塘头厦向清溪围前进，王旅、张团由铁道输送，占领深圳〔王旅派出一营留守樟木头〕。呈请核准《革命军恤赏条例》。

十二日　上午十时前，公由平湖站率校部行进，夜驻南满床铺，过塘沥，见其村大，炮楼林立，公指而叹曰：“即此可知匪之多也。”至迴塘圩，山水幽胜，碧桃盛开，流连不忍去。南满床铺地面辽阔，称为一练兵场云。

教导第一团进至下排围附近，第二团由塘沥出发，暨步兵学生总队及炮兵营并向迴龙圩前进。

粤军许济旅到达龙冈圩。

逆敌沿广九路者，多编匪成军，无战斗力，至此全告肃清。

十三日 昨晚公以事多未妥，睡去辄梦惊，晨起，研究地图，决定作战计划，召各团长来与俄史顾问会议进攻程序，下二令〔第一次五项，第二次七项〕，复令何团〔凡三项〕。十一时，由迴龙圩出发，约行八里许，至龙冈村憩止，驻节于二帝庙。

拂晓，敌在新圩反攻粤军第二师，何团长应钦当电第十三团驰往策应。公督分三路围攻淡水城，教导第一、第二团，由平湖、龙冈前进，在其南粤军第七旅由药阳圩前进，在东北第二师由新墟前进，在其西北，教导第二团占领牛鼻湖、松子坑等地。

午后四时，宣传团在坪山宣传，宣传队第三组至坪山之南市，民众云集耸听，并争述逆部横暴，颂革命军仁恩。次日出发，挑伕林立，有华服童子三四人愿随军输送。

残敌退守淡水附近，另一股反攻粤军第二师者，并被击回，在城西南大鈀坳一带布防，上下土壕，筑有极坚牢之工事，固守待援。

逆将洪兆麟〔陈军副总指挥〕移赴惠州，博罗之师转救淡水。

十四日 晨五时起，率校部由龙冈圩行至新桥围，令〔凡七项〕本军由龙冈尾敌，进攻淡水城之东南；粤军第二师及第七旅，由新圩东边月尾敌，进攻城之西北。

六时，逆敌〔熊略股千余人，翁腾辉股五六百人，林烈股五百人，梦献祥股八百人，杨雍、杨坤如、陈修爵、陈演雄、洪兆麟股各若干人〕由淡水、莲塘面镇隆圩，向新圩粤军反攻，经张师、许旅及余团迎击，激战三小时，敌败退，追至距淡水城仅七里。〔是役获熊略股旅长、团长各一，官长十余人，毙百数十人，俘三百余人，夺枪三百余枝，机关枪四挺。〕

下午一时，率校部行至白云坑，闻枪声甚烈，乃即匹马驰入南门外炮兵阵地，指挥教导团占领淡水城西南大鈀坳各高地，第三营前进至企岭下，敌闭城拒守。〔公以校军第一次参加作战，士气虽振，而经验不足，地形不熟，

饷馈不济，及后方输运困难。逆敌兵力较弱，而有坚城及优越之地势，兼以惠州之有力援军，自念胜负未可必也。〕

晚，公见林烈等用竹油火烧城脚通明，及探照灯闪射，乃曰“此敌粮已尽，坚壁待援之计也。”夜分，发限翌晨攻克淡水令〔凡七项〕，挑选奋勇队毕，卧于阵地玉虚宫。

冯轶裴团由省垣出发，即夕到平湖，宿营于龙冈。

洪兆麟部由海丰开来三千余人，增援于博罗。

十五日　下令激励将士。〔令曰：陈贼余孽，久稽天诛，本校长、校党代表率师申讨，经于本月十四日兵临淡水，胆敢据城抵抗，本校长、校党代表不忍我将士旷日相持，爰特挑选奋勇队，誓于最短时间攻破淡水。尔等务体此意，共矢为党为国之决心，奋勇无前，可进不可退，则克城在转瞬间也。其各勉旃。此令。〕

晨五时，至南门外炮兵阵地〔即大鈀坳之高地〕，指挥攻城；七时，炮兵开始射轰，步兵继之，奋勇队又继之，城坚不易拔，有一掌旗兵乘墉左右麾，中路冲夺而入，左路缘梯以进，遂陷。巷战良久，敌纷向东门窜逃；十一时，公入城，驻节于崇雅学校，令第三营追击前进，第一、二营搜索城内，敌自永湖来援不及。俄而骤集，势甚猛，公急令〔凡七项〕迎击，双方激战至午后四时，右翼许旅少却，追击队亦不支，何团长应钦督队暨粤军第二师接应，敌沮退。旋洪部又突进东门，公乃调第一营加入抵拒，即在玉虚宫收拾各部，准备续攻。观察城中无异状，而右翼高山已为逆敌占领，复命顾营登高仰攻，敌始宵遁，向平山白芒花以去。

调任教导第二团团长王柏龄为军校参谋长，遗缺以第一团第一营营长沈应时升任〔未到任以前，调参谋长钱大钧代理〕。

逆军内部分三派：一、海丰系，叶举等部属之，兵力虽微，陈逆之嫡系也。二、林虎派，勇敢善战，兵力约万三四千人，逆军之最有力者。三、洪兆麟派，多湘籍，兵力虽亚于林，亦颇能战。自经此役，洪、叶二部均溃，所余者为林虎部，仍在左翼，与滇军相持于河源、惠州间。同时尚有杨坤如部三四千人负隅惠州，虽被桂军与入伍生队围困，然未能攻下，故观察中左二路情形，未能收犄角之功效。

十六日 公以彻夜无声，料敌已退远，黎明，乃率校部人员回城。令教导第一团迅即补充，与第二团俱屯城外长山仔附近，炮兵营屯玉虚宫附近，步兵学生总队担任行营及大小南门守卫，并梭巡城内，维持治安。粤军在城西北河川以北地区，分任警戒。

午正，驰电总理告捷。

附：汪兆铭自北京复电

〔介石兄鉴：接铣午淡水捷电，逐句禀告总理，不胜欣慰；并谕代电奖勉各将士努力杀贼，以期三民主义之实行。兆铭。〕

胡汉民复电

〔介石兄鉴：先后接许总司令捷报及兄上总理铣电，具悉我军将士忠勇奋发，迭摧悍敌，斩获甚众，无任欣慰。而尤以教导团军纪之肃，战斗之勇，出人意表，训练未久而得此良好成绩，固征〔证〕吾党主义贯输之力，益显兄等平日训导之功。今者逆贼实力丧失已过半，肃清东江，计日可期，敢为我党前途预贺。总理连日得捷报甚悦，精神为之一振，特嘱奖勉，并闻。汉民。皓。〕

令造册具报战况。

〔令曰：(一) 昨、前两日战役，各团伤亡人数及姓名。(是役第一团伤亡士兵十余人，伤官长六员，沈营长与焉，士兵廿余人被俘，及生死不明者廿余人，损失枪枝三十余；第二团之损失相差无几。) (二) 各该团现在官兵人数，计共若干，有无失踪及未归队者。(三) 昨日战役损失枪枝弹药及各项物品等。(四)各种弹药应行补充及现存数目。(五)是役奋勇者何人？持旗先登者何人？畏缩不前者何人？退却者何人？并各查明第三营退却缘由及情形。(六) 奋勇队官兵名册，并查明奋勇程度之等差。右列各条，仰即分别列表造册，务于本日午后四时具报来部，以凭核办，切切！此令。〕

下午，在长山仔训话教导第一团官兵，嘉其战绩，勉其立功。

〔节录：各位官长士兵，这次来到淡水攻破敌人，大家奋勇向前，以二千个革命军打败五六千敌人，而且俘虏了他二千多个官兵，缴到枪枝一千多杆，这种好的成绩，孙大元帅知道了，一定是非常快活的。本校长对于各位官长士兵这次作战非常满意，现在有几句话要对大家讲。教导第一团从一月三十一日出发到今天，已有十七天了，这十七天过去的功夫，没有一天是快乐的日子，不是露营，就是饿肚，风餐露宿，一天还要跑几十里路。各官长士兵能如此耐劳忍苦，奋勇向前，可知我们教导团的革命军上下一心，生死如一，真能不负大元帅训练革命军的本旨，不愧为革命军人了。这次打淡水，是我们最起头的第一仗，不过是发展的第一步，我们的大事业还在后面。有了现在的成绩，将来得个天下无敌的美名，实行我们三民主义，为国为民，做个真正的革命军。现在虽然打下淡水，但是惠州、潮梅还没有打下来，就是将来打下了潮梅，亦不算甚么，总要打到武汉和北京，才能有出头的时候。……第一团第三营在黄波地方作战，有两连已退下来了，第一团的名誉几乎被第三营败坏了，幸有第一、第二两营撑持住，所以没有败下来。第二团第七连连长孙良，他一个人一直退到龙冈，这样的行为简直是革命军的败类，所以我已照连坐法定了孙良的死罪，以后大家要留心，切不可象孙良这样退后就跑。攻城的时候，挑选奋勇队，这件事本是不应该的，革命军人无论官长士兵，人人应该奋勇向前，努力杀贼，但是我们教导团是第一次打仗，对于攻城的本事和胆量都没有经验，所以要先挑出有经验有胆量能为国为党牺牲的人做奋勇队，做个模范给大家看。就赏钱来说，本来革命军拼命牺牲，皆是为他自己的主义，不要甚么赏钱，至多有个勋章，但因为此次各团长已有了这赏钱的命令，只得照团长所讲的数目赏给你们。但是得了赏钱的人就没有大元帅所赏的金牌勋章，如果要金牌勋章，就要少领赏钱，你们喜欢那一样，随便你们自己选择。领得的赏钱，务须寄回家去，赡养家里的父母妻儿，使得他们心里快乐，受特别光荣，切不要藏在袋里，乱化〔花〕乱用。以后无论攻击怎样高的山，怎样坚的城，不能要求赏钱，这次是例外的，我们要做有血性有志气的革命军，不应该要钱。以后攻城挑选奋勇队，大家都要站出来，做一个我们大元帅有名誉的部下。这次第一团攻城，我在炮兵阵地上距城只有五六百米达，亲眼看见你们的奋勇，其中最先进城的一个弟兄，我现在挑他去掌校旗。……最后一句要紧的话，还要大家时时刻刻保全身体的康健，打仗是不会死的，出征的军人大都是病死的多，所以第一要紧是保

全各位自己身体的康健，然后可以建功立业，完成革命的责任。〕

四时，在南门外训勉教导第二团官兵为真正革命军。〔节录：我们无论逢着如何强硕的敌人，总要立定脚跟，只许前进，不许后退，尤其是要大家团结在一起，如果大家同心一致，即使被敌人包围住了，也可以冲出来打胜仗的；如果一个一个的偷生怕死，单独的退下来，那不是被敌人捉去做俘虏，就是被老百姓在深山荒野之中杀死，或是饿死。试看这次我们俘虏来的敌人，何等耻辱，如果有血心的革命党到了这地步，真是求死不得呢！大家宁可死在阵头上，切不要退下来被人家俘虏去，给人家笑骂侮辱。并且要晓得打仗能够拼命不怕死，是一定可以打胜仗的，就是不幸在阵头上打死，也是一个很有光荣很有名誉的革命鬼。今天本校长和团长们都来祭这次阵亡的官长士兵，还要每年给他们家里的抚恤金。你们还要知道，我们这次为甚么可以打胜仗，是因为我们沿途能够爱护百姓、遵守纪律、服从命令的缘故。我们以后就要做个真正爱国爱民的革命军，不要象土匪式的军队一样，抢劫财物，扰乱人民。……现在王团长因为身体不好，调到校本部做参谋长，第一团第一营营长沈应时因打淡水有功，升任第二团团长了，但沈团长因为带了伤不能到任，由钱参谋长代理，你们对于钱代团长，要同对王团长、对我校长一样，要服从命令，时时刻刻不要忘了我所说的话。〕

五时，开追悼阵亡将士会。

晚后，召集营长以上官长，开会讨论进行战略，十一时零散会。

十七日　设第二兵站于淡水，以程武扬为站长。

十八日　颁条谕〔凡六条〕，并发奋勇队赏银〔每名三十元〕。

决定进攻平山计划。〔(一) 作战方针，(二) 军队部署，(三) 搜索，(四) 行军日程，(五) 联络，(六) 给养。〕是时，桂军顿【屯】兵惠州城下；滇军徘徊于增城、博罗间，与河源林虎默契。公以当面之敌尚未肃清，而孤军深入，左翼失期，危险特甚，故为此作断然迅疾之处置。

十九日　晨，诣病院慰劳伤兵，公以卫生队逃亡，医治无人，伤者饥痛呻号，见之欲泣，乃曰："军医不良，经理无方，军队要素三失其二，准备欠周，咎在予一人也。"

在淡水击败逆部，洪逆退据平山，练逆退守稔山，公以歼灭其主力目的，令先追索白芒花附近敌踪，再向上下坦湖一带前进，以期围击于平山；第七旅及教导团任正面攻击，第二师为之侧击，第十六团抄袭其侧背。

下午，对校部官长讲明应各自勉诸端。〔节录：我们明天就要出发向海丰前进，大家都要预备妥当，行李以少带为佳，以后前进的情形比由黄埔到此地还要困难些。我们这次出征，不比别的军队可以随便的，真是生死存亡在此一举，我们这次打仗，不独关系于国家和本党之存在，我们自身的关系之成败生死也非常之大，要以必死之心去奋斗，才可以打破险恶的环境，达到我们所抱负的志愿。在司令部办事的人员，第一要镇静，如果遇着一两个败仗或危险的报告，或敌军逼近司令部，就惊慌起来，这样的司令部一定会影响到前方作战的军队，前方军队更要不镇静了。我们是全以良心、道德来做革命的基础，所以不讲客气，不尚浮文，如同家里父子兄弟一样，有话直说。如其不然，和别的司令部一样，不知主义，不讲道义，专以饭碗势利相结合，这样还算是一个革命军么？凡是遇着愈困难的地方，愈可磨练自己的志气，古人云："穷当益坚，老当益壮"，我们遇到困难益当发奋，逢着危险，应该更加勇敢，更加镇静。这次我们出发，因为太匆促了，各事都未计划周到，现在各种事务要特别整理才好。各位立志要大，目光要远，虽不可妄自尊大，亦不要枉自菲薄，革命事业是不止于此的，将来扩张范围，不知要大过几倍。现在校部尉官的人数，预备将来升补将官的缺额，恐怕还不足数，现在大家要尽力磨练胆气，得到经验，尤其在战时更可以增进经历。……〕

五时，对军校及教导团全体官长演讲打仗及办事。〔节录：各位官长、各位同志，我们这次从黄埔出发，打下淡水，不单我们自己扬眉吐气，本党同志都很快乐的，尤其是我们总理和中央执行委员会诸公更要欢喜。我们能够如此，全靠着三十多个子弟与同志奋勇牺牲换得来的。你们要知道，现在我们的环境坏极了，我们只有向前冲破敌人，才可以跳出这个危险界，因为总理和中央执行委员会诸公，以全力供给我们的经费和枪枝，我们的官长士兵，人人都能实行三民主义，所以一般反革命党和假革命军，都妒忌愤恨，想来消灭我们。我们更要努力奋斗，万众一命，不独陈炯明、洪兆麟可以为我们消灭，即使再凶再大的敌人，我们只要这三千多个同志军、子弟兵，就可以无往而不胜利。本来我们教导团的士兵，外面的人看，似乎是只有形式，一定要打败仗的，此次我们上下能同心协力，为国、为党、为总理，努力奋斗，于是攻下了淡水城，消灭三千多个陈炯明嫡派的官兵，总算为总理争一口气。……这次战斗经过的情形，有很多缺点，今天对大家讲一讲。第一，我在炮兵阵地上听见一个兵士在那里说："兵士要向前，官长反而不肯向前"，我听到这句话是很难受的，因为我也是一个官长。我们官长就是士兵的表率，官长能够向前直进，不畏缩，不怕死，士兵没有不拼命勇进的；如果官长退一步，士兵就要退十步了。所以官长是要做士兵的模范，一定要勇敢向前，打仗只要勇敢向前，一定可以胜的，而且一定不会打死的。你要知道，敌人的子弹射击愈猛，愈无效力，愈不能打死我们，这子弹射得最猛的时候，就是他乱射不瞄准的时候，也就是表示他心慌意乱快要退却的时候。我们只要勇猛的冲锋上去，他的阵脚自然动摇，我们一定可以打胜仗的。第二，军事最要紧的是消息灵通，我们这次出发，因为时间太迫促，电信电话的设备都不完善，弄得消息很不灵通。我们以后到达一个地方，不但要派人与校部联络，并且要同友军时时联络，不但团部与校部要联络，校部也要与团部联络才行。第三，办事最要紧的是条理，无论办甚么事，先要从事实上研究，将纷乱无条理的事办出有条理来，这次自校部以至团部，办事都是不实在，非常紊乱的。要知道后方办事紊乱，前方打仗就要受很大的影响，我们在后方办事的人，要时时刻刻代前方打算，千万不要为自己打算。各官长，各同志，大家都能为国为党一心一德的，跟着本校长千辛万苦来到此地，我对于各位是说不出的敬爱，我们革命党的生命是整个的，是同生同死的，是要由死中求出一条生路来的，这样不怕不能实行我们的主义。本军能否打胜仗，全在各位能否明白此意，打仗到甚么时候才能解决，是不能算定的，但无论任何的困难，我们总要耐下去，达到我们实行主义的目的。拿破仑尝说，"打仗要在最后五分钟"，所以两方打仗，以谁能支持到这五分钟，就是谁打胜仗。我们打仗不要问敌人怎样顽强，只要看我们自家能否坚忍到底，不要管敌人的多寡，只要问我们自家的胆量如何，这是战斗心理，大家要留心记着。

我们是同心同德的，职务上虽互有分别，主义上、事业上是分不出一点彼此的，因为主义是共同的，事业亦是共同的。此外对于士兵，总要爱惜他，有一分钟休息的功夫，就要让他休息，使他休养精神。我们教育士兵，爱惜士兵，要如同家里的子弟一样，才能得到亲爱精诚团结一致的结果。〕

晚，与粤军总司令部人员谈话，剖解敌情。

是日　撰发追悼蔡光举通告。〔顷接校党代表廖电称：蔡同志光举于十七日午后，在公医院逝世。呜呼！叛逆未灭，信徒先亡，悲惨凄酸，何意独存。光举浩然捐生，如远游之还乡，从容赴义，为党殉烈，求仁得仁，固无遗憾。惟本校同志应如何奋斗继起，以成光举未竟之志，而雪吾党无穷之耻，使其瞑目九泉，而尽后死之责，吾同志其能忘今日淡水战役各同志之死事乎？特此通告。〕

二十日　晨，下令总攻平山〔凡四项〕。十时，率部出淡水城，即闻左翼枪声，侦知系洪逆以全力来袭，自谓昨料有遭遇战，果不误也。乃又下令〔凡四项〕急进，教导第一团首先与敌接触，何团长指挥第一、二营力摧敌之右翼；第二团与粤军张师、许旅迎击其中、左两部，鏖战二小时，敌败退，乘胜追至平山、白芒花，又下令〔凡三项〕。是夜，校本部行营宿营于永湖。

撰文示将士作战应取态度。〔文曰：（一）各同志此次不畏艰难困苦，孤军深入，良深嘉慰。要知本党前途，全赖此本校四千余名之同志子弟兵，共誓生死，万众一命，以打破此坚壁清野之危险环境。（二）闻士兵常对人言，官长胆小，不肯前进，望各官长省之、勉之。（三）子弹消耗太多，此次淡水城逆军所发射者，多是纸炮，余在炮兵阵地上看得很清楚，其机关枪声乃是一串纸炮置在洋铁箱内，封闭后，引纸线燃烧，夜间听得很明白。以后本军切勿再上其当，凡敌射击枪声最猛时，即其心慌意乱之时，本军如能镇静不还枪，看明敌人，瞄准确实，对敌射击，则敌未有不破者。切令士兵节省子弹为要。（四）逆敌最怕刺刀，如彼急射乱放时，本军能于其心虚胆怯之际，利用地形，跃进冲锋，则敌必溃退。（五）逆敌常用驳壳冲锋时，其情急目眩，如何能瞄准命中，不过徒耗子弹而已。本军俟其拿驳壳来冲锋时，稳定不动，看好形势，待其将到面前，我军提起刺刀，用力冲去，则敌必为我刺死，无论其几次来冲，我军屹立不动，则敌必自溃。以后打仗，切不可与敌比放子弹之多少，总要用刺刀冲锋。（六）每夜宿营，如能在防线挖掘濠沟，以便临时抵御更好，否则须预设防御线，用绳牵围为记号，以免临时仓皇。（七）如驻军在一日以上，须另掘粪坑，不许士兵随地解羞。（八）官长为士兵表率，须有勇敢精诚之气，方能鼓励士兵，否则反为士兵窃笑背骂，尤其是侦探队，更要奋不顾身，不可畏缩不前。（九）行李务须减轻，否则前进时徒多累赘而已。（十）前进后退，须听命令，切不可违反上官意向。要知退后者不死于敌弹，必死于军法，而且个人逃亡，不死于敌手，必困于穷乡。吾辈只有以命令为中心，进则同进，退则同退，如能精神团结，敌忾同仇，奉一将之命而行兵，虽少亦胜，否则兵多亦败。（十一）军士无他，只要能忍耐坚持，争最后的五分钟之胜负，语云“成功在最后坚忍者”，即此意也。故吾辈打仗，切不可慌忙轻浮，总要镇静沉著，枪炮无论如何猛烈，只要身定、心定、神定、气定，必可制胜。（十二）爱百姓，奉命令，遵守连坐法，尽忠职务，重时间，明生死，殉主义，完成革命最后之责任。（十三）军事全在消息灵通，并且要联络确实，处处团结，即可以一当百，本军各部联络欠确实，以后应改正之。（十四）各部中办事不确实，因此更要提起精神办事。〕

二十一日　晨起，研究地图，并下令〔凡六项〕。十时半，令〔凡六项〕留扎学生队于永湖警戒后方，自率一部出发，经大坑、莲塘，六时后，至白芒花，驻于古庙中。复下令〔凡九项〕。

张师由通湖圩前进，于阿婆髻、麒麟洞附近遇敌，稍与接仗，敌即向平山、三多祝退走，乃即占领平山。

第七旅由王大塘进至白芒花，驱逐在高围附近之敌。

二十二日　晨起，研究地图，审定前进方向。

令许旅开往白云市稔山严密警戒。

张民达师自由放弃平山，开赴白云市，公得报甚恚，乃即令何团长迅派第一营进屯，并对三多祝方面警戒。

上蝴蝶嶅视察形势。

晚，会见许总司令。

二十三日　在白芒花开军事会议，有主转攻惠州，摧破天险，乘优势以收复东江者；有主趋海陆丰直捣潮梅，夺取敌人潮汕之根据地者；公以前策猝难成功，不如后策之为正确，乃决用之。

下令七项，分派各部追击残敌。〔洪、叶部窜向海丰方面者。〕

许总司令欲自率张师、许旅出三多祝，而令公率所部出梅龙，公不怿。

二十四日　上午十时，率校部各队由白芒花出发；四时，抵白云市。是地两面高山，左约八百米突，右约五百米突，云气弥漫，不见其顶，公指谓“不料海滨现此突兀也”。是夜，公宿于古庙，庙侧有清溪一条，石桥一座，闲憩其上，独得行军乐趣。

七时，教导第二团第二营海军陆战队亦由白芒花出发，前进至稔山宿营；夜九时，营长前来受公特别令。

上午八时，教导第一团由高围出发至麻丝塘，天已瞑。公接许总司令函，知逆部在三多祝前方布防，即令该团再进至苦柏树，策应许旅，冒雨宵征，泥滑径深，踬颠相属，师行困甚。

粤军第二师向猪兜岭追击，破敌于三多祝附近。

二十五日　昨体发热，十时始起，下令〔凡十二项〕；少顷，由白云起程，下午四时半，到平政圩，数百家大村也。公舍于乡自治委员家，侦察敌情，苦筹计划。

俄嘉伦诣苦柏树传公令，第一团向吉隆圩前进。

公复下令。〔令曰：本军深入重地，环境险恶，只有向前冲锋，灭此朝食，以求生路，如退后一步，不死于敌手，必死于匪盗。望各将士深晓此意，努力前进，直捣贼巢，共歼厥凶，以成伟绩而行主义。此令。〕

三多祝残敌一股窜向埔心，一股逃来赤石，图与由稔山被校部败退一股连合，占据羊蹄山一带高地。

逆支队司令翁腾辉乞降，公许之。被翁逆俘去士兵，携其名片及其部属李绍光函来辕，请愿戴罪投诚。

呈请任命宋文彬为教导第二团第三营营党代表。

军校考试第二届入伍生，派主任教官张元袝、教官邹竞、课员程孝恭、营长林鼎祺、编辑官陈翊忠为阅卷委员。

二十六日 上午九时，率校部由平政圩进发，经瓦窑，一路危峦仄径，泉脉纵横，前行愈益险艰。征旆所指，沿途村民观者如堵，不知有战事也者。四时，至赤石；是晚公驻于林屋，宿某老人家，灯下拟作战令〔凡七项〕，发之。是午，教导第二团击走敌于圆墩对岸。

设第三分站于白云市，以魏尔圣为站长。

本日，陈炯明由汕尾逃港。

二十七日 上午八时，校部由林屋发，穿崎径而进，鸟道不可行；正午，蹑三突山巅，瞭望岭东平原旷野，心境为之豁然，公喜曰："此后行军易为力矣。"三时，达梅龙圩，约有千余家，一路箪食壶浆，欢迎校军，男女老幼簇拥观光，彩幡鞭爆，樵歌牧唱，助我捷音，公顾而乐之，谓此大足告慰总理也。傍晚，令〔凡六项〕教导团攻击前进；十时，与张民达师占领海丰，公宿于田心。

二十八日 公由田心启行渡河，逆敌有险不守也。午正，抵海丰城，见驻地尽为粤军占尽，无校本部扎营处，饷糈又告匮乏，心殊郁郁，旋往粤军总司令部行营，与许总司令筹议收复潮汕计划。公等恐敌休息整顿，喘息渐定，则削平愈难，故主分三路急攻，左路由海丰、公平圩、河婆、棉湖、普宁前进，第七旅、黄埔校军属之；中路由海陆丰、普宁、揭阳及惠来、潮阳、揭阳，视敌之主力尾击，第二师主力属之；右路由海丰至汕尾乘船，于汕头上陆，并占潮安，第二师之一部属之；拟于三月七日后集中潮安、揭阳、普宁线上。

是时，林虎部一股退守林源，余在老隆、五华一带布防。

唐继尧乘沈鸿英、陆荣廷之争入南宁，欲假道以攻粤。

三月一日 晨起，以军势紧张、款项奇绌驰电廖党代表告急。

上午，与许总司令及俄嘉伦会谈，旋外出游鉴湖。

是晚，校部进次公平圩，公自海丰发令三项。

粤军第一师第一旅〔陈铭枢旅〕集中淡水，即日向海丰随进。

本日 军校第三期入伍生期满，改编为学生队。

中央调范石生部赴梧，协同李宗仁、黄绍雄阻唐继尧〔继尧与杨、刘勾结，觊图来粤夺政〕由南宁东下。

二日　公由海丰行三十里至公平圩，即率校部复前行四十里至日中圩，又二十余里至新田，烟户五百家正在晚炊，途次山光野色，天然画图，四顾饶多佳兴。谍报许旅将抵河婆，逆敌溃军在该处大肆焚掠，乡民集众抗拒，枪声闻远近云。公宿新田，下令六项。

三日　率校部由新田进濑发，自念环境，忿气满腔，经朱子冈冈头，至黄塘之田心宿营，所行皆山路，约七十余里，五时半到田心，野外寻幽，别有闲趣，营中一乐也。夜，公下令四项。

粤军第七旅与洪逆由汕头调来生力军〔约七八千人〕接触，在军陂及花鼓岩附近激战，得钱坑土人援助，始将敌击退，窜向普宁而遁。其逆部第一师，旁晚退至灰寨。

呈请任命朱棠暂代入伍生队第二营营长。

四日　晨，接许旅长报告，知其昨日败敌鲤湖时，检获伪令，有"林虎已由紫金包抄敌军〔指党军〕，后援约五日可到"等语，乃即安心向揭阳前进，不然，恐其由横流渡河婆，直冲我侧背也。八时半，公率校部由黄塘出发，经河婆至井尾，宿营时已黑夜，人疲马乏，沈副官不及备营舍，又心慌引往歧途，趋十余里。是晚，教导第二团第一营在曲湖宿营，公下令五项。

粤军第七旅入普宁城。

洪部李云复大股退畲坑，一股退丰顺；林部〔约三千人〕因救海丰不及，向横队渡回转。

五日　公由井尾率部进发，约行四十里，至棉湖；午正，校军于此集中。自棉湖至普宁仅十八里，道路平坦，遁此行进，但见培塿而已。五时后，入普宁城，公两次下令〔凡共八项〕。

粤军许旅入揭阳城，张师达贵屿，莫旅得乌石。

洪逆大股向汤坑逃去，一股向潮安溃走下阳附近。

六日　上午，率校部出普宁城，周览附郭皆平原，一无河流，距四千米突处多小石山。午后半时，过广大圩；三时前，经林斗，见石桥横卧，屋舍俨然，约有数百家；四时，到揭阳城东渡河，河广而深，叹逆军之不能守也；五时，入城，全市已抢掠一空，公驻节于县议会。

粤军张师、许旅，分道追攻潮安残敌。

七日 上午，下令禁止军士扰民。〔令曰：近闻各团队有强买货物、强用废票、扰害农作、擅拔甘蔗、萝葡等事，而以各处勤务兵、落伍病兵与辎重队伕役尤为不规无状，若不严行查究，则纪律扫地殆尽，所谓革命军救国救民者，不将变为害国害民之军队乎！仰各该官长上体总理训练本军之至意，下念民生之痛苦，同心协力，维持军纪，保持本军之威信，不愧为实行三民主义、有纪律、有精神、不要钱、不要命、不怕冻、不怕热、不怕饿、不怕渴、不怕痛、不怕苦之革命军，本校长、校党代表有厚望焉。切切！此令。〕

下午，往粤军总司令部行营见许总司令。

三时后，至东门外集合军校教导团全体官兵训话，勉此后更要努力。〔节录：我们军官学校的军队，自二月一日至三月七日，共有三十多天工夫，大家能同心协力，努力奋斗的向前，不怕劳苦艰难，来到揭阳，这是我们校里上自官长、下至士兵都有革命精神，可以对得住总理及本党全体同志的。本校长对于各位同志实有无穷的希望，今天有几句话同大家讲。这次行军，由海丰到揭阳，每天平均要走五十五里路，这种行军速度是很难得的；并且大家没有草鞋穿，还有带着病跟走的，这很可以表现我们革命军不怕苦不怕痛的精神。但是要知道还有比我们快、比我们苦的人，就是粤军许旅，他们现在已经到潮安了。我们现在同他们比起来，还算不苦，还算不快，希望大家以后更要努力，比人家还要快才好。自从淡水打下来，本军本想攻惠州，所以粮饷及一切军用品都在淡水，不料敌人退得很快，因之将我们前进攻击的计划改变了，以致后方各种运输都赶不上来，好在我们现在还没有缺乏粮食，这是非常快活的一件事。要知道真正的革命军饿着三五天，没有饭吃，冷得冬季没有衣穿，张开眼睛一看，遍地都是战友的死骸，堆积如山，到那种情形，革命军人也要忍耐下去。现在我们单是行军走路，真算是顶快活的了。要知道革命军走路愈多，困苦愈甚，愈能表示革命精神，现在已经走到此地，差不多已经冲出一条血路了，我们已打破包围的环境了，但以后更要努力，只向前进，万不能再向后退，无论如何困难，总要抱着死中求生的决心，才可以将敌人消灭，我们才有成功的日子。你们的劳苦，本校长无一时不放在心中，我自己从到白芒花以后，十天当中，每天体热发烧，没有痊愈，但我决不能休息。因为孤军深入重地，你们几千人生命都寄托在我身上，稍有疏忽，必致全军覆没，所以我一定要负责，使你们安全，使你们不生病、不疲劳、不冻饿。所以我一方面代你们处处着想，使你们不致遇着危险，作无益的牺牲，一方面盼望大家自己保重身体，每礼拜终要吃一次金鸡纳霜丸，夜间放哨的弟兄，第二天早晨终要给他吃碗姜汤，发泄寒气，免得感受风寒。……〕

粤军第一师及第七旅攻克潮安，第二师占领汕头，逆洪兆麟退遁大埔、黄冈。

八日　晨起，拟饬本军呈报实况令稿。

上午，许总司令过谈，刺刺安置私人事，语不及他。公愠，起立，崇智不自安，乃佯为慰曰："此次讨贼，全恃校军决心，如无兄，则粤局其有幸耶！"并允在潮汕练兵六团。

下午，送许总司令赴汕头。

林虎逆部〔约六七千人〕集中横队渡，一股在罗甘坝，王定华旅进至上栅。

九日　晨起，致许总司令暨廖党代表函〔今佚〕，剀切规劝，慷慨淋漓，洋洋数千言，中有"合则留，不合则去，同患难而不同安乐，为生平对事共事之方针"等语。书毕，已十时半矣。

派员往潮汕筹设黄埔校本部办事处。

午后一时，集合全军在揭阳城东门外讲训，以爱护百姓、严守军纪为主旨。〔稿无查〕

重申军士敬礼令。

十日　林虎部集中河婆，希图消灭校部〔林恃与滇军有密约〕，公急令教导团分占阵地，待许旅回师以迎扑之，会警卫军及陈铭枢旅亦到河田，令其袭击敌背。

粤军第一师第七旅及第十一旅已达新田。

下午，莅真理学校讲演。〔有美国人问本党与俄国有何关系，公答曰："本党与俄国对于反抗帝国主义之目的相同，而三民主义与共产主义则固显有

分别也。”〕

汕头市开各界联欢大会。

谍报逆敌李易标、谢文炳两股向丰顺畲坑退走。

十一日 第七旅到达揭阳，午后，公令〔凡两令：前六项，后四项〕教导第一团任正面，第二团任左翼，粤军第七旅任右翼，翌晨迎敌击之。

许总司令命张师集中潮安，以防洪、叶两逆之反攻。

林逆营长陈得胜来降。

十二日 上午，率校部由揭阳城进发，途次接谍报，逆敌刘志陆〔陈逆第二军军长〕、黄任寰〔林部第一军第一师师长〕、王定华〔林部第一军独立第三旅旅长〕等股，由河婆分鲤湖、棉湖两路来袭。午后二时半，公驰入普城，即令何团如计占棉湖，而令钱团占湖尾，以扼右路鲤湖及和顺一股。是晚，许旅预定宿营鹿子洋，仅达桐坑而止，与何团失联络，公午夜得讯，焦虑无寐。

陈旅暨警卫军败黄业兴〔林逆第一军第三师师长〕股于河田，敌向河婆退却。

总理死于北京行馆。总理在北京病日沉笃，至本日上午九时三十分不讳，先日亲签遗嘱，家属及诸同志环立视殓，由汪兆铭、邹鲁电讣本党中央执行委员会。

改组军校特别区党部。本校特别区党部因各执行委员均随军出发，党务日即废驰，公特派吴执行委员明回省，从事整理，并请中央执行委员会加派军校同志张元祐、张治中等为组织员，曾幹廷为干事，以改组之。

十三日 昨夜半，下令〔凡七项，又令学兵连〕。晨后，率教导第一团由青屿至湖尾。九时半，遇敌于河南乡下栅附近，因第二团与许旅未集〔钱团长晨七时才奉到令〕，敌并力扑正面，势其凶猛；十时，冲进至曾塘，何团长急令总预备队长刘峙，挥学兵连反搏数次，并命炮兵队猛射，始击退其大股。苦战至正午，许旅始赶至，加入于第三营阵地〔即总预备队〕，公心稍妥，何团长乃复往左翼督阵，人各殊死战，乃得与敌成对峙状。公于途见有退却者，勒令回阵。午后二时，第二团亦加入奋战，许旅与第三营亦来增援，荡决移时，敌始沮退。我军追击至和顺，敌又增队反攻，以散兵机枪力冲第一、三营，前仆后继，伤亡过半，营党代表章琰、营副杨厚卿等中弹殒。四时，占夺南山头尾、石虎山一带高地，正相持间，第二团复绕鲤湖出，逆军腹背受敌，踌躇不敢进。夜七时，公抵曾塘山第一团阵地，暗察冷枪不绝，砰声渐远，况后方河婆为我军后续部队陈旅等压逼，料敌今晚必退也。二时，公回红湖宿营，与廖党代表等商定计划，至三时始睡。棉湖一役，以教导第一团千余之众御万余精悍之敌，其危实甚，万一惨败，不惟总理手创之党军尽歼，广州革命策源地亦不可保。此战适当总理逝世之翌日，盖在天之灵有以默相其成也。

是日　廖党代表奉中央命前来劳军。

十四日　晨起，出外视察情况，前线阒无动静，亦未接有敌方退却报告，不胜疑虑。八时，由红湖往勘曾塘阵地，遇严营长〔凤仪〕，据述敌于夜二时退向灰寨而去，我军第一团官兵死在三百名以上，而敌过之，伤者不计。公喟然曰："牺牲子弟同志如此其多，且皆优秀分子，而后退之官长与党代表，又须置之于法，是皆一手所陶成，心何以忍，而不杀又坏纪律，左右萦思，诚不愿以带兵杀人为事也。"为此泫然流涕。三时，由红湖至灰寨；夜九时，到马路，与廖党代表、〈嘉伦〉等议事，至午夜一时始倦而睡。

第七旅向五经富、汤坑追敌，敌乃由小道窜横队渡，以退兴宁、五华。敌受第七旅与校军及陈旅警卫军三面围剿，未几尽遁向粤边。

警卫军及陈旅抵河婆，遇溃敌黎生〔林逆第二军第三师师长〕股击走之。

驰电总理告捷。〔总理凶耗至粤，正前方军事吃紧，中央秘不以闻，故仍有此电。〕

校党部同志协同政治部人员，打扫河南乡一带战地。死者瘞于崩山左侧，伤者舁回棉湖野战病院疗治之，并邀请棉湖积善堂董事襄理其事。

十五日　上午七时零，令两团集中河婆，与后续部队联合，向五华、兴宁尾敌；别令许旅击汤坑一股，追向梅县。九时半，公由马路启行，午后三时，到河婆，陈铭枢旅长、欧阳驹团长等来会，筹议作战计划。

五时后，集合教导团全体官兵于河畔，训勉永久保持荣誉。〔节录：刚才〈嘉伦将军及〉廖党代表的训诫，对于第一团的批评，说是如此奋勇的军队媲美欧战，在世界上是很少的，我们教导第一团能得如此的褒奖，本校长亦与有荣幸，以后希望第二团也能得到这样的光誉。我们教导团自从黄埔出发，到了今天已经打了许多的仗，只有进没有退的。〈在外国人的评论，不独俄国同志如此〉，就是反对我们的帝国主义者，如英、美、日、法各国新闻，亦称许我们勇敢，真不愧为革命军。我们能得到反对党如此的批评，不但我们自己很乐意，我们总理得到这个消息，亦必定很快活的。我们打仗不只是这一回，以后中国的革命事业，全在我们教导团的官长士兵身上，要望革命成功，我们一定要勇敢向前，同心协力的去杀叛贼，处处要打胜仗才好！……各将士千万要小心谨慎，不要犯骄兵必败之忌。你们要知道我们这次打胜仗，第一原因还是在爱民，还有几句打胜仗的要紧话，就是要遵守军纪风纪，服从长官命令，不要忘了连坐法，子弹要节省，对于总理所说的“藏隐瞄准”，要时时刻刻记着！……〕

林逆残部分向安流渡、五经富溃退。

粤军第十一旅占领紫金。

十六日　上午十时前，率校部由河婆进发，经上楼时，乡民争诉逆敌之暴行于途，其丁壮者九十余人，愿出土枪白刃助向导，公怜而许之，送配各团。三时，逾七峰径〔高度约五百米突，袤长可十里〕。六时，抵罗甘坝宿营，闻刘逆志陆在安流收拾残余，意图抵抗，公乃命吴〔铁城〕部、陈〔铭枢〕旅及教导团，准备明早追击，下令五项。

第一团连党代表文志文、彭干臣、副连长杜心树等，临阵退却，褫职查办。

是晚，林逆主力向锡坑方面，一股向周江圩退却。

附校长、校党代表本日命令：

〔十三日河内乡一役（即和顺之役），我军肉搏血战，百折不挠，摧破顽敌，长驱直进，肤功克奏，良深嘉慰。惟此次死亡之惨实所仅见，我将士为党为国奋不顾身，眷怀忠烈，无任痛悼！为此通令仰各该部长官，迅将阵亡官兵姓名、籍贯、家族及死难情形、埋葬地点调查确实，详细具报，以便抚恤家族。自后各部官兵，须知本校之胜利、同志之光荣，皆死难同志牺牲之代价；凡我同志，应各本此精诚，续其生命，努力奋斗，以熙党国，藉慰英灵，有厚望焉。此令。〕

〔昨日在河婆，有士兵名黄东材者，妄以前广东银行兑换券强买物品，又在月街亦有强用此种废票者，视此形同勒索，殊甚痛恨。仰该团长从速查拿呈报，并将此种废票，无论官兵一律缴出，不准藏在身边。如有违犯，一经查明，即以军法处治。切切！此令。〕

十七日　上午七时后，率军出发，约行十五里至绿坑，经毒水嶂，前方敌踪若有若无，第二团濡滞不进，公恚甚。十时，占领安流渡，敌军犹未退尽，狼狈不堪，为乡团杀死者皆是也。公以许旅调赴丰顺，兜抄饶平、潮汕洪部，不能牵制畲坑，恐林逆主力集中河口对我，故留吴部在鲤鱼冈警戒，即下令〔凡七项〕，亲督主力再由安流循周江、锡坪间间道驰进，决于明日先取五华，及抵周江圩时，天已黑夜，路长又难行也。此乃公不正攻兴宁，先从间道袭取五华，平生战略得意之一也。[1]

是时，逆首陈炯明与洪兆麟在梅县。

十八日　上午六时后，督校部由周江圩疾进，越甘硿、甘硿嶂，水田水径，跬步维艰，时虞炮兵之失败也。午后一时，至锡坪，坦然大道，至风门坳，天色薄暮，抵西林坝宿营。闻前卫第一团尚未入五华城，公殊皇虑，即令何团长率队潜伏郭外，取包围之势。城中有一伪连长出巡哨，获之，用以为向导，混充运弹队，赚开南门，一拥而入。敌惊溃，纷纷夺东北门出，向兴宁及赣边奔窜，禽〔擒〕逆湘军王得庆部、林逆行营官长数名，夺械弹辎重无算。今日军行一百二十里，兵临城下，敌始知觉，公窃自诩为神。十时，下令三项。

条谕驻军期间办公规则。

驻军期间勤务令。

十九日　九时，入五华城，即令第一团留屯，自率第二团及陈旅出发，进攻兴宁，途次得钱团长报告："敌婴城固守，我军直薄城下，不得入。"至五里亭时，公饬各部夜半举城；六时后，敌援卒然至，猛袭南门第二营，作大包围势，力拒始少却。公以城南地势不利，命徙阵地至西门外，时天昏黑，第二团第一、四、五各连，在此及神光山一带，彻宵与敌对抗。午

1　此句系蒋介石亲笔所加。

夜，公在五里亭行营召集陈旅长、钱团长，决定次晨攻守计划，深虑水口、畲坑之敌来援，彷徨达曙。

二十日　拂晓，水口援逆黄叶兴股，果渐逼近，公侧听繁密枪声，甚恐有失，怃然曰："万一丧熸，个人不足惜，其如全军生命、本党成败何！"外出视察，枪声更骤，惟见陈旅蚁附神光山而上，正在肉搏，少顷，枪声顿隐，乃知我军追奔趋远。旁午，公至西门一带视察，即以新丰街为攻击点，下令于午后三时，会破南门外南济桥之敌。五时，钱团占领新丰街，得据高楼对城中俯瞰，公心始安。一面挥第三营向西门施攻，一面架炮侧射南方，见敌转至西门还击，该团急由南门袭入，敌乃纷向东门逃去，击毙伪团、营长多名，获战利品无算，林逆仅以身免，时夜十时许也。是役因逆敌节次失利，调集劲援，死守坚城，为最后之挣扎，兼以浃旬淫霖涨逾数尺，将士淋漓阵地中，伤亡及病者相枕藉，竟乃不二日庆此成功。战事一结束，诚为本党之幸。

二十一日　上午九时，入兴宁城，驻节于县公署，驰电汕头，告捷许总司令。

公令教导第一团及警卫军集中兴宁，第二团向罗冈，陈旅向马头，分道追敌。

下午五时，行营接胡留守汉民通电，讣闻总理凶耗。

政治部筹备五华县党部。

二十二日　上午九时，举行望祭，凡一周。公闻总理弃党，朝夕惘惘，尝曰："既带军队，自当以死自誓，在军日取手枪藏怀，恐为敌所乘，不如自杀，尚有生人乐趣耶？遁世葆真乎？抑负荷重托乎？皇然不能自决。"

公以教导第一团杳无消息，不能集中兴宁，时以为念。晚七时，何团长忽来行营，接见甚欢，遂与筹进攻梅县计划，下两令〔一五项，一七项〕。

是日　与廖仲恺、胡汉民、许崇智、谭延闿等通电，谨承总理遗志，继续努力革命。

二十三日　晨起，面授陈旅长、钱团长机宜，第二团暂归陈旅长指挥，向梅县进发，第一团留兴宁警戒。

午后一时，开兴宁各界联欢大会。

二十四日　午后六时，粤军第一师克复梅县，追林部至大柘附近，激战获胜，敌向赣边退。

二十五日　晨起，撰整理军队令稿。

上午，往野战病院抚视伤病兵。

撰感言一首。〔文曰：斩草须要除根，擒贼必先擒王，不诛叛逆陈炯明，不算革命真男儿。剜其心肝，祭我总理神灵，肃清东江余孽，实行三民主义，继续先烈生命，完成本党责任。〕

令教导第二团回石马，向大柘前进追敌。

调第一团官长十七人回黄埔，训练新兵，成立一补充团。

二十六日　晨起，写致孙夫人及孙科唁函。

上午，与许总司令言："现在潮梅本军足有一万二千，防赣边林逆重于防闽边洪酋也。"许颔之。

呈请调任季方为教导第二团第一营营党代表，胡公冕为第二团第二营营党代表。

国民党通电声讨唐继尧，因继尧闻总理殂，就副元帅职，肆图并吞广东也。

二十七日　午正，公以大丧，集合两团官兵训话于兴宁县城东门外。〔节录：我们的总理已于本月十二日在北京病故了。总理的死，是本校本党最悲哀最不幸的事，也是我们世界人类最大的损失。总理在日，对于本校的希望和教育的热心，以及他的形容、态度、思想、言论，应该如何追慕，我们静立五分钟，仔细回想一番，用志哀悼。总理去年起程北上的时候，经过本校，特到黄埔对岸鱼珠炮台一带，看看我们第一期同学的筑城的工作。他回来在途中对我说："我现在进京，将来能否回来尚不能定，然而我进京是去奋斗的，就是死了也可安心。"我就问总理为何说这些话，总理又说："我所提倡的三民主义，将来能希望实行的，就在你这个黄埔陆军军官学校的学生了。凡人总是要死的，不过要死得其所，我今天能看见黄埔的官长、学生、士兵们这样奋勇的精神，可以继续我的生命，所以我虽死也能安心。"总理这一番话，大家听见的人，还是一定能牢记的。此后还要努力奋斗，达到我们主义的成功，才算得总理的信徒，才算是中国国民党党员！总理生病的原因，前次我已经讲过了，他的病和他的死，全因为主义不能彻底实行，而且陈炯明叛党以来，已有三年之久，而党员不能除掉这个区区叛逆，所以忧愤成疾，以致于死。现在陈炯明的军队虽然被我们打败了一大半，但陈炯明本人还没有拿到，总是我们主义实行的障碍，希望大家以后更加努力，杀了陈炯明，才能得革命的成功，实行主义才能慰总理的英灵。总理自知此次的病不能治，所以对于党，对于国，对于本校，都嘱咐好的。现在总理虽死，我们可以照总理的教训做去，与他生存一样。……我们黄埔军官学校教导团，是将来中国革命军主干的军队。……这次攻兴宁，我们不足二千五百人，敌人共有一万五千余人。我们能胜利的原因，全在服从官长命令，团结一致，只有前进，没有后退，其次就在遵守军纪，爱护人民。……假使总理在此看见这样情景，一定非常欢喜。现在总理虽死，他的灵魂在上，也是非常欣慰的，他的灵魂一定会来保护我们的。只要我们努力奋斗，总可以不负我们总理的一番苦心。〕

公撰文哀告全军。〔文曰：顷接大本营留守胡电开："得京电，我大元帅痛于本月十二日九时三十分在京逝世云。"呜呼！我大元帅毕生为主义奋斗，三民主义实为我大元帅之第二生命，只求主义实行，则我大元帅虽死犹生，此后继志述事，惟赖我军将士任之。呜呼！国步艰难，民生凋敝，至于此极，我军将士应知我大元帅既薨之后，本军救国救民之责任更重，所期万众一心，努力奋斗，铲除军阀与帝国主义者之势力，实行三民主义，期慰我大元帅之幽灵！现在东江叛逆之主力为我击破，而余气未清、逆首未得，本军职在杀贼，更须鼓勇直前，消灭残孽，湔雪党耻，竭尽党军责任。庶几，大元帅得以瞑目于九原，而我军将士亦得不负我大元帅训练党军、培植将士、实行主义、继续生命之至意，望各共勉之。〕

在兴宁营次，研究《孙子》十三篇，至此日毕，曰："军事不外乎审测敌情，明别地形，奇正虚实，远近险易，行动迅捷，军心团结，与顺详敌意，并敌一向而已。"又曰："审机察势，便利专一。专一者，其集中之谓乎。"

二十八日 撰成战斗秘诀。〔文曰：凡临阵时，离敌数里列阵，须一息而定，列阵时勿使敌见尤妙。列阵完毕，火器在前排列而进，或寇来冲我，或其列阵待我，俟到五十步内（现在应到五百步至三百步之间），听官长命令，火器齐发，只有一次，兵士乘此大烟如云时，一齐拥进，须以飞走，密布刺刀，如蜂丛蚁附，一齐拥上，不可毫发迟疑，短兵救之（刺刀直冲），无有不胜。此非击杀之力，乃大烟之势，跃进之雄，夺其心目，径前交锋，敌自靡矣。兵法谓："势险节短，始如处女，敌人开户，终如脱免，敌不及拒，"不其然乎！我们列阵既毕，如敌来冲我，我们总要排列不动，稳定如山，待其到八百步以内，认定目标，瞄准射击，百发百中，必可致胜。因为我们射击速度每分钟有十二发子弹可放，而敌军前进，每分钟最快只能走一百七十步，如其在八百步以内，我们射击尚有五分余钟时间，我们还有六十发子弹可放，如果此时瞄准稳定，在此五分钟以内，我一枝枪还可击死六十个敌人，何必怕他逼近冲来，仓皇失措呢？我们果能稳扎稳打，敌人未到三四百步以内，早已为我击死了，即使其逼近到二三百步以内，他最少还要二分钟方才可以到我前面，此时我们还有一排子弹可以射死五六个敌人。况且我们有刺刀，他没有刺刀，等他走近我的面前，我们稳定如山，用力刺去，而他奔上前来，气息奔喘，手忙脚乱心动目眩的敌人，岂有不被我刺死的道理呢？所以只要我们心定气稳，手稳脚稳，藏隐瞄准，大胆击敌，未有不胜也。你们千万不要忘掉我"一分钟有十二发子弹可放，而只有一百七十步路可走"的一句话，我拿十二发子弹去打一百七十步可走的敌人，那有不打胜的道理。反转来说，就可知阵头上是逃跑不了的，如果你逃跑，每分钟只有一百七十步路可走，而敌人有十二发子弹可以打你，知你没有逃跑到一百七十步以外，早要被敌弹中着你的背脊。〕印发各官长，令教授士兵，将来检阅考课，即以此为标准。

禁军士掠藏敌人私物令。

午后，召集营长以上官长会议。

颁布军校军法处暂行条例，凡七则。

免除第一团连党代表文志文、彭千臣、副连长杜心树处分。公据军法审查委员会呈复"和顺、五华之役，文志文等迭著战功，因退后收容，误为临阵潜逃，拟恳宽赦其罪，赐予复职"等情，准之。

二十九日　撰成挽总理联，曰："主义扬中外，精灵炳日星。"横额曰："高明配天，博厚配地。”又挽阵亡将士联，曰：“讨逆立功先我死，冲锋摧敌尽人惊。”横额拟：“主义之花”、“革命结晶”、“死而荣”等句。

呈请任命周恩来为军法处处长。

三十日 上午，在兴宁县北门外刁屋坝，开追悼大元帅及阵亡将士大会。各军将士官佐以及县属政、学、农、工各团体，约共五千人，九时整队赴会场〔在北门外刁屋坝〕。十一时，开会行礼，公主祭。〔一、肃立；二、奏哀乐；三、校长读遗嘱；四、校长读誓词；五、政治部主任读祭文；六、静默三分钟；七、三鞠躬（持枪者举枪）；八、奏哀乐；九、校长演讲；十、礼毕。〕

附：誓词

〔我陆军军官学校全体党员，敬遵总理遗嘱，继承总理之志，实行国民革命，至死不渝。谨誓。〕

附：公祭文

〔维中华民国十四年三月三十日，弟子蒋中正致祭于总理孙先生之灵前曰：“呜呼！山陵其崩乎！梁木其坏乎！三千学子，全军将士，将何所依归而托命耶！廿载相从，一朝永诀，谁为为之，而竟使至此。英士既死，吾师期我以继英士之事业，执信踵亡，吾师并以执信之责任归诸中正，素怀澹泊，与俗鲜谐，不及早兴，辜负厚望，而今已矣，夫复何言？忆自侍从以来，患难多而安乐少，每于出入生死之间，悲歌慷慨，唏嘘凄怆，相对终日，以心传心之情景，谁复知之。黄埔一役，吾师以民国之文天祥自待，而以陆秀夫视中正。去年临别北上，以军校既成、继起有人、主义能行、虽死无憾之语语中正，而于昔年蒙难之地，留此明教以为纪念，岂两楹之奠早梦见于吾师耶，抑中正尝思之，数命果可信乎？胡使哲人不常存，国运果有待乎；胡使主义不早行，而卒致吾师悲悯愤激，以病以死者何哉？要亦党徒之不力，人事之不臧，而令吾师悲悯成疾，以致于今日之不起，付之于数命，归之于国运何为乎？呜呼！抚今思昔，瞻前顾后，举凡可歌可泣、可悲可伤、心摧肠断之终身隐痛，其谁与诉，其谁与知？而今而后，岂复有生人之乐趣乎？朝闻道，夕死何憾，主义不行，责任未尽，鞠躬尽瘁，死而后已，成败利钝，非所逆睹。今惟有教养学子，训练党军，继续生命，复兴中华，以慰在天之灵而已。呜呼！精神不灭，吾师千古；主义不亡，民国长春；神灵显赫，率英士与执信以助党军革命之成。北望燕云，涕零不止，魂兮归来，鉴此愚诚。呜呼！尚飨。〕

附：公演说

〔我们孙总理是中华民国的国父，国父死了，我们应该作如何感想。我们的国父这次晋京，是因为要开国民会议，要废除不平等条约，打倒帝国主义，使得我们中华民国成一个自由独立的国家。总理抱着这样大的目的去北京奋斗，简单的说，是为了他生平所创的“三民主义”去奋斗而牺牲的。总理的病不是突然发生的，他的肝病据医生说，有好几年了，第一原因是为陈炯明造反叛党，所以忧郁成病的。如果我们要实行总理的主义，我们第一要紧的任务，就先要杀陈炯明。……今天是追悼总理及阵亡将士的日子，但是只凭空追悼是无用的，要为已死的总理及诸同志报仇杀敌，才对得起他们。从今以后，我们更要努力奋斗，牺牲一切，务要达到我们的目的，实行总理的遗志，继续总理的精神，并为阵亡的同志报仇，才算得是革命军人，才不愧为总理的部下。〕

下午三时，如潮汕，由西门外下船，船中披览理学，如获至宝。九时，船至水口，以月黑不能行，即停泊于此。

临行时，通令各部官长整顿各事。〔令曰：中正应许总司令之召，定于本日起程赴汕，所有前方指挥事，已委何团长为指挥官，校部事由王参谋长代拆代行，经理事由周主任负责收支，此对于前方处置之大略也。惟此次出征以来，官兵之死伤过多，枪械子弹、被服、粮饷、马匹等之损失亦大，亟应整顿补充，犹有二三两月份各团队部之报销，亦应速办以清手续。乃屡令催缴，终不奉行，余去之后，或更延缓，则整顿更无日期，望各官长竭力从事，对于前二次整顿查报各条，尤须认真办理，如期呈报。其为余心所最难安者，死伤官兵之姓名葬地，至今各团尚无一报告；而对于失踪及逃亡者亦无统计，以致徒言整顿而无实行之期。务希于三日内赶将表册呈报，俾便补充，否则军纪废驰，士气颓丧，不变为旧式腐败军队不止，则革命军精神扫地殆尽，其将何以对我之上下同志，而实行我总理救国救民之三民主义乎？兹当临别，对于各团队之查报不清，心甚悬悬，万望从

速办结，对于余所发命令，一一奉行，则余虽远离队伍，亦得自慰，有厚望焉。〕

呈请任命何应钦兼教导第一、二团指挥官。

三十一日 上午四时，由水口开船，经畲坑而梅县，至鳄骨潭丙村，公以旧地重临，不胜今昔之感，一路山水美丽，雨后暮烟如画，非行军不能得此乐趣。夜七时，到松口，水漫村中，电报不通，即宿于船次。

中央派公兼理陆丰、海丰事宜。

四月一日 晨六时前，由松口开船；八时，经三河坝，水茫流激，下驶甚疾，欲登岸而无从。公忆忠仆厚章，淹死于此，辄为黯然心伤。午后三时，直达潮州。自松口至此，水程二百七十里，乘车转汕头，已七时矣。与许总司令〈暨嘉伦〉，筹议东江善后事宜。是夜，公宿于惠潮梅财政局。

二日 晨起，问俞局长飞鹏财政状况。

上午，诣后方病院，慰问伤病官兵，泫然流涕，久之乃返。

下午，见许总司令，缕陈以后计划及练兵事宜，并入闽剿办洪逆残敌，痛劾张民达，以作战为营业，避重就轻，冒功黩货，滥委人员，把持税收机关诸状，许默然。

总理灵衬奉安于西山碧云寺，自中央公园社稷坛大殿迁往。

唐继尧与范石生两军，在南宁附近接仗，沈鸿英残部乘机复肆于桂林、柳州。

三日 校军在兴宁阻雨。昨晚又大雨如注，晨六时始止，房舍四周均为水淹没，城内成巨浸，因此校军未能入梅。

午后三时，公离汕下轮。

四日 旁午，船抵香港，独在舱房看《论语》。晚后，易轮启行。

五日 晨七时，船到广州，至长隄办事处少憩，改趁小轮来埔。

下午一时，在军校开追悼总理大会，公莅场主祭、演讲。〔稿无查〕埔校为总理旧游地，受教于斯，蒙难于斯，公感触多深，咽呜不止。

访胡汉民、谭延闿诸同志，闻滇军已有戒心，潜在白云山、瘦狗岭一带布防。

晚后八时，施第三期入伍生训话。〔节录：今天本校长由前方回来，本来有许多话想同各位细谈，现在悲感满腔，不能详说，只能把总理平时教训我，且与本校有关系的话，择要讲几句。总理平时教训我的话，最要紧的就是凡有主张，皆要处在极端的地位，决计不肯妥协调和，就是“宁为玉碎，不愿瓦全，”这是总理对我们常说的话。我们以后什么事都要照着总理的教训做去，都要立在极端的一边，不要立在中间，做徘徊歧路摇撼不定的形状。陈炯明盘踞东江三年之久，我们每一想起，愤激无地，总理说起东江问题，总说党军未成立以前，我们不要讲肃清东江的话，所以我们这个学校要担负的责任，实在与旁的学校不同。我们黄埔的学生同志，应该努力奋斗，不负我总理的希望。去年十一月间，总理到北京去的时候，经过本校，然后由黄埔而香港、而上海、而神户、而天津，再到北京，这是总理最后离别南方革命根据地。当时总理到对河鱼珠炮台，看第一、二期学生所做工事，看了之后，就对我说：“我这次到北京去，明知道是很危险的，然而我为的是去革命，是要为救国救民去奋斗，有什么危险可说呢？况今年我已五十九岁，也已到要死的时候了。”当时我非常惊骇，就问总理从来不说这些话，为何今日突然说到这里。总理说：“我是有所感而言的，我看见你黄埔这个学校的精神，一定能继续我的革命事业，我死了，也可以安心瞑目了。如果前二三年，我就死不得，现在有这些学生，一定可以继承我未竟之志，能够奋斗下去的。”我想起当时总理教训我的情形，又想到这话的意义，本校学生应该明瞭我们的责任何等重大，我们应该如何努力，才对得起总理。总理平素对我说的话很多，我也不能一时说尽，我今天将总理到北京去的前三天，特地来黄埔讲演的最后的话，传述一番，大家要留心听着。总理这一天讲演，不只本校官长、学生听讲，还有来宾、广大学生听讲，他那天讲话的要点是说：“党员、军人、官吏三种人，没有自由平等的余地，应该牺牲个人的自由平等，求他团体革命的成功。我们的党，有五十万党员，党的力量应该很大，然而至今还不能成功，就因为各党员不听党的指挥，不服从党的命令，开口就说个人的自由平等，所以人员愈多，精神愈要涣散。”这是总理那天在本校讲演的重要意思，请大家时时要记在脑筋里头。〕

七日 上午，往平冈病院慰问伤病兵，并训诫之。

下午，召见学生并各连长。

三时，施新兵训话。〔稿无查〕

晚七时，训勉第三期入伍生继续总理生命。〔节录：现在本校对于许多应备的物品很不完全，这是本校长很抱歉的事。本校最初成立时，原定学生额数三百名，后来因为报考的学生非常踊跃，增加到五百五十名，照原计划要加多二百五十名，因此经费相差很远。后来续招第二期学生，经费更加困难，加以外面对本校的空气不好，千辛万苦之中，幸得我总理与中央执行委员会诸同志极力扶持，始克扩充，合共一千余人。当第二期还未毕业时，又续招第三期。去年五月以前的计划，本定办完千五百名学生的毕业，再续招第三期，后来总理北上时，我详陈本党的情形，国内青年对于本党的希望，与将来党军需用的官长，非有三千名不能够用，当时总理虽然承认，但经费仍无着落。后来总理在各方面竭力设法，加以本党各同志非常热心，所以能招第三期学生，维持到现在。现在校中物质的缺乏，差不多不成其为学校，而各学生能坚忍下去，这是本校长对于本党前途，革命前途，觉有很大的希望，将来对于总理的志向主张，一定能够继续实行，总理在天之灵一定是能安心瞑目。我们在后方的，因物质不足，固然是苦，要知道前方的学生兵士更加要苦，无论晴雨日夜，通通在外露营，不进住民房的，饮食不能依时，甚至一日尚不能得到一饭，真是所谓露宿风餐，衣服破坏不堪，有精神的人也觉得难以忍受。我们在后方的，想到前方作战的同志，更要坚决努力奋斗。这次要是潮汕不下，本校是不能维持下去的，现在第三期学生能在后方安心读书，就是第一、二期的同志流血换来的。我们想起前方作战的同志，那我们第三期在后方的同学，对于自己的衣食住，应该要心满意足。因为在比较上要算是很够足的，并且要想到总理在政府极穷困的时候，成立这个学校。就这两点看来，我们应当如何奋勇努力，才可以对得住总理，才可以对得住前方奋斗而死的同志。我们若专在物质方面计较，而不知本校革命环境的困苦，如同从前北方保定军官学校同各省讲武堂一样的物质丰富，那就错误了。要知道一个人的成败，全看他能否忍受坚苦，要是生活很丰富，毫无困苦，一定不能成个好学生，一定不能担当革命的大事业。所以我们这个学校物质虽然不备，精神很是充足，比旁的学校不同，将来学生出来，相信要好过一二倍。本校开辟以来，到现在不过十月，在此十月中，已有二千五百名学生，照此计算，两年后，要造出五千以上的健全青年。要是总理不死，我相信今年可以得到革命政权，再经六个月后，可以普行我们的主义。现在总理虽死，他的主义不死，我们仍是继续奋斗，三年以后，我们的主义一定可以实行。总理奋斗四十年，我党仍不能成功，就因各党员的意志不能一致，总理所说的话，各党员总以为理想太高，事实上做不到，所以结果，党员自党员，领袖自领袖，虽有五十万党员，仍没有多大效力。我们总理创办这个学校，也就是想集合全国有志的青年加以训练，使他意志一致，补救本党的缺点，并为本党将来的基础。……总理生平最不满意的，就是党员的意志不一致，他当没有办法时，最苦的一句话："党员要盲从我，不准讲第二句话。"本校对于三民主义，有许多的讲演和书籍，你们看了，自然容易明白，进了本校以后，要做我们三民主义的一个最亲爱的信徒，你们既入了本校，对于自己的生命已经是交给了总理了，交给了本校长了，似此才可以做一个主义的信徒。要知道我们个人的躯壳虽死，而革命能够成功，个人亦是成功，最要紧将这一生死观念看清，若是本校长的行动与主义有所违背，就是三民主义的叛徒，你们就可以当他是仇敌，亦可以杀死他，因为学生与校长的生命是不相分离，是整个的，才可以继续总理的生命。大凡一个人生在世界上，要明白自己做人的意义和自己有一定的人生观，才不致被人利用，替人做走狗。比如想我们为什么要生活，为什么要作事，天地间为什么有我这个人，便要知道我们生活并不是为我个人而生活，是为增进全体人类的生活而生活。此外就是生命的问题，比如我活在世界上为的什么，何苦如此？便要知道这生命并不是一时的，是可以继续下去的，以至千千万万，永久的，这才是真正的意义。要是自己躯壳死了，就以为没有了，那如同牛马一样，等于行尸走肉。概括言之，"生活的目的，是增进我人类全体的生命；生命的意义，是创造我将来的生命。"换句话说，生活与生命，是纵横的关系，横的就是生活，求我人类生活的安全，生命即系纵的，是一直下去而不断绝的，明白这一点，才可以打破对于死的顾虑，才可以做我们三民主义的信徒，才是真正的一个革命者，才能为主义为人类而奋斗，而牺牲！我们学校第一、二期的同志，不怕死，不要钱，就是明白这个生死的关系，为主义而奋斗，视死如归，以继续黄埔陆军军官学校的生命，继续总理的生命。〕此乃总理逝世后，公自潮汕回校时初次训话，其本人对于本党与三民主义之立场，已阐明无遗，亦即表明其忠于本党与三民主义之决心，而与共产党、共产主义立于反对地位，无异对共产党投一爆烈之巨弹，因此共产党衔之刺骨，而其害公之阴谋亦日急一日矣。[1]

改编教导独立营为一连又一排。

呈请任命王懋功为潮汕校本部行营主任。

八日 下午，训诫官长，以自治勤劳、教人动作迅确、内务整洁为主。〔稿无查〕

三时，军校开行政会议，公主席。各部处、入伍生队、新兵连、学兵连、独立营、特务连，连长以上各官长均列席。议决事项，如入伍生入伍期限缩短为三个月，与入伍生入校，定为六个月毕业等案。

依中央议决案，免桂永清死罪。永清前以擅自没收敌人财物，寄归家中，判定死刑。兹因学生联呈中央执行委员会，请念其淡水、红湖、兴宁战功，从宽处治，故免之。

粤军师长张民达，淹死于潮安湘子桥下。

政治部筹备兴宁县党部。

刘震寰部发表宣言，反对革命政府，通电讨唐。

九日 下午三时，召集全校学生、士兵演讲，约二句钟毕。〔稿无查〕

晚七时，对教导团新兵演讲当兵之目的，及打仗之方法。

〔节录：今天先同你们新来的兵士讲话，因为过几天，你们要出发到前方去，补充第一、二团的缺额，本校长特同你们讲几句话。现在第一句话，就要问大家弟兄们，你们不远数千里路，来到黄埔陆军军官学校教导团当兵，是为甚么来的？这个问题，大家先要明白了解。假使不能明白，你们将来打仗死了，是做个冤枉鬼，就是不死，活在军队里头，过这种辛苦艰难的生活，也是冤枉一生，不会出头的。你们来当兵的目的，第一就是来

---

1 “此乃总理逝世后……”句，系蒋介石亲笔增补的文字。

救国救民，进一步说，你们也是一个国民，所以你来当兵，也就是救你们自己的国家。……你们从前没有枪弹，现在都给你们枪弹，从前没有本事，现在请官长来教你们的本事，从前如一盘散沙，没有力量，现在教你们团结一体，打成一片。不单如此，你们在这军队里面稍有毛病，就有医官来诊视，并且饮食衣服起居，统统为你们打算得整整齐齐，养成你们的本领，炼锻〔锻炼〕你们的身体，就是要为打倒你们的敌人。……如果你们同心合力去打敌人，就是打死了，亦是为革命而死，世世子孙都知你们是为救国救民的烈士，是很有光荣的。如果不死而打伤了，也是为革命战争而负伤，为救国救民而流血，住在医院里休养，谁都要尊重你们，敬重你们，真是何等的光荣呵！……现在既然进到这革命军里来，知道这个当兵目的以后，就要始终尽忠你革命军人的职务，保持我们革命的名誉，不要丧失自己的人格。到处要保卫地方，爱护百姓，就是一草一木之微，都不好妄取的。此次本军打逆部的口号，第一是不要钱，第二是不怕死。这两句口号，你们要奉为金科玉律，因为革命军是一个打不平的英雄好汉，也是有志气的大丈夫，因为他能牺牲他自己的性命，牺牲自己的幸福，求他人的幸福，所以革命军是要打倒那些扰乱百姓的万恶军阀，铲除那些抢掠民家东西的强盗军队。……革命军人是要到处打胜仗，时时打胜仗，才能把一切敌人打到〔倒〕。打胜仗要有方法，各种军事书上讲打胜仗的方法很多，我今天特举出最要紧的方法告诉你们，你们要留心听着。打胜仗的第一秘诀，是要听长官的命令，服从长官的指挥，长官要你们到无论怎样危险的地方，你们就要去，无论什么样困难的事情，你们都要做，这样断没有打败仗的道理。假使你们如同在乡里一样，各人管自家，不能同心一致，不晓得服从官长命令，无论你们有怎样好的本领，也是一定打败仗的。……官长有时打你骂你，这就是父兄师长为要你们好而打你骂你的一样，只要你们守军纪，听命令，官长一定是亲爱你们的。……打胜仗第二个秘诀，是要不向后逃跑，敌人有两个眼睛，我也有两个眼睛，敌人有两只手，我也有两只手，我是一个人，敌人也是一个人，我们为什么要怕敌人呢？如果我不怕敌，敌必怕我，假使我怕敌人，那敌人就不怕我了，这是军事心理的格言。所以我们打仗，无论怎样强敌，是不要怕他，若使我能用我的手力、眼力，沉沉着着的瞄准射击敌人，并且以我们主义的信仰，精神一致的团结，敌人见了我们，一定会害怕向后逃跑的。敌人向后逃跑，那是他就要让我们打了，因为人的脑袋后面是没有眼睛的，我们向前追去，有两个眼睛来瞄准，可以把敌人一个一个射杀，所以第二个打胜仗要紧的方法，就是不要向后跑，向后跑的军队，一定就要被人家打死的。……〕

又对第三期入伍生讲明党员与主义之关系。〔节录：今天因为对新兵讲了话，时间不早了，不能对大家作详细的讲话，只好把我们做党员的责任，与我们党员和三民主义的关系，讲一个大纲。……党是一个团体，团体的意义就是集合多数分子团结起来，成一个体质，所以我们党员的精神，也要团结起来成一个整个儿的生命，我死了，就和你死一样，你死了，也就和我死一样。说到这里，我要问一问，我们的国民党究竟为甚么不能成功，俄国共产党为甚么能成功，而且他们在列宁未死之前就可以成功，我们总理死了之后还是不成功，并且初时俄国共产党党员只有一万五千人，现在我们国民党员有了五十万，照人数比例来说，俄国共产党党员只占他全国人【口】万分之一，而我们国民党党员几占全国人口千分之一，党员比他们多，力量应比他们大，我们的党应该早早成功，但是至今不能成功，原因究在何处？这就是我们的党员不遵守党的纪律，不服从党的命令，不知道我们党员既然入了党，在党里的生命就是整个儿的，如果要分别开来说，他是他的生命，你是你的生命，这样虽有几万万党员，也等于一个人没有。所以我们总理的性命，可说是被这一般党员送掉的。从前党员好的固然是有，但大多数完全是为他个人升官发财，不诚心诚意为党服务。俄国共产党重在纪律，组织又严密，他的党员服从党的命令，遵守党的纪律，丝毫不能自由的。他们为甚么甘愿牺牲个人的自由呢？因为他们明白主义，都有决心，牺牲各个人的自由，来求全他国家的自由，所以他们成功就那么快。我们是总理的信徒，应该要继承总理未竟之志，我们既入了国民党，我们的生命已完全交给党里了，对于党的命令要绝对服从，党的纪律要绝对遵守，党要我们死，我们就死，尤其是黄埔陆军军官学校的学生，将来就是国民党的骨干。……如果党员大家明白三民主义，不要说本党是有五十万党员，就是只有我们黄埔学校三千人，也没有不成功的。……我们的三民主义是整个的，在现在新名词中，就是国家资本主义，但是三民主义包括一切社会主义，范围是很广大的，不是偏狭的。现在有许多不明白的党员，往往把三民主义分开来说，以为民族、民权、民生三者，不是循环连接的，不是一贯的，这是错误的见解。我们讲民族主义，就不能不讲民权和民生，讲民生主义，也不能不讲民权和民族。现在中国民族对外不能独立（受帝国主义的包围压迫），对内又不能解放（在封建式的军阀势力范围之内），那里讲得上民族独立呢？民族既不能独立，还能讲民权么？民权既不能平等，那里还有力量讲民生呢？讲民生必须经过这个革命的过程，一定的步骤，所以三民主义是整个的，是一贯的，各有连带关系，万不可拆来讲。……我们知道三民主义是总理遗留下来的，有了这主义，才有我们实行家（革命军），我们是三民主义的产儿，所以我们一方面要负起实行家的责任，来实行主义，一方面就要不愧为三民主义的产儿，奋不顾身，作三民主义的前锋队，这就是我们与三民主义的关系。果能这样做去，预料三民主义不久就能实行，我们总理虽死了，他的事业是能成功的，即所谓精神不死，主义长存。〕

十日　晨起，巡察学兵连。

上午，召政治部及党部学生训诫。因其以资格自高，与各职员不合也。

汕头市党、工、商、学各团体，推代表来省，请公莅潮汕善后督办任。

十一日　上午，诣院视伤病兵。

下午，训诰出发士兵。〔稿无查〕

校部行营由兴宁移驻梅县。

呈请任命张治中代理入伍生队总队长，担任全队入伍生训练。

十二日　上午十时，率各部处队全体官生及学兵，往中央执行委员会，挽总理遗像至东校场，举行周月纪念。各界参加是会者，约十万人。

晚，回长洲，宵深人静，闻蛙鸣犬吠，触动乡思，有感于隐居幽趣。

十三日　下午，应湘军讲武堂函订，往莅演讲。〔稿无查〕

巡查北校场分校。

中央令军校教导第一、二两团成党军第一旅，任第一团长何应钦兼任旅长，全旅仍归校长节制调遣。廖党代表提请中央执行委员会议决也。

下整顿校政令。〔令曰：一、本校自开办以来，所购备及现有各种用具总数名称，限三日内，着军需、管理两处会同呈报。如有遗失，应由管理处主任负责，如归军需处者，应由军需处主任负责。一、卫兵腐败，种种情状，不堪入目，败坏风纪，莫此为甚。上周卫兵司令颜逍鹏及本周卫兵司令黄彭英，著记过一次。一、整顿各事物，应先从现在毁废杂乱之处著手，如朽败墙屋，应即拆卸，各处无用之物，如烂木废料，应即分别整理，储藏使用或发卖，以无用化为有用，方能收整顿之效。此节凡办事人员，均应注意实行，勿得疏忽。一、各处长及各部队长，每日在校至少须巡查一周，管理处长早晚更应亲自检验。凡有上下房舍尘土、垃圾、破砖、漏壶等积秽，以及厨房、厕所之清洁，与关于卫生诸事，应即会同军医处切实整理，方不负职务。一、校内各部、处、队人员，凡外出休假者，均应告假。未假外出者，应即照章处罚。一、卫兵服装、武器之安置检查，皆须规定格式。卫兵司令又应时常巡察整理，如有违犯者，应由卫兵司令负责。此令。〕

收回枪枝令。〔令曰：各团队、部、处所发之驳壳枪、手枪，不论教官、官兵，一律由总队部收还校部，管理处点检总数后，再行核发。此令。〕

派王参谋长返埔主持校务，钱团长回校本部参谋长原任，调胡公冕代理第二团第二营营长。

新兵连、独立营、第一连、工兵队、辎重队及特务连与第一、二团病愈新兵，开赴前方。

函奖豫籍学生周凤歧、徐经济，并谕政治部多寄宣传品。二生报告现诸同学在胡督办〔景翼〕部下，任卫队营排长职，并令每日往各团、营、连讲授三民主义，等语。公复奖勉之。

十四日 晚，对第三期入伍生讲军人动作与纪律。〔节录：两星期以后，我就要离校，今天也没有长久的时间同你们多讲，只就这几天我在校看见的，对大家讲一点。学生有许多缺点讲明之后，是容易改正的。现在官长所教的和学生所学的，不免有不自然不习惯的地方，想免掉这种毛病，学生须好好去做一切事情，不要看得事情很难做，要知他人能做好的事，我亦一定做得好的。倘认定事物很难时，因了心理作用，无论何事都做不好了。我们只有几个月毕业，甚么东西都只学个大略，得个大体的研究，想要详细研究，毕业后固然有机会，但在校时，即须养成自动的能力。从前保定陆军军官学校，往往有无理的刑罚，学生看见这机械教育，就很不高兴，等到第一期检阅时，还有很多不明白口令的。教官专注重刑罚，骂学生，打学生，不知道自己的口令不清楚，弄得两方莫明其妙，教也教不好，学也学不好。本校自去年成立以来，见有这种毛病发见，即尽力矫正，并预先说明意义。叫口令时，就注意到学生动作怎样错，就要立刻去怎样改正。在旁的军事学校就是不同，他们在专学动作"托枪"、"开步走"一点不好，就先骂他打他，本校完全要学生自动，发展学生个性，学甚么东西，学生须用自己的个性来研究，不要太不自然太拘束，否则甚么都学不好。要动作自然，不拘束，还有个方法，甚么方法？就是平直二字，如果将此二字放在脑筋内，甚么事都可以做好。目光要平看，立正时要挺直，甚么动作都要照着这个密诀去做，尤其是基本体操的一切动作，仔细研究，总不外此平直二字，就是外场诸动作，也离不了这个密〔秘〕诀。我们中国人的习惯，走路时总是两眼向地下看，前面有什么东西，就不留心，看不见，战时更不消说。外国人走路时，两眼总是看前面的，挺胸凸肚，精神勃勃。须知眼向地下看时，对于体力发达上很有妨害，因为眼向地下看，脑子就低下来，时间持久，脑筋就很痛苦，所以无论做什么动作，眼要平看才好。战术千变万化，但没有甚么机密奇巧，就是时间二字，我们做事，时间要经济才好。拿破仑用兵，人都说他是天才，我看不是天才，就是善用时间。时间守得准，没有不打胜仗的道理，下命令的人，第一要时间计算得准确，比方规定每点钟行七里路，十点钟行七十里路，每点钟又各有十分钟的休息，统统规定好，部下也都照着命令去做，没有不打胜仗的。我们这次在棉湖打仗，时间规定上午八时开始攻击，教导第一团担任正面，离敌十余里，教导第二团任左翼，离敌三十余里，粤军第七旅任右翼，离敌三余里，照规定计划，五点钟出发，到八点钟可到前线共同作战。后来教导第一团依照时间，八时开始攻击，正面的敌人，据教导第一团团长报告，只有三千多人，但直到十时，粤军第七旅、教导第二团均未到，左右两翼的敌人都赶到正面来了，共有一万多人。我们总数不过千人，第一营完全被敌人包围，在千辛万苦之中，拼命抵抗，致死伤二分之一以上，营长打伤三枪，第三营也被包围。以一团人打万余人，维持六小时之久，到下午二时，粤军第七旅才在右翼发见，教导第二团才在左翼发见。此时敌军又要对左，又要对右，我们仍旧有力量对正面冲锋，便大获胜利。但如果我们没有纪律，没有革命精神，元气已伤，千人仅存六百，早已退下来了，粤军第七旅和教导第二团误了时间，害事实在不小。如果他们不误时间，我们不会受这么大的损失，一定还可以完全包围敌人，使敌人完全缴械的。以后作战，时间要绝对遵守，一时一刻一分一秒都不能错误。……军队利在"拙速"，《孙子》一部书，归纳起来，就是这二个字。大家要明白，求学问先要知道提纲挈领，只看书不归纳，是不能通大义的。内务要整齐清洁，今天第九连内务很不好，官长房内很肮脏，第五连门前也是很污浊。军队内不讲清洁，甚么精神都振作不起来，懒惰的心思就一天重一天。军队内专注重教室，是不成功的，要在无形中得到效力才有用。这种无形的效力，是由平素一点一滴的注意，到成了习惯得来的。……这种精神的无形的，是甚么东西，只可意会，不可言传，象我们总理讲演的天才，或者能发挥得很透彻。今天先以军纪来讲无形的教育。我们在军队里，不是用军纪来维持，这军队就不成其为军队，但在旁的军事学校，只知以军纪来压制学生，官长自己都不明白军纪是什么东西，这样要人家守军纪是不可能的。所以大家要留心，我们要做好军人，一定要明白什么是军纪才行。普通人都以为讲军纪是讲刑法，实在刑法不过是军纪中一部分，要使人家在事前就知道军纪的作用才行，不然，犯了军纪，人家还不知道，你却要用军纪办他，这是不合情理的。军纪的定义，是军队全体心理所公认的规范。军纪不是一个人的，是全体所公认的一个规范，一个人犯了规范，就是犯了军纪，明白点说，不是违犯上官，就是违犯全体人员所公认的规范。军纪这东西，是要大家来维持的。军纪的根源是三民主义，军纪即以三民主义为中心。所谓志同道合，随时随地都有三民主义在脑筋里，愿为三民主义而奋斗，愿为三民主义而牺牲。……军队的性质，也须认识清楚。在表面上看，军队是最不自由、阶级最严的，不过要知道，军队既不能废止，我们只有精益求精，方能抑止世界上的乱源，所谓以毒攻毒。比方外国帝国主义的陆军、海军，都是很厉害的，我们要打倒他们这种帝国主义者，一定要比他们再过几倍才行。而且有了主义，阶级虽然很严，实质上是平等自由的，我们的精神思想都为主义而奋斗，且同受军纪的支配，上官犯了军纪，也一样要受军纪的制裁，所以官长士兵都是一样的。你们现在觉得精神上、生活上很枯燥无味，然而转过来想想，你们有很正大的道路在你们前面，在校内比在家庭实在还要良好，不仅身体日益强壮，精神也可以日日焕发了。〕

饬官长除恶习令。〔令曰：本校军纪风纪，至近日更形败坏，大有一落千丈之势。闻各连官长有在外夜宿，恣为嫖赌者；有晏起迟到，不尽职守者；有懈弛操课，不假外出者；有动作差误，不加矫正者；尤其是站队立正时，左顾右盼，嬉笑放荡，毫无姿势。种种恶习，几难枚举。至于学生吸烟，无论在内在外，皆所严禁，而近来入伍生犯此者甚多，官长置若罔闻，此皆失职败党之见端，言之可胜痛喟。要知本校为党军基础，亦为各军观瞻所注集，校中同志，更宜振作精神，整饬纪律，以为实行我总理三民主义之中心，慎勿似此堕落，误己误党，致与革命背道而驰也。切切，此令。〕

中央任命廖仲恺为党军党代表。

十五日　上午，与官长讲明教育方法及效力。先使学生领悟受教之必要，而各以自治为务，不须官长之监督；并须身为表率，使学生对师资有所观感，然后意志一致，精神团结也。云云。〔稿无查〕

晚七时，主席校务会议。散后，诣工人夜学施训。〔词稿无〕

派排长杜聿鑫、见习官阎奎耀赴豫省服务。

令入伍生第二营移驻北校场。

十六日　晚，在军官分校对第二营入伍生，演述东江战胜情形及其因素。〔稿无查〕

党军廖党代表呈请任命军校见习官刘云为航空学校及飞机队党代表，郭一宇为飞机工厂党代表，赵自选为飞机掩护队党代表，贺衷寒为军校炮兵第一营营党代表。

十七日　在黄花冈周近，检阅入伍生队野营演习。

昨今亲出购书。公云："近日想用功，而以此念未澄，拟看小说先收放心。"

呈请任命刘秉粹为党军第一团参谋长。

十八日 下午，勘择阵亡将士公墓地点。

晚，赴省垣，廖党代表新自汕头归，与之秘筹一切。

军校政治部组织潮安县党部。

十九日 入伍生第一、二两营入伍期满。骑兵科四十人，炮兵科四十八人，工兵科八十人，辎重科七十人，机关枪科六十人，航空科十五人，此外皆为步科。

二十一日 上午八时，公主席校务会议，议决筹设抚恤委员会及审计处等案。

教导第三团成立，呈请任命钱大钧兼第三团团长。

学兵连中挑选入伍生队，编为第十连，其余学兵授以宪兵课程。

二十二日 呈请任命林振雄兼代军校管理处处长，邓士章为军械库库长，蔡熙盛为教导第三团中校团附，沈良为第三团少校团附，王俊为第三团第一营营长，郭俊为第三团第二营营长，杨膺谓为少校教官。

二十三日 谕斥军输站暨军械库人员。此次运输站送到前方物品，不及什二，且多遗失。有山炮两门，系总理由豫军中调用者，埔汕往复，无人起卸，竟为敌舰在汕头口外扣去，公甚憾之。

军校第一期同学录告成，公为之序。〔序曰：乙丑春三月，既拔潮梅逆军根据地之兴宁，越二日，闻总理孙先生之丧，余乃收束军事，经潮汕而回黄埔本校，相〔想〕将为阵亡将士卜地安葬于八卦冈，且谋抚恤其遗族，冀安死者之魂于九泉，而了三越月来一日不能忘怀惟一伤心之惨事，思有以自慰于万一也。驻校未半月，诸同志迫余回潮就职，起节之前一日，政治部同志示余以本校第一期同学录，并属为之序。开卷见总理与全校同志之写真，万感交集，未序先泣，既序更苦矣。开校至今未及一年，在我之前者为总理，在我之后者有诸生与各将士，昔日同生死、共患难者，至今几不及什之七。至亲如先妣，至爱如二子，每遭国难，奉电命，皆能弃置骨肉之恩于勿顾，而独于本校同志之间，须臾分离，此心遂觉怦怦不自安，故开校以来，不忍一日离。而乃出征两月，上自总理，下至诸生及各将士，如蔡光举、刁步云、胡仕勋、余海滨、章琰、叶彧龙、林冠亚、樊崧华、江世麟、王家修、陈述、刘赤忱、袁荣、鲍宗汉等阵亡者四十余人；伤者如蒋营长鼎文、郭连长俊等十余人，尚在危病中，死生未可卜；其余如刘铸希、赵履强、陈志达、赵子俊、邓文仪诸子，折股断臂，洞胸穿肠，伤势更剧，几至残废终身，见之但有对泪而已。其中死事之尤惨者，为杨厚卿、章琰、刁步云、余海滨、陈述、胡士勋五〔六〕同志，检其遗骸，其弹颗之中脑部与胸部者，有五弹以至十一弹者，几使中正目不忍睹。其他伤者如沈营长应时、刘营长尧宸、丘生飞龙、宋生文彬、张生际春、项生传远、陈生琪、江生霖、王生治中、孙生元良、张生人玉、刘生明夏、马生励武、萧生赞育、王生梦、杨生步飞、刘生云龙、马生辉汉、关生麟徵、彭生宝经、侯生镜如、张生宴宾、吴生斌、唐生星、冯生春申、唐生同德、甘生丽初、刘生幹等数十人。呜呼！可谓惨矣！可谓义而烈矣！而士兵之阵亡及因伤残废者，共计六百余人，以第一期随余出征五百之子弟，与教导团三千同志之军，死伤几达三分之一。言念及此，能不痛心！呜呼，吾校同志前仆向继，每于肉搏登城碧血淋漓之时，毫无悸怖状，浩然捐生，乐如还乡，其果何为而使然也？无他，总理主义之所感，而诸生精诚之所出也。今先于我者，总理既长逝，后乎我者，诸生亦多沦亡，而惟留不先不后不死不活之中正，贻笑于世，天下之至难堪，悲戚酸割而不能忍者，孰过于此。古人以苟活为羞，而其痛苦有甚于身死者，余视今日长上之死，与我学生将士之死，其难言之隐痛，实过于余之身死。夜深反躬，惟愧此身之不速死，以随总理与吾诸生之远游，超脱苦海，以免此终身之沉哀。今日者，战事告终既经逾月，回校且将两来复，而惊魂憧忧不安，一如战场，每于梦中哭笑啼号，家人常为之震惊不置，及余醒后，恍惚几不自知其所以然，但觉对我已死之同志，凄惨悲伤，黯然消魂而已。呜呼，情感之于人，其深而切之不能忘者，果如斯乎？余今又将离我亲爱之本校，而赴潮汕之任，余阅此同学录，实抱无穷之隐痛，愧我独生，何以对此死伤之吾师与吾徒。今尔后，消极自画以终天年乎？且将置党事国事于不顾？视已死与未死之师生如途人？果尔，则对总理、对主义为判徒，对诸生对将士为败类，罔上欺下，忘情负义，且将为禽兽之不若，岂复能自立于天地之间，自对对人乎？古人云："不为圣贤，便为禽兽。"余更续数语曰："不为信徒，便为叛逆"；更进一言曰："不为同志，便为寇仇"。盖天下事不进则退，理固然也。吾今特告全校未亡之诸生将士曰："如吾辈不能勇往猛进，打破此帝国主义及其傀儡之军阀，实行我总理三民主义，以继承先烈革命未成之志，则在同学之情感言，不啻为败类，在同志之公义言，无异为叛逆为寇仇，且将沦为禽兽矣。主义不行，党员之耻，本校师生同志之死，乃为实行主义而死，为雪耻复仇而死，为求我民族之独立、民权之平等、民生之自由而死，为正谊人道而死，为继续先烈之生命而死。若我本校未亡之同志，视已死同志之死如泰越，而不引以为耻为仇，不能以实行主义为己任，则我已死同志之死，可谓之非死于敌手，而实为吾辈未亡者不负责不尽职之伪同志所陷害也。盖不负责不尽职者之祸害同志，实甚于作壁上观者之中立派，乃与我对敌者之寇仇也。吾原本校未亡诸同志，共喻此意，共负继起之责，奋勇直前，不死不止，不成不已，勉为吾校已死同志之同志，各竭尽其同学、同志、同袍之职责，毋堕我本校乐死赴义、杀身成仁之风尚，毋忘我总理牺牲一切、完成革命之明教，期达我教育亲爱精诚、意志一致之方针，务成尔欲立立人、欲达达人求学之本意。则是录之编，正为我校同学生死终始、共同一致、精神团结之写真，使我世世同学与同志，藉悉今日本校精神之所在，且将从而兴起，继续我本校不断的革命之事业，其庶几乎！吾同志其勉旃。"〕

二十四日　呈请任命文素松为教导第三团第三营营长。

军校举行第二次实弹射击。

派学生监视宝壁、江汉、江大、光华、江贞等七舰〔每舰学生十人〕。

孙文主义学会成立。

二十五日　午后三时，自埔如汕，就潮汕善后督办职。闻范石生在南宁败退，唐继尧将入粤，驻省滇军有响应之谋，以摇动革命根据地，不胜愤愤。

二十六日　上午，抵香港，午正，换轮，英关吏搜索甚横。公唏然曰："外人以亡国奴待我，何日克复此岛，一雪奇耻也。"

二十七日　莅汕头，寓于桂园，许总司令、廖党代表＜及俄嘉伦＞来会，乃偕往总司令部行营，密定大计。下午续议，至深夜方散。

呈请调任宋文彬为党军第二团第二营营党代表，郑洞国为第二团第三营营党代表。

二十八日　下午，会议，议决回师平杨刘，固根本。廖党代表〈及伦〉先行。

二十九日　上午，往林家祠校本部行营视察，旋诣病院慰伤病兵。公云："师弟相亲，恩逾父子，无时不倦倦于怀也。"

午膳后，谒许总司令议事。

三时，如潮安，各团体候城站欢迎者五千人，驻节于西潮涵碧楼。

晚七时，在潮州分校施第二总队学生训话，诫其干涉教职员行动。〔稿无查〕

是夜，在梅县大富圾任排哨长郭济〔渠〕川，煽诱士兵，强迫见习官李士奇，挟枪向新埔市潜逃。

附：致第一期学生电

〔顷接何旅长陷电称："第二团排长郭渠川于放哨时，诱惑哨兵，挟枪潜逃，幸为其班长士兵察破，惟郭逆漏网未获。"本校学生久受主义陶镕，万不料有此叛逆行为，此不仅玷败本校革命军名誉，且为我全校官兵学生惟一之垢辱，而于我第一期之同志，尤应引为奇耻。中正教育无方，谴罪更难恕宥。〈回忆本校东征以来，第一污点，即桂永清等在兴宁私寄包裹，〉而今郭渠川挟枪潜逃，是诚中正梦想所不到，本校名誉已为郭逆一人陷于破产之境，而全校同志人格，亦为郭逆一人入于自杀之域。呜呼！吾党不幸至此，果何以使其然也？〈调查郭、桂二人，籍贯皆隶江西，凡我江西学生同志，均应与全校同学引为仇恨〉。务望各尽党员之义务，切实侦查，必期缉获归案，以慰我总理培养人材之苦心。学生犯过，校长负责，前日桂永清犯罪，叛决枪毙，中正私心窃痛，过于我自身之枪毙。今桂已为中央特赦其死刑，而郭案复出，虽欲赦免，乌可得耶。乱世用重典，如不照律严惩，再行特赦，是惟有陷中正于自杀之一途，相从总理于九泉而已！中正。江未。五月三日。〕

奉中央任命为党军司令官。

呈请任命顾祝同兼代教导第二团参谋长。

三十日 入伍生队第三营开赴虎门演习，第二营〔驻省分校〕开回本校训练。

步兵学生队仍编为第一、第二两队，因名数超过二百四十也。

派李赓潩兼代步兵总队长〔胡树森调回教官本职〕，梁端寅代理步兵第一队队长〔陈复请假回省〕，杨文涟〔区队长〕代理步兵第二队队长，工兵队队长李卓元与教官陈哲对调。

派副官孙伯文、特别官佐钱鍼，运潮汕战利品至汕尾修理，沿途及在汕尾保护警戒，由入伍生第二连任之。

撤销运输总站。

五月一日 下午，公游韩山，并参观其中学。

晚，莅分校讲话，勉学生改革思想，服从官长，练习劳苦。〔稿无查〕

呈请调任胡公冕为卫兵队长。

饬发阵亡官兵家属及负伤官兵恤金〔此为第一次〕。

二日 下午，公诣潮安县党部演讲。〔稿无查〕

三日 撰《戒官》、《长治游》文。

晚，宴各将领及学生，席间演讲：“本军如有一人未死，即当与敌党拼命到底，务使总理主义实行而后已。”云云。〔全稿佚〕

广州因杨希闵、刘震寰军队移防，引起恐慌，胡汉民允任杨所保夏声为兵工厂委员长，而以杨列名讨唐通电为交换条件。

四日 公往参公园五四运动纪念会演讲。〔稿未留〕

公定按日看《经济思想史》及《将帅之拿破仑》各十页。

副排长董治国率两班所带士兵逃去，营长金佛庄、连长李正韬等降级免职有差。

五日 草军校官生假例稿。

征集帝国主义者在中国黑幕之题目，编次付印。

六日 晡，参观金山中学。公谓：“是校固一胜境，惜亭歒台圮，满目荒凉，非复昔年之旧物，如余留潮，自不惜捐资修理耳。”

晚，研究地图，筹思作战计划。

派参谋陈焯为潮汕校本部行营代理主任。

七日　晚后，公徘徊湖畔，天朗气清，月明如镜，俯仰乾坤，有无穷之旷感。

派陈复代理入伍生第二营营长。

八日　下午，汪兆铭偕其夫人陈璧君来潮，〔新自北京回，〕访公于湖轩，述“总理病瞀中，犹以微息呼介石，绵惙不已。”公闻之咽呜良久，既而兆铭倾谈党事，并谋个人行止，欲得公一言而决，公甚感其亲爱也。晚，偕游关岳庙，观潮州全城风景。

九日　上午，同汪夫妇搭车往汕，会见许总司令。

十日　在桂园与兆铭长谈，汪劝公行使参谋长职权。

十一日　训令办事方法。〔令曰：本校自出征以来，各处组织不完，办事无范围系统，以致条理紊乱。嗣后无论前方后方，均以黄埔本校为策源；各处行营除与各行营有关系之事，自当互相通告以外，凡关于人员出入、薪饷支付、办事日程、银钱收入、运输物品之接收转递诸事，均应报告黄埔本校，再由校本部办公厅秘书处分送各部存案。而各处行营及各部队，来往函电、命令、通报、日记、名籍，均应分立表册，如人员调请假期限，按月抄录三份，其一报告黄埔本校，其一报告于校长所在地，各处自存一份，以备查考。如此办事，虽有千万机关，其系统整然，如臂使指，决无杂乱之虞，此所谓组织也。机关分类，即范围也；各类分别缓急轻重先后大小之次序，即条理也。当此人事复杂时代，办事如不注重此范围、系统、条理，即或知之而不确实研究遵行，则成效难观。关于此项办事方法，本校长演讲与命令已非一次，而各处总不能实行，所以办事愈多，纷乱愈甚，望各处主任及人员照此确实进行，并藉此考核各处人员成绩之优劣。又无论何处行营，每星期至少开常会一次，以校正已办各事之舛误及规定应办各事之程序，逐条记录，通告上级下级有关系各机关。至于各科则每日更须注重会议，分别轻重，指定各员任务。办事之道，不外众以部分、事以类合两语，明乎此，则人人可以为办事之上手，否则不惟公事莫举，而个人任务亦难勉肩，必致一无成功而后已。吾望我本校同志人人为

办事之能员，俾得节省时间，减轻劳力，而获【事】半功倍之效，则校事党事必日有起色而不致玩废。是所切望。此令。〕

致李汉藩、陈作为二生函〔政治部职员〕，痛斥其侮辱林处长之非〔稿佚〕。因广州市举行五一劳动节巡行，代理管理处长林振雄，不令军校勤务工人参加，李、陈目为反革命也。

呈请任命郭琦元为汕头病院院长。

十二日 呈请调任胡树森为第三团第三营营长，童锡坤为学生队步兵第一队长。

唐继尧用副元帅名义，任刘震寰为广西全省军务督办兼省长。刘部拟由北江回桂，帅府令滇军朱培德截阻之。

十三日 上午，廖仲恺、朱培德及嘉伦到汕，佥云："省局甚危急，宜克日戡定。"公殊心灼。日晡，往仿仲恺。晚后，在总部行营开会，秘筹整个策略，并推公为总指挥，至一时归睡，因念放弃潮梅全部，甚非得计，辗转不成寐。

令各官长各抒善后意见。〔令曰：自校军出征东江，军务倥偬，对于各机关各部队应兴应革各事宜，未暇顾及。现在东江已告肃清，急宜振刷精神，切实整顿，如各处、各部、各机关、各队部，编制之变更，联络统系之规定，后方勤务、军需、军衣、军械输送之改良，各种材料之添减，办事职权之划分，职务之规定，俘虏与战利品之处置，补充与招募之方法，以及调遣、升降、赏罚、死亡、休假各种人事之整理；并战后各种调查报告通报等册，如阵中勤务所规定者之实施等等，亟应分别讨论，悉心研究，方足以臻妥善。仰各该官长限文到之日，即召集所属各员，各抒所长，提出意见，最好多用表格，演绎事理，分别范围系统条例，归纳一切，详细说明。限两星期内用书面送到，以便采择施行。此令。〕

奖叙令。〔令曰：本校自出发东征以来，各部各处各队官兵劳勋卓著者，不乏其人，望各处主任及旅、团、营、连长，各举所知，秉公保奖，以便择尤〔优〕升进，分别任用也。此令。〕

十四日 午后，送汪、廖行后，复许来筹商本军回省全部或一部之计。公奋然曰，但有八千杆步枪，尽可由余负责前往，歼灭广州反革命各军，其余军队仍令留防潮梅无害也。许不可，及以其粤军一部留驻潮梅，大部参加讨逆。

令各同志矫正近弊。〔令曰：本校范围日广，人事日繁，而风气亦日变坏。近来发见长官离职、士兵私逃、冒领饷项、侵食公帑等，种种事实令人发指心痛。此固由于中正之德薄能鲜，不克感化于无形，而各同志不能互相策励，亦不得谓无忝职责也。须知革命事业为本党同志共同之事业，即本校责任为本校同志共同之责任，设或各同志不能刻苦砥砺，共任仔肩，徒赖少数同志倡导督促，则吾党国民大业，不知何日始能告成。即使少数同志不惜牺牲其精力，以负其责任，而各同志袖手旁观，放弃天职，独不念少数人设或中道变心，不幸而有谋叛操纵之事发生，是非自贻伊戚乎！本党革命事业与本校继志责任，因总理逝世，益加重大，自兹以往，务须大众一心，群策群力，毋怠惰，毋玩忽，兢兢业业，如朽索之驭六马，庶足以成总理未尽之志，竟革命未竟之功。且本校根基全在学生士兵以及下级干部，由下级监督上级，方合革命之方式，而乃下级反不自爱惜，弊窦百出，是岂革命成功之现象乎？兹就最近最大而最多之弊端，为我同志痛数之：(一) 玩职守。查近来官长学生，多有无故请假，间有未经准假、擅离职守、自由往来者，此何等事！视军队为传舍，等职务于儿戏，是岂有纪律之军人所应出此乎？此风一开，上行下效，无怪逃兵日多，不能制止。此无他，官长既可以擅离，士兵何不可以私逃，以行动自由之官长，而欲约束其士兵，难矣！况党员军人，以阶级与服从为天职，自由往来，玩忽职守，即为军法所不容。以后如有擅离职守者，定必按律惩办，决不稍予宽容。(二) 失信用。查近来官长学生，多有向前方领款，后方再领，支借过额，在彼以为前后不接，易于蒙混。殊不知其过人人格，已为少数金钱丧失殆尽，况不久前后核对，必至水落石出，欺人乎？自欺乎？此岂革命军人所应为乎？嗣后如再有此等情事，必治以侵吞粮饷之罪。(三) 窃公帑。查近来官长学生，请假回籍，辞职他往者，往往藉口川资不敷，一再请益。殊不知川资之多寡，以路程之远近为断，不令过丰，亦不令过啬，其间或有因身体伤残、家境平〔贫〕苦，乃不能不开特例以示体恤，岂其他请假者所得援以为例耶！乃竟有再三请求，情同乞怜者，可耻亦可恨也。设或中正结好同志，尽量给与，是以利徇情，岂我革命军人所应为乎？吾总理在日，常对中正言，公私务须分明，金钱尤须清白，一介不与，即为一介不取之基。其言深可思念。（四）乱假例。现在假例既定，每年准办事人员及官长士兵常假一次，应遵照期限，回校销假，如久假不归，失信用，坠人格，而影响且及于后来告假者发生困难，此尤不可不切戒者也。（五）荒职守。夫精神乃事业之本，无论何事，精神稍不贯注，错误即随至而生，况我党事何等重大，至办事之范围系统条理，尤须分别认清，悉心研究，开会讨论，务须提纲挈领，有条不紊，则所非之事，即有根可据，有册可稽，前经三令五申，仍望随时随事，互相淬励，实力奉行。以上所述弊端，亟宜各自矫正，有则改之，无则加勉，此所系也。愿我同志凛之，毋违。此令。〕

呈请任命包惠僧代理政治部主任。

十五日 上午七时，公由汕头如潮安。

下午一时，莅潮州分校，训学生人生以劳动为主。〔稿无查〕

七时，上船赴梅县。

潮州分校，步兵、辎重两科开课。

十六日 上午八时后，经高陂，船次计定行军日程。午正，溯三河坝凭吊战迹，怆希不自禁。五时，到松口，即泊于此。

呈请任命刘炎、吴继尧为少校教官。

十七日 晨三时，改乘电船进发；十时，至丙村，登陆易舆度分水关。下午三时，入嘉应关，会各部官长及坤商学各界。晚后召集干部密议。

令官佐士兵加佩红领带。

入伍生队第二营入伍满期。

十八日 上午，公对校部各官长训话。〔稿无查〕

莅梅县各界欢迎会讲演。〔稿未留〕

下午五时，在东校场集合全校官兵，讲明党军与党的关系。〔节录：我们已有一个多月不相见了，我心里天天记着各位同志，并且时时为你们想着前途的事业。今天，同大家讲几句话，要留神听着。我们教导团打到了兴宁、梅县，克复了潮汕，到处受人民欢迎，这都是大家能谨守军纪，保护人民，没有一个人骚扰民间，使人民说是真正革命军。我知总理虽死，也是安心的，打仗死掉的官长和弟兄，在地下也很安心的。我们应当为已死者报仇争气，保着最好的名誉，永远不堕，这是我们未死同志们的责任。现在我们教导团的军队，已算是党军了，大家弟兄都入了党，做党员了，但是党员与党有什么关系，党员的人格与党员的地位怎样，应该都要明瞭才好。中国国民党是孙总理创造的，总理为什么要办这个党呢？是因为中国的人民都被外国人及军阀压迫，没有自由的余地，所以总理要建设一个党，要使得我们被压迫的人民，起来打倒压迫我们的外国人和军阀，使得我们自由平等。党是什么？就是志同道合的人集合在一处，同向一个目标去奋斗。党的主义，是要靠党员实行的，所以党员要团结起来，同心协力，去打倒压迫我们的敌人，党的事，就是各党员自己的事，我们既做了党员，就要尽忠做党的事。……如果只为个人谋衣食，那我想各位在家也还可以过生活，何必要来当兵入党，吃这辛苦？就是本校长在家也是足衣足食，可以很安乐的过去，为甚么要带了大家来拼命打仗呢？这都是因为要实行总理的三民主义，来救国救民。如果是为个人升官发财，那就是反革命党了。……〕

呈请任命王俊为党军第一旅参谋长，刘峙为第一团中校团附，詹忠言为第二团第一营营长，倪弼代理第一团第二营营长，刘尧宸为第二团中校团附，赵敬统为第二团侦探队队长，林国光为军校少校教官。

驻省城入伍生奉命调回黄埔，因北校场靶场为滇军霸占，恐起冲突也。

孙文主义学会与青年军人联合会左右对峙，讧争渐烈，公甚忧之。

十九日　上午九时后，公应梅县县党部筹备会欢迎，对各党员演讲。〔稿未留〕

下午一时，公在校本部行营训诫炮兵队学生，勉以一方实地求学，一方努力革命。〔节录：先前炮兵学生入校未久，就派赴前方服务，对于教育及学业，不能按照计划实施，大家抱了热心来求学，并没有学到甚么就赴前方，不但学业荒废，并且非常辛苦，这是本校长很抱歉的。但是大家要明白，现在是革命的时代，我们一方要求学问，一方还要做革命事业，尽革命军人的责任。还有一层，讲堂上的功课虽然完备，总不如事实上得到的战斗经验。以后教育的方针，全要使得人人明白人生观和革命的必要，现在你们炮兵学生已能得到实地试验的机会，如再能专心致志，精密研究，一定能得到很好的学问，成为专门人才，将来为党为国，领导群众去做一番非常事业。现在炮兵队的官长，实在是很难得的，对于职务上都能实实在在去做，只要有一点功夫，就来教育学生，这样的官长是不容易多得的，你们学生将来带兵或教人的时候，也要如此才好。……明天要出发了，今天特地召集大家讲几句话，希望大家要有自治能力，忍耐劳苦，服从官长，实行主义，明白党里的环境，努力奋斗，无论到甚么地方，我总安心的，即使数年不见，仍是心心相印的。望大家要勉力才好。〕

三时，在梅县东校场，对警卫军讲明班师回省原因及应守纪律。〔节录：各位官长弟兄，我们同在中国国民党旗帜之下，都是革命军，今天在梅县第一次相见，是很难得的机会，并且很快乐的。有几句话对各位讲，请留心听着。此次我们班师回省，去打反革命强盗式的军队，是因为他们要想推倒我们革命政府，我们是革命军，应当做革命事业，继续孙大元帅的志趣，实行三民主义，所以要快些回去，使革命的根据地不长受叛军的蹂躏。……这次中央已委我为指挥官，凡归我指挥的军队都叫革命军。……今天同各位所讲，最要紧的就是我们革命军不怕死，不要钱，爱国家，爱人民，遵守连坐法，宁可挨饿，不要到民间去取东西吃，宁可自己挑担，不要拉挑夫。我们这次回省后，一定可以先为大元帅争气，受人民的欢迎，保持青天白日旗帜的光彩，这样才算得是个革命军人，才不愧为大元帅的部下。〕

公自谓昨今二日讲话各三次，精神毫不疲倦，发音亦加清越，可喜也。

是日 中央执行委员会派代表莅梅，犒赏东征党军〔每名给毫银二元〕。

通令饬尽职守。〔令曰：为令饬事，近查各团队官佐、职员、学生等，每有饰言事故，或藉词医病，请假出校，希图苟安，殊属有忝职守。须知本校校训，首重精诚，若存欺诈之心，放弃党员责任，不特负党负国，其何以上对总理艰难缔造之苦心，亟应严行整饬，以杜奸诈，而戢嚣风。嗣后各官佐学生，倘仍敢托词请假、意图规避者，一经查出，定必立予究办，决不姑宽。仰即分别转饬，此令。〕

派教官杨膺谓暂兼入伍生队少校总队副。

入伍生第二连两排，押吉安、大有二舰运械回省。

二十日　上午八时，公手起校本部各处组织法稿，至午后四时告蒇，乃叹曰："此等事亦须手定之，无椽属可以代为，甚矣人材之难也。"

五时，公由东门登城，至南门图书馆而下。梅城南临大江，堞堙坚厚，东向离二三千米突处，有山隆然起，可以注射城中，论战争形胜，据点盖在东北耳，

晚七时，宴党军警卫军官长，训勉继续总理遗志，收回广州根据地。〔全录：自从总理死后，这是第一次宴会。总理是已死了，不能再与我们相见了，但是总理的精神不死，我们要继续总理的精神，去努力奋斗，去实行三民主义，这样就如同总理未死一样。我们总理为中国人民、为世界人类求自由，谋解放，奋斗了四十年，仅能得到广州一隅为根据地，以期与世界被压迫的民族联合起来，做革命的工作。假使革命政府根据地给反革命派夺去，那我们的总理是白白地辛苦了一生，许多已死的同志也是冤枉死了，所以我们要继续总理的遗志，就先要保持革命政府的根据地。这次班师回省的战争，比前次来打东江更要利害，但我们不问他任何强悍的敌人，非争回我们的根据地，不能算是革命军。我们到了广州以后，就应当改革政治，统一财政，整顿军队，实行主义，所以大家要与革命政府共生死，不达到收回广州的目的，死也不休。以前打东江时，洪兆麟问我们被他俘虏去的弟兄，蒋介石与你们吃过血酒没有，这话真是可笑。因为他自己是一个哥老会徒，所以有这野蛮习惯，以为我们军队这样奋勇，一定也同他们一样的吃血酒，那里知道我们出发时候，连淡酒都没有吃呢？我们所以能打胜他，完全是以主义为中心。今天我们吃的酒是红色的，好象是血酒一般，我们吃了这红色酒之后，须等到攻下广州，再来聚集一堂，痛饮一场。今天吃这酒，有很重大的意义含在里面，将来我们的主义成功，就在这杯红酒中。敬祝中国国民党万岁！革命军万岁！〕

发第一期学生毕业证书，并勖此次回省，要比东征更加努力。〔全录：各位同志、学生，今天发给你们的毕业文凭，要请你们注意，现在总理虽然已死，但是总理在日曾亲眼见过这文凭的式样，现在也是总理发给你们的一样。我本来预备在潮州举行毕业式，因为军事上的关系，只可从简，先将文凭发给你们，等到回省之后，再举行正式的毕业典礼。我们此次回

省，要比来打东江时更加勇敢才行。这次在省的敌人，虽比东江的敌人还要凶，但是我们只要始终抱定主义做去，遵守连坐法，爱护人民，总可以打胜仗的。本校军自从打下东江之后，官兵们不知不觉生出一种骄气来了，长此下去，恐有很不好的结果。希望大家竭力的矫正，不使懈弛下去，失了革命军人的本质。我们的环境，现在四面八方都是敌人，所处的地位非常险恶，如果不同心协力，冲破这个环境，亦没有死中求生的勇气，那就很难生存了。所以我们非打胜仗不可，只许前进，不许后退。假使稍为败一点，不但我们自己死无葬身之地，我们的党也必由此失败，我们自己失败还不要紧，如果党亦失败了，我们就要做千古的罪人，希望各学生都努力杀贼，达到我们的目的才好。〕

校本部行营管理处改为副官处，呈请任命王文翰为副官处长。

入伍生队第三营营长文素松，着仍回教官原职，遗缺以陈复调充。

恤刑令。〔令曰：本校出征以来，赖将士努力，荡平叛逆，功绩壮烈，殊堪嘉许。然近在驻军期中，犯法事情层出不穷，竟使纯洁之党军染此污点，严格以来，自当依法惩治。惟推究原因，出征日长，疏于教育训练，本校长并宜引疚自责。且总理逝世不久，国丧未终，仰维总理生时宽仁厚德，及中央执行委员会恤刑之意，除将二三首犯枪决外，余均按情分别特赦减刑，并类别其办法如左。此令。（一）罚在军前带罪图功，着交党军第一旅调遣者四名。（二）罚充军前苦役三月，着交党军第一旅调遣者一名。（三）罚充军前苦工三月，着交校部调遣者三十五人。（四）罚充军前苦工半年，着交本部调遣者四人。（五）须解回黄埔训练者十七人。（六）应接开除之步兵队学生一名。（七）拘役将届期满，提前即日释放，或解除处分者六人。〕

处决叛逃令。〔令曰：本校出发东江，多赖两团将士奋勇杀贼，致得于短少期间扫清逆虏。兴华克复，略事休息，约束即见宽懈，讵两月来屡出变故，令人骇怪，讶为梦想所不及。查自兴宁来梅，首有第二团九连班长杲长胜、黄玉琳、马向义，诱骗士兵挟枪潜逃，沿途售卖枪枝，昼伏夜行，与匪无别。我忠厚无能之士兵中，有深悔与之偕行者，但赤手空拳，其军人第二生命之枪枝已失，归队既不可能，逃走亦受其胁，被押而行，直至汕头，遂遭卫队缉获。现首犯杲长胜业经拿获，经审鞫，初犹狡赖，继以对质，始行认罪。驻梅期中，复有第二队八连二排排长郭渠川，乘放哨离城，于夜深胆敢率兵潜逃，目无军法，心无党纪，竟至斯极。恶风所渐，第三团六连副排长董国柱，于数日后，更于白日青天之下，将排长雷云击毙，率队叛去。革命风尚，党军名誉，殆为郭、董两逆破坏无余。现虽严缉未获，然吾军将士、吾党同志，在任何地方遇之，无不可宣布其死刑，以消于全军之大恨。且追缉之际更有第二团四连士兵张荣兴，煽惑弟兄，勾结逃走，事虽未遂，迹已昭彰。第三团三营勤务兵黄玉琳，原属敌军王得庆马弁，前破兴宁，投降来营，以缴枪故补入营中服务，乃野心未训，常呈不安之异状，口出叛言，意在挟枪逃走。两月之间变故环生，而果长胜、张荣兴、黄玉琳叛逆尤为显著，与前后逃走事变亦有所关联，应即依法立处枪决，以儆余众，而慰我为革命而死之将士，树我革命军严明之军律党纪。此令。〕

帅府令俄嘉伦、基美拉为大本营高等顾问；△铁里沙多夫为大本营参谋团侦探处顾问，德拉特文为参谋团交通处顾问，绥托夫为参谋团管图书。

二十一日　公电令党军第一旅何应钦部、粤军第一旅陈铭枢部、粤军第四师〔第七旅扩充〕许济部、警卫军吴铁城部〔由欧阳驹指挥〕，同时由潮、梅回师。

午正，公由梅县登舟，五时过松口，夜三时后，抵潮安憩息。

是日　布告长洲岛戒严。

调任教导第三团第三营营长胡树森，为本团第一营营长。

粤军总司令部令各军舰戒严，并调安南、普安二舰回广州。

二十二日　晨，公巡察潮州分校。

上午九时，公搭车回汕头。午正，赴粤军总令司部，闻逆部已派代表与许总司令接洽，不知其能缓兵否？

下午，诣院慰问伤病兵。

工、辎两队学生及入伍生队第一营，开回埔校。

整饬校风令。〔令曰：本校校风之堕坏，至今已达极点。慨自本军肃清潮梅叛逆以来，本校官、生、兵之精神，不特不因战胜而强奋，反因战后而疲懈，革命军之名誉扫地殆尽。查近来托故告假，乘机逃循者日众，且有听惑无稽之谈，被人欺卖，误入迷途，自投陷井而不之〔知〕觉者，若不严行取缔，共同挽救，其将何以维军纪而行主义也。本校自开办迄今，忽已周年，中正视校事如私事，视全校同志如手足，而于学生期望之殷，抚爱之笃，更非笔墨所能形容。凡遇学生有患难、痛苦、疾病、死亡之时，其悲哀情状较之家人尤为深切，至诚之所感，实不自知其然也。盖学生为新国民之代表，亦为本党之基础，中国一线之希望，胥在于此，所以爱护学生者，不惟为情之私，而实为义之公也。乃自潮梅战后，恶习渐染，凡属反革命军队之所不忍为、不能为者，而本校之官长学生，竟甘冒不韪而行之，不惟平日师友之情感，渐灭无余，而革命之道德，亦一落千丈。呜呼，本校何不幸而有此现象也！反躬自省，其非中正一人教育不良之咎乎。本校为总理惨淡经营而成立，亦为总理惟一之遗产，即为党惟一之新生命。三民主义之消长，关于本校学生之明昧尤甚，凡我同志来校，必抱牺牲之决心，有彻底之觉悟，应与本党共存亡，即与主义同生死，不应以总理逝世而沮气、而变节，更不应畏避逃遁，示人以弱，破坏本校强固之团体，丧失本校不拔之精神。以后如有藉故请假、托辞告退者，无论何事，概不予批准。惟于战争完结三个月之后，在相当期间，官长以百分之十人员，每年应给其轮流假归，以其籍贯之远近，给其二星期以上至二个月之假。至士兵期满一年以上者，亦以全员百分之十，由其同乡者互相证明，准其轮流假归；至假期长短，亦以其路程远近而规定也。自此令颁后，或复有逃亡匿避，罪在不赦，必期捕获逮案而后已；若夫造谣惑众，摇动军心者，其罪恶之大，甚于叛逆之所为，不杀何待？凡我同志应皆爱校爱党，以爱同志，必不可忘亲爱精诚之校训，必视校事如家事，视同志如同胞，勿畏艰难，勿贪安逸，共维我本校前仆后继、乐死赴义、杀身成仁革命之风尚，应引此偷生逃遁叛逆行为为本校共同惟一之耻辱，而以万众一命、同仇敌忾为革命惟一之要素，如校有一人，枪有一弹，必与反革命为仇敌，拼生死。楚有三户，亡秦必楚，愿我校同志其各勉之。〕

二十三日 午后，公见许总司令，问与逆军妥协程度，甚怀疑也。

薄暮游礐石，公曰："此地森林畅茂，空气清新，澄潭怪磊，眼界一奇。遥望汕头，尘市喧嚣，土壤硗确，不啻仙凡迥隔。"

停办潮州分校，仍设办事处，在校学生两队即日开回黄埔，入伍生队第十连，调往虎门，归还第三营编制。

调任黄在玑为军校教官，以欧阳钟代理辎重队队长。

派入伍生队营长陈继承、参谋处课员程孝恭兼任军校教官。

二十四日　午后，见许总司令，议招抚逆军办法。

规定后方勤务办法。〔凡十三条，关于通讯、领物、发饷、船舶、伕子、埋葬、医恤种种。〕

订立行军期内军需办法。〔凡十二条，如造册、制表、缮单、前后方领饷及编组输送队等事。〕

二十五日　牙痛。

呈请任命陈焯为军校参谋处处长，邵力子为秘书处处长，竺芝珊为军需处处长，杨志春为军械处处长，郭琦元为代理军医处处长，周恩来为军法处处长。

粤军总司令部派江防等舰任守御，〔凡六艘〕协助原驻长洲海面各舰梭巡警戒，并保持长洲与东山码头之联络线，公派学生监视之。

重申砭正校风令。〔令曰：近来吾国社会之腐败，人心之恶劣，已达极点，长此以往，亡国灭种之祸旋踵即至。本校目的，乃在集合全国有志之青年，锻炼陶冶于三民主义，不使为习俗所染，外物所诱，淬砺精神，团结一致，庶足以振末俗、正人心，而达其救国救民之目的。乃近数月来，校风日颓，军纪日弛，或避劳贪逸，行动浪漫，或预借透支，要求无餍。此风不戢，伊于胡底，前经三令五申，谆谆告诫，乃近来有加无已，岂五月十四之训令，诸同志尚未之见耶？中正卅载读书，立志革命，一切艰难靡不躬历，是以对诸同志之困苦，无不曲为体恤，尽力佽助。故薪饷之发放，先尽其收入以支配，津贴之补给，尤察其境况以衡量。既爱同志，又惜公帑，此中委曲情形，当为大众所共谅，诸同志宜如何激发天良，共撑危局。乃当此出发之时，竟有已支过额之薪，临时退避，未上请假之书，无故擅离，如此行为，不但失革命之勇气，丧军人之人格，即诸同志扪心自问，安乎否乎？夫本校为主义结合之学校，亦为养成纯洁高尚人格之学校，无论为教职员、学生或士兵，对于本党主义务力求贯彻，对于个人人格，努力争上流，能如此，方不负总理办学之美意及中正等期望之热心。乃竟不负责任，不明地位，不守职务，以自私自利为得计，以苟且偷安为乐事，若果因循不改，无论何地何时，总无自立立人、自达达人之一日，而影响所及，在个人则入于迷途，在国家即沦于万劫，每一念及，毛骨悚然。抑中正以过去之经验，每自反省，凡人之为善为恶，成于天性者半成，于环境者亦半。中正十年来，赖良师益友互相勖勉，上如总理之教导，下如英士、执信诸亡友之规勉，其不至陨越贻羞者，盖有幸焉。自今以往，望我同志各自振作，相与淬砺，尊主义，重人格，守纪律，尽职务，明责任，固团体，忠国事，惜公帑，毋背党，毋败德，毋失职，毋违律，毋害公，毋贪私，大众一心，努力前进，方足以挽社会之颓风，救晚近之人心。倘或反是，即为吾党之败类，亦即为国家之罪人，不惟中正一人所痛恨，将为全校同志所唾弃，全国同胞所不齿也。望各惕旃。〕

入伍生队第一营〔缺第二连〕及第二营，照原编制开课。

二十六日　上午，见许总司令，议决紧要诸问题。

下午，摒挡汕头行营事务。

派少校特别官佐陈适暂代管理处处长。

呈请任命陈希曾为少校副官，何埒聪、朱毅为少校教官。

二十七日　两诣许总司令，有所陈述。

下午四时，乘汽车游行至崎碌，入吴家祠，即前粤军总司令部所在地，公徘徊周眡，故居宛在，不胜鸿泥之感。

晚十一时，由汕头登舰如海丰。

二十八日　午后二时半，舰进汕尾，公上陆，农工及学生欢迎者约千余人，少息办事处，旋乃往墩白场，视察汕尾兵工厂。

派定福海、江平两轮，专任黄埔虎门间运输。

二十九日　上午七时前，公由汕尾起程，经流连径；正午，抵海丰城。一路农民序迓，额手齐呼，几于无村不尔。公叹农会之盛，未有过此者也。

下午，赴人民欢迎会，及阅自卫军。

七时，对党军第一旅及第六旅官长，在行营讲明回师关系及应努力各点。〔节录：今天第二纵队集中海丰，本指挥官与各位有许多从前见过面的，有许多还未曾见过，所以要集中在一起，同各位讲几句话。这次回省的任务和目的，大概各位都知道了，无用本席再细说[1]。但是要知道我们这次回去，是个生死关头，本党的成败，广东的祸福和中国的存亡，都有很大的关系。如这次回去不成，我们前后左右都是敌人，环境是非常险恶的，不但我们无路可走，并且广东全省的人民，都得不到一点幸福，我们的主义，完全是要失败，所以现在我们革命军唯一的方法，只有向前冲锋，不能退后一步，不然就是要走死路。我们张开眼睛去看看，现在广东人民如何困苦，革命政府如何艰难，我们既然进了党，来做革命事业，一定要实行三民主义。所以我们要去拼死，由死中求生，冲出一条生路来做革命事业，有这种精神，才能将革命政府的根基稳固，才能达到革命成功的目的，才能解放广东人民。此三件事做到，无论怎样强的敌人，总不怕他，总可打胜他。如果我们不爱护人民，那用不着敌人来打我们，人民也要来打我们的。不服从命令，动作不能一致，任何好的战略也要失败的，打仗最要紧的，是精神团结，动作一致，同生死共患难，一鼓作气，向前杀贼。……我们革命军是来救国救民的，是牺牲个人一切的幸福，来到革命党青天白日旗帜之下。实行三民主义，就是死了，也是为救国救民而死，为主义奋斗而死，不比得在土匪军队里面，为自私自利而死，做别人走狗、傀儡而死的。……〕

取缔学生病假令。〔令曰：为令饬事：近查各团队学生士兵，往往托请病假，留院疗治，或病已告痊而不即出院，借此偷安，其在院中甚至有不请假自由赴省。似此违反纪律，成何体统，若不严加取缔，其将何以挽颓风而维军誉。须知本校为总理惨淡经营所创造，学生士兵为本校之新生命，所负责任何等重大，自当振刷精神，力自奋斗，不应托请病假，藉词偷闲，以演成本校堕落之形象。自此以后，务望各团队官长严加取缔，随时督察，毋令士生等再蹈此不良之习惯，实所厚幸！合行令仰该……遵即转饬所属，一体遵照，毋违，切切！此令。〕

三十日　上午八时，搭车往公平墟，驻节于文昌庙。

1　下被蒋介石删改的原文是：“今天许总司令来电，托我告诉大家几句重要的话”。

九时，诰诫党军第一旅官兵，应各明瞭地位及其责任。〔节录：本军从梅县出发以来，已有八天工夫了，大家精神体格，都很健全，没有什么毛病，这是本校长非常欢喜的。今天在公平休息一天，乘这个机会，同大家讲几句话。本军自改称党军以后，大家都应该明白党军的地位和责任，并且要知道，改为党军的名称，实在很不容易。党军就是孙大元帅真正的部下，中国国民党正式的军队，其他的军队虽多，因为没有十分明瞭主义，不能担负革命的责任，所以不能改为党军。中央执行委员会既命令我们改称党军，我们以后更要服从本党的命令，命令要我们死，我们就死，要我们到什么地方，我们就到什么地方。以后更要保持党军已得的名誉，勇敢向前，无论到什么地方，总要打胜仗才好，万一不幸失败，只要留下一个人、一支枪，也要同敌人拼命对打，不肯退却，这样才不愧称为党军。……我们要知道孙大元帅辛辛苦苦地组织成功一个党，因为没有党军，所以主义不能实行。现在我们是孙大元帅最亲信的党军，只要我们这几千人同心一致，团结起来，拼命去奋斗，不怕主义不能实行。……今天所讲最要紧的，是保持名誉服从命令，同心协力救国救民，实行主义，杀身成仁。如果大家同心一个目标去求死，决不会死的，不但不死，必可打破敌人，敌人既被我们打倒，还有什么敌人来杀我们呢？……〕

十时，请勖第一旅营长，表率部下并譬说战斗心理。〔节录：这次行军，虽有少数逃兵，大部分成绩还算是好的。但据一般的报告和调查所得，在宿营地点或行军时候，有很多的官长不负责任，这实在是可恶极了。我们的士兵并没有几年的训练，如果没有官长监督他们，军纪风纪就会维持不住。我们党军要明瞭责任和地位，假使官长疏忽一分，部下就敢放肆十分，一个人管理几十、几百个人，没有精神做部下表率，一定是弄不好的，部下的逃跑和军纪风纪的败坏，都是官长的失职。所以官长本身要振作精神，做士兵的模范，切不可苛且偷安，连排长的好坏，会影响到全连士兵的。这几天沿途来，看见有几件小事情很好笑的，现在告诉大家，也可以做一个战斗心理的研究。我们行军经过的村庄，凡是狗，看见军队总是要吠的多，要是这个人怕狗咬，畏畏缩缩，不敢过去，那他就更凶，更咬得利【厉】害，这个人退了一步，他就追过来。要是这个人不怕他，大胆过去，那他就马上后退，不敢来咬，就是他还吠着，亦不敢凶了。还有看见一只狗去咬一只猪，这只猪退后，那狗就追过猪的前头，往后这只猪跑不动了，只好停下来不动，让他赶来，但是狗看见猪立定了，也就不敢再追了。还有一个地方，看见一只狗咬一头牛，牛见狗来咬，他就跑了，这个狗见牛逃跑，以为是怕他了，就拼命的来追，后来牛站住了，拿蹄来踢狗头，这只狗就立刻倒退回来，不敢追赶了。我们用上面三件很平常的事情，来揣度我们人与人打仗的心理，也是一样的。我不怕敌人，敌人一定要怕我；我不退下来，敌人一定会退下去的。无论人类、兽类战斗的心理，都可由这一点观察出来，希望大家以后打仗不要怕敌人，不要退下来。只要这样，总是能打胜仗的。〕

下午三时，公回海丰。

撰复当局电稿毕，因叹曰："诸公狃书生之见，胆怯无谋，犹欲以媾和误国，覆辙相寻，此中师所以徒苦一生也！哀哉！"

令取缔请假办法。〔令曰：近日各处人员有不告假而行者，有久假不归、托故续假者，有散各地自由行动者，若不严行取缔，必致纪律扫地。此虽由其本人品性不良所致，而上官督责欠严，教育无方，亦不能辞咎，务希各官长负责整饬，竭力挽救。如有不假而行者，应作逃亡论，而久假不归者，不仅开除原职，并应呈报中央，削其党籍，以为不守军纪者戒。以后如准所部请假时，必须照本校前在黄埔所定假例，并即转报校部或行营，且于假始与假满之期，证明自何月何日起至何月何日止，及所往所在地点。各处及各团连部，均应置告假簿册记录，无论病假事假，照此办理，勿再延误为要。此令。于海丰行营。〕

三十一日　上午，拔营出海丰北门，西向驰十里许，至某村，一湾清溪，绿杨垂岸，幽景静心，公徘徊不忍去。逾分水坳，不见人烟，岭西为直下省城之道，山不高而路绝崎，雨天苦难行。下午四时，抵埔心圩。

六月一日　六时后，公由埔心率部行进，下午三时零，抵三多祝，人民皆出闾门欢迎。是晚，宿营于此村之某祠。

二日　上午六时半，公由三多祝启节，渡河，经增光。午正，在下楼附近稍息，过潭公圩，见部队犹逗留于此，怒甚。接省方来讯，并由平山营差，皆言平山滇军已退却，乃即前进，四时到达，备受商民欢迎，驻节于某小学校校园。公夜阅报告，答函电，研审敌情，更阑不得睡。

驰电许总司令，陈述调度军事。〔电曰：……一、在虎门、宝安军队，应于六日前到达东莞，并派员来樟木头、平湖与本军联络。二、本军到广九路时，应以东莞或宝安、虎门为策源地，请准备粮米、草鞋等件。三、前方子弹拟由山海运至虎门，即请由虎门运至东莞，以便接济。四、本军本日已集中平山白云寺，四日至淡水，六日至樟木头附近，七日向石龙省城前进，途次如无阻碍，九日下午或十日拂晓，当在省城附近作战，请转谭、朱、梁、李诸兄，西、北两江各友军务须同时发动。又翼群老隆东电："河源滇军大部世日已撤回惠州方面，仅留五、六百人。"云。中正叩。冬。〕

廖党代表派员联络广九、广三、粤汉三铁路及内河近海船舶员工，同时罢业。

三日 晨起，研究地图。

午后三时，诰诫行营官长。〔稿未留〕

五时半，对党军及警卫军全体官兵演讲夺回广州之必要。〔节录：各位官长士兵留心听着，今天本军集中平山，明天就要出发向省城前进了。这次回省的目的和任务，大家都可明白了，我也不用再说了。警卫军、党军，大家都是革命军，都是孙大元帅的部下，现在因为孙大元帅死后，大元帅几十年辛苦建设的革命政府根据地广州，将被反革命的军阀唐继尧、北洋军阀□□□和广东省城里假革命的军阀杨希闵、刘振寰等勾结危害，我们不得不起来拥护孙大元帅所建设的革命政府。孙大元帅建设的革命政府根据地，就如同我们祖先遗下来的产业一样，我们祖先千辛万苦遗下来的产业，无故被强盗夺去，这不是我们做子孙的耻辱？所以这次我们回去，一定要打倒那些卖国殃民的强盗军队，打倒阻碍我们实行主义的叛逆，保就我们革命根据地。如果不同他们拼死一战，夺回广州，我们革命军就没有立足之地了，我们就不能实行主义了，我们还能对得起已死的大元帅吗？……这次回省来打滇桂军，我们一定可以打胜的，因为省城人民非常痛恨滇桂军，天天希望我们回去，天天运动反对滇桂军，他们一听到我们回去，个个人预备欢迎，所以我们很有把握，一定能够成功。……〕

七时，施第四师官长训话。〔稿未留〕

是日　省城滇军大起恐慌，始图一致抵抗。判敌以轻我故，战争一无准备，且彼第三军军长胡思舜、第二师师长廖行超，各欲伸张势力，暗与政府通款，故总司令杨希闵屡次召集会议，决定战事计划，均不克实行。至是见我军日向西进，有彻底解决之意，而铁道工人亦已罢工，多路均不能通车，遂乃坐毙。

派学生赵枬赴湘，招募失业工人入伍。衡州水口山银矿工会，赵恒惕以武力解散；又如黑银炼厂、纺纱厂工人，亦有多数开除者。

四日　上午六时，公率部由平山进发，经白芒花，见沿途行军序列零乱，怒曰：无训练之部队，对之但有心痛。下午四时后，抵淡水城，计程共行八十里，驻节于邓家花园。

政治部令新出病院步科生，组织战时宣传队。

警卫队掩护广州大本营迁至河南，令李福林军扼守河岸。

五日　上午五时后，公由淡水进发，路转骆村、张村，而未经新圩也。

下午五时零，到铁场围，宿营于黄泥塘。入夜，月华皎洁，露坐中庭，消受清风，神疲体倦。公唏然曰：“人生无常，不知明年此夕，何处见此蟾光也。”

派教育长胡谦代行校务，兼长洲虎门要塞防御事宜，所有各部队及炮台船舰，概归指挥调遣。

校船开至省河，被滇桂军枪击。

是日　帅府令免建国滇军总司令杨希闵、建国桂军总司令刘震寰职，听候查办，以朱培德为建国滇军总司令。

六日　晨五时半，率部由黄泥塘进发，经铁场清溪，十二时半，到樟木头。因电信队落后，痛斥参谋人员。晚，宿营樟木头车站。

下禁假令。〔令曰：现值戒严时期，事务紧张，各部处团队，无论官佐、学生、士兵，宜各夙夜在公，不准私自赴省，亦不能托故请假，以加慎密而重职守。各部队长官并严禁于戒严期内，擅自准假，倘敢故违，一经查出，官佐撤差，学生士兵究办。合亟通令，仰即分别转饬所属官佐、学生、士兵，一体遵照毋违，切切！此令。〕

政治部撰印宣传品十六种，由航空队散发。

滇敌劫去宝璧舰，据炮楼向河南轰击，旋为江防军夺回。

七日 下午五时半，在樟木头车站集合第一、二纵队官长，演讲各军行军缺点及滇桂军恶迹。〔节录：今天乘休息的时间，集合各位官长讲几句话。这次行军在半月以上，各部队都能照着预定的计划，完全达到目的地集中，这种成绩是非常难得的。行军是在军事学上占一大部的学问，行军能按照计划实行，作战必能得到很大的胜利，各位官长都能负起责任，按时达到目的地，士兵落伍的、生病的也很少，足见粤军及党军对于作战的成绩，较前是更有进步了。但是也有很多的缺点，须向各位说明，第三纵队这次行军，我没有看见全部，不能下批评，兹单就第一纵队来说。……你们要知道维持纪律，就是在顶热顶冷或顶困难、顶疲劳的时候来试验的，无论到什么时候，这礼节是不能疏忽一点的，这才能成一个好军队。其次各连的伙食担子常常夹在队伍中间，很妨碍军队的行动，以后要改正过来，不再犯这种弊端才好。粤军第四师行军很快，固然是好，但只是快，是不相干的，须要照着命令实行才对。此方前日第四师同住在指定警卫军所驻的约场墟，就有很多不便的地方，米、菜就一时无处购买，房屋也不彀居住等等。以后行军，慢了固然不好，然而太快了也是不好的，只有按着命令去实行才好。其次就是经过清溪墟地方，看见几个打尖站的弟兄，用斧头去斩百姓的门，清溪墟不过是过路的地方，并非宿营地，更不应当如此。如果是党军没有房子住，就会露营，连敲门都不敢，还能用刀去斩人家的门吗？我们现在既是革命军，应该要保护人民才好，岂可再去骚扰？这一点要希望第四师的官长切实留心改正，不然我们革命军的名誉都要被少数的人败坏了。警卫军的缺点，这次对于纪律上还好，但是有好多弟兄打挑夫的和拉夫的。挑夫就是人民，我们怎可打他压迫他呢？这一点要特别改正。其次，是伙食担子也常常夹在队伍中间，也是很不好的，切望改正过来。其余各军一般的情形还好。这次回省不独是政府的存亡，本党的成败，也就是我们各个人的生死关头。如果不能打倒滇桂军，我们个人就不能生存，党与政府的根据地就不能恢复，三民主义也就不能实行。……现在省城的滇桂军，已明明白白勾结唐继尧（指刘震寰）及北洋军阀（指杨希闵）

来推翻革命政府了，并且要消灭我们的党。……滇军是孙大元帅命他来救国救民的，他来了三年，挂起党的招牌来卖党害民，利益是他们得，坏名是党里挨，最可恶的，是我们初打东江的时候，照着命令，他们担任左翼，我们担任右翼，他不但不实行命令，并且还要通敌按兵不动，叫敌人来专打我们右翼，可见他早想消灭我们了，我们不但要为本党来报公仇，就是自己的私仇也不能不报。……我做指挥官一天，我一定要照着纪律办的，纪律是不顾感情的，有违反纪律的人，许总司令或者能够恕谅他的部下，我决不能宽容一点，你们各位应该知道本指挥官的性质。〕

大本营通电叛军罪状。〔电曰：自二月初旬东江战起，杨希闵所统之滇军、刘震寰所统之桂军，皆观望不战，初犹以为苟且懒惰故习，及三月中旬攻破兴宁，在敌军总司令搜获杨希闵等与敌军往来密电，始尽悉其勾结奸谋。同时，刘震寰则亲赴云南，纳款于唐继尧，嗾其引兵入桂，以为图粤之张本。而杨希闵复于五月初旬，潜赴香港，与北京密使共谋颠覆革命政府，其通敌谋叛种种事实，先后已查获确据，政府以变生肘腋，不得不加意防范。杨、刘知叛迹已露，遂于五月中旬开始军事行动。滇军集中省垣，桂军由东江调赴北江，皆自由行动，不复关白政府，并捏造风说，谓政府将实行共产，以冀摇惑人心，其他种种挑拨离间之谋，不胜偻举。六月四日，遂公然占领广东省长公署、财政部等机关，反形尽揭。六日下午，省河已发生战事，惟政府对于此等叛军，已有严重之处分及周密之布置，将士用命，人心愤发，预料旬日以内，必可荡平。先此奉达，以慰廑系。胡汉民。阳。〕

八日　晨四时半起，公务已毕，火车未到，反喜得闲，静坐少顷。六时，由樟木头行进，至常平上车，十时，至南社站。沿途山脉平平，水田汪洋。闻石龙滇桂军已退往石滩，即饬第一旅进占石龙。念黄埔消息未通，时深焦灼。

申明军纪令。〔令曰：本军回到省城，第一要保护人民，维持治安，竭尽我们革命军人救国救民救本党的责任，不任长官士兵，如敢动民间一草一木，必照军法从事，并治其直属长官约束不严、违犯纪律之罪。特此申明，望饬各将士凛遵毋违！切切！此令。〕

晚七时，军校特别区党部召集全体党员，开会欢迎滇军各干部学校暨桂军军官学校学生之来归者。

入伍生队第二营期满入校。

九日 晨四时前起，电何旅长探查敌情，令派部威力侦察。八时，公抵石龙站，面授各官长机宜，即饬各军进攻石滩占领之。十时后，残敌数百人退向增城，我军进至仙村，公于下午移驻石滩站，研究地图，筹定作战步骤。感叹曰："火车输送，须用有能力之指挥官，并派各部官长辅助，方可实施计划也。"

长洲岛特别戒严。其防御计划：一、作战目的；二、兵力；三、区分；四、防守部队任务之分配及协同动作。

十日 午正，公由石滩登车前行，三时，抵笔村，是夜宿营于此。

八时，令粤军第一、第三师及第六旅任左翼，由广九铁路进；警卫军任正面，由瘦狗岭进；党军任右翼，由龙眼洞进；警卫军一部及福军，为总预备队，由河南进；总攻省城。是时西江粤军亦兼程驰至，北江谭延闿先将赵成梁师韦旅驻韶城者缴械，遂令鲁滌平、朱培德、程潜，率部沿粤汉路南下。

政治部编滇桂附义学生为特别宣传队，令往省河一带向本籍军士宣传。

是日 大本营任命魏邦平为建国军渡河攻城军总指挥。

叛敌用飞机向埔校掷弹〔凡八颗〕，落于校后山未炸发。

十一日 拂晓，军校卫士队、甲车队编成一营出发，以卫士队谢队长为临时营长，集中敦和市、桂田一带。留校学生一部，协同海军，由鱼珠向石牌车站威胁敌之侧背，并施炮击。校部暨党军第一旅及第三团之一部，向龙眼洞；入伍生队三营，由赤江塔、猎德渡河向东山应援。

公由笔村随发，经罗冈、暹冈、联安市，于途次十一时，闻龙眼洞附近枪声，知已接仗，直上火炉山，遥睇阵地甚明。少顷，敌退据大姐岭，凭险顽抗。鞫俘虏云，尚有敌三旅在龙门埔，约明晨会于此。公始悉守岭之敌，即待此股集中，故决先破其前面胡思舜一路，饬第一团由右翼登铜旗峰，时天已入暝，令次早再进攻。十一时，公由炮兵阵地回至惠中堂宿营。

无线电队成立，任命韦兆熊为队长。置日本双信机收发 AB 两副，法国机收发甲乙两副。

十二日　昨夜公以上下重岭，溽暑疲劳，战事复不得手，甚为皇忧。今早因恐左翼兵力单薄，警卫军又不能应战，疾驰炮兵阵地，令陈旅增加一营，而陈旅长已派来一团协攻。五时，各路军开始合击，逾时敌即退却，龙眼洞附近悉为本军占领。乃复令粤军第一旅与警卫军向瘦狗岭、沙河进迫，毙敌数百人；校队并藉炮火掩护，由猎德渡河，旁抄广九路，战事异常激烈，因其师长赵成梁轰死，寇心动摇，十时，瘦狗岭桂敌亦被我军击溃。于是各路齐进，敌狼奔豕突，溃退入城，党军与魏邦平军乘胜追杀，死亡无算，获其师长陈天泰，刘震寰遁走。

中央任命蒋中正兼广州卫戍司令。

十三日　公诣大本营，见留守胡汉民、中委汪兆铭，回行馆，会廖党代表谈事。

自昨日克复省城后，市内秩序大乱，粤人以消灭外省人为口号，凡非本籍者，辄肆行仇杀，惨不忍闻。恶劣部队藉搜敌为名，以警察作伥，大掠侨居家室。公裂眦怒曰："匪军结尽怨毒，我革命军爱国爱民之标帜与红领带之记号〔次日公令各部队取消红领带〕，为其污蔑至此，可惜可痛。"

滇军胡思舜部曾师，由惠州回援敌军，步行至观山，知不及，乃降之。

派政治部宣传股员向俘虏讲明革命需要。前方及省城俘虏约共一千三四百名。

十四日　上午十一时，公于会议时忽闻枪声，即出视，遥见北校场北一带山地皆为叛军占领，盖胡部复变也。党军速集对抗，炮兵猛射，不半时，敌大溃，缴械甚多，夺回山岭地，复尽力追奔至五时乃熄。公往大本营报告，途次续闻东堤砰声大作，探悉入伍生队巡查班为恶劣粤军枪死二人，公乘汽车亦遭狙击，恼极，是夜睡不成眠。

胡教育长奉命率校队赴省城防守，船至猎德附近登岸，敌突向我射击，死第九连连长王声聪，并第一连入伍生二人力御移时，敌始窜去。

呈请任命郭大荣、茅延桢、惠东升为教导第四团第一、二、三营营长，派蒋先云兼代教导第二团第二营营长。

军校入伍生第三营入伍满期进校。

是日　杨希闵、廖行超俱逃香港。

十五日　中央委员开全体大会，议决重要各案。（一）国民党中央执行委员会为最高机关；（二）改组大元帅府为国民政府；（三）建国军、党军改称为国民革命军；（四）整理军政、财政。

十六日　下午四时半，开校务会议，公主席。议决校本部设省城八旗会馆，第一师全部驻四标营及北校场，第四团暂住黄埔上庄曾家祠及雨操场，将来开往沙角等案。

呈请任命何应钦为第一师师长，刘尧宸为第四团团长，俞飞鹏为审计处处长，王文翰兼代管理处处长。

十七日　训话伤病兵。

许崇智与陈炯明妥协，以潮梅让洪兆麟、林虎部入驻〔惟约不得干涉党务〕，自率粤军回广州。

十八日　晨，撰武岭乐亭记。〔记曰：武岭突起于剡溪九曲之口，独立于四明群峰之表，作中流之砥柱，为万山所景仰，不偏不倚，望之岿然，其独以武岭名者，殆取义于武德，即其地以况其所居之人耶。岭之上，古木参天，危崖矗立，其下有潭，流水潆回，游鱼可数。牧童渔父徜徉其间，乐且无穷，其幽静雅媚之景象，窃叹世外桃源，无事他求矣。而隔溪之绿竹，与岭上之苍松，倒影水心，澄澈皎洁，无异写真，其有岁寒君子之逸致乎。旧有榭阁，名曰文昌，规抚狭陋，无足以资游瞩者。甲子春，余还里扫墓，见其楹栋欹斜，行将就圮，乃勘地绘图，亟思有以改造之，吾兄锡侯欣然赞焉。爰董其事，命匠鸠工，建亭三楹。落成之日，属余名之，余以其位在山水之间，凡远方同志来游者，莫不徘徊依恋而不忍舍去，盖无间乎仁与智，皆有乐于此也，乃以名之曰乐亭，甚愿吾乡同志朝夕游乐，顾其名而思其义，因观感而有所兴起，卓然以自立也。庶不负今日改造斯亭区区之意也夫。民国十四年六月。蒋中正记于广州黄埔军官学校。〕

上午，公莅院视伤病兵，嘈杂不堪，状至亲爱，辄为忧喜交集。

十九日　整理伤病兵回籍名单。

公曰：“魏邦平脑充封建思想，排斥外省军队，反对本党主义，殊属可笑也。”

二十一日　上午十时，开校务会议，公主席。与汪、廖、胡、许等会议组织政府，并人选问题，决采委员制。公被推为委员。自以为受政府直接指挥者不宜加入，乃力辞之。

呈请任命余维谦为军校上校教官。

沙面租界华人同盟罢工，响应沪案。

香港为援助沪案大罢工，工人提出修订不平等条约及改良本埠华人待遇等条件。

二十二日　在黄埔对第四团全体官兵〔滇军俘虏改编〕讲明党军与滇桂军之别。〔节录：各位官长士兵，今天本校长同你们党军第四团全体官长士兵第一次讲话，所讲的都是很要紧的，大家要留神听着。……以前滇桂军里面的官长，对于你们简直只知压迫，只要你们拼死去打仗，即使打胜了，只是他们升官发财的机会，把你们不当作人，好比猪狗一般，给一口饭吃就算了，不管你们死活存亡，你们想这样死了，岂不冤枉。现在你们来做黄埔党军，先要明白做党军的道理，须知我们当兵的人，在社会上人群中，要算最高的人格，因为中国国家非常衰弱，被外国人欺侮，人民无学问，无本事，被外国人欺侮以来，又受南北军阀的欺侮，只有我们当兵的人，大家团结起来，在孙大元帅三民主义旗帜之下去奋斗，才能救国救民。所以希望大家赶快集合在一处，练好本事，打倒军阀，再去打倒外国帝国主义，使得中国四万万同胞可以安居乐业。中国强了，你们的家中父母兄弟妻儿也都可以享福，不会再受人欺侮了。……所以要打倒滇桂军，只是要打倒杨希闵、刘震寰，并非打倒你们，大家要知党军打滇桂军，就是打他压迫士兵的军官，亦就是为要救你们士兵，大家所以来打滇桂军的。因为滇桂军的官长不打倒，你们士兵就没有出头的时候。你们以后在党军里，要做个真正的党员，真正孙大元帅的部下和本校长的部下，去努力救国救民，受人民的欢迎，社会上的尊敬。……我们革命军的口号是亲爱精诚，只要大家严守军纪，服从命令，敬重官长，保护百姓，一定是一视同仁，如兄弟一样看待，生活更可改良，非如从前滇桂军四五个月不发饷。党军的规则很严的，只要不犯着他，都是同志弟兄一例看待，如果有人触犯了规则，一定办得很重的，军法是不留情的。所以希望大家要尊重自己，保

持名誉，做一个真正的革命军人。〕

二十三日 广州各界举行援助沪案大游行，演成沙基惨案。是日上午，广州市东校场开援助上海五卅惨案大会，参加者为军校总领队何师长应钦所带入伍生八百余人，教导第一团第三营，第二团第二、四、七各连，及粤湘暨警卫军各一部，合群众共六万人。午后一时半，举行示威巡行，二时，至西堤沙基口，英兵突从沙面租界发排枪及机关枪扫射；同时泊白鹤潭法舰开炮响应，历时数十分久，死工人民众六十人，党军学生二十三人〔第一团第三营营长曹石泉，第二团第二连排长义道、陈纲，入伍生第七连排长文起代等〕，伤者五百余人。公接电话，变色出涕曰："帝国主义者不以华人为性命，屠杀之如犬豕，国耻至此，我何以生为。"乃即下船赴省，一路风凄日黯，举目皆无光色。晚会议，至一时回军部睡。

二十四日 昨晚公切齿腐心，体度高热，朝来不自胜，已乃强起，赴省垣北校场集合士兵讲话〔未留稿〕，约一小时，几晕倒。十时回埔校，处理一切。下午，病卧于要塞部。〔自是日记册上，公日书仇英标语，用以自针，至次年秋北伐紧急时乃止。〕

上午八时，军校全体官佐学生开会，讨议应付沙基惨案。

晚七时，军校全体党员开援助罢工工友大会，议决凡本校同志月薪在三十元以上者，捐十分之一，愿多认者听由军需处扣除，解交广州中华全国总工会或中央执行委员会工人部。

设政治训练班，造成党代表及政治宣传员。额定一百二十名，从第二期学生队、第三期入伍生队、湘军学校、干部学校、桂军军官学校及学兵连中选出。

二十五日 公撰拟请中央对付沙基惨案意见书。〔稿未留〕

军校第一期学生补行毕业式。

二十六日 公宵旰焦劳，而又遭国难，校中军医处腐败，教育长受攻击，内外皆不幸事，刺戟深矣，病乃渐剧。

二十七日 披览香港地图。

勉校部人员尽职责令。〔令曰：近来省城校本部各职员，多不在部办事，而以交通课黄晓沧为尤甚，以后如有于办公时间不在校部亦不告假声明者，应即革除。此后交通课宜日夜派员守候，不得离职为要。国势至此，危亡无日，各职员如再不激发天良，各尽职责，努力为人，是不啻以亡国奴自居也。校部职员大都阳奉阴违，专务敷衍粉饰，而不能实事求是，国弱党危，同胞同志任由英香港惨杀压迫而不知耻，须知国家兴亡匹夫有责，个人克尽其职，非为谁何，而为国为党，且为自身也。不负责不能为国为民，不尽职不能为职员，驰职昧责之人，在国家为民贼，在社会为败类，民贼败类，不杀何待？凡本校所辖各职员，以后如有旷职卸责者，不惟立即革除，且必照律严惩，以肃党纪而整校风。望各勉为忠实之同志，卧薪尝胆，誓雪党耻，而报国仇也。切切。此令。〕

呈请任命何应钦为军校总教官，严重为军事教育处处长，郭琦元为后方病院院长。调任陈适为中校教官。

宪兵连开赴省城观音山训练，炮兵学生调回埔校大坡地上课。

二十八日　呈请免去何应钦第一团团长兼职，以本团团附刘峙调升之。

二十九日　军校第三期入伍生及滇桂军附义学生偏队。

是时，外舰纷集于广州，各团体议决对英经济绝交。

三十日　上午，公计划两粤道路，主张以桂林为南方革命第二根据地。

赴省垣参与国防会议。

下午六时，对军校官长讲话，以“本校为革命学校，官长负领导国民革命之使命，切勿敷衍塞责，得过且过，转站于被革命地位，并谓治己治人，应皆以严为主”云。〔全稿逸〕

晚，主席校务会议，十时闭会后回埔。

是日　呈请任命欧阳钟、沈静为军校少校教官。

七月一日　上午九时，举行军校第三期学生开学式，公冒暑讲演，精神饱满，谓“沙面案于悽惨之中觉有一种光明印象，生者固悲愤，而死者则得所也”。〔稿无查〕廖党代表、汪委员及高级官长皆有演说。

下午，公在军校会客厅训诫各官长。

四时，与干部学生讲话。

撰成军政意见书。〔书曰：(一) 关于军费问题：查广东全省收入统计约在三千五百万元，如能再加整理，或可增至四千万元以上，(合潮梅及南路八属而言。照现在情形，应可于三月内肃清潮梅及南路八属。）拟提出一千八百万至二千万元为军政费，其中以一千五百万至一千六百万元作为海陆军常备费，二百万至四百万元作为改良要塞、扩充兵工厂、恢复鱼雷局、造船厂、创办飞机厂以及扩充军事学校等之用。（二）关于各军之编配（暂定名额为六万五千人）：第一军区（粤军）组织三军，约三万人，（党军）组织二师，约一万人；第二军区（湘军）组织三师，约一万二千人；第三军区（滇军）组织二师，约一万人；第四军区（北伐军各部）组织一师，约三千人。此乃照现在军额之编配，待至民国十五年抄〔杪〕至十六年初，拟扩充兵额八万至十万人之数，政府如欲规划北伐，除守备广东本省，对抗香港、福建以外，应作两省战斗之方略，应认江西、湖南两省为目的敌，或以湖南、湖北两省为目的敌。以各省目的敌之兵力计之，则我北伐动员，至少须在七万人以上。（三）关于各军之编制（分为四种）：甲、三连为一营，三营为一团，三团为一师。乙、四连为一营，三营为一团，二团为一旅，二旅为一师。丙、三连为一营，三营为一团，三团为一旅，三旅为一师。丁、地方警备军，照旅前统领编制之。（四）关于军备之设施：甲、改良虎门、长洲两要塞，恢复旧日编制，设要塞司令一员，统辖虎门、长洲两要塞。各要塞各设一总台长以指挥之。乙、恢复黄埔鱼雷局及黄埔造船厂，修理飞鹰、舞凤、福安练习舰，并设练习舰队司令官一人。丙、整顿江防舰队、缉私舰队、练习舰队和中山舰队，直辖于海军司。以上各舰队统归海军司管理之。另外添购潜航艇队六艘，以三年为完成期。丁、扩充兵工厂：〈一〉建筑炼钢厂；〈二〉添设炮弹制造厂；〈三〉添购制造步枪机器，每日能出枪一百五十枝为度；〈四〉添设制炮厂，每月能出炮四门为度（第四项如经费不足，拟请缓办）。戊、创办陆军被服织造厂，以供各军所需之被服。己、创办飞机制造厂，设立一规模较大之航空学校。庚、各处制弹厂须归兵工厂统一管理。（五）关于军事学校扩充之计划：甲、设立军官预备学校，添招学生一千五百名至二千名，内分军用瓦斯科、航空科及步、骑、炮、工、辎各科。乙、现在黄埔军官学校第二、三期学生毕业后，即改为高等军事学校。内设炮工科、参谋科、射击科、军用瓦斯科、飞机制造科（如不另设海军学校，则应添设鱼雷科、航海科、造船科、机关科、潜航科等）。

丙、设立海军学校，以造就海军人材。丁、设立军医与军需学校，训练军医、军需人材。戊、改良测量学校。（六）关于应设教育机关：甲、设训练总监。乙、设各军军事教育委员会。丙、设检阅点验委员会。丁、各军、师、旅、团设政治部，训练各军官兵政治知识。（七）关于军费应设之机关：甲、设军需委员会。乙、设军需监督委员会。丙、设军费审计处。教育机关、军费机关，均隶属于军事委员会之下。（八）改良士兵生活，其月饷每月至少为十元。（九）训练农团军与学生军至十万之数，以民国十五年杪练成。军费之支配：经常费以每月计算。〈一〉常备军，兵额约六万五千人计算，预定为十师十旅，每月约计一百廿万至一百卅万元之数。〈二〉海军费（江防、练习、缉私三舰队），约四万元。〈三〉要塞经常费，约一万五千元。〈四〉军事学校费，军官、军医、军需、军用瓦斯、测量、高等军事等各学校，每月经常费约共二十五万元至卅万元。临时费：〈一〉改良要塞费，约卅万元。〈二〉修整练习舰队，约廿万元。〈三〉恢复黄埔鱼雷局及造船厂，约一百万元。〈四〉创办飞机制造厂，约一百万元。〈五〉建设炼钢厂，约五十万元。〈六〉添设炮弹制造厂，约卅万元。〈七〉添购步枪制造机，约五十万元。〈八〉建设制炮工厂，约一百万元（此项如无款，可缓设）。〈九〉创办织造厂，约五十万元。就以上预算之数，统计经常费每月为一百六十万零五千元，每年共计需一千九百八十万元；临时费为五百三十万元，潜航艇购置费尚不在内。如本年度不能得到如此巨数，则临时费应列在十五年度预算案内；如果此项临时费至明年亦不能支出，则应先办飞机制造厂及鱼雷局、造船厂三者，为费不过二百万元，决非难事也。此意见书应俟三个月内肃清潮、梅及南路逆军后实施，现拟择要试办。〕

附致军事委员会各委员公函。〔此军政意见书，草在六月廿三日沙面惨杀案以前。近见英人暴戾，更不能不准备实力与之决一死战，故对于要塞之改良及鱼雷局、造船厂之恢复，尤为急务。我军应速决心准备三个月至六个月内，与之实行作战，窃恐时机不及，然亡羊补牢，犹未为晚，及今图之，或幸收桑榆之效。英人在东方势力已至登峰造极时期，其弱点破绽，不啻暴露殆尽。若吾党再隐忍坐视，畏缩不前，徒以经济绝交一语了事，则国亡无日矣。为今之计，一方面须作绝交持久；为三年、五年之计，一方面准备实力，以半年内为第一期战备完成之期。现在应在军事委员会内另设一备战专门委员会，计划一切，分别进行。中正之意如此，未识高明以为何如，但此意见书不必示于其他之人，请诸公注意，并作为将来军政改革具体计划内一参考材料也。〕

学生队及第二、三期入伍生在埔校复课。

本日 大元帅府改组为中华民国国民政府，采合议制，由本党中央执行委员会推定委员十六人〔汪兆铭、胡汉民、张人杰、谭延闿、许崇智、于右任、张继、徐谦、林森、廖仲恺、戴传贤、伍朝枢、古应芬、朱培德、孙科、程潜，常务委员汪兆铭、胡汉民、谭延闿、许崇智、林森（后胡出洋、许去沪，改推伍朝枢、古应芬。）〕，以汪兆铭为主席。

中央任胡汉民为国民政府外交部长，许崇智为军事部长，廖仲恺为财政部长。

二日 入颐养院割治鼻瘤。

三日 呈请任命戴任为军校管理处处长，郭琦元代理军医处处长〔王若俨因营私误公免职〕，赵铁公、萧利仁为教官。

军事委员会成立，委员凡八人〔公及汪兆铭、胡汉民、伍朝枢、廖仲恺、朱培德、谭延闿、许崇智是也〕，主席汪兆铭。

六日 出颐养院。

派张与仁暂代军校步兵第一队队长，梁端寅暂代步兵第十一队队长。

七日 建议军事委员会革命六大计划。〔议曰：……（一）发展西南革命势力，以抗拒帝国主义及军阀。溯自辛亥革命，迄今十有四载，全国民气激昂，革命情绪紧张，殆未有若今日之盛者。然国民革命运动之发展，非出偶然，国民革命事业之完成，尚至艰巨，我国民政府职责綦重，不可不熟察国际间及国内之形势，以妥定革命进行之方针。年来帝国主义与军阀在中国横行之罪恶，最能使被压迫民众觉悟，致力团结反抗之必要，而吾党改组后之民众运动，亦实足以应之。于是各地反军阀、抗列强之企图，乃无不惟吾党革命之号召是从，影响所及，帝国主义之仇视吾人益甚。而邻近广东之香港，以广东为其在中国第一殖民地之英国帝国主义者，乃为其尤。举凡广东政变，英政府无不暗助叛类，谋倒革命政府；往年六月十六日之变，必置我领袖于死地，去年商团之变，以及东江陈逆负嵎，最近杨刘叛乱，无不与香港政府息息相通，受其指使。及其既败，港政府积其失败之经验，不仅不稍停止其推倒革命政府之尝试，且变本加厉，谋我益急。六月廿三日沙基之屠杀，是英政府于沪汉尝试之结果，直接向我革命政府挑战也。枪死游行群众，扫射我革命军人，直视我生番野兽之不若，不假手军阀，不借刀汉奴，肆行直接生残杀，更见其捉襟见肘、迫不及待之形势。我国民革命方张之气，实非昔日不能越广东一步之北伐所可比拟。我势既张，敌谋将无已时，沙基屠杀不过战斗中之初萌耳。徒断断于衅自谁开，固嫌示弱，即希望此案尚有和平解决之可能者，亦昧于常识。英帝国主义者，与我实际上盖已入于交战状态，今后必更千方百计以谋破坏我革命政府，我政府亦惟有认英帝国主义为当前之大敌，要知自六月廿三日以后，再无与英国妥协之余地。我政府应当机立断，表明态度，唤起全国民众坚持到底，始终誓与死战而已。默察今日中国局势，以北方言之，自国民军归依三民主义，……且国民军即幸得胜利，而欲以革命主义改造北京政局，帝国主义者之北京公使团，亦必重掣其肘，或将起而作共同压迫之举，使国民军在北京无立足之余地，将来北方国民军或处于至艰困之境，故我不可不亟谋为之声援。至于长江言之，吴佩孚之势力诚未可轻视，赵恒惕、萧耀南皆仰吴鼻息，方本仁亦非能抗吴之人，孙传芳等又遥通声气。长江形势，今日虽似散漫，而吴向与英帝国主义者勾结，中原战事既作，英国必将在长江造一帝国主义者之势力，吴必可得英人之援助，重为长江之中心。……我政府应与国民军分工合作，讨伐北方帝国主义者之爪牙，国民军任之；反抗英帝国主义，兼防止吴佩孚之扰乱，我国民政府任之。惟国民军因已厚植根据于西北，即使秋间开战，受一度挫折，犹有退守之余地，而我政府若仅恃广东一省，甚或广东一省亦与帝国主义走狗之余孽共之，殊未能自信立于不败之基也。根据以上所述形势，乃认定今后革命原则，应以下述各项为依归：(1) 中国革命运动，因帝国主义压迫愈甚，而愈表示其发展能力，因是沿海、沿江、沿铁路各交通地点之革命怒潮，特别高于内地，惟此等地带仅能为运动之中心，不能为革命之根据地。因其发展易，为帝国主义攻击之目标也亦易，土耳其革命不成功于君士坦丁，而成功于安哥拉，苏俄革命受帝国主义列强封锁，不建都于列宁格勒，而建都于莫斯科，皆足为其反证。如国民革命欲保持革命永久之根据地，亦宜转我视线及于大陆，预备强固可恃，交通可达，而帝国主义炮舰政策无可用武之地，与帝国主义作五年十年对抗之准备。此种地利，在西北为甘陕察绥，在西南则为桂林、成都，我广东革命政府，当视此为可发展之第二根据地也。(2) 中国革命发展之途径，当由西南延长至西北，据此大陆，以与帝国主义者在东南沿海、沿江、沿铁路而至之侵略形势相抗拒，造成中国大革命之决战场，此亦我政府所宜注意者。(3) 中国革命，其浅近目标，固在军阀。舆论均谓内政不修，无以对外，实则内政之坏，大半由于军阀得帝国主义强力之助，方敢肆行无忌，幼稚之革命力量，乃时受其摧残，我政府今后革命目标，应注意此点。认定帝国主义为当然大敌，誓与奋斗，盖必先杜绝帝国主义与军阀勾结之途径，则军阀不攻而自倒。故今日革命，以对帝国主义者为主要目的，而对军阀不过为一枝叶问题耳。(4) 中国革命目标，既在帝国主义，但帝国主义乃富有国际性者，国际帝国主义之敌，统为吾人良友，而反抗帝国主义之工作，更为全世界弱小民族之共同目标，故中国革命应视为世界革命之一，不应仅视为中国内部之事。因是吾党对于世界各国革命党之联合，应速谋实现，且尤注意于帝国主义国内之革命党。苟其被压迫之民众，咸能联合一致，以图抵抗，则其倒帝国主义者，将易如摧枯拉朽。至切实联结，尤在国际部之迅速成立，以扩大此国际运动之革命领域。(5) 工人为革命中有力之一成分，其对于吾革命前途之难易与成败，实有莫大之影响。吾革命政府宜努力安置为国牺牲之失业工人，以解其困难，坚其志向，并设立两广工路局，以为解决之方，兼寓大元帅提倡工兵之至意。原则既定，各军事计划即当本斯意旨，进求切计实施之道。广东问题，首在对英，故在潮、梅，则英必以全力助陈逆谋死灰复燃；在南路，则英必藉邓本殷现存势力，扩大反革命派之骚扰，我政府苟不能计期三月（即在本年十月以前），肃清潮、梅，收回南路，则英政府谋我之机，必将因陈、邓诸逆之甘为傀儡，授以资械，增大其残余势力，危及革命政府。是故欲图广州革命根据地之安全，必须以最短期间收回南路、潮梅，使反革命派无所托足，帝国主义无所凭藉，为先决条件。然即此，亦不得谓英政府便不足再为吾人之患。矧今日情势，吾已成英死敌。吾革命政府统一广东之后，若仍率由旧章，以北伐为志，则英帝国主义者必将助长江军阀，迎击我军，复利用其香港地势，扰乱吾人之后方，腹背受敌，首尾不能相顾，是正中英人之诡计也。吾苟智者，亟宜改变方向，以发展西南革命势力，寻求第二革命根据地，为最近将来之最大工作。广西形势最关重要，我欲会师中原，仅由韶关正面北进，覆辙堪虞，必不足恃。若我军同时能由四川以下湖北，由桂林以出湘西，此策之上者。否则最低限度亦必由桂林出师。先大元帅首次北伐，本由桂林前进，以扼于陈逆而止，此往事之最可惜者。今宜注重广西，使与广东成为一体，于桂林设置大规模之制弹厂与飞机厂，以充武备，修两广公路以私交通，开广西矿源以兴实业，如是则广西可用，广东可守。又必以一年之力，尽民国十六年内，入湖南，收云贵，兼及西川，必使军队被革命教化，人民受革命薰陶，合西南全力，以与帝国主义及其走狗军阀相抗拒，其势足震动全国。且国民军之力已及陕西，我能直达四川，则革命势力西南与西北衔接一气，合力并进，黄河、扬子江两流域，皆不难定矣。故我政府应决定大计。再简单言之，应为以下三条：(1) 三个月内（即本年十月以前）必将广东境内之残逆一律铲除，以杜帝国主义者之勾结谋乱。(2) 尽本年内，将广西军政整理完竣，建设事业亦次第兴办，使两广同为革命政府之根据地。(3) 尽民国十六年内，将贵州、云南、湖南、四川四省，一律置于国民革命之下，使西南重行团结，与北方国民军得相衔接。悬此鹄的，并力以赴，再积三年之备，国际形势之变化，必已可观，彼时与英帝国主义，无论胜负谁属，皆是引起全国及全世界革命群众之注意，此不仅我国革命成败之关键而已也，惟我国民政府实利图之。(二)革除军队积弊。革命工作不仅在涤除旧秽，且当于除旧之际，建立新猷，使旧者因新者之来，不得不去，而新者亦鉴旧者之失，力图更新。此交替之理，实为革命原则，历久不爽。反之，新猷不建，徒恃排旧，旧者必不能去，且或因其被排而变本加厉，益谋自卫，证之十数年来革命中之军事行动，益信其然。原武力革命，其要义在以新势力之武装，替代旧势力之武装。中国自辛亥革命迄今，北洋军阀之得以盘据要津，流毒全国，延长封建旧制，由于帝国主义利用之为工具者半，由于新的革命势力未曾武装，自己授旧势力以蔓延之机者亦半，北方无论矣。即在西南，革命年年，一切武力机关几何曾操于革命党人之手，军规军制更视北洋为不及。故西南军队名为革命军，实则内容腐败，甚于旧式；组织编制，虽名目时见更张，然考其实际，兵无实额，枪非实数，队伍零落，系统紊乱，升降不均，赏罚无则，参谋无作战之备，经理无可稽之册。有言称军者，其额数或仅百人，或尚不及百人，贻人以无兵司令之讥；有自称司令者，聚土匪以成军，劫民枪以为械，招摇过市，倘其声势动人，定有收编之望；有专以兼并队伍为事者，苟有可以利用之机，便极其挑拨能事，使人自相残杀，我便从中渔利。以如斯之人，有如斯军队，其心目中几曾有革命意义？一切权利，咸为个人，军队为个人而设，事功为个人而图，虚报军额，吞没军饷，强劫税收，庇赌包烟，通盗运私，干涉民政，霸占机关，流弊所及，甚至一官之设，亦必须征其同意，一税之收，亦必须交其经手，财权武力兼于一身，骄奢专横，相因而至，军官之富者，多积资在万数以上，而兵士则穷至衣不蔽体。至其为害地方，更触处皆是。人民畏兵更于畏匪，狡黠者宁为匪以抗兵，谨厚者非远离乡里，即死于沟壑。祸害之烈，死亡之惨，有心人所为长叹息，亦即先大元帅所痛心疾首，成其致病而死之由也。今先大元帅逝矣，吾军事委员会受中央执行委员会委托，秉承遗志，届兹广州反革命派方告肃清之后，革命军事工作正将发轫之日，吾人将不只涤除旧秽，且将根据旧秽之症结所在，从而改建新猷，务使杨、刘倒后，不复再有杨、刘继起之可能，更不复再有杨、刘继起之可能环境。旧秽不生，新基始立，爰本此意，为革命将士条例其应注意之工作如此，敬希议决公布，以便周知。(1) 军队革新重在扫清积弊，举凡旧日薰染之恶习陋规，必须尽量革除，务使军无空名，兵无空额，军饷预算、整理报告，厘然有序，然后可以言改编，计整顿。(2) 革命军之组织，不在多而在精，不在数而在质，不在罚而在教。苟能去恶留良，分别编制，勤以训练，厚以教养，严以军纪，指导之以主义及政治观念，则未有不可以成良军队者。(3) 革命党人重在武装革命群众，变旧日军队为新式组织，施以严格的政治的军事的教育与训练，使成为有主义之军队，为人民痛苦而奋斗，为人民利益而努力。能如是，则武力与人民相结合;武装革命群众,即可得到初步之胜利。(4)革命军之功效,不仅在结聚革命群众而成军，并且能散军于俄顷之间，使复返于有训练之革命群众。苏俄五百万赤军，能于镇压反革命之后，解散至五、六十万之众，无稍变故，亦无所骚扰，使国家顿减其负担，人民顿复其工作，此其功不在镇压反革命下。我革命军人本以解放人民痛苦为职志，为解除人民之倒悬，虽牺牲生命犹所不惜，个人权位更何足计。若抗命盘据，以害人民,又与反革命军有何差异。反革命军在所必去,遣散更何足惜,何去何从,吾革命军人必知审择。(5) 革命军之组织重在集权而持平。今兹改组，凡我军人均宜听命于军事委员会，不得稍持异议，亦不得各自为政，而军事委员会一本党之主义，决议一切，实施编练，夫然后授命有方，听命有道，革命前途方得于此新筑之基发扬扩大,永涤旧秽而无遗也。(三)统一财政。财政统一为革命政府讨平逆军后第一要政，实行与否，非仅政府威信所关，直当视为国民革命之生死问题。各军将领宜如何忠实奉行，立将占守之财政机关交还政府，乃训令颁布，瞬将匝月，而各方之把持者如故，甚或占领之地盘较前更广，以致抗令自肥者，收入益丰;恪遵训令者，竭蹶愈甚，或且有断炊之虞，岂仅非事理之平，实际亦断难为继，而要政因以停顿，民困无由稍苏。前此犹可诿过于杨、刘，今更何以自解于群众，心所谓危，未忍缄然。及此国民政府及军事委员会委员相继就职之时,亟应再申严令,限于七月十五日以前，一律将各征收机关交出，并应明白诰诫。交还以后，不得稍有干涉行为，即推荐经征及民政人员，以为变相之把持者，亦应在严厉禁止之列。各军高级官长,应切实督饬各部队奉行,其仍有抗不遵令者,应即秉承政府，与以极严重之惩处，不得再稍姑息。各军将领皆忠于主义，政府果有极大之决心,采用果断之方法,决不难令出维行也。为此紧急提议，敬希立即公决施行。(四) 整理军队。军事委员会成立，示国人以改组军队整理军政之决心，凡属革命军人，谅无不深表同情，愿受改编。惟军队改组，重在统筹全局，确定改编计划，师团若干，人数多寡，均宜应革命之需要如何定其标准。编制既定，即当首谋军队内容之审核，苟其内容复杂，分子不良，而组织又万分零星，归纳不易，则宁牺牲此不良及零星队伍，设法淘汰遣散，决不宜使新定编制因此受捐，革命大计蒙其影响，故必以最大之决心，在最短时期内完成此项整理之目的。兹谨略拟办法大纲，以备采择：(1) 军事委员会决定整理方针，明订应收纳改编及应遣散之范围，通令各军遵办。(2) 限期一月，令各军一律自行查明编制不合之队伍，呈报委员会，委员会亦应自定调查办法，冀得真相。(3) 限期二月，令各军一律自将编制不合之军队遣散完竣，其有在各军权力范围以外者，或其兵力不足时，应由委员会酌令其他各军共同办理遣散事宜。(4) 附逆已久之部队，此时即受我编制，终必与帝国主义者勾结，以为我国民政府之后患，在整理方针内，允应特加决定，本除恶务尽之旨，一律遣散。不良既去，改组之目的可成，零星尽裁，编制之统一方易。必如此，军事委员会之效能，国民革命之前途，方能使国人信赖，且为统一训练、统一财政计，亦非此莫办。其遣散应有之筹备事宜及详细办法，悉候公决。(五) 利用罢工工人建筑道路。此次香港工人为反抗英帝国主义者之屠戮同胞，一致罢工，弃职返省，其为国牺牲之精神，凡在国民，罔不致敬，纷起为其生计上之后援，我国民政府亦已决议征收全市房租半月以为之助矣。惟彼虏凶残至极，必不遽尔屈服，而我非有极大之决心，辅以缜密之规划，准备作持久之战斗，决难得最后之胜利。熟察形势，有亟须审慎考虑者：(1) 此时由港返省之工人已及三万，尚有续至者，人数既众，给养惟艰，目前即暂无问题，为日稍久，恐难支持。(2) 罢工工人现每日每人仅发生活费二毫，以广州市生计程度之高，其困苦可想。工人为爱国心所激发，自能茹苦忍受，然以平时日可得工资半圆或一圆以上，且其中除本身外，亦必尚有事畜之累者。长令作此巨大之牺牲，于心既有未安，于事亦多可虑。(3) 工人多年富力强，平时皆生利之人，此时忽成仰食，为社会全般生产计，亦至可惜。今惟有集国家与社会之资财，利用工人之精力于最有利益与最易举办之事业，给以相当之工资，然后上述诸端，皆可无虑，则建筑国道或省道为最善矣。应由国民政府特设工路处，收容全国罢业工人，以建筑道路，专任委员，规划其事。目前应筑之路甚多，举其最要者：(1) 由韶关经连县、连山、富川、平乐，以达桂林。(2) 由桂林经阳朔、平乐、昭平，以达梧州。(3) 由曲江北经乐昌，以达坪石，东达始兴、南雄。(4) 由广州经增城、龙门、河源、龙川、五华、兴宁、梅县，以达大埔。(5) 由增城经博罗、平山、海丰，以达揭阳、潮洲。皆宜早日兴筑。英帝国主义者方欲困我于封锁状态之下，我不可不亟谋各地运输之便利，以图自救。路成以后，人民皆知此路由何而建筑，尤足为反抗帝国主义不朽之纪念，胜于笔舌之宣传万万。且筑路余暇，若再酌加编制，施以军事及政治之训练，以植工人军之基础，于国民革命之前途，尤为有益。一举数善，实无容疑。或虑罢工工人操业不同，习惯各异，未必尽人愿为路工。然值此爱国热度正高，疏导必非无术，且前次海员筑路，今次工人亦自议修筑黄埔马路，均可见工人愿为国家尽此义务，果能妥筹办法，何难利用扩充。又虑此时财政困难，路工经费筹集非易。然路工人数，暂以三万人计，每人每日工资四毫，则每日工费共计只一万二千元，每月约计三十六万元。广州如能抽收房捐三个月，即可作三万工人四个月以上之维持费。果能维持四个月之久，则道路已可筑成数处，交通便利，开发实业更易，社会各方必多赞助。以我国民政府之地位言，则修造道路、运河，以利民行，为先大元帅手定建设大纲之首要，本宜排万难以行之，岂可更失此良好之机会。敬希详议办法，早日施行。(六) 统一两广。广西一省，在西南地理上最占重要，在革命历史上，亦至密切。此次唐继尧勾结杨、刘为乱，亦先谋攫得广西，以遂其推翻我革命政府之阴谋。幸广西各军皆忠于政府，协力讨唐，政府遂得奏歼逆之绩。使广西稍有动摇，大局安危，或未可知。先大元帅首次北伐，亦议由桂林进兵，今国民政府成立，首与英帝国主义者相周旋，事之艰巨，百倍往昔。欲谋内部之巩固，及预立政府第二根据地，皆非使广西完全立于我国民政府之下，广西民众完全得享受我政府所欲贡献于人民之利益不可。广西各军，今固已秉承国民政府之训示，然军制未划一，政令未密接，猝有缓急，或难收指挥如意之效。其建设事业，如教育、交通、实业诸大端，广西以相距稍远，未得与政府所在地之广东同一重视，尤无以促进广西人民拥护我政府之热情。今宜由形式之关联，进而谋实质之统一，国民政府应将议决之军政各案，责成广西各军一致奉行，不得稍有歧异。确因情势不同，不得不稍加变通者，亦应由各军呈报国民政府，详举理由，听候政府议决办理。凡此军政上之统一，广西各军将领皆忠于国民政府，必不致稍有异议。其关于建设之计划，政府尤应将广东、广西视同一体，同时进行，以宏国民之视听，而树全国之风声。是否有当，敬候公决。〕

潮梅建设同志会，请剿办洪兆麟。　时陈逆部洪兆麟，复率众从闽南侵入丰顺、潮安、汕头境内。令熊略向梅县，刘志陆、黄任寰向五华，王定华向兴宁，李易标向和平、老隆，并煽诱漳州张毅犯饶平、汀州，王献臣扰大埔。在松口开军事会议，谋迎炯明于沪。于是该会请公急剿之。

唐部龙云，由南宁退回龙洲，范石生准备入滇。

八日　在长洲司令部办公，因劳苦过度，血管破裂，甚险急。

九日　公鼻孔流血不止。

派王柏龄代理军校教育长〔因胡谦请病假〕，杨志春代理军械库库长。

许总司令派莫雄率领全旅，送杨坤如降部回守惠州〔自是雄与坤如有联结〕。

十日　上午，公衄更剧。十时，诣病院，步至门外仆，不省人事，扶回上床。约十分时，医来施血针，塞鼻孔手术不良，熬痛不堪。晚，进院。

公建议中央执行委员会，请设入伍生教练所于桂林。〔议曰：帝国主义与军阀，为国民革命之对象，除唤起全国民众之觉醒外，求发展革命之实力，军事上干部之养成，尤为必要。黄埔陆军军官学校开办以来，政治宣传与军事训练同时并进，犄著成效，今值国民政府成立，欲赶速完成国民革命之使命，自必对于此项革命军干部教育积极进行。第二期学生已将毕业，第四期当即谋开办，惟黄埔校址有限，且仅如以前三期，每次招收数百人或千余人，恐尤不足应时势之需要。自沙基大屠杀案发生后，我政府已与帝国主义者更无两立之余地，环顾国内形势，东江、南路余逆犹存，北方军阀，尤多甘为帝国主义之伥，协以谋我，必不在远。除军事大计前已别具刍议外，宜在桂林设立大规模之入伍生教练所，以能容二千至三千人为度，尽本年十月内开办。桂林实为会师中原之要道，入伍生教练在此举行，非仅军事上可作模范，在政治宣传方面，尤必能予当地民众以极良好之影响，关系革命前途实非浅鲜。桂林地方于练兵最为相宜，公家宏敞屋宇甚多，校舍亦非难觅，中正知之有素，提议在桂林开办入伍生教练所，实几经考虑，认为发展革命军事之重要关键。倘政府不以为谬，应请速与

广西省当局接合，并即筹备经费及一切进行事宜。敬此提议，即希公决执行。〕

十一日　医取塞鼻布；不得出，痛极，至晡始下，如解倒悬。

公上书许总司令，密陈整理军政计划。〔书曰：此次整理军政，政府抱有极大决心，袍泽亦同具觉悟，后得麾下主持提挈，各方欣忭，企盼厥成。然戡乱以来，瞬已四旬，整理方针虽早内定，具体宣布尚未有闻；值兹民气兴奋、时局紧张之时，每起日月逝矣、岁不我与之感。窃谓军制统一，端绪至繁，军额厘定，大计易决。闻政府拟先点验各军枪枝，将以枪枝实数为军额标准，此惩于从前军旅以少报多或竟多系徒手并无枪枝之弊，自属切要之法。惟点验手续繁重，编组将益稽迟，且枪枝良窳不同，有枪之兵未必人人精壮，仅以有枪与否为编制标准，仍非持平彻底之道。故枪枝固须点验，然仅为军额确定以后整理手续之一。日前宜先就国民政府需要之军额，及如何就现有各军妥为分配之法，提前决定，然后就此纲领，责成各军按步进行，认真训练。枪枝虽多而未尽可用者，由政府给价收回（可转令农团等备价具领，政府无庸另费巨款）；枪枝不足而确应训练者，由政府核实发给。如此，则费时不多，收效较巨。盖整军所以经武，此次整理军政，当有两大目的：一为能适应本党革命方略，使在军事进展中足资分配，尤必练一兵能得一兵之用；二为能适合广东财政状况，使饷源确实，不致再有兵士饥饿困苦及将领划地筹饷等事。由前者言，军额不能过少，现在各军之特殊关系，尤未宜忽视；由后者言，军额又不能过多，积极扩充，当待财政充分进步以后。查广东各项税收，照现在状况，年只一千八百万元（潮、梅及南路八属除外），然潮、梅、南路，必于三个月内肃清之，全省统一以后，至少可增收一千万元。鸦片实行公卖，寓禁于征，办理得宜，至少可收入一千万元。再加其他各项整理，必不难增至四千万元以上。拟以岁入之半数为军政经费，即每年约二千万元左右，其中应以四百万元作为改良要塞、扩充兵工厂、恢复鱼雷局、造船厂、创办飞机厂及扩充军事学校等之用。每年常备军费可得一千六百万元以上，以每兵每月费银二十元计（每年每兵二百四十元），实可养兵六万六千人。此时宜即暂定军额为此数，一年以后，再视财政之状况，再计扩充。如我政府欲规划北伐，则除守备广东本省对抗香港、福建以外，应作两省战斗之方略，即认赣湘或湘鄂两省为目的敌，以该各省目的敌之兵力计之，我北伐动员似未能过少。然果能训练精良，以革命军必能以少胜多之理推之，当亦足以应敌矣。总额既定，即宜进而研究如何就现有之各军编配之问题，中正之愚，谓宜暂定为四个军区。其支配大略如左：第一军区，粤军，组织三军，约三万人；党军，组织二师，约一万人；第二军区，湘军，组织三师，约一万二千人；第三军区，滇军，组织二师，约一万人；第四军区，此伐军各部，组织一师，约四千人（此部或与第二军区合并）。就现在各军人数讲之，以上所拟，较厚于湘、滇两军，惟粤军必有一部分可改充省防之用，湘、滇等军，在政府规划北伐时，无论由何远进矣，其所负责任必甚重大，人数不宜过少。且组安、益之诸公拥护革命政府热忱尤著，在此敌党造谣诬我排斥客军之际，此议提出，其所收良好之影响，尤难言喻。凡兹所陈，殆已为荩筹所及，惟刍荛之见，未敢自默，谨此密陈，惟希睿察。抑中正尤有言者，陈炯明、林虎等逆部，叛党叛国，罪恶昭著，此时之尤全无悔祸之诚意，我若曲予收容，即使其形式上暂能就范，异时必仍反侧为害，陈炯明、洪兆麟既能负先总理，何能不负麾下，在此整理军政之初，对于若辈，宜存除恶务尽之心，免贻滋蔓难图之悔，彼等部队必一律遣散，未便列入军额预算。硁硁之愚，实为革命大局计，当尤麾下所能鉴察也。〕

军校复开政治班，聘胡汉民、汪兆铭、廖仲恺、甘乃光为教官。训练纲要：(1) 帝国主义的解剖。(2) 中国民族革命问题。(3) 社会发展史。(4) 帝国主义侵略史。(5) 中国近代民族革命史。(6) 各国政党史略。(7) 各国革命史略。(8) 三民主义。

十五日 公近感天气奇热，今天忽大风。〔据云为数十年来所未有也。〕

十六日 制野外演习预定表。

呈请任命陈寿昌、徐雄为军校少校教官。

十七日 呈请调任任文海为军校军医处党代表，谢翰周为后方医院党代表。

十八日 晚七时，军校开教育行政会议，公主席。议决请病假者由军医部会同教练部核办等案。

十九日 呈请任命袁同畴为军校秘书。

自是日起，军校晨设面包、晚豆饭〔以赤豆三成、米七成合煮〕，校中多有罹脚气病者，医称食物中毒，与地气亦有关系，冲心即不治，乃以此为预防法。

二十日　呈请任命邵力子为军校秘书长。

令授新兵精神教育。〔令曰：查新兵精神教育，前已纂订专书，分发各部队官长依照训练，近自旋师平乱，诸事倥偬，扩充补编，甫经成旅，既劳形于楞作，或淡视乎教规，镜尘不拭，茅塞顿生。为此通令各部队官长，务即遵照日课定章，将书内切要各部分，如饷给、枪弹等等，关于立身之本、情物之端、革命之要旨、救国之真谛，详加解释，时为宣传，庶几万众一德，念念在兹。外物无蔽乎心，遇事各竭其力，我军厚幸。跂予望之。此令。〕

二十一日　出颐养院，凡住十二天。

二十二日　呈请任命褚民谊为军校军医处处长〔未到任以前，由金诵盘代理〕。

军校甄别第三期学生并严门禁令。〔令曰：一、近查各队学生程度不齐，优劣相差太远，是以施教之官苦无标准，进步因受阻碍，亟应分别高低，另行编队。着张主任教官、严总队长会同拟定试题，分派教官，于二十六日午前试验，三十日榜示，三十一日编队。二、查此次入伍生升学为第三期学生，其中尚有多名，因伤或愈、或病、或有未痊逗留医院者，颇不乏人，着自通令之日起，概须参加此次试验，俾便分等编队，如万不获已未能来校与试者，均著编入入伍生队复习，俟下期开班再行编配。三、今日学生信仰主义之坚否、品格之高卑、学术之短长、性情之真伪、仪容之邪正、言行之虚实、服务之勤惰等项，实为革命军人之基本教育，设不时加考察，将何以资陶养，着各队官长，每月按照表式考查，尤须注重品格，填列考语呈报。其有品格不端者，学术虽长，亦在所不取，仰将此意宣布周知。四、军队门禁之严，所以谨内外，示警戒，勤课业也。乃近查各队学生自由出入，至晚不归，官长失于讥察，学生狃于习惯，长此以往，军纪荡然，难免宵小变装潜入。着自通令之后，各队学生责成各队官长，兵夫责成管理部，其有容留亲友，一经察觉，无论官生，定行严惩，决不姑贷。此令。〕

二十三日　检阅党军第一师毕，与廖党代表商议财政，公以饷馈不继，徒沾余沥，为之簌然泪下。

考核特别官佐令。〔令曰：查本校各部特别官佐，人数繁多，办事尽责者，固不乏人，而无事可办、挂名在外者，亦复不少，亟应统查整理改编。合行令仰各该部处总队，迅速查明，该特别官佐官阶、姓名、年岁、出身、现办职务及奉委日期、保荐人姓名列表，限令到之日，具文呈报，倘有遗漏，即着撤销。毋违，切切。此令。〕

调动人员领薪令。〔令曰：为令遵事：查本校人事日繁，时有调动，若不厘定官佐领薪手续，势必诸弊丛生。着自此次通令之后，调差在上半月者，归新调机关请领，在下半月者，其本月薪水仍归原任机关请领，合行通令，一体遵照。此令。〕

令截扣伙食费。〔令曰：为令遵事：查本校学生，凡事假、公差、入医院，其伙食向无呈缴军需处之例，相沿日久，虚縻不赀，倘不及时改革，无以重公帑而节费用。着自此次通令之后，所有事假、公差、入医院学生之伙食，一律截扣呈缴，庶涓滴归公，集小成多，既可补助义助金之不足，又可作特别费之开支。事属易举，有益公私，合行令仰各队一体遵照。此令。〕

申令清洁卫生。〔令曰：暑中最易发生疫症，属军医处长、院长，切实督责各部队军医等，于清洁卫生，认真办理，尤须于厨房、厕所、暗沟、浴室、仓库、饭厅、寝室等处，每日派军医轮流检查，洒石灰粉或避疫水，而对于饮料及菜蔬，会同管理处切实注意指定。总须求其清洁，不发生疾病为度，以后每月将以上各处详细检查一次，并督责其大扫除为要。此令。〕

二十四日　呈请任命杜从戎为军校第十队队长〔因李春茂免职〕。

二十五日　呈请调任蒋鼎文为党军第一师第五团第一营中校营长。

广西将领会议，以李济深守梧洲，李宗仁守桂林，肃清沈鸿英余孽。

二十六日　上午八时，军校举行第三期学生素养检定。

午正，公诣军事委员会参与会议，并演讲统一军队名称，及打倒帝国主义。〔节录：刚才主席与各位总司令、各位委员，对于军事委员会的各种方针、各种计划、各种组织都已经详细说明了。现在我单讲最要紧的军政统一问题。统一军政，必自统一名称始，如旧日湘军、滇军、桂军、粤军等等，以省为别的名称，都应一律取消，另用统一的称号。在军事委员会曾拟有三种名称：(一）国民军，(二）革命军，(三）国民革命军。其要义不外指明我们国民党召集优秀国民所组织的军队，是以革命为主旨，所以国民革命军乃为最切合的名称。……最初，帝国主义者利用袁世凯，是要袁世凯制革命党的死命，继起的黎、冯、徐、曹，侍帝国主义者为背景，也如出一辙，无时无地不想打破我们革命党。……各位还要晓得，帝国主义者最凶狠的一个毒计，就是挑拨中国国内的战争，使我们国人自相残杀，国家四分五裂，不能统一，不能建设。他花了少许金钱买弄军阀，如同剧场的看客，花了一些戏票钱，直要我们中国人民的生命化作炮灰。还有帝国主义者在中国用的惯技，就是遇到与他帝国主义利害冲突的时候，他决不肯拿他本国军队来同我们革命军打仗，这亦是他势有不能。因此他因有拿金钱来买我们中国不爱护国家的军人来牺牲，对我们革命军打仗。譬如庚子年联军攻北京，首先入北京的，并不是外国兵，实在是老番所雇用的我们中国广东的潮州兵，这个惯技到了今日，愈用愈精了，不但买北军来打南军，买反革命的军阀来打革命军，还要买假革命军的军队来打真革命军，你想可痛不可痛，可恨不可恨。所以我们反对帝国主义，并不单因为他表面上压迫中国人民，实在是在深切处，看到他帝国主义因为资本主义发达最高的程度，造成经济恐慌，不得不向殖民地、次殖民地施行榨压，以图苟活。更痛恨他买中国人来打中国人的毒计。由此可知帝国主义实为吾人的死敌，其间绝无妥协调和的余地。我今天可以说，帝国主义不倒，中国必亡；中国不亡，帝国主义必倒。今日正是世界上帝国主义与反帝国主义一场最后的大激战，不但在北方，帝国主义利用军阀，阻止革命，即在南方，帝国主义亦无时不思利用反革命和假革命的军阀，以妨碍革命势力的发展，务使革命势力消灭而后快。……香港政府既暗助杨、刘，杨、刘不倒，革命政府必不能存在，我们若不将杨、打刘倒，香港政府早已统治了广东了，所以此次杨、刘失败，就是香港政府的失败。诸君听此，可以明白我们革命军形式上虽与国内军阀打仗，实在是无时无地不与帝国主义为敌。……就常理来说，军阀受帝国主义的暗助，既有钱又有械，应大得其势，然实际上军阀在北洋及西南的，都不能延长其生命至三、四年之久。袁世凯要算是超等的唯一军阀了，然而他依靠帝国主义者，借款购械，压迫民党，到了结果，还是自毙，帝国主义势力虽大，也不能救住他的寿命。于此可知，军阀虽有帝国主义者做护身符，但因为与人民利害相反，不仅不能得人民之助，且遭人民激烈的反对，无论他的外援如何强大，总敌不过民众反抗的力量，所以他的结果总是失败。此次沪案发生，广东工、农、商、学、兵联合的兴起，足以使帝国主义者胆寒，中国民族革命运动的精神，更引起了沿印度洋、红海、地中海的被压迫民族壮大的独立呼声，直吓得帝国主义者向吾人发抖。……帝国主义国内真正握政权的，不过少数资本家特殊阶级，而最大多数的无产阶级，却一样受苦，一样反对其本国帝国主义。苟帝国主义与吾人开仗，正是他无产阶级推翻资本主义千载一时的机会，他们决不会轻轻放过，而且必能与我们革命军相策应。我们打倒帝国主义，才是革命的真成功，我们敢同帝国主义作战，才是革命的真起首。……本来英法对于土耳其，比对于我们中国的压迫还要凶些。三年前土耳其国民党直接与列强宣战，他们作战的方略，便是先放弃君士坦丁堡，改在安哥拉附近陆上守御，英法列强费了许多金钱利器，还是被他们的国民军打败，结果不平等条约废除，他们的国家、民族从此得到独立平等。土耳其尚能如此，我们中国岂有不能的道理。不过还要晓得土耳其所以能制胜列强，并不是偶然，是他们的国民军能为国家独立自由而奋斗，牺牲个人的生命权利，他们的革命才能成功。……英国人只设一家借款公司在印度，供给印度的贪官污吏及其军阀，助长印度内乱，他不费一弹，竟占领了全印度。英国人这个用在印度的惯技，现在用到中国来了。……还有些军阀，如同冯国璋、曹锟之流，卖国的钱实在太多了，他全部都还在外国银行，抽一部分自己来开银行或是工厂，那里晓得我们中国人无论做什么买卖生意，只要外国帝国主义者少许用些资本，立刻就可把你压倒。你用五百万资本开工厂，那里抵得过外国用五千万资本来同你竞争，所以帝国资本主义不倒，中国人做生意的，都不能自由，他要你中国银行、工厂那一天关门，你就要那一天关门。这是说中国今日还有半独立名称存在，如果一旦为帝国主义者用经济力量亡了中国，那时不但是不许你开银行做生意，就是你在外国银行的存款，也不许你自由取用，你要提取少许，都要被他监督用度。这不要看别的，只看台湾和韩国的富翁，在日本银行所存的钱，支取的困难，监督的严密，就可明白了。这样看来，现在受了帝国主义的金钱，卖了自己的国家，等到国卖完之后，所得的卖国钱仍旧还给买主，你看上当不上当呢？……我们革命军以后只希望同外国帝国主义直接打一仗，极望中国军人觉悟，再不自相残杀，这样无论那一省来与帝国主义开仗，就是燃着了中国大革命成功的导火线，亦就是燃着了世界大革命成功的导火线。〕

二十七日 调集教导第一、二、三、四团机关枪连各连长，来埔实习新式机枪。

二十八日 午后一时，公召集军校各部处人员，开改定编制会议。

四时，公谨跋总理北上时手赠中国国防地图。

呈请任命王文翰为党军司令部副官处处长，沈良为管理处处长，陆福廷为交通处处长。

二十九日 下午，看欧阳著对英主战论，命题十余课学生。

呈请任命汪世鎏、马光波、万梦麟为军校少校教官。

是日 俄“新匆罗保罗”舰运煤到埔。〔英人谋断我燃料之计破矣。〕

三十一日 旁午，公赴虎门检阅第四团第一、三两营，至晚，宴会，讲演。是夕宿于船中。

重申纪律令。〔令曰：为令遵事：查本校乃本党于环境压迫之中艰难缔造，以图养成党军中坚之干部，故无论官生，皆负重大之使命，应如何自立立人，自达达人，以树革命军之模范，乃东征而后，回师以来，竟因专力前方，一意作战，致后方军纪日见懈驰，无以继续先烈奋斗之精神。是应重申纪律，各明职守，总使官不恋私，生不越轨，宁绳法以伤情，毋殉情而坏法。如官生之间非关课程公务，官长不得招致学生于寝室以说私，学生不得迳入官长寝室以坐卧，其余一切行动，均应恪守军纪。倘或阳奉阴违，泄漏其职务上之行事，与刺探行政上之意图，一经查觉，定于严惩。仰各懔遵为要。切切！此令。〕

八月一日 公赴沙角，检阅教导第四团第二营。

三日 呈请调任杜从戎为党军第四团第一营代理营长，遗缺委周汉伟代理。

入伍生第三营期满入校。

是日 建国第四军军长黄明堂解卸军权，部众资遣回籍。

四日 埔校开追悼沙基死难烈士大会，公主祭演说。〔节录：今天本校本军全体同志，追悼沙基死难诸烈士，大家在此赤日酷暑之中，都能严肃恪敬，表现沉痛哀悼的意思，可见烈士之烈，死得其所了。但是我们还要晓得，我们今天追悼诸位烈士，一方面固然是悲哀，一方面也是我们未亡人很光荣的日子，这光荣是先烈之血换给我们的。因为将来我们国家，我们人民，能得着解放平等的幸福，全赖这些死难的牺牲得来的，所以我们生在一天，就要一天记着死难诸烈士，不要忘了他们死难痛苦惨伤的情形。我们今天追悼他们，应该在精神上留个永久的纪念，时时不忘报仇雪耻的责任，应该认清先烈是替我们死的，我们是他们的化身，我们要用先烈的奋斗精神为先烈报仇，才对得住先烈，才不愧为后死者。……我们既然处在这么一个环境，自然应当格外奋发，不努力也要努力，不奋斗也要奋斗。帝国主义者时时想制我们的死命，同时我们也时时想打倒帝国主义，所以我就希望诸同志，更要明瞭党员的责任。官长要请假回家的，到这时候都不要请假了，学生在学校里就要更加知道自治，勉力求学，练好本事，总要我们随时随地都可以和敌人打仗才好。……从前俄罗斯革命，也受帝国主义者经济的封锁，三五天得不到一顿面包吃，西伯利亚那样冷的地方，冬天没有棉衣穿，然而他们还是要坚忍做去，要打破被帝国主义的封锁，他们是何等的奋斗精神。现在我们的环境已和俄国一般的险恶，我们也应当耐劳耐苦，来为革命奋斗。……天下无论什么事情，只有身受苦痛方能引起觉悟，沙基的惨案，香港政府对我们经济的封锁，都是给我们民众觉悟的顶好机会。这回我们同志死难，无异他们在机关枪声中，大声疾呼的告诉我们说，帝国主义的真象，现在我们民众都可以认识了。……〕

军校第二期同学录告成，公为之序。〔序曰：本年四月下旬，余为第一期同学录作序，曾详序东江战事，诸将生士奋勇作战，视死如归之情状。而推其原因，为本党总理主义之所感，因以勇往猛进，打破帝国资本主义及其傀儡之军阀，实行我总理三民主义，继承先烈革命未成之志。不死不已，不成不止，为诸生及将士勖，更欲以同学录，为我校同学生死始终，共同一致，精神团结之写真，使我世世同学与同志，藉悉我校今日精神所在，且从而兴起，继续我校不断革命之事业。岁月如流，瞬逾三月，而第二期同学毕业期届，又以同学录索序于余矣。余今日之所期望诸同学同志者，固犹是三个月以前之期望也，此外更何言乎？然即此三个月之中，其足为本校历史上永久纪念之大事，只有二焉：一为自东江旋师，扫除广州叛军，一为参加沙基游行，惨被英法帝国主义者戕害。前者虽幸获胜利，且成功之速颇非始愿所及，然我忠勇之学生将士，又死伤多人。余每觉扫除假革命派之可喜，不足抵偿丧失我亲爱同志之可惨。后者则直为我国而尤为我校之奇耻大辱。身为军人，张目视其同志受人屠戮，而不能为之复仇，日惟忍痛以待时，此耻不雪，何以为人。此二事皆我第二期同学所躬与，余知同学诸君之感想，亦必无异于余也。今日我同志所当警惕者，非仅革命而未成功，乃革命魔障且日益加甚，我辈誓打破帝国资本主义及其傀儡之军阀。帝国主义与军阀，亦岂能束手待毙，彼为自存计，惟出死力以谋颠覆我革命势力耳。帝国主义与军阀，进攻之猛，乃我革命势力已足使彼恐慌之证明，亦即我革命事业将告成功之先机。然果能成功与否，惟视此最后五分钟之努力如何，若因环境日增困难，稍存畏虑之心，则必至前功尽弃，终为帝国主义与军阀所屈服矣。在最近三个月中，我之困难已视如前加甚，然余以为此后之困难，必更有什百千倍于今日者，何以战胜此困难，亦惟持我同志团结一致，勇往猛进，不死不已，不成不止而已。第二期同学毕业以后，安知不如第一期同学，毕业未三月，即有东江战事，余又知第二期同学，彼时之奋勇作战，视死如归，亦必与第一期同学无二致也。观于杨希闵、刘震寰辈，距总理逝世未百日，即已变叛，愈信余前次所言，“不为信徒，便为叛逆，不为同志，便为仇寇”，绝非武断。今日又为本校追悼沙基死难同志之日，执笔序此，尤悲怆不能自已。我同学诸君乎，念来日之大难，懔责任之愈重，中必永求为总理主义最诚实之信徒，已死诸同志最忠勇之同志，兹录殆其左券已。中华民国十四年八月四日。蒋中正序于黄埔军校。〕

复奖学生赵荣忠等。军校第一期学生赵荣忠、徐象谦、孔昭霖、白龙奇、任弘毅等函称：“奉命回豫，服务于国民第二军步兵第六混成旅教导团，兼充政治宣传员，效力本党，共矢忠勤。”等语。故公复奖之。

五日 上午，巡查各学生队。

在党军第一师部讲演。〔稿无查〕

公闻香港英人积极备战，必欲毁坏长洲全岛，消灭埔校，制服广东政府，愤不可遏。

呈请任命金诵盘代理军医处处长，郭大荣为第一大队队长，马光波、周学海为少校教官。

六日 公以校款无人负责，愤而辞职。〔呈曰：为呈请准予辞去本兼各职事。窃中正仰荷先总理特达之知，任命为陆军军官学校校长，本年四月二十九日，复蒙钧会任命为党军司令官。材轻负重，时虞弗胜，惟以国民革命亟待完成，党员责任未敢放弃，辄复黾勉从事，冀图报称。奈终以才短体弱，日呈竭蹶之象，长此以往，陨越堪虞。且自两次入院医治，迄今精力犹未复原，校务军务，皆甚繁剧，尤非衰悴之身所克担荷。中正责任心重，既自知不能有所建树，更何忍一日尸位，辄敢陈明实情，仰恳钧会即日准予辞去本兼各职，所有任内一切经手事宜，可责成廖党代表彻查，移交新任接替。中正回里休养，倘能恢复精元，则报党国之日正长也。谨呈中央执行委员会。〕

附：军事委员会复函

〔迳复者。接贵委员八月六日来呈，请辞去军事委员会委员等职，当于本月十一日本委员会第十七次会议提交讨论。佥谓先帅竭毕生之力从事国民革命，不及目睹成功，赍志以殁，而遗其责任于我后死，现虽肃清反侧，而如何继续努力，事务更繁，责任更重。军事进行现方发轫，本会同人尤难稍懈，贵委员忠勇成性，学识超群，昔年总理蒙尘，曾以一身当困难，迩来驰驱杀贼，尤能百战建奇功，政府倚若长城，党军奉为泰斗。本会进行，正赖策划，当经一致议决，恳切挽留，并推定朱委员培德代表同人，前往致意。务希念先帅付托之重，同志期望之殷，打消辞意，勉为其难，党国幸甚。辞呈璧还。此致蒋委员中正。军事委员会启。八月十二日。〕

是日 国民政府裁撤广西总司令暨省长，于筹备改组以前，所有广西全省军政、民政、财政，着李宗仁、黄绍竑暂以广西全省绥靖处名义，负责办理。

七日　军校工兵队试演水机关枪。

八日　大公子经国来埔校省亲〔留六日即归〕。

十日　呈请任命严尔艾为军校少校教官。

戴传贤来长函，痛诋共产党。

十二日　呈请任命张与仁为第三大队队长，侯连瀛为少校教官。

十三日　第三期学生明日出发，实习行军旅行。下午三时，公因与讲话，解释三民主义，以民生为历史中心之意义，应始终立于本党革命之地位，随时随地廓清恶社会，而使之日新又新也。〔全稿佚〕

呈请任命陈复为第二大队队长。

军校改编炮兵营，照编制表编为三连，官长由炮兵科毕业生选出。

十四日　整天处理公文，病院中士兵假条，至此批毕，公自以如释重负。尝谓余视伤病兵，较子姪尤过之，带兵官并此而不在念，则无良心之人，何足以任革命。

下午，朱培德军长来谈。退后，公曰："此人诚一血性男子，可与共事也。"

呈请任命张性白为军校少校教官。

令辎重队长黄在玑，教官李卓元、胡树森，党军第二师参谋长张治中，编纂东征及回定广州战史。

十五日　公近常形暴态，思读性理书以养之。

胡汉民与许崇智嫌隙日深，许有不相容之心，公劝胡离粤出洋。

十七日　公训勉党军司令部全体人员，研究办事方法。〔节录：今天是我们司令部改组后第一次部务会议，本司令官也是第一次参加。本来司令官应该常在部里同各位官长办理一切，但因为被旁的职务牵制，不能常到部里来，这是我深引为憾的。不过我们要知道，我们这个司令部与旁的司令部不同，旁的机关总离不了主干的人督率，主干的人不在，事情就办不好，中国已成了这样的习惯。但是我们这个司令部的性质，比众不同。因为部务就是党务，各党员办理党事，各有职务和责任，不一定要主干的人督率的。因为我们个个都是党员，而且受了训练，虽不能说完全优良，总可说比旁的机关好得多。我们现在办事，是依照科学的方法，分工合作的原理来做的，事事有条理、有系统、有组织的。这一点就是我们司令部与旁的机关不同的地方。……大凡司令部里面，分参谋、副官等处，在处之下，再分出科。有公事的时候，应归某科办理的，就分到某科，头绪一点不乱。照这样做去，我们军部公事，最多每天一二百件，没有办不了的。若是系统分不清，范围分不明，勤快的人太辛苦，懒惰的人太舒服，劳逸不均，结果勤快的人也会灰心，也会变成懒惰，这种弊病，旁的机关是常常有的。其原因就是主干的人不懂得办事的方法，他的部属亦没有这样的训练，办事还要注意的，就是演绎法与归纳法。天下无论什么事物，其中总有一种事理，而且我们一定可以找出这正当的事理。要找到这事理，就要将其中的成分一条一条的演绎出来，演绎之后，就可以辨别是非、利害、先后、轻重，然后再归纳起来，就可以得到一个正当的结果。此外，还要注重统计法：这统计是最要紧的，懂得统计，无论多少事物，也能把他的事物数额分别出来，再拿这逐个的数字统计起来，就可以得到一个总数。有了这一个总数，不但复杂变为简单，而且糊涂能变成明瞭。所以办事的人，数字是最要注重的。……各位要明白军队的事，完全是从下级官长做起，在下级官长的时代，才能做实在的事，到了中级官，就不能象下级官作实在事了，若是到上级官，简直不能作实在的事情，所以军队里面，最要紧的是下级官。我们党里下级干部差不多比上级官还看重，这与待兵士比待官长还重要的道理一样。所以希望各位在下级官的时代，做点真正的事，不要在外面去随便嫖赌，一则把身体弄坏，不能作事，二则我们是党军，随处有人注意，稍稍有点错处，就会受人指责，希望大家要自珍自爱，顾全党军的名誉才好。我们司令部还有一点不好，就是对于公共物件不爱惜，随处浪费。要知道我们的物品从那里来，是从政府领钱买来的；政府的钱又从那里来，是从人民身上收租得来的，所以我们所用的东西，就是民脂民膏，浪费了去，自问良心也过不去，以后就是一纸一笔，也要加意爱惜。凡是一个机关，要看他有无精神，有无发展气象，不用去看旁的，只要到他的大门，看他卫兵动作怎样；其次到号房，看他有无条理次序；其次再看值星官办事的手续，再到会客厅，看他清洁整理与否，及其勤务兵的动作。这几点，虽然是表面上的事，然而就可看出他内容。若是表面上的都整顿不好，内部就可想而知。除了看他卫兵、号房、值星官、勤务兵以外，再看厨房、厕所、浴室等地方，更可以看出全部的情形来。凡作事总要从小处做起，从前曾文正公讲有两句话，规模远大，综理密微，这是有绝大的办事学问在里面，才能说得出来。……我们司令部是一个学校，教你们都做二十世纪的新人物，不要再去过十九世纪旧式的生活。我最恨的，是我们中国人思想、习惯、行动，统统不合现在的生活，尤其是萎靡不振的精神，苟且偷安的心理，变成了一个不死不活的半死人。我们革命党不但振奋志气，发愤为雄，而且要拿赤心热血来救活这些不死不活的半死人，革命党的责任就是在此。我们一般青年将校，既生在这二十世纪，就要作二十世纪的事，最要紧的，珍惜时间，不要虚耗去了；其次就要对于一切数量，弄得清清楚楚，丝毫不差，譬如要晓得一连有若干兵数，一团有若干枪数，然后才能预算经费，才能判断实力。这时间与数量两件事，真是办事的秘诀。本司令一向办事，就要讲组织、系统和范围，分门别类的依次办理，否则夜间就不能安睡。我很希望各位今天听了我的话以后，务要依照我所说的方法，切实做去，将来得了成效，也不辜负你们到党军里来做一番事业。〕

晚，廖仲恺就谈主义。

派蒋鼎文为党军第五团代理团长〔团部设鱼珠蒲氏宗祠〕。

十八日　上午七时，公在北校场检阅步兵第三团。

呈请任命谭毅夫为军校电学教官。

派邹教官竞为河南考试入伍生委员长，朱教官棠、俞特别官佐墉为委员，朱教官毅为上海考试入伍生委员长。

改称后方病院为军校第一病院，隶属于军医处。

十九日　第二次检阅步兵第三团〔学科成绩较第四团为逊〕。

二十日　上午九时五十分，廖党代表遇害。〔仲恺，广东惠阳人，父侨商于美生焉。性聪颖，擅中、英文，年十七返国，二十二与何香凝结婚，何资以游东，专习政治经济，随孙公组织同盟会。辛亥鼎革，回粤司财政。北伐时，邓仲元济械，仲恺给饷，炯明忌之，刺邓死，仲恺为囚。旋陈败，孙公复主粤政，与仲恺改组国民党，成立党军，历任财政部长、广东省长及财政厅长。平杨刘一役，以工人部长资格，联络工人，奏绩尤宏。时年四十有八。〕仲恺赴中央执行委员会例会，才入大门，突遭暴徒狙击，弹贯胸膈，急舁至广东大学医科学院施救，创剧遽殒。公闻警趋往，抚尸大恸，当场毙犯陈顺一名，搜其身畔，有粤军南路司令部参谋长梅光培枪照。

中央执行委员会、国民政府委员会、军事委员会开联席会议，推公与汪主席、许总司令组织特别委员会，授以政治、军事及警察全权。

省城布告戒严。令何师长各部分区警备，并派一部前往观音山驻防。

国民政府令古应芬〔广东省民政厅长〕兼署财政部长及广东省财政厅长。

二十一日 下午，公赴第一军司令部，出席特别委员会议，应付廖案及时局。

长洲岛戒严。以第三期学生担任沿海岸警戒，第二期学生为全岛总预备队，并令飞鹰舰长黄振等，监视江固舰。

呈请任命胡宗南为党军教导第五团第三营营长〔未到任以前，着王世和替代〕。

军校举行第二期学生毕业试验。

二十二日 下午，在东山寓开特别委员会。

二十三日 晨，面授何师长、王参谋长机宜，预定明日军事行动。下午，出席特别委员会议，至午夜，又以外交关系暂缓举发。

军校炮兵营、宪兵营、第四团，统归何师长指挥调遣。

派教官杨膺谓暂代本校管理处长。

二十四日 上午，公就广州卫戍司令职。

下午，在寓开特别委员会，决定明日逮捕各犯。

军校教导第四团第二、三营，由沙角移驻校内〔准备出发〕，教导第五团第四、五、六连，由埔开省。

二十五日 晨，校队擒获林直勉、张国桢〔十月五日枪决〕、梁士锋等，胡毅生、林树巍脱逃。在粤军总部扣留梁鸿楷、招桂章、杨锦龙等。发见港英谋覆政府，以梁鸿楷为总司令、魏邦平为省长之大阴谋，乃即缉拿魏逆。下午，解散鸿楷、锦龙、士锋在省城与西江各军队。

国民政府令设审理廖案特别法庭，任命林森等九人为检察委员。

二十六日　上午，诣总部议事，旋莅工人请愿大会讲演。〔稿无查〕

派区队长李启楫率学生二十名，押解廖案犯谭启秀、郭敏卿来埔。

公自廖案发生，夜睡未足二小时，是夕大鼾。

是日　令江大、江汉、龙骧、广安、光华、宝璧、江固七舰警备黄埔海面。

军事委员会议决编组国民革命军。党军改为第一军，统辖第一、二两师，蒋中正任军长；建国湘军改为第二军，谭延闿任军长；建国滇军改为第三军，朱培德任军长；建国粤军改为第四军，李济深任军长；福军改为第五军，李福林任军长。余如赣、鄂、豫、陕各小部，则仍其旧。军政于以统一矣。

呈请任命何应钦为国民革命军第一军第一师师长，统率学生总队。

二十七日　下午，出席特别委员会。

二十八日　上午，公看各国革命史。

下午，赴总部参加俄国工党代表及列宁号舰人员欢迎会。

是日　长洲岛解严。

二十九日　下午，出席特别委员会。

令各大队受教育长指挥。〔令曰：现在各大队成立，学、术二科自应联合一致。术科事务殷繁，总队长严重，著暂免去各大队长统驭责任，嗣后各大队直接受教育长指挥。此令。〕

军事教育处成立，呈请任命严重兼该处术科主任，张元祐兼学科主任。

三十日　上午七时，往训第一师官兵。〔稿未留〕

下午，出席特别委员会。

三十一日　下午一时，军校开追悼廖党代表大会，公主祭演说。廖夫人携子女莅会，来宾有中央执行委员会主席汪兆铭、委员林森等。

附：节公演说词

〔党代表的精神历史，党代表与本校的关系，已由汪先生讲得很明白了，党代表的死，是一般反革命派用反共产的口号打死的（目党代表为共产党）。

他生平的事业，尤其对农工的事业，是很多的。他的精神是集中在黄埔陆军军官学校及党军的身上，黄埔军官学校学生及党军，就是廖先生最亲爱的子弟，我们永远留着纪念，不要忘了。我们学校里，我们党军里，没有什么共产派与反共产派，完全以三民主义为中心，完成国民革命。以后要使廖先生死在地下瞑目，只有努力奋斗，达到廖先生生前的愿望。现在我们的环境非常险恶，处在四面楚歌之中，最利害的是帝国主义用反共产的口号，来离间我们同志，中伤我们同志。所欲谋杀的，不止廖先生一人，汪先生和本校长都在内的，所以汪先生和我何时死，是不得而知的。如果党代表死后，我们还不彻底觉悟，便中了敌人的奸计了。大家以后务要继续党代表的遗志，和他平日所指示我们的。……〕

附：公祭文

〔维中华民国十四年八月三十一日：蒋中正谨致祭于仲恺先生之灵曰：呜呼！总理逝世未半载，而先生突死于凶徒之狙击，是犹慈父见背，而盗又杀其长兄，国民革命之大打击，中华民族之损失，岂只三千学子，全军将士痛失师承。呜呼！先生追随总理革命二十余年，临大节而不夺，屹然为吾党之长城。其好学深思犹易及最难能者，勇猛前进、献身主义之精诚，先生积二十年之经验，知非先有为人民奋斗之武力，进而以武力为人民所有，则革命将终于无成，乃赞襄总理，手创本校，谬以中正为知兵。一年以来，学子成业，党军成师，皆赖先生之殷勤训诲，辛苦经营。东江、广州诸役，奉主义以深入群众，所至得箪食壶浆之迎。先生特不妥协之特性，与反革命派不两立，多士受其感化，杀贼之速，乃为举世所震惊。国民政府成立，先生为其中坚，禁烟绝赌，统一军政、财政，援助罢工工人，皆以促国民革命之进行。庸讵知道高一尺，魔高一丈，先生为群小所侧目，竟作主义之牺牲。呜呼！国人相惊之赤化，在事实羌无根据，在理论徒蒙恶名。先生尽瘁于党国，人皆知其无私怨，其扶助农工团体，乃欲救民生之困苦，泯人类之不平。群小曷为而杀先生，甘为帝国主义者之虎伥，其事甚明，先生之死，乃革命反革命之决战问题，而决非所谓共产反共产之争。呜呼！民国五年之夏，英士遇害于沪滨，中正经纪其丧，中夜不寐，痛哭失声，非仅以恸其私，实虑无英士在，更难制止大憝之专横。自兹以后，哭执信、哭仲元，皆切人亡国瘁之痛，惴惴焉惧大厦之将倾。今先生又殒命于外人屠戮我国同胞之时，虽罪人斯得，亦何足稍减后死者伤痛之情。呜呼！我本党同志，何以慰先生在天之灵，亦惟奉行遗训，彻底革命。人孰不死，为革命而死，为主义而死，为拥护人民、党国利益而死，则其死何如泰山之重轻。呜呼！成败利钝，非所逆睹，鞠躬尽瘁，死而后已。中正曩以昭告于总理者，今有敢以昭告于先生，九原有知，来格来歆。呜呼，尚飨。〕

派第一大队防卫各兵舰及埔校与长洲要塞部，并看守押犯。

九月一日　上午九时，率军校官生赴中央党部，祭廖党代表灵柩，并会送出葬。执绋者五六万人，墓在沙河驷马冈。

下午，开特别委员会，议决三事：一、统一财政，设监督委员会，强迫各处解部，〈不从，则以武力讨伐之〉。二、出兵东江。三、胡汉民出洋。至十一时散会。

军校及上海、汉口、开封各党部，同时招收入伍生。

逆部复据潮汕以叛，进占普、惠、海、陆丰等县，留守粤军不能御，节次西退。

二日　下午，出席特别委员会。

呈请任命杨乐天、林益简为军校中校教官。

组织长洲要塞警备队，呈请任命骆凤翔为该队司令，林振雄兼该队总指挥。

令第五团归何师长训练节制。

第一军组织宪兵营。

下级干部及入伍生考试委员会成立。

邓本殷响应东江逆军，自任左路，以陈德春为中路，苏廷有为右路，来袭肇庆。

三日　调第一军第一师副官长陈隐冀复教官职。

晚，军政当局在军事部欢宴广州市商界领袖，公即席演说。〔节录：〈今天我来参加这个联欢会，同商界同胞共叙一堂，很是欣慰。我现在敢以极诚恳的态度，对商界同胞简单地报告几句。我是广州卫戍司令，政府委任我的命令，本已下了两个多月，而我直到前月廿四日才就职，这是甚么原故呢？卫戍司令的职责，是要保护全广州市的人民的生命财产，我明知道了，为什么反不就职呢？我们自从潮汕回师到广州，直到现在，广州市面发生过许多谣言和几次大案件，如果我就卫戍司令职，便要行使职权来严办。譬如有人造谣惑众，我要行使卫戍司令的职权，便要拿他；有人暗杀，有人抢劫财货，我要行使卫戍司令的职权，也要拿他。但是在那班反革命派、不法军人、无聊政客未肃清以前，有什么法子可以实行这种职权呢？党军到了广州，已经有两个多月了，完全不能达到我们在潮汕未旋师以前所预定的计划，还是什么原故？就是那班歹徒从中作梗，从中造谣，一般市民又乱信谣言之故〉。今天同各位商界领袖诸君相见，关于政府历来实行三民主义和最近采取的政策，已经有汪先生、许先生说过了，我现在就职言职，把卫戍方面的事情和诸位谈谈。我敢负责讲，我在职一天，一定尽一天的能力，保护广州人民的生命财产。我限三个月之内，把广州市的土匪暗杀、抢劫等扰乱份子肃清，无论怎样，必不使广州人民的生命财产发生危险。但是有一个条件要求各位的，就是我们要把政府变成人民的政府，军队变成人民的军队，政府和军队是要同人民合作的，各位是商界的代表，就要同政府合作。怎么样合作呢？第一层重要的，就要各位领导商界，明白现在这个国民政府是实实在在真心替人民做事的，真心替人民谋幸福的，绝不象从前的〈龙济光、陆荣廷、陈炯明、杨希闵、刘震寰〉那班军阀敲剥人民的，人民能够相信政府，政府才敢尽量做事，这样广州人民的生命财产，才能保护完全，才能安居乐业。……造谣的说，国民政府有许多俄人在里面办事，这就是共产的表示。关于这点，我要简单地报告我们党的历史。在五年以前，俄国有位特派大使越飞来见我们孙总理中山先生，他们谈话当中，孙总理说："中国无论如何，只能实行三民主义，不适于实行共产主义。"当时越飞答复他说："你这答案非常适合，我们俄国当尽力来助你实行三民主义。"并且说："中国现在的国情，实在不适于共产主义，如果现在中国行共产主义，我们俄国反而不能帮助了。"所以俄国人来帮助我们，是为求中国的自由平等。还有一件事，在广州的反革命派未肃以前，本是绝对秘密的，现在我也公开的对诸君讲，我们中国国民党的党军，老实说，是学俄国革命军的编制的。我们为甚么要这样呢？我们先要明白党军的来由。当民国十二年我们把陈炯明驱逐到东江之后，滇、桂军到广东的很多，他们在广东数年，各据地盘，把持财政，不受政府的命令，不受大元帅的命令，区区东江几万敌人，打来打去打不下，弄到广东人民痛苦不堪。当时我见得这样，就劝孙大元帅把军制改正，并且对孙大元帅研究俄国革命军为甚么能这样勇敢。研究的结果，大元帅特派我到俄国去实地研究。当我到俄国研究的时候，见着赤卫军那样能守纪律，不骚扰人民，完全为人民做工夫，和人民很亲爱，人民也和他和好团结，这样的军队，有甚么打不胜的仗。所以我回国之后，就决定了，真要使军队能为人民求自由幸福打仗，能为党实行三民主义打仗，非用俄国赤卫军这种编制不可。故此实行仿照他的方法，训练我们的党军，现在我们的党军已经练成了，做到了。但是还有一层未能做到，就是俄国赤卫军能为人民打仗，同时人民亦能帮助赤卫军打仗，使赤卫军能行使他的职权，军队完全同人民合作。我很希望广东商界同胞，此后要用全力来帮助党军，要这样，才能使党军行使职权，才能使广东治安完成，才能使政府实行统一军政、统一民政、统一财政，才能达到中国的自由平等。自从帝国主义者在沪、汉和广东各地残杀我们同胞之后，我们已经把香港全个封锁，使他变成荒岛，虽然未到正式宣战，但已经入了战事状态中了。为什么我们敢于这样办呢？我敢说，党军一天在广东，他一天不敢来打，因为党军是拥护人民利益的，党军是人民所拥护的，有这样的军队，无论如何，他不敢来打的。否则英国很强的海军，有很多钱，为什么七十多天不敢来打呢？这就是人民同党军合作，共同来争回广东人民的人格，不甘受帝国主义者欺侮的效果。……〕

四日　施训党军司令部全体人员，说明办事办法与本部地位。〔全稿佚〕

军校甄试下级干部，录取六十六名。

五日　夜间，公以避烦不回省，特派船往省送信，驶至中流砥柱，倏有电艇追近，中搭十余人，因窥舱内只一差弁，匆又荡开，盖图行刺也。

六日　下午，军校举行第二期学生毕业式，校长施训话。节目：一、阅兵，二、分列，三、授文凭，四、毕业生宣誓，五、赐训，六、演说。礼毕，回校宴会。

晚，血花社演剧。

节：公训辞

〔今天是本校第二期同学毕业的日子，各同学学业总算告一段落，大家都应该是很快乐的，但本校长却认为今日是我们最悲痛的日子。因为我们既不能得总理亲授文凭，又不能得党代表看见我们毕业，东江阵亡和沙基死难各同志，也不能参加我们的毕业典礼，这是何等伤心的事。……今天我还没有死，还可以和第二期同学行毕业礼，等到第三期同学毕业的时候，不知我还在不在了。本校长那一天死，实在是不可知的，不过在我个人方面，死了比活着还要好，因为我死了，象总理和党代表一样，责任就可完成了。从前总理曾说过，亲见革命成功的人，谓之成功；生前未见成功，先牺牲去了的人，谓之成仁。我以为真正为人类为主义的人，很不容易在他生前成功的，生前成功的人，我以为都是假的。本校长是要你们做真正的革命党，就是要你们成仁，要你们为革命而死。我们试翻开历史一看，大凡能得其生前成功的人，都不是真正的英雄革命党，成功最显著的莫如帝王，而帝王的居心是不可以告人的，他们专拿人家做奴隶牛马，并且拿人家的生命做牺牲品，以造成他一人无上的幸福，所以他们绝对不是革命党。要是真的革命党，真正为党国作事的人，没有不先成仁而死的。譬如岳飞、文天祥、史可法之类，他是用那丹心碧血，为种族革命的，然而他们皆不得到成功，可是成了仁。在历史上和人格上说，这些人就是最大的成功。所以我们要做人格上、历史上成仁的革命党员，切不要希望成功，做假革命党。照我这样说，革命党人都要先成仁而死，不是革命无人可以做到成功么？这又不然。比方我蒋介石死了，诸位说还有蒋介石这种人没有呢？我说有，就是各官长和各同学，各官长和各同学，就是我死后的继承者。大家明白了这一点，在今日我还没有死，就应该预备怎样继承我死后的责任。总理死了，我是怎样艰难，廖党代表死了，我又是怎样困苦，诸位都是亲眼看见的，等到我死后，我也希望各位能以我所继承总理和党代表的，同样来继承我的工作。从前总理和党代表还在，我们的责任还是轻些的，譬如学校的经费和对外的应付，我们是不必操心的，现在他死了，事事都要我们自己去筹办，所以我们就应该加倍努力，想偷懒的也不可偷懒，同学中从前的意见和界限，也就应该根本消灭，去共同担负这个风雨飘摇的革命责任。至于阶级的高低，薪金的多寡，尤其不可放在意中，我们革命党人，是不以自己的功名富贵为前提的。我们学校里，自总理和党代表去世以后，一切陷入了危险的境地，除非我们合校同志能够同心协力，相亲相爱，向这险恶的环境冲出一条血路，我们才有成功的希望。如果大家意见纷歧，弊病百出，不能团结精神，我一旦死了之后，又怎样呢？何以对得起总理和党代表培养我们革命的一番苦心呢？我只希望你们大家同心同德，团结一致，我就是死了，亦可以安心瞑目了。……现在我们学校里、军队里，风纪军纪都渐渐坏起来了，赌钱的，嫖娼的，亏空公费的，在外招谣〔摇〕的，随便吸烟的，违犯了规则而不处罚的，种种不好的现象，简直说不完。一般官长对于士兵，更毫不注意，视如路人一般，士兵的生活如何，对于主义是否明瞭，对于打仗目的有否了解，官长一概不管。大家只顾自己的权利，不是怪上官没有借饷，便是想自己没有升官，甚至于灰心起来，怠惰职责。象这样的情形，将来如何能革命成功呢？本校长深望各位同学出去服务，一洗此种萎靡不振苟且偷安的堕落景象。我们应该记得，我们的总理是如何死的，我们的党代表是如何死的，我们已死的同志又是如何死的。我们总理的死，第一是因为我们一般党员不听他的指挥，致使主义不能实现，革命不能成功；第二是因为帝国主义者的压迫愈加厉害，总理到天津、北京的时候，尤其受了外国人的气。所以他的死，是外国帝国主义者和中国假革命党两个合起来迫死他的。我们就是要打倒帝国主义者，扫除革命障碍，开辟革命道路，不单是革命可以成功，而且可以复仇。……现在我们革命的目的，无非是要求中国的独立与自由，然而要求中国的独立与自由，首先就要从取消不平等条约做起，要取消不平等条约，就要先打倒帝国主义。所以帝国主义是我们中国革命党唯一的敌人，而尤其是我们军官学校惟一的敌人，希望各位以后要认清这一点才好。〕

召见优等毕业生。

七日　中国国民党浙江省执行委员会，选举公为第二次全国代表【大会】出席代表。

令军校第一大队队长郭大荣兼第三队队长，因葛金鎔以溺职撤差。

八日 下午，对第二期毕业生训讲振奋精神，革新社会。〔节录：今天第二期学生，有许多没有准假而不回校的，他们自以为已经毕了业，可以随便自由了，这种地方，实在赶不上第一期学生守纪律。我们总理提倡三民主义，创立中国国民党，是要改造中国，建设中国，就是要改造中国旧社会，建设中国的新制度。社会是由人类组织而成的，制度是跟着社会的需要应时产生的一个必要的大法，有这个制度，然后才可以建设社会。中国的制度，是几千年遗下的封建制度，中国的社会，是几千年遗下来的宗法社会，封建制度和宗法社会合起来，恰好把我们中国人葬在十八层地狱下面，永无翻身的日子了。这个旧社会、旧制度不改良，中国是决不能自由独立的，吃了饭，穿了衣，不做一点事，不用一点心，好逸恶劳，自私自利，偷生怕死，要是有些危险或要牺牲的事就不敢做，不肯做，这样一个社会，已造成了一种萎靡不振的气象，就是要亡国灭种的时候，也没有人管，大家苟且偷安，活一天算一天，这样的社会、人心、习惯，要国不亡，种不灭，是万万不能的。现在中国人数约有四万万，实在讲起来，我们总理死了以后，完全的人差不多寻不出几个。我说中国人不好完全算人，只是半死半活不死不活的半死人，这种半死人，比完全死了的人还要不好。如果是完全死了，倒不会遗害社会，惟其是半死半活的人，不但是于社会无益，而且有害，不但不能生产，而且还要消费。还有老气横秋，顽固不化，无志气，无血心，要他活，既救不活，要他死，他亦不死，连带一般可以奋发有为的青年，也受了他的传染。不独中国一般社会有这样现状，就是我们党军里和学校里，也成了这种半死半活不死不活医不好的麻疯病了。唉，社会既然如此，党军又是如此，学校亦是如此，你看中国怎么弄得好呢？我们先总理所期望于本校改造社会、建设中国的责任，如何达到？岂不可痛。……我们学校里，一千多个学生，连官长职员合起来，共二千多人，党军合计起来，有九千余人，现在我们党校与党军，合计约一万三千人，自然本校长是不能人人认识的，也不能知道个个人的性质，而且对于人与事，不能件件处置得当的。在外面不知我性质的人，或以为我对于部下不免有偏爱的地方，或是赏罚不平咧，或是升降不公咧。这些地方，我自己知道或许有的，但是大家应该要明白我的本心，是时时以公、明、勤三字自勉，决不肯故意来做不公平的事，〈这一点大家应该可以原谅我的〉。……比方我有功绩，上官不知道，不提升我，我不怨不尤，仍照常做去，或是我很守本分，守规矩，实行主义，而我的上官偏偏要责罚我，同事亦要谤诽我，排挤我，因为一时是非不明，这也是常有的事。即拿本校长来说，不能说没有一点错误，但是我自问并没有对不起良心的地方。……各位还要明白，校长只有一个人，如果事事要我亲自料理，无论什么学校，什么军队，也不成功的。总要希望你们大家个个以校长的分身自居，来整顿这个学校与军队，切望振作精神，奋勇向前，不要苟且偷安，做不死不活的半死人。这一年半以来，我所处的境地，只有悲痛，没有快乐的时候；只有见了好的学生，能实实在在地尽忠党务，有精神，守纪律，能求他思想学识进步，革命似乎有望，还可以自慰一下。此外无论到何处，常想着中国的民族衰弱到这步田地，大家还是半死半活，毫不觉悟，这样要救活这四万万人真不容易，不是还是自杀了安乐得多么。中国是无别的希望了，只希望本校的学生个个成个完人，去做革命事业，不要被旧社会恶习惯传染，来塌学校及总理的台。……各位无论见了第一期或第三期的同学，总要将我所希望的传说给他们听，使他们觉悟反省，不使我们总理的事业由我们手里丢去，一定要存养这正气，来担当顶天立地的革命责任。……还有我们三民主义哲学的立足点，今天我同你们讲一讲，就可以了解三民主义的要义。三民主义哲学上的立足点，就是总理所讲的"三民主义，以民生为历史的中心"这句话，可以包括三民主义真正的意义。凡是一个主义，都有他哲学的立足点。比方共产主义，是以物质为历史的中心，而我们三民主义，以民生为历史的中心。这以民生为历史中心的主义，无论到什么时候，决不会失败的。总理下这个定义，就是说革命没有止境的，革命党就要一生一世做革命党的。……〕

呈请任命丁琥代理军校第三队队长，李强之代理第七队队长，潘佑强代理第九队队长，冯剑飞代理第十一队队长，顾濬代理第十二队队长。

分发见习令。〔令曰：本校第二期学生业经毕业，亟应分发见习，及专修特种技能，按照服务政治工作、军队职务、机关枪班、通信队、第一师工兵连等五大端编派。其政治工作细部，按照学校、军队、海军党代表、纠察队官长、国民政府政治训练部，由代理政治部主任周恩来核派。军队职务，按照师部第一、二、三、四、五团，除第五团已先行派遣九名、宪兵营五名外，由第一师长何应钦核派。机关枪班及通信队，仍直属本校，工兵连直属第一师，均着妥为编配训练。通信队设置地点及筹备，着该队长陈哲禀承军部参谋长办理。凡所分发各生，以后如有调动者，均着报告本校校长办公厅，〈以作永久之团结，〉并定于本月十日出校。此令。〕

九日　上午七时，又训第二期毕业生，勉其争最后五分钟成功。〔节录：昨天我同第二期毕业生讲话，有许多学生因为放假没有回来，所以未曾听到。这没有准假而不回校的学生，是太不守纪律了，由这点上，就可以分出那个学生是守规矩有希望，那个是不守规矩没有希望的。我们要判定主义能否实行，不是看他初始起首的时候，是要看他将成功而未成功的时候的。比方要看这个人能否做个真正革命党员，真正革命军人，和他个人的品行道德精神如何，就在平时上操、受课、站队的时候，都可以看得出的。比方上操快要解散的时候，官长尚未下解散口令，他心里就急得不了，一等队长解散口令一叫，大家就乱七八糟，有唱曲子的，也有嘻笑跳跃的，种种不规则的行为都发露出来了。官长也不去管他，以为解散以后，官长就可以卸责了，听他们叫嚣吵闹不去过问。还有时候站队讲话，站在第二、三排里的人，或者不立正，或者谈天嘻笑，以为官长看不到，他就可以放肆了，这样的学生，是全无自治自动的能力。……如果对于革命事业起头非常奋发，等到一年不成功，二年三年不成功，便将朝气变为暮气，热血化为冷血，这不但是不革命，而且做了反革命。如民国初年的党员，有些还是同盟会的老同志，给袁世凯收买了去，这种人，起初未始没有志气，到了后来，为利禄所迷，只知道自私自利，升官发财，不但是从前一番劳苦化为乌有，人格简直丧失尽了。所以无论何事，要他成功，必要坚持到最后的五分钟，才能得到胜利。比方打仗一样，如无最后五分钟的坚忍性，结果一定是失败的。失败以后，不止以前的辛苦付之东流，革命事业完全打消，他个人的生命也保不住了。革命党员的精神，是要百折不回的，革命军的勇气，是要始终如一的。譬如在战线上敌人枪炮最猛烈的时候，我军上下最困难的时候，几乎阵脚快要动摇了，这时要是不知道打仗的秘诀在最后五分钟的坚持，就会立即败退下来，这不是将以前的辛苦困难，完全为这五分钟不能坚持而消失殆尽么。我们军人最要紧的，就要知道最后五分钟的忍耐。……大家要相信革命主义，一定可以得到最后的成功，而反革命派，一定是要失败的。如果革命军人没有自信力必胜心，也是一定会失败的。……你们现在所学的军事学，实在说，还没有到陆军中学的程度，最要紧的，无论到什么地方，关于军事学的书籍，如四大教程、典范令等，不能丢开，要时时研究温习才好。学问不是专在学校里学得完的，要在毕业后自己去悉心研究，尤其是军人的典范令及各种精神教育，不能离手。军人看重典范令，要如同清秀才看四书五经一样重要，不要以为得了文凭，就算完事。如果有这样的心理，不独学校破产，你们个人自己的事业也破产了。本校因为种种关系，教育不能完满，这是我非常抱歉的。军人最要紧的是精神，现在你们将要出去教人了，最要紧的几种书籍，如增补曾、胡治兵语录，本校日课问答，革命军刑事条例，新兵精神教育问答等书，都时时要看。〕

十时，抵省城，往晤汪兆铭，因言，“〈许崇智不顾大局〉[1]，把持财政，心欲限制本军之发展，可胜慨然。”

下午，率军校官生赴广州北校场，参加党军追悼廖党代表大会，演讲。〔节录：今天我们追悼廖党代表，大家应该要感觉到我们党军是从那里来的。我们党军能够在东江打胜了反革命军队陈炯明，回省来又打倒假革命军队杨希闵、刘震寰，使我们革命根基稳固，又是从那里来的，可以说是由一个人奋斗而来的。这个人是谁，就是我们廖党代表，所以廖党代表是我们党军的慈母。现在我们的慈母已被敌人打死了，我们党军应该作何感想，应当要如何设法报仇。廖党代表此次之死，完全是帝国主义和反革命派来谋死的。但是我们要知道，打廖党代表的人，不是只要打他一个人，实在是要消灭我们党军，所以我们党代表被人打死，也就是我们被人打死

1　原稿蒋将此句删去，改为“有人”两字。

一样。我们以后应该要如何的努力，应该要如何想为廖党代表复仇。大家要回想到廖党代表在生的教训，及其在生未满足的地方是在那里。他的教训是什么？是要我们来革命，就是要我们实行总理的三民主义，努力奋斗，来打倒反革命和假革命的军队，完成我们中国做一个自由平等的国家。他的不满足在什么地方？第一，就是他看见我们党军官长间或还有不能努力的，无志气，无勇气，现出一种半生半死的样子来，甚至于嫖赌都有，这些地方，廖党代表是非常抱悲观的。第二，是他对我党军的士兵，算是尽心尽力，无微不至，如同看待家里子弟一样，但是士兵之中，还有不能体谅、想逃跑出走的。廖党代表有这两层遗恨，现在他死了，我们官长士兵应该对这缺点改正过来，继续廖党代表的志愿，完成他未竟的事业，做真正的党军。大家官兵在一块儿革命，同心协力，同生同死，那么，廖党代表虽死犹生。〕

晚，与汪兆铭、谭延闿、朱培德商议应付粤局。

十日　军校改定第三期学生队号，并编配各队队长。因第二期学生已毕业，改称第三、四、五、六、七、八、九、十、十一、十二队为第一、二、三、四、五、六、七、八、九队，统计一千二百余人。其队长：第一队代理丁琥、第二队伍树帆，第三队陈奇涵，第四队杨宁，第五队代理李强之，第六队杨文涟，第七队代理潘佑强，第八队代理冯剑飞，第九队代理顾濬，骑兵队张鼎家。

十一日　呈请任命徐桴为军部经理处处长，俞飞鹏为审计处处长，李卓元为第一师工兵队队长。

规定军校值星官任务。

中央令军校特别区党部改称特别党部，并修组织系统表。

十二日　呈请任命雷震为军校军械处党代表。

十三日　军校筹备校史编纂会任命邵力子兼该会主席，袁同畴为总编纂，毛思诚、鲁易、白瑜、李勉成、何广、曾扩情、杨其纲、贾伯涛、杨麟、周逸群为编纂员，王柏龄、何应钦、周恩来、严重、张元祐、周骏彦、张家瑞、钱大钧为审查员。

军校开选举第三届特别党部执行委员及监察委员大会，党员到者一千三百七十二人，推公主席。票决结果，邵力子、王柏龄、袁同畴、余翰邦、焦启铠当选为执行委员，蒋中正、严重当选为监察委员。

十四日　闻第一师第二团营房火灾，深致忧叹。

函政治委员会委员，请维持中央银行。〔函曰：政治委员会诸公大鉴：中央银行为先总理辛苦缔造之唯一财政机关，向以印花税、丝捐、稽核所为补充基本金之基金。近因各种风潮，挤兑频来，全赖火油捐一项收入调剂，勉为竭蹶应付。兹闻将以此数归入财厅，而置中央银行基金于不顾。如此事果行，中央纸币顿跌，无异宣告破产，不但市面恐慌而已。心所谓危，敢不明告，务请诸公协力维持，以利金融而维大局，是为至祷。此请公绥。中正谨上。〕

呈请任命赵锦雯为军校中校教官。

中央执行委员会，推任汪兆铭为党军及军校党代表。

十五日　冯轶裴、张和、余鹰扬部，为林虎等股压迫，陆续撤回平山、淡水。

逆刘志陆逼走许崇智部在潮汕人员及其所部。

十六日　整理军校军械库〔纳俄季顾问条陈也〕。

调任军校李卓元为第一师工兵队队长。

是日　胡汉民回广州。

十七日　早醒，沉思粤状，誓除障碍，以迄与外人经济绝交，一般奸宄，不易逃避，煽惑市商，亦谁愿助乱者，乃起床筹计一切。九时，汪兆铭、李济深等来校，谈次，佥以财政支配不公，许军万五千人，饷九十余万，各军则告饥，极诋许崇智忍心。

军校设下级干部训练班，呈请任命宋文彬为该班主任，并令筹备。

军校招考经理班。资格，曾受军事教育；年龄，以三十为限；教以输送兵战及司务长之需要学识。

十八日　晚七时，公因第三期梁天礼自杀，召集该期学生训话。〔节录：我今天很忙，本来没有工夫讲话，但为了第六队学生梁天礼自杀的事，非常痛心，要对大家特别警诫。好好一个青年，既然到了革命军校，为何还要做出这样的事，因此我精神上受了很大的刺激和打击。现在我很悲痛，我想这决不只我一个人如此，各官长、各学生一定有同样的感触。自杀是向下的事，而且是最卑鄙的事，自杀的人，只表现他的意志薄弱。一个人到了无生趣，无抵抗能力，完全是一个弱者，所以弄到结果，只有自杀一条路，但强者决不出此的，尤其是革命青年。……昨晚此事发生后，我立即调查出他自杀的原因，知道他纯为他个人的家境困苦，受了经济的压迫，以至做人灰心，竟至自杀。至于梁天礼昨天受了一点小小责罚——十分钟的立正，同被处罚的共有六位学生，何以他们都忍耐无事，梁天礼一人竟就自杀，可知他平日为人思想卑陋。而我们学校的教育，不能感化青年，亦是很大的缺点。……一个人如能忍耐，无论什么痛苦，不过五分钟就可消灭的。无论受了什么压迫，总不要有象梁天礼这样的自杀卑劣行为。学生如因病而死，或者为阵亡，那我们当然是悲痛的。自杀的人，固然是令人可痛，亦是令人可恨。我们只承认他自杀是沮丧革命精神，和妨碍革命的进行罢了。你们还要知道自杀是犯罪的行为，大家当引此为戒。凡自杀者，虽然他身死了，还是不足以赎其罪的，因为自杀的人，不但对不起国家社会，并且对不起家庭父母，尤其是我们革命者如果自杀，更是对不起革命党了。……〕

奉军事委员会令，广州卫戍司令全权处置粤局。

奉中央令，分别处理东莞、石龙、增城、宝安一带军队。是时，粤军[1]第三师约兵力一千五百人，在东莞城附近，第三旅人数同，第四师新编支队枪三百，在石龙，新编团在新〔深〕圳。

派第一师监视驻省垣反革命军队，〈并围守许私寓。〉

彻夜筹军略〔凡七事〕。

是日　颁考绩令。〔令曰：查本校第二期学生业经毕业，第三期学生开课亦久，两期官佐及各部处办事勤慎者，颇不乏人，自应及时奖叙，予以晋薪升级。着各部处总队主任官负责查报，其到差日期，服务勤惰，现在薪级，出具考语，以凭核办，而劝来者。此令。〕

呈请任命李运刚为军校少校教官。

1　原稿为“许系”。

派特别官佐饶崇诗等调查新洲至河南地理。

十九日　密令学生第二大队、第一军第四、五团，粤军第四师第七、八旅并补充旅，及铁甲车队、江固舰，解决反革命各军。

夜十时，发许汝为函，劝其暂离粤境[1]，其中有期以三月师出长江，还归坐镇诸语。盖当时公欲出师长江，以图本党之发展。而许则尼之故也。许接讯后，回电话二次，〈语多凶悖〉。公又以函复之，终夕不成寐。

△致许崇智函。〔□□□总理逝世，中心失所，吾党同志，各军将士，无不惟兄是赖，而愚忠如弟期望之殷，更不待言。盖皆以为吾兄必能上承总理大业，下抚师旅有众，促进革命成功，解除全民苦痛也。乃还师迄今，时经百日，身当军局要职，百无一举，军队之散漫如故也，饷糈之偏枯倍前也。其于整军实，图远谋，定大计，寂无所闻。纵降而至于军饷军额，为革命军之根本问题，亦且未有规及，一任革命健儿灰心堕气，致令总理革命之主张，无法以贯彻。吾兄为军政与财政领袖，是不能辞其责者一。潮汕未复以前，吾兄拥有西江之地，刘、杨既平之后，吾兄更得广、三收入，近复进占东莞，以至宝安、增城。综计税收，潮汕百五十万，东莞十万，广、三二个月约计四五十万，仲恺先生筹交东征费二十三万，此额外收入，最低限度亦不下二百二十余万也。即不斯之计，西江月可收入七十五至八十万元之数，加以东莞、石龙一带十余万，共计约在八十五至九十万以上。而吾兄之师未增，且张和杨锦龙等部四千五百枪，更就食于海丰、惠东一带，而其余军额，约一万八千七百枪，即以官兵每人廿二元统计，亦不过四十一万一千余元，纵再加十万为总部交际及一切开支，最多亦不过五十一万一千元耳。仅以西江、东莞之收入言，月尚可余三十五万元以上，其他收入，固未遑论。而今环顾广东政局为何如耶，各军乏食鹑衣，姑置缓论，而吾兄所部，且未关放六月之饷，如许大宗收入，用于何所，谓非饱私囊图己利乎。日事聚敛，将欲何为，是吾兄于财政上不能不负责者二。中央银行是总理于环境至艰极困之中，苦心孤诣缔造而成，今吾兄囊括全

1　原稿为“发许崇智函，痛数应负责各事”。

部税收，不给各军，而犹恐该行接济各军，不克达到吾兄制死各军之谋。于是复思霸占该行基本金担保之印花税、土丝税、盐荚、煤油等税，百计以图推倒该行，而谋自立银行，以赢私利。是吾兄不惟不克继承总理革命事业，且思推倒总理革命基本，此吾兄不能不负责者三。廖案发生，阴谋暴露，而害党叛国者，均为吾兄所部，而兄不引咎自责，幡然悔悟，如人之不明，用人之不当，竟酿成此巨变惨剧，岂不可痛。吾知总理有灵，必痛哭于九泉矣。吾兄总领粤军，平时纵容所部强捐勒租，截税包烟，举凡种种害国殃民之事，无所不至，而使政府范围所辖之人民，仍陷于陈、洪、杨、刘时代之景况，此吾兄之应负责者四。呜呼，吾兄内阻革命事业之进行，外联林、刘、杨、熊叛逆，以为歼除革命根本之计，各军为疑所部为贰。空谈革命，口是行非，信用已失，名誉扫地，如仍放任个性，施展狡谋，弄小策，斗私智，不惟害及地方，而我总理手创之基业，亦且丧之于吾兄一人之手也。今不惟诸军不平，气愤填膺，即兄之所部，亦欲食兄之肉以为快，苦〔若〕仍倒行逆施，固执不改，则吾兄所部为衣食所迫，势必哗变，而各友军亦将难保。事果至此，能无痛心，亦将何以对总理在天之灵。此则吾兄行为反乎革命之常规,弟所痛心疾首者也。今为兄个人计，为本党前途计，为中国革命计，且为广东人民计，弟对于兄关系之切，更不能不思有以挽救之。故特提出五军编立计划案，实为今日惟一救济之方案，不惟均各军之甘苦，且期其从速成立，向外发展。而粤军内部之隐患，粤局十余年之纠纷，亦将从此解除，稍苏吾民水火之痛。盖自杨、刘讨平而后，弟无日不以整理各军，进出长江，以图本党之发展，而轻广东之负担，以继总理之事业，为吾兄忠谋也。乃吾兄延宕狐疑，始则以点检枪数为标准，继则以饷项不足为口实，而其不愿各军整顿，使其无形消灭之心，则灼见肺腑矣。吾党以大计托之于兄，各军以领袖推之于兄，而期望吾兄之切，可谓无以复加。且平时恕谅吾兄之心，亦可谓体贴入微，对兄之诚，可以质鬼神对天地而无愧色，兄何忍心如此，而使总理最信任之五万将士，必使其冻馁就毙而后已耶。吾兄不为各军革命计，亦当为地方计，即不为地方计，亦当为个人计，试思各军饿疲，不能出师，则地方人民痛遭深热，已至于此，岂能久耐，而吾兄个人虽拥富贵，亦岂得安枕高卧乎？东征大计，领款不动，各案通过，留而不行，各军怀疑，彷徨无告，是皆兄之弗克践信，吾兄信用，至此已丧失净尽。中正患难之友，忠鲠之士，敬兄之笃，故责兄更切，极不愿兄妨碍革命之进行，亦不愿兄违反总理之企图，更不愿兄侵没粤军饷额，高拥厚资，尤不愿兄截留各军饷源，接济叛军，使吾兄革命之生命告终也。兄如执迷不悟，不信铖砭之言，则弟惟有束身辞退，以谢国民。如兄不以不材为不忠，且能反躬以自省，深知既往之非，不惑宵小之言，毅然独断，保全名节，则兄不如暂离粤境，期以三月师出长江，还归坐镇，恢复令名，既朗于公，更浃于私，如蒙赞同，当可为兄准备一切。即兄之所部，弟当负责维持，不负兄之初意，否则兄部哗变，制止无方，地方纷扰，人民焚溺，是兄不能辞其咎也。公私是非，利害功过，固所不计，知我罪我，惟兄明鉴。如有一毫违心，不忠之意，皇天后土，当共歼之。竚候复言，不胜悬盼之至。披沥上陈，更祝康健。不备。〕

十二时，令广州市戒严。

是日　呈请任命周恩来为第一军政治部主任。

二十日　第二大队在虎门、太平，第四、五团在东莞，包围郑润琦〔粤军第三师师长，前魏邦平旅长〕部，十时零，缴其械。粤军陆〔海泉〕、谭〔曙卿〕、魏〔丽黄〕三旅，迫石龙莫雄〔粤军第三旅旅长〕部，该部略抵抗，晚九时，遂亦缴械。

呈请任命谭曙卿代理第三师师长，该师暂归第一军军长指挥。

政治委员会议决，军政部长兼粤军总司令并财政监督许崇智卸职赴沪。午后三时，公派陈旅长铭枢护送下轮。

△军事委员会令粤军总司令部参谋长蒋，办理该部改□事宜。

政府褫广东财政厅长李鸿基、军需局长关道职，逮送埔校。因李、关侵蚀国币，接济反革命军也。

中央任命宋子文为国民政府财政部长兼广东省财政厅长。

二十二日　呈请任命谭曙卿兼第三师第七团〔第七旅改〕团长，陆瑞荣为副师长兼第八团〔第八旅之第十六团改〕团长，卫立煌为第九团〔补充旅改〕团长，补充团〔张我东团改〕归陆副师长指挥。〔令第九团集中石滩，第八团集中石牌，第七团集中新塘改编，补充团开赴深圳、宝安驻扎。〕

王俊为军校入伍生队第一团团长。

晚，公宴俄国亚次尔拉亨舰及蒙国介舰舰员，席间演说，各以革命精神及成功相祝勉。

二十三日 政府布告处置廖案各犯。〔自八月二十日廖、陈（陈秋霖，国民政府监察委员，同时被击死）两委员被狙击事件发生后，政府查悉主谋唆使嫌疑犯人，并同时发觉不肖军队阴谋，勾结危害政府一切情状。业于二十五日，将嫌疑犯人胡毅生、魏邦平、林树巍等通缉归案讯办，并将谋危政府、叛迹已露之军官梁鸿楷等逮捕，暨将其所属部队分别辞散收编，各在案。郑润琦、莫雄等包藏祸心，与梁鸿楷等串同一致，政府令其驻屯东莞、增城、宝安等处，责任重大，乃甘为反革命之鹰犬，以谋危害国民革命政府，实为军队之败类，民国之罪人，故于本月十九日令广州卫戍司令，相继处置，以破凶谋而息乱源。仰军民人等一体知悉，政府此次执行职务，整肃纪纲，其目的不外为民除害，其各安居乐业，勿致惊疑，特此布告。〕

政府给予胡汉民俄使名义出国。下午，由黄埔附俄舰放洋。

二十四日 下午，与罗克党夫谈东征计划。

二十五日 呈请任命马文车兼第一军军法处长，彭干臣为第六团第一营营长，王萼为长洲要塞司令部参谋长。

二十六日 修正东征训诫集。

二十七日 上午，莅湘军讲武堂讲演。〔稿未留〕

晚后，在军部会议出师，至十二时后，散会。是时，洪兆麟、谢文炳、翁腾辉等股，约四五千人，已由海丰入平山。其主力林虎、刘志陆、李易标等股，图经河源、博罗而出石滩，尚有刘志达股驻黄冈，黄任寰股驻河婆，陈修爵、熊略股驻老隆，黄业兴股驻紫金，计约三万以上。又惠州之杨坤如股约二三千人，及莫雄残孽数百人。此外北江熊克武之川军，约有万余人，广南八属之邓本殷数千人，均有进犯广州企图，故议大举讨平。

二十八日 公受军事委员会命，任东征总指挥。

呈请任命王懋功兼代广州卫戍司令，沈静为军校入伍生队第二团参谋长，童锡坤为第一军第二团中校团附，何垺聪为第二团第一营营长，赵锷为第二团第二营营长，宋云竟为第二团辎重队队长。

派俞飞鹏组织运输总站部，即任为总站长。

下准备出发令。〔令曰：(一）此次出征东江，分三期出发，第一期为十月一日，第三师全部及第二师第四团出发。第二期为十月五日，第一师全部及军部出发，第二师第五团第一、二营开驻省城警戒。第三期为十月九日，其他各部队出发。(二）各师团营出征官佐、士兵花名册，限出发三日以前呈报军部。(三）各师团营夫役，每名支工银十二元，另津贴伙食六元，共支十八元。(四）各师团营官佐士兵，每人每月津贴米银二元四毫，另加菜银六毫，自出发之日起算。(五）行军费，团部每月四百元，营部每月八十元，各连每月三十元，概自出发之日起算。又行军时茶水、谍报、带路、稻草及零星杂支，均归行军费内开支，归入临时计算报销。(六）各师团营火把筒，由各该师团营自备，每班一个，但第四团归军部备。(七）出征时各师团营，得设置差遣员，师部三员，每团二员，每营一员，均月支准蔚薪三十元。(八）现在已经准备出征，各师团营各级军官佐，不准稽留省城，投考航空学校。(九）对于挑夫，不准任意责打，并不准拉夫，如敢故违，撤职严惩；士兵违者，该管长官亦受处分。(十）出征部队各级官佐，如有家眷住省，应将住址汇报军部经理处，准按月提前借支薪水三分之二，由经理处于发薪时扣除。(十一）出征部队，由经理处提前发给伙食军费等半个月。(十二）各师团营，无论部队大小，凡出发到达时刻，均应切实报告，如违议处。(十三）定三十日午前八时，召集各师团经理、卫生、辎重、交通各主管人员及军部参谋、经理、军医、交通、管理各处处长、输送总站长，在部会议，由参谋长主席，讨论联络方法及其他一切手续事宜。(十四）凡各部队公物，不准擅自取回家内应用，违者议处。如敢擅取人民物品，作抢劫论，缴获敌军枪械，匿不报告者，按照革命军刑事条例惩办。(十五）各师营伤病官佐士兵薪饷，发至九月底止，以后由后方病院造册发给。官长请事假，亦须由后方军部造册发薪，但原属部队应汇报军部存查。(十六)各团营保案，须在出发前一律发表。(十七)各部队战斗，须将帽带挂下，并注意领扣臂章。(十八）出征时，每连带斧头三把，每兵带麻绳一丈。此令。总司令蒋中正。〕

中央执行委员会任命周恩来为第一军第一师党代表，贺衷寒为第一团党代表，金佛庄为第二团党代表，包惠僧为第三团党代表，徐坚为第二师第四团党代表，严凤仪为第五团党代表，蒋先云为第三师第七团党代表，张际春为第八团党代表，王逸常为第九团党代表。

二十九日 东征区分为三纵队，以何应钦为第一纵队长，李济深为第二纵队长，程潜为第三纵队长。第一纵队：第一师，第二师之第四团，第三师〔缺第九团〕，警卫军之独立第一师，鄂军属之。第二纵队：第十一师，独立第一旅，第十二师之第三十四团，潮梅留守部队〔冯、余、张部〕属之。第三纵队：攻鄂军，豫军，赣军，潮梅军属之。此次军校学生队未加入。

上午九时，赴石滩检阅第九团。

午后，赴新塘检阅第七团及补充团。

派李家齐往北江招募特务连新兵。

调任范荩为军校少校教官。

三十日 上午，检阅第八团。

颁行军令。〔令曰：(一) 潮梅逆残，近得各方接济，谋燃死灰，确有分途进犯之企图，其详情经饬第一军部另纸通报。(二) 我军为巩固革命策源地起见，拟于最短时间，肃清潮梅之敌。(三) 各部队分期出发，集中地点照左式之规定 (式略)。(四) 各纵队所属各部队之后方联络线，由各纵队长筹设之。(五) 各部队出发及到达时日，均应报告。(六) 战斗序列暨此次作战总计划，候另文颁发。(七) 余现在广州，各部队集中后在石龙。1. 地图用十万分之一；2. 本部派遣谍查人员，均携有象棋子枚为识别；3. 特别口号等，均规定于副通信法内，另纸分发。给养品补充之规定：一、运输站应时储三日分之粮食，备各部队之现金购买。二、米价规定每百斤毫洋八元。三、前方各部队之食盐，由运输站准备，每日预算六百五十斤，每连每日准备盐二斤，不另收价。四、如奉令特发给养品时，照左列之数量领发：1. 荤菜罐头，官长二员一罐；2. 饼干，官长四员一盒。信件传递手续之规定：一、各师旅团营连及各部官兵之来往信件，概交运输总站转递。二、凡一切之信件，运输站应尽先递送，但由后方送前方者，交总指挥部副官处接收，转交运输站递送；由前方递送后方者，亦交总指挥部副官处，转交运输站递送。三、凡信件应各自行分别包裹，以便转送。四、前方送后方之信，未贴邮票者，由运输站代贴，但发信人应将队别姓名书明，以便查考。五、信件每日收送两次，其时间由运输站规定通知。前方伤病兵转运交接方法：一、运输站应预先派定专员，接待前方送来之伤病官兵。二、前方发生战争时，在最前之运输站，应预备稀粥开水，以待负伤官兵之用，或给与牛乳。三、凡负伤官兵到站，应随到随送，中间经过之站，不得停留，但须招待茶水饮食或牛乳。四、凡运送负伤官兵，以直达省城为宜。五、前方运输站之负伤官兵及病兵送省时，须将人数电告军医处，以便准备接待。六、军医处应于前方战争开始后，派定官长一员，担架四个，常驻车站备用。通信联络之规定：一、军师旅团营连之通讯，如左办法：1. 军部通信队，任军部与师部间电线之架设。2. 师队〔部〕通信队，任师部与团部间电线之架设。3. 团部通信队，任团部与营连间电线之架设。二、为图迅速通讯起见，各通讯队应互相联络，不得观望。三、军部交通处，应时时准备各种通讯材料之补充。战利品临时经管之规定：一、战利品之呈缴，分直接呈缴与按次呈缴两种。1. 直接呈缴，就当时利便起见，由各连直送总指挥部副官处接收，一面将情况报告直属长官。2. 按次呈送，各连按照向例，由直属机关转呈。二、总指挥部副官处接收各种战利品，应分别良品与不良品，以定解送后方之先后缓急。三、运输站须将战利品取迅速运赴后方之处置，交经理处接收。四、如遇情况变化时，一切物品，运输站得便宜处置之。关于输送之规定：一、各师旅团营连以及各部处人员、马匹、物品之运送人员马匹，应遵照规定时间，交到车站，乘载物品，应于开车二小时前，交到运输站转递。一、给养品每三日运送一次。一、凡人员输送，无论个人或部队，运输站有妥为照料之责。关于单人之给养，亦须供给，但受给养人，须签字存查。一、专车非有总指挥之许可证或命令，不得开驶。此令。〕

调任严尔艾为教导团第二团第二营营长，钱如一为第六团第三营营长。

晚七时，军校特别党部开党员大会，选举各组组长〔预备第二次全国代表大会出席选举〕。

十月一日　上午，研究作战计划。

下午四时，莅第一师部誓师。〔词稿无查〕公以是时大雨淋漓，各官兵鹄立静听，精神充满，预祝军行胜利。

△呈请各军事学校学生暂归兼代卫戍司令王懋功指挥。

调任胡树森为军校入伍生总队第二团团长，陈诏忠、崔澍龙为少校教官，赵锦雯为第一军第二团参谋长。

二日 下午，与汪、谭、朱三委员密议。

晚，军校高等军官宴赏中秋，席间公演说。〔略曰：去年今日廖同志在此宴会，现已为党牺牲，明年大家能否见我与汪先生，正不可知。〈并说许总司令此次离粤，因其部下有反革命行动。〉云云。〕校党代表汪兆铭宣言就职。十时散。公回要塞部，月色朦胧，就睡。已又起，乘屋顶，仰观蟾光圆溢，更深人寂，但闻唧唧虫声，喟然曰："如此良夜，而佳兴索然，党国危难，惟吾一身当之，小子可不自勉。"[1]

△呈请任命刘时亮为军校少校教官。

编组东征宣传队〔凡二百三十七员〕，分总队部及第一、二、三支队，能操广州、东江、潮梅、普通四种语者为合格。

政治部实施士兵及挑伕教育。

廖案各犯，〔<林直勉、梅光培、李鸿基、林星、赵士伟，梁博六名〉〕，押解来埔幽禁。

三日 军校第二、三大队分赴广州、虎门驻扎。

押解熊克武〔〈前川省督军，本党中央执行委员〉〕及其军长余济唐暨随员喻培棣等至虎门安置。 克武穷蹙，率部来粤就食，政府以其为本党同志，让防济款，抚辑甚至。及朱培德由张识万〔陈逆代表〕处得其通逆状，转相告语，俱各骇然。上午，公乃诱熊、余至寓，一并扣留，并在其旅馆获喻培棣等，搜出密据多件。公曰："一弹未发，而平此大难，乃知行事贵在速决[2]，如能罔计利害，斩截做去，则假革命派何难消灭净尽，今而后联治等派，〈政学系〉庶几熄迹矣乎?

四日 下午，在寓商议处置军事。[3]

---

1 "小子"句系蒋所加，原稿为："何日得息肩耶？"

2 此句原稿为"一弹未发，而平此大难，人以我手段辣，而不知行事贵在速决。"

3 原稿为"处置川军。"

派张治中代理入伍生第一团团长。呈请任命李皋为军校教导第一团团长。

痛揭军官弊端文。〔文曰：一、我党革命之目的，在救国救民，其成败亦在于得民心与否为断。前次东征，虽似得一班人民之响助，以歼灭陈逆残孽，然其中仍不免种种弊端，人民亦多有不满意之处，特举其尤甚者于下，俾我全军将士之警戒，如仍蹈旧习，必予严惩焉。甲、对于伕役之弊端：(1) 甲地雇伕，挑至乙地，应放其返家，乃有之乙地，一班人不问其该地雇伕难易，该伕是否情愿明日再挑，即不分男女老少，竟全数扣押关闭，硬使挑三五日不等。我军虽满口说不拉伕，此种行动较拉伕有过焉。实行拉伕者，尚未拉及老妇少女，而此竟将老妇少女驱役至数百里外，甚至途远忘归，此最为伤心痛恨者也。(2) 特务长及军需、军士，每多短给伕钱，间有不肖连长，亦故意瞒吞伕钱，伕役知其舞弊，或向上级官禀告，乃舞弊人竟辩已完全足给，又加辱骂其告发之人，而上级官毫不明察，敷衍了事。于是公家虽备有充裕之伕钱，而此钱多入少数人之私囊，以致伕役怨恨也。(3) 老病伕役，至途中实在不能行走，或迟行不及大队，竟以拳足痛打，惨不忍睹，而我革命军中尚有此种现象，良堪浩叹，尤可痛者。有由梅回师至淡水，雇有女伕，约五六百名，挑至铁场围，竟全数关闭，该女伕皆放声痛哭，闻者酸心，草木落泪。该地偏小，雇伕甚难，此种办法，情出不得已。予敢相信尔时果有一二人向其委婉言辞，透切劝慰，或每人多加一两毫钱，该伕虽不说我军是极好，亦必谓我军比别军多给工资，而竟无一人出一言以安慰，不知负有宣传工作、监督不良行为之责者，自问能无愧否？乙、在宿营地之骚扰：(1) 每到宿营地，一班士兵多任意拥入民家，烹煮食物，而官长亦有不禁止其士兵，人民颇觉骚扰不堪。(2) 设营人员不问其该地是否有庙宇、祠堂及空屋等，多宿人民住家，人民不堪其扰，以致其敢怒而不敢言。以上诸端，虽系少数，但凡事成之则难，败之甚易，如我军千万人守军纪，护人民，其中一二人破坏之，全军名誉亦因之扫地无余。以后行军，倘不从严惩诫，设法改良，任一班不良分子任意乱为，徒托空言爱民救民，恐民不相信，不特无益，且害莫大焉。况我党正在生死存亡关头之中，非切实爱护人民，使人民拥护，岂能存在乎？二、本军部队骄惰，已成习惯，凡我同志如不竭力矫正，其败亡可立而待。

兹将既往之弊急应痛改者，述之如左，如不切改，一经查明，定予军法从事，勿谓众人耳目可掩而冥顽如故也。甲、属于私人方面者：(1) 习成骄惰，有失军人气概也。下级干部非事事躬亲，不足以团结兵心，乃各连官长，每早除值星官敷衍点名外，其余则往往日高三丈，尚不起床，或竟俾昼作夜，终日昏睡，不事所事。凡连长分内所应为之事，则诿之副连长或排长，排长分内应为之事，则诿之副排长或班长。夫官长怠惰之弊病，既为士兵所窥透，而欲其精神之激发，尚可得乎？(2) 行动乖方，足启士兵疑窦也。驻军繁华靡丽之广州，少年军人血气未定，逸则思淫，每当夕阳西下，联翩外出，深夜不归，或竟连宵外宿，连上床铺等于虚设。而此种行动，尤以连长为多，盖以连长握有经济之权，而身体亦较自由故也。此等行为，士兵见之，将作若何感想？(3) 躬犯罪恶，恬不为怪，有碍本军名誉也。闻本军同学官长，最初对于嫖赌，皆能认为绝大罪恶，故犯者甚少，即有之，亦必穿便衣，或充别处军人，而不敢露其真面。近则相习成风，视为故常，久入鲍鱼之肆，而不闻其臭矣，下流何堪设想。乙、属于公务方面者：(1) 苛待士兵，有违革命宗旨也。本党提倡革命，原为解除人民痛苦，不料连上官长，竟有视士兵如牛马，而无故虐待，任意殴打，甚至皮开肉烂，动弹不得。且复下情不能上达，上令不使下知，种种不平之事，足使闻者发指。(2) 袒护属员，有犯军阀恶习也。每见中级以下长官，对于所属官长极力袒护，极力拉拢，似有不可告人之隐，须求部属谅解者。然而部属亦以上官之拉拢也，从而逢迎之，遂以成上下勾结之局，而一切士兵之痛苦，均置之不问。(3) 浮造报销，侵蚀公款，有丧党员人格也。不要钱，不怕死，为我革命军之口号，乃近来一般官长，以嫖需钱，穿衣需钱，看戏需钱，赌需钱，而躬冒大不韪，行种种舞弊手段，但求金钱之中饱，不顾人格之牺牲。开办费也，购置费也，伕费也，杂费也，甚至冒刻图章，假造发票，而以行军之际，弊窦尤多。所最不忍者，士兵任犬马之劳，搬运物件，官长享渔人之利，冒用伕钱，即使一二里路就近警戒，亦必大造报销。至于开除、逃亡、死亡士兵之饷银，干没不缴，而分遣各部队士兵之饷银，托故扣留，为数亦属不资。如此在在要钱，欲壑难填，曾是革命军人而贪污至此。]

夜分归黄埔，宵深人静，明月中天，悄立要塞部外，悠然如入梦墟。

五日　晨五时起，独步望月，旋逛公园，见卫兵枕枪驰卧，前哨无人，怒而大诃。公谓：“凡所且见，无不令人痛伤，呜呼，吾党，如何能完成革命耶。”

下午四时，公以军费困难，心甚焦忧。

呈请军事委员会任命冯轶裴为淡水军右翼队指挥官。

呈请中央执行委员会任命邵力子为军校政治部主任。

△国民政府任陈铭枢〔第四军第十师师长〕为南路总指挥。

军事委员会派龙光为川军抚慰使，前往北江抚慰。

六日　下午三时，公率参谋团司令部人员出发，车抵笔村，古应芬〔中央执行委员会委员〕引余、张、冯诸将领来见，互谈颇洽。晚七时，至石滩，下明日各纵队动员令，先集中响水、博罗、鸭仔步、淡水之线。八时后，抵石龙宿营。

呈请任命吴奂为军校教导第二团中校团附，并代行组织第二团，沈振亚为该团参谋长，傅道渊为该团辎重队队长。

七日　六时，公起床，朝旭初升，云呈五色，顿觉神志一轩，自云：“迩多愤气，几以国人萎靡不振，皆为可杀，此实已甚，戒之戒之。”

第一纵队进至马嘶、联和一带，第二纵队已达桥头圩、谢冈。

公致电杨坤如，饬其退出惠州城，驻白芒花一带。又以东江逆敌未见动静，何时能歼灭为念。

八日　早起，训诫宪兵。〔未留稿〕

上午，筹思作战计划。

令何纵队长督攻惠州城〔凡五项〕。其攻城队，以第一纵队第三师〔缺第九团〕、第二师第四团，东江警备军及第一军之野炮、山炮，独立第一师〔警卫军〕之炮兵，第一师之机关枪组成之。

令攻城队分任各务〔凡七项〕。

九日　下午，研究地图。

诰诫输送兵。〔稿未留〕

第一纵队之第三师，独立第一师，进占响水、博罗，第一师达湖镇〔派出步兵一营，占领白沙堆，以掩袭攻城队之侧背〕，第二师第四团达菜尾围，鄂军达福田。第二纵队达鸭仔步附近。

呈请任命胡宗陈为教导第三团中校团附，陈宪章、张寄尘、万梦麟为该团第一、二、三营营长，李铎兼代军事教育处学科主任。

十日 晨，公以管理处不负责，行李无人照料，发怒。[1]

上午九时，由石龙开船，风急沙飞，骤呈奇观。船次，看吴子完，复看孙子，至虚实篇，不禁叹为观止，非吴子所能及也。晚八时，到博罗，行营设县公署。

闻攻城队进薄惠州城，并占飞鹅岭，公心一慰。

十一日 上午八时，令何纵队长编攻城先锋队。〔令曰：为令遵事：照得杨逆坤如，负隅惠州，祸国殃民，久稽天讨，本军前进，俯顺舆情，准拟直捣巢穴。迨潮梅底定，该逆奴颜婢膝，到汕投诚，我政府格外施恩，业经许与归命，原冀其洗心革面，努力合作，藉盖前愆。不料该逆怙恶不悛，近又伺隙复叛，若不亟予歼灭，何以登惠民于衽席之上，除攻城计划（凡十一项）另文饬遵外，为此令该纵队长迅即遵照，转饬第三师各团，各选士兵一百五十名，第二师第四团挑选士兵二百名，共六百五十名，编为攻城先锋队。队员每名犒赏三十元，最先登城者，得头等奖赏。[2]此等赏金，即发由该团团长存候登城后给领。如有报名以后，临时故避不往者，即将赏金扣发，并应严惩不贷，以昭赏罚而资激劝。此次给赏，以求攻城速效起见，嗣后不得援以为例，并仰转饬知照。此令。〕

下午，复看吴子。

审定攻城计划。

拟六言诰本军，及撰标语晓敌。

令第一师移驻博罗，第二师第四团占领下角附近，任攻北门，第三师占领上下马庄、飞鹅岭，任攻西南各门。

六时，令何纵队长断敌交通。

---

1 底稿为“又发暴性”。

2 原为“得头等奖一百元”。

十时，令何纵队长准限攻城，及分击援敌。

是日　李纵队长命第十一师进占永湖，独立第一旅进占官桥，潮梅留守部队仍在淡水待命，第三十四团向镇龙墟前进。第一纵队部亦向该处前进。程纵队长已率所部到达菜尾围，即如命配置，集结待命。

十二日　上午十时，偕何纵队长由博罗乘电船至白沙堆上岸，行进十里，临第四团步兵阵地太保山及第三师阵地飞鹅岭视察。瞭望惠城，回忆去年追随总理，患难相依，情景憬然赴目。午后三时，至香祖园第四团团部。夜，露宿于岭麓佛祖古庙门外〔凡三夜，天甚寒〕。

令独立第一师派出一团，位置于七女湖，并派一营位置于水口圩，向横沥警戒，及与马鞍圩第二纵队联络。

令沈团长应时指挥独立第一师及鄂军之炮兵协攻，并授机宜三项。

攻城计划通令〔凡五项〕。本定午后开始，因野炮兵未到阵地，改变原定计划。

是日　汪兆铭、谭延闿、李宗仁、黄绍竑会集梧州开会，提议两粤统一问题。

十三日　上午九时，上阵，登飞鹅岭左山，勘定炮兵阵地毕，再至右山炮兵阵地指挥。野炮开始发射，俄而敌炮还击，弹三越公头顶，距离仅尺许。至二时，总攻击，步兵第四团向北门，第七团向小西门至南门一带，第八团向西门一带，第一补充团向东南门，而各山炮、野炮兵，分轰各城门堞楼。四时，第四团在北门冲锋五次，敌之在城内者顽抗，在公园者乱放炮，双方血肉横飞，损失各甚重。六时零，刘团长躬挟竹梯，率敢死队疾趋，为横木铁钉遮阻，机枪又自城上扫射，复大呼预备队急进，遂乃中弹亡，杜、冷二营长亦受创，队长及士兵死伤过半。是时，公如闻巷战声，缴械声，及接何师长电话，乃知我军仍未入城。同时第七、八及补充团并冲锋数次，因天黑俱各收队。

附：国民政府恤刘团长令

〔故国民革命第一军第二师第四团团长刘尧宸，秉性忠贞，夙娴韬略，前任陆军军官学校教官，日以大义勗勉诸生。今春东江战役，义勇奋发，力战受伤，迨授今职，尤能以革命精神陶冶部属。此次攻惠之役，该团官兵奋勇特著，足征该故团长平日之训练，各方临战，复身先士卒，冒险冲锋，竟于攻城之际，中弹殒命，追怀良将，痛惜殊深。兹据蒋总指挥中正电请给恤前来，刘尧宸著追赠陆军中将，特给一次恤金五千元，由财政部迅予筹给，以彰功烈而慰英魂。其余应得恤典，应由军事委员会查例妥议具复核办。此令。中华民国十四年十月十九日。〕

十四日　上午，下各攻城队令〔凡七项〕，旋接何师长报告，第四团仍愿加入，公喜曰："该团不因伤亡多而隳士气，真不愧为革命军矣。"午后二时，复总攻击，第七团及补充团趋西门，第四团攻北门中央线以左区域，第八团接四团之右翼，同时并进，野炮、山炮亦对北门助击，敌之城楼右侧突出部草棚，伏机关枪极隐约，我炮不易瞄准。陈营长调山炮一连，先占北门外房屋为阵地注射之，第一弹即命中。我步兵乘敌机枪轰坏时，移竹梯至城根，蚁附上，并掷手榴弹。杨逆坤如亲率护队力拒，多受炮伤，退回伪司令部，寻复出，又遇我炮击，如此者三。第二团亦自水北前沙滩架大炮遥击。傍晚，惠州、惠阳〔西城毗连〕俱下，俘虏四千余名，杨逆率残卒窜向紫金。

附：告捷电

〔广州国民党中央执行委员会，国民政府汪主席均鉴，谭、古、宋、程各委员，监察院各委员，大理院林院长，伍市政委员长，李军长，各师长，〈王代卫戍司令〉，各报馆，各商会，各农会，各工会，各教育会，均鉴：本军奉命东征，于十月十二日开抵惠城附近。十三日午前九时，令第一纵队第四团及第三师野炮队，开始攻城，激战至本日午后四时十三分，我军先后由西北门入城，逆敌死亡枕藉，余均缴械投降，杨逆坤如负伤逃逸。惠城夙称天险，有宋以来，从未破城，今为我革命军一鼓攻克，虽将士奋勇用命，亦我先大元帅在天之灵有以佑之。从此努力前驱，肃清逆氛，指日可期，吾党前途大放光明，除抚辑地方外，捷电以闻。国民革命军东征军总指挥蒋中正叩。寒。印。〕

国民政府令

〔民国十二年来，逆贼陈炯明抗命东江，其鹰犬杨坤如凭借惠城，负隅怙恶，诸军奉命征讨，师久无功，逆贼益得自恣，以致数年间人民备受荼毒，国民革命之进行，因以阻梗。兹者东征军总指挥蒋中正受命东征，督率将士，立破坚城，尽除枭逆，雪兆民之愤，振志士之气，统一前途已呈曙光。该总指挥忠勇激发，成此伟功，至深嘉尚。兹据呈请奖励有功将士前来，东征第一纵队长、国民革命第一军第一师师长何应钦，劳苦功高，指挥有方；第三师代理师长谭曙卿，副师长兼第八团团长陆瑞荣，身先士卒，摧坚破敌，诚不愧忠勇军人之模范，民国之干城，已交军事委员会从优议奖，以昭激励。其余有功将士，着该总指挥次第查明呈报，候令行赏，以彰劳绩。此令。十月十九日。〕

十五日　上午八时，公由飞鹅岭入惠州城，绅、学、工、商界出郭欢迎。总指挥行营设旧督办署，发布告安民。

饬第三纵队长程潜率攻鄂军左翼出发。

呈请任命周学海为军校入伍生第二团第三营营长，张任华为卫生队少校队长。

军校颁布官佐入伍生士兵赏罚种类及执行者权限条例。

陈逆带北洋舰三艘，在虎门附近搭兵数百，似有上陆图袭模样，乃调第四团驻防要塞。

十六日　上午，对第四团官兵讲话，奖其陷城之功。〔稿未录〕

午正，施训总指挥部人员，斥其多不得力。〔稿未录〕

四时，开攻城阵亡将士追悼大会，公主祭，演讲。〔稿未留〕

晚，召集团长以上军官会议，改定作战计划。

是时，陈逆决从南路牵制，连占西江之阳江、罗定、云浮、新兴、恩平、开平、台山。苏廷有暨梁鸿楷旧部梁鸿林、洪敦曜，并起叛变。

十七日　电呈国民政府辞第一军军长职。

通电表明愿解除军权心迹。〔电曰：广州国民党中央执行委员会，各省国民党区党部，上海、北京、汉口各报馆，各团体，均鉴：三年负嵎，古称不破之天险，陈逆自恃为老巢之惠州城，已于本月十四日，为我革命军一鼓克复。昔日陈逆自以为日月怀胎，应登帝位之迷梦，或可从此打破，以开其悔悟自新之路。而我革命前途渐臻顺利，不复有野心如陈逆者，胆敢障碍我三民主义之进行，此可断言也。窃中正去年奉先总理命，创办军官学校，广播革命种子，为改造国家根本之图，原为中正之素志，故拜受而不辞。然而初未有练兵领军之意，只以惠城未克，东江人民之痛苦无法解除，中国独立之目的，几乎绝望，是乃先总理毕生之遗恨，亦为中正梦寐不能忘者也。而叛逆未灭，党纪不立，尤为党员终身耻辱，故于本年六月，勉就党军司令之职，期平叛逆而维党纲。今幸赖我先总理在天之灵，并政府诸公之威德，及全体同志之努力，各将士之奋勇用命，三年党耻，雪于一旦，国民革命之基础于是大奠。而以后革命，全恃民众势力，决非专仗武力之可以完成，且于今益征三民主义战胜之可信也。中正特于本日电呈国民政府，辞去国民革命军第一军军长之职。惟奉命东征，职责未了，于此期间仍愿权任总指挥，不敢遽尔卸责，以全始终。中正自问在军中实为先总理惟一之信徒，并以打破一切恶势力，扫除因循习惯，建设我中国为一平等自由完全独立之国家，此志之切，不敢让人。故欲始终努力于革命事业，实行先总理之遗嘱，自应本我素志，专心办学，训练党员，养成革命干部人才，以为救国保种之用，此外实无他道。以中正今日思想与环境，固不患启军阀之恶端，然兵力扩张，事权增大，实有造成新式军阀之可能，故中正惴惴自惧，愿终身勉为我先总理之信徒，而无负所托。其必卸去军权，方得造成打破军阀之势力，使中国军阀完全消灭，再无发生之余地。盖必先不任军职，乃可尽严密监督革命军人之责，以杜军阀之发生，否则身兼军职，力破军阀，适足使我本身日蹈军阀之覆辙而不自知。此中正之所以力辞军职，而期成为忠实革命党员，改变旧日军人风尚，以树革命之基础，非敢为一得自足之旧习所囿也。除另文呈请政府准免第一军军长之职外，谨此电达。蒋中正叩。筱。]

下午，游第一公园，及巡视北门城楼，死骸枕藉，臭气难闻，入城三日，而炮燹之灰，犹未沉着。见北门一带之民居毁坏殆尽，因叹陈逆残忍，祸延无辜，可痛也。

十八日　晨，研究作战地图。

邓本殷全部来犯，迫近江门，陈铭枢告急，公复电令其固守待援。

下午，往游西湖，出平湖门下船，先指留丹，次访玄妙观，景象衰落。

再往百花洲，憩息移时，过江棉水榭，凝睇湖塔，颇具远致。俄循故道归。

十九日　上午，研究作战计划，公拟令主力由三多出紫金，捣河婆，以袭逆敌之后，及得报，三多祝已有敌三千余人，不胜欣慰，以料敌多中也。又因埔心前方决战，皆易为力，惟恐其远退，则不能速战耳。

军校入伍生第二团奉命开赴惠州。

下午，公由东门登城，循南门、西门、北门而至公园回署。北门一带房舍半烬炮灰，谯楼尤甚。惠州城墉之固，城橹之高，公叹从未之见。

是日　长公子经国启程赴俄莫斯科，留学孙文大学。

二十日　晨四时，第二纵队击敌于罗经坝，败之。

上午，据报敌之主力李易标等，集中紫金蓝塘，公自喜不出所料，乃急调第三师增加中路。

致在校学生电。〔电曰：各学生同志鉴：本军克复惠州城，刘团长以下第二期同学，伤亡至三百人之多，名城虽克，实不能偿本校精华之损失也。继起奋斗，责在诸君，服务之外，尚有自修学科，以期早日毕业，为党尽职也。教育目的，重在一心一致为党奋斗，为国牺牲，主义不行，党员之罪，革命不成，本校之羞。切望同志努力向上，以继续先总理、廖党代表以及本校已死同志之生命，而保今日之光荣也。中正。哿发于惠州。印。〕

十时半，公由惠州城启节，过惠阳，出东门，经马鞍、平潭，晚七时，抵平山。公谓此七十里路宽平，稍加修筑，可通汽车。

政治部呈请中央政治训练部，开办工厂，安置废兵。

二十一日　昨夜以军队布置未妥，不能安眠，五时即起。与谭师长电话，令第一师派炮与机关枪各一连，归第三师指挥。上午，赤石电话通，又向何纵队长申述之。

十一时，平山农会及工商学各界，假座三王宫，开欢迎国民革命军大会，来会者三千余人，各持旗、枪、农具。公致谢辞，要旨：陈、杨残民以逞，惨无人道，革命军为人民除害，得力于人民相助，云云。〔完稿无查〕

叠电中央执行委员会、国民政府汪主席告捷。

令全军自安墩出发〔仅留一营〕，第三师集中三多祝，其第九团占领石公神，练演雄股溃退。第十一师击走新庵谢文炳、李云复两股。〔谢股

三四千人，李股三千余人。〕

第三纵队第三团占领河源城。

呈请任命谭辅烈代理第二师第六团第三营营长，杨逢年为第一独立团中校团附，王澄云为少校团附，林绍箕为该团第一营中校营长，郑庆渭为第三营中校营长，李济川为通信队队长。

晚，研究作战计划。

二十二日　晨三时，第一师分向梅龙西羊蹄岭之敌进攻，第三团先得手；拂晓，奋进追击，午后五时，占领海丰城。逆敌二千余人退至陆丰，俘虏甚多，谢文炳仅以身免。

令各部进扎和平，留第三团守海丰，洪兆麟股来袭，钱部击却之。

上午，研究作战计划。

未正，电国民政府汪主席告捷。

第二纵队张发奎队，昨占安溪后，进至热汤，下午，遭遇逆黎生股六千人，在山顶苦战数小时，敌不能逞。日没，第三十四团加援，敌仍顽抗，至拂晓，始退去。公急调第十一师由东方小路前进，因地图不准，失途落后。又派一旅一团越山兜抄新村。

公以逆敌主力集中紫金、蓝塘及河婆一带，遂令第二纵队北来，兼调第三师会合驰剿，第一师推进河婆，此为右翼出险、东征胜利之关键。此次公调拨部队与枪炮，皆能准限到达，喜曰，指挥如意，岂有不致胜之理。

戌正，电国民政府汪主席告捷。

呈请任命毛思诚为军校秘书，吴石、黄玉泉为教官。

二十三日　晨，三电国民政府告捷。

公由平山启节，正午，过增光；三时后，抵三多祝。

张旅占领蓝塘，逆乃狼狈东窜，沿途误相击杀。

第三纵队沿江东南岸向蓝口前进，河源仍为南湖逆敌占去，程纵队长乃令转趋老隆。

晚，研究作战计划。

子正，电中央执行委员会国民政府汪主席告捷。

是日　呈请任命曾普为第三野战病院院长。

广州各界派代表慰劳第四团。时该团回驻虎门、宝庆休养。

二十四日　早三时，谢文炳股又袭海丰城，第三团拒战，拂晓，始击却，追敌至赤岸河边。

第三纵队向紫金进行，傍晚，达瓦溪〔去紫金三十里〕，军士饥疲甚，敌不知虚实，望风退五华。

下午五时，抵埔心圩。是处山景绝奇，公旷瞻生感，而民风淳美，蔼然相亲，有八十老叟神骨超群，尤堪致敬。

逆敌与第十二师叛军进犯江门，陈铭枢部退单水口。

选送军校学生赴莫斯科，留学孙文大学。榜取十五名，续收二十四名。

二十五日　晨五时前起，分致汪、胡、李、何等函电十余通，并处理一切。

上午八时，公由埔心起程，晚六时半抵禾多布，共行八十里〔自鲤鱼坝越猫公嶂、马头山，岭不高而坎甚险。至禾布多，名为四十里，实足五十里也〕。公曰："广东测量局所绘十万分一地图，宝溪在西北，鲤鱼坝在东南，相距几五六十里，如此贻误军事，其人员皆可杀。不然第四军直由蓝塘达紫金可耳，何必再经宝溪耶。"

夜中，定作战计划。

二十六日　上午六时，公由禾启节，经黄草嶂，山路约三十里。　时半，抵龙窝圩，与李纵队长会议，公主张云周两团回南路，第十一师在紫金待命，决定后，遂嘱李赴紫金。

第三纵队由蓝田达老隆，进取五华。

驻防北江第二、三军，以熊部川军开向湘西〔旋为唐生智缴械〕，调回南路增援。

二十七日　上午八时，公由龙窝起程，二时半至羊高圩，接谭师长告急函，进至人坪。又闻该师阵线动摇，乃复前至里圩，见败兵纷退，公镇压不及，一面令急收队，一面调左翼队会同第十一师驰援，以备明日反攻。此次逆敌万余人，经华阳十余里外塘湖来袭，谭师〔莫雄旧部收编，素少训练，军纪尤弛〕乃被包围，混战过午，官兵伤亡过多。〔初公闻逆敌筑垒塘湖，疑为后卫掩护退却，料其部队必窜向兴宁，故未注重其抵抗线，第三师之败，盖由于此。自谓以后作战，得两大教训：一、兵力须集团，应以万人以上作一路。二、注意敌军败退时其最后之抵抗线。〕退回羊高后。是夜敌又分两路转攻何师，激战于横冈，沈团长应时以主力绕攻其后，卒将敌大部击退，乃向梅林、安流溃逃。

二十八日 公因昨役夜不安枕，未明起，调度毕，由羊高出发，经流坑、秋溪，二时到严前，行六十五里，时步时骑，不觉其精力之劳顿也。

是日 公命冯指挥驰至华阳，会合陈、谭两师长，各率部向梅林、安流。谍闻大队敌人在罗经坝，复令十一师直趋商道侧出，兼蹑河婆敌后；第一纵队第一师第二、三团亦追踪赶至。至是一、二两纵队联络。

洪兆麟亲率四五千人袭守河婆第一团，午前九时，向我阵地猛攻。团长刘峙用机关枪扫射，复发炮遥击其预备队，死伤遍野。至傍晚，残敌始遁去〔洪股至是遂消失战斗力〕。华阳之役，实为东征成败最大之关键，公自谓幸仗总理在天之灵，出奇致胜，转危为安。战后感慨不置。[1]

午后八时，第三纵队攻鄂军及鄂军收复五华。

总指挥部拆毁惠州城布告。〔为布告事：照得惠城处东江之上游，扼潮梅之咽喉，墉郁址坚，三面环水，自宋迄今，迭经战事，未闻攻克。民十以来，陈逆炯明图叛变，先遣杨逆坤如盘踞斯城，恃作兔窟，五年之间，老弱罢转饷，丁壮惨流血，四民失业，闾里为墟，城内外商民受祸尤烈，延及博罗、河源等县。推原其故，皆由惠城险阻，叛逆据之，以为祸国殃民之资。若不亟予折毁，难保惠民不再受荼毒，本总指挥以人民之休戚，为本军之休戚，以本军之武力，为人民之武力，三民主义即为本军与人民无形之金城，因顺人民公意，撤除其一部，以绝战争目标，而免迭演兵灾。特此布告。〕

二十九日 上午七时半，公由岩前出发，四时，抵华阳圩，行营设宝林圩。公观察华阳地形，乃一小平阳也，西有大坪，居户比栉，农民多表好感。是夜月下，与各将士[2]卧山地，谈战场之乐。

---

1 “华阳之役……感慨不置”句，系蒋介石亲笔所加。

2 原稿为“罗将军”。

夜，公令各师旅乘月夜包抄，敌陷重围，无能逃脱，被缴械者五千人，余向双头溃奔。

陈铭枢部连日与逆敌激战，至今日午后，援队大集，始夺回单水口。

军校下级干部训练班训练期满，计毕业学员二十三人。

三十日　敌向双头北行窜汤坑，余旅一团出坝口截击之，纷纷夺路走。我炮队继至助攻，何师由安流迫进，向林、李、刘各股痛击，敌退回双头。张旅迎面扑来，其地皆山，中通小径，敌至此已二日未休息，张旅复善战，故虽贼众炮多，犹能坚抗数小时。午后三时，独立团加入，士气大振，剧战至暮，贼知不敌，举白旗降，李易标、三黄等微服逃去，林股大半歼灭，仅黎生、张化如小股，向汤坑窜去。〔是役，俘虏四千余人，获大炮七门，机关枪十余挺，步枪四千余枝，马数十匹，辎重无算。〕

上午，对第八团及第七团官兵分别训话。〔俱未录稿〕

公料罗经坝逆敌必退，得报果然。尝曰经此一役，兵家胜败无常，语堪证实，心殊惴惴也。

与谭师长言指挥军队单位不得过五理由。

勖官生研究政治令。〔令曰：党军所以异于其他军队者，全在将士一致对于主义有信仰之热诚，有实行之决心，而主义之能深入人心，则由平日受政治训练，于世界国家民族诸问题，有切实之了解。深知本党三民主义为中国之唯一生路，故不恤牺牲一切，以期主义之实现，此实党军之特殊精神。所以能摧坚破敌，所向无前，莫非此特殊精神之鼓荡，故舍主义则无所谓党军，舍政治训练何从知有主义。近闻各队官长对于入伍诸生，往往有阻碍政治工作情事，此大不可。为此切实诰诫，以后入伍诸生，每日须有一定时间受政治训练，各队官长毋得藉端阻挠。不宁惟是，各队官长自身亦当随时留心研究政治问题，以为学识之修养，否则寝假忘却党军之意义，而与其他一切骄兵悍将无异矣。自经此次诰诫之后，愿各泯意气，共矢真诚，尽武装的党员之责任，完国民革命之使命，勖哉毋忽。此令。〕

军校公祭刘中将尧宸及惠州阵亡将士。

三十一日　晨，电国民政府汪主席告捷。〔电曰：捷报：昨电谅达。我军第一师，卅日由河婆向安流渡前进，行至横江，遇由罗经坝溃退逆敌主力之林、李、刘各部，痛予迎击，俘敌无算。逆敌又狼狈窜回罗经坝，为我冯部包绝，与第一师围缴敌械，几无漏网。近年作战，未有如此次之痛快。此则仰赖先总理在天之灵，与我政府诸公同心仗义所致。从此粤民之大害既除。革命之障碍已清，三民主义实行有望，此则可告慰于吾兄者，而来日大难未已，决不敢以此自矜，且当益加戒慎，诸祈放怀。中正叩。世辰。印。〕

附：国民政府令

〔据东征军总指挥蒋中正十月三十一日捷报称："东征军各部队于二十九、三十等日，围剿逆敌于横流渡、罗经坝等处，俘获敌众四千余人，缴获步枪四千余枝，大炮四门，机关十余挺"等语。经此一役，逆敌势熸，潮梅一带肃清可期。该总指挥智勇兼备，调度有方，实深嘉慰。诸将士或奋勇破敌，或力战伤亡，劳苦功高，着该总指挥分别查明具报，从优奖恤。此令。十一月四日。〕

汪主席贺电

〔海丰行营。飞送蒋总指挥鉴：接世来电，知我军大捷，尽俘逆众，无任欣慰。逆贼此次构乱东江，其毒谋狡计，以为乘机则可盘踞惠、潮、梅，遇挫则仍可藉闽赣边境为逋逃渊薮，凶顽诡劣，久已不知廉耻为何物。赖我总指挥雄谋深算，奇兵四合，使逆贼进退无路，敛手就擒，不特大快人心，抑且永绝后患，功在国家，钦感何如。谨电驰贺，并慰问将士劳苦。汪兆铭。支辰。〕

上午八时，公由华阳起程，经梅林，穿坂坑小道，约行八十里。午后六时，至罗经坝驻节。

第三纵队攻鄂军第一团，进克兴宁。

呈请调任黄梦麟为入伍生第一团第一营营长，区乃洲为第二师第四团参谋长。

十一月一日　昨夜第一支队司令张和，派副官请归还俘虏〔企复粤军势力〕，公不准。意其心犹未死，今日必逗留安流，乃于上午改道单骑往侦。十一时，抵安流，果如所料。和见公至，愕然，乃急即点缴，俟其拔队行，始回罗经坝。

总指挥条告行军缺点。〔文曰：关于行军之缺点：(一)兵士背枪不一律，横斜倒置，凡笠帽饭碗，弃遗不顾，每连能剩二三个者，已算难得，甚至有弃去军毯者。(二）行军时不按次序，排长、副排长、士兵，多前后错杂，伙食担子，亦混入队伍中，行李尤甚。十月二十六日夜在上护时，第一师部大行李，竟跑至第二团行李里面。(三）休息时间不一定，地点不预择，或无荫蔽，或无饮料，士兵既疲劳，又不得好休息，怨恨滋多。休息时间不偏坐一边，致后来队伍无路可走。新兵于休息时，多擅入民房，取饮茶水，又有藉购物落后，任意摘食水果，或扒取白薯者。关于宿营之缺点：(一）连上官长不查哨，甚至与敌接近时亦然。十月二十四夜，第二团在黄塘宿营，第五连担任沿河警戒的联络哨，有见习官半夜及拂晓查哨，问士兵有无官长查哨，均答曰无，至第四、第六两连询问亦同。黄塘为通新田、河田、大安之要镇，设有意外，何堪设想。海丰之战，伤亡营长，即由步哨失慎。(二）打前站者，多威吓人民，强占民房，以致乡民惧而闭门，军队到时，无货可买。(三）新兵多闯入民家，厨房柴米油盐，任意取用。勤务兵则争取民间床板门扇，替官长搁床。(四）大小便到处乱解，即指定厕所，兵士仍不遵照。关于作战之缺点：(一）官长不注意于指挥统率，营长独自带了几根手机关，与传令兵前进，置各连于不顾。横江之役，有一营长如此作战，及其手机关发射不响，乃觉自危，若非五连追得快，几为敌所擒；连长、排长向前冲锋，兵士且多脱离。(二）缺乏联络，营长与连长间无通报与报告，往往一战结局，营连分驻何地，彼此不知，此连与彼连间亦然。(三）子弹消耗太多，横江之役，战五小时，闻第二团第八连子弹即打完，其他各连，亦放七八十发，没有长日之战，子弹如何接济。盖一上火线，即乱行射击，凡距离表尺目标弹著点，都不能测定。(四）前哨与侦探搜索不周，喜听土民之言，任意停止及前进，又无报告。(五）追击力太差。例如十月二十三日公平之役，第五连奉命远行，迂回抄击右翼之敌，追敌七八里，将至石排，计两小时之久，尚未见第一营由左翼包到，致五百敌人向新田之道遁去。(六）武器支配未妥。横江之役，第二团第三营前哨不附机关枪，致被敌冲锋，死伤官兵甚多。又炸弹藏于营部，不给各连，第五连陈连长冲锋至山顶，始为敌人所发现，但因无炸弹为敌所乘，饮弹而亡；又敌人退时，亦无炸弹轰击。关于驻扎之缺点：（一）官长士兵皆渐骄惰，官长课余或星期日不作战时准备，兵士对学术科亦不介意。（二）副排长多不负责，在教练时不能改正兵士动作；作战时毫无能力，未见其放枪；行军时，连长之枪均不愿托，子弹亦不愿背；驻军时，竟若与兵士毫无关系，除随队往来操场外，直无所事事。党代表授以功课，亦不注意听受。（三）排长责打士兵，多不适当，而自己又不能处处保持威严，因之兵士对排长不能敬畏。（四）官长对兵士卫生不注意，兵士手胯生疮者，十有八九，医官不知为何病名，亦不用药水施治，官长听其自然，于行军作战必多不便。（五）兵士多不注重礼节，住学校民房者，更多涂抹墙壁，损坏器具，或大小便随地狼藉。关于政治宣传之缺点：（一）宣传品不充分准备，所有传单、宣言、敬告书、标语、画片、壁报等，逐地减少，最后则除布告外，直无所见。（二）宣传人员不纯粹，有少数宣传员偷生怕死，身背小囊，追随队伍之后，不能前进宣传。甚至如第三组之苏姓，甫到梅县，即置宣传工作于不顾，而自为寻花问柳之举。（三）宣传队缺乏组织，每队人员并不十分稀少，而不知分组，不能各有专责。每至宿营地，罕见有演讲或散传单者，仅于驻扎较久之大城镇，开军民联欢会。卫生队及病院根本不良，其缺点不能枚举，人人皆知，应彻底痛改。］

国民政府任朱培德为南路总指挥，以陈铭枢所部为第一路，王均部为第二路，戴岳部第三路，俞作柏部为第四路，陈章甫为右侧支队，会攻南阳。

二日　上午七时半，公由罗经坝进程，经七峰径、横江至河婆，沿途男女老幼观者如堵，道为之塞。公曰：“凡至忧患之时，见舆情喁向，聊堪自慰；廿七之夕，如无土人前导，其有幸耶？”又曰：“此次作战，身体较苦，而兜歼逆敌殆尽，精神则甚痛快。一胜一败，小败而大胜，其味过于百战百胜也。”又曰：“是役每为敌乘，不能实施整个方案，致胜一点，自以为料敌决战，不及上次之精也。”

夜，俘虏及战利品解到河婆，公为色喜，饷竭而接济适至，并以为幸。

公曰，得省电称，南路逆敌全数败溃。前报失恩平、新兴、香山，其势岌岌，而今竟为我军击退，岂非一快耶。

△与罗将军论进兵闽南事。

第三纵队收复梅县。

三日　上午七时，公由河婆启节，经下罗打尖，午后一时，到鲤湖。

第一师占领揭阳，林、洪两股分向潮安、饶平溃散。

派张忠頫代理下级干部训练班班长。

港夷嗾莫雄股扰新圳附近防地。

四日　上午八时，公由鲤湖启节，士女簇围，争瞻伟度，商廛行旅各安故常。午后二时，到普宁城，人山人海，欢娱鼓舞之状，难以形容，憩息于县高等小学。

晚八时，第一纵队入汕头，刘志陆诸逆先一日乘军舰逃港。

五日　上午八时，公由普宁乘舰。十时，过广大圩，沿路群众聚萍，欢声雷动。一时，莅揭阳城，万人空巷，采烈兴高，驻节于县议会。公谓自行军以来，此为最佳气象。因念奉直之争，吴佩孚复出，而一般官僚与资产阶级相与庆贺，以余视之，不值一嗤也。

上午，何师入潮安城，各界盛迎，并献牛酒犒军。

呈请中央执行委员会，任命何应钦为潮汕善后督办。

晚，致家书，附武岭学校图样。

六日　上午八时半，汕头欢迎各代表，由揭阳拥公及其军属下舰启程。〔舰次看将帅之拿破仑终卷，近在途每手此。尝曰吾甚佩拿公积极精神，至老不少减，而其败，乃由于傲慢与不知足也。〕午后一时，抵码头，各团体整列，仪容甚盛，民众簇观，万头攒动，沿途军乐悠扬，鞭爆哔喇，各工会前导，次枪队，次步兵，次汽车，卫队为殿，沿外马路经崎碌总指挥部，入憩片时，旋出向众谢辞。〔先答各界欢迎，并云此次出师讨逆，一以民意为基点。〕驻节于潮桥盐运副使署。

收复东江通电。〔电曰：广州国民政府钧鉴，民国日报、国民新闻转各团体鉴：中正受命东征，赖将士一心，人民赞助，自上月六日出师，迄本日适为周月。经将逆军主力完全击溃，先后缴枪六千余枝，大炮七门，机关枪三十余架，俘虏六千余人，东江各名城次第收复，直达潮梅，本日已行抵汕头。此次师行六百余里，四民簇拥而观，箪食壶浆以迓，至汕头登岸时，群众欢迎尤为热烈，自愧无以当此，念我伤亡将士，益为泫然。惟幸本党党纲推行顺利，国民革命障碍渐除，尤予帝国主义以重大之打击，不敢不益自振奋，誓于最短期间，廓清窜匿边境之余孽，扫荡妨碍民治之苛政，以慰先大元帅在天之灵，亦使我东江父老永免兵革。尚冀政府暨各界同志，示以周行，万众一心，共同努力于国民革命之实现。临电祷切，敬乞垂鉴。蒋中正叩。御。印。〕

电请周荫人代缴窜闽残敌械。 闽周派兵助叛，今余孽又为收容，暂不声讨者，徒以其与孙传芳反奉，表同情于革命军故也。

七日 晨，辑拿破仑战略语录。

上午十一时，汕头市开欢迎东征军大会，各机关团体以及民众约数万人，多手旗标语，公莅演说。〔略说：这次克复潮梅，完全是潮梅民众的力量，现在各界热烈欢迎，实为国民革命军迅速成功的朕兆。〕毕，全众巡行马路，沿街争放爆竹，高呼口号。公以人民信仰主义，非如昔日浅浮，革命基础已固，良用忭慰。

致军校官生捷电，并勉此后努力。〔电曰：各官长学生诸同志鉴：本军支日克复潮汕，残敌多来乞降，亦有向闽边溃退者。我各纵队正在追击中，期尽歼余孽，永除民害。此次本军作战，皆以少胜众，如在海丰、河婆等处，每以一营抵敌四五千人，昔我先总理常望练成以一当十之革命军，今竟实现矣。中正鱼日抵汕，群众来埠欢迎者逾数万人，道为之塞，即自省城出发以来，一路男女老幼夹道观瞻，望尘如不及，惟此聊足自慰于肉薄血溅之生活中耳。诸同志身殉本党，或不以群众爱戴为奇，然此固为革命成功唯一之佳兆。盖群众拒敌人，迎我军，于此足征本军诚能为国奋斗为民牺牲之程度也。自今任务将毕，回忆伤亡诸将士，不禁黯然心伤，此后惟望诸同志努力学业，以继总理及本校本军诸先烈未竟之志，是则予所馨香祷祝者也。区区不尽，诸维察照。中正。虞。印。〕

第一纵队陈济棠师克复饶平。

陈铭枢等部占领阳江，击退正面邓本殷股。

八日　上午，开整顿本军会议。

日本领事内田氏谒见。

下午三时，由汕登车赴潮，五时到达，候站欢迎者，约有万余人，驻节于西湖涵碧楼。

见报载惠州一役，俄兵死三百余，又云“城破系骆凤翔等内讧之力。”因叹曰：“反对派忌功造谣，无所不至，〈其奈事实何？〉惟有置之一笑。”

军校第四次补考第四期入伍生。

九日　上午，外出购书，并视察全城风俗，商户乐业，氓庶熙雍，惟岗警甚少耳。

下午，潮州各界开大会欢迎，并在涵碧楼设宴。席间，公以尽心党务、努力建设相勖勉。

晚，憩宿湖畔关岳庙，〈与罗将军谈〉，看《弋太〔太戈〕儿传》。

本日星期一，始作总理纪念周，中央党部制定仪式通令各机关遵照。

订定陆军监狱暂行规则。

十日　上午九时，对第一师第二、三团战后讲话。〔节录：今天集合第一师第二、三两团在潮州公园讲话，是非常难得的机会，我趁着这个机会，把这次作战经过情形和以后革命军要怎样做去，给大家讲明，要留心听着。这次作战，第一师各团无论官长士兵，通通能够坚耐劳苦，有时因为行军迅速，后方粮食不能接济，被服不能如期补充，各位弟兄都能忍受下去，宁可自己受尽饥寒的痛苦，而不骚扰百姓一草一木，因此军队无论到什么地方，一般人民都热烈的来欢迎。我们军队能做到这一点，比较得什么胜利都好得多，本军长对于第一师各团的官长弟兄们，是非常满足，而且表示十分的敬爱。……各位弟兄之中，有江苏、安徽、湖北、湖南、江西、浙江、福建、四川、云南、广东、广西、山东、河南的，将来我们革命军发展了，使各省同志弟兄的家庭父母妻子，也是同现在潮汕的人民受一样的幸福，更使全中国人民也受同样的幸福，那时革命的目的才算真正达到。……这次出发不到一月，直下潮汕，行军可算是非常神速，所以后方运输赶不上，许多官长弟兄在途中感受衣食不足的痛苦，本军长通通知道的。现在九、十两月份的欠饷，要在这两星期之内，通通发清。如果有钱，或者连十一月份的饷，也同时发清。但是你们所得的饷，一定要寄回家里去，赡养你们家里的父母妻子，不要自己随便耗费去了。再有一点，我们革命军将来还要扩充，第一师的弟兄们至少可以升做头目，或者可升到官长的，所以各位弟兄要明白自己所处的地位，以后要格外努力，学好本事，才可以升做头目或官长。……不过这次虽是打了胜仗，缺点仍然很多，今天讲评以后，要确实改正过来。第一点，行军的时候，不能按照行军的序列行进，譬如大行李有时在队伍前面，或者夹在中间，以致途中混杂，这样无秩序的行军，极容易失败。以后行军务要按照行军序列，按照命令内的秩序，一到中途，遭遇作战，才不紊乱，这一点作战上很要紧的，望大家记着。第二点，宿营的时候，少数的弟兄仍有不得官长的许可，私自外出的，对于纪律还未严格的做到。又宿营的时候，各连各营无确实的连络，宿营的地方没有规定厕所、厨房。以上几项，连络尤为最紧要，以后希望确实做到。第三点，侦探队侦探敌情，每每不确实，要知道侦探是全军的耳目，耳目不灵敏，敌情不明瞭，如同聋盲一样，如何能打胜仗呢？侦探要不顾自己生命，无论怎样危险，是要冒险前进，达到任务，宁可牺牲自己的生命，一定要保全全体士兵的生命。除了以上三点要改正以外，还有队上的官长，要随时留心弟兄的清洁和卫生，最好每队有澡身地方，一定要给他们洗浴的，至少每星期一次。每星期要服金鸡纳霜丸，预防疾病。须知我们此次胜利，一半是在敌军没有训练、没有纪律的缘故，所以打不过我们，若是将来北伐，与北方有训练的北洋军队打仗，就难保不打败仗。我们要准备北伐，要成功革命，所以以后要格外努力，认真训练，果能打胜他们北洋军阀，才算我们真真有本事。现在小小胜利，算不得什么，大家不要骄傲起来，以为天下无敌了。骄兵是必败的，本军上下总要戒惧，总要学本事……。〕

下午，对各乡来潮之农工及学生讲演。〔稿未留〕

游太和观、老君洞、吕仙洞等胜迹。公谓岩石壁立雄伟，可仰可象，此乃湖山之第一景也。

晚，看列宁丛书第五种。其言劳农会与赤卫军之组织，与新牺牲之价值，帝国主义之破产原因，甚细密也。

十时半，制向敌宣传及训育士兵之标语数十条。

国民政府委员贺电。〔电曰：汕头蒋总指挥鉴：接诵捷报，欣慰奚如。我兄以十月六日自广州启节，至十一月六日而税驾汕头，屈指行师恰盈一月，群贼就歼，东江大定，破惠州之天险，覆逆敌之穴巢，及在罗经坝出奇制胜，使群贼敛手受擒，无能漏网，尤为此次战役中最有特色之事。我兄建此伟功，承总理未竟之志，成广东统一之局，树国民革命之声威，凡属同志，莫不钦感。东征功成，省中大计诸待商榷，凯旋有日，尚祈示知，是所祷企。汪兆铭、谭延闿、伍朝枢、邓泽如、古应芬、宋子文。蒸。〕

朱总指挥令各军由阳江进攻高州。

再电周荫人令解散残敌。

十一日　晨，续制向敌宣传标语。

△上午，与罗将军谈整理军队，建设政治。

下午，往开元寺，对潮安各校学生讲演。〔稿未留〕五时，回关岳庙。

呈请任命曾晴初代理教导师第三团第一营营长。

晚，看《列宁丛书》第五种。

第三期学生始调回埔校训练〔辗转行军也〕。分九队，另一骑兵队，共一千二百余名。

十二日　上午，编军人精神教育标语。

游韩山及湘子桥。

下午，看《太戈儿传》。公曰："太戈儿以无限与不朽为人生观之基点，又以爱与快乐为宇宙活动之意义。列宁以权力与斗争，为世界革命之手段，一以唯心，一以唯物，以哲学言，则吾重精神也。"

晚，宴第一师官长于廖家祠，演讲一时余，〔稿无查〕十一时回行营。

是日　恢复潮州分校，编第三师及独立第二师下级干部为学员队，并招潮、海各属青年，编为学生队。

孙文主义学会设分会于潮州。

十三日　上午，游太和观、小函谷诸胜，公以其岩石巍峨，耐瞻不忍去。

下午，蹑金山，莅潮州中学欢迎会，讲演校务整顿及学生责任。〔节录：各位校长、教职员、学生们：我今天来到贵校参观，承各位这样热烈的来欢迎，觉得非常荣幸而又惭愧。今天有这许多青年集合在一处，我谨以个人资格，对大家贡献一点，请详细加以讨论。要讲的话本来很多，差不多在其他地方已经讲过了，现在且不讲别的，单就贵校情形讲。刚才听贵校长说，贵校每年经费有三万之多，但是现在弄到非常困难，我既到潮州，受了政府委托，对地方应改良之处，当竭力改良，应组织的，也要赶快组织起来，尤其是学校，更是要紧。因为学校是地方国家的根基，学校办不好，国家就得不到好的人才。贵校每年经费尚有三万，人数不过三四百，若认真把学校基金整顿起来，或者每年不止三万，再从办理上整顿，或者可不止收三四百学生。一般学生们，你们要知道学校的主人翁是谁，不是校长教职员，也不是董事，是你们学生。学校办得不好，你们即使毕了业，也是无大用处。各位要明白，学校的主人翁是学生，学校的成败亦是学生的责任，所以学校的事，要学生负责去办，校长、各教职员，居在监督指导的地位。学生自己任事，因为是一般青年，没有染着社会的恶习，且能养成自治自立的能力，将来到社会服务，才有办事的才能。比如我们黄埔军官学校，现在能收这个效果，好处是完全在我吗？不是的，完全是一般学生们。……学校之内，无论任何团体，如校友会、自治会等团体，组织成立以后，就有规则章程订下来。这个规则章程，虽说是几个委员通过，但这几个委员是大家推举出来的，委员的意见就是大家的意见，所以订出了规则章程以后，大家就要遵守服从，不能反对，更不能破坏。所以希望各位的，要尊重团体的组织，要服从团体的命令，这样才能说是在范围内的行动，才能做学生〔校〕的主人翁。凡事总要改革，才能有进步，国家不改革，国家没有进步，学校也是一样。学校不改革，也是无进步。〈不只是要革学校董事、教职员的命，并且要革自己的命，自己思想不好，就要革自己的命。〉所以学校与学生天天要有进步，才有做人的价值，若是思想停止了，虽然活着，等于死人一样。所以革命的意义，就是改良进步，而且先要改良自己，然后才能改良别人。……〕

呈请任命曾扩情为教导第三团团党代表。

公近以遭人妒嫉，辄忿恚郁中，既而曰，此正可为观察对象磨练身心之资，惟自反耳。

十四日　上午，游公园，访青天白日古迹。

驰电军事委员会，保程潜为军长。

电程潜、冯轶裴，示处置队伍及对闽方针。

下午，由潮安来汕，车经庵埠，欢迎者甚众。抵汕，入善后督办署，见事无条理，不胜震怒，因叹曰：幕属之泄沓如此，奈何不令人侮辱。

△晚，宴俄顾问，席间公演讲〔未留稿〕，十一时散。

军校第五次补考第四期入伍生。

第三纵队攻鄂军，克复闽边永定。

是日　港英藉口汕头有疫，封锁交通。

十五日　东征宣传队报告成绩。此次行师，各军中有党代表政治人员，则官兵咸有顾忌。演讲使明主义，乃能勇敢摧敌，经行一地，开军民联欢会，宣言标语，播扬革命宗旨，故民众愿与合作，有连夜砻谷、宰豕、拔蔬相饷，沿途设坐备茶以供，此得力于宣传及严肃军纪，不拉伕与购物公道之效果也。

十六日　午后三时，莅汕头市总商会欢迎会，说明国共界线。〔节录：……现在我们的敌人，北洋军阀及外国帝国主义者故意造谣，说国民党是共产党，国民革命军是共产军，使中国不明白真相的人民，无不色然惊骇。但是实际研究起来，国民党是不是共产党，国民革命军是不是共产军，此地人民大多数都能明白，了然革命军不是共产军，国民党亦不是共产党。但帝国主义及北洋军阀乘远地各处人民不甚明白之时，乃故意造出谣言恐吓他们，其目的在使人民不与革命政府合作。这种卑污恶劣的手段，是何等可恶。我今天为要打破这一层隔膜，所以特别在这一点，同大家讲明白。我们军队自出发以来，能够不骚扰百姓，并且与百姓相亲相爱，帮助百姓起来组织，来反对帝国主义。〈我们军队的组织方法是从那里来的呢？各位恐怕不知道，我们老实说，我们军队的制度实在从俄国共产党红军仿照来的。而且来帮助我们的俄国同志亦是俄国共产党党员，所以在帝国主义者看起来，以为我们一定是共产党了。你们受他们恐吓，也很难怪的。〉不过你们都明白本党的主义是三民主义，是现在中国处在帝国主义势力之下最需要的主义，质言之，能够拯救中国得到独立自由的，只有这个主义。……怎样说中国不适宜实行共产呢？因为中国的商家富翁的资产，最多的不过几百万，至于过千万的，实在是很少，如果与欧洲英美的大资本家比较起来，算不得是一个资本家。至于中等产业，只能养活他自己，更说不上是资本家。中国现在只有大贫与小贫之分，并无大富与小富之家，这样情形怎样能够说共产呢？所以要请各位明白，中国决不能实行共产主义。[1]共产是实行于大资本国家，如象英美等国，因为大资本家渐渐发生起来，不只是工农受资本家的压迫，就是小资本家，也要被压迫不能生活，大资本为害如此，不共产如何能行。……因为鉴于外国大资本家的为害甚大，所以本党主张平均地权，节制资本，不许大地主大资本家再现于中国，使全国人民都得足衣足食的幸福。各位知道的，现在上海与其他大商埠，那一个大公司大银行，不是操在外人手里，因为大资本大生产机关，都是在外国人手里，所以本国的产业被压迫不能发达，本党一切主张，其目的完全在使外国资本不得发展于中国，反而言之，就是使本国资本发达起来。所以努力不断的主张收回海关，取消不平等条约，原因就在于此。请各位要彻底明白，如果能够实行本党的主张，最先直接得利益的，就是商界，所以请商界同胞更要了解才好。本军现在到了潮汕，废除小小的苛捐，还说不上解放人民的痛苦，等到六个月以后，各种整顿起来，然后可以看见革命军与陈炯明的反革命军，究竟如何分别。地方上一切的设施，本来是很难的，单是靠官厅去办不行，要请各界同胞随时监督官厅，引导官厅，然后官厅所做的事，才能说真正与人民合作，也才能真正代表民意。〕

△晚，赴俄顾问宴，醉兴遄飞，旋与诸同志逛街观灯，至十一时始散。

是日　汕头市各界举行祝捷大会，工商学各团体及群众参加巡行者，约四万余人。夜，赛提灯会，各色纸制品光彩夺目，又在审判厅前放烟花，演新剧。〔凡三日夜〕

十七日　近思构第三期同学录序，欲以人生观与宇宙观，合著于篇。苦无心得，偶成“精神出自物质，宇宙始终于一元”两句，颇用忻慰。

十八日　上午，训诫第一团士兵。〔稿无查〕

1　此句底稿原文是：“中国现在是这样情形，怎样能够共产呢？所以要请各位明白，中国现在不是实行共产的时代。”

公因副官处人员办事玩忽，恚甚〈以物掷地，几欲杀人矣〉。

呈请任命张元祜为军校教导第一团团长，吴奂为第二团团附，兼入伍生第一团第二营营长。李殿璋代理教导第三团辎重队队长，杨请缨为少校教官。

令教导团营部改组。〔令曰：教导第二团团部及第一营部人员，照前令改组入伍生第一团团部外，其余所有官兵，全数移交第一团，原来第二团之第一营、第二营，改为第一团第一营、第二营，原来之第一团第一营，改为该团第三营，仰第一团团长张元祜、第二团团附吴奂会同交代。此令。〕

是日　旅沪浙民自决会来电，迎公入浙。

十九日　张毅复电赞同前电，第三纵队自动退出永定。

派戴任赴浙，叶青赴漳，与孙传芳、周荫人接洽。

二十日　上午，调任周寿昌为学生第四队队长。

下午，会议配备兵力及对闽方针。

晚，看颜氏家训。

是日　俞作柏部攻破高州城，残敌窜向廉钦。

政治委员会议决撤邹鲁外交代表及广东大学校长职。

二十一日　上午，与何督办、〈俄蔡顾问〉议事。

下午三时，专车赴潮安，驻节于关岳庙。

函第一师党代表，责成整顿各团党部。〔函曰：本军各团党部，实在是有名无实，所谓党的活动，实是很少有精神的。近来士兵告发的困难苦痛太多了，而且亲眼看见的亦不少，甚至有排长以粪塞士兵之口，或痛打毒骂，而士兵之饥冻不管，更属视为常事。所谓军中卫生经理，绝未讲究，甚至有开除士兵，不清薪饷，为其连长中饱。此等恶弊发现，不一而足，根本上说，还是各团党部活动不力，徒有形式而无一些精神。这因为训练及组织时间太少，作战时间太多，亦难怪其然，然党部之组织，不论战时平时，皆应进行。在此休战期内，赶紧先把第一师各团党部整顿起来，使士兵开小组会议时，完全自由发表其意见及报告其痛苦，官长不得怀恨报复。如此则士兵经济与生活，虽为经费所限，不能完全改良，而其精神及环境，决不致如现在之暗无天日也。士兵精神与环境不良，各级党代表应负完全之责，而连上官长，如有妨碍党代表职权，或有使党代表不能行使其职权时，应尽情告发，否则党代表应负其责也。吾辈革命如不先在士兵生活上注意改良，则所谓改造一切社会者，皆空浮而不确切，并且决无良好结果。务希对于第一师各团连小组多下功夫，并监督其实行，以期将来由第一师推至各师，则党军名实或有相符之一日，而革命始有成功之望。事务太繁，工作虽多，队内党务须特别主【注】意促进，不使顾此失彼，轻本重末耳。希将此函摘要录登报端，使各官长知党之重要，而不致轻忽小组会议也。中正手启。〕

晚，看《列宁丛书》，其言："权力与联合民众，为革命之必要。"又言："联合民众，以友义的感化的训练，为必要的手段。"皆经验之谈也。

二十二日 呈请任命赵世荣为教导第一团辎重队队长。

下午，复游太和观，观后岩间榕树，大过太和囊篇一株，皆千年以上物也，公甚爱之。

晚，读韩子原道篇。

二十三日 上午，条拟地方应办各事。

呈请成立国民革命军独立第二师。

下午，视察野战病院，腐败不堪，伤兵饮食无时，看护乏人，煎熬痛苦，公以院长丧尽良心，只图饱私，罔恤生命，大叱辱之。五时，回关岳庙。

呈请任命徐宝鼎为军校少校教官。

俞作柏、戴岳部攻入廉州，邓本殷率残股遁回琼岛。

准见习官张栋请回湘宣传，并令刺探该省军情。

二十四日 上午，阅核改编官长名册。

下午，诣各团视察，见营房散漫，主速另建。

调王文翰代理入伍生总队第一团团长。

公曰，孙传芳以苏浙各军驻守徐、杨，而以原有本军调回南京与杭州，周凤岐等任其宰制支配，闻犹以阴谋自豪，岂不可叹。

二十五日 上午，处理公文及拟令稿。

莅潮州祝捷大会，并讲演。〔稿未留〕是日潮市各界举行大巡行，参加者三万余人，公回湖，倚涵碧楼观望。午后，又出逛全城，见士女如云，恍闹元宵。夜有提灯会，各大街演剧舞狮，锣鼓喧天，诚盛况也。

日晡，宴各县党部代表。

是日　军校第六次补考第四期入伍生。

二十六日　上午，查办张和、余鹰扬、陈道衡，改编张旅余团为独立第二师。

晚，往金山中学，观学生演剧。

二十七日　上午，陈师长〔济棠〕、蔡顾问来见，与选定独立第二师官长。

电国民政府转报剿灭林虎残部。〔电曰：顷据程纵队长有电称："杜部来员言，刘股溃卒经该部节节截击，已多数缴械，不日可告肃清"等语。同时，据被福建解散之湖南人四十余名，亦言刘志陆与敌右翼之黄仑股，十五日在古木乡为我军击退后，行二十里，即遭闽军堵截，缴去枪枝七八百杆，仅一小部逃散上山为匪，似此林股已完全剿灭。"等语。合即转报，以纾廑念。中正叩。感。印。〕

晚，选定第三师各营、连、排长。

二十八　日晡，宴第十一师官长于涵碧楼，席间，讲评第二次东征经过。〔全稿佚〕

张毅派代表来潮，声称不与陈逆合作。

二十九日　下午，应旅潮两浙同乡会欢饮。

陈铭枢及俞作柏部攻下廉州，戴岳部向雷州进迫。

三十日　派第五团缴张我东部〔前粤军旧部，改编为第九师第二十七团〕械。在淡水城缴一小部分，其余追至平海缴获。

下午，对炮兵营官兵讲话。〔稿未留〕

陈铭枢等部进攻钦州。公闻之，欣然曰：南路捷报纷至，回忆上月廿七日，袁带踞香中，邓本殷诸逆迫近江门，而东江第三师又遭华阳之败，帝国主义者买弄陈、邓各逆，四面困我，企逞其大欲，今则次第为革命军荡平矣，幸何如之。

军校第二期学生见习期满。

十二月一日　第三纵队攻鄂军第三团，克复平远。

下午，答谢省城慰劳队，晚宴享之。

公曰："郭松龄宣言，倒此拥彼，可称滑稽；然非如此矛盾，则北方大小军阀何至自行瓦解，旧时代势力之崩溃，即在于此。"

二日　上午，电饬各处长放些良心办事。

训见习官。

呈请任命孔庆叡为军校上校教官。

公闻本党捣乱分子在北京希图标异，现因国民军勃兴，不能活动，行将无形取消，悲惧交深。

三日　呈请任命冯轶裴为独立第二师师长，薛仰岳为该师第一团团长，涂思宗为第二团团长，周址为独立第三团团长，宋时忱为第三师第七团团长〔因第三师谭师长辞兼职〕，徐庭瑶为第八团团长。

下午，有学生十余人，同第一师政治部主任李公侠，争来诉状。公侠报告："共产势张，四围都非同志。"意在激成本党党员互相仇恨，怂公监视。公以〈政治人员带兵官不能干涉，惟云当严办了事〉近日非共产与共产之讧，愈演愈烈，公谓此足使本校本军内部分裂，党祸急矣，〈可奈何！〉

晡，巡视医院。

又发电周阴〔荫〕人，交涉消灭残逆。

是夜，又自关岳庙迁往涵碧楼。

四日　上午，看社会进化史。

晚，欢宴第一、第三两师官长，即席训话。要旨："革命军须保持精神，不可沿历来军队演嬗之惯例。"

公曰："余稍不如意，而快色蹙容，即见于面，夜中辗转无寐，自忖胸襟太隘矣。以今日之地位与办事，能如此放手，而尚嫌不足，何自苦乃尔。"

五日　下午，主祭东征军阵亡将士〔为位，官长六十九员，士兵五百二十八名〕追悼会，肃立灵前一句钟。

军校第三期同学录告成，公序之。〔序曰：阋墙之祸，甚于外侮之内侵，革命之成，全凭同志之相爱与相亲。传云："亲亲而仁民，仁民而爱物。"革命之道，仁爱之道，亦亲亲之道也。大学之道，在于明德亲民而止于至善，革命之学，始于格致诚正而终于修齐治平，大矣哉革命之学也。革命之学，大学也；革命之道，大学之道也，不止于至善，不能穷革命之学，不明德亲民，不能明革命之道，止于至善者何？格致诚正也，明德亲民者何？修齐治平也，未有不格致诚正而能修齐治平者也，亦未有不亲亲而能仁爱，不仁爱而能革命者也。中正奉总理命创办本校者，乃欲穷革命之理，而行革命之大道也。深知欲革命之成，必使革命同志以维精之理，至诚之意，团结精神，以学校为家庭，以同志为手足，以亲亲之道而亲同志，以爱物之理而爱同志，则主义实行，其有豸乎。夫同志之共死生、同患难，其关系之密切，有甚于父子兄弟之亲也，而团体之存亡成败，乃有重于其家庭间骨肉手足之生命也。一年以来，集合五百同志，成立斯校于全国弥漫反革命空气之中，招募三千子弟，组织本军于四周假革命环境之内，回顾经过历史，晦蒙否塞，未有甚于此者也。今春孤军挺进于潮、梅，同志死伤者六百余人，桂军袖手旁观于东江，滇军且通敌以谋袭我后，孟夏回师广州，讨伐叛逆之杨、刘，死者、伤者以百数计。而沙基之役，帝国主义之英法，残暴袭击，竟使我同志死者至二十人之多，而伤者不计也。九月，廖公被狙，反革命派之阴谋毕露，先平梁杨，后灭郑莫，各方怀疑丛生，中正几成为众矢之的，且将伦比为冒天下大不韪之罪犯，而本军之危殆，亦成为飓风中之孤舟，其能支而不复者几希矣。十月，奉命重征东江，进攻惠州，世皆视为天险之老巢，人人以为难攻莫敌者，而本军将士目无全牛，视若坦途，自刘团长尧宸以下，如耿泽生、谭鹿鸣、徐廷魁、但德芳、张忠熙、彭继儒、金鸣章、刘铭、陈作云、叶振南、王嵩、周德保诸子等，死者百三十余人，伤者如詹忠言、曾扩情、蒋先云，杜从戎、冷欣诸子，且四百余人。此其前仆后继，视死如归者何哉，主义之所感，敌忾之所兴，亲爱之忱，油然勃发而不能自已耳。海丰之役，以三百之众，而战四千之暴逆，唐子同德、张子志超等死焉。河婆之役，以一团之众，而敌三师之强寇。横江之战，林逆主力悉数来犯，谋以三面包围我军者，反为我所各个击破。惜乎，陈子厚、王步忠、侯吉文、范涛诸子，皆亡于是役。华阳一战，以三千初集之卒，而攻一万五千背城借一困守死斗之顽敌，殉难死者，自周团长保生、党代表姚世昌、周玉冠、车鸣骧诸子以下一百二十五员名，卒能转败为胜，扶危为安。呜呼，可谓荣而哀矣。自二次东征，以至克复潮梅，全军阵亡者，五百九十七人。嗟乎，死固壮矣，而生者悲惨，曷其有极。以师弟之亲，部属之爱，每得其死音噩耗，心酸肠割，不知其所止，虽百譬而终难自解。既如死者之不能复生，废者之不能复全，乃必欲驱此至亲至爱，情逾骨肉手足者，而使之死焉、伤焉。以我今日恸悼之哀，而推之于其死者、废者之父母、之妻子、之兄弟，其孤苦凄怆，更为何如乎。呜呼，何其忍心乃尔，中正之罪，诚万死而莫赎焉矣，甚矣。处动心忍性之逆境，当风雨飘摇残破零落之危局，极恶战苦斗之全力，而其所得之结果，徒丧失我宝贵而难得之信徒，不期庄严灿烂之黄埔，竟成为白骨之岳，赤血之渊。而为民生之痛苦，民权之斫丧，民族之衰弱，皆无补益于万一。至今军阀作恶如故也，列强横行且有加而无已也，五卅惨杀之仇未报也，不平等条约之耻未雪也，而我总理赍志以没，一生之抱负及其遗我之明训，其果有见诸实行乎？杀我同志者敌人也，而驱我同志就死殉难者，中正也。丧失如许之同志，尚不能实行其主义于万一，上何以见总理在天之灵，下何以慰殉难将士之魂，纵人不我责〔责我〕，我之神明乃能泰然自安而无疚乎？此恨绵绵，虽倾珠江之水而不足以净洗黄埔之血痕与泪迹矣。嗟呼，总理逝矣，先烈亡矣，而其神其灵，不昧不爽者，惟在其所遗本校后死而未亡同志一线之命脉耳。吾人之聊足告慰先烈者，亦惟此而已。此一级未绝之命派〔脉〕所遗者何？是乃总理一线相传之国民党内共产与非共产二者凝集而成之血统也。吾人至今，悔不问明当时先烈之死者为共产乎，抑为非共产而三民乎。中正兹预言以答后吾死者之问曰：吾敢率国民党内共产与非共产诸同志，集合于国民党青天白日之旗下，以实行吾总理革命主义而死也。吾愿死于青天白日之旗下，吾为国民革命而死，吾为三民主义而死，亦即为共产主义而死也。吾愿与党内死者诸同志，同穴安眠于地下，吾愿本党后死诸同志不分畛域，不生裂痕，终始生死，本我亲爱精诚之校训，团结精神，继续我先死者之事业，以完成我国民革命之责任，直接以实行我总理之三民主义，即间接以实行国际之共产主义也。三民主义之成功，与共产主义之发展，实相为用而不相悖者也。吾并不望后死者入彼出此，尤不愿其较长争胜，冰炭水火，以斩断我辈已死者之命脉，不然，生者之是否安心，姑置不问，而我辈死者，诚为枉死之冤鬼，而不能瞑目于地下矣。然则如之何而可，曰，知止于至善，行乎生者心之所安者而行之，止乎生者心之所安者而止之，不止不行，不行不止，革命之道，一以贯之。大学曰："物有本末，事有终结"，未有本末倒置终始不一而能成其事者也。阐明革命之理，实行国民革命之成功，未有中国之国民革命，而可不实行三民主义者也，亦未有今日之国际革命，而能遗忘共产主义者也。中国革命，不能不承认为世界革命中之一部，而实行三民主义，则共产主义即在其中矣。吾辈死者，但知中国革命与国际革命，不能分而为二，则三民主义与共产主义，岂有纷争之必要，而徒使吾辈死者痛哭于九泉乎？吾愿未亡诸同志，由定静安虑以臻于格致诚正，而求得革命之真理。如负少年一时之意气，斗争蜗角，徒赍盗粮而授人口实，以忘修齐治平之重任，是则为帝国主义与军阀所欢笑，而总理与廖党代表、一般殉难同志之所痛哭也。生者有心，其当牢记校训，团结精神，以实行革命亲亲仁爱之道，则阋墙不生，外侮难侵，不忧瓦解，其必玉成。以本校今日之精神，如不发生内部之分裂，则三民主义虽百世其可传也，合国际帝国主义者之全力而莫能御也。吾辈死矣，吾党不绝如弦一线之命脉，全凭诸同志相亲相爱团结之固以求存。本校之存亡，主义之成败，不在外敌之强弱，而在内部之分与合也。此作中正代我已死同志所答之言焉可，即为中正预留生前之言，以备死后答我未亡诸同志之言亦可也。呜呼，言者谆谆，而听者藐藐，吾泪已涸，吾声已嘶，精卫犹能填海，而顽石无法补天。分乎合乎，败乎成乎，惟在吾后死者之一转念，生死存亡之迫切，已不容毫发犹豫于其间矣。语曰："鸟之将死、其鸣也哀；人之将死，其言也善。"中正虽未届垂死之年，而革命工作实使吾早具决死之志，兹敢以至哀之言为同志告，而复益之以先烈之遗言，总理之遗训，同志乎。中正之言或不尽善而不足哀，倘一念及总理与诸先烈之死事，其能无动于中乎？一念之是，可以兴邦；一念之非，足以杀身，同志乎。荆棘丛薄，此吾党今日之前途也，楚歌四面，此本校今日之环境也，艰窘危迫，疑惧震憾，未有如今日本党本校之甚也。列强日伺吾侧，军阀图袭我后，彼且掀髯，张目而声言曰："国民党中共产与非共产之争，已启内讧，不久其将瓦解，不须吾辈亡矢遗镞之劳，而彼已陷于自杀之境矣。"呜呼，是言也，何言耶？是否好设危辞，以耸同志之听耶，抑果有其事而不能幸免者耶。吾党同志可不警惕戒惧，反省自悟，刎颈交驭，犹恐不足，奈之何反以分裂为能事，不使党校与家国〔国家〕同归于尽而不止。以艰难产生遗腹之孤儿，竟匍匐以堕于井中，途人见之，犹且急切赴援，惟恐其不及，而其寡母师傅当之，则焦灼之心，果为何如乎。本校诸子，如能以寡母师傅保子之赤忱，以自救而救党，以骨肉手足家庭之亲爱，以自爱而爱党，则推而至于仁民，至于爱物，无所往而不利，何所事而不成，革命又岂难事哉，甚矣。亲爱精诚之校训，不可须臾离者也。子思曰："诚者物之终始，不诚无物。"诚则亲，诚则爱，诚则精而诚则成矣。未有不诚而能实行三民主义者也。亦未有不诚而能实行共产主义者也，未有不以诚对三民主义者，而能以诚对共产主义者也，亦未有对共产主义以诚，而对三民主义不诚者也。然则今日本校与本军何为而然者，曰：不诚而已矣。吹毛求疵者，不诚也，勾心斗角者，亦不诚也，未有不诚而能避免冲突与分裂者，亦未有冲突与分裂而其革命能成者。是故不成者，不诚也。本校诸子曷不反其本乎？此非特言在党之共产主义者，应诚于三民主义，即三民主义者之对共产主义，亦应以诚意相孚也。歧视者，不诚也，逆忆者，亦不诚也。己先不诚，而徒责人以诚，难矣。是故诚者无所往而不诚，不诚者，无所往而能诚者也。中正为三民主义之信徒，然而对于共产主义者之同志，敢自信为诚实之一人，尤望诸同志开诚相见，本我校训，不负我总理之所期，则幸矣。第三期同学行将毕业，丐余以同学录之序言，余因今日追悼阵亡将士之有感，故录此以慰其乞序之殷，并以此勖我第三期之同志，使其知革命之学之大，革命之理之精，不外乎吾亲爱精诚之校训。不亲则离，不爱则妒，不精则杂，而不诚，且无以致亲致爱与致精也。诚则明，诚则强，诚则金石且为之开，而况于人乎？况于同志乎？吾同志其勉旃。十四年十二月五日，蒋中正序于潮安行营。〕

六日 血花剧社演《还我自由》，答谢潮州各界祝捷大会，公闭幕时说明戏旨。

七日 呈请任命戴升代理教导第三团团部参谋长。

胡宗铎部〔李宗仁属旅〕由桂边截击邓股，占领钦、雷，残逆越海而南，仅保琼州。

是日 洪兆麟由港乘轮来沪，为船役韦德〔嘉应州人〕刺死。

八日 呈请任命赵锦雯为入伍生第一团第三营营长。

电汪主席，请转饬筑省市至花县马路。

召集政治部员与党代表，讨论本党团结办法。公提出二项：一、校内准共产党员活动，〈凡有一切动作〉，均应公开。二、总理准共产党员跨国民党，而未准国民党员跨共产党，然亦未明言其不准，本校党员如有愿加入于共产党者，须向校特别党部声明并请准[1]。

晚，召集各军政治部人员，〔与会者共一百五十余人〕开政治协会，讨议潮梅施政方针。

九日　呈请任命杨榆椿为军校少校教官。

下午，检阅独立第二师于潮州南校场并施训。〔稿无查〕时该师第一团驻枫溪，第二、三团驻意溪，经集合点检，计有枪枝四千，人数五千五百。

十日　上午十时，再往查独立第二师各营连内务。呈请派第一军军长何应钦兼潮州分校校长。

△呈请任命梁汝[2]为教导第一团监视队队长。

晚，宴独立第二师团营长。

十一日　上午十时，公由潮安赴菴埠，检阅第三师第九团，并训诫。〔稿无查〕至二时毕，入镇，人民欢迓者五六千人，肩摩趾接，〈商场供具甚华〉。公喜曰："凡余所到处，无不如此，可见民众倾向革命，迥非昔日情态。"四时，回汕头。

呈请任命朱孔阳为军校军需处处长〔周骏彦调任盐运副使〕。

查办军医处处长金诵盘。

晚，在总指挥部宴会中俄人员，即席演讲革命应统一指挥。〔节录：刚才何督办、罗将军及各位同志，已有很好的演讲，而且说得很透彻，〈大家欢乐极了。〉现在时间不早了，我单就几点重要的话来讲。别的团体。可以讲甚么性质，甚么界限，惟有革命党，是志同道合的团体，只有以主义为中心。……很多的同志，都讲我们埔校的优胜，但是实际上看来，实

1　此句原稿为："现在本校不禁止党员加入共产党，惟加入时，须向校特别党部声明并请准。"

2　汝字下原稿空一格。

没有什么好处。埔校的基础，可以说一点都没有，埔校的生命，是很危险的，大家不要自满自足。……〈我们今天能够消灭叛逆，达到这个□□，可以说是苏俄同志，本其民族精神，国际的实力，与其革命的使命，赴来与本党合作，帮助我们中国革命的努力。因为他们帮助中国革命，就是帮助世界革命，中国革命成功，就是世界革命成功，并且是俄国革命完全的成功。〉……现在有人说，我们中国革命党受俄国人的指挥，在他说话人的用意，以为这句话就是可以诬蔑我们革命党的一个最好的材料。我以为作这样想的人，就好的一方面说，充其量，不过是一个十九世纪以前知道国家主义的民族英雄而已，他并不明白现在是一个什么时代。我们要晓得这种偏狭的思想，在数十年以前闭关时代来说，还可算是一个爱国的英雄，但是现在二十世纪就不行了。因为现在中国问题，几乎就是世界问题，若不具世界眼光，闭了门来革命，不联合世界革命党，不以世界上以平等待我之民族共同奋斗，那么，革命成功的路径，恰同南辕北辙，决无成功的希望。我且举个例来说，在欧战时候，起初德国兵力很强，兵器很精，列强各国都用全力去攻击他，总打他不过，后来协约国联合了战线，推出一位法国的福煦大将，来做联军总司令，从此联军指挥统一起来，才把德国打败。这位福煦大将，并不是英国人，不是意国人，也不是美国、日本人，但是英、意、美、日的军队，通通要受他的指挥，然后才可以战胜德国。可见得要打倒国际帝国主义，达到世界战争的胜利，非国际间革命党团结起来，统一指挥，不能巩固革命战线。不说欧洲大战，就是此次东江作战，也是如此。我们能够战胜叛逆，大半也是在本校长之下指挥统一的效力，这一点要请大家明白。帝国主义者所造的谣言，最有力量、最能动人听闻的一句话，就是说中国人不应受俄国人的指挥。我且不说我们现在并没有受俄国人指挥，即使有这件事的时候，我可老实说，只要他革命先进国的苏俄，诚心诚意来帮助我们民族的独立和平等，来指导我们中国的革命，我们世界革命的中国革命党员，只要为求我们民族独立和平等之故，亦并不是什么耻辱。我们对俄国同志认识之点，根本上是在于我们的敌人，是国际帝国主义者，他们的敌人，亦是国际帝国主义者；他们的政策，是要解放弱小民族，本党的革命，亦是要求中华民族的解放，进而至于世界大同。[1]我素来主张世界弱小民族的革命战线是应该统一的。当民国成立之初，我很想我们中国革命党来领导世界革命，我对总理提起这个问题，亦不知几多次了。所以我们对于苏俄同志，根本上的主张认识之后，就可免除一切的界限，消灭个人的意见，而来同心协力的奋斗。我们中国革命所以不能成功，列强所以能欺压中国的原因，就是国民勇于私斗而不努力于公愤，党员徒争意气，团体长此破裂，如果再不改去这些恶习，国也亡了，种也灭了，试问还容许你们争意气么。现在帝国主义者看见我们中国国民党，就现出一种恐怖的现象，其原因在什么地方呢？他固然是怕俄国同志来帮助我们革命工作，并且嫉妒中国人聘请俄国人来做中国革命的顾问，但是他最怕的一点，还是在世界革命指挥统一之后，我们被压迫民族和被压迫阶级联合起来，站在一条战线上，向帝国资本主义者，共同攻击，四方八面来包围兜剿他，使得他们没有一个地方可以逃窜。这一点，实在是他们国际帝国主义者的致命伤。……讲到此，还有一句重要的话，我们实行总理遗嘱，不是在形式上的，是要真正的实行遗嘱，如要真正的革命成功，一定要照俄国革命的方法去做，才是总理真正的信徒。俄国革命党，是怎样情形呢？〈今日在座的几位俄国同志，就是榜样。〉就如何师长所讲，肯负责任，能耐劳苦，服从命令和遵守纪律，所以能够得到成功。各位如果是有良心的，马上改过来努力做事，如同俄国同志一样，才可以救中国、救自己。中国人做事有两大毛病：第一，是孟子所说："非不能也，是不为也。"中国人的智识能力，并不弱于外国人，有许多地方或许超过外国人的，外国人做得好的事，难道中国人做不好吗？所以希望大家热心，不要得过且过。第二，如韩退之所说："怠者不能修，而忌者畏人修。"中国人不但他自己不热心，不做事，并且嫉妒别人做事，甚至设法破坏。象本党里面，有许多同志不来帮助我们革命就算了，还要设种种方法来反对我

1　在"我且不说我们现在并没有受俄国人指挥……进而至于世界大同"中，原稿为："我们且不说讲我们是否□受了俄国人指挥，但我老实说，□革命先进国的苏俄来指导我们中国的革命，我们世界革命的中国革命党员，实在是愿接受的。我们对俄国同志认真〔识〕的要点，根本上是在于我们的敌人是帝国主义者，他们的敌人，亦是帝国主义者，他们的政策，是要解放弱小民族，本党的革命，亦是要求东方民族联合的解放，进而至于世界大同。"

们革命，破坏我们革命，这种弊病，中国人最深，若不免除，中国前途便没有救药。现在我们唯一的方法，只有本着亲爱精诚，服从纪律，拿出责任心来做事，今天欢宴各位同志，在兴高彩烈之后，请大家起来高呼，中俄同志团结[1]万岁，世界革命成功万岁。〕

十二日 上午十时，乘轻便车至澄海，正午，点验第三师第七团，并训诫。四时半，入城，应各界欢迎会，满街结彩悬灯，光辉耀目。六时，回汕头。

十三日 上午，赴东陇检阅第三师第八团。

下午，应俄意利民舰官长邀宴。晚，酬飨之。

十四日 上午，定师管区及整顿军队议案。

会周荫人代表谢昭，交涉陈逆窜闽残部。

《东征训话集》出版。

十五日 上午十时，搭车至浮洋，统裁第一师野外对抗演习。

下午，为筹款事来潮安，晚，回浮洋，宿营于是处小学校。

上军事委员会改革军政建议书。〔书曰：中正受命东征，赖将士一心，人民赞助及钧会指示，得照预定目标。于一个月内到达潮汕。其窜入闽边之残敌，亦正秉承政府训令，誓于最短时期内荡灭之。同时南路方面，迭有捷报，肃清琼崖，指日可待，统一广东，以巩固革命根据地之目的，今日定可实现矣。然此仍为国民革命之第一步也。广东既定，全国人士之期望于政府者愈殷，北伐实行，我革命军所需要之战斗力亦愈大，胜利不可以倖致。北洋军阀固有必败之道，然其军队之抵抗力量，实非陈、林、洪、邓诸部所能比拟，我必于军政之统一，军事之训练，军实之准备，切实注意，尽革前弊，积极刷新，而后能完成国民革命之使命也。谨以一得之愚，条陈兴革意见于左，惟希采择议决施行。(一) 军长职衔即应撤废。中正前辞军长，以求军不成阀，犹就个人之志愿言也。论平时军制，应以师为单位，而军与军长，本非平时设置之制，仅于战时临时增设，以便指挥作战。今广东统一之局将成，国民革命军作战之任务已告一段落，军长之职

1 底稿原文为"联合"。

不废，积久或有尾大不掉之弊，即事实不至于此，而形式亦难免军权割据之嫌，此非独中正自身不愿，尤不愿我敬爱之同志为之也。今宜将军长概行裁撤，各师均直接受军事委员会节制统率，此本军政统一之常径，而广东现有各师，向有省界等名称，虽形式早已废除，而实质上之统一，尤非此不可。现任各军长，多为军事委员会委员，其非委员者，则可由政府决议增委，统筹全局，展布益宏，尤我同志所乐闻也。如北伐实行，则彼时自可再行增设军长，此时裁撤，实有百利而无一害。（二）全省军额应速确定。中正于本年七月间，曾建议规定全省军额，惟现时广东军财统一，均可告成，军长又议撤废，形势既有变迁，前议未可固执。军额之多寡，必合乎时势之需要与可能，不能过多，亦不可过少，应有一适当之标准以为之衡。此适当之标准：第一，为按照财政收入，以不妨碍必要之政费为根据，决定财力上至多可养兵若干。第二，为按照军事状况，以足对付今后之目的敌为根据，决定军政上至少应养兵若干。由前者言之，广东全省统一以后，对于财政，如能彻底整理，每年收入当为四千万至五千万元，以十成之七用于军费，而军费之中如军事教育、海军、飞机、兵工厂及要塞等，须占两成，其可用于陆军者仅十成之五，即二千万元至二千五百万元。由后者言之，今后之目的敌必为北洋军阀，无论其此次战争胜败谁归，总之吾人与北洋军阀之任何派作战，彼皆能出兵二十万人以上，革命军即可以少胜多，亦不能减于十万人之数。本此理论，全省军额应暂定为十五师至十八师，每师每月经费十三万元，若以十五师计之，全年经费尚未及二千四百万也。惟十五师或十八师，兼任本省之防卫与北伐，自尚不敷用，故宜将军制分为二种：(1) 常备军，即此十五师或十八师；(2) 自卫军，提倡农工团体组织之常备军，务于五日内即至民国十五年四月止，一律编练完成。自卫军组织条理及干部人才，亦应于此期内编订完竣，着手准备，军长撤废。军额确定以后，并宜制定各师分驻区域，斟酌目前情势，宜暂定为旧广府属三师，南韶连三师、肇庆二师，惠阳一师，梅属一师，潮属一师，两阳一师，高雷一师，钦廉一师，琼崖一师。至何师驻何地，概由钧会命令调遣。并宜将各师驻地，以时互相调换。（三）军需独立应即实行。军需关系全军命脉，亦旧时军队积弊丛生之地，设备偶未周密，即可贻误戎机，员司倘有侵吞，更足败坏军纪。世界各国军需无不独立，事权统一，责任分明，法良意美，洵当则效。钧会既特设有军需局，自应励行独立之职权，拟请规定一最近时期，自某月起，各团饷项向军需局直接支领，师部军需长，只于发饷时负监督稽核之责任，各部更不得于驻防地自行筹款。其被服、粮秣等项，亦应由军需局实行支配发给。不得各自为政。倘能设厂自制被服或向国货工厂预定常年采办，由军需局通盘筹划，尤可免零星急购受人操纵及利权外溢之弊。惟兵饷必须按月发给，不可只发伙食，每月于何日发饷，并宜确实规定，勿稍逾期。兵士饷项至少为廿元。倘虑财力不足，宁可暂时酌裁兵额，被服预定如何补充更换，亦勿使延误。总期所养之兵，卫生、经理两无缺憾，则人人无冻饿之忧，即人人安心训练，尽力打仗。然此必军需实行独立，方能办到，务望钧会于此特别注意。（四）军事教育应谋统一。近年以来，各军多设立军事补习性质之学校，此本注重军事教育之好现象，然办法纷歧，名称不一，即此骈技叠出。已贻事倍功半之讥，倘或派系互分，更有利少害多之惧。欲谋军政之统一，必先谋军事教育之统一，其机关名称，应明白规定，以后一切军事教育机关，皆须统一，各部队不得自行设立。其现有之各军事学校，应如何整顿归并，亦统由钧会主持统一。以后更宜注意军事教育之提高，应由钧会切实计画，高等军事学校之设置，在该校未成立以前，军事专门人才宜先养成，拟请在黄埔陆军军官学校暂设专科，或由其他陆军学校归并，改设各种专科。如（1）经理，（2）参谋，（3）交通，（4）军用化学，（5）军医，（6）炮工。以上六科，因目下财政困难，不能大规模筹办，惟此六科实为将来作战不能缺一者，应先以小规模开始筹办，并派人专责，期其速成。（五）兵工厂应积极整顿。近年北方各兵工厂，多积极扩充，独吾粤反日渐退化，欲善其事者，宜先利其器，此为准备北伐之重要问题，未可忽视也。应由钧会切实筹划改良方法，其必须扩充增设，自当筹给经费，急速举办。第一，宜增加制弹机器，每日所出子弹数，应以能供将来北伐作战之用为准。第二，宜增设制炮厂，万一限于经费，亦须先设一自制各种炮弹之厂。第三，宜增设炼钢厂，炼钢为制械根本。先筹设一小规模之炼钢厂，需费不多，而出品必可精进。惟该厂最大之缺点，尤在缺乏人才。近来所出之品、材料工作，两皆不佳。整顿之始，宜请苏俄顾问四人襄助办理，以二人管理材料，以二人监督工作，非积极刷新该厂，决无起色。又新设炼钢、制炮各厂，必须延请外国技师，即苏俄难觅，德人亦可聘任。该厂从前聘有德国技师，办理尚有成绩，自德国技师解雇，乃日益腐败。往事可鉴，必须于此注意。(六)改编军队应加限制。此次国民革命之胜利，有两个根本原因：(1)对于反革命之军队，取彻底解决方针。(2)革命军人自身，矫从前养兵自卫之恶习。中正以为此二事，乃我同志所永宜自勉者也。陈逆军队旧染已深，无论其穷蹙来归，缺乏诚意，即永无反侧，亦不能为我国民革命效力。而各部队经予收编，希图增加其自己实力，挟存私见，则犹是前此骄兵悍将之所为，本年政府之设施，将成泡影，而革命亦仍归绝望。故凡有逆军乞编者，应一律设法解散，如其兵卒确有用，则可用以补充各师缺额。以后如有不经政府许可而收编军队者，即以违抗命令不守纪律论，决不宽恕。目前已由钧会通令各军禁止，并请制定惩治条例及随时周密查察，果有违犯，无论何人，概勿瞻徇。以上六事，中正认为今日军政先务之急，倘承钧会议决，甚望立即着手施行。其军需独立一项，能自十五年一月一日起照办，尤足以树风声而杜积弊。至于军人不得干涉财政、民政，凡财政、民政及司法机关人员，概须听候中央政府或省政府委派，各军队不得过问，尤属军人应守之天经地义。苟有违背此旨者，钧会应立予以最严厉之制裁，固无俟中正渎陈也。又广东各军旧有之旗帜，向极五光十色之致，而大书统兵人员之姓氏，尤为私人军队之表征，亦宜即予革新，应由钧会议定军旗统一办法，绘具图式，通令遵行。此事虽小，所关甚巨，并此附陈。〕

呈请任命胡人勋为军校少校教官。

军校各队党部小组，选举本党第二次全国代表大会初选代表。

军校校务会议议决筑平冈东征阵亡将士及沙基死难诸烈士公墓〔请政府拨款五万元〕。

十六日　上午七时，至湖羊山，统裁第一师野营对抗演习，并讲评。〔节录：今天第一师是第一回全师的野营演习，今天演习的结果，成绩并不好，以后要改正才好。如果各种动作不照原则来做，军队就没有进步的希望了，今天一般的结果，以战术上来说，蓝军占优胜，因为他对右翼取包围，是很对的。不过其正面攻击湖羊山，与右翼联络不确实，不顾敌情，任意闯进，几乎险被消灭，这可说完全失败。因为他是没有对敌的观念，所以联络不确实，而且前进的时候，用纵队鱼贯而进，有许多队伍密集在一处。正面到了湖羊山脚的时候，右翼还没动作，如果真正打仗时候这样，一定要失败的。红军的缺点，胡总参谋长、何师长已经讲过了，我以为第一不好的，是步、炮兵没有连络，所以不能协同动作。今日这样的炮兵阵地，展望不良，全靠与指挥官联络确实的，而且炮兵亦未派官长到湖羊山去观测目标，一点没有战斗准备，实失却了防御本旨。第二，红军方面兵力太小，正面又如是之宽，如果敌人乘隙突入，就无方法应付。第三，昨天到达浮洋的时候，团长即得到潮安失守的报告，这时〈如果不照预定计划去做就好了〉，如果在青毛山附近占领防御阵地，另派下一小部队到浮洋圩附近，这样，阵地又强固，出击又方便，决不至于如今日这样失败了。只因为计划中说明预定是取攻势防御，团长心里就存一种成见，这亦是失败原因之一种。以后作战计划，总要立于自动地位，不要被动才好。怎样呢？因为侦察明瞭以后，再来决定计划，固属稳妥，但是我们革命军是要以少胜多的，如果不预先决定方针，必随敌军行动，不能相机应变，以至于失却良好机会。华阳失败，就是先例。如果当时第三师占领龙村、梅林一带，而我们仅以一部分牵制正面，拿主力由左面经过中心坝，向安流渡前抄袭逆军右翼，果真这样，敌人是要被我们包围的了，那有这样失败呢？第四，机关枪位置不适当，红军机关枪用在预备队，更不应该。如果湖羊山能妥置机关枪两挺，敌人怎样能过来。以后对于用机关枪，大家要格外留意。今天各位的讲评，完全与我同意，将来实地作战的时候，总希望大家对于前后左右的纵横联络，更要确实，报告与通报要多，散兵前进，切不可密集，尤其是战略要立在自动的地位，不要受制于敌才好。〕

下午六时，回潮安行营，宴第一师各官长及见习生，并训话下级官长与见习官须知之件。〔节录：今天第一师对抗演习终了，在潮州宴会各军官，新到的第三期毕业派往各师见习的同学，也得参加，这是很难得的机会。见习的各位，都是挑选出来的优秀分子，就要派往各营连去任代理排长，今天讲评的话须牢记在心，就可到连上去应用。第一师自成立以来，今天还是第一次举行全师演习。自然不免有许多的缺点，将来要把各种讲评汇集起来，付印分发，希望大家仔细研究。见习各位到了连上，对于第一、二两期的同学或长官，都要听他们的话。在军队里面，多一天即有一天的经验，有一天的阅历，你们不要自以为学生出身，而且是新毕业的，就比别人新些好些。初到军队里面的人，总有不满意的地方，等到日子久了，自然知道这种不满意的地方，都有事实上的困难。你们初由学校出来到了连上，要处处研究，处处体察，勿单凭自己个人的意见，去做事或讲话。天下没有一件事是容易的，不可看轻经验与阅历，但同时亦须知道天下无难事，只要有耐心耐劳耐苦做去，必有进步。最要紧的是勿自满自足，亦勿自暴自弃。第三期的同学必敬重第二期的，第二期的同学，必敬重第一期的，第一、二、三期的同学，又都须敬重长官。军中是讲阶级讲服从的，你们在校虽已一年，所得经验尚少，尤其不明白军中情形。军队中的官长，很不容易做，凡是官长，只要他对于党对于国肯尽忠的，便必须服从他。一方面教导士兵，一方面要自己研究，能把学问运用到实际上面，再加以经验，练习办事的方法与手段，一生事业的根基，都在此见习时期起首。……青年时代不能耐劳耐苦，必无进步，不进则退，又是一定的公例。军队里面，公事手续很繁，表册很复杂细密，万万不能看轻。作战的事情看去似乎粗疏，实是很深远的，偶一不照原则，必至失败。越是小事，越应当照原则去做，一根针、一条线，皆有定则，官长不少留意，使兵士无法缝补服装，结果必至风纪受其影响。一连有上等兵若干，一等兵若干，二等兵若干，必须详细知道，不但如此，兵的姓名、履历、个性和他的家庭境况，做排长的都要十分注意。连上有几多枪，每枝枪有几多子弹，子弹总数又有多少；草鞋有多少双，能够补充多少；被服共有多少，物品都要有统记〔计〕表册，牢记在心，每星期必检查一次，详细记录，报告长官。今天有多少兵服勤务，有多少兵出操，有多少兵病假，必须通通牢记。又如明天要去作战，每个兵要携带二百发子弹，除了现有的还应补充若干，如果平时注意，临时自不忙乱。一个人的记忆力有限，连上的事记不得许多，所以表册十分要紧，有了表册，一查就明白了。连排长应当注意士兵每天食物，无论驻扎何地，应调查当地物产，何种是价值低廉而滋养料丰富的，总要使士兵又省钱，又补益身体。连排长待士兵能有良心，士兵的生活必可提高，又可代他们节省饷银。这不过是一个例，连排长待士兵亲切，则士兵的知识与精神皆可增长。你们到连上见习，与士兵最接近，要把士兵的性质、心理、经济状况，在见习的六个月内，通通要仔细研究明白，你们将来当营长、团长的基本，也就在此了。你们第一要接近士兵，要十分研究士兵的生活心理，要使士兵的精神快乐，要灌输士兵知识，这亦是使你们自己精神愉快的方法。你们在队上，什么事都不可轻忽，稍一大意，可弄出不好的结果。你们必需早起迟睡，要在吹号以前便起床，要在熄灯号吹了以后再睡。值星官夜间必须起来巡查，要注意兵士的冷热与卫生，兵士有掀去棉毯的，要代他盖好。你们勿以为做了官长已出头，要知道官长不容易做，反不比学生时代，官长对党对国的责任都更重了。军纪风纪，都要从自己做起，要注意自己的品行，使可做士兵的模范。要士兵精神好，并不难，但亦不容易，自己有精神，兵士便有精神，自己没有精神，兵士也没有精神。你们要知道革命军为什么一定要派学生做官长，因为革命军的生命全在下级官长，要兵士有精神，能实行主义，全在下级官长得力，能奋斗，能自治，能自立。……青年都成半死人，中国还不是半死国吗，果真这样，国也要亡了，党也一定败坏了。……今天的演习成绩固然不好，但以后一定有进步的。今天发现了许多地方都与原则不合，如果遇见了照原则作战的敌人，必定要大败的，所以我们必须要改良。你们今天看了演习，听了讲评，比读一年书还有益，必须切实牢记。今天的演习，严格的讲来，只有百分之五是对的，百分之九十五是不对的，所有小的动作，皆不合原则。尖兵与前兵，前兵与前卫，及步哨与前哨的距离，都不对，侦探的搜索，各部队的联络与报告，都未做到。今天所得的教训非常重大，以后作战时，就如联络是十分重要，如果报告不完备。各部队不互相知道前哨的状况，如同一个人失了耳目，没有不失败的。今天前进的情形，更是不好，在前进的时候，必须利用地形与队形，若干距离应散开，若干距离又应跃进，总以避免敌人火力，减少自己死伤为主，能按照原则，利用地形，必可做到如此。现在竟成为一直线的纵队，在路上、桥上密集前进，没有指定目标，乱放一阵，死了也是白死的。中国科学不发达，通信材料缺乏，任何材料都须从外国购办，常常来源断绝，这在战时非常危险，所以报告联络更是重要。射击没有瞄准，一百子弹不能打死一个敌人，我们必须要十分留心，下次应当有进步。明年正二月间再举行演习，要有些成绩，才不枉费这次的心力与时间。今天在座的人，都要用心记住才好。〕

十七日　下午，金山揽胜，洵推潮城第一。

点验见习生。

晚，开行政会议，公主席。议决事项：(一) 各处应行日报、周报、月报案。(二) 各师教育计划案。(三) 整顿卫生队及各师军医处案。(四) 编辑战史案。

十八日　潮州分校开学行礼，公莅讲演。〔稿无查〕分校学员与学生，各编为三队，计八百余人。二十三日开课。

午正，宴会于分校。

三时，自潮回汕。

晚，读史记项羽本纪，不忍掩卷。

是日　军校特别党部通电反对中央执行委员在北京西山开会。

十九日　下午，医牙。

晚，开行政会议于总指挥部。公主席。议决事项：(一) 剿匪计划案，(二) 改正编制案，(三) 伤兵驻院者，饷项由军部发给案。

二十日　上午，治牙。

呈请调任钱大钧为第一师副师长兼参谋长，王俊为该师第一团团长，金佛庄为第二团团长，王禄丰为第三团团长，陆瑞荣为第二师副师长，王寿南为该师参谋长，沈应时为第三师副师长，顾祝同为该师参谋长，刘峙为教导师副师长兼参谋长，叶剑英为该师第二团团长。

下午，军校开复选第二次全国代表大会出席代表，公当选。初选代表出席者二百五十八人，复选当选六人，公得最多数。

五时，军校宴俄奥尔根，公讲演。要旨，不能做世界革命党，就不能做中国革命党。

晚七时，主席总指挥部行政会议，议决官长务守法规与老兵退伍办法等案。

二十一日 上午，写寄经国谕。

晚，宴俄汤姆斯克船员，散后，回部治牙。

是日 国民政府特派何应钦为惠潮梅绥靖委员〔内节制调遣辖境内驻防军队之权〕。

第四军全师由广州出发，浮海指琼州。

军校第三期学生第一、二、三大队及骑兵队，演习野营于官山圩附近。返校日，村民四五百人，聚集林家祠，开欢送大会，并醵千数百金，购备鸡、鹅、豕、酒等以饷。

附：布告

〔为布告事：照得本校第三期学生毕业在迩，兹定于本月二十一日起，至三十日止，在官山一带地方演习野外，应购之物，公平给价，田内禾稻或有误伤，本校当然负责赔偿，其价若干，着由该业主按照估计，以凭随时发给。本校纪律严明，官长学生并以保护农工商为职志，从无欺压情弊。商民人等，宜各安居，照常营业，切勿惊扰误会。合亟布告，仰各周知。此布。〕

二十二日 上午，公以冬至节，特自假数小时。

下午，治牙。

呈请任命林南薰、林兰生、蒋必为军校教官。

派雷德暂代教导师第三团第二营营长。

通缉军校战术教官林荣〔因擅离职守也〕。

二十四日 上午，由汕搭车赴潮。

下午，阅操，训诫各官长，革命军不可稍带暮气。并介绍俄奥尔根讲演。奥尔根讲至军队当服从人民，非以服从官长。公肯然曰，余年来训话要旨，皆归纳于此二语中矣。

夜十一时后，回汕。公以客车久候，不胜自歉，乃叹曰："余迩来行动，已渐近于军阀，尚能负革命之责耶。惩之。"

二十五日 忠告海内外各党部同志书。〔书曰：广州中国国民党中央执行委员会，北京、上海执行部，各省各级党部，海外各地各级党部，本党全体诸同志均鉴：本党不幸，值兹广东统一将告完全，北方民众共起奋斗，卖国军阀自行崩溃，总理主义可即实现之时，忽有一部分同志离异，自赴北京西山，开其所为〔谓〕第四次中央执行委员会全体会议。自布议案，快其驱除异己、发舒私愤之褊心，而不惜阻挠国民革命之大业，迹其言动，无一不悖于本党之纪律与总理之意旨，此已有中央党部及各地党部起而辟之矣。究其开会情形若何，谁为主席，谁为提议者，谁为附议者，是否经过议事程序所必须之讨论与表决，求之京沪报纸，皆无记载，亦未见其自行公布，曾是总理信徒，而并民权初步一书，亦未之读耶。据京沪报告，西山并未成会，会且未成，何来议决，即使其召集为合法，是其所宣布之议决案，亦必不能有效也。惟上海民国日报，亦为其所利用，怪异之论，层出不已，最可痛心。张静江同志苦口劝言，犹不能促其觉悟，彼辈自承为读后甚受感动，而饰词强辩，曾未稍改，实际破坏之技已穷，乃乞灵于文字。中正承总理训诲甚久，他无所求，惟愿与诸同志迅速完成国民革命。自念国民政府消除反革命之设施，无役不从，睹此现状，窃为之惧。辄敢本其所见，以党员之资格，为负责之驳正，非仅正群众之观听，亦冀此一部分离异之同志幡然悔悟，知我罪我，不暇计也。关于共产党之问题，彼辈所以主张排除，不外两种理由：第一，“共产党之共产主义，与本党之三民主义，根本冲突，故共产党在本党之内，亦根本不能相容。”不知共产党之加入本党，为总理所特许，第一次全国代表大会所议决，果使两种主义根本不能相容，以总理之明与第一次全国代表之忠于本党，宁肯贸然决定，以贻本党之危险。且总理已明言民生主义即是共产主义矣，故第一说决非总理之意，此在彼辈亦未始不知。于是有第二说，谓“总理之特许共产党加入，乃欲共产党完全化合于本党，而非本党为共产党所同化。今则共产主义已有蚕食三民主义之危险。”然总理果若是褊小耶？三民主义又果如是之易于撼动耶？而此说之诬总理，诬本党，盖视第一说尤甚。总理今固已逝，然当其在时，此种惧疑即已起于一部分同志之间，同志中已有为反共产之运动者。试问总理亲自出席之临时中央执行委员会议，其结果究若何？总理盖严词警告反共产之同志，而又决定仍容许共产同志之在党也。总理之所以如是，乃总理之伟大，总理手创之三民主义，诚不同于共产主义，而其为革命的主义则同。总理深知必然包括共产主义，始为真正之三民主义，同时亦必能容纳共产党，始为真正之国民党也。今日中国革命，已为世界革命之一部分，中国革命成功，则世界革命为之促进，亦世界革命成功，中国革命始真正成功。总理自信三民主义能兼容共产主义，而决不惧共产主义将蚕食三民主义，三民主义可垂之百世，推之世界，岂在中国国民革命尚未完成之时，而已惧何种主义之蚕食？总理有如许伟大之自信力，逝世未及一年，而后死之同志，惴惴焉惟被共产主义蚕食之是惧，其师大勇，其徒薄志弱行至此，亦可谓不肖之甚者矣。人患不自强自立耳，惟国与党亦然。本党同志能自振奋，能努力于国民革命，能知中国革命为世界革命之一部分，中正敢信全国国民，均将奔集于三民主义旗帜之下，决无被他种主义蚕食之危险。若不求自强自立，且不自悔，即严拒一切主义者于千里之外，亦终于自行崩溃，鱼烂而亡耳。此次所谓第四次中央执行委员会全体会议，宣布共产党籍之执行委员应除名者，共四人，夫以二十四名之中央执行委员，应跨共产党籍者四——盖仅仅六分之一，此而惧人之蚕食，非自暴自弃而不自振作者，决不作此奇想也。此种怯懦薄弱之心理，其果爱党者之所为乎？凡我同志，均宜深戒。关于汪精卫同志，上海民国日报加之罪者凡三，盖无一而非任意捏造。共产党为欲先求中国国民革命之实现，而来加入本党，谓其惟以消灭本党为策略，又何异谓共产党惟求自杀。此语既诬，则谓精卫同志对于共产党挑拨离间，排除本党同志之言动，一一实行，自无一而非诬矣。精卫同志在痛悼廖先生之时，谓革命的反帝国主义的向左去，不革命的不反帝国主义的向右去，此为极沉痛极明彻之词，所以警勉同志共同努力于革命，乃以此为叛了总理，真不知民国日报记者是何居心也。是真自不知其早已向右去，立于反革命地位，而徒怨他人分别左右，岂不可怪。如精卫同志向左向右之说为不当，乃反不如直言之曰革命与反革命二者之分为当乎，吾同志盍不自反而徒责人也。至谓精卫同志先不主张讨伐刘、杨，而其后乃攘人之功。中正躬与是役，敢为切实之声明：精卫同志本年五月自北京归粤，先抵汕头，而于讨伐杨、刘之议决策之际，实先得精卫同志之赞同，惟今日反对精卫同志最力之人，乃真有于讨伐杨、刘时避居香港者。革命本非求功，而谓其攘人之功，尤不知何指也。呜呼，赤化也，共产也，俄人掌握政权也，帝国主义与军阀之所以诬陷我者，今岂将一一出于同志之口耶？容纳共产党，此总理于本党改组以前，几经郑重考虑，而后毅然决定者也。自改组迄今两载，成绩具在，“联合世界上以平等待我之民族”，尤总理于遗嘱中认为与“唤起民众，”同为完成国民革命所“必须”也。苏俄同志助成中国独立之国民革命，其诚意亦彰彰明甚，中正曾言之矣。中国革命不成，列强敢于侮我，皆因国民勇于私斗，党员徒争意气，团体惯于破裂，明知之而故蹈之，欲不谓之反革命，不可得也。不为革命，便为叛逆，中正益自信此言之非诬，当永以自勉，并愿我同志共勉焉。〕

晚，与蒋先云谈调和内部事。

二十六日　何应钦就绥靖委员职行礼，公监誓并施训。〔稿无查〕

饬军校暨各部整辑史材令。〔令曰：照得军校创设以来，先后成立教导团党军，努力革命工作，为时且已逾年。今春东征，驱逐陈逆，夏季回师，殄灭杨、刘，以及肃清反革命派，重征戡定潮梅，大义昭宣，群英萃附，其间经过情形，实足增光史乘，自应详加搜集，以便制为鸿篇，用资省览，垂鉴将来。所有本军各师、各团成立历史，以及本年经过事实（成立年月及教育、训练、驻防等之地点）、各官长姓名、籍贯，士兵名额、籍贯，并其年龄、家境、父母兄弟妻子有无等之统计表，东征、回省讨逆、重征之三次战斗经过情形；党务（党部成立及党务成效），死伤（死伤者姓名），疾病（全年生病人数、病名统计），经理（收支数目统计），卫生（军医、药品数量、病名、生病者全年统计）；士兵生活状态、逃亡（每月人数比例表，逃兵姓名），枪炮弹药、被服种类及数目（分现存、共领、共支、消费、添置），马匹总数（分死亡、现有、废马）等；本校学生姓名、籍贯、年龄、毕业与未毕业、逃亡以及家境等，亦如各师报告。分类报告属于总指挥部、军部者，由参谋处；卫戍司令部，由张参谋长；各师由师长，各独立团及特别部队，由团长及部队长官；本校由教育长负责办理。限期十五年一月三十日前汇报到校，误期者作违令论。除分令外，为此令仰该教育长即便遵照，依限办妥具报。切切！此令，总指挥蒋中正，军党代表汪兆铭。〕

晚，宴高级官长，并施训。〔稿无查〕

二十七日 上午，莅汕头市党部讲演。〔稿无查〕

下午，往参俞镇城追悼会。〔镇城，奉化人，公旧友也。时任墩白场盐知事，为土匪所戕死。〕

临别告诫各将士文。〔文曰：余顷拟离汕回省，不能与本军诸同志一一作别，此后何时相见，亦未可知。谨将所欲言者，略述于下，尚期各遵行之。一、疑忌为亡身之道。近日本军多有互相猜忌，彼此怀疑，既违反亲爱精诚之校训，将见精神涣散，不惟党国俱亡，且使吾各人生无可归之家，死无葬身之地矣。望我同志深自戒惕。二、骄奢为败德之本。各官长浪费滥用，怂〔纵〕欲逞狂，浸成骄奢恶习，如不痛改，必致品格堕落，将为反革命滇、桂军之续。凡事应以个人职责为重，戒慎忧惧，惟恐祸至之无日，革命不成，何能对总理与已死同志在天之灵。三、士兵是家中子弟。士兵外出，服装不整，仪容全失，军纪风纪之败坏，未有如潮汕部队之甚者，此皆官长精神丧失，教育不良，约束不严，不爱士兵，视如途人之所致。夫欲革命之成，主义之行，必须先从爱惜士兵，谨严训练入手。为官长者，应减低个人生活，而提高一般士兵之生活，待士兵如待家中子弟，一切尤须以身作则，于兵必能爱惜其本身名誉，严守本军纪律，以敬其父母之心而敬上官矣。带兵无他技，打仗亦无他难，只要从士兵生活上注意，砭切实行，则兵无不强，战无不胜也，[1]否则败亡无日矣。四、学问为事业之根本。本军官长对于学术，自毕业以后，即不求进步，所以各种动作，皆不能照典范令之原则做去，即于此次野营演习可以知之矣。须知不学无术不特不能成事，而且不能教兵。孔子曰："以不教民战，是为弃之。"吾且以为人无学术，不特驱民之死，而且自己之生命亦将冤枉送死矣。以后本军官长，无论上下，总以典范令为研究军事之本，以精神教育与治军语录，为规范身心之则。若人人能于衣袋中各置一册，成为嗜好，无论操场、讲堂，休息外出，随时讲求，如此相习成风，方能造成一个真正之革命军队。否则学不精进，技日退化，安有不落伍而为时势所淘汰乎。五、越级为军队之大戒。近来时有官长越级请假、直接借钱等事，此本为师生情爱之所出，

---

1 此段着重号为蒋介石所加。

固非分外之事。须知此风一开，足养成学生为骄子之恶习，使其直接之上级长官以后不能办事矣。军队与党部，非重阶级不可，余已常言之。以后除受伤过重必须久养者，由我酌量情形，准其回家休养，另给川资，以示特遇外，其余官长请假，非由其上级转呈者，不特不准，且须惩戒。今后即以此请假借钱等事，课其品性良恶，并为功过赏罚之据，如在一年以上，未偿请假者，应记大功一次；期满一年，如有人接代，则由其上级官轮流给假，转呈核准，远者如甘、陕、川、贵、滇，则预支薪饷三月；其余他省，近者最多预支二月，至假期亦以此为例。如有越级请假者，记过一次。本军同志应知现时为革命之非常时代，各应有革命不成何以家为之志，[1] 方是一个革命党员。如果各同志真能努力奋斗，余敢断言，远则五年，近则两年，革命必能成功。于此非常时代之短期间，如无必要之事，均为一致工作，尽忠职务。实行主义之期间，过此则革命成功，自可解甲归田，彼时共乐天伦，实未为晚，此为一劳永逸之计，何可贪一时之佚，而忘革命事业之重。故余对于入校以来未偿请假支钱之学生、官长，虽未明赏，而心实爱重，各官长皆能矫正请假预支之坏习惯，养成一般廉洁清高之革命军人人格，则幸矣。〕

二十八日　上午十一时，公由汕头启节。一时，到澄海，宴第三师官长，并施训。〔稿未录〕

诰诫本军官长。〔于东征军指挥汕头行营。一、凡内部之文告及一切动作，无论大小缓急，如非命令公开，概不准对外声言，或无意中泄漏，即本军之印刷品，亦不得寄给外人。凡有秘密，军人与党员尤宜谨守之。二、不论何时，军人均应保持静肃态度，对于士兵嘈杂，必须严禁，务使入其营不闻其声，养成雍雍穆穆之风。[2] 如不能实行以上二事，直是乌合之众，何能为革命军人耶？凡我同志，其共怀之。〕

士兵升晋官长令。〔令曰：士兵升晋官长时，其最初三个月，应为代理职。其代理期满，由师部试验学术检定其期内功过，然后补实，不得随便补缺。此令。〕

晚八时后，回汕。得汪主席电称孙文主义学会将于明日为示威行动，并发宣布西山会议传单。公漏夜严电阻止。

1　着重号为蒋介石亲手所加。

2　同上。

二十九日 上午，接见王季文。〔孙传芳代表也〕

呈请任命鲁易代理第二师党代表，缪斌代理第三师党代表；调任倪弼代理第一师第一团党代表，冷欣代理第二团党代表，郭俊代理第三团党代表，杜从戎代理教导师第一团党代表，包惠僧代理入伍生政治部主任兼代第一团党代表，贺衷塞〔寒〕代理第二团党代表。

十一时，公由汕如潮。

训诫分校员生。〔稿未留〕

下午，诣院问伤病兵。

五时，回汕，车次看史记。

晚，宴客。

召集干部，会议离汕后处置一切办法。

十一时，上意利民舰回省垣。

是日 孙文主义学会举行成立典礼，嗣后北京、上海、汉口、洛阳及海外，以次设立分会。

三十日 轮次看史记，风浪恬静，襟抱空疏，为旅行乐事。

三十一日 轮抵虎门，换乘江汉舰进黄埔。上午十一时半，抵校，全体官生列队校门外马头恭迓。

下午，在要塞部休息，季山嘉、罗茄夫来谈。

晚七时，军校开欢迎会，公讲话，述第二次东征经过，及对西山会议应取态度〔原稿未留〕，侍听官生约二千余人，以全体党员名义赠金质纪【念】勋章。

是年秋 公函请其兄锡侯，商诸本镇绅耆，改办武岭初等小学为禽孝区立两等小学，分私宅作校舍。

公自九月中浣起，日以“沈、润、澹、浑”四德，深自省勉，

平旦清夜，常自问我有欺妄否？愧作否？以此检其身心。

公因事激忿，有迁怒部属及佣仆，偶或已甚，反躬讼责，自记大过，若无地以容者。故抚驭群下，宽猛相济，而使一般翕服无贰。

民国十四年革命中外环境

一月一日　段执政召集善后会议，废撤将军府，赦免政治犯。

吴佩孚率卫队抵汉口，段祺瑞令萧耀南监送至京。

二日　卢香亭攻入松江，陈乐山〔前浙江卢军第四师师长，段令复职者〕逃，第四师向上海溃退。

三日　段执政派徐树铮为欧美、日本各国考察政治专使。

四日　段政府令裁撤陆军检阅使缺，冯玉祥仍着督办西北边防事宜，〔令即日销假任事，冯奄有察、绥两区，以张家口为本部，留鹿钟麟任京师警备司令，任宋哲元为第十一师师长。〕派马福祥为西北边防会办，李鸣钟署绥远督统。

又令任卢永祥为苏皖宣抚使，与奉第一军长张宗昌率师南下。

五日　萧耀南派决川舰护送吴佩孚至鄂城县西山休养。

陕西镇守使吴新田进占西安，逐走督军刘镇华。

九日　蔡成勋旧部张庆昶，自进贤攻南昌，留守吴金彪令岳思寅迎击之。

十日　卢永祥及张宗昌入据南京〔兼在谋浙〕。

段政府令裁撤湖北督军缺，任萧耀南督办湖北军务善后事宜，并暂兼省长。

十一日　奉系要人均由天津回沈，关内奉军亦大部撤退。

齐燮元令驻上海第六及第十九师逐宫邦铎〔淞沪镇守使，中央第十九师师长〕，攻走吴淞张允明〔江苏暂编第一师师长，素顺段者〕，并与孙传芳组织浙沪联军，自称第一路总司令，而以马联甲、孙传芳为第二、三路总司令。

方本仁率部回南昌，并调驻樟树镇各军赴援，张庆昶遂东走万年，复为蒋镇臣、冯绍闵所攻，由皖之婺源入闽降孙。

十三日　段执政令奖孙传芳撤兵回浙，派陈调元帮办江苏军务善后事宜。

十四日　卢永祥因对上海事变，在南京组织宣抚军，以张宗昌为总司令兼一路总指挥，臧致平〔参谋长〕兼二路总指挥，陈调元兼三路总指挥。

段执政派孙岳为豫陕甘剿匪司令〔让保大地盘于奉军〕。

十六日　段执政令卢永祥兼任督办江苏军务，方本仁督办江西军务，王汝勤帮办湖北军务，郑士琦督办山东军务，孙传芳督办浙江军务，周荫人督办福建军务。

十七日 总理对善后会议主张两项：(一) 加入农工商学各团体代表；(二) 军制、财政各议案，最后决定属诸国民会议。

段执政令李景林任直隶督军，阎锡山任山西督军，刘镇华任陕西督军，陆洪涛任甘肃督军，杨增新任新疆督军，派张宗昌为苏皖鲁剿匪总司令。

奉军占领镇江。

段执政派陆军总长吴光新南下，查办齐燮元〔并要孙勿助齐也〕。

十八日 齐燮元军自常州再退无锡。

二十日 奉军进占常州，孙传芳派一旅赴苏、锡援齐。

二十二日 袁祖铭入贵阳，接收军民两政。

二十三日 孙传芳调回前敌援军，并令卢香亭部退驻松江，宣布班师赴防。

二十八日 齐燮元率军由苏州退上海，逃往日本。

二十九日 段祺瑞答复总理，允聘各省省教育会、总商会、农会会长为善后会议专门委员。

张宗昌抵上海，缴齐军械。

三十日 沈鸿英屡谋反攻，李宗仁、黄绍竑联合西江李济深力拒之。

二月二日 国民党通电全国法团，本党中央执行委员会仰体总理意旨，议决全体党员，对于善后会议概不参加。

三日 江浙和约告成〔总商会接收上海兵工厂，改上海为特别市，取消护军使，不许驻兵〕。孙传芳赴沪与张宗昌晤面，各亲签字，并联电前敌各将领罢兵。

六日 段执政免杜锡珪海军总司令职，以杨树庄继任。

七日 黄绍竑进占柳州，沈鸿英部退向桂林。

段执政令杨森督办四川军务善后事宜，邓锡侯着免去四川省长本职，赖心辉为四川省长，刘湘为川康边务督办，刘文辉帮办四川军务善后事宜。

十日 国民党通电主张国民自制国民会议组织法，声明善后会议构成分子，非以人民团体为主要，决不能以善后会议产生国民会议。

十三日　善后会议第一次大会，推赵尔巽为正议长，汤漪为副议长。

十四日　胡景翼、憨玉琨两军战于新郑，冯玉祥、孙岳均出调停。

李宗仁、黄绍竑攻入桂林。

张学良、张宗昌由上海撤军，移驻昆山，及增防常州、宜兴。

十七日　段执政任王天培为贵州督军，以彭汉章为省长，周西成为军务会办。

十八日　李宗仁、黄绍竑进占全州，沈鸿英残部溃入湘粤边境。

二十一日　段执政准外交总长唐绍仪辞职，以沈瑞麟继任。

段执政派孙岳赴河南，检查各军队〔阴令调解胡、憨嫌仇〕。

二十三日　唐继尧军乘虚入南宁，一路向梧州，一路向广东之钦廉。

胡景翼、憨玉琨所部，始行冲突〔因憨负倒吴功，争豫督也〕。

二十四日　废帝溥仪，由日使馆潜赴天津日租界。

二十五日　北京反对清室优待大同盟宣言："倘以后溥仪有勾结遗老扰乱民国之事，日本须负相当责任。"

刘镇华被吴新田所迫，诡言调和胡、憨战事赴洛。

班禅喇嘛抵北京。

二十七日　卢永祥电段执政，江浙军务善后事宜，悉听中央主持。

二十八日　胡景翼军占领荥阳，奉军向徐州集中。

三月二日　吴佩孚自黄州挟三军舰及残部二千人，乘风雨冲过武汉，前往岳州〔声明为北政府捕己故〕。

六日　孙岳电段执政，刘镇华参加胡、憨战事，妨障偃师和平会议。刘亦电讦孙，以所部助胡作战。

杨森、刘文辉争自流井盐税启衅，刘湘协同赖心辉、邓锡侯向双方制止。

七日　胡、憨两军，在南路登封、北路虎牢激战。

十三日　胡景翼部岳维峻进占洛阳，憨玉琨与刘镇华败走潼关。

二十一日　国民第二军入西安〔自此陕局暂定〕。

二十二日　段执政令吴新田代理陕西军务善后督办，憨玉琨兵败自杀。

二十七日　熊克武部汤子模、贺龙，内衅决裂，战于澧县。

四月五日　杨如轩入黎川，常德盛残部由金沙走婺源，旋为皖镇守使王普缴械遣散〔赣省始无豫军〕。

十日　胡景翼患疔逝世。

十五日　赵恒惕驱逐湘西熊军。

十六日　贺龙降赵，助攻熊军，赵委为澧州镇守使。

二十一日　善后会议举行闭会式〔凡开会二十一次〕。

段执政公布解决金佛郎案。

二十四日　段执政令岳维峻督办河南军务，郑士琦督办安徽军务，张宗昌督办山东军务〔宗昌乘士琦离鲁，率所部由南京直入济南〕。

二十六日　吴新田、孔繁锦请国民第二军退出潼关。

二十八日　孙传芳迎班禅至浙。

五月一日　段执政筹立临时参政院，派赵尔巽、汤漪、王家襄、徐绍桢等三十人为参政，指定赵尔巽为院长，汤漪为副院长。

段执政令吴新田督办陕西军务，孔繁锦任陕甘边防督办。

又令禁止军人入党。

十六日　段执政令刘湘督办四川军务，邓锡侯任清乡督办。

二十一日　奉军又陆续入关，国民第一军让离南苑。

二十七日　奉军吴光新部接防通州，国民第一军退往南口、张家口。

六月十三日　张学良因孙传芳暗提兵工厂封械，借五卅惨案为名，率部进驻上海。

十八日　王揖唐受诸将制辞职，段执政任吴炳湘为安徽省长兼任军务督办。

二十七日　李景林逼走杨以德，自兼直隶省长。

二十八日　滇军胡若愚失武鸣，南宁震动。

七月四日　奉军在上海闸北挖掘战壕，设置电网，孙传芳亦调浙闽军分防。

九日　皖军在蚌埠独立，通电拥倪道烺为总司令，拒吴炳湘到任。

国民第二军徐永昌旅，率兵入陕，李云龙助之〔时临潼以东，皆为国民军所占领〕。

十三日　卢永祥北上，向段、张调停，未能有效，即递辞呈。

十四日　杨森与反杨派和议决裂，反杨派推袁祖铭组织联军进攻之。

十七日　国民军李部攻入西安，吴新田败退凤翔。

八月三日　段执政令苏省长郑谦暂兼江苏军务督办。

八日　刘成勋、邓锡侯入占成都，杨森部败溃。

二十九日　段执政纳张作霖要求，以杨宇霆督办江苏军务，姜登选督办安徽军务。

又令孙岳为陕西军务督办。

九月三日　四川联军迫攻嘉定，杨森退向叙州及滇边。

四日　段执政任冯玉祥为甘肃军务督办〔冯令第二师师长刘郁芳赴兰州，代行职务，己仍驻张家口〕。

十月十日　孙传芳召集皖、赣、苏、闽等省代表及重要军官，会议应付时局，决定起兵反奉。

十四日　孙传芳被推为五省联军总司令，假秋操为名，率第二师入南京。

十五日　孙传芳任陈仪、谢鸿勋、卢香亭、周凤岐分任为第一、二、四、五军司令，自兼第三军司令〔第一、二军进占上海，四、五军由宜兴直捣南京〕。

十六日　孙传芳出驻嘉兴指挥。

十七日　岳维峻率部东下攻鲁，孙岳率部攻直〔图复保大防地〕。

十八日　杨宇霆偕省长郑谦，因南京苏军将发动，撤军北归。

鄂皖赣三省均响应孙传芳，通电讨奉。

萧耀南率全省军官电驻岳吴佩孚出山。

十九日　吴佩孚通电助浙讨奉，张作霖命张宗昌移防徐州。

二十日　孙传芳抵南京，令联军第二路渡江追击奉军。

二十一日　吴佩孚抵汉口，通电受十四省推戴，就讨贼联军总司令职。

萧耀南电段执政，请令奉军撤退关外。

邓如琢在九江就赣皖联军前敌总指挥职，准备入皖协攻蚌埠姜登选军。

二十三日　姜登选在蚌埠为皖军所迫，即率所部北去。

二十四日　吴佩孚发讨奉通电，并任萧耀南为鄂军讨贼军总司令，陈嘉谟为副司令。

张作霖因长江战事，恐冯玉祥响应孙传芳，特派员赴包头向冯疏通。

二十七日 吴佩孚任袁祖铭为川黔讨贼联军总司令。

二十八日 安徽省长吴炳湘，因邓如琢前锋入境，即退去，并通电辞职。

三十日 萧耀南通电推齐燮元为讨贼联军总司令。

三十一日 孙传芳进临淮关，向各军发对奉总攻击令。

十一月七日 奉军由徐州退却，孙传芳军入占之。

十一日 奉军包围北京，冯玉祥向通州进军对抗，不敌。

十三日 冯玉祥移京畿军队于南口。

十六日 河南出兵北路，占直境邯郸；中路已过大名；东路李纪才得曹州、济宁，收编山东第五师〔为国民第二军第十一师〕。

二十二日 孙传芳返南京。

滦州第六师兼第十军长郭松龄，因反对杨宇霆〔入关后，张宗昌、杨宇霆、姜登选、李景林皆得地盘，独郭一无所有，欲求一热河都统，亦为杨宇霆所阻，故衔之〕，联合李景林，在滦州独立，电请张作霖下野，以政权交张学良。

二十三日 郭松龄分军四路攻奉，号称东北国民军〔与冯玉祥有密约〕。

二十四日 郭松龄派军一部回奉，其前锋在山海关为张作相部所阻。

二十五日 段执政免苏督杨宇霆职，命孙传芳继任，免皖督姜登选职，命邓如琢继任。

冯玉祥电张作霖，劝即下野。

李景林宣布保境安民，拥护中央，脱离奉天关系。

二十六日 段执政因其亲信曾毓隽为警卫司令所捕，接近奉系之安福要人，多逃避使馆界，召开特别会议，解决去留问题。结果，电冯玉祥来京面商办法。

二十七日 郭松龄占领山海关，枪决姜登选。

日本增兵南满，布防营口、沈阳等处，兵额达八营以上。

二十八日 北京工学界举行国民革命大示威运动，包围执政府，要求段祺瑞下野，并分赴章士钊、李思浩、梁鸿志、朱深各私宅捣毁。

二十九日 天安门开民众大会，议决倒段，解散关税会议，查办金佛郎案，惩办卖国贼。

召集国民会议，责成国民军服从各议决案。

三十日　北京警卫司令部禁止群众集会，并因许世英由张家口回，报告冯玉祥，表示拥护主不退职。

张作霖发讨伐郭松龄宣言。

十二月一日　孙传芳另任陈调元为皖军总司令。

二日　李景林释放郭松龄解津拘禁之奉军师旅长，复与张宗昌组织直鲁联军，通电声明职在守土〔因国民第二、三军渐逼，且其母在奉也〕。

三日　段执政准财政总长李思浩辞职，以陈锦涛继任。

国民军袭济南不克，在泰安附近战事又失利。

张宗昌令毕庶澄解决态度不定鲁军。

四日　段执政令鹿钟麟兼署京师警察总监。

保定邓宝珊〔国民第二军师长〕军攻取天津，与李景林军接战于天津。

五日　郭松龄攻入锦州，奉军放弃大凌河战地，张作霖召集军事会议，宣述下野之意见。

李景林决定与国民军作战，通电声讨冯玉祥。

山东各公团通电推张宗昌为保安司令，实行自治，不承认中央政令，拒绝任何客军入境。

六日　刘湘召集四川军民代表，开善后会议于成都。

七日　张作霖集兵辽河左岸，与郭松龄为最后之决战，吉、黑军队亦奉令援奉。

八日　冯玉祥任张之江为总指挥，攻直李北路。

日本关东军司令白川氏，向张作霖、郭松龄声明：“两军不得扰及南满铁路附属地。”

段执政任王揖唐为安徽省长，兼督办安徽军务善后事宜。

靳云鹗受吴佩孚、孙传芳命，任联军第一军总司令，驰赴山东前敌督战。

九日　日本驻屯军第十师团司令部，由辽阳移入奉天省城。

十一日　徐树铮由欧美、日本回国，在沪发表恢复约法，拥段为总统谈话，即赴浙晤孙。

十三日 郭松龄右翼占领营口，奉军已被包围，日本军司令要求郭军退出，否则当以武力干涉。

张宗昌反攻泰安，国民第二军李纪才部败退，靳云鹗由南京直趋兖州。

冯玉祥军东路唐之道已在塘沽开始出动。

吴佩孚分三路攻豫，派张联陞、寇英杰、陈嘉谟分任各路司令。

十五日 日本阁议，决调驻朝鲜龙山之军队开抵满州。

白川氏向张、郭两方发第二次警告。

十七日 樊钟秀军侵入辽州，阎锡山派兵逐之。

二十日 冯玉祥集热、绥生力援军，改以李鸣钟任总指挥，向李景林军第二次总攻击。

二十一日 郭松龄军沿铁路进展至新民屯，张作霖之吉、黑援军亦到，两军在大雪中激战。

二十三日 郭松龄进攻沈阳，因内部离贰，吴俊陞骑兵又由阵后袭击，大败。

二十四日 冯玉祥军占领天津，李景林避入租界，其军队除被冯军缴械者外，大部入山东，与张宗昌军联合。

郭松龄夫妇在新民屯白旗堡拘获，张作霖电令就地枪决。

二十五日 段执政免李景林职，任孙岳督办直隶军务。

二十六日 段执政令修正临时政府制，增设国务院，特任许世英为国务总理。

二十七日 冯玉祥因处置直隶地盘问题，为部下及第二军所不满，内部发生问题，表示辞职下野。

二十八日 国民第二、三两军进占沧州。

二十九日 徐树铮由北京乘车至廊坊，被刺死。

三十一日 吴佩孚通电声明结束讨奉战事，息兵尊法。

段执政任命各国务员：外交王正廷，内务于右任，财政陈锦涛，陆军贾德耀，海军杜锡珪，司法马君武，教育易培基，农商寇遐，交通龚心湛。

——以上国内

一月三十一日　外交部电令驻外各使，分别向各驻在国政府，提出召集关税会议。

二月二十四日　金佛郎案让步办法，法使奉巴黎政府训令，允承受讨论。

三月二日　俄使加纳罕声明苏俄对中国已取消领事裁判权。上海会审公堂非中国法庭，苏俄人民断难受其审判。

二十五日　财政总长李思浩，与法使拟定解决金佛郎案办法草约。

五月七日　国民党中央执行委员会发表反对解决金佛郎案，通电指责当局，损失国库一万万元，并以收回之千余万元分润军阀，助长内乱。

三十日　上海工人、学生，市民各团体，因十五日日纱厂惨杀工人事，游行讲演，公共租界巡捕开枪死伤多人。交涉员向领事团抗议无效。

六月一日　公共租界中国工商学界罢业，南京路因路人阻电车行驶，西捕二次开枪，又死路人四，伤十余，并拘捕多人。

二日　外交部以抗议五卅惨案，照会外交领袖意公使，声明保留查明详情后，再提相当要求。并请转达驻京有关系国各公使，迅饬上海领事团释放被捕者。

外舰陆战队及西商团团员，携大炮、机关枪，分路据守，发生中外冲突案两起，中国人续有死伤。新世界游戏场为外兵入占。

四日　上海罢市罢工范围扩大，外兵搜查及占据租界学校四处。

五日　北京总商会议决，援助沪案，暂不罢市，先行对英、日经济绝交，全国各地多起仿行。

十一日　汉口工学界示威游行，英兵以枪炮射击，死伤多人。

八月三日　段执政特任孙宝琦为驻俄大使〔为中国驻外大使之第一人〕。

十日　驻京美使照会外交部，中国政府应克日召集关税会议。

二十五日　北京开中俄会议。

九月五日　段执政特派沈瑞麟、梁士诒、颜惠庆、李思浩、王正廷、叶恭绰、施肇基、黄郛、莫德惠、王宠惠、蔡廷干、姚国桢为关税特别会议委员会委员。

华盛顿九国会议公约签字。

十月七日 段执政令任颜惠庆为驻英公使，加全权大使衔。

二十一日 临时参政院通过关税定率条例及烟酒进口税条例。

二十二日 段执政派沈瑞麟、颜惠庆、王正廷、黄郛、施肇基、黄宠惠〔王宠惠〕、蔡廷干为关税特别会议全权代表。

二十六日 关税特别会议在北京外交部开幕，有十二国代表到会，即推沈瑞麟为主席。

十一月三日 十二国代表通过关税自主案，但以裁撤厘金为前提。日代表提议在此过渡期内，附加税须受华会条约之限制，仍不得完全自主。

荷兰声明将庚款全部退还中国，充疏浚黄河之用。

二十四日 段执政任黄郛为驻德公使，加全权大使衔。

——以上国际

第三编　北伐开始时期

民国十五年（1926年）

民国十五年（西历一九二六），公四十岁

【蒋介石按语】本年为誓师北伐之年，亦为中国国民党与共产斗争之年，中国存亡，革命成败之机，皆在于此也。

一月一日　中央党部举行中国国民党第二次全国代表大会。九时，开幕行礼。参加毕，莅东校场阅兵。

下午，为孙文主义学会事，痛诫惠东昇等。

入伍生队改称第三期第十队。

二日　下午，召集各将领，痛诫分派恶习，不禁泪汪。

晚五时，公宴少校以上各官长于广州卫戍司令部，并训话。〔要旨：青年军人联合会、孙文主义学会，于本党未改组以前，暂不能承认云。〕

四日　呈请任命严重代理军校教育长，调任王柏龄为教导师师长，王文翰为该师第一团团长，郭大荣为入伍生总队第一团团长，张元祜为该总队第二团团长〔胡树森免职〕，陈复为第三团第一营营长。

晚七时，国民政府公宴，公即席演讲本党必可统一中国。〔节录：今天主席与各位同志集合一堂，我初返省城，与各位同志相别已久，因乘这个机会，略抒一点意见。刚才主席与李将军都已讲过，去年广东军事、政治的成绩，全由各位同志能实行四个字得来，这四个字，就是“亲爱团结”。各位同志能相亲相爱，互相团结，自然发出极大的力量，能扫除反革命派，统一广东。倘若我们依照这四个字继续下去，果能永远亲爱团结，则去年可以统一广东，今年即不难统一中国。我对于今日中国全国的局势，以及

本党的前途，都曾仔细观察，常常抱着极大乐观与希望，深信我们中国国民党必能统一中国，而且在本年内，就可以统一。此种工作，除了中国国民党以外，也再无别个团体可以胜任。因为我们从客观的地位观察，凡无主义者，虽胜必败，而民众已渐渐接受本党主义，所以知道本党能成功。现在我们的敌人，在国内就是一般不明主义的军阀，他们将倒未倒，或已倒而有复起之势的，似乎还有许多。但我们试看任何军阀，都不能在最近时期内继续存在三年以上，他们没有三年以上的命运。去年此时，奉张的势力可说大到极点，他占领京奉、京汉、津浦三条大铁路，兼并江苏、安徽，直欲由东三省达到长江上下游，然而他现在已几乎灭亡了。军阀自身的崩溃，即是本党主义的开张，现在种种事实与消息，都可证明本党打倒军阀的目的必可达到，所以中国大小军阀均将倒下，只看本党能否统一中国。我们因统一广东稍迟，不能利用此次郭松龄倒戈的机会，直捣北京、天津，这是十分可惜的。从敌人内部看去，崩溃一天快似一天，本党今年再加努力，即可将军阀一概打倒，收复北京，奉迎总理灵榇至南京紫金山安葬。军阀的势力，即使侥幸延长若干年，也断不能统一中国，统一中国的，只有本党。军阀有必败之道，致败的原因甚多，最大的，就是他们内部自相冲突。内部利害冲突，是因为无主义做中心，一切都以自己利害作主体，所以无论军队，无论什么，都须有主义。讲主义，中国自然以三民主义为惟一的主义了。……不过广东的事，虽然已告一段落，但前途还是很远，而且责任更加重大了，要比去年更努力百倍，方才有成功的希望。各位同志，去年团结亲爱，今年更加热心努力，我们的革命，必定成功。敬祝各位同志健康。〕

公曰："古来贤豪，多为舍身济世，求立其志，今欲求主义实行，国家独立，则一身之荣辱死生，尚有顾虑余地乎？"[1]

五日　呈请调任沈振亚为入伍生第一营营长，林英华升任第二营营长，第一团辎重队队长傅道渊，与教导第一团辎重队队长赵世荣对调。

下午，与汪兆铭、谭延闿谈湖南及西南问题。

1　原稿为："古来贤豪历世，本多忧而少乐，有苦而无甘，欲求主义实行，国家独立，民族复兴，一身之荣辱死生，皆为一心中事，安有顾虑乎？"

六日　公向全国代表大会报告军事。〔报告：各位代表，今天军事委员会委任谭延闿同志和中正报告二年来广东军事的经过情形，现在谭同志委托中正来报告，因为军事和政治、经济都有密切关系，如果详细的报告，那不是一二小时能报告完的，并且上半天汪主席报告政治的时候，已将军事上重要之点说过一大半，现在中正只可将二年来军事经过大略，及以后军队的组织和将来进行的方针，向诸位同志说一说。要报告二年来的军事，先要知道二年来广东的敌情。我们对于两年来的军事，可分两个时期来讲，杨、刘未倒以前为一个时期，杨、刘既倒以后又为一个时期，敌人方面的情形也是如此。杨、刘未倒以前，广东的敌人，势力已是不少，杨、刘既倒之后，敌人的势力便更加集中来压迫了。我们都知道广东的敌人有内外二部分，内部的敌人，东江有陈炯明、林虎、洪兆麟辈，南路有邓本殷、申保藩辈，大概东江有三万人，南路也有三万人，合计共有六万人。但当杨、刘未倒以前，除了这些以外，我们政府所在地之下，也有许多的敌人，在那个时候，几乎不能分别谁是我们的敌军，谁是我们的友军，不但外面的人看不清楚，即军事当局也没法辨清。在这样纷乱之下，稍不留意，军事上便不能处置，实是危险万分，这样不但政府容易摇动，就是本党也非常危险。至于外部的敌人，那不消详说。第一个要算香港，香港差不多是一切省内外敌人之巢穴，他们政府的兵力，虽只有六千余的陆军和三万多吨的海军，实力并不怎样强大，但因为香港是世界帝国主义压迫中国的中心点，他们种种的势力，实在可制我们政府的死命。这两年来，广东的敌人差不多都以香港为反动策源地，陈炯明当然做主脑，北洋及西南的军阀，亦参与勾结，一切的反动势力都聚集在香港，他们的司令部、参谋部，几乎都设在香港。买办阶级陈廉伯等受帝国主义者的嗾使，密购大批军械，谋倒革命政府，也是在香港定谋的。除了香港以外，我们的敌人当然是北京政府。北京政府[1]都帮助陈炯明，想推翻革命政府。以北方军阀的力量算起来，在广东邻近的福建〈周荫人〉，有兵力二万人；江西〈方本仁〉，有二万五千人；湖南赵恒惕，也有兵力二万五千人，其他如云南约有四万人，

1　原稿为“吴佩孚”。

这些军队，或帮助陈炯明，或勾结杨、刘，都是受北京指使的。他们又时时运动省内的军队，所以在他们看来，广东已在包围形势之中，不难一举扑灭。尤其是香港和北洋的海军力，是广东所不能有的。在这样情形之下，我们的革命政府是危险极了。然而本党仰仗先总理之灵，政府至今天天稳固，而且增加了许多的力量，省内外的敌人已消灭不少，就是香港也想来和我们政府调和，湖南、福建和江西的当局，都派代表来和政府商量共同解决国是，这完全是同志们努力的结果，更可以说是三民主义的力量战胜一切[1]。现在要报告前年和去年的军事经过：十三年的军事，是继续十二年的军事状态来的，所以我们不能不先提十二年的情况。在十二年的时候，有一最危险的时期，就是那年冬天粤、滇、桂各军相继退守广州，陈逆反攻直到广州近郊，幸赖大元帅之威力，将敌击退。十三年春，得湘军、豫军加入，克复淡水、河源，恢复了十二年的形势。惟其时滇、桂两军分驻西、北两路，受了陈逆的运动和香港政府的挑拨，已不想作战了。他们不但劳师糜饷，而且日日设谋推翻政府，替帝国主义者做工具。当时总理看见这种情形，深知此种假革命式的滇、桂军，再不足恃，几乎没有一天不想离开广东，另谋发展，而滇桂军在那时候，还是耀武扬威，他们的目光中，简直没有党、没有国，大胆去做种种不法的事，所到的地方，没有不被蹂躏的，不特政府不能命令他，他直要来命令政府了。在这样的骄兵悍将之下，广东人民的痛苦当然不消说得，十三年中的罪恶，真是描写不尽，凡看见这种情形，有良心的革命党员，如何能不悲愤而立誓消灭他们呢？在本党改组的时候，中正从莫斯科回来，总理知道要发扬革命事业，非有忠实的党军不能成功，欲使党军根本坚固，必须党军军官彻底了解主义，于是在未练党军以前，有先练党军军官的必要，所以总理就任命中正筹备中国国民党陆军军官学校。十三年五月，在黄埔开学，但其时只有学生四百六十几人，军械既少，经费又没有着落，因为所有的广东时政，都由滇桂军把持去了，因之什么事不能做，不但学生求学不成，学校全部都几乎不能支持。当然这里面有许多曲折，更有许多障碍，因为反革命的军队知道了军官学

1　此着重号为蒋介石所加。

校的目的，就深怕我们成功。他们知道我们成立这个学校之后，一定要消灭他们，他们就不能再搜括人民脂膏了，所以千方百计想来破坏。总理虽然想处置他们，但也没有方法，后来得了一块试金石了，就是当曹、吴将倒的时候，总理就主张北伐，总理明知北伐没有把握，然而与其坐而失败，不如出兵北伐，来死中求生，还可试验他们军队是否能受指挥，借此且可分别清楚。所以那时受总理指挥去北伐的几枝〔支〕军队，我们知道他们是真革命的，此外就可断定他是不能服从政府的了，所以北伐虽然没有效果，但在认清敌军、友军这一点上是很可纪念的。北伐的时候，在省的滇桂军颇起恐慌，因为他们做贼心虚，深恐北伐军成功，他们死无葬身之地，所以初闻北伐军胜利，几乎如丧考妣，后来北伐军失败，便高兴到了不得，中正那时在广州，看见这种情形，已断定象他们这样叛党的军队，非消灭不可了。还有商团购械事件，现在也须补说一下：那个商团，本不是代表全体商人利益的机关，他们受了英帝国主义的嗾使、买办阶级陈廉伯的愚惑，密购大批军械，想推倒革命政府，而来组织商人政府。这个问题，汪主席报告中已经说过，现在中正只借来证明滇、桂二军的态度。当时陈廉伯密购军械，总理早已知道，在两星期以前，即吩咐我注意来往商船及一切船只，查缉私运军火，我接到了命令，就留意往来的船只。果然两星期后，哪喊商船装了许多枪械来了。该船开到广州，总理即令其停泊黄埔，遂将军火起存军官学校。那时做税务司的英国人，表面上虽说是中立，事实上还是来设法阻挠，并拿出强硬的手段，说这些枪械是有护照的，要用他的海军来保护。我对他说，“若是你拿海军来保护，我就可以拿黄埔要塞大炮来打你海军”。到后来滇军还要出来干涉，说这些枪械是滇军领有护照，政府不能扣留。先大元帅处此骄兵悍将淫威之下，也没办法，只好曲予优容，到底将枪械交还商团。不想商团把军械弄到了手，就在广州市中密布侦探，监察各机关的行动，演出种种轨外不法的事情，后来滇军无法，只好让革命军来进攻商团。然而我们要明白商团敢于谋叛，实在是滇、桂军造成的，商团缴械以后，黄埔军校就应用这批枪械，成立了一个教导团。那时滇军仍然极力设法，想破坏军官学校收用此种枪械，我们也绝不让步，对他们说：“你们如果有本领，就来打黄埔，否则你们不要讲话。”总括十三年一年的经过，可以说是党军之军事准备时期，东江逆军军事苟延残喘与反革命者军事勾结的时期。我们有了彻底解决的觉悟，乃作彻底解决的准备，有了这十三年的准备，乃有十四年的新发展。现在再说十四年的军事：十四年第一件重要的事是东征，因为当时陈炯明得到了北京伪政府与香港帝国主义者之帮助，便来反攻广州，当时省内谣言蜂起，差不多广州是必失的样子，现在看来固然可笑，但当时形势确是很严重，所以开了一个军事紧急会议。且因黄埔教导团成立，第一期学生毕业及第二期在学的已有一千一百人，入伍生已有一团，而粤军也竭力整顿，所以分兵三路东征。粤军及黄埔教导团任右路，攻淡水；桂军任中路，攻惠州；滇军任左路，攻河源。各军于一月二十日以后开动，黄埔教导团于二月一日出发，次第克复东莞、石龙，十三日攻淡水，十四日拂晓完全克复，然其时中路和左路并未前进。十九日，右翼军由淡水前进，与敌人的援军洪兆麟遭遇，又攻破之，相继进克平山，直下海丰，而中、左两路仍未发动。三月上旬，右翼已完全占领潮、汕，十三日，破林虎主力于棉湖，十五日，又进安流，十七日，克五华，十九日，复兴宁，林虎乘夜逃去，粤军亦沿韩江克梅县、大埔以达蕉岭。这时候，中路和左路依旧没有发动。我们当初很奇怪，其实他们早已私通了陈、林，以为右路让你去攻，中、左两路已勾结妥当，任你右路如何得胜，只要中、左两路一退，敌军就可以长驱直入，广东政府是不直〔值〕一击的。他们不料三民主义的党军进行得那样迅速，以致诡谋失败，这实在是总理的威灵，也是各同志为主义而努力的结果。但省城外的敌人虽然减少了一部，而省城附近的敌人实在没有减少。杨希闵总滇军，刘震寰总桂军，借革命之名，行军阀之实，养寇自重，既不戳力于东江，还要北联段、吴，南联滇唐，谋叛之心，蓄积已久，到我军克复兴宁，搜得林逆与他们密电底本，反革命的阴谋，越发暴露了。那时政府，已知非打倒杨、刘不可，其他各军也觉得忍无可忍，再不同心协力，则政府必不能存在。朱益之、谭组安两同志代表都来汕头会议，廖党代表及汪精卫同志也来列席，大家一致决定讨伐杨、刘，于五月下旬发动，到六月十三日那一天，便大破逆军二万余于广州近郊，不及六小时，完全消灭了杨、刘反革命势力，这是本党的一个生死存亡关头最重要的纪念。杨、刘已倒，论理敌军与友军可明显分别了，但实际上还不能真正认识，因为较大的势力虽已铲除，而许多不好的零星部队，还是跃跃欲试。尤其以廖案发生后，发觉内部叛逆分子的阴谋，失意的政客与跋扈的军人勾结起来，想推倒我革命政府，于是八九月之间，将东莞郑润琦部、石龙莫雄部、省城梁士锋部及江门梁鸿楷部，皆于最短时期内解决。到了那时，除了东江陈逆余孽再想反攻外，其余的确都是我们政府所能命令的革命军了。我们知道反革命扫除以后，应在整顿及建设方面赶快去做，就将一切名目不同军队重编，因为本党是为国民革命而奋斗，所以就总称为国民革命军。当时分为五军：第一军，为黄埔的党军，加以忠实的粤军；第二军，为谭延闿同志的湘军；第三军，为朱培德同志的直辖滇军；第四军，为西江粤军；第五军，为河南李福林同志的福军。国民革命军既成立，国民政府便更加巩固了。现在要报告国民革命军成立以后的情形，除了上段所说解决各种反革命军以外，还要补讲一件事。那时魏邦平受了香港政府二百万的贿赂，假装来入党，阴谋推翻革命政府，同时川军熊克武所部，又突然来粤，政府虽早得有种种报告，但因川军远道来归，不惜曲予优容。不料事实相逼而来，缉获了陈炯明代表张炽万，得到确实的供证，遂于九月二十日将熊克武扣留，其所部亦由二、三两军协同解决。魏邦平本为廖案要犯，梁鸿楷等都与其有关系，这已由汪主席报告。但还有一点，是很重要的，就是廖党代表被刺以后，政府发觉了朱卓文主谋，即发令缉捕，但梁鸿楷竟敢说“杀廖仲恺有什么希奇呢，若是朱卓文为反对党而行刺，那末朱卓文尽管出来，一切由我担保”这句话，实在可以表示他们反革命的证据了。当时内部既已肃清，政府便决定二次东征。东征军各部，自十月一日陆续出发，八日以前，在增城、石龙、茶山一带集中完竣，按照作战计划，首攻惠城。十二日晚，合围，十四日午后，即告克复，团长刘尧宸等死之。惠州既下，遂令第一、二、三各纵队分途前进，第一纵队出海丰，第二纵队出三多祝、紫金，第三纵队出河源，限各纵队于二十二日以前，占领海丰、高潭、紫金，河源之线；十一月三日以前，第一、二纵队占领潮汕，第三纵队出五华、兴宁，向梅县、大埔追击。各纵队均本此计划前进，协同作战。安流、双头之役，破林虎主力万余，缴械达六千余枝，洪逆所部，在海丰、河婆亦迭为我第一师所挫，第三纵队亦屡破熊逆部于五华、兴宁，逃窜闽边之残敌，复被我追击队大破之于永定，肃清潮梅，为期仅一月耳。至于肃清南路，也很迅速，邓逆本殷，当东江战事紧急时，勾结魏邦平、梁鸿楷等部下，大举来犯，进迫江门，初由陈铭枢师长率部进剿[1]，后有二、三两军相继加入，东征军亦抽调第四军由紫金班师回援，朱培德、李济深两同志先后为总指挥，我军军威大振，屡次大破敌军，高雷、钦廉，次第肃清。现在广东全境仍被逆军盘踞的，仅余对海之琼州，势穷力蹙，也不难指日荡平。最后要报告今后军政的进行计划。现在的国民革命军，完全在政府管辖之下，一个命令出来，可以动员的人数，有八万五千人，枪械也有六万杆。兵士的饷额，有一定的预算，兵士的生活也较前改善，又有各学校陆军学生六千人，足抵一师之数，再用些精神，积极整顿，本党的力量就不难统一中国。现在当先专力于肃清土匪，使省内以后虽无军队，亦可无虞，我们便可实行打倒一切军阀的工作。所以我们在今日，不怕一切的反革命派，只要我们一致团结起来努力奋斗，就可以完成总理未竟之志了。我现在敢说一句，我们的政府已经确实有了力量，来向外发展了。还有云南的唐继尧，他也野心很大，没有一天不想推翻革命政府，来攻广东的，但是他的实力很有限，内部也不一致，已成强弩之末，即使他不顾后方，竟向广东来攻，广西的兵力也尽够应付。现在广西当局，是很忠实于我们国民政府的。这两年中的军事，总括起来说，有十三年积极的准备，才有十四年统一广东的成绩，我们从今以后，只要接受总理的遗嘱，继续努力奋斗，国民革命的成功，当不在远。最后还有要声明一句话，这两年来国民革命军小小的成效，实在是三民主义的力量来战胜的，革命军所到的地方，人民都来切实帮忙，不仅表示热烈的欢迎而已。所以革命军实在是人民的军队，革命军的武装实在是人民的武装。〕

呈请任命邹黄侠为入伍生第一团参谋长，张治中为第三团团长，陶春霖为第十队队长，钟奇、孙宝瑜、张鸿儒、陈联璧为少校教官。

晚，出席中央党部政治委员会。

军校举行第三期学生毕业试验。

七日 上午，接见美国新闻记者，约谈两小时，痛诋美国外交政策之错误及基督教之虚伪。

下午，看《军队之根本问题》，评曰："重在全民武装与官长公举，而以取消军备，专力于生产机关为归纳也。"

---

1 原稿为"独立支持"，蒋介石改为"进剿"。

是日　孙夫人莅粤。

八日　呈请任命邓演达为军校教育长。

九日　呈请任命陈立夫为军校秘书，调任钱镇南〔教导第一团参谋长〕为入伍生第二团参谋长，胡宗陈〔教导第一团中校团附〕为第二团团附，童锡坤〔入伍生第二团中校团附〕为教官。

下午，陪张人杰游览长洲岛。

公曰："今日益知革命事业巨艰千万，莽莽前途，不知此生之成败究竟如何。"

十日　晚，公在军校宴大会代表，即席讲演各代表对本党负继往开来的使命与解决本党纠纷的意见。〔节录：本党不幸，我们总理死了，可是他的精神还是长存不朽的。现在总理的精神，寄在那里呢？就是第二次全国代表大会诸同志的身上。今天我对诸同志的报告，就和对总理报告一样，不敢有丝毫文饰，因为大会是秉承总理遗志，继续总理生命一个关键，各位同志，对于本党负有继往开来的责任。本校是党的学校，是第一次全国代表大会的产物，可以说无第一次全国代表大会，即无黄埔军官学校，并由此可以明白第二次全国代表大会，是使本校滋养生长的一个机会。……第一期学生，原只有四百六十名，但连第二、三、四期已毕业未毕业的，今天共有五千五百四十名学生了。可是第一期学生而今只存一百四十名了，其余的都是非死即伤，其中派去外省宣传的，不过是最少数。不幸学生们死伤了这许多，而且今天各位到此，已不见总理和廖党代表，与我们奋斗不怕死的已死学生同志们。我们想到这点，实是说不出的悲痛，想各位代表的感想，亦是如此的。我们的革命口号"打倒帝国主义"、"打倒军阀"，都是总理生前定下来的。……我们大家明白，现在中国问题完全是一个世界问题。你看现在北京的段政府，虽然是北方各省所承认的政府，实际并不是中国政府，是一个各国帝国主义者的政府。我们由此可以看明白革命的意义，用兵的意义，以至联俄的意义，无论对内对外，都不过是单纯的打倒帝国主义的意义而已。……可是本党[1]却为此已起纠纷，尚希各位在第二次全国代表大会里设法解决这一点纠纷。不幸总理已长逝了，各位代

1　"本党"二字在《民国十五年以前之蒋介石先生》书中作"可是本党党员与共产分子"。

表同志，以及本党全体同志，不能使总理复活，问他到底谁是谁非，但是总理虽已不在，我们可以推想总理如果今日还在，当着本党这样纠纷的时候，是怎样一种心理呢？我敢代表总理的心理，贡献于各位同志之前。如果总理处此难境，一方面对于违反纪律的党员，固是很痛恨愤激，然而一方面对于本党分裂的险象尤必是很悲哀悯惜，而且是很不安的。那末，究竟有甚么方法来解决这纠纷呢？我以为只有两种办法：一方面是要整饬纪律，对于犯法的党员，是要严重处罚；一方面是要安慰总理的灵魂，不使本党分裂。这样既可以整顿纪律又可以团结同志，我希望代表诸同志，对于本党内部要如此着想来处理一切，则各种纠纷不难迎刃而解了。此次全国代表大会，是本党百年大计所托的大关键，这个责任，是比总理存在时候第一次全国代表大会更加重大了。各位代表同志，对于我今天的话，不要看做是黄埔陆军军官学校校长所说，要看做是一个本党同志对各位亲爱的全国代表同志，关于本党生死存亡的关头，所贡献的几句说话。还希望各位同志在大会未议决以前，各个发表意见，但既经议决以后，务要全体服从，不能再有异议。今天最痛心的是我们总理已死，使得我们说话没有根据，弄得本党如比情形。总之，我们只有谨守总理生前的策略和死后的遗嘱，务要以总理之心为心，总理之志为志，切不可使总理在天之灵稍有不安，这是兄弟对于各位同志最忠实的贡献。知我罪我，在所不计。今天各位既已到此，多请指教。〕

十一日　上午，主军校总理纪念周，讲明举行此纪念意义。

呈请任命教官刘效龙为入伍生第三团参谋长，该团第一营营长陈复兼团附。

孙科由沪返，下午，来谈团结本党办法。公坚决主张西山会议案不提出于此次大会，或竟保留至第三次大会再决也。

对第三期学生临别讲话，解释生活与生命的意义。〔节录：在本校一年当中，本校长对于各同学不能照预定的教育方针，常常亲自指导，不能使各位得到充分的学问，这是自己责任上觉得很抱歉的。本校已办过两次毕业，第一期学生可说由我个人亲自指导出来的多，其中虽不能完全照预定计划做到，但只在精神上说，差不多有十分之八，做到原来的希望了。

到了第二期学生时代。因有东征之役，驱逐杨、刘之役，就不能专心一志，如教育第一期学生一样，我已是很抱愧了。现在第三期学生快毕业了，无论精神上、学术上，都觉得不能照本来的希望切实做到，深怕各位出校之后，到各军队里，或到社会上服务，不能完全做到自己的使命和责任。现在各位差不多就要离校，与我见面的机会更少了，所以这几天中，抽出若干时间和大家讲讲，请留意记着，并且实实在在照我所讲的话去做。一、二、三各期同学的工作比较起来，第二、第三期差不多，如出征东江、驱逐杨、刘都参加的，第三期同学虽未全数参加战斗工作，但是经过杨、刘之役、沙基惨案这二次奋斗，在事实上有很大的价值，在历史上有很大的光荣，所得的各种经验学问，比较在书本上、操场上所学得的，更加切实些。这是很不容易得的机会，不好当作极平常一回事，反将自己经历过的宝贵而光荣的历史不牢牢记着。其余在各舰上，或要塞上，作种种勤务警戒的工作，事实上亦可得到许多经验和学问，所以第三期同学对于各种学科，虽不能完全依照计划去做，而实际的工作却比旁的军官学校两年、三年毕业的好多了。各位关于自己在校的历史，要从头回想，未进本校之前做过了什么事，进了本校之后又做过什么事；未进本校之前我的思想怎样，习惯怎样，行动怎样，进了本校之后我的思想怎样，习惯怎样，行动怎样。现在一点一点笔记下来，五年十年之后，拿来比较印证，于人生有很大的关系，很大的趣味。所以我说各位学生未进本校之前，是一个人，既进本校之后，另外又是一个人了。别说五年十年之后，就是现在闲暇时候，能拿出笔记来看看，也是很发警悟的。如果自己的思想、习惯、行动有不对的地方，就要在事实上改正，若是得过且过，苟且敷衍，不但枉过了从前辛辛苦苦的生活，而且做人没有根据，没有把握，甚至潦倒一生。这就不对了。以下再讲我们怎样做人，怎样能尽我们做人的责任。我们人生最要紧的就是人生的“生”字，分析开来，有二大别：一曰生命，一曰生活。生活的目的究竟是怎样呢？如果一个人的生活，只管他自己个人生活，而不问团体的生活怎样，全人类的生活怎样，这是一般动物的生活，不是人的生活。所谓人的生活，是要以增进全体人类的生活为目的的。讲到我们个人的生命，今天死或是明天死，是不知道的，象第一、第二、第三各期学生，已死了不少，东江之役，沙基之役，杨刘之役，死了许多同学，我们要是不明白生命的意义，就是为奋斗而死，也要觉得冤枉。我相信已死的同学都明白我这话，并且都是很快活的，因为我们的生命不是片段的，而是继续的。比方总理死了，而我们不死，总理的事业仍旧有人继续下去，这就是总理的生命不死。比方我死了，而你们大家不死，我的事业有人继起，那就是我的生命不死。大家能明白这点，生死念头就可打破，并且要知道我们做人，就要做个气节，若被人压迫，受尽种种痛苦，种种耻辱，而不自振作，这样就算你活到一百岁，对于国家、人类有什么益处？倘若我们死后对于本党及人类能有益处，立即去死，也可以的。所以古人云："生而辱，不如死而荣"。又云"死有重于泰山，有轻于鸿毛"。我们的死，只要有光荣，只要重如泰山，那就随便什么时候可以死的。……为什么人才这样缺乏，要知时代不同了。因为从前的陆军学校，如保定、云南各处军官学校的学生，学问很好的，固然是很多，但是明白现在时代的趋势，及了解现代政治经济及革命主义的人，就很少了，因此本校毕业学生更要努力用功，来为革命使用，革命才有希望。……第三期同学的责任很大，因为这期学生不毕业，军队、学校的官长就无法补充，亦就无法整顿。将来分发各队各部处去见习，总要真心实力的去做事，要革学校和各军队窳败的命，不要学不好的榜样。现在军队里习惯、行动渐渐变坏了，象早间晏起，夜晚外宿的，是常有的事，再不注意改良整顿，长此下去，我们革命的精神就没有了。所以希望第三期同学不要看不好的样子，要实行真正的革命。第一、第二期同学的勤劳和勇敢，兵不向前，自己向前去等等，是很可效法的，但有许多弊病，渐渐发生，若没有第三期补充上去，就怕和北洋军阀相同了。这样不特革命无望，总理生命也快断绝了。所以我很希望第三期同学努力奋斗，彻底做到我的话。]

是日　军校第七次补考第四期入伍生。

十二日　〈晚，饯俄顾问蔡力伯咨夫。〉

在军校会议大会选举名单。

公曰："近余晏起怕劳，环境又渐恶，如不猛策，失败即在目前，懔之懔之"。

是日　军事委员会议决改称埔校为中央军事政治学校。汪主席提议："国民革命军军事、政治教育，有统一之必要，宜合并军校暨各军所立学校，改组为中央军事政治学校，分军官班、军官预备班、入伍生班，仍以埔校为校舍"，各委员全体通过。

十三日　上午，公向全国代表大会提改良士兵经济生活案。〔提案：本大会依照第一次全国代表大会所决定之对内政策第八条，及关于感化游民、土匪，及殊遇革命军人之决议案，应决定责成国民政府，在最短时间内制定改良士兵经济生活方案，并颁布施行。列强帝国主义者，以经济侵略为目的，用政治、经济、文化各种手段侵略压迫，中国因此沦为次殖民地之国家。帝国主义利用军阀与军阀间造成内争，中国因此又形成军阀及帝国主义共同捣乱之残局。外货大量侵入，手工业工人、小商人无力竞争，生活品价格日昂，农产品价格不能与之促进，因此手工业工人、小商人、多数之农民，皆被迫失业，饥寒交迫，非劫掠以图苟全，即从军以求生存。军阀从而利用之，组成军队，以少数金钱，操其生死，饷值固低，又加以虐待剥削，当兵者不但不能养父母妻子，甚至不能自养。此即中国一般士兵之生活状况，亦即本党第一次全国代表大会之所以有对内政策第八条之规定，及殊遇革命军人之决议案也。年来本党革命进程已有一日千里之进展，虽系乎大多数民众奋斗之结果，而革命军人，尤其是最可敬可怜之士兵，出生入死，亦不为无功。现革命军之士兵，除增高革命地位及人格，不受官长苛刻剥削外，而其经济报酬仍低于极点，即能按月发饷，每月所得者，上等兵亦不过十一元，一等兵十元零五毫，二等兵仅十元。粤省生活程度之昂，每日粥食一餐，蔬食二餐，每月至少须费六元或七元，所余者仅三四元。被服虽由公给，而添置鞋袜、理发洗衣，以及一切零用，所得实不敷所用，遑论其有家有室，而为仰事俯畜之资也耶？人莫不求生存，革命原基于生存上之要求，主义实为救生之工具，当兵者处处皆有死机，非为求生，岂为求死？其所以舍生而求死者，亦即所以由死而求生也。本党革命，原为求大多数民众之生存，三民主义首重民生，士兵为农工化身，为民众之一部，且为革命前途牺牲之一员，无论平时战时，实较其他民众为艰苦。事业之辛艰如此，生活之低落又如彼，若不急速从事实际上之改善，为士兵者，将不免对革命事业有所怀疑。革命军中官兵之报酬，不应相差过远，现尉官薪饷尚属平允，而自校官以上，少者一百六十元，多者竟至四五百元，一官所得，数十倍于一兵，虽事有劳逸，级有高低，而何至若是悬殊？若不急速从事饷章之改革，为士兵者，对革命军之特点，即将无所认识。本党第一次全国代表大会虽订有改良士兵经济生活之政策，及殊遇革命军人之议决案，卒以事实之限制，迄今尚未有改良士兵经济生活之具体方案。现革命根据地之广东，将近统一，革命基础逐渐巩固，行将秣马厉兵，出定中原，革命军效死疆场之精神，深赖本大会有以鼓励之。且士兵对于本身生活问题业经有所感觉，军中各级党部及小组，皆已有深刻之提议及讨论矣。缘此代表等本诸士兵舍生求死之目的，士兵生活之现状，及本党之精神，提议本大会依照第一次全国代表大会所决定之对内政策第八条，及关于感化游民土匪及殊遇革命军人之决议案，应决定责成国民政府，在最短时期内，制定改良士兵经济生活方案，并颁布施行。此关系国民政府全体行政，故必要政府全盘筹划，审慎制定，以不碍全体行政为主眼，代表等躬参行伍，目击士兵生活现况，本士兵之要求，认为本大会应本本党之精神，及第一次全国代表大会之决议案，作进一步之议决，俾在最短期内，国民政府得有改良士兵经济生活之实施，不但使本党旗帜下之革命军得继续努力革命，即全国军阀统制下之军队，亦将闻风兴感，不战披靡矣。爰作建议，敬候公决。提议人蒋中正。〕

呈请调任杜廷英为入伍生第三团第二营营长。

下午，点第三期学生名〔凡九百人〕。

晚，对第三期学生讲明自立自强之道。〔节录：各位进了本校，校中不能照原定的教育方针实施，致使大家没有得到什么学问，并且还染了许多不良的习惯，这尤其是我所最不安的。各位要自己明白，你们现在虽然毕业了，而实际程度还比不上陆军中学，不但学术科差得很远，就是政治思想，党员责任，也没有什么彻底了解。……教育目的最大的一点，就是要希望受教育者自己去研究，自己去管理，才有进步，不是硬要靠教育者来监督的，否则教育结果必定不好。我希望各位以后无论在何地何时，要时时自知政治知识不足，军事学问不够，再自己努力研究，才有进步。若是没有本事，将来去打仗，无异把自己生命送给敌人一样，不但把自己生命送给敌人，连本党生命、同志生命也要送给敌人了。……我们更要觉悟，教育这件事，一定要被教育者自立自治自强，因为他人是不可靠的，如校中官长对于学生生活非不关心，要是学生自己不注意卫生，不保重身体，无论长官如何关心，也要害病。非特官长不可全靠，就是自己父母，也不可全靠的。因为自己不能自立自强自治的人，一定不会有根本觉悟的人生观，来改造他自己恶劣的习惯和环境，这样就是到老死了，也是个冤枉虫，决不能会有成功的。各位出校以后，就要教人管人了，最要留心的，是将本校的种种缺点，自己亲历过的种种苦痛，彻底研究他的原因，不要使受教育者将来也受著和自己受过的痛苦。若以为现在毕业了，象还债一样，已算是还出头了,这些事一点不留点研究,那就不行了。……我们更要明白，中国的现状已纷乱极了，军阀的横暴，百姓的苦痛，都到了极点了，看了这种情形，就知道革命已到了成熟的时代了。古人说“乱极必治”，这个因果律是决不会错的。本党既要革命，就要拿平治国家的责任和事业担负起来，本党的教育基础是在本校，所以本校的主人翁——学生，就要担负这平治的责任。……大家不要以为改革政治或武装打仗的时候，才算是革命，须知革命的范围是很广的，饮食、起居、言行都在革命范围之中。如果革命不在生活习惯上和社会制度著意，而专在军事上、政治上注重，那就不是真正的革命了，在战场上打敌人，不过是革命之一种，至于打破自己的恶环境、恶习惯、恶思想，在革命工作中，更是占最重要的一部分。凡自己承认是一个人的人，就要求进步，就要实行革命，因为不革命不能进步，不进步的人，就象死人一样，不能算是人。何况现在的时代比二十年前总理恶战苦斗的时代，是容易得多了，而且我们总理为我们造成现在这样已成的局势，我们如果承认是总理的学生，就要来自立自强，不要把总理所造成的革命基础，由我们手里来破坏了。革命固然不能带一些英雄色彩，来想成一个伟人，但是我们先要承认自己是豪杰，并且要明白革命是非常的事业。革命工作只有豪杰才能担当得起来，只有豪杰才能百折不回，生死如一。孟子说：“若夫豪杰之士，虽无文王犹兴。”我们生在现在的时代，不要以为自己才力不足，学问不好，便生了灰心，我们若要担当非常事业，非常使命，定要发奋自强，才可算是革命党。凡是一个人，父母生下来的，全是有血性有志气的，只要我们不消磨这志气，直养无害，自强不息，那什么事业都做得成功。我常说外国人是人，中国人也是人，总理是一个人，我们也是一个人。俄国人能在六年之中，创建苏维埃共和国，打倒他国内专制魔王及一切军阀资本家，并且打退国际帝国主义，这并非俄国革命家有三头六臂，实在他们能自立自强。我们革命革了十几年，还不能成功，并非我们总理不如列宁，实在我们中国社会与环境太坏，有血性的人，亦变成惰性了，有志气的人，竟变成暮气了，只知自私自利，不能自立自强，简直变成了一个半死半活的人，被别人压迫欺侮，也不以为耻辱，毫无血性，毫无志气，这样革命怎能成功。官长和学生共同奋斗，来完成革命，这并不是靠官长，实在是靠你们学生，如果没有你们学生继续上来，革命事业就无希望，既无希望，还要枉费许多精神做什么？本校长所以要这样很严厉的督促你们，全是要你们事业赶紧成功，亦是要希望从速实行主义，完成大家革命的责任。我希望各位以后无论在何时何地，总要把个人权利放在后面，遵守纪律；对于同志，相亲相爱，团结精神，万众一心。果能这样，不怕他敌人如何坚强，没有不被我们打倒的。……我相信各位现在都是很廉洁很高尚的青年，决没有贪利营私的思想，并且相信各位都是一个豪杰，必能担任总理遗下来的责任。但是各位要知道现在我们党军里，已有许多的坏现象，象嫖赌、奢侈、骄矜、贪黩、懒慢，种种的怪象逐渐出来了。……我们要作为自己的一个宝鉴，时时牢记我的话，打破恶环境，创造新生命，这样，我们革命军才有希望。我每天接到的信不下数百封，但没有可以使我快乐的，惟有得到学生报告本校的弊病的信件，如获至宝。……〕

公曰："谁人可侮，〈因而侮之，故〉人贵自强耳。"

十四日 上午，呈请任命姚琮为军校上校教官。

对第三期学生讲明科学办事的方法与应敌、教兵、接物之方。〔节录：现在是科学时代，我们办事的人不用科学的方法去办，就办不好。所谓科学的方法，第一要有组织。象军队里的编制，就是叫做组织。要知道军队里一定有了组织，才能以一人指挥数十人，数千人，数万人。比方师长指挥团长，团长指挥营长，营长指挥连长，由此推下去，至于班长指挥士卒，如身使臂，如臂使指。又象本党，也是有组织的，中央执行委员会以下，有特别党部、省市县党部、区党部及区分部等，遇到有指党员的事，只要中央执行委员会下个命令，交各省区党部，就可以使全国党员一齐动员了。第二要有条理。无论办什么事，定要把事理一条一条分析起来，那条重要，那条次要，那条不甚重要，那条归什么系统，那系统应包括那几件事。条理清楚了，于是按步就班做去，没有办不好的。第三要有范围。排长做排长的事，连长做连长的事，参谋做参谋的事，副官做副官的事，军医做军医的事，能各守范围，各尽其职，什么事都办得好了。第四要有统计。例如各部队日报表，就是统计的一种，有了这种统计，上官来查时，一看就明白，比口头报告不知要简便几倍。以上所讲的科学方法，大家要十分留意。现在的情形，不患无军官，而患无办事的人，大家要知道倘使不知以科学方法办事，即使能做一个好的带兵官，也是不能整理国家建设事业的。现在军队渐渐扩充，靠上级官长几个人办理一切，是无济于事的。况且我在什么日子死也不知道，不能一生一世来教导你们，希望大家总要觉悟，总要自立，实行我的话，那么我就是一旦死了，也不患无担当继续的人了。讲到战略战术，无论前方后方，都离不了距离、时间这两种要素，因为种种作战计划，没有不根据距离、时间而定的。假定敌军在惠州，本军在广州，作战之前就要明白两地相距多少远，这距离中间，有多少铁道，多少河道；一件一件分析起来，再用时间来计算，铁路开到石龙要多少时间，石龙到惠州、水陆路各要多少时间。假定从省城到惠州要三天时间，这三天中间在那里宿营，在那地方宿营，就要计划一切，于是给养、卫生等事，就可根据这些条件而定。这是战略与战术上的要点，大家毕业后，关于这种要点若不知道，尽管你战术读得怎样烂熟，都是没有用的，所以我们研究一件事情，要找到他的要点才有用。作战时，比方敌人多至几十万，或几百万，战线长至数百里，或数千里，怎样指挥？孙子有“斗众如斗寡”的话，就是说无论敌人怎样多，我把他当作一个人看待，无论区域怎样大，我把他当作一张地图看待。比方我们做营长的带五百人，只要当作五个人看，做团长的带一千五百人，只要当作五个人和三个人看。战线不管他怎样长，把他分做若干个战区，或五里一战区，或十里一战区，这样指挥作战，就不觉困难。大家对于现代战术固然要研究，对于从前《孙子》等古书，更要研究才好，因为各种原则是自古至今不会变的。战斗最要留意的，是先求自强。你且不要问敌方多少人数，亦不必问敌方枪械怎样精利，只要问你自已的军队质量怎样，程度怎样，究竟能不能自动自立。如果不被敌人拘束，能够自动的运用，且能随机应变，那么无论敌方人数怎样多，枪械怎样好，只要有相当兵力，就是我少过他几倍，也不必怕他，因为敌军是没有主义的，没有训练的。我们一连就可打他一营或一团，不过要做到这层，总要把所带的兵放在自已掌握之中，叫他东就东，叫他西就西，叫他生就生，叫他死就死，使得他不偷生不怕死才行，如此练兵，方可算是革命军。从表面上看，似乎要做到这程度很不容易，其实只要带兵的官长，待遇兵士象待遇自已子弟一样，诚心御下，实力奉行，是没有弄不好的。尤其是士兵在病伤之时，更要留心抚养安慰，使得他精神上不致痛苦才好。运用和自动，就是不要为敌人所拘束的意思。比方敌人占领了防御阵地在我们正面，如果地形与敌情于我军不利、而我们也用正面去攻击他，那就被敌人所拘束了。又如敌人左方有一营兵力，我们也要用一营去对付他，不管他敌情如何，地形如何，那就不能立于自动地位了。总之，用兵最要临机应变，先要把地形、敌情、远近、强弱仔细研究，观察清楚，即使敌人主力在我们正面，我们不必用正面去攻他，或用背面，或用侧面，但亦不必定要攻他侧背，如果为地形所限，就是正面，也可攻他。又如敌人有一师兵力在我们正面，或有一团兵力在他左翼，我们不一定要用一师兵去对付他一师，亦不一定要用一团兵去对付他一团。如果是不要紧的地方，就是他主力所在，我们一个兵都不去管他，倘若在要点，就是他只有一连兵，或一个兵都没有的地方，我们也要用全力去攻他。这样就是自动，不为敌军所拘束，所谓运用和自动，就是如此。还有在敌情明白之前，务要节省兵力，总要照战术的原则，开进、展开、散开，一步一步的来做才好。申〔孙〕子有句话，“变不可先图，权不可预设，随时迁移，与物变化。”概括言之，就是前面所说的临机应变。你若接到一个侦探不确实的报告，讲敌情怎样怎样，……假使还没有十分证实究竟是否实在，就拿兵力向正面展开，及一交战，左右各方敌人都来了，再没有兵力来应付抵御他，这样岂不是很危险吗？进攻敌人，要从他的侧背最为有效，然而正面亦不可不注重。总之无论何事，终有一个定理在其当中，尤其是战时在危急地方，只要拿各方情形综核起来，再拿常识来判断，下决心是不会错的了。如有决心，一切疑惑恐怖，皆可免除了。战斗秘诀就是坚忍二个字，总要有坚忍不拔的精神，具有不胜不休、不死不止的决心，才能打胜仗。如果一时打不通，便灰心退却了，这不特将来事业不能成功，就是经过的劳绩也要消灭，必使功亏一篑前功尽弃了。所以无论何事，只要坚忍不拔，至死不变，就是革命的大丈夫。大家出去服务时，必定要遇到种种困难，如被人非笑、轻视、或是被人毁谤、妒忌、排斥、或是看见种种腐败情形，如经理杂乱、军医糊涂等事，在这种时候，切不可因人家如此而生灰心，更不好因看见种种腐败情形而起恨心。要知真正革命者，以感化为要务，尤其是能从肮脏杂乱之中，去整顿清理一切。无论如何不好社会，都要使得他受我们的感化，使得他和我们一致，今天不好，明天还要想法感化他；一月不好，就感化一年；一年不好，二年三年以至于五年十年。……孔子所谓诲人不倦，释氏所谓我不入地狱谁入地狱。我们革命者要有这种忍耐性感化力，那么所谓轻视、妒忌、排斥、毁谤、非笑我们的人，必有一天受我们的感化，不但是不来毁谤、非笑、排斥我们，而且一定能同我们来革命了。初出去办事，你且不必管别人办事好不好，只管尽你自己的职务，即使一时不幸受了委屈，而公道总在人心，早迟终有表见的一日，即使委曲到底，那我们革命党是只求革命成功，不想做伟人大官的，所谓人不知而不愠，这才是革命党的本色。以后各位到各处去服务的时候，要为国家为主义来奋斗，时时记著“勤、俭、严、毅”四个字做去，一天不死，一天革命未成，就要一天革命。对于士兵，要时时设法提高他的生活，不要自以为学问好，资格高，看不起士兵。你要知道，不能与士兵同甘苦，就不能与士兵共患难，你如不能当士兵如子弟，怎么能使士兵视你如父兄呢？还有研究学问，总要提纲挈领，射击瞄准各种技术，要教士兵时时练习，警戒步哨各种动作，要使他十分了解，擦枪检查，更要留意。做见习官要时时检查士兵勤惰，并且先要检查自己的勤惰，来作士兵的表率。还有节省子弹，利用地形，更要使士兵一一领会，这些都是最重要的，切不可忘掉。总而言之，大家这次出去服务，是要负改造军队的责任，倘不能继续我们总理的革命大业，我们做人还有什么意义，要是一出去就为恶环境所化，那就更不是革命军人了[1]。〕

晚，读史记。

入伍生总队第一团开驻石头、南亭、北亭等处。

附：布告

〔为布告事：照得本校第一团入伍生，现因校舍不敷，开往官山圩暂驻训练。本校纪律严明，素抱平民主义与农工商联合，以求贯彻救国主张。对于地方感情，愈久愈固，前事历历可征。兹该团已陆续到圩，仰该处人民务各安居乐业，毋自惊扰，合行布告一体周知。此布。〕

十五日　再呈军事委员会请辞第一军军长职。〔呈曰：……窃中正去岁奉孙大元帅之命，创办黄埔军校，以定国民革命根本之图，当时实未有领军之意。及后大元帅派廖仲恺与中正组织党军，并任以党军司令之职，此时中正本欲以专心办学为辞，辞去党军司令不就，惟以当时东江方面陈炯明之势力尚未消灭，广东人民之痛苦尚未解脱，故勉受党军司令之职，期平叛逆而雪党耻。至去年十月十四日，惠州城为东征军攻破后，中正以我政府之基础既已底定，故欲专力于军校事业，一心办学，训练党员，养成干部革命人才，以为救国保种根本之图。更以事权增大，具有造成军阀之危险，为期打破军阀势力，使中国军阀完全消灭，必先不任军职，庶可尽严密监督革命军人之责，否则身兼军职，力破军阀，恐以养成其本身蹈军阀之覆辙而不知。特于惠州攻破后之第三日，通电辞去第一军军长职，并呈国民政府请予批准。国民政府当时据呈后，即提出讨论，佥以东江虽告肃清，而邓本殷尚负隅南琼，广东全省统一未能实现，赐电挽留。中正接电后，为尊重政府决议，暂将辞意打消。最近中正由东江凯旋返省，以现时南路党军已经直捣琼崖，广东军事可告结束，为贯彻其原有素志起见，特再向中央请将前呈批准，改变军人风尚，无任屏营待命之至。谨呈军事委员会。〕

1　原稿为“那就白白辛苦了这一年了！”。

下午，与季山嘉谈战略、政略。

晚，读《史记》。

十六日　大会选举第二届中央执行委员会委员，公当选。〔共三十六人：汪兆铭、蒋中正、谭延闿、胡汉民、谭平山、宋庆龄、陈公博、恩克巴图、于右任、程潜、朱培德、徐谦、顾孟余、经亨颐、宋子文、柏文蔚、伍朝枢、何香凝、丁惟汾、林祖涵、戴季陶、李济琛、李大钊、于树德、甘乃光、吴玉章、李烈钧、陈友仁、王法勤、杨匏安、恽代英、彭泽安、朱季恂、刘守中、萧佛成、孙科。〕

呈请调任学生第二队长伍树帆为入伍生第三团团附，教官杜廷英为该团第二营营长。

晚七时，对第三期学生讲明持己正心之要。〔节录：……将来进了军队，对于士兵饷银火〔伙〕食，固不好挪借，就是对于同事或向上官借钱，于自己的信用与名誉也很有关系。固然，官长不会因你借钱就轻视你，不过校中待遇毕业学生和官长的薪饷给养之数，实实在在可以维持五口之家的生活，不一定要借钱用，才可维持得过去。如果他要格外支借，那就可断定他是奢侈，是浪费，亦可以知道他品性不良了。……有些学生官长很不明白道理，并且不能体谅上官的苦衷。比方有一个学生，因为他是父母丧事，或家中遭劫，或阵亡，或残废，上官因为他有这种关系，所以拿钱来供给他，抚恤他，这本是特别情形。后来不明白的人看见，以为上官能供给别个同学，准别个同学的假，便不告假，也要告假，不借钱，也要借钱了。假使全校五六千学生通通都要这样效尤起来，事实上怎能办到呢？即使把全校经费充作借支之用，还嫌不足吧，有这样现象，可见本校训练方针还没切实做到。此事虽小，可借以判断他本人将来能不能成立事业，能不能始终革命。第一、二期学生，有已升至团营长党代表的，亦就是根据这一点来做升降的标准。所以学生派往各处去服务，无论他学问如何好，而他品性一坏，什么事业都无希望了。因为见钱眼红的人，带起兵来，不但要克扣士兵的薪饷，还要被人家收买去的。以下再说一段本党本校的情形，及各位以后立身处世的要点。老实讲，本校是本党的中心，且是本党的基础；再推广一点讲，也就是全国的革命中心所在地。既要把全国的革命中心放在本校，那我前已讲过，必定要大家担负这个责任，团结精神，才可不辱这个重大使命。团体是由各个分子组织的，所以各分子的关系是非常重大，要是入了不良分子的团体，好的心地也会变肮脏的；要是入了正大光明的团体，自己意志就是很薄弱，也会变得正大光明的。所以加入一个团体，对于自己将来的事业，很有重大关系，在加入团体之前，不可不慎重考量。普通团体，如学生会、工会、农会……都是团体，革命党也是个团体，凡是组织一个团体，其中必定有一个作用，不过有好坏就是了。我们总理组织革命党，以实行三民主义为作用，这种团体就是最好的团体。现在有些人想利用团体名义，到处招谣撞骗，来做他个人自私自利的事，就联络少数人组织一个团体，看他宣言，并非不动听，其实只在争权夺利。要是不加考量，入了这种团体，就被他发起人买了去，这是很危险的。所以要入一个团体，必定要考量，要体察，这个团体的作用怎样，性质怎样，切勿乱入。尤其是在学校里，在军队里，各位如果相信本校长是一个真正革命者，那么在校内，在军队，都要服从我的主张，如同我以总理之思想为思想，以总理之意志为意志，才不会被人买弄，才可做真正事业。去年总理北上，最后一次对大家讲团体意义，说党员以服从为主，也就是这个意思。有些党员以为入了党，就是党里的贵族，就可以享特权，所以为了在党里得不到权利，就要破坏本党。象民国初元满清推翻时，许多党人因没有官做，就要灰心，就要脱离，而且甚至于要破坏本党，本党革命不成，就是为此。要知革命党只有牺牲个人的性命、权利和幸福，若因升官发财而进革命党，其用意就矛盾极了。假使革命不遵守总理的三民主义，如杨希闵、刘震寰等，打了仗，占领了广东，做他私人的地盘，给他的一般同乡亲戚大刮特刮，弄得人民深热于水火之中，无处诉冤，这样是否革命，是否是做人的事？……现有人入了孙文主义学会，以为他的会好，就来诋毁青年军人联合会是反主义；入了青年联合会的人，亦就以为是他联合会好，就来污蔑学会是反革命，而他本身早已给人来利用了，还不觉悟，可知本校教育没有根底，不能使学生彻底觉悟，仍来做人的傀儡，这是最痛心的事。……各位还要知道，要希望革命成功，对于同志间的私人仇隙要一概破除，所谓同仇敌忾，才可打倒敌人。要是只管个人意气，个人利禄，革命终不能成功。各位毕业以后，要知学问无穷，典范令、教程等书，要随身携带，一面研究，一面实施，学问才能成功。还有经济学，也是要十分注重研究，现在时代如不懂经济学，作文演说的时候，别人拿经济学原则来驳你，你就一句话都不能说了。所以各位要知道，我们军人除军事学之外，还须研究政治经济，〈尤其是经济学更要研究〉。因为懂得政治经济学之后，军事学方有益处，否则，无论你军事学怎样好，不懂政治经济，终究是做别人的机械罢了。《精神教育》和《东征训话录》，也要时常研究，不要以为这只是军事讲演，实在当作一本政治和经济学，亦可以的。总理的讲演及各种书籍，更要彻底去研究、实行。现时代的人要知现时代的道理，否则就是过去的人，也就是和死人一样。所以孔子说："朝闻道，夕死可矣。"如果不知做人的道理，就是活了一百岁，也是枉然的。现在的道在那里，总理的三民主义，就是我们的正道。〕

是日　陈炯明赴汉口，求援于吴佩孚。

十七日　军校举行第三期学生毕业典礼，公致训词。毕业生计共一千二百二十四名，中央执行委员会主席兼校党代表汪兆铭暨全国大会代表等俱莅席。女宾有孙宋夫人与其妹暨廖、汪二夫人。

十八日　上午，主军校纪念周，并对官生训话。公以本校历史，喻其先慈鞠育恩勤，不觉心酸泪下。

午后，回省垣，诣办事处，见房室秽芜，器物凌乱，怒责各员。归东山寓，门禁驰严，皆痛斥之。

十九日　呈请任命高语罕为军校政治教官，孔庆叡代理学科主任，熊雄为政治部主任，王萼为军械库库长。

公被〈军事委员会〉任命为中央军事政治学校校长。

全国代表大会闭幕，公以心闷足痛未参加。

公近对罗、季二顾问主张，心辄不乐，尝谓："我以诚往，彼以诈来，非可与共事之同志也。"

公曰："凡事至欲避退不能之时，是何可怜，群疑众谤，惟有一诚字应之，以冀有以感之。"

二十日　军事委员会准辞国民革命军第一军军长职，以何应钦继任之。

同日，任程潜为第六军军长〔何、程皆公保升〕。

在北校场检阅第一军第二师。

饬驻北亭第一团第五连开抵黄埔〔其防地：东至虎门附近，西至广州市附近及沿河一带。〕，与第二团第八连换防。第五连分扎于江巩、江固、江汉、汉大、广北、龙骧、光华、舞凤、宝璧、北江、自由等十一兵舰。

上午十一时，与张人杰暨汪兆铭全眷，往逛黄埔之东南海神庙。

二十一日 上午八时，赴燕塘检阅第一军第四团，至六时毕。公评："各种动作不确实，不迅速，非力加整顿，其必败无疑。"

呈请任命包惠僧为教导师党代表。

二十二日 第二届中央执行委员会第一次全会，推公为常务委员。〔本届常务委员共九人：汪兆铭、谭延闿、谭平山、蒋中正、林祖涵、胡汉民、陈公博、甘乃光、杨匏安。〕

上午八时，莅北校场检阅第一军第五团。〔成绩较优〕

下午二时，检阅第五团内务及场操。

二十三日 上午八时，检阅第六团于寺背底，至五时毕。

晚，宴第二师下级干部。

二十四日 下午八时，莅北校场，复阅第二师，并总评。公谓："连日检阅，成绩虽差，而精神殊整，官长俱能服从教训，可慰也。

与廖夫人说明廖党代表案。

晚，宴第二师连长以上官长，并训诫之。〔稿未留〕

二十五日 分发第三期毕业生赴潮、汕第一、第三师等处见习。

调第二师官长回校训练。

调教导师第五连接防新洲，原驻警备司令第一营，令回惠州城。

下午，〈啸友携眷〉，陟白云山，游安期仙居，境绝幽胜，过能仁寺，访方君瑛墓，复回仙居憩息。晚斋后，伴张人杰下山，一路月白风清，树鸣泉响，辄兴考槃之思。夜宿避炎轩。

公曰："人患失之，我则无法失之也，苦痛极！"

二十六日 上午八时，公由安期寺蹑白云山巅，骋怀四眺，总不能稍解郁衷，因叹："如何可使我驰责释负，达隐居者之目的耶？"由峰顶北下，入月溪寺，乃宋代苏晴川右丞相之墓庄也。由此右折行，经双溪、五宝泉、静仙岩，风景虽好，旧迹破烂不堪。回安期寺，钟已十点。山麓白云寺仅存败堵，归途过濂泉寺，旁有张良庙，其地乃白云与濂泉之正脉也。正午，回东山寓。〔公自谓垒块填臆，不能约旨卑思，而徒欲胜人，可乎。〕

呈请调任姚唯为教导第一团参谋长，杨请缨为入伍生第三团第三营营长。

军校设政治补习班。〔训练第三期毕业生未分发者，计共六十九名。〕

是日　两粤当局会于梧州，交换合作意见。谭延闿、汪兆铭西上，李宗仁、黄绍竑自南宁东下，作初步商洽。桂方以白崇禧在桂林，俟征同意为辞。

二十七日　上军事委员会改良士兵生活意见书。〔书曰：东江业经戡定，雷琼渐就肃清，粤局之统一告成，军政之革兴宜亟。前呈六端，仅及纲要，关于士兵生活状况应行改良之点，未暇计及。兹就管见所得，再条陈之。(一)士兵饷项，亟宜增加。军中战斗能力，以士兵为基干，而军中生活程度，亦以士兵为最苦。考查现役士兵，负有事畜之责者，十居八九，一旦从军，转战千里，既勤党国之劳，复深内顾之忧。每月饷入仅足自给，纵或撙节寄家，为数亦属至微，欲其安受训练，出力打仗，殊非易易。本军以实行主义为责任，民生主义尤应以军营为实施之地，且生活程度日高，百物异常昂贵，从前饷额本属过少，粤省旧例，均发毫洋，一再吝啬，其何能济。拟请就各士兵现有饷额，酌加数元，一律改发大洋，俾于伙食日用之外，稍可弥缝家计，将来军事进展，无须改换币位。(二)服装宜预制备。频年以来，败政竭蹶，士兵服装制发不时，观瞻欠雅，固无论矣，甚或严寒尚着单衣，体魄因而病损。现在大局粗定，财源渐次整理，所有服装费用，不必临时措筹。拟请预拨的款，先期备制，夏令即制冬服，冬季可办夏装，蔽体有具，形式较整，制办机关最好自建工厂，以免受人钳制，多所糜费。(三)卫生药品，宜充分购备。战阵交绥，寒暑侵袭，伤病之事，势所必至，现除择地设置病院外，各团并有卫生队担任治疗。惟是药值甚昂，颇难购备，诊断虽有军医，施治苦乏药品，卫生组织几同虚设，以效命党国之人，竟坐视其伤病而束手莫恤，不必怨言丛生，扪心自疚神明。拟请酌筹的款，充分购备，分发各病院卫生队，以便医疗。（四）营舍宜择地建筑。前次新军规制，驻地特建营房，不仅便于驻〔住〕宿而已，关于管理、训练等项，办理亦较便捷。当粤局多故，队伍纷杂，频年士兵疲于奔命，每至一地，栖迟祠庙，或以觅宇不得，甚至露宿山野。现值军额可定，分防有期，似应就各驻地酌建营房，庶将来调换防区，均有适宜住所。（五）娱乐场所及工厂宜设备。个性脑力、久劳则亏，神经感触，易成病因。士兵按照操作规程，每日劳动约在八时以上，不有娱乐之场所，何以怡悦其心性，且士兵在伍，所习者仅有军事操作，退伍之后，更无专技可以营生。拟请师化兵为工之法，于驻军地方酌建工厂若干，就其性质所近，在可能时间派厂学习，将来技艺告成，解甲还乡，尽可自由生活，公私均有裨益。（六）减少制式教练钟点，增加智育课程。军队教练本以制式为基础，然完全军人之养成，除操场中之制式教练外，尚须讲求野外实战动作。招集各种职业不同、知识不齐之分子，置于专一训练之下，以期养成能应实战目的之军人，先须启发其智能，袪除其习染，使之荟萃精神，明瞭党义，交换方言，化除迷信，灌输各种常识，每一军营不仅为养成军人之机关，实等于全国普通之学校，以辅家庭、社会教育之不逮。士兵方面，统受精神教育，知识开张，事理明达，既坚军人信仰之心，战斗自然努力，此所以亟宜减少制式教练钟点，移其时间从事智育课程。（七）缩短现役年限，举行退伍。各国军制多用征兵，我国以政治状况及频年内争之故，尚行募兵。士兵以生活艰窘，远道应募，一经入伍，几同奴没〔役〕，每军营中颓惫龙钟者，不乏其人，虽不必荷枪前驱，而其生活之困顿，已可怜悯。大要由于现役年限无定，退伍复无营生技能，军营长官亦遂听之。惟是作战时期，此辈既无可用，纵欲另募壮健，又以兵额见梗，为害公私，实非浅鲜。拟请明定现役缩短年限，届期举行退伍，士兵既免老衰谋生之艰难，军营复得充分之战力，行之日久，并可使全民皆兵，遇有重要军事，即能群起奋斗，如此，虽不实行征兵，而征兵之效在其中矣。以上数项，不过略抒蠡测，未能遽云周密，按诸目前情形，实为改良士兵生活状况切要之图。〕

上午八时半，赴西村检阅教导师第三团，并演讲当兵任务。〔节录：……压迫我们的，第一是外国的帝国主义，第二是北洋各地的军阀。帝国主义者用不平等条约压迫我们，军阀带了兵，耀武扬威的来压迫我们，所以帝国主义同军阀，就是我们的敌人，我们要打倒他，就是要来革他们的命。大家来到我们革命军里面，就是加入了革命团体，这个团体是很不容易进来的。里面的官长，如同你们的父兄，凡属弟兄都是同志，所以大家应当视官长弟兄如同胞家人一样，相亲相爱的去团结精神做事，切不可闹什么意气，尤其是万万不要逃跑了。大家是有志气的，我们革命军都是英雄好汉，能耐劳，能耐苦，不怕难，不怕死。所以我们要赶紧学好本领，打倒我们的敌人，达到我们最后的成功。革命军是有许多的训练科目、规则和许多要紧的训话，官长对你们讲的，就应当记住。革命军里有一个连坐法，你们更要问清楚。革命军是孙大元帅的部下，是有三民主义的信仰，大家要研究明白。……〕

参观广雅书院，称其规模伟大。

晚，与鲍罗廷谈北满洲军务。

二十八日　呈请调任张殿邦〔教导师第一团卫生队队长〕为入伍生第三团卫生队队长，李翔〔上尉军医〕为教导师第一团卫生队队长。

派孔庆叡为军校入伍生考试委员会委员长，教官钟奇、侯连瀛、徐宝鼎、黄香蕃及教育处各副官为会委员。

上午十一时，莅北校场检阅教导师第二团，并训勉为革命军。〔节录：今天本校长来检阅你们教导师第二团，以后你们编入了革命军，大家就要做革命军的军人，就算是孙大元帅的部下了。革命军是怎样呢，就是要保护国家，打倒人民与我们的公敌帝国主义者和军阀，这是大家要牢记的。……现在到了革命军里有了枪，并且官长教你们学打仗的本领，本领学会了，把敌人打倒，你们家里才有饭吃，你们才不再受人家压迫。大家要晓得你们处在现在的中国，除了当兵之外，就没有第二条路可走，且没有出头的日子。当了兵，要是没有官长，就学不好本事，大家不相亲相爱，就不能团结，就没有力量。最要紧的，要把军队当家庭一样，一心一意的去做事，否则就永远打不倒敌人，就永远被人压迫得不能翻身。但是军队里面，弟兄为什么要服从官长呢？就是我们要实行三民主义，因为官长都是实行三民主义的，兵士亦是要实行三民主义，我们服从官长，就是服从我们自己的主义，学好了本事，才能革命成功。……你们进了革命军之后，将来要教你们识字，教你们种种学科、术科，教你们打仗与做人的道理，如家庭和学校的办法一样，大家要专心致志去学才行。最后我们做革命军的，一定要不怕死，不贪钱，爱国家，爱百姓，这几句话是我们革命军的口号，要牢牢地记住。以后官长来检阅的时候，要问你们的，你们就要答得出来。……〕

公曰：第二团为张民达师较优部分改编者，其成绩反不如最劣之党军也。

下午二时，出席中央军事政治学校〔以下简称中央军校〕筹备会。

晚，与季山嘉研究北方军事政治，谓："余若在北方觅得一革命根据地，所成就功业，其必十倍于此也，岂仅如今日而已乎？"

二十九日 下午，孙宋夫人见访。

与张人杰谈本党现象与个人处境，不禁感慨系之。

公曰："人才缺乏、精神跅蟞，同志不明事理，挑拨离间，极尽其能事，本党竟至于此，能不痛心。"

致书戴传贤、邵元冲，劝其自全党节。〔稿佚〕

晚，饯别人杰；十时，送起程回沪。

三十日 上午八时半，赴虎门检阅教导师第一团；一时，沙角第一营；三时，虎门寨第二、三营，并各训话。至六时半毕，回省垣。〔节录：本校长今天来检阅你们教导师第一团，刚才在沙角有许多话已经讲过，现在再同大家讲一回，大家要留心听着才好。现在所讲的是很简单的，第一就是我们军队是国民革命军教导师第一团，这是各人要记得的。……军阀、帝国主义者、土豪劣绅，都不是好的东西，都是来压迫我们的，都是我们的敌人，都是要革命的。所以我们革命军一方面要保护百姓，并且保护自己家里，一方面要打倒欺负压迫老百姓的敌人。这个革命军是那个创造的呢？就是孙大元帅亲手提倡与组织的，所以我们要服从孙总理实行三民主义。孙总理的三民主义，就是救国救民的主义，救你们自己的主义，所以大家对于孙大元帅的主义书籍、像片，要很诚实的信仰与尊重。……这个道理，要同大家讲明白，就是前面所讲的，大家要耐劳，要耐苦，不怕饿，不怕死，服从官长，保护百姓，这样三民主义才可以实行，革命才可以成功。从前你们当兵，完全为你们少数官长升官发财，于你们自己没有好处；现在当革命军人，将来革命成功之后，你们就可以享福，所以现在你们受苦，完全是为你们自己将来的好处，是有代价的，应当特别努力奋斗才行。不过革命军的军法是很严的，就是连坐法。打仗的时候不许后退一步，在营盘里要特别的守规矩，不能犯了一点错处，犯了就非重罚不可。但革命军里面待遇是极好的，比方打仗的时候，你打死了，对于你的父母家小，有抚恤费养他们，打伤了，后方有病院调养你的，并且政府有很高的赏格来犒赏你的。……如果没有官长，今天所讲的话，就没有人同你们讲，更没有人带你们革命，我们就永无出头的希望，所以我们看见官长，如同家里的父兄一样。你们弟兄要如同手足一样，大家相亲相爱，团结精神，去打倒我们共同的敌人，打倒之后，我们革命就可成功，我们就有出头的日子。……]

三十一日　派缪斌组织奖叙审查委员会，徐桴组织经理委员会，王莼组织军械委员会。

上午，汪兆铭就谈两粤合作程度渐近矣。

下午，看经济思想史。

晚，与鲍顾问等商讨北满及财政事。

公曰：本月第二次全国代表大会开成，检阅第二师及教导师完竣，第三期学生毕业，演讲十余次，历数事绩，固可喜慰，而痛苦则非人所知也。

自去秋至此，各地送校受编青年，有七次之多，先后成立入伍生第一、二、三团。

二月一日　军事委员会任蒋中正为国民革命军总监。

奉令筹备中央军校考试委员会。

派严重为中央军校训练部筹备主任，朱孔阳为该校经理部筹备主任。

下午，召开校务会议，公曰："校事纷如乱丝，不知如何擘理，范围扩大，委权于人，不能以全神贯注。权位愈高，责任愈重，因之心思愈苦，而危险之程度，亦愈增矣，可不懔哉。"

设中央军校筹备员政治讲演班。

二日　上午，派军校第三期毕业生赴琼州，见习第四军。

九时半，往大石头检阅入伍生第一团，并讲演，至四时毕。

与汪兆铭、宋子文商财政事，久之，方得解决。

晚，军校开青年军人联合会、孙文主义学会联席会议。与会者，校长、党代表等十二人〔李之龙、周逸群、潘佑强、王备、周惠元、葛武棨、张其雄、杨耀唐、缪斌、张静愚〕，公主席。议决事项：(一）两会干部准互相加入；(二）两会在党校及党军，须承本军校长及党代表之指导；(三）团长以上高级长官，除党代表外，不得加入两会。(四）两会会员，彼此有不谅解时，得请校长及党代表解决之。〔旋因青年军人联合会不执行此议决案，党讧日益扩大矣。〕

三日　上午九时后，军校大操场检阅入伍生第三团，至一时始毕。

下午，会孙传芳代表周承菼。

晚，鲍罗廷就谈北行任务，并及土地问题为革命之基础。公亦以为然。

是时，香港英人日伺公言动，〈公闻之恨甚〉。

四日　上午，军校全体党员开会，欢迎白崇禧、夏威〔俱桂方所派〕、叶琪〔赵恒惕所派〕三代表，公致辞。

下午，往勘平冈阵亡将士墓基，〈朝向坐位未定〉，公曰："但愿诸先烈子孙世世炽昌，以维不朽之荣誉也。追忆往事，凭吊英魂，不禁黯然神惨，顾念现在将士，濡染恶习，罔恤创业之艰难，甚恐不能继续死者生命耳。"

五日　饬教导师第三团开赴东莞。

公以校址亟应广拓，函粤海关监督傅秉常，向税务司交涉，允迁让之。

傍晚，往平冈测定墓向毕，〈祝曰："甚望诸烈士子孙，奕叶皆能革命，以缵前绪于无穷也。"〉巡视病院，见病生呻吟，因叹："触目非部下棺材，即同志呻吟苦状，焉得不为心摧。"

六日　饬教导师第二团开赴东莞，第一团现驻虎门太平、沙角，暂不移动。

规辟黄埔校舍，地址在旧营盘、水雷局、曾家祠等处，约共二百间。

下午四时，出席军事委员会，议决财政诸事，及教导师归卫戍司令指挥案。〔教导师改称第二十师，直辖于该会，归广州卫戍司令指挥节制。〕

是日　胡汉民仍任中央执行委员会常务委员。

七日　上午十一时，季山嘉〈顾问〉就谈政局与军队组织，语多讽刺，又若甚疑惧公者。因喟然曰："今之中国社会与空气，无怪其以土耳其为殷鉴，并鄙中国军人尽为贪劣者也。呜呼，国家若此，军人如彼，〈感触现象〉，能不深用汗颜耶。"

公自惧习成军阀，急思解除军职，〈心甚决也〉。

八日　表示不就军监职。

下午，视阵亡将士墓工程。

九日　下午，呈请辞军事委员会委员及广州卫戍司令职，愿任中央政治委员会委员及校长，并拟通电稿。

批阅中央军校章程。

十日　呈请任命杨麟为教导师第三团辎重队队长。

晡，视察公墓工程，乃游长洲岛一周。

十一日　公深念处境屯厄，非积极进行，冲破难关，不能再谈革命，否则消极下去，减轻责任，以为下野地步。然卫党救国，固应忍辱负重，不即不离，且前且却，夫岂革命者之行动耶。思索半日，仍主固执道义，贯彻初衷耳。

苏俄同事疑忌我、侮弄我，或非其本怀，然亦何为而然，惟有以诚格之。

十二日　上午，登长洲第一峰升旗山，海天寥廓，眼界一空，然郁志终未舒也。

公曰："力子语予，季新以未得复怏甚，自觉固执太过，使人难堪，而启嫌怨，又接其一讯，令余读之感动。"

△附：汪兆铭函

〔介弟同志台鉴：日前东臣电话，云弟辞卫戍司令职，昨晤择生并云已见辞职明文，甚为惶惑。事前兄未闻弟说一字，今请约定以后弟无论辞何职，乞先明以告我。因兄糊涂，致弟办事困难，则兄必不吝改过；如发见困难，咎不由兄，则当谋共同解决；如无可解决，则当共同引退。否则兄亦可自由辞职，不先取得弟之同意矣。务乞赐复为荷。此上。敬请近安。兄兆铭谨启。十四日晨，当来黄埔面晤一切，惟须先复数行，庶几今夜能

睡也。又及。〕

阴历岁除，在要塞部寓楼祭祖毕，凝思良久，似有会悟。

十三日 上午，诣校，见学生惰慢失仪，心懑殊甚，遽加训斥，并重申敬礼令。〔令曰：本校军纪风纪，废弛至不可言状，见之辄为心痛。服装不整，仪容颓唐，几不成其为军人，甚至学生对官长瞠目相视，藐若无人，不复知军中有礼节有纪律矣。至下级官长对上级官长，轻慢更甚，所谓上行下效者此也，故纪律之坏，必自官长始。凡遇下级不敬礼者，以为强人敬礼，自失体面，不知今日不责，则明日放任更甚，履霜坚冰，所以养成本校如此之恶风。整顿纪律，是上官之责，敬礼事小，而纪律事大，不责下级敬礼，任其自便者，是其责任在上级督率不严，自坏其纪律，而非下级官之罪；倘上级责罚而下级失礼如故，是乃下级官长之罪也。以后如遇有下级官见上官不敬礼者，准上级官先行处罚，或记失礼者之过，而后呈报。如见下级官失礼，而不加其处罚，则坐上级官以对下级失礼之罪。须知礼节为军人精神之所寄，如无礼节，则纪律与精神无所表见。本校各官长学生，如不于此竭力整顿，则从此百事废弛，不可收拾，岂复有办学之必要。且不止下级见上级应敬礼不失，即同级或同学之间，不论先后，亦须互相敬礼为要。盖敬礼为亲爱之表示，非必论其彼此与先后也。现各处军佐及书记录事，更不知礼节为何物，以后应派专员教习，免干咎戾。兹从令到日起，着各部处团队切实规定，每日必须演习敬礼三十分钟，并将军人、军队、室内、室外等之敬礼，详为讲解，对于不敬礼之官生兵伕，务必严行干涉，否则即惟各部处团队长官奉令不力、训练无方者是问。此令。〕

下令诫部属，如有未经许可，秘密加入各项团体者，即以植党营私论，在所必惩。

下午，挈纬国往游鱼珠炮台。

晚，再三思考，通电以不发为宜。如求进步，必应积极，否则赴莫斯科一游，观察苏俄情况，以资借镜，甚悔客气动志，太无耐力也。

十四日 终日思考，无法解决辞职问题。

十五日 下午，蹑白云山，游安期仙居、能仁寺，据高望远，心境追逐鹏程。

汉口招生委员朱棠、陈重俊、周楫，被鄂吏拘去。

十六日　令教导师第二、三团开赴东莞、增城一带增防。

呈请任命古勋铭为中央军校第十队队长。

公主张改组参谋团，撤换苏俄人员任政务官者〔俾免一般指摘〕。

中央执行委员会宣言，国民军陷于奉直夹击中，本党应造成全国反吴空气。

十七日　呈请任命张治中为中央军校步兵军官团团长，张与仁为步兵军官预备团团长。

下午，往白云山送葬。

十八日　派孔庆叡为中央军校校长办公厅主任。

调任劳书一〔军医处军医〕为入伍生第三团卫生队队长。

公曰："闷坐愁城，不如意事连续而至，所谓屋倒适逢连夜雨也。公私两败，内外夹攻，欲愤而自杀，既而悟徇外为人之心太重，岂自强不息者哉。"

唐生智密派代表至粤，与国民政府接洽。

△**十九日**　上午，致鲍罗廷书，长约数千言〔稿失〕，旋与汪兆铭商议赴俄事。

公近以怨尤丛集，环境险危，部下思想未能一致，而安乐非可与共，决定再度游俄，自以为新生命存亡之一大关键。季山嘉过访闻之，状似不安。

令驻省城教导师第一团及辎重队，调扎石龙、樟木头等处，入伍生总队第一团开赴惠州。

下午，携纬国逛第一公园，参观游艺会，晚后，送其起程回沪。

二十日　上午，呈请改编国民革命军独立第二师为第一军第十四师。

往河南南强中学参观游艺会。

下午，拟文稿，题为苏俄红军成立八周年纪念感言。

与李济深谈话，两广政治、军事、财政统一计划，实现有望。客去，惝恍殊甚，既而曰：人在于自强，患难可同，安乐难共，人情〈大抵如斯矣〉，吾何怪〈乎彼〉哉。

二十一日　上午，往晤汪兆铭，商讨财政事。

二十二日　呈请解除东征总指挥职。

下午四时，回东山寓休息。叹曰："政治生活，诚非人所过耳，处境若此，万万想不到也。道德云乎哉，感情云乎哉。"

晚，赴俄顾问宴，席终坐谈，多主北伐从缓。

二十三日　呈请调任林英华〔入伍生第一团第二营营长〕为入伍生第一团参谋长，刘效龙〔第三团参谋长〕为该团第一营营长，邹黄侠〔教官〕为第三团团附，张家鼎为该团第三营营长。

公曰："茂如言有人毁我，昨夜又见人厌我之状，余心滋怫，既而思之，喜谀恶谤之人，即为患得患失之鄙夫，心地何不光明乃尔，切戒。

是日军事委员会任命李济深为参谋总长。

二十四日　国民政府成立两广统一委员会。公提议早定北伐大计，应援西北国民军案。

是时，赵恒惕为唐生智所迫，离长走汉。濒行，以湘事付贺〔耀组、第一师师长〕、刘〔铏，第二师师长〕、叶〔开鑫、第三师师长〕。

二十五日　令调驻惠州入伍生总队第二团，移扎官山圩。

是夜不能安眠，自谓忧患抑郁，莫甚于此者。

二十六日　夺王懋功师长职，并扣留之。〔俄人季山嘉等为之震惊，以其利用王懋功图谋不轨、倾覆本党革命势力不成也[1]。〕

二十七日　上午，往访汪主席，报告要事，及对季山嘉处置意见。〔公以季山嘉之专横矛盾，如不免去，非惟为害党国，且必牵动中俄邦交，然料其为个人行动，决非苏俄当局意也。〕有顷，季闻之，知过，并愿辞退。公甚疑之。

是夜，派副官陈希曾，押王懋功赴沪。公曰：凡事皆有要着，要着一破，则一切纠纷不解自决。一月以来，心坎憧扰时自提防，至此略定〈然亦险矣哉！〉

二十八日　往大石头，对入伍生第二团训话。〔稿未留〕

任命邵力子为中央军校政治部主任，俞飞鹏为经理部主任，方鼎英为入伍生部部长，孙洞环为军医处处长，孔庆叡为编辑处处长。

1　此为蒋介石亲笔加注者。

公是日神志略定，夜始安寐，忽又发生一件不测[1]事，无法解决。自谓最后决心，只有强制执行[2]，否则为害于党国不可名状也。

唐生智杀刘铏等，并以重兵星夜向岳州压迫叶开鑫。

三月一日　晨，在校与邓演达议处置军械办法。

上午，中央军校政治学校举行成立典礼，蒋校长、汪党代表及各部处主任就职。

下午，接见各处主任。

任命陈祥辉为中央军校军法官。

二日　上午，在校定应研究各书及课程。

任命陶春霖为中央军校暂编大队少校队长，戴任为军械库库长，雷震为该库党代表〔以后任命教官不编入〕。

三日　看《革命心理》一书，至晚已九十八页，乃曰："今而知革命心理，皆由神密势力与感情作用以成者，而理智实极微弱条件。"又曰："憎恶嫉妒，虚荣热忱，为性格变迁之原因，亦甚有深意。"

四日　尽日在校看《革命心理》下卷，因叹法国革命甲古班党，以其信仰之强固，嫉妒与残暴专横，造成势力，故不可恃耳。

五日　任命林振雄为中央军校入伍生部第三团暂编独立营营长。

公看革命心理终卷，曰："恐怖与憎恶二者，乃为暴动之动力，感情与神秘之势力，在革命心理学中占一重要地位，而宗教式的信仰亦为革命心理惟一之要素耳。顺应时势，迎合众心，为革命领袖惟一之要件，吾何能之。"

又曰："单枪匹马，前虎后狼，孤孽颠危，此吾今日之环境也。总理与诸先烈在天有灵，其必怜而呵护之，不使我陷于绝境乎。"

六日　看《政治社会史》。

公曰："自觉历史观念太深，感情作用太多，政治兴趣淡漠，此其所以革命不成也。"

七日　任命李靖难为中央军校入伍生部第一团第三营代理营长，夏中

1 "不测"原稿为"戒心"。

2 此句原稿为"最后决用强制手段"。

为卫生队队长。

上午，买櫂往珠村访友[1]，乡间风趣远胜都市，都怀顿纾。程次，看菜根谭，以毋忧拂逆与不为物役二语，最为切己。三时，回要塞部。

刘峙、邓演达告知有人以油印品分送，作反蒋宣传，公闻之，心转释然。

八日　上午，与汪兆铭决定革命大方针。公以“一切实权非可落外人之手，虽即与第三国际联络亦应定一限度，[2]要当不失自主地位。”汪极谓然。

下午，中央军事政治学校举行开学式，公施训学生，了解主义，严守纪律。〔节录：……我们大家进这个中央军事政治学校，第一句答解是来学革命的，是为革命才到这个学校里来的。但是我们要怎样才可以使革命成功，才能完成我们总理革命的责任呢？没有旁的，第一期同学开学的时候，总理教训我们有一句话，说是如要革命成功就要牺牲，牺牲就是革命成功顶要紧的一个方法。所以我们大家进到这个学校，就要具有牺牲的精神，因为能牺牲才能革命，要革命才不违背到本校来的宗旨。这一点，大家要先明白了解，然后才可讲到别的学问，才可讲到一切的革命工作。……我们总理所创的三民主义，是以民生为历史的中心，所以三民主义的基础，就是民生主义。民生主义与共产主义，实现的方法实在是不同的，不过革命的精神是完全一致相同的[3]。现在有些人不明白革命的意义，不晓得革命的基础在什么地方，或者相信三民主义，而排斥共产主义；或者相信共产主义，而怀疑三民主义，这些统是自相矛盾的。……从前第一、二、三各期学生，每每有这样的怀疑，弄到自家反对自家的主义，自家拆散自家的战线，反被帝国主义的走狗来挑拨利用，尚不觉悟，这真是冤枉极了。我望自今以后，大家不再有这种现象，如果我们还有这种事体发生，就无异叫我们自己不要革命，叫我们本党自杀，还怎样对得起以前本校已死的同志，怎样对得起我们已死的总理，怎样对得起已死的廖党代表。本校长对于三民主意〔义〕的观念，就只如此，望大家要认识清楚。……本校第一是注重纪律，大家都要拿铁的纪律来互相监督；第二是无论学生、士兵，

1　原稿为“访潘文治”。

2　原稿为“虽与第三国际取一致行动”。

3　蒋介石修改前的原稿是：“民生主义最后的一步是共产主义，不过实现的方法有些不同罢了”。

都要养成他独立的人格和自治的精神。比方开校务会议或者开党员大会的时候，大家有什么意思，都可以尽量发表，就是本校长今天所讲的话，如果认为有不对的地方，也可以当面质问。不过大家决议之后，无论谁都要照着这个决议去做，不能违反的。我们要晓得，党员都要以平等的精神相待，并不是谁可以欺凌谁的，我们所以要养成学生都有独立的人格和自治的精神，因为要不使他做人家的机械或傀儡，给人家来利用，这就是本校的教育方针。大家进了学校，就要照着这个方针去做，将来就可以造成一班真正的革命党员。我今天还有一点感想，就是第一期学生开学的时候，总理亲来训诫我们；现在总理死了，再没有总理来训诫我们了。可是我们总理精神还在我们党里，亦就是在我们大家同志的身上。我们总理死了，我们大家同志还没有死，我们的党还没有死，所以我们总理也没有死。只要以后我们大家一切的意志言论行动，都以党纪为依归，戒除浪漫的生活，不讲个人的自由平等，那么就和我们总理亲自在我们面前训诫我们一样了。所以我希望大家进了学校之后，除遵守军纪风纪之外，还要遵守党纪，我要拿这三个纪律来严束自己，严束同志，并且还要严束上官，这样才可以做成一个好学生、好党员与总理真正的信徒。今天开学的第一天，我希望各位人人学总理，人人继续总理的事业，实行三民主义，并且要希望各位学生的思想魄力、气度胆量，都要学到我们总理一个样子。这样，个个学生都是我们的总理了，革命岂有不成之理。……〕学生由第四期及各军军官学校并合，总计二千六百五十余人，统一训练干部，除步兵二团外，尚有政治、经理、炮、工等科。

公曰："看曾文正嘉言钞，乃知其拂逆之甚，毁谤之丛，非人所能堪，而其劝弟则在龇牙立志，悔字与硬字诀，徐图自强而已。"

九日　上午，撰拟总理逝世纪念感言。

任命王世和为中央军校入伍生部第一团特务营营长。

下午，回省垣，中途登岸，经猎德村而至东山，约行十五里。

公以军事处置，失其自动能力，又共产分子在党内活动，不能开诚相见，〈办世界革命之大事，而内部分子复杂，貌合神离，革命如此，未有能成者也。深用慨叹。[1]

1　此句原稿为"貌合神离，则革命未有能成者，故决意辞职"。

十日　上午，公闻种种不堪入耳之谣言，此心却自泰然，未尝一抱悲观，自谓“吾以至诚待人，终久当能谅解。”

任命雷荣璞为中央军校入伍生部党代表。

下午，行第二师师长布达式，公讲训二次，摄影后，循黄花冈回寓。

公谓：“近日反蒋传单不一，疑我、谤我、忌我、诬我、排我、害我者，渐次显明。遇此拂逆之来，精神虽受打劫〔击〕而心志益加坚强。惟自恨缺乏政治能力，又乏组织长才，前以政治组织信人太过，故未加注意，亦毫不防范。今后若欲脱人羁绊，免受束缚，则非事事详思熟虑不可，勉乎哉。”[1]

十一日　任命方乘为中央军校入伍生部普通学教务委员会主任委员。

上午，为苏俄代表库弼下克氏来粤，与汪主席商欢迎事。

公为进退问题扼腕终日，夜不成眠。

十二日　总理逝世周年纪念。上午九时，公往中央党部行礼，备致哀敬，并发表感言。

追念总理不已，检遗札裱为手卷，并请谭延闿作跋。

附：跋

〔先总理孙先生手札二十三通，皆与吾介石同志者。第一、二两通，乃十一年先生居上海时书，第三至二十二，凡二十通，前六通十三年广州大本营书；后十六通，则督师韶州时书；第二十三通亦十一年书，我军方下福州也。先生伟大之人格，高远之识解，谋虑周详，断制果毅，胥可于此二十三书中窥见之。至其期望介石之深，与待之之厚，谆谆如家人父子，尤令人三复感激，不能自已。介石谨装成卷，朝夕讽诵，当无异于耳提面命，其自立以副先生之所言也必矣。延闿从先生日浅，而此书中事，则皆耳熟能详。展卷敬观，追维畴昔，侍坐款语，如在目前，不禁涕泗之横集矣。荀息有言，使死者复生，生者不愧，虽甚驽下，请事斯语，以从介石之后，其可乎。十五年四月，延闿谨记。〕

1　此句蒋介石修改前的原文是：“遇此拂逆精神打劫，而心志益坚矣。惟自恨缺乏政治知识，又少组织能力，前一政治组织，偏信同事，不加研究，今乃知欲免为人傀儡，则非事事精断不可。”

午后四时，季山嘉就谈，极陈北伐之不利，公力辟其谬妄[1]。

十三日　五时，开门铃响，公急起询之，阍者应声曰，沈副师长病危矣。遂整衣趋视，见其遍体黑斑，各部流血，不胜忧闷。陪至七时回寓。少顷，即来凶耗，一再往抚尸，哭之恸。

下午，往迎苏俄代表库嘶下克氏，听取报告。

十四日　上午，在中央军校补行总理逝世周年纪念。

下午，送沈应时出殡。

公曰："顷聆季新言，有讽余离粤意。其受谗已深，无法自解，可奈何？"

是日　公兄锡侯任国民政府参事。

十五日　上午，导俄国中央执行委员某某等至黄埔参观，〈见要塞窳败，窃自惭惶，决辞司令职〉。

下午，巡视旧卫戍部，残破不堪，殊深喟感。

是日　政治委员会通过两粤统一案。〔要略：（一）广西政府受国民政府命令，处理全省政务。（二）广西军队全部改编为国民革命军。（三）两粤财政受国民政府指导监督。〕

公以用人不能察言观色，审慎周详，乃致四面皆敌，肘腋受制，陷于重围垓心。只有奋斗决战，死中求生耳。

十六日　任命钱镇南为中央军校军官政治研究班班长，梁端寅为政治科大队长；调任熊雄为潮州分校主任。

十七日　晚，公对官佐学生讲演总理遗训。〔节录：我想和大家讲的话很多，可惜没有闲暇，不能随时尽量供献，今天把我的人生观要点特别提出来，和大家讲一讲。总理平生教训我们的话，现在回想起来，觉得句句话都很重要，尤其是对于我们革命党员，更觉得十分重要。总理说革命党人做事是极端的，不是站在中间的；是积极的，不是消极的。可知做事不在极端，就在中间，不能积极，就是消极，便不配做革命党员了。所以富于革命性的人，不管他做什么事，必定是极端的，积极的。要做一个革命党员，除了必须这二个极端和积极的条件以外，还有一个附带的要件，

1　此系蒋介石亲笔所加。

就是思想要纯正简单。比方做一件事，应当怎样做，便怎样做去，只要寻到革命的道理上做去，就好了，切不要过于疑虑。总理说要纯正简单，就是这个意思，因为思想一复杂，便不能做事，即使做下去，亦不能彻底，这是可断言的。大家既然入了本校，立志革命，就要遵守总理遗训，做事就要极端、积极和简单。……要知我们革命，既以国家和人类为前提，便没有感情可言，也就没有余地可留了，这样才能希望革命成功。所以若有那一个同志、官长或党代表，要做破坏革命和违反革命的事，不论下级对上级，上级对下级，都要严厉监督。但一面以纪律规范他人，同时亦要以纪律规范自己。……本校长惟有以总理之精神为精神，以总理之意志为意志，望各同志亦以此意志为意志，则精神没有不团结，意志没有不统一，革命亦没有不成功的。〕

公曰，近来所受苦痛，至不能说，不忍说，且非梦想所能及者，是何异佛入地狱耶。

十八日　下午四时，在中央军校开会议，力主北伐。

共产党作乱。旁晚，海军代理局长李之龙，矫令中山舰驶泊黄埔。

十九日　上午，往晤汪兆铭，回寓会客，痛恨共产党挑拨离间与其买空卖空之卑劣行动，其欲陷害本党、篡夺革命之心，早已路人皆知。若不于此当机立断，何以救党，何以自救，乃决心牺牲个人，不顾一切，誓报党国。竟夕与各干部密议，至四时，诣经理处，下定变各令。公曰：“权利可以粪土，责任岂可放弃乎；生命可以牺牲，主义岂可敝屣乎。此时再不决心，尚待何时，此时若不殉党，何颜立世。今日事只有直前奋斗，以期毋忝所生，不负初衷。”[1]

二十日　昧爽，宣布省城戒严，捕获李之龙及各军党代表多人，并围缴罢工委员会械。公曰：“今日若无决心，岂能挽救本党，报答总理乎？”[2]

六时，闻党军已占领中山舰，乃即往造币厂北校场，训诫第二师将士。〔稿未留〕

1　此段文字系蒋介石亲笔修改者。其修改前的原文是：“……回寓会客，恨共产党陷害，决赴汕避祸。午后五时行至半途，猛思‘我何为示人以弱？’仍返东山，誓牺牲个人一切，以救党国。竟夕与各干部密议，至四时，诣经理处，下定变各令。”

2　蒋介石修改前的原稿为：“公曰：‘今日幸有决心，能贯彻一半主张也。’”

下午五时，往晤汪兆铭。

晚，俄顾问及其军事委员伊万洛夫司堪，来告士兵监视其寓所，且缴卫队械。公改容谢之。

二十一日　上午，拟致汪函未成稿，自谓："既不愿以伪待友，又不能以诚示我，故苦思殊难著笔。"傍晚，访汪病，见其怒气犹未息也。[1]

终日会友，往来于东山与造币厂间。公曰："军队不出动则已，如一出动，即不能事事拘束，难保无自由及不规之形态，以后戒之。"又曰："掾属乏才，实无改造一切能力，孤苦伶丁，谁与为助，殊堪痛心。"又曰"今日方知孤臣孽子操心之危，处境之苦，若非亲历其境者，决非想象所能及其万一也。"[2]

二十二日　上午，俄使馆参议某来见，问公以对人问题，抑对俄问题。答以对人。某言，只得此语，心已大安，当令季山嘉、罗茄觉夫等离粤回国。

十时后，开政治委员会，决议令俄顾问主任季山嘉等引去，第二师各党代表撤回，对不轨军官查办。

下午，与谭、李等各军长谈制裁俄顾问及共产党，均表赞成。公以事前反对此举者，事后奉余言为金科玉律，人心之变化，奈如此其速耶。

晚，回校。因前星期事，召集官佐学生训讲。〔节录：今天晚上，我要把前星期经过的事情报告各位。在未报告以前，有几句要紧的话，要向各位说明，请留心听着。我们中国国民党的党员，是一个世界革命的党员，我们自己要承认是一个世界革命的党员，〈不要做一个狭隘的国家主义的革命党员。〉国民革命是带有国际性的，革命党是整个的，不能分国界省界，尤其是不能分阶级和派别，我们只可分革命不革命，这一点大家要明白的。本校自前年开学以来，教育的方针，是要使学生自动的，能够守纪律，不是专要官长来管理学生，监督学生，同时还是要学生来监督官长的。能够这样，才是本校的真正学生，本党真正的革命党员。这是本校教育方针的第一点。近来有许多人说，要拥护那一个，服从那一个，这种话在革命论理上说来，是很不对的。以后各位在这里当学生，不要再说要来拥护

1　此处被蒋介石删去的原文为："见其怒气冲天，感情冲动，不可一世，因叹曰：政治势力恶劣至于此极，尚何信义之可言乎！"

2　此句系蒋介石亲笔所加。

校长，若是说拥护校长，就是使校长做一个军阀，你们就做了军阀的傀儡了。试问我们为什么要拥护别人，我们为什么要受别人拥护，我们不是来服从个人，拥护个人的，我们是只有服从主义，拥护本党。〈总理在的时候，时当有人说拥护大元帅，若是普通人对他说这些话，总理就不理他，若是重要的同志说这些话，总理就铁面无私地痛骂他，说谁要你拥护，你要拥护，拥护主义。〉我们只有党和主义值得拥护，至于个人实在不值得拥护。这是本校教育方针，使学生人人有独立能力的第二点。……前星期发生一件事，我想大家都想要赶紧明白的，便是中山舰无故移动的事。该舰刚才修整好，忽然开到黄埔来，当十九日正午，海军局代理局长李之龙打电话给我说，中山舰可否开回广州。当时我并不知道中山舰已经开来了黄埔，我就问他，是谁的命令开去的，他答的话是很含糊的，答不出所以然。我当时就很奇怪，我就说，你要开回来就开回来好了。后来研究中山舰为什么开来黄埔，究竟有什么作用，我当事出之后来问他，竟和昨日的话完全不同。他又说是教育长的命令，又说是校长的命令，我要他拿命令来看，他说是电话。后来中山舰当夜开回省城，通宵不熄火，戒备甚严，我料他必有不法行动，所以即刻派了兵登舰监视。这件事是否是不利于我们黄埔，或不利于政府本党，现在还没有调查的确，但社会上一般不明瞭的人，有很多的猜测，很多的谣言。李之龙他自家说，是个共产党的党员，他是本校第一期的学生，但是这回事情现在尚未审问明白，即使他真正有罪，也只是他一个人的问题，不能牵涉到团体的身上。……各位要明白，本校长自东征回来，已经有三个月了，这三个月之中，我精神上受了很大的痛苦，就是有人说校长现在不革命了。我从前训诫学生说，不为革命，便为叛逆，所以不革命这句话，简直就是说反革命罢了。没有不革命的人，而不做反革命的。我自信我是一个富于革命性的人，我敢说我可以继续总理革命的精神，我可以做总理真正的一个信徒。这句话，只有我能说，亦只有我敢说，这是不用客气的。如有人以不革命的罪加到我身上来，我相信不单是我的同志及学生，就是一般社会上，亦决不会相信我是不革命的。但是我知道我的性质，若不带兵，做一个群众运动或社会运动者，那一定是一个很好的革命党员。〈如果要我带兵，将来环境一变，或是思想随到变更，不期然而然局变成了一个军阀，亦未可知。〉所以我自带兵以来，无时不想交卸兵权，免除军阀的恶习，但是军阀绝不是他本人自己所能造成的，实在是为环境所迫而成的，尤其是他的部下，更容易造成他上官的环境。……〕

二十三日　具呈军事委员会自请处分。〔呈曰：为呈报事：本月十八日酉正，忽有海军局所辖中山兵舰驶抵黄埔中央军事政治学校，向教育长邓演达声称，系奉校长命令，调遣该舰特来守候，等语。其时本校长因公在省，得此项报告，深以为异，因事前并无调遣该舰之命令，中间亦无传达之误，而该舰露械升火，亘一昼夜停泊校前。及十九日晚，又深夜开回省城，无故升火达旦，中正防其有变乱政局之举，为党国计，不得不施行迅速之处置。一面令派海军学校副校长欧阳格，暂行权理舰队事宜，并将该代理局长李之龙扣留严讯；一面派出军队，于广州附近紧急戒严，以防不测。幸赖政府威声，尚称安堵。惟此次事起仓卒，处置非常，事前未及报告，专擅之罪，诚不敢辞。但深夜之际，稍纵即逝，临机处决，实非得已，应自请从严处分，以示惩戒而肃纪律。谨将此次事变经过及自请处分各缘由，呈请察核。谨呈军事委员会。蒋中正。〕

终日在校考虑政局及其处置方法。闻汪主席迁地就医，因谓昨日决议各事，俱尊重其意，宜无不愿也，何以又若此。

张人杰回粤，旁晚，至要塞部，公与罄谈三月来政潮起伏与外交经过，相与咨嗟久之。

二十四日　下午，往别伊万洛夫司基，言革命以农工为基础，以党与政府之强固为要点，又以干部意志一致为首务。公谓革命势力应集中，革命应时时进取，不宜取保守态度，中国革命之现势，非速定出兵北伐大计不可。凡余视为革命障碍者，应迅即扫除。又以革命组织应以革命之利害为前提，不宜因人而迁就也。彼此皆以为知言。

是日　军事委员会任命李宗仁为国民革命军第七军军长。

中央执行委员会解除斯米诺夫缉私卫商管理委员会委员兼职。

二十五日　上午，张人杰闻公述遭陷濒危临机应变之状，极称为天才〔对方亦以此推许之〕。

午正，谭、朱、黄〔绍竑〕各军长来谈，公以自请处分呈稿见示，俱甚赞同。

四时后，回省垣，讯汪行踪不可得，后阅其致张人杰书，谓为疑渠厌渠，是以不再负政治责任。〈公曰："人不可有亏心事，彼之隐私，烛然可见耶"〉。

二十六日 上午，与汪请假书。

致函谭、朱、李各军长暨宋部长，告休养，并嘱促汪即出。

十时后，召集第二师各官长训话。〔稿未留〕

下午，乘中山舰驶抵虎门，陈立夫随行，留住沙角台。

公曰："政治生活全系权谋，至于道义，则不可复问矣。〈精卫如此作态，则其见陷之计显著，可不寒心"。〉

夜看书后睡，至三时，宋子文追至，述诸同志意，劝勿离此，公允之。

二十七日 上午，缘探海灯台，纵览寥天，茫无涯际，难解满腔愁郁。

十时，由沙角启轮，下午三时，抵东莞城，驻节于公园红棉山庄，会见官长、学生，心稍安乐，诣县署第二十师部巡视，晚宿住园庄。

公曰：学校规制不定，军队政治乏才，党务全体执行委员会无期，政府产生多碍，此皆今日之重要问题也。

二十八日 上午，召集第二十师官长训话。〔稿无查〕

下午，东莞中学开会欢迎，对学生讲入党意义。

三时，公由莞城回虎门，六时，到沙角。

△公曰：政局不速定，甚恐夜长梦多，精卫始嗾王懋功背叛不成，继挟教育长陷害又不成，毁坏余之名节，离间各军感情，鼓动空气，谓余欲灭共党，欲反政府。呜呼，抹杀余之事业，余所不恤，而其抹杀总理人格，埋没总理系统，仇党卖党，竟至于此，可不裂眦乎"。

二十九日 上午，拟对时局意见书稿。

下午，巡阅威远台，登其最高峰，由西台回部，幽谷清泉，岚翠袭人，放眼周遭，海天一色，得此聊破乡梦。四时，回沙角。

再拟整顿党事意见书稿。

是日 西山会议派在上海召集第二次全国代表大会。

△附：国民政府令

〔去岁冬间，少数叛逆托庇军阀及帝国主义势力之下，在北京开西山会议，在上海开伪中央会议，蓄谋破坏本党基础，造谣煽乱，无所不至。第二次全国代表大会曲加矜恕，许其自新，稍有人心，当知悛悔；不图少数叛徒，倒行逆施，每况愈下。近更以三月二十九日开伪代表大会为号召，仍谋在西山集会，不遂则在上海举行，以此公然叛乱，实属罪不容诛。政府谨接受中央执行委员会之决议，对于此等叛逆严厉惩治，特此布告。凡有敢在上海、北京等处，假冒本党最高机关名义，以遂其叛党营私之目的者，不分首从，一概拿交法庭，照叛逆论罪。此等叛徒，或自以托庇军阀及帝国主义势力之下，为政府权力所不及，得以肆无忌惮。惟政府必尽其力之所能，至使此等叛徒，依法递辟，毋使倖免。兹特先行布告，凡列名伪会者，务于三月二十九日以前，声明背签，否则届时定按名通缉，决不宽贷，其各□之。此令。中华民国十五年三月十八日。〕

吴佩孚饬鄂军孙建业及彭寿莘，助叶攻唐。

三十日　上午，拟准备北伐各稿。

登瞭望台观海楼，目空四表，岛屿历历可数，地阔天长，风涛无极，诚一幅海景图也。楼下有碑，为彭玉麟所建，兴感前迹。下午，乘船游蒲州及香山之万顷沙，四时后，回沙角濒海台。

△公曰：只要王权在我，何事不可迁就，前次中央及政府，事事听命于人，以致陷于被动地位，此非外人攫夺之咎，而精卫拱手以让之也。

三十一日　体发热。

任命吴树森为中央军校入伍生第二团参谋长。

△张人杰来谈，知汪行踪仍无下落，因叹如此不负责任，岂成大事者之所为，无怪总理平生诮其为书生、为调和派也。

四月一日　公体温未降。

上午，公由虎门乘中山舰回埔，十一时，抵要塞部。

下午，各委员来会议事。

与各军长商应付时局。是时，方本仁与唐生智皆来告急，公意先令其表示态度，服从政府，〈否则与我攻守同盟〉，然后约期赴援，众皆谓然。

二日 体热仍高，上午休养。

下午，邓演达谓：三月二十日镇压中山舰及缴俄顾问卫队械事，疑近于反革命行动。公正色厉声曰：革命党应事事以革命行动出之，总理之主张废除约法与余之主张修正党代表制，如他人为之，则为反革命，而以总理与余为之，则无论何人，应认为革命应取之态度，以可由余手创者，即有由余废除之权。

△扣留舰队司令欧阳格。〔以其联合右派，不利于党也。〕

三日 体热至午正始退。

任命雷荣璞、张效翼、李兆龙为中央军校入伍生部党代表，吴树森为该部参谋长。

上午，通电反对西山派在上海开第二次全国代表大会。〔电曰：中国国民党中央执行委员会、国民政府、各省诸党部、各报馆公鉴：三月二十日镇压中山舰一案，全系个人局部问题，已由中正个人完全负责，呈明政府，自请处分在案。中正自随总理以来，立志革命，无时不以牺牲个人自矢。近日竟有本党之不良分子，以中山舰案为名，造作谣言，以行其反革命阴谋之实，不使本党同志同归于尽而不止，〈此种败类，不除何待。〉今又接上海西山派所谓全国代表大会通电，希图破坏本党，摧残革命，〈其煽惑挑拨之伎俩，已图穷匕见〉。此种托庇于帝国主义势力范围下之行动，不自愧其为帝国主义者之工具，竟敢不法通电，视中正为傀儡，殊堪痛心。中正今特敬告本党同志与全国人民曰，中正誓为总理之信徒，不偏不倚，惟革命是从，凡与帝国主义有关系之败类，有破坏本党与政府之行动，或障碍革命之进行者，必视其力之所及，扫除而廓清之，巩固党国，而慰我总理与已死诸同志在天之灵，耿耿此心，惟共鉴之。蒋中正叩。江。印。〕

古应芬、伍朝枢过谈，公以右派徒思利用机会，联结帝国主义，以陷害党国，深致慨叹。

下午，与谭、朱、宋诸委员会议处置粤局。

周恩来与俄顾问相继至，聚讼党事。公曰：今日之处境，〈极感左右为难〉，若以无主见者当此，诚不知措手足矣。

是日 公建议中央，请整军、肃党，准期北伐。〔议曰：国内形势与外交方针：北方自国民军退出京津以后，中国形势之变化，其迅速与重大，必非昔日沉闷与轻易之状态可比。如奉军占领京津，则日本在华之势力愈加巩固。吴佩孚在鄂豫之势力，英必竭力助长之；孙传芳盘踞江浙，英必逼孙与吴联。美国近且有联孙以牵制日本之倾向，法国恐苏俄在华之势力复张，故急使与英日联合战线，在滇助唐以牵制广东之北伐。总之此后列强在华，对于北方国民军处置既毕之后，其必转移视线，注全力于两广革命根据地无疑，且其期限不出于三月至半年之内也。以吴得鄂豫，挟有巩县、汉阳二大兵工厂，握京汉路之要冲，据全国中心之武汉，如英以经济助之，不至半年，必可恢复其旧日之势力。张作霖占领京津，握有奉天、德州二大兵工厂，且控制京奉、津浦二大铁路，日本为巩固其势力计，其必助之以经济，一旦北京政府成立，必有数种借款以补充张、吴之军费。当北方国民军未经完全消灭以前，英、日二国必协定以奉军对西北之国民军，以吴佩孚对南方之广东革命军，而复益之以法，令滇唐出两广以牵制我广东，而香港政府必恿怂〔怂恿〕我两广内部之土匪散军，尽力捣乱，如此则广东仍陷于四面包围之孤立地位，其势岌殆，可以知矣。列强谋我既如此，敌方形势复如彼，如不亟谋所以解决之方，则稍纵即逝，挽救莫及也。今据以上之形势，而定本党应付之策略如左：（一）联络北方国民军，使其退守西北，保守固有之实力。（二）联合苏俄，以增进革命之势力。（三）派员联络川黔，以牵制滇、鄂两军。（四）联合湘赣，作攻守同盟之势，约其共同出兵之期限，以牵制吴军之南下。（五）联合孙传芳，使之中立，不为敌用。（六）两广决于三个月内（即本年六月底）实行出兵北伐，如能于此三个月内北伐准备完毕，则北方之国民军不至消灭，而吴佩孚之势力亦不至十分充足之际，一举而占领武汉，则革命前途尚有可为也。本党内部之整理：共产党为今日革命势力之一部，本党应遵照总理意旨，以后仍当予之合作[1]，惟现在党内纠纷必须解决者，即为纪律问题与分子问题是也。中正提议，应即于一月内召集全体中央执行委员会，整顿纪律，检查分子，对于共产党员之入本党者，须守本党纪律，实行三民主义之工作，更不许对于总理之人格加以诬蔑，对于总理之历史有意抹煞，对于三

1 “合作”底稿原文为“团结”。

民主义，尤不准其有批评与怀疑之态度及行动。本党之内不许组织其他小团体，须事事公开，不得有秘密行动，如有运动本党党员加入共产党者，一经检举，则处以严律。至于本党与共产党重要问题，应即以联席会议解决之，而共产党之应秘密之件，可提出于联席会议，本党有代守秘密之义务。其他权限问题、手续问题，亦应详细规定，以免日后之纠纷也。军制之意见：近日第一军因本党党员与共产党员之裂痕，日深一日，几如水火之不能相容，如不从速解决，则北伐必无胜算之理。又军中党代表制，中正认以为革命未成功以前，此制不能联消，惟党代表资格应有相当限制。凡跨党党员，不宜任党代表之职，且须限入党在若干年月以上者，方有任党代表之资格，此党代表之资格，应加审慎也。又军中官长信仰不一，精神必难团结，思想冲突，行动更易差误。我军既以三民主义为主义，惟有以信仰三民主义者为干部，而共产主义及无政府主义分子，应暂时退出，以求各军精神之团结，而谋革命之成功。至共产分子退出各军以后，应由本党予其相当工作或授其高等军事学，以备军中之用，不使内部纠纷；而在革命战线上，仍为联合之友军，庶几并驾齐驱，不致有彼此纠纷之弊也。现在所订政治训练部条例，行之有日，形格势禁，益见其难行，非重新订定，对于各军不惟无所补益，而且害之。中正以为政治训练部条例未修正以前，各军党代表应一律调回，加以训练，而留政治部人员在军中实习政治相当工作，宣传三民主义，则军队内部既无思想冲突之虑，政治工作又无中止之忧，其于军队之精神，不致如前日之涣散也。本党以后进行之方针：二年以来，本党联合苏俄，容纳共产党，对于革命势力之增厚，革命方法之进步，唤起民众及对敌帝国主义之影响，实非浅鲜。由此观之，应认共产党为革命势力之一种。苏俄有补助中国国民革命之进行，以本党立于中国国民革命之领导地位，对于此二种势力，实有联合团结之必要。惟以后应须注意于根本上之合作。吾党为完成国民革命之责任，非使此二种势力与本党在精神上一致[1]不可。因欲增进精神之团结，以二年来经验之所得，应加注意之点如左：甲．共产党在本党内应注意之点：（一）不能诬蔑总理之人格；（二）尽忠于三民主义之工作；（三）共产党在国民党内

1 “一致”原稿为“团结”。

一切秘密团体及一切秘密行动，完全取消（如犯此条者，轻则开除党籍，重则另予制裁）；（四）共产党对其党员一切之训令及其策略，应通知国民党最高干部；（五）在国民党之共产党员，其名册应通知国民党最高干部；（六）国民党与共产党应设联席会议，处置一切困难问题；（七）共产党员在中央执行委员会内之人数，不得过三分之一，除指明委员为共产党员外，如有跨党不报之委员，应另定条例，处以严刑；（八）中央党部组织、宣传二部长，其入党年限，须在五年以上。乙．苏俄顾问之权限：（一）使共产党员在国民党内之工作，不分界限，注重于精神上之团结；（二）不宜把持要职，与希图集中权力于顾问之举；（三）使我中国革命有自动的能力，不限于被动的地位为宗旨。（四）辞去行政官职权，以顾问之资格，辅助中国革命之成功；（五）对于国民党及革命军条例，如有供献，应以中国革命全体之利害为立足点。北伐之准备：以全国之局势、敌军之情况观之，北伐准备之期应以三个月内为限，不能复缓，故应急速准备。条述如下：（一）目的敌：距今一月之前，如能出师北伐，则三万兵数，正可占领武汉。今吴佩孚既占有鄂豫二省，虽其内部不能统一，尚待整理，但归其管辖者，现在确有兵额五万之数，三月之后，其势更厚可以知矣。故本军出兵北伐，至少须准备四万至五万之枪，方得与敌相敌也。（二）兵数：兵数既定，以五万为标准，宜确定部队以备整顿与补充也。兹述北伐部队如左：一、第一军四师（留第十四师在潮汕），约一万三千枪。二、第二军三师（留一部在韶关），约九千枪。三、第三军二师，约六千至八千枪。四、第四军一师，约三千枪。五、第五军二团，约二千枪。六、第六军二师，约六千枪。七、第七军三师，约九千枪。（三）军费：枪数既确定五万，全部动员至少在八万人以上。今假定每员补充费为三十元，则于此一个月内，必须筹足二百五十万元，交军需部为准备与补充之费。出发时，应备足二个月军费，战时，每员每月以三十元计算，如准备二个月，则须筹足五百万元。至准备费，如于下个月内筹二百五十万元，以四月十日、廿日、卅日、分三期支足，则准备不致空谈也。（四）兵工厂出数太少，应于此一个月内，赶装新机，总须每日能出子弹十万颗为最少限度，厂中所出之枪，应先补充出征部队，装机及加工之费，应在此准备费内抽用也。（五）训练：出师之期既定，训练万不可忽，应急须派员负责训练，并由参谋部确定教育日程，限期检阅，务使此二个月内，各兵能在战线尽其战斗员之职守，并使其能确知其为主义为人民而战斗也。（六）政治训练部之改组：政治训练，为出征军首要之务，惟现在训练部条例，多不适用，应从速改正，且该部主任必须由军官出身而明瞭党务与政治者为要也。（七）北伐准备中各部之工作：甲．参谋部之工作：一、作战计划；二、调制各省地图；三、兵站计划；四、各军集中计划及日期、地点；五、各军训练计划；六、调制各军花名册；七、调查敌情、兵力及湘、赣、闽、浙、苏、皖诸省兵力；八、调制各军武器弹药、马匹服装各种表册；九、剿匪计划；十、解决民团、农团方案；十一、整顿航空局与海军局计划。乙．军需部之工作：一、出征军补充费之预算及出征后军费之预算；二、各军之器材、马匹、弹药、军械等补充数量；三、召集输送队；四、购置交通材料及电话、无线电等；五、兵站之敷设；六、兵工厂之整理。（八）改良兵工厂之意见：一、工人之工作时间及出量数之规定；二、设立审计处，凡购置材料，如钢、铁、煤、机器等及各部出品数量，均须经审计处审查核定；三、汕尾运来之新式武器，限一月内装置完妥。（九）苏俄顾问之权限：一、聘请苏俄顾问，订定任期；二、规定每月薪水；三、未得主任长官之许可，不能有越权之行动。〕

全体中央执行委员会通过自请处分案。

唐生智以敌援大集，令所部退出岳州，孙建业率师前进。

四日　上午，黄绍雄【竑】、李济深来辞行。

公谓用人难，察言尤难，天下惟狡诈人不可用，默察狡诈人之言更难，吾为此惧。[1]

五日　上午，中央军校举行纪念周，讲训约一小时。

宋子文告密：右派拟开广州市党部大会，而为示威运动。公函吴铁城制止之。

谢持等自沪电张、谭，欲来粤开第二次全国代表大会，公闻之，置之一笑。[2]

1　原稿为“天下惟狡诈人不可用，听狡诈人之言更宜注意，否则事未有不为所败者，吾为此惧。”

2　原稿为“恨其思利用机会以捣乱也。”

近日公为政治与人事问题，甚难解决，苦费心力。

旁晚，往平冈视公墓工程，归，又巡第一病院。

六日　上午，巡查中央军校各讲堂及寝室。

下午，考虑时局。

七日　上午，张人杰来谈："顷接精卫函，似有欲出意。"〈公料其不惜终为左派利用，断送党国也。〉

八日　晨四时，在校巡查，点名后阅操。

上午，与张、谭、朱、宋诸委员会商大局，及请汪复出事。

晚，对中央军校官生讲演本党年来情形，及党代表问题。〔节录：……现在先讲本校年来经过情形：本党自前年改组以来，进步非常之快，因为那时总理在世，凡重大事情完全由总理大权独断，一切党员皆以总理一人为中心，所以本党改组以后，能够发生很大的效力，又有很大的进步。同时因为一般党员有了很大的觉悟，对于党义和环境都能认识了解，能把党比较的变成团体化、纪律化。大凡一个党不能团体化，就不成其为党了，不能纪律化，没有党的纪律，也一定不成其为党了。所以俄国党员对于纪律、团结，比生命还要注重，党员大家只拿党来做一个中心。至若党员自身，完全认为是党的机械。这样，一切事情发生，通通都拿党的宗旨来做中心，然后党才有力量，党有力量，而后主义才有实行的可能。为着这一点，所以本党要改组，所以本党改组以后，才与未改组以前有不同的现象，才能发生年来的效果。不过到了去年，总理逝世以后，就弄到党员同党员中间，发生许多误会，许多冲突，党内的现象便不能同总理在世时精神一致了，所以党内就发生很多缺陷，以至于无可弥补。现在还有少数党员在上海擅自召集伪第二次全国代表大会，这种现象，于本党前途，是非常悲观的。这样下去，我们虽有五十万党员，可说是没有一个。现在上海所谓伪第二次全国代表大会，是一种非法行动，我们为党国计，不得不群起而攻之。铲除了障碍，才讲得到党的统一，党统一了，而后才能实行主义。所以我们对于这些立意捣乱，使党分裂的分子，要当他是本党的罪人，是我们全体党员的仇敌，这种仇敌，比什么仇敌都厉害的。这一点，各位同志都要观察清楚，不要依感情作用，被谣言煽惑，受敌人诱骗。这样才算是一个本党的党员，要是不然，便完全失了党员的资格了。本校长处在现在这种地位，觉得困难极了，这种难处，不是一句话可以讲得完的，而且有许多话是讲不出的，希望大家无论什么时候，都要替党国努力奋斗，才不愧为总理的信徒。至于学校的事，只要我不违反本党的三民主义，依到总理所定下来的策略去做，无论那个，都应该要团结一致的。我们学校才创立了两年，两年来所以有这些成绩，简括的说，完全因为能够统一意志，团结精神，才有这个效力。如果在当时那种革命工作紧急，情势万分混乱的时局，不能意志统一，精神团结，我们学校决不会有这样成绩。现在我再讲国民革命军的党代表的问题。本来军队里设党代表的这个制度，是在中国，是由我一人提倡出来的。党代表这个制度，是仿效苏俄赤军组织的办法。俄国无论军队，无论重要各机关，都设一个党代表。党代表的作用怎样，老实讲就是党派员来监督带兵官的。比方一个团长，因为他不是党员，党不相信他，就派一个党代表去监督他，不许他有背叛的行为，党代表的性质完全如此。其余对于士兵的经济条件、生活条件，党代表也宜顾到，但这不过是附带的条件，实实在在党代表的根本意义，是要来监督带兵官的。当我在俄国莫斯科的时候，他们军事委员问我："你看我们俄国的党代表制度好不好呢？"我当时就反问他说："你们的党代表制度，是临时的呢，还是永久的呢？"他答:"这是临时的，不是永久的。"我说:"临时的就行，若是永久的，恐将发生很大的毛病。"当时他们听得我的话，就说："这个不错，我们现在所以需要党代表，是因为环境有此需要，等到带兵官和各机关人员通通都是党员了，那时候，党代表是完全可以取消的。"现在党代表制度，已由我们国民革命军实行了，我们的实行，是由教导团最先开始的。那时我对于党代表的用意，并不是用来监督带兵官，也不是怕他们有什么反动的行动，实实在在是恐怕对于兵士生活不能注意，对于行政、卫生等条件不能周到，所以才派党代表下去，帮助这些工作。两年以来，从教导团组织到现在，其中就发生了许多纠纷，起头的时候，还没有什么，到去年回师广州，打杨、刘的时候，发生的问题就渐渐多了。那时有许多带兵官写信来质问，本军党代表制度究竟是什么性质，苏俄党代表的性质是因为带兵官不是党员，所以由党派代表去监督他，现在我们带兵官都是党员，为什么还要党代表来监督呢。我对于这种话，实在不能批驳他的。还有人问我，现在我们党军是不是国民党的军队，既然是国民党的军队，我们党军的党代表，至少要一个完全的国民党党员才可以的，要是以跨党的党员来做党代表，这就不能算是国民党的党代表了。这些话我就不能答复他。俄国对于派党代表的事，必定要完全是个共产党党员，而且要资格很老、人格很高尚的党员，然后才派出去做党代表，所以俄国未曾受着党代表制的流弊。现在我们党军派下去的党代表，老练的固然很多，但幼稚的也实在不少，这样我们的党代表比较俄国，其真正的性质和意义，也就失了一大半了。从前一般带兵官向我来质问，我只有不许他们质问理由，以为党有这个制度定下，党员只宜遵守，这个完全是我一种制止纠纷的手段。到了现在，这个问题的纠纷更加复杂了。共产分子在本党与本军之内，一个团体中有了两个主义，本免不了有许多矛盾的地方，但如果彼此能够谅解，也未始不可得到完满的结果，无如青年军人联合会等有些幼稚分子，对于总理的人格和三民主义，竟任意的侮蔑、批评，这便引起了同志中许多的恶感。党代表对于总理的人格与主义，照原理上讲，是不能丝毫怀疑的，要是怀疑的时候，将来的危险必至不可收拾。现在我们党军，已为此弄得不好了。这个罪过在谁身上，全在本校长身上。如果本校长早日防止了这种毛病，我相信三月二十日那天的事情，是不会发生的，所以党军由党代表演出来的弊端和损失，可以说完全是由于我个人的疏忽和失察。这一点，我自认是自己的罪过。以上的一段话，是党代表的制度从起头到现在经过的情形。今天看见俄国报纸，知道俄国的党代表制度亦已取消了，这报上讲得很明白，他说从前革命时代，要利用许多白党的军官，所以没有法子，才派党代表，现在军队官长都是党员，用不着什么监督，所以党代表制度就可以废除。然而现在我们国民革命军的党代表，是否可以废止，这还要研究。以我观察，今日的结果，并不是党代表制度不良，实在是委任不平和处置不当的毛病多些。不过第一军的党代表，为着发生了许多困难，所以主张通通调回政治训练部来再行训练。……]

十日　自共党分子退出军队后，〈公心甚痛苦〉，因叹："团体分裂，操戈同室，损失莫大，两年来心血，尽于此矣！〈以后政治究应取何方针，方能使革命成功也。〉”

△是日 国民政府令缉伪代表大会派人来粤。〔令曰：前闻少数叛徒，蓄谋破坏本党基础，拟于三月二十九日在上海召集伪代表大会，以图藉名号召，遂其奸谋。政府为促其省悟起见，当经下令警告，乃叛徒等犹不知悔，仍敢违法集会，并致电各处，造谣煽惑，复拟派人来粤，肆其离间挑拨伎俩。似此甘心作乱，实属罪无可宥，着广东省内各军警一体严缉，遇有伪代表大会派人来粤煽乱，即予拿解法庭，照叛逆治罪，以肃法纪。此令！〕

十一日 呈请设中央军校副校长，即以第四军军长李济深兼之，第一军军长何应钦兼教育长，张定璠为办公厅主任；调邓演达为潮州分校教育长兼第一军政治部主任。

公以广东现局，右派与共产两者之间，显树敌帜，土匪与地方主义常伏暗礁，深用焦虑[1]。

十二日 上午十时，在中央党部纪念周报告党务、军事，并勉学总理人格。〔节录：这一个星期经过的党务和军事的情形，现在简单的向大家报告一下。上个星期，政治委员会已经议决，请求中央执行委员会在五月十五日，开第二次全体会议，来解决本党的纷纠〔纠纷〕，并决定一切进行的计划。这是我们党里一件很重要的事情，请大家注意。现在本党的纠纷太多了，如果今后还不能在根本上想出一个解决的方法，结果我们的党是不是能稳固，党基尚且不能稳固，还能希望主义的发展和实现么？我们中国国民党，是以总理所创的三民主义为根据的，要大家都信仰三民主义，精神才能团结起来。现在本党有许多党员，无论在什么地方，甚至于在党部开会，连三民主义提也不敢提起，简直视三民主义为不足道的东西，这还成什么党员。所以下个月要开中央执行委员会全体会议，来想一个根本解决的方法，把一切弊病都纠正过来，使本党得以发展，革命可以成功。……本来国民军决定上星期退出北京的，后来因为奉军的内部发生冲突，李景林和张作霖意见分歧，同时河南吴佩孚方面，内部也发生斗争，前几天寇英杰和靳云鹗差不多在河南打起来，所以国民军就可以运用他的政治手腕，

1 “深用焦虑”，原稿作“善后苦无良策”。

仍在北京维持他的局面。看这一个消息，我们就可以知道，在现今的时代，所谓成功与失败，都是没有一定的。明明看见要失败了，得一个机会，又可成功；明明看见要成功了，做坏一点事情，又可失败。所以我们革命军人就应该具有政治眼光，明白四周的情形；我们做事不怕失败，只要我们的精神坚决，失败了还是可以成功的。我们试看冯玉祥退职了，他的主张好像已经失败，忽然奉军内部又发生冲突，冯玉祥毕竟没有失败。在吴佩孚方面，也是同样，他正以为冯玉祥退职之后，自己就可成功，不料他自己内部又发生冲突。所以成败是没有固定的，一刻间就可以转移的。比方我们打仗，越是打败之后，越要坚忍维持，只要精神仍旧团结，还是可以打胜敌人的。……最后我还有一句话，我不仅希望大家做一个本党的党员，本军的军官，还希望大家都能够继续总理的精神，个个人都可做我们的总理。我们要晓得，总理是一个人，我们也是一个人，总理做得到的，难道我们就做不到？所以请大家不要自暴自弃，各个都要立志做我们的总理，继续我们总理的精神去奋斗，将来革命才可成功，总理的主义才可以实现。〕纪念周毕，天大雨，即回黄埔。

任命陈魏为中央军校军医处处长。

十三日　晨，巡视中央军校。

公曰政治问题之复杂，财权之足以制人如此，以后当深切认识。

十四日　晨，又巡中央军校。

上午，张、谭、孙、伍诸委员先后来谈，朝枢以英国允借款，为所利诱，急于解决省港罢工，〈孙亦赞同〉，公据理反对，始各无异辞。

下午，与张人杰商议财政，主仍留宋长部。

忠告军校同学书，述北伐之主张与共产党员退出军队之善后，及其感【感字衍】个人之感想。〔书曰：中正由汕回省，至今已三阅月矣。处境之拂逆，精神之痛苦，其间之悲惨情状，实有不忍言，且不能言也。当回省之初，党事纠纷，学会风潮正盛之时，中正目击心伤，惄焉忧之，一方虑右派之捣乱，以分裂吾内部之团结，一方虑处置之不平，造成本党根基之错误，至对于军纪风纪，日渐废弛，尤使吾心焦灼难安。然犹深信吾同学将士必能以总理之心为心，且知其必能详明总理之意旨，当不至以区区意见之相左，而自相倾轧也。窃自去年组织政府以来，凡党务、政治均推汪主席主持一切，中正但有惟命是从而已，即军政、财政，亦以中央集权为首倡，故自请解除军长、总指挥之职权，还诸政府。凡东江民政、财政各人员，概由中央派遣，决不敢妄荐一人，干涉丝毫。军区分配，部队驻防，任由中央之指定，惠州为我无数将士牺牲而得者，中正且提议划归第六军区，以免除末流割据之恶弊，至今军饷总由财部支配，而所部军无宿粮，士尽敝铠，日闻呼苦之声，亦惟以严法绳之，无稍姑息宽纵，当为世人所共见也。惟北伐未成，为总理毕生之遗憾，且以此重托于中正者，故回省以来，竭力提倡。中正以为无论何事，皆可捐弃成见，惟此北伐问题，非贯彻主张，则昔日同志之牺牲，皆成为无意义之举动，故不惮正色力争，期达目的。无如力不从心，所有北伐计划竟至根本打消，事至于此，中正认为军事与政治已失自动之能力，乃不得不出于辞职之一途。然中正不忍自诉冤屈，以寒同学与将士之心，仍以团结内部、服从党义自勉，且以勉我将士，故尝一再告诫，以期吾同学将士，化除意见，共策进行，勉为模范军人，以期完成革命之责任而已。且自本校创办以来，于今二载，当创办之始，学生与教职员不过五百余人，然而上下同心，精神一贯，无或间言，惟共产与非共产之分，已有一部分同学之成见存于其间矣。当时总理以容纳共产分子为革命原素之一种，而中正亦以为本党若非容纳共产分子，〈不成其为国民党〉，且革命战线倘不能联合共产分子，实为国民革命之缺点。故自开校以来，惟恐同学歧视共产分子，或因怀疑而起决裂，是以时时以总理之意为意，对于共产分子扶持提携，不遗余力，务使本校革命之基础，免除此共产与非共产之分，但期其精神之团结，完成国民革命之责任，以慰我总理之心。此中正二年以来对于团结内部之苦心，至今未之或变者也。故同学间有以中正为偏袒共产或抑置同学为言者，皆一概置之，但求无愧于神明而已。各期同学凡能知中正之苦衷者，亦无不为之体察谅鉴，故其对于中正之言论行动，无论何时未有起丝毫怀疑之心，而且听从之惟恐其不至。此固中正二年来对于本校同学亲爱之情，萦绕胸臆，朝夕所不容忘者也。亦惟有此精神之团结，乃能一出而平东江，回师而灭杨、刘，再出而破惠州，尽歼叛逆之余孽，此无他，盖同学精诚之所至，故能无坚不摧，无攻不克耳。总理尝为中正告曰："团结不患其小，惟患其不能纯一。今本校同志虽只五百人，如能亲爱精诚，历久不变，则精神未有不团结而强固者，革命基础全在于此，望勿有始鲜终，务期告厥成功。"甚矣本校之责任如此其重，而总理属望于本校之心，又若斯之殷也。吾同学宜如何淬励奋勉，团结精神，始终如一，以巩固此革命之基础，不负吾总理之期望；又宜如何实行主义，消除成见，以图战线之坚固，而达成革命之目的。不意吾总理与廖党代表及先烈各同学将士之骨血未寒，而本党本校即为之精神涣散，团体破裂。回忆去年梅县学会纷争以来，即起有心者无穷之隐忧，言念及此，痛心曷极。一年以来，不啻肠断泪涸，舌敝唇焦，而乃言者谆谆，听者藐藐，忠言逆耳，无济时艰，卒至两方各处于极端，竟不顾其根本之倾颓，此皆中正诚不足以动众，信不足以孚人，有以致之，〈虽万死而不能辞其咎也〉。窃中正追随总理革命以来，无时不以牺牲个人自矢，对于革命之希望，惟有乐观与前进，然如今日内部之情形，长此以往，虽欲不抱悲观而不得矣。盖北伐主张既不能贯彻，辞职又未蒙批准，既不能使之专心办学，以励后进，又不许其奋勇前进，以完成革命之责任，卒至进退维谷，挽救乏术。而同时军中党中，讧争益烈，青年军人联合会也，孙文主义学会也，诽谤主义也，怀疑共产也，倾轧之声浪日高一日，中正目击心伤，不忍坐视危亡，乃与江主席约期开两会联欢会于本校，以谋精神之团结。不期联合会会员届时又爽约不至，卒使各项问题悬而不决，妥洽未能，纠纷益甚，遂致酿成三月二十日之事变，竟至破裂而无挽救之方策。二年苦心，诸烈赤血，竟成泡影，本校之光荣，党军之成绩，乃为此内部破裂四字，而贻革命历史上无穷之瑕点，能不悲乎。总之，此次事变，虽尚未审明其真相，然不得以个人问题而牵动全局，尤其是中正以校长之地位言之，更不忍扩大破裂，至于不可收拾也。今共产分子为免除本军内部之纠纷，均愿以一律自动的退出，并期于他种工作上共同奋斗，其态度之光明磊落，实足为吾同学将士所钦佩。盖以其少数幼稚分子之谬妄，而归咎于其全部，于心已有所不忍，而况其愿自动的退出，且无一句异辞，是其爱本军与本校之心于此可见，而其坦白为怀，毫无自私之见存于其间，亦皎然明矣。吾今愿军中同学将士试一平心反思之，联会与学会之出发点究在何处，其立足点又在何处，是岂凭空而能产生乎，抑有所本乎？今日所称学会与联会之干部，共产与非共产之分子，非皆出自吾总理所首创本校之同学乎？如无总理，安有今日之本校，更安有今日之学会与联会乎？如此，当知联会与学会皆产自本校，而其出发点自在本校，而其立足点亦皆在本党与本校之上，无论学会或联会之损失，而其为本校与本党根本上之损失则一也。今日退出本军之同学，大部皆为联会之会员，而学会之会员对之，不知其作如何感想也。以此为乐乎？抑以此为悲乎？以此为荣乎？抑以此为耻乎？呜呼，同室操戈、自相残杀之名词，不幸加诸吾本校诸同学将士之衔上，蒙此恶名者，是我诸同学，而使诸同学蒙此恶名者，实中正失德不道之所致也。中正诚无颜以见吾总理与已死诸同志于地下矣。吾今特告本校各期同学曰，今日本军分裂之现象，不惟革命前途上受一莫大之损失，即我诸同学，凡为革命之一分子者，无形中亦皆受极大之损失，而我团体之损失，固不待言矣。各同学其知之乎？呜呼，中正既不能防止分裂于未然，复不能补救设法于事后，不惟无以慰退出之同学，亦且无以见军中之将士。同学乎，吾辈非皆昔日相亲相爱，如手如足，同生同死之同学乎，而今则何如？若学会与联会易地而处，则学会同学又将何以为怀耶？如同学立于校长地位，则又将何以为怀也。吾言至此，吾泪涔涔而不能复止，吾之革命观念本不许有感情容于其容，然而平心以思，此退出本军全部之同学，其果人人诬蔑总理人格者乎，其果人人违反三民主义者乎，其果可以敌人相待者乎，其果可以仇视相终者乎，其果无伤于已死之总理与诸同学之心乎。事已至此，吾实不能复抑吾之情绪，而致我党我校将士之难堪，吾不能不自悔吾处置之失当，以致吾亲爱同学之分离，吾复不能不自认吾罪恶之重大，以失革命战线之联络。吾敢直告于诸同学之前曰：吾不愿使吾退出本军同学之难堪，吾不忍本校之同学终久分裂。如在队同学仍予离队同学以难堪，或为外人利用，而不自知其环境之恶，则中正惟有与粤人作长别，不忍坐视本军之解体，使我数万将士皆陷入于自杀之途，而致我手创革命之基础仍覆亡于我之手也。吾惟望吾离队之同学，不再诬蔑总理之人格，实行三民主义之工作，一本亲爱精诚之校训，不宿怨，不寻仇，不灰心，以光明之态度，亲爱之精诚，捐弃前嫌，续欢同学。人非木石，谁能无感？吾知军中同学必能坦怀释疑，恢复旧谊，终有共同努力于革命战线之一日也。如从此以后，势成骑虎，两不相下，一方以报复为事，一方且防其报复，水火冰炭，终不相容，必至同归于尽而已。吾今复敢以一言进告于同学曰：吾对今日之内部，吾不能问其是学会与非学会，是联会与非联会之别，吾只能问其是同志与非同志，是同学与非同学之分也；吾只能问其是与非，情与理，横暴与亲爱而已。如昔日之联会骄横暴戾、不可一世而忘本者，吾必以校长资格惩之戒之；凡为本校之同志与同学，其能团结联合，始终如一者，吾必亲之爱之。革命党员以革命为前提，报仇挟嫌者，固非革命之男儿，而防人之报复，怕人之挟嫌者，亦非革命党之所为也。革命党员固无怀恨挟仇之事，亦不怕人之怀恨挟仇也，而况同生死共患难之同志与同学，有何不可解释之仇乎。情理不能埋没，是非自有定论，中正惟有以总理之志为志，总理之心为心，不偏不倚，公平正直，惟期团结内部精神，实行三民主义，共同努力于国民革命而已。吾同学其思之，其重思之。〕

国民政府解俄员依文诺夫思基及阿力近等十余人聘约，遣归国。

十五日　上午，张、谭、朱就谈改选主席问题，公赞成之。

下午，会教职员谈话。

晚七时，开校务会议，公主席，至十二时散会。自改组中央军校以来，此为公第一次出席，议场精神一振。

十六日　公〈以〉调何应钦回埔校，〈致启各方谣诼，又恐其疑虑不安，深自内疚〉。

下午，由校诣省垣，与张、谭、朱、李审议改选主席事。

四时后，开中央党部、国民政府联席会议，推选谭延闿部长为政治委员会主席，公为军事委员会主席。

青年军人联合会自动取消，发表宣言。

十七日　上午，会杨匏安、刘峙及各团长。

与谭谈政治与党务经过及将来。

下午，与张、谭二委员谈粤局之趋势。

晚，与孙文主义学会干部谈取消学会事。

十八日　上午，会客七、八次。

与史顾问论季山嘉之过失，以后应改正各点。

十九日 上午八时，由省城回校，主纪念周讲话。〔稿未留〕

任命方鼎英兼代中央军校教育长。

晚，巡中央军校。

二十日 上午，任命贾伯涛为中央军校入伍生代理政治部主任。

下午，公见军事委员会主席汪皓电，颇为骇异[1]，〈谓政治症结与危象，洵难臆测也〉。

是日，中央执行委员会通电：北方事实上已陷于无政府，望国民自动召集国民会议，以取得政权。

△二十一日 上午，公阅某电，知其怀疑，且仍欲弄人，郁愤无任。下午，又接某电，此事或易解释，心乃略安。

任命蔡忠笏为中央军校炮兵指挥。

会白崇禧、陈铭枢。

晚，宴退第一军党代表及CP官长，并施训话。〔节录：……凡做党代表及政治工作的同志学生，无论他是否共产分子，我看他们差不多平素是最亲爱的、最有希望的同志，这样亲爱的同志学生，现在使得他们完全退出来，这种情形，大家很容易明白。还是我校长有意或喜欢想做出这件事情，还是从中有不得已的缘故，而发生这种误【会】呢？这内容当时种种复杂奇离的地方，我要讲也不能讲。为什么呢？这事差不多是和法国大革命经过的一段情形相同的，政治内容的情形复杂，是口舌所不能形容的，你们只看《法国大革命史》，就可以晓得这回事情。这事情中间，自然有许多人想离间我们，挑拨我们，造出各种谣言来。固然有许多间接的因果，但有许多事实可以证明我们团体不能稳固，所以弄出三月二十日那天的事情。当时经过的情形，我今天约略同大家讲明一点，不过政治的内容，革命经过的事实，或是将来历史上拿我给各同志的信，及我和几个同志时常所说的话，可以证明这回事实，但这要等我死了之后，才可以完全发表。因为这种内容太离奇、太复杂了，万万想不到的事情，都在这革命史上表现出来，如果我不是当着这件事的人，我亦不相信会有这件事情。

1 原稿为“不胜骇异”。

我是晓得各位在本校出身这样亲爱的同志，一定想不到我校长受着这样子的苦痛。我只举其中很轻淡的一件事来说，当三月二十日事情未出之前，就有一派人想诬陷我，并且想拆散本校，就造出一种空气，说校长是不革命的，这不革命的话，分明就是说反革命的话一样的。拿不革命的话来加我反革命的罪恶，你想可痛不可痛呢？从前法国大革命的时候，要推倒一个领袖，诬害一个领袖，没有事实可证，就拿一句不自由不平等的话，来加他领袖的罪恶，利用一般失却理性的群众来推翻他的领袖。现在这回几乎也拿反革命、不革命的话，来加我的罪名，使得我不能革命，简直说不许我革命，这种情形，各位那里晓得。但这不过是局部的一二个人的阴谋，我相信我的学生，无论那一个，一定不会讲我是反革命的，一定不会讲我是不革命的，所以我相信各位一定不会有这样的事实。既然是少数人的阴谋，不是各位的事，为什么各位都退出来呢？因为当时实实在在有人对各军官长说，共产分子在第一军内虽然是不多，但是这些分子，一个可以当十个用的，并且是有团结的，可以随时制服其他一切的。还有人在演讲之中，说是土耳其革命完成之后，才杀共产党，难道中国革命没有成功，就要杀共产党吗？这些话，统统引起一般军官恐怖与自卫的心思，所以对于党代表，全部的不安和怀疑了。所以他们军官有要求共产分子全部退出的事实，并且由他自卫心而起监视的举动。你们相信本校出身的学生，会不会杀共产党呢？我对于我的学生，别的话不敢说，但是一般学生都知道革命分子是要团结的；如果杀共产党，无异于他自杀。这一点理性，是统统能了解的。为何要说这些话来引起恶感，激动风潮，使得大家不安呢？这样经过的情形，你们知道不知道呢？不过前月二十日的事情，如果不设法改正，我以为无论什么时候，无论如何，一定有一天会发现的，如果当时我校长不在的时候，当天的情形定是更加剧烈，〈也未可知〉，但这是革命过程中一定不能免的。我们团体虽然因此留了一个裂痕，精神上固然是很大的损失，乃是一件很可悲的事。不过我们今天还能够同在学校里相聚一堂，能够讲明白当时大概情形，我以为这并不是祸，可以说因祸得福，将来可以更加团结，免除矛盾，我以为这是革命中一定经过的阶级，到这阶级经过了，才能真正的团结起来。现在我把一件事来证明外面的谣言，不是凭空而来的。我自汕头回到广州以后，就有一种倒蒋运动，无论本军里或本校里，都造出一种不良空气，使得军队里的官长来反叛，并且拿利禄来引诱我们的官长。我只拿一件很小的事来证明，请大家判断这件事对不对。现在广东统统有六军，广西有两军，广东是第一、二、三、四、五、六各军，照次序排下去，广西自然是第七、八军了，但是第七军的名称偏偏搁起来，留在后面不发表，暗示我的部下先要他离叛了我，推倒了我，然后拿第二师和第二十师编成第七军，即以第七军军长报酬我部下反叛的代价。这是不可掩饰的事实，不然，为什么要留第七军在后面做什么呢？我当时看到这种情形，我就发生一种感想，是什么呢？我以为已经有人不愿意我了，如为我个人安乐计，那是我求之不得。因为这十年来，无论那一个同志，尤其是总理，总不许我离开他左右，不许我休息一个时期，而现在竟有人不满意我，并且要推倒我，那不是一个求安乐很好的机会？但是我是来革命的，我是要担负革命责任的，如果有人为个人权利之见，想来推倒我，或不满意我，那是我可以退让的，决不肯恋栈一刻的。若是为此不许我革命，并且附加我罪名，使得我此生不能革命，而且要污蔑我一生革命的历史，这就不行了。又或推倒了我之后，就要摇动本党的基础，使得三民主义不能实行，使得全军全校同志失去重心，没有人来领导，弄得我们总理辛苦艰难缔造的这个团体，四分五裂，不可收拾，使得全部同志学生们因为我一个人放弃责任，而不能完成其革命的使命；使得我学生失去了中心，无法团结，弄得军校出身的同志，任人污辱、唾弃、支配一切，而本党革命光荣的历史，竟为我一人灰心而来败坏，这是本校长所更不忍心的[1]。如果这样，怎么对得起总理和各位同志。我敢大量的说一句话，如果我放弃责任，因灰心而去了之后，我以为不单是三民主义要受一个很大的挫折，就是共产主义在广东，还是不能立足，所以有人在军事委员会要留这第七军在后面不发表，使得我部下有携贰之心；并且拿我的部下来做攻击我的工具，这种威逼利诱，破坏革命纪律，丧失革命军精神，不由下面犯着，而反从上层做起。这样情形，凡是爱本校的学生同志，那里会想得到呢？怎能使我不痛心？至于在学校里面，政治主任教官高语罕，每

1　此句原稿为“这更不行了”。

次演讲，有形无形之间，诋毁本校不革命的言论，是公开的，大家知道，不必我说了。总之他的用心，先暗示一班同志，对我失了信仰，并且还有彰明较著，说我们团体里，有一个段祺瑞，要打倒北方段祺瑞，就先要打倒这里的段祺瑞。各位同志想一想，这些话是指那一个，如果我有〈段祺瑞那样〉军阀的行动，只要各位同志指摘出一点来，不要等待各位来打倒，而我必定可以自杀给你们看的。倘若他真正是一个同志，看见我有军阀行动，他应该先用同志资格来规戒责罚我的，等到我不听他的规戒，这时候他拿事实指摘出来，宣布我的罪状，也不晚啦。他若是没有旁的用意，何必胡说这些诋毁中伤的话。从前我的革命历史，各位或是没有目见，不过自前年开办本校，到现在为止，这二年以来，大家都所目见的，我可以讲我自革命以来，对于本党、对于政府、对于同志，没有一起事情，是越出轨道以外的，没有一件事情不守纪律的。不但是我自己勉励要做一个模范党员和模范军人，就是对于各位同志，亦时时以模范党员、模范军人相勖勉的，难道愿意抛弃这种宝贵的革命历史，而到现在反来背一个不革命的名么？还有北伐问题，我以为广东已经统一了，如果不能北伐，那不仅对不起总理，还对不起我们已死的同志。我们办这学校是为什么？不是统一广东就算的，乃是要北伐，就是要统一中国，〈要参加世界革命的〉。万不料我提出北伐问题，竟至根本推翻，弄得军事政治差不多都立在被动地位，没有自动的余地。这样革命，还算是革命吗？难道革命是保守广东就算了吗？这种话，在经过事实当中，虽说是不重要的话，但亦只可对于各位同志说，不能向外人明言的。因为经过情形太复杂，今天还有我不忍说的话，这只有我个人知道。不过将来革命历史中间，一定能够了解明白，我所受悲惨痛苦的情形。这三月以来，要是没有坚忍的精神，没有一点忍耐心，那么校长今天不仅是不能在本校里同各位讲话，或者校长早已死了也不晓得的。因为经过这些悲惨的情形，不是使人灰心，放弃他的责任，就可以使他愤激而自杀的。至于二年以来，我对于共产学生[1]亲爱的精神，是不言而喻的，〈就是我对于共产主义，不但不反对，并且很赞成的〉。对于党代表制度，我不仅是赞成，并且是我自己所首倡的，为什么要拿我自己所

1　原稿为“共产同志”。

首创的制度，要由我自己手里来摧残？并且使得自己亲爱的同志学生，手创的军队，愿意拿来破裂呢？我想各位不待我说，而能了解其中曲折的。还有一般人没有话可以诋毁，甚至说校长发了神经病了。这没有什么，做革命党的人，在常人看起来，以为这种革命暴动的举动，不是发神经病，就是一个傻子。所以从前遇着总理有激烈的主张，几乎没有一个不说总理不是发疯，不是发神经病的，所以这种革命的神经病和疯子，是应该要做的。以后我们要改正的事情，亦要同各位讲一讲。第一，凡是一个团体里面，有两个主义，这个团体一定不会成功的，而且一定发生冲突的，这个冲突，无论大些小些，总是不能避免的，尤其是一个团体里，有二个中心，有两个领袖，这个团体不但不能坚固，而且一定要分裂的。现在国民党里面，几乎有二个主义，这种现象一定是自相矛盾，会发生冲突的。大家晓得国民党是以三民主义来做基础的，共产分子加入国民党，认定现在中国革命的需要，是三民主义，这是无论那一个革命党员皆能从客观而认识的。所以共产分子尽管信仰共产主义，而他的环境的需要，一定是三民主义，所以一定要做三民主义工作才好。第二，国民党的领袖只有总理一个人，不能够认有二个领袖，如果信奉两个领袖，那一定是有一个信仰是假的，或是两个信仰都不真的了。不要说我对于总理跟随了许多年，受了许多教训，不能动摇信仰，凡是一个国民党党员，看见总理照相，东歪西倒，毫不敬重，而且污蔑总理人格，抹煞总理历史，这样情形，使得一般党员见了，那有不起反感的道理。他将不能污蔑的，硬要去污蔑，不能抹煞的，硬要去抹煞，这样对于总理的人格历史毫无损失，而且徒然引起一般党员对共产分子的恶感和怀恨，这无异他反对共产主义一样。我见过史达林批评托尔史基主义的论文，实在不能不使我同胞〔抱〕悲愤。这两件事情，一定要做到的，不然，无论怎样讲法，只有一天分离一天，绝对不能团结起来的。今天所讲的话，不过讲些经过的大略，看见各位共聚一堂，拿我平时所不忍讲不愿讲的话，不知不觉的发泄出来了。总之三月二十日的事情，完全要由我一个人来负责的，如果说我欠缺手续，这是我承认的，但是我的本意，是要纠正矛盾，整顿纪律，巩固本党，不得不如此的。我以为这件事，不仅对于三民主义的本党观点上着想，是应该如此，就是在共产主义的立足点上来说，也不得不然。我以现在中国革命情形，有利于三民主义的，亦必有利于共产主义。所以我们不但是于三民主义无益的事不能做，就是于共产主义无益的事，亦决不能做的。所以我说反共产主义，就是反三民主义的口号，并且说不忠实于三民主义，就是不忠实于共产主义，污蔑三民主义，无异是他反对共产主义。今天各位听我讲了之后，还有什么疑问，还有什么意见，请大家可以尽量发表。〔席间陈同志问李之龙看管情形究竟如何，还请校长说明。〕李之龙的事情，你不问我，我忘掉说了，现在我就讲下去。当三月二十日前二天，即三月十八那一天夜晚，无缘无故开两艘兵舰到黄埔来，一艘是中山舰，另外还有一艘是宝璧舰，这两舰，是在广东最大的舰。当时我并不晓得他是已经开到黄埔来了。到了第二天，即十九日，有一同志——他的名字不能宣布——问我，起初见面时就问我："今天你黄埔去不去？"我说："今天我要回去的。"后来离别了他之后，到了九点至十点钟模样，那同志又打电话来问我："黄埔什么时候去。"如此一连打了三次电话来问我什么时候去，当他打第二次的电话，我还不觉得什么，直到第三次来问我的时候，我觉得有些稀奇，为什么那同志今天总是急急的来问我去不去呢？如果没有缘故，他从来没有这样子来问的，我后来答复他说："我今天去不去，还不一定。"他晓得我是不去黄埔了。后来不到一点钟的时候，李之龙就打电话来问我，说他要调中山舰回省城，预备给参观团参观。我问他中山舰什么时候开去的，他答昨晚上开去的。我说我没有叫你开去，你要开回来，就开回来好了，何必问我做什么呢？因为十九日十点钟，晓得我不回黄埔，所以当日下午就叫中山舰回省城，开到省城的时候，已是天黑了。因为李之龙上午的电话，我很奇怪，为什么既没有我的命令要中山舰开去，而他要开回来，为什么又要来问我？因为从来开船并没有来问我过的。后来问他："那个叫你开去的？"他说是校长的命令，又说是教育长命令。我要他拿命令来看，他又说没有，是打电话来的。这事情模糊极了。等到中山舰回省城之后，应该没有事情就要熄火，但他升火升了一夜晚，还不熄火，形同戒严。中山舰到了黄埔，因为我不回黄埔在省里，他就开回来省城，这究竟是什么呢？所以我一面派兵到中山舰去镇慑，一面要李之龙来讯问，因为他是代理海军局长，不能不负责任，这就是当时的情形。其余的话，现在还不能发表。总之，现在这事情还没有十分明白，我亦不愿意十分追究。至于有人说季山嘉阴谋，预定是日待我由省城乘船回黄埔途中，想要劫我到中山舰上，强逼我去海参威的话，我也不能完全相信。不过有这样一回事就是了。但是如果真有这事情的话，我想李之龙本人亦是不知道他究竟为什么，他不过是执行他人的命令而已。[1]总之，李之龙究竟是自己的学生，如果我的学生不好，就是我自家不好，然而现在一时是不能释放的。对于这件事情，我处置实在觉得困难，好象家里的子弟不仅要谋陷他的父兄，而且要出卖他的父兄一样[2]有这么事情出来，做他家长的，简直是惭愧极了。所以大家要明白我处境之苦，真是有口莫辩，要是革命性薄弱一点的人，看见这种现状，早已放弃责任走了，如果这样，还能算是革命党员么？还能继续总理的生命么？还能领导你们同志学生提起革命精神么？〕

是日　孙文主义学会解散。

二十二日　晨，巡中央军校。

晚，主席校务会议。

二十三日　与张、谭、李、宋、蒋〔作宾〕、叶〔楚伧〕暨史顾问等密议。

△晚，议决免吴铁城广州市公安局长。〔因吴袒护右派也。〕

二十四日　△上午，令李章达武装往接公安局长任。

任命方清衵为中央军校工兵科工兵队队长。

下午，公脑涨叵耐，与陈立夫登白云山，憩息安期仙居，花笑莺歌，凡襟为之一洗。七时，回东山寓。

是时，孙建业入长沙，唐生智退守衡阳，求援于国民政府。

二十五日　公近看《新青年》。

下午，往游石门返照，惟剩“贪泉”二字碑及一小亭，其地培塿数处，风景不大佳。六时半，回寓。

晚，宴各党代表讲演。〔稿未留〕

1　此段文字是蒋介石亲手所加，其中“他不过是执行他人的命令而已”的“他人”，蒋介石开始写“季山嘉”，后又抹去，改为“他人”。

2　此段文字也是蒋介石亲手所加。

是日　吴佩孚任叶开鑫为湘军总司令兼湖南省长。

二十六日　晨，〈送〉白崇禧回南宁〔参与改组广西省府会议〕。

上午八时半，回埔。九时，在校主纪念周，报告国内军事。〔节录:〈今天的政治报告，请政治部恽主任教官做〉。现在我将这两个星期以来的军事经过情形及我从现在这种情形之下，推测最近的将来，必将演成的结果，和大家讲讲。两个星期以来的北方政局，大家在报纸上一定都看见，都明白的。上个星期，段执政府倒闭，鹿钟麟已退出北京，北方差不多成了一种无政府的状态。后来段执政又从东交民巷跑回，接着王士珍、赵尔巽等一班亡清遗老出来了，并且报纸上还说英国人、日本人参加治安会来维持北京，这差不多把北京陷于共管的地位了。他们对于冯玉祥一定是要打倒的，因为冯玉祥对于群众能够联合，并且与我们的国民政府合作，是帝国主义者侵略中国的最大的危机。[1]我们看鹿钟麟未出北京时，曾发现吴佩孚与张之江、鹿钟麟等联和的条约，显然是吴佩孚要鹿钟麟打倒段祺瑞，恢复曹锟自由后，再讲旁的事情，这可见国吴联合是实有其事。但隔不了几天，为什么鹿钟麟要完全退出北京？为什么国吴的妥协不能成立？这个完全是英日两帝国主义者在背后主使，来捣乱中国所演成的现象。现在国民军已退守南口了，冯玉祥以为如此，则吴佩孚、张作霖或不向他再行追逼，他便可乘此机会休养生息，作将来发展势力的地步。但是张、吴方面到底将要如何，我想他们的军队现在已到北京，在他们的欲望上，已告了一个段落，论理是吴、张两派一定要立时冲突的；但是他们背后的主人英、日帝国主义者，一定不容许他们。在南方还有国民革命军，并且比较接近国民革命军的，还有湖南的唐生智。这一部分的势力，不给他消灭了，帝国主义者是一定不能安心的。所以冯玉祥的军队果真被他们打倒，他们就要来对付我南方的国民革命军了，要来消灭我们国民革命中心地的国民政府了。湖南方面，据昨天的电报，岳州附近叶开鑫部队，已同唐生智闹大了，吴佩孚委叶开鑫为湘军总司令兼省长，使之追赶唐生智。这个消息，是路透社的电报，的确与否，还不一定，不过吴佩孚一定要用这个方法来攻取湖南，是可以断言的。最近听说吴佩孚已遣原先在广东捣乱的分子，

1　“最大的危机”原稿作“绝大障碍”。

在香港、澳门等处设立机关，在各处造谣煽惑，运动土匪和军队，以图捣乱广东，这时候一定是香港政府破坏广东的很好机会。他们这些勾当，虽不一定能够有效，但由此可以证明帝国主义者在北方军事解决之后，一定要用全力来对付我们国民革命的广东政府的。北方军阀〈吴佩孚、张作霖〉，虽已恢复势力，但是好象一个人临死的回光返照。我们如能大家团结起来，一定能够想法打破这个包围，不仅是打破这个包围，并且还要趁这机会努力进攻，实行去统一中国。所以我们最危险的时候，就是我们国民革命成功的时候。在我们自己这一方面，可说只怕外面没有敌人，外面如有敌人，则我们国民革命军内部一定可以更加团结，得到胜利。要是外面的敌人没有了，我们大家在广东坐守着，我们的革命军就危险，或不免消灭。这是一定不易的理，大家都要相信我的话。我们要打破环境，打倒军阀，打倒帝国主义，而我们总理又告诉我们要废除不平等条约，开国民会议。现在实行的时候都快到了，只问我们大家有没有这种精神，有没有下这决心。〕

二十七日　批军委会公牍，约三百件。

上午，会李济深、陈铭枢、朱绍良。公曰：任潮不明革命意义，仍有割据与封建之旧脑筋，殊为可虑。

下午，公对广东大学学生讲演革命要有团体的组织。〔节录：今天各位同志到敝校参观，敝校同志实在是非常欢迎。我谨代表全体官长、学生，欢迎各位，并且趁此良机，同各位讲几句话。我在广东已有很久的日子，对于广东的情形亦颇知道，现在就从广东情形说起。广东在这几年以来，对于革命工作的成效，要算在中国各省中第一了。所以能够如此的缘因，是一方面固然是党员同志努力奋斗，一方面尤因为广东民众对于革命的意义有彻底的了解，能够起来同力合作，所以能使广东统一起来，做各省领导和模范的一个革命根据地。这并不是我过誉的话，凡是到过广东的人，没有一个不是这样批评的。并且常听人说，有许多外国人要来中国游历，先问那到过的人说，到中国去游历，是那几个地方最要紧？他们就答道，第一北京，第二上海，第三广东。但是他们怎样批评这三个地方呢？他们说，北京是过去的，古老的；上海是现在的，过渡的；广东是将来的，顶新的。说广东顶新的原故，就因广东的民气蓬蓬勃勃，中国的革命策源地根据地，完全是在广东。由此可知，广东的民众不仅为中国人所称誉，就是全球的人也赞许的。这样看来，可知广东一般民众的学力知识，一定比别省高得多，无论那一省都及不上的。……学生站在革命的地位，比什么还重要，无论那一次的革命，要是青年学生不去做革命的干部，那革命一定不能突进的。革命的基本是工人农人，这话不错。但是一般学生青年如果不能担负革命的工作，不能领导着工人农人走上道路，不有学生青年手拉着手的奋勇前进，这革命一定受很大的损失。所以要国民革命成功，一定要各位青年赶快团结起来，领导一般群众参加国民革命，才有希望。还有要讲的话，前年十一月，我们总理快要离别我们到北京去的时候，在本校同我们作最后的训话，贵校有许多学生，也参加着来听总理的讲演，现在各位之中，想必定有来参加听讲过的，也有没听过的，所以我把总理的话再提起来，再讲一遍，使各位同志可以对于总理所讲的话，再省察一番，看有没有做到，有没有实行。当时总理有二段话，我如今还记住，就是说我们中国国民革命，凡是青年学生，都要担负很大责任的，不过这个责任，要怎样才能担负得起，才能使革命成功，那就要有团体的组织。团体有了组织，然后有一个系统，才可以大家共同一致，〈团结精神，共同〉去奋斗，如此才有革命成功的希望。关于团体一层，总理又说，中国革命革了许久，为什么还不能成功呢？就因为一班党员青年，大家对了团体的性质不明白，欢喜讲自由平等，党员的责任和地位怎样，他自己是不管的，只讲他自己的权利，和他自由的意志，不但不能同团体一致，并且处处要同团体冲突。因此，团体不能巩固，因此革命就不能成功。无论是学生团体也好，革命团体也好，凡是要这个团体坚固强大，能够发展，就要一般党员恪守规则，精神团结，意志统一，不许有个人自由平等的余地，一定要有一个中心来发号施令，不能任由团体的分子随便行动，随便发表意见，云云。照这样看来，总理所讲的我们中国革命不能成功，就因为团体不能坚固之故。今天组织一个团体，明天可以溃散，或者这个月组织，下个月可以溃散，这就是一般团体的分子，不懂得团体的性质，不晓得团体有什么重要，团体分子有什么责任，不能恪守纪律，遵守范围，所以弄得一个团体不成其为团体，一个革命党不成其为革命党，这还有什么成功可说呢？今天看见各位，想起各方面情形，更相信总理所讲的话，是很要紧的。我们真要在团体里活动，〈在世界上做真正一个革命者〉，在社会上做真正一个国民，就一定要懂得团体的生活，团体的纪律和各分子的范围，责任地位。……各位是广东大学的学生，在广东学生界，差不多是首屈一指的，站在领导一般青年学生的地位的，我很感觉得广东的学生团体，还是没有坚强，所以提出这些话来，盼望各位都能够从此努力做去。至于本校有什么缺点，〈要改良的地方〉，各位参观以后有什么感想还请大家不客气发表意见，并且常常要大家联络一气，使得我们武装学生同志，能够在前线作战，各位文学校的同志，也能够努力团体运动，宣传政治工作，这就是我于各位所厚望一点。〕

晚，看总理手札。

公曰：人心泄沓，习染太深，封建思想不祛，革命总难成功，政治之为物，力持犹恐失坠，奈何轻心以掉之耶。

二十八日　下午，张人杰、宋子文来谈经济事。

二十九日　胡汉民偕鲍罗廷自俄回国。下午，抵粤，〈公亲迓之〉，邀至要塞部叙谈。

三十日　下午，又与胡汉民谈话，〈其言似多挑拨，心疑不确。〉

二时半，与鲍罗廷讨论党事。

四时后出席政治委员会。

五月一日　为劳动纪念节，省城共产派与右派工人互相仇视，势甚汹汹，公向双方警告，并令军队戒备，故得无事。

晚，与鲍罗廷纵谈时局，约四小时余，对北伐问题多所争执。

二日　上午，莅第三次全国劳动大会报告。〔节录：各位工友、农友同志们，我今天到贵会来报告工农兵大联合会的状况。……第一，去年五月，杨、刘谋叛，东征军回师靖难，广九等三条铁路工人，同时对杨、刘宣告罢工，无论杨、刘用甚么威胁利诱的方法，工人均不为所动。海员又在各河道及海口截留杨、刘的军官及援兵，其他工人也给革命军很多帮助，竟使杨、刘坐困一隅，他虽有十万兵卒，不能自由调度，以致败逃。第二，两次东征及南路作战，农人、工人都以实力来帮助，有做向导的，有任运输的，有侦探敌情的，有供给粮食的。并且每经过一市镇，每克复一城邑，一般工农民众，不是很诚恳的慰劳我们，就是很热烈的欢迎我们，鼓励了不少士气。第三，五卅惨案发生，香港十余万工人因反抗英帝国主义之残暴，罢工回国，联合革命战线，奋斗到了现在十个月之久，还是不懈。在这时期中间，工农群众又与政府合作，促成广东的统一，肃清了一切反革命派，使国民政府的基础更加巩固。……同时，我们看一看全国的工农运动。这两年以来，工农群众本已一天一天的觉悟团结起来，到去年五卅运动的时候，职工运动的发展，几达于中国有史以来的最高度。上海的总同盟罢工，人数二十余万，时间三个月；后来因帝国主义者勾结奉天军阀来摧残压迫，竟致失败。这是中国军人压迫农工的最大耻辱，我们革命军必竭全力誓死来为保护农工，且为农工复仇，〈打倒这些□□军阀〉，也是为军界来洗刷这个耻辱。然而上海罢工虽然失败，但中国工人已在世界上及全国发生了重大的影响，全国各地重要地方，都有罢工起来，帝国主义者知道中国人民已觉醒了。上海总工会封闭以后，仍能恢复。在暴烈压迫的下面，严密的进行。反奉战争起后，北方铁路工人颇给与奉军以打击，虽然他们力量不厚，但国民军能维持到现在，仍是农工的力量。如果国民军此后仍能为工农谋利益，他必然可以恢复，又能和我们南方革命军联合，一定可以打倒奉直军阀的。同时在河南方面，因为国民第二军平时纪律不很讲究，岳维峻有时还要压迫工农，所以虽然有农民协会等团体，从全国革命的观点上面想帮助二军，但一般民众总恨二军的骚扰，到底被直军利用了去，红枪会成了国民二军的致命伤。这件事，实在是军队最大的教训，平时不能严格的爱护民众，既使有了革命的大题目，仍必失败的。〈但红枪会实在上了吴佩孚的当，吴佩孚岂是接助工农的人，听说他们现在又要打吴佩孚〉了。……我们相信革命军能努力为农工谋利益，而全国农工，又真正能参加国民革命，国民革命便可成功。〕

下午，游息白云山。

晚，宴陈其采等，商议大局。

三日　上午八时后，由省回校，主纪念周，讲述上月廿六日英人捕华舰员为国耻。〔稿未留〕

下午，对女子师范学校师长演说。〔稿未留〕

对广东全省教育会代表演讲革命与教育关系。〔节录：今天蒙教育界诸先生到敝校参观，敝校非常荣幸。敝校的缺点甚多，诸先生〈均系教育界最高明的〉，当能给我们很多的指示。敝校的教育方针，外人多未十分明白，我今天略与诸位谈一谈。敝校以前称陆军军官学校，教育的方针自然和他种学校有点不同，而现今最不同之点，即由陆军军官学校改为中央军事政治学校，把军事与政治并重的意思，特别表示出来。〈敝校与其他学校不同之点，即由非革命的学校改为革命的学校〉。到校的学生和教习，人人均以革命者自居，学生进校，是要来学革命的；教习在校，是要教学生学革命的，这一点，是敝校的教育方针。革命二字，现在全国的教育界，是不欲讲，不敢讲，而且不屑讲的。他们常以革命为讨厌的东西，有的几如谈虎色变，除广东的学校有许多了解外，其余各省的学校都不许人革命，而且不准人谈革命，不知这样的学校是过去的，不【还】是现在的。教育界的人，应该觉悟革命究竟是件什么事，学校教学生做什么用。许多人未能明白此点，不知人类应为的工作，不单关于政治要革命，社会也要革命，科学也要革命。政治不革命，政治不能进步；社会不革命，社会不能进步；科学不革命，科学也不能进步。所以革命是一件最大的事情，各界若各做各的事情，不同向革命的路上走，那是大错而特错。现在的潮流，已成为革命的潮流，无论何事都要革命。政府不良，人民要革政府的命，学校不良，学生要革学校的命，个人自身不良，自己也要革自己的命，这才可免于退化之归。不过革命要有一要点，我们不可不知道的，即事事应从本身实际生活上来革命。例如我们每日六点起床，这是良好的习惯，若每日不能照这规定去行，而迟至七八点钟方才起床，这便不是革命。在学校的人，主观上常以为七八点起床也无甚妨碍，不知从客观上，却大大不行，教员若是这样做，便给一种最不好的习惯在学校里，学生渐渐的效法他，不久便和他一样，便成为坏的校风。校风坏，宜革命，习惯坏，更宜革命，能革自己的命，才能革他人的命。教育家若能抱这精神去从事教育，学校自然会好，若自己不能革自己的命，单是责备学生，压迫学生，这样还能造成好的学生和好的结果吗？诸位先生们，我以上的话是很不客气的，请诸位原谅指正。〕

晚，主席政治工作会议。

四日 上午，在本校阅操并巡视。

下午三时后，回省城，主席军事委员会。

五日 军事委员会令设中央军校南宁分校，委俞作柏筹备主持。

六日 任命余程万为海军局政治部主任，伍翔为兵工厂政治部主任，酆悌为第一师代理政治部主任，周士冕为第三师政治部主任，潘学吟为第十四师代理政治部主任，林英华为入伍生第一团中校参谋长。

下午，闻运械舰到埔，甚慰。

七日 上午十时，广州各界在大操场举行国耻纪念大会，公莅讲。

青年军人联合会会员多人，在会场外攒殴孙文主义学会会员，潘佑强、杨引之等均受重伤。

下午，回省垣，与张人杰商谈。

晚，与鲍罗廷议事，至三时方毕。

八日 上午，拟再告军校同学书稿。〔今佚〕

与张、谭、朱会议。下午四时后，主席军事委员会。

九日 中央军校军械库改为军械处，任戴任为处长。

公临沈副师长应时追悼会。

往问潘、杨伤。

下午，看法国革命史。

晚，召集干部议事，夜分始散。

公曰：时事纠纷至不可形状，无怪乎二十四史以政治人物为中心也。

十日 上午，回埔，在校看作战计划。

主纪念周讲演。

下午，在校欢迎第三次全国劳动大会暨广东全省农民协会、教育大会各代表〔凡共千余人〕，讲演革命大联合。〔全录：今日敝校开会欢迎第三次全国劳动大会代表同志，广东农民大会同志，教育大会同志。两年以来，敝校欢迎大会开得很多，但此次工农各界能一齐来此地，是很难得的。各代表来敝校参观后，一定有很好的指导，在未指导以前，我亦有一点意思要说。前次在中央党部礼堂，我曾出席报告工农兵大联合，表示以后我们工农兵学来合力担当中国革命事业。中国革命事业，是要谁来带领呢？今天大家都在此，应该明白革命基础，是要工农兵学联合起来，必定要这四种人联合起来，革命才可成功。原来担当革命的，可说有两种人，一是武装的，便是军人，一是没武装的，便是工农学。军界对于革命，固应负特别责任，但是革命成功，是在各界民众身上。要大家都来指挥监督军队，军队才不至成为军阀；军队如果自认是革命的军队，便要受工农学民众的指挥，不受工农学指挥的，便不是革命军，便是反革命军。今天各位代表都在此，一定要十分明瞭这个道理，一定要以全力督率指挥军队，使成为革命军。革命军不特要保护工人农民，并且还要参加工人农民运动。我们可以总括一句说，军队的好不好，不是完全在他自己的本身，是在工农学民众身上。今天各界代表都来此，是很难得的，希望各代表尽量指教。〕

闻展堂昨晨只身赴港，船中适遇精卫。〈叹曰：异哉，冤家逢对头也〉。

十一日　上午，会李宗仁。〔自广西来，定北伐计划。〕

下午，公及谭、朱、张、宋会议。

晚，宴李〔宗仁〕、刘〔峙〕，商北伐计划。

是日　汪兆铭离粤游法。

十二日　上午，会张人杰及鲍罗廷，商议党务与政事，公以难题续出，纠纷日增，令人无以为怀，惟有自矢至最后不得已时，决以身殉之而已。

下午，与张、鲍定整理党务办法，殊苦棘手。

出席政治委员会。

晚，宴李宗仁等，商北伐及援湘事。

十三日　上午，拟国共妥协条件。

公曰：当危疑震撼之交，只有持“静、敬”二字，以待变化之来。若稍涉张皇，岂不误党国大事耶。

晚，参与各军官宴会。

与张人杰暨鲍罗廷谈对共党各事。

十四日　上午，广州各界代表集东山寓，请愿制止共党活动，公晓之。

与鲍顾问磋商国共协定，鲍多持异。公为详释，并云对共条件虽苛，然大党允小党在党内活动，无异自取灭亡，能不伤心？惟因总理策略，既在联合各阶级共同奋斗，故余犹不愿违教分裂，忍痛至今也。鲍始默然。

下午，又欲变议。谭平山、张国焘亦来絮聒，公心甚难熬，因叹曰：余几因此而病神经，党国与本身存亡生死之际，其痛苦盖有如此者。

下午，出席第二届中央执行委员第二次全体会议茶话会〔议定开大会程序〕。

十五日　上午九时，开全体执委会，出席者共二十四人，推公主席，行礼如次。公与谭延闿、孙科、朱培德、宋子文、甘乃光、陈公博、林祖涵、伍朝枢提整理党事案。〔节录：……（一）改善中国国民党与共产党关系；（二）纠正党内跨党党员之轨外行动及言论；（三）保障国民党党纲党章的统一权威；（四）确定共产党员加入国民党之地位与其意义。以上四事，吾人认为合作之理论基点，为实行此基点，解除党内纠纷计，特组织国民党、共产党之联席会议。……〕又单独提国共协定事件。〔（一）共产党应训令其党员改善对于国民党之言论态度，尤其对于总理与三民主义，不许加以怀疑或批评。（二）共产党应将国民党内之共产党党员全部名册，交国民党中央执行委员会主席保管。（三）中央党部部长须不跨党者，方得充任。（四）凡属于国民党籍者，不许在党的许可以外，有任何以国民党名义召集党务会议。（五）凡属于国民党籍者，非得有最高党部之命令，不得别有组织及行动。（六）中国共产党及第三国际，对于国民党内共产分子所发一切训令及策略，应先交联席会议通过。（七）国民党员未受准许脱党以前，不得入其他党籍，如既脱党籍而入共产党者，以后不得再入国民党。（八）党员违反以上各项时，应立即取消其党籍，并依其所犯之程度，加以惩罚。〕又与谭延闿、谭平山、伍朝枢、程潜、经亨颐、甘乃光、陈公博，提选举常务委员【会】主席案。〔节录：……若中央执行委员会主席仍于每届开会时临时推举，于该案之执行，亦有窒碍。窃以为此次全体会议应推定中央执行委员会主席一人，其任期至第三届全国代表大会召集时为止，并求第三届全国代表大会之追认。本党既仍以总理为永久之总理，对于主席之任期，复有相当之规定，则决无比拟总理之嫌疑，而使革命之中心益复确定，党务之责任得以专一，其裨益于国民革命之前途，实至重大。选举方法，亦应扩大范围，以谋适应时局，宜召集中央执行委员、中央监察委员全体合并选举。……〕当公提出第二案时，全场相顾惊愕。

公连日心神憧怔，痛苦倍尝，至此犹未稍定。午后，〈偕陈其采〉游白云山，宿于能仁寺。

十六日 晨起，出寺访云岩双溪安期祠诸胜，九时后，回省城。

十时，莅会，审查整理党事各案，至午后一时始毕。

会鲍罗廷，甚以本党党员消极抵制共产，而不能积极的奋发自强，又以两党党员混合革命，小党胜于大党为忧。并痛言革命非统制不能成功。鲍颇为感动。

晚，在寓会议军事，〈旋诣鲍公馆看影戏〉。

十七日 上午九时，全体执委会通过整理党事各案〔略加修正〕。公临时动议，自请处分三月二十日中山舰案。〔佥以全案既不能宣布，罪案即难成立，且信托此后党事，领导国民革命。〕

下午，在中央党部欢迎英国工党领袖孟郎姆。

十八日 上午，〈往吊古太公〔应芬父〕丧〉。

全体执委会通过中执委员会选举主席案。

任命严重为中央军校教授部主任，吴思豫为训练部主任，蒋必为入伍生部炮兵营营长。

下午，在中央军校欢迎孟郎大佐。

回省垣，参加先烈陈英士逝世十周年纪念。

十九日 任命赖汝雄为中央军校代理宪兵教练所第三队队长。

全体执委员选定张人杰为中央常务委员会主席。

二十日 上午，全体执委会通过公所提重行登记〔期限定三个月〕案及统一各省党部案，并选定两党联席会议本党代表。〔额五名：张人杰、谭延闿、蒋中正、吴敬恒、顾孟余，共产党三名。〕

二十一日 上午九时，赴全体执监会，审查训令，提出宣言起草委员会案，通过。

本会发布对时局宣言，接受海内外请愿北伐。公历来北伐主张，至此始得贯彻，其关于本党革命成败之前途，实非浅尠。

任命赵锦雯为中央军校管理处处长，胡公冕为政治大队队长，杨树松为工兵大队长，陈诚为炮兵大队长，邢绳祖为经理大队长，陶春霖为经理第一队队长，张兆棠为经理第二队队长，胡宗陈为入伍生第一团参谋长。

公曰：政权操之在我则存，一国政治之不能独立，患在不能自主耳。[1]

二十二日　上午，全体执监会通过宣言及各案后，举行闭幕式，公解释议案致词。〔节录：各位同志，刚才谭主席所讲，对于本党今后的希望，及确信此次决议案能消除纠纷的理由，已非常明白。此次召集全体会议的原因，尤其说得清楚，不过我现在还有一层意思，要补充报告。我此次向政治委员会建议，请中央执行委员会召集第二次全体会议，完全是以党员的资格来建议的，决不是以军人的资格要来解决党内的纠纷。外面或许有人不明白，以为此次提出整理党务案的是一个有实力的军人，如果这样想，就完全错了。我此次的提议，完全站在党员的地位，鉴于现在时局的纠纷和环境的险恶，实在有不能不整理之势，才提出整理党务的办法。现在全体会议已开完了，整理党务案亦已一致通过了。此次整理党务案，在局外人看来，有许多与先总理在日主张不同的地方，不过时代的事实逼到我们的头上，使我们不能不提出此案。我以为总理如果尚在，到了今日，亦只有这个办法。好在各位同志为党为国，也能谅解，得以一致通过，但愿大家实行此次决议案。对于各党员有很完满的解释，则不但使先总理在天之灵无所不安，而且可如谭主席所说，对于先总理的两大政策——联俄和容纳共产党分子，加以一种保障。各位同志应知道，如果本党的纠纷长此下去，我可以说我们党的大祸即刻就要临头来了，我近来听许多同志谬奖说，黄埔军校已成为党的重心，然而黄埔和第一军里面，纠纷也是最多，到现在还是如此。例如，青年军人联合会和孙文主义学会，最近都已自动解散，但据各方面报告，学会仍旧用国民革命周刊社的名目，在那里活动，联合会也仍旧有分子拉拢人入会，象这样巧立名目，秘密进行，实在是很不对、很危险的。最近在市上发现用国民革命周刊社名义发的传单，有什么打倒国民政府的话，我不信该社能有这种荒谬的传单，同时青年军人联合会也有其他名目的传单来诋毁，这都是党的纠纷不解决引出来的。如果党没有办法来解决，我可以说黄埔要因此倾倒。现在有了整理党务案来解决纠纷，

1　此句原稿为“就世界革命言，固应统一指挥，但各国革命，政权仍须自操之，□□以用人行政，亦受他方牵制，一国政治之不能独立，在于其不能自主耳”。

就全靠大家去实行了。此次整理党务案，绝不是什么妥协，我们国民党党员须拿起不妥协不屈服的精神，集合一切革命的分子来共同奋斗。凡是态度不明的，和军阀、帝国主义者有关系的，应一律驱逐在本党以外，务使真正的革命分子团结在一起，这样，才可以救国，才可以使中华民国不致沦为殖民地。我们希望党内革命分子，从此不再有什么纠纷，联合一致，来对付一切不革命的、反革命的。我们党的缺点本来不少，无用讳言，只要大家互相规正，开诚布公的讲明白。许多老党员，应该知道他自己已是暮气沉沉，差不多已成为骨董，只能陈列着，不能有什么实用，现在最革命的差不多都是青年分子，但他们也很多犯着幼稚病，其中更不好的现象，比如有一个党员对于共产分子，加以规劝或批评，便有人说他是反革命；反之，则稍能努力的党员，就又被一般先生猜疑他为共产分子。我们要知道，现能努力的分子，决不只是共产党，更不应对于共产党分子有什么歧视的心理，而不革命、反革命等话，也不可轻易加在别人身上。比如我自信是革命的，今天有人说我不革命，那就无异于说我反革命，我不但不能承认，而且要起来反对他。因为革命就是我的生命，说我不革命，就无异乎要断绝我的生命一样，这是我万万不能忍受的。所以两方面不可互相攻讦，如果互相攻讦，势必同归于尽。此次有人以为限制共产党，其实并不是限制，乃是合作的一种办法，与其说是限制共产党员，无宁说是督促一般老党员觉悟为当。我们只问革命不革命，于革命有益不有益，如果是为革命的，而且有益于革命，那就是应当办的。……我们致力国民政府，固然要统一指挥，并不是军事政治的大权旁落，要他参预，不过在打倒帝国主义的同一目标上，战略上，不能不有统一的计划，并不是英日帝国主义者帮助北洋军阀一般。……总之，全体会议既已议决消除误会的具体办法，现在惟有切实履行，使本党可以稳固的发展。还有一件附带要说的事，就是汪精卫、胡汉民两同志，我们大家必要请他俩出来〈才好。汪、胡两同志都是本党的重要人物〉，尤其是汪先生，我们必须请他赶速销假，主持党务。胡先生听说是到香港或上海去了，那些地方，现在不是革命党人住的，我们也必须赶快请他回来。〕

下午，主席军事委员会。

公曰：改革国民党，欲成为一真正不妥协的革命党，应以党员资格，整理党务，而非以军人干政也。又曰：总理责任交给国内青年，愿以能奋斗之青年，辐辏国民党旗帜下，然而非欲党员对三民主义疑为不彻底之革命党也，如言不彻底，则俄国革命迄今岂有彻底耶。

又曰：不革命一语，为宣布革命党员之死刑，闻者无不反对，革命必致破裂，现在最要一着，即在联合革命的新旧党员一致对外也。

二十三日　上午，诣葵庐静息。

下午，莅广州市党部，报告全体执监会议经过。〔稿无查〕

二十四日　上午九时后，在中央军校主纪念周。

下午，接见广西、贵州、河南代表。各方均来联络，公固自慰其声势日张，而更惧其本党基础之不固也。

晚，为医院不良，学生群诉院长，公调解之。

二十五日　上午，与吴敬恒谈天颇乐。

下午，改正本党组织法。

二十六日　上午，考虑党事及大局。

下午，出席政治委员会。

二十七日　上午，与鲍罗廷商肃清反动派。

下午，高级训练班〔学员为共产派之退出军队者〕开学，公施训话，说明共产党员的立场与中国革命的需要。〔节录：今天高级训练班开学，中正有许多的感想，因为以前在军队里都是整个的，在学校里也都是整个的，而现在却要另外的分出来，成立这一个高级训练班，这本来是我的过处，是我个人应负责的。虽然这是一件不幸的事，把整个儿的团体分裂起来，但是大家要知道这是一件必有的事，是革命过程中必经的阶段，我们要是不经过这阶段，革命一定不会成功的。与其我们说这是一种退步，不如说是一种进步；与其说这是分裂，我们倒不如说是团结，这是诸位应该明白的。因为要不经过这一种阶段，这一种事实，我们是不能发现自身已往的错误，我们的错误便没有改正的时候了，革命因此也不能成功了。这里 CP 同志很多，要知道这次 CP 是并没有损失的，而是国民党的损失，是革命的损失，更是黄埔军校的损失。CP 党员非但没有损失，而且有很大的益处，CP非但没有退步，而且是有进步的。更要知道你们只有一个人的损失，而我校长却有几百倍的损失，我的痛苦，于此可知了[1]。……我们须知道中国革命的情况与别国不同，若是实行国民革命，一定不久便将成功，而现在共产党单独的革命或专政，一定是不会成功的。譬如实行国民革命，三年可以成功，而实行共产革命，至少都要三十年乃至一百年或不会成功。照这种情形看来，中国现在是需要国民革命，领导中国国民革命的是中国国民党，是全世界都承认的。但是现在中国却有两个党，有中国国民党，同时也有中国共产党。这两党在事实上是不能并成一个的，因为共产党是代表工农大多数的群众的，国民党是代表各阶级的，因此共产党既然不能加入国民党，国民党也不能加入共产党。那末，不是革命永远冲突，而永远不能成功了吗？且中国国民党与中国共产党，这两种势力发生冲突，一定会使革命失败，一定会教反动派敌人乘机来破裂革命战线。因此，我们一定要在大处注意，要懂得需要一个革命中心，如大处不注意，而专注意小处，仅说亲爱、团结等的口头话，仍归无用。如法国革命便因革命指挥不统一，发生了多头政治，彼此冲突，结果革命不成功，内而造成拿破仑的帝制，外而造成梅特涅的专制。反之，俄国革命便因党的组织统一，指挥集中，有唯一的领袖指导，遂收大效。……我们又要知道国民党员是不能加入共产党而取消国民党的，因为国民党是代表各阶级利益的党，中国现时正切需这样一个革命党来领导国民革命，做共产党员，必须承认国民党是国民革命的唯一指挥者。……我们更须知道，革命是非专政不行的，一定要一个主义、一个党来专政的。想到一年以前，军队里和学校里并没有分裂的现象发生，为什么到现在才有呢？一则是因为各方的谣言，一则实在CP的进行太急[2]。当时若能注意于此，听我的指示，从中调剂，决不会发生这种事实。目前的重要问题，即是怎样使革命党有力，怎样使革命成功，怎样使革命的势力集中，指挥统一。这些问题，不单是口头讲，而要实地实行才行的。我们在本班的诸同志，就要去极力研究，努力实行，若是我们不弄清这些，开本班也是无意识、无成效的了。〕

1 原稿为：“实在要比你们多几倍”。

2 原稿为：“实在CP的发展太快”。

晚，宴张、谭、宋、鲍，商议时局。

二十八日　上午，赴东校场检阅第一师，并施训话。〔稿未留〕

中央军校特别党部筹备完竣，开会选举，公主席。张治中、袁同畴、蒋先云、贾伯涛、范荩、杜心树、陈超、贾声、霍焜等九人，当选为执行委员；严重、方鼎英、熊敦等三人，当选为监察委员。

二十九日　上午，会李宗仁等，公以若辈不识内情，徒怪出师延缓，良可慨也。

下午，与嘉伦谈，约三小时许。

军事委员会开会，公主先拨广西军费二十万元，令出发援湘。

晚，宴第一军第一师官长。

是夜，平冈火药库灾。〔死三人，伤五十人。〕

刘铏部团长叶琪附唐，加入前线作战。

△三十日　上午，令拿办吴铁城。

三十日　开军事委员会，分配枪械。〔公曰：总数八千杆，以七千杆分给各军，可使其无异言乎？〕

三十一日　上午九时，主中央军校纪念周，演讲。〔稿未留〕

下午三时，诣葵庐访张，俄而谭、朱、陈〔果夫〕至，共议设立总司令部事。

六月一日　上午，中央执行委员会常务会议，通过公任组织部部长、邵元冲任青年部部长、叶楚伧任秘书长案。

晚，与钮永建谈革命大势及计划。

是日　广西依照统一案，组织省政府，推黄绍竑为主席。

二日　下午，公及张、谭、宋商谈政局，〈自叹无法持后〉。

晚，与张、宋二同志研讨党事、校事。

是日　政治委员会通过张人杰、宋子文为常务委员。〔本会常务委员五人，汪兆铭、胡汉民、伍朝枢、古应芬告假，惟留谭延闿不能开会。〕

公曰：知者谓我艰难，不知者谓我消极，政治军事有如此难言之苦衷。

唐生智就国民革命军第八军长职。〔〈以广西出师也〉。〕

三日　电邀冯玉祥来粤共筹大计。

下午，张、谭劝任北伐总司令，公力辞，转推谭，谭不允，各军长又交迫之。〈鲍云：如公不就，即当归国〉。

四日　上午，开中央执行委员临时全体会议，通过迅行出师北伐，任蒋中正为国民革命军总司令案。

检阅第一军第二师，并训诫之。

任命赵锷为中央军校代理炮兵大队长。

唐生智报告国民政府，已在衡州设湖南临时省政府，就省长职。

五日　国民政府任蒋中正为国民革命军总司令。

下午，干部会议组织总司令部。

公赴沙头，对入伍生团讲训。

与宋、鲍谈党事及筹饷方法。

晚，写寄经国谕。

是日　国民政府派宋子文、陈公博、陈友仁为解决罢工全权代表，如港与英侨交涉。

六日　午，宴第一军第二师官长，并施训话。〔稿未留〕

七日　上午九时，主中央军校纪念周，讲演约一小时许。〔稿未留〕

任命梁瑞寅为中央军校教授部学科主任，方清昶为工兵队队长，柳善为训练部普通工兵队队长。

何应钦由汕头回，在校叙谈。

八日　上午，阅政治训练部组织大纲，旋与鲍罗廷谈该部应归中央宣传部，或另立军事部，并军政侦缉委员会系统，共产分子在本党应不跨党理由。

下午，与嘉伦谈总司令部组织法，〈及航空队聘用俄顾问事〉。

回东山寓，体热高至一百度，发汗，当夜复元。

九日　下午，看法国革命史，乃曰：俄国革命之方法，非其新发明，十有八九皆取法于法国，其经验实可宝贵。

又曰：国事蜩螗，前路茫茫，惝思羌无把握，惟有可守者数语，以为进行方针：一、解决复杂军队；二、多用纯粹革命分子；三、消灭反动势力；四、巩固后方治安，尽一分算一分而已。

十日　任命吕文端为入伍生部普通学教务委员会主任教官。

十一日　公就中央组织部长职，呈请任命陈果夫为秘书。

是日　公伤风加剧，〈烦燥〉更甚，拟回黄埔避嚣，休息半天。

十二日　上午，公回黄埔，拟于此数日内将第三国际关系问题、中国革命总计划及出师前后之准备三者，确定大纲也。

下午，巡视公墓，工程将告竣，于心略安。

十三日　下午，〈学作大字，觉甚有趣〉。与张人杰谈党事，适接经国禀，喜其大有进步，递观之。

十四日　上午，主中央军校纪念周。

十五日　上午，任命姚琮为中央军校校长办公厅主任。

看建国方略。

下午，看校史大纲。

十六日　午正，举行埔校二周年纪念式，公致词及答谢来宾。〔节录：开会辞　今天是本校成立二周年纪念，同时还有两个纪念：(一）四年前陈炯明炮击观音山，来谋害我们的总理，也是这一天——十一年六月十六；(二）本校成立以后，两次东征和回师广州，扫平杨、刘，及解决一般反革命派，死了不少学生官长和士兵，有五百十六人的尸体聚葬在平冈，举行烈士墓落成典礼，也在今天，我们今天可说同时举行三个纪念。尤其是我们大家最要紧的，要把我们总理创办本校的目的同意义，永矢勿忘。我们这两年来，对于总理创办这个学校所教训我们的两个目的，可以说已经逐渐地做到了，第一个目的，总理教我们开办本校，要组织一支革命军，要本校同学大家继续我们先烈的生命，并且要学先烈的榜样，叫我们大家要有一个牺牲的决心，来完成我们中国国民革命。这一点，我们现在没有死的同志同学，今天还依然在这地方，我们已死了的五百一十六名同志，是真正做了我们总理的信徒了，已遵照我们总理在开学的时候的教训，跟到我们先烈去死了。这是本校成立以来，本校与各同志最光荣的一件事，同时也是最悲痛的一件事。总理开办本校的第二个目的，要扑灭陈炯明，扫除一般叛逆，统一广东，统一中国，来完成国民革命的责任，这也是总理〈时常〉所嘱咐我们的话。这两年来，陈炯明及一般叛逆都已消灭了，肃清了，不过总理希望我们不仅是扑灭了陈炯明就算了，完全要完成我们革命的责任，继续已死烈士的事业，这是我们从今天起，本校各位同志，无论学生、入伍生、官长、士兵同志们，大家所应该担负的责任。现在在本校的六千四百多学生同志，大家若没有这样牺牲的决心，继续平冈的先烈来牺牲，我们革命还是不能成功，……这两年来，本校烈士的事略，等一回〔会〕有第一期学生蒋先云同志报告；本校成立以来经过的一切的情况，现在由何教育长详细报告，请大家留心听着。答谢来宾　今天承各位来宾给我们许多教训，非常感激。现在概括起来，有几点要请大家留意。刚才谭主席所讲的，第一点说，本校是总理所寄托的地方。这一点，我们统统应该自己晓得，的确是在这个地方。第二点，本校是本党的骨干，是本党的一个先锋，随便什么时候，我们要拿党来做一个主体，所以要党存与存，党亡与亡。这一点意义尤为重要。第三点，中国四万万同胞的生命，是统统寄托在我们本校的同学同志身上，这种重大责任，我们自己要担负起来，一点不能推诿。反转过来讲，如果黄埔学校不能爱护本党，不能拿本党作中心，像从前的北洋保定军官学校和陆军大学及各省的讲武堂封建式的教育，造成一般作人家傀儡的学生，这样，就是总理的生命完全被我们卖掉了，四万万同胞的生命，也要由我们手里卖给〈外国〉人了。我们应该怎样努力，怎样才能达到这个使命，怎样才使得总理在天之灵能够安慰，他的精神能够有所寄托，四万万同胞可以享自由平等的幸福呢？没有旁的，我们就是要回头过来，将两年来的情形省察一下。两年以前，操场草莽丛生，校舍荒废，道路坎轲〔坷〕，那里有现在这样的状况呢。当时筹办的，不过本校长、王教育长、邓教育长、李副校长、严主任、钱师长、何教育长、俞主任和已经死了的廖党代表与沈副师长，统共十个人，一年以来，达到了总理所付托我们的任务，消灭了陈炯明，统一了广东。虽然是由各种革命力量合起来，不能说完全是本校力量，但是必先能有了扑灭陈炯明的军队，才能团结国民革命军队，打倒杨、刘，肃清南路，统一广东，这些事实，大家一定是承认的。要是我们以后果能一样的团结精神，努力奋斗，今天即可达到会师武汉的目的，要进一步，就可克复北京，统一中国，是极容易的一件事。……还有一个重大责任，大家晓得吗？头一期的学生四百七十名之中，只有一个韩国人，现在不仅有韩国的同志，且有安南和台湾的同志了。要晓得我们学校不专是中国的，可以说是东方被压迫民族的学校，是东亚的革命中心地了。若是没有我们学校，不仅中国不能救，中国革命不能成功，凡东方被压迫民族，都不能解放的。这两年来，第一期学生只有一个韩国人，现在连安南各处同志，差不多有一百多个了。凡东亚被压迫的革命同志，统统在我们学校里，我们不仅做中国的革命，并且要解放东方被压迫民族，做东亚的革命事业。我们想想，能做东亚革命的，除了本校以外，在东方再找不到第二个地方，所以大家要同心一志，使得中国革命完全成功，东亚被压迫民族由此解放出来，那末世界革命亦可由此实现成功了。……]

四时，落成东征阵亡将士公墓典礼，公率全体官生致祭，并演讲。〔节录：今天是我们东征阵亡的将士同本校沙基殉难烈士葬在一处，举行公墓落成典礼的纪念，这是中正一年以来时刻不能忘记的。现在我们已死的同志已经安葬，将来中正跟随先烈死了，也可安心。今天又得许多来宾和本校同学参加纪念典礼，更是非常光荣的事，但是我追念诸烈殉难的惨状，实在又是非常悲痛哀伤的。自从总理、廖党代表以下，蔡光举党代表在淡水是本校第一个阵亡的同志，自蔡党代表死后，一直到现在，所有两次东征及扫除杨、刘，沙基惨杀各殉难烈士，差不多统统集中葬在这里，这一点，是我们同志所可安慰各位烈士英魂的。不过我们不是仅仅使得他们在黄埔安葬，就算完了责任，如果这样，安葬与不安葬，都没有什么关系。因为一个人都要死的，葬在黄埔又算得什么，有什么光荣，所以我们不仅要把他们安葬黄埔，我们要继续他们的未竟事业，实行三民主义，努力奋斗，继成他们的责任，这是先烈希望我们做的事情，也是我们以后应该做的工作。今年六月十六，我们来安葬去年在东江阵亡、沙基死难的各同学和弟兄们，明年六月十六，如果校长死了，也能照今天一样有后死的人来收尸，葬在这个地方，并且能有许多同志同学继续我的事业和责任。这样，我校长随便什么时候都可以死，我们同志同学也随便什么时候都可以牺牲，只要有人继续我们的责任，继续我们的精神。我们学校能够有今天，本党能够有今天，全是在我们一般同志有不怕死的精神，能够继续总理的精神，不负总理所付托。今天在这个地方，大家能听到我所讲的话，或者明年开纪念会，大家不能听见我的话，就要把校长今天讲的话记着。我们只要有同志继续我们的事业，我们就随时都可以牺牲的，由这样推想下去，我可讲我的事业已经成功了，因为有许多后死的同志能够继续做去。我从前常常同总理讲，"总理你不要心急，你的事业已经成功了，只要你的学生党员继续你的事业做去，不必一定要你自己手里成功，否则徒然焦急，弄到许多的事情不单不能照到你的意思做到，到反弄得你自己精神更加不好。"现在我们有了黄埔学校这么多的同志，大家团结，我虽然是死了，可以讲我事业已经成功，就是总理的事业，也已经成功，更可以讲中国国民革命的事业，也已经成功了。希望各位继续总理的遗志、遗嘱，实实在在做到，不要忘掉今天所讲的话。〕公植立会场，至四点钟之久，未觉疲倦，自叹精神愈用而愈出一语，为不虚也。又曰："余甚感以速死为快，盖将士公墓告成，学校基础已固，后起有人，完成革命者，必在黄埔学生。总理主义，本党功业，不必由余只手擎持，留待后人继续努力可也。"

任命俞济时为中央军校水陆巡察队队长。

十七日 下午，拟恳亲会特刊弁言稿。

李宗仁、白崇禧、顾孟余、徐列、白李密各以事谒见。

公曰，余之本务主持军令，多见部属学生，省察内情外势，统计官长升降赏罚，少管文书琐事，如是而已。

十八日 调制各军官长姓名、本校官长履历、学生姓名、地图、饷册及谍报敌情、兵力移动日期、调遣官长、各军枪炮弹药种类数目，暨本校存数等表册。

任命杜道周为中央军校炮兵大队第二队队长。

与何应钦谈奉上对下之道。

下午，公送李军长出发，至石围塘而返。

是日 吴佩孚因湖南形势日紧，任宋大霈、王都庆、唐福山、董国政为第一、二、三、四路司令赴援。

十九日 上午，会顾孟余、谭平山、嘉伦。

下午，与谭延闿、张人杰谈心。

晚，回黄埔闲息。

二十日　上午，看建国大纲。

何军长辞别，公送之上轮。

二十一日　上午，会议北伐作战计划，至旁晚始散。

香港派三凶以水瓶装炸药来行刺。

二十二日　公曰：党国濒危至此，自身生死未卜，谋我者日急，而犹不振奋，何以报党国？何以慰已死诸同志之灵？

又曰：人才缺乏，在于不能善诱详察，一朝相逢，而欲人得其用，岂可几乎？

二十三日　上午，看俄国革命史。

总司令部政治部开战时工作会议，公主席。

下午，训政治工作人员。〔节录：今天是沙基惨案的纪念日，各界在东校场集合开会，我等一会还要到那边去，在仓忙的时候，将我几点意见，要各位政治工作人员注意的，特地说出来。第一点，凡是一切宣传的言语行动，要本着建国大纲的原则做去，建国大纲上已经很明白的指示我们，是完全可为政治工作人员很好的理论基础。第二点，我们在军政期间，什么事皆要照军政期间的办法做去，尤其是政治工作人员应注意的地方，无论前方后方，通用集中的原则来办理。各团体的言论、宣传品，都不客气的要受政治部来检查监督。一切的团体组织、言论，无论是工会、农会、青年团体、学生会、教育会等社团，政治工作人员都要知道他，指导他，并要纠正他，不准他们自由的。还有今天重要的，是要起草向中央党部请求许给特权，指导改良一切团体，在军事期间，不能不照军事计划来进行。其余的问题，过几天再有具体的计划，今天讲的是这几点，各位有详细意见，可以发表贡献。〕

参加沙基惨案周年纪念，致演词。〔节录：各位同志，今天是我们纪念沙基惨案的悲痛日子。去年今日，有一百多个同胞为帝国主义所惨杀，于是省港工人坚持罢工，使得香港的经济状况到现在尚未恢复。所以我们对于六·二三的纪念日子，是永不可忘的日子。此后我们的工作，要注意数点，使省港罢工得最后胜利，使香港英夷屈服于我们，取消帝国主义束缚中国的一切不平等条约。要这样，然后可以对得住我们的沙基死难诸烈士，使他们瞑目于地下，若果省港罢工不得胜利，我们〈就不是人〉，就不是革命党，不是中国民族的一分子。我们高呼：沙基死难烈士精神不死！省港罢工得到最后的胜利！拥护国民政府！拥护国民革命军出师北伐！沙基死难烈士精神万岁！各位同志，不可忘记帝国主义去年今日惨杀的纪念日，我们要收回香港，打倒英帝国主义。〕

出席政治委员会。

二十四日 回埔校，点军官第一团、学生第十队及政治大队学生名。

任命钱鉞为中央军校管理处处长，蔡忠笏为入伍生部炮兵团团长。

二十五日 上午，点军官第二团、炮、工、经理大队学生名。

任命吴思豫为中央军校入伍生部步兵第一团团长。

二十六日 上午，检阅第二十师〔师长钱大钧〕。

下午四时，与宋子文作白鹤洞游，是一高洲，无处觅洞，中多欧美人精舍，有真光女学校，建筑美术化。

公曰：革命以集中与统一为惟一要件，而其基础则在下级士兵。

二十七日 黄埔同学会成立。下午，开恳亲会，公主席，演说三次。〔稿俱佚〕

二十八日 上午，看俄国革命史终卷。

主中央军校纪念周。

令陈铭枢〔第四军第十师师长〕、张发奎〔第四军第十二师师长〕两师，自韶州出发援湘。

下午，点入伍生第一团名。

二十九日 政治委员会通过蒋中正为国民政府委员。

上午，往燕塘点验入伍生，并训诫之。公以其官长能力薄弱，神气颓唐，深致愤慨！乃曰：军队如无良将统率，其何以成劲师乎。

晚，诣同学会，喜其组织就绪。会长以下，置秘书一，监察委员十二，设总务、组织、宣传三科。

是日 伤风又作。

三十日 上午，参加组织委员会，定本党政策，及肃清土匪计划。

下午，调派接械人员。

成立国民革命军兵站总监部，任命俞飞鹏为总监。

七月一日　北伐部队动员令。〔令曰：本军继承先大元帅遗志，欲求贯彻革命主张，〈收复民族地位〉，保障民众利益，必先打倒一切军阀，肃清反动势力，方得实行三民主义，完成国民革命。爰集大军，先定三湘，规复武汉，进而与我友军国民军会师，以期统一中国，继成遗志。除第四、第七两军先行出发协同第八军相机前进外，兹特将第一、第二、第三、第五、第六各军前进集中计划，各项图表，随令颁发，仰即遵照。此令。军事委员会主席蒋中正。[1]〕

附：集中湖南计划

〔(一) 敌人占据在湖南之湘乡、湘潭、醴陵一带，正在待援中。赣南军队亦有敌意，宜加注意，湘西[2]贺龙部现正进攻常、澧，彭汉章部亦到湘西麻阳。(二) 北伐军以先行肃清湖南境内敌人，以便会师武汉为目的，拟集中兵力于永丰、衡山、攸县、茶陵之线。(三) 各军为应付前方应战及掩护主力集中起见，其任务如左：1. 第四军于七月十五日以前，先行集中安仁附近，如无别情，俟第三军先头部队到达郴州、安仁间，再移向攸县集中。2. 第七军于七月六日以前，集中永丰附近。3. 第四、第七两军集中完毕时，敌若来犯，应协同第八军反攻，努力击破敌人，相机进占长沙，另待后命。4. 第八军仍在衡山附近集中，俟第四、第七两军集中完毕，如敌来犯，应协同该两军力图击破，进取长沙。若敌人于我第四、第七两军未集中完毕间，而以优势兵力压迫该军时，应以保全实力为主，暂退衡洲，诱敌深入。俟第四、第七两军实行会战时，协同反攻，努力歼灭之。5. 第二军向桂阳东向酃县前进时，其任务一方面威胁赣南敌军，一方面掩护我军主力集中，若未到酃县以前，被敌攻击时，应努力将敌击破，速向酃县集中。6. 第五军第十六师之四十五团，集中桂阳，监视赣南敌军，保持第二军后方之联络。其余两团另有任务。7. 第三军集中茶陵，

1　此令原稿为："本军为继承先大元帅之遗志，贯彻国民革命之主张，基于国家与民众利益，以打倒军阀反革命派，爰集大军，先肃清湖南，然复会师武汉，进而与我友军国民军联合，以期统一中国，完成国民革命。除第四、第七两军先行出发，协同第八军相机前进外，兹特将第一、第二、第三、第五、第六各军前进集中计划，各项图表，随令颁发，仰即遵照。此令。军事委员会主席蒋中正。"

2　原校为"友军"。

第六军集中安仁，监视江西方面敌人，并策应正面。8. 第一军集中衡州，为各方之策应。（四）兵站：1. 兵站总监部在韶关；2. 第四、第八两军兵站监部在耒阳；3. 第一、第三两军兵站监部在郴州；4. 第六军兵站监部在水兴；5. 第二军兵站监部在桂阳，第五军之一团，归第二军代办；6. 第七军兵站监部，如情况所许，务位置于衡州。（五）总司令部现驻广州，各军集中完毕后，进驻韶关。军事委员会主席蒋中正。〕

上午，国民政府成立一周纪念毕，旋参第三军军官学校毕业典礼。

任命陆福廷为总司令部交通处处长，姜师望为第一军政治队队长。

成立野战卫生处，组织病院〔凡三所，定名第一、二、三后方病院〕及野战救护大队，并设立卫生材料库。

公叹：国人无心肝，所部无血性，不自求进步，而一般萎靡若此，若非济之以猛与严，何能复兴民族，完成革命？不施雷霆霹雳之威，何以消散阴霾？

二日　上午医牙。

会鲍罗廷，谈至二时半，公终以其对党意见为不然，盖本党有历史、有主义，岂可任意矫诬之耶。

傍晚，纬国省亲抵粤。

三日　派总监部主任参谋黄振兴，率一部分职员出发韶关。

上午，巡视平冈公墓及大陂地之补习班、炮兵队、工兵队，至旧营盘之经理大队，见其漫无纪律，各处宣传，多是 CP，心滋不悦，旋由本校赴分校。

四日　上午，开中央执行委员会全体会议，议出师宣言、党员训令及誓师典礼等案。

下午，开军事委员会，议决整理兵工厂案。

五日　上午，续开中央全体会议，通过任公为中央党部军人部部长〔有任免所辖革命军及军事机关党代表之权〕。

下午，公与张、谭商谈政治委员会，归并中央委员会常务会议，而彼等则欲常务会议归并于政治会议。夜会议，卒以常务会议存在，而政治会议归并通过。

任命钟奇为入伍生第一团参谋长，邵企雍为炮兵大队长，杨德良为炮兵团第二营长、许康为该团第三营营长。

复赵恒惕电，劝其改图讨贼。〔电曰：长沙赵炎午先生鉴：日前接诵快电，兹闻已抵长沙，深为感喟。湘、粤同为革命策源地，自湘与粤不同调，西南之团结破裂，北洋军阀愈无忌惮，遂至比年以来，无岁不战，西南各省受其构煽，迄无宁日，联省自治之说，只可涂饰一时之耳目，然而国家则已深受其祸矣。此次湘省战祸，全为竞秋受吴氏之伪命所构成，吴氏抱武力统一之迷梦，常不惜倒行逆施，以遂其大欲。其对于西南将士，几如帝国主义者之对于殖民地酋长，以嗾使其自相残杀为唯一妙计，竞秋之于孟潇，即认为兄弟阋墙之争，亦何至遽背全省人民之公意，悍然引异军入室乎？先总理曾誓北伐以讨曹、吴，今吴氏复起，中正必继先总理遗志以讨之。公本革命党人，从前历史必不肯轻弃。理宜以国家与民族之自由独立为重，吴氏之个人感情为轻，翻然改图，共讨国贼。竞秋处曾致忠告，倘得鼎言，促其觉悟，为讨吴先驱，共雪嘉鱼之耻，则湘省之战祸立止，国民革命亦由此得以完成，全国人民实利赖之。蒋中正。〕

六日　上午六时半，点验第一军第二团。

中央全体会议推选公为常务委员主席〔张人杰以足疾辞〕。北伐期间，仍请张代理。

下午，中央执行委员会组织部，会议登记办法，公演讲。〔节录：今天开会，是讨论整理党务案中关于党员重新登记事项。我们知道本党的前途与党务的进行，实与组织上有极大的关系。总理曾经诏示我们，谓党员不在数量之多，而在质量之健全，必要全体党员皆明白党义，服从党纲，一致团结，努力奋斗，然后党始有力量，才有发展希望。要想达到这个目的，就非淘汰党内的不良分子不可。登记本是一种甄别的方法，在总章上已有规定，这次党员重新登记，就是想清除党内的不良分子，与团结革命分子。惟其如此重要，所以我们对于这次登记，须极严密谨慎，不可随便忽略，必要审察各党员过去的行为，是否是信仰三民主义，是否是真正努力于国民革命，然后再加选择与取舍。如空挂党的招牌，而谋其个人利益的党员，我们要拒绝他，不准他登记，因为这种以投机性质加入本党的人，实与本党有害无利，我们可以完全不要他。所以我们登记时，要以公平的态度去审察，纯以党义党德及团结革命力量，增进本党势力为前提，切不可以个人的感情意气，或他项政治动机，而加以拒绝或允准。即接待略涉嫌疑的同志来登记时，亦须诚恳相待，不可为无谓之侮慢讥讪，这是要请各位同志留意的。无论什么党，都要组织严密，始有力量。譬如俄国的共产党，所以能够这样完善有力量，就是因为他组织极严密，党员有训练，其党员入党时，必须经过一年或半年的预备时期，入党后，党员要牺牲个人的自由，而服从党的纪律。……须知党的组织与军队的组织相同，如想军队组织得好，就有两种方法：一是从下层着手，即招募军队时，招兵委员要详细检查兵士的体格、性质、行为等等。若各兵士皆体格强壮，性质行为极好，然后招之入伍，再加以训练，自能为劲旅。二是关于上层的，要上级长官以身作则，为军队的模范，兵士也自能跟着他好。党的组织也是这样，我们办理登记的人，也要如招兵委员一样，倘多数党员都是良好分子，则虽有少数不良分子，也不能为恶，或者也能感化他同归于善了。……若一般无聊政客、贪官污吏，以及土豪劣绅，我们更要特别注意他、拒绝他，因为这种人常藉党营私，包揽词讼，甚或欺凌乡里，包庇烟赌等恶劣行为，万不能准他加入。其他如游民、流氓、地痞、匪徒、工贼，亦当然在拒绝之列。我们要知道党员不在多而在精，将来登记完毕，党籍厘定，则本党基础自然日趋巩固，然后再加以不断的训练与努力，本党自然能履行国民革命的使命，实现总理的主义与遗嘱了。以上几点，是我对于登记的贡献，还请各位同志充量发表意见，务望此次登记底于完成，是所切祷。〕

组织总司令部于河南士敏土厂，分参谋、副官、秘书、军务、训练、军需、审计、交通、军械、军医、军法、海军、航空、征募等处，暨政治部、兵站总监部。

俄舰运械抵粤。公阅中山舰来电：风浪滔天，接械船难驶近，中流沉没二艘。自恨用人不当，准备不周，另派船往替，忧皇者竟日。

唐生智率本军会同第四、第七两军，分四路进兵攻叶。李品仙任第一路，取湘乡、湘潭，第四军之张发奎师叶挺团助之；何键、刘兴任第二路，乘涟水盛涨，冲险突进；第七军胡宗铎、钟祖培部任第三路，袭宁乡、益阳；周斓师及第四军陈铭枢师任第四路，出湘东茶陵，直逼醴陵。

七日　上午，点验第七团士兵，既无纪律，又无仪容，痛斥之。

通令各军各立兵站、病院一所〔约容五百人〕。

公为接械事异常焦灼，以风大船小，不能出口，而俄舰巨大，又不能进口，时日稽延，恐被泄漏也。

主席组织宣传会。

下午，训诰政治大队。〔稿未留〕

八日　上午，点第四十团名，并训诫之。〔稿未留〕

下午，会鲍罗廷，谈外交与土地问题。

是日　周斓〔第八军教导师〕、李品仙〔第八军第三师〕两师，击敌渡易俗河。

九日　广州东校场，举行国民革命军总司令就职典礼，国民政府委员会主席谭延闿给印，中央党部代表吴敬恒授旗，委员孙科奉总理遗像，各致勖词，公谨受，宣誓毕，校阅、演讲。总指挥李济深、警卫司令钱大钧、司礼张治中，参加者合民众五万余人，发宣言通电，夜宴会。〔公曰：今日不见总理亲授旗印及训诰，而乃使我负领导革命之责，悲痛惶恐之至。〕

附：演说一〔在就职时〕

〔节录：今天是国民革命军举行誓师典礼的纪念，亦就是本总司令就职的日子，本总司令自觉才力棉薄，为中国国民革命的前途，负如此重大的责任，惶恐万分。但现在北洋军阀与帝国主义者，已来重重包围我们、压迫我们了，如果国民革命的势力不集中统一起来，〈我们再没有同生死共甘苦的决心〉，一定不能冲破此种包围，解除此种压迫，所以本总司令不敢推辞重大的责任，只有竭尽个人的天职，担负起来，以生命交给党，交给国民政府，交给国民革命军各位将士，自矢鞠躬尽瘁、死而后已，才对得住国家，对得住人民。〈此次北伐，完全因为受了帝国主义、军阀包围压迫，不得已而出师的〉，但是我们应当记得总理几次北伐不能成功，是总理一生遗恨，亦是我们革命军人不能忘的耻辱，所以此次出师，也是为要完成总理遗志。我们今天已见不到总理与已死诸同志了，已见不到廖党代表、朱执信、陈英士与许多先烈了，他们都是站在我们的前面，为革命而奋斗的。我们今天誓师，他们不能看见，这是很使我们悲痛的事，所以今天也是我们最悲哀的日子。大家不要对于本总司令就职，为本总司令庆贺，而要共同来下决心，一致努力，同着本总司令向前奋斗，才可以安慰总理与已死诸先烈，尽我们的天职，这是我们今天誓师的意义。……〈我们的精神再不团结，势力再不集中，那便只有亡国灭种，我们自己也死无葬身之地。革命的指挥不能统一，意志不能一致，势力不能团结，命令不能实行，一定要失败，我们每个的势力，都要被帝国主义者消灭〉，所以大家必要牺牲个人意见，坚固团结，为中国争独立自由，非达到此目的不止。只有如此，才无愧为总理的信徒，革命的军人。我们要完成总理的遗志，〈必须要求大家紧记这几句话〉。我们的总理，还照临在我们的头上，虽然我们已看不见总理，然而总理的精神是不死的，我们必须协同一致，必须为完成总理之志愿而奋斗。〕

演说二〔在宴会时〕

〔节录：各位同志，今天兄弟就国民革命军总司令职，举行誓师典礼，蒙各位同志详加指示，殊深感谢。兄弟才识浅薄，自愧不能够负担本党所付托的重责。不过现在总理不在了，而且自廖党代表以下，一班为党死难的烈士遗下来未完的工作，我们后死的同志责任更重，岂敢傍【旁】贷，但是各同志对于中正，更应时时刻刻监督、勉励，务期达到本党革命目的。[1]因为此次出师，成败不是中正个人问题，而是全党的问题；北伐成功，是党员的成功，不是中正的成功，如果失败，乃是本党失败，亦是全体党员的失败。故从今天起，本党同志务要特别〈注意，时时〉督促中正，继成总理未完的工作。中正在广东将近三年，这三年中，对广东人民很是惭愧，因广东人民未能得到安乐，而且加了许多负担，感受了许多痛苦，但这是革命过程中所不能免的事，必须俟革命成功之后，人民方能得到报酬，国家方能达到自由平等的地位。我们革命军对于广东人民援助之热诚，是断不忘记的。现在革命军已出发前方，去负起革命实际的工作了，但必须俟革命成功后，广东人民的负担方能减少。如果革命军一经失败，退回广东，

1　此处原稿为："……我们后死的同志，责任一天重大过一天，我们总理救国救民的志责不能实现，未死的同志对国家人民，对本党，也应于最短期间促总理主义之实现。所以各同志对于中正，应时时刻刻监督中正，勉励中正，达到本党希望之目的。"

那必至增多广东人民的负担。所以各位同志，尤其是广东的同志，对国家、对人民总要使他们完全明白我们出师的意思，来赞助革命军成功。兄弟就总司令职后，〈始终服从党和政府之命令，出师讨贼。举凡在总司令部就职之人员，务必为人民谋福利的工作，然后对得起广东的同胞，对得起政府各委员和先死的同志。如果这次出师不能够达到目的，国民革命不能成功，中正甘受本党的处分。中正就职后，谨以至诚拥护本党，及国民革命的根基稳固，国家达到自由平等之地位。今日中正对人民对本党要特别声明这一点〉。……〕

通电

〔广州，中央执行委员会、国民政府、政治委员会、张主长、汪主席、谭主席、各委员钧鉴，国民政府军事委员会、各部院长，司法、教育各行政委员会，中央军事政治学，汕头何军长、广州谭军长、鲁副军长、朱军长、李军长、陈副军长、李军长，惠州程军长并转各师长，广东省政府各厅长，暨市政委员会，南宁李军长、黄委员、各师长，广西省政府，衡州唐军长、各师长，湖南省政府，张家口探送冯焕章先生、张督办，并转国民各军长，上海、北京、广东、广西、湖南暨全国各级党部，农、工、学、商各团体，各报馆均鉴：现奉国民政府令，特任蒋中正为国民革命军总司令，此令。等因。中正猥以轮材，谬膺重寄，闻命之下，惭悚交并。当此内忧丛集，外患环生，救国重心，属在吾党，论才固不敢就，论义实不容辞。兹于本月九日，敬谨就职，勉肩艰巨，誓以至诚，继承先大元帅之遗志，服从政府之命令，努力国民革命，实行三民主义，苟利党国，生死以之。好恶同民，险夷弗计。尚望严加督责，时锡〔赐〕规箴，协力同心，匡扶大局。特电奉闻，诸希察照。蒋中正叩。佳。印。〕

宣言

〔广州、上海、天津、汉口各报馆，转全国军人、工、农、商、学各团体及全国同胞均鉴：六月五日，奉国民政府令，特任蒋中正为国民革命军总司令。窃中正自奉命兴学以来，惟以养成革命干部为职志，治军振旅既非素长，尤乖夙愿。第革命指挥，必求统一，党员精神首在服从。国民革命之成败，匹夫有责，中正敢不竭其驽骀，尽忠革命，以从国民之后。而中国今日何以有国民革命之需要，革命战争之目的究为如何，中正尤不能不于就职之始，为我全国同胞宣言也。慨自辛亥革命，迄今十有五年，祸敌相仍，扰攘不止，人民陷溺于水火之中，日益深烈，追求致乱之源，悉由国际帝国主义者为之厉阶。彼既挟炮舰政策，以保持其胁迫而取得之不平等条约，攘夺我关税自主，妨害我司法独立，垄断我全国金融与交通，使我新兴工业受其扼制，所有农产被其把持，因而商业萧条，民生凋蔽，以致遍地皆匪，百废莫举。而彼复利用万恶之军阀为其工具，摧残爱国运动，剥夺人民自由。更驱使全国军人同室操戈，自相残杀，必使我国内乱不绝，而彼乃得操纵我政治与经济之全权。环境险恶，如此其甚，犹谓于国民革命以外，别有救国途径，宁非欺人之谈。革命战争之目的，在造成独立自由之国家，以三民主义为基础，拥护国家及人民之利益，故必集中革命之势力于三民主义之下，乃得推倒军阀与军阀所赖以生存之帝国主义。曩昔革命之失败，皆由我军人不知革命之需要，不明战争之目的，不求牺牲之代价，尤不知主义为救亡唯一之生路，迷信武力为统一中国之张本，受军阀至微薄之豢养，而甘为帝国主义者间接效死命。即号称革命军人者，亦绝无彻底革命之决心，甚至为反革命势力所吸引，与之同腐而不自觉。而全国人民对于革命之成败，亦漠不关怀，不能与革命军同仇敌忾，起而自救，长此以往，岂徒革命难成，必至国亡无日。彼帝国主义者施于各殖民地之政策，乃在遏抑其国民革命运动，分散革命势力，使其民族自相屠戮残杀，绝无抵御外侮之能力，彼之所以能亡人国灭人种者，亦惟此而已。我全国军人及同胞，一念及此，必皆翻然大悟，与我革命同志共同奋斗也。中正今兹就职，谨以三事为国人告：第一，必与帝国主义者及其工具，为不断之决战，绝无妥协调和之余地。第二，求与全国军人一致对外，共同革命，以期三民主义早日实现。第三，必使我全军与国民深相结合，以为人民之军队，进而要求全国人民共负革命之责任。如我全国军人有能以救国爱民为职责，不为帝国主义之傀儡者，中正必视为革命之友军；如能向义输诚，实行三民主义，共同为国民革命奋斗者，中正尤引为吾党之同志，决无南北畛域之见，更无恩仇新旧之分。若有倚恃武力，甘冒不韪，谋危我革命根据地，抗犯我各省国民革命军，乐为帝国主义者效忠，不惜陷国家于万劫不复之地，则必认为全国人民之公敌，誓当摧破而廓清之。总之，国民革命以主义为依归，绝不同于军阀武力统一之梦想，中正惟以主义成败，决个人之生死，亦即以主义之从违，定顺逆之标准，其他一切，皆非所计。邦人君子，救国之诚岂后于我，当念中国存亡在此一举，一致兴起，共同奋斗。视今日国民革命之需要，为吾全民之生死关头，一改往日袖手旁观之故态，各竭其能，各尽其责，督促全国军人，使皆为我国家与人民之利益而战争，参加革命战线，扫除帝国主义，改造我中华成为独立自由之民国。中正誓必竭尽愚忠，为国牺牲，继承吾党总理与诸先烈未竟之志也。谨电陈词，伏维鉴察。蒋中正。佳。印。〕

告将士书

〔国民革命军将士诸同志公鉴：……国民革命之成败，全系于我将士诸同志之身，中正誓与我诸将士同生死，继成吾先大元帅未竟之志，谨于就职之始，列举四事，为诸将士告。一、当认定帝国主义为吾人之目的敌，……；二、当确信国民革命军为中国国民党之军队，……；三、当尽力注意士兵之教育及生活，……；四、当努力使国民革命军为人民之军队，……。凡此四事，皆言其荦荦大者，中正深信此四者能实行，则国民革命军必得完全之胜利，而中国之自由平等，亦即可依诸将士之奋斗而达到目的。若夫严申军纪，则有革命军特定之《连坐法》与《革命军刑事条例》在，而《新兵精神教育问答》、《战斗秘诀》、《日课问答》、《革命军口号》诸条项，党军用之而著效者，惟期诸将士朝夕讽诵，勿视为具文。抑中正尤有言者，自来革命之成功，战事之胜利，其唯一原则，在指挥统一，势力集中。集中，则团结坚强；系统单纯，[1]乃能发生效力；统一，则系统单纯，整理有方。平时有系统之准备，战时为全盘之规划，如身使臂，如臂使指。兵多固操必胜之权，兵少亦立不败之地，否则人自为战，各自为政，命令失效，训练困难。有利则相争攘，遇难则相推诿，不幸小有挫折，辄至全部崩坏。九节度之师，溃于相州，可为殷鉴，中国革命历次失败，其原因亦多在此。今日为吾党生死关头，再不于此注意，非仅革命无成，我侪咸将不知死所矣。……中正与诸将士情同手足，谊托腹心，言虽繁冗，尚不百一。惟冀鉴其愚诚，共同奋斗，以促国民革命之完成，则幸甚矣。总司令蒋中正。印。〕

1　原稿为“行动一致”。

告士兵书

〔国民革命军总司令蒋中正在就职的第一天,〈用极诚恳的意思〉,对于最亲爱的士兵同志们,诚恳告诫如下。一、革命的意义……;二、战争的目的,……;三、牺牲的代价,……;四、主义的需要,……;五、本军的责任,……;六、成功的要素……;(1)爱护人民,……;(2)严守纪律,……;(3)服从命令,……;(4)尽忠职务,……;(5)团结精神,……;(6)不贪财物,……;(7)节省子弹,……;(8)白兵冲锋,……;(9)不怕敌人,……;(10)立定脚跟,……。〕

告广东人民书

〔……广东为中国革命策源地,尤为国民革命军根据地,广东人士,对于革命之贡献最大,即其对于革命之责任亦特重。中正就职之始,既掬诚悃以告全国国民,尤愿以真挚之忱,对于广东全省父老兄弟诸姑姊妹,致其特殊之敬意与希望。广东人民于帝国主义开始压迫中国之时,即已表显其革命之勇气。三元里民揭平英团之帜,不期而集者数万人,与英以重创。英人虽甚惭愤,不敢报复,去而攻闽浙沿海。使清廷稍有能力,必不致为南京城下之盟也。太平天国尤为民族革命特【突】起之异军,光复汉室,功已逾半,观于英人戈登以常胜军助李鸿章,即可知太平天国若何遭帝国主义者之忌嫉。惜乎洪杨争帝,乃至溃败。迨孙总理致力国民革命,前后四十年,自陆皓东、史坚如以至黄花冈七十二烈士,浩气英风,足为后死者之模范,遂以造成民国。然十五年来,扰攘不绝,革命同志在广东之奋斗愈烈,反革命分子之仇视广东亦愈甚。广东人民应一致努力,继续孙总理及诸先烈未竟之工作,尤必研究前此革命未成之原因,而改正之。于是内部团结之如何坚固,武力与民意之如何深相结合,乃为今日必讲之道。龙济光、陆荣廷、陈炯明、杨希闵、刘震寰辈,其所假借之名义各殊,而视广东为私产,以为祸于人民则一。凡武力与帝国主义结合者,无不败,若辈今已次第灭亡,而余孽未尽,辄以港澳为逋逃薮,帝国主义者与北方军阀犹时时利用之以图粤,因此而广东人民之痛苦犹未尽去。……广东为中国之一部分。中国革命未成,广东虽告统一,不能独享幸福也。我广东人民盖早知此理矣。国民政府不妥协,不姑息,扫除一切反革命分子之政策,常得多数民众之拥护,党军与国民革命军两次东征讨逆,一度回师靖难,以及肃清南路,皆得民众热诚之赞助。中国国民党领导民众,从事于国民革命,民众之参加国民革命运动亦日以热烈,省港工人与帝国主义相持逾一年之久,犹不稍懈。最近工农商大联合,尤足表示人民与政府合作之精神。我广东人民盖深明此义矣。国民革命军为人民永久之幸福而奋斗,果使国民革命完成,三民主义实现,本党规定之一切政策皆得实施,则中国得跻于自由平等之地位,全国人民不复受帝国主义与军阀之压迫。乱源永塞,治本确立,土匪可有真正剿平之一日,以广东人民之勤敏,物产之丰饶,其时生产事业之发达,又何可限量。此决非不能实现之空想。帝国主义与军阀已日趋于崩溃,最后之胜利必属于吾人,惟吾人必须忍受暂时之痛苦,团结一致,以与之决战耳。中正材〔才〕能浅薄,惟此身誓为国民革命而尽瘁,决不敢效尤军阀,视广东为私产,窃名号以自娱。惟中正愿为一切民众而效死,民众亦不可不尽自卫之责任。严密其组织,整齐其步调,各尽能力以与政府合作,防止敌人造谣挑拨、离间中伤之计,使革命根据地日益巩固,革命势力日益发展,广东人民不惟可维确实之安宁,即其负担亦必可逐渐减轻。故广东人民之祸福,全以国民革命之成败为比例率,此广东全省人民所宜一致觉悟努力者也。……〕

告海外侨胞书

〔华胞各团体、全体侨胞均鉴:……念我侨胞远适异国,时时与帝国主义者相接触,所感受压迫之痛苦,多而且切,爱国之热心,亦真而且笃。中正尤不得不有一言以相告。……〈夫革命事业,非可幸而致之,必全始全终,乃克有济〉。比年以来,我国人感受卖国军阀之蹂躏,帝国主义者之暴虐,益多且切,群知革命之不可稍懈,一致参加,共同奋斗。广东同胞尤称努力。因此努力,故能将军阀陈炯明、杨希闵、刘震寰等次第消灭,而英帝国主义者经济侵略总兵站之香港,亦受巨创。现在广东已为广东人民之广东,一切建设事业均在积极兴举之中。——如北伐顺利,军费可少,更当减税裁捐——粤人自由平等之幸福,诚非军阀势力范围内之同胞所可同年而语矣。然而帝国主义者视我革命民众,尤其对于广东民众,则深恶痛疾,日谋去此心腹之大患。最近供给北洋军阀〈吴佩孚〉之军械,且借予巨款，使其勾结匪类，扰我内地，入寇湘省，窃我门户，其志在得广东而甘心也。军阀势力范围内之各省人民，困苦情状，甚于地狱。〈但言商务，则一切买卖，均须行用其所印发之纸票，现金则悉被收括，奉与帝国主义者，购买杀人利器。商民欲转埠者，只准随带现银五十元出口，外埠汇银回省者，不论由邮局或银行，只准以纸票交付，并设富户捐、资本捐，其数目由吴贼派定，不得短少。〉明抢暗索，重税苛捐，倾家荡产者，比比相望。至于农工之被摧残，更难尽述。占民之居，夺民之食，奸民之妇，拉民为夫，视为故常。使军阀之势力得至广东，恐三千万同胞无噍类矣。但革命军在广东一日，必不使〈吴贼得践〉广东一草一木，被其蹂躏，革命军为保护广东人民，巩固革命根据地起见，自应北出湘鄂，使军阀永不敢作祸粤之想。故为广东策安全计，须北伐；为拯救全国同胞计，须北伐。且我侨胞寄生异域，因中国国际地位不平等之故，备受异族之压迫，禁止入口，驱逐出境之辱，不绝于耳。孰令致之？曰不平等条约。谁为此不平等条约？曰帝国主义者。帝国主义者何所持而不恐？曰恃其鹰犬卖国军阀——〈如吴佩孚辈〉，豢其多数爪牙，胁制中国人民，使其俯首听命任所欲为也。嗟呼，中国今日一切不幸之现象，何一非帝国主义者利用卖国军阀为其工具乎？故为侨胞求自由平等计，亦必须北伐。北伐之目的，第一步在打倒帝国主义者之工具——卖国军阀，并开国民会议，废除不平等条约，然后建设人民的统一政府，实现三民主义。更当欢迎侨胞开发地利，使同胞家给人足，中国自由富强。现在全国民众已受先帅主义之感化，暗中进行革命甚力，军阀自身又呈崩裂之象，革命前途至抱乐观。我侨胞同志去国万里，心系祖国，辛亥以前革命之豪兴，于今何如，务望一致团结，彻底主张，赞助北伐，参加革命，使先大元帅之志愿得以圆满完成，国家幸甚，国民幸甚。整军待发，书不尽意，诸惟鉴照。敬颂毅祺。国民革命军总司令蒋中正叩。〕

是日　夏斗寅师〔鄂军第一师〕渡河，进占湘乡。

十日　上午，点第四团士兵名。

宪兵教练所举行毕业式，公施训话。〔稿无查〕

下午，与张、谭审定中央常务会议及政治会议名单，政治委员会不取消，但停止会议，归并于政治会议也。

复何应钦庚电请示各节。〔〈电曰：急。汕头何军长鉴：会密。庚电悉。罗翼群仍应暂时禁闭，莫放，并须严审。汕头市长已属省政府改委，兄如有人，亦可保荐。此复。中正。灰。印[1]〉。〕

晚，嘉伦将军来见，〈报告飞机及各军器到齐。〉

公以上海伪党部抨击整理党务案，集矢于己，不胜郁愤。

是日　午后三时，各军占领长沙。

袁祖铭联合贺龙，进据常德，图攻鄂西。

十一日　晨五时，点验第五、六两团，至正午毕。

电复唐生智，已与袁、彭代表尽量接洽。〔电曰：唐总指挥鉴：支电备悉。措置极当，至为佩慰。袁、彭各部早有代表来粤，已尽量与之接洽，及商有具体办法。曾由政府任袁为川黔湘国民革命军联军总指挥，彭为第十军军长，同时嘱袁、彭各部于本月中旬，沿鄂西、湘西分道并进，以期与本军会师武汉。并嘱彭部先期派员就近商承吾兄，协同动作。此间各军，已陆续出动，中约两星期内出发，特复。蒋中正。真。印。〕

野战卫生处全部开赴韶关，随军推进。

十二日　早起，电复唐生智贺捷。〔电曰：唐军长勋鉴：〈会密〉蒸午、酉两电奉悉。此次克敌神速，于最短期间恢复长沙，皆由兄指挥若定，各将士奋勇作战。遥想省垣民众，连日欢迎我革命军与高呼三民主义之胜利，必足慰兄与各将士溽暑长征之瘁况也。特电驰贺，希代慰劳全军将士。敌溃败后情形，盼详告。蒋中正。文。印。〕

电复李宗仁贺捷〔电曰：第七军李军长勋鉴：鱼戌电奉悉。长沙已于蒸日攻克，贵军协力作战，劳苦功高，极堪嘉慰。胡指挥及各将士，请兄代致奖勉。兄溽暑遄行，尤深驰系，希时颁惠示为幸。中正。文。印。〕

致电陈铭枢、张发奎慰劳。〔电曰：唐军长转醴陵第十师陈师长、第十二师张师长勋鉴：会密。接唐军长蒸电，知兄等已进克醴陵，极〈为钦慰〉。溽暑奋战，各将士劳苦可想，希代致慰劳，并祝继续努力。中正叩。文。印。〕

答谢潮州分校致贺电。〔文曰：潮州中央军事政治分校全体同学公鉴：

1　此电在原稿中被删。

漾电悉。辱承致贺，惭感交集，诸君痛念国人内遭军阀之蹂躏，外受帝国主义之压迫，愿牺牲个人，为党国奋斗，殊堪嘉慰。中正必本斯旨，誓秉总理遗训，为党国前驱，务于最短期间，打倒一切军阀及帝国主义者，使三民主义早日实现，国民革命即可成功，愿与诸君共勉之。中正。文。印。〕

复孙传芳电。〔稿无查〕

上午，主中央军校纪念周，讲演后，即回省垣主总司令部纪念周。

下午，诣葵庐，复议中央常务会议、政治会议委员，及解决罢工，并对付北京关税会议。

十三日 中央党部开常务会议，公就主席职。

电诰各征收官吏。〔〈文曰：当此大军北伐，所有前敌出发各将士，与后方筹饷各官吏，虽非共同效命于战争场中，实皆立于奋斗革命线上。其地位虽异，而责任则同；其职务虽分，而功业无异，本总司令实一律重视。现准财政部报告，各征收官吏对于征解各款，其得力者固多，而玩视者亦众，亟应查明惩办。兹姑从宽，先行诰诫，凡膺征收之任，例有筹解之责，既已担任于前，即宜实践于后，必须自顾考成，丝毫不得延误。若在平时虽蹈诿延积习，尚系时间问题，今战事既启，解款迟速，即于战事有莫大影响。各该员如自问才力不足，筹措维难，或诚信未孚，催科罔应，准其先期自行检举，俾得另简贤能，前往接代，庶免临时有误，致获重咎。倘只有空谈，实无把握，任何紧急，一味因循，徇彼禄置之私，惟知栈豆是念，非因受敌主使，有意扰乱，即系阻我进行，存心延误，本总司令据该管长官报告，惟有执法以绳，按贻误军需治罪，用照炯戒，无稍宽假，勿谓言之不预也。其各凛遵。总司令蒋中正。元。印〉。〕

十四日 上午，主席宣传委员会，议决战地民政、财政办法。

公因前方情况变更，另定各军集中地点。令曰：（一）据前敌唐总指挥报告：1. 我第七、第八两军，将敌击溃，占领长沙，即分途追击。中路追至湘阴，敌向岳州溃退；左路占领宁乡、益阳，叶率部向沅江溃退；右路第四军陈、张两师，占醴陵、浏阳，计缴械及俘虏各数千，擒获旅长刘雪轩一名。2. 接王天培东电，黔军六师大部已抵洪江，先头部队已达桃源。（二）基于右列情况之变迁，改定各军集中地点及任务于下：1. 第

七、八两军，应占领益阳、平江，固守汨罗江之线，掩护后续部队之集中，但对溃窜沅江方面之残敌，应猛烈压迫而歼灭之。2. 第四军应以一部占领浏阳，以主力集中醴陵，监视江西。3. 第三军应改道衡州，乘船到株州，转乘株萍铁路，迅到醴陵集中，监视江西，策应中、右两路。4. 第二军应迅速集中茶陵，对江西严密监视，并策应醴陵方面。5. 第一军集中株州，为各方之策应。6. 第六军应集中攸县候命。7. 第五军十六师之四十六团，仍在汝城，其任务同前。（三）兵站总监部仍在韶关，各军兵站监改定位置如下：第一、第三、第四各军在衡州，第七、第八二军在株州，第六军在耒阳，第二军在汝城，第五军之四十六团，仍照前令办理。（四）总部现在广州。总司令蒋中正。〕

呈请任命李济深为国民革命军总参谋长，钮永建为总参议。

举陈果夫代组织部长。

任命萧友松为入伍生部步兵第一团团长。〔吴思豫辞职。〕

晚，主席黄埔同学会常务会议，〈以对汪之感想及事实为干部言之。〉

公因军事受经济缚束，人才缺乏，事不能举，深感二者痛苦。

十五日　上午，参与政治会议。

电复王天培兼程前进常、澧。〔电曰：王督办植之兄鉴：东电诵悉。贵部跋涉远道，响应大军，企想勋勤，良殷嘉慰。此间各军经已陆续入湘，蒸日已将长沙收复，深盼贵部兼程前进常、澧，道出荆沙，会师武汉，再接再励，定锄军阀之根株，同德同心，进奠党基于磐石。至补充各节，此间当视其力之所及，必无所吝也。特纾悃幅，不尽依驰，金铸九兄，并希致意。蒋中正。删。印。〕

与嘉伦将军谈分配军械事。

是日　国民政府代表与英人开解决省港罢工案会议。

十六日　军事委员会议决命李参谋长坐镇广州。

下午，诣总司令部办公。

电准胡谦布防及剿匪办法。〔电曰：胡师长览：删电悉。所拟布防及剿匪办法，尚属可行，仰即实施，并速扑灭淡水之匪，以免蔓延。仍将剿匪情形随时查报。总司令蒋。铣。印。〕

十七日　上午，中央开常务会议，推张人杰为代理主席，谭延闿为政治会议代理主席。

△电奖胡宗铎追敌勤劳。〔电曰：急。湘潭，长沙，探送第七军胡指挥鉴：蒸电悉。该指挥率部由永丰追敌，进至湘潭，急攻长沙，勤劳殊著。现长沙已得，望奖策将士再接再厉，岳州不难一鼓而下也。特复。总司令蒋。篠。印。〕

△电令何应钦拿办抗拒公债之方雄文等。〔电曰：急。汕头东江绥靖委员会何委员长鉴：特密。现据惠来县长邵肇明元电，略称：职县奉办公债，正在严限催收间，讵□方雄文、方卓裁、吴仲辉等，设谋破坏，鼓动城区商民今早罢市抗拒，公债催征停顿，事关要案，如何，乞电只遵。等语前来。查方雄文等竟敢公然鼓众，抗拒政府发行公债，殊属不法已极，仰即严行制止，并查明为首鼓动之人，严拿究办为要。总司令蒋中正。铣。印。〕

十八日　为贺耀组加入革命军，电复湖南省特别委员会。〔电曰：衡州。省党部驻衡特别委员会夏、李、王、郭、熊诸同志均鉴：电悉。贺耀祖〔组〕果能奉行本党主义，一致出师北伐，当然欢迎加入国民革命战线，共图进行。惟应由贺先发通电讨贼，以示决心，并须有事实表现，〈方可容纳〉。乞将此意转达查照为荷。军事委员会。巧。印。〕

电斥倪弼越级渎请。〔电曰：乐昌。探送第一师倪团长览：寒电悉。查该团出发未久，竟多方要求，殊属不合。所称各节，应呈请直辖长官核示，毋得越级请求。该团长等对于公文手续尚未明晰，足见平日办事毫不经心，特电申斥。总司令蒋。〕

十九日　上午，主中央军校纪念周，并莅本校欢送会讲演。〔词稿略〕

下午，电奖袁、王、彭兴师北伐〈讨吴〉。〔电曰：贵阳、铜仁。探送川黔联军袁总司令勋鉴：铜仁、洪江，探送黔军王督办；洪江、麻阳，探送彭会办鉴：吾国不幸，军阀肆虐，贵军丈【仗】义，兴师讨伐，行见声威所播，敌必披靡，同人逖听之下，至佩贤劳。此间北伐军大部已入湘境，并迭获捷报，我军经进占长沙、湘阴、益阳、浏阳等处，前队已进逼岳州，不日可下。其他如〈国民军攻晋，亦大获胜利〉；樊军攻豫，甚称得手，〈革命前途，殊可乐观〉。亟盼贵军迅速集中常、澧，向鄂西进攻，以期会师武汉，

俾与国、樊两军得取联络，直捣幽燕。贵军最近进行计划，亦望随时电示为要。蒋中正、李济琛。皓。印。〕

电令胡谦剿办陆丰会匪。〔电曰：胡师长鉴：顷据第二十区绥靖委员会专员姜等铣电称；陆丰县乌红旗械斗日烈，闻有三合会、至公堂各党人从中煽惑，以图牵动防军。查职区系第六军负责，请速令第六军派队二营，兼程来区，以重防务。等情。据此，着该师迅即派兵剿办具报为要。总司令蒋中正。皓未。〕

晚，以伤风早睡。

是日　国民政府派蒋作宾为湖北宣抚使。

二十日　体发热，精神困顿，屏纷摄养。

电唐生智，并转前敌各将领，罗觐光已受改编。〔电曰：长沙。唐总指挥并转前敌各军长、各师长、各旅长均鉴：顷接本党四川临时省执行委员会呈称，川军师长罗觐光，由粤返黔，改编为川黔边防军，刻与彭汉章、贺龙等部入驻湘西。又据其驻渝代表高一白、参谋长石少渠面称，觐光所部愿受我北伐军指挥，请为转报，等语。查罗觐光近曾有电拥护彭汉章，愿归附国民政府，深明大义，殊甚嘉奖。仰该总指挥转达前敌各军将领知照，以免误会。总司令蒋。哿。印。〕

电袁祖铭，中央已任彭、王为军长。〔电曰：贵阳、铜仁。探送川黔联军袁总司令鼎卿兄勋鉴：皓电谅邀察及。日前仲文、植之两兄，先后派代表来粤，表示拥护国民政府。经由中央特任仲兄为国民革命军第九军军长，植兄为国民革命军第十军军长，令其进驻常澧，直攻鄂西，会师武汉，共成革命大业。敬乞台端督促仲、植两兄，火速率部前进，并希随时电示为盼。弟谭延闿、蒋中正、李济琛同叩。号。印。〕

中央军校设兵器研究处，以方鼎英兼处长。

二十一日　下午，看俄国共产党史。

笔述少年轶事。

是日　纠察队因英侨拒检货，乃扣留其船舶及二商人，港英遽派兵占领深圳车站。

二十二日　上午，赴中央政治会议，报告军事、党务及外交毕，参加航空处开幕礼。

电知胡谦，已派营连长来惠。〔电曰：惠州。胡师长勋鉴：中已定有日出发，兄有见商处，盼早电告。营长派伍文涛、谢翰周，连长派陈选普、张权、田戟龙、全济安、谭侃，已嘱令即日来惠矣。中正。养。〕

电何应钦应付闽敌方略。〔电曰：汕头何军长勋鉴：中定有日出发，兄有见商处，希速电告。闽方态度未明瞭以前，兄宜坐镇潮梅，妥筹应付，必确知其不至来犯，方可来省。对于北兵之防御战，以手榴弹与迫击炮为利器，应通令各团营练习手榴弹施用方法，迫击炮亦须分发重要各部练习为盼。中正。养。〕

电复惠州人民代表大会，已令胡师长痛剿。〔电曰：惠州人民代表大会鉴：皓电悉。已令国民革命军第十八师胡师长，限日克复淡水，并痛剿平山等处匪徒矣。特复。蒋中正。养。印。〕

二十三日　上午，电令胡谦，注意李克成部行动。〔电曰：惠州胡师长勋鉴：李克成部集中石龙改编，前已电属保护，仍须注意该部沿途行动，郑重处理为盼。中正。梗。印。〕

复陈铭枢，饷款已电汇衡州。〔电曰：仁化。陈师长铭枢鉴：元电悉。前方将士劳苦力战，艰辛备尝，时以为念。值此财政困难，不得充分接济之际，犹能忍饥奋斗，足征【证】爱国爱党之切，深堪嘉慰。饷款已于今日电汇衡州，并饬兵站部照解矣。中定有日由省出发，并闻。中正。漾。〕

下午，鲍罗廷就谈革命方略及政治，甚以公言为然，独谓不应缓提土地问题。

公以戴任不得命令，即交卸军械库长为怪[1]。

晚，宴沪商代表王晓籁等。

二十四日　上午，公划广东全省为七警备区域，各区设一戒严司令，以何应钦等各就防地分任之。

复张继书，表明护党苦衷。〔书曰：溥兄先生惠鉴：日前奉读手教，至深惆怅，人事猬集，未即裁答。兹以出发在迩，所怀未吐，若鲠在喉。

1　此节原文为“公以戴任不得命令，交卸军械库长，而使有为难，大动刚气，既而悔之。”

且惧兄不责其疏慢，而疑其有他意，获咎滋重，拨冗奉布，幸赐省察。本党与共产党合作，为总理与〈仲恺兄〉在日所确定，革命势力必求团结，共产党主义虽与本党有别，其致力革命则人所共认。本党今日策略，既与其他革命势力合作，而仍欲排除，岂非矛盾。今日吾人所以与共产党合作者，断定国民党决非共产党所能篡窃而代之也。前提决议，则无论共产党有否谋代国民党之计划，而弟以为必无可能之事，此弟所敢自信也。故本党所尚须讨论者，非与共产党应否合作之原则，而在与共产党如何合作之方法。闻近有以卖国卖党诋弟者，弟谓今日无卖党与卖国之问题，只有败党与亡国问题。谁为败亡，惟不努力革命，只惴惴焉惧人之食，此党国败亡之所以不能复振耳。本党如能自强，无论他人有何阴谋，皆不能消灭本党。能使本党消灭者，其惟本党同志自己不革命，而猜忌其他之革命势力，弟之所以兢兢自勉，并愿与诸同志共勉者，惟此不败党而已。且证以事实，汝为在此时，苏俄同志有为军事上之政务官者，今且无之矣。五月十五以前，跨党同志有为中央党部部长者，今亦无之矣。是否卖党，弟无庸自辩也。至责弟对于旧同志太过冷酷，不及总理之宽大，则尤有说。弟既主团结革命势力，则凡属革命同志，皆极盼望其合作，岂对于久共患难之旧交，反有歧视？惟既以革命为前提，则与革命功〔工〕作有妨碍者，又岂能多所顾惜？汝为不离粤，南路叛将无从消除，财政统一无从实现。锦帆不禁锢，不将东征有后顾之忧，亦何以使勾通叛逆者知所儆惧？铁城则于廖案发生时，有纵逃凶犯之嫌疑。〈本年五月复运动黄埔学生，煽动金融风潮，以图颠覆政府。〉梯云谋向英人缔结一万万元之大借款，与帝国主义者妥协，吴留[1]而伍自去，皆非得已。弟认为在革命进行上，不得不暂牺牲个人交谊者，惟此数君而已。精卫、汉民二兄，弟但有苦留，而彼倏然远行，咎岂在我。去年之西山会议，今年之上海大会，弟皆表示反对，此则党纪所在，无可通融也。弟以为欲革命成功，必须彻底做去，不妥协，不姑息。总理革命四十年而未成功，其原因甚多，然亦未始非一般老同志从旁掣肘，使总理不能迳行其志之所致。本党每有一最负责任之同志，不避劳怨，出

1　原稿为“吴囚”。

任艰巨，即为一般老同志所不喜。英士、执信、仲恺今皆死矣，方其在时，皆对于总理最负责任，而一般老同志，皆抱忌嫉态度。弟每念及，辄为心碎。弟今愿为英士、执信、仲恺之续，而决不敢师法钓名沽誉之流，稍存一毫畏难图安之计也。今总理亦已逝世，弟追念总理最后之付托与今日革命之环境，不论如何艰难困阻，皆不敢稍弃其责任。成败利钝，既所不计，毁誉荣辱，更何容心。如弟为个人计，正可藉灰心或高蹈为名，乘机休养，则谁不以我明哲保身为得策，然而于国家与革命前途，将为何如耶。弟今愿对党完全负责，不稍存观望与推诿之念，他日本党有成，固为党员人人之义务，万一不幸而致败亡，则弟个人独负其责也。惟本党之覆辙，实不忍明知再蹈。且自本党改组以来，严振党纪，总理亦已改其往昔之态度——此观于冯自由之处分而可知者——使总理今日尚在，而弟得亲承其训示，则其不妥协不姑息之处置，或视弟更为彻底亦未可知。博宽大之美名，而误革命之大计，非弟所忍为也。如邹海滨、章太炎等，放言高论，以反对革命势力之巩固与发展者，尤不愿同志为之也。区区之意，尚需团结国内军人与同胞，以对抗帝国主义，何况对旧日亲爱之同志，岂敢恝然置之乎？惟兄等图逞私愤于一时，深中帝国主义者分散革命之势力毒计而不自知，对弟不惟不谅苦心而反疑之，事之痛心孰过于此。兄以爱党之故，不敢轻徇私交，此弟所深佩。惟爱党必以其道，因革命势力必求团结，不能怀疑及于总理所定与共产党合作之政策。因革命手段必须彻底，不能稍违总理晚年严整纪律、改造本党之精神。兄为真爱党者，或能闻弟言而首肯欤？北伐成败关系党国存亡，弟所欲求教者甚多，倘能惠临长沙，共商至计，不胜大愿。书不尽意，惟希亮察。〕

电令胡谦，专任惠州防务。〔电曰：惠州。胡师长勋鉴：淡水匪已剿平，甚善。陈（炯明）、魏（邦平）诸逆，谋乱甚亟，惠州重镇，不可不严密注意，急宜清查户口。惠州至石龙之交通，必须确实保持，并宜巩固与潮汕之联络。平山、三多祝至海丰，兄任之，由海丰至潮汕，敬之兄任之，海丰归敬之兄派兵驻防，枪枝暂不能发。防御战以手榴弹为最有用，可来省领取三百颗，并发迫击炮四门。领单已交部团长带来，中已任兄为惠属警备司令，必要时，得宣布戒严。农工运动，仍宜维护，有不妥者，从事实上矫

正之，勿伤其感情为要。中正。〕

电任何应钦为潮梅惊【警】备司令。〔电曰：汕头。何军长勋鉴：中已任兄为潮梅警备司令，必要时得宣布戒严。潮梅与惠州之交通，须切实保持，海丰归兄派队驻防，由海丰至平山、三多祝、惠州，已电赣丞负责戒备。如潮梅布置妥贴后，闽方无行动，兄仍宜来省，新兵训练事，尚须兄来主持也。中正。敬。印。〕

下午，与张、谭二主席谈政治方针。

调解总工会与工人代表会哄争。

二十五日　上午，视察平冈墓工程。

整理书籍函件。

下午，手书格言赠同志。〔格言：小团体就是分散本身力量，助敌人成功。私立小团体，就是破坏本党的组织，亦就是我们同志的公仇。〕

晚，赴中央党部与国民政府饯筵，演讲。〔要旨：此行必遵总理遗训，歼灭军阀，完成国民革命，以期党化全国，云云。〕

二十六日　上午，发留别本校全体官长学生书。〔书曰：本校全体官长学生各同志均鉴：本校长受本党与政府之委任，督师北伐，出征在即，惓惓寸心，即对我全校官长学生，尤不能自已也。血诚所寄，临别忠告，凡我同志，幸各谛听。革命成功之最大要素，为团结精神，统一意志，集合一切革命势力，打倒帝国主义为惟一目的。是以本校之校训为亲爱精诚，本党使命为谋全民革命，且必植基于农工也，〈且与共产党合作〉。我全体官长学生，宜相亲相爱，宜团结一致，宜共同集合于革命旗帜之下，努力工作，则革命成功，指日可待。关于国共问题，尤为重要，以后共产党员不得批评三民主义，而国民党员亦不得有排斥共产党之态度。本校长惟以整个革命为前提，前次所提整理党务案，及要求我同学各保持纯粹之党籍，皆仅考虑本党与共产党合作之方法，并非怀疑本党与共产党合作之原则。无论其退出C.P，而为纯粹之国民党员，或退出国民党而为纯粹C.P分子，本校长皆一视同仁，无分畛域，各同学亦切勿稍有歧视。既为同学，又同致力于革命，即宜互相亲爱，共泯猜疑。彼反革命者，不独仇视C.P，凡国民党努力之同志，亦概指为C.P或加以卖党之罪，此种态度我同学万不宜效之。其秘密之小组织与任何小团体，皆宜悬为厉禁，视为亲爱精诚之大敌。近来部队中有仇视政治工作人员者，即为陷入反革命之渐。各官长宜于暇时研究政治经济，各学生宜十分重视政治教育，方不负本校军事政治并重之旨，且可充分明瞭主义，成为真正革命军人。至服从命令，恪守纪律，尤为军人必守之天经地义。本校长出征以后，校长职务已委任方教育长代拆代行，各官长学生务一致服从方教育长命令，即与服从本校长之命令无异。黄埔今日已为革命之中心，一方为全国人民所属望，一方为帝国主义者所嫉视，惟有以大无畏之精神，百折不挠之志气，辅以谨慎戒惧之心理，廉洁勇决之美风，确信革命系为劳苦群众谋解放，而非为个人争功名富贵。故大群之团结必须坚固，小己之自由概应牺牲，实行总理创造之三民主义，完成中国之自由独立，皆在于是。前方之胜利，悉系于后方之巩固，而校尤为革命之根本，我全体官长学生，其共勉之。中正敬启。〕

复电唐生智，并告出发日期。〔电曰：长沙。唐总指挥勋鉴：删未电，宥接悉。布防计划甚为妥善，殊慰。饷弹已饬竭力筹措，转解接济矣。中正准于沁日由省起程北上，部员已于漾日出发，向衡州前进。飞机队准八月东日出发。衡州、郴州、长沙各处飞机场，望速为设备，免误戎机为要。中正。宥。〕

电唐、李、朱，令第三军改道集中醴陵。〔电曰：长沙。唐总指挥、李军长；郴州、耒阳，挥送朱军长，均鉴：孟、益两兄巧申电悉。本军因求迅速应付前方战况起见，故令第三军改道衡、株，集中醴陵，固我右侧，以便四、七、八军得以安心前进。仍请孟兄竭力代觅船只，俾该军赶到醴陵。若果船只不敷，则水陆分进，总以使第三军一部先到醴陵，是为至要。请孟、益两兄协商赶办，免误戎机。何时到达，并希见复。中正准廿七日出发，并闻。中正。宥午。印。〕

电令俞飞鹏、冯轶裴，即刻起解军械。〔电曰：广州。俞总监；韶关，冯参谋长，均鉴：站密。第一批枪炮弹到后，即刻起解，限八月十五日以前到达衡州。第二批枪炮弹，限二十日以前，到达衡州，切勿延误。嗣后所有输送前方械弹，应由该部向军械处领解为要。中正。宥。〕

下午，以后事务，嘱托留守人员。

与宋部长切商战费。

电饬王、王、刘等严肃行军纪律。〔电曰：郴州。探送总预备队王（俊）指挥、第一师王（柏龄）师长、第二师刘（峙）师长、并分转各团营连长均鉴：会密。迭遽【据】告，此次一、二两师行军纪律未尽严肃，曷胜骇叹。中正平日与尔等申儆者何事，我革命军北伐之目的何在。行军时不能爱护人民，临阵即能杀贼，亦有何用，况纪律稍驰，作战必无胜理。万不料我最有光荣历史之第一军，阅时未久，即已堕落。须知第一军在精神上已成为革命政府之模范军队，今不能严振风纪，败坏第一军之名誉，其害犹小，而减损人民对革命之信仰，其害更大，尔等自问能在革命史上负此重咎否。务须各发天良，严约所部，微细事项，概应严密注意，重大过失，更宜切实查惩，倘再不知奋勉，中正惟有执军法以绳其后。其政治工作人员，尤须与劳苦群众谋切实之联络，勿稍有傲慢轻蔑之态度。仰各凛遵勿违。总司令蒋。印。〕

电唐生智、李宗仁，令唐直接指挥各军，并勿与美舰启衅。〔电曰：长沙。唐总指挥、李军长勋鉴：养电悉。弟决明日由省出发，兼程来衡，如弟未到以前，果有战事发生，可令第一军加入战线，归孟潇兄直接指挥，并已转令王指挥矣。第二、第三、第六各军，亦请授其相当任务也。刻接汉口报：有美国兵舰搭载枪炮甚多，闻已由汉来湘。未知其何意，请勿轻启交涉，反中敌谋，并请饬令所部知照。北京来电：吴声望日堕，不久必倒。弟意赵即有反攻之谋，亦难实现，以其必败也。中正。宥戌。〕

黄绍竑电告黔军，王天培加入国民革命军。

二十七日　上午七时半，公自东山寓发轫，八时半，至黄沙上车，总部第二组人员同行，各界欢送甚盛，张、谭二主席亲临，次公子纬国亦候站，洒泪怆别。车次，看俄国共产党建设篇。午后六时，到韶关。

电准李宗仁请济饷款。〔电曰：电衡州李军长鉴：篠电悉。兄处饷款支绌，自在意中，徒因军需浩繁，一时接济不及，致诸兄苦心筹维，深用歉仄。兹已切令军需处，务于本月内筹发十五万元，由陈主任雄具领转解，希即查照。蒋中正。沁。印。〕

电商黄绍竑派船运送新兵。〔电曰：南宁。黄主席鉴：本部征募处派赴南宁征募之第三区主任彭斌如所募得新兵，请由贵处酌派军船运送至梧，或令知商船遵行，按原价四分之一给发，以节公帑，仍候电复。总司令蒋。沁。印。〕

晚，撰共产党建设篇感言。

开会议。

黄绍竑电告袁祖铭加入国民革命军。祖铭与王天培，因吴佩孚派唐瑞桐为贵州宣抚使，王绍民筹办军务善后事宜，故决意贰之。

二十八日 晨六时，公由韶关进发〔本定四时起程，因副官办事生疏，而其处长又病，经公几次怒催，至六时始得成行。〕，出北门，经布【市】头〔居民约五百家〕，午后三时，始达盔头市之东，乃一韶关对乐昌防御阵地也。驻节于兵站。

中央军事政治学校第四期同学录将完版，公预为之序。〔序曰：此余为本校第四期同学录预作之序也。第四期同学以国民革命军已出师北伐，余亦将督师前进，故虽距离其毕业之期尚三月有余，而要求余预为其同学录作一序文，此要求固余所甚乐接受者。第四期同学毕业之时，余将在何处？汉口乎？武昌乎？北京乎？抑与敌人相持于某地，余皆不能自知。或余彼时已为革命之牺牲，往见总理、廖党代表及已成仁之同志同学于地下，亦〈未始非〉意中事，余何能不以一言留别〈诸同学〉乎。顾余之所欲言者多矣，余此时万感交集，几不知应从何处说起，诸同学如能熟识余平时所言，尤能不忘余于最近时期，因出发在迩，而反复申儆之言，则余今日虽不再言可也。第四期同学在中央军事政治学校，实为第一期毕业，以后甚或在未毕业以前，亦将分往前方杀贼，或担任后方勤务，参加国民革命实际之战争。万一余已死于前线，则尤赖此二千〈数百〉之同学，人人奋起，以继余之工作，完成余之志愿，诸同学盖遇此千载一时之良机，而不负此一发千钧之重任者也。余将何以勖诸同学乎，团结精神，统一意志，恪守亲爱精诚之校训，实行总理所创造之三民主义，并与一切劳苦民众相结合，期达打倒帝国主义与军阀，废除一切不平等条约之目的。余之所期望于诸同学者，惟此而已。余之所欲为诸同学言者，亦惟此而已。余今行矣。此行能成功，愿与诸同学更相互努力于国民革命之工作，不成功而成仁，尤不得不有厚望于诸同学之继起，诸同学勉乎哉。蒋中正谨撰。十五年七月

二十八日。〕

二十九日　晨五时，启程，途中酷热，舆子皆痛，徒行二十里。午正，至乐昌城。

下午，休息，与嘉伦将军聚处，副官招待不周，斗室湫隘，行李在后，心甚抱歉。

电唐生智，饬属协助征募员。〔电曰：湖南。探送唐总指挥鉴：本部征集募处，现派陈灿赴永州设局征募，吴超赴郴设局征募，饬属知照，于该员抵境时，予以协助。蒋中正。艳。印。〕

电令胡谦会剿惠属土匪。〔电曰：惠州。胡师长鉴：仰该师长会同第十八区绥靖委员会，剿办惠属平海、稔山、大洲、三多祝等处土匪为要。总司令蒋。艳。印。〕

晡，阅城，砖建，高约丈五，街小户稠，不成规制。

晚，与白崇禧谈。

三十日　上午十时，训诰行营人员。〔略云：以时间与空间——即地点与距离——为办事之原则，而其方法则分轻重缓急与先后也。组织系统范围与统计，亦为办事方法之元素，云云。〕

下午，阅邓文仪由俄来书。其言土地制不外土地国家化〔即归国有〕与土地社会化〔即归社会分配，如太平天国制是也〕。至言军队为青年人民之学校，公尤赞许，复之。

是日，湖南省政府成立，唐生智为主席，兼军事厅长，以冯天柱、刘岳峙、周鳌山、邓寿荃，代理民政、财政、教育、建设厅长。

吴佩孚令在湖南前敌各军坚守防地，非有军令，不许进攻。

三十一日　二时前，公出乐昌城北门，行三十里，至风门坳，复行十五里，至牛头坳，十时半，至九峰村，约共六十五里。〔沿途人烟稠密，村有学校，学生多俊秀。〕休息后，莅军民联欢会讲演。〔稿未留〕

任命詹忠言为第一军第四补充团团长。

电嘉胡谦收复淡水。〔电曰：惠州。胡师长谦鉴：敬电悉。逆匪罗坤，占据淡水，抢杀搜劫，种种残暴，即经该师长于篠日派五十三团往剿，筒晨已将淡水收复，等情。该师长办理迅速，殊堪嘉尚，仰仍即饬队搜剿，

务将余匪肃清，以靖地方为要。主席蒋中正。印。〕

电饬广东各县长填具匪情报告表。〔电曰：广东各县长览：查各县匪情报告表，前经本部制定，颁发令饬遵照填报在案。兹为迅速调查各属匪情，以便肃清匪患起见，限各该县长于文到三日内，即将属内匪情按表填报，以凭查核。如外属各县，道途遥远，在本部制发匪情报告表未到以前，则暂按军事委员会日前令饬填报匪情各项，克日填报，俟新表已到，再照新定格式，按月呈报来部两次，毋得违延干咎。总司令蒋。世。印。〕

公研究土地问题，欲得一解救之法。

自三月至此，中央军校陆续招收入伍生共一千余名，编为第二团，以陈复为团长，陈联璧为该团第一营营长，杜廷英为第二营营长，张鼎家为第三营营长。按部规定，凡本年七月三十一日以前入伍者，称为第五期，以后入伍者，称为第六期。

八月一日　午前零时，公由九峰早发，道路崎岖。六时后，上山径，越青草岭、鱼岭关，八句钟矣。十一时后，始达塘村，其地名为黄圃，屋舍整齐，宿于高等小学。九峰至塘村，足有九十里，皆从山谷中行。〔将到塘村时，沿路松林连云，公起故乡天童之感。〕

电令胡、钱、林各部努力剿匪。〔电曰：惠州胡师长、广州钱师长、黄埔林海军处处长，均鉴：据虎门要塞司令王萼世电称，据探报，前飞龙舰长孙绳武，于七月十二日，乘飞龙舰由港装载枪千余枝，驳壳数十枝，水机关三架，驶至沙头起卸，并约沙头著匪陈大茂等，共谋不轨，图反革命，请速派兵舰进剿，免致蔓延。等语。着各该部认真防范，严密查缉，务必搜获逆踪，努力进剿，以绝根株而安地方。所有办理情形，随时具报备查为要。此令。中正。东。〕

朱总指挥率第三军抵醴陵，以布赣防。

是时，广东大学改名国立中山大学，任命载【戴】传贤为校长。

二日　一时前，公由塘村前进，行至界牌岭，入湖南境，经平和村，向良田。路阔岭低，长约八十里，村庄多殷实，乡民率表好感。十一时，至良田，各界远迓至十里外，驻节于山中高小学校，莅欢迎会后休息。

何军长密告曹万顺输诚，公转电张主席及李总参谋长。

下午五时，见唐总指挥代表林薰南，接阅唐及李军长第二期作战意见书。

公曰：各方情形复杂，应付为难。军队旧习未改，派别众多、鲜有团结精神，以此而欲求革命彻底，不亦难乎。

三日　六时零，公由良田起程，至郴州，一路民众欢迎，鞭爆劈拍之声，不绝于耳。出村远道恭候，该地农民协会，组织尤为整齐。公曰：将来革命成功，湖南当推第一，而军人尚在梦中，可胜太息。某时，入郴城，众五千人开会欢迎，公致演词，心颇自慰。〔自良田至此四十里，道途平坦，地方饶富，公称非平日想象所及也。〕

四日　上午，拟电稿、训令约六七通。

九时后，登苏仙岭，在苏仙庙午餐。相传汉苏耽成仙于此，旁有沉香岩，为其飞升之处，山麓有白鹿洞，即耽所骑一鹿如龙者，养育其中云。旋访楚义帝墓，在孔庙之后，现成为小丘陵矣。

电令第三军迅赴浏阳接防。

电令航空处派飞机来衡。

电令胡谦迅剿马雄韬。〔电曰：惠州。胡师长鉴：据紫金县长谢寅电称，马雄韬部三百人，现驻节水圩，号某军第十三师二十五旅，意欲占据紫金城，并欲响应老隆方面陈修爵部，职县无一兵，南岭农会因减租又发生冲突，乞火速派队前来剿办。等语。仰该师长迅派部队，克日进剿，免致滋蔓延为要。并将剿办情形随时具报备查。此令。总司令蒋。支。〕

晚，莅党部演讲。

第一军纪律日堕，公甚愤恚，严电三通，申斥其主帅，自以事务太繁，精神不贯而令至此。

五日　四时半，公由郴县进发，经马头岭，十一时，至棲凤渡，约有二百家，其地为通衢要道，而又有练兵场也。驻节于神农庙。

△电催何应钦。并转陈楚楠、李钰，变卖海滩济饷。〔电曰：提前万急。汕头。何军长并译转汕头堤工处陈处长楚楠、监督委员会李会办钰，同鉴：北伐大举，经饬分途进发，所有部队饷糈，亟应多方筹济，以利戎行。查汕头堤工处西海岸工程业已过半，沿堤填成地段收入，前本总司令核准，

除商股得半外，预定有一百万元之谱。着即会同，克日分段变卖，限于一月内办妥，听候派员提取，随到随缴。如有未了工程，仍责成益德公司赶速填筑。至东南堤沿岸官有海滩，现在纵未兴工，亦务于最短时日内，依照堤工全般计划图，将各段海滩开价招商公投给领，并责令依限自行填筑。其面积，除马路交通线外，计六万井左右，收入当在二百万元以上。统着陈处长督同地方人士，切实妥速办理，扫数解部，毋稍观望，致误机宜，特此电令，仰并遵照，仍将奉令遵办情形，电复备核。总司令蒋。微。印。〕

下午三时，莅联欢会讲演。

与李仲公论川滇黔事。

六日 三时，公由棲凤渡启行，至十里许之金陵镇，尚未拂晓，即有群众伫候野外，观者塞途，鼓声爆响，振闻远近。少住，演讲。过油榨圩。十一时半，至公平圩，迎者尤众盛。自棲凤至公平，约七十里，路小可行，森林与农作茂盛。 公在军中兵士化、平民化，草鞋布服，奔走骄阳下，凡登山越岭，必下轿让伕息力数十里，同行各省代表及俄顾问等，叹为不及。

电催王天培、彭汉章〔是日就国民革命军第九军军长职〕率所部集中津、澧。

次公子纬国回沪。

七日 三时，公上程，沿途民众候送，十一时，达耒阳城，欢迎倍闹，接见士绅毕，才憩息。

电令胡谦移兵老隆剿匪。〔电曰：惠州。胡师长鉴：微电悉。第一军防地重要，对于老隆方面土匪，不能分兵助剿，仍仰迅将沿海一带土匪肃清，即移兵老隆，剿办该股匪徒。务妥为筹划，严防滋蔓，并将办理情形，随时具报。此令。总司令蒋。虞。〕

电令胡谦，痛剿连平、和平、龙川一带土匪。

近日，军次看建国方略之物质建设，至此终卷。因曰：此著全以经济为革命建国之基础，而以科学方法建设一切，实乃改造国家之大计，总理经纬在前，中正实行于后，革命其庶几乎？

傍晚，莅军民欢迎会。

八时后，闻县党部人员藉党营私，延见痛斥一番。离耒上船。

公谓自入湘以来，人多疑惧，〈拒之不得，迎又不愿〉，而余以至诚动之，今稍得谅解矣。

孙传芳封禁江浙省党部，缉拿党员，并通牒上海各国领事，查封租界本党机关。

八日　船中看建国方略心理建设全部。公曰：甚矣，知难行易之义大矣哉，非总理孰能发挥尽致，而至于斯极也。又曰：船以水浅搁滩，不能疾行，心殊闷闷，入夜，尤难熟睡，惟闻萧寺钟声，稍破尘梦耳。

九日　船次拟作战宣言。

耒河淤塞，水师窳败，公以各省官吏蠹国病民，如同一辙，恨革命之不早耳。

晚七时，出耒河口，入湘江。来迎者络绎不绝，至衡阳城，各界整队鹄候，已终朝矣。如此盛暑，而挥汗喘待，公见之，心甚不安，自谓何以报答人民耶。驻节于督办署。

接报，飞机遇狂风，落于吉安某村〔在前月二十八日〕，系念不置，向民众致歉谢词。

中央军校成立宪兵团及补充团。

十日　晨六时，邓演达来衡，报告长沙情况。

令炮兵团进驻长沙待命。

免除第一军团长三人职。

与李宗仁久谈。

下午，莅欢迎会。

夜十二时，公由衡州下船。

是日　国民政府派方本仁为江西宣抚使，兼任第十一军军长。

十一日　公在船看俄国革命史，觉颇有益。夜十时，到株州，唐军长等久迓江浒。三时后，始入长沙，群众五万人，在炎燠中伫候至更阑，精神不疲，公心殊感激。驻节于交涉使署。〔旋于十八日迁驻省长公署。〕宴会毕，就寝，已四时半矣。此次国民革命军自广州出发至长沙，沿途民众放爆致敬，商店公平交易，迷路者，则为之指引，任重者，则为之分担，疲者设凳，渴者给茶，饥者授食，其对全军徯来与援助之诚意，盖有如此者，岂独于公为然乎？

十二日 上午七时后起床，与唐军长谈，至十一时。

电嘉徐景唐、陈章甫擒获匪首。〔电曰：江门。徐师长、陈副师长鉴：真电悉。该股匪陈祝三等，蹂躏台山县属，天诛久稽，万民切齿。该师长、副师长调度有方，逋寇就擒，深用嘉慰。出力官兵，溽暑辛劳，特给奖毫洋三千元，以示鼓励。所获匪首陈祝三、叶阑初、单眼英等十五名，着即就地枪决，以昭炯戒。余匪如可录用，即行押解前方效力，仰遵办具报。总司令蒋。文。印。〕

电令林振雄，派舰剿办逆匪。〔电曰：广州。海军处林处长鉴：据汕头何军长电称，潮属沿海轮船、民船，被逆匪掠去甚多，交通梗塞，请派舰剿办。等情前来。仰该处长迅派兵舰二艘，驶往汕头一带沿海，严行缉办，以安商旅，而利交通。并将遵办情形具报备查。此令。总司令蒋中正。文。〕

派李仲公赴黔，招抚周西成。

公曰：初至长沙，惟感民气之盛，革命精神之浓厚与紧张而已。未到其地，以为诸多困难，一临其境，其难若失，可知决心与精神之不可无，若我不畏难退避，则任何艰难皆将自退矣。

晚，开军事会议，决定作战计划、总攻日期。议决以第二、三、六各军监视江西，且促孙传芳之降顺，又恐孙强顽，则此项军队，防孙军之扰乱后方，且为武汉克后，乘胜入赣，直取东西之备。以第七军攻平江，第八军之一部助之，其余八军、一、三军，均会同第四军攻汨罗。

与陈铭枢谈，至一时后睡。

十三日 六时后，公起床。八时后，应市民大会欢迎，到者数万人，公讲演一时余。〔稿无查〕

下午，应湖南省党部邀宴，讲演一小时。

十四日 检阅第七、八军，讲述经过历史及革命意义。〔节录：总指挥、军长、第七军、第八军全体将士：今天本总司令检阅第七、第八两军，趁着这个机会，有几句要紧的话，〈要向各位将领讲明白〉。我们第七、第八两军，是国民革命军的军人，什么叫做革命军，什么叫做革命，为什么要做革命军的军队，这几点意思，是今天特别要讲的。现在先讲第七、第八两军革命的光荣历史。各军都有各军的历史，革命军的历史，都是光荣的，但七、八两军的历史，尤有特别的光荣。本总司令对于七、八两军的将士，也特别的敬爱。第七军本是在广西的，广西人民向来受陆荣廷部下一班土匪军队的摧残蹂躏，弄得民不聊生。后来李、黄两位军长带领了现在的第七军，把那些土匪式的军队完全肃清，统一了广西，解除了广西全省人民的痛苦，现在更加入了革命战线，共同向北洋军阀奋斗。这是第七军比旁的各军有特别光荣的地方。第七军的将士，要保持革命的光荣，必须在国民革命旗帜之下，要格外努力奋斗，用统一广西的精神，来协力统一中国，解除我们四万万同胞的痛苦。第八军在湖南，尤其在现代革命史上占重要的位置，这样的光荣，是从前湖南军队所不能得到的。我们回想从前，赵恒惕做了几年省长，有几万军队在他旗帜之下，这些军队的兵士，本来也是好百姓，却被赵恒惕利用，拥护他个人的私利，赵恒惕就用这些军队来投降吴佩孚，摧残革命，压迫人民，连到我们兵士的父母妻子，也都同受他的压迫了。现在赶走了赵恒惕，成立了第八军，唐总指挥和各位将士，共同加入了国民革命军，来为党为国，共同奋斗，使得革命军可以从容不迫的，依照所定的计划，集中湖南，同反革命的军队对垒作战。这是第八军对党对国很大的功劳。要是没有第八军将士深明大义，我们革命军或者到现在还不能到湖南来，革命成功就更远了。现在革命军已安全的集中了湖南，并且可以同敌人开始作战了。我们开始作战的一天，就可说是革命成功的一天。这都是第八军各位将士深明大义，加入革命军，与革命军共同奋斗的成绩。第七军、第八军的将士，如果现在仍是做陆荣廷、赵恒惕的部下，那就做了反革命的工具，即使出师打仗，也只是为他们个人争地盘，拥私权，你们的生命岂不是冤枉的牺牲了。大家看看，陆荣廷、赵恒惕现时还在那里，都没有了，都失败了，不晓流落到何处。他的部下不仅是不能发挥他个人的能力，连人格都被他剥夺完了，他们完全受反革命的高压，白白地去送死。各位弟兄们，要认清反革命与革命的分别，你们要完成革命的工作，必须服从革命领袖的指挥，不再受反革命的利用。……各位已经做了国民革命军的将士，知道国民革命军这几个字，是怎样解释吗？国民革命军是国民的军队，是四万万同胞的军队。四万万同胞就是中国的百姓，就是国民，中国的百姓太受苦了，所以国民革命军是为四万万同胞来革命的。……国民革命军既是革命的，保护国家保护人民的，是怎样才能达到保护国家人民的目的呢？没有旁的，只要我们同心一致，受革命领袖的指挥，发挥我们的力量，〈对付敌人〉，打倒敌人，就一定能达到保护国家、保护人民的目的。……国民革命军是谁创造出来的，是国民党、孙总理，就是孙大元帅创造出来的，我们全体将士，统统都是孙大元帅的部下。我们孙大元帅艰难辛苦的革命四十年，为的是什么？是为救国救民，所以创造国民革命军，救国家、救人民，救我们自己。我们要保持国民党光荣的历史，和孙大元帅光荣的历史，我们也要保持国民革命军的地位，来完成国民革命军的责任。孙大元帅是为一般小百姓打抱不平的，是救国救民的，是革命的领袖。我们做孙大元帅部下，也必要有这样的精神才好。还有一点，就是我们国民党，国民革命军的军队，上自总司令，下至士兵，统统要服从我们国民党的三民主义。现在若有人问你们服从什么主义，你们就可答应他，是服从三民主义。最后本总司令还有四句国民革命军的口号，要请你们各位将士留心记着，就是：不怕死，不要钱，爱国家，爱百姓。能实实在在的做到这四句话，才可以做国民革命军，才可以尽国民革命军的责任。……]

在总指挥部欢迎第七、八军将领，演讲革命与主义关系。〔节录：总指挥、军长，各位将士同志，今天大家在军事倥偬，将要开始总攻击的时候，能够集合一堂，作个纪念，这是很难得的一个机会。现在乘这个机会，有几句话，向各位报告，请各位加以考虑切磋，必使我们国民革命军能够团结一致，共患难，同生死，来完成我们国民革命军人的责任。我们知道，从前的军人是没有党没有主义的，是无所依归的，只是听从上官的话，盲从上官的命令。无论官长士兵都没有保障，就是打仗牺牲了，伤亡了，到了死的时候，还是莫明其妙，不知道究竟是为什么死的。现在我们革命军是来革命的，是有革命的主义，革命的党，来保障我们牺牲的代价。……这次第七军能够服从命令，仗义赴难，〈拯救第八军急难〉，同仇敌忾，打倒反革命的军阀，使得国民革命军能够依照计划，集中湖南，向反革命者开始总攻击，这是何等伟大的光荣，〈这是无论谁都得不到的特殊的光荣〉，要请七、八两军将士同志们，郑重的保持着，并且不断的发扬光大。我们的历史和生命，都已经变换过来了，我们的旧动作、旧习惯，也要完全变换才好，从前那种封建的，宗法的，特殊阶级的思想、行动和习惯，都要完全打破。我们要真正做个国民革命军的军人，真正做个有主义的军人，无论什么事情，都要集中在主义之下，拿主义作中心，来改变我们从前的思想、习惯、行动。我们要做有主义、有组织、有人格的军人，将来在光荣的革命历史上，更占一个很大的篇幅，使中国能够解放，达到自由平等的境地，使三民主义能够切实的在中国普遍实行，这是国民革命军的责任。……我们的上官，是服从党和主义的，他就是党和主义的代表，我们服从上官，不是服从他本人，是服从党，服从我自己的人格，这样的服从，才有价值，有意义。……我们广东、广西、湖南的军队，能够团结精神，统一指挥，就因为我们有主义有党做中心，我们能认识主义，我们能知道非在主义之下不能团结统一，非为主义效死不能救国救民，我们国民革命军能够集中湖南，统一指挥，无非是能认识主义的结果。各位看看北方怎样呢？政局这样紊乱，人民这样痛苦，北洋军阀又这样腐败，为什么还不能改革呢？就是没有党，没有主义，一般军阀无法无天，人民没法制裁他们。从前赵恒惕不是也说革命吗？北洋的军阀不是也都拿救国做口号吗？结果究竟怎样呢？团为没有主义裁制他们，什么事都做出来了，非但谈不到人民的利益，并且把国家出卖，把人民残杀，也毫不顾惜。我们要拿主义来救国救民，才可以打倒卖国殃民的军阀，我们有了主义，无论那个军阀和帝国主义，没有不可打倒的。……第七、第八两军团结的精神，可以说是我们国民革命军全军的模范。我们这次革命，确信可以成功，这个确信从那里来的呢，就是从我们精神团结上来的，古语有说，师克在和不在众，就是这个意思。我们大家同心同德，成功就在目前，我们不要看轻了这样的机会,这样的机会是最难得的。我们不仅是要保持现在光荣的历史，我们还要一致向前进攻，打倒军阀，打倒帝国主义，完成国民革命。革命不是靠一个总司令和几个军长、少数的官长的，是在最大多数的兵士身上，各位同志对于士兵的生活，比自己的还要留心，能使士兵减少痛苦，使兵士明瞭革命的意义，革命才有基础。……我们究竟为谁革命？是为穷苦百姓来革命的，兵士就是穷苦的百姓，因被压迫，没有工做，没有饭吃，才出来当兵的。我们解放人民的痛苦，从那里做起，第一就先要解除兵士的痛苦，这个革命才算是彻底，如果把兵士和人民两样看待，兵士和官长也两样看待，这就不是革命了。……要是做了反革命，不革命，我们的躯壳虽然存在,我们的生命已经断绝,等于自杀一样了。我们的生活是什么呢?就是革命，革命才是我们的生活，革命才能救得我们自己，我不革命，就是自杀。总理引导我们打开了一条光明正大的生路，就是革命，革命才能救我们的生命。……]

呈请国民政府，准发中央银行兑换券。〔呈曰：……窃计军事进行，不日即可达到武汉,局面既已扩大,所有军饷专恃广州运输接济,实多困难。除电呈钧府及商财政部从速准备设立中央银行分行外,兹为维持目前起见,拟准职部财政委员会议决，由财政部委托总司令部政务局，发行中央银行兑换券五百万元。即以武汉所募集之军饷三百万元，并湖北官钱局不动产二千一百万元作为基金，名义虽属中央银行，实际仍归地方兑换。一俟局势粗定，中央银行在湘鄂各处设立分行，再发行正式票币，陆续将原券收回，如此则军事有益，而与国家银行发行票币之权，亦无抵触，并拟定发行条例一份，随文赍呈。事属权宜，伏乞鉴核，准予备案施行，谨呈国民政府。附呈发行中央银行临时兑换券条例一份。国民革命军总司令蒋中正。〕

下午二时，诣省党部参加执行委员会，讲演。〔稿无查〕

晚七时，莅长沙市党部欢迎大会，讲演党员最重要条件。〔节录：主席，各位同志：今天承市党部开本党党员大会来欢迎兄弟，兄弟趁这个机会，对于今天到会的各同志，作一番很恳切的讨论。今天的讲演，不是普通的讲演，因为今天这个党员大会并不是平常的会，可说是自己家里的恳亲会，所以兄弟用最亲爱的，如同对自己家里同胞手足一样的情绪，对各位规劝，没有一点客气。同时要请各同志亦用很亲爱的态度和很切实的教训，来指导兄弟，使得兄弟能为党尽责，使得本党的精神能天天发扬广大，使得总理的主义普及到全中国，使得我们革命赶紧的成功。据中央党部考察各省党部的成绩报告，各省党员工作的成绩，要算湖南第一，无论那一省党员的工作，都没有湖南这样的好。就这一点，可知湖南同志对于党的工作，比别省同志格外热心，所以能使我们的党普遍到一般群众。我们党军来到长沙之后，能够吸受很好的党员，组织一般的民众。这一点兄弟对于我们办党的同志，是很满意的。今天先要讲的，就是我们党员的责任和地位。……上面是讲党员的责任和地位，现在再要讲党的组织和纪律。党的第一个重要条件，是组织。……第二，我们的党，怎样可以维持许多党员的秩序，使得上下活动灵便，没有一点纠纷，这全在一个决议案决定以后，无论怎样，大家必要一致的实行。……湖南省党部从公开以来，对于党员的责任，要十分认识清楚，不许投机政客、土豪、劣绅来败坏。这次湖南省党部对于登记特别注意，这是湖南的特色，并且表现湖南很严的纪律和充分的精神，值得我们中央党部对于湖南省党部表示十分敬意。党员要有最高尚的人格，最廉洁的操守，最坚决的牺牲心。没有做党员以前，他有个人的自由，做了党员以后，就必须遵守本党的纪律，服从本党的命令。因为一个党员的行动，不是他个人的关系，是党员全体都有关系的。比方我蒋介石入了党，做了国民党党员，我犯了纪律，做了不好的事，败露的时候，人家决不是骂蒋介石个人，是骂国民党，国民党有了蒋介石这个党员，给人来骂，就是党的失败。……大家要晓得党员是立在国民领袖的地位，是代表我们党的，个人有一点错误，我们党的名誉就给他破坏，党就失了群众的信仰，不能领导群众来革命了。我上面所说，都是党员最重要条件，各位同志听明白以后，一定要切实做到。能够这样做去，湖南的党部不仅可使湖南发展起来，并且可做各省党部的模范，湖南的党员也可做各省的模范党员。这是今天兄弟所希望于大家的。各位能切切实实的做到，今天这个欢迎会才有意义。……从前赵恒惕是压迫我们党的，我们认他是敌人，他与我们的关系利害，统统相反，我们要想种种方法反对他，破坏他。现在的政府，是我们党的政府，也就是我们自己的政府，我们的党必要指导政府，政府才能发生效力，照党的主义和政策来实行。……党与政府要很密切地团结起来合作，党才可以达到治国的目的，所以请各位不要误解政府同党的地位。须知政府有益，党更有益，若政府有害，党也必先受害，政府失败，党就失败，党同政府是相连的，不可分开的。今天天气很热，时间过久，恐怕各位疲劳，很愿意以后再得到机会，同各位常常讲话，并请常常指教。〕公今日挺立被汗，连讲四次，而精神如常，殊自慰也。

电令何、赖、谭第二期作战计划。〔电曰：汕头何军长速转赖师长、南雄谭师长均鉴：亲译。（一）第二期作战计划已决定，先取武汉，对江西暂取攻势防御，决于巧日实施总攻击。（二）以四、七、八各军为中央军，唐总指挥生智兼领之。一、六两军为总预备队，控制于中央军之后，击破当面之敌，进取武汉。以二、三两军及独立第一师为右翼军，朱军长培德领之，集结于醴、攸之线，监视赣敌。以九、十两军为左翼军，袁总指挥祖铭领之，进出荆、沙，肃清鄂西。（三）右翼军对江西暂取攻势防御，对萍乡、莲花之敌，严密警戒。如侦知敌有向我攻击之企图时，应即转移攻势，以二、三军之主力进占萍乡，并相机进取南昌、九江，以南雄第五师及赣东之独立第一师，协同攻取赣州，进占吉安。（四）肇周兄部近况如何，盼速译详报为要。中正。寒戌。〕

十五日 上午七时，公乘车如株州，检阅第一、二师，痛诫其官长及士兵。〔节录：本总司令今天对我国民革命军第一师、第二师全体官长士兵，乘着这个机会，要把你们这次由广东到湖南的许多缺点，以及良好的地方，统统讲明白。以后各位将士弟兄，就要照本总司令所讲的话，实实在在的去做。第一、二师的士兵，是我们革命军一支特〔突〕出的军队，可以做国民革命军的模范。从前我们第一军，比旁的军队有名誉，有光荣，因为第一军全体官兵都能同心协力，团结精神，严守纪律，打仗的时候更是勇敢，所以惠州这样坚固的城池，居然给我们第一军打下来。第一军的官兵在国民革命军里头，实在是有特别的光荣名誉的。……这次第一、二师从广东出发到湖南，一路经过的地方，随便占住民房，无论男女学校，都要强迫人家搬出，让给我们军队住。还有一般反动派，专造本军谣言，说是第一军官兵如何如何，吃鸦片烟的事，这真是我们第一军无上的耻辱，那吃鸦片烟的，就是我们第一军的蟊贼，谁都可以枪毙他的。还有在路上赌钱的，及买东西不给钱的，以后如果真【再】有，这不是国民革命军了，更不是从前的第一军了，这简直是我们革命军人的敌人了。不但不能打倒敌人，还要给敌人来消灭，你们还有面目去见我们已死的同志吗？对得起你们的官长吗？对得起全国的人民吗？这样的弊病，你们还不赶紧改正，你们真要死在目前了，或做最倒霉的俘虏了。大家要牢记本总司令的一句话，我们革命军的军人，就是一个打抱不平的英雄好汉。英雄好汉是不怕死、不要钱、爱国家、爱百姓的，是要为主义而死，死在战场上的。〈今天在这里检阅的弟兄官长，大概没有这种坏的习惯了，因为吃鸦片的，赌的，嫖的，品行不好的，已都革退了。不爱人民、虐待士兵的官长，也都开除了〉。现在到场的一般官长士兵，要紧紧记着本总司令这番话，以后千万不要再做不名誉的事情，被人家来笑话。如果有那个官长不自己爱重，甘心犯法，马上拿来军法从事，没有什么宽假。第一军在国民革命军里面，纪律是最严明的，并有一个连坐法，打仗的时候，无论谁退下来，都要枪毙，这叫做军法不留情。……无论官长士兵，对于党代表和政治工作的人员，更加要尊重。党代表是保障你们兵士权利的，爱护你们士兵，教你们学问的，你们见到党代表，真要十二分敬重，十二分亲爱。军队里的党代表，就是你们的父兄，你们能听父兄的话，就不会吃苦，不会打败仗，一定可以打倒敌人。现在天气酷热，无论士兵官长，个个要保重自己的身体，不要饮冷水，吃冷食，夜间不可着冷，弄得自己得了毛病。我们要打倒敌人，爱护百姓，拥护国家，完全靠自己身体好，才能奋斗。……官长说的带兵的要点。刚才对士兵所讲的话，一定有许多士兵没听明白，各位官长回去，要切切实实同他们讲明，使得他们都能明白才好。现在第一军的第一、二师的军纪风纪怎样，你们自己晓得吗？从前很好的名誉，很大的光荣，现在要完全败坏在你们手里了。你们自己不觉丑，实在外面没有一个时候不听说第一军的军纪坏了。这样下去，那里够得上做国民革命军军人。我是一定不能饶放你们这样过去的。我们不是来做这样倒霉的事情的，我们不是没有志气，没有血性的，如果是这样，不要你们到黄埔学校里来，不要你们到革命军里面来，革命军决不需要这样的人。……老实对你们说，去年打东江，我对于学生是很爱惜的，这回从广东到湖南来，我对于学生就非常痛心，悔恨我自己不该办这样害人的学校。大家要晓得，爱之愈切，恨之愈深。处罚的时候，也就要加倍的严重。自己的学生违犯了纪律不处罚，使得他做祸国害民的勾当，怎对得起已死的总理和廖党代表，已死的一班同志同学呢？你们不要以为校长没有看见，没有检查，就可以随便，其实你们做的坏事情，校长没有一件不晓得的，尤其是吃空额，冒名顶替，是最坏、最痛心的。吃空额是前清绿营最腐败的事，犯了这事，不仅营长要枪毙，连排长以下，都要处罚，这最不名誉的吃空额的事，那里是我们做得的。你们做了不好的事，自己同学互相蒙蔽，但总瞒不了我的耳目，老百姓常常给我信的。一连只是一百几十人，一个连长管了三个排长，一个排长管四十几人，还管不了，试问你们做什么事情。如果自己没有坏的心理，不想偷懒，不嫖不赌，不吃鸦片烟，没有管不住四十几个兵士的，那里会逃跑了这许多。为什么使得兵士逃跑，就是你们官长自己没有尽责，不当兵士是一个人。连排长各有职守，便各有责任，你们能认定自己是奉着军职的一个人，你们就要尽这责任，就要操守廉洁，就要勇敢忠实，给兵士们做个榜样，这才不负本校教育的苦心。如果你们到了一个地方，自己只是偷懒，不管士兵那里去，自己只管嫖赌，不管士兵有茶吃没有，有饭吃没有，早夜也不点名，这样放弃职守，你自己就不当自己是个人，兵士自然也不当你是个人了。象这样的上官，简直与狐群狗党无异，那有志气、有血性的兵士，还肯来同流合污吗？还不是逃走吗？兵士得不到一点快活，官长又不爱惜他，不保护他，怎能叫他听你的命令呢？不仅是不听你的命令，如果我是士兵，便要杀你们官长。这不是说说的，士兵杀官长是常有的事。……还有一种可恶脾气，就是对于上级的官长，往往不听命令，不作报告，以为这是我们的同学，我们教官，我可以随便，他不能命令我，指挥我，这样怎么可以做革命军军人？怎么可以做国民党党员？你要晓得革命是有组织的，没有组织，便不能集中，军队是绝对讲服从的，下级定要服从上级，革命组织才能严密，才可以发生效力。在军队里，不论你是父子，是兄弟，只有一个军法军纪，绝对不能讲平等的，绝对不能把亲族的关系，或是同学的关系，来破坏我们革命军的组织。无论那一个学生，如果对于上官不服从，老实不客气，就要照军法办理。大家带了兵，做了官长，真要自己的部下好，对于士兵一时一刻不可离开，要把十分的精神贯注到士兵身上。一连不过一百几十个士兵，一个连长在三天中，至少可以详细考察一排的士兵，排长更加容易，一班的士兵，三天更可以考完，那一个兵士天资好，那一个勇敢勤劳，那一个柔弱偷懒，自己记下来。不好的教训他，情节重的，就〈酌量〉惩罚他；好的奖励他，有缺出的时候，要保荐他。这样有赏有罚，官长便有威信，士兵那里会逃跑，那里会不听话呢？其次营长对于连长，团长对于营长，师长对于团长，统统一样，要时时刻刻考察他的品行、胆量、才力，如果动作有什么不对，便要研究，要劝诫，要勉励，这样才能维持军纪风纪，才能当得起一个革命军军人。如果带了一连兵，随便推诿，行军的时候零乱也不管，落了伍也不管，逃跑了也不管，我总是一个不负责任，这实在不是做人的道理，更不是做军人的样子。军队最大的缺点，就是自己偷懒，不肯研究。要晓得我们军人做了官长，就有三桩学问，一是带兵，二是练兵，三是用兵。带兵怎么带，怎么使兵士不会逃跑，能听我的命令，始终跟着不走，这种带兵的方法，都是要研究的。练兵怎么练，怎样能使兵士进步容易，增长智识，怎样能使兵士增长他的学问技能，朝朝暮暮，都应自己研究考察，使得他天天有进步。用兵呢，怎样的人用在怎样的地方，那个地方应该用多少兵，用一排或一连，那个地方应该要注重，用主力，那个地方要紧，那个地方更要紧，都是要研究的。现在不但没有这种精神，而且军事上专有名词，差不多也忘记了，这还能带兵、练兵、用兵？如果你们真要做一个革命军人，就要问问自己，怎样可以使得兵士同我亲爱团结，怎样带得住一万几千人，使得一个兵士都不会散失。能研究到这样的学问，随便那个人，不会打败仗的。这一回由广东到湖南，兵士在路上既没有亲戚朋友，又不认得路，应该和官长团结起来，为什么逃跑的越弄越多，不晓得你们对兵士怎么看待，怕是不当作一个人罢。空闲的时候，就去嫖去赌，对于兵士的生活、卫生、经济，完全不理会，这样精神怎么不散漫，士兵怎么不逃走呢？……一连的连长，对于本连士兵的家庭有几多人，家庭的状况怎样，出身怎样，要个个体问明白，记在日记本上，使得一目了然，间一个星期再来问问，他们生病的时候，格外留心关切。这样，你对他同子弟一般，他怎么会离开你呢？以后打仗的时候，如果不能照我的话做到，我不再讲什么话，只有多预备几颗子弹，来枪毙我自己的学生。……〕此次演讲，声情激越，喉为之瘖。

下午三时，回长沙城，在总部会嘉伦及唐、李。

电李、钮、何，调度赖世璜师〔赖属孙传芳，其所部驻粤赣边境〕及教导团。〔电曰：广州李总参谋长、钮总参议、汕头何军长勋鉴：宁孙封闭沪浙党部，已显与本党为敌，闽周由厦门前进□□，现其主力二师援赣无疑，〈或由正南行，惠梅急添掩护〉。此刻应令赖绍周迅即决定态度外，嘱其先退惠梅两属，其司令部应设在兴宁、五华或老隆，以资策应，且备对赣出击。否则其辎重并须先运粤，切勿延缓，免中敌计。教导团既驻惠城，第十、第五、第七、第八各团，除以一团驻平山、淡水、横沥一带游击，以一团保护石龙、惠州至河源河道，其余即可移驻河源剿匪，未知兄意如何。否则惠属总须划区游击剿匪。中已抵长沙，各军将士团结坚固，士气旺甚〔盛〕，现定十八日总攻击（后因待第六军改迟一天），赖之行动应速决。如何盼复。中正。删。印。〕

电令陈复就近派队截匪。〔电曰：石龙。陈团长复鉴：惠州胡师长已派五十三团（团长宋世科），进剿沙渔、葵涌及全黾肚之匪，仰该团长就近派队驰赴沙头坪、山堵截，以期一举歼灭，切勿延误。此令。总司令蒋。咸。〕

公曰：遇事不能忍耐，为余一生之大病，戒之戒之。

十六日　公在行营主纪念周。讨吴宣言。〔节录：各报馆暨全国军人、农、工、商、学各界同胞均鉴：中正此次奉命出师，就职之日，业将国民革命之需要，革命战争之目的，与中正北伐之职志，略陈梗概于国人之前，余义悉详本党出师宣言之中，计邀鉴察。现在国民革命军将与北洋正统吴佩孚决战于江汉，此战关系，不仅决军阀命运之存亡，即中国国家与民族之能否恢复其自由独立，胥卜于此。质言之，国民与军阀之争，革命与反革命之争，三民主义与帝国主义之争，已至决战最后之时期。此全国同胞亟宜参加革命战线，共同奋斗，以争回我中华民族独立自由之人格也。顾今日出师，何以必欲讨吴，吴〈贼〉[1]之罪恶何在，前未具举，请略陈之。……吴贼自窜岳踞汉，以至今日，伪窃名号，乱发命令，初无何种根据。盖贿选以成之北京政府，虽为北洋军阀所窃据，然犹得猪仔国会，欺饰世界与一部分之国民。兹则吴〈贼〉所拥护之曹锟宪法与贿选总统，不惟全国人反对之，号称合作之张作霖亦反对之。是吴〈贼〉本身所凭藉者，今已一无所有。革命耶，吴〈贼〉固仇视革命者也：护宪耶，而吴〈贼〉所挟持

1　原稿注为："贼"字皆改为"佩孚"二字。

者又如此。然则吴〈贼〉果何所根据，以取得对外对内之资格？故严格言之，吴佩孚者，直一祸国之罪人已耳。乃彼恬不知耻，俨然以中国支配者自居，帝国主义者利用之为工具，借款助械，隐为后援，指示发纵，嗾獒噬主。于是北洋派助帝国主义以华制华之阴谋，至吴〈贼〉又进而改为以湘制湘，以川制川，以西南制西南，以各省制各省之毒计。呜呼，吴〈贼〉造乱祸国，戕贼同胞，至于此极，真食肉寝皮而不足蔽其辜矣。〈而吴贼所资为号召者，厥为讨赤。夫讨赤，乃帝国主义者用以对抗全世界被压迫民族，破坏全世界革命联合战线之口号也。赤为何义？苏俄之白党与赤军，以赤帜表示其革命民众之赤血，换得其国家独立自由之代价也。解放人类之痛苦，保障人民之利益，以民众为基础，而推翻其帝制之白党，反对国际帝国主义，实行废除国际不平等条约，而为世界十二万万五千万被压迫人类谋解放者也。帝国主义口中之所谓赤化者，实则革命之民众化耳。政府为民众化之政府，军队为民众化之军队，以民众化之军队，以民众化之国民革命军，拥护多数被压迫之人类，即使云赤，何嫌何疑。充吴贼之意，举凡爱国者皆赤之，为求中国自由平等者皆赤之，反对军阀及帝国主义者皆赤之，充义至尽，则举吾四万万爱国之同胞皆赤之。吴贼甘为帝国主义之走狗，愿与我民众为仇雠，其口吻固应如是，然我爱国同胞，则非揭破吴贼之阴谋，声讨吴贼之罪恶，不足廓其煽惑人民之工具也〉。……不宁惟是，吴贼今更流恶未尽，派兵入湘，摧残革命势力，煽惑反动余烬，是诚不独谋危国民革命之根据，抑亦覆中华民国之国基。昔先大元帅诏示吾人，以北伐之目的，不仅在推倒军阀，而在推倒军阀所赖以生存之帝国主义，不仅推倒曹吴，而在使无继曹吴而起之人。今吴贼造乱作恶，已至贯盈，本党为革命计，政府为自卫计，皆不得不出师讨贼。本军既任国民革命之先锋，中正复荷本党与政府之重托，完先大元帅讨贼除恶之遗志，尽革命军人救国救民之天职。为民请命，责无旁贷，为国杀贼，义无反顾。现已躬率国民革命军，集中长岳，即日会师武汉，靖难中原，惟愿邦人君子，鉴其吊民伐罪之忱，协力救国，一致奋起。须知国家之自由独立，非革命不能达其目的；吾民之利益幸福，非革命不能得其保障；北洋正统，已成弩末，帝国主义今已崩颓，取消不平等条约，已成吾民之普遍要求，欲求中国之自由平等，全在国民之努力。值此国族存亡之交，时代转捩之日，所望全国农工商学兵各界，咸联合集中于三民主义之下，视革命为国民人人之责任，以主义为救亡唯一之良谟，一致对外，共谋国难。至革命所抱之目的，消极在消灭封建余孽，打破正统思想，歼除军阀与其所赖以生存之帝国主义，积极遵照先大元帅十三年北上宣言，速开国民会议，以产生三民主义之统一政府，废除不平等条约，使国家民族永复其自由独立之基。若夫联省自治之论，早成军阀割据之护身符，保境息民之说，不过为拥兵自卫之代名词。推其用意，不过假借名义，反抗革命，苟延其特殊阶级之生命，终见其崩溃与自杀而已。凡以此议商榷，中正绝不敢闻。至于南北军人，皆属国家基干，除与本军甘心为敌，冥顽负固者外，如有向义输城【诚】倒戈来归，不愿供军阀个人之牺牲者，或同情于革命，不中帝国主义以华制华，自相残杀之毒计者，中正无不视为同志，期共安危。要之，今日出师，惟在讨贼，即因吴贼为北洋军阀之正统，〈为帝国主义之走狗〉，为国民革命之障碍，武力为人民之武力者，无不胜，军队为个人之军队者，罔不灭，此则观于军阀过去之历史而益著也。军阀以军队为其个人之私产，国民革命军为国民全体所有之军队也。尊重民意，服从民命，以人民为基础，以主义为依归，但期全国军人联合一致，参加革命战线，共同御侮，达到本党总理救国救民之目的。凡革命进程中，苟可缩短战期，减轻疾苦，中正视力所至，必不后人。然革命而不彻底，姑息转以养奸，除恶而不务尽，因循祗【只】足酿乱。中正秉承先大元帅之遗嘱，负荷党国之重托，中国国民革命一日未成，即中正之责一日未完，四万万同胞之痛苦，一日未除，即中正之任一日未解。[1]奋我戈矛，挞彼国蠹，牺我身命，救我民生，国人有不愿与国族偕亡，而视国家与民族之利益，超越于其个人与党派之利益乎？时不可再，曷兴乎来。中华民国十五年八月十六日，国民革命军总司令蒋中正，于长沙军次。〕

九时，湖南省党部第二次全省代表大会举行开幕式，邀公往赐训词。〔稿未留〕

---

1 此着重号系蒋介石所加。

公闻西北国民军十五日已占领北京，吴系阁员多被拘捕，因谓如此则国内形势又将起一大变化也。此后奉、宁二方皆须注意。

第二军各师团进驻新市、攸县、黄土岭，以一部占领泗汾。第六军第十九师两团抵浏阳。

十七日　令第一军第二师开赴白水，归唐总指挥之指挥。

复孙传芳电。〔电曰：南京。孙馨远兄鉴：俭电真日奉读，辱承指教，感何可言。革命军人，意志坦白，其所蕲求者，全民之福利，非个人之地盘，令不得已而用兵，期救人民于水深火热之中，非如军阀之扩张私人实力可比。吊民伐罪，师出有名，堂堂正正之旗，讵屑为遮遮掩掩之举，视闽赣为敌增兵，决不讳言。惟事实上近月以来，确祗【只】有将原驻闽赣边界之部队，开调他方，而宗旨上则对于闽赣，但求其不受吴佩孚伪命，不扰我革命根据地，决不稍渝亲仁睦邻之旨。此请兄细心考证，必可深信其不受欺者。今兄亦已承认闽赣增兵，则以后闽赣是否不视我为敌，是否不受吴伪命，不得不请兄赐以切实之保障。吴佩孚黩武乱国，其于我粤，尤百计破坏，中正不忍坐视国家之危亡，尤不能束手以待人之宰割，自卫卫国，皆有出师讨吴之必要。惟对于全国军人，力求团结，共负救国责任，绝不忍为自相残杀之举动；志同道合，直可联为一体，岂仅各不相犯而已。兄以苏、浙、皖、赣、闽五省之治安自任，若能顺应革命潮流，以保五省人民之幸福，中正必请于政府，承认兄为五省之总司令。否则佳兵固为不祥，割据亦岂至计，君子爱人以德，兄宁能姑息以自召崩溃耶。湘事实非炎午所能收拾，湘粤同为革命策源地，而炎午轻弃其革命党人之历史，假联省自治之名，以谋私利，又始终依附吴佩孚，引其武力以祸湘，因而酿成今日之乱。十五年来，迷信武力统一者，罔不败；标榜联省自治者，亦无一幸存，救国之道，惟在有正确之主义。以兄明达，必见及此，谨布诚悃，惟希详察。蒋中正叩。文。〕公以孙派代表来湘，欲用旧方法来勾结，置之一笑。

电令胡谦，扑灭横沥一带逆匪。〔电曰：惠州胡师长览：据第十八区绥靖委员林荫生呈，据调查员报告称，逆匪徐武东，由淡水遁至横沥墟，率匪二百余人逃至孙洞。此地界于横沥、平潭、梁化之间，四围有大山可守，离城约四十五里，该处人民多附从逆匪，如欲剿办，非有一团兵力不足以歼之。等情。查该匪等恃有险巢可守，四出劫掠，非亟严行剿办，势必日形猖獗。仰该师长等迅即设法查剿，务将横沥一带逆匪早日扑灭，以靖地方，并将剿办情形具报察核。总司令蒋中正。篠。印。〕

电令胡谦肃清粤军余孽。〔电曰：惠州。胡师长鉴：据英德县长王子明铣电称：现准连平罗县长仲达有日邮电开：现在邮报不通，乞据情电转各上宪。现据确报：庚日晨，有伪军[1]第七军第三独立团长刘宗藩，率队约三百人，攻入河源，占据县城，纵逸监犯。和平仍被伪军第四统领黄成武占据。闻龙川方面亦发现伪军，渐次蔓延龙、和、河三属，连、新二属势甚危急。乞迅派队扑灭，以固边围，无任惶惧。等情。谨电转呈。等语前来。仰该师长查照上情，派兵剿办，务绝根株，以免燎原。仍将剿办情形随时具报备查。此令。总司令蒋。篠。〕

下午，宴会第二师官长。

晚，开外交委员会，至十一时散。

是日　第四军接收第七军分水岭以东一带阵地，第七军占领浯口市。

是时，国民政府派蒋作宾赴奉报聘。

十八日　上午，会方本仁。

下午，唐总指挥出发，公送之。

中央军第七、第八军向岳州攻击前进，主力出平江、通城，以断吴军退路，其第四军第十师，占领三眼桥、肥田等处。敌军董镇国、陆沄、余荫森等部，迎拒于平江、金井一带者，三万余人。

孙传芳通电，为保苏、浙、皖、闽、赣五省安宁起见，派兵入赣增防，惟仍坚守疆界，人不犯我，我不犯人。孙传芳令周荫人以三师兵力，分向汀、漳集中，进行侵粤。

十九日　上午，游岳麓山，展蔡〔松坡〕、黄〔克强〕、刘〔昆涛〕诸先生墓，以蔡为最优。在黄庄午餐，访云麓宫，规制甚小。岳巅万寿寺，残破不堪。岳麓书院今改为湖南大学，李北海碑尚在，湖南人才，如曾国

1　原稿为“粤军”，下同。

藩辈，皆出于斯校。学生环请讲演，公应之。归途遇大风，七时许，至行营。得前方战报，知我军已过汨罗河，正在追击中。

电令徐景唐、云瀛桥，驰剿云浮股匪。〔电曰：江门十三师徐师长、肇庆云团长均鉴：据云浮县局刘少刚霰电，灰日有军队式股匪千余，麇聚云雾山，声称取道铁场，直扑县城。当即电请刘县长，协同督率警团千余，进在铁场堡交战八昼夜，弹尽力竭，铣日午被攻破，焚劫数十乡。现在人心惶惶，抵御无术，恳迅拨大兵进剿，以救危亡。等语。仰该师长、团长，查照上情，即派兵前往切实剿办，并将剿办情形随时具报。此令。总司令蒋。皓。印。〕

电中山县政府，查复榄境信孚等一百零八家商店，呈控纠察队肆扰情形。

电令宋世科任十八师五十三团团长。

是日　第四军击退平江之敌，第七军突破其阵地之腹部，复向羊楼洞追击，第八军协进之。

二十日　对外宣言。〔节录：中正秉承吾党孙总理之遗嘱，负荷本党及政府委托之重任，顺应全国人民希望中国自由平等之要求，仗义率师，伸张天讨。兹于与吴〈贼〉（佩孚）决战之日，谨摘数义，为我友邦告之。中国自辛亥革命以来，年凡数乱，一乱于袁世凯之称帝，再乱于张勋之复辟，三乱于冯徐之窃国，四乱于段祺瑞之专政，五乱于曹吴之贿选。举凡足以妨害我国国民革命之事，靡不竭其阴谋；举凡营私卖国，荼毒人民之事，无不尽其恶毒，战无宁岁，民不聊生。此不独吾党孙总理引为深痛，即我各国友邦，亦当代为惋惜者也。民十以后，吴崛起，以继北洋正统，凡北洋派之余毒未尽者，吴〈贼〉因之；人民犹稍有喘息之机者，吴〈贼〉绝之；国命之不绝如缕者，〈吴贼灭之〉；全国所以托命之革命政府，吴〈贼〉更欲颠覆之。……此次中正奉命北伐，完全应全国人民、国民革命军之要求，履行吾党、孙总理求中国自由平等之使命。其有赞助吾国之国民革命者，皆以最惠爱之友邦视之，其有妨害吾国之国民革命者，皆与四万万人民共攘之。须知国民革命，皆各国历史所必经，自由平等，皆各国国家所需要。一国之不独立，即为国际战争之祸胎，一国之受压迫，即为正义人道所不许。自工业革命以至今日国际战争，皆为殖民被压迫者，因痛苦不可得伸，而压迫者之人民损失，亦恒超过其所得之利益。恫欧战之往辙，所以吾民有民族独立之要求；测世界之将来，所以吾党更主国家独立，即所以求国际和平之根据。故中国之统一独立，即世界之永久和平；吾国家之自由平等，即友邦之无穷利益。深望各国体历史国民运动之光荣，与中国国民革命以赞助，以不独吾国国民有深切之希望，全世界人民亦利赖之。但中正有重为吾友邦告者；自辛亥以至今日，各友邦间有未明吾民之迫切要求世界和平之真旨，每有内战，军阀之后必有帝国主义之投机者，操纵指使其间，屡次借款，皆为延长内乱之因。言及外交，必以助长军阀为旨，所以每有一次内战，国民对于友邦之误解更深，因而军阀每有一次胜利，外人之无形损失更大。此由其各国对华之政策错误，观察未明，反国民之要求，损本身之利益。中正躬行北伐，不止统一中国，实为完成世界和平，无论何国人士，能不妨碍国民革命之行动及作战者，一切生命财产，中正皆负完全保护之责。若有利用不平等条约，援助军阀，害我国民，致为中外人民所不容，中正纵欲保其友谊，亦恐碍于正义，此则不得不于战前伸明，以求我友邦谅解者也。吴贼之罪恶已至满盈，中国之俶扰，十有五载，中正敢领导全国民众、革命军人，于最短时期，扑灭祸国殃民之军阀，进求国家之统一。要之，中国之独立，即世界之和平，革命之成功，即友邦之利益，敢援此义，反复声明。其扶持正义，赞助我国民革命者，中正爱之敬之；如其有妨碍我革命运动者，中正攘之辟之。敢掬至诚，敬告友邦，谨此宣言，昭示天下。〕

上午，得粤电，知后方共党有迎汪之谋，将藉此以倒蒋也，〈代行者亦有此意，公思之惘然〉。

宴第一师官长，训诫二次。〔稿未留〕

下午，见第一师窳败，痛恨无已。愤然曰，外伺者如此，而本军又不争气，是诚欲哭无泪矣。召师团长厉责之。

诣湖南省党部听报告。

是日 第四军占领平江县城；第八军出通城、蒲圻，断敌归路，并分向黄沙街、关王桥等处追击；第四、第七军在涪口尽缴陆沄旅械。

孙传芳派谢鸿勋师杨镇东旅，开抵九江。

二十一日　晨六时，起床。出经武门，点名，十时后，回行营。

电令朱培德、程潜两军，向赣西活动。〔电无查〕

电复胡谦，立予枪决马逆。〔电曰：惠州。胡师长鉴：皓电悉。马逆雄韬，久为东江患，今既擒获，感慰良多。该余党尚敢有断路截劫之企图，自应不必提解，立予就地枪决，免生意外，该师长处置得宜，殊堪嘉尚。仍仰肃清余逆，以绝后患，并将枪决马逆及剿办余逆情形，具报备查，特复。总司命〔令〕蒋。马。〕

电令何应钦，剿办翁腾辉残逆。〔电曰：汕头。第一军何军长应钦鉴：现据紫金县党部执行委员会刘乃宏等呈，据探报逆匪翁腾辉所部陈子雄等四百余人，由蓝塘经过，开往热水地方，并在该处招募土匪，声攻县城，经派探查明，据复属实。现紫金无一防兵，热水离城亦近，请迅派军队进剿。等情。据此，仰该军长严为防范，并酌派部队，前赴剿办具报。总司令蒋。马。印。〕

下午，得报，广州起航飞机三架，误堕于宝庆，伤人损机，不知如何程度，殊深愁闷。

闻居、谢等有离间樊钟秀等与本军之举。叹曰：是诚反革命矣。

是日　第八军击走董政国残部，占领簟口桃林，第七军逼走谈家洞之敌，第四军分向马鞍山、南江桥等处进逼。

方本仁在萍乡老关，就第十一军军长职。

吴佩孚接报，召齐燮元代理部务，离长辛店南下。

二十二日　上午，赴省党部联席会议，至二时回行营。

拔上腭左小臼齿。

阅报见章炳麟檄文，一哂，窥其隐私，畏与恨也。

晚，会议作战计划及对闽兵力之运用。

是日　下午，第八军克复岳州城，一部向云溪前进，第七军出羊楼司，第四军追敌至通城占领之。

王天培就第十军军长职。

孙传芳部蒋镇臣师抵铜鼓，其大股由九江德安推进。

西北国民军代表李鸣钟抵广州，报告冯总司令率全军加入本党。

二十三日　上午，在行营主纪念周。

电授何应钦对闽机宜。〔电曰：汕头。何军长勋鉴：巧电刻始接阅。关于作战计划，已另电详明，中料闽周于此武汉战局发展或未定以前，不敢犯粤也。以理论之，应先图赣，而比粤为尤重也。刻已令第廿师第五十八团及机枪连，准备出发，增援潮汕，如此，则第一军在潮梅有枪数一万余，更无顾虑。盖敌即来犯，其主力除留守地方外，最多亦不过万枪耳。如其果来犯，我军须集中主力，击破其一点，则彼必自溃，以其指挥决难统一，不如本军之团结也。现时紧要关键，乃在赖部，须与之切实联络，以其地位优势，无论何时，皆可制敌之侧背也。中正。〕

下午，开经济政治委员会。

电宋子文催解五省通用票及公债券。〔电曰：广州。张主席并转宋部长勋鉴：九月份前方经临费，尚无消息，究有解出否，念甚。五省通用票及公债券，恳请电到即派专员星夜解来，千万勿缓，前方困穷情形不可言喻，务希怜察苦况，勿再稍延。乞复。中正。〕

晚，与白参谋长谈时局。

阅《向导》报，共党领袖陈独秀诽议北伐文。公谓其意在减少国民党信仰，而增进共产党地位，然而果有何效。

告全国民众促实现必须条件书。〔书曰：……一、中国跻于国际平等地位以后，国民经济及一切生产力，得充分发展。二、实业之发展，使农村经济得以改良，而劳动农民之生计，有改善之可能。三、生产力之充分发展，使工人阶级之生活状况，有因其团结力之增长，而有改善之机会。四、农工业之发达，使人民之购买力增高，商业始有繁盛之新机。五、文化教育等问题，至此方不落于空谈。以经济之发展，使智识能力之需要日增，而国家富力之增殖，可使文化事业及教育之经费易于筹措，一切知识阶级之失业问题，方有解决之端绪。六、中国新法律更因不平等条约之废除，而能普及于全国领土，如是治外法权之收回，租界之取消，然后阴谋破坏之反革命势力，无所凭藉。以上诸端，凡属国民，不别其为何阶级，自农工商学以至实业家、资产阶级，皆无不感其切要，亦即为我总理实行三民主义之初步也。……关于国家者：一、军事稍定，当秉承我总理主张，先召集国民会议预备会议，由此会议，召集真正之国民会议，解决国是，建设全国之统一政府。二、对外废除不平等条约，重订双方平等互尊主权之条约，求中国国际地位上之平等。三、撤退外国驻在中国内地之海陆军。四、撤销领事裁判权。五、收回租界。六、收回关税自主权。七、〈取缔教会学校〉，收回教育权。八、严定外国非得中国政府许可，不得在中国自由设置产业，创立银行，发行纸币。关于民众者：九、建设廉洁政府，铲除贪官污吏，肃清以前政府积弊。十、确定人民集会结社、言论出版、居住信仰之〈完全〉自由权。十一、统一财政，扫除厘金积弊。十二、取消田赋附加税，停止预征钱粮，废除一切苛捐杂税，禁止向贫民摊派军饷。十三、蠲免灾区钱粮及欠租，限制重利盘剥。十四、禁止种植、运输及吸食鸦片。十五、严令军队与民众合作，不许拉夫扰民及强驻民房、学校。十六、整顿国有及各省公有生产，发展实业。十七、政府设法拨款救济水旱灾荒，抑平米价，并没收逆产振灾。十八、扶植工农商学团体之组织与其发展，用全力解除其政治上之滞碍。十九、军事底定之省，即遵照我总理建国大纲施行训政，促进地方自治，实行省长民选，县长民选，乡村自治机关民选，并得由人民自动召集乡民大会，县民大会及省民大会，以改进各乡、各县、各省之政治。二十、改良农村组织，整理耕地，制定最高租税额之法律，增进农民生活。二十一、颁布劳工法及工厂条例，制定工人最低工资，禁止中外厂主及职员虐待工人，并改良工厂卫生，特别保护童工及女工。二十二、确定教育经费，不准因任何原因提借，并增加小学教员薪资及减少学生学费。二十三、改良士兵生活，提高士兵教育，并没收逆产，以一部分给老弱残废之兵士。二十四、确定并增加国家行政教育各机关下级职员薪水，并承认其组织。二十五、促进男女平等，承认妇女之选举权、被选举权及一切法律上与男子同等之权利。二十六、清查户口。二十七、丈量土地。二十八、组织各乡警卫团，使人民得以自卫。二十九、修筑各县马路。三十、修浚河道。三十一、培植森林。三十二、改良币制，禁止滥发纸币。三十三、由政府财力帮助平民，举行生产消费合作事业。以上诸端，其能促其实现者，即当促其实现；此时万难实现者，中正誓当与我父老兄弟共同努力。……〕

电李、钮，请与刘骥商定国民革命军与西北军联络办法。〔电曰：广州。

李总参谋长、纽总参议勋鉴：菊村代表到粤，想已切实磋商办法。弟意军事方面，本军占领武汉时，西北军能占领北京，向河南进逼，以期南北夹击。政治方面，须请政治会议决定，弟无成见。惟须西北方面对国民政府有具体一致之表示，不使各自为政（无论对内对外），此着或较军事为尤要也。请转呈张、谭二主席核夺为荷。中正。梗。印。〕

电李总参谋长论闽敌形势。〔电曰：广州。李总参谋长勋鉴：电悉。岳州已于昨申克复，逆敌狼狈退鄂，湘境完全肃清。闽周攻粤，中意如本军能迅克武汉，必可销其乱萌，只要攻鄂战况无停顿之象，彼亦不敢来犯。以理与势观之，闽、宁双方得赣比攻粤为要，如未得赣而先犯粤，于其战略政策上，皆为失算。故中料其赣战未启以前，彼必不敢犯粤也。即使潮汕为其占领，彼能占领全省乎？徒占潮汕，实无意义，而况其无占领之把握乎。今计其对潮主力张毅部除留守地方外，彼所能出之兵力，不过四千五百，其余孔昭同二千，第十二师一旅，约三千，合计最多不过一万枪。李凤详、蒋云峰虽能出四千枪数，然其决非善战之兵，况赖师正足牵制乎。共计闽能攻粤主力之兵，最多不过一万枪数而已。我方防闽，实有九千好枪，如能联合赖部，则枪数较敌方为多。此时赖部关系甚重，以其地位优势，在在皆足制闽敌侧背也。中意潮梅无待省城增兵，此时若由海道运汕，恐为北洋舰截袭，陆行则缓不济急，以第一军在潮能战之部队应之，加以赖部之辅助，应战绰有余裕也。如万不得已，可调第廿师之一团，机关枪一连，逐渐由海道试运，如能速达，则加此一团，枪数足有万余，足壮声势，不必全师派遣，以免临时无兵可调。而省城附近，又恐土匪猖獗难制，且云南事亦不可不注意也。如第廿师果抽一团赴汕，则中山之补充团，应调集省城，归编钱师，而以第十三师之一部，垫防中山，希以此意转电敬之兄可也。中在前方，无暇兼顾后方，今岳州既克，诸事更繁，粤省与赣南军事不必一一请示，以免延误，请兄负责决定，交由政治会议通过施行。遥制军机，必多贻误，况战事瞬息万变，不能不临时制宜耶，请兄勿存客气，并已电告张、谭二主席，军事应容纳兄之主张。中正。〕

电李总参谋长等，令遣后方毕业学生及在各处服务员，无必要职务者，一律来湘行营。

复奖唐生智捷电。〔电曰：岳州。唐总指挥勋鉴：顷接捷电，知我军完全克复岳阳，敌人向鄂溃退，足征吾兄指挥有方，将士奋勇效命，故能迅奏肤功，肃清湘境，至深嘉慰。即派员遄赴前敌，犒劳众军，所有此次出力将士、战利物品、俘虏人数，务望详细具报，以便分别办理。蒋中正。〕

是日　羊楼司会议，决定分四路进占汀泗桥。第四军陈〔铭枢〕、张〔发奎〕两师，由崇阳、通山；第七军及第八军之一部，由蒲圻；第八军何〔键〕、刘〔兴〕两师，沿江下嘉鱼，会攻之。

中央任命冯玉祥为军事委员、国民军党代表兼国民政府委员。

二十四日　致中央执行委员会电。〔电曰：广州。国民党中央执行委员会公览：现阅《向导》周报第一百六十一期陈独秀君《论国民政府北伐》一文，反对本党北伐，阻止国民革命。查陈独秀君乃中国共产党领袖，《向导》周报为中国共产党言论机关，此种言论，中国共产党当负其责任。值此严紧时期，发此言论，显然破坏两党合作之精神，影响重大，不敢缄默。应请中国共产党中央执行委员会负责答复，免致误会。是否有当，尚祈核夺。蒋中正叩。〕

电知唐生智炮兵已令归调遣。〔电曰：岳州。探送唐总指挥勋鉴：兹派炮兵团第一营于敬日开来岳州，归兄调遣。再一军二师炮兵营之两连，亦令于本日开来破塘口一带，归该师节制，希查照。中正。敬。〕

电令贺龙进攻津澧，占取荆沙。〔电曰：常德。军。探送第九军贺师长览：梗电悉。亲赴前方督战，具见爱国热忱。惟中央军已于养日克岳州、通城，出羊楼司，向蒲圻追击前进，武汉旦夕可下，望速进攻津澧，占取荆沙，早定鄂局为要。总司令蒋。敬亥。〕

电令潮梅各要地，设立兵站。

电范〔石生〕、黄〔绍竑〕、李〔济琛〕商定对滇计划。〔电曰：南宁范军长筱泉兄、黄党代表、广州李参谋长勋鉴：顷由粤转电称，据安南、海防本党支部探告，唐、刘两部受吴佩孚饷各五万，希图扰乱两广，唐为滇黔蜀桂粤五省巡阅使，刘为广西军务督办，胡若愚为援粤桂总司令。拟分设行营于百色、龙川，由李嘉品率军三师，约万二千人，及机关枪、飞机军用品，新从法购回。各等语。希速就近详细侦察，如果属实，应请筱

泉兄与任潮、季宽两兄，商定对滇计划，如必要时，钱师全部亦可调用。并希将计划及侦察所得情形电复为盼。弟蒋中正。敬。印。〕

公曰：基本军队之不得力，办事人员之不奋勉，忧患日深，耻辱日增，此其所以郁抑不乐也。

二十五日 上午，诣湖南全省第二次代表大会，报告政治、党务。

共党在后方根据地捣乱更急，运动黄埔学校，无所不用其极。回行营，接本校全体党员请汪销假个电，〈公甚疑虑〉。公曰：前方敌军未灭，而内部精神涣散，后方乃有此捣乱行动，天下无真是非矣。用人之不审，交友之不慎，寖至于此，可胜长吁。

电知李、何、朱对赣作战计划。〔电曰：广州李总参谋长、汕头何军长、醴陵朱总指挥均鉴：亲译。现时对赣作战计划，大体决定分三时期：第一时期，为我中央军克复武汉时；第二时期，为我军尚未决心攻赣，而闽周已犯我潮梅时；第三时期，为闽周不犯潮梅而援赣时。在三时期中，无论敌方行动如何，我军皆以进攻江西为惟一方针。在第一时期，兵力之部置：（一）赣西方面，以第三军出萍乡占袁州，以第二军出莲花占安吉，会攻樟树，进取南昌。此时中央军应以第六军出修水、武宁，截南浔铁道，断敌归落。（二）赣南方面，以第四十六团出上犹，以第五师出大庾，赖师出雩都，合攻赣州。各部队在未得赣州前，归李总参谋长指挥，赣州下后，第五师归还第二军建制，统受朱总指挥调遣。（三）潮梅方面，又分二种情况：第一情况，如此时闽周犯我潮、梅，何军长以必要兵力，扼险驻守，掌握主力，相机出击。赖师于取赣州后，迅以大部由平远入梅县应援，受何军长指挥。第二情况，若闽周不入粤而入赣，必取道于南城、南丰之间，赖师当于取赣后，迅出宁都、广昌，袭击该敌侧背，何军长可以余力入赣，以为策应。第二时期之兵力部署：（一）赣西方面，二、三两军同第一时期。此时视中央军作战之进步，得抽调第六军出修水以为声援。（二）赣南方面，第五师及第四十六团之任务，同第一时期；惟赖师以一部会攻赣州，以大部入梅县援助何军，或入上坑袭击敌人侧背。赖师在攻赣时，归李总参谋长指挥，入粤或入闽后，归何军长指挥。（三）潮梅方面，同第一时期之第一情况。第三时期之兵力部置：（一）赣西方面，同第二时期。（二）赣南方面，同第一时期。（三）潮梅方面，同第一时期之第二情况。在右列三时期中，无论在任何时期，若方军长与唐、蒋妥协时，即以唐出新喻，蒋出峡江，会攻樟树。三军随唐后，二军随蒋后，如樟树已下，则三军以主力迅取九江，夺取各要塞。第二军视当时情况，如闽周派兵援赣，得以必要兵力，出临川、崇仁，当头迎击，详情容后令发，仰各先行准备，并将奉电日期报查。总司令蒋。有午。（按此计划，对于当时情况，应适用第三时期之方略，惟援赣部队非闽周而为苏孙，闽周之兵力，已在我东江方面之前敌，不足为患，苏孙之援赣，则为生力军，其力精锐，故战略亦略有变更。）〕

电令胡谦剿办和平逆寇。〔电曰：惠州。胡师长鉴：据和平县长罗骏超哿申电称，黄逆残寇，联络贝领、上坪、泗都、牛山等处余孽，意图再犯和城，恳迅派大队来剿。等语。仰即酌派军队前往剿办，毋使滋蔓为要。总司令蒋。有。印。〕

电诫贺龙、贺耀组，勿再事内哄。〔电曰：临澧、石门。贺师长云卿兄、石门贺师长贵严兄鉴：贵严前以格于情势，致缓来归，云卿不得已，乃以干戈相见。现贵严已通电就职，诚心大白，自宜双方合作，切不可再存歧视。我中央军自总攻击开始后，节节胜利，蒲通、崇阳、咸宁，相继克复，现仍在进展中，武汉旦夕可下。两兄应查照前电，协力同仇，迅将津澧王都庆部扫除，即向荆州出动。万勿再事内哄，见小贻大，是为至要。中正。有申。印。〕

电着彬县县长通知境内各军队长官，凡外人所办之学校、教堂及医院等，不得屯驻部队。

第八军陆续渡长江。

吴佩孚沿京汉路检阅军队后，率刘玉春等部驰抵汉口。

二十六日　上午，寸衷郁结，看嘉言钞及菜根谭，至“知天下之长，而吾所处者短，则横逆困穷之来，当少忍以待其定”与“逆来顺受，居安思危”等语，气为之振。应以大无畏之精神与此横逆决斗，顺应环境，必可冲破难关。将其计而就之，则天下无难事矣。

电催袁、王、彭率部急占荆沙。〔电曰：铜仁袁总指挥、洪江王军长、辰州追送彭军长勋鉴：径日，我中央军已攻克蒲圻，进逼咸宁。左翼军第九军各师，已于养日进攻津澧，惟各部分道出发，提挈无人，于军事进行，殊多未便，除电令吕党代表杨、贺两师长在彭军长未到以前，第九军各师，概归左翼军总指挥部党代表吕超指挥调遣以一事权外，仍盼诸兄即率后续部队，兼程并进，挥兵出击，以期我中央军攻下武汉，左翼军亦同时占领荆沙，共奠鄂局为要。蒋中正。宥。〕

电令唐生智、刘峙，第二师向蒲圻前进。〔电曰：岳州云溪赵李桥，专送唐总指挥，第二师刘师长峙览：(1) 着刘师长峙，迅率所部，即沿铁路向蒲圻前进。(2) 刘师早有明令，归唐总指挥之指挥调遣，仰恪遵命令办理为要。中正。宥午。〕

下午，电何应钦催赖师速占赣州。〔电曰：汕头。何军长勋鉴：前方部队已过咸宁，武汉或于不日可下。中定今晚乘车往岳，并至前方巡视。闻吴昨已抵汉，然已知其无能挽回此危局也。闽周备战既明，我军关键，在赖世璜之能否速占赣州，如赣州果克，则第一军与之接近，互相策应，闽周虽有数倍之兵，亦无如兄何矣。务催赖师速占赣州，今日另有训令，不赘。月杪月初，尤须防敌袭击也。第五十八团能否由海道运汕届时应用，甚念。盼复。中正。宥酉。〕

电令李济琛赞助谭师陆团。〔电曰：广州。李总参谋长勋鉴：攻赣决在下月东日，至迟不得过江日，惟南雄谭师、汝城陆团（即四十六团），恐不能实行命令，如我企图。请酌派本部得力人员，前赴该师、团赞助一切，并先电令于东日前准备完毕为要。中正。寝酉。印。〕

任命赖世璜为第十四军军长，令将所部编为两师。

电李总参谋长，即派飞机出发。

令贺耀组编湘军第一、第二师为独立第二师，任赣北作战。

二十七日　二时，公由长沙出发，各团体来站欢送，一如莅止时。六时后，临汨罗江，以路轨坏，留滞阅三时。下午二时后，至岳州站，望见洞庭湖一角，未过车，直达蒲圻。正在计划时，接报知汀泗桥已于辰时为我第四军攻克。汀泗桥地形天险，桥上敷铁丝网，附近筑坚固工事，宋大霈率残部由平江、通城、岳阳一带退扼，合后方生力援军，计共二万余人，死守此隘。吴佩孚复率刘玉春师，亲自督战，率不能保。障碍既除，则会师武汉，当可计日而待乎。

下午，电程潜、杨源濬迅进鄂城策应。〔电曰：通城、崇阳。探送第六军程军长、杨师长览：(一) 我第四军及八军之一部，于本日上午十时，已占领汀泗桥，本日可进占咸宁。汀泗桥之敌人，为陈嘉谟一旅、马济一旅及军官团，均已消灭殆尽。汨罗之役，敌人兵力亦消灭十分之六，预料武昌指日可下。(二) 已令第七军胡指挥由蒲圻向咸宁，随第四军向武昌攻击前进。夏指挥向鄂城前进。第八军三、四两师，在蒲圻候命。八军何师、夏师，本日已在临湘附近开始渡江。第一军第一师，本日可抵岳州，第二师明日可抵蒲圻。(三)我军对江西已决定于东日开始攻击，先取赣州，以赖、谭两师及第五军之一团担任，第二、第三军，在筱县候令进攻。(四) 仰该军长率部兼程由咸阳经通山向鄂城前进。其任务在堵截武昌溃兵，扼守鄂城下游，防止敌舰监视江西。该军长到鄂城时，如武昌未下，应指挥所部会攻武昌，经分令夏指挥知照。(五) 余于本日申刻到蒲圻宿营。总司令蒋。感戌。印。〕

二十八日　对外策略训令。〔文略〕

电嘉陈可钰、陈铭枢、张发奎等攻克汀泗桥。〔电曰：汀泗桥、咸宁一带，探送第四军陈副军长、陈师长、张师长，并转各团长均鉴：汀泗桥夙称天险，乃我军一鼓而击堕之，负嵎逆军，歼灭殆尽，非兄等筹策攸宜，将士忠勇效命，畴克臻此，嘉慰逾恒。戴团长陷阵负伤，殊深系念。除派员驰赴汀泗桥慰问外，所有在事出力人员，着先传令嘉奖，并希将此役伤亡官兵详查汇报，以凭赏卹。蒋中正。俭。〕

电令程潜消灭通山残敌。

电令金诵盘推进医院。〔电曰：长沙总司令部陆处长速转金处长诵盘览：长沙病院，着迅即推进至岳州；衡州病院如已移至株州，即将该院推进。如长沙病院推进时，该院之病伤兵，可与红十字会医院，或其他医院交涉，请其代为收容，医药各费，由我照付。仰迅速遵办，毋得延误为要。总司令蒋。俭。〕

电蔡忠笏率第二营炮兵一连，迅即开来蒲圻。

唐总指挥以各军分配已尽，吴军因马济之武卫军加入反攻，急调总预备队第一师兼程赴援。

二十九日 上午，电令程潜饬所部停止原地候命。〔电曰：崇阳。探送程军长勋鉴：孙传芳派谢鸿勋、杨镇东等部，号日由建昌向修水前进。请贵军从速在原地停止候命，准备向修水之路口北或通城前进，并请探明由崇阳直至路口北有否道路。盼复。中正。艳未。〕

电复朱培德，照准移动各部。〔电曰：醴陵。朱总指挥勋鉴：感电悉。此间亦接到同样报告，对赣计划，准照兄感电移动各部，并望速即照办。第六军拟令其在崇阳候命，或由崇阳直进路口北也。中正。艳未。〕

〈电奖〉贺龙击破慈石方面之敌。

电李鸣钟〔西北军总指挥〕、徐谦，欢迎使旌抵广州。

十时，公由蒲圻乘车至咸宁，江水暴涨，为近年所罕见。过汀泗桥，但见死尸累累，惨目伤心，乃知此次战斗之激烈。下午五时，抵咸宁，与各高级官长商议作战计划，甚虑湖水之盛，正面之隘，兵力难展也。

电告李、何、赖对吴、孙形势。〔电曰：广州李总参谋长、汕头何军长并转赖军长鉴：(一) 我中央军刻已进至咸宁前方三十余里之驾城铺一带，敌在贺新【胜】桥附近抵抗。拟于今晚进攻，此部扑灭，尽可直趋武昌。(二) 孙传芳派谢鸿勋师杨镇东旅由赣寇湘，据确报，已于号日到达九江，即向武宁、修水前进，其先头部队现可到达修水附近，其意在出浏阳、平江，通城方面，扰我后方，明甚。现朱军长计划，拟以第三军由浏阳出铜鼓，以第二军由醴陵出萍乡，各以一部会出万载；以中央军第六军由通城出路口、义宁截击，将先击破此来援之敌，然后再解决江西其原有部队。如此计划甚得要领，已电令照办矣。(三) 两杨盘踞赣南，虽非劲敌，亦多掣肘，着由李总参谋长查照有酉电令，妥为规划，饬令赖军谭师陆团，早日将其铲除，肃清赣南，以省后顾。(四) 中央军到达武汉后，江西问题不难解决，闽周纵有若何之野心，潮汕无足虑也。中正。艳戌于咸宁。〕

晚，回汀泗桥，决心亲督江西之战，实藉此以避名位。〔盖不愿居克复武汉之殊勋，防止共党挑拨，免启内部争端也。〕

三十日 上午，电令第一师驻岳州待命。

电朱培德商定攻赣计划。〔电曰：醴陵朱总指挥鉴：对赣计划，大体甚为同意，当于艳亥电复矣。刻复详加考虑，觉有数点尚须讨论者。(一)

三路同时进攻，兵力分，且不占优势，恐难达到任务。（二）二、三两军各以一部会出万载，指挥难期统一，兹特略为变更。以二、三两军之主力，由醴陵入浏杨【阳】之文家市，进攻萍乡、万载，占领袁州，或由醴陵出萍乡，进攻袁州、万载之敌，俟将该地区之敌扑灭后，再以必要兵力相机协同第六军夹击苏孙援赣之修水方面部队，如此较为稳妥也。电到后，希迅速集中，开始攻击，日期请就近酌定，总以最速为妙。中正。卅戌。〕

电张翼鹏〔第八军总参谋长〕，指岳州江面外舰停泊地点。〔电曰：长沙总指挥部张总参谋长勋鉴：江口封锁，既已备文通知各国领事，我方应即预备领江船只数艘，在城陵矶口外引导，其详细办法，请酌夺可也。中正。卅。〕

十时，第四军攻克贺胜桥。贺胜桥以南，至桃林铺、杨村垱、王本立一带，阵地坚壮，北军云集，吴佩孚亲出督战，卒至节次退败。

下午，电令程、陈、曾，拨无线电机人员。〔电曰：崇阳。探送第六军程军长、第四军陈兵站监、第七军曾兵站监鉴：第六军兜击逆援，任务重大，军事消息綦贵灵通。第四、第七两兵站监部，任何一部先到崇阳，着即就近拨无线电机全部及使用该机人员，交程军长收用后，再向前方本部行营领还补充，以免转折而资利梗。如该两兵站部均已过崇，即由程军长电请领发可也。中正。卅申于蒲圻。〕

电复吕超转奖贺师长。〔电曰：常德。吕党代表汉群兄鉴：宥电悉。贺师长努力杀贼，殊堪嘉许。子弹曾令长沙陆处长拨给五万发。常德方面，已令唐总指挥电令教导师拨兵，前来增防矣。我中央军今晨已将敌之贺胜桥最后防线击破，武昌在望，旦暮可达，望鼓舞前敌将士，迅出荆沙，早定鄂局为盼。中正。卅酉于咸宁。〕

公曰：我军虽获大捷，而前后方隐忧亟增，肘腋生患，共党在内作祟，非使本党分裂与全军崩溃而不止。遍地荆棘，痛苦万分。

三十一日　电示程潜攻赣、鄂变更计划。〔电曰：崇阳。程军长勋鉴：艳戌电悉。所陈作战指导，实有同心。最初原本此计划进行，嗣以中央军甚属得手，武昌指顾可下，而修水方面敌军，日渐接近侧背。我军为策侧背之安全计，不能不略予变，以收兼顾统筹之效。我中央军卅辰击破贺胜桥之敌，缴械千余，已进击至土地塘前方廿余里，敌为吴所带来之刘玉春、陈德麟等部之生力军，此部不支，武昌已无问题矣。孙援赣军，号日已由九江登陆，其大部近日可到达修水附近。贵部希即迅速集中通城，但崇阳既有通路口北大道，仍须酌驻兵力，警戒修水方面。其间道路方面状况，以及距离若干，希就近派员确查电告。七九弹拨给十万发，已令长沙陆处长运赴赵李桥，交由杨师具领。中正。世午。〕

电派王世和〔警卫第一营营长〕保护蒲圻以北至前线一带铁路。〔因汀泗桥下，奸人用枕木横搁，列车颠覆。〕

电彭鼐勋〔兵站副监〕移第二病院于长沙。

电令徐景棠调第二十师第六十团两营回省。

公阅鲍罗廷电，叹曰，鲍等限制革命军发展，防范本党北伐成功之心，到底不懈，悲夫。中师倏忽逝世，何使吾辈后死者艰棘至此耶。

看东方杂志。

又曰：前方胜仗愈大，〈武昌距离愈近〉，而忧患与之俱深，个中心事，其谁知之。

是日　孙传芳颁援赣计划，以皖军王普为第一军，刘凤图所部为第五军，苏军编为第二、三两军，浙军周凤岐为第四军，攻击通山、岳州、平江、浏阳；赣军攻醴陵、株州、莲花，以卢香亭为援赣总司令。周荫人攻粤。

九月一日　公接广州电，知共党诡谋日炽，而武昌城敌又有死守待援之势，集赣孙部，并来侧击，前后夹攻，势甚孤危，会精聚力，谋所以冲破重围，转危为安之道。

上午，处置各事及计划攻赣。

电令陈嘉佑妥筹南雄警备。〔电曰：急。韶州。陈警备司令鉴：〈会密〉现住南雄之第五师，经令饬于九月三日以前出发赣州。所遗该处警备事宜，仰该司令迅即妥筹，派兵接防，具报为要。总司令蒋中正。东。印。〕

电令赖世璜，限于一星期内攻下赣州。〔电曰：提前万急。汕头何军长转会昌赖军长鉴：〈会密〉据报周荫人有意寻衅，共见共闻，我军急应声罪，讨灭此丑类，仰该军长务依照计划，于一星期内攻下赣州之后，随即回师东向，协助第一军进攻闽敌，并归何军长指挥，以收臂指之效，切

切！此令。总司令蒋。东。印。〕

电令王柏龄并转罗树甲第一师集中浏阳。〔电曰：岳州。王副军长柏龄，并转第三十九团罗团长树甲鉴：(一）第一军军部及第一师，着克日用火车输送至长沙，转赴浏阳集中，限于本月三日以前，集中完毕具报。(二）城陵矶防务，交罗团长派兵接替；岳州至城矶一带警戒，着罗团长妥为配备。(三）炮兵第二营之一连，仍留岳州城陵矶，归罗团长指挥。总司令蒋。东未。印。〕

电令唐、朱、程、王，分割炮兵使用。〔电曰：咸宁。专送武昌唐总指挥、醴陵朱总指挥、通城程军长、岳州王副军长均鉴：兹将本部炮兵团分割使用如下：(一）第一营仍归唐总指挥指挥。(二）第二营第四连由营长杨德良率领，归程军长指挥，已令该连由蒲圻乘车至赵李桥转赴通城；第五连仍担任岳州城陵矶防务。着该团长蔡忠笏亲往指挥。(三）第三营之一连，由营长许康率领，归朱总指挥指挥，已令其由长沙赴醴陵。(四）余一连归王副军长柏龄指挥，迫击炮营第一连，归第一军第二师刘峙指挥，第二连由营长鲁宗敌率领，归王副军长柏龄指挥。除令该团长蔡忠笏遵照外；希查照。蒋中正。东申。印。〕

电告朱培德、鲁涤平对赣军情。〔电曰：醴陵朱总指挥、攸县鲁副军长勋鉴：(一)益之兄艳亥电悉，卅日致益之一电，亦同此意，希照速行。(二）着第二军第三军于奉电后，迅即集中醴陵，惟驻浏阳、茶陵各一团，暂不调动。(三）第六军已于东日集中通城完毕。(四）已令限第一军第一师于支日以前，集中浏阳，又由本部拨炮兵一连赴醴陵，均归朱总指挥之指挥调遣。(五）对赣作战，准微日以前开始，希准备为要。蒋中正。东戌。印。〕

电示程王柏龄作战方略。〔电曰：胜。限即到。通城程军长、岳州王副军长勋鉴：(一）接益之艳亥电云："修水到敌万人，铜鼓到有百余人，此后出通城，抑赴铜鼓？尚待确查。兹拟我军对敌作战，须并二三两军主力于一路，先解决萍乡之敌，以二军向袁州、分宜、上高前进，以三军由万载出铜鼓，敌若由修水南下，须令第六军迅由通城直捣修水，击敌右侧背，若敌趋通城，则以第三军主力蹑其后，与六军夹击之，务期将其消灭。至吉安方面，已商方耀庭由其和缓，可暂各不用兵"等语。已电令照速行。并令二三两军，迅集中醴陵矣。(二）王副军长应于江日前率第一师赴浏

阳集中，到后着归朱总指挥指挥。（三）对赣作战，准微日以前发动，希各准备为要。蒋中正。东戌。印。〕

电令严重，开补充师至衡州训练。

电嘉贺龙、杨源濬，奋勇效命。

第四军全部抵武昌城外，自此中路李宗仁督攻武昌；左翼第八军夏斗寅师，由上游渡江攻汉阳；右翼第一军之一部，绕道抄攻汉口。

是时，吴佩孚起用靳云鹗为联军副司令，以靳部高汝桐之铜帽军，会同鄂军刘佐龙师，守汉阳。以刘玉春部及前线收集之残部，与豫军一旅，守武昌。并令陈嘉谟为武汉防御筹备总司令。已则昼坐镇汉口，调度由北南下援军，夜率新到援军，入武昌助刘。

二日　上午十一时，公由蒲圻登车，下午七时，到纸坊市。吴佩孚当败溃之前，阻止其队伍后退不成，手刃官兵百余人，贺胜桥畔，臭气冲天，公过之惨然。会唐总指挥，乃知攻城计划已定，心才少定。未正，电朱、鲁、程、王，告以敌情及任务。〔电曰：醴陵朱总指挥并转鲁副军长、王副军长、通城程军长鉴：新军密：训令：（一）据探报：修水附近，到有孙逆援赣军谢鸿勋、杨镇东等部约数千人，其先头部队，约百余名，闻已到达铜鼓附近。（1）武昌之逆军残部，现犹撄城拒守，似有待修水方面逆援出动，以图苟延之模样。（2）我中央军右纵队，昨晨已进逼武昌城下，现复占领洪山，将敌完全包围，准备攻城，旦夕可下。夏指挥所部，刻已到达鄂城，准备截击武昌溃窜之敌。左纵队一部，在江左岸，向汉阳前进中，一部沿江右岸前进，刻到金口附近。（3）我左翼军贺龙师，亦将慈利、澧县一带之敌击溃，现正向公安、石首追击前进中。（二）我军为实施第二期作战计划，及策中央军侧背之安全起见，第二、三、六各军及第一军第一师，应于五日以前，各到达电令指定位置准备完毕，即于五日开始攻击前进。（三）贵总指挥应以第二、三两军之主力，由醴陵及浏阳之文家市，进攻萍乡、万载，占领袁州，或由醴陵出萍乡，进攻袁州、万载之敌，迅将该地区之敌扑灭后，即以相当兵力，折出铜鼓，协同第六军，夹击修水方面之敌人。进攻万载时，应以相当兵力，对铜鼓警戒，右翼对安吉方面，亦应注意。（四）第六军应于本月三日前集中通城附近，准备截击修水方面之敌。在予未到醴陵以前，归朱总指挥指挥。（五）第一军第一师，于本月三日以前，到达浏阳，为总预备队，在予未至醴陵以前，归贵总指挥指挥。（六）已令李总参谋长迅饬赖部及谭师协同扑灭赣州以南之敌人；此部在三号以前开始攻击。（七）予现至前方巡视，一俟克复武昌城后，即来醴陵督师。总司令蒋中正。冬未。于土地塘。〕

电催工兵营星夜开至武昌。

电令方鼎英，率第四期学生来前方，分发见习。

电令俞飞鹏，将所属野战病院移归军医处管理。

电令贺龙，饬部再进应援。

电令李济深，派队进剿连平等处土匪。

下午，电令程潜，第六军暂归朱军长指挥。〔电曰：通城。程军长颂云兄勋鉴：右翼军总指挥，前令朱军长兼任，以彼时第六军归于中央军总预备队故也；今贵军加入右翼作战，为求指挥统一起见，弟未入赣以前，归益之兄指挥，屈尊请谅之。右翼军攻击开始之期，既定本月五日，以道路及任务计，务请贵军于前一二日，由道城出发，总期于六日以前，进攻修水，使与二、三两军六日攻萍乡、万载之期不差也。占领修水后，如无特别训令，请即跟敌踪追击，此时我军应注重消灭孙逆援赣之兵力，而不在得地也。是否，请复。中正。冬申。〕

电令李、何、赖迅定赣州。〔电曰：广州李总参谋长、汕头何军长、并转赖军长，均鉴：何军长陷电悉。对赣进攻赣西方面，决定微日开始，因苏孙派谢鸿勋、杨镇东等部，由武宁出铜鼓，希图扰我侧后，计其大部，可达修水，我军不能不先发制人。其兵力部署，系以二、三军之主力，由醴陵出萍乡，攻击袁州、万载后，即折向铜鼓，与集中通城之第六军夹击此敌。第一军第一师调驻浏阳策应。至赣南方面，想已遵照寝午两电于江日以前，开始攻击。总之赣州两杨部队，趁早解决，则右翼更为安全，最好鱼日以前，赣州可完全肃清，各部联络较易。赣局解决，更有把握也。中央军昨已进逼武昌城下，吴（逆）已乘船遁，尚留少数残兵，闭城拒守，决江晨拂晓攻击，大功当可告成也。中正。冬戌。〕

二时，公乘车至涂家湾，自南湖文科学校，巡视至洪山麓，视察城墉及城内敌情后，回校会议。议决：以李宗仁为攻城军司令官，陈可钰为副司令；并进行计划。至十时半散，不觉疲惫倍至，返车次倦卧，已逾午夜矣。第一军第二师，第四军第十师，各以奋勇队今晨开始攻城，经一昼夜未能得手，次晨六时停止。

三日　上午，派何应钦为东路军总指挥，令率谭曙卿〔第一军第三师师长〕、张贞〔新编独立第十四师师长〕等部攻闽。

复陈友仁保护外侨电。〔电曰：〈广州。万急。广州外交部陈部长勋鉴〉：有电敬悉。关于保护外侨一层，已经通令各军遵照，对于外人设立之教堂及学校等，尤禁各军不得占住妨碍，请转达知照。中正。江午。于距武昌三十里之地。〕

电令胡谦，驰剿连平土匪。〔电曰：万急。惠州胡警备司令谦鉴：〈古密。〉顷据老隆刘绥靖员宗尧俭电称：寝日驻隆严营回兴，土匪叛军乘虚蠢动，人心异常惶恐。查职区土匪猖獗，经迭请胡师长迅派部队协剿，并奉复已令五十一团赴区办理。惟迄未开到，以和平残孽，屡来侵犯，连平匪祸，迭次告急，数县地方势将不堪设想，于北伐影响，诚非浅尠。合沥词电陈，迄迅催第十八师部队兼程赴援，以解倒悬，不胜惶急待命之至。"等情。仰该司令转饬所派部队，迅行前往勿延，仍将到达日期查报为要。总司令蒋中正。江。印。〕

电令程潜及万县长究办葛应昌。〔电曰：急。通城程军长〈勋鉴〉：万县长览：顷接李军长东电称："查职军第一路夏指挥官所委之游击队司令葛应昌，于事既无裨益，复敢假名收编，滋扰地方，甚至擅缴团枪，拘捕团总，实属不法已极。除另电即将该司令取销，并责成将所缴团枪如数发还暨释放团总沈定远等，该司令如仍怙恶不悛，并请邓万两县长会剿拿究外，谨此电闻。"等语。查李军长所拟处置办法，均甚妥当，希即查照办理为要。总司令蒋。江未。〕

第七军第一路占领鄂城葛店。

四日　上午，公曰："后方动摇，余之精神之受打劫，比前方大败为尤甚；

1　此句为蒋介石所加，其删去原文是："孟潇言，第二师非调赣不可。吁！是何言也。"

吾今已处于楚歌四面之中，〈最恨〉以下凌上，更为难堪。盖当时有人明言，第二师毋留武汉，非调赣不可。故公以“忍辱含羞，莫甚于今日也”。[1]

下午，巡视第十、第二师，训勉努力攻城。语刘峙曰：“尔等如再不争气，何以立世见人，虽至全军覆没，积尸累邱，亦非所恤，望奋勇拼死，维持尔等光荣之历史已耳。”

电令何应钦，拿办逆党江天济。〔电曰：汕头。何军长鉴：〈会密〉据报：逆党江天济，受陈、陆接济巨款，在汕头立桂花俱乐部，交结土匪，运动军队，意图捣乱。”等情。希即严密查拿究办，以遏乱萌为要！总司令蒋。支。印。〕

五日　早三时，颁发第二次攻城计划。〔纲要（甲）攻城军之部署……。（乙）攻城军兵力使用法……。（丙）攻城炮兵之分配……。（丁）攻城材料之准备……。（戊）攻城时各部队之动作……。（己）电话网架设之路线……。（庚）高级指挥官之位置……。〕并面授各将领机宜。肉搏猛冲至正午仍无进展；公往来湖洪山间，见牺牲过大，令暂停止。

电张、谭二主席，告占领鄂城之捷。〔电曰：广州。中央执行委员会、国民政府主席钧鉴：据李军长宗仁报称：“我夏指挥威所部，于支日完全占领鄂城县城，俘逆军宋大霈、孙建业等残部官兵千余名，获枪一千五百六十余支，大炮五门，兵舰一艘，水面飞机一架，汽艇二艘。鄂东逆军，已完全肃清”等语。谨此捷闻。蒋中正呈。歌。于武昌南湖。〕

电令李济深调遣各处军队。〔电曰：广州。李总参谋长勋鉴：如东江方面，兵力单薄，须调队增防时，可调第五十九团前往；中山方面，由第四军派队接防。第二十师补充团应留省城训练。蒋中正。微申。〕

电令林伟成，迅开中山二号飞机，自长沙至南湖候命。

晚又在南湖文科学校会议。

六日　电调入伍生炮兵团第二营来南湖学校候令。

电令张翼鹏、陆福廷等饬水雷队布防城陵矶。

下午开军事会议，决定第三次攻城计划，主张不一致，散后，回车次。

刘佐龙内应，鄂军第二师夺得龟山阵地，占领汉阳。

第二、第三军占领萍乡。

七日 晨，电陈、张、谭二主席，报告汉阳、汉口、武昌战况。〔电曰：〈广州，胜，限即到〉中央执行委员会、国民政府张主席、谭主席钧鉴：我第八军第二师何键部及鄂军第一师夏斗寅部，自上月感日起，分向嘉鱼、宝塔洲、新堤等处，陆续渡江，向汉阳攻击前进。因堤溃水涨，运动困难，至微日始与敌接触，节次将敌击退，进逼汉阳。时我第八军四师刘兴部，复由金口渡江，加入作战，遂于鱼日未刻，克复汉阳城。何部占领龟山及兵工厂，所获军械，有如山积，刘佐龙部亦与我合作，凡逆军近汉口者，均被缴械。现我夏师已由蔡甸出孝感，兜截残敌，期在围歼。何师正准备渡过汉水，进展汉口，协同刘佐龙部，向武胜关追击。唐总指挥生智，拟于今日驰往汉口督师。至武昌方面，我军自东日以来，即逼城围攻，乃陈逆亲率残部，据城死守，城上遍架机关枪迫击炮，复将野炮集中蛇山，向我射击。我军在敌威猛火力之下，两次强迫登城，均未奏功，伤亡二千余人左右。但我士气振奋，进攻益力，近又搜获敌遗野炮十二尊，炮弹八千余发。如敌仍顽强抵抗，只得实行轰击。依事实上观察，逆军困守孤城，为待援耳。而我第七军夏部已克鄂城，可阻苏皖逆众西援。我得两汉，已亦足阻直豫余逆南下，武昌城敌，实同瓮中之鳖，定可一鼓尽歼也。谨此电陈，敬祈鉴核。蒋中正呈。虞申。于武昌南湖。〕

转电朱、鲁、程、王孙逆进攻我军之方略。〔电曰：〈胜。限即到醴陵〉浏阳。探送朱总指挥、并转鲁副军长、通城程军长、浏阳王副军长勋鉴：据汕头何军长支电：转据赖世璜江酉电略云："职于今午抵雩都，据邓如琢世亥通电称：奉孙馨帅世电：湘局变化，我方亟应迅行出去。兹将我军预定进攻方略列下：(一)已令第一军王普至富池口登陆，准备进攻通山、岳州，以第五军刘凤图所部，由兴国准备随第一军前进。(二)第二军第四师谢鸿勋所部，由修水准备进攻平江。第三军火速在铜鼓准备进攻浏阳。第四军周师之一旅，随谢师前进。第八混成旅随杨旅前进。(三)贵部以主力在萍乡准备，向醴陵、株州方面攻击。其他部队及赣南各部队，在莲花、寻邬各地准备，应即同时出发。(四)闽南方面，已令进攻潮梅，火速准备开拔至准备位置，合力进攻。至详细计划，俟卢总司令日内到赣，当可传达一切。"又邓电：据唐福山报告我军在湘位置及真相，可见唐之居心，

应请注意！勿为所探。”各等情。特达。蒋中正。虞午。〕

鄂军第二师，占领汉口。靳云鹗强吴退走孝感，留刘玉春以三万人偕陈嘉谟死守武昌。

八日　电谭道源师占领赣州城。

接某函，意在讽去武昌。

公曰：“甚矣！拂逆之来，竟有如此其甚者也。又曰：武昌未下，江西告急，部队碍难抽动，如此大军作战，而无充分总预备队，何以善后。”

电复钱大钧请示各节。〔电曰：〈广州军急〉广州钱师长大钧鉴：冬电悉。所请调五八团应照准。至因省防空虚，张主席、宋部长乃主张扩张一团，其经费、炮械及团营长人选，可就近请示李总参谋长办理〈可也。〉中正。齐。〕

嘉奖何键、刘建绪及其部属电。〔电曰：我军自巧日攻击开始以来，轩举义旗，力摧强寇跨长江之天堑，破汉上之名城，犁彼逆庭，扬我党义，若兹伟绩，实未前闻，非兄等策划周详，将士忠勇激发，畴克臻此。除将各该员等此役战绩，电呈政府，请予奖叙外，着先传令嘉勉。至在事出力人员，仍仰汇案详报，以凭论赏。所有我江左部队，特犒洋二万元，用彰劳绩。所望临胜勿喜，奋勇直前，扫寰宇之搀枪，固党国于磐石，本总司令有厚望焉。总司令蒋。齐。〕

电任熊式辉为第十四军党代表。

第六军击退谢鸿勋部于修水，进攻武宁，南浔路北段震动。

九日　上午，公接湖北总商会复函，请宽限城敌条件，准其投降。

午复接该会代表晋见。谕曰：“刘逆能早开城，使人民痛苦解除，自当赦免。”

电张、谭二主席，请政府常务委员来鄂主持政治。〔电曰：广州。张、谭二主席钧鉴：汉阳、汉口既克，而武昌城敌因无退路，故尚负嵎，现在正在设法劝降中，城虽未下，而军事实无问题。武昌克后，中即须入赣督战，武汉为政治中心，务请政府常务委员，先来主持一切，应付大局。否则迁延日久，政治恐受影响，请勿失机。最好谭主席先来也。如何？乞复。中正叩。佳。〕

电告朱、王、程以敌我现势。〔电曰：浏阳、醴陵朱总指挥、王副军长、通城程军长勋鉴：谢鸿勋冬日始由九江转涂家埠赴修水，浙军第三师斯旅江日搭船到浔，亦将赴修水。斯烈已由其师长周恭先与我接洽，可在前方与之设法联络。判断敌军主力军在我左翼，我第一师应速向左翼转进，归程军长指挥，切勿延缓为要！已令第七军第一路十二日由鄂城向九江前进，约十七日可占领九江。其第二路由武昌继续前进。并闻。中正。佳申。〕

电朱培德程潜，防孙敌诱我深入。〔电曰：醴陵浏阳朱总指挥、通城程军长勋鉴：近日战况如何？未得电告，不胜系念！据确报，敌有诱我深入〈聚而歼之〉之狡计，且宁孙后续部队，尚未集中，故其退守清江、奉新之线亦未可知。我军前进，总须集结兵力，并力向前，击破其主力，则其余不成问题矣。武昌城敌，正在接洽输诚中，决无问题。中正。佳。〕

电李济深、何应钦，缓定对闽作战问题。〔电曰：广州李总参谋长、汕头何军长勋鉴：何军长电悉，对闽作战，须待赣中战局发展后再行决定，稍缓数日，当即电告。中正。佳申。〕

电罗树甲申禁军舰入口。〔电曰：岳州。探送第八军第三十九团罗团长树甲览：呈悉。现值戒严时期，对于汉口、岳州间水面交通，业经宣布封锁，无论何国军舰轮船，一律禁止入口，比电罗交涉员，转知各国领事在案。该军舰竟于深夜向岳冲驶，自应以武力制止，藉策安全。以后仍仰严加警戒，毋稍疏忽为要！总司令蒋。佳印。〕

孙传芳第五方面军。〔陈调元所统〕集中武穴，向江西疾进。

十日 公以孙援城逆之计日益显著，刘玉春顽强，似无即降意。坑道未成，何时攻克尚无把握，屯兵城下，旷日老师，〈刘师长〉[1]指挥无能，致该部损伤奇重，又痛又惜！悲耻交至。

令派飞机散放传单于城内及汉口市，宣传革命主义。

令第七军入赣，转攻九江，其武昌围城任务，由第四军接替。

鄂军第二、第三师，沿京汉路追击；吴由孝感走信阳，依国民第二军旅长田维勤。

电令王天培率军迅出荆沙，解决于、卢等部。

---

1 原稿“刘师长”句被蒋介石删去，改为“因所部指挥无能”。

电李宗仁、贺耀组，令独立第二师加入第七军作战，即由常德开至湘阴候命。

电谭主席，请备任刘佐龙为军长案。〔电曰：广州。谭主席钧鉴：〈会密。〉窃查此次我军攻克汉阳，略定汉口，固仰托政府威福，重赖将士奋勇。然非第二独立师师长刘佐龙，输诚党国，协击逆军，奏功之速，讵能至是。且目今湖北境内，余逆未殄，隐患正多，该员系属鄂人，所部久驻鄂省情形熟悉，尤堪使用。职为便利军事起见，权擢该员为第十五军军长，印信官章，并经就近刊发，俾资信守，藉示激劝。伏乞钧府俯赐鉴督，准予备案，毋任待命之至。蒋中正。蒸戌。〕

电奖何、赖、熊扑灭两杨，收复赣信。〔电曰：汕头何军长译转赣州赖军长、熊党代表鉴：虞辰电悉。贵部以最短时期，扑灭两杨，收复赣信，具见兄等运筹决胜，将士有勇知方，披览之余，良用欣慰！所有在事出力官兵，着传令嘉奖。至此后军事进行，并仰秉承朱总指挥处理，务宜迅速协同第五师进取吉安，肃清残敌，使赣省全局，得早奠定，是所切盼。总司令蒋。灰印。〕

电奖贺耀祖〔组〕攻克澧州。

电令金诵盤移第三病院至醴陵。

第二军进克宜春。

十一日　电令俞飞鹏暨刘、朱二局长，粤汉株萍各铁路着暂归兵站总监部管辖指挥。

电令陈劲节随时向军车管理处拨车。〔电曰：纸坊南湖抄送第四军陈兵站监劲节览：虞酉电悉。关于铁道运输事项，可随时向军车管理处拨车输送，不必另拨车头，仰即知照。总司令蒋。真。〕

电令方鼎英调第三、第四期学生来长沙总部候用。

电令詹忠言在衡州训练第四补充团。〔电曰：（长沙。限即到）长沙总司令部参谋处转第四补充团团长詹团长忠言览：〈会密〉灰电悉。该团着在衡州训练，给养由军需处接济。除令陆处长转饬军需处遵照外，此复。中正。真午。〕

电令伍树帆〔俘虏收容所所长〕，在湘潭收容俘虏，概归补充第五团编点。

电令陈嘉佑〔韶州警备司令〕，饬宪兵团押解要犯苏瀛洲回省。

公曰："静敬澹一之箴，贵时时念兹。天下决无〈便宜之事〉，幸成之功，〈而防人不得疏〉，凡侮辱由自召之也。"

第六军克复修水。

十二日　电请谭主任令第二十师编足四团，第一师补充两团。因二十师五十八团已调汕头，补充团又赴惠州也。

任命任应岐为第十二军军长；樊钟秀为第十三军军长。

电令朱培德督军猛进南昌。〔电曰：浏阳。朱总指挥勋鉴：〈新军密〉袁州想已克复，闻卢香亭二号抵九江，其所部第二师，亦已集中南京待发。我军现已从速猛进南昌为要，程军长待占修水后，必向奉新、南昌前进，请与随时联络。中正。文。〕

电令张翼鹏、周斓扑灭刘铏残部。〔电曰：长沙总指挥部张总参谋长、益阳周师长鉴：〈师密〉据华容县各界代表呈称：〈叶开鑫〉、刘铏等残部，约千人，盘踞华容附近为害闾里。本军为肃清残敌及拯救人民计，俱应迅速扑灭此残寇，以省内顾。现唐总指挥已赴前方督战，着由周师长迅派得力部队，前赴该处，立予剿灭，是为至要！总司令蒋。文午。〕

电令方鼎英，本期毕业生先分发第一军各师。

电令李济深速派战斗机中山五号来汉。

电宋子文以大元为本位，并速设湘鄂分行。〔电曰：广州。财政部宋部长鉴：〈子密〉电悉。中行关系政府根本，关怀岂独兄一人，但湘鄂皆以大元为本位，所发毫票，无法活动。现在总部尚有二百万元兑换卷，在长沙印者不过五百万元，顷拟向汉口商会筹借二百万元。似此以二百万而兑五百万，当不虞竭蹶。外此，每月税收至少尚有二百万，不足尚有不动产二千一百万元。如果中行大元票能速运鄂，兑换券尚可暂留不发。否则，前敌军需将成麻木。总之，此事当由中正负责，决不摇动本行，如何？尚希速复，并速派人至湘鄂筹备分行为盼。中正。文印。〕

公曰："凡事不可意必，须审察对象而后定，此次失着，皆在〈逆料〉既不能沈机观变，又不能果决断行，如之何能操胜筹耶！"

十三日　电令何、赖协同谭师攻吉。〔电曰：汕头何军长并转赣州赖军长均鉴：〈新军密〉敬之兄东、江两日转来绍周兄两电，均悉。现时对赣攻击部署，系令二、三两军由萍乡进取分宜、上高，再向清江、高安、奉新之线攻击前进。六军及第一军一师已令出修水，进攻武宁。七军集中鄂城，以主力移向兴国州，相机出击九江。赣州既下，绍周兄部，除留必要兵力固守原防外，应以主力协同谭师迅攻吉安、樟树，以便会攻南昌。若能出动迅速，大可收各个击破之效也。中正。元午。〕

电令何应钦对闽周、赣蒋、唐应取态度。〔电曰：汕头。何军长勋鉴：〈新军密〉对闽周应声明，如闽不派兵侵粤与赣，则闽粤仍敦睦谊，不入战事漩涡。否则，无论其入赣侵粤，衅由彼启，咎不在我也。对赣，以方本仁既失效力，应由赖绍周向蒋镇臣、唐福山等声明，如彼等愿与革命军合作，可由其公举领袖，解决赣局，不问其有效与否，应试之。如何？盼复。中正。元。印。〕

驳复孙传芳阳电。〔电曰：南京。孙馨远先生鉴：中正出师讨吴，迭经宣言，陈义至为详尽。比读执事阳电，误会滋多，殊深怪异！中正受先总理之遗教，以完成国民革命为职志，而吴佩孚怙恶不悛，近复受帝国主义之嗾使，勾结叛军，陈师湘境，〈假讨赤之名，期达其武力统一之迷梦。〉中正受党国之委托，督师讨伐，师行所至，敌众望风披靡，人民载道以迎，赖将士勇于牺牲，人民乐为赞助，不旬日间，用能底定湘鄂，迅奏肤功，岂如尊电所云窃国厉民而雄者，所能得此。吴既已败亡，执事素以救国救民相号召，自当乘此时机，合力以图建设，庶免战祸蔓延。乃竟为吴张目，移江、皖、闽、浙之兵于湘、粤边圻，希图一逞，执事三十日所下作战命令及对湘粤作战计划，中正可持以宣示国人，执事祸湘祸粤之心，实已如见肺腑。来电反谓我军扰汝边圉，侵汝赣西，未免自欺欺人。前者令唐福山、谢文炳扰我湘南，尚谓未越雷池一步；苟延北洋正统之生命，不惜引起南北之争，反谓中正强分南北。中正只知主义之异同，无分南北之界域，彰彰在人耳目，如冯、樊各军，皆北方健儿，以其同情于革命，无不视为同志，其共安危，此其明证。至于我军所用青天白日满地红国旗，系先总理立志革命时所手订，稍知吾党历史者，当能言之。夫动辄目人赤化者，此吴之故智也。执事明达，何必蹈此窠臼。执事以保境安民为职志，应速撤退驻赣各军，关于建设诸端，自当从长计议，东南各省，得免兵祸，固中正之所欣愿，惟执事详察焉。蒋中正。元。〕

通电各报馆暨全国各界，声襮孙氏罪状。〔电曰：全国各报馆暨军人农工商各界同胞均鉴：顷致南京孙馨远电文曰：(原文见上)。孙氏年来因利乘便，入据江浙，犹复野心不戢，以保境安民为名，行侵略扰民之实。近复征调频繁，谋扰湘粤，其致中正阳电，实属意图挑衅，是非曲直，当世自有公论。其世日所下攻击湘粤命令，特并电达，祈为垂察！蒋中正叩。元。〕

复上海全浙公会吁请和平电。〔电曰：上海全浙公会诸先生公鉴：真电诵悉。仁言利溥，钦佩实深，孙氏年来因利乘便，入据江浙，犹复野心不戢，侵略是图。吾党主义，能行之于世界，而不见容于孙氏，封闭我党部，拘捕我党员，其敌视我方，显然易见。中正受党国委托，专事讨吴，对孙氏无不极端容忍，苟有一线和平之望，中正决不忍重启兵戎，延长战祸。乃孙氏世日竟下对粤湘作战命令两通，为我军所获，已宣示国人，谅邀明察。由此可知，孙氏保境安民之说，全为蒙蔽民众欺人自欺之词。近者孙氏复以重兵逼近湘粤边境，有意与我后方部队冲突。如孙氏果有和平之意，诸公有解决和平之策，中正仍当乐从。敬此布复，竚候明教。蒋中正叩。元。〕

电勖中央军校党部共济时艰，并告知各方军讯。〔电曰：黄埔中央军事政治学校特别党部诸同志鉴：东电阅悉。殊深嘉慰，仍望努力宣传训练，共济时艰。前敌战况极佳，前锋已过孝感，正向武胜关追击中。任应岐在郑州宣布独立。樊钟秀部，亦集中许州，河南残敌，似亦不难肃清。鄂省下游，亦次第克复。知念，并告。中正。元印。〕

公曰："今日又过了一日，忧心郁结，不减于前昨。大凡拂逆之来，宜静敬澹定，〈沈机以观变〉，岂可稍涉愤恨愈思愈乱耶！"

电令金佛庄警戒城陵矶。〔电曰：岳州警卫团金团长佛庄鉴：会密。文电悉。(一) 外舰经过城陵矶，仍应施行检查放行。(二) 城陵矶警戒应严密，闻隔岸华容方面，溃兵啸聚，亦应注意。(三) 水雷可缓设，高队长带来人员，已加入攻城作业，工竣后当分拨一部人员材料至岳州。总司令蒋。元戌。〕

电准方鼎英成立军士教导团。

公与耿伯钊谈〈甚久〉。

公以："现局并未大坏，直属部队，除学生不计外，足有五师之众，〈以此凭藉而〉如能发愤图强，何事不可为。昔日总理蒙难永丰舰中，比之今时，其屯象果为何如耶！然而无此耻辱也。"

第一军第一师克复铜鼓。

调回第七军，集中大冶，准备进攻九江。

靳云鹏谋宁奉合作，派代表向孙、张疏洽。

十四日　上午，电张、谭二主席，应答浙宁公团请和。〔电曰：广州。张、谭二主席钧鉴：〈杰密〉。上海〈全浙公会〉、南京商会，均有电来求和。中已将宁孙对湘粤攻击命令原文发表，以明真相外，并另电公会〈褚慧僧为代表〉，以要求速撤江浙援赣之军为惟一条件也。中正叩。寒。〕

电闻朱培德，孙传芳厚集兵力及其攻赣调度。〔电曰：袁州。探送朱总指挥勋鉴：〈新军密〉。真巳电计达？佳辰真电均悉。迭聆捷音，至为快慰！惟我军未予敌以重创，敌节节撤退，察其企图，似系缩短战线，厚集兵力于适当地区，然后与我决战，此我军愈前进愈应顾虑者也。赖军已令以主力协同谭师，迅出吉安，约文日可在赣州出动，以后请照有午电，谭师归还建制，赖军归兄调遣，以一指挥。接程军长尤电，修水之敌，虽将其一部击破，但顽强异常，第一军一师，已令迅出铜鼓，协攻修水，归程军长指挥。并闻。中正。寒午。〕

复杨其昌电，并勖早定鄂西。〔电曰：澧州。杨师长鉴：〈昌密〉。江电悉。忠言笃论，具见真忱，早出荆沙，尤为同意。惟时机迫切，稍纵即逝。若以迅速动作，占领荆沙，进兵襄樊，则鄂西之敌，必无一能幸免，此又可断言者也。刻我中央军，已于真日占领孝感，计日可进出广水，封锁武胜关，中央军之任务，差告完成。右翼军亦已次第占领赣州、袁州、修水等处，克日可会攻南昌，战事进行，亦颇顺利。惟左翼军方在开始作战，望共同努力，早定鄂西，党国前途，实所利赖，进展情形，仍盼随时电告。中正。寒午。〕

电告唐、周，调遣鄂西各军。〔电曰：汉口、常德。抄送汉口唐总指挥勋鉴：限即到。常德周师长（斓）鉴：〈师密〉。唐总指挥文日转周师长常德来电悉。两贺相争，刻已电调贵严部至湘阴候命，归李军长指挥。王、彭所部，已令饬迅出荆沙。杨其昌、贺龙两师，日内当可向公安出动，并闻。中正。寒午。〕

下午，会议作战方针。散会后，公〈恨本军不能振厉，致受人轻视〉，决意离鄂赴赣。

电令程、王速向铜鼓攻击前进。〔电曰：通城。追送程军长、浏阳王副军长均鉴：〈军密〉。顷云兄尤电悉。敌既顽强抵抗，我军应择其薄弱之一点以击破之，则尔后之进展，必较容易。铜鼓方面，前已电令一军一师由浏阳出击，久未得电复，究竟进展至如何程度，无由测知，望火速向铜鼓攻击前进，归程军指挥。此后，一、六两军深入赣北，电路不通，应由通城设递步哨，以便传送消息。第二军已于灰日占袁州。并闻。中正。寒未。〕

电斥王柏龄滞师不进，且擅发通电。

电令王柏龄速攻铜鼓，以收夹击之效。〔电曰：〈浏阳、铜鼓提前先发沿途各电局局长，随收随发，限删寅到浏阳，由浏阳局长星夜喘差，限删午送到，如逾限，军法从事。〉浏阳、铜鼓一带，探送第一军王副军长鉴：新军密。顷得程军长真戌电，已攻破修水之敌。但铜鼓方面，尚有杨镇东旅盘踞，仰该副军长火速向铜鼓进攻，以收夹击之效，勿延为要。总司令蒋。寒戌。〕

公以军需无能，受某军逼迫，〔部员教唆之也〕〈不胜愤愤！〉

电朱培德，告知孙军兵力及令侧击铜鼓。〔电曰：萍乡。袁州。〈军，限即到萍乡袁州，随到随送，不得片刻停留，〉探送朱总指挥勋鉴：〈新军密〉。顷接程军长真戌电称："真日占领修水城，将谢鸿勋部击破，去其实力三分之二。又称："苏孙援赣计划，系以邓如琢为第一方面军，卢香亭为第三方面军，周荫人为第四方面军，自兼第二方面军。而第二方面军又分五军：第一军王普，由武穴援鄂；第二军谢鸿勋，出修水；第三军杨镇东，向铜鼓，拟出浏阳；第四军周凤岐，为总预备队；第五军刘凤图，出兴国。现谢鸿勋虽被击破，而杨镇东尚据铜鼓，请速令第一军一师，由浏阳出击。"已电令照办。二、三两军情况上，若可抽调一部，侧击铜鼓，三面围攻，

则敌人必可全数就擒也。中正。寒亥。〕

电程潜奖克修水，并令直接指挥第一师。〔电曰：〈修水。军，限即刻到通城，随到随送，不得片刻停留。〉修水。程军长勋鉴:〈新军密〉。蒸申、真戌电悉。贵部大破敌人，闻之欣慰！惟谢鸿勋残部尚余几何？现向何方溃退？以及贵部占领修水情形，尚希详细电复。第一军第一师，已先后令催迅速出击铜鼓,请兄直接指挥,幸勿稍存客气,免误事机。一面并电朱总指挥，如有余力，迅以一部侧击铜鼓，以期三面围歼此敌。并闻。中正。寒亥。〕

电告李宗仁以孙军分道激进及其攻赣战略。〔电曰：鄂城。〈胜，限即到鄂城〉李军长勋鉴：〈新军密〉。（甲）据程军长蒸电称：一、孙军共分四方面……。现其第二军被潜击破，实力损失三分之二，杨镇东尚在铜鼓，若令我第一师由浏阳出击，潜派一部断其归路，再由兴国方面威逼九江，则孙逆二、三两军可完全消灭。（乙）已令第一师火速出铜鼓，夹击杨旅。（丙）程军长已抵修水。（丁）夏指挥所部，已到大冶否？武穴及九江方面敌情，盼速电覆。中正。寒亥。〕

电令叶琪，率所部两团星夜开来。

饬金佛庄严查英轮私运军火。〔电曰：〈岳州。限即晚到〉岳州。金团长鉴：〈会密〉。昨有英商江和轮船，满载军器赴宜昌，望即澈查扣留为要。中正。寒。〕

前方所遗长沙卫戍司令职务，交由张总参谋翼鹏兼代。

晚接张、谭二主席函，知奉方将来联我，孙氏吃紧，故有各公团求和电也。

防敌突围出，实行封锁武昌城。

十五日　上午，与邓演达及嘉伦将军谈，决调第二师入赣作战。〔攻城任务由第十师接代〕。叹曰：“革命环境，乃至于此乎！压迫牵制监视之难堪，迴肠荡气，忍痛而已。”[1]

电招唐生智回南湖，晤商一切。〔电曰：孝感花园唐总指挥勋鉴：〈新军密〉。江西战局，急求发展，指挥亦须统一，中决于日内入赣，请兄速

1　原稿为“其能忍受以终耶？”

回南湖，晤商一切，何日命驾？盼复。中正。删。〕

电令方鼎英，先拨学生百名与补充师，再派百名前来。〔其余在校补习。〕

电准金诵盘请在醴陵增设病院。

各军对于党部职员或人民发生争执时，不得擅行拘捕通令。

各将士须保护农民利益，扶持农民运动通令。

△下午，致克拉亨公使函。

电令罗树甲、金佛庄开队替防。〔电曰：岳州。〈胜，限即到岳州〉第廿九团罗团长、警卫团金团长均鉴：〈会密〉。警卫团驻城陵矶之部队，准备开赴萍乡，所遗城陵矶防务，交由罗团长派兵接替。炮兵第五连，仍布防城陵矶，归罗团长指挥。总司令蒋。删未。〕

分电赖世璜、谭道源兼程前进策应。〔电曰：〈赣州。提前先发，沿途不得片刻停留，限铣日到南雄〉转赣州赖军长、并飞译转谭师长均鉴：〈文密〉。顷接鲁副军长删电，我军正与敌在新喻附近激战中，贵部应以主力兼程向吉安峡江前进策应，勿延为要。蒋中正。删戌。〕

周荫人赴厦门转往漳州，倾师寇粤。

十六日 电张、谭二主席告捷。〔电曰：广州。〈限即到广州〉中央执行委员会、国民政府张主席、谭主席钧鉴：〈会密〉。（一）我第八军自占领两汉后，即派第三、四两师及夏斗寅部，分途向北追击，节次将敌击溃，佳克黄陂，蒸克孝感，寒克广水，进至东篁店附近。适敌田维勤部五六千人，新来增援，向我反扑，并以铁甲车冲锋，势甚汹涌。我正面矢死抵御，右翼猛力抄击，敌始不支，逐渐退却，但仍步步凭险强硕抵抗，我军肉搏锐进，连夺阵地，遂于删戌占领武胜关，另一部占领鸡公山，残敌向信阳方面溃窜。湖自战斗开始以来，吴南犯贼众，已均被我各个击破，所幸存者仅魏益三一股。（二）孙传芳现竭全力对付赣局，原集重兵于九江修水一带，企图乘我进展，袭我侧后，实未可轻视，但我赣南、赣西各军，均甚得手。第六军亦于攻克修水之役，将逆军谢鸿勋股歼灭过半，足寒贼胆。第七军复集结鄂城大冶一带，相机向九江出击，衡度情势，可无顾虑。（三）武昌残敌，尚困城中，但态度顽硬，不允缴械，现正一面封锁，一面轰击，决以城破为止。（四）中正因鄂局渐有端绪，可交唐总指挥主持，拟于篠

日转赴醴萍入赣督师。谨闻。蒋中正呈。铣。〕

电张、谭二主席并转宋部长，请续筹军费三个月。〔电曰：广州。张、谭二主席钧鉴：并转宋部长勋鉴：〈杰密〉。武昌未下，二汉虽得，经济仍不能活动。现要求其商会，将吴残款一百二十万提交本军，迁延十日，只交十五万元，武汉未下之前，此款决不可靠，而其他借款，更无从说起。宁孙以其主力援赣，现在新增赣之逆军，确有二万五千之枪，闻以后尚有续来者。此次战争，非延长至年终，决不能了，故战费须续筹三个月，方无支绌之虞。前允大洋票，务须速寄，并须多汇现款。以后战争重心在江西，中决明日由萍乡入赣督战，以后来电，请分寄长沙、萍乡、袁州。款事如何？乞复。中正叩。铣。〕

电告程潜各军调动情况。〔电曰：修水。〈胜，限即到通城，专差星夜送修水〉程军长勋鉴:〈新军密〉(一）青蒸电悉,准照所拟计划进行。(二)第一军删日攻新喻，第二军约向上高前进。第一师闻已向万载，已令其来左翼，归兄指挥。(三）已令赣州赖军及谭师，以主力迅出吉安、峡江策应，并调第二师由通城兼程赴修水,今日可出发。(四)中央军删戌占领武胜关。蒋中正。铣午。〕

闻第四团在敌前通过〈撤退〉，为所发觉，开炮轰击，死伤十余人，为他军轻侮，愤惜殊甚。〈如此官长，如此军队，徒失威信增罪戾而已，奈何弗恨！〉

△下午，田桐、周震麟来谈，公以老同志语不堪入耳，深为气愤！

筹设湖北临时政治会议。

分致朱、鲁、程转达岳州李军长寒电。〔电曰：(胜限即到）袁州。追送朱总指挥、鲁副军长、〈通州，追送〉程军长勋鉴：〈新军密〉据岳州李军长寒电：(一）该军第一路第二旅已进驻大冶，第二路元日至雀林嘴碧石街一带，李军长拟删日率一二两路向瑞昌前进，惟下游一带，堤溃水泛，行军不便。(二）武穴有王普一师溃兵数千，兵舰八只。七军驻黄州部队已撤回,已令刘佐龙派兵两团,驻黄靳一带,以固七军后方。蒋中正。铣申。〕

分电朱、鲁、程，现派飞机两架，前来助战。

电方鼎英，中央军校第五期入伍生准予升学，第六期限招三千名。

任命黄仲恂为中央军校政治大队长，杨文涟为入伍生部第二营营长。

夜，唐生智等谈至三时始去。〔应公电招也。〕〈公以参谋顾问，心俱多外向，自叹孤立无助也。〉

十七日 上午，公得孙求成电，疑信参半。怃然曰："其奉军南下乎？何遽软化也？此獠思想顽固，行动取巧，败亡时日问题耳！余例复之，令先撤援赣之兵，表示诚意。〔电曰：南京孙馨远先生鉴：成电悉。双方既经冲突，和平不可托之空言，应有确实之保障，以昭信义。此时惟有先撤援赣之江浙诸军，实践前约，必须江西不遗吴之余毒，则东南和平，乃有真正之希望，而五省范围，于此亦能确定。我军革命，乃在打倒军阀，爱护民众，决不敢稍存地域之见，扩张势力，重苦国民也。至于战衅谁启，是非自有公论，卅日攻击命令是否执事所下？于此无待弟之置辨而自明矣。蒋中正。篠。〕

分电唐生智、王天培，左翼军着归指挥。〔电曰：汉口。汉口唐总指挥、常德左翼军王前敌总指挥均鉴：予克日赴赣督师，为求对鄂作战指挥统一起见，该左翼军北伐军前敌总指挥王天培，着归国民革命北伐军前敌总指挥唐生智指挥，仰即遵照。蒋中正。篠巳。〕

通电各将领，鄂事暂交唐总指挥负责。〔电曰：汉口。唐总指挥并译转刘军长、武昌陈副军长、浏阳万载王副军长、通城李军长、修水程军长、常德王军长、澧州吕党代表并转贺、杨两师长、辰州彭军长、铜仁洪江袁总指挥、长沙总指挥部张总参谋长、叶卫戍司令均鉴：〈新军密〉鄂中战事，自将吴逆主力击破，占领武胜关后，告一段落，此后一切军事，暂交前敌总指挥唐生智负责办理。中正准今日赴醴陵萍乡入赣督师。特闻。蒋中正。篠午。于李家桥。〕（又分电南宁黄主席。广州李总参谋长、谭长军、李军长、钱师长、汕头、何军长、长沙、俞总监。文同。）

升任陈可钰为攻城军司令，电令叶琪〔第八军第五师师长〕抽调两团归其指挥。〔因第一军第一师调赣也。〕

电告李济深即日入赣指挥。〔电曰：广州。李总参谋长勋鉴：〈胜密〉武胜关昨日克复，以后正面军事，全托孟潇办理，中定本日向萍乡前进。第十及十二师，此次奋勇异常，损失甚大，现决编足陆军四团制，其详想有景瑗报告矣。前方人材缺少，时感困难，后方未知如何？江西作战，只恐动作不能一致，故不得不有此一行也。武汉行营，委择生为主任，健生同行入赣。十月份经临费，请速催解，冬衣限十月杪全部发到为要。中正。篠。〕

电令李宗仁所部暂驻大冶。〔电曰：鄂城。大冶探送李军长勋鉴：〈新军密〉铣电悉。接程军长文电称：“我军击破澧溪之敌后，残部已退出，武宁谢鸿勋退驻九江。现拟与第一军夹攻铜鼓之敌后，与二、三两军确取联络，协攻南昌。至于九江之敌，俟南昌下后，再为进攻。”等语。当即去电照办。贵部到达大冶后，务即暂行停止，监视武穴、富池口一带之敌，防其前进。至于攻击计划，俟中到萍乡，将全盘议定后，再为电达也。中准本日赴萍乡。并闻。中正。霰午。〕

电令贺耀祖〔组〕，该师现归第七军统辖，望速开赴湘阴。

分电罗树甲、金佛庄，调度野炮、山炮。〔电曰：岳州。罗团长金团长均鉴：〈会密〉(一)已令唐总指挥，城陵矶野炮兵连仍布防原地不动。(二)本部山炮兵第五连着即撤至岳州候车，归蔡团长率领开醴陵。仰即分别饬遵。总司令蒋。篠午。〕

电令方鼎英，带学生官长前来行营。〔电曰：黄埔。方教育长勋鉴：〈伯密〉此期毕业学生，〈究有若干名？〉除后方应用外，其余自团长以及学生，皆整队带来前方候用可也。教官中确有经验，可任团营长者，请挑选十名前来行营为盼。中正。篠。〕

电复杨其昌，已令教导师周师长剿灭华容南安残敌。电令王天培，严缉戕杀张代表匪犯。〔电曰：〈万急！〉洪江王军长鉴：顷据张代表任民文电称：“张代表醉华，由黔东行抵湘西铜湾地方，遇匪被戕”。等情。查该代表热心党国，因公殒命，殊甚悼惜！除从优议恤外，仰该军长转饬所属及地方长官，严缉匪犯，务获究办，以慰英灵。总司令蒋。篠。印。〕

电令钱大钧，撤革李杲团长职，并即押办。〔因李杲贪劣，此次在中山，尤为不法也。〕

公曰：“此心比昨日略舒，想是苦中换得来也。然而武昌未下，江西激战，内部复杂，肘腋生患，有何可乐耶！”

冯玉祥自俄回国，就国民联军总司令职，誓师五原，以孙良诚、方振

武、马鸿逵、石友三、韩复榘、陈希圣分领各军。〔其宣言中，有中山主义，驱我归来，即表示与国民革命军合作云。〕

国民第一军，在甘肃联回部马氏，击散吴系张兆钾、孔繁锦部，分向陇东、陕北，解西安之围。

十八日 八时，车经岳州，登岳阳楼，眺望湖景，并访鲁子敬墓。

电张、谭二主席，报告湖北政情。〔电曰：广州。张、谭二主席均鉴：〈杰密〉文元电敬悉。中明日由长沙入赣督战，湖北军事，交孟潇负责办理，民政以邓演达为政务委员会主席，财政以陈公博为财政委员会主席。另设湖北临时政务会议，由中兼任主席，入赣期间，派孟潇代理之；凡民、财、军政，皆由政务会议通过，该会直属于中央党部。政务会议在鄂设施，凡政务须有省党部政治部政务局通过施行。惟中离鄂以后，武汉政治，恐不易办，非由政府委员及中央委员先来数人，其权恐不能操之于中央，必中央来人另组政治委员会，以代临时政治会议为妥。讨孙宣言，请先预备，但南昌未下、奉方态度未明之前，不宜发表，尊意以为何如？中正叩。巧。〕

下午，电趣王天培，迅出荆沙，以定鄂西。〔电曰：常德。王总指挥植之兄勋鉴：(培密) 青电悉。自我中央军占领武胜关后，鄂西之敌，已发生动摇，贵军如乘此时，迅出荆沙，奠定鄂西，可收事半功倍之效。至于饷弹，当中央发动之初，亦殊感困难，幸赖各将士矢忠党国，奋厉无前，处处因粮因械于敌，实现先总理前方补充之言。贵部饷弹困难，弟所深悉，前已饬长沙本部，筹拨饷十万元，弹十五万发，交贵代表领解矣。弟今日赴赣督师，右翼各军作战，亦有特殊进展。并闻。蒋中正。巧未。〕

电嘉部子举剿平逆匪，请缨北伐。〔电曰：惠州。第五十三团部部团长鉴：电悉。该团官兵，剿平逆匪，请缨北伐，热心壮志，深堪嘉慰！惟出征与留守后方部队，同属为党国效力，无分轩轾。着督率所部，勤加训练，俾成劲旅，留为将来之用可也。总司令蒋。巧未。〕

抵长沙北站。

电嘱邓演达转与宁孙代表接洽。〔电曰：汉口。邓主任勋鉴：〈新演密〉刻抵长沙，第一师十三日已入铜鼓，约本日与第六军在奉新集中，如蒋、魏、陈各代表来汉，可代告其先电宁孙，如彼果能令援赣各部，从速撤回，则本军必不出赣境一步，且将来和平，而所得赣省必可归还五省范围也；以此代达。另致陈蔼士兄一电，待其到时，希转交可也。中约明日抵醴陵，住一日。中正。巧。〕

电湖南、湖北省党部，请速派联席会议代表。〔电曰：长沙。湖南省党部、汉口。湖北省党部公鉴：接中央党部电，十月一日，在广州开全体中央执行委员会及各省党部联席会议，每省党部，派代表三人参加，请速照办。中正叩。皓。〕

定考察人才为日课。

是日　第六、三两军协攻高安，消灭杨镇东残部。

十九日　拂晓，由长沙开车，正午经醴陵；三〔二〕时至湘东桥；二〔三〕时过老关，即古昭关也，石城基址犹在；六时抵萍乡城，民众欢迎如簇。驻节于镇守使署。

电唐生智，告知最近情况。〔电曰：汉口探送唐总指挥勋鉴：〈新军密〉本日抵萍乡，约驻一日，即向袁州前进。新喻、清江已于前昨二日克复，现正与敌（邓琢如部）相持于樟树附近。方耀庭已赴吉安蒋镇臣营中，尚无报告。闻敌有向赣东退却计划。武昌情形如何？不胜系念。中正。皓。〕

电李宗仁，告知入赣军况。〔电曰：鄂城。飞送第七军李军长勋鉴：〈新军密〉（一）据鲁副军长篠辰电，该军篠子占新喻，邓逆率残部向清江、樟树逃窜，刻正分途追击。（二）方军长元电，蒋镇臣派人来袁欢迎；并报我赖部已抵泰和。两杨逃至吉安，被蒋扣留，方军长已赴吉安督饬一切。（三）程军长寒电，铜鼓逆军杨镇东部，元日被我第一师击破，现第六军分兵向大段奉新截击。（四）贵军进展及九江、武穴方面敌情若何？希速电复。蒋中正。皓寅。〕

电李济深，告知赣事顺利，并商拨枪枝。〔电曰：广州。李总参谋长勋鉴：〈新军密〉本日抵萍乡，定明日向袁州前进，方耀庭已抵吉安，蒋镇臣或不致反动。右翼军昨克清江，闻逆敌有向赣东退却计划。第四军前方所获之枪，已令其运回粤中。补充师如无枪，可否在毕业军官团中抽用，而学校应用之枪，待前方运回再发如何？请酌之。中正。皓。〕

电复胡谦，准即宣布戒严。

午后，第六军袭击南昌，得学生、工人及省署警备队内应，入之。是日，周荫人在龙岩设总司令部，决定五路会师饶平。

二十日　电令蔡忠笏所部炮兵三连速开赴袁州，并饬该团第三营营长许康率队来袁州新喻。

电令金佛庄着该团兼程来萍乡待命。

电张、谭二主席告捷。〔电曰：广州中央执行委员会国民政府张主席、谭主席钧鉴：（一）我右翼第二、三两军，自鱼日开始攻击以来，连克萍乡、宜春、分宜、莲花、安福、上高各县城，敌唐福山、张凤岐、陈修爵、谢文炳各股，叠被重创，主力尽失。我军进至新喻附近，适邓逆如琢之伪中央第一师前来援，合唐、张残众顽强抵抗，经我军于篠晨猛力击破，占领新喻。是役我第二军第十二团团长邓赫绩阵亡，其余官兵，伤亡亦众，战争激烈，可以概见。但敌仍退据险阻节节死拒，我肉搏锐进，皓日复克清江城，正向樟树、瑞州，分途追击，樟树一下，则我握赣江交通枢轴，可与我赣吉部队衔接，会取南昌。（二）我第十四军及第二军第五师已进至泰和一带。（三）孙传芳援赣逆军谢鸿勋股，我第六军于攻克修水之役，将其歼灭过半；杨镇东股，则被我第一军第一师击溃之于铜鼓县，我第六军正向奉新方面截击。（四）中正皓抵萍乡，拟马养两日前进袁州督师。谨闻。蒋中正呈。号午。〕

电张、谭二主席，请将公债券及大洋票全数寄来。〔电曰：广州。张、谭二主席钧鉴：〈杰密〉本日抵萍乡，明日向袁州前进。我军昨日占领清江，邓逆有向赣东退却计划。此间财政困难已极，公债券及大洋票，请速全数寄来，可作有计划之使用；以零星解来，随到随用，愈弄愈拙也。十月份以后，前方经临各费，务请照寄。如何？盼复。中正叩。号。〕

电催宋子文趸发军费。〔电曰：广州。宋部长勋鉴：〈子密〉本日抵萍乡，明日即向袁州、南昌前进。经济困难已极，大洋票及公债券何不整数寄来，必欲如此零星分寄，致不能有计划之使用，且失信用，岂兄至今犹未能深信，而必欲如此迟延耶？如何？盼复。中正。号。〕

电邓演达，嘱上海代表转告孙氏云云。〔电曰：汉口。邓主任勋鉴：〈新演密〉昨晚抵萍乡，明日向袁州前进。方本仁已抵吉安，想蒋镇臣不致反抗。上海来汉代表，如无必要，可不来，即以前致陈蔼士兄之电意，请其转达孙氏，并属其速启江浙党部与释放党员，以示诚意也。中正。号。〕

电令金佛庄，该团兼程来萍待命。

电令吕、贺、杨、王等，转饬沿途驻军放行独立第二师。〔电曰：〈胜，限即到澧州〉公安吕党代表并译转贺师长、杨师长、常德王总指挥并译教导师周师长，长沙张总参谋长、叶师长，岳州罗团长均鉴：已电调公安独立第二师（贺耀组师）经华容、岳州至羊楼司集中，归第七军李军长指挥调遣，仰即转饬沿途驻军知照，勿生误会。蒋中正。哿午于萍乡。〕

下午往安源，参观矿厂，途次市民盛迓。周阅各处及窿内，曰："是厂规模大，惜厂长无能，被日本资本挤倒，停工逾年，吾将乘此厂主放弃权利时，起而自己管理之。"晚回萍乡。莅欢迎会讲演。

是日　孙传芳复派代表门致中来粤。

电令陈可钰，即饬飞机速来醴陵。〔电曰：武昌南湖。陈副军长鉴：南湖飞机，着令饬其飞来醴陵降落，转赴赣境侦察敌情，详细任务，到醴陵后再为给与。如武昌仍须使用，任务完毕后，再回武昌。再，入伍生工兵及第二军工兵，着各分一部，各携带全部架桥材料，迅来袁州待命。总司令蒋。哿午。〕

电斥王柏龄抗命后退，不受程军长指挥。

电令赖世璜，先行解决蒋部。〔电曰：〈限即到，沿途各局，随收随发，不得片刻停留，如违军法从事。〉南雄转赣州、万安、泰和一带，探送赖军长鉴：（一）顷得确息方耀亭受蒋镇臣之绐，被扣吉安，贵部火速向吉安攻击前进，将该部先行解决。（二）二军篠日占清江，三军号日占高安，分向樟树、南昌追击前进。四、七两军，已向九江攻击前进。一、六两军，已克修水、铜鼓，现向奉新、建昌前进。并闻。蒋中正。哿亥。〕

电告唐、李、陈、邓攻赣情况。〔电曰：〈军，限即到〉汉口。唐总指挥并转第七军李军长、南湖陈副军长、总部行营邓主任均鉴：〈师密〉（一）我右翼军第二军，篠日攻克清江，第三军今日晨攻克瑞州，分向樟树、南昌攻击前进。第六军自文日起，已以主力移对南昌，以一部向建昌警戒，计程其主力已到奉新附近。今日已电颂云兄，如情况上只须派一部协攻南昌时,即以主力出建昌涂家埠,断敌退路。一军一师,于元日击破铜鼓之敌,已令归程军长指挥。(二)方耀亭前受蒋镇臣之绐赴吉安,已被扣留,刻已密令赖世璜于到吉安时就近将其解决,以后新军密勿再用。(三)七军于到兴国州附近,可就近审察敌情,相机出击九江。(四)武昌城内敌人,近日如何?望时电告。(五)昨抵萍乡,拟廿二日向袁州前进。并闻。中正。哿亥。〕

电程潜、王柏龄攻赣情况并任务。〔电曰:〈胜,艰即到〉修水、奉新。专差星夜飞送第六军程军长并转第一军王副军长勋鉴:〈师密〉(一)我第二军皓克清江,第三军寒克上高,号克瑞州,现协同向樟树、南昌攻击前进。第十四军篠日开始向吉安攻击前进,约今日可抵泰和。第七军已抵兴国州,经已电其相机向九江前进。方军长被蒋镇臣诱至吉安扣留,已电赖军长向吉安攻击,以后新军密勿再用。(二)现邓如琢、唐福山、张凤岐等部,叠受重创,南昌动摇,指日可下。如情况上只须派一部协攻南昌时,即以一军一师攻南昌,六军全部出建昌涂家埠,断敌退路,并可策应第七军。如何?请酌之。(三)昨抵萍乡,拟二十二日向袁州前进。并闻。蒋中正。哿亥。〕

电嘉第八军攻克武胜关。〔电曰:汉口、广水。探送唐总指挥勋鉴:武胜关镇钥南北,夙称天险,贵军肉搏锐进,一鼓破之,吴、靳〈诸逆〉狼狈北窜,贼氛既扫,党义聿昭,嘉慰之怀,有逾恒量!所有此役得力官兵,着先传令嘉勉,仍将战绩详报,以凭论奖,并经饬陈主任公博〈就通〉拨给犒洋三万元,以示劳赉,仰即具领分发为要。总司令蒋。印。〕

是日 攻城军飞机掷炸弹,毁敌无线电台,旋将蛇山炮垒及刘玉春、陈嘉谟等司令机关轰毁。

吴佩孚如郑州,召靳云鹗等将领,开会议调和内部及决定对冯方针。

二十一日 电请张、谭二主席赓续维持军费。〔电曰:广州。中央党部、国民政府张主席、谭主席钧鉴:〈站密〉北伐经费,原定以四个月为度,现在战事范围扩大,作战时期,不得不因而延长。武汉虽经攻克,而江西正值用兵,收编部队,日有增加,筹款又非易易,即有收入,亦只可补充预算范围以外之临时费用而已。前经额定之北伐费,在战事未结束前,仍拟由政府赓续依照规定额筹济,庶于战事前途不致感受影响。除电宋部长外,用电台端,即请主持为祷。弟蒋中正叩。马。〕

电令李宗仁所部速向九江前进。〔电曰：鄂城、大冶。李军长勋鉴：中昨抵萍乡，定明日向袁州前进。第二军昨克高安。第三军克清江，逆军主力杨镇东、邓如琢全溃，南昌或不成问题。驻九江之浙军周师斯旅，向有接洽，请贵部速向九江前进；并请与斯旅以中正名义联络，勿使误会。近况如何？甚念！希随时电告。中正叩。马。〕

电复宋子文，江西设财政委员会，可任姜为部派委员。〔电曰：广州。宋部长勋鉴：电悉。江西财政，于政府未正式成立以前，照湖北例暂设财政委员会，由各军荐委员一人，省党部三人组织之；并已委定俞飞鹏为该会主任。姜君来，可任委员，作为财政部所派，待省政府成立，再行位置；并请示知姜君之履历为荷。中正叩。马。〕

电朱培德，江西设财政委员会，请派员参加。〔电曰：朱军长勋鉴：江西财政，拟设财政委员会，由省党部及各军派一委员组织之，暂以总部军需处长为该会主任，一俟省政府成立，即行取消，未知兄意如何？彭副监亦任其兼为委员，贵军派委何人，请即示知。中正。马。〕

电嘉鲁涤平迭获胜仗，并勉追击前进。

电令贺耀组所部改道由岳州至羊楼司集中。〔电曰：〈军，限即到〉公安南县。探送华容岳州。留送独立第二师贺师长勋鉴：〈学密〉元文亥电悉。蔡、何、白等部，均准由该师收编。如向湘阴前进，运输不易，可改道由岳州至羊楼司集中，已由令沿途驻军知照矣。蒋中正。马午。〕

电请袁祖铭，迅赴常德，主持左翼军事。

电复王天培调动贺师原因。〔电曰：常德。王总指挥勋鉴：电悉。贺师长耀组所部，原令出击荆沙，嗣因武穴、九江方面孙传芳屯集重兵，我七军向该方面出动，后方连络线，不可无相当兵力，以资警戒，故再电调该师集中湘阴，或经岳州至羊楼司待命。现据该师长文电报告："已出发在途，约号可抵湘阴"等语。请即饬属知照，勿生误会。蒋中正。马午。〕

电令金佛庄警卫团开赴袁州待命。

电令王天培、吕超办理接洽黔军事。〔电曰：〈常德。军急！常德王军长、澧州吕党代表鉴：〈学密〉寒电、铣电悉。汉群兄前辰电请赴黔与鼎卿兄接洽；左翼方面军事进行，植之兄完全负责办理可也。蒋中正。马未。〕

电唐、陈、叶，转饬所属保护掩埋队。〔电曰：汉口唐总指挥、武昌陈副军长并转第八军叶师长均鉴：顷据张总参谋长翼鹏删电称："省城各善堂及各慈善总公所，组织掩埋队百二十人，督工员二十四人，前往蒲咸及武昌附近一带分途工作，经篠日出发，请转饬前方各部队知照保护。"等语。特电转知，希查照饬遵为要。总司令蒋中正。马印。〕

今日中秋佳节，尚留萍乡，感乏乐趣。

第六军受卢香亭、邓如琢迭次夹击，退出南昌城，即于万寿宫一带整顿。

第三次攻武昌城，又遭损失，乃移阵地至小龟山。

二十二日　三时后起床。四时由萍乡出发，正午抵宜风镇。公受民众欢迎，征程虽甚平安，而心终郁结不释也。

电令朱、程、鲁、李、林，乘孙氏气馁，猛攻取胜。〔电曰：瑞州朱总指挥、奉新南昌探送程军长、太平鲁副军长、李副党代表、林副党代表勋鉴：孙传芳前日来电求和，又派门致中赴粤为全权代表求和，可知其力竭计穷，而鲁张以援鄂为名，欲假道苏徐，又为其制命伤也。中已复电令其先撤援赣各军，启封江浙党部，想不难办到。惟乘其气馁心散之际，努力猛攻，则南昌、九江，必可速克。务希勇进，最后胜利必归于我也。中正。〕

电令朱芾征集多轮，交贺师长运兵至岳州，并立解各军子弹至袁州。

电饬蔡忠笏，速率第三营前赴瑞州，归朱总指挥调遣。〔电曰：长沙。总司令部朱处长转炮兵团蔡团长鉴：〈团密〉哿电悉。前令该团第三营归朱总指挥调遣，为何尚不前去？似此藐视命令，遗误军机，殊属非是。仰即迅速率第三营前往江西，经袁州至瑞州，万勿再误，致于咎戾。中正。养。〕

午后，得程潜电称："十九日巳刻，武宁之敌已趋修水，侧背受其威胁。"公以〈"彼私心自用，欲先争南昌之咎也〉屈指已越百余小时，其危险或已过去矣。〈程受此教训，其或不敢再莽乎？"〉

电令程潜，迅以主力协同第三军猛攻南昌。〔电曰：奉新。南昌。探送程军长勋鉴：〈师密〉效未电悉。我第二军现与敌在樟树隔河对峙中。第三军谅与贵部取得联络，一军二师已于养日到袁州，若再使用于修水方面，实有未能，敌既占领修水，为策贵部后方安全起见，应以少数兵力，向后方择要扼守，稍为延迟其时日。一面迅以主力协同第三军猛攻南昌，

若南昌已下，则我方即应付裕如矣。至要，至急！中正。养酉发于宣风市。〕

电朱培德鲁涤平，查询方军长有否借密本？并告知新军密已取销。

电邓、陈、朱，声明私章遗失。

电朱培德，现在战局应先下樟树。〔电曰：朱总指挥勋鉴：〈师密〉二十一日巳刻电悉。第六军确已占领奉新，第一师亦加入该路。此间闻李师旷已克瑞州，今接兄电，知非事实，甚为焦灼！赖部无确报，惟其来电，十七日由赣州出发，第五师沿江右岸；赖部沿江左岸而下，约今日可抵吉安附近。第二师今日抵袁州，明日令其到达分宜，该师究竟加入何路为宜，请就近直接电告该师。中意令其加入樟树方面，现在战局，似宜先下樟树为要也。前日在萍乡发给四万元，今又令发特别费三万元，子弹派其星夜送来，一面还须派兵站去领。中正。廿二酉。〕

电令唐、陈、邓、叶、张，迅将通城、修水等处敌情注意，并探明飞报。〔电曰：（提前限即到）汉口唐总指挥、武昌南湖陈副军长、总司令部邓主任、岳州叶师长、长沙张总参谋长勋鉴：〈师密〉顷接程军长效未电称："武宁之敌进修水，本日午刻十一时，哨兵冲突，修水仅留兵一营驻扎，敌来似难久守，万恳飞令第二师迅由通城前进，"等语。查第二师已来袁州，敌之企图，似系威胁第六军左侧背，而平通一带，异常空虚，不无可虑。除电程军长火速协同第三军猛攻南昌，留一部警戒后路，并电第七军相机向九江前进外，至修水方面敌情，请各派员迅赴通城修水等处，查探飞报为要。蒋中正。养于宣风市。〕

是日　程军长由南昌脱险到万寿宫。第一师及第十九师〔师长杨源濬，属第六军〕之一部陷入之。邓如琢以得郑俊彦部增援，大举反攻。

公曰："神定不慑，谁敢余侮。"又曰："欲立业，须先立品，言行有法，态度有常，致力于斯而已。"

二十三日　三时后起床。四时后由宣风进发，正午抵袁州，民众环堵欢迎，〈纸炮阗街，公反以心绪恶劣脑涨耳鸣厌之。〉

电令金佛庄，开警卫团至袁州。

下午，看书，研究战局。

转饬王萼、方鼎英遵照外交部漾电。〔电曰：虎门王司令即转黄埔方司令均鉴：顷接外交部漾电称："驻北京美国公使麦加利，敌日乘省港轮抵粤，依国际惯例外使有优待之礼文，所携各物，有免税之权利，其随从人员，亦一律加以礼貌；此次麦使进出虎门等海口，对于该使以其随员与前往迎接之船只，务请免除一切检查，以重邦交。"等语。合亟电饬遵照办理。总司令蒋。漾申。印。〕

公曰："未来不逆，既往不滞，当事不杂，物来顺应，凡理事皆然，而于军谋为尤切要。"

又曰："凡事须先定一目标，虽至百折千挫，亦必求达成，是在贯注全神，坚持到底耳。"

第九军在黄金口击溃卢金山等部，敌向沙市宜昌退。

二十四日 公因全赣之形势变化，再定作战计划，下令五项。〔令曰……(一) 综合各方情报，苏孙援赣部队，系布防于南浔铁路及武穴富池口一带，南昌、樟树间则为邓如琢所部，及唐福山、张凤岐、杨镇东残部，蒋镇臣尚盘踞吉安。我二、三两军，于十八日以前，以将新喻、清江、高安之邓如琢、唐福山、张凤岐诸部击破，分向樟树、南昌追击中。我一、六两军，已将修水之谢鸿勋、铜鼓之杨镇东等部击破；杨镇东部退经高安、奉新间，十八日复经我三、六两军夹击，消灭几尽，我军现向南昌追迫中。(二) 我右翼军，应努力攻击当面之敌，务将赣境之敌人，扫数歼灭；并将苏孙援赣敌军，驱逐于江西境外，完成我军第二期作战之目的。(三) 各军之任务：1. 第二军应以不待援助，自行占领樟树之目的，努力向樟树攻击。为进展容易起见，令第一军第二师于二十四日由分宜出发，在樟树、峡江间，渡过赣江，抄击樟树敌人之侧背。2. 三军应以全力由瑞州进攻南昌，务将敌之策源地占领，以期根本消灭。3. 六军及一军一师，应视当时情况，或以主力由奉新会攻南昌，以一部牵制建昌方面之敌；或以主力出建昌涂家埠之线，截断南浔铁路，防止苏孙之援军，遮断邓如琢之退路；以一部会攻南昌，由该军长自行决定。(但使用于南昌方面部队，归朱总指挥指挥。) 4. 十四军及第二军第五师，第五军第四十六团应以主力沿赣江左岸，猛攻吉安；以一部由江右岸，抄出吉安东北，截击敌人退路。此时驻安福之第二军第十六团，亦应迅出固江，会攻吉安。(注意！攻吉安各部队，统归赖军长指挥。）吉安下后，二军各部队，应归还建制，并协同四十六团，尾追敌人，十四军以（迅速）敏捷动作，绕出乐安、宜黄、抚州，截击南昌溃退之战，而歼灭之。5. 为解决苏孙之援赣主力起见，特调中央军第七军全部，已于十三日集中于大冶、兴国，该军应以一部沿江警戒，以主力由瑞昌方面进攻九江，为使我第七军进攻九江容易，及侧背安全起见，应以第八军及第十五军分防黄州蕲春之各旅，向田家镇推进，牵制武穴之敌，以第八军叶师，进驻兴国，以独立第二师，进驻赵李桥，相机由通山出兴国，或由通城出修水，两师俱受李军长指挥。（四）各军于奉到训令后，即开始攻击，并将进展情况，随时具报。（五）余本日在袁州，明日拟向新喻前进。〕

电令邓演达，饬即取消别动队。〔电曰：汉口总司令部邓主任鉴：〈新演密〉顷接张参谋长翼鹏马电称："现有别动队第六纵队长刘兴鄂，自称奉到别动队总指挥命令，划定公安石首为驻守防区，拟在沈江组设办公处，不日率部来驻。经该县长蔡翊唐来电详报，转请示遵。"前来。查该队如未经委任，或有不法行动，自应立即取消，以杜流弊，仰速遵办具报，并迳复张参谋长查照为要。中正。敬。〕

电令陈方之，迅移预备病院于萍乡袁州。〔电曰：长沙总司令部军医处陈处长鉴：第三军伤病官兵，此间已到六百余人，闻第二军伤病亦颇多，即将续到，各兵站医院，不敷收容。着将预备病院，迅移萍乡袁州，开设收容所治疗，以便兵站医院随军推进，并宜加派医官，多带药品前来为要。总司令蒋。敬辰。〕

电令朱芾照发黔军开拔费。〔电曰：长沙总部朱军需处长鉴：顷接李总参谋长马电称："据蔡代表酣人迭电请发前政府所允接济黔军开拔费十万元，现王军长既到常德，似应予以接济，乞钧座就近饬办"等语。仰即迅速照发。并将遵办情形具报为要。总司令蒋。敬。印。〕

电复鲁涤平，准先自招补充兵。〔电曰：汪江、太平。鲁副军长、李副党代表勋鉴：师密。梗电悉。征募处尚未来湘，贵军如急需补充兵额，请先自行招募六百名，款由总部支付。中正。敬。〕

下午，应袁州各团体欢迎会讲演。〔稿未留〕

电任张贞为独立第四师师长。

晚，复各友书，凡千余言。〔稿佚〕

国民政府令撤消罢工委员会纠察队，恢复省港交通。

赖世璜军克复吉安，敌蒋镇臣率部窜去。

冯玉祥派李鸣钟、刘骥为代表，赴粤接洽一切。

二十五日 上午二时起床。三时后由宜春城进发，八时入袁江，正午到分宜，计程八十里。船次看书，喜一路山景奇丽，江面镜平，惟苦气候怪热。

接报，卢香亭反攻南昌，我军退出城外，与之对抗，心殊焦灼。

电请张、谭二主席促徐、顾、钮来汉，并告知派定唐、李、刘为政治分会委员。〔电曰：广州。张、谭二主席钧鉴：马电敬悉：（一）徐、顾二同志，均须速行到汉。（二）唐、李、刘已派定为政治会议分会委员；并暂以唐代理主席。（三）钮铁生同志，仍请促其来汉任政治会议分会秘书长。中正叩。有。〕

电令鲁涤平，强迫渡江，扑灭当面之敌。〔电曰：限即刻到太平墟。鲁副军长鉴：（一）卢香亭率部反攻南昌，已飞令第七军由兴国乘虚猛攻九江，断其归路。（二）贵军应以不顾敌火强迫渡江之行动，扑灭当面樟树之敌，更以第一军刘师为掩护渡河部队，至必要时，得以该师之两团渡江，加入决战。蒋中正。有。〕

电令朱世贵，率营向峡江方面前进。〔电曰，军急！安福。朱副师长鉴：（一）我一、三、六各军，皓日占领南昌，现正在南浔铁路车站附近，与卢香亭由浔南进之援军，相持激战中。二军四师，与樟树之敌，隔河对峙。六师已派一营至峡江，余部到达彭陂附近。（二）贵部驻安福之四营，除留得力一营驻守安福监视吉安外；余由贵副师长率领，秘密行动，即日向峡江方面前进，归还该师建制后，向吉安方面，严加警戒。至留守安福之一营，如敌以优势向我压迫时，可向分宜、新喻方面逐次移动为要。明日向新喻前进。并闻。总司令蒋。有戌于分宜。〕

电趣李宗仁乘虚迅占九江。〔电曰：兴国大冶提前先发，沿途各电局，随收随发，不得片刻停留，如违，军法从事。长沙、汉口，转兴国大冶一带，限明日正午送到。李军长勋鉴：顷得前方电话："六军及第一师与第三军之一部，皓日占领南昌，现因卢香亭由九江率部南下驰援，已于马日在南浔铁路车站附近激战中"，希贵军乘虚迅占九江，断敌退路，并设法与程军长切联络为要。明日准赴新喻。并闻。中正，有戌于分宜。〕

电令唐生智，饬驻黄州蕲春两旅迅行推进。〔电曰：汉口。随收随发，不得片刻停留。汉口唐总指挥勋鉴：接前方电话："我六军及第一师与第三军之部，皓克南昌后，因卢香亭率部由九江南下驰援，我军暂退出南昌，现与敌在南昌车站附近激战中。"经电德邻兄，率部迅占九江，断敌退路。请兄饬我驻防黄州蕲春之两旅迅速推进，牵制武穴之敌于江北，使其不能活动。并请电催德邻速进为盼。中明日进驻新喻。并闻。中正。有亥。于分宜。〕

决定作战计划，以第二军全部攻吉安，安定后方。〔按吉安前晚已克复。〕三、六两军及第一师攻南昌，破其主力，而以第二师守清江，对樟树之敌(约有万五千枪。)监视牵制之。

二十六日　上午二时前起床。由分宜出发，十时半到新喻城，一路农村稀少，山罔逶迤。公谓："他省接近省垣，人烟稠密，而江西则不然，亦一异事。"自是行营进驻新喻，亲赴前方督战，指挥如意矣。

下午，电令长沙林伟成，派飞机两架，速来赣助战。

分电鲁涤平、刘峙，着第二师暂归鲁副军长指挥。

电令鲁涤平、刘峙，会师夹攻吉安。〔电曰：太平墟鲁副军长、罗坊刘师长鉴：(一)第二军四六两师，全部应向吉安前进，协同赖军及谭师夹攻吉安。除第六师已向峡江进发，应在峡江酌留一小部队外，在樟树敌隔河对峙之第四师，俟第二师接防后，即秘密移动，迅向吉安进发会攻吉安。(二)吉安下后，第五师及第十六团，归还建制；即由赣江右岸进取樟树。如四、六两师尚未到达吉安，确知蒋逆确已溃退时，应即停止就地设法渡河，迅向樟树攻击前进。(三)第四师樟树沿河一带防务，着第二师迅往接替，并须先行交代，侦察完毕换防之际，勿使敌知，务秘密我之企图为要！蒋中正。宥亥。〕

是日　第十四军进占吉水城，敌蒋镇臣部向抚州退去。

二十七日　公以迩来战讯惝迷，或云："南昌城尚为我第十九师固守。"

又言："吉安已为本军所克。"然皆无确息，因叹："交通之不便，影响于作战，固如此其甚耶！"

上午，莅新喻各界欢迎会，讲演。〔稿未留〕

电嘉王天培，并催派员领取饷弹。〔电曰：常德。王总指挥勋鉴：寒电藉悉。贵部转战千里，辛勤备至，困苦各情，实所深悉。关于贵部接济，已饬长沙行营迅速筹拨饷洋子弹各十万，请即派员至长沙领取为盼。中正。感。自新喻县发。〕

电令蔡忠笏，速率所部，星夜赶来新喻。

下午，以前方报告异常矛盾，有称第六军失利，程军长无下落者，不胜忧闷。已而日思"敌无攻我决心只有我去攻敌，胜算可操，故无过虑。惟本党大会，有人捣乱，是非不明，利害是图，实可痛心。"

电令朱培德迅统各师，击破卢逆一部。〔电曰：〈官山。限即到〉罗坊鲁副军长即刻转官山朱总指挥勋鉴：〈益密〉廿四日电，聆悉一是。据咏安兄来报，廿四日有由南昌城来清江之学生称："颂云兄与第十九师尚固守南昌待援"云，第七军约数日内可以逼近九江，不知南昌附近敌情如何，究有若干兵力？第六军与第一师损失程度如何？望即详复。颂云必固守南昌，无论如何情况？如敌军仍在南昌附近，务请整顿后即速猛攻，以援颂云，凡在南昌附近各部第十七、第十九、第一各师，皆归兄指挥可也。孙传芳求和极急，以鲁张已动员，欲攻江苏故，我军如能速攻，最后胜利必归于我军，以后敌军非特不敢来攻，且将欲退不得也。请兄窥破其弱点与心理，从速率领各部，击破卢逆一部，则江西可以肃清矣。吉安廿四日已克，蒋镇臣向赣东退却。已令第一军全部由上游渡江攻樟树，而以第二师填垫防清江，以对抗樟树之敌也。余言另由林伯渠兄带函寄上，饷弹已照发。勿念！中正。感未于喻城。印。〕

电令李宗仁，率部猛攻九江，断敌归路。〔电曰：大冶。兴国。军，限即刻到汉口，转大冶兴国一带，星夜飞送李军长鉴：第一、三、六各军，定于本月世日由南昌附近合力进攻南浔铁路之敌，贵军长应率所部猛力进攻九江，断敌归路。并须与一、三、六各军协同动作，使敌首尾不能兼顾，以期于南浔铁路一带歼灭敌人，是为至要。总司令蒋。感亥。印。〕

是日　何应钦抵高陂督师，三路进攻周荫人部，其旅长曹万顺、杜起云响应之。

齐燮元奉吴佩孚命，诣张学良、韩麟春，约暂缓接收保定、大名。毅军退守京汉路北段，及阻止奉军入豫。

二十八日　上午，电闻李宗仁我军各部战况。〔电曰:〈军，限即刻到，不得片刻停留〉汉口转大冶兴国一带，飞送李军长鉴:〈师密〉感亥电令该军于本月世日进攻九江，嗣查本月并无世日，着即改为十月东日，免误戎机。宥日得报，我六军一部，敬日尚守南昌待援，吉安已于敬日克复，蒋逆镇臣率部向赣东退却，赖军追击。第二军全部与第一军第二师，现由樟树峡江间，正在设法渡河，进攻樟树之敌，并闻！总司令蒋。俭巳。印。〕

电商何应钦，驻会昌两团可否向赣东前进？〔电曰:汕头。何军长鉴:该军现驻会昌附近之两团，是否可以向赣东前进？截击吉安、樟树各方溃败之敌，尚须得闽中情况，方可决定。希即查明闽军最近行动，电达赖军长，如潮汕无甚顾虑，则令其速调会昌部队，向赣前进，为有利也。总司令蒋。俭午于新喻。〕

传见部员。〔公谓其中亦有才，患在不求耳。〕

公得朱总指挥报告:“程军长已出险”，乃知南昌失守消息果确也。〔因谓:此次作战，程欲急下南昌，期立首功，顾问亦多偏心，竟促成此重大之损失。如照原令先攻九江，则第七军不致迟延，而第六军亦不致有此挫败，今直冲南昌，而置武宁于不顾，使该路之敌回攻修水，遂致后方动摇，通城吃紧，可叹也！〕

下午，电令赖世璜、熊式辉，各方协力进行。〔电曰:〈万万急！〉吉安、吉水。探送赖军长、熊党代表鉴:训令:(一)退出南昌之敌，得卢亨香率部增援现与我军相持于南昌车站附近。邓如琢、唐福山、张凤岐等残部，仍据守樟树、新淦一带，我第七军预期二十八日可到达九江附近，已令于十月一日进攻九江之敌。又令第三军及第一军第一师，于同日进攻南浔铁路之敌。又令第六军视当时情况，或以一部由南昌经丰城，与第二军夹攻樟树之敌，或协同第三军进攻南浔铁路之敌。又令第二军，以全部渡河，第一军第二师，于樟树附近渡河，会攻樟树之敌。(二)贵军长占领吉安后，应火速部衔尾追击蒋镇臣残部，务期歼灭，以免滋蔓。在筠门岭、会昌一带部队，务须侦查闽军对我潮汕方面，如确无军事行动，并奉何军长电令后，方可调向赣东前进，以免疏虞。（三）第二军第五师归还建制，第五军之四十六团着暂留吉安候命。（四）予现在新喻。总司令蒋中正。俭未。〕

是时，吴佩孚叠下进攻阳夏令，部下正互哄，无遵行者，曹锟在郑调解，亦不从。

二十九日 公晨起接汪兆铭书，辩明前事无嫌，复之。公决心请汪出，自云："力微才薄，不能兼顾政治，只求党国有利，革命有益，则个人之好恶是非，决不介意也。"

电令陈炳章，饬陆团速随谭师进取。〔电曰：第十六师练师长鉴：会密。查陆团之说。际兹军事进展，允宜急起直追，该团长陆满，逗留不进，实属有妨军纪，着该师长严令申斥，并饬速随谭师进取。如再抗违，即予下令解散，毋任玩违。切切。总司令蒋。艳。印。〕

电告朱蒂、林纬成，新喻飞机场冬日竣工。

电令李济深，着补充师填防东莞。〔电曰：广州。李总参谋长勋鉴：皓电悉。入伍生团，如调校升学，则以补充师暂时调往东莞填防，钱师仍留省城，以候调用。中正。〕

上午七时半，公由新喻出发，正午抵罗坊。

电令邓、贺、毛、朱，协攻援敌。〔电曰：〈军，限即刻到〉汉口邓主任，湘阴、岳州探交贺师长贵严，长沙朱军需处长，并转曾公祠毛旅长炳文均鉴：（一）我一、三、六各军已进迫南昌，七军已迫近九江。（二）赖、谭两部占领吉安后，向赣东追击。（三）二军及一军第二师现正进攻樟树。（四）据报我军现在南昌附近与敌激战，闻修水方面，有敌约二千余人窜据，殊足为我军侧背之虑。仰贺师长迅速率队，由赵李桥、通城向修水前进，肃清该处之敌人后，即取道武宁，向九江前进，协助七军攻取九江，务须迅速动作，毋误戎机。并仰朱处长即由长沙筹发军饷大洋八万元，邓主任筹给七九子弹十万发，送交贺师领用，万勿延误，是为至要！总司令蒋。艳。印。〕

电令鲁涤平，陆团归赖军长指挥。

下午，电令唐生智、李宗仁歼灭敌援。〔电曰：〈军，提前发，不得延误〉

汉口唐总指挥并飞转兴国州李军长勋鉴:(一)蒋镇臣所部俭日退经三曲滩、吉水，被我赖、谭两军截击，斩获甚多。刻正在追击中。(二)我一、三、六各军，刻在南昌附近，与孙逆援军激战。(三)希德邻兄务须于东日向九江进击，以期歼灭该敌于南浔铁路一带。(四)希孟兄速促叶师向兴国前进。(五)本部于卅日进驻清江。中正。艳戌印。自罗坊发。〕

电令唐生智联络樊、王，并催解汉厂子弹。〔电曰：汉口。唐总指挥勋鉴：廿五日奉电祇悉。处置安适，不胜欣慰。此时对樊醒民饷弹，请尽量接济，彼系革命健者，请联络一致，则鄂北各部，必就范围，可以无虑。鼎卿三月剿匪之电，想已接阅，不知兄意如何？对王植之想有联络，请注意之。此间敌日克吉安，现正在攻击樟树中。七九弹甚形缺乏，务催邓厂长速解五十万颗来赣为荷。明日进驻清江。中正。艳于罗坊。〕

患伤风，夜早寝。

是日，第十四军占领永丰、南丰、广昌。

三十日　早起自念忍辱负重，此我今日之处境乎？

上午六时后，公由罗坊出发，下午二时到清江城，计里八十。途中苦思财政之更张与南昌之敌情，脑殊刺痛。

电〈诉〉张、谭二主席暨宋部长军饷窘迫情状。〔电曰：广州。张、谭二主席钧鉴：并转宋部长勋鉴：十月份饷，尚未汇到，在鄂各军，或可设法，而在赣之一、二、三、六、十四各军，分文无着。今日总部只存万元，而前方催发伙食急如星火，窘迫至此，无以为计，中正惟有引咎自裁，以谢将士而已！如何？盼复。中正。陷。〕

电令方鼎英，留意各种人才。〔电曰:黄埔。方教育长勋鉴:此次出师，第一、第二师成绩皆不良，其病在于官长能力薄弱，升进太捷，年龄幼稚，管理不严也。务请兄多留心于人才，在教官中，平时须试验其能力、胆识、志气、经验、魄力、品行、学问，数者分类纪录，至少要一月口试与其教法如何，亲验二三次，如识其长处，则试验面谈须更多，以备大用。大约以志气与胆量为第一，并须择其厚重诚实能耐劳苦也。现在校中可以选择者有几人？何人可任何职？或带兵，或参谋，或庶务，公平考察，分别保举，择其有一长处，即可录用，不必求其兼长也。如战事结束，对于练兵要认真讲求一番，方得尝此次北伐之劳苦也。专门技术人材，亦须多聘用。第一交通，如无线电及电信队；第二炮工兵，第三航空，第四兵器，多多益善。此次毕业生，选派年轻者一百名，专教其无线电及化学，以半年毕业。又令派学生一百名，组织卫生班，造就军医人才，亦以半年毕业可也。中正。陷。〕

电令李宗仁，准期攻击九江。〔电曰：李军长勋鉴：赣中作战，交通困难，以致动作参差，得而复失。今右翼军占领新淦、高安、奉新之线，定明冬日进攻樟树，前令东日进逼九江，未知此电能如期达到否？且当时并不料南昌失守也。兹为求动作一致，故预约日期，决定于本月五六两日，进攻南昌与南浔线，务请贵军准期攻击九江，使逆敌首尾不能相应也。中正。陷。〕

电令邓演达嗣后发饷械办法。〔电曰：汉口。总司令部行营邓主任勋鉴：（一）嗣后军饷枪械子弹，须有亲批二字，方得照发。（二）请即将前批长沙本军补充团之步枪三千枝，即解交长沙总部。中正亲批。卅。〕

公曰："养气持志，谨言砥行，沈机观变，求贤任能，此数语，任大事者缺一不可，吾其勉之！"

是日 第七军解决箬溪敌谢鸿勋部。

国民政府派古委员应芬慰劳前敌将士。

中央军校举行第五期入伍生升学考试。假广东大学为试场，入伍生第一、二两团及政治一、二两队，均陆续由防地开回广州受试，试竣编队。

十月一日 公五时后起床，拟电稿数通，以昨晚得程军长在南昌败报，决于今晨向高安挺进。八时出发，下午五时至太阳墟。途次思索战局，非力摧孙逆主力，不能结束赣事也。自是南路公亲自指挥，由高安猛攻南昌，北路归白崇禧指挥，由武宁再袭德安。电告邓演达，此次总攻赣北，定获最后胜利。〔电曰：〈汉口各局不得片刻停留〉汉口。邓主任勋鉴：江西交通困难，各部动作参差，以致南昌得而复失。今各部占领奉新、高安、新淦之线，明日可克樟树，以樟树附近敌军，只留残部，其主力退向南昌、抚州也。本军决于五六两日总攻南浔线与南昌城，务催第七军同时进攻九江为要！逆军已陷于进退维谷地位，本军集中兵力，共同一致，则最后胜利，定操胜算。中定本日进驻高安，宁孙或以我军南昌之失而复猖獗，然我各

军主力未动，而第十九师略受一部份之损失而已。如其代表尚在汉，态度如何？希详复。中正。东。〕

电贺耀组，遵前令向九江疾进，归李军长指挥。

复上海各路商界总联合会吁请和平电。〔电曰：上海各路商界总联合会副会长余华龙、议董张横海、邬培因……惠鉴：梗代电悉。仁言利溥，良深嘉慰！频年战事循环，饥馑载道，人民元气，斫丧无余，内乱不已，外侮迭乘，毒国殃民，于斯为极。要皆由帝国主义者之所驱使，万恶军阀之所酿成。吴佩孚迷信武力，尤肆凶残，膏血盈野，纪诸载籍，来电所谓“人民涕泪相视，已非一日者，”岂不信然？政府为求完成先总理之遗志，实现真正之和平起见，出人民于水火，奠国家于磐石，师以义动，声罪致讨，浃旬之间，驱除大憝，联合民众，消兹乱源，党旗所指，万庶欣心，热烈欢迎，出于至诚，此非可以豪取也。用是奋发，贯彻初衷，只期扫除障碍，皆可开诚相与，不独对宁方不存对敌之心已也。非挟争城略地之故技，何来好战嗜杀之忍心，政府目的，以人民利益所在为归宿。君等主张，要视宁方同情和平与否为依归，倘使彼同情和平，使国民会议得以早日产生，解决国是，则会议开幕之日，即人民解放之时，主张贯澈所愿已偿，尚复何求。披诚以复，亮詧为幸！国民革命军总司令蒋中正。东。叩。〕

刘玉春躬率武昌城内残敌，分道突围，被我军击回。

公曰：“政治棼如丝乱，令人触绪心烦，〈无从措置〉。”

二日　上午六时后，公由太阳墟出发，中途接嘉伦报告，知万寿宫与祥符观之间，前日以来战斗甚烈，而第一师不守奉新，退至罗坊，王柏龄副军长及缪斌党代表，皆逃避未回，殊极愤恨！叹曰：“此皆余用人不当，计划多疏，平时不能专心训练，战时不能熟虑断行，以军队为应酬，以战阵为等闲，虽欲不败，焉得而不败！以后作事，应以第一意思为准，不可轻易放过也。”正午，抵高安城。

下午，致戴传贤电。〔稿佚〕

晚，公得报：“第三军突破万寿宫正面之敌，俘伪司令二名，击毙一名，夺获无算。”士气为之一振。

三日　晨，复电汪兆铭再出，共荷艰巨。〔电曰：张、谭二主席钧鉴：

请转汪主席钧鉴：弟不学无状，致获罪左右。刻奉手教，扮抑诚挚，令人读之，益增汗颜。本党使命前途，非兄与弟共同一致，始终无间，则难望有成。兄放弃一切，置弟不顾，累弟独为其难，于此兄可敝展尊荣，岂能放弃责任与道义乎？耿耿至今，当能鉴其愚忱，而谅其无他也。兹特请静江、石曾二兄前来劝驾，代达鄙意，并乞偕来，共荷艰巨，使弟有所遵循，不致延误党国，是所至祷！中正。叩。江。〕

电复李富春，嘱拟江西政治具体计划。〔电曰：〈万急！〉清江一带探送第二军李副党代表富春勋鉴：〈师密〉陷电藉悉。所举极称中意。将来江西政治，中拟照湖北办法组织江西政务委员会，各军政治部，均须派人参加为委员，请先计拟具体计划，以供采纳，无任企盼！中正。江。印。〕

八时，公由高安出发，午后到奉新，探敌踪若有若无，而以急于见第一师，故不恤冒险，且料敌必无能攻我也。

电告李宗仁总攻击情形。〔电曰：〈铜山。军，限即刻到汉口，转大冶兴国〉速送铜山李军长勋鉴：〈师密〉感电悉。（一）我赖军及谭师，于敌日将吉安蒋逆镇臣部击破，现赖军正向永丰、抚州方面追击前进。（二）樟树之敌，现以第一军刘师在清江附近，二军当正面，第二军全部在峡江附近，渡河抄袭樟树侧背；俟二军接近时，刘师即由正面渡江夹击此敌，预计本日可克樟树，樟树克后，即沿江右岸而下，进取南昌。（三）我第六军十九师于上月皓日进占南昌，因后续部队之未能如期而至，兼以卢香亭由九江南下，增兵反攻，邓如琢抽调樟树之部驰援，十九师遂于漾日将南昌暂时放弃。（四）现时我第六军及第一军一师，在奉新附近，准备反攻，我第三军与敌在万寿宫附近东南西南之弧线上，激战已数日矣。昨午日暮，第七师抄出万寿宫侧背，敌猝不及防，当场擒获伪司令二员，击毙一员，幕僚数十员，士兵千余名，缴械千余。见俟二军解决樟树后，进取南昌，即沿南浔路攻击前进。（五）贵部希解决当面之敌后，即迅速向九江攻击前进。中正昨抵高安，今赴奉新视察一切后，仍回高安。健生兄今日赴樟树视察，即随二军前进。蒋中正。江午发于高安。〕

电饬朱芾迅发第二师军需。〔电曰：〈军，限即到〉长沙。总司令部朱处长鉴：独立第二师，前进在即，所需军饷、子弹、服装等，曾迭电令该处长发给，乃竟未得复电，不知是否办妥？着查照前令，迅予发给，勿延干咎。再，该师前进时，着设兵站，以利运输，仰即遵照办理电复为要！总司令蒋。江午于高安。〕

电复唐生智、李宗仁，属向各方接洽。〔电曰：军急！汉口唐总指挥、大冶、兴国追送李军长勋鉴：〈师密〉孟潇兄皓中电悉。奉天方面，前在长沙，已派蒋雨岩前往报聘。皖陈及魏、田各部，即请孟潇兄就近派员分头接洽。贺、叶两师，已电促其出发。尚希两兄就近督催为要。蒋中正。江午。〕

旁晚，训勉第一军第一师，恢复从前光荣。〔节录：今天本总司令和第一师官长士兵同志们见面，很觉快活，现在有几句话专同你们讲。你们从长沙转到南昌以来，一路很辛苦，本总司令也是很嘉许的。这次打仗，第一团团长孙元良没有命令退却，应照革命军的连坐法拿来枪毙。这次失败，是我们革命军最不名誉的一件事，也是北伐史上最耻辱的一页。倘使第一师不退下来的时候，我们的战事，一定不会失败；所以孙团长没有命令擅自退了下来，一定要按法枪毙。我们第一师，从前是最光荣、最有名誉的军队；现在被孙团长个人毁坏，难道我们还能容忍这种败类，不枪毙他吗？现在我们第一师的官长士兵，如果再不努力，把已失的光荣恢复转来，我们怎对得起已死的孙总理，已死的廖党代表，已死的同志们呢？大家要晓得，革命军是不怕死的，只顾向前的，如果要怕死，不服从命令，不听指挥，随意退下来，无论那一个，都要照连坐法枪毙的。你们大家，千万不要忘记了！这次第三团虽然也败下来，但是全团的官长士兵都很勇敢，都能不怕死，所以还是很光荣的，很名誉的。如果你们都能和第三团一样，那里还会打败仗呢？本总司令希望你们都要第三团来做模范，不怕死的打上去，敌人一定是要被我们打败的，一定要被我们消灭的。要晓得我们有主义，敌人没有主义；我们有百姓帮助，敌人没有百姓帮助；所以只要我们不怕死，肯牺牲与敌拼命，决没有不成功的。这样就是死了，也是有价值的，有光荣的，要晓得我们做人总有一次要死的，与其死而无名，不如为党为国，到火线上去与军阀敌人拼命死了，倒是死得其所，死得痛快。……〕约一句钟，见士气尚好，颇为心慰。

与程潜深谈。

痛斥王俊代师长。

公曰："此次援南昌之军，一误于王副军长柏龄，以主力为警戒，以一团抗悍敌；再误于地图之不准。攻击乐化站，既相持至三十六小时，在乐化、涂家埠之卢香亭准备退至德安时，而王俊不察敌情，不急追击，反忽下令移动攻南昌站，〈冀完成其本任务〉。及至南昌附近，亦不侦察敌情，又不联络友军，徒令第三团单独苦战三昼夜，退至生米，而王俊犹不知其方向所在，单独莽奔，竟为逆敌各个击破。作战惟在于将才，无将有兵，牺牲枉然，可痛可悔！"

是日 第七军力攻德安，克之。

武昌城敌，又由通湘门、保安门溃出，被第五、九两旅击回之。

四日 上午七时，训勉第六军及第一军第一团将士，保持革命军历史。〔节录：第六军的官长士兵们！你们从广东出发以来，与敌人打仗，每次成绩都很好，本总司令很嘉许的，但是这次我们已打下了南昌，为什么又退回来呢？特别要同大家讲明白这个原因。我们革命军，是根据总理的三民主义来救国救民，为百姓求解放的。与敌人打仗，只有向前拼命，没有一个可怕死的。所以去年两次征伐东江，一次讨平杨刘，都打了胜仗。我们革命军的历史，是很光荣很名誉的，现在打下了南昌，又退回来，都是因为第一师第一团团长孙元良，没有命令，怕死退下来了，所以有这一次的失败。孙团长犯我们革命军的连坐法，我要把他枪毙。你们各位官长士兵，要晓得军法是不容情的，若是犯了连坐法，无论那一个，都要依法枪毙的。……十九师这次很勇敢，所以虽然打了败仗，还是很光荣的。大家要晓得打仗只要勇敢，不怕死，就能打胜仗的。你们大家尤其要晓得打仗时，不要脱离官长，千万要听指挥，服从命令，不要自由行动，否则我们就要给敌人打败。还有一件事要你们记住的，无论到什么地方，不要损坏百姓一草一木，才算是真正孙大元帅的部下。革命军并且要耐饿耐冻，无论如何苦，都不要怕，然后才能去与敌人拼命奋斗牺牲。本总司令希望第六军官长士兵们，从今以后能够不怕死，于最短期间，恢复南昌，恢复第六军从前的名誉。……〕

下午，公在第六军部接第七军三十日在武宁、箬溪歼灭谢鸿勋全部之报，乃决下总攻击令，准于六日向南浔线开始攻击。

电复鲁涤平，各方作战情况。〔电曰：新淦。探送鲁副军长勋鉴：诃密：支午电悉。第三军冬江两日，大破敌之第二方面军郑俊彦所部四个混成旅于万寿宫附近，斩获甚众，该逆部几溃不成军。我第八师之追击队，已迫近生米街，并已派一团向厚田、市汊前进。六军及第一师南昌之役，虽有损失，士气尚振。第一师昨已开赴石鼻街。前方尚无敌情，今日我军对樟树攻击，进展若何？盼速复告。中正，支申于高安。〕

电令贺耀组，迅饬所部向武宁前进。〔电曰：〈长沙。十万火急！各局不准耽搁片刻〉长沙。探送宋宣慰使阜南先生勋鉴：请即转贵严师长，速命所部向武宁方面前进，贵严兄本人即急前来高安一叙。中正。支于高安。〕

晚八时后，回高安城行营。

分电鲁涤平、白崇禧，告知攻击情形，并督部逼近南昌。〔电曰：〈新淦。限即到〉新淦。飞送鲁副军长并转白参谋长勋鉴：〈诃密〉刻接第七军专员报告："三十日攻克武宁之箬溪，谢鸿勋全部被俘，即日向德安全部进攻"云。今决于鱼日，以第三军攻击南昌至乐化间之敌；第六军及第一师攻击乐化至涂家埠之敌；第七军攻击德安、九江之敌；并令第三军派一部在市汊、生米渡河助攻南昌。务望赣东部队，于六日逼近南昌城，千万勿缓！丰城须限明日攻克。第六军及第一师，士气甚旺，毫无打败仗形状，现共有枪六千杆，今已集中石鼻街附近。中已回高安，贵军进展状况，盼复。中正。支戌于高安。〕

是日　中央军校举行第四期学生毕业典礼，合计步兵、炮兵、工兵、经理、政治各科，毕业学生二千二百四十七名。

邓如琢因樟树不守，即通电辞职，孙传芳命苏军第十师师长郑俊彦接替之。

五日　晨，电陈中央执行委员全体大会，表示服从与遵守。〔电曰：广州。中央执行委员会钧鉴：赐电敬悉。前方战事，正在进行之中，中正不克如期到会，罪甚。至后方任务及根本大计，均由大会表决，中正惟知服从与遵守而已。中正叩。微。〕

电勉第四期毕业生，毋忘校训。〔电曰：广州黄埔中央军事政治学校政治部转全体同学均鉴：诸同志毕业届期，中远在高安阵中，不克莅校亲致祝词，耿耿无已！前方同学，均感本校同志阋墙，到处受侮，如非团结一致，和衷共济，革命前途，但有悲观，决不能达到我总理授与本校完成毕命之责任。诸君留在后方，不知本校环境之险恶，如蜗争角，惟少年意气是尚，而置党国于不顾，势不至同归于尽而不止也。诸君毕业之后，试能以本党为基础，本以本校为中心，巩固团体，集中力量，则我能自强，谁敢侮之。语云："人必自侮而后人侮"又云："单则易折，众则难摧。"中于诸同志毕业，无以为贺，惟贡刍荛，以期不忘我亲爱精诚之校训，昧此必败，守此必成，请慎择之。蒋中正。十月五日。卯。〕

电令朱芾，转知各期在长学生。〔电曰：长沙。总司令部朱处长鉴：(一)到长之一、二、三各期学生，除在补充团已任用者外；速令其全体来前方。(二）第四期学生，如已到长，各团着各挑选二十至三十人为见习官，余均令其来前方。中正。微。〕

电令方鼎英，悉调毕业生至前方，并选送官长候用。〔电曰：广州。转黄埔方教育长勋鉴：前复各电，为何未到。甚念！第五期学生编制，准照兄意施行。军士教导团，可以设立，但不必定毕业期限，先设一团可也。毕业生原要调回，除补充师及第一军第二十师所应留者外，其余悉数调来前方。炮工学生，尤要速来，第五期炮工学生，升学须从缓。本校与分校系统及教育方针应订定。以上为复兄之函。其余相商如下，第四期学生队营长，应挑来前方，补充团营长之职，张团长或仍留团，升他一级。此次作战，感觉中级与上级官长能力之薄弱，务请多物色旅团长级之人才，在校中或前在他处任过中级官，及经过战斗确有经验者，请选择二三十名为中候用，并以此意告立凡兄为荷。中正。十月五日。〕

公接邓、唐电，知孙传芳要求本月三日停战，乃叹其慑强取巧，不知世间有羞耻事，即复之。〔电曰：〈各局不得片刻停留！〉邓主任并转唐总指挥勋鉴：三十电悉。南昌得援而复失，孙意必强硬，是在意中，撤兵回复原状，万难办到，非请其先撤援赣之军不可。至于彼致我长函，并未接到，无从答复，彼欲停战亦可，惟应先允撤兵也。近日战况：三十日，谢鸿勋全部，在武宁箬溪为我第七军全部缴械。谢与其团长，鲜有幸免。冬日，彭德铨、杨赓和郑俊彦三旅在高安万寿宫，为我第三军突破，其司令部高级人员，完全受俘，闻有司令二人，亦在其内，江西逆敌，所残者惟卢逆涂家埠之一旅与九江之斯旅而已。刻决于明日（六日）总攻击，各军精神团结，不难一鼓克敌也。徐、葛二代表，应仍请其前来。中正。微于高安。〕

分电邓演达、陈公博，嘱寄来奉方原函，并催解军费。〔电曰：〈汉口各局，不得片刻停留〉汉口。邓主任并转陈主任勋鉴：〈杰密〉奉方雨岩所派来人员未到，始终亦未得电，请嘱张参谋，将其原函抄录，专员寄来。此间缺乏现款，汉票不通用，请速运现大洋二十万元来赣。所谓欲中央补助九月份一百万元之说，是否仅就湖北而言，不涉江西各军，如此则须由财会去电声明。否则江西各军在内，十月份战时费，非完全续发，无以为计。如何？盼复。以后财会与中央交涉，最好先电得中正同意，以免彼此离异，致中央发款延滞也。中正。微于高安。〕

任命刘旅长日福为百色警备司令，吕旅长焕炎为龙川警备司令。

正午，往祥符观与朱总指挥筹议战略，四时即回高安。

电告张、谭二主席，并转李总参谋长，赣鄂战胜情形。〔电曰：〈万急！〉广州。中央执行委员会张主席、谭主席钧鉴：〈组密〉请译转李总参谋长勋鉴：（一）冬日，我三军于新建万寿宫附近，与敌第二方面军彭德铨、杨赓和、李彦清三部接战大捷，斩获甚众，残敌分向生米南昌车站溃退。江日，我追击队至大庙上又击败王良田旅，俘获亦多，该第二方面军，为彭、杨、李、王四旅编成，先后被我摧破，几不成军。现我第三军进展，达松湖至徐庄之线。第六军及第一师接第三军右翼前进，达石鼻街附近。（二）第七军原定由兴国州进政瑞昌、九江，因瑞昌方面，湖水泛滥，前进不易，遂向南转进。去月三十日，围剿敌军谢鸿勋部于武宁之箬溪，将其全数歼灭，毙旅长庞广荫一名，谢鸿勋投水自尽，缴获步枪二千余，大炮八门。现据李军长冬夕电，该部冬日到达抱桐树附近，决心向德安攻击前进。（三）据赣东指挥官鲁涤平支亥电称：“四、六两师，江日击败唐福山、陈修爵、谢文炳残部于新淦以北叠村至黄村之线，五师支日由七琴出樟树或丰城，支午前可克樟树或丰城”。等语。（四）蒋镇臣于永丰败后向崇仁退去，赖军跟踪尾追，约已到达崇仁。（五）中正已令三、六、七各军及第一军一师，于鱼日向南浔铁路之敌施行总攻击，并令第二师由新淦附近渡河，协攻樟树，限第二军于支日攻克丰城，直趋南昌，以期与进攻南浔铁路各军收协同之效。（六）据唐总指挥三十亥电称："长江两岸之敌，无甚变更，孙传芳叠派代表来鄂，甘言求和，暗中则连络鄂西残部，企图解武昌之围，已决以第八军一部围攻武昌，调出第四军全部，先驱逐大冶黄石港之敌，协同七军，猛扑九江。第八军第三师之一部，由黄州向蕲春前进，以牵制武穴之敌"等语。中正以解决南浔铁路之敌，已有把握，拟待第四军收复大冶黄石港后，即渡江与第八军之一部，协同解决武穴之敌，必使孙氏援吴之军，无一部可得全师而退者。（七）左翼军贺、杨两部，在沙市虽小失利，但王总指挥，已率部驰援，增援后可以无虞。蒋中正呈。微未。印。〕

电复贺耀组，速向修武前进，并嘱来高安面叙。〔电曰：长沙。宋宣慰使阜南先生，请译转贵严师长勋鉴：陷电悉。款再由长沙总部朱处长发五万元，弹由汉口邓主任发十万发，请分别派人具领。贵部行速向修水、武宁前进，如有公暇，请兄自来高安面叙，李正球、李运启在汉，能召其先来亦好。中正。微。〕

电催俞飞鹏，速办棉衣洋毯。〔电曰：新喻。俞总监勋鉴：〈站密〉各军棉衣、洋毯，务于本月底全数解到前方，切勿延误。务请派妥实专员，负责赴长沙汉口速办，并与汉口陈公博切商，但须兄个人完全负责，不可推托也。中正。微。〕

电徐桴、马文车、陈焯，禁止浙人在粤招摇。〔电曰：广州。总部徐代处长并转陈空如兄鉴：闻虎门新招一营，冒余命令领饷，如果有此事，必须澈究。又闻空如组织倒孙革命大同盟，而心竹行动悖谬，又好大言，往往为人所恨，因之牵涉公事。浙人在粤招摇不法，于私无益，而于公大损，如兄等为大局计，千万知过痛改，并乞勿为中正个人谋也。中正。微。〕

看曾集，以后学其每日数一百零八息。

第二军攻克樟树，敌分向南昌、抚州溃退。

是日　德安复失。

六日　六时前起床，致电唐生智，规划军事全局。〔电曰：汉口。唐总指挥勋鉴：〈战密〉交通阻滞，消息隔绝，闻吾兄来电，如关于调遣军队者，中皆未接到，而致真如与兄之电，亦未得详覆，甚念！近事详于致兄与择生电中。本日对南浔路攻击，如能奏效，则卢香亭及周凤岐部，皆可在赣歼灭，而孙氏留苏能战之军，惟有孟昭月一旅，陈仪是否能为其所用，固未可必也。今日大局，为巩固革命政治中心地计，应先肃清两湖残逆，团结内部精神，使武汉安如磐石。一方则乘机解决东南，不使东北东南之敌合谋我，否则孙张必有摄合以谋危革命中心地之一日。河南方面，接济樊醒民再合国民第一军，由秦南下，消灭寇逆，必非难事。刘骥同志在汉，请兄与之切商，其第一军攻豫，与我军联络计划，将来大体处置，以豫归国民第一军，与樊负责灭寇，以两湖残敌，由中央军肃清，归兄负责整理；以右翼军与第一军规划东南，则责专而功必倍也。总之武汉之患，不在于河南，而在于鄂西与湘西，目前革命之敌，不在于东北，而在于东南，兄为何如请详筹示复，俾得呈请中央决定大计也。中正。鱼。〕

上午，研究攻浙道路，嘉伦以浙可作缓冲，劝暂勿攻。公主乘势底定，不使孙逆稍得喘息，贻留后患也。

电复唐生智、邓演达，嘉其妥处鄂东军事，并转催孙氏答复条件。〔电曰：汉口。〈各局不得片刻停留〉唐总指挥、邓主任勋鉴：微电悉。第四军使用方向，当时中未明瞭情况，甚为系念！今既以鄂东敌情，变化如是，处置甚妥，将来应归还建制为宜。孙氏对中所提条件，并未有具体答复，但要求停战以为缓兵之计，殊无诚意，请问其对于条件，能否作一具体答复，以便报告中央，请示机宜也。中正。鱼。〕

电李济深，主先歼赣敌，再定闽浙。〔电曰：〈限即到〉广州。李总参谋长勋鉴：〈胜密〉右翼军自南昌得而复失后，逆敌渐形猖獗，今第三军已于卅日将彭德铨、杨赓和、郑俊彦各师旅，在高安前方完全歼灭，而第七师亦在武宁前方歼灭谢鸿勋全部，故孙又来求和，要求沁日停战。惟时期已过，而我军决于明日总攻击，须先将南浔一带肃清，再定应付之策。以现势观察，赣局或不难平，孙逆来赣部队，除皖军在鄂边江北不计外，足有六旅二师之众，而其主力卢香亭□□□周凤歧等三部，尚未加入战斗，其余皆已击破，如能于此总攻击时，能将卢、周一律歼灭，则孙氏在江浙能作战部队，只有陈仪一师及孟昭月一旅而已。以后如我军出捣东南，则闽浙更不成问题，惟须抽调第一军留粤部队，出征以后，粤中部队应如何配备及应新募若干？请兄详计示知。每月战时费，准要求财部照常发给，至战局终结为止，最少亦要延长三数月之久。对孙究竟主和主战？战费究能维持否？请兄速汇复。中正。鱼辰。印。〕

分电李济深、方鼎英，补充师候令出发。

电令方鼎英，派本校军官团团长二及营长六，率同学生由赣州速来前方。

下午，诣院看伤兵呻吟草地，心情痛楚，冻寒不忍。叹曰："余近检查懈疏，使属员玩事，士兵受苦，自问罪尚可赎乎？以后戒之！"回行营，愤闷无已。

电令鲁涤平，要击残敌于进贤。〔电曰：樟树。鲁副军长并译转白参谋长勋鉴：〈诶密〉微戌电悉。南昌逆敌，必向抚州退却，务请速派一得力部队，进出于贤城附近堵截，毋使漏网！至要！中正。鱼未。〕

电令赖世璜迅出抚州，截敌窜闽去路。〔电曰：吉安。追送永丰崇仁一带。赖军长勋鉴：〈文密〉逆军邓、唐、谢各部，于新淦、樟树一带叠被我第二军摧破，现向丰城溃退闽之路，务期压迫敌于南昌附近局歼灭之。我三、六、七各军及第一师，已向南浔路线开始攻击，该方面之敌，不日可以肃清。蒋中正。鱼申。〕

电催陈公博，速解前方军服现款。〔电曰：汉口。财政委员会陈主任公博兄勋鉴：〈博密〉各军棉衣军毯，有否办妥？务于十月底完全解到前方，此件最要，请勿延误！闻财政会通过十月份仍请财部补助百万元之案，是否单指在湖北部队而言？如江西各军亦在其内，则非将前月战时费照常发给不可，以战事何日可了，尚难预卜，请兄详示财政办法。此间汉票不通用，请速派员解现洋三十万元前来，方得济急。盼复！中正。〕

电复朱芾卅日函七事。〔电曰：长沙。朱处长大鉴：三十日函悉。复如下：（一）王天培十万元须发足，子弹亦须发足十五万颗，可交张步先。今批发贺龙、杨其昌洋各三万元，子弹各五万颗，贺件交严仁珊，杨件电杨派员来领取，不可交严也。（二）大洋票币印就五百万元，全数解来江西，不必分解湖北，以宋部长尚未承认在汉使用，必多受其反对之影响。至长沙可挪用中央正币，亦不可留用此兑换券也。（三）黄埔学生，无我命令，概不必招待。（四）伤病兵归旅费，请兄酌定可也。（五）武昌行营军需处，可增设中、少校各一员，由邓主任委任可也。（六）棉衣军毯，限十月底解到各军前方，每军各发一万件外，准备三万件为预备用；此为最要事，切勿误时，请兄负责。（七）由粤汇来被服费二十万元，及经临费三十万元全数兑解现洋来江西，万不可移作别用。中正。鱼。〕

戌正，第二师占领丰城，即向市汉攻击前进。

公曰："财政枯竭，战事延长，经理无方，革命何时可成，惟一面进行军事，一方注重经济之建设，庶有豸乎？"

七日　上午，训诫警卫团士兵。〔稿无查〕

颁第一军将士训令。〔约千余言，稿无查〕

分电刘峙、蔡忠笏，开炮兵团第九连至清江，归还建制。

下午，往视病院伤兵，回营撰发俞、朱、陈电。〔电曰：樟树俞总监、长沙总司令部朱处长、陈处长鉴：前方各病院，多办理不善，伤兵在院，既无被服，又缺药料，风餐露宿，形同囚犯，每一临视，辄为痛心。如此革命，徒重罪孽，于民无益，而亲爱之士卒陷死矣！此皆兵站与前方军医处办理不善，准备不周，而中正督率无方之过为尤大也。务请诸公，顾念前方伤兵之痛苦，对于病院，须格外整顿，看护周到，换药洗衣，饮食住宿，务须清洁整齐，不使我忠勇将士，伤者加重，而重者致死也。以后每院须准备伤兵者替换之衬衣裤及被单、军毯、棉衣，以收容人数之量，而准备倍备数；如准备收容五百伤兵之院，务须准备千套，被服药料亦然，茶水粥饭，尤宜清洁温热。吾人既不能同士卒在火线上共生死，亦当谋受伤士卒减少痛苦，务请悉心研究，竭力改良，勤劳奉公，巡查督察，不使属员偷懒，伤者受苦，稍以求心安理得则幸矣。如何整顿？盼复！中正。虞。〕

电令鲁涤平、白崇禧，仍向南昌猛进。〔电曰：樟树。飞送鲁副军长并转白参谋长勋鉴：电悉。昨日南浔路照常通车，总攻击结果如何？尚未得报。第二军须仍向南昌猛进，其主力应用在右翼，以堵截其窜抚州道路。第二师应相机在市汉附近渡河，为江左岸之预备队，惟请兄等酌量现地情况而定也。中正。虞未。〕

第六军及第一师占领建昌，复进白槎，林马与由德安退箬溪之第七军取得连络。

八日 上午与嘉伦将军纵论时局，〈大发牢骚〉。

莅高安县各界欢迎会演讲。

电复何应钦攻赣迭胜，并拟调闽援师。〔电曰：汕头三河坝。何军长勋鉴：〈战密〉东冬电悉。（一）我二师鱼日占丰城向市汊港追击前进，南昌之敌，已退向赣东今日可望占领。三军今日向南昌车站开始攻击，六军以一师，鱼晚到达永修附近，敌已向吴城退却，约已占领徐家埠、建昌。七军于支日进攻德安，将敌军四旅击破，已占德安向九江追击。赖军两团，追击蒋镇臣部，向崇仁、抚州前进。（二）苏孙援赣军，已令二军跟踪追击，务期歼灭。（三）我军对闽，应从速准备攻击，即派赖军全部回师赣南，入汀协助攻闽，一俟赣东肃清，拟再派一部入光泽，会攻福州。第二十师以省城根据之地，不能无兵，故暂难调遣。此次攻闽应有东南全盘计划，请兄统筹兼顾，以维持本军之声威，而为本党争光也。赣南指日可定，茂如自廿一日失踪，至今仍无下落，不胜焦急，敌情如何？盼电告！中正。齐午。〕

电任褚民谊为本部军医处后方留守处处长。

下午，草讨孙通电，苦难成稿，自念荒芜至此。乃曰："军事政治之先机，全在小脑作用，微几真理，稍纵即逝，或即在只能意会之中，若不能固执几微，彻底研讨，未有能得者也。"

电张、谭二主席告捷。〔电曰：广州。张、谭二主席钧鉴：李总参谋长勋鉴：〈希密〉刻接报：南浔路七军，支日克德安。第六军及一师，本日克永修、涂家埠，第三军本日攻南昌站。第一军第二师，本日攻南昌。今涂家埠既克，南浔路中断，卢香亭第二师及周凤岐完全被我击破，从此逆敌再无战斗部队，赣局不难速平。此次孙逆挟五师八旅之众，全力来犯，今皆为我军击溃，其中全灭部队，约过半数，进取东南，当无问题；如果失机放任，则死灰不难复燃，孙逆必有合以谋危我军之一日，如何？盼复！中正叩。齐亥于高安。〕

电嘉李宗仁克复德安。〔电曰：奉新安义第六军部速转德安县李军长勋鉴：〈师密〉刻接支电，欣悉德安克复，逆敌击溃。此次孙逆全力来犯，主力皆在德安九江一带，今为贵部完全击破。以后敌必闻风落魄！赣局指日可定，吾兄及诸将士，不避艰难，达成任务，其劳勋非可言喻。请先为我奖勉慰藉，再请政府特别奖叙也。九江方面情形如何？六军今日克永修，想已联络矣。今日第一军第二师攻南昌，三军攻南昌车站。特闻。中正。齐亥于高安。〕

军校招收第六期入伍生竣事。〔除由本校入伍生部招收，暨各省党部与湘省保送外，尚有缅甸、安南、朝鲜、台湾、南洋群岛等处之革命青年，自动来校投考，计先后录取四千四百余人。〕

九日　晨，改正讨孙通电。

上午，电令鲁、白协同赖部与第二师分道攻击。〔电曰：鲁指挥官并转白参谋长勋鉴：〈诇密〉如我军占领南昌，请速率所部向赣东追击，务期在赣境歼灭；并令赖部由赣东追击，转进会昌、瑞金，准备攻闽，第二师令即渡江左向南浔路增加。中正。佳于高安。〕

电邓演达，转催飞机速来新喻。〔协攻南昌及南浔路一带。〕

电邓演达商量各事。〔电曰：汉口。邓主任勋鉴：〈新演密〉：准委郭沫若为副主任。自来得枪务令郑厂长全数缴解总部，万勿分散，其枪弹尤要。机关枪可否发给两补充团各八挺，如第四军缺乏，或先发亦可，惟补充团教练，亦须各发四挺也。拟调公博为江西政务会主任，已请财政部派委，如其届时未到，须请兄代理若干时。第一师急须整顿扩充，王俊另调他事，兄有相当之人否？将才难得，甚苦，兄能带兵否？然兄须常在左右，总政治部，有相当之人替代否？王茂如尚无着落，指挥名义决先取消。中正。佳午。〕

电朱、程、李、鲁等，转饬速发寒衣费。〔电曰：万急！万寿宫追送朱军长，奉新安义追送程军长并转第一师王师长，德安追送李军长，樟树、丰城追送鲁副军长并转第二师刘师长炮兵团蔡团长，高安抄送警围团金团长均鉴：训令：士兵冬衣一项，因后方输运艰难，此间尚未解到，以致缓不济急，各士兵冒寒征战，情殊可悯。本总司令特规定每士兵一名，着先发暖衣费小洋一元五毫，由各长官核实造册具领，准其自行购买卫生衣或棉背心，以济急需，一俟后方冬衣运到，仍再按名照发，合行令仰该长官迅饬所属知照。切切此令！总司令蒋中正。佳。印。〕

电何应钦，嘱保举将才。〔电曰：三河坝。何军长勋鉴：〈战密〉此次第一师挫败，实王达天指挥无方，茂如、达天，皆非带兵之才，应调别事。将才难得，苦甚！补充团亦须旅团长之才，苦无其人，兄处有相当之人否？请保举。拟委张春浦为补充师副师长，兄以为足胜任否？然实无人也，奈何？中正。佳午。〕

傍晚，接程潜电："第七军五日由德安退至箬溪，并放弃永修，移转阵地于城西十里之地，牵制涂家埠邓逆。"公曰："不知南昌车站，攻击能否得手？本军成败，在此一举，以势与理推测之，未有不胜者也。"

是日　第一军第二师及第二军第五、第六师，追敌至南昌，在东南门外占领阵地。〔敌邓如琢失踪南昌城内，仅有郑俊彦部两旅暨岳意寅残孳二三千人。〕

中央军校成立军事教导总队部，任命入伍生部副部长唐星为总队长，限六个月满期，学兵多招自湘省。

十日　晨五时后起床，致何应钦电暨白崇禧函。〔稿俱佚〕

七时，公由高安出发，沿路侦询消息，最后得季方报告。〔自生米街发〕知市汉昨已下，我军已过生米对岸，此后运用兵力较易，虽敌援大集何害。午后一时，至草山村〔即官山铺〕。地小而秽，感念"夏历季秋，寒冷至此，将士无冬服雨衣，极堪怜悯，安得天之佑我，从速克复南昌，得息兵力！"

是日　第八军攻下武昌城，生擒刘玉春、陈嘉谟。

第一军第三师攻破永定，周荫人化装越城遁去。

十一日　晨，电令赖世璜、熊式辉，勿擅调各部回赣州。〔电曰：赣州赖军长、吉安探送吉水熊党代表式辉勋鉴：第二军未到抚州与贵军联络以前，在崇仁、乐安、永丰各部，切勿擅调回赣州为要！中正。〕

电复程潜，准予拨归毕业生。〔电曰：程军长勋鉴：〈歌电悉〉贵军干部缺乏，欲将今春考送军校毕业生拨归服务，自应照办，待到后分发可也。中正。真。〕

电复徐景棠，饬属严防石岐驻军。〔电曰：〈万急！〉江门第十三师徐师长鉴：灰电悉。关于石岐驻军，已令钱师长妥为办理矣，仰饬属严密防范，勿使得逞为要！特复。总司令蒋。真印。〕

上午，公由草山出发，下午一时至生米街，急欲赴南昌，因泥泞行艰，到邓家埠后，夜深雨大，路生不能前，即宿营于此。

是日　第二师及第五、第六师肉搏南昌城。

十二日　早四时，公由邓家埠进发，七时到南昌城外，知今晨攻城，仍无结果，与鲁指挥官、白参谋长在农业学校计议后，即往第二师北门阵地，准备夜半再攻。晚后正在进行，第六团为城敌由地道钻出埋伏城根之敢死队所包围，全团几覆，而我军颈挂白布与电灯三开之约号，亦被敌探悉，甚悔军机不密，与黑夜混战之失策。然是夜如不攻击，第二师必为敌方全部包围矣。

电令张翼鹏，转饬驻教会部队迁让。〔电曰：长沙。第八军张总参谋长勋鉴：据罗交涉员呈称："美领抗议军队屯驻岳阳教会"等情。希即查明，转饬该部队迅即迁让为荷。中正。文。〕

是日　第二师复占修水。

十三日　晨，南昌居民，以敌纵火城外，房舍尽毁，具状吁请撤围，公许之。

上午，公在造币厂外与刘师长聚议。

电嘉赖世璜追击出力。〔电曰：赣州。赖军长勋鉴：东电顷悉。贵部此次进攻吉安，猛追逆敌，勇往无前，殊堪佩慰。以后俟克复抚州，跟踪追击，待有部队替代追击任务时，应即转进会昌、瑞金，与第一军协同攻闽。望即准备夹衣，已令江西财政委员会即发八千套之费。此复。中正。元。印。〕

下午一时，下训令。〔文曰：(一）敌军岳、唐、张等残部，约五六千人，负固南昌城，似有死守待援之模样。蒋、唐及两杨敌军残部，现麇集抚州附近，我军进击部队，九日已抵乐安城。我第三军现正与据守南昌车站及乐化一带之敌激战中。我六、七两军及第一师，现已由修河北岸地区，向德安、永修之敌攻击前进中。(二）我军为集结主力，先歼灭南浔路敌之主力起见，拟于本晚暂撤南昌之围，待机再攻南昌。(三）第二军撤围后，应扼守丰城、三江口之线，牵制南昌之敌，并与十四军进攻抚州部队，切取联络，相机协攻抚州。(四）第二师撤围后，应迅速进出赣江左岸，在生米街候命。(五）南昌撤围之详细计划，鲁指挥官规定之。(六）余现在南昌南门外〕。

三时，公由南昌城外回程，十时，抵生米街，以昨夜澈宵指挥未能合眼，甚觉困疲，故倒枕酣睡。

第七军击敌陈调元部于王家铺，败之。

第一军谭〔曙卿〕、冯〔轶裴〕两师及总预备队，占领松口。

是时 苏浙军响应国民革命军，拟全数在星子渡湖回浙；并电请夏超独立。孙传芳闻变，急调周凤岐师来浔，并以己军牵制之。

十四日 上午，与白参谋长商定战略及暂取守势，以待整理完毕。

电唐生智、邓演达，并复葛、徐二代表。〔电曰：唐总指挥、邓主任勋鉴：本军以南浔铁路逆敌增援，抚州又未肃清，且接蒋、葛来电，故决撤南昌之围。惟第六、第七军以交通不便，未得联络，又定寒日进攻，不知结果如何？兹复葛、徐二君电如下，请抄送。"葛湛侯、徐培根二兄大鉴：电悉。此间交通不便，东电于灰日始与蒋公等支电同时接读，刻已令围攻南昌部队，先行撤回，表示和平。惟敝军和战之权，全在党与政府中不能自擅，惟有报告中央，请示机宜。中意仅言停战，如不先示撤退援赣军队之日期，无以征和平之诚意也。如有公暇，能驾前方一叙尤佳"。中正。寒。〕

电唐生智、邓演达，并致浙沪各代表。〔电曰：汉口。唐总指挥、邓主任勋鉴：〈战密〉兹复蒋公等电如下，请抄送。"蒋、史、赵、魏诸先生钧鉴：支电敬悉。敝军和战，权在党与政府，中正不敢自擅。惟诸公为人民代表，中正应尊重公意，报告中央党部与政府，请示办法。并令围攻南昌部队撤回五十里，表示和平之愿望，且免人民之痛苦。如有公暇，并请临前方，面商一切。如何？"蒋中正叩。寒。〕

电李济深转张、谭二主席，密陈对孙主张。〔电曰：广州。李总参谋长转张、谭二主席钧鉴：南昌围城部队以抚州逆敌，有反攻企图，南浔路逆敌，顽强难制，故决撤回增加至南浔路及对抚州警戒，俟肃清南浔线，再攻南昌。复孙传芳代表及人民代表蒋伯器之电，乃言撤围即表示和平之意，但未言及南浔路方面，且言孙不示撤兵日期，虽宣言停战，亦不足表示其诚意。申明和战问题，决于中央，并须请示机宜，究竟如何？乞复。然中意对孙不能妥协，否则无异北伐失败也。中正叩。寒。〕

两电詹、傅，规视补充团办法。〔电曰：长沙。总司令部朱处长转补充四五团詹团长、傅团附鉴：〈站密〉补充团暂各成立学兵连一连，看成效如何，再行增招。如投考人多，可劝他当兵。中正。寒。又电：长沙。总司令部朱处长鉴：并转补充第四团詹团长，补充第五团傅团附鉴：〈站密〉补充团必要时，将调前方应用，须速多作战斗教练及射击教育；老兵则多作实弹射击；所用子弹，由长沙军需处酌发。中正。寒。〕

电令邓演达、陈可钰，补充第四、第五补充团步枪。〔电曰：汉口。邓主任并转陈副军长鉴：〈战密〉在长沙训练之第四、第五补充团，急欲派来前方，请即将俘获步枪补充该团。至第四军补充新兵之枪，由汉阳厂领给新枪也可。中正。寒。〕

电复俞飞鹏请示各节。〔电曰：高安。俞总监勋鉴：转来朱处长函已悉，兹复如左：（一）南湖军械局所存械弹，即运回广州。（二）批发王天培之十万元，应速发给。（三）贺师已搭发之大洋票，不必收回。（四）邓主任电发樊钟秀六五子弹十万，准予照发。又蒋必请领俄式炮弹，着发一百颗。（五）购制被服办法，及请汉口接济该项费用，准予照办。（六）运械弹之输卒，应随到随即放回。中正手批。寒。〕

下午，与刘师长谈话，乃知美国医院及造币厂之电话线与城内交通未拆，此必泄漏计划之点，公叹刘师长太老实也！

电复唐生智第八军编制，并当负责代告中央〈关系〉。〔电曰：汉口。唐总指挥勋鉴：敬电悉，所拟贵军编制，甚为赞成；但将来编制会议决定后，应再改正。余事已复真如函中，故不赘述。第八军对于中央关系，弟当负责周旋，决勿推诿。中正。寒。〕

电嘱唐生智，转饬电政监督整顿电报。〔电曰。汉口。唐总指挥勋鉴：自汉口来赣电报，有至二星期后方到，且多失落无着者，请即责成电政监督，切实整顿查明；并失落无着各报，令其负责检发。否则应（请）撤革严惩，以为不忠实职务者戒，如何？盼复。中正。寒。印。〕

电饬陈可桢，澈查电报玩误。〔电曰：长沙。湖南电政陈监督、汉口湖北电政陈监督钧鉴：近来前方各处电报，传递迟缓，错码又多，仰该监督严密澈查，即速具报！总司令命蒋。寒。印。〕

电复袁州商会，准以许鸿暂兼县长。〔电曰：袁州商会胡会长览：江电悉。该县江县长病危，所请以监察员许鸿暂行兼代县长职务，应照准。除电饬右翼军政治部照委外，此复。总司令蒋。寒。印。〕

令广属警备司令钱大钧，转饬肃清河道劫匪，以安行旅。

晚，议决作战全盘计划，调第四军及贺师来赣。

是日 周凤岐师一部，借野操为名，自南京、常州回浙，参加内部倒孙运动。

十五日 五时起床。公由生米街起程，经官山铺打尖，途次得程军长报告称："第一师在箬溪附近，激战二昼夜，未知结果如何？"公叹："此次始谋不臧，两师分属，〈任人指挥〉，担任最艰危之任务，使我忠勇将士，死亡过半，牺牲程度如此之大，而反受人讥刺，中正之罪，尚能自赎乎！"晚八时，抵高安城。

△电张、谭二主席问汪事。〔稿无查〕

电中央执行委员会各省暨海外党部联席会议致词。〔电曰：广州。中央执行委员会省党部联席会议诸同志公鉴：中正远在前方，不克参加大会，躬领教诲，但有神驰向往而已。武昌虽克，江西未平，吴逆鼠迹豫中，孙贼犹据江东，革命前途，尚多障碍，破坏建设，亟宜并进。此次大会为本党根本大计之所关，尚祈诸同志戮力共济，肩兹重任，继承总理未竟之志，完成本党革命大业。中正出师三月，北伐无效，对党对国，罪累弥深，此后惟有服从党令，向前奋斗，鞠躬尽瘁，以报总理者报本党与诸同志而已。临电无任惭惶之至。蒋中正叩。删。〕本日联席会议在广州中央党部开幕，出席百人以上，推谭延闿、张人杰、徐谦、宋庆龄、吴玉章为主席团。

电令方鼎英，保举旅团长及无线电话人才。〔电曰：樟树、赣州，转广州黄埔方教育长勋鉴：〈伯密〉前奉各电未知达否？旅团长人材，在本校官长中，能找其有经验灵明诚实而尤猛勇者几人？智将难得，猛将更难，请速为我留意电举，以备采用。无线电话队非速组成不可，无论经费如何困难，必先办此事，其人材虽重金聘请，亦所不惜。总要购办卅架能通五百里以上之无线电话机，方能作战，如一时无款，至少亦须购备十八架，其学员即以学生中挑选之，或请俄德技师教授，校中毛景麟教官，亦长此技，或可任队长，若另有长才，更好。毕业生速来前方，最好校中及要塞兵船兵工厂等处，分派三百人见习，以备后方应用。中正。删。印。〕

电属陈果夫，物色无线电话人才。〔电曰：樟树赣州。转广州陈部长果夫兄鉴：〈祖密〉函电悉。对于汪事，已有电托张、谭二公转请其出任，未知有否接到？甚念！盼复！广州近况，请详示！无线电话人材，务请设法多聘，不惜重费，如能有五百里以上无线电话机十架，则赣局早已解决。至今所以战局停顿者，乃彼利用铁道运输及九江交通便利，而我方消息滞迟，联络不确，以致各个击破，然必能得最后胜利，可勿念！要定无线电话机卅架，组织无线电话大队，校中教官毛景麟，前在浙江无线电台，与华某同事，未知其才能可承乏大队长否？如另有专技长才更好。请商任潮、伯雄兄，从速搜罗人才，开始组织，迟恐又不及，经费可由军需处提前领给也。中正。删于高安。〕

电任何应钦为国民革命军东路总指挥。〔福建各军概归其指挥调遣。〕

电令钱大钧，第二十师候命出发。〔电曰：广州。钱师长勋鉴：第二十师决计调闽增援，候令出发。惟新编之两团，须留广州训练，派一参谋长或朱团长指挥可也。廖鸣欧已忘其人，请示其履历。拟委陈继承为廿师副师长，或令其来粤训练两团新兵也。中正。删。〕

电令朱、詹、傅，开补充第五团至高安候命。〔电曰：长沙。总司令部朱处长鉴：并转补充第四团詹团长，第五团傅团附鉴：(一）补充第五团，全部即日开来高安候命。(二）长沙总部，如尚有驳壳枪及手枪，可酌发补充第五团，带来前方应用。(三）陆续所招之兵，可交长沙总部。总司令蒋。删。〕

电令陈可钰，留在南湖飞机速来高安候命。

电令唐生智，转饬铁道队，速来高安候命。

电令邓演达，并转唐、陈，即饬第十、第十二师来赣。〔电曰：〈各电停发，提前拍发此电〉邓主任并转唐总指挥、陈副军长、陈师长勋鉴：〈新演密〉昨电谅达。决调第十、第十二两师来赣作战，方能击破孙逆主力，接电请即出发。至应由何路前进，请兄等商决，总以便捷快当为主，期于本月杪集结武宁附近，参加总攻击，并希严守秘密。如不能击破孙逆主力，则此

次北伐可算完全失败〈也〉。何日出发？决取何道？盼复。中正。删亥于高安。〕

国民政府讨孙传芳宣言。〔文曰：……中国为四万万人民之中国，东南五省为中国行政之五省，任何人不得而私有，亦任何人不得而宰割也。今孙传芳利用保境安民之名义，取东南五省，为其私产，视东南人民为其家奴，承军阀割据之风，行鱼肉人民之实，如是而曰保境安民，是保孙传芳之境，安孙传芳之民，而非保中国之境，安中国之民也。溯自孙传芳割据五省以来，摧残爱国青年，剥夺人民自由，残忍惨虐，难以数计。至于各种苛捐杂税，如宅地税，户口税，强加监税，勒取米税，把持市政，销售鸦片，包苴公行，贿赂成市，使五省人民水深火热，不遑宁处。此次派入江西之逆军，尤到处肆掠，如袁州、临江、九江、南昌、抚州一带，受祸尤烈，妇女多被奸淫，良善多被屠杀，老弱转于沟壑，闾阎变为邱墟，人民皇皇，朝不保夕，凄凉愁惨，目不忍视；此诚东南百年来未有之浩劫，而即孙传芳之所谓安民也。〈本〉政府此次出师北伐，本为打倒帝国主义走狗吴佩孚之反动势力，以巩固我革命根据地，业经迭次宣言。对于孙传芳，原欲以主义相感化，冀其翻然来归，湔洗旧染，盖本先大元帅仁恕之量，不欲苛求，且恐重苦吾民，故力谋缩小战区，不愿多方树敌也。江西之邓如琢，本受吴佩孚之委任，始则仇视本党，继则出兵犯湘，素惟吴佩孚之命令是听。江西毗连湘粤，当本军入湘攻鄂之初，江西兵力薄弱，我二三六军，本可蹈虚抵隙，歼灭邓逆，直出九江会攻武汉，所以不先入赣者，盖欲孙传芳之确实，有所表示，自动驱邓，以减削吴佩孚之势力。不料(本)政府孚之以信义而孙传芳报之以仇雠，竟于我军与吴酣战武长之际，封闭我江浙党部，禁锢我东南党员，解散上海工会，禁止爱国运动，与三民主义为仇，为帝国主义作伥。(本)政府恐其迷而不悟，屡电劝告，启之以自新之路，无如孙传芳阳为周旋，阴则倾其全力以抗犯我革命军，一方面假其保境安民之邪说，以欺弄社会；一方面则下令攻击，亟思袭取湘粤，以实现其九省领袖之迷梦。观其八月三十日所下之作战命令，其狼子野心，殆已毕露，〈而不可复掩〉。其命令要点：一路则由修水铜鼓进袭长岳，断我革命军之后路；一路则进窥武穴鄂城，欲与困守武昌之陈嘉谟，夹击我革命军之正面；更令福建周荫人，进窥潮梅，以掠我革命军策源地之广东。其意盖欲乘我苦战力疲之余，以为倾覆我根据之谋，继承吴佩孚之绪余，苟延北洋正统之命脉，〈即不恤为帝国主义之走狗〉，以残害我民也。〈本〉政府至此，乃始绝望于孙传芳，知其冥顽不灵，诚不可以道理喻，非加讨伐不可也。至其魑魅魍魉，乘危打劫之手段，投机取巧之惯技，狡猾恶劣，犹为吴〈逆〉所不及。盖吴佩孚武力统一之主张，早为人民所痛恨；而彼乃代以保境安民之辞，以圆其谬说，使人民尽入于麻醉状态，以消沉其元气。此种手段乃专主帝王，用以愚民之政策，其阴狡盖有甚于吴佩孚。至其分遣爪牙四出，运动我军内部，以名利为勾结，以妖言相煽惑，幸本军将士，笃信主义，上下一心，不为所诱，而其仇视我革命，设计之毒，盖可知矣。呜呼！孙传芳凭恃武力，割据东南，侵略湘粤，麻醉人民，阻挠革命，抗犯义师，仇视本党，残杀同胞，实〈帝国主义之走狗〉，中国内乱之罪魁，三民主义之障碍，乃吴逆佩孚之第二，而人民之公敌也。先大元帅有言："北伐目的，不仅在推倒军阀，而在推倒军伐所赖以生存之帝国主义；不仅推倒曹、吴，而在使无继曾、吴而起之人。"今孙传芳俨然继曹、吴而起，〈本〉政府责任所在，焉得不声罪致讨。故特令我国民革命军于挞伐吴佩孚以后，移师东指，入赣以来，节节胜利，一月之中，业将孙逆传芳调赣之五师及十混成旅，犯粤之二师三旅，悉数击破其中为我完全歼灭者，几过四分之三，所余残部，犹思负嵎困斗，保其残喘，以贻害于江西者，流毒于我闽浙江皖之同胞。综孙传芳生平之所为，无不以设辞惑众，而为食言欺人之事，曾忆其昔年宣言，拆毁上海兵工厂，唱言和平，且以包销鸦片，为反对奉军之口实，今则不惟兵工厂强制开工，包办鸦片，公开贩卖，较之奉军，辱国殃民，且有过之。此皆其欺蒙我人民，以逞其北洋军阀窃据江东，囊括全国之野心，其罪恶固不在吴贼佩孚穷兵黩武残民以逞之下也。今吾民既与军阀决无两立之理，国民革命之成败，实为我人民生死存亡之关键，我东南同胞，久受孙贼铁蹄之蹂躏，必能判断邪正，明别顺逆，尚期一致奋起，共同讨贼，齐集于革命旗帜之下，铲除东南之余孽，扫清军阀之遗毒，完成三民主义之工作，促成中国之统一，实现人民之自由。至于五省军人，同为国家基干，本无畛域之分，如有向义输诚，脱离孙逆而能为国民革命奋斗者，〈本〉政府无不优加容纳，引为袍泽；其有始终附逆，甘为民敌者，则大军所至，挞伐无赦。特此宣告。中华民国国民政府印。十月十五日。〕

十六日 上午，会见学生。

电陈张、谭二主席，变更战略原因。〔电曰：广州。中央执行委员会、国民政府委员会、张主席、谭主席钧鉴：〈会密〉（一）我第二军及第二师，自佳日起围攻南昌，将敌岳思寅、张【周】凤岐、曹福山等残部，约六七千人，困在城中，屡次突围，均被击退，双方肉搏，伤亡颇巨，时我以抚州残逆，尚未尽歼，顿兵坚城，侧背不无顾虑。且逆军知我同情民众，遂挟此以相胁，我若进攻，即肆焚杀，计自围城以来，城内火连数日，屠劫并厉，贼众残酷情形，惨不忍闻，倘仍旷持，全城必尽，尤不得不变更战略。故中正已于寒日令鲁副军长撤围，以第二师渡河右岸，归还建制；第二军则在丰城、三江口之线，牵制城敌；一面协同第十四军先行扑灭抚州余逆，再图南昌。（二）孙逆援赣主力，集结南浔铁路方面，〈我〉因欲使赣局易于解决，必先将此敌击破，故原定计划，以三军向南昌车站进攻，第七军向德安进攻，第六军及第一师，向建昌、涂家埠进攻，第七军支克德安，第六军及第一师，虞克建昌，皆因战线延袤，交通困难，友军战况，互不明了，而敌得铁道运输之便，容易增援，故我军只得先后撤退。现我第三军仍在原地与敌坚持，第七军及一师，近复在王家铺将敌毕化东、刘凤图两旅击溃，凡此勇往精神，均不多靓，破锐摧坚，贼众震慑，乃南浔路之敌，未及迅速廓清者，实由交通连络不易，有以致之也。（三）围攻南昌之役，第五团团长文志丈，第六团团长张汉章，第十七团团长廖新甲，第四团团附熊绶云，奋勇阵亡，至堪悼惜，应请优予抚恤，以昭激劝，其余伤亡各员，候查明汇报。（四）中正为便于指挥起见，暂住高安，再图进攻。谨闻。蒋中正呈。铣辰。〕

电张、谭二主席，增派留守部队调闽增援。〔电曰：广州。张、谭二主席钧鉴：〈希密〉闽战既开，第廿师应即前往增援。至省城留守部队，尚有补充师及宪兵团足资维持，廿师新编二团亦可留省训练。〈惟枪械无着，本校新生亦无枪，可否向鲍同志商运也？如钱师长出发，可令严师长趋前交代领教〉。中正叩。铣。〕

电请张、谭二主席，催奉军迅即出兵。〔电曰：广州。张、谭二主席钧鉴：〈希密〉应催奉方从速对南京出兵，并表明此间非歼除孙传芳，决不终止。望其同时夹击，则收效更速，问其究能何时出兵入苏。盼复。此间以近情观之，决战之期，须在半月以后也。中正叩。铣。〕

电复何应钦，兼筹赣闽战策。〔电曰：赣州转汕头何军长勋鉴：〈战密〉佳电悉。近情如何？甚念！此间以南浔路逆敌未消，抚州方面敌军尚在，而闽又开战，故决撤南昌之围，先解决逆敌南浔主力，已令第二军向抚州进逼，免致赣东残敌入闽增援。江西战局未决，闽战又启，处境颇难，决调廿师入闽增加可也。今已委兄为东路军总指挥。如能进取，则闽浙可同时解决。全在兄之努力，以增党军之光。中正。铣。〕

电李济深，商定编调训练事宜。〔电曰：广州。李总参谋长勋鉴：〈战密〉前电商东南问题，及粤省防军问题，想已接阅？闽战已开，第廿师应即增援。补充师究有枪若干？能否维持秩序？如为将来发展计，应添加兵力至三师以上。第十、第十二师，皆有团长可升任师长者，惟第四军前方将士，皆不赞成。中意编制急宜更张，以现师制改为旅制，新编三旅，若团营长尚有其人，而旅长实难其选，可否在第四军保选数人，以便在前方编练，则将来向外或留粤，皆不致有兵少之虑。兄意如何？盼复！工兵与无线电话紧要，请令严师长添招工兵一团，从速购办完全器材，着手训练，或先将已成之步团，改为一工兵团，俾可速成也。中正。铣。〕

电复李济深，分配四期毕业生。〔电曰：广州。总部李总参谋长勋鉴：〈师密〉巧日两电均悉。（一）第四军转送本校之学员，俟此期毕业后，准调回该军服务。（二）本校第四期毕业生，可挑选百名补充第一补充师及宪兵团排长缺。希查照！中正。铣。印。〕

电令詹忠言，该团成营，即同第五团来高安。〔电曰：长沙。总司令部行营朱处长转詹团长鉴：〈站密〉昨电谅达？第四团如未足额，应将俘虏旧兵，先派专员与官长成营带来，须与第五团同行来高安。其余仍在长沙招募训练，待成团后，领枪候令出发可也。中正。铣。〕

令发各属知照广东电报局整顿办法。

下午，得何应钦报告："闽逆入据松口市，我军由永定回攻，缴其全部械，俘虏无算。”积郁中闻斯，差慰！

电令鲁涤平，迅以一部协同赖军解决抚州。〔电曰：丰城。鲁指挥官勋鉴：〈诛密〉据报：“南昌之敌，有五六千人，昨由蔴口杯林间向东乡退走。”如果属实，似系抚州战事紧急，逆军驰往应援。贵军应于逆援未到以前，迅以一部协同赖军，解决抚州，将敌各个击破，以免逆军会合，增厚势力，进剿不易。并望派干员侦察南昌敌情，如城空虚，当由此间派得力部队渡河袭击，能收奇功，亦未可知？南昌抚州情形，盼即详报。中正。铣。酉。于高安。〕

电令唐生智、陈可钰速开第四军来赣，集中武宁。〔电曰：汉口唐总指挥、武昌南湖陈副军长勋鉴：寒电计达？第四军应即撤防，请孟潇兄派兵接替，火速开赴大冶，不必顾虑兴国之敌，经由捷路集中武宁候命；并佯作向瑞昌、九江前进之模样，俾敌不能察觉我之企图。此间拟于艳日向南浔路总攻击，希于世日完全到武宁集中为要！何日开拔？盼即电告。再请饬工兵廖营长令工兵一连，携带渡河架桥材料，由铁道输送，迅开高安候命。蒋中正。铣。亥。〕

△电饬各电局，立拍致唐、陈铣亥电。〔电曰：樟树、新喻、袁州、醴陵、长沙、岳州、南湖、汉口各电局局长钧鉴：拍发汉口唐总指挥、武昌陈副军长铣亥电，着沿途各局随到随发，如延误一小时以上，立即枪决。凛之！并着将收电发电时间，具报本部交通处备查为要。总司令蒋。铣。〕

训诫学生。

颁布中央军校高级班条例。

浙江省长夏超就国民革命军第十八军军长职，率保安队向松江进取。

十七日 上午，电陈联席会议，主请汪主席复出。〔稿无查〕

电嘉何应钦松口大胜，并商第廿师留镇省垣。〔电曰：汕头。何总指挥勋鉴：〈战密〉十二日电悉。松口大胜，无任欣慰！吾兄指挥若定，重为党军增光，现在周逆丧胆，闽殊不足平，广州兵少，而补充师枪械未全，中意闽战即处优胜，第廿师应在省镇摄，暂勿调动。兄意如何？盼复。中正。篠〕。

电令曹万顺代理第十七军军长。〔从何总指挥请也。〕

电宋子文，速派福建财政处处长。〔电曰：广州。宋部长勋鉴：〈子密〉福建既开战，应速派福建财政处处长，以福建军队简单，不比鄂赣之复杂，故可派处长，不必用财政委员主席名目也。中正。篠。〕

△电宋子文，即派汉口财政专员。〔电曰：广州。宋部长勋鉴：〈子密〉孙夫人敬电，今日始到，电局延误，可恨！中致兄之电约六道，迄未一复，未知接到否？汉口财政专员，急须派去，勿延！兄派何人？请复。大姊与三妹，有与夫人同来否？盼复。中正。篠。〕

电令李济深、方鼎英，中央军校应增设无线电话及工兵大队军医等班。〔电曰：广州。李总参谋长、方教育长勋鉴：〈会密〉本校须增设无线电话大队及军医班与工兵大队，而军医班须于普通医学校毕业者一二百名为学员，以少尉或中尉待遇，除医学之外，对于行军及体力、品行、胆量、责任心，更须注重教练。此外另附设看护班，约二百名，由军医班学员教其医学及担架看护等学；而担架尤须注重，或另设担架班一班，约二百名，为补充担架排官兵之用。工兵大队，专教筑城、坑道、爆破、架桥、四科，且须多练习。而步兵队学生，须另加电气与经理二科，总须其能知普通电气学理及自装电话也。中正。篠。〕

布告各县民团农军，协除各地匪患。

电令陈作桢，赶设通城至修水一带电线。

电令朱芾，迅催飞机来高安，转飞前方助战。

电复朱芾，处置俘虏伤病兵。〔电曰：长沙。总司令部朱处长览：〈会密〉梗电悉。俘虏伤病兵，轻者可即遣散；重者仍宜医治，以全人道，仰即遵照。总司令蒋。篠午。〕

电令宗仁转张发奎，即率所部集中武宁，〈佯作攻击〉。〔电曰：〈限即刻到！〉奉新第六军司令部林党代表专送箬溪李军长鉴：兼派妥员飞送第十二师张师长鉴：〈师密〉现孙传芳以重兵固守南浔铁路一带，我军决增厚兵力，一鼓扑灭此敌，经电令陈副军长迅率第四军全部，于十一月东日以前开赴武宁，集中候命。着张师长即率所部先到武宁集中，并佯作攻击瑞昌宣传为要。中正。篠午。〕

电邓演达，第十二师、十师应留一团在武昌。〔电曰：武昌。邓主任勋鉴：

武昌既克，第十二师与第十师调来江西时，应留一团在武昌担任卫戍勤务；其余从速出发，由何路前进，请与孟潇、景瑗、真如兄决定。总须迅捷为便也。盼复。中正。篠。〕

电唐生智转达陈友仁对待外舰感电。〔电曰：汉口。唐总指挥勋鉴：〈战密〉顷接外交部陈部长友仁感电称：“广州美领函称，接北京美使电，谓北伐军限制外轮晚间不许在扬子江武汉战区内航行，日中须在一定地点停泊候查，否则炮击。美使以为商轮愿遵此章程，亦不阻止，至军舰断难遵办，亦不能驶落下游，倘根于上项章程，至生事变，须该处军事长官负责，请取消修改，但遇紧急时，美舰必前进执行航务等由。查外舰出入，依法未便检查，似可指定范围，使其自行停泊，报明国籍，如确实外舰，虽夜后亦予放行，庶于防范之中，仍寓亲善之意，已将此意函复美领，并经切实声明，美舰不宜于此时驶入武汉战区，致受战事之累。希察照。”等语。特此电达，即希查核办理。盼复。蒋中正。篠午。〕

下午，电鲁涤平注重抚州敌情攻务。〔电曰：丰城鲁指挥勋鉴：〈诛密〉删晨电悉。闻南昌城逆，多向进贤援抚州，务请速派得力部队，协攻抚州，或侧击其前进之援军，如抚州不克，则吉安受危，务请注意对南昌城方面兵力，能监视则足也。中正。篠未。〕

电令程潜、李宗仁，整理待援。〔电曰：奉新飞转程军长颂云、李军长德邻两兄勋鉴：〈师密〉此次我军对赣作战，进展迟缓之故，实缘交通梗阻，联络不易，彼攻此守，一进一退。而敌且得乘我弱点，利用敏捷之运输，以集中兵力，转用于各战场，一兵可当两兵之用。现我欲图整顿补充，并构设交通网，以期连络确实迅速起见，特令前敌各军，暂缓进攻。经已通知两兄所部于武宁以东地区，选定良好阵地，俾得休养补充。一俟第四军及独立第二师到来，即开始攻击。此间已正拟定肃清江西作战计划，随即颁发。兹欲与二兄晤商一切，地点不知以何处为适当？请即斟酌通告：以便会晤。蒋中正。筱申。〕

往高安县署后瑞园访友，见有残碑一，即近抚摩，知为陶靖节与文文山遗居；古木参天，荫披十亩，征人闷怀，稍得慰藉。

傍晚，回行营，得双十节已克武昌城消息，于此聊解心病。以后军事政治，或较易设施乎？

电复鲁涤平，占领抚州后任务。〔电曰：丰城鲁指挥官鉴：〈诛密〉删辰电悉。着第二军除留兵一师牵制南昌之敌外，余部仰即亲率会攻抚州。占领抚州后，第十四军应以全力追击，第二军即回师进逼南昌，仰即遵照！武昌城已于蒸日被我第四军之两师及第八军之五、九两旅攻破，城逆全数俘获。并告！总司令蒋。篠酉。〕

电中央执行委员会国民政府，告克武昌城之捷。〔电曰：广州。中央执行委员会、国民政府钧鉴：顷据总指挥唐生智、副军长陈可钰、政治部主任邓演达蒸日自武昌发来捷电称："前电计达。本早三时卅分，皆第四军第十师、第十二师及第八军第五旅、第九旅，自中和门、保安门攻入城内，即将敌官兵全数俘虏，刘逆玉春，陈逆嘉谟，正在搜索中。所有武器子弹，全数收缴等语。查刘、陈诸逆，久踞坚城，劳我师旅，今幸一朝摧破，固我总理在天之灵，而诸将士奋勇杀贼，殊堪嘉许。除电饬唐总指挥先行慰劳，并将克复详情及在军事出力人员，造册报部转呈外，应请从优奖励，以彰殊勋。总司令蒋中正呈。篠。〕

电奖攻破武昌城将士。〔电曰：武昌唐总指挥、陈副军长、邓主席钧鉴：蒸辰电悉。刘、陈诸逆，久踞坚城，劳我师旅，幸托总理在天之灵，兄等及诸将士奋勇之力，一朝摧破，此后我军种种策略，均可次第施行，捷报传来，喜慰无似！除电呈中央执行委员会、国民政府对克复武汉诸将士从优奖励外，并犒赏银壹拾万元，尚希兄等先为慰劳；并将克复详情及在事出力人员报部为盼！中正。篠。〕

晚后，与邵元冲谈："〈本党老同志实不行也〉，但有愀然而已"。至十一时睡。

十八日　上午，电张主席请斥朱厂长不努力。〔电曰：广州。张主席钧鉴：〈希密〉闻朱厂长不甚努力，出品亦少，钢料仍未改良，务请严斥！机关枪制造机须尽量扩充，至少每月要出卅挺，方能应急。迫击炮何日可以出品？每月究竟能出若干？手榴弹亦要设法赶造，其作用甚大也。中正。巧。〕

电嘱李济深，呈请中央增置兵备。〔电曰：广州。李总参谋长勋鉴：〈胜密〉补充团尚缺枪几何？应设法补足，以备调用。江西尚无肃清之期，将来入闽攻浙，兵皆不足，请向张、谭二主席报告，从速备置。滇唐侵桂之说，以武昌既克，似可消萌；万一来侵，以现在粤桂兵力，可以无虑也。季宽兄病状如何？请为我慰问。中正。巧。〕

电李济深，汇何应钦银贰万元，赏给松口出力各将士。

电何应钦，缓期抽调大部队入闽。〔电曰：汕头。何总指挥勋鉴：〈战密〉武昌已于灰日克复；江西军事，亦可望半月内收效。东路军应乘胜略平闽南，如赣东残敌欲鼠入福建，参加闽南作战，当在廿天之后，可勿顾虑。赖部在抚州附近之两团，暂不能定召集之时期，惟廿天以后，此间必抽一大部，可由赣东入闽北，与闽南部队夹击残敌也。如何？盼复。中正。巧。〕

电李济深，转张、谭二主席、准何应钦练补充兵团。〔电曰：广州。李总参谋长转张、谭二主席钧鉴：〈战密〉此次作战，鉴于补充兵缺乏之苦，以后入闽军，应先筹备。准何总指挥编练补充兵二团至三团之数，以备补充。中正叩。巧。〕

电知邓演达，拟在江西武昌各处，招收学生兵一团。〔电曰：武昌。总司令部邓主任鉴：〈新演密〉现拟在江西、武昌各处，招收学生兵一团，备养成军士之用。地址定在南湖旧陆军学校。如有军队驻扎，希令迁让；并派员从速修葺为要。中正。巧。〕

公莅高安县党部主纪念周，报告最近军事、党务。〔节录：自本军到江西以来，今天是本部同江西党部各同志第一次举行总理纪念周，现在趁这机会，将最近军事和党务情形同各位报告。先讲军事方面：据昨日新得到的电报，武昌城已于双十节那天被我们完全克复了。武昌克复，在我们军事上、党务上，都有很大的关系。因为吴佩孚的势力，从此根本铲除。铲除了吴佩孚的势力，我们北伐军的任务，差不多已达到一半了。江西的军事，孙传芳倾五省兵力，集中在南浔铁路一条线上，论他的兵力，是很大的，有六个师和十多个混成旅，差不多江浙的军队，统统都出来了。他利用南浔铁路的便利，和设备的完全，一个兵能当作两三个兵用，我们因交通不便利，设备不完全，两三个兵才当一个兵用；比较起来，我们应当要失败。但在事实上，我们去攻打敌人，没有不胜利的。就是孙传芳的主力军卢香亭，同我们打过两回仗，也都给我们打败了。不过我们总因交通不便，动作不快，一方面虽能破敌人，而一方面仍接续不上，所以敌人仍旧可以集中兵力；失败了仍能苟延残喘。论战事上全般地位，我们是比敌人优胜的，敌人实在立于进退维谷的地位；内部有夏超等想乘机独立；后面有张宗昌想乘机占有江苏，前面在江西，又有我们的部队，努力猛进。所以他从前日九号直到现在，时时忙于应付，而终没有办法。到了本月三号，仍宣布停战，不敢再向我们攻击，并向我们求和。我们现在决意不理他，一定彻底做去，就令失败，也须坚持到底，何况一定不会失败呢！我们同敌人妥协，这是于我们很不利的。敌人自知他所处的地位，非常危险，一旦失败，为长江及鄱阳湖两水所阻，无法飞渡，除非完全缴械，别无办法，所以他早求和一天好一天。不过我们对于孙传芳的势力，无论如何，都要决心去消灭他的。我们断断不能和他妥协，许他求和，并且乘这时机，在南浔铁路一带消灭他的势力，仍是一个绝好的机会。我们已有十分把握，一两个星期以后，即见分晓。到了孙传芳的主力部队消灭之后，就完全没有什么问题了。以后我们革命军的力量，便能够在长江自由的发展。福建方面，前天接的电报，敌人已经进犯广东，我们第一军长，从容应付，先打松口，敌人有三混成旅，结果完全给我们缴械。周荫人在福建的主力部队，差不多这一战都消灭了。另外，还有张毅的部队，我们既拿周荫人主力部队消灭，他就没有什么问题，所以从我们的军事方面看，完全是乐观的！预测这次北伐的目的，一定可以达到，是有十分把握的。军阀是帝国主义者的走狗，我们打倒吴佩孚、孙传芳，实际是和帝国主义搏战。本来英国有两万枝枪帮助吴佩孚打我们，吴佩孚失败得太快了，这些枪就留在南洋，没有运到中国，现在他一定要利用孙传芳。英国又预备了五百万镑反革命费，约值中国一千万元，除已给吴佩孚六百万外，还剩四百万，孙传芳就趁这机会，向他骗枪骗钱。英国帝国主义者，便以出兵帮助吴佩孚，封闭江苏浙江的国民党党部，缉拿党员为条件。孙传芳也便一一照办，所以我们对于孙传芳，必须乘这个机会消灭他。否则，到了他势力膨胀，霸持江西，英国不止有二万枝枪帮助他，还有金钱接济他，那就更难扑灭了。……还有北方的国民军，我们政府已委了冯玉祥为党代表，要他从陕西出河南，同我们革命军联成一气。总之，从军事方面看，我们是很占优势，很可抱乐观的。我们总理两次北伐，未能达到目的，都在各将士的身上，各将士能努力奋斗，一定可以达到我们总理的目的，完成我们的责任。还有党务方面：中央执行委员会各省委员联席会议，已在广东开幕了。革命力量发展的方法，省政府的组织法，省党务同省政府的关系等等，大概这一次会议，都可决定。北伐占领各省地区，应该怎样组织，须由中央执行委员会规定。这是本党近来最大的事情，要请各位注意！……我们这次出兵以来，有很多缺点，这完全是我本人筹划不周之故，因为平时没有留意，所以战事就露弱点了。目下已届秋凉，各军冬衣，还不能发给，尤其是病兵、伤兵，在病院里没有衣穿，更加痛苦。这些缺点，我希望各同志赶紧设法补救纠正，使第二次作战，没有这样现象才好。……尤其是总部的人员，要把每天有缺点的事情，一条一条的记录下来，到了将来军事结束，开会研究，力求完善，这样，打过一回仗，就得到一回的经验和教训。……〕

回行营，晤老同志，率多变性态。戴传贤来电，更多感触，自念孤苦零丁，甚思此次军事收束后，及时退休。

电令唐生智、陈可钰饬四军集中武宁，并补充七军子弹。〔电曰：武昌。唐总指挥、陈副军长勋鉴：〈战密〉第四军十二师，希即电知先向武宁前进；第十师必须迅由武昌出发，限十月卅一日前，同到武宁集中，归李军长指挥；并希在汉厂携带七九枪弹五十万前来，以便补充七军；因该军几次作战，消耗颇多，亟待补充也。中正。巧午。〕

下午，通告武昌军民各界。〔文曰：武昌军民各界同胞：本总司令此次奉令北伐，原在打倒帝国主义及军阀。赖我民众援助，将士努力，不匝月而底定两湖，被压迫民族闻之，莫不欢腾，不料逆军主力已歼，而刘贼玉春仍挟我武昌城内二十万生灵为护符，〈一万士兵同胞供牺牲〉，负嵎及月，兵民死亡枕籍，本总司令不胜惋恤！兹值武昌克复，有数端须为城内军民告者：（一）城内官兵，均属同胞，除刘贼玉春罪在不赦外，余当一律优待。（二）官兵生命财产，当负完全保护责任。（三）人民受伤者，当为医治；受饿者，当为救济。（四）城内商务、交通、卫生、公安等事，当于最短时期恢复秩序，并求整顿改良。总之，武昌一切善后问题，本总司令当完全负责。所望各界同胞坚信本军纪律严明，勿再自相惊扰，本总

司令有厚望焉。蒋中正。〕

电催邓演达与唐生智组织湖北省政府。〔电曰：武昌。邓主任勋鉴：〈新演密〉湖北省政府，应即速着手组织。此次中央大会决议案：（一）省政府之形式，采用委员制。委员名额，由七人至十一人。其中有兼厅长，亦有不兼厅长，与现行厅长制不同。产生之法，由中央执行委员会指定数人，会同省执行委员会组织省政府。（二）省政府下设民政、财政、建设、军事、司法、教育各厅，于必要时，得增设农工商业、均地等厅云。请即与孟潇兄磋商进行办法，俾湖北政治从速整理也。中正。巧。〕

电宋子文江西应设财政委员会。〔电曰：广州。宋部长勋鉴：〈子密〉江西财政，省政府未组织以前，应设财政委员会，以收统一之效。财政处长，以委员会主席俞飞鹏兼任，以免分歧。至姜济寰，调为江西政务会议代理主任可也。请即转令姜处长，江西财政，归财政委员会统一为要！中正。巧。〕

电任刘骥为河南招抚使。〔使联络豫陕也。〕

电催贺耀组速率部集中武宁。

电令唐生智、邓演达飞解第七军子弹。〔电曰：汉口。唐总指挥、邓主任勋鉴：〈师密〉赣方继续作战计划，拟定于十一月东日以前，施行总攻击。第七军在箬溪、德安，先后与孙逆优势之主力军鏖战共五昼夜，子弹消耗殆尽，汉口运来七九弹，早已发给各军，此刻对丁七军无法补充，然七军为我精税，总攻击在即，万恳星夜运解七九弹五十万发，派妥员由咸宁、通山、武宁之线，星夜赶送前方。至伕役一层，一面在武汉各军借用；一面转饬咸宁、通山知照各兵站备伕帮运。此事宜先派人在咸宁、通山沿途预为照料，能雇伕两倍，则昼夜可以赶路，且可替换，不致延误，事关本军命脉，幸勿稍延。又如汉厂此刻不足此数，则准在四、八两军先行借用，容后拨还。希诸兄酌办！中正。巧。印。〕

电令方鼎英、吴思豫选派可任团营长者十人前来。〔电曰：黄埔。方教育长吴主任勋鉴：〈伯密〉将才难得，渴望莫名！请在教官中择其带兵打仗有经验而兼有血性勇猛可任营长团长之选者十人以上前来候用。如无上选，则选其中材亦可。最要是有精神及诚实勤劳者，不必过求其智谋之将也。中正。巧。〕

电令钱大钧增练工兵一团。〔电曰：广州。钱师长勋鉴：〈钧密〉新编两团中应练一团为工兵，务认真办理，以筑城、坑道、爆破三者为最要，其余架桥及无线电话队探照灯，亦应陆续购办材料。工兵团营长，难得其人，可在校中选之。中正。巧。〕

通令取缔私人拍用军电。〔电曰：永定第一军何军长、广州第二军谭军长、第四军李军长、第五军李军长、汉口武胜关第八军唐军长、汉口第十五军刘军长、武昌第四军陈副军长、辰州公安第九军彭军长、常德第十军王军长、南昌第三军朱军长、丰城第二军鲁副军长、建昌第六军程军长、箬溪追送第七军李军长、奉新第一师王师长、第二师刘师长、吉安第十四军赖军长、各师长、各电报局钧鉴：明令：近来军事电报甚为迟缓，其故皆因拍用军电者太多，甚至钻营之事亦拍用军电，且洋洋千言，限有即刻到沿途不得片刻停留字样，以致阻滞军电，贻误戎机，言之至堪痛恨。兹特颁布取缔拍用军电规则四条，仰即转饬所属一体凛遵。除电令湖南、湖北、江西各属电报局局长切实遵照外，此令！总司令蒋中正。巧。印。计附取缔拍用军电规则四条：（一）凡发电纸盖有国民政府军事委员会、国民革命军总司令、各总指挥、各军长、各独立师长之大印及官章者，皆得拍用军电。如无上列各机关长官大印及官章者，一概不准拍用军电。各旅团营连长有拍用军电必要时，可预向各该高级机关领取发电纸，但发电时，须加盖本人名章，以便稽核。（二）凡发用军电，字句务求简明，以期快捷。（三）凡发用军电须斟酌事情缓急之程度，分四等，冠以国民革命四字分别之，非最紧要之军情，不准乱用国字或民字；违者以阻滞军电论罪。所有前用之军电胜字，应即取消。（四）凡以营求应酬购物及其他琐屑事件拍用军电者，各电报局得拒绝拍发；并准随时直接呈报总司令部，或就近呈由高级军事机关转呈总部究办。总司令蒋中正。〕

电令唐生智、邓演达速派工兵营及山炮来高安。〔电曰：汉口。唐总指挥邓主任勋鉴：〈战密〉武汉工兵营及前派第八军之山炮营，请速派其来赣，限其下月二日以前到高安为荷。中正。巧戌。〕

电令陈方之，第三病院迁至前方。〔电曰：长沙。总司令部陈军医处长方之鉴：速饬岳州第三病院将前收容伤兵，逮送长沙接收，该院长先派一部人员，携带药品，限养日以前先到修水，有日以前，全院到达开设，前方药品缺乏，着速购办，运来高安，至要！总司令蒋。巧戌。印。〕

编中央军校第六期入伍生为步兵两团，骑兵一营。任命郭大荣为步兵第一团团长，李亚芬为第二团团长，孙振亚为骑兵营营长。

十九日　上午，电示何应钦应付闽局。〔电曰：汕头。何总指挥勋鉴：〈战密〉刻与嘉伦将军研究闽局，如我力能胜张毅，则速进取；否则暂守边境，以待赣局发展。中意以第一军之力，必能胜周克闽，新开东南之局也。如何？盼复！临时费如不足，可来电增加也。中正。皓。〕

九时后，公由高安出发，下午三时，到奉新城，人民一路欢迎，若无战事，见此情状，虽不胜也，犹自心慰。

得夏超在浙独立消息，不以为喜，而得第四军廿九日可以集中武宁之报，如获至宝。

电闻李宗仁、程潜第四军各部出发期。〔电曰：电话传奉新林代表祖涵，派员飞送李军长、程军长勋鉴：〈战密〉据武昌邓主任巧电称：“张师长率该师两团，蒋副师长率第十师两团及两营，决于二十日以前出发，经大冶阳新，皓日以前，定可到达武宁候令。”又唐总指挥巧子电称：“第四军准号日由武昌乘船至大冶转进。”各等语。特达。中正。皓未。〕

电闻李济深各军部署情况。〔电曰：广州。李总参谋长勋鉴：〈战密〉删电悉。南昌已于元日撤围，只令第二军以一部于丰城、三江口之线，遥为监视，以主力协同第十四军进攻临川。现第十四军易师于篠日接近临川，第五师于巧日，第四师于皓日，先后赶到会攻。该处约残敌五千余人，不难一鼓而下。至进攻南浔铁路第三军，亦于元日移至藻山，第七军现在箬溪，第六军调至安义，第一、第二师调赴奉新，均令在此准备时间，迅图整顿。贺耀组师已调到修水；并调第四军于俭日以前集中武宁，俾厚兵力。俟该军到后，即向南浔路施行总攻击。中正。皓戌。〕

电令鲁涤平兼顾临川、南昌。〔电曰：丰城。飞送鲁指挥官勋鉴：申电悉。对临川之敌，如必须增兵，可抽调丰城方面之兵两团，仍须留一团，对南昌警戒，以策万全，并保持两岸之交通。兄既身赴前敌，务望督劝将士，以迅速猛烈之动作，击破临川之敌；使南昌之敌，不得乘机活动，而

我乃有余裕时间，应付一切也。蒋中正。皓亥。〕

联席会议致电慰劳。〔电曰：江西总部行营蒋介石同志鉴：此次继承总理遗志，出师北伐，党旗所指，军阀崩溃，克复武汉，进窥东南，革命势力日益扩张，复民众之自由，求国家之独立，实革命之胜利，而党国之光荣也。执事运筹有方，指挥若定，转战千里，备极辛劳，联席会议全体同志，深敬执事之忠实，念党国之前途，为革命之利益，誓以一致之精神，竭诚信任执事。并因工作之扩大，筹划之需要，特决议促汪精卫同志销假，与执事共负党政重责。中原未清，尚待澄清，南方初平，亟须建设，继续努力，责在吾人，凡我同志，均应亲爱精诚，合作奋斗，以竟总理之遗志，成革命之全功。特电慰劳，敬祝努力。中央委员各省各特别区市海外各总支部代表联席会议。〕

二十日　上午，公往奉新北门外勘择阵地，谓："此城不可守也。"

电示鲁涤平、熊式辉对赣整个战略。〔电曰：丰城。飞送鲁指挥官，并飞转宜黄第十四军熊党代表，易师长勋鉴：〈师密〉南浔铁路之敌，本可早予歼除，因我进攻各军，未能齐头并进，而敌可利用铁道，适时转移兵力；击其一处，则各处纷来增援，故德安、建昌等处，得而不守，殊为憾事！现一面令各军集中箬溪、安义、官山铺之线，一面飞调第四军及独立第二师入赣，以厚兵力。贺师先头已过修水，四军约感日可到武宁，预定三十日以前，可向南浔路之敌施行总攻击。此战谋定后动，必可收歼灭敌人之效。惟在此时期内，赣东作战军，应努力扑灭临川方面之敌，如敌效南昌残敌故智，凭城坚守，则第二军及第十四军，应连接于丰城、崇仁、宜黄之线，监视敌人，徐图解决方法。总期南浔铁路方面未决战以前，赣东方面战事，不致予不利影响于赣北也。又顷接广州李总参谋长来电："夏超已于铣日就十八军军长职，出兵攻沪，陈仪南下攻皖宁，孙逆乘兵舰逃沪。"如此对南浔路之敌，当可提前攻击也。蒋中正。号午。〕

下午，莅奉新各界欢迎会，并演讲之。〔稿未留〕

电嘱唐生智，负责筹顾全局。〔电曰：汉口。唐总指挥勋鉴：〈战密〉元亥电悉。武昌既克，各种政治、财务，当可次第措施，请兄统筹兼顾，不致因赣中军事未定而延误全局，以重中正之咎戾。对豫对川，处置甚妥。

冬衣可催财会给费购置，不必多费手续，延缓时间。中才力棉薄，决不能前后周到，双方并顾，全赖吾兄切实负责，放手做去。同志属在同心，不宜稍存客气，但求于党有利，则劳怨皆应不辞。中非他人，既不能兼顾后方，而又偏劳吾兄，何必事事请命，徒增遥制之恶习也。请兄督谅是荷！中正叩。号于奉新。〕

电嘱何应钦相机处理闽事。〔电曰：松口。何军长勋鉴：江西战事，本可早予结束，因各军先后进击，未能协同，残敌乃得苟延旦夕。现赣北及南浔铁路全线，苏孙倾三省之众，援赣逆部四万余人，南昌、临川方面，亦有赣军各残部一万余众。我军为早日戡定赣局计，决以一、六、七各军，并电调四军及贺师入赣，期先解决南浔铁路敌之主力，另以第二军及第十四军全部，担任肃清赣东。在赣局未定以前，敌我两方，均未能分兵入闽。兄部业将周逆主力军歼灭殆尽，而夏超反正，苏孙逃沪，消息传来，益使闽周陷于孤危之境，此刻对闽作战，我已处于主动地位，一切仍请兄相机处理可也。蒋中正。号戌。〕

是日　第十四军暂编第一师克抚州城。

令中央军校增设骑兵科及交通兵科。

二十一日　为夏历九月十五日，四十岁生辰。自叹："德学功业，一无所成，马齿徒增，盛名虚拥，上不克完成总理使命，下未能报答父母深恩，负疚良深，能不自勉乎！"[1]

上午，拟攻击令稿。

在奉新操场训勉第二师官长士兵。〔节录　第二师官长士兵各同志！我要将这次我们战斗经过的情形，从广东出发直到现在，同大家讲一讲。不好的地方，我们以后要改正；好的地方，我们应该更加奋斗，更加努力。希望大家一句一句的记住，实实在在的赶紧做到！这一次我们第一师、第二师的战斗，非常艰危，死伤的官长士兵最多，损失亦最大的。但我们却没有得到一种相当的价值，没有打过一次胜仗，看不出什么效力来，这一点，本总司令对于各位同志们是非常抱歉的！因为第一师、第二师是我亲手所

1　原稿为："负戾为何如乎"。

创造的军队，凡是最重大的责任，最辛苦的事情，最危险的地方，统统要我们自己担任，不肯让旁的军队去干。我们自己受危险、受痛苦、受损失，都是份内的事情。因为有这样的一种见地，就令第二师官长士兵所受的痛苦损失更加重大了。这一点，我虽然觉到不安，可是就我们革命军革命党党员的职守说起来，实在也是应该的……这次攻打南昌，我们官长士兵，都能为主义牺牲，我们第二师的名誉，就可以恢复过来。要晓得我们第二师是不怕死，随便什么坚固阵地都要打进去的；随便什么强大的敌人，都要打破他的。现在能将这一点精神发挥出来，我们一时虽然失败，仍是有无限的光荣。要晓得这一次退下来，是我总司令下命令退的，是退得堂堂正正，没有一点零乱的。这种很有秩序的退却，很可以显出我们第二师的战斗力和军纪优良了。这一次的牺牲，是很有光荣的。以后大家更要努力奋斗，给已死的官长士兵报仇，打倒孙传芳！我们再努力一下，孙传芳在南浔铁路一带的军队就可以完全缴械，可使他片甲不返。我们革命军要有志气，有血性，一定要打倒敌人，完成我们革命的责任！现在我们第二师官长士兵，都有牺牲精神，无论死了几多同志，最后的胜利，还是我们的。我们就是只留了一个人，还是要同他拼命，决不受敌人压迫，除非我们全部官兵，死完了才没有话讲。我们越死得多，我们报仇的心越切，越要打倒敌人。我们要发挥革命的精神，非拼命不行，非努力奋斗不行；要是不奋斗，就要受人家欺负压迫。第二师的官长士兵，是不受人家欺负的，与其在世上受辱，不如在阵头上拼死。人生终有一死，英雄死在阵头上，是最痛快的，最伟大的。〈各位官长士兵！我们要忠于党，要做总理的信徒，就要为中国四万万同胞求独立自由平等，就要不怕死，不贪生，敌人最怕我们第一军的〉。我们第一军打仗，从来没有一个人做过俘虏，没有一个人给他们缴枪。我们官长士兵，既使给他们拿住的时候，亦拿刺刀来自杀，不肯受敌人的羞辱，所以敌人最怕我们第一军。我们官长士兵，以后大家要维持这个光荣，不可（做俘虏，）做不名誉的事情！我们有枪在，有刺刀在，还有两只手在，一息尚存，便要和他们拼个死命，断不肯把枪交给敌人，这就是第一军可爱可敬可留光荣历史的所在。〈……从前打东江的时候，我们一团人打破敌人三四师，这次我们两师人，还不能打破敌人两师，为什么呢？我们自己想想，怎对得起已死的官长士兵！现在赶快恢复打东江时候的精神，有了这个精神，无论敌人怎么顽强，都可以打破的。我们真有从前那样的精神，江西早已打下了。〉……我们第二师，尤其是第四团，从前一团人，消灭敌人三四师，把千古难破的惠州城，打下来，从前有这个精神，现在也要有这个精神，大家要真正做孙大元帅的部下，真正做革命党党员，对于今天我所讲的话，一定要注意实行！敌人没有打不倒的，最后一句就是牺牲我自己个人的生命，救全国四万万同胞。〕

电令李宗仁候令开始总攻。〔电曰：电话转奉新第六军林党代表，专送李军长勋鉴：〈师密〉删子电并与颂云兄会议情形均悉。兄部孤军深入屡摧强敌，赣局转危为安，实深利赖！惟官兵伤亡，数逾数千，得聆之余，泫然久之！且因交通阻梗，饷弹补充失时，倘非官兵深明大义，曷克臻此！嗣后兄部及贺师饷弹，已饬源源接济，肃清江西计划，已派尹参谋赍送，务望于宥日以前，一切准备完竣，候令开始总攻击。孙贼势穷力竭，不难一鼓荡平也。蒋中正。马辰。〕

电催程潜进迫涂家埠。〔电曰：〈限即刻到〉程军长勋鉴：〈战密〉广州张、谭二主席来电：“夏超确已就十八军军长职，并进攻淞沪，驻宁浙军，进攻南京，闻孙已逃淞沪。”择生兄来电云：“周凤岐约我廿六日以前进攻，否则彼亦危殆，并约以白色旗为响应记号，孙逆近由宁调来援浔部队一千五百人，及重要军实多种，均由兵舰运浔，抵浔岸时，舰上弹药爆发，军实完全沉没，一千五百人得救者不上三百人，是皆因周等有一定计划，所以致此。我军应乘时进攻，否则恐失时机。刻已急电李军长廿六日进攻德安及涂家埠；请兄速督所部，克日集中安义，廿六日进攻乐化；取乐化后，并向涂家埠进迫，至要！先此电达，正式命令随送。中正。二十一巳时于奉新。〕

电令鲁涤平、李富春，招募新兵一千名。

任命孙祥夫为第十七军副军长，周维纲为第一军第二师副师长。

下午，致唐〔生智〕、陈〔铭枢〕、陈〔公博〕各函。〔稿俱佚〕

电复何应钦，准于半月后派二师以上兵力向闽。〔电曰：松口。何总指挥勋鉴：昨电谅达，巧酉电悉。第廿师不能离省，其余各师，亦无法抽

调，惟赣局于旬日内深信其能手定。半月之后，必可由赣派二师以上兵力，向闽北挺进，会攻福建也。中正。马申。〕

电请张、谭二主席审察杨森态度。〔电曰：广州。张、谭二主席钧鉴：灰电敬悉。杨森部已抵荆沙，于现在鄂局关系甚切，杨与刘湘等不睦，刘湘等任命，此时应缓发表，中意看杨森以后态度，再行决定。中正叩。马。〕

电复徐谦允助国民军饷款。〔电曰：〈广州。徐季龙先生大鉴：元电敬悉。冯部如能下豫，于军事上必得胜利，经济应有统盘筹划，共同维持。待鄂赣完全克复，当可办到也。蒋中正。马。〕

电任张我承为第九军第二师副长。

二十二日 电请中央执行委员会，中央军校仍改名党立陆军军官学校。〔电曰：中央执行委员会、国民政府钧鉴：中央军事政治学校名称，请仍改为党立陆军军官学校，免除前后各期学生派别之分；并在武昌另设分校，原有校内政治科，移设武昌，再加扩充，以便多方造就政治人才也。可否？请核夺示遵。蒋中正叩。养。〕

两电张、谭二主席，主张政府或党部移鄂。〔电曰：广州。张、谭二主席转中央执行委员会及各省联席会议诸同志公鉴：武昌既克，局势大变，本党应速谋发展。中意中央党部与政府机关仍留广州；而执行委员会，移至武昌为便。否则政府留粤，而中央党部移鄂，亦可使党务发展也。如何？请裁核为祷！中正叩。养晨于奉新。〕〈又曰：广州。张、谭二主席并转鲍顾问大鉴：战密。政治人才大缺乏，更不宜分散各处，广东偏于一隅，且地方界限甚深，如党部移鄂，其进行必较粤为利，如欲发展，非速移不可。至于国民政府，仍设广州亦可也。如何？盼复。中正叩。养。〉

阅黄埔同学会报告，第四期学生被人播弄，举动悖谬，从中 CP 或为之祟，滋用愤惋！公以暴怒形诸口舌，为人所窥，自惭："涵度不深，所谓立志养气者何在！"

电复李宗仁速照计划进行。〔电曰：箬溪。李军长勋鉴：箇电悉。兄所拟作战计划，与中所定者大同小异。中已于号日克复抚州，刻已令熊党代表率领所属跟踪追击至会昌附近，到达后即入闽加入东路军攻闽。届时请与之联络，并指挥之为要。中正。养。〕

电令赖世璜专歼赣东残敌，尾追入闽。〔电曰：樟树。抚州探送赖军长勋鉴：铣电悉。对于肃清江西，此间已拟有一全盘计划，颁发各军矣。贵部系以二军之主力，会攻抚州。占领后，以第二军回师攻南昌，贵部则担任跟踪追击，务将赣东各部歼敌，努力歼灭之，以除后患。蒋中正。养戌。〕

谣传公负伤。公利用此时机，积极策划军政大纲。

是日　第二军进占进贤。

今发陆军军队校阅条例及规则。

孟昭月部反攻浙保安队，夏超败亡。

二十三日　上午九时后训诫第一师官兵。〔稿未留〕

电陈张、谭二主席，与孙讲和主旨。〔电曰：〈广州。各局不得片刻停留！〉樟树线。广州张、谭二主席钧鉴：〈战密〉刻据汉口探报，孙传芳有撤退赣闽各部退保江浙之计，或能成为事实，此时浙江处置最须注意，应授意浙军及人民〈以浙人治浙口号〉，反抗孙军。如孙尚能在江皖自立，似可准其为缓冲，惟浙江须加入国民政府范围，或准其中立也。若孙能允此，则和平运动，应可着手。是否？请核夺。中正叩。梗。〕

电令王俊制止伤兵在县署滋扰。〔电曰：奉新第一师王代师长览：据报，“留铜鼓伤兵在县署滋扰等情。”仰即派员制止，并将伤兵妥为安置。总司令蒋。梗。印。〕

电催金诵盘处长交代。

电任杨森为第二十军军长。

电令朱、程、李各军长协力侦追残敌。〔电曰：祥符观朱总指挥、安义程指挥官、箬溪李指挥官勋鉴：综合各方情报，孙逆援赣之师，似确有总退却模样，我军为防止其潜逃起见，务须随时侦察，不失时机，努力追击而歼灭之。着由右翼军左纵队担任南昌城及牛行车站间之侦察；中央军担任乐化涂家埠间之侦察；左翼军担任德安瑞昌九江之侦察，逐日具报来部。如敌之任何部或全部退却，我军各部，应急起直追勿使脱逃，（跟踪追击：）一面通知邻近友军，同时出击，以收协同一致之效。中正。梗午。〕

电令李宗仁，即向铁道方面推进。〔电曰：箬溪李指挥官勋鉴：（师密）。孙逆援赣部队，综合各部情报，似确有总退却模样，贵部希即向铁道方面推进，其位置大约距铁道一日行程，更须遣少数部队，〈力求接近铁道，〉并多派干探，详细侦察；如敌确有总退却之企图时，务希不失时机，努力追击而歼灭之。并通报各友军协同动作为要。中正。梗午。〕

电李宗仁、程潜，转达上海坐探密报。〔电曰：箸溪李军长、安义程军长勋鉴：顷接唐军长来电如下：文曰："师密。据上海坐探报称：（一）孙传芳决退保守江浙，放弃福建、江西。（二）福建周部，将由仙霞关一带入浙。（三）江西孙部一部份，将由常山回浙。（四）九江重兵，将（先定时机）回南京。（五）武穴方面，以攻为守，掩护退兵。（六）陈调元保守自己地盘。谨闻。职唐生智。养。"等语。特电奉闻。中正。梗午。〕

电复何应钦，准即调第廿师补充团赴汕。

下午，诣奉新县党部成立大会，讲明党员的责任。〔节录：各位同志：今天奉新县党部开成立大会，我趁这个机会，要向各位同志说几句话。本党同志，从前在奉新的不多，又加军阀的压迫，所以还没有县党部的组织，现在我们革命军到了，各地党部可以尽量的发展组织，奉新县党部也于今日正式成立；这是表明奉新脱离军阀的铁蹄，已能自动起来解放我们的痛苦，以后我们党员同志，就要依照本党的三民主义，五权宪法，及最近订定的政纲政策，努力做去，使得奉新人民，都能受党的感化，共同起来革命，实现我们的主义。这是今天成立县党部的最大意义，各位一定要认识明白的。我们做了党员，就要晓得党员的责任。从前国民党党员虽然很多，可是都不明白党的主义，不单不做党的工作，且视入党为个人升官发财的捷径，对于个人没有利益的党务，他可以始终不问。党有这种的党员，还是没有党员好得多啊！总理革命四十年，没有成功，就是败坏在这班党员的手里。现在本党已经改组过了，把那班败类驱逐出去了，所以现在本党的党员，都是最觉悟最能努力牺牲的同志。现在我们做了党员，就要来做党的工作。……我们有了党，不仅我们本身的利益有了保障，一般人民，因有我们党部的保护，也可不受土豪劣绅敲诈，贪官污吏压迫，这样能为民众谋利益的党部，才算是一个真正的党部。……不过我们进了党，也不能拿着党的招牌，任意胡为，对人民压迫恐吓，对官吏欺诈要挟。倘使如此，不但党的名誉给他毁坏，就是党的生命，也要给他断送。我们党部里，如果有这类的党员，就应处分他，开除党籍；情节重的，还应送给地方官依法严办。〈各位同志要晓得党是有很严的党纪，无论那个党员犯了纪律，是要受党纪处罚的。我们党员，自己更应该守规矩，服从党的命令，遵照党的决议。这样，才能使人民信仰我们，才能把党权提高，才能发挥我们党的力量。所以我们入了党，就要受党的严格的训练，不是随随便便可以过去的。〉自入了党后，我们的自由幸福，以至生命，都已交给党了，党要你打倒邓如琢，你就不恤牺牲一切去打倒他。现在邓如琢打倒了，我们就要接受党的命令去打孙传芳，无论怎么困苦艰难，我们终要同心一致，想出种种方法去进攻他，非使他消灭不止。努力的为江西人民求幸福。我们有这样服从牺牲的精神，我可以说什么军阀，都不敢压迫我们，而且一定要给我们打倒。我们虽然没有枪，但这种精神发挥出来的力量，实在比枪大很多！……〕

接见孙传芳代表葛敬恩，并江浙人民代表魏炯。

电令李达章，不准辞公安局职。〔电曰：广州。陈部长果夫、何部长香凝同志鉴：请转公安李局长鉴：〈会密〉闻警察有魏、吴旧部，勾结土匪情事，请注意！司徒非成尾大不掉，则可以中正命令，饬来前方候用。警察责任重大，全赖党员毅力奋斗到底，务勿以灰心辞职，〈为不负责任之地。如何？〉盼复。中正。梗酉于奉新。〕

晚，对第一师官长讲话。

电令李宗仁，收容周凤岐部。〔电曰：箬溪。李军长勋鉴：顷周凤岐派代表来商洽与我军合作，此间已电唐孟潇兄就近派员前往联络。并嘱其转告彼方，当我军进攻德安时，如能有力量截击孙军则截击之，否则以退往鄂边，或归到我军防线为宜。至周部识别信号，系放空枪，树黑白旗，上白下黑，三尺见方，倘该部到我军防线，希勿误会！妥为收容，但仍须注意。并将此情转告张向华、贺贵严两师长为盼。中正。梗酉。〕

二十四日　电复李宗仁请示各节。〔电曰：箬溪。李军长勋鉴：〈战密〉号电悉。昨电谅达。除解来三批子弹外，已饬汉厂直解贵军七九弹五十万发，其余子弹，亦电其照解，但须派员去催也。第四军照原定计划集中为妥，以交通不便之地，不宜分兵也。惟请兄酌量情形，相机处置。由兄直接命令张师长，中不遥制也。第四军十九至廿一日，由武昌乘船至大冶附近，廿八日以前，必可集中武宁。在九江之周凤岐部，必能响应，务请设法联络，或利用前浙军之俘虏，可以先通消息也。中正。敬辰。〕

上午，与邓演达电话，商定对孙和约条件。

与葛、魏二代表谈话。

电嘱宋子文，应商派各省财政人员。〔电曰：广州。宋部长勋鉴：〈会密〉以后委派战地各省财政人员，请先来电商酌，然后发表，以免江西财政纷歧，表现政府内部不能一致。中正。敬。〕

电复陈铭枢准练宪兵三营。

覆谢武汉商会团体迎驾电。〔电曰：个电敬悉，无任感慰！中正恭承先总理遗嘱，奉令北伐，转战三省，强敌尽灭，虽云将士奋勇之功，实获民众相助之力。江汉为商业中心，军阀催残，倍于他省，从此恢复元气，经济建设，乃为急切之图。尚期本军民合作之精神，完成国民革命之事业。中正一俟前方军事布置稍定，即当来汉晤教也。特复。〕

下午，延见古应芬。〔政府派来慰劳前敌将士代表。〕

电请张、谭二主席，核示对孙条件。〔电曰：广州。张、谭二主席钧鉴：〈战密〉孙氏代表葛敬恩，来此求和，中与之约如下：（一）孙部立即撤退，开始退兵之前一日，即为双方停战之日。（二）浙江之政治军事，完全听国民革命军决定。（三）停战之日，即将孙氏境内被封党部被拘党员开释；并许国民党在联军境内，自由公开进行其准备国民会议之工作。（四）言和之后，互相提携，一致对外，等语。是否可行？请即核示！惟本军仍照原定计划进行，军事决不因此停顿也。中正叩。敬。〕公以孙传芳有必亡之势，故宽其条件，使在苏为英奉缓冲。

电张、谭二主席，陈赣东破敌情形，并请优恤易师长。〔电曰：广州。中央执行委员会、国民政府张主席、谭主席钧鉴：吉安、樟树之敌，迭经我军摧破后，残部麕集抚州，不下六千余人，在东馆、秋溪等处，节节防御。我第十四军，于巧日分途进攻，连夺阵地，直向抚州，号日拂晓，施行总攻击。敌顽强抵抗，鏖战甚烈。我第十四军暂编第一师师长易简，奋勇临阵，中弹身亡，官兵痛愤交深，冲击益力，卒于是日傍晚，克复抚州，残敌纷向东乡、进贤、金溪方面溃窜，正在追击中。窃查该故师长易简，素善治军，深明党义，赣州、吉水各役，努力杀贼，迭克名城，不幸中道殂伤，殊深悼惜！拟请从优抚恤，并追赠陆军中将，以彰忠荩，而慰英灵，毋任企祷之至！蒋中正呈。敬申。印。〕

电嘱宋子文，妥派湖北财政员。〔电曰：广州。宋部长勋鉴：〈会密〉邵敏如履历，请即详示。派往湖北财政员系何人？是否廉洁能干？现在湖北财政，唐、刘等皆想荐人，如所派人员稍一失当，即授他人口实也。中正。敬申。〕

电奖贺龙、彭汉章攻克斗湖堤。〔电曰：常德彭军长、澧州公安探送第九军贺师长鉴：接彭军长艳电，贺师长宥电，知贺师攻克斗湖堤。此次贵军协力作战，捷音迅奏，极深嘉慰！尚望继续努力，底定全鄂，肃清中原，以竟全功。各将士长途遄征，劳苦可想，希代致问！贺旅长阵亡，足勇于牺牲，闻之深为悼惜！已由此间呈请国民政府从优议恤矣。俟奉批后，再行电达。此复。中正。敬印。〕

是日　张毅率部离漳，退入同安。

二十五日　电商唐、邓、陈等接济第七军子弹。〔电曰：（武昌。国限。即到即发！）武昌。唐总指挥、邓主任、陈副军长、陈师长钧鉴：〈师密〉七军入赣以来，苦战数次，卒能摧破强敌，获得胜利。王家铺之役，该军战胜，不能远进，因子弹消耗殆尽故也。现在我赣江西岸各军，准俭日开始动作，卅一日各军到达作战计划中所指定的目标，行总攻击。惟七军子弹缺乏，南浔之敌，又甚顽强，恐非一战所能了结。希诸兄火速运七九弹五十万发，尖头七九水机关弹十万发，由通城方面，星夜运往箬溪接济七军。并望加工赶造！如厂中无存，亦请各军存弹或战利品中借用，然后拨还。事关军实，盼勿延误！并望见复！中正。有辰。〕

电复何应钦，希即如计进攻。〔电曰：汕头。何总指挥勋鉴：〈战密。〉皓电悉。布置甚妥，希即如计进攻。克复漳州后，应速向福州前进，肃清全闽。中正。有辰。〕

电令朱芾派员收管俘虏。〔电曰：长沙。朱处长勋鉴：〈站密〉上次武昌破城后解来俘虏，闻在湘潭等处，现尚有几名？盼复。并应派员接收管

理，听候编配可也。中正。有辰于奉新。〕

电闻李济深，赣南财政已由财政委员会接收。〔电曰：广州。李总参谋长勋鉴:〈战密〉赣南财政，已由财政委员会接收，各种税收，赖允交代。特复。中正。有辰。〕

电令邓演达，照发王天培月费。〔电曰：武昌。邓主任勋鉴：〈战密〉前定发王天培月费拾万元正，然须言明要其不干涉湘西财政为要。中正。有辰。〕

电复何应钦，对闽南作战，应先解决张毅。

电令何应钦，派王绳祖联络滇唐。

电令张与仁，即率学生来樟树候令。

电令钱大钧，成立第二补充团。

电令张定璠〔总司令行营参谋处处长〕，派周学海往长沙编练补充团。

通令各军军事教育，应暂以民十草案典范为准。〔文略〕

偕古部长慰劳官兵，并讲演之。

下午，往乾州圩会晤程军长。至八时回奉新。

电令李宗仁总攻南浔路，兹定各军务于廿八日开始动作，预定卅一日总攻击之期。

电复陈铭枢，嘉其处置得当。〔电曰：武昌。陈师长鉴：〈师密〉养电悉。所请派遣张慈、吕公望等同志分途工作各节，处置甚当，应速进行为要！总司令蒋。有。印。〕

陈调元、陈光组先后派员来归。

分电邓演达、朱芾，撤消长沙总部行营。〔电曰：汉口邓主任、长沙总部朱军需处长钧鉴：〈会密〉长沙总部行营，着即撤消，移并汉口。其有未了手续，由朱处长酌派人员，留长办理结束也可。总司令蒋。有。印。〕

二十六日 上午，召集各师长训话。〔稿未留〕

电令各兵站站长、各县县长，速送飞机师、机械员，赶来前方。〔电曰：萍乡、袁州、分宜、新喻、清江、万载各县县长、各兵站站长鉴：本部已电令飞机师、机械员等，迅由长沙来此，倘经过各该站时，仰代备轿马，并促其星夜赶来前方。至要！总司令蒋。宥辰。〕

十时，公由奉新出发，下午五时到高安，商定作战计划。

朱军长来会。

与葛敬恩谈浙江事，准陈仪暂取中立态度；并托致函勉其努力国家，〈而效忠个人，非道义之所尚〉云云。

电奖樊钟秀以孤军摧敌。〔电曰：〈革。限即到！〉武昌。邓主任译转樊总司令醒民兄勋鉴：〈师密〉鱼电敬悉。兄以孤军屡摧强敌，艰苦卓绝，吾党同志，无不钦仰，弟尤为敬佩！贵部所需饷弹，早饬武昌行营源源接济，现江浙敌方，已发生内变，时局似有急转直下之势。良晤匪遥，先此电复。并盼将豫中情况，随时赐告！弟蒋中正叩。宥。〕

电授鲁、朱、戴各军师长总攻南浔路机宜。〔电曰：〈国。限即到！〉丰城戴师长，并专差飞送三江口鲁副军长，抄送祥符观朱总指挥鉴：〈师密〉我军现决于下月东日对南浔铁路之敌开始总攻击。右翼军右纵队除以一部向溃窜东乡之敌跟踪追击外，应抽调二军第六师就近在丰城附近秘密渡河，限于艳日以前开赴松湖街，归朱总指挥直接指挥，以便使用牵制牛行车站敌之正面。俾右纵队第三军，得以主力攻破蛟桥后即向右旋压迫，则解决牛行车站附近之敌，较为容易。余部仍于谢埠市邓家铺附近，牵制南昌之敌，相机进展。第六师应于电到后，即开始准备渡河，鲁副军长应即派部队前来接防，希即遵照办理为要。蒋中正。寝戌。〕

△聘任亚勿图夫、西干温勒为军校顾问。

升任孙从钦为军校军医院院长。

二十七日　电令在新喻搭飞机厂，及运回发动机。〔电曰：新喻。兵站总监部并转留守新喻航空处办事员钧鉴：〈站密〉（一）迅速在新喻飞机场中，搭飞机厂一座，以能容两架飞机为度，电到后，限三日内搭成，不得延误！在未搭成以前，对于新喻机场所停之飞机，须速设法用油布掩盖，并须妥为保护。（二）新喻机场原运有飞机用之发动机一架，林处长不识何故运回长沙？以致此间飞机缺少此件，不能使用，贻误戎机不小。曾经飞电沿途令其星夜运回高安，俾得应用。该件不知何时起运？仰即查复！总司令蒋。感晨。印。〕

上午，〈公与嘉仑将军□策机务〉。〔区分军队：（一）左翼军：指挥官李宗仁。第四军，第十师、第十二师；第七军，第一路第一旅、第二旅，第二路第七旅、第八旅及第十旅，独立第二师。（二）右翼军：指挥官右翼军总指挥朱培德兼左纵队指挥官。第三军，第七师、第八师、第九师、第二十六团。右纵队指挥官鲁涤平。第二军，第四师、第五师、第六师；第十四军，第一师、第二师；第五军，第二十六团。（三）中央军：指挥官程潜。第六军，第十七师、第十九师。总预备队：指挥官刘峙。第一军，第一师、第二师、炮兵团，航空队，战斗飞机三架。〕

致李宗仁、张发奎函。〔稿俱佚〕

△电令李济深、方鼎英，解散学生请愿团。〔电曰：丰城。民。限即到！黄埔。李副校长、方教育长勋鉴：伯密。闻第四期学生有请愿代表团在省设立办事处，反对同学会，如此目无纪律，破坏团体，即为黄埔公敌，希即将该代表等严惩，并解散其办事处为要。如何？盼复。中正。感。〕

电请张、谭二主席，派员联络海军。〔电曰：广州。张、谭二主席钧鉴：〈希密〉长江海军紧要，务请设法派员切实联络，为我们所用，〈将来或以我军占领福建归其自治条件，与之交换，〉月饷请先担任。如何？中正。感。〕

电复邓演达，望再联络海军。〔电曰：武昌。邓主任勋鉴：〈须密〉海军紧要，前史家麟来汉，即与此有关，望再设法联络！如为我军所用，则当允其月饷可也。中正。感。〕

电请张、谭二主席，准第四军成立补充团。〔电曰：广州。张、谭二主席钧鉴：第一军在汕补充团只成立一团，其余二团可缓练。第四军请准成立补充团二团，以为将来垫防与补充之用，请烦立案为祷！中正叩。感。〕

电复陈铭枢，准编练教导团。〔电曰：武昌。陈司令真如兄鉴：函悉。教导团可照准编练，最好改为学兵第二团，由一民兄为团长，直隶总部，以免各军效尤，未知兄意如何？请与择生商之。炮工兵先准各成立一营，陆续扩张，免人注意。中正。感。〕

下午，下各部令。〔令曰：（一）敌状如二十三日午后五时参谋处机密通报。我独立第二师，已集结于白水王家铺地区。第四军二十八日可达箬溪附近。我第八军第三师及十五军程旅，现与武穴之敌对峙中，攻击开始时，即向九江方面前进。我十四军及第二军已攻克抚州，二十二日进占进贤，蒋镇臣、杨如轩、杨池生等残部退驻南昌附近。谢文炳、陈修爵等残部溃窜东乡。（二）我军决于十一月一日拂晓，对南浔铁路施行总攻击，以期早日肃清江西。（三）各军应照肃清江西作战计划，于本月二十九日开始运动，务于三十一日以前驱逐当西之敌，向前推进，到达准备位置。其任务如左：一、左翼军：以占领德安、涂家埠为唯一任务，除派遣一小部向瑞昌方面警戒外，以主力迅速进攻德安，占领后，即分一部对九江警戒，相机与浙军联络，以主力折回涂家埠，努力攻击建昌、涂家埠之敌，期达歼灭敌军主力之目的。二、中央军：应以敏捷动作，占领乐化后，即北进协同左翼军夹击涂家埠、建昌之敌人，务达歼灭之目的。三、右翼军左纵队：应以一部牵制牛行车站之敌，以主力攻下蛟桥后，迅速右旋，进攻牛行车站，占领后，除派一部沿河对南昌城警戒外，其余北进协同攻涂家埠之敌。右翼军右纵队：应以一部追击东乡方面溃退之敌，以主力于三十一日以前，应向谢埠市邓家铺之线推进，驱逐该处之敌，进攻南昌，务期能牵制南昌附近之敌，勿使活动于赣江左岸；并应于二十九日以前，派遣一部渡过左岸，加入左纵队作战，归右翼军朱总指挥直接指挥。四、航空队：应于攻击开始后，对于敌之牛行车站、涂家埠两据点及吴城兵站，务能抛掷多量炸弹，破坏其工事及扰乱之。五、总预备队：于攻击开始时，即向长埠街、店前街方面，随中央军方面推进，并以一部在万家埠对马口墟警戒。（四）予现在高安行营，攻击开始时，在总预备队位置。〕

访古应芬于瑞园。老树插云，中筑碧落轩，公乃联想：“故乡乐亭风景或胜于此乎！”

电复程潜，仍照原定计划进行。〔电曰：林党代表转程军长勋鉴：〈战密〉前日作战意见书祗悉。惟时间不及，调动军队，恐被敌探悉。故仍照原定计划进行。总预备队，随中央军推进，对马口墟方面，另派补充团至万家埠警戒。第四军已与第七军联络。另调第六师增加右翼军。特闻。中正。感。〕

电闻唐生智，决于东日解决南浔逆敌。〔电曰：汉口。唐总指挥勋鉴：元电今日始到，近日敌情如何？此间决于东日总攻击，解决南浔逆敌，即可回师增援也。中正。感。〕

电嘉张发奎千里驰援。〔电曰：武宁。李军长转张师长向华兄勋鉴：

此次兄千里增援，不辞艰劳，殊深爱慕！有将如兄，革命无虞不成矣！途中有否遇敌？病兵多否？士兵冬衣发否？伙食有否带足？共有战斗兵若干？盼详复！中正。感。〕

电嘱何应钦截阻闽敌援赣。〔电曰：汕头。何军长勋鉴：支电悉。此间战况：六日占丰城，现正在市汊河、南昌车站附近激战中，惟德安、永修得而复失，逆敌利用铁道运用甚便，而我军交通多阻，常为其各个击破。顷闻周荫人有援赣之说，南昌逆敌，固守待援。如果如此，我潮梅方面，应设法截其来援之路为要。中正。〕

电复谷正伦，期早日把晤。〔电曰：箬溪。贺师长转季常学兄鉴：杨君回，读手书，藉悉兄在贵严师中，不胜欣幸！惟期速克南浔，得以早日把晤，贵兄之师，各部新编，务于精神团结上注意。平时精神讲话及政治工作，尤请注意为荷。中正。感。〕

电李济深，商扩编军队。〔电曰：广州。李总参谋长勋鉴：〈战密〉养马电悉。卅四团与十三师之一团为基础，新编一师，以中意应新编两团，名为补充团，不必成师，直隶军部，以师长难觅故也。省军应以团为最大单位，请兄预筹一切，作一统计详示。在四军挑选旅长，中意应在前方团长中保举为宜。补充师或须令其来鄂赣作战。第二十师可缓调，以省城空虚，不能无兵。慕尹诚实，急宜可引为后进，请善导之。第十、第十二师，皆有战功，应如何升晋？请兄保奖以励之！中正。感。〕

电奖王天培，毅力扫除障碍。〔电曰：公安。王总指挥植之兄勋鉴：〈培密〉支电悉。逆敌仍用其挑拨离间之惯技，希图破坏我革命军联合战线，至堪痛恨！吾兄于艰苦环境之中，毅力支撑，为党国扫除障碍，曷胜喜慰！所需饷弹，已饬邓主任力予接济矣，请勿为念！中正。感。〕

电推田桐为湖北省政务委员会委员。

电任刘纪文为武昌总司令部军需处处长。

电任贺对廷为第一混成旅旅长，改编其部队。

致电陈友仁，向外交团声明外舰通过战区办法。〔电曰：广州。外交部陈部长勋鉴：〈师密〉我军对于外舰通过战区办法，已规定，凡属沿江作战区域，各外国兵舰欲通过时，应先行停泊，报明国籍，方可放行。商

轮仍须停泊候查。现已通令前方各部队遵照办理，请烦向外交团切实声明为盼！中正。感。〕

晚，复戴传贤电。〔稿佚〕公曰：季陶观察党务正确，神经亦不似从前衰乱，阅其电，增我勇气百倍，胜得武汉三镇矣！”

二十八日　电令詹忠言等，该两团速来高安。〔电曰：国。限即到！）萍乡，袁州、分宜、新喻，探送补充第四团詹团长、第五团傅团附鉴：该两团火速赶来高安！总司令蒋。俭。〕

电令蒋必，第一连着先来赣。〔电曰：〈限即刻到武昌总部行营详转〉入伍生炮兵团蒋营长必鉴：〈师密〉第二连缓调，第一连着先来赣。总司令蒋。俭。〕

电准鲁涤平暂编补充兵三营。

电复何应钦分别照发军费。〔电曰：大埔。何军长敬之兄勋鉴：〈战密〉第一军准照三师一军部发经常费，张贞部最多发二团，不能再加，临时费可照办。此复。中正。俭。〕

△电任袁英为本军暂编第三军军长。

下午，电令李宗仁赶筑飞机场于箬溪。〔电曰：箬溪。李军长鉴：〈师密〉希在箬溪附近选一飞机场，纵六百米，横四百米，若能较大更佳，并设置识别，以便飞机降落，盼于卅日以前修理完毕；并希预行侦察电复为荷！蒋中正。俭申。〕

电令朱芾速运飞机零件来前方。〔电曰：长沙总司令部行营朱处长览：(一)宪兵排饬速开来前方。(二)长沙所有飞机机件，不必运回粤，嘱速运来前方，如已起运赴粤，亦须令折回。并将办理情形报查！总司令蒋。俭。〕

电请张、谭二主席抚恤死事诸将。〔电曰：广州。中央执行委员会、国民政府张主席、谭主席钧鉴：伏查第一军五团团长张汉章，第一军第十二团团长邓赫绩，第十七团团长廖新甲等，先后于新喻、南昌各役阵亡，所有死事情形，节次电呈，计邀鉴察？又第七军第九团长陆受，在德安一役陷阵杀贼，中弹身亡。该军第二团团长吕演新，在王家铺一役力摧敌援，重伤殒命。当因战报阻滞，未得以时陈明。窃思该故团长等，许身当国，奋勇疆场，不幸捐躯，实堪矜悼！拟请分别优予抚恤，并追赠陆军少将，

以彰忠烈，而慰英灵。临电潸然，统祈裁夺！蒋中正呈。俭。〕

电嘉彭汉章，迭摧湘鄂强寇，并准陆续接济。

电复曾扩情，不准增加会费。〔电曰：黄埔同学会曾扩情同志览：〈会密〉铣电悉。本会每月经费，定七千元，已骇人听闻，且有因此诽笑同学会。如复增加，必启人忌嫉，只可减少，不能再增。教练所学兵，可入同学会。此复。中正。俭。〕

是日 蒋尊簋自南昌来，为孙说和，一再谈判。退后，公曰："伯器老实人也，孙既来求和，犹欲保持五省总司令名义，诚匪夷所思。余令其先告撤兵期，然后再及其他。"〈并坚持江西非归革命军不可〉。

是日 中央执行委员会各省党部联席会议闭幕。〔议决：电蒋总司令，表示竭诚信任与拥护；派何香凝、彭泽、张曙时、褚民谊、简琴石为代表，迎汪出任国事；及召集国民会议等案。〕各决议案即须切实执行，惟第三次全国代表大会有修正之权。

二十九日 上午，电陈张、谭二主席，对孙传芳策略。〔电曰：广州。张、谭二主席钧鉴：〈希密〉近日鄂东北西三方残逆，皆有反攻之势，中料其为孙逆空气作用，使我鄂中各军，不能援赣也。昨蒋伯器来高安。言："孙只要保存五省体面，其余皆可妥商，中答其"只要孙能先撤退鄂赣各军之期，准我党部公开，各界组织自由，筹备国民会议，余事亦可商量。惟要其先示撤兵日期也。"蒋昨回浔，如其果能首先撤兵，似可暂留其余地。中意东南问题，全在赣战，如赣局结束，则闽浙不难解决，孙逆断难存在。如其承认撤兵，我方可否允其停战？惟现仍积极备战，约五日内可以总攻击开始也。并予中以特权，处理一切。乞速复。中正叩。艳。〕

电唐、邓、陈，示对孙传芳方针。〔电曰：唐总指挥、邓主任、陈司令勋鉴：〈战密〉鄂北敌情如何？甚念！以中判断，吴无反攻能力。所谓反攻者，乃孙所造空气，以牵制我湖北各军不能援赣也。万一东西北三路来犯，则我军应缩短战线，固守武汉，以待解决南浔孙部后，回援武汉。十日之内，当可奏效也。正式作战方略，随后即发。或有变更之处，应照方略施行可也。伯器昨日来高安，与其口头约定："如孙能定期撤退鄂赣各军，则撤兵之前一日，准予停战，彼言孙只要保其五省体面，其余皆可商量，中言只要其撤兵有期，其余亦可商议”，限其冬日以前，用无线电话答复，浙闽问题，皆暂不提，如其有人派来武汉，请以此意予之接洽。弟以此意，已转报中央请核，俟有复电，再行通报。中正。艳。〕

电任竺鸣涛为虎门要塞司令部参谋长。

下午，公由高安出发，八时到奉新，以伤风早睡。

是日　任命缪嘉琦为军校训练部第一学生队队长。

三十日　咳嗽未痊。上午八时才起床。

下各军将士令。〔令曰：我军自出征以来，与贼鏖战于鄂赣之间者三月于兹。吴佩孚全军被我歼灭，孙传芳主力被我击破，革命力量，日益扩大，民众痛苦，逐渐解除。固由先总理呵护之灵，实亦我将士奋斗之绩，风声所播，庆慰同殷！且我前敌官兵，展转应战，艰苦备尝，甚至衣被不完。饘粥不继，乃能深明大义，益励坚贞，奋勇图功，杀贼致果，此本总司令尤深嘉念者也。迩来国内军阀，冀苟延其残喘，遂合力以谋我，复勾结帝国主义者。阴相援助，狡焉思逞，日甚一日，孙传芳尤为军阀现时重心，党国前途惟障碍。故我军此次总攻击，务将孙之势力迅速扑灭，使军阀余孽，不至蔓延；即帝国主义者，亦必震慑而不敢发，则时局方得捩转，革命乃可成功。凡我革命军人，须知我不杀贼，贼必杀我，宁为玉碎，毋为瓦全，能为最后之牺牲，始博最后之胜利。若纵寇长乱，功败垂成，不独贻笑天下后世，死且无葬身之地矣。懔之勉之！此令。〕

令白崇禧，仍往北路督战，别时倾谈。

电嘉熊式辉及其部下歼逆奏功。〔电曰：抚州。探送熊党代表励鉴：〈赣密〉敬电悉。我兄指挥有方，贵部将士用命，歼驱逆寇，克奏肤功，无任欣慰！尚祈继续奋斗，肃清全赣，实深翘盼！中正。卅辰。〕

训谕第一军官长此次总攻击方法。〔节录：这一次我们的总攻击，能否消灭敌人，真是本军生死存亡的一个最大关头！……我们官长讲一句说话，下一个命令，士兵能很严重的，如同往日一样不变毫厘的做去，还有什么事业不能成功！可是这种精神，现在我们军队里差不多是没有了！所以弄得士兵对上官不信仰，生出种种毛病来。我们军队的组织，是注重阶级的，无论什么同学同志，士兵兄弟，既在军队里面，应当恪守纪律，下官一定要服从上官的命令，无论你的本领怎样，若是你不服从上官命令，就犯了军纪。……营长以为团长是我的同学，为什么要服从他，连长以下，也这样想，弄得全师都没有纪律，怎能好算是军队？怎能与敌人打仗？怎能担任革命的责任？所以我说军队里只有阶级命令的，不论你是同学，或是父子亲戚的关系，决不能随便一点。若是这一点不能改正，我们第一军必要被敌人消灭。这一次我们攻击敌人，完全是一个“阵地战”。敌人一定挖得很好的濠沟，造得很强的阵地，等待我们去攻击的。我们对于这种阵地战，应该怎样动作？战术上应该用一种什么方法？才可以制胜敌人？我们当未开战之前，应该把操典和阵中要务令，详细的研究一下，现在的阵地战，我们要用何种方法？师长团长营长连长，应该怎样动作？把这些都研究出来，将来我们进攻的时候，便可使敌人完全没有方法抵抗，不得不被我们缴枪。前几天孙传芳接续派了蒋伯器等来求和，可见敌人已很怕我们攻击了，而他的士兵，却希望我们早点攻击，他们好早点结束，免受种种痛苦。士兵既有这种观念，所以他的官长的只有求和。但是求和又没有一个具体的条件，他不肯离开江西，不肯退却，那有这样求和的事情。我们在江西已经死伤了一万几千个弟兄官长，怎么肯准许他们这样无条件的求和？况且现在敌人，东有鄱阳湖，北有长江，抚州方面已给我们攻下，他现在就要退，也没有地方可退了，只要各位官长，再接再厉，努力一点，这一次敌人的枪械，可以完全给我们缴来，敌人可以完全被我们消灭的。你们回到各连，要同各连的弟兄讲，以后得到一处阵地，拿到了敌人，不许在敌人身上搜索东西，占领了一个地方，俘虏了敌人，就要送交官长，派人管理，弟兄仍旧要向敌人方面攻击。这次第二军在某处打仗的时候，弟兄拿到敌人，搜索敌人的钱物，已致已占到了的地方，仍被敌人抢回去了。这一点是我们官长最要留心的。还有一层，就是缴敌人的枪的时候，切不可全部围起他来缴械，应该一方面派人缴械；一方面派人赶快追击敌人。这种地方，你们应该时时讲给士兵听。这一次阵地战，敌人的濠沟挖得很好，打仗的时候，统统可以隐蔽起来的。我们这一次作战，唯一的方法，只有照着我的战斗要诀，接近敌人，早点看见敌人，拿刺刀向敌人猛力刺去。否则在五百米达或一千米达的距离，敌人的枪弹，还可以打倒我们；我们死伤一定是很多的。所以打仗的时候，要减少敌人子弹的效力，只有接近敌人，既接近敌人的时候，就应当用很快当的手段动作，包围敌人，占领敌人阵地，使得敌人的濠沟，没有用处，还有我们的官长，自师长以至连长为止，时时刻刻要顾惜兵力，假使不论责任的重轻，随便就派一团人或一营人出去，这就错了。设再有紧急的时候，便没有军队可派了。现在我们第一师、第二师，每师只有六七营，每团只有二营，如照那样办法，军力一定不够分配。既是预备队，非至万不得已的时候，不能乱用，并且预备队要留得多才好；因为万一敌人从旁边来袭击我们，我们就要把预备队来使用，但仍不可全部使用，总要到最后决胜的时候，方可完全尽用；否则到更紧急的时候，我们就没有办法了。所以这一回要把预备队多留一点，这一点千万要特别注重，如此，就使我们阵地的左右侧背皆有敌人来的时候，我有预备队可去应敌，使得敌人不能前进；此时我们还可以用包围的方法，使敌人完全缴枪；这是全在官长随机应变，不能呆板的预先定什么方法。〈我们官长〉带兵的方法，要大家自己随时研究才好！尤其是在军事上，凡事要凭自己的脑筋来决定，不可随便看了报告，便信以为真；总要参合各方面的情形，来下判断。凡事不可慌张，无论什么时候，总要沉着！这种实地上的经验，是书本子上得不到的，全靠我们自己随时研究，随时改正的。照这样做下去，经验学识，就能一天一天丰富起来，下级官长，就能得到高等的学理，将来做到上级官长，就有学问，有经验，有把握了。此外还要爱惜士兵的体力，可以使他们睡觉，使他们宿营的时候，就要使他睡觉宿营，官长切不可漠不关心；因为露营和宿营，对于士兵的体力，相差得很多的。……现在我们第一、第二师合起来有五百多官长，四千九百多士兵，统共有五千以上的战斗员。总理在日，常常说："有三千兵力，就可以完成革命，平定中国。"现在第一、二两师，已有兵力五千以上，无论什么敌人，都可以打倒了。以后无论集合或解散，总要快当才好，否则有时敌人猝然走到你的面前，你就没有方法了。所以官长带兵的方法，最要紧的是迅速两个字。其余还要练习各种动作，不要以为习过一二次就算了事，不管他们会不会，总要使他们时常练习。譬如必定要先练习瞄准射击，现在这些士兵，十个有五个瞄准瞄得不好的，也不管准星看见不看见，有没有对准敌人，随便把子弹乱发。这样你们完全拿士兵生命，当作儿戏，要使士兵了解瞄准射击的方法，必须要你们随时详细讲给他们听，他有了这种技术，他的胆子就大起来，不怕敌人了，否则他一见敌人，胆子就小起来，自然要逃了。……]

再告第一军将士，此次总攻击关系。〔节录：现在我们就要向敌人总攻击了，我们打败敌人，消灭敌人的机会快到了。这一次我们如果再不能打胜仗，我们太对不起这一回北伐已死的同志，带伤的弟兄官长们，也不能完成我们自己北伐的志愿。所以我们这一次总攻击，非打胜仗不可！我们要尽忠党国，尽自己的责任，为我们已死的一班官长弟兄们报仇，为本党及本军争气，实现总理的三民主义，就要大家团结精神，奋勇上前，不怕死，不怕敌人。……我们这一次把敌人的枪械缴完，不仅是江西完全可以平定，湖南、湖北因此可以稳固，就是江苏、浙江、安徽、福建，都完全可以被我们革命统一。为什么呢？因为孙传芳所有五省最好的军队，统统运在南浔铁路一带，如果这一次完全被我们消灭了，那五省的敌人，就没有了；所以大家要为各省同胞来谋解放，希望我们自己出头，革命成功，我们就要同敌人决一最后胜负。……今天要大家共同喊几句口号：同生同死！团结精神！消灭敌人！完成北伐的责任！中国国民党万岁！国民政府万岁！第一军的同志万岁！

电嘱宋子文，筹加第廿师经费。〔电曰：广州。宋部长勋鉴：〈会密〉(一)廿师经济拮据，值训练军队，在在需钱，请额外拨给钱师长拾五万元（为感）。(二) 入闽部队，须再编一补充团。惟款项困难，应请设法筹备！中正。卅午。〕

下午，电复蒋作宾，准裁撤湖北宣抚使署。

电嘱陈果夫，调叶楚伧来行营相助。

电推邓维贤为江西政务委员会委员。〔徇赖世璜请也。〕

电复汉冶萍公司董事会，声明保护责任。〔电曰：上海汉冶萍公司董事会鉴：漾电诵悉。尊重农工，为敝军之本旨，复承电示，更当严饬所属，对于贵公司鄂赣各地之厂矿机件及员工生命，一体切实保护！希释注念！特复。蒋中正。卅。印。〕

公曰：“凡为将者，须有虽只剩我一人，亦必与敌拼命到底之决心，方能获得最后之胜利。甚恐攻击日期太迟，使敌乘间退却，不能尽歼耳。〕

三十一日　上午，即写致李宗仁、白崇禧函。〔稿佚〕

电趣张发奎向涂家埠突进。〔电曰：张师长向华兄鉴：〈师密〉陷午电悉。昨日派员解伙食五万元，今再解七九弹六万颗，以后必尽量接济，可勿顾虑。只望努力破敌，占领建昌后，迅向涂家埠突进，使敌不得留步，以期一鼓荡平，完成此次北伐大业也。中正。世。〕

电复熊式辉，先会攻南昌。〔电曰：丰城专送第十四军熊副党代划表鉴：〈赣密〉宥电悉。但事实上既难入闽，请从鲁指挥命，先行会攻南昌可也。中正。世。〕

电奖戴岳，并勉歼灭余逆。〔电曰：万寿宫一带，探送第六师戴师长勋鉴：〈师密〉函悉。不胜欣慰！贵部动作迅速，尤为可嘉！望努力杀贼，歼灭余逆。预祝贵军胜利！中正。世。〕

电复贺龙，甚盼早定荆沙。〔电曰：常德、澧州。贺师长云青兄（勋）鉴：〈革密〉蒸电悉。逆敌如此猖獗，实堪痛恨。尚盼兄速商承植之兄，相机进击，早定荆沙。江浙已发生内变，福建周荫人亦已授首。现孙逆全部麇集南浔铁路，我军决日内施行总攻击。知念特告。中正。世。〕

电复唐生智，要以精诚相结。〔电曰：汉口。唐总指挥勋鉴：〈战密〉感亥电悉。谦让冲抑，佩慰无量！武汉方面，为全国视线所集，得兄努力，必有可观。精诚相结，〈情逾骨肉〉，遇事务请直陈，勿稍存客气是幸。中正。世戌。印。〕

电令吴师长并转赣南财政人员发垫招兵费。〔电曰：赣州。吴师长鉴：并转赣南财政办事处主任及其他经理财政人员鉴：〈师密〉何总指挥派张于浔往赣南招兵，因携带巨款，诸多不便，如遇何总指挥来电请垫款时，着即由赣南财政机关如数垫交，免致延误为要。总司令蒋。世。〕

下午，往奉新城北镇城陀游览，地势突起，风景亦佳。森林可爱，破庙难堪。六时，回行营。

十一月一日　公因病不能六时起，自叹曰：怀安偷惰，以待来年，德业其能长进乎。

上午，对补充第五团训话。〔稿未留〕

电复张、谭二主席，遵命办理和战，及致唐、陈、邓。〔电曰：广州。中央党部、国民政府张、谭二主席钧鉴：武昌。唐总指挥、陈司令、邓主任勋鉴：张、谭二主席卅电敬悉。前方和战，遵命由中相机办理，我军于冬日对孙逆总攻击。中本日向乐化前进，中正叩。东。〕

电闻李宗仁，中央暨右翼军皆已准期前进。〔电曰：箬溪。追送李军长勋鉴：战密。世夕电悉。中央军世日已进至店前街，东日向乐化搜索前进。右翼军亦如期达到指定位置，准备进攻。中定本日宿营石鼻街，明日随中央军前进，并闻。中正。东辰。〕

电达李宗仁、白崇禧，飞机等报告。〔电曰：李军长、白参谋长勋鉴：据飞机报告："德安不见敌军，马回岭战壕约有十里长径"云。据报："孙贼昨晨来南昌，当晚即回九江"云。南昌探报：逆军继续拉夫，又两杨已派员来联络，共商合攻南昌之计也。中正。东。〕

电闻何应钦，赖部攻下南昌后入闽。〔电曰：大埔。探送何军长勋鉴：俭戌转赖、熊宥电悉。此间准于明晨总攻击，赖部决令其会攻南昌后，再行入闽可也。中正。东辰。于奉新。〕

下午，公由奉新出发，行四十里，石鼻街宿营。沿途民众争瞻风采为快，见此聊慰战士之心。

是日　中央军校编第五期入伍生为步兵、炮兵、工兵、政治、经理五科，共六学生大队。〔步兵大队，分为四中队，每中队分为四区队；炮兵及工兵大队，各分为二中队，每中队分为二区队；政治大队，分为三中队，每中队分为三区队；经理大队，分为二中队，每中队分为二区队。总共十七中队，五十三区队，学生二千六百二十人。〕

二日　上午，电令李宗仁，此次应多用夜袭法。〔电曰：李军长勋鉴：右翼军、中央各军，本晨皆照预定计划进攻矣。此次濠沟战，务须多用夜击之法，以减少敌人炮火也。中正。冬卯。〕

分电俞、朱、邓，拨三省通用券作为湖北借款。〔电田：奉新俞总监、长沙朱处长、武昌邓主任均鉴：邓主任电粤补助百万元，粤财政拮据，恐难实行。希于此次由粤寄长沙三省通用券百廿万元中，抽拨六十万元，交

邓主任作为湖北借用之款可也。中正。冬。〕

公由石鼻街出发，十一时，经长埠街。下午，越高山两座，约三十里，至庙前街熊村宿营。

电闻李宗仁、白崇禧，各方总攻进展。〔电曰：李军长、白参谋长勋鉴：顷接程军长十四时报告，已占领安峰尖、东村、黎庄之线，向乐化追击前进。又接朱军长同时报告，已占领狗子山、朝天岭之线，逆敌接触即退败，云。未知其十四小时之后，进展情况如何，待报再告。又据飞机报告称，德安已为我军占领，约有敌两团由余家埠向乐化行进中。原驻乐化之敌，为刘士林旅总预备队，定明晨增加于乐化左侧。我军既占领德安，希即向建昌、涂家埠速攻，并盼随时电告进展状况。中正。冬酉。〕

分电朱、程、李、鲁、刘，悬赏夺炮，饬属知照。〔电曰：下木梨村朱总指挥、丰城鲁指挥、梅岭程指挥、箬溪专送李指挥、店前街刘指挥钧鉴：此次总攻击，能夺获完全敌炮一门，特别犒赏毫洋壹千元，以资鼓励，仰饬属一体知照。总司令蒋。冬亥。于店前街。〕

任命陶高培为军校入伍生军士教导队总队附。

三日　公以不克早起，使友人催觉，甚惶歉。誓此后至迟六时离床。又以近日对下人谩骂，使人难堪，而己亦伤神，定以后专从宽和二字上用功。

上午九时，公决定第一军加入蛟桥，而不经樵石港、白马庙，使敌预备阵地不能应用，以集结主力于第三、六两军之间后，即由店前街熊村出发，踰梅岭，约高三百米突，甚坡斜，至王村三甲，即转芦坑西方高地炮兵阵地观战，晤程军长，立谈进攻芦坑，闻蛟桥已克。

电闻李宗仁中央暨右翼军进展。〔电曰：国。飞送李指挥勋鉴：我三军第七师，今早九时占领蛟桥，正在图攻牛行，第六军正攻芦坑，战事极烈，本晚定可占芦坑。俟克乐化后，即涂家埠攻击前进。右翼军进展情况，希即电告。中正。江申。于龙泉寺。〕

五时，回至三甲，闻芦桥亦克，心为稍安，夜十二时，至阳台观宿营。

电闻李宗仁、白崇禧，中央暨右翼军又进展。〔电曰：德安。专送李指挥并转白参谋长勋鉴：迭电均悉。马回岭之敌歼灭，则九江不成问题。涂家埠之敌，今日陆续向乐化增援，战事极烈。我第六军午后已将芦坑之敌击破，占领芦坊，明日拂晓，即向乐化攻击前进，已令第一军加入铁道以东地区，向乐化进击，以便一鼓而歼灭之。第三军第七师，今日占蛟桥，六师、八师占狗子山、朝天岭之线，明日向牛行车站攻击前进。右纵队未得情报。中正。江亥。于王庄。〕

任命钱镇南为军校入伍生学生军大队长，曾昭镜为入伍生部教导总队中队长。

电勉贺耀组歼马回岭逆敌。〔电曰：国。德安。专送贺师长鉴：冬申电悉。努力破敌，至为佩慰，如能歼灭马回岭之敌，则九江可迎刃而解，想捷音已在途矣。此间中央、右翼各军，均如期进攻。今日第三军已占蛟桥，第六军已占芦坑，现正分途猛烈压迫，明日必有特殊之进展也。中正。江亥。于王庄。〕

四日　晨，电令李宗仁、白崇禧，即向涂家埠进攻。〔电曰：箬溪、德安。□密。李军长、白参谋长勋鉴：昨日第六军占领芦坑后，即向乐化追击。总预备队今晨全部加入乐化方面，占领乐化后，限其今晚到达涂家埠附近，策应左翼军之作战。闻马回岭已为我军占领，德安南方尚有战斗，请于该股逆敌消灭后，即向涂家埠进攻。中昨已到芦坑。中正。支卯。〕

第六军与敌卢香亭部在芦坑对抗，第一师又由铁道东偏抄袭其侧背，逆敌不支，狼狈退却。公麾总预备队猛进。

十一时，公至竹马塘〔芦坑附近〕，中途见伤兵惨状，如同身受，心恻无似，叹曰：首将不宜时常临阵，其以此乎？累累者皆我同袍与子弟，而为其官长所不爱惜，演成此地狱恐怖，耗矣哀哉。观察敌壕，巩固适当，甚喜我军将士之奋勇能破此阵线也。

电闻张、谭二主席暨唐、邓、陈、李、何，各军占攻情形。〔电曰：国。汉口唐总指挥、邓主任、陈司令勋鉴：中央执行委员会、国民政府张、谭二主席钧鉴：李总参谋长、汕头何指挥勋鉴：总攻击以来，进步甚速。右翼第七军占领德安，第四军与独立第二师击溃马回岭逆敌主力后，即向涂家埠进攻。中央第六军占领芦坑后，向乐化、涂家埠追击。右翼第三军已包围南昌车站附近逆军，总预备队第一军拟向涂家埠方面增加。此方战局或可于五日内结束也。中正叩。支午。于竹节塘。〕

电勉张发奎协攻涂家埠。〔电曰：箬溪、德安。张师长向华兄鉴：江午电悉。贵部奋勇摧敌，叠遭损伤，此次来赣，中常以此为念，今复如此丧失，心更不安，尚期代为抚慰死伤将士，当再另行呈报政府奖励也。涂家埠为敌主力所在，兄部应速南下，协同第七军歼灭此敌，以竟援赣全功，请勿以死伤过多而生灰心也。此间乐化之敌为卢部刘士林，本日辰刻已为我军击破。第一、第二两师，已向涂家埠挺进，以期一网打尽也。涂家埠克复后，中即可与兄晤面畅叙，对各友军望待以和爱，吾兄诚勇，已为同志所共称。如能兼之以敬爱，则本党将才无双矣。伙食与子弹有否解到，盼复。中正。〕

电李宗仁、白崇禧，约明日夹击涂家埠。〔电曰：德安。李军长、白参谋长勋鉴：本晨逆敌崔锦湝，向第六军反攻甚猛，我总预备队由芦坑铁道东侧包围逆军侧背，敌势不支，即向乐化退。兹限我总预备队今晚到达金塘村、电子冈一线，刻据飞机报告，逆军退却，狼狈殊甚，我追击部队已过乐化卅里，约在鱼家冈附近。并云左翼军已迫近涂家埠。则明日双方夹击涂家埠，当无问题。又称，九江集合民船甚多，且有火轮船拖民船在吴城、九江间移动者。此逆敌退却之征兆也。右翼情形仍在蛟桥一带，无特殊之进展。左翼战况如何，盼复。中正。支亥。于梅岭王庄。〕

任命李燊为暂编第七军军长。

五日　晨，敌张凤岐部反攻第三军，左翼摇动，退至蛟桥附近。公召集补充第四团讲训，激励其为革命杀贼，即令与警卫团加入战线，敌见之即退，遂恢复第三军原有阵地。

电呈张、谭二主席，请示对滇唐应如何办理。〔电曰：民。限即到。广州中央执行委员会张主席、谭主席钧鉴：据何军长应钦卅电称，顷接滇唐代表王绳祖艳电称，彭隆贤电称各节，力加解释，对总座电召，颇欲前往，惟钦以潮山〔汕〕防务重要，暂不欲其远离。滇唐地位，政治会议决予委员一席，王君亦赞同，惟希更能予以类似总制之虚荣，以示怀柔。总座命钦妥为联络，自当遵照。对王君要求，应如何答复，请示等情。究竟如何办理，请核示饬遵。蒋中正叩。歌。〕

电复邓演达，准十师、十二师各成立炮兵一团、工兵一营。〔电曰：革急。

武昌邓主任勋鉴：陷电悉。第四军副军长陈可钰呈请准予十师、十二师各成立炮兵一团、工兵一营之处，应予照准，仰即转知。蒋中正。微辰。〕

电李济深转萧觉天，准其成立商号。〔电曰：限即到。广州李总参谋长勋鉴：战密。关于赣军事要电一件，希即用水线拍发，电文如下：上海法租界贝勒路天祥里二十五号，萧觉天兄鉴：前电谅达。款已筹齐，敝东准其商号成立，经理一席稍缓，各执事均照派，请由沪电知各分号，一律停兑。敝东因筹备时期太促，已将商号股款交下，须就近先将手续结束。弟现在新建，回汉非十余日不可，因此不能不赴南昌一行，各股友能否商洽，再详，叶支。等语。中正。微辰。〕

电令何辑五镇压电报局人员罢工。〔电曰：汕头、潮梅警备司令部何司令鉴：顷据电报局长陈希曾报告，汕头各工会因李子标案，要求汕头电报局人员参加罢工。查现在军事紧急时期，电报局关系重要，除令该局人员不许参加外，着即派队前往该局保护，以维交通为要。总司令蒋。微。印。〕

十时后，至三甲东方高地观战，午后枪声渐远，乃知敌已溃退。

电令李宗仁打通南浔路线。〔电曰：急。德安。李军长勋鉴：江微子电均悉。我一、六两军自支晚占领乐化后，以一军在铁道东，六军在铁道西南，向涂家埠前进，已于微辰接近涂家埠，开始攻击。另以补充第五团，由马口圩攻击涂家埠之西南，三军及二军第六师总部警卫团，现正围攻敌于象山、牛皮坟、冷井、马鞍山、下罗家、朝天岭、北峰脑之线。二军第四、五两师，现近至青云谱，迫近南昌城。现九江既为我军占领，北顾无忧，贵军应迅向涂家埠之敌猛烈攻击，以与一、六两军收夹击之效，打通南浔路线，则牛行及南昌残敌迎刃可解矣。将中正。微申。〕

得贺师长耀组克复九江之报，公心略慰。

电趣鲁涤平、赖世璜进迫南昌城。〔电曰：丰城。鲁指挥并转赖军长勋鉴：现德安、乐化、九江、建昌次第被我军占领，四、七两军自北，一、六两军自南，正夹击涂家埠之敌，三军及六师总部警卫团，向瀛上、牛行之敌包围攻击中。现敌人北归之路已断，第二军第十四师应速进迫南昌城，并以主力使用于南昌之东及东南方面，遮断其东窜之路，以期完全将敌歼灭为要。蒋中正。微申。〕

晚，接程军长克复涂家埠之报，心更大定。惟当面之敌又来猛攻，明知其欲冲出血路，准备退却，而心终不安也。

六日　上午，电呈中央执行委员会、国民政府、军事委员会告捷。〔电曰：广州。中央执行委员会、国民政府张主席、谭主席、军事委员会均鉴：我军冬日对于南浔路开始攻击以来，即日七军攻克德安，四军及贺师占领马回岭。随以七军南下，与中央军夹攻涂家埠，四军及贺师北进，攻击九江。江日，三军占领蛟桥，六军在芦坑铁道与敌人激战，旋令总预备队由右翼增加，于支辰始将敌包围击溃，沿铁道追击，午后三时，占领乐化车站，向涂家埠追击前进。微辰我贺师占领九江，除周凤岐退走湖口外，余均缴械，俘获甚多。同时我六、七军亦占领涂家埠，敌退吴城，辎重完全委弃，已派队跟踪追击。现时南浔铁路除牛行附近尚为敌利用坚固工事与我第三军相持激战外，余均为我占领，南昌城内之敌人，已处于孤立无援之势，三日内赣局当可奠定也。谨先电闻。蒋中正呈。鱼辰。〕

电斥邓演达擅委何遂为军长。〔电曰：武昌。邓主任勋鉴：须密。〈何遂小人之尤者也，用之者必败，今既委任，暂可不说〉，以后委任军长等重要职位，务须电中同意，兄与真如兄只知求才临时应用，而不知任贤为本党百年大计也。以后勉之。中正。鱼。印。〕

电嘉贺耀组克复九江。〔电曰：九江。贺师长贵严兄勋鉴：顷得克复九江捷报，无任欣慰。吾兄奋勇诚毅，指挥若定，厥功甚伟，除呈报政府请奖外，特此嘉慰。尚希详报克复情形，并颁犒赏洋二万元，希即派员来领转发各将士可也。中正。鱼。〕

电邓演达、陈铭枢，祈劝唐释前嫌。〔电曰：武昌。邓主任并转陈司令勋鉴：贺师本日克复九江，其功虽不甚著，但其资格与兵力已足一军，且多有为其推荐者。中意贵严与孟潇前嫌未消，应在此时谋其二人团结，以弭将来隐忧。贺来函，亦悔前次对孟兄不诚之过误，时表惶恐之忱。如孟兄恕其既往，勉其将来，则请来一电保奖更好，可否升贺为军长，并望与孟兄妥商示复。中正。鱼。〕

电劝何应钦收罗一班人才。〔电曰：何总指挥勋鉴：贺贵严克复九江，拟升为军长，惟前彼保荐季常为副师长，中尚未批。与兄在黔共事，多有可用之才，此时兄应不念既往，且续旧好，使收罗一班人才以为将来之用，人才难得，请兄注意。对季常、一鸣等，皆应招揽也。如何，盼复。中正。鱼。〕

电宋子文商派福建财政人员。〔电曰：广州。宋部长勋鉴：密。电悉。福建财政人员，此地无人可派，至熟悉福建情形者，惟徐桴一人，然徐不宜办财政事，故须兄选派，照战时定章，民、财政人员，皆由总政治部临时选派，然后加委。兹已电商邓演达主任，或其有人，再行电闻可也。中正。鱼。〕

电邓演达商派东路军总指挥政治部主任。〔电曰：武昌。邓主任勋鉴：何敌之来电，请委民、财政人员，中意派姜董琴为东路军总指挥部政治部主务，照定章，兼理民政，而财政人员，则由财政部委任。如兄同意，请即发表可也。中正。鱼。〕

公令派第一师转向芦坑铁道东侧，增援右翼方面，归白参谋长指挥。

十时，至三甲东北高地观战，敌又来反攻我左翼，势甚猛烈。

正午，回阳灵观，与嘉伦商议布置军队，旋往前线，与朱总指挥、白参谋长计划攻击，见第六、七、一各军均派一部来援，内部亲爱如此，公心殊慰也。

夜十二时，回阳灵观，沿途敌稀薄有调之枪声，乃料正在退却，而小心太过，不敢意必真说耳。

吴城克复后，逆敌卢香亭股在鄱阳湖边歼灭殆尽。

七日　拂晓，公得南昌车站敌宵遁之报，急令搜索追击后，乃由阳灵观出发，经蛟桥至南昌火车站，与朱总指挥商定监视城敌计划。

电趣鲁涤平协同赖部截击残敌。〔电曰：丰城。专差速送莲塘上堪店探送鲁指挥勋鉴：鱼戌电悉。牛行之敌，鱼晓确已退却，南昌应亦不守，已由第六军四团、第七军两团、第一军两团及补充四、五两团等编组进击队，由白参谋长率领，设法渡河追击。第三军及第六师，亦已令其设法渡河，即令城敌据守，对付亦有余裕。望速令赖军全部迅速截堵，以期歼灭。第二军亦应适应情况，努力追击。中正。虞辰。〕

电史大林、加列宁、拉可夫华拉送拉夫，贺苏俄革命第九【周年】纪念。〔电曰：〈革。广州鲍尔廷顾问，转〉莫斯科邵力子同志鉴，请转史大林、加列宁、拉可夫华拉送拉夫诸同志均鉴：本日为贵国革命第九【周年】纪念节，中正远在南昌阵中，不克躬予庆祝，谨特代表中国国民革命军全体将士，以至诚恭祝我最友爱同志国苏俄革命成功万岁，并祝中俄两国革命精神之团结，与年年纪念革命而益增长，深望两国同志共同奋斗，以完成世界革命之责任也。蒋中正。虞。〕

电孙文大学学生，代贺苏俄革命纪念。〔电曰：〈革。广州鲍顾问转〉莫斯科孙文大学诸同志均鉴：本日为友邦苏俄革命第九【周年】纪念节，中正〈适在南昌阵中，不克躬贺，无任歉仄。兹特〉代表中国国民革命军全体将士，庆祝我〈最〉友爱同志国苏俄革命之成功，希以此意转为代达苏俄全体民众，表示至诚庆贺之忱。我军既于上月在武汉消灭北洋军阀吴佩孚之后，今复在江西消灭东南军阀孙传芳，中国革命成功有期，当为我各同志预贺也。中正。虞。于南昌。〕

电奖李宗仁、张发奎，该军将士歼敌功绩。〔电曰：德安、九江。李军长、张师长鉴：此次南浔铁路总攻，各军奋勇异常，故能于最短期间肃清敌众，就中尤以四、七军各将士不避道远，奉命来援，功绩独多。着各犒赏洋二万元，以奖有功，即由各该军、师部先行发给，再向本部具领可也。中正。虞未。〕

电复张发奎，准调部回武昌。

电张主席，劝戴季陶以校长名义赴俄考察教育为宜。〔电曰：广州。张主席钧鉴：希密。季兄微电悉。弟意季兄不必辞校长职，以校长名义赴俄考察教育为宜。弟明日赴九江，交通便利，季兄赴俄之前，须面晤一次，拟约鲍顾问来前一谈，不知果能来否。南昌城内尚有三千逆敌挂白旗改编，不成问题。中正叩。〕

城敌欲藉方本仁为护符，以迁延时间，公恼甚。

晚，静坐至十时后就寝。

是日　孙传芳乘军舰由湖口回南京。

八日　早起，闻城内残敌尚未开城，愤甚。乃令朱总指挥督攻之。

令第二师仍开至涂家埠集结待命。

电李宗仁，希速占领马当。〔电曰：九江。德安。探送李军长勋鉴：虞未电计达。马当要塞关系綦重，希速设法占领。周凤岐部现在何处，若与我军接触，望妥为接洽，避免冲突。牛行之敌，自鱼晚向余干逃窜后，已由白指挥率第七军之两团及六、八两师，跟踪追击，并已令第二军、第十四军由进贤出安仁截堵。若果动作迅速，此部断难脱逃。蒋镇臣部昨在蔡家坊被我第二军完全缴械，俘虏六千。城内尚有唐福山、张凤岐各残部二、三千人闭门不战，已限令克日出城当不成问题矣。中正。齐巳。〕

正午，接报敌已陆续出城矣。本军即派警卫团入城维持秩序，民众欢迎革命军，若大旱之得甘雨也。公欣然曰，惟此足以慰总理及已死将士之灵。

驰电张、谭二主席及李、何二总指挥报捷。电迎孙夫人来赣。〔电曰：广州。宋部长勋鉴：转孙夫人玉鉴：江西克复，东南可平，先生在天之灵可以告慰大半矣。夫人如驾来，请由海道为便。到沪时，中再派专员迎迓，并请孔夫人与三妹同来一叙为盼。中正叩。庚午。〕

下午，假寐伤风。开会议。

△电宋子文邀同鲍罗廷来赣。〔电曰：国。广州。宋部【长】勋鉴：子密。拟请兄邀同鲍顾问来赣商决大计，于大计未定以前，中暂不赴鄂，请以此意转告鲍顾问为要。来否，盼复。中正。齐。〕

电闻何应钦，已派十四军并另一部援闽。〔电曰：何总指挥勋鉴：南昌城约有残敌三千，要求归方军长改编，定正午开城，决无问题。请兄速即攻克潭〔漳〕州后，一意向福州进取。已令第十四军向邵武前进，另派一部尚未决定，大约非第二军即第六军也。本拟派第一、第二师入闽，以对浙问题应速决，而身边亦不可无本军，故暂难派遣也。中正。庚。〕

电复邓演达，商复李济深要求各事。〔电曰：武昌。邓主任勋鉴：任潮复电：“请委陈景瑗为党代表，张向华为第四军长，另委真如以较优名义或予其另成一军，而彼自任广东军事厅长。”云云。中以为出于诚意，可否照准，盼详审示复，以便照复。中正。庚。〕

电询邓演达，昨商贺成军一节已否与唐谈过。〔电曰：汉口。邓主任勋鉴：须密。昨电言贺耀组成军一节，已与孟潇兄谈及否？盼复[1]。中约明日赴九江。中正。庚。〕

电嘉唐生智各军布置妥当，并告明日进驻九江。〔电曰：汉口。追送

1　此句原稿电文为：“如未与孟潇兄谈及，则暂可不谈。倘已谈过，亦不妨。谈否？盼复。”

唐总指挥勋鉴：艳电悉。各军布置甚为妥当，〈具见硕谋〉中拟明日进驻九江，有电即寄该处可也。中正。齐酉。〕

晚后，唏然曰：三年来酸辛泪，时自暗吞，历史无事实，事实决不能记载也。知我者，其惟鬼神乎！

是日　第一军冯轶裴师占领漳州。

九日　早起得报：白参谋长在汉口附近缴获敌械万余杆，俘获师长岳思寅、唐福山、蒋镇臣、郑俊彦部旅长李彦俊、王良田与杨赓和等以下【各高级官长】，及士兵二万余名。前在吴城卢香亭部之刘士林、崔金淞，一被杀，一自戕，所部亦无漏网。公曰：孙逆五省之兵力，除孟昭月旅外，鲜有孑遗。我军以二万官兵之牺牲，歼灭敌六万余人，虽痛定思痛，而东南之大患除矣。

下午二时，入南昌城，即往医院慰视前次攻城遗留之伤兵，【公为】悲喜交集。

分电朱、鲁、赖、陈、李、贺、程、刘各派财政委员前往南昌会议。〔电曰：南昌。朱总指挥、第二军鲁副军长、贺独立师长、第六军程军长、第一军刘指挥均鉴：现在南昌已下，赣局指日肃清，所有江西财政亟应统盘计划，从新整理，希即各派财政委员一人，前来南昌财政厅开财政会议，以便讨论一切，藉资整顿是盼。中正。佳。〕

晚，会见各将领[1]去后，叹曰：甚矣，气度宽宏、肝胆忠义之将，实不多见，但有感痛而已。

十日　电令唐生智，转饬入伍生炮兵第二连开回南昌，归还建制。

电令杨膺谓、张与仁，迅率学生来南昌城。

下午，宴会各官长，并讲演之。

任命段一华为军校入伍生学生军中队长，李文实为入伍生军士教导队第一大队长。

是日　国民政府令任徐谦为司法部长、孙科为交通部长。

又令：任陈树人〔兼民政厅长〕、宋子文〔兼财政厅长〕、孙科〔兼建

1　原稿为“朱总指挥，程军长。”

设厅长〕、许崇清〔兼教育厅长〕、徐权伯〔兼司法厅长〕、李济深〔兼军事厅长〕、陈孚木〔兼农工厅长〕、李禄超〔兼实业厅〕、周佩箴〔兼土地厅长〕、何香凝、甘乃光为广东省政府委员。

十一日 上午，公接粤电，知后方学生为人利用，欲推倒校长，犹是故态，不胜愤激。因谓：三年来受尽屈辱，忍痛至今者，纯为总理革命使命，一手所扶植学生也，而今受人愚弄，胡闹若此，尚何言哉？尚何言哉？

十时，南昌市民在公众体育场开欢迎大会，公莅讲革命的效力。〔全录：今天承各界热烈的欢迎，非常感激，非常快活。此次南昌几经战事，人民痛苦很深，我们不能早日驱逐北方军阀，很觉抱歉，但革命本是牺牲的事，现在最后的胜利既在我们，人民的牺牲，一定是可以得到代价的。各位晓得，国民革命军是那一个的军队呢？中国国民党是那一个的党呢？是中国全体人民的党，是中国全体人民的军队，也就是各位同胞的党，各位同胞的军队。国民革命军是为解放各位同胞痛苦，拥护各位同胞利益，真正实现我们总理三民主义的一个军队。中国国民党是专为来救全体人民的一个党，要希望各位同胞赶紧加入中国国民党，共在国民党旗帜之下，同革命军联合在一条战线上，来打倒一切的军阀，来打倒一切的帝国主义，使得中国真正能够独立、自由、平等，使得我们总理的遗嘱，我们总理的教训，我们总理的主义，在我们江西赶快的实现起来，推行到我们全中国，这一点是我们江西各位同胞责任。所以要请各位同胞从今天起，要晓得今后是有一个自由、光明的日子。□□的政权，也已从北洋军阀的手里夺回来了，只盼望各界赶紧组织团体起来，拥护中国国民党。必须拥护国民党，那各位的权利才能得到一个保障，并且无论那一个军阀，都不敢再来压迫我们人民，江西以后也不致再受军阀的压迫了。这是我所希望于各界同胞的。〕

十一时后，公由南昌乘车启行，下午五时抵九江，受群众盛迓，心甚不安。

晚，与唐、李等谈话。

十二日 昨夕泻痢不止。上午八时始起床。

川、黔、鄂诸将领皆派代表来请委，公接见之。

电呈中央，组织江西临时政治会议，请予备案。〔电曰：广州。中央党部政治会议勋鉴：前克复武昌以后，因政治事务不能无机关指导，故以主席名义，合组一湖北临时政治会议，并委唐生智同志为该会议代理主席，谅蒙鉴察。江西已经底定，急宜有一临时指导机关，政治进行方能敏捷。现复以主席名义委任朱培德同志为江西临时政治会议代理主席委员，并委朱培德、白崇禧、程潜、李宗仁、鲁涤平、李富春、朱克清、林祖涵、熊式辉、张国焘、李仲公、张定璠等同志为委员，请备案。并请速将湖北、江西省政府组织方案规定实行，至祷。蒋中正。文午。〕

下午，总理诞辰纪念大会主席，行礼毕，讲话。〔全录：今天十一月十二日，是本党总理的诞辰生节，算起总理的年龄，至今天恰是六十周岁。在克复江西之后，来做总理诞辰纪念，是很难得的。九江各界同胞联合起来做总理的诞辰纪念，更是难得。我们纪念总理的诞辰，不只是消极的纪念他伟大的人格和过去的功劳，是要积极的继续他的精神，使总理的志愿早日达到。我们总理不单是东方民族革命的领袖，并且是世界革命的领导者。今天纪念本党总理的诞辰节，就是纪念世界革命领袖的诞辰节，也就是纪念东方民族解放领袖的诞生节。各位同志们，我们要照我们总理定下的遗训，时时在精神上纪念他，使我们总理四十年的奋斗精神，不至于因为无人继续而汩没下去。我们要使总理的主义普遍全球，使我们革命早日成功，这是我们今天纪念总理诞辰的意义。（各同志演说后讲话）各位同志对于总理的历史和事业，已听得很明白了，现在我简单的将各位的讲演简括起来，再同各界同胞说一说。我们总理一生的历史，都是很悲痛的，随便什么时候，都受人家讥诮毁谤，没有一天使得他快乐的，他的历史可以说是痛史。为什么总理要受这种痛苦呢？他完全为了解除我们世界上全人类的痛苦，所以他情愿牺牲他个人的幸福，来谋全体人民的解放。总理是一个什么人？简单的说一句，总理是一个革命者。总理是革命的，除了革命以外，总理不晓得再有别的事情。各位同胞要晓得，革命者不是寻常的称号，不是一般人都可以称的，革命是实实在在要打倒军阀，打倒帝国主义者，实现三民主义的。这样才算是一个革命者。凡是革命者，就是我们总理的信徒，不是总理的信徒，就不能称为革命者。总理常常教训我们要努力革命，要有鞠躬尽瘁、死而后已的精神。总括总理一生事业，完全是为革命，直到他牺牲了为止，他是能说能行的。总理革命的方案，就是三民主义；总理革命的目的，就是世界大同。我希望各界同胞对于总理的主义政策，认识明白，做总理的真正信徒，才不愧今天来纪念总理诞辰。〕

回行营，与李宗仁耐〔久〕谈。

电复李济深，商委张、陈名义。〔电曰：广州。李总参谋长勋鉴：电悉。张向华战功固大，但年龄资望尚浅，吾辈爱人以德，应养成其大者，不必急于破格迁升。中意先升其为第四军副军长，而以陈景瑷为副党代表也。如何，请再裁核。中正。文。〕

电陈公博，财部派员未到鄂以前，暂留汉主持。

公电俞飞鹏、朱培德，月发第三军特别费。〔电曰：南昌兵站总监部俞总监，并转朱总指挥勋鉴：自本月起，每月发第三军特别费洋十万元，待编制确定后，再行公布可也。中正。文。〕

十三日　痢疾少痊，精神渐爽。上午，会客应酬，劳甚。与嘉伦谈大局及战略。

电令白崇禧，饬促各军师援闽。〔电曰：南昌。白参谋长勋鉴：请催第十四军及第二军之一师，如期廿五日集中福建光泽县，第一师与补助第四、第五团，从速补充，候命向广信前进。中正。元。〕

午后，宴会九江各将领，讲主义战胜敌人。〔节录：各位官长同志们：这几个月以来，我们天天在战线上与敌人拼命，没有一刻休息，现在因了我们的努力，已把江西的敌人完全肃清了。我们得集合各路官长聚合欢宴，这是何等快乐的事啊。昨天是我们总理诞生节，可说是本党最大的一个纪念日，前七日是俄国的革命纪念日。去年此时，我们打汕头成功，今年又在此时打倒孙传芳，照此看来，十一月真是革命胜利的纪念日了。我们预料明年十一月，一定可以打到北京，那时可和各同志在北京欢宴。这一次作战，我们可以说是战无不胜，攻无不克，无论什么强悍的敌人，没有不被我们打破的。为什么我们有这样大的能力呢？简单一句话，就是我们以三民主义来战胜敌人。第一，我们有了主义，大家能在一个主义之下团结起来，不惜牺牲个人的生命幸福，共同一致的奋勇杀敌。第二，我们有了主义，又能照着实行，我们从两广出来，先到湖南、湖北，再到江西，没有一处不受人民欢迎，不得人民帮助。因为我们革命军实实在在能尽革命的责任，能照革命目的保护人民的利益，解放人民的痛苦。我们这一次战争，还不是最剧烈的。最剧烈的战争，还要在和帝国主义者直接冲突的时候。将来的战争，牺牲的价值，当然比现在更大，作战的时期也比现在更长。我们的重要工作还在后面，所以我们要趁这次胜利的机会，更加努力，预备牺牲奋斗。最要紧的，是把这次作战的经过详细的回忆研究，把不好的地方赶决〔快〕改正，好的地方，更要努力做去。我们精益求精，才能打倒帝国主义，完成革命的责任。这次战胜的经过，我们自己老老实实的批评，不能不承认敌人的技术比我们精巧，供给比我们充足，器械比我们精良，我们战胜敌人，全靠我们有主义。但如果我们的技术、供给、器械能够更好，我们的牺牲一定还可减少的。现在对于给养和军械，我们当然要极力设法改良，对于技术，也要各位官长负责训练，务使战术精良，动作快捷。这样，将来才能同帝国主义的军队作战，否则我们就没有办法。我们战胜的唯一要件，就是我们有团结精神，能扶助人民，但我们现在虚心的自己批评，实在也差得多了。我们军队所到的地方，不能说全没骚扰百姓的行动，有几部分军纪风纪不好军队，还是同匪军一样，到百姓家里居住拿东西，或者拉伕。这种部队虽然不多，但是一切坏的毛病，在军队里很容易蔓延，所以要请各位官长赶急设法整顿，完全革除。如有官长士兵违犯军纪或败坏风纪，一定要依法惩办，切不要因为这个人有甚么特别的关系，或曾有一些功绩，就敷衍了事。败坏军纪的行动，不单要损害全军名誉，妨害革命的成功，连我们各人的生命都要被他断送，只看这次军阀的结果，就可明白了。……这一次作战，第一打倒吴佩孚，第二打倒孙传芳，我们奋斗的成绩，用不着我们自己来称赞，将来在历史上自有相当的批评和详细的记载。希望各位官长把这种功绩发扬光大，使我们已死的同志不至于就此汩没，使我们总理的灵柩能够在明年此时候，迎到南京紫金山来安葬，这是同志们的责任。希望时时努力，完成这个责任。〕

复周凤岐函，处置浙事。〔稿无查〕

会古应芬【专使】。

傍晚，脑晕流汗，体惫难支，即睡。

是日 张作霖在天津召集会议，张宗昌、褚玉璞及孙传芳之代表杨文恺，均列席。讨论抵御革命军及西北问题。〔吴佩孚未派代表参加〕

十四日 嘱掾属拟典范令、抚恤、赏罚、编制、饷额、兵额、给与、服装、战斗详报各稿。

调动第一、二师师长。

电令刘峙，分配补充机关。〔电曰：国。涂家埠。刘师长鉴：请在第二师中拨机关枪二连，分发补充第五、第四团各一连，增厚其战斗力，后方尚有机关枪，即可补充于第二师也。中正。寒。〕

电复陈可钰，保举戴、缪两团长及邓团附案，准候发表。〔电曰：武汉。陈副军长景瑗兄勋鉴：真电悉。所保举戴、缪两团长及邓团附，功绩显著，准候各军保举完毕，同时发表可也。中正。真。〕

电令俞飞鹏，急设九江中央纸币兑换所。〔电曰：南昌。俞总监：九江初下，此间商民对于中央纸币行使，尚多观望，亟应在浔设立兑换处，以厚信用，而资流通，仰日内迅速派员来浔布置，其兑换方法，第一步或提准备金若干，委托九江商会及有信用银行代理。中正。寒。〕

电令俞飞鹏速备御寒装具。〔电曰：南昌。总司令部俞总监鉴：时届严冬，兵士学生等无衣御寒，各军来部请领者，文电纷至，前令购办棉服氊毯等件，现在究已备置若干，亟应呈报，以资分发。一面仍应速行购置，以备提用。抚州第五军第四十六团，应领衣毯尤应提前发给，并须速备布袜三十万对，布鞋十万对为要。中正。寒。〕

电令白崇禧速将奉新俘虏二千名，先编充第六团。

电复唐生智，止其暂勿回湘。〔电曰：汉口。唐总指挥勋鉴：元电悉。武汉重要，诸待主持，鄂西事迫，尤须急进，请暂勿回湘，是所至盼。中正。寒。〕

下午，莅南昌市民大会讲演。〔稿未留〕

电复方鼎英，选购无线电机。〔电曰：黄埔。方教育长勋鉴：支电悉。无线电机须购通信在三百里以上，而又搬运利便者。希速办妥为要。中正。寒。〕

电令衡州、耒阳等县县长，多设飞机标记。〔电曰：衡州、耒阳、乐昌、韶州各县县长鉴：二、三日间，即有飞机由汉经此赴粤，仰各县长，电到时，急速于沿途空地多设标记，越多越好。其标记有二：(一) 以白布作成横直三丈之十字，平铺地上。(二) 烧火烟堆。切切勿误。此令。总司令蒋。寒。印。〕

电知方鼎英、曾扩情派蒋先云至军校。〔电曰：广州。黄埔军事政治学校方教育长，并转同学会曾秘书均鉴：伯密。兹派蒋先云回粤，不日抵校，关于学校及同学会内部事宜，可与接洽。中正。寒。〕

晚，宴别古应芬专使，致词请代答谢。〔节录：这一次中央党部和国民政府专派古部长来慰劳我们前敌的将士，我们是很感激的。在这战事告一段落的时候，我们回想到这次战事的经过，我们所得到的胜利，究竟从何处得来的。追本推源，想到我们的政府和中央执行委员会诸公，完全能够本他真诚信托的使命，对于饷项子弹，尽量的接济，使得我们全体将士在前敌作战，没有顾虑和牵制，能够用全副精神上前杀贼，这是我们对于政府党部要表示无限敬意的。请古专使回去的时候，特别报告我们前敌将士感激的意思。这次战争胜利的原因，是很多的，最大的原因还是总理定下来的两个政策。第一，唤起民众，实行扶助农工的政策，使得他们一同站在革命的战线上。第二，联合世界上以平等待我的国家，共同奋斗，打倒帝国主义，所以能够得到今天的结果。各位将士经过许多战役，死伤二万余人之多，依然奋不顾身，勇往前进，有这样牺牲的精神，才能得着最后的胜利，但仍是政府诸公能够信托我们前敌将士，所以有这个成绩。……对于这回经过的战事情形，今天不能详细报告，只可将缴获的枪械和死伤的人数，大略说说。据各军的确实报告，江西方面死伤一万以上，湖北方面死伤五千以上，总共死伤两万多人，所得到枪枝五万以上，大小各炮合计二百五十门。我的意思，想对于前方阵亡将士的家族和受伤者的本身，请政府特别抚恤，有功的也请保举奖励，固然不可太滥，却也不可缺漏。这是我们对于前方将士所要求的慰劳，请古专使回去代为报告。现在中央党部、国民政府已议决迁移到武昌，这是我们总理生平所希望的，现在总算能够达到了。但总理主张建都有两个地方，第一个是在南京，第二个是在武昌。现在南京虽然没有打下，武昌已为我们占领，总理主张第一个目的虽未达到，而第二个目的则已实现了。党部、政府既已议决，仍请早日迁移，这是我们所最希望的。……我更希望政府和党部督率我们前敌将士，勿因这次战胜而致有骄横自负的恶习，以致堕落下去。必须更加奋发，更加努力，将总理托付我们的责任，完全担负起来，将总理移交我们的工作，努力继续做去，我敢断然的讲，在北京西山的总理灵柩，明年就可以安葬到南京紫金山了。这一点，也要请古专使回去，代我们向政府、党部报告的。〕

朱总指挥来九江商谈军事。

十五日 上午，调补充第一师来赣运弹。

促各省人民自决通电。〔电曰：广州、上海、汉口、天津、北京全国各报馆暨全国同胞均鉴：本党为求中国国家独立及中华民国〔族〕解放，不得已乃至有不可避免之武力的国民革命战争。自中正奉命出师以来，赖先总理在天之灵，全国人民扶助之力，以及各将士之奋斗与各同志之努力，仅于三个月内北出武胜关，东下汀、漳，收复全赣。西北之陕甘，西南之川黔，亦同加入国民革命，服从三民主义，悉入国民政府之范围。〈帝国主义走狗〉北洋正统吴佩孚，既倒于湘、鄂，孙传芳十六万大军复全部歼灭于鄱阳湖上，中国军阀之运命〔命运〕，已可见其必然之归宿。而帝国主义在中国之地位，亦于此战而益形动摇，盖此战名为革命军与国内军阀之争，实则三民主义与国际帝国主义之争，以军阀不过为帝国主义之工具而已。惟战争与武力仅为促进国民革命手段之一种，最大之原动力，则在人民之自动，有效之方法，尤在人民之自决。今孙传芳虽倒，然苏、浙、闽、皖尚未全脱北洋驻防军之羁轭，北部数省，犹是反动势力之根据，即西南内部，亦多军阀残余势力之潜伏。欲图中国之统一，须本党主义、党纲和政策随武力之伸展而依次进行。中正受党重托，出师讨贼，责任所在，未敢放弃，更不敢以今日所获得之胜利及效果，稍懈其革命之初心。所望各省人士速起自决，驱逐残余军阀，组织各省政府与国民会议预备会，使我总理对内召集国民会议，对外废除不平等条约之主张，于最短期内得以实现，则国民革命方能早日完成。如复有军阀之军队驻防各省，或侵略东南，摧残自治，则我国民革命军必以全力拥护〈各省之自治及〉各省人民之自由，不惜牺牲一切，以完成本党保障民众利益之使命。尚期全国同胞一致兴起，参加革命战线，共同奋斗，以尽国民之天职，使我国家地位在国际

上得跻于平等之列，以争回我中华民族独立自由之人格也。谨掬诚悃，惟共鉴之。〕

电闻何应钦，报载闽敌移动。〔电曰：漳州。何总指挥勋鉴：文日申报载，孔昭同旅已开赴延平；苏埏部第一团驻邵武、光泽，第二团驻延平；周逆卫队旅王炎部第一团退归化，第二团驻古田、水口，与省城第三团〔由保安团改编〕移驻延平、水口；董胜标部第一团驻莆田，第二团驻仙游，与省城蒋启凤部，移驻省城；李生春部四十五团驻省，四十六团驻水口、尤溪口、樟湖畈；孙云峰残部驻连城、宁泽；张毅全部退泉州。云。特闻。中正。删。〕

电奖赖世璜，并允接济饷弹。〔电曰：南昌。总部张处长转赖军长勋鉴：前日匆匆来浔，未获话别，甚念。贵军奋勇之誉已遍全军，此战死伤官兵人数姓名，尚希详报，以便统计。请领七九弹，已属白参谋长加发五万颗，余待汉阳解来，陆续接济。至饷弹各项，决不使作战部队稍虑缺乏，可勿念。贵军廿八日以前，务须集中光泽，何日由何处出发，盼复。中正。删。〕

电令钱大钧整顿省城军队。〔电曰：广州。钱师长勋鉴：已饬严师来赣，请转告张、谭二主席为要。省城防务须兄切实整顿。近闻军纪、风纪皆不如前，而军官尤其堕落，请兄时刻训勉，勿使党军名誉损失也。中正。删。〕

下午，公阅报叹曰：现事莫烦于川、黔，军事乎，政治乎。其棼乱如此，何日能廓清之也。

电闻何应钦，截击退浙周荫人部。〔电曰：漳州。何总指挥勋鉴：周荫人已派员赴浙，筹备驻扎地点，拟以苏埏旅先退，蒋启凤、周荫棠二旅相继退浙。中央决派第一师与补充第五、第四团，月杪集中广信，入浙截击；赖军亦约月杪可集中光泽。东路军动作应速应缓，请兄决定。总不使周逆退浙太速，以致不能截击也。兄入福州后，如能以一小部留闽，率大部入浙更好。如何，盼复。中正。删。〕

电询王俊、薛岳，此次缴获之枪数，并何日出发。〔电曰：国。南昌。第一师王代师长、薛副师长勋鉴：此次缴获之枪几何，已缴总指挥部几何，完全可用者几何，未缴之枪暂存师部，候令发落可也。出发准备有否完毕，兵员缺额及枪枝缺数，皆须补足为要。何日出发，准备程度，均盼速复。

中正。删。〕

电令白崇禧派员带领炮、工科学生回粤升学。〔电曰：南昌。白参谋长勋鉴：炮兵团与工兵营学生，应即派员带其回粤升学。其川费及衣服，请由总部筹备。出发之前,可令其来浔一见也。何日出发,盼复。中正。删。〕

电任包慧僧为鄂军第一师政治部主任兼党代表。

是日 军校第五期入伍生举行升学典礼。第六期入伍生相继成立二团，约共四千名。

写奉胞兄锡侯函。

十六日 晨，拟本军整顿及改正要点，凡二十九目。〔一、机关之组织法；二、编制法之更正；三、官长教育及考验；四、考试监督；五、赏罚黜陟条件；六、政治智识；七、德育修养；八、体育；九、步兵工具；十、攻城技术及材料；十一、各部处之特务连营；十二、募足输运队兵；十三、兵站输送、勤务之练习；十四、募足各连长伕；十五、卫生队之整顿；十六、平时士兵须授其伤兵规则、卫生勤务、伤兵被服；十七、野战病院必附宪兵一排；十八、交通（铁路、电线、输送）护掩营之独立；十九、掩埋队；二十、无线电队长；二十一、设立惩戒班；二十二、秘密调查队之组织；二十三、组织平时侦探队（卖菜、担米）；二十四、经理机关之严密，服装、枪炮、马匹、器具、弹药购置、消耗等之统计；二十五、士兵职业与储蓄问题；二十六、粮服之积存；二十七、驴马之购办及调教；二十八、添制雨衣、帐蓬及各服装；二十九、不缴枪不降敌之口号。〕

上午，电授何应钦对闽战略。〔电曰：福建漳州。何总指挥鉴：元电悉。前电计达。第十四军及第六师，定廿八日集中光泽，望设法联络，并派员指挥。中意第一军主力应移至闽北，由永安出延平，或不攻延平，移至将乐、邵武，趋建阳、建宁方面，使敌完全歼灭，以断其退浙之路，则我各部队联结较易，指挥统一，不致为敌各个击破。以第十四军与第六师两部指挥无适当之人，而且敌取守势，决无反攻能力，故我军移动可以自如也。如何，盼酌复。中正。铣。〕

电复何应钦定闽办法。〔电曰：漳州。何总指挥鉴：删电悉。闽省民军切不可编师，只有先交张干之办理，再定办法。〈宋渊源捣乱成性，须

注意之〉。闽定后，应速组政务与财政、军事三委员会，多委闽人为委员，借收调剂之效。兄应准备入浙也。中正。铣。〕

电令郭沫若派定各部连党代表及政治工作人员。〔电曰：国。南昌。总政治部郭副主任勋鉴：第四期毕业生将到南昌，政治科生可挑选为党代表及政治工作人员，第一师补充第四、五团即须出发，各该部之连党代表及政治工作人员望先派定，如不够，则每营派一党代表，每连派一指导员亦可。政治会议秘书朱克清如未发表，可暂缓，待中明日到南昌后再定。中正。铣。〕

电复彭汉章，希与王总指挥协同动作。〔电曰：靖安。彭军长勋鉴：梗电悉。贤劳可念，尚希与植之总指挥协同动作，以收齐一之效。饷弹当量力接济，请勿为念。中正。铣午。印。〕

任命李中铬为宪兵团团长。

下午，电令彭汉章制止陈、杨冲突。〔电曰：靖安。彭军长勋鉴：据报第八军陈旅近在溆浦剿匪，与兄部毛师杨旅发生冲突情事，双方同属党军，纵有误会，不难解释，请兄迅即电令制止。关于溆浦一带剿匪事宜，仍责令陈旅办理，并盼通令所属知照，勿启误会为要。中正。铣。印。〕

十七日　四时，起床，拟口号及新兵问答语。

六时，公由九江启程，车中独坐深思，并看王阳明格言。

下午一时，到南昌，召集补充两团训诫。

复皖、苏、浙三省联合会叶请和平救国函。〔函曰：皖、苏、浙三省联合会公鉴：快电奉悉。诸公倡导和平，揭橥民权，至理名言，良深钦佩。惟革命救国论与和平救国论，早为吾国民争持不决之问题，辩论纷呶，且成专书，演为思潮，发为运动。然而吾党千回百折，卒不改所信者，终在惟有革命乃能得真正和平统一之一念耳。此中理论，在吾党总理与吾政府及中正，早有宣言，布之国人，诸公明达，谅早鉴及，无再缕举。但就年来事实言，在今日革命军未出长江以前，军阀之割据自雄者，达二十几省区，其演成循环战争者，不下数百次。而缙绅元老之呼吁和平者，自民二迄今，殆已十余年，诸公曾祈得和平之福否乎？如曰各方不悔祸使然，则是和平之未可以舌争，已为铁证，而今之迷信和平会议者，犹见不及此，焦唇苦口，日诉国人，心诚可钦，术斯误矣。夫国人反对武力者，反对吴佩孚辈割地掠民之武力耳，若为解放被压迫民众，以铲除暴力，不得已而用之武力，自有征诛以还，伐暴救民，孰能外之。性质不分，动闻兵兴而厌，此种恐怖，此种憎恶，于今时代之国民心理，不得不谓薄弱，而救国即不得谓彻底。若以自主自治言，果有多数民意自动自决，所欲求之自主自治，吾方拥护之不暇，而所谓革命者，即以求征大多数人民权利幸福为其目的。故革命者，亦即达到人民自主自治之手段耳。不然，联省自治之运动，保境安民之运动，近年来未尝不风行全国，并且实行三省，然奋斗与试验之结果，除假军阀作护符外，试问国人自治者何事，三省自主者何物，此而不觉，至今国族濒危，犹乞灵于已死之鬼，抑何傎欤。况何者为真正民意，在学理上本难判别之问题，而祸民虐民，则可以事实为佐证。诸公试报湘、赣、鄂之大多数人民及受北洋支配下之各省大多数人民而问之，除老军阀、官僚、洋行买办各特殊阶级外，人民实际所感受者何如？而革命军占领区域人民痛苦之比例，又为何如？斯可验也。至民权表现，尤舍民意无所附丽，果以上述事实为不谬，则今日真正民意之所在，固可得而觇之。今诸公必欲掩多数人之民意，而争少数之民权，无形中已将一切民主精神推翻矣。故诸公不作救国运动则已，如欲救国，应请先一设想吾国家与吾民族之现状，果求和平统一，果求独立自由，舍革命军与三民主义外，宁有他途。公等东南硕彦，社会山斗，一言转移，深关治乱，如以中正之言为然，毅然变计，加入革命，合作救国，则由革命所获得之民权与自主自治，亦即公等所欲求之民权与自主自治也。果如是也，中正将鞭随诸公后，且由革命牺牲所获得之真正和平幸福，又岂惟三省而已哉。偶因商榷，遂披胸臆，率真之词，惟谅察是幸。专复，顺颂公祺。〕

电白崇禧召集会议，研究各令起稿。〔电曰：南昌。白参谋长勋鉴：昨属陈处长拟训令项目，凡关于编制、兵额、饷项、给与令之规定，经理、卫生各项之改良，须在总部召集会议，设一研究委员会，以备二星期后提军事会议可也。中正。篠。〕

电催郭沫若订定俘虏宣传大纲。〔电曰：南昌。总政【治】部郭副主任勋鉴：对俘虏宣传大纲，须于本日订定，限今晚交给第一师及补充第二

师，以其明日即欲出发也。中正。篠寅。印。〕

公曰：凡事非亲手经办，即无着落，甚叹内外挟持，此心无时或快耳！〈退念益切矣〉。

十八日　上午，张群就谈。

与嘉伦将军谈二小时。

电令钱大钧派员来领俘虏。

电宋鹤庚自动取消收编。〔电曰：长沙。宣抚使鉴：收编一事，有害地方，无益实际，希即自动取消，以免纠纷为要。中正。巧。〕

下午，对补充团官长训话。〔稿未留〕

与陈铭枢详谈时局及将来趋势，不禁感慨系之。

电令唐生智、刘佐龙，留部防守武胜关，及督师进攻鄂西。〔电曰：汉口。唐总指挥并转刘军长均鉴；（一）武胜关一带，由唐总指挥酌留第八军一部防守；（二）所余第八军各师，应向鄂西进取；（三）第十五军应派一师参加鄂西作战，归唐总指挥指挥；（四）对鄂西进攻及武胜关防守计划，速详细拟定报核。中正。巧。〕

电复袁祖铭，希督师莅鄂，协剿卢部。〔电曰：湖南常德一带，探送袁鼎卿先生勋鉴：世两电及冬电均诵悉。朱君品珊来，所有对贵军希望已经详述，当能转达。请兄即督师莅鄂，与孟潇协剿卢等，共奏肤功。至湘西剿匪事宜，望就近与孟潇兄接洽为荷。特复。蒋中正叩。巧。〕

电令贺耀组，转饬魏旅入赣。〔电曰：急。九江。探投独立第二师贺师长鉴：师密。顷接长沙张参谋长翼鹏豪电，称“独立二师补充魏旅在平江哗变，且肆行抢劫”等语，希即饬令该旅长速率所部入赣，严行训练，勿使滋蔓为要。总司令蒋中正。巧。〕

电勉杨其昌，同扶党国，勿信浮谈。〔电曰：常德。探投国民革命军第九军第二师杨师长鉴：漾电诵悉。详陈各节具见忠贞，无根之谈，未足深信。方今北伐陈师，全功未竟，大憝余孽，残息尚存，凡我同袍，以赤心相周旋，以主义相结合，党国而外，容知有他。尚望共励初心，同扶艰巨，置劳怨于度外，庶缔造之可观，引领荆沙，实深倚重。迩来进展，即希电闻。中正。巧。〕

任命刘志芳为军校入伍生军士教导队中队长，刘性赤为入伍生部军士教导队卫生队长。

十九日 筹定闽浙及鄂西计划。

电商何应钦先消灭张毅部。〔电曰：漳州。何总指挥勋鉴：前电主力移至闽北，未知兄意如何。如能在沿海先消灭张毅部，则闽事更易结束。如何，盼复。中正。皓。〕

电复何应钦，即照计划收闽。〔电曰：漳州。何总指挥勋鉴：寒电悉。前进计划，即照来电进行可也。闽敌必退浙，望于占领福州后，请兄率主力速向浙江追击，必须占领杭州为止，对苏待克浙后再定。第一师与补充第二师编为东路军第一路，由王俊率领向广信、衢州前进，截击退浙之敌。中正。皓。〕

午正，应江西省党部宴会，并讲演之。〔稿未留〕

回总部，接见自由西报记者。

电令和平、连平县长侦察境内敌踪。〔电曰：和平、连平县长鉴：据吴师长建中灰电称，黄匪承武自龙南窜向和平，经饬苏营跟踪追剿，等情。除电令胡师长派兵协剿外，仰该县长注意侦察匪踪，随时报告各该师，以期早日肃清为要。总司令蒋。皓。印。〕

电复戴传贤赞成其使日。〔电曰：广州。陈部长果夫兄鉴：祖密。季陶兄巧电悉。兄使日，弟极赞成，但赴日后使俄，亦须同时议决为妥。余事遵办。何日出发，盼复。中正叩。皓。〕

六时，召集总部人员训诫。

与郭沫若〈副主任〉谈话，总部或政治部应设经济科，以调查占领区域一切经济状况而建设之。拟分土地、农产、工业、矿务、交通、浚河、市政、金融、公产、盐务、粮食诸股。

电陈张、谭二主席，中央党部及政府应速迁武昌，并提高党政威信。〔电曰：广州。张、谭两主席钧鉴：闻徐、宋、孙、鲍诸同志来赣，甚喜。务请孟余先生速来。中意中央如不速迁武昌，非政治、党务不能发展，即新得革命根据地亦必难巩固。此非中有所私。且中以后必不能驻武昌也。如中央与政府未迁武昌以前，中亦不到武汉。以此时除提高党权与政府威

信外，革命无从着手，如个人赴武昌，必有认人不认党之弊，且自知才短，实不敢负此重任也。如何，乞复。中正叩。皓亥。〕

是日　孙传芳微服至天津，求救于张作霖。

二十日　早醒，思箸战后追想录，以应世好，六时后起床。

巡查部内卫兵室及各处。

上午，拟办事日程。

对工兵、炮兵入伍生战务完毕，仍将派回埔校升学训练时讲话。〔节录：这次工兵、炮兵学生，有许多是没有入伍几天就到前方来作战的，关于军纪风纪，有许多还未经过严格的要求，也不晓得军纪风纪是怎么一回事，所以我们军人不应当做的事情，都做出来了，许多不好的言谈举止，也暴露出来，给人家笑话。这固然难怪你们，因为你们出来得太快了，还没有深切的训练，一到行军的时候，就弄出种种毛病来了，不过我们要晓得在作战的时候，军纪风纪是十分重要的，我们不能不有严格的要求。作战得到的经验，是比什么都贵重的，最重紧的是要晓得自己的缺点，赶紧改正过来，不要把出来几个月的辛苦都枉费了。我们辛苦了一天，就要有一天的价值，得到一天的益处。这一次作战，江西算是攻下来了，虽然福建战局还没有结束，北伐必已可告一段落了。所以你们工兵、炮兵学生都要回去升学，炮兵将在武昌或南昌另设一校，还不一定回黄埔，工兵已决定送回黄埔去。你们这三个月实地作战所得的经验，是在学校里学了两三年，带了多年的兵，还不能够得到的，现在得到这种经验阅历，到学校里入学，一定比没有经过作战的学生好得多。拿现在的实在经验，到学校里去研究，将来再上战场，一定比从前各期的工兵、炮兵学生好得多。各位学生在行军作战期间，〈很艰苦、很疲劳，军纪风纪〉没有官长来督率训诫，但你们大多数还能够自爱，不怕辛苦艰难，〈仍旧留在这里〉，尤其在战事结束的中间，仍旧聚在一块儿，〈不自由逃跑〉，没有自由散漫的现象，这一点我心里很快活，今天对各位要特别嘉许的。希望以后大家要本着这忍受艰难辛苦的精神做去。同学更要相亲相爱，大家要约束自己，管理自己，养成自爱、自治的好习惯。这样，我可以说，将来各位学成，一定比第一、二、三期的同学更有希望，更能实实在在的来负担总理所遗交我们的使命，完成我们革命的责任。这是本校长希望于各位学生的。有些工兵学生，这次在路上做不规则的事情，我虽没有亲眼看见，但你们做了坏的事情，迟早总要晓得，一定不能瞒过上官的。有许多故意落伍偷惰，或反抗上官命令，服勤务的时候，不照自己的职务确实做到，总是苟且偷安，同学中间吵架捣鬼，对于人民和友军士兵，摆出一种骄傲夸大的态度，这种事情不待我讲，你们自己要明白是大犯纪律的。……各位是学生，回去之后一定要对后方及对同学会的人讲，你们反对同学会的办事人，就是反对校长，就是拆散黄埔学生，拆散革命精神。〈校长是有志气的〉，校长在的时候，一定不会给敌人来利用压迫，大家要团结起来，才能完成我们革命的工作，完成总理交给我们的责任。……我以后怕不能常和你们见面讲话，希望你们把我今天所讲的话，留心记住，切实做到。〕

电嘱方鼎英，第六期再不可收。

电复唐生智，免彭稍俟时机。〔电曰：汉口。唐总指挥勋鉴：铣电诵悉。彭非革命者，舆论事实早证明之，惟鄂西局势方紧，湘西榛莽，尚待爬梳，此时若遽更张，左翼不无牵动，罢免之事稍俟时机。兄谓何如？特复。中正。号。〕

电唁俞飞鹏丧父，并嘱在军成服。〔电曰：南昌。俞总监鉴：呈悉。惊闻有失怙之戚，不胜怆悼。军事方殷，该总监转饷输粟，责任殊巨，古有縗绖从军之礼，况在革命尚未成功之日，所望勉抑哀思，在军成服，所谓辞职，碍难照准。中正。号。〕

下午，点自埔校新到南昌第四期第一总队学生名，并训话，说明同学会的性质与带兵的方法。〔节录：今天同各位学生在南昌见面讲话，实使我快乐极了。我差不多已有四个月没同你们会面，今天能在南昌集合起来讲话，真是很难得的机会。我们从黄埔出发，到湖南、湖北，再到江西，差不多走了一千多里路，才到此地来相见，我实在有很大的感想。一方面很快活、很安慰；一方面想起我们革命前途的重大成功还是很远，不由得不悲伤恐惧。在后方有许多同学，不晓得前方同学作战的艰苦，只管自己闹意气，不单不能帮助前方，还要使前方的人挂心他们，这种情形，我看了委实难过得很。我离开了各位学生，没有见面，我觉得比离开家庭更难过，时时想到后方有许多学生，不明白校长的心理，不晓得前方同学的苦衷，自己尽讲自己的话，不能拿我的意思贯注到各位身上，这真使我又惭愧、又悲痛。我要同各位讲的话，不是一两次讲得完，更不是一两点钟讲得明白。从前对一、二、三期的学生，什么话都可以详详细细的讲，现在没有这种时间，全靠你们各位自己体察研究了。我从前对各期同学的训话，大家可以拿来研究，尤其是要明白我们学校所负担的是怎样的一个使命，怎样的一个责任，经过了怎样的困苦艰难，才能使得我们第四期学生安安宁宁的学到毕业，这些事情，大家应该仔细的想想。我们想起从前第一、二、三期同学，死的死，伤的伤，才有今日，我们应该更加努力，更加相亲相爱，团结精神，服从命令，来完成我们自己将来的责任。总理为什么要集合一般青年来办这个学校，为的就是要有团体，没有团体，就不能将革命的力量发挥出来，就不能打倒敌人。如果现在还是任意吵闹；目无纪律，那就不要革命党好了，不要这个学校好了。……现在又组织一个黄埔同学会，意思也望大家密切团结，这个同学会，完全是用会长制的。为什么要用会长制，不用委员制呢？因为同学的派别复杂，精神不能团结，意志不能统一，所以要拿会长来做中心。无论什么事情，都要由会长来决定；无论那派有什么意见，唯有拿会长的精神，来做一个团结的中心。这样，我们同学的精神才可以团结起来。否则我们同学没有一个中心，精神怎么会团结起来呢？但是同学会里所任用的人，仍是各同学公推出来的，只有秘书是会长指定的。现在后方同学反对秘书，一定要他辞职，你们要晓得这就是反对章程，反对校长，反对同学会。试问你们还有一点团体心没有，黄埔学生没有了中心，没有不失败的。在后方的同学，不晓得这种情形，不惜自己破自己，这就叫做自杀，这种人完全没有自主力，听人家鼓动，或者因一时的感情作用就不管自己的革命前途，随便学校倒了也好，学生散了也好，这样，还可以算得一个团体里面的分子吗？……这一次各位从广东出发到此，我得各方面的报告说，你们沿途很有些不守规矩，不守纪律的，我真惭愧极了。难道你们没有受过严格的军事训练吗？怎么带了队伍出来，还是自由行动，自由落伍，随便的上前落后，不同队伍一齐走呢？甚至于有赌的，有嫖的，还有到韶关烟馆里吃鸦片的。这样的人，完全没有人格，各位同学要马上自己互相监督、揭发出来，不许有这种同学存在着，大家没有想过吗？到了南昌竟有住在旅馆里去的，想舒服吗？想快乐吗？这样还算什么学生？你们自己还能带兵吗？带了兵，兵能不逃跑落伍吗？我们黄埔学生受了一年多的教育，团体的纪律还不晓得，到毕业之后还是自由行动，这还有什么希望。这种不守规则的不爱名誉的学生，一定要查出来，严加处罚。你们要晓得校长为什么百折不回的天天与恶势力搏战，也只是为两重责任未了，一是总理交下来的责任没有完成，二是对于一班学生还没有彻底造就，所以我不避危险，不辞艰难，一心来领导你们，走上正当的道路，一切都忍耐下去。现在各位已经毕业，可以正式的来参加革命战线，以后至少要带几十个兵，来做领导人众〔家〕的领袖。带兵的方法，带兵的心理，一定要将校长和各官长所讲过的话，和学校里所教的功课，详细研究，彻底做到。明天你们就要分派到二十一师去，分派下去后，就要出发，你们初到兵营中去，对于士兵的心理要多加研究，才能彻底的认识。二十一师有许多兵是俘虏编成的，对于他们更加要留心，要从精神上感化他们，使他们更能受我们革命的指挥。能和他们同甘苦，共患难，才能要求他们同生死。我们自己能真正做士兵的模范，他们才能感觉到我们比他从前的官长好得多，个个人都愿听从我们的指挥。你们到连上见习，第一先要记住一连士兵的名字，第二便要和他们多谈话，要考察他们的性质，是忠实，是狡猾，是聪明，还是蠢笨，并且要问明他们家里的生活，家族的情形和他自己个人的履历，统统用以小册子记下来。你们应当从他们的个性上，给以正确的领导，使他们对于革命的真义更加认识，并深悟他们已往的缺点，一方面与他们发生密切的感情，使他们对你相亲相爱。这样，士兵和官长决定不会离开，即使在枪林弹雨之中，都能够跟着官长向前杀敌。这样，带兵才能带得好，革命才可以成功。〕

电复湖北省政府临时会议，赞成武昌各大学改组为中山大学。〔电曰：武昌。省政府临时会议各同志均鉴：师密。秘书处铣电悉。武昌各大学归并改组为中山大学，并推季龙诸同志担任筹备，极表赞成。特复。中正。号。〕

电询邵力子所商事结果，并催事毕速回。〔电曰：邵力子同志鉴：别后未接来书，中亦无暇奉言，所商之事有否结果，此间甚忙，请兄事毕速

回。中如来俄莫京，当局之意如何，请复。中正。〕

二十一日　上午，点第四期第二总队学生名，并痛斥在后方捣乱。〔节录：第二总队学生来到南昌，我是很快慰的。昨天，我已有许多话对第一总队同学讲过，今天再向你们讲一讲。看见你们到此，想到许久没同你们见面，没同你们讲话，心里有很多的感想，不知你们的感想又怎样。就外面看，今天能到我们所占领的南昌，一块儿见面说话，不是很光荣很欢喜的吗？其实是拿我们许多同学的头颅、热血换来的，所以我们能到南昌，能在南昌见面说话，不能不联想到我们已死的同学同志，我讲到这里，又不能不讲到后方的同学了。从我出发以来，时常听说我们后方的同学，竟有因意见纷【分】歧，闹出许多自相摧残的事情，这样看来，我们学校里面不是完全同校长所定下来的目的希望相反吗？你们自己想想，校长一个人带了同学在前方拼命的杀敌，而你们尽管在后方捣乱，你们有脑筋，有理性，也有良心，试问这样的情形，能对得起前方已死的同学吗？可怜前方的同学，受许多敌人逼迫，还要从艰难困苦中替后方同学打开一条大路，让你们去走，你们自己的意思，还不能一致，反要闹意见，分派别，弄得前方不能一心一意的去打仗，更没有一点进步，这样的捣乱，简直是比反革命还可恶。现在在后方的还是捣乱，还组织了什么代表团，这真是我们同学中的败类，要是不开除他，还了得吗，我怎样的灰心呀。我自己教出来的学生，竟在后方做出这样反动的事，简直是我没有信用，没有道德，不能使你们信仰。我不如早些自杀，还比天天抱愧好一点。然而我若是自杀了，总理遗交下来的责任，叫那个来完成呢？纠正你们、指导你们的责任，又叫那个来担负呢？为了这两点，所以无论什么困难，什么危险，什么痛苦，我都忍耐下去，总要领导你们走上一条正正当当的大路，把总理遗交下来革命的责任，同心协力，一致的来担负，然后我们才可以死。我这样的苦心，你们总该明白才好。……现在第一期同学做连长的，还是很多，大家晓得第一期学生死者有一大半了，这一小半做连长的，还不向校长要求什么好位置，这样比较起来，第二、三期专想升官的同学，真要惭愧死了。你们年龄不大，经验又不丰富，快给你们升官，反是害了你们，养成你们骄傲的习惯，将来什么人的话都不能听，什么样的事都不能做了。

我也愿意你们学生，都早早升到团长和师长，然而没有丰富的经验，就不能当重大的责任〈孙元良不是犯了连坐法枪毙的吗？这完全是我校长罪过，他没有相当的程度升起来，反害了他〉。校长这种苦心，希望大家统统明白。我要对你【们】讲的话，是讲不完的，总希望你们自己随时体察，要想到总理创办本校的艰苦困难，又要想到已死的同学奋斗牺牲，革命尚未成功，北伐正在吃紧，我们的精神应该大大的团结起来，一同肩负这未来最重大的责任才好。〕

电李、方转军校党部，痛斥代表团。〔电曰：广州黄埔。李副校长、方教育长转军校党部诸同志均鉴：同学会为前后方已死与未死诸同志之血与泪所造成，其会章由会员全体通过，其制为集中制，会章非得下次大会通过，不得任意更改，亦不准随便要求，以起败坏纪律之端，决不容后方少数同学借代表团之名，以达其拆散黄埔团体之目的。若辈叵测，实较反革命为尤甚。除令本会将代表团各名开除会籍外，特此通告。蒋中正。马。〕

电令方鼎英饬代表团速来前方。〔电曰：黄埔。方教育长勋鉴：后方代表团诸人，饬其即刻来前方，否则开除会员资格可也。中正。马。〕

电嘱曾扩情，开除代表团诸人会员资格，登黄埔日刊声明。

电复钱大钧，痛绝代表团要求。〔电曰：广州。钱师长鉴：佳电悉。同学会为集中制，如任由会员要求，无异自违会章，请转告代表团，除不承认同学会与中正为会长，或其自请取消会员资格，不承认为会员以外，再无第三办法。中正之头可断，手创学校、手订章程决不任人破坏也。黄埔有此代表团发生，团体已形破裂，扩大风潮，亦不能顾。总之黄埔同学会乃前方已死及未死同学所造成，决不容后方少数败类任意破坏会章也。中正。马。〕

正午，宴会第四期第一总队学生，讲明毕业后责任，及切戒只想升官。〔节录：各位同学，你们毕业的时候，本校长不能在学校里同你们欢叙，今天大家在这血战得来的南昌相见，更是难得的，所以我特同前方全体各将士各同志，补祝你们毕业的盛典。各位要晓得，你们毕业以后，责任更加重大了。打倒军阀，打倒帝国主义，前途还有不少困苦，这些责任却要你们各位一肩担起。你们应该怎样努力，才不辜负总理交给我们的使命。这次我们在前方作战，各军成绩都是很好的，我们黄埔学生参与这次战事，从结果上看，也不算落后，不过比较去年东征的时候，那种不惜牺牲向前奋斗的精神，就差得多了。这种现象渐渐发生，是有很大的缘故的。你们自己忘记学问太浅、经验不足，只晓得拿黄埔学生的空名誉去摆架子，无论到什么地方，睥睨骄傲，看不起别人，既使人难堪，又惹人讨厌，这种现象是不好的。……现在一般官长批评我们黄埔学生，没有从前牺牲精神，只想升官。你看第二期、第三期的同学，对连长都不愿意做了，得到一个打前敌的命令，不是拖延时候，就是诿避不去。这样的人，就令他升到团长、师长的阶级，枉是害他一生，并且枉送一般士兵的性命。所谓爱之适足以害之，一切都要被他丧失了。所以我盼望各位，如有这种毛病，以后要切实改正戒除，切实悔悟，总要埋头埋脑，做到彻底，切莫专想升官发财，污辱我们黄埔学校的名誉。第一期同学为什么比第二、三期的能够牺牲奋斗？就是受了精神教育，有了精神教育，便无论什么虚荣都不能动他的心。所以他们现在就做连、排长、特务长，都愿意的，并没有要求校长升官的思想。这种学生，现在在军队里还有，所以第一军还能撑持门面，保住了这牺牲勇敢的名誉。……你们从今天以后，更要分配到各军队去做军事工作或政治工作，也就是你们开始担负革命的责任的时机，这种好的时机，千万不要错过了。……我们革命军人真正做革命工作，便要从下层入手，越下层越能尽我们革命的责任，地位越高，越不能做事，只有一个空名，所做的都虚浮不实。象民国元二年的时候，你看有多少人挂着英雄伟人的招牌，到现在，革命的成绩何在？就是革命的精神，也都没有了。只因他们专想升官发财，旁的事情都不干，所以弄得十五年来国无宁日，这是一般伟人英雄赐给我们的好处，我们不要再学他们。我们要把革命工作切实做好，脑筋里不可有一点虚荣心，要把继往开来的责任担在肩上。现在第一期同学差不多已经死〈完了，至少也死了五分之二或五分之四〉，现在就要你们各位同学跟上来，再接再厉，用革命精神来维持革命事业，好好继续一般已死同志的意志，总理遗交下来的责任，才有完成的希望。如果你们再不能努力奋斗，国民革命军失败了，中国也就灭亡了。你们想想这次毕业到前方来服务的关系，是何等重大啊。〕

三时后，莅祝捷大会讲演。回总部，沿途民众欣欣有喜色，无论老幼，对公亲爱之状，实难形容。

电止邓演达重发任袁为总指挥命令。〔电曰：国急。限即刻到。武昌。邓主任勋鉴：袁祖铭代表要求重发左翼总指挥命令，如未发表，仍以暂缓发表为宜。何成浚部，可每日以数百元酌济之。中正。马。〕

电邓演达速派军务处人员来赣襄佐。〔电曰：武昌。总部邓主任鉴：本部现正统筹奖抚编制等事，军务处需人甚急，仰即饬该处在武昌及后方派来之人员，一并兼程来赣集中，切勿迟延。中正。马。印。〕

电令陈可钰、邓演达缴获旧枪运赣。〔电曰：武昌。陈副军长、邓主任勋鉴：第四军缴获枪支现在何处，运衡州若干，如第四军新编各部皆用汉造新枪，则所缴旧枪可否运赣应用？盼详复。中正。马。〕

二十二日 上午，电复张、谭二主席，请令何总指挥派兵助杨。〔电曰：广州。张、谭二主席钧鉴：马电敬悉。杨欲我方派兵，即由何总指挥处派遣，不必由省另派，以补充师决令其全部来赣，第廿师亦须驻省，不可分割也。中正。祃〕。

电复李济深，令廿一师集中赣州候命。〔电曰：国急。广州。李总参谋长勋鉴：铣电悉。补充第一师已改为第廿一师，请令其全部来赣，限十二月五日以前，集中赣州候令为要。中正。祃。〕

电闻何应钦，严师已令来赣。〔电曰：国。限即刻到。漳州。何总指挥勋鉴：战密。元电悉。严师已令其全部来赣，不能调漳，望就近调驻惠廿一师补充团填防可也。中正。祃。〕

电复方鼎英，宋部归并贺师。〔电曰：国急。黄埔。方教育长勋鉴：巧电悉。鹤庚事因孟潇反对甚力，其部在湘终难融洽，最好将该部归并贺师，宋另予名义可也。特复。中正。祃。〕

任命彭泽湘为第八军政治部主任。

九时，主总理纪念周，演讲办事精神，并报告时局。〔节录：我们总司令部因为战事刚才结束，各种办事的条例和规则还没有规定，各部分的人员，尤其是警卫团、卫生队、传令兵、勤务兵，都没有秩序，不晓得各位有怎样的感想。我一出办公厅，看见就呕气。没有一件事是照陆军规章来做的，不仅是各种动作不对，连服装也没有整齐的，敬礼也随随便便，没有照陆军礼节所规定的做到，这虽是一件很小的事体，但从小的地方就可以表示我们总司令部的精神不能贯注到底。我们内部既然精神不能贯注，外部可知，小地方不注意，大的地方更加容易疏忽，我们无论办什么事情，一定把小的地方注意到，大的地方才有着落。今天所讲的话，极为平常，譬如扫地，不是扫光就算，要看看门背后有没有扫完。又如倒痰盂，不是倒了就算，要看看痰盂里面有没有水，水有照五分之一的规定没有。这种洒扫应对的事，很微细的都注意做到，才可以做伟大的事业。再就大一点来讲，譬如管理子弹，子弹多少口径，多少数目，有几多箱，那种最多，那种最少，都要有一定次序。现在我们总司令部怎样呢？把七九子弹、六五子弹、俄国炮弹、克虏伯炮弹，统统放在一起，行军的时候如此，到了炮兵阵地，稍有弄错，不是要糟极了吗？从前有一句话，战时要作平时，平时就是战时，要无时无刻不紧张准备着。我们不要以为现在战事已告结束，好象在平时一样，可以安逸一点，偷懒一点。我们做一个人，没有一时一刻不在战斗中的。我们自己要把精神振作起来，使一日二十四小时都象在战线上，要明白这个道理，自己精神才不会堕落下去，才能时时刻刻紧张起来，办事才能办好。各部处每天要有一次会报，总部要有总会报，各处办事细则，要规定下来，尤其是各处的值日官，更要振作精神，勤务兵好不好，各处的人员好不好，完全由总值星官同各处值日官负完全责任。各处的值日官，如果肯用精神去监督，下面一定不会这样堕落的。值星官一天到晚不检查不点名，尽坐在房子里睡觉，这个样子，你自己已弄不好，怎能教人家学好呢？不但对于总司令部有很大关系，对于自己个人的人格事业，也全在于此，各位不可自暴自弃。现在我们总司令部要设立一个研究班，由参谋处组织，集合一班愿意研究的人，不论军事学、经济学、党务、政治，统统看作俱乐部一样，大家到俱乐部来研究。现在章程规则已由参谋处起草，下星期一可以实现，大家愿意研究什么科学，可向参谋处报名，各位有志加入的也可以。此外，还要设一个俱乐部，我们有空闲时候，可以不到外面去，在总部里面，要研究的可以研究，要娱乐的可以娱乐，无论那一阶级，从下级官长到总司令为止，统统可以加入研究会，这件事情，要请各位热烈的来参加。……说到经济方面，各位要晓得现在战事虽然得到胜利，我们胜利的基础还是没有，例如我们得了南昌，但是市面经济全无头绪，物价日贵，各种交通实业，没有恢复转来，经济基础没有稳固，这种胜利靠不住的。我们对于这一点，要非常注意。以后我们要设立一个经济委员会，由总司令部召集各地方经济人员，在占领区域内设立一个会，专门办理经济事宜，这件事应该由政治部办理，或者先由政治部附属组织起来，俟办理稍有头绪，再由经济委员会独立办理，各位如有真知灼见，应该报告上来，使得赶紧进行。现在关于时局，再简单的分几方面报告一下。一方面是奉天，一方面是西北国民革命军，一方面是灰色态度的，〈如云南〉，一方面就是我们眼前的敌人，如孙传芳、吴佩孚等。现在除了我们自己之外，可分出这四部分。这四部分的分化，已很明白摆在我们眼前。西北国民革命军已经到潼关，再进一步，可以同我们河南的革命军联合一起。北方军阀的势力，表面上已分成两部分，一部分是关外的张作霖，一部分是关内的褚玉璞、张宗昌。现在直鲁方面，已非张作霖所能指挥，张宗昌要到江苏来，张作霖设法阻止他，所以他的内部，已是分崩离析，他们力量已是衰弱得很。这次奉张入关，想拿北京来做一个根据地，再来对付我们革命军，这实在是张的梦想，完全不能做到的。现在北京政府已经是空的虚的，是他个人的政府，并不象我们国民政府，是党的、是民众的政府。北京政府完全是过去的废物，再没有人相信了，这用不着我再说明，只看奉天内部发生破裂，张宗昌、褚玉璞到河南、江苏，奉张就无法制止，就可知他必然败亡了。孙传芳、吴佩孚至今已成强弩之末，不过他们的残部若还存在，并不是不可顾虑的。他们在中国的反动势力，没有完全打破，张宗昌没有完全消灭之前，帝国主义者仍旧可以利用他们做举足轻重的工具，扰乱中国。要是孙传芳同奉张联合起来，再加上帝国主义者援助，就马上可以成功一个势力，仍旧可以同革命军抵抗，做我们的强敌。我们虽然得到胜利，但是敌人一天没有完全消灭，战事仍一天没有结束，将来东南战事到何时为止，不能逆料，切不可因为现在得到胜利就目空一切。现在我们更要提起精神，励精图治，使党务发展起来，民众组织起来，政治力量扩张起来，经济基础巩固起来，我们的胜利才可以维持扩大下去。云南方面已有代表派来，表示服从我们的国民政府，我们不晓得〈他是真是假〉，如果他真能接受国民政府的命令，西南方面便没有大问题了。我们只要没有损失，只要党务能够发展，就有办法，不一定要用武力，拿政治的力量就可以统一西南，统一东南。……〕

痛责学生代表团。

下午三时，主席部务会议。

晚，宴会第四期第二总队学生，讲明毕业后希望。〔节录：各位同志，今天欢宴各位，第一慰劳各位远道来的辛苦，第二庆祝各位毕业以后，正式参加革命的军事政治工作。我们自从广东出发，有四个多月没有同各位相见讲话，这次大家在江西集合，是何等快乐的一件事。昨天讲过的话，想大家一定记得明白，今天再重复的讲几句，请各位留心听着。……你们毕业以后，责任格外重大，比不得从前做学生时代，有点不周到的地方，还有人监督管理，现在自己要负管理监督的责任，非严守军纪风纪不可。本校教育方针，本是要使学生能够自立自治的，你们懂得这种道理，努力履行，即就和本校的教育方针不相违背了。革命军人有最要紧的两点，大家应该留心记着：就是不爱钱、不怕死。不爱钱就是廉洁，不怕死就是牺牲，这两件事是相连的，爱钱的人，必定怕死，不怕死的人，便真能不爱钱。历代的贪官污吏，没有不怕死的，名将勋臣，肯牺牲的，都是慷慨壮直。所以你们第一要廉洁，第二要牺牲，有了这种高尚的人格，才能继续我们总理的伟大事业。……各位要晓得我们既为革命着想，什么耻辱冤枉，我们都要尽量接受，切不可以为我自己没有错，就不肯受屈，我们只求革命能够完成，主义能够贯彻，我们便无论什么横逆的事，都可以顺受。若是看见了上官有不规则的事，贪钱的事，不要当面说他，要等旁的人不看见的时候，用很和平、很诚恳的态度去规劝他，上官能听你们的话就好，如果不听，你们还可以告诉校长，总不可当面责备他，使他难以下台。〈这种忍耐是侠义的〉。还有广义的忍耐，比方你做军事工作，遇着艰难困苦，就想改做政治工作，做了政治工作，又想旁的工作，象俗语说的这山望着那山高，那是不行的。你做了革命军军人，奉着命令到那里，就得到那里，不要估量着这事好做不好做，然后来定去就。军人第一要紧是服从命令，有一点背反命令，就是你自己丧失事业，自己耽误前程。〈现在请各位干这一杯酒，喊几个口号：黄埔第四期同学毕业万岁，革命成功万岁，中国国民党万岁，国民政府万岁，国民革命军万岁，总理精神不死，已死的同志精神不死，三民主义万岁。〉〕

公曰：以冷静头脑〈沉机观变〉，而顺应时势之变迁者，当能宏建非常功业。

是日　张宗昌回济南，召集军事会议后，即下动员令，以第七军许琨部向津浦路南下，毕庶澄之渤海舰队及第八军，由海道赴沪。

二十三日　上午九时，主席部务会议。

电复邓演达请示各节。〔电曰：武昌邓主任勋鉴：马日函悉。（一）中央纸币在汉可通融时，政治科、航空校及学兵团经费决由赣拨付，派员来领可也。（二）汉厂所出驳壳枪，须先运赣三百杆。（三）丁默村在沪太招摇，海军决由粤直接交涉为是。（四）对浙助周积极进行，对皖自陈以下皆可联络。（五）航空校应即筹备，其校长应委粤原校黄秉衡充任。（六）孟潇鄂西所需子弹，可属真如问其究需几何，如有应照拨，其款亦然。中正。梗。〕

电令驻防各军师长，遵照规定电线。〔电曰：南昌、樟树电报局分送驻防各军师长鉴：顷据江西电政监督王戈呈称：近日南昌到樟树电报，因沿途电话挂线，不能畅通。查南樟线路原有头、二两线，兹拟规定办法，以头线为南昌与樟树电报工作之用，第二线为电话线，恳请令饬各军查照办理。等情前来。据此。查所呈各节，实属目前畅达军讯，便利戎机扼要之图，仰即转饬所属电话队，一体遵照为要。总司令蒋中正。梗。印〕。

电复黄绍雄〔竑〕，调济〔剂〕桂省收入。〔电曰：南宁。黄主席勋鉴：敬电悉。特货专卖，政府既有明令，未便以桂省特殊情形，遽尔变更。惟影响桂省收入，亦系实情。救济之法似可电商宋部长，每月对桂津贴若干，务使损失足以相抵。如是既不妨害财政统一，而桂省亦不致吃亏，较为两全也。特复。中正。梗。〕

任命杨志春为总部行营军械处处长。

下午，派第四期学生编练俘虏，委任后训话。〔全录：第四期同学毕业以后，到前方来服务，现在都已分派到各军去了。各位被派训练俘虏，使这般俘虏养成革命化，这是何等重要的一件事，各位受委以后，要认真的训练才好。训练俘虏，对于军纪风纪要格外留意，最好处处地方能够以身作则，自己要勤劳俭朴，平时更要多给他们精神讲话，使一般俘虏敬仰我们，受我们的感化，而来共同革命。一般俘虏从前在军队里受过了很久的军事训练，所以我们做官长的一举一动，务要十分留心，使得他们看起来，比他们从前的官长完全不同。这样他们自然更能服从。要晓得我们做官长的，能够给他们做模范，做士兵的自然能够遵守军纪风纪，并且做官长的对于士兵要有真挚的感情，尤其是训练俘虏的，更加要用亲密的态度去感化，不要随便打他们、骂他们，使他们难堪。我们对待俘虏，要比对待自己的士兵还要好，使他们感到我们的可爱，心悦诚服的归顺我们。总之，我们这次训练俘虏，一定要诚心诚意的来感化他们，纵使他们有逾越规则的地方，也要破格原谅，使他们不感着有俘虏的痛苦，[1]（以致想到他们从前的官长。……还有这般俘虏，从前都未受过严格的政治教育，所以我们训练的时候，最要紧的是使他们明白三民主义是什么，为什么要革命，为什么要兵打仗牺牲，更要使他们明白军阀的罪恶。从前给军阀欺骗压迫的痛苦，以及革命军和军阀军队不同的地方，这种重要的问题，统统要给他们说明白。早晚点名集队的时候，一定要呼口号，使他们精神上受到革命的热忱，不再象从前没有生气、没有自觉力的状态，终要使他们精神奋发，能自动的要求革命才好。〕

电复何应钦，允纳张毅条件。〔电曰：漳州、同安。何总指挥勋鉴：号电刻始接阅。张毅所提条件可容纳，惟须编入东路军，听从该总指挥命令也。中正。梗未。〕

电迎孙夫人。〔电曰：赣州吉安。宋部长子文转孙夫人大鉴：接子文兄函电，始悉夫人由陆路来赣，闻之不胜歉惶。中又以诸事未妥，不能来赣亲接，未知途中情形如何，更念。刻特派邱处长鸿钧前来迎迓也。中正叩。梗。〕

致电徐谦、孙科、宋子文欢迎。〔电曰：赣州。徐季龙、孙哲生、宋子文诸委员、先生均鉴：闻台驾入赣，不胜欣喜。近日水浅，电船只能到樟树，

1　此节着重号系蒋介石所加。

不能来赣迎迓，歉甚。现派邱处长鸿钧前来迎迓，请为指示。中正叩。梗。〕

△电催邵力子回国。〔电曰：莫斯科。邵力子同志鉴：到俄后与第三国际谈话之电已接阅。近况如何。请兄速回襄助一切，中正甚苦也。中正。漾。〕

公曰：福建张毅乞降，安徽陈调元亦派亲信来附，其部下各愿归顺，河南寇〔英杰〕、魏〔益三〕、靳〔云鹗〕等代表，均来输诚，四川及贵州之刘〔湘〕、杨〔森〕、袁〔祖铭〕、周〔西成〕及其部属，皆来私自通款，争前恐后，思谋独立。二星期来，摇撼惊骇，杌陧不定之局势，控制推移，捷于桴鼓。抚今思昔，反观一般所为，岂不可叹可恨可笑又可怜耶。

是日 张毅退出泉州。

△附李仲公致何应钦电。〔电曰：国。限即刻到，不许停留。漳州、同安。何总指挥钧鉴：亲译。呈总座号电，业有电复。惟张毅反复无常，刻既未归，条件悉可容纳，但须为第二步解散之准备，万不可推诚相与，反贻噬脐，总座意如此。特达。仲公叩。梗未。〕

二十四日 上午，电准李济深发表自定该军改组案。

电令李济深派队接第三军防。〔电曰：广州。李总参谋长勋鉴：第三军留粤部队，已令其悉数来赣，如其请领临时行军等费，请酌发，并望派队接防。中正。敬〕。

电令李济深调第五十九团集中省城，第十三师填防中山。

电令何应钦乘势速定闽浙。〔电曰：漳州。何总指挥勋鉴：孙传芳托蒋伯器来电，其意如下：(一) 约我方反奉。(二) 周荫人部可让福州退闽北。(三) 浙江不驻北兵。如此其退出福州之计已决，我军从速进取福州后，勿稍停留，向浙追击为要。中正。敬巳。〕

电示唐生智对魏益三协商要旨。〔电曰：武昌。唐总指挥、邓主任鉴：顷据臧卓铣电称，魏益三代表王用宾向其切实表示：(一) 此次虽与河南各军同来，但各军情形复杂，意见不一，魏军表面上当与各军取一致，实际上愿与我方作进一步切实合作之磋商，但请暂守秘密，以免妨碍进行。(二) 魏以地位上、智识上及多数同人精神之默契，对我有极诚恳之同情，只要有确实办法，即可加入。(三) 魏意须得一正式军长名义。(四) 该军在豫接济困难，我方于饷弹一层，须酌予补充，俾易转移部下人心。(五) 嗣后我军对北方人才，宜尽量收纳，以示大公而免误解。等语。除电发就近协商办理外，希查收。中正。敬。〕

电嘉宋鹤庚辞湖南宣抚使职。〔电曰：长沙。宋宣抚使勋鉴：元电悉。湘鄂底定，所有宣抚名义自应一律取消，执事自请辞职，足见襟怀冲淡，顾全大局，应即照准，特聘为本部顾问，借重励勷。所部武装兵两团，望将枪枝人员造册详报，再凭核办可也。中正。敬。〕

电复刘骥，允接济冯军饷项。〔电曰：汉口行营转送刘宣抚使菊村兄鉴：巧电诵悉。闻西安解围，焕章亲率师出潼关，至欣且慰。饷项当电政府接济，谊切同仇，患难共之，亦义无容辞也。特复。中正。敬。〕

主席部务会议。

下午，接见陈调元代表。

程军长就谈。

主席军需会议。

唐总指挥派员赍鄂西作战计划，前来请核。

电请政府赐汇奖金铸纪念章。〔电曰：广州。国民政府钧鉴：前政府允给奖金五万元，仍应作为胜利纪念章之用，请速汇下为祷。中正。敬。〕

电宋子文印发五元或十元通用券。〔电曰：广州。财政部宋部长鉴：顷据余总监转呈朱副处长微电称，三省通用券，广州中行不能兑现，前长沙解回百元大洋五十万元，迭请财部买换小票，尚未照办。九、十月应搭之三省用毫票，每部只发二十万元，余发衡州中行，兑换所汇单，计九十余万元，现敝处积存三省通用券，支六十五万余元，中行不肯印发，请呈总部迅电财部即予印发五元或十元，以资转解。等语。特复查照。希迅印发五元或十元，解交该副处长转解为要。总司令蒋中正。敬。〕

电催宋子文发清服装费及十月份经费。〔电曰：樟树、吉安、赣州。探送财政部宋部长鉴：昨据武昌朱军需处长篠电称，广州中央银行汇衡州分行十月份经费九十九万九千四百元，衡州尚无小票可兑，等于废纸。又批准服装费二百七十万，至今只收到七十万元，请电宋部长救济。等语。查前方饷糈万急，兼之时已严冬，各军将士饥寒交迫，衡州既无可拨兑，冬衣待需在即，服装及十月份经费，应如何拨济，兄应负完全责任，祈勿膜然视之为盼。中正。敬。印。]

答复邓演达皓日两电。〔电曰：武昌。邓主任勋鉴：皓日两电均悉。据德邻面称，并无派人在武昌觅营房事。王处自应派员前往监视，惟无相当之人。浙江应在国民政府范围以内。余再夺复。中正。敬。]

电陈果夫汇发沪钮与海军饷款。〔电曰：广州。陈部长果夫兄鉴：前电谭、张主席汇兑五万元，归钮先生用，此款仍汇兄处陆续支付可也，然此时确甚紧要。又海军来归，须先拨发饷三十五万元，亦须设法速汇，贮存沪行，以坚海军来归之心，须于一星期内汇足为要。中正。敬。]

电令朱、李、贺各军师长，饬属保护济生会员。〔电曰：南昌朱总指挥、九江李军长、贺师长均鉴：顷接上海济生会长王震、徐懋皓电称，赣浔一带灾情惨重，敝会公推刘君钟璘、夏君翊密率领振友，携带白十字旗帜袖章，前赴灾区，相机查放急振。恳通令所属加意保护，准予往返通过，至纫鸿慈。盼复。等情。该会济众为怀，善念可嘉，如其到达赣浔，应准通过，并予加意保护。除电复并分令外，仰即知照为要。总司令蒋中正。敬。]

接粤电，中央党部及政府，决于一星期内迁至武昌。喜惧交集。惧者，责任愈重，不能兼顾广东根据地；喜者，党务与政治可以从此发展也。

晚，电令方鼎英派学生三百名来前方服务。

电嘉军校学生参加全国运动，得占优胜。

△电留广州市公安局，李章达辞职。

电复景德镇市党部，该镇股匪，已派兵前往痛剿。

电复延国符并奖西北诸将帅。〔电曰：兰州督署转延国符兄同志大鉴：别后深念。顷得巧电，至感注存。国军近与党军已渐趋一致，惟关山远阻，声气难通，现既肃清甘省，师出潼关，自当戮力同心，共戡国乱。西北诸将帅努力革命，夙所心钦，尚望力加联络，代致拳拳，引领塞云，不胜企祷。中正。敬。]

是日 北洋派天津会议，推张作霖为安国军总司令，孙传芳、张宗昌副之。

二十五日 上午，电催张、谭二主席，筹备海军协饷。〔电曰：广州。

张、谭二主席钧鉴：李总参谋长勋鉴：海军紧急，无论如何，须筹现款三十五万元汇沪，以备发饷，而坚其来归之心。因奉天运动，亦甚烈也。如何，盼复。中正。有。〕

电请监察院免传徐苏中。〔电曰：广州。国民政府监察院鉴：前粤汉铁路总理徐苏中同志，尽力党务多年，现江西党事需人，经留在此协助，所有关于集贤一案，邓、贺、陈三人，除令其负责侦缉外，未缉获以前，请予免传，俾得安心服务。中正。有。印。〕

令饬所属遵照审理土匪案件办法。

开部务会议。

下午，写致唐生智笺。〔稿佚〕

冯玉祥派专员赍呈手书长函。

电唁张主席丧父。〔电曰：广州。张主席钧鉴：闻老伯逝世，吾公至孝成性，哀痛必不堪状。中忝属犹子，不能稍尽厥职，徒增吾公悲悼，罪戾益重，于心更戚。尚祈节哀全孝，以成伯父在日之志也。中正叩。有。〕

电准宁少清请开去江汉宣抚使职。

电令吴建中，饬部兜剿窜匪。〔电曰：赣州。探送吴师长建中鉴：惠州警备司令胡谦迥日电称，扰乱龙和两县之匪千余人，经派宋、邰两团长各率一部，会合追剿，克复和平，跟踪追击，经定南天花寺小参，马日抵麻布冈，逆狼狈窜上坪。养日又向上坪猛追，请饬吴师长飞派部队，在寻邬之公平、黄乡之江口兜截，不难扑灭。等情。仰即迅饬所部，按地夹剿，毋使漏网贻患为要。总司令蒋中正。径。印。〕

电复永新县行政委员贺梦周，该县土匪已派兵驰往痛剿。

晚，宴客。

应接各方代表，觉甚忙。

二十六日　上午，任命陈可钰为第四军副党代表，调升张发奎为第四军副军长，仍兼第十二师师长。

电闻方鼎英经饬炮、工兵学生仍回埔校升学。

电催邓演达返汉主持行营机务。

电复樊钟秀表示彼此互助。〔电曰：武昌。邓主任译转樊总司令勋鉴：

漾电悉。此次未获面晤详叙进行方略为歉。兄与弟皆系总理信徒，情同手足，凡有缓急，无不彼此互助，期完革命之使命。此后接济，准如所约，决不延缓。尚望随时通报，以慰悬系。蒋中正。宥。〕

开部务会议。

△与嘉伦讨论鄂西作战计划。

下午，电示唐生智，肃清鄂西战略。〔电曰：汉口。唐总指挥勋鉴：鄂西敌军份子复杂，能战之师不过张福臣、于学忠两部，我以主力正面猛击，势必北溃襄阳，西溃入川，难收肃清之效。是以我军部署：第一步，应以第八军之三师，集中于宋河填、皂市，使用于皂市、沙泽之线以北地区，而以第十五军之一旅，集中仙桃填，牵制当面之敌。教导师进占石首。同时第九、十两军肃清公安，并准备向宜昌后方进行。第二步，第八军应迅速进出钟祥县臼口镇之线渡河，以有力之一师攻击敌侧（即沙羊〔洋〕、三河镇之敌），协同第十五军之旅迫敌于江岸，主力续向荆门、建阳驲前进。教导师相机推进，以期歼敌于江岸。第九、第十军开始向宜昌猛进。第三步，第八军主力除留约一团兵力于荆门监视襄阳方面外，余向宜昌之东北方攻击前进。同时第九、第十军向宜昌之西南方，火速攻击前进，如此敌无退路，可望一举歼灭。如何，仍盼酌复。中正。宥。〕

电嘱唐生智、陈铭枢，代发袁祖铭训令或通报。〔电曰：汉口。唐总指挥、陈司令勋鉴：对袁鼎卿作战训令或通报，请兄等酌定代发，并即电告南昌，以凭查考。中正。宥。〕

电令陈铭枢，照发唐总指挥饷弹。〔电曰：武昌。陈司令真如兄鉴：对鄂西作战饷弹，均照孟兄所要之数发给。至第十五军及左翼各军，亦请孟兄处酌量发给为要。中正。宥。〕

开政治、经济、党务联席会议，至六时毕。

晚，开军事善后预备会议。

十一时，与陈其采谈孙传芳想以反奉为名，拒我军入浙。

附：陈其采致葛敬恩电

〔杭州。省公署葛参谋长湛侯兄：两函均呈介公收览，对于省座与兄等睠爱桑梓，力谋保全，极深感佩。默察环境，若不表明态度，行见日被侵逼，恐非混沌所能解决。等因。特属转达，祈详陈省座鉴察。弟明回浔，一两日即归。采。宥。〕

复电陈仪表示默契。〔电曰：杭州。陈省长公洽兄勋鉴：蔼士兄来述尊旨，并读函示，均悉。顷又奉有电，许与提携，尤感。湛侯兄来商，极所欢迎。中正。宥。〕

开中央政治会议临时会议于广州张公馆，出席张人杰、顾孟余、李济深、戴传贤、丁惟汾、陈果夫、何香凝，主席顾孟余。

是日　海军舰队由陈绍宽统率出吴淞，开赴福州。

二十七日　上午，一入办公室，即见无聊之客满座，不胜厌恶。

电令各总指挥、军长、师长，派各处人员前来参加分组会议。〔电曰：广州。第二军谭军长、第四军李军长、第五军李军长；汉口。唐总指挥、第四军陈副军长、第十五军刘军长；九江。第七军李军长、第二独立师贺师长；常德。王总指挥、第九军彭军长；樟州。何总指挥，并转第十七军曹、杜二师长，第四独立师张师长；进贤。探送第一路王指挥，并转薛、陈两师长；南昌。朱总指挥、第二军鲁副军长、第六军程军长、第十四军赖军长、第二师刘师长均鉴：本部决定，本年年终开本军军务善后会议，但大会开会之前，应先召集各总指挥部及各军部、各独立师部之参谋处长、军需处长、军医处长、军械处长、交通处长、军法处长、兵站监、政治部主任，或由该管长官，遴派各该处相当人员，于十二月十日以前，到达南昌总部行营，由本部各主管长官主席，组织各种分组会议，以辅助大会进行，希即转饬遵照，勿延为要。总司令蒋。感。〕

电令各军长、各师长，具报械弹种数。〔电曰：漳州。国民革命军第一军何军长，南昌。第二军鲁副军长、第二师刘师长，武昌。第四军陈副军长、第七军李军长、第八军唐军长、第十五军刘军长，九江。第二独立师贺师长，赣东。东路军第一路王指挥官、第二十二师陈师长均鉴：查我军迭经战役，械弹不无增减，兹为统筹补充起见，亟应调查详确，仰即将所属现有械弹种类、数目，迅行电报，以凭汇案统筹办理。总司令蒋。感。印。〕

电何应钦，商讨应付海军。〔电曰：樟州【漳州】。何总指挥鉴：顷接李总参谋长马电称，沪海军派方声涛前来请愿向义归附，昨接沪电，似已决定。如以主力协取福州，此间允予接济十万元，究应如何应付，乞电示。等语。仰该总指挥酌度情形，统筹具报。中正。感。印。〕

电令唐生智、刘佐龙，约束驻武穴军队。〔电曰：武昌。唐总指挥、刘军长均鉴：据报，武穴方面军纪极坏，来往商船经此，饱受骚扰，若不迅速整饬军纪，党军名誉将扫地。等情。特电驰达。着该总指挥、军长查明驻扎武穴部队，严行约束，如果属实，务严法究办，而肃军纪为要。中正。感。〕

电令邓演达、陈铭枢，接济高桂滋。〔电曰：武昌。邓主任、陈司令勋鉴：高桂滋部可酌量接济其若干，以北京政治委员会能保证也。中正。感。〕

电商李济深，添招宪兵。〔电曰：广州。总部李总参谋长勋鉴：顷接杭毅支电称，宪兵团前奉严处长谕，可招高小学生，现在新兵教育业将期满，学兵意志不定，将来宪兵是否需要，如要宪兵，请将宪兵教练所继续开办，将教育期满之新兵，拣入训练，一切编制、饷章、待遇，应照正式宪兵办理，将来由总部分驻各省。如不要宪兵，乞将现在学兵拔考入伍生，余俟新兵逐渐补充，改作步兵团，直属总部。否则进退失据，实难任事。如何，乞电示遵。等语。除饬已编成之宪兵开来外，后方应否添招，希斟酌办理。中正。感。〕

电令李济深改任海军处处长、副处长。〔电曰：广州。李总参谋长勋鉴：接张主席电令，藉知林振雄有越轨行动，着即将该海军处长免职查办，冯副处长亦应免职，如无相当之人，可任潘文治、吴嵎为正、副处长。现状如何，盼复。中正。感。〕

电留李济深辞职。〔电曰：广州。李总参谋长勋鉴：有电悉。辰刻接张主席电时，即奉电请兄先将林振雄革职查办，想先此接阅。属员犯罪，应由兄全权处置，何必愤而告辞，惹外人疑窦，此皆中正知人不明、用人不当之过，希我兄恕谅。着将林振雄严办。至辞职之电，应毋庸议。办理情形，希详复。中正。感。〕

电任刘湘〔兼二十一军军长〕、赖心辉〔兼二十二军军长〕、刘文辉〔兼二十四军军长〕为川康绥抚委员，指定刘湘为主席。

准方本仁辞第十一军军长及江西宣慰使职。

电任范石生为第十六军军长。

任命竺鸣涛为虎门要塞司令部党代表。

开部务会议。

写致唐生智、陈铭枢函。〔稿佚〕

下午，电留张主席在粤举哀。〔电曰：广州。张主席钧鉴：有电敬悉。请在粤节哀主持一切，请勿回沪。中正叩。感。〕

电催白崇禧回部。〔电曰：九江。李军长转白参谋长勋鉴：皖浙及新编军各事，诸待商榷，请速回部。何时回，盼复。中正。感。〕

电询蒋尊簋，联军对我与奉。〔电曰：上海北京路瑞康里。蒋百器兄：宥电敬悉。对皖牵制，使免附奉，事属可行。惟联军攻奉，有何具体计划，所拟与我方合作，有无诚意，如何着手进行，统乞详示。再请询恭先到浙后，如何筹备，对于委任，何日就职，并候电复。中正。感。〕

电诘蒋尊簋，联军与奉真相。〔电曰：上海北京路瑞康里。蒋百器先生鉴：宥电悉。奉军渡江至何地点，请明示。联军能否拒奉，如与我军合作，有何表示为证，皆不谈及，不知何意。为何只宣布浙省及淞沪中立，而不言三省，且中立果能到底否？兄可与联军说话，不可再为奉军代谋也。中正。沁。〕

晚，宴〈俄顾问〉、陈其采，谈至十时散。

是日　江西省政务委员会成立。

军校举行高级班入学考试。学员由各军选送及本校毕业生挑取，共计二百三十一人，粤、湘籍居多。

二十八日　上午，电嘉刘佐龙，分一帅加入鄂西战线。

电谢武昌市党部欢迎。〔电曰：武昌市党部各同志均鉴：奉读漾电，遇承期望，弥深感惭。现因全赣初复，闽事待理，不能不稍留此间主持，一俟诸事就绪，即当来武汉就教也。特复。中正叩。勘。〕

△别陈其采。

下午，批阅文书约百数十件

旁晚，电令唐生智全权办理鄂西事。〔电曰：汉口。唐总指挥勋鉴：宥电悉。鄂西问题，可剿抚并用，或先或后，可由兄全权办理。以后非重大事件，不必电商，总须从速肃清，方能免武汉西顾之忧也。临时款，准

由财政处支付。豫事准照前与真如兄所商者进行。中正。俭酉。〕

电令唐生智、陈铭枢，先定鄂西与闽浙。〔电曰：汉口。唐总指挥、陈司令勋鉴：感电悉。冯绍闵代表有否其本人函件。以后各方来接洽者，须索其本人来件作证，否则投机及冒充者前来，不惟应酬为劳，且恐误事也。请注意之。鲁军过徐，且观其以后动作，方能决策，现尚难定也。我军此时一方肃清鄂西，一方收拾闽浙。奉方行动固当注意，然鄂西与闽浙不清，则内部不稳，必贻后患。吕可否前往，中正无成见。对皖当联络各方为是。中正。俭戌。〕

公曰：内部两派意见甚深，不能解除，亦无法消弭，令人痛心。[1]

近日，公拟训令，其纲要：一、革命之危机；二、黄埔之险象〔堕落、散漫、幼稚、纵欲、盲从、交讧、抗命、孤立、自杀〕；三、环境之恶劣；四、军队之复杂；五、军纪之废弛；六、干部之不足。

刘镇华率队退潼关，孙良诚部入西安〔于是围城已七月矣〕。

杨森在宜昌就第二十军军长职。

二十九日 上午，电复国民政府谭主席，已发足士兵冬衣。〔电曰：广州。谭主席钧鉴：养电敬悉。兵站运输迟滞，以致各军士兵无衣冻苦，刻已发足，请勿念。中正叩。艳。〕

电令薛岳行军各事。〔电曰：广信。薛代师长鉴：本日谅可集中广信。此次行军军纪，据人民批评，尚不如第二军，不知本军纪律何以一落至此，务望切实告诫，朝夕训勉，勿失革命精神。雨衣已嘱军需处照办，但一时恐不能速解耳。每日须来一电报告。对浙江衢州及福建延平方面，须时时侦察报告，衢州浙军旅长为伍寿卿，或可派员联络也。中正。艳。〕

电闻何应钦，已令第一师候命衢州。〔电曰：洪濑、泉州。探送何总指挥勋鉴：径电悉。第一师定廿九日抵广信，已令其直入浙东衢州候命。特复。中正。艳。印。〕

电嘱何应钦，接洽在闽海军。〔电曰：洪濑、泉州。探送何总指挥勋鉴：径电悉。方声涛到粤接洽海军，政府尚无电知照。上海方面托钮惕生接洽，

1 此句原稿为“使余当其冲者为难也。”

在闽由兄接洽可也。中正。艳。印。〕

电令方鼎英，饬炮、工二科学生暨教官并器材，速迁武昌。〔电曰：黄埔。方教育长勋鉴：炮、工二科学生、教官、器材，从速迁来武昌为要。中正。艳。〕

电令孙伯文，俘虏解交第十师。〔电曰：湖南湘潭俘虏收容所所长孙伯文览：俘虏解交武昌第十师可也。总司令蒋。艳。〕

电催朱芾，迅发第七军本月伙食。〔电曰：武昌行营军需处朱处长鉴：顷接李军长宗仁感电称，第七军十一月份伙食四十万元，除在南昌已领十万元外，其余三十万元，遵谕在汉口向朱处长领取，迄未领得，现届月终，如何支持，请设法救济。等语。查第七军十一月份伙食，应向汉口领取之三十万元，为日已久，何以尚未照付，除电复已着该处长迅予照发外，仰即遵照办理。总司令蒋。艳。印。〕

电复方鼎英，准开宋鹤庚部至粤，编入军士教导团。

下午，电复刘骥，允借西北军经费。〔电曰：武昌。总部邓主任转刘代表骥勋鉴：西北军经费应与各军一律照发，自当设法筹措，待中央委员到后，当能决定办法也。中正。艳。〕

电准唐生智、陈铭枢，请委冯绍闵为暂编第一军军长。〔电曰：武昌。唐总指挥、陈卫戍司令鉴：感电所请改委冯绍闵为暂编第一军军长，补高宪周之缺，照办。武汉所委各项人员姓名，希从速饬行营参谋处抄送来赣为要。中正。艳。〕

电令朱芾，湘潭所余俘虏解赣。

电复陈铭枢嘱葛复臧电可与我方驻沪代表商洽。〔电曰：武昌。陈司令鉴：养电悉。葛敬恩致臧代参谋长之电，可复请与我方驻沪代表钮铁生、张岳军诸兄商洽。中正。艳。〕

电准李烈钧，请加派赖世璜参与政治会议。

电嘱陈公博，尽力筹措饷费。〔电曰：汉口。陈公博主任勋鉴：本月欠饷及第八军临时费，请辅助李处长尽力筹措，以利戎行。湖北财政问题未解决以前，请兄留汉协助为要。中正。艳。〕电嘱陈公博，转向驻汉日本领事声明招商局卖码头契约无效。

公曰：政治复杂至此，殊非始料所及。

公今日以怒气凌人，悔而自责，谓如此何以成事，所谓静敬澹一者安在。

奉方代表杨仲恒、周士贞就见，公诘其背约派兵南下。〔张宗昌鲁军已出动也。〕

晚，宴会。

三十日 晨，公分析时局。〈敌方：一、奉天；二、孙传芳；三、吴佩孚；四、鄂西〔杨森、袁祖铭、于学忠、王天培、张福臣〕；五、陈仪；六、陈调元；七、阎锡山；八、河南；九、云南。友军：冯玉祥。〉

上午，电复李济深，商派航空人员赴俄。〔电曰：广州。李总参谋长勋鉴：哿电悉。所请扩充航空事业，派人赴俄接洽，兄有相当之人否？可派也。中正。陷。〕

电复陈铭枢、刘廛苏各节。〔电曰：陈司令并转刘廛苏兄鉴：电悉。第八军改编事，可照孟兄之意进行，勿念。中正须待军事与财政会议闭会后，方能离赣。中央委员可于下月十五以前，先到武昌也。慕尹与立三对调事，须斟酌，刻已发表真兄为第十一军军长矣。中正。陷。〕

电知袁祖铭，该军饷项并案统筹。〔电曰：湘西一带探送袁指挥勋鉴：频年军兴，饷糈窘之，矧在湘黔贫瘠旱荒之区，筹维接济，倍形艰难。展诵号电，既悯将士辛劳，更佩吾兄坚忍，现于南昌召集军务善后会议，关于兄部饷糈，当并案统筹，目前如何接济，望与孟潇兄商酌见告为祷。中正。陷。印。〕

任命吕汉群为四川宣慰使。

开部务会议。

下午，定日课表。

公以第七军移驻江北，第六军移驻九江，第八军改编，应同时发表。

电令唐生智，接洽收编驻防事。〔电曰：汉口。唐总指挥勋鉴：巧、号两电均悉。太湖城内逆军与弥陀寺逆军收编事，及宿松代表来邀我军驻防各节，在鄂西问题未决以前，希妥为接洽应付。中正。陷。印。〕

电复邓演达，魏经如诚意来归，可准驻皖。

电复刘佐龙，收纳严部事商诸唐总指挥。〔电曰：汉口。第十五军刘军长勋鉴：沁电悉。此间并无与严际明接洽，如该部确有诚意来归，可就

近与唐总指挥协商，仍将情形电告备查。中正。陷。印。〕

电令彭汉章，调离驻溆浦杨旅。〔电曰：津市。彭军长勋鉴：据八军张总参谋长翼鹏电称，杨旅长锡钧驻溆浦部队，有与友军不洽冲突情事。仰即调离溆浦为要。总司令蒋中正。陷。〕

电复陈铭枢，准取消暂编一军名义，并分发四期生等事。〔电曰：武昌。第十师陈师长鉴：宥、感三电均悉。（一）暂编第一军高宪周部，行同土匪，准即取消。（二）埔校第四期学生来前方者，经已分发完了，俟有续到，容再酌派补充可也。中正。陷。印。〕

任命李亚芬为入伍生部第二团团长。

***十二月一日**[1]　电令李济深，转饬海军、航空、训练三处，派员参加军务善后会议。

电令各军长、师长，派员参加抚恤委员会。〔电曰：漳州。国民革命军第一军何军长，南昌。第二军鲁副军长、第三军朱军长、第六军程军长、第十四军赖军长、第二师刘师长，武昌。第四军陈副军长、第七军李军长、第八军唐军长、第十五军刘军长，九江。第二独立师贺师长，赣东。东路军第一路王指挥官、第二十二师陈师长均鉴：关于办理此次伤亡官兵抚恤事宜，本部特组织抚恤委员会，由本部参谋处、军务处、副官处、军需处、军医处、总政治部，各派二员，及各军、各独立师参谋处、副官处、军医处、政治部，各派负责人员各一员，会同组织之。召集期间，现定本年十二月十日。希即派员按期到会为要。前请派参与军务善后会议分会人员，已否起程，并盼复。中正。东。〕

电令王俊，侦察闽北及杭沪情形。〔电曰：上饶。王指挥俊勋鉴：第一路集中广信后，希即向衢州前进，到衢后，须侦察闽北情形。如闽北有溃兵入浙，应派一部队兜剿，主力仍驻衢观察杭、沪情形，俟命再定进止可也。每日行程及情形，盼详报。中正。东。〕

电陈铭枢，商委邓、田为军长。〔电曰：武昌。陈司令勋鉴：四川情形复杂，三刘与杨、赖，皆已委为军长。前日刘介藩来赣，亦为邓、田要

1　1926 年 12 月份原稿佚，此系录《民国十五年以前之蒋介石先生》第八编有关部份记载补全之。

求军长名义，当时以未得四川特务委员会通过，不能擅委。以中央早有此电令在案，今特务委员既不坚持反对，如兄与孟兄以为可委邓、田为军长，即由武昌行营委令。并请介藩兄须能负责，使其不违党命也。如何，盼复。中正。东。〕

开部务会议。

公曰：批阅文件，随了随积，来客又应接不暇，务以耐烦自勉。

下午，阎锡山代表赵戴文请见，陈述愿加入国民革命军。

电复曾扩情，黄埔同学会准予迁至南昌。

电复钱大钧，请示编配团营。〔电曰：广州。钱师长鉴：敬电悉。(一)所请以第五十八团与第一补充团就近拨归军部编配，饷项由军部直接发给。(二)所请另编两团，发给招募费，并添募宾兵一营，均予照准。中正。东。印。〕

电令唐生智，办理常德公债案。〔电曰：湖南省政府唐主席鉴：据常德公债专员何元航、蔡湘漾电称，曾元晖等率同市侩，围署罢市，反抗公债。并据曾元晖等马电称，何元航等擅加债额，压迫商民，激成罢市。又据高杰等四人、戴荣唯等七人联电，何、蔡两员种种不法。各等情到部。据此。查两方情词各执，仰该主席彻查办理为要。总司令蒋。东。印。〕

电复陈铭枢，湖北认定之款，责成李处长支付。〔电曰：武昌。陈司令勋鉴：艳电悉。湖北认定之款，着湖北财政处支付，李必有法支付也。中正。东。〕

电谢湖南省执行委员会致颂。〔电曰：湖南。中国国民党湖南省执行委员会诸同志鉴：江西底定，强虏潜形，诸赖同志之指导，民众之匡扶，中正忝总师干，幸免陨越，辱承藻饰，益愧芜忱。谨此电谢。蒋中正。东。〕

公曰：各方代表来省，不下数十人，政治扰神，虽乐亦苦，欲求脱离而不可得矣。

二日　上午，电请谭主席速驾南昌。〔电曰：广州。谭主席均鉴：择生回南昌，闻公有贵恙，近日已否痊愈，殊念。劝静公经沪来赣为便。宋同志等今已到南昌，请公速驾，盼甚。中正叩。冬。〕

电令唐生智派员接替随防。〔电曰：汉口。唐总指挥鉴：顷据德安严山谦感电称，随县地当冲要，防务吃紧，恳派知兵大员前来接替随防。等语。据此。查该员业经解职，随防重要，自应迅派妥员前往接替，以固鄂边。仰即妥筹办理。总司令蒋。冬。印。〕

严禁奸商操纵金融布告。〔布告：为布告事，照得中央银行，自民十在粤东设立，准备十足现金，代理国库发行票币，历年流通两粤，信用极为昭著。自北伐军兴，及进而推行湘、鄂、赣三省。其目的，一方纯在调和地方金融，藉以补助军费，一方更分设临时兑换所，兑给现金，期得人民信仰。政府兼筹画策，实费苦心，非徒以不兑换券，任意发行，重民负担所可同日而语也。徒以军事纷繁，大局尚未大定，不克于各发行地点，设立分行，十足兑现，此本总司令对于民众不得不引为内疚者。现在政府北迁，举凡军、财、民事各项大计，无不力谋整顿，而于中央票币，尤特别注意。凡我商民人等，其各体此意，一律收用，藉纾政府之财力，表示军民合作之精神。党国前途，实利赖之。自所布告之后，如再有奸商不明大义，从中操纵，希图短折，或拒绝不收，一经查出，定当从严惩办，决不姑宽。除令行湖北财政处，转饬各征收机关，于人民完纳正杂附税，一律收用，并函知武汉商会通知各行商知照外，为此出示晓谕，仰商民人等一体凛遵，毋违。此示。〕

九时，下船，溯漳【赣】江，迎中央各委员。

午正，即在中途相遇，握手欢甚，偕至南昌。下午，招待各委员，不能作事，并与商定在庐山开会。

晚，宴各委员。席间，演说北伐经过。〔节录：现在将这次北伐经过的大略情形，向各位同志报告。这次北伐，其性质不单是中国国民革命，完全是世界革命，在东方革命的一个起点。敌人虽有很多的军队，很好的器械，我们总没有怕惧的心理，无论前方打败仗，或是攻城攻不下的时候，心理总是很镇定的，每个战斗员都相信我们革命军，一定可以打败敌人，消灭敌人。为什么每个战斗员有这种自强的心理呢？这有两种原因：第一，因为我们是三民主义的军队，每个战斗员都晓得我们作战，不是为个人，完全是为国家的。第二，因为我们在后方很稳固，很安全，又有一般党员和人民作我们的后盾。此外还有一个更大的原因，是我们在前方的将士不能忘记的，就是我们政府和党部，对于前方将士，不单能够绝对信任，交付一切职权，而且能把军饷、子弹，源源不绝的运上来，给与我们许多便利。总之，我们这次能得这样的结果，完全是后方同志和政府党部尽力互助的功劳。现在军事方面，虽还不能得到一个相当的结束，不过从这次江西攻下之后，敌人方面主力已失，大概不成大问题了。现在成为问题的，就是我们革命军势力所到的地方，政治和党务的势力未能跟着发展，以致有许多投机分子乘着我们人材缺乏，搀【掺】杂进来，摇动我们的根基。现在的党务，颇有民国元年的状况，这是本党最危险的地方，要请各位特别注意。军事方面可以乐观的原因，除了敌人主力已失以外，还有两个重要的，一是我们的友军西北国民革命军，已到潼关附近，不久即可同我们联络；一是全国军人都派代表来接洽。山西阎锡山也说山西加入国民革命军，已不成问题，只是时机问题而已。西北军一到河南，山西即刻发表加入革命军，这可以表明我们国民革命的势力，已经可以统一中国了。山西真能加入革命军，山东、北京就不成问题，辛亥革命能迅速成功，在北方完全是靠山西响应。总之，我们观察全国的形势，不由得我们不抱乐观。我们的敌人，内部已发生破绽，自相冲突，用不着我们用大队去打，只要用政治手段就可以解决。国民革命已快将成功，我们的政府，已可统一全国。只要我们继续努力，这三年之内，一定可以完成我们革命的责任。……这是今天我对于各位委员同志所贡献的一点，希望各委员尽量指教。〕

与叶楚伧、邓演达谈至十二时。

第三军王均师与福建各民军攻入延平，周荫人率残部窜浙。

福建省防司令李生春〔周荫人令留守省城者〕，协同马江海军解决张毅部。

三日　公谓事务以组织为最要，组织以人事为最繁。分析之如次：(甲)簿册之分类：一、党籍册；二、学籍册；三、以姓类集册；四、籍贯履历；五、年格表；六、成绩表；七、保举记录册；八、候补备选册；九、功过累积表；十、调遣记录册；十一、假期簿。(乙) 部分之分类：一、总部幕僚；二、学校教职员；三、各军官长士兵；四、各部人员〔如参谋部、军需部之类〕；五、各机关人员。

上午，电令各总指挥、军长、师长，派员参与军医会议。〔电曰：各总指挥、各军长、各独立师长均鉴：现本部决定本年年终开全军军务善后会议，所有全军卫生事项，亟须妥为规划，以策进行。除分令外，合亟电仰各该指挥、各该军长、各该独立师长，转饬所属，关于军医一项，务须按照下开各项，迅行编造，并定全部具体方案，交由该部军需处长，或相当人员，遵照前项电令，于十二月十日以前，到达南昌本部行营，参与分组会议，是为至要。（一）该军部及各师卫生机关，战时组织系统图，须详列军医、司药、事务员人数。（二）军医、司药履历表。（三）该师一切卫生经费消耗实数。（四）卫生材料耗废量详细表及总数金额。（五）该师出征后死亡人数。（六）该师出征后重、轻伤者人数，均须分别填载姓名队号，以便考察。总司令蒋。江。〕

电令各军长，缉剿周、田二逆。〔电曰：国民革命军各军长鉴：为电遵事，据第十军军长王天培转据第九军陈司令电称，周朝武煽惑所部团长田少卿叛变，掳劫妇女，掠毙乡绅，勒筹巨款，不法已极，请予令各军缉剿。等情前来。查该周朝武、田少卿纵横掳掠，背义叛变，实堪痛恨。除通电取消其革命军名义外，仰该军长即便遵照，饬属缉剿，歼除败类，而肃军纪。切切。此电。总司令蒋。江。〕

电嘉曹万顺、孙祥夫，并令遵何总指挥调遣。〔电曰：汀州。曹军长、孙党代表均鉴：接阅感电。藉悉胜利近状，所称孙云峰残部输诚，以严辞限令依照，方许合作。现时宜乘势肃清八闽各节，悉合机宜，良堪嘉许。仰仍恪遵何总指挥调遣，努力前进，共奏肤功，有厚望焉。总司令蒋中正。江。〕

任命文素松为广州兵工试验厂厂长兼军械处〔在后方〕处长。

下午，复谢湖北省党部电贺。〔电曰：中国国民党湖北省党部各同志均鉴：肃清赣省，控扼长江，发扬革命势力，巩固革命基础，实以同志指导民众匡扶之力为多。辱承电贺，且惭且感。此间事务殷繁，百端待理，一俟就绪，再定行程。有劳盼念，容晤面谢，先此电复。蒋中正。江。〕

电谢汉口市党部、商民协会暨武汉各界慰注。〔电曰：汉口、武昌。分送国民党汉口特别市党部、武昌商民协会、武汉各界慰问江西军民代表团筹备处均鉴：江、养、有三电，先后奉悉。远承慰注，至深感谢。中正奉命北伐，志在贯彻本党主张，以慰先总理在天之灵，而偿国民自由独立之愿。鄂、赣境内，强敌业已尽灭，虽云将士奋勇之功，实赖群众相助之力。凡我同志，务盼本军民合作之精神，作坚持到底之奋斗，以完成国民革命之事业。中正一俟前方军事布置稍定，即当来汉晤教。特复。蒋中正。江。〕

电嘉景德镇商会，协助肃清溃逆。〔电曰：景德镇商会鉴：养电悉。此次克复浮梁，深赖群众团结，协助军警，肃清溃逆，至为欣慰。除在事出力军警，由该管长官呈报分别办理，并令江西政务委员会妥筹地方善后外，尚望本军民合作之精神，努力进行，以完成国民革命之事业，是所至盼。特复。蒋中正。江。〕

晚，在江西省党部欢宴，即席讲党务必能统一。〔节录：今天听各位同志讲演，有许多感想，最重要的是党的指挥统一和势力集中的问题，这是革命的原则。我们要拥护这个原则，努力做去，不然，党不成其为党，革命也完全没有希望了。我们同志要认定党是革命的中心，除了党以外，没有旁的可以替代，凡属党员，都应该深切明白这个道理，并且要实实在在的做到。现在大家顾虑我们的党不能统一，不能发生力量。……凡是党的命令，党员概须绝对服从，这样，党的基础才能统一稳固。……我也是一个党员，但我今天可以讲我蒋介石无论到什么地方，在什么时候，凡是自己不晓得的错误，有了党的警告，都可以改正的。在我部下带兵的党员，有错误的时候，也要用党的纪律责备他，不能使他骄横起来，酿成一个军阀。我自从入了同盟会，跟随总理以来，受了总理无数的教训，随时随地，做党员便能自己勉励做一个模范党员，做军人便能自己勉励做一个模范军人，夙夜匪懈，矢诚矢忠。所以对于党的主张、党的命令，无不立刻实行，断不敢违抗或放任，这是我确能自信的。我们党员，应该人人自己勉励自己。要晓得除党以外，就没有我们的生命，这样，我们的党务，才能蒸蒸日上。我以为现在的党务必能统一，断不发生以上所说的事情，但可顾虑的，就是将来中国国民党能否统一，国民革命军能否和各国军人一样，完全服从党纲党义。不过现在在我指挥之下，国民革命军只要我自己服从党，其余的军人，决无二心的。所以我们的党，现在确是已到统一时代，只要中央执行委员诸公，能指导我们赶紧负起责任，切实进行党务，党没有不

统一的，革命没有不成功的。〕

袁祖铭在辰州，就左翼军总指挥职。

四日　上午八时后，偕各委员由南昌专车诣庐山。下午三时，达九江；四时，至山麓莲花洞。公以篼舆未备，获罪来宾为歉。

五日　上午九时，伴各委员出行，经游泳池，至含鄱口，遥望汉阳峰、五老峰及鄱阳湖，雾中不易认辨，偶见其一角，则叹奇绝。复经莲花谷、小天池，回旅馆。

下午三时，会陈调元代表范绍楷。

晚，与鲍罗廷谈话。

六日　十时，公偕各委员，访黄龙寺，见有晋代杉柏三树，其大约丈余，高约十丈。经黄龙潭至仙人洞，岭路崎甚，男女同志皆不易行，而男不如女也。复前行，至大天池，雾气迷漫，山岩全隐，偶露峭崖，可仰可爱，下午三时，回旅馆。

电复朱培德、白崇禧，政府已迁鄂。〔电曰：南昌。朱总指挥、白参谋长勋鉴：电悉。政府已于五日迁来，谭、张诸公均已出发，电留不及，政府迁鄂，有益无损。勿念。中正。鱼。〕

电复王俊，联络常山浙军。〔电曰：广信。王指挥勋鉴：支电悉。对常山浙军，可先用劝导，使其与我联合，彼必不敢抗拒也。否则，置之不理，照本军原定计划，直达衢州为要。中正。鱼。〕

电令唐生智，相机击破卢、张。〔电曰：汉口。唐总指挥勋鉴：现卢金山派员前来，竭诚表示愿与我军合作，夹攻刘玉春等残余之张旅，此间已虚与委蛇。请相机进击，以收各个击破之效，并盼随时将鄂西情况电知。中正。鱼酉。印。〕

电闻唐生智、陈铭枢，宋部长约四日内来汉。〔电曰：汉口。唐总指挥、陈司令勋鉴：电悉。宋部长约四日内可以来汉，解决一切财政问题。勿念。中正。鱼。〕

电约陈公博，明日即来庐山。〔电曰：南昌。陈公博主任勋鉴：请兄明日即来庐山同游，并与各委员同往武昌，解决一切后，再回南昌可也。中正。鱼。〕

电令俞飞鹏，速运钞票至武汉。〔电曰：南昌。俞总监勋鉴：宋部长言，有三百五十万钞票，已交兵站运输，急欲携往武汉。此票须催沿途兵站从速运输为要。中正。鱼。〕

晚，开会，报告党务、政治、军事。

七日 上午，电何应钦，第一路集中衢州，候同入杭。〔电曰：何总指挥鉴：已派第一师及第二补充师，由王达天率领入浙，约佳日可到衢州。恐有抵抗，请兄入福州布置完妥后，即速向浙江前进，以第一路暂时集中衢州，待兄到后，方能入杭也。中正。虞。〕

电令王俊、薛岳，决先占领衢州。〔电曰：广信。王指挥、玉山。薛师长鉴：我军入浙，如浙军阻抗不退，即以武力解决。先占领衢州，即与福建何总指挥联络，候令再进可也。中正。虞。〕

电复国民政府，方军长已准辞职。

十时起会议，议决：(一) 对安国军问题，决定消灭孙传芳，联络张作霖。(二) 工运主缓和，农运积极进行，以为解决土地之张本。公谓：只要农民问题解决，则工人问题亦可同时解决。众意以为然。下午二时散会。

四时，开会，议决财政统一方案。有人提议取消主席制，公附议。最后，公自提议请汪速回任案，众俱赞成。

八日 晨，电唐生智，查照王军长陷电。〔电曰：汉口。唐总指挥鉴：接王军长天培陷电称：奉艳电，彻底肃清鄂西，遵即准备，所部已进迫正面，向长阳、宜都开进。凡敌区之内，均预伏有部队，只请唐总指挥电示作战日期，即行猛进。等语。特电查照。中正。齐。〕

上午，陪孙夫人至九江搭飞机，冰雪匝地，山路不可行。

下午，公在浔与湖南省党部执行委员会谈话。退曰：本党与CP意见冲突，日渐明显，可叹也。

晚，送各委员登轮去武昌。十一时后，回旅馆睡。

任命刘世涛为军校军士教导队副队长。

九日 上午，电张、谭二主席，商组公留粤问题。〔电曰：广州张、谭二主席钧鉴：请组公暂留粤之电：(一)以奉张就安国军职，恐来进攻。(二)以粤财政恐摇动，故请组公留守也。今奉张无攻南事实已证明，惟财政问

题尚难解决，请二公核夺。如组公留粤，应以留守名义，办政府未了之事也。来否，请详议核夺后示复。中正叩。佳。〕

电令何应钦带两师兼程入浙。〔电曰：广州。陈希曾局长转福州何总指挥勋鉴：闻我军已占领福州，甚喜。福建暂交张干之主持，民、财政交江董琴与周佩箴办理，惟福州须留第一军行营，而兄则带两师，兼程入浙，万勿延缓，免失时机。第一路必可于十一日占领衢州也。中正。佳。〕

电知陈仪，已派金佛庄来杭接洽。

十一时，搭车登庐山。

下午，游女儿城。公指谓曰：此乃一山谷，并无城郭，亦无平地，甚诧明太祖何以能练兵于此。

电令唐生智剿办胡匪。〔电曰：汉口。唐总指挥鉴：顷接邓主任演达陷电，据大冶县长报告：（一）著匪胡广，自称先遣队总司令，四出搜索枪械，卖官筹饷。（二）鄂豫边防军所部四支队十二团，委营长数人，在大冶招兵收枪。（三）第五路第五支队向阳，住龙港一带，委团长数十，在大冶、鄂城、阳新等地，借名收枪，招兵卖官，鱼肉乡民。此辈多系吴、孙余孽，转请电令解散。等语。查胡广虽经委为江北先遣队司令，如果所为不法，应即取消其名义，其余各地各项名目之支队，究系何部派出，仰该总指挥迅即查明真相，撤消名义，派队剿办，以除隐患而靖地方，仍将办理情形电复。中正。佳。印。〕

电复唐生智，期早肃清鄂西。〔电曰：汉口。唐总指挥勋鉴：齐电悉。九、十两军情形如此，不能算作参战部队。此时军事，惟有积极进行，只要击破其一点，其余皆不难解决。对杨、卢、袁，仍须运用政治方法，以扶助军事之进行，但期鄂西早日肃清。应如何运用，请兄酌定可也。庐山商议事，非正式会议，现时方针，属择生面述，故不赘。中正。佳。〕

电令邓演达，彻查马参谋长不法案。〔电曰：湖北。政务委员会邓主任鉴：据前豫鄂边防军五师九旅长王宏铨呈称，突被江汉宣抚使田桐，派来田团长、马参谋长带兵围抄，所有械弹、军装、洋元一切物件，及寓内服饰，洗刮净尽，并将职妻捆打掳禁。请飞饬拿讯法办。并据该军五师鄢瀚章沥陈该师被劫，情同前呈，请矜恤各等情。此次事端，究系若何情形，

仰该主任彻查办理，毋稍瞻徇，切切。特电。总司令蒋。佳。〕

公曰：四川田等均派代表求委，各处输诚者，惟恐我不之许，寄生与首鼠自全者，皆欲借此投机。昔日畏我恨我，以及其患得患失之人格，岂不令人生叹乎。

任命韦希武为军校训练部第四学生队第十二队队长。

是日　冯玉祥入陕。

十日　上午，令筹备建筑阵亡烈士墓及追悼会。

电复张、谭及李、何，应付海军方针。〔电曰：广州。张、谭二主席钧鉴：李总参谋长、福州何总指挥勋鉴：主席齐电敬悉。中意浙江无设特别委员之必要，海军如有决心，应令其从速宣布加入，由国民政府委杨树庄为政府委员。福建省政府于肃清全闽三个月内成立，惟财政须由财政部统一，各省财厅长，皆由政府与中央党部荐任，非仅福建一省然也。海军饷项，必按月由军事部或总部发给，不能如从前以厦门为海军饷源也。至统一海军计划，可由杨幼京筹备，呈请政府核准。对于肃清长江下游问题，江阴要塞以东军舰，集中上海、镇江；要塞以西军舰，从速上驶，集中九江、武汉后再定。海陆军共同进取计划，何日发表，盼其速复。惟在闽海军，应与何总指挥确实联系，必使入闽党军，可向浙、沪直接输运，并由其负掩护运输之责。中正。灰。〕

电令李济深，解来俘虏军官。〔电曰：广州。总部李总参谋长鉴：鱼电悉。何总指挥解来俘虏李宝珩等三百余名，如广州各部无须补充，可解来前方。至重要军官，暂仍拘留为要。中正。灰。〕

十一时，公由牯岭经含鄱口，踰太乙峰，约行十五里，未到悽贤寺时，指为庐山正脉，望之起人敬竦。既至悽贤寺，出门廿余步，临玉渊潭，潭形奇坳，水绿无底。约行里余，至观音桥，下金井，俯瞰如葫芦形，水声入耳，机心徒息，听泉阁建其上，题天下第六泉，水清可鉴。行十里许，诣白鹿洞，书院遗址犹存，右有五老峰，前带小溪，晦翁与阳明手迹俨然。再行六里许，至海会寺，规模隘陋，而五老峰之真面目，宛然如生。夜宿于寺。

叶开鑫派员分向第二、第六军求改编。

十一日　上午八时后，公由海会寺经马头村，至万杉寺，见包拯所书之龙虎岚庆四大字。再行二里许，至秀峰寺，诸峰耸翠入画，上有昭明读书台，可望鄱阳；右有龙潭，名青玉峡。尝谓其水之声与色，皆令人流连不已。异日退老林泉。此其地欤。至此已午后一时半，乃往归宗，即瞻云寺也。背有金轮塔，尖峰上有铁塔，其尖可喜，为庐山第一奇峰。寺内有王羲之临墨池，相传此寺为右军私宅，赠于住衲云。晚九时，回仙岩旅馆。

周凤岐在衢州扩师为军，就国民革命军第二十六军军长职。

冯玉祥军已出潼关，入河南境，刘镇华残部绕越山地，退函谷关，吴佩孚调队往援。

电知各党部、各县长、南昌政治部，沿途欢迎中央委员。〔电曰：各党部、各县长、南昌政治部郭副主任鉴：政府及中央委员谭、张、丁、顾诸同志，十二日由韶起程入赣，望沿途欢迎及护卫为要。并望随时电告其到达时日。蒋中正。真。〕

电邀宋子文，再来赣详商一切。〔电曰：宋部长子文兄鉴：刻接张、谭二公电称，十一日起程来赣，对弟请谭留粤之电未复。至开全体中央会议事，电询张、谭，亦未得复。弟意不如早日召集第三次全国代表大会也，尊见如何。关于政治、党务之进行，此次因人多事繁，不能从长商榷。别后甚念，如有公暇，请再驾赣详商一切何如。中正。真。〕

十二日　上午，电中央党部军人部，不准擅派党代表。〔电曰：广州。中央党部军人部鉴：财政部各机关派遣党代表，系何人主张，此等事为何不来电问明，擅权误事。以后凡无中正命令，所有后方军人部，概不准擅派党代表，财部各机关党代表有否撤回，盼复。中正。文。〕

电闻白崇禧，孙逆扣留金佛庄，又拟办废兵院及在庐山筑将士墓。〔电曰：南昌。白参谋长鉴：电悉。入浙部队，已令其前进至衢州集中候命，周恭先派员持手书亦来催入浙。闻金佛庄往沪经宁，在太古船被孙逆派宪兵扣留，现电陈仪、李协和营救，不识能有效否。我军优待其将士如是，而彼敌视如此，尚有人心乎。据颜景忠在沪自称，在德安俘虏我军将士三百余名，缴枪后，皆以刺刀刺死。逆贼惨狠，诚无天理。此来庐山为阵亡将士寻得一墓地，约可葬千余棺。又拟在南昌郊外，设一废兵院，其规模须较大，经费即以此次中国银行所抄出之逆款充之。此二事皆须委专员董其事，并应从速筹备，限明年五月墓成，而废兵院则更须觅一相当房产速办也。俘虏官长之团长，可照兄所荐之人委任，并即须令其全部赴粤，一面电方伯雄筹备驻所也。中约明日回省。中正。文。〕

电令程潜，准速移驻九江。〔电曰：南昌。程军长勋鉴：贺贵严昨来庐山，闻其有辞意，弟未与晤面，请兄准备速移驻九江，对安徽叶开鑫部，请兄接洽，以便编配。中正。文。〕

电嘉刘佐龙，并希早清鄂西。〔电曰：潜江。刘军长勋鉴：贵军奋勇，已至潜江，深堪嘉慰。希再奖励三军，早清鄂西。至后方各处防务，此间无队可派，请另调他部填防可也。中正。文。〕

电阻樊钟秀军向老河口前进〔电曰：武昌。邓主任转信阳樊司令醒民兄勋鉴：闻贵部迫向老河口前进，请即停止，免致牵动鄂西计划为要。中正。文。〕

任命邓锡侯为第二十七军军长，由颂尧为第二十八军军长。

下午，往小天池，插阵亡将士墓基标。

电令姚琮，赶办手条各件。〔电曰：南昌。总部姚副官长鉴：前属调制行营人员表册，及中手条各件，迄今尚未妥备，望即赶办。以后手条，须限时办妥，不可逾时。中正。文。〕

电复袁祖铭，对滇早已有备。〔电曰：辰州、铜仁。袁总指挥勋鉴：号电奉悉。承示滇唐有侵桂行动，中早已有备，黔如能出兵牵制，甚感。中正。文。印。〕

电准李济深招抚各地土匪。〔电曰：广州。李总参谋长勋鉴：东电悉。所拟招抚各地土匪，开赴前方补充，可照办。惟招得著匪后，应即密报，俟该匪到达前方，再行惩办。中正。文。印。〕

公曰：近日拒见闲客，甚得罪人，但人太复杂，非如此决不能周至也。骄慢云乎哉。

十三日　上午，电知邓演达，借法无线电台通话办法。〔电曰：武昌。邓主任勋鉴：现请沈卓吾与法领事交涉，借用法国在沪之无线电台通话，办法如下：英文密本拟就送来，用中国新闻社名义，法台之名FFz，每字十码；

武昌台之名xDC。今为密码计，拟请用右名MCA，如闻呼此名，到武昌电台，即注意听受，但勿回话，以免泄漏。时间夜十一时又三时。英文密码，倘总部能自编一本寄来，更好省时。中正。元。〕

电令严重率该师集中吉安。

电询何应钦，在闽部队何日可以入浙。〔电曰：何总指挥勋鉴：第一路灰日已集中浙之衢州，与周凤岐确取联络。在闽部队，何日可以入浙，盼复。中正。元。〕

上午九时，公下庐山。十一时，经莲花洞。十二时，登车，同乘者约二十人。烦闷已极，因叹，杂宾来之又来，各为身谋，无法麾之使去，奈何不厌之。午后一时，车开。六时，抵南昌。

电闻王俊，已令何兼程来浙。〔电曰：衢州。王指挥勋鉴：今日想到达衢州，须在衢州集中候命。周军长凤岐有否就职，现与其联络情形如何，福建方面有否联络。据何军长来电，卢兴邦已克复延平矣。中已令何兼程来浙矣。中正。元酉。〕

分电周凤岐、王俊，入浙部队概归周军长指挥。〔电曰：衢州。周军长、王指挥勋鉴：恭先兄佳电敬悉。入浙部队，何总指挥未到以前，概归周军长指挥，惟请恭先兄从速就职也。我军入杭，待与闽北部队联络后为宜。对闽周残部，已令赖部跟踪追击矣。中正。元亥。〕

分电周凤岐、王俊，务在中途候命。〔电曰：衢州。周军长、王指挥均鉴：闽北情形未明以前，我军不宜入杭州，务希中途停止候命。中正。元亥。〕

中央执行委员及国民政府委员，在武昌议决，在政府未迁来以前，组织联席会议，执行最高职权。出席孙科、徐谦、蒋作宾、柏文蔚、吴玉章、孙宋庆龄、陈友仁、王法勤、鲍罗廷等，推徐谦主席，秘书长叶楚伧。

十四日 上午，军事善后会议分组会议开幕行礼，致祝词。

电复李济深，总部迁移时期再定。〔电曰：广州。李总参谋长勋鉴：东电祗悉。总部迁移时期，待政府到武昌后再定何如。中正。寒。〕

电催何应钦，迳率第三、第十四师入浙。〔电曰：何总指挥勋鉴：陷电悉。在闽各军伙食，应令财政处负责支付，闽中军事、财政、民政，皆照前电组织委员会处理，请兄迳率第三、第十四师入浙，第十四军暂留闽

可也。中正。寒。〕

电准何应钦，请备足入浙军费。〔电曰：永泰。探送何总指挥勋鉴：俭电所陈，入浙非带两月军费，恐误军机，并须将金库券、三省通用券停发，已发者换作现金各节，应予照办。已电令广州军需处遵照办理矣。特复。中正。寒。印。〕

电令缪斌，入浙后民政、财政办法。〔电曰：衢州。追送东路第一路指挥部缪党代表斌鉴：微电悉。本军入浙，对民政、财政，照总政治部所定办法施行可也。中正。寒。印。〕

电告何应钦，海军愿服从命令。〔电曰：福州。何总指挥勋鉴：支电悉。杨幼京派全权代表来赣接洽，愿服从命令，但上海无陆军响应，不能正式发表云。李生春应根本解决。中正。寒。〕

下午，电宋子文，设法维持军事。〔电曰：武昌。总部转宋部长子文兄勋鉴：据邓主任电称，武汉筹款，困难万分，各军欠项，已达百余万元。等语。务请设法维持，以利戎机。中正。寒。〕

电知宋子文，准撤财部党代表。〔电曰：宋部长勋鉴：关于党代表事，军人部并未来电相询，擅自派遣，殊为可恨，且军人部并无派遣财部党代表之权也。昨已电令撤回，尚未得其复电，刻已电任潮询底蕴。庸之兄代理，中甚赞成，如欲由中保荐亦可，请代发电可也。中正。寒。〕

电令邓演达、陈铭枢，饬运野炮置马当。〔电曰：武昌。邓主任并转陈司令勋鉴：请速运野炮架退四门，管退二门，各炮配足子弹，置于马当，以防安徽水警扰乱。又湖口、马当两要塞炮闩，应速饬汉厂负责限期配妥，如何盼复。中正。寒。〕

电约唐生智，亲出席军事会议。〔电曰：汉口。唐总指挥勋鉴：此次军事会议，关系本军与革命至巨，务望兄亲来出席，共商一切。惟分组预备会，约在有日以前方可竣事，俟大会会期定后，再行电迓，知关远注。特复。中正。寒。〕

电令唐生智、陈铭枢，转饬四、八两军迁让南湖营房。〔电曰：汉口。唐总指挥、武昌陈卫戍司令勋鉴：据张团长治中艳电称，炮工科地点，以南湖前炮工团营房为最宜，惟现有四、八两军部队驻扎。等语。仰即转饬

迁让，以便开办为要。中正。寒。〕

任命熊雄为军校代政治部主任，高子春为训练部第三学生队队长。

办公桌上，积牍数百件，公尽一日之力批了之，自谓如释重负。

公曰：各部各军，不由政府直接委派人员，以致上下失其联属，命令与报告多格而不行，故党与国与各军非组织统一不可也。

十五日　公谓晨醒，思量处境之苦，遭忌之深，痛与泪并。革命事业艰难竟至于斯，感喟不已。

上午开会。

与程潜谈话。

午正，见客，至三时方用膳。

会葛敬恩，谈浙事。

电嘱宋子文，速设各处中央分银行。〔电曰：汉口贯忠里三十七号。李调生处长转呈宋部长勋鉴：中央纸币，关系政府信用，此次北伐，半年之间，军行所至，设法维持，以至今日。现湘、鄂、赣三省已定，调剂金融，应将广州所发之毫洋、大洋、纸币，及在湘所发大洋临时兑换券，一律兑现，以顾信用。如稍有歧异，对金融恐慌，前途必呈危险，请速设各处分行，以期维持。何日开设，尚希确示。中正。删。〕

电示李济深，省军款项、器械、官长。〔电曰：广州。李总参谋长勋鉴：灰电悉。省军款项，以军费项下拨充，此次军事会议，当有议决案，届时奉告。至器械可由兵工厂及前方俘获者补充之，如先补充已成立之学生队等，再发省军亦可。省军官长，由军校或旧有军官补充皆可，请兄酌核之。中正。删。〕

电复李济深，军法处准先来前方。

电令何应钦，嘱与王允恭商洽。〔电曰：仙游、永泰、福州。何总指挥勋鉴：海军事及福建组织省政府事，如王允恭兄来闽，可与之切商，中正已属其为海军方面全权代表矣。中正。删。〕

任命梅铸为行营参谋处中校服务员，并派赴第十五军为战时联络员。

晚，宴湖北省党部代表，讲演。〔稿未留〕

十六日　上午会议。

参加反英大会。

令军校增设军官教导团，收编俘虏军官，实施主义训育。此次俘虏孙部中下级军官，不下一千三百余名，使在埔校感受革命化。

电令方鼎英，调取第四期毕业生成绩及籍贯表，并前列十名学生。〔电曰：黄埔。方教育长勋鉴：第四期毕业生成绩及籍贯表，请速派员送来，又十名内之学生，均希调来总部服务。如已分发，应即用令调回，并叙明调其来总司令办公厅见习也。中正。铣。〕

电复袁祖铭，鄂西事请与唐洽商。〔电曰：辰州。袁总指挥勋鉴：麻电祗悉。吾兄为西南柱石，本党长者，牺牲一切，戮力革命，中正对此，愧感无已。川事诚如尊论，已委邓、田为军长矣。鄂西已占领荆沙，不久当可肃清，如有所见，请与孟潇兄直接商洽。至指挥部队，第九、第十两军，归公指挥节制外，其余在作战上便利起见，如应有归兄指挥之部队，可与孟潇兄商之，或电示弟处，以便核夺。中正叩。铣。〕

电嘱宋子文，速设武汉中央分行及南昌、长沙各兑换所。〔电曰：武昌。宋部长勋鉴：湘、鄂、赣三省金融，日呈逆况，虽为革命及军事期中必然现象，然中央纸币充斥市面，无银行以为控制之机关，实为最大原因之一。现中纸在湘、鄂两省价格日落，赣省勉足维持，而因取缔江行纸币，致湘、鄂两省中纸，向赣输入集中。似此情形，如不速将中纸信用确立，揆之货币原则，势必日跌无已。至于物价腾贵，军队与平民生活日渐增高，军纪民生，同受影响，尤为可危难掩之事实。中正综合各方情况，详加考虑，认为目前挽救，惟有在武汉设立中央分行，与南昌、长沙设兑换所之一法。盖银行为金融之枢脑，信用为价格之保障，但使长沙建立分行，而以三省收入现金为准备，自能操纵自然，应付裕如，绝不致危及广州总行根本。兹事关系政府信用、本军生存、民生疾苦甚巨，万望兼筹并顾，迅速决策，如何。盼确切负责见复为荷。中正。铣。〕

下午，接杨仲恒函曰：奉方毅然与革命军为敌，南北战局，其即在目前乎。

十七日　上午，电闻何应钦，浙方进展情况。〔电曰：何总指挥勋鉴：第一及二十二师，已抵浙之兰溪，令其暂驻该处，俟令与福建部队会合，

再行入杭。周凤岐已于真日就二十六军军长职，陈仪派其参谋长来赣，求给名义，今已委为军长矣。请兄从速入浙为要。中正。篠。〕

电何应钦，泛论战事全局。〔电曰：何总指挥勋鉴：大局情形如下：(一）奉张就安国军事，全系宁孙赴津促成，思引奉为后援，以保其地位。而奉亦欲假统一北方名义，以为总统过渡之张本。（二）西北军迫近潼关，奉张吃紧，比对南军更急，故奉军必先防制西北军之入豫，而后乃能对南。惟闻西北军无即入豫取攻势之可能。（三）在鄂军队，现已从事肃清鄂西一方，属西北军收拾陕南，以图两军在鄂北联络后，再定入豫之期。(四）东南方面，先定闽浙，闽平后，应即以全力入浙，一俟浙局统一，再图苏皖，暂时画江而守，以待局势之变迁。总之，上海不得，则长江形势闭塞，而海内外交通亦难自如，故南京与皖南亦应急谋收复。河南不得，则中原难定，西北军不能与我联络，阎锡山亦不能表示态度。阎已派代表正式声明，一俟我军入豫或至津浦路，彼必响应也。中意如北占河南，南得南京，晋必响应，则奉军虽欲不出关而不可得，否则攻守亦可自如，北伐亦可告一段落，非如今日之跼蹐也。海军须注重，以长江无海军，则军事甚难进展也。中正。篠。〕

电复刘骥，纵论西北形势。〔电曰：邓主任转刘菊村先生勋鉴：寒电祗悉。西北军将达豫境，中原大战时期，当不在远。现时专从事于鄂西之肃清与浙局之平定。鄂西定后，或守武胜，或收汴洛，皆可裕如。而西北军急应扫清陕南，与我鄂北之军确取联络为第一步，联络之后，双方向豫前进，较为妥适。而阎百川方面，亦应由西北军确取联络，始有表示，如我两军既入河南，山西必能响应也。至前进时期，如敌方不加压迫，则待两军联络后决定，而西北军收拾陕南，似不容稍缓也。如何酌之。中正叩。篠。〕

电劝范石生，对滇唐暂时忍耐。〔电曰：南宁。范军长鉴：得庚电，义胆忠肝，腾跃满纸，回环朗诵，钦佩奚如。唐不可靠，尚复何疑。惟顾根本，固不应弃边陲，而论缓急，则当注重北展。尊见略异，持论遂殊，然革命救国一也。滇事非兄莫属，北伐亦当兼顾，望暂时忍耐，共济艰难，遽萌退志，岂吾辈所应出耶。特复。中正。篠。〕

十时，会议。

下午，会客，公曰：四川情形复杂，代表之多，无以复加，殊令心烦也。

故团长文志文之父来见，公对之泫然，叹曰：革命遗族，悽独可怜，此其一也，未见而无依者，不知凡几矣。自誓如不努力，何以对已亡之同志乎。

电任陈仪为第十九军军长。〔电曰：衢州。陈师长公侠兄勋鉴：湛侯兄已回浙，此间各情，托其代达。兹特请兄任本军第十九军军长，望速宣布就职，共挽时艰，无任盼祷。弟蒋中正。篠。印。〕

分电周凤岐、王俊，商浙事进行。〔电曰：衢州、兰溪、严州。周军长、王指挥勋鉴：恭兄删电悉。第一路应与由南昌二十日出发之第二师、与闽方各师会合后，方可入杭，现暂集中严州。第二十六军似可直赴杭州，与公侠协商对苏布防计划。公侠前派湛侯来，要求给名义，并声明已与恭兄切实合作，故今委其为军长，以对收容苏军或有相当效力也。第一路不入杭，第二十六军与浙第一师在杭合作，不使引起苏浙战争，而且可照鄂赣之例，组织各种机关也。如何，盼复。中正。篠。〕

电复邓演达，炮、工科干部由武昌组织，在南昌学生约七百名，定一星期内来武昌。

电准陈继承、季方，保荐祝绍周为参谋长。〔电曰：兰溪、严州，探询第二十二师陈师长、季党代表鉴：来电悉。所称以祝绍周为该师参谋长一节，应予照准。中正。篠。印。〕

晚，与张群、吴忠信谈。

十八日　上午，商议军需事。

十时，部务会议。

电复李济深，令调第二十师之一团及宪兵营。〔电曰：广州。李总参谋长勋鉴：东电悉。前电中山第二十师之一团，调回省城，归还建制，至今知未调回，不可再缓。宪兵营候令出发。中正。巧。印。〕

电复李济深，准第十及第十二师各办教导队各一团。

电复李济深，松口俘虏，酌予补充缺额。〔电曰：广州。李总参谋长勋鉴：鱼电悉。留部松口俘虏，如有觉悟，可以补充缺额。中正。巧。印。〕

电复方鼎英，准野炮连连长祝忱年率该连官佐士兵，来前方效力。

电令邓演达，筹设武昌分校，先物色主任人员。

电复徐天深，不得擅派党代表。〔电曰：广州代海军处徐党代表天深鉴：删辰电所陈，军人部临时驻粤委员会指派党代表一节。以后各处欲派党代表，须先来电核准再派，不可擅派也。中正。巧。印。〕

电召吕超为河南招抚使。

任命陈铭枢兼第四军第十师师长。

任命袁家声为独立师师长。

任命侯文俊为总司令行营军储局局长。

电嘱军法处处长戴任，赴浙办党。

检阅新编第一、第二师，对官长讲授训练俘虏办法。〔节录：现在新编第一、第二师，快要到赣州去训练，以后我怕没有机会同各位时常讲话，所以今天讲几句要紧的话，请各牢牢记住才好。你们是在新编第一、第二师做官长，应该要晓得官长的地位，尤其要了解新编部队的性质和自己所担负的责任。我们寻常到一个地方讲话，都要考察，在这个地方应该讲什么话，不可失了分寸，何况带兵是十分重要的责任。新编第一、二师的士兵，是从俘虏编过来的，我们对于这种士兵，不但不可稍有歧视的心理，且应该更加亲爱，热心教育，使他们诚心悦服，不生出自己是处在俘虏地位的感想，因而心里发生难过，时常要想到他们从前的官长。各位刚才毕业，没有做过事情，而且年纪又轻，经历又少，所以自己的言论行动，处处要留心，要自己监督自己。无论对上官、对部下，都要有一种郑重沉着的态度，做人家的模范，切不可举止轻浮，性情暴躁，失却自己的威信，致被士兵轻视。……假使他们从前的官长，在军队里面很严厉，很尽责任，教练的时候，很严密，很有精神。现在我们的官长，反而苟且偷安，恶劳贪逸，早晨吹号不起来，或随便外宿不归营，不研究带兵的办法，不看重自己的军队。这样，他们就看革命军没有精神，反不如他们从前的军队整齐严肃，生出不好的感想了。所以我们要格外勤劳俭朴，真正有同生死共患难的精神。能如此，无论什么军队都带得好，不能如此，便无论什么军队都带不好，你们大家要把这几句话牢牢记住。士兵生活能提高一点，就要提高一点，他们吃得饱不饱，穿得暖不暖，我们随时要留心注意。士兵的生活能稍改良，我们的精神也觉得愉快。……带兵的方法，很不容易，曾国藩、胡林翼诸公都曾详细的讲过，现在讲最重要的两点，也可以就是入门的方法。第一层，要研究操典、勤务令及各种教范。……第二层，要养成看书的风气。……现在我们在江西的军队，只有这两师可以预备增加到前线上去，对北方作战。如果这两师的教育不良，训练不好，将来在北方作战，一定没有好的成绩，所以这两师要练成一个基本军队。大家不要以为士兵都是俘虏，就疏忽了，因为他们到北方作战，对于天时地利，都能适合，所以要格外训练他们做一个模范军队。只要官长以身作则，士兵没有学不成功的道理。请大家注意，养成他们纪律化、革命化才好。……你们到了赣州，要把精神凝结融和，打成一片，不可象从前同学会没有组织以前，分出青年军人联合会、孙文主义学会的派别。要是有这样的裂痕，将来一定不能成功，尤其在新编第一、二师里头，给士兵看见了那种水火的情形，必定更加藐视官长。所以大家的精神，要完全是整个的，不可再生从前的毛病。同学会的组织，是因为要解散青年军人联合会和孙文主义学会这两个团体，所以拿同学会来做一个团结精神的机关。但是同学会将来还是要解散的，完全要拿党来做一个中心。现在大家再不要分派别，分离我们革命的势力，不然就无异于自相残杀，自相残杀的结果，必将同归于尽。你们对于这一点，千万要注意。……你们要明白，士兵的头脑是很简单的，头脑简单的人，要使他的精神团结，感情浓厚，只要官长平时对于士兵多加爱惜，使得他们精神上愉快，自然士兵敬爱官长，好象自己家里的父兄一样，这是很容易的事情。但是现在的官长，平时对于士兵的心理，毫不研究；对于士兵的生活，毫不注意，官长与士兵漠不相关，还想士兵听官长的话吗。……今天本有许多话想讲，可是为时间限制住了，将来能否到赣州来检阅，再和你们讲话，尚难预料。总希望你们照我今天所讲的话，一句一句的做到，不负总理遗交给我们的使命，完成我们革命的责任。……］

下午，电宋子文，商派孙科、蒋作宾为奉方代表。〔电曰：汉口。宋部长勋鉴：电悉。派哲生、雨岩到奉，如彼方有重要人员来商，或有缓和希望，则可派也。中正。巧酉。］

电复陈仪，痛孙传芳杀金佛庄。〔电曰：杭州。陈军长勋鉴：致湛侯兄文电祇悉。孙贼残忍至此，彼不思其所部官长一千余人，军长三人，尚在此处受我优待，彼杀我部下，即自杀其部下也，可痛。至于浙局，已请湛侯面陈，并请速与第廿六军联络一致，共赋同仇，以发扬我浙军革命精神也。如何。盼复。中正。巧酉。〕

电令邓演达，枪决俘虏军长杨、王。〔电曰：邓主任勋鉴：前派金佛庄赴浙，在浔搭船时，有卫兵四名，为孙逆侦探所悉，以为要人，到南京时，宪兵上船捕去。及中接上海来信，即电陈仪营救，作为赴浙与陈接洽代表。今接陈仪复电称，金、顾二君事，接孙复电，谓其自认侦探，不认代表，已于电到以前法办云。是佛庄已为孙枪决，如此残忍不堪，尚复何言。希将前俘虏军长杨赓和、王良田二名，在鄂枪决，并发表孙逆残忍之状。至李彦清一名，暂留可也。中正。巧。印。〕

电令何应钦，速率部入浙，〔电曰：永泰、福州。探询何总指挥勋鉴：如临时费接济不及，可由福建财政处指拨，请兄从速率部入浙。中正。巧申。印。〕

分电周凤岐、王俊，饬第一路部队留驻富、严。〔电曰：严州。周军长、王指挥勋鉴：恭兄元电悉。浙第一师既可驻杭，则廿六军应即入杭，而第一路部队于闽、赣后续部队未到以前，须驻富阳、严州一带，切勿移往前方，引起无谓之战争也。中正。巧。〕

分电周凤岐、王俊，令第二十六军先占领杭州。〔电曰：严州。周军长、王指挥勋鉴：浙第一师是否完全离杭，如果确实，第二十六军先头部队，应先占领杭州，其余主力仍在严州、富阳一带。战机总须待闽北方面与第二师集中后再启也。中正。啸。印。〕

任命李汉芬为军校入伍生军士教导队第二大队第八中队队长，邓子超代理入伍生第一团第三营营长。

是日　何总指挥率第三、第十四师进驻福州。

张宗昌率鲁军至南京，以褚玉璞为前敌总司令，许琨为副司令。

十九日　上午，与白参谋长筹军事善后计划。查两广、两湖、闽、浙、赣七省收入总数，约一千九百万元，军费为一千三百至五百万元，练兵国防军三十三师，省防军十九师，共为一百六十团，共有枪廿万杆也。

下午，电邓演达，武汉联席会议议决案皆同意。

电令王俊、缪斌等，制备棉大衣及设施政治工作。〔电曰：严州、兰溪。王指挥、缪党代表、薛、陈二师长鉴：达天兄出发时，带有棉衣及军毡，为何至今尚未解到，究欠若干，盼复。如兵士太寒，可在浙制备各兵棉大衣一件，袜二双，其款先向各县署支借可也。近日军纪与逃兵如何，不胜系念，盼复。并在休息期间，极力设施政治工作，使兵不扰民，官爱士兵为要。中正。皓。印。〕

电奖甘乃光，克复松、枝两县。〔电曰：澧州。第九、第十军政治部转甘代主任鉴：接读元电，藉悉松滋、枝江两县完全克复，俘敌官兵甚多，战利品无算，殊堪深慰。此次肃清残敌，风霜不避，至佩贤劳，特复。总司令蒋中正。皓。印。〕

电嘉刘团长，肃清惠属土匪。〔电曰：惠州。第二师补充团刘团长鉴：得元电，知平山、淡水沿海一带土匪，已渐次肃清，惠属人民获福良多，言念贤劳，益增驰系，尚望更加努力，从事训练。所请给长假一节，应毋庸议。特复。总司令蒋。皓。印。〕

浙江实行自治，选出蒋尊簋、陈仪、张载阳、蔡元培、周承菼、褚辅成、黄郛、周凤岐、陈其采九人为省府委员。

二十日　上午，电复李济深，福建应组织政府及财政两委员会。〔电曰：广州。李总参谋长勋鉴：巧电悉。福建临时政府应照鄂、赣办法，组织政务及财务委员会，海军已派王允恭往闽，全权接洽。中正。号寅。印。〕

电复何应钦，福建暂设临时政治会议。〔电曰：福州。何总指挥勋鉴：删酉函电悉。福建省政府，须待三月后，全省平定，方可组织。现应照鄂、赣式，组织政务及财政委员会，而以临时政府会议为最高机关，凡军、民、财三政，均须由该会决议施行，请兄为该会代理主席。兄入浙时，请派一相当之人代理可也。中正。号寅。印。〕

电复何应钦，我军未占领浙、沪以前，海军不肯表示态度。

电复何应钦，应速解决李生春部。

电令严重，率师前进广信候命。〔电曰：吉安、赣州。严师长勋鉴：

抵吉后，准备由抚州向广信前进，候令可也。中正。哿。〕

撰北伐军事报告脱稿。〔文曰：我军为达到国民革命之目的起见，首先应将国内之军阀扫平，但国内之军阀甚多，且其背后又有帝国主义者为之后盾辅助，其力量殊不可侮。我军为民众解除痛苦而奋斗，所有民众，应与以无限量之援助。然而我军究竟兵力有限，以战略上而论，又不能同时向各方进展，故最初第一期之作战计划，先将湘省之敌，尽数驱逐，直趋武汉，以期掌握全国之中心，然后视其缓急，再事发展。因此各军出发，均取道湘省。当时因叶开鑫之反攻。衡州危在旦夕，遂先令第四、第七两军出发，为大军集中之掩护，并协同第八军，消灭在湘之逆敌。其他第一、第二、第三、第五、第六各军，先后开赴湘南一带集中。总司令部俟诸事准备妥当，各军集中将毕，乃分期出发。同时并令第九、第十两军，取道鄂西，威胁敌之侧背。迨总司令部到达衡州时，长沙早已克复，遂推进于长沙。当时孙逆传芳屯兵九江，决心由赣攻湘，击我侧背，遂令第十一、第十四两军，由赣西、赣南出动，并令第二、第三、第六各军策应之，以期牵制，使我中央军作战无侧顾之忧。我第一、第四、第七、第八各军，向武汉攻击前进。赖我将士忠勇与各路指导有方，不及一月，已占领岳州。至九月六日，已将汉阳、汉口完全克复，武昌亦已合围。武昌之城，原不甚坚，其中粮食、弹药，亦不甚充足，但我军无良好之攻城炮兵与攻城器材，加以刘逆玉春倔强死守。我军为顾全城内民命与尊重人道起见，亦不忍以大炮炸弹猛攻，以免殃及无辜平民，且当时江西之敌，正拟利用此机会以攻我侧背。于是我军遂变更计划，即将第一军调赴江西，对孙逆之生力军应战；令第八军至武胜关附近，肃清鄂北之敌，阻止北方敌军南下；又将七军调至鄂城，以防武昌与江西之敌连为一气，围城者只第四军两师，及第八军、第十五军、炮兵之一部而已。惟我军在赣作战之各军，多由前线抽调，孙逆军队多系未经战斗之生力军，以我疲敝之师，对此生力军作战，进步虽缓，然仍节节胜利。孙逆拟急于解决战局，遂一面将其所属各部队，尽数集中九江、武穴，一面派张一麐、蒋尊簋来汉求和，以为缓兵之计，我军不为所动。其后贺耀组来归，改编为独立第二师，令其由修水向箬溪、九江前进，策应第七军，因此时第七军已由鄂城向修水、箬溪攻击前进也。于是战事重心，已由鄂移于赣。因此，赣省战事非常激烈。孙逆以计不得逞，遂令周荫人由闽寇我粤边。我为打倒军阀，使赣事易于解决起见，遂令第一军长何应钦为总指挥，率领第三、第十四、独立第四及其他各师，由潮梅向福建攻击前进，迭获胜利。至十月十日，克复武昌。斯时驻城内之河南第一军贺团，率豫军投诚，当改编为第一混成旅，均归唐总指挥生智调遣。计自围城至克复日止，约四十余日，敌军亦可谓善于守战也。武昌克复后，遂令第四军开赴九江，以扼敌人咽喉。同时陈调元、王普率叶开鑫、马济等部，由宿松反攻鄂东，已达蕲春。唐总指挥率第八军之李师、第十五军之第七旅，暨第一混成旅，于十一月二日，由黄州进攻，敌不支，向黄梅方面节节败退。至十一月四日，九江克复。同月八日，攻占南昌。于是江西所有之敌，尽数俘虏缴械，并获伪军长杨赓和、王良田、李彦清，及师长张凤岐、岳思寅、唐福山等，其他军官、辎重无算。而鄂东方面，又于十二月完全肃清。是时何总指挥已将闽西、闽北肃清矣。遂令第十四军由赣南向福州前进，以抚敌背，俾何军成功更速。初，鄂西残敌于武昌未下，江西未肃清时，蠢蠢欲动，迨江西肃清后，又纷纷来请改编，或请方略，或告就职，以求生存。然此种逆军，总不可靠，若收之必为后患。我军为彻底起澄清起见，决心消灭之，于是派第八军及第十五军，协同第九、第十两军，肃清鄂西。迨至我军一到，先声夺人，敌军望风而逃，多窜川边，宜昌以东，均已肃清，约再过旬日，可告结束。现我由粤向闽之何军，已将福州克复矣。〕

九时，主纪念周讲演。

十时后，检阅第二师，并致诰勉。〔节录：第二师各官长、士兵同志们听着，这次出发浙江，责任很是重大，本总司令特向你们详加诰勉。你们此次出发，是要肃清孙传芳在江苏、浙江一带残余的部队，完成我们革命的工作。这个工作，不是很容易的，要大家努力奋斗，才有成功的希望。第二师是我们党军中坚部队，党军最初成立的时期，总理尚在，对于我们的希望很大。后来打倒陈炯明，攻破历年未下的惠州城，第二师的第四团牺牲最多，功劳也最大。总理遗下来的责任，全靠第二师的全体将士担负实行，以慰总理在天之灵，并完成已死的同志未尽的责任。现在武汉方面有一种风说，说我们第二师不能打仗，这种话，最足以损坏本师的名誉，你们此次出发，一定要争回这一口气。无论怎样困难，在最后五分钟内，一定要消灭孙传芳，不宜稍有疏忽。如果战斗不力，反落人后，致贻他人讥笑，这是最耻辱的事情，不是我们革命军人做的。……本总司令希望第二师永久做一个模范的军队，国民革命军的骨干。〕

电复何应钦，望早日入浙。〔电曰：何总指挥勋鉴：巧电悉。近日天寒雾重，且距离太长，途中无机场汽油补充，飞机一时颇难来闽，全局情形，已随时电告。闽局稍有头绪，务望速即入浙。第二师决于明日由南昌出发，以后入浙部队，指挥困难，于兄未到以前，拟先派白参谋长入浙指挥，以待兄来也。何日入浙。盼速复。中正。号午。〕

电令缪斌，勉政治工作人员努力。〔电曰：严州、兰溪。缪党代表鉴：闻前方政治工作人员，不能努力，且有用情营私等事，对于革命精神，完全丧失。是否果有其事，望查复。对于社会与军队宣传应并重，冀获良果。望争第一军志气也。中正。哿。〕

电任葛敬恩为第十九军第一师师长。

下午，赴南昌市大会，并讲演之。

电复邓演达，准如所拟办理。〔电曰：武昌邓主任勋鉴：皓电悉。以主席名义召集武汉联席会议，产生临时政治会议各节，即如兄所拟办理。中正。哿。印。〕

电安徽宣抚使常恒芳，努力皖事。〔电曰：武昌。常宣抚使勋鉴：铣电悉。皖中军事党务，多仗鼎力，闻之感慰。皖事仍望团结同志，彻底为之。特复。中正。号。〕

电复唐生智、邓演达，望第九、第十两军占领巴东。〔电曰：汉口。唐总指挥、武昌。邓主任勋鉴：删戌电悉。九、十两军应由邓主任酌予接济，俾该两军速沿大江南岸追击，占领巴东。中正。号。印。〕

傍晚，与程军长谈话。

二十一日　吕超来电，转令唐生智查复。〔电曰：汉口。转送唐总指挥勋鉴：顷接宜昌汉群来电如下：铣酉一电，计邀察及。职到廖贡廷部，其师长、刘宗仪、杨荫荣，第八师旅长潘树元各部，均表示服从钧座，矢志不渝。查各部共有快枪万余枝，近经杨森及于学忠、张福臣、阎得胜等百计饵诱，尚能脱离窠臼，相率来归，效顺决心，已可概见。今该师旅长等，既纷纷面求请示前来，职仰体钧座与人为善之旨，未敢壅于上闻，又恨各军云集，易启争端，谨以钧座名义，暂委刘宗仪为国民革命军独立第八师师长，杨荫荣为国民革命军独立第九师师长，潘树元为国民革命军独立第十旅旅长。万恳俯念愚忱，分别正式委任，令调该部队去汉编制训练。等语。希即查明，详细电复。中正。马。印。〕

电宋子文、邓演达，速发第九、第十军饷项。〔电曰：宋部长、邓主任均鉴：宜昌既占领，第九、第十军饷项，应速支发，以为统一财政之本。中正。马。印。〕

电嘉王天培奋勇杀敌。〔电曰：宜昌。探送王指挥植之勋鉴：铣电得悉鄂西近状，至深欣慰。该指挥督率有方，奋勇杀敌，不避困苦，至佩贤劳。宜昌虽克，余孽未消，尚望从速追击，以期歼灭。是为至盼。中正。马。印。〕

电催宋子文接济冯军月饷。〔电曰：汉口。宋部长子文勋鉴：冯军转战西北，刻已进抵豫边，惟饷糈异常困难，该军关系甚为重大，请设法每月筹拨三十万元接济。如何，盼复。中正。马。印。〕

电准李济深，请在大沙头创设硫酸、硝酸、盐酸三素厂。

部务会议。

检阅预备军官团〔俘虏军官编成〕，讲革命军与孙传芳。〔节录：各位同志，本总司令今天与各位还是第一次见面，很是快活。这一个月以来，天天想同你们讲话，可是得不到时候，今天有机会同各位见面，要把我们革命的道理，对于各位将来事业的关系，大概讲个明白，要请各位留心听着。各位编入这个军官团，第一要晓得我们国民革命军的军官团，是和旁的军官团不同的。国民革命军是革命的军队，国民革命军不是那一个人的军队，是中国国民党的军队，也就是中国全体国民的军队。国民党是谁创办的呢，就是我们的孙大元帅、孙大总统、本党的孙总理所创办的，想各位早已晓得了，从前你们在江苏的军队，可说是孙传芳私人的军队，孙传芳把他部下的官长弟兄，看做自己的奴隶走狗一般，他的部下死在战场上，也是很不值得的。我们拼命，我们牺牲，要为国家，为全国的同胞，为我们的父母、兄弟、妻子，为自己的人格，这样的牺牲，才不算冤枉，才有价值。我们国家快要亡了，外国的帝国主义者，欺侮得我们这样凶，国里的军阀，要把我们整个的国家，卖给外国人了。我们中国四万万同胞，要受外国人永远的压迫，给外国人做牛马奴隶了，所以我们一定要打倒压迫我们的帝国主义者。但要打倒外国的帝国主义者，先要打倒国内卖国害民的军阀，这就是叫做革命。军阀是那几个呢？我们一定已经明白，单拿孙传芳讲，他是从前南京的五省联军总司令，他口口声声保境安民，却受了外国一千万金钱收买，来打我们革命军，并且任意残杀同胞。象这样的军阀，如果再承认他是上官，容许他压迫，各位的人格就算是没有了，我们若能把军阀和帝国主义打倒，中国国家便能得到独立、自由，我们同胞也就能享受自由的幸福，大家也就有独立自由的人格了。……各位从前在孙传芳部下，孙传芳一定说他对待你们怎样的好，但是现在各位在此，孙传芳有想到你们没有。我可以说一件事情给你们听，我们这里有一个姓金的团长到浙江去，经过南京，被孙传芳捉住了，马上枪毙。当时我得到金团长被捕的消息，我想孙传芳一定不敢枪毙他的，因为他的部下在我们这里的很多，不仅是团长、营长、连长、排长很多，就是他自己从前的上官，在我们这里的也不少。如果孙传芳还能想到他的部下，爱惜他的部下，他一定拿金团长同我们来交换他的部下，这我是一定答应的，所以我想他一定不会杀我们的金团长。那里晓得他拿到我们的金团长，就马上枪毙，他不管他的部下在这里有几多，也没有要求我们把你们放回去，也不管他杀了金团长，我们是否要杀你们来报仇，只象野兽吃人一般，杀一个好一个，他简直忘记了丢开了他的部下了。这种上官是绝对没有部下的，完全是为自己个人的威福，他认为与自己有利的事情，什么都做，没有利的事情，便什么都忘了，他还有什么部下不部下呢。……〕

下午，电令赣州，吉安各县长，并转各党部，欢迎张、谭二主席，顾〔孟余〕、丁〔维汾〕、何〔香凝〕等各委员。

复旅沪宁徽同乡和平委员会电。〔电曰：徽宁同乡会公鉴：快电诵悉。执事等关怀桑梓，奔走和平，组织团体，爱护人民，心在乡国，殊可钦佩。惟所择途径，不敢苟同。诚以革命方式，救我国家，解放我民众，于理论上、于事实上，吾党总理与吾政府以及中正，业经一再探讨，宣示国人。近与皖苏浙三省联合会诸公，又复略陈梗概，谅邀台览。溯自吾党出师北伐以来，提师不多，为期不久，一举而定武汉，再举而赣闽肃清，固我将士之奋斗，革命同志之努力。然而所以致于此者，稽之往事，无有他焉，乃我久被压迫于帝国主义及军阀势力之下大多数之民众，奉行三民主义，自求解放与自求幸福而已。公等不云乎，徽属小邑，备受兵灾，地瘠民贫，供应告竭。是所为者，孰令为之，谁实致之，为公等告。此实甲仆乙继之万恶军阀，播弄是非之龌龊政氓，以及鼠窃狗盗之土豪劣绅，拜金主义之买办阶级，共同合演之循环战争。而帝国主义者实为之牵线，以致我伏处深山最少数之民众，亦不得幸免压迫之痛苦耳。言念及此，可胜浩叹。公等谓体念民艰，与中正同此心理，惟何者为缓冲之地。殊非中正之所愿闻。盖吾军责任，在解除人民之痛苦，专为止戈而来，非如军阀受帝国主义之豢养，以造成循环战争为能事。军行所至，不分南北，不论东西，有任何区域之民众，被压迫于军阀势力之下，而不能解放与奋斗者，中正将惟力是视，分别次第以促成之，固不仅徽属一隅而已也。公等徽宁健者，识见宏通，傥欲营救乡邦，避免战祸，莫如加入革命战线，共同解除永久之痛苦也。戆直陈词，惟亮察焉。蒋中正叩。〕

电令严重，率师集中衢州。〔电曰：吉安。严师长览：仰即率该师，由吉安取捷径向衢州集中候令，何日起行，及取何道路，分别具报。总司令蒋。马。印。〕

电准钱大钧，请升调魏湛元为第二补充团团长。

电任戴任、经亨颐，为浙江政治会议委员。

分电周凤岐、王俊，速派薛师长率第三团进驻杭州。〔电曰：严州。周军长、王指挥均鉴：杭州近情，究竟如何。孙军如未入杭，我第一军应火速派薛师长，率第三团进驻杭州，保护省党部及各委员会，余部仍驻严州、桐庐一带为要。如何，盼复。中正。马酉。〕

电饬余干等县县长，各设递步哨。〔电曰：（江西）余干、余江、贵溪、横峰、铅山、上饶、广丰、玉山、弋阳、（浙江）常山、衢县、龙游、兰溪、建德、桐庐、富阳县长览：据弋阳县长余振铎谏申电称，职县于本月鱼日，成立递步哨两处，并分咨邻县照办。惟翰中奉贵溪递来钧令及参谋处函，系探送前方军事长官，比发由职县交递步哨转递，河口警所不收，谏申仍退回职署。现复将各件星夜赶往上饶、玉山探交，倘各该县拒而不收，则必致贻误戎机。应电请示办法，并请通电各县，速办递步哨。等语。除仰弋阳县长，遇有前方未设递步哨退回公文，速派专人送交第一兵站探转外，仰该县长于电到之日，未设递步哨者，迅即设立，已设者严加整顿，务与邻县递步哨衔接，以利戎机为要。总司令蒋。养。印。〕

公曰：法令委员会，为废除不平等条约之准备，经济委员会，为建设国家根本之图，皆难延缓，乃以无人才不能速举，但有心急而已。

是日　张宗昌、孙传芳、陈调元在南京开会，议决江浙皖防务。

二十二日　上午，部务会议。

检阅炮、工兵团。

电令何应钦，速派队追击周逆。〔电曰：福州何总指挥勋鉴：周逆残部，迅速派队跟踪追击，并令陆、海两军准备入浙，闽省酌留部队镇摄可也。中正。养。印。〕

电复何应钦，入浙定闽之处置：〔电曰：福州何总指挥勋鉴：号电悉。如海军能为我运输，则在闽部队遵海道至宁波、象山登陆为便，否则，还是先派部队经延平出发，向金、衢集中较妥。第六军可先派其入浙，跟踪追击也。如何，请兄酌夺。李生春部如不解决，即不能巩固后方，切勿养痈贻患。只须待闽局处置完妥，方可入浙。对韵松与渊源，应有轻重，但不可偏废。中正。养。〕

电何应钦，政务处理妥后入浙。〔电曰：福州。何总指挥勋鉴：闻李协和、方韵松到闽，不知其举动如何。政治临时组织，决照鄂、赣办法，设福建临时政治会议为最高机关，由中正以中央主席名义兼任，请兄代理。此外政务与财政两委员会，请兄酌定。财政委员会主任，以财政处长兼之，至委员则每会九人至十五人，皆由兄以中正名义委之。兄须待政务处理妥后入浙。而闽为后方根据，惟军队可先向浙东移动，将来兄或可搭船入浙。兄未入浙之先，拟由白参谋长健生，以东路军前敌指挥名义，入浙为临时指挥，惟请兄从速入浙也。各项处置，请兄电复。中正，养巳。〕

下午，致于右任、冯玉祥各函。〔稿无查〕

电令邓演达，整饬总政治部。〔电曰：邓主任勋鉴：近日来总政治部出版品，谅兄事多，不及检点，如此反宣传，对于本军、个人及黄埔为害尚小，对于革命前途影响殊大，希将负责之宣传科代科长撤革，凡在革命军范围，永不录用。并请将总政治部，移设总部行营所在之处，而将宣传科全科，先移南昌办理。中正。养。〕

电准唐生智请委卢金山、胡岐先。〔电曰：汉口转送唐总指挥勋鉴：文电悉。所称委卢金山为鄂西第二路指挥，胡岐先为暂编第五师师长各节。为一时权宜计，事尚可行，惟闻卢已赴川，究竟情形有无变更，仍仰酌察情形，妥为防范，俟将来再行整顿可也。特复。中正。养。〕

电准吕超收编北军，调来武汉。

电嘉刘佐龙克复荆沙。〔电曰：沙市。第十五军刘军长鉴：删电悉。荆、沙底定，殊慰远怀。惟遗孽尚多，仍希协力肃清，以苏民困而安党国为盼。总司令蒋。养。〕

电令吕超收抚宜昌输诚各军。

电准贺师长龙，请派兵一连驻防江口。

电嘱李宗仁，欢迎苏俄武官龙格瓦。〔电曰：九江。李军长勋鉴：兹有苏俄驻华大使馆军务参赞龙格瓦，由汉口乘轮船于敬日抵浔，望派第七军俄顾问妥为招待。该使抵埠后，仍须报部为要。中正。养戌。印。〕

公以判断事理，应先觅得其要点，即全局中心之著眼也。时时刻刻，须注意此点，又须注意其逐时之动向也。如今日时局之重心言，则为奉鲁；地点言，则为苏皖；内部言，则为财政；外交言，则为苏俄；政治言，则为群众是已。

是日　孙传芳令孟昭月部入杭，迫省长陈仪赴南京，浙省第一师一部被缴械，余退绍兴。〔夹钱塘江对垒。〕

二十三日　上午，部务会议。

检阅警卫团卫士大队，并诫其尽责。

电嘱宋子文，负责整理财政。〔电曰：宋部长勋鉴：电悉。各省财政亟应统一，鄂西克复，尤应更张，请兄放手办去，负责整理为要。中正。漾。〕

下午，电陈其采，请维持中央纸币。〔电曰：严州、富阳。周军长勋鉴：请译转中国银行陈行长大鉴：顷接周军长皓电称，中国银行在我军管辖区域内之分行及代理处，一律收束停业，以致我军所携来之中央纸币，应用颇感困难。等语。请兄设法维持为盼。中正。梗。印。〕

电令唐生智等，协同追截残敌。〔电曰：汉口。唐总指挥，并转樊醒民兄、襄阳张师长勋鉴：唐总指挥马电转来张师长效、篠两电均悉。残敌北窜，宜早歼灭，希唐总指挥派队穷追。张师长应以全力调驻襄樊河口，扼要堵截，毋使漏网。醒民兄所部，请在豫省原防堵截。仍希见复。蒋中正。漾。印。〕

电复何应钦，准如所拟办理。〔电曰：福州。何总指挥勋鉴：马电悉。所称拟设政、财两委员会及政治分会，并所拟任之委员及主任事，应予照准。惟对方韵松须联络，应否加入，希酌核。中正。漾酉。印。〕

电复周凤岐，照帑电办理。〔电曰：建德。周军长勋鉴：号电悉。不可弄巧成拙，后续部队两星期内必到，请兄等照帑电办理可也。中正。梗申。印。〕

电葛敬恩，抵杭后，盼速告结果及各方情形。〔电曰：杭州。葛参谋长湛侯兄鉴：想已抵杭，结果及各方情形，盼速复。并请兄与公侠军长从速就职，并示就职日期为幸。中正。漾。〕

公曰：荆、宜虽克复，而逆敌未消灭，纷窜各方，袁、杨二部事，应注意于周、袁能否灭杨。河南事，必使其内部生变，与冯军联络也。江苏事，须先明奉天态度及孙逆内部之变化。

二十四日　上午，部务会议。

在行营训第六十六团〔俘虏编成〕，勉其各为革命军人。〔词未录〕

电请宋子文，设法维持饷项。〔电曰：宋部长鉴：昨日发生闹饷事两件，第七军以此月在鄂饷项未领到，以致偾事，长此以往，决不能过。请兄从速设法维持。中正。敬。印。〕

电复李宗仁、邓演达，行使中行兑换券。〔电曰：九江。李军长、武昌。邓主任勋鉴：德邻兄皓电悉。中行兑换券，武汉不能行使，七军驻汉部队，应向武昌行营兑换。希邓主任转饬军需处，准予遵照办理为要。中正。敬。印。〕

电准唐生智，请在湘办第三分校。〔电曰：沙市、宜昌。探送唐总指挥勋鉴：养电奉悉。所请拟定名湘省军事政治学校为第三分校，并令石醉六为该校校长，筹备一切，应予照准，委状另发。中正。敬。印。〕

令通缉湖北省禁烟总局长何哲，并查抄其家产。

下午，电复何应钦，处置闽方军队。〔电曰：福州。何总指挥勋鉴：养电悉。十七军不必入浙，李生春部须解散，切勿编师，以免后患。福建民军可暂编师旅团，但须规定饷额，不准自由就地筹款。谭曙卿可给其他名义管理军事，不必予其军长名义。兄须准备速入浙。中正。敬未。印。〕

电催何应钦，速由海道入浙。〔电曰：福州。何总指挥勋鉴：马电悉。对奉方针，须待平浙时观奉态度再定，现拟暂与和缓也。士兵须制棉外套，第一军留小数部队驻福州外，余须从速入浙，兄或由海道进亦可。如部队由海道入浙，至宁波登陆，可免顾虑，已饬专员准备矣。中正。敬申。印。〕

电邓演达，速令四期生史宝亨来南昌。〔电曰：邓主任勋鉴：第四期生史宝亨，闻自由行动，不服调遣，着即令其来南昌，切勿姑容为要。盼复。中正。敬。〕

批阅编制议案。

二十五日　上午，部务会议。

电知唐生智、邓演达等，准期齐集南昌，开军务善后会议。

〔电曰：武昌。探送唐总指挥、邓主任、陈军长、刘军长、张副军长，荆州、宜昌。探送王军长、彭军长，九江。李军长、贺师长，南昌。抄送朱总指挥、程军长、鲁副军长勋鉴：查本军各部处分组会议，业将完毕。现召集军务善后会议，希各总指挥、各军长、副军长、邓主任、贺师长，务于艳日以前，齐集南昌，仍望各将起程日期报查。中正。有。印。〕

责成宋子文速清各款电。〔电曰：汉口贯忠里三十七号。李调生处长呈宋部长台鉴：（一）据广州军需处朱副处长孔阳来电，财政部应发北伐军三省通用券一百余万，中央银行现有贴款，乃向领，坚称须待部长回粤，始能照发。前方军需万急，似此刁难，有意延误，前方何以维持。希即限日拨清，请电广州速发。（二）由前方送回广州兑换之百元大票，共九十九万五千余元，其时尊处必须拨由衡州分行兑换，乃为时三月，仅拨三十七万，余仍为百元大票，其故安在。所未拨六十余万，亦望速拨。（三）

在粤议决发给服装费二百七十万元，延至今日，只发六十九万。时当冬令，长江一带早已严寒，前方无款制发，后方领款不到，不能制解前来，使前方兵士冒霜雪而蹈白刃。总之，后方接济如不负责任，前方何能作战，饷项所关，兵心所系，成败胥在于此。前项各款，务希速行筹发。如何，仍望速复。中正。径。〕

电诘宋子文停发福建军饷。〔电曰：汉口。宋部长勋鉴：据福州何总指挥来电称，接财部电云，第一军经费由福建就地筹措，自十二月一日起，财部停止支付。等语。此事究有否，如果有此，则军心摇动，财政紊乱，何以作战。盼复。中正。有。印。〕

电饬李调生筹解各军欠饷。〔电曰：武昌。湖北财政处李处长调生鉴：箇电悉。巧电饬该处筹解各军欠饷六十万元，系饬该处筹划，不关财政委员会议案，何得推诸财会未经承认，且以无力担负为辞。各军转战数省，茹苦半年，饷项未清，反诸良心，皆当各尽其力，勉筹应付。该处长职掌度支，责无旁贷，务望遵照前电，竭力措解，毋再延误是要。总司令蒋。有。印。〕

电宋子文，在南昌开两会议。〔电曰：宋部长勋鉴：军事会议在廿九日以前，集中南昌，请兄于期内必到。至于前电派员至汉口廿八日会议一节，最好请兄来此开会。如此，一举两便。未知兄意如何。中正。有。〕

电闻王俊，已派队追剿缙云之敌。〔电曰：严州。王指挥勋鉴：孟部入杭果确否，须查明。缙云部队已派第十四军及第六师追剿，不必派二十二师也。中正。有。〕

荐任麦焕章为第六军政治部主任。

下午，电令邓演达，密查第九、第十军入宜劫掠情形。〔电曰：武昌。邓主任勋鉴：电悉。九、十两军入宜劫掠情形，其范围程度究竟如何，请派干员前往密查具报，以凭核办，并已电令王总指挥从严究办，以挽军誉而慰民心矣。特复。中正。有。〕

电宋子文派员接收鄂西各地民财机关。〔电曰：武昌。宋部长并转湖北政务委员会勋鉴：鄂西既复，所有宜昌、荆襄各地民财两机关，亟应委员分往接收，免启各军割据把持之渐，而树用人行政统一之基。中正。有。〕

电嘉王天培，并令查办肇事军官。〔电曰：宜昌。王总指挥勋鉴：此次收复沙、宜，勋劳可念。惟顷据各方报告，九、十两军入宜后，大肆劫掠，党军声誉，扫地无遗。等语。宜昌为长江重镇，中外观瞻所系，究竟劫掠范围程度如何，即使入城后偶然现象，亦应将主使肇事官兵从严究办，以挽军誉而慰人心。并望将查办及近日实情电复。中正。有。〕

电令何应钦，解决闽中残敌。〔电曰：武昌。转何总指挥勋鉴：敬电悉。闽中残敌如不解决，必为后患。若其入浙与孙联，更堪顾虑，望根本解决，万勿姑容。如何盼复。中正。有。〕

电令何应钦，加派部队追击温处残敌。〔电曰：福建。何总指挥勋鉴：孟昭月部闻已入杭，我军仍驻衢、严两处。至处温残敌，请速加派第六师协同第十四军追击为要。中正。有。〕

电嘉唐生智，并邀出席军务会议。〔电曰：宜昌、沙市探送唐总指挥勋鉴：养电奉悉，良深欣慰。鄂西肃清，端赖长才，吾兄指挥有方，努力党国，不辞困苦，至佩贤劳。廿九日以前，务希到达南昌，列席军事会议，是所至盼。中正。有。印。〕

电准缪斌请派各县政治监督察人员。

电宋子文，取消黎树雄为江浙财政专员。〔电曰：宋部长鉴：闻兄委黎树雄为江浙财政专员，希即明令取消，国民政府决不可容纳此种贪官污吏流氓作弊也。中正。有。〕

晚，宴会俄使馆参赞龙格瓦。

是日　奉军旅长刘震东占领包头。

二十六日　上午，著军事经验谈。〔文曰：军事不可轻动刚肠，亦不可稍有客气，须随时脚踏实地，所谓务实求真也。遇军事最危急时，即是转胜之机，如一经轻举妄动，即足招败亡而贻羞耻。以后不论何事，总要熟虑断行，切勿随人主张而转移也。军事第一要贯彻到底，即使错误，亦须错误到底，所谓将错就错也。作战最先准备的，就是伤兵被服。须预备敌方帽服旗帜。严禁士兵搜查俘虏身上物，阵地尤要。严禁阵地拾物。死不缴械，宁自杀。被俘不屈。〕

电复李济深，准开张毅部军官特别班训练。〔电曰：广州。李总参谋

长勋鉴：漾电悉。张毅部团附、营、连、排长等入黄埔军校事，照准开特别班可也。中正。寝。印。〕

电令李济深，转饬调审计处员来赣。〔电曰：广州。总司令部李总参谋长鉴：前方审计事较繁，徐处长同白总指挥入浙，行营审计人员谁予调往，处务未便停顿。希转饬广州审计处陈代处长，率领全体职员，随带文件，克日来赣，所有旅费一切，照章给发可也。总司令蒋。寝。印。〕

电复张翼鹏，严办滋事伤兵。〔电曰：长沙张总参谋长勋鉴：养电悉。所称伤兵滋事伤人，从严拿办，自然无事矣。中正。寝。印。〕

下午，游青云谱，听无线电话。

公以孙逆据抗，犹思困斗，豫局复杂，恐为奉乘。党讧日烈，经济窘枯，内部紧张，不胜忧虑。

孟昭月统各部向富阳前进，另以段承泽进窥萧、绍，周荫人由温处进据金、台策应之。

二十七日　上午，主纪念周，报告军事党务。〔节录：前天得到电报，孙传芳的军队已到杭州，浙江陈仪的第一师在杭州的，已经有四营被孙传芳缴械。我军还没有进杭州，大概尚在富阳。我们的第一师和周凤岐的第二十六军，仍旧在战线上，没有变动；我们的第二十二师仍旧在严州一带。福建周萌人的一部分残敌，退入浙东温州，大概有六七千人；从前退到安徽去的刘宝题等拉拉杂杂的军队，大概有一万多人。这样看来，孙传芳犹欲作困兽之斗，死力抵抗，所以东南方面的敌人，现在还不能看轻。东南战争到何时才能平定，此刻不能预知，希望我们同志准备作战，准备牺牲。本月十八日，张宗昌进了南京，孙传芳亲自到浦口去迎接，大概孙传芳想把南京送给张宗昌，他自己预备守上海、吴淞。因之东南战局，将来发展到什么地步，我们还是不得而知，我们总要准备同他们作最后的决战。至于奉军和直鲁军，这几个星期内，他们天天输送军队南下，但到现在尚未入河南境界，因为火车输送不了，改用徒步走的，我们可知他输送得很急迫。现在他的主力军尚在磁州，正想积极准备南下。这样看来，敌人方面，一天天把他兵力急速的集中，集中之后，他们将怎样的动作，还是不能预料的。现在情势更加严重，鲁军部队已有到安庆消息，照这样看来，奉鲁军南下，是取攻势，我们不能说奉鲁军只取守势，不会来攻我们的。所以我们趁这个时候，赶快准备同敌人作战，不然，敌人势力巩固，而我们在南方一点没有准备，等到他来攻击前进，我们已经来不及了。上星期有两件事情，对于本军很不好的，一是第三军第八师闹饷，一是九江第七军闹饷。这种情形，若时时发生，真是我们国民革命军最不幸的最危险的现象。现在兵额扩充，弄得各军没有一个统计，没有实在的数目，所支去的钱，还不能够照兵额来给养，而实际上支去的钱，给养现有的兵额，无论如何，总有多少可以补助士兵。现在因为没有统计，败政无从整理，尤其是湖北财政，纷乱得不得了，弄得湖北每月只筹得三百五十万兵饷，上月各军兵饷，不能发到一半，所以第七军弄出闹饷的事。在江西各军，到总部所支去的伙食和饷额，照预算统统足够的，除了伙食之外，总可以有钱多。对于士兵生活，虽不能十分改良，至于伙食的津贴，一定不会不够的，因为没有一个统计，所以不能整理出一个头绪。整理财政，完全要有条理，所以军需会议的时候，要主张军需独立。现在各军因为没有统计，算起饷来，报销得很大，弄得军需处不敢催他报销，一报销便没有限制。各军的临时经常费，大致都已发给，但他们另外还有什么费，不能照数目来分配，并且拿经常费用在旁的地方，弄得经常费以外，还要来领划定在饷项里的数目。因此领到的钱，不能发给士兵，这一点是我军很大的污点，以后各军长对于临时经常费，一定要照规定的应用，不好随便使用。领临时费时，一定先要有一个统计报告上来，待审计股审查后，才能答应他。以前纷乱的毛病，一定要改正过来，士兵的薪饷伙食，才不至于恐慌。上星期闹饷的事，我们不可看轻了，我们要临深履薄，赶紧整顿起来。士兵闹饷的起因和结果，现在还没有调查出来，各级政治部、党代表，也没有一个报告，这是很大的事，也是很不幸的事。为何政治部、党代表至今没有一个切实报告呢，务必要赶紧查明原因在那里，结果怎么样，详细报告上来。……我们做总理纪念周的意义，是纪念我们的总理，纪念总理有这个军队，纪念总理有这个党，纪念总理有这个主义。现在我们党务方面，差不多不能指挥统一，这是各党部和党员自由行动，不能受党的指挥，没有照党所定的政纲政策，及总理的主张去做的结果。党员对于党里的纪律，也一天一天的废驰下去，以致同志中间，意志渐渐涣散，不能团结。只就一端而言，现在外面所看见的标语，有许多没有照政治部所规定的，没有根据本党政纲政策去制定的，政治部不管，大家亦随便乱贴。在江西南昌，已经有这个毛病，在湖北更加杂乱无章。……这样下去，我们的党一定要到失败为止。……〕

部务会议。

电复李济深请示各节。〔电曰：李总参谋长勋鉴：电悉。省防军械，可先在粤厂领用。近出迫击炮，应先编队，可应急用，如每日能解四五十门或半数来前方应用更好。以敌方迫击炮甚多，此次作战死者，中弹居十之七也。款项已饬子文照筹，惟近数月恐不能如数照拨，此亦事实使然也。惟干部如何调用，是一问题，请兄多注重学校为盼。中正。感。〕

电复唐生智，准向宜昌商会借饷。〔电曰：武昌。邓主任、汉口。宋部长勋鉴：转来唐总指挥电奉悉。所陈给养将至绝境，请宋部长下令，准予在宜昌向商会暂借三十万元。等语。准予照办可也。中正。感。印。〕

下午，电令何应钦妥为处理各事。〔电曰：南昌。转何总指挥勋鉴：由延平通处州、衢州交通线输送站，须赶速筹备，中亦派此间兵站部来办，但恐太缓耳。海军款项，只要其加入，政府必可发饷，否则亦难维系，不可使其反对，或量力接济若干。如其能允我运输至宁波登岸，则可交其十万元也。凡福建旧日同志与民军，使其诚服，韵松亦应联络，否则败事有余也。中正。感。〕

电令王俊，缴自称国民革命军第六路之枪械。〔电曰：兰溪，建德。探送王指挥鉴：马电悉。所陈有称国民革命军第六路司令聂大，派大队长王正，带兵数连，不日来浙，其宣传员已到江山。等情。查并未委此项名义，该队如来浙，着即缴械可也。中正。感。印。〕

电刘骥，邀冯焕章莅赣，列席会议。〔电曰：汉口。西北国民革命军办事处刘菊村兄勋鉴：本部现召集各总指挥、各军长、各独立师长，并请中央执行委员会及国民政府特派员，于卅日在南昌举行军务善后会议。希速转请冯焕章同志到赣列席，或由兄代表与会。启程日期，盼复。中正。感。印。〕

公曰：外交、财政亟须改进，党务来日大难，革命不患强敌，而患内讧，如何能消弭此衅耶。

今日西安电报已通，公以军事上已得与西北军确实联络，甚为喜慰。

张宗昌电召渤海舰队司令毕庶澄至南京，与沪海军代表商合作条件。

二十八日 上午，接见阎锡山代表。

十一时，主祭江西战役阵亡将士追悼会〔与会者约十万人〕，并演讲。〔节录：今天各位同志和各界同胞，到追悼会场来追悼国民革命军的阵亡将士和死难烈士，这是何等悲壮的一件事。国民革命军这次在江西，和军阀孙传芳作战，牺牲了九个团长，营、连、排长、士兵，一共死了七千余人。这是中华民国最光荣的历史，亦是中国国民党最光荣的历史，更是国民革命军光荣的历史，亦就是江西同胞乃至中国四万万同胞最光荣的历史，所以我们要特别追悼。有这许多将士同志们的牺牲，才产出这光荣的历史，这个光荣不独是他们自己的光荣和他们家族的光荣，乃是中国四万万同胞及今天参与追悼的各同志、各同胞的光荣。而且不是现在一时的光荣，是要千秋万世永远遗留下去的光荣。我们不能忘记这个真正的光荣，但是我们想到阵亡将士的悲惨境地和敌人的横暴状态，我们觉得悲悼之外，还有无限的余痛。因为他们是为民众而死，为国家而死，为主义而死，他们死了，与我们自己死了一样，更使我们特别的哀悼，特别的悲惨。我们不仅是追悼就算了事，我们还要知道追悼会的意思。已死同志是已经完成他们的志愿了，但是主义还没有成功，革命的目的还没有完全达到，他们还有未尽的责任。因此我们便要继续他们而起，继续他们的志愿，来完成他们未尽的责任，继续他们与军阀及帝国主义作战，继续他们去拼命，继续他们去死，这才是追悼他们的真正意义。今天我们来追悼，唯一的志愿，就是要我们未死的人，继续已死的同志遗留下来的工作，努力做去，践踏先烈的血迹，去上牺牲的路程。……〕

下午，电何应钦，筹商平浙计划。〔电曰：福州。何总指挥勋鉴：接周军长、王指挥来报，孙逆以全力对浙，已有五团抵杭，陈仪态度未明。等语。闻闽中残敌四千余，已窜处州、温州一带，皖南刘宝题、谢文炳等部，现住屯溪，有扰我由赣入浙部队侧后之企图。现我第一师已抵严州，第廿二师已抵兰溪，第二师约于一月五日可抵衢州，第廿一师约于一月十五日抵衢州。闽方除第十四军及第六师跟踪追敌外，宜抽调第一军之一师及所编军中可靠者，加入浙方作战，请酌量办理。新编部队不可靠者，应速分别编遣整顿。闽方入浙，应用海军同去，若能以一部陆军由海军掩护登陆，收效更大。望将调度情形详为电复。闽浙毗连，情况较明，希将对浙作战计划陈述为盼。中正。俭。印。〕

任命魏益三为第三十军军长。

公以党事纠纷，外交无主，财政奇窘，孙传芳转猖狂，殷忧殊甚。及闻靳云鹗有附义消息，张宗昌将回鲁，则觉又有转机也。

二十九日　上午，电闻何应钦敌我情况，并催主力奋进。〔电曰：福州。何总指挥勋鉴：(一）奉军先头部队进至磁州，压迫吴部，向豫西灵宝附近之西北军进攻。(二）鲁张于巧日抵宁，孙将赴沪、杭督师。(三）刘师于一月微日、严师于删日，可集中衢州。(四）希望第一军一师及第十四军或第十七军，务于一月删日以主力集中处州，以一部肃清由闽窜往温州方面残敌。(五）该部主力，预期到处州时，即令有力部队由海道用海军掩护，在海门附近登陆，与我主力军策应。中正。艳。〕

电复何应钦，分配入浙军队。〔电曰：何总指挥勋鉴：宥电悉。江西入浙部队共四师，定一月十五日以前，完全集中衢、严一带；由闽入浙部队，亦务希于此期内到达衢、处一带。我第一军除独立第四师外，再留三团在福州，余皆入浙，如能由海道输送，可在台州之海门登陆，因宁波太近杭州也。否则与第十四军或第十七军，由浦城经处州到兰溪或温州，消灭周荫人部，并与衢州部队联络，而兄则先到衢州指挥为要。兄未入浙之前，令白参谋长为东路前敌指挥。而受东路指挥命令也。请兄从速入浙，何日出发，盼复。中正。艳。〕

分电周凤岐、王俊，应付敌方战略。〔电曰：严州、衢州。周军长、王指挥勋鉴：各电悉。如敌主力向我压迫，则我军宜扼守金严之线，掩护后续部队集中，若其小部队来攻，则应设法歼灭，使其主力寒心，不敢来犯。我第二师约世日可到上饶，已令其兼程来衢，如海道能运输，则直抵海门上陆，最迟下月删日，各部必可集中也。中正。艳。〕

电复刘峙，如查获该连长等实据，就地枪决。〔电曰：贵溪、上饶。

第二师刘师长鉴：据报该师四团机枪八连种种弊端，尤以该连长与党代表吃空名两三月之久，情节最重，仰该师长彻底查办。如果查有实据，研审明确，毫无虚诬之处，应就地枪决，勿稍枉纵。切切。总司令蒋。艳。〕

部务会议。

下午，电复陈铭枢，已委王立斋主持豫事。〔电曰：汉口。陈卫戍司令真如勋鉴：俭电悉。靳复派何其采来，甚慰。关于河南事务，已委王立斋全权主持，秘密运动军队等情，自不至于若何。叙甫为豫事奔走，实深佩慰。如其能同王立斋同志入豫，继续帮忙，实所至盼，否则可令其在赣总部帮忙也。特复。中正。艳。〕

电闻冯玉祥各方军讯，并托购马匹二千。〔电曰：武昌飞转包头、西安。冯总司令焕章兄勋鉴：孙逆被鲁军压迫，放弃江宁，移驻淞沪，集中兵力于嘉杭。鲁张巧日抵宁。我军已调队入浙，先行解决孙逆残部，再行对付鲁张。现正谋恢复豫西、鄂西交通，以便联络及补充贵部弹饷。再我方马匹极为缺乏，在大江以北地区作战，非有骑兵，诸多不便，希多预备骑兵，并请代购马二千匹送部，以应急需为感。蒋中正叩。艳。印。〕

公曰：闻托尔斯基有使我国消息，未知确否。党务政治不能自由设施，则虽胜无异于败也。托氏即使来华，本身更应具有独立不倚之精神也。

三十日　上午，部务会议。

批阅编制草案。

任命倪弼为第一军第一师党代表。

下午，与嘉伦将军谈时局，并统计全军数为二百团，战斗兵为二十六万四千，而枪枝则有二十二万七千，第一军则仅有三万枪数也。

电示何应钦等，应付海军机宜。〔电曰：何总指挥勋鉴：并转王允恭兄与上海钮惕生先生：请与海军说明，如其真能与我方合作，其舰队能入长江，必到九江、武汉，于我军方有利，否则只到安庆、芜湖，则必为敌用，且于我军有害也，不如不入长江。至发饷事，必须海军明白宣言，方能照办，否则不能担负，请明告。吾辈革命决不敢负己欺人也。近闻海军受孙、张十五万元津贴，确否，盼复。中正。删。印。〕

电令刘峙率师向衢州急进。〔电曰：贵溪、上饶，沿途探送第二师刘师长鉴：孙部入杭，周逆残部入处州，望兄部从速向衢州急进增防，不可在上饶勾留。严师昨已由吉安出发，向衢州前进矣。中正。卅。〕

电邓演达，收束暂编第二军〔军长袁英〕。〔电曰：武昌。总司令部邓主任勋鉴：径电悉。暂编第二军无法维持，望即收束可也。特复。中正。卅。印。〕

电嘉贺龙，并望竟肤功。〔电曰：宜昌。第九军第一师贺师长鉴：巧电悉。宜、沙底定，上游肃清，言念贤劳，至为欣慰。惟残敌四窜，尚望协同友军极力绥靖，藉解倒悬，以竟肤功。总司令蒋。卅。印。〕

电复周雍能，亲往日本领事馆致唁。〔电曰：九江关督署周交涉员鉴：勘电悉，先总理在北京逝世，东交民巷各国，并未下旗，此时日本尚未承认国民政府，可毋庸有此种礼仪。希该交涉员亲往领事馆致唁可也。中正。卅。印。〕

军校南宁分校举行毕业式。

是时奉军集中于津浦路徐州、蚌埠间〔约十二万人〕，及京汉路磁州〔约三万人〕。

三十一日　上午九时半，公乘船迎张、谭二主席及各委员。午正，回省垣。

电宋子文，发清上月与本月欠款，以维大局。〔电曰：宋部长勋鉴：各军闹饷，皆系伙食不能发足，欠饷又未发清。兄将上月与本月旧欠伙食，概不承认发给，以致各军长为难，此非我政府中人所应言者，殊失威信。请兄勿以对中正个人态度及语意而对各军，惟中正能谅解兄苦衷，而各军官兵决不能相谅也。现在政府移设武汉，吾辈言行态度，均不能如在粤中，专为一部打算，亦不能如昔日作赖，可以度日也，请兄注意之。希将上月与本月欠款，务速发清，以维大局。如何，盼复。中正。世。〕

电令李济深，集中工兵训练。〔电曰：广州。李总参谋长勋鉴：现工兵材料缺乏，且武昌现办炮兵工科，应将在粤工兵集中训练，始可期节费省时。着即调工兵团侯团长连瀛，率领该部兼程赴鄂，进行训练，与工兵科切实联系为要。中正。世午。〕

晚，欢宴谭主席及各委员，席间致词。〔全录：谭主席、各位同志：今天各位从广东来到南昌，我们心里的快活，几乎是不能形容的。我们自从广东出发，已有五个月了，在这五个月之中，虽未能和各位同志见面，可是我们在前方的人，没有一天不想到各位同志在后方的艰难困苦。前几天听到谭主席、廖夫人生病的消息，比我们自己生病还要不安，因为后方同志所负的责任，比前方作战的人员重要得多。在前方的同志虽然也是很辛苦，天天在枪林弹雨之下，冒险过日子，但是没有政府和党部把后方设置得很稳固，前方一定得不到现在的结果。回想到这一点，不由得我们不郑重的向各委员表示感谢，同时更要发愤努力。现在我们虽然打下了湖北、江西、福建，把吴佩孚、孙传芳的主力完全铲除，但我们还不能照预定计划，肃清长江流域，底定东南，使安徽、江苏、浙江，完全归入我们国民政府范围之内。这一点，我们前方的将士，实在觉得非常惭愧。不过我们现在已预定第二步作战计划，第一期要把长江流域的东南几省，完全肃清；第二期再用全力，直捣北京。总之，我们在这两年之内，要把全国统一，使我们总理和已死各同志的志愿，全部实现，那时我们总理的灵柩，也可迎到紫金山来安葬。各位委员，我们革命的事业已一天一天的扩大起来，我们所负责任，也一天一天的重大起来，前途的艰难困苦，也要比从前加重了。我们在这种出生入死的环境之下，能够在此欢宴，可说明是一件很难得的事情。现在我们敢向各位敬一杯酒，表示我们的快乐与敬意。〕

公以今日已是十五年最后一天，范围扩大，责任加重，党务纠纷，说不出记不下的痛苦，日多一日，所见闻之革命怪现状，至堪悲愕。大海茫茫，何时能达彼岸。总理期我事业，父母生我意义，果为何如。每一念及，惟有莫怠莫荒，不屈不挠，奋斗力前，毋负党国如是而已矣。

是日　张宗昌回济南，重要随员偕行，褚玉璞赴徐州。

民国十五年革命中外环境

一月一日　冯玉祥电执政府，请开本兼各职，拟即出洋。〔因国民军京畿及直、豫地盘，受奉、直系大包围也。〕

三日　魏益三〔郭松龄第四军长〕率残部退守山海关，通电继续反奉，改组为国民军第四军。

四日　国民党主张不加入许世英内阁。

冯玉祥以职权交张之江，离张家口，准备由库伦往莫斯科。所占地盘，经议决划分五区：一、京畿附近；二、口北及察哈尔；三、绥远；四、热河；五、甘肃。并请执政府分任鹿〔钟麟〕、张〔之江〕、李〔鸣钟〕、宋〔哲元〕、刘〔郁芬〕为总司令。

五日　张作霖电吴佩孚，表示谅解，并通电主张恢复约法。〔于是奉、直结合对抗国民军之形势以成。〕

七日　旧国会议员在汉口发表宣言，主张去段祺瑞，恢复十三年摄政内阁，复旧国会，选举新总统，改选众议院，修正宪法。〔与张作霖、吴佩孚相呼应。〕

九日　段祺瑞通电辞执政职。

执政令，派冯玉祥前往欧美考察实业；以张之江继任为西北边防督办，兼察哈尔都统；李鸣钟督甘，李云龙督陕，刘郁芬为绥远都统。

十一日　张作霖发表宣言，段祺瑞在事实上已失执政权力，东三省与北京政府，断绝一切行政上之关系，自以镇威将军名义主持军务。

十六日　鲁军第二十师师长方振武，于肥城反张〔宗昌〕，投国民军。

十九日　奉军与国民军开衅，山海关为奉军夺回，国民军以鹿钟麟为前敌总指挥，统重兵赴援。

孙传芳令卢香亭为浙军总司令。

二十日　豫自卫军及自治军纷起，以驱逐岳维峻〔国民军第二军军长〕为名。吴佩孚在汉口总司令部召集军事会议，决定出兵往援。

反杨派之杨芳春与刘文辉夹攻成都，杨森部败退。

二十三日　靳云鹗、张宗昌、李景林在泰安会商，签定联合条约，张助靳援豫军饷。

二十四日　奉张因中东路事及热河国民军出动影响，复电段执政，声明入关为讨魏益三，已令不再前进。

二十六日　吴佩孚令寇英杰率五混成旅入河南，在信阳与岳维峻部陕军开战。

二月六日　国民军第一军将领张之江等，通电声讨吴佩孚。

七日 魏益三归国民军，所部由滦州移驻保定。

九日 孙岳率国民军第三军响应讨吴。

十日 吴佩孚调刘玉春，率两旅生力军，监视信阳守军，令寇英杰绕出信阳，向确山进攻。

十二日 靳云鹗率军由山东回河南，攻岳维峻，向孙传芳要求假道徐州，孙以五省中立拒之。

十四日 萧耀南在武昌暴死，吴佩孚以陈嘉谟继任鄂军总司令。

十五日 吴佩孚任李景林为讨贼联军直军总司令，张宗昌为鲁军总司令。

十七日 豫东归德失守，信阳告急，国民军第二军败溃。

二十一日 执政府下讨伐吴佩孚令，任卢金山督鄂，刘佐龙为省长。

吴佩孚令袁祖铭、赖心辉取成都，助杨森回川〔时杨森在汉〕。

二十六日 靳云鹗军克兰封，岳维峻弃开封，移驻郑州。

二十七日 李景林进军马厂，天津动摇，国民第一军趣鹿钟麟率大部出京，主持前敌军事。

二十八日 开封各团体举靳云鹗为河南全省保安总司令，靳到开封未入城，即往督郑州军事。

三月一日 寇英杰进占郾城、许昌，就豫军总司令职。

二日 田维勤部攻入郑州，岳维峻、李云龙率大队西退洛阳，一小部北退，图回直隶。

四日 执政令改组国务院，特任贾德耀为国务总理。〔外交颜惠庆，内务屈映光，财政贺德霖，陆军贾德耀兼，海军杜锡珪，农商杨文恺，司法卢信，教育马君武，交通龚心湛。〕

五日 阎锡山令师长商震出娘子关，取石家庄，阻国民军第二军由京汉路北退。

六日 岳维峻、李云龙等，率陕军退至洛阳，为红枪会所困，溃败，只身西逃。刘镇华奉吴佩孚命，乘势进取潼关。

七日 鹿钟麟率国民第一军接替二、三两军，在津浦路与李景林、张宗昌作战。

十七日　吴佩孚为调和靳云鹗、寇英杰在豫冲突，任靳为讨贼联军副司令，兼豫省长；寇为豫军总司令。

十九日　执政府下令通缉徐谦、李大钊、李煜瀛、易培基、顾兆熊等五人，谓假共产学说，啸聚徒众，酿成闹院〔国务院〕风潮。

二十四日　直奉代表在天津会议对国民军和平方针。

吴佩孚、孙传芳联合解决方本仁，会委邓如琢为赣军总司令。

二十五日　执政府准颜惠庆辞外交总长，以胡维德继任。

二十六日　李〔景林〕、张〔宗昌〕、张〔学良〕等在天津议决攻北京，鹿钟麟主暂守。

二十九日　张作霖入关，抵秦皇岛，召张〔宗昌〕、李〔景林〕张〔学良〕前往，面授机宜。

三十一日　国民军困于北京，向吴佩孚求和，并派代表赴保定，与吴军前敌指挥田维勤会商办法。

四月二日　吴佩孚任刘镇华为讨贼联军陕甘军总司令。

六日　汤玉麟占领热河，国民军由宋哲元率领，退张家口。

七日　褚玉璞就直隶保安司令职，执行督办及省长两大权。

奉军及直鲁联军，向北京总攻击。

九日　段祺瑞左右谋响应奉军，消灭京内国民军，为鹿钟麟侦知，以军队包围执政府〔段及安福系诸人，逃入东交民巷〕，并宣布段罪状，复曹锟自由。并电请吴佩孚入都。〔吴对京政变持冷静态度。〕

十日　非安福系之外交、财政、海军、司法、教育五总长会议，结果，推外长胡维德请王上珍暂维内阁。

十一日　李云龙逃归陕西，与井岳秀、杨虎城结合，御刘镇华军。

十三日　田维勤奉曹锟电召入京，与鹿钟麟晤面后，仍回驻琉璃河。

张宗昌告密，李景林有通冯嫌疑，张学良夺其职，并令逮捕之。

十五日　国民军因吴佩孚不谅解驱段事，段又勾结唐之道部谋变，即由鹿钟麟下令，所部退出北京，扼守南口。〔自此中原战事稍息。〕

十六日　段祺瑞回执政府。

十八日　奉军及直鲁联军不愿唐之道据北京，要求入城同驻。

吴佩孚电唐之道，已任王怀庆为警备总司令，唐为副司令，归王节制，并令监视段祺瑞，拘捕安福系。

二十日　段祺瑞下野〔避往天津，由吴光新疏通奉联军，通过防线〕，临行，发表命令，准贾德耀辞职，特任胡维德兼署国务总理，摄行临时执政权。

二十一日　唐之道部受奉联军压迫，退集南苑，允归褚玉璞收编，唐避入使馆界。

三十日　袁祖铭在四川与刘湘、杨森均有冲突，决计让防，向川军各将领提出黔军和平离川办法四条要求。〔以后每月接济军饷四十万元，并先付三个月，共一百二十万元，为开拔费。〕

五月一日　王怀庆就京师卫戍总司令职，〔吴佩孚及各方趣之也〕撤消警备司令部。

七日　刘镇华率镇嵩军攻西安，与李云龙、杨虎城之陕军激战。

十一日　杨森击退涪陵袁祖铭军，进占重庆，吴佩孚出任调停。〔以袁祖铭为川滇黔边防督办，邓锡侯为四川军务督理，杨森为省长。〕

十三日　颜惠庆复国务总理职，与阁员顾维钧、李鼎新，用大总统令，调顾维钧长财政，任施肇基长外交，郑谦长内务，张景惠长陆军，杜锡珪长海军，王宠惠长教育，杨文恺长农商，张志潭长交通。〔阁议声明，五月一日，曹总统通电辞职，依法自本日起，摄行总统职务，通电暂维现状，筹备全国会议，维持关税法权二会，准备选举总统。〕

二十三日　袁祖铭令所部由川南回黔。

二十六日　吴佩孚由汉口北上，拟沿途巡阅军队，至保定暂驻。

二十七日　西北国民军以全力侵晋，取大同、雁门关以北十三县，山西大震。

吴佩孚闻靳云鹗不进兵南口牵制国民军，免其第一军总司令及第二十四师师长职。

三十日　吴佩孚至石家庄，阎锡山往见，请示对付国民军机宜。

六月三日　保定会议，决定吴佩孚部分三路前进，另以奉军攻多伦，直鲁军攻南口。

五日　张作霖由奉抵天津，留杨宇霆在奉主持一切。

十五日　阎锡山电告，国民军进攻雁门关，已被击退。

二十二日　颜惠庆内阁开第一次阁议，即发改组通电，以海军总长杜锡珪兼代国务总理。

二十五日　吴佩孚任彭汉章为湘黔边防督办，在铜仁就职。

二十七日　李景林见恶于奉方，将其所部调往京西，愤而通电卸职。

二十八日　吴佩孚入京，与张作霖会晤。

二十九日　吴佩孚赴田维勤总司令部，偕同视察前线，即下总攻击令，限三日内攻克怀来，以拊南口之背。

二十九日　孙传芳赴江北，检阅各地军队。

三十日　李倬章被任为湘鄂边防督办，在保定就职，董政国率两旅入鄂。

七月六日　杜〔锡珪〕代阁开第一次阁议，即用国务院摄行总统令，任蔡廷干为外交总长，张国淦继任内务，罗文干任司法。

十日　张作霖因南口、怀来战事难速决，不及坐待，即由津回奉。

十六日　财政总长顾维钧提出辞职。〔为张宗昌所反对。〕

二十二日　攻击国民军东路之吴俊升，电告进取多伦。

二十七日　孙传芳急电请吴佩孚迅扫清西北，回师南下，坐镇长江。

八月一日　直鲁联军对南口、怀来、蔚县，举行全线总攻击。

十三日　刘湘、赖心辉、刘文辉、刘成勋等，通电反对吴佩孚出兵北伐。

十四日　国民军分路总退却，放弃多伦、南口。

十五日　张宗昌向吴佩孚提议，由孙宝琦改组内阁。

二十一日　杜锡珪发通电，辞摄阁。

二十六日　阎锡山电告，晋军占领平地泉，并声明此后西北军事，晋军独力可了，请奉鲁军勿再前进。

九月一日　阎锡山占领绥远。

十九日　西安仍被围，冯玉祥令刘郁芬自甘入陕救援。

二十六日　张学良、韩麟春派其第十军军长于珍，接收王怀庆之北京卫戍事宜。

十月五日 北京政府以财政总长顾维钧为代理国务总理。

二十五日 冯玉祥电调韩复榘、石友三各部，西进陕、甘。

二十七日 国民联军孙良诚部，击溃镇嵩军，西安围解。

十二月十四日 国民军趋函谷关，分攻陕州及陇海路，吴佩孚除令洛阳张治公前往抵御外，又任田维勤为援陕总司令，抽调豫南军队驰援。

三月十八日 北京学生为各国军舰集大沽，示威开会游行，请愿于国务院，与卫兵冲突流血。〔学生及市民死者三十余人，伤者二百余人。〕

六月一日 英国庚款委员威林顿，来华调查用途。此项庚款，共一千一百万磅。我国各界多主张先由英国正式声明退还中国，再由中、英两国组织保管委员会，规定用途，为办理中国教育、慈善及浚河、修路等事业。

六月十九日 威林顿回国建议，另成立董事会，取消委员会。额定董事十一人，中国六人，英国五人。

七月二十二日 外交部向俄使加拉罕交涉俄军官助西北国民军攻晋北事件。

八月三十一日 上海收回会审公廨之协定，由各领事正式签字。

九月五日 杨森与英商轮构衅，英炮舰向万县轰击，死伤甚多。

十月二十七日 苏俄代理大使齐尔内赫抵北京，向顾维钧递国书。

十二月十八日 英政府无条件赞成二分五附加税，各国对英提案，意见纷歧。〔由是奉、日关税，渐形破裂。〕

国际联盟行政会增加常任委员，举定中国、哥伦比亚、波兰、智利、萨尔伐杜、罗马尼亚、荷兰、捷克斯洛伐克等国，为行政会非常任委。

附　　录

（一）民国十五年以前之蒋介石先生例言

一、是编谨述公整个学行事业，谱为个人纪年史传。

一、是编分八时期，曰幼年，曰少年，曰留学，曰光复，曰违难，曰韬养，曰黄埔训练，曰北伐开始。

一、是编参辑总理及本党史迹，以正革命系统，而溯成功所自。

一、是编夹叙对象背影，并于年终附著本年革命中外环境。

一、是编自公三十二岁起，事状递演加繁，叙法亦渐次臻详。

一、是编旁引诸同志事迹及电牍，以资参证，惜已缺失若干。

一、是编备载公文章讲话，其前后重复者，姑从节略。

一、是编附公家庭及外家各传志全文，以昭本源之所在。

一、是编所纪年月日，在民国以前，仍用阴历，民国以后，则用阳历。

一、是编所印极少，关于各方史事，如有错误，应俟贤达指教，再版更正。

编者志

（二）民国十五年以前之蒋介石先生跋

此编乃蒋先生一岁至四十岁之纪念史也。民国十三年以后，先生受命兴办黄埔军校，继以东征、北伐，声施烂然，此国人所共见。而其为党效忠，秉持主义，与反动派共党艰苦搏斗，以固党基之事实；及民国十二年以前，东南举义，在粤立功，暨幼少生活，则世多未之知，或知之而不能尽。夫以总理之于先生，识之于众人所不知之时，坚信其能继承革命大业，而专一倚畀，阅久弥深，精诚契合，自有其历史，而先生之艰辛卓绝，好学湛思，与夫人格之伟大光明，及治事之条理缜密，用兵之策算神奇，亦自有其素养。思诚每欲纂述轶乘，以证信而传后，辄憾鲜所依据，如是者几何年矣。已乃先生以缄縢数具，亲付收藏，检其中所储者，手卷也，日记也，公牍也，其余杂存也，反复披览，悉外间所不克见，而为历来珍秘之故楮，惊喜如获至宝。于是什袭以庋之，次比以钞之，益以公署档册，清阁书报，而稚龄故事，则多得于里社传诵，时日致勤，缀成此编。既可揽旧闻之散佚，备信史之取材，亦可窥见先生之得乎总理，与其性行、学业、事功之所由造成也。先生受贤母之教，以孤露童子，刻自奋励，卒以完成国民革命之伟烈，竟总理之遗志。其所成就，迈越前古，举世瞻慕，咸欲深悉其言行，兹编所辑，或足慰一般之渴望。然先生秉钧党国，身系民族安危，担荷何等艰巨。十余年来，忍辱负重，困心衡虑，孤孽疢疾，极人世之难堪，抑当求之于文字之外，又岂文字所能尽纪乎。间尝过市肆，关于先生传记，必加意索检，种类虽多，非空架议论，即虚构故实，而于追叙其家世，暨前半经历，舛谬百出，去先生之真相弥远，不有传信纪实之作，益将淆世人之视听。思诚生同乡邑，夙叨不弃，近且追随逾十年，此事深引为己责，因窃裒集斯编，成为实录，自信与道听涂〔途〕说，类于稗官之种种刊物，取径截然殊异。而先生之整个事迹精神，得藉以存其放失，俾举世不至传伪，而修党国史者，亦有所取证焉。是则区区之意已。

中华民国二十五年十月　毛思诚谨识